# 明末仏教の江戸仏教に対する影響

野川博之　著

山喜房佛書林

# 序

釈尊はネパール国出身で、インド亜大陸での伝法布教をへて、その仏教思想は各地へ伝播されました。複数のルートを通じて、中国・朝鮮をへて日本へもたらされています。

日本では各時代の仏教思想運動を伝法された祖師方により、歴史的教学思想が形成され、南都仏教の教団となり、平安・鎌倉時代をへて近世仏教に至るまで十三宗五十六派の教団がでそろうことになりました。

本書の著者野川博之氏は、黄檗宗中興の祖師である高泉性潡禅師が明末の大陸時代から日本へ東渡された足跡をまとめて、禅師の日本における行化を明らかにされました。この成果により、黄檗の宗旨、歴史と文化を理解する上で読者各位にとって一助となるものと念じます。

平成二十七年八月

萬福寺文華殿主管　田中智誠

目次

# はしがき

こんにちわれわれが、茶会など特別な場合を除き、日ごろは抹茶に代えて煎茶をたしなみ、酷暑の日には「寒天」を口にしてその名がもたらす一時の涼を楽しみ、そして、場所さえあれば育て易いインゲンマメを植えて収穫に期待するのも、思えばひとえに日本黄檗宗の御開山たる隠元《いんげん》隆《りゅう》琦《き》禅師（一五九二～一六七三）のたまものである。黄檗宗は一般に、日本三禅宗の一つとされ、日本伝来が最も遅かったがゆえに、臨済・曹洞の両宗に比すれば、これまで我が国において、とかく見落とされがちな存在であったことは否めない。しかしながら、日本仏教と中国仏教との交流がいよいよ盛んになりつつある今、黄檗宗を知らずしてかの国の仏教界と交流しようと考えれば、しばしば大きな誤解を犯すことは避けられまい。というのも、臨済宗を中核としつつ、宋代以降明代にいたるまでの民間信仰や、浄土教をも取り入れた黄檗宗は、その本質において、近世以降の中国仏教と相同するものを有しており、われわれは身近な黄檗宗を研究することによって、はじめて大過なくかの地の仏教界とも踏み込んだ交流を進めることができるからである。

本稿は、去る平成十七年（二〇〇五）一月、筆者の母校である早稲田大学より博士（文学）の学位を授与されたものである。その内容の大綱は、後掲の「本書の概要」を参照されたいが、主として隠元禅師の法孫たる高泉《こうせん》性潡《しょうとん》禅師（一六三三～一六九五）を論じつつ、隠元禅師の教化が日本にあってどのような変遷発展を遂げたかを追った。学位取得以来すでに十年以上を経過したものの、主として二つの事情からなお世に問うことを得なかった。

第一に、主たる研究討論の対象である高泉禅師の著作が、江戸時代の原本からの複写資料こそあれどなお公刊を見ず、引用に際しては故・平久保章氏が手書きで附せられたノンブルを用いるほかはなかったのである。第二に、昨年（平成二十六年（二〇一四））三月に至り、『高泉全集』がついにめでたく公刊されたが、今度は同書のノンブルを用いつつ、博士論文初稿においてさきに平久保ノンブルを用いざるを得なかった箇所について、ことごとく同『全集』本のそれへと改めるという作業が要請されることとなり、それに専念するための時間がなかなか得られなかったのである。

今回ようやくにして修訂の機会を得、深いなつかしさと感謝とともに、当初はこの十年来の新たな研究成果をも旧稿の随所へ盛り込もうかとも考えた。けれども、時間的にも体力的にも現在の筆者には荷が重過ぎる。やむなく右に述べたような最小限の補訂を加えるにとどめた。筆者としては今後機会を見て、本書で取り上げたテーマの中でも特に高僧伝や、六言絶句に関しては別稿を起こし、本書初稿が成ってのち十年来の日本および中国語圏の研究成果をも視野に入れつつ、一層の増補を期したい。今般はひとまず、日本および台湾の多くのおやさしき人々からの温かき支援の手によって本書が恙無く成ったことを、単行本公刊という形で広く世に訴え、いささか報恩の誠を明らかにする次第である。

平成二十七年七月

台湾中壢・圓光仏学研究所宿舎にて

野川博之　合掌謹識

# 凡例

（一）引用文献中、最も多くを占めたのは故・平久保章氏が校訂された高泉禅師著作の原文である。これは昨年（平成二十六年）春に至り、ようやくにして全四冊から成る『高泉全集』として黄檗山萬福寺文華殿から影印刊行された。今回の修訂に際しては、論文原稿で（平）の略号をもって示したこの平久保校訂原稿に見るノンブルを、ことごとく晴れて世に出た『高泉全集』のそれへと改めることが、思えば最も手間のかかる作業となった。その頁数表示は以下のとおり。

例：『全』Ⅰ・三二八上右（『高泉全集』第Ⅰ巻・三二八頁・上段右）

（二）語録ほか高泉著作原本に見る巻数表示に際し、巻二十以上の場合は、原文からの引用を除いて原則として「十」・「百」の単位を略した。各種の研究紀要の巻数・号数についても同様である。二十以下の場合は、例えば「巻一二」が「巻三」と誤読されることを避くべく、ことさらに「十」を存した。

（三）仏典叢書としては、主に『大正新脩大蔵経』・『卍続蔵経』・『明版嘉興大蔵経』（主に『嘉興蔵』の略称を用いる）・『大日本仏教全書』（主に『大仏全』の略称を用いる）を用いた。いずれも早稲田大学図書館をはじめ、全国の仏教関連の蔵書に富む大型図書館には架蔵されている。このうち、『大日本仏教全書』に関しては、本論文初稿では、諸般の事情から鈴木学術財団からかつて刊行された三段組影印本を用いた。ただ、遺憾ながらこの三段組影印本は、筆者の見るところでは、国文学研究資料館ほか一部の大図書館を除き、一般には二段組原本および影印本（名著刊行会）ほどには流布しておらず、参照に不便である。そこで今回の修訂に際しては、「解題」の巻からの引用以外はこことごとく二段組本の頁数へと改めた。これが今回の修訂に際し、二番目に骨の折れる工程であった。
（四）引用文の頁数および丁数の表示に際しては、すべて「十」・「百」・「千」の単位を略した。
例：『卍続蔵経』第一〇四冊・八七六頁
（五）中国および日本の元号表示に際しては、逐一漢数字を用い、かつ、「十」の単位を表示した。また、なるべく西暦をも附記した。
例：①元禄八年（一六九五）
②民国三十八年（一九四九）
（六）いわゆる「二巻本語録」（第一章第二節第一項参照、『全集』Ⅰ所収）を除き、高泉の著述にはすべて、弟子集団による明瞭な返り点・送り仮名が附せられている。原文そのままの引用、もしくは訓読のうえでの引用、いずれの場合に際しても、それら返り点・送り仮名に忠実に準拠するが、訓読引用の場合、時として必要最小限の助詞を（　）内に補記することもある。
（七）原則として当用漢字に拠ったが、「黄檗山萬福寺」（福建・日本ともに）の「萬」、人名の「證」（例：證空）、「場所」という意味の「處」は、いずれも正字体に拠った。また、「峰」字に関しては、本文は「峰」で統一するが、文献名では原文に忠実に、まま「峯」字を用いた（例：標点本『雪峯如幻禅師痩松集』）。「庵」字の場合もまた、これに倣う（例：『旅泊菴稿』）。
（八）書名・篇名で極度に長いものは、初出個所のみ具題を記し、以後は略称を用いるが、筆者自身および読者の忘失に顧慮して、章もしくは節が改まる度に、再度具題を記す場合もある。
例：『旅日高僧隠元中土来往書信集』→『中土来往書信集』

（九）今回筆者が最も遺憾に感ずるのは、千ページを越えるゲラを前にして索引を作成するだけの時間を得られなかったことである。そこで読者各位には、ひとまず目次を御通覧頂き、本書の概要を把握して頂いたうえ、お時間なき方々には、興味を感じられた箇所をのみ、そこに記された頁番号を頼りにお読み頂きたい。この目次は、一部の増補箇所を除けば、初稿執筆当時のままであり、個々の標題は概して詳細に書いたつもりであるから、御一読頂ければ本書全体の構造を把握することは難事とは思われない。深くおわび申し上げつつ、後日の詳細な索引製作を待ちたく思う。拙詩にいう、

予所レ著博士論文初版本只有二目録一。無二索引一。解レ嘲

結レ網投レ淵貫二細編一。多年乏レ假且無レ銭。不レ如詳示池中狀。択レ處垂レ鉤各応レ縁。

（十）漢文への返り点に関して一言申し添えたい。いわゆる一二（三）点、上（中）下点のうち、二（三）点や（中）下点は、「震動」「統一」といった二字で一語をなす複合動詞へと返る場合がある。こうした場合は、ヨリ厳密には「震‐二動天地一」とするのが望ましかろう。ただ、印刷上の美観や組版上の困難を考え、今回は「‐」を略した。読者各位にあっては、原文を読みつつ、「‐」を要する個所に関しては、適宜これを補われたい。

# 本書の概要（※註）

## 本稿全体の構成と序論の概要

本稿は序論・本論・結論および附録から成る。大まかな分類からすれば、本稿は黄檗宗研究に属する。隠元隆琦《いんげんりゅうき》（一五九二～一六七三）に始まる日本黄檗宗（その実質は明末臨済宗）は、仏教を中心としたわが国の社会各方面に有形無形の影響を及ぼした。この宗派については、既に戦後まもない頃から、辻善之助博士（一八七七～一九五五）・平久保章氏（一九一一～一九九四）ら諸先学がそれぞれ成果を公表されて今日に及んでいる。

ただ、隠元の法孫にあたる高泉性潡《こうせんしょうとん》に関しては、その多彩な著作が従来広範な流布の機会を得ず、研究が進んでいなかった。今般、宇治市の黄檗山萬福寺から、影印を主体とするその全集が刊行されることとなり、筆者は幸いにその影印底本の全文を複写にて恵与された。そこで、これを中心として、本稿題目に提示した主題について考察を加えた。高泉が江戸仏教（および一般学術界）に及ぼした感化を取り上げつつ、近世における日中両国仏教の交流史という巨視的な角度からも、それら諸事象のもつ意味合いについて考察した。

まず序論では、本稿の構成と本論各章（全九章）の要旨を略説したうえ、これまでの黄檗宗研究について、日本・中国大陸・台湾・アメリカの順に概観し、そのうえで高泉の人格・教養の形成において、また、黄檗宗史上においても大きな役割を果した、「黄檗三祖」の略伝を掲げた。「黄檗三祖」とは、上記の隠元に加えて、その二大門人である木庵性瑫（一六一一～一六八四）・即非如一（一六一六～一六七一）の二人を指す。

## 本論の概要

### 第一章「高泉の伝記と著述」

本論は全九章から成る。第一章では、七節に分かって、高泉の主要な事蹟と著述の概要を述べた（なお、「七節」とは、序節・結語を含めた数である。以下これに同じ。また、序節・結語については説明を略す）。第一節「先行研究」では、前出・平久保氏の原典校訂中心の先行研究と、現に高泉研究に取り組まれつつある大槻幹郎氏の研究を概観した。

第二節「高泉の略伝」では、『仏国開山大円広慧国師紀年録』（略称：『紀年録』）を主資料として、明末福建省での幼少期から寛文元年（一六六一）数え二十九歳での来日、二本松から始まった日本での教化、教化の合間を縫っての高僧伝、各種詩文集の執筆・出版、そして主たる活動拠点となった伏見仏国寺の開創（延宝六年〔一六七八〕）、所属教団の本拠地たる宇治の黄檗山への第五代住職としての晋山（元禄五年〔一六九二〕）、さらに示寂に至るまでの主要な事蹟を挙げ、関連する詩文にも触れつつ概観した。

第三節「黄檗三祖および宗内余師との道縁」では、隠元らいわゆる「黄檗三祖」をはじめ、慧林性機（一六〇九〜一六八一）・南源性派（一六三一〜一六九一）ら同時期に来日した中国人黄檗僧（唐僧）、および来日後相識った鉄牛道機（一六二八〜一七〇〇）、鉄眼道光（一六三〇〜一六八二）ら日本人黄檗僧（和僧）との交流について概観した。

第四節「主要著述の概観」では、生前に編纂された五種の語録、同じく五種の詩文集、そして四種の高僧伝のほか、さきにようやく公刊された『高泉全集』に収録されている計二十種におよぶ著作を概観した。

第五節「日本における接化の概観」では、高泉の日本人門人への具体的な教化活動について、隠元ら黄檗教団初期の指導者らから継承した側面と、彼独自の側面とについてそれぞれ概観した。後者について、特に注目すべき事蹟としては、隠元が来日後も終生いだいていた明朝の遺民としての意識も、世代を異にする高泉に至っては次第に薄れており、高泉は清の順治帝を臨済禅愛好の士として手放しで礼賛していることが挙げられよう。

## 第二章「渡日以前の思想的系譜」

第二章では計六節に分かって、高泉の来日以前の参禅弁道の過程を概観した。第一節「明末清初の福建仏教」では、明末清初福建の仏教、ことに禅宗の概況について、主として林田芳雄（中国名：林伝芳）教授らわが国における先行研究に依拠しつつ論述した。そのうえで、前出の高泉年譜『紀年録』や、関連詩文に拠りつつ、高泉の生家（福建福清県の林氏）の仏教とのかかわりについて、具体例を挙げつつ概観した。

第二節「黄檗三祖の同時代閩・浙高僧らとの接触」では、隠元が住まっていた頃の福建一帯における曹洞宗の活動状況を概観し、「黄檗三祖」ら明末臨済僧が曹洞宗といかに対抗しつつ交流したかを例示した。

第三節「高泉の福建高僧らへの私淑および師事」では、高泉が明末清初の曹洞宗に対し終始好感を持っていたこと、その延長線として渡日後もわが国の曹洞宗との間に交流を絶やさなかったことを、具体例を挙げつつ叙述した。このほか本節では、如幻超弘（一六〇五～一六七八）ら明末福建における著名な臨済僧との道縁についても概観した。

第四節「いわゆる居士仏教との交流」では、高泉が福清黄檗山の多年にわたる外護者であった葉氏（向高〔万暦年間の宰相〕を始祖とし、明末および南明政権における福建官界の重鎮）との道縁を中心として、青年期の彼が福州城内およびその近郊に住まう居士（在家仏教信徒）といかに交流したかを例示した。

## 第三章「在来二大禅宗との交流」

第三章では六節に分かち、来日後の高泉がわが国の在来二大禅宗、すなわち、臨済宗・曹洞宗との間にいかなる交流を展開したかを論述した。第一節「高泉以前の黄檗教団の在来二大禅宗との関係」では、平久保氏および大桑斉教授の先行研究に拠りつつ、妙心寺教団（室町時代以来の日本臨済宗における主流派）と隠元率いる新来の黄檗教団との反目の歴史を概観した。

第二節「妙心寺との関係修復」では、高泉によって妙心寺教団中の一部有力者との間に限ってではあるが、ひとまず和解が成立したことを関連詩文の上に跡付けた。

第三節「非妙心寺系諸派との交流」では、主として高泉が英中玄賢（?～一六九五）・剛室崇寛（一六二七～一六九七）の二人に接近した背景について考察した。両師ともに南禅寺の有力者である。高泉の彼らとの交流は、元禄年間以降活発化しており、いわば彼の晩年に当たっている。恐らく高泉は、自己亡きあとの黄檗教団が五山中の最高位たる南禅寺教団と親交することで、妙心寺（非五山系の上首）からの圧力に抗することに望みをつないだのであろう。

第四節「曹洞宗僧侶との交流」では、主として桃水雲渓（一六一二～一六八三）との交流について取り上げた。桃水は今日一般には「乞食桃水」の名で知られており、住職の座を捨てて京都で乞食同然の日々を過ごしながら和光同塵の生涯を全うしたとされる。高泉はこの桃水から琛洲道祐（?～一七〇六、『紀年録』編者）ら二人の弟子を託されており、その死に際しても葬儀を執り行っている。

## 第四章「教宗諸師および儒者との交流」

第四章では、七節に分かち、禅宗以外の在来諸宗（教宗）の高僧と高泉との交流について、関連詩文および法語に拠りつつ概観するほか、高泉と道縁のあった儒者との交流についても一瞥した。第一節「一乗院宮真敬法親王」では、高泉と親交のあった真敬（一六四九～一七〇六、興福寺内の一乗院門跡、後水尾上皇第十二皇子）がいかに黄檗禅を摂取・活用したかを概観した。

第二節「真言律宗諸師との交流」では、泉涌寺を中心とした真言律宗諸師の高泉との道縁を概観した。高泉の意識においては、明末仏教界の思潮を承けて、戒律（律宗）は禅宗と教宗との双方に通ずる、双方の僧尼がともに学ぶべきものであった。この点、泉涌寺は唐招提寺のような純然たる律院ではなく、禅宗をも併せ学ぶ伝統を有しており、高泉にとってはひときわ親近感を催させる存在であったものと見られる。

第三節「真言宗僧侶との親交」では、京都東山智積院の学僧として知られた運敞（一六一四～一六九三）、および来日後まもない高泉が二本松で相識ったと見られる雲堂（一六二九？～一六九二）を中心として、高泉の真言宗僧侶との親交について概観した。

第四節「浄土律僧侶師弟との道縁」では、京都郊外の真宗院（浄土宗西山派）を中興した龍空・性憲（一六四六～一七一九）師弟との交流を中心に、高泉の浄土律僧侶との交流について考察した。なお、浄土律とは、念仏に勤しみつつ、持戒堅固の生活を送ることを目指す近世日本浄土宗の思想運動を指す。

第五節「儒者との交流」では、まず柳川震沢（？～一六九〇頃）の高泉訪問を取り上げた。この人物は木下順庵の門人であり、荻生徂徠に先駆けて明代古文辞学派（李攀龍・王世貞ら）の著作を研究したことで知られる。高泉はその現存する詩文に見る限り、儒者が仏教を研鑚することや、教えを乞うて自己のもとを訪ねることをすこぶる歓迎していた。ただしその一方で、あくまでも仏教が儒教の上位に立つものとする考えを堅持しており、また、儒者が日頃理想と仰ぐ三代の礼楽も、その実、今や仏教寺院の中にのみ保存されており、支配者（幕府、諸藩藩主ら）はまず仏教を擁護することによってこそ、同時に儒家的理想の具現者ともなり得るという見解をつねにいだいていたのである。

## 第五章「『黄檗清規』の背景」

第五章では、五節に分かって、高泉を事実上の制定者とする『黄檗清規』が在来各宗派へ及ぼした影響について考察した。第一節「明末戒律復興運動に関する先行研究」では、荒木見悟博士・江燦騰博士（台湾）の先駆的研究に依拠しつつ、雲棲袾宏（一五三五～一六一五）・湛然円澄（一五六一～一六二六）・憨山徳清（一五四六～一六二三）ら明末の高僧が住職地の寺の綱紀粛正を通じて具現した戒律復興運動を概観した。巨視的には黄檗宗の持律禅も、この運動のわが国における延長線上に立つものである。

第二節「初期黄檗教団における戒律制定の動き」では、長谷部幽蹊教授の先行研究に依拠しつつ、明末戒律史上における『黄檗清規』の位置を考察した。

第三節「同時代の清規・戒律主義者への影響」では、まず臨済宗および曹洞宗からの『黄檗清規』に対する反応や影響を概観した。ついで、高泉自身の弘戒活動（戒律を中核とする教化活動）を概観した。高泉は福建での青年僧時代から、僧俗さまざまの人々に対し盛んに戒殺と放生を呼びかけている。両者は元来、表裏をなす善行であるが、来日後の彼は、とりわけ後者に熱心であった。

## 第六章「苦行の実践と日本への導入」

第六章では、全体を六節に分かち、黄檗教団がどのような形態の苦行をわが国の仏教へもたらしたかを考察した。第一節「中国仏教に見る苦行」では、まず聖厳法師（台湾）・川勝守教授らによる主要な先行研究を概観した。

第二節「焼身供養の諸形態」では、高泉の門人たちに的を絞り、彼らが師・高泉からの感化のもとに実践した種々の焼身供養について考察した。例えば了翁道覚（一六三〇〜一七〇七）は指を燃やしており、これは近現代の中国仏教においてもしばしば実行例を認める。また、九山元鼎は掌に油を盛り、そこにともした火を忍ぶという苦行を実践している。

第三節「経典血書の実践」では、高泉自身が生涯を通じて度々取り組んで苦行・経典血書について考察した。まず中国仏教における血書の起こりを『大正新脩大蔵経』中に求め、これが宋代以降の仏教界で一般化したことを知り得た。ついで詩文を中心とする高泉自身の著述中に自己と他者の血書を語った作例を求めた。これに拠れば、高泉は十三歳にしてほぼ同時に父母を喪うという悲劇に際会しており、その傷心は彼が生涯にわたり父母追善を期した血書行を実践するうえで大きな原動力をなしたものと思われる。

第四節「掩関の実践」では、黄檗教団でしばしば行われた苦行・掩関について考察した。これは通常三年をめどに一室に籠って参禅・念仏、もしくは経典研鑽に専念する行である。中国では明代後期以降一般化し、今日でも台湾ではしばしば実行者を見る。高泉自身は実行の機会をついに得なかったものの、知人の黄檗僧や自己の門人中の敢行者を激励する法語や詩文をいくつか残している。

## 第七章「高泉の文字禅」

第七章では、全五節に分かって、宋代以降の禅宗を風靡した思潮「文字禅」に対する高泉の二律背反的な態度について考察した。第一節「徳洪『石門文字禅』の成立と後代への影響」では、北宋の徳洪覚範（一〇七一〜一一二七、初名は「恵洪」）に始まる「文字禅」の歴史について概観した。一般に不立文字を原則とする中国禅宗であったが、宋代以降教養豊かな士大夫層との交渉が深まるにつれて、禅僧も詩偈の才能を磨き、文字言語をもって、続々と参禅する士大夫を教化することが不可避となった。前出・徳洪の詩文集『石門文字禅』（全三十巻）は、そうした思潮の代表的所産ともいうべき作品を多数収録している。

第二節「明末禅宗における文字禅への評価」では、明末に至って『石門文字禅』が再度脚光を浴びた経緯を考察した。同書再評価の一翼を担ったのが、達観真可（一五四三〜一六〇三）である。達観は同書のみならず、徳洪の他の著作をも重刻しており、かつ、それぞれの版本へ序を寄せて自己こそが徳洪の正統的後継者であることをほのめかしている。

第三節「法語・詩文に見る高泉の文字禅観」では、高泉が具体的にどのように徳洪を讃嘆しているかを概観した。来日後の高泉は高僧伝編纂に取り組んだ際、徳洪の『禅林僧宝伝』に構想上大いに負うている旨、自ら言明している（「続扶桑禅林僧宝伝跋」）。したがって、年とともに徳洪敬慕の念を強めたものと見るのが妥当であろう。ただし、彼はまた、自己の門下のうちに、「文字禅」の美名に隠れて詩賦の道に耽り、禅僧の本分を顧みなくなる者が漸増するという事態にも直面しなければならなかった。これに対する慨嘆をも、彼のいくつかの作品のうえに徴した。

第八章「高泉の僧伝編纂」

第八章「高泉の僧伝編纂」では、八節に分かって高泉の高僧伝編纂の過程とその文化史的意義について考察した。

第一節「先行研究」では、『大日本仏教全書』解題巻所掲の鏡島元隆・平岡定海両博士による先行研究を取り上げた。高泉の手に成る四種類の高僧伝のうち、『扶桑禅林僧宝伝』・『続扶桑禅林僧宝伝』・『東国高僧伝』については、両博士の研究は今も依然最も詳細である。しかしながら、今般初めて影印・出版される『東渡諸祖伝』（全二巻）については、『仏書解説大辞典』ほか主要な仏典解題にはなお関説を認めない。本書は鎌倉期を中心とした来日中国禅僧の列伝であるが、わが国はもとより、中国にあっても類書の存在は極めて限られており、日中文化交流史上注視すべき文献である。

第二節「黄檗列祖の僧伝編纂」では、費隠通容（一五九三～一六六一、隠元の本師）の『五燈厳統』に始まる黄檗教団の高僧伝編纂の歴史を概観した。

第三節「高泉による僧伝の概要」では、まず福建時代の『獅子巌志』編纂に始まって、高泉が僧伝作者として経験を積んだ歩みを概観した。本節の大半は、『扶桑禅林僧宝伝』（禅僧列伝）、『続扶桑禅林僧宝伝』（同上）、『東国高僧伝』（非禅僧列伝）の順に、それぞれの書の特色を挙げることに費やされた。

第四節「卍元師蛮の黄檗僧観」では、日本仏教における本格的な僧伝編纂の再開という点で高泉に先を越される形となった卍元師蛮（一六二六～一七一〇）が、主著『本朝高僧伝』の随所で執拗に繰り返した、高泉をも含む黄檗僧への侮蔑的怨恨を例示した。高泉は彼から相当量の史料を借り出し、同じく禅僧たる彼よりも早く『扶桑禅林僧宝伝』を公表した。これによって高泉は、わが国仏教界にあって実に数世紀ぶりの高僧伝編者という栄誉を得たのである。

第五節「同時代の僧伝への直接的影響」では、運敞（前出）の『結網集』、高野山の寂本（一六三一～一七〇一）

の『野峯名徳伝』、そして、戒山慧堅（一六四九〜一七〇四）の『律苑僧宝伝』を中心に、彼らが高泉編纂の高僧伝に依拠した点や模倣した点について考察した。

## 第九章「高泉六言絶句の研究」

第九章では、全体を十節に分かち、高泉がその生涯を通じ終始強い愛好を示した詩形・六言絶句について、その禅林文芸史上における地位を中心に考察した。第一節「六言絶句に関する先行研究」では、松浦友久博士および『中国文学大辞典』に見る呉小平氏による先行研究に拠りつつ、この詩形の歴史を概観した。

第二節「宝誌の六言詩とその信憑性」では、六朝時代までの中国仏教史上において現存最多の作例とされる伝説的な名僧・宝誌の六言詩作品について考察した(作品はすべて古体詩。唐代以前は絶句はなお誕生していない)。高泉も、そして彼が尊敬していた北宋の徳洪（前出）も、それぞれ複数の宝誌関連の詩文を残している。ただ、両者ともに宝誌の作とされる、一連の六言詩については何ら言及していない。

第三節「北宋・徳洪の六言絶句への熱意」では、『石門文字禅』巻十四「六言絶句」の部について考察した。総計九十首に達し、中国禅宗史上、一個人の手になった作例としては、恐らく最大級のものと見られる。高泉の徳洪および『石門文字禅』への傾倒は生涯にわたるものであったから（本稿第八章既述）、同書の六言絶句の部が高泉の六言絶句実作に際し、重要な手本とされたであろうことは疑いを容れまい。

第四節「明末における六言詩専集の成立」では、楊慎（一四八八〜一五六二）編集の『六言絶句』の概要を中心に、『万首唐人絶句』（宋・洪邁原編、明の趙宧光・黄習遠改編）、徐師曽『文体明弁』など明代に成立した六言絶句専集、もしくは六言絶句の部を有する総集を概観した。

第五節「明末禅宗の六言詩製作」では、明末清初禅僧の六言詩作例について考察した。ついで、隠元が製作した該当作例について考察した。順治五年（一六四八）以降に隠元が製作した六言連作「小渓又詠」は、その当時福建一帯で盛行していた箕（乩）仙信仰にかかわるものである。福清黄檗山にあっては、六言絶句が神異な存在との交信の手段とされた形跡がある。なお、「箕（乩）仙」とは元来、霊媒師が呼び出した仙人を指し、これがトランス状態に陥っている霊媒師に乗り移って種々の予言を行い、霊媒師が手にした筆がわりの桃の枝を介して砂上に種々の予言的な詩句を記すものとされているのである。

第六節「高泉六言絶句の概観」では、まず詩文集『一滴草』に見る作例を概観し、高泉がまだ福建に住まっていた青年の頃から盛んにこの詩形による作品を残していたことを確認した。ついで、『仏国詩偈』巻六「六言絶句」の部（計百六十一首）、および『洗雲集』巻四「六言絶句」の部（計七十二首）の全作例を表にまとめ、これに連作・単作の分類を施した。高泉は晩年に至るまで六言絶句を愛好し、元禄八年（一六九五）八月、旅先の宿で重い病に罹った際には死を覚悟して六絶による遺偈を製作してさえいる（結局、このときはなお持ち直し、この遺偈はその本来の用途を発揮できなかったが）。

第七節「運敞『瑞林集』に見る六言絶句受容」では、詩文の友として高泉ととりわけ深い道縁を有した運敞の六絶製作について、その『瑞林集』巻二の「六言絶句」の部（全十首）を中心に考察した。

第八節「中国禅僧の遺偈に見る六言詩」では、六言詩によって遺偈を作った僧が皆無ではなかったこと、いな、むしろ、著名な僧（例：南宋の宗暁）もこの詩形による遺偈を製作しており、高泉がそれを目にしたであろう可能性も小さくないことを明らかにした。

## 結論の概要

結論では、まず本稿の題目に用いた「影響」という言葉の語義について、福井文雅博士著『道教の歴史と構造』に見る定義に拠りつつ、考察を加えた。結論から先に言えば、現代の黄檗宗および他の諸宗派に現存すると否とを問わず、高泉がわが国の仏教界へもたらした思潮、とりわけ高僧伝と『黄檗清規』は、以後相当期間にわたって、今日でもそれとわかる変化を他宗派へ及ぼしており、「影響」と評するに値している。

すなわち、高泉による高僧伝編纂は、真言宗・律宗における宗派別高僧伝の編纂を招致した。また、『黄檗清規』は、同じく禅宗である曹洞宗に加え、大通融観（一六四九～一七一五、出家以前、高泉に参禅）による中興以降の融通念仏宗において、これをほぼ忠実に模倣した清規（いわゆる『檀林清規』）の成立を招致した。さらに、「燃頂」や「掩関」といった苦行は、のちの黄檗教団をも含めたわが国仏教界へは、結局のところ定着を見なかった。けれども、高泉の法孫の代（例：九山元鼎）の頃までは、なおしばしば行われていたのである。高泉は、彼自身が平素度々敬慕の意を露わにしていた明の袾宏や宋の徳洪の再来としての生涯を全うし、袾宏に倣ってはわが国における戒律の復興を、そして徳洪に倣っては本格的な高僧伝の編纂と「文字禅」の鼓吹とを成し遂げたのであった。

終わりに、本稿で用いた高泉の著述は、『大日本仏教全書』所収の三種の高僧伝を除けば従来一般に流通しておらず、閲覧も容易ではなかった。けれども幸いにして平成二十六年（二〇一四）春に至り、『高泉全集』全四冊として晴れて影印・公刊のときを迎えた。平成十七年（二〇〇五）春に学位を得た本稿の初稿では、原典からの引用に際し、故・平久保章氏が原本へ一葉ごとに書き入れられたノンブルを用いざるを得なかったが、今般の修訂刊行に際しては、ことごとくこの『高泉全集』に見るそれへと改めた。その過程において、あるいはいくつかの誤謬を犯すことを免れなかったかと憂慮される。記して大方の御指教を仰ぎたい。

## 附録の概要

附録として「高僧伝の細目」を掲げた。これは本論第八章で取り上げた高泉編纂の計四種の高僧伝について、とりわけ各篇篇末の「賛」（『東国高僧伝』では「系」と称する）に注目し、高泉の日頃の主張が比較的鮮明に打ち出されているものに関しては、備考欄でその旨を指摘した。ここにいわゆる「高泉の日頃の主張」とは、禅宗史上、戒（持）律禅、孝道の宣揚、戒殺や放生の勧めといったものである。これら「賛」は、近代以前の外国人（東アジア系）僧侶の目に映じた日本仏教観として、質量ともに恐らくは空前のものであり、今後も機会あるごとにさまざまな角度から一層の分析を加えたく思う。

（※註）本篇の初稿は、『早稲田大学大学院文学研究科紀要』第五十一輯第一分冊（二〇〇五年度）「博士論文概要」の項に収録されている。同号一七八～一八三頁、平成十八年（二〇〇六）。今般、本書刊行に際し、多少の手を加え、冒頭に掲げた。なお、本書初稿のフルタイトルは、「明末仏教の江戸仏教に対する影響――高泉性潡を中心として――」である。多少表示法を異にしてはいても、製本された初稿を所蔵する国会図書館および早稲田大学図書館にあっては、いずれもこのフルタイトルにて目録（蔵書データベース）に掲載されている。しかしながら、今回単行本として世に出すに際しては、副題に見える「潡」の字が作字容易でなく、出版社・印刷所双方の負担となりかねないことに鑑み、多少の遺憾を覚えつつも、副題全体を削除することとした。読者および右記図書館の蔵書データベースを利用される各位に対しては、ここに謹んで御諒承を仰ぎたい。副題は削除したけれども、形式と内容との両面において、本書がその初稿と著しく内容を異にするものではないことを、ここに言明させて頂く。

# 明末仏教の江戸仏教に対する影響

# 序論

## 序論の構成

冒頭に掲げた「本書の概要」と一部重複するが、まず、以下の「序論」では、本稿全体の構成と本論各章（全九章）の要旨を略説したうえ、これまでの黄檗宗研究について、日本・中国大陸・台湾・アメリカの順に概観し、そのうえで高泉の人格・教養の形成において、また、黄檗宗史上においても大きな役割を果した、いわゆる「黄檗三祖」の略伝を掲げる。「黄檗三祖」とは、隠元隆琦《いんげんりゅうき》（一五九二～一六七三）に加え、その二大門人として知られる木庵性瑫《もくあんしょうとう》（一六一一～一六八四）・即非如一《そくひにょいつ》（一六一六～一六七一）の二人を指す。

## これまでの黄檗研究（一）日本

黄檗宗の日本伝来は、臨済・曹洞の両宗に比すれば新しく、それだけに従来のわが学界においては、専門的研究はあまり活発でなかった憾みがあった。日本仏教の伝来から維新までの全体像を提示された画期的労作としては、辻善之助博士（一八七七～一九五五）の『日本仏教史』が挙げられるが、同書の近世篇之三[1]は、黄檗宗伝来から萬福寺第七世・悦山道宗《えっさんどうしゅう》（一六二九～一七〇九）の頃までの古文書を豊富に収集・整理のうえ、黄檗宗がわが国に根付くまでの過程が明示されている。同書はまた、黄檗宗に対し好悪様々の感情をいだいた他宗僧侶（主として禅宗）の声を、原典ともども幅広く紹介しており、本稿もまた大いに依拠したところである。

しかしながら、昭和四十八年（一九七三）の黄檗山での文華殿開館は、関係資料の閲覧を辻博士の時代に比して各段に便利ならしめており、黄檗宗と他宗との交渉に関して、少なくとも黄檗宗側の史料は一層の充実を見ている。そして、その裨益を蒙った宗門内外の研究者が、筆者をも含めて、それぞれの成果を年刊の『黄檗文華』誌上に発表しつつある。同誌が名実ともに宗門第一の研究紀要となったのはしかし、発刊二十周年を記念する第一一四号（平成六年［一九九四］）からのことであり、それ以前も注視すべき論攷に富んではいたものの、紙幅に制限されてなかなか十二分に成果公表の実を挙げ得なかったように私見される。

ところでおよそ一つの宗派の歴史を研究するうえで人名辞典の存在は不可欠であるが、黄檗宗の場合には、幸いにして昭和六十三年（一九八八）、林雪光（故人）・加藤正俊・大槻幹郎の三氏の労作にかかる『黄檗文化人名辞典(2)』の刊行を見、簡にして要を得た本文の記述に加え、巻末附録の詳細な法系図が公にされることで、研究者に多大の便宜を提供している。

ただ、この辞典に名の見えない僧侶（多くは十八世紀以降の和僧［日本人僧侶］）に関しては、その人物が活躍した寺の寺史か、その寺がある市町村の市史（および町史・村史）に徴せざるを得ない。戦後の地方史研究の進展は、もとより目を瞠るものがあるが、幕藩体制に多分に依拠していた黄檗宗の場合、維新後には廃寺となった事例が少なくなく、また、寺院文献の常として、原典資料ではしばしば、寺号でなく山号で記されることも多く、僧伝研究や寺院史研究には他宗に倍する困難が伴う。

幸い竹貫元勝教授が、右記『人名辞典』刊行からさして年をへない平成二年（一九九〇）、労作『近世黄檗宗末寺帳集成(3)』を公刊された。その解説によって、黄檗宗がわが国に定着するまでの過程が一層明らかにされ、附録の「末寺帳記載寺院一覧表」によって、山号のみにて記された寺院がどこの地方のどの寺であり、明治以降も存続したか否かがわかるようになった。

こうしていわゆる工具書が具備されたことにより、研究は飛躍的に進展しつつある。平久保章氏（一九一一〜一九九四）の超人的かつ先駆的な研究ぶりについては、第一章第一節で別に述べたい。明治以降、戦後に至るまでの間にも、むろん少なからぬ人々が黄檗宗研究に志し、それぞれ相当の成果を遺している。ただし多くは雑誌論文である。そのため、西尾賢隆教授が先年「黄檗宗関係雑誌論文目録(4)」を作成され、その中で明治二十八年（一八九五）の鷲尾順敬博士「(隆琦)隠元禅師」に始まって昭和五十四年（一九七九）の永井政之教授「明末に生きた禅者達――費隠通容による五燈厳統の成立――」に至るまで九十点弱の論攷を列挙・提示された。

一九八〇年代以降の同種の目録を作成し、かつ近年文華殿から刊行された『黄檗文華索引目録　第1号〜第126号』(平成十九年（二〇〇七））を通覧することによって、近代以降の黄檗研究は、各市町村の歴史文献に散見される寺史・僧伝研究を除いて、ほぼ俯瞰できるものと考えられる。

## これまでの黄檗研究（二）　中国大陸

解放後の中国にあって、黄檗宗の伝来及び日本での定着に関して最も体系的な叙述をなしている著作としては、まず楊曾文氏（一九三九〜）『日本仏教史(5)』に屈指すべきであろう。中国社会科学院世界宗教研究所にあって宗教研究の権威としてご活躍の楊氏は、同書第五章「徳川時代の仏教」で第三節として「各宗の布教と教育及び教義研究（原題：各宗的伝教、教育和仏学研究）」を立て、その中の一項として「隠元隆琦と黄檗宗」を設けている。内容は多く隠元の伝記に充てられ、木庵・即非そして高泉について述べるところは、甚だ少ない。

この点、同書に若干先立って刊行された劉毅氏の『悟化的生命哲学――日本禅宗(6)』では、主に戦前の村上専精博士『日本仏教史綱』に負いつつも、日本黄檗宗の略史や宗風を概説している。頁数の上からしても、楊氏『日本仏教史』を凌いでおり、とりわけ劉氏が「二甘露門と高泉性潡」と題して一節を割き、木庵・即非（以上、二甘露門）・高泉の果たした役割を詳論しているのは、黄檗宗、とりわけ高泉一代の禅風を単純に「禅浄双修」と規定している点を差し引いても、解放後の中国にあっては最初の本格的な日本黄檗宗概説として注視するに値するのではないだろうか。

日清戦争以降、黄檗宗の故地・福建省は、当時衰えつつあった中国仏教にあってなお牙城としての地位を保っており、その対岸の台湾が日本統治下に入ったために、例えば臨済宗の梅山玄秀師（台北臨済寺開山、戦前までは臨済宗妙心寺派の台湾別院であった）のように、我が国の禅僧にして同地に遊学する者も見受けられたが、この点に関しても、黄檗宗は臨済宗の後塵を拝する状況であった。宇治市の黄檗山萬福寺から派せられた参詣団が、祖山たる福清黄檗山に登拝したのは、大正も既に後期の大正十二年（一九二三、民国十二年）のことであった(7)。

そもそも日本伝来以来、黄檗宗は基本的に幕藩体制に依存しており、したがって維新後は萎靡せざるを得なかった。同じく佐幕派の真宗大谷派が、蓮如以来の基本財産ともいうべき門徒、および派中の進歩的知識人らからの物心両面の支持で速やかに新時代への順応を成し遂げ、のみならず上海・潮州といった中国本土への布教にもある程度成功したのとはおよそ対照的に、黄檗宗の場合は、日本での健在ぶりを故地・福建に知らしめることさえ、なかなか思うに任せなかったのである。したがって、中国本土の学者が日本黄檗宗に注視するのは、中国自体の解放後の事情も相俟って近年にまでずれこんだのも、やむを得なかったと言えよう。

ごく近年に至って、『福建宗教史(8)』・『福建対外文化交流史(9)』あり。前者は陳支平教授を主編として、厦門大学の研究者らが、一方、後者は林金水教授を主編として、福建師範大学の研究者らが、それぞれの得意とする分野について執筆している。隠元門下の東渡及び、来日後まず長崎に住まった彼らを物質面で支援した清国商人や渡来中国人（通事）については、前者では王栄国教授並びに湛如法師（閩南仏教学院教授）が、後者では謝必震教授が、それぞれ執筆している。

前者はごく簡略な叙述であり、その多くを梁容若氏の論攷「隠元隆琦与日本文化」（梁氏『中日文化交流史稿』所収、筆者未見）に負うている。一方、後者は比較的詳細な叙述で、多く木宮泰彦博士の先行研究に負うているが、いかなる理由によるものか、木宮博士の『日華文化交流史』では触れられていた上洛後の隠元らの足取りや高泉の略伝について、ほとんど触れていない。この点すこぶる惜しまれるけれども、隠元門下と長崎在住中国人との関係を有機的に捉えている点は、前出の楊曾文氏・劉毅氏の著作にはなおなき長所と言えよう。

同じく九七年には、厦門大学・王栄国教授の『福建仏教史』（註（8）参照）が刊行を見た。同書は、王教授が先行の『福建宗教史』で様々な制約から言い尽くせなかったことを大々的に増補している。巻末に附された「福建現存的主要寺院」は、多くの福建方志から出典を明示しつつ叙述されており、隠元らの来日以前の作品に頻出する福建諸寺院の沿革を知るうえで役立つ。ただ、こと隠元東渡に関しては、遺憾ながら『福建対外文化交流史』と同工異曲と評せざるを得ない。

以上三文献の通弊としては、竺沙雅章博士以来すでに四十年以上の歴史を有する我が国の福建仏教史関連の――とりわけ禅宗史関連の――研究成果（詳細は第二章第一節に譲る）が、註釈および参考文献目録を見る限り、まったく参照されていないことである。三文献が共通して依拠している『黄檗山志』（隠元が独往性幽に編纂せしめたものを初刊本とする）は、その実、明清交替期の成立なるがゆえに様々な問題点を孕んでいるが、これを究明した林田芳雄教授の先行論文もまた、三文献ともに少しも参照された形跡なく、ここに重大な欠陥を認めないわけにはゆかない。

台湾にあって黄檗宗は、五十年にわたる日本統治時代に同地に末寺を有しなかった。それがために、日本仏教各派中、最も台湾現行の仏教に近い諸儀礼を有しながら、黄檗宗の存在は、なかなか一般の台湾人の間には知られなかったのである。

この地において、最初に本格的な隠元研究としては、林麗秀氏がものされた論攷「日本黄檗宗祖隠元禅師研究(10)」を挙げるべきであろう。本論攷は、民国六十五年（一九七六）、台北市・中国文化大学日本研究所（「研究所」とは我が国の大学院に相当）に修士論文として提出された。七章から成り、隠元の生涯中の主要な事跡を追い、その意味付けを図っている。

十二年後の民国七十七年（一九八八）、同じく文化大学の史学研究所へ、これも修士論文として翁秀芳氏の「隠元禅師研究(11)」が提出された。こちらは単に隠元の事跡を追うのみならず、明末清初という独特の時代背景にも注視しつつ、その思想にまで立ち入った論述をなしている。

ただし、さきの劉毅氏が高泉の禅風を「禅浄双修」と規定したのと同様、翁氏もまた隠元が禅のみならず、「兼ねて浄土の法門をも弘」めたとしている点、筆者は異議なきを禁じ得ないが、林氏の先行論文と並んで両論攷が台湾における有数の隠元研究としての地位をなお保っていることは疑いを容れない(12)。

さらに十三年をへた民国九十年（二〇〇一）、陳水源博士『隠元禅師与萬福寺(13)』が刊行を見た。五〇〇頁を超える巨冊であり、主に美術的方面から、萬福寺と長崎市内現存の末寺とに伝存する文化財を紹介しているが、隠元に関しても、その年譜（中国成立の一巻本と我が国で増補された二巻本とがある）全文を採録している。惜しむらくは、印刷の過程で少なからぬ誤植を呈しており、著者・陳氏は当時なお大阪の台湾政府海外機関に奉職しておられたために――だからこそ、宇治・萬福寺へは容易に幾度も足を運ぶことができたのであるが――十二分に訂正を加えることができなかったことである。

陳博士の巨冊も含めて、台湾におけるこれまでの黄檗宗研究は隠元どまりという感が強かったのであるが、最近では中央研究院中国文哲学研究所の廖肇亨博士が、木庵の研究、とりわけその富士山を詠じた特色ある一群の詩歌について、所見を公表された。題して「木庵禅師詩歌中的日本図像――以富士山与僧侶像讃為中心――」という(14)。廖博士は東京大学にて明末仏教詩社の研究によって博士号を取得されており、今後さらに即非や、高泉といった隠元の後継者の詩歌について知見を開示されることと期待される。

## これまでの黄檗研究（四）　アメリカ

周知のごとく、米国の日本・中国仏教に関する研究は、質量ともにそれぞれの本国に引けを取らない。黄檗宗に対する同国学界の関心は、日本臨済宗・曹洞宗・浄土真宗に比すれば決して高いとは言い難い。しかしながら近年、ハワイ大学の Helen J.Baroni 教授（女性）が労作'*Obaku Zen:the emergence of the third sect of Zen in Tokugawa Japan*'(15)を公刊された。女史は日本黄檗宗の歴史・思想について、中国仏教との関連性を踏まえつつ、極めて詳細に論述している。

本書巻末の文献目録の多くは、黄檗宗自体よりはむしろ中国・日本の禅宗にかかわる一般的な内容のものが多いが、それぞれの著者は日本・中国・欧米諸国にわたっており、われわれが今後海外で黄檗宗関連の研究発表を行う際には、この目録のローマナイズ方式は拠るべき軌範を提供してくれよう。

また現在、アメリカから来日した青年研究者ジェームス・バスキンド氏（現名古屋市立大学准教授）が、京都市の国際禅学研究所にあって、黄檗宗関係の欧文研究文献を集成・閲読のうえ、目録化され、先年（平成十六年夏）、その第一弾が、「黄檗に関する欧文の研究文献」と題して『黄檗文華』第一二三号誌上に公表された（掲載号三六三〜三六五頁）。同氏のこの仕事の遅滞なき完了が、切に念ぜられる。

以上に申し述べたところは、すでに十年以上も前の平成十六年（二〇〇四）秋までの概況である。今般本書を公刊するに際し全面的な増補を行なおうと考えたものの諸般の事情で果たせず、後日の機縁を待ちたい。ここではただ、久しく大谷大学に学ばれた林観潮氏が学成って帰国ののちは、故郷福建の廈門大学哲学系にあって、引き続き地の利を活かしつつ日中双方の黄檗山研究に勤しみ、『黄檗文華』をはじめとする日中両国の学術刊行物にその成果を続々と公表されつつあること、バスキンド氏もまた、引き続き日本にあってまずは九州工業大学、ついで名古屋市立大学に奉職されつつ、黄檗宗を核とする禅文化一般の研究に邁進されつつあることを記しておくにとどめたい。林教授の成果が取りまとめられた近年の二冊の専著は以下の通り。㈠『隠元隆琦禅師』、『福建歴代高僧評伝』叢書所収、廈門大学出版社刊、二〇一〇年。㈡『臨済宗黄檗派与日本黄檗宗』、北京市：中国財富出版社刊、二〇一三年。

## 黄檗三祖の略伝

本稿の主題は高泉性潡であるが、高泉を論じるに先立ち、日本での黄檗宗弘教のいしずえとなった隠元隆琦・木庵性瑫・即非如一について簡単に触れておきたい。三師ともに中国福建省の生まれであり、木庵・即非の場合は第二章第二節で触れるような良師を求めて行脚の日々もあったけれども、ともに主たる修行の場を福建省福清県の黄檗山萬福寺（別名：福清黄檗・古黄檗・唐黄檗）としている。

隠元（一五九二〜一六七三）については、すでに相当量の研究書・論攷が発表されているが⒃、日本黄檗宗、その実、明末の臨済宗は、彼によってわが国に伝えられたのである。福州府福清県、すなわち、現在の福州市郊外に生を享けている。隠元の出家は、二十九歳（以下、歴史的人物に関してはすべて数え年を用いる）と比較的遅かった。その遅さを自覚してか、鋭意参禅にうちこみ、崇禎六年（一六三三）、四十二歳にして、費隠通容（一五九三～一六六一）の法を嗣《つ》いだ。本師・費隠は明末臨済宗の重鎮として知られるが、隠元は実は、世代を同じくする費隠とともに、法系上は師翁（法祖父）にあたる密雲円悟（一五六六～一六四二）にも参じており、密雲の激しい、一見暴力的とさえ思える接化を忍び、開悟をめざしていた。

費隠からの付法後は、明末清初の動乱の世にあって、よく黄檗山を護持したが、やがて長崎在住の華僑集団からの招聘を受け、三年の期限で帰国することを本師・費隠並びに福清黄檗山の弟子・信徒らに告げて東渡した。ときに順治十一年（一六五四）、わが承応三年、隠元六十三歳のことであった。さまざまの因縁あって、朝廷・幕府・熱心な大名信徒（いわゆる黄檗大名）からの相当な帰依を受け、日本に永住することとなり、将軍家綱から山城国宇治郡大和田村の地を与えられ、ここに故国と同一の山号・寺号の巨刹を建立した。これが今日の黄檗宗大本山である。

次に木庵（一六一一～一六八四）は、即非と並んで隠元門下の二甘露門と称され、数ある嗣法の門人らの中でもとりわけ大きな働きを示した。順治七年（一六五〇）、四十歳にして隠元の法を嗣ぎ、生地・泉州にもほど近い象山恵明寺に住持していたが、同十二年（一六五五）、すなわちわが明暦元年渡来し、前年来日していた本師・隠元を長崎興福寺に省した。しばらく長崎にあって、東上した隠元に代わって現地の華僑社会のために仏事を執り行っていたが、寛文元年（一六六一）、宇治の黄檗山（別名：新黄檗）開創とともに隠元のもとで寺基の充実に務めており、同四年（一六六四）、隠元が松隠堂に隠居するとともに第二代の住持となった。以後、延宝八年（一六八〇）に慧林性機に住持を譲るまで、朝廷・幕府・外護の大名および旗本らとの関係を強化させつつ、伽藍興隆に鋭意した[17]。

即非（一六一六～一六七一）は、隠元とは同郷の福州府福清県の人で、崇禎六年（一六三三）、十八歳にして福清黄檗山で出家。その後、同十二年（一六三九）からは、臨済・曹洞両宗の善智識を訪ねて諸方を行脚し、ふたたび帰山してからは隠元のもとで修行に励んだが、順治七年（一六五〇）、寺の裏山から起こった火事で仮死状態に陥り、これを機縁として大悟徹底、翌八年、三十六歳にして隠元から付法された。同十四年（一六五七）、わが明暦三年に渡日したが、宇治黄檗山の住持となることはなく、むしろ長崎および小倉を主たる活動の地とした。小倉藩主・小笠原忠真からの帰依のもと、同地に福聚寺を開創した。実に寛文四年（一六六四）、四十九歳のときである。同寺の開創は、黄檗宗の地方展開に一つの重要なモデルを提供したと言い得よう。それまでは宇治の本山のほか、長崎のいわゆる唐三箇寺（崇福寺・興福寺・福済寺）をよりどころとして、主として在留華僑のために仏事を執り行っていたのが、黄檗宗の携えた明末中国文化に心酔する複数の大名の外護を得て、次第に全国各地に黄檗宗寺院が建立されるに至った。それゆえに宇治黄檗山では彼を準歴代（住職）に列し、常に敬仰の対象としているのである[18]。

具体的には即非の福聚寺開創を第一声として、まずは城下町に、外護大名の菩提寺が黄檗宗寺院として建立され、ついで、開発されてまもない新田地帯に、既成宗派との競合を避ける形でまた寺院が開創されるに至った。前者の代表例が小倉福聚寺であり、萩東光寺である。一方、後者の代表例としては、三鷹市の禅林寺（太宰治墓所あり）が挙げられよう。今日、黄檗宗寺院を比較的よく見かける地は、多くの場合、城下町の中のいわゆる寺町か、かつて新田として十七世紀中期以降から開発された地であるが、それには、こうした背景が存在するのである。

隠元・木庵・即非は、書道のうえでも、その独特の書体が「黄檗様《よう》」の名で珍重されており、これによって「黄檗三筆」の称も生まれたが、本稿では初期黄檗教団の指導者という意味合いから、「三筆」ではなく、「三祖」の称に拠りたい。

註

(1) 岩波書店刊、昭和二十九年(一九五四)。
(2) 思文閣出版刊。
(3) 雄山閣出版刊。
(4) 『禅学研究』第六一号、昭和五十七年(一九八二)。
(5) 杭州:「浙江人民出版社刊、一九九五年九月。
(6) 瀋陽:遼寧大学出版社刊、一九九四年八月。
(7) 王栄国教授『福建仏教史』「福建仏教史大事記」、同書四二六頁。一九九七年、厦門大学出版社刊。
(8) 福州:福建教育出版社刊、一九九六年。
(9) 福建教育出版社刊、一九九七年。
(10) 国家図書館所蔵番号:731 036M76-6
(11) 国家図書館所蔵番号:620 036M88-7
(12) 筆者は民国九十三年(二〇〇四)三月以降現在に至るまで、依然として閲覧の機会をなお得ずにいるが、両論攷の概要は、『仏教相関博碩士論文提要彙編(1963～2000)』二〇七～八頁の関連項目によって知ることができる。本『彙編』は書名に提示された三十七年間の台湾における仏教関連の博士・修士論文のほとんどすべての概要を掲げている。嘉義県竹崎郷:香光尼衆仏学院図書館編、嘉義:香光書郷出版社刊、民国九十年(二〇〇一)。また、両論攷を実見された陳水源博士からの教示に拠れば、いずれも平久保氏らわが国の研究者の所見を紹介するにとどまり、取り立てて注視すべき新見解は見当たらないという。
(13) 台中:晨星出版刊。
(14) 『第二届日本漢学国際学術研討会会議論文集』所収、二一五～二三四頁、国立台湾大学日本語文学系刊、民国九十二年(二〇〇三)」。

(15) *University of Hawai'i Press, Honolulu, 2000.*

(16) 本稿では、主として平久保章氏『隠元』に拠った。吉川弘文館刊、『人物叢書』所収、昭和三十七年(一九六二)。主要な関連文献を博捜のうえ、達意の文章でその生涯を描いている。その後、平久保氏の研究成果を踏まえつつ、能仁晃道師(曹洞宗僧侶)は『隠元禅師年譜』を公表された。同書では日本側資料に加えて、中国側の文献をも博覧、隠元の中国時代について、『年譜』二巻本および一巻本の訳註という形で、新知見を提示されている。京都:禅文化研究所刊、平成十一年(一九九九)。『年譜』原文を平明な日本語に訳出した成果が、三鷹市禅林寺住職・木村得玄師の手になる『隠元禅師年譜[現代語訳]』である。春秋社刊、平成十四年(二〇〇二)。惜しむらくは木村師の訳筆は、二巻本にのみ留まっている。中国で編まれた一巻本は、最後まで清の年号を用いず、南明の元号・永暦で通すほか、二巻本では削除された民間道教関連の記事(すでに亡い南明の忠臣が隠元に詩を贈る)を載せるなど、独特の視点に立っていることがうかがわれ、明末宗教史の貴重な資料をなす。木村師の訳筆が今後一巻本にも及ぶことが期待される。

(17) 以上、主として『黄檗文化人名辞典』に拠った。

(18) 同右。

# 本論

# 第一章　高泉の伝記と著述

# 序節（本論全体の構成および本章の概要）

以下、「本論」では、九章を費やして、日本黄檗宗第五祖・高泉《こうせん》性潡《しょうとん》禅師（一六三三〜一六九五、以下、「高泉」と略称。かつ隠元禅師ほか上古諸師については敬称を略す）が江戸仏教に対しもたらした思想上、文学上の貢献について検討する。

本書冒頭に掲げた「本書の概要」といくぶん重複するが、以下、各章の主旨は、まず第一章「高泉の伝記と著述」で、高泉の主要な事蹟と著述の内容とを概観し、いわゆる黄檗《おうばく》三祖《さんそ》（隠元・木庵・即非）から彼が継承した側面と、彼自身が確たる信念に基づいて新たに切り拓いた側面とに目を向けたい。第二章「渡日以前の思想的系譜」では、高泉が生を享けた当時の福建仏教を概観し、そののち、彼が特に深い道縁を結んだ高僧について触れておきたい。

第三章以下第六章までは、計四章を費やして、高泉が来日後、その幅広い交遊を通じて、我が国に定着せしめんと努力した明末仏教の諸思潮について、彼の著述を主たる資料として究明する。

まず第三章「在来二大禅宗との交流」では、我が国在来の二大禅宗、すなわち臨済・曹洞の両宗に対し、新来の黄檗宗を代表する学僧たる彼が、どのような態度で臨んだかを探りたい。

ついで、第四章「教宗諸師および儒者との交流」では、黄檗宗が体現した明末仏教における「教禅一致」の思想を、高泉が教宗（非禅宗諸宗）各派に得た有縁の道友らに対し、どのような形で宣揚したか、著述に依拠しつつ究明したい。具体的には真言律・真言宗・浄土律の僧との交往について考察する。また、柳川震沢ら同時代の儒者との交流について附説し、彼の儒仏一致論の実際について概観したい。

第五章「『黄檗清規』の背景」では、明末に至って澎湃として興った、いわゆる「戒律復興運動」の思潮を、高泉が『黄檗清規』においていかに具現化し、かつ、同『清規』が我が国在来の諸宗に及ぼした感化について、いくつかの具体例（融通念仏宗の『檀林清規』ほか）に基づいて究明したい。

第六章「苦行の実践と日本への導入」では、それまでの日本仏教にはほとんど事例を聞かなかった経典血書・掩《えん》関《がん》・戒疤《かいば》といった種々の苦行を、高泉が自ら修し、人にも勧めていた事例を考察したい。

第七章「高泉の文字禅」では、明末に至って興起した、いわゆる「文字禅」の思潮と、その背景をなす徳洪（北宋の禅僧）再評価の機運とを、高泉がその詩文集『洗雲集』を中心としていかに自己の血肉となしたかを考察する。

第八章「高泉の僧伝編纂」では、一般に高泉のわが仏教界への最大の貢献とされる僧侶列伝編纂事業について、諸先学がなお指摘されていない若干の特色を報告したい。

第九章「高泉六言絶句の研究」では、日中両国の中国語文言詩（いわゆる漢詩）史上、恐らくは質量ともに余人を遠く凌ぐ高泉の六言絶句製作について、それが近くは明末における六言絶句専集編纂の流れを汲んでいるとともに、遠くは北宋・徳洪（前出）の詩文集『石門文字禅』における六言絶句集成を範としていることを究明したい。

さて本章では、高泉の伝記と著述とについて概観する。この概観によって、江戸初期の黄檗教団における高泉の位置と、彼がそこで果たした役割とを明らかにし、そのうえで第二章以下の各章において、より踏み込んだ考察を加えたい。あくまでも概観であるが、その過程において、次章以下で取り上げる諸問題の所在を逐一指摘しよう。考察の主たる基礎とする資料は、去る平成二十六年（二〇一四）三月に黄檗山萬福寺文華殿から刊行された、全四巻から成る『高泉全集』である。同書は平久保章氏（本章後出）が編纂・校訂した本文および索引を基礎としつつ、同氏が部分的に未完成のまま世を去られた「総索引」（第Ⅳ巻所収）などのいくつかの部分を増補したものである。その概要は以下のとおり。

第Ⅰ巻　語録篇

高泉禅師語録（二十四巻本語録）

仏国大円広慧国師語録（二巻本語録）

黄檗高泉禅師語録（四巻本語録）

黄檗大円広慧国師遺稿（全七巻）

黄檗大円広慧国師遺稿（全一巻、七巻本の補遺）

大円広慧国師広録（十五巻本語録）

このうち、二種類の『遺稿』は厳密には「稾」字を用いているが、本稿では通行の字体に拠った。同書の全七巻から成る正編は、語録に加え多数の詩偈をも収録しており、研究者によっては第Ⅱ巻に収録するのを妥当と見る向きもあろうことを特に指摘しておきたい。

第Ⅱ巻　詩文集篇

法苑略集（全五巻）

一滴艸（全四巻）

仏国詩偈（全六巻）

洗雲集（全二十二巻）

翰墨禅（全二巻）

喜山遊覧集（全一巻）

常喜山温泉記（全一巻）

冒頭に収録された『法苑略集』は、厳密には「畧」字を用いているが、本稿では通行の字体に拠った。終わり二つの『喜山遊覧集』と『常喜山温泉記』とはいずれも有馬温泉入湯の際の紀行詩文集である。

第Ⅲ巻　編著・年譜・行状篇

釈門孝伝（全一巻）

曇華筆記（全一巻）

山堂清話（全三巻）

東渡諸祖伝（全二巻）

扶桑禅林僧宝伝（全十巻）

続扶桑禅林僧宝伝（全十巻）

東国高僧伝（全十巻）

高泉和尚雑話（全一巻）

大円広慧国師紀年録（全二巻）

黄檗第五代高泉和尚行実（全一巻）

黄檗高泉和尚末後事実（全一巻）

『高泉和尚雑話』は、厳密には「禖」字を用いているが、本稿では通行の字体に拠った。また、『大円広慧国師紀年録』（全二巻）と『黄檗第五代高泉和尚行実』（全一巻）とは底本（昭和七年影印刊行）では同一冊に収録されているが、編著者を異にしており（前者は道祐、後者は元章）、元来は独立した文献であったものと見られる。

第Ⅳ巻　解説・索引篇

（解説）

【解説】高泉禅師語録類の解題（大槻幹郎）

【僧伝】高泉禅師について（松永知海）

【年譜】高泉禅師年譜（田中智誠）

（索引）

冠首索引

準冠首索引

総索引

索引は、隠元・木庵・即非の三祖それぞれの『全集』に倣って編まれた平久保氏苦心の成果であり、まず「冠首索引」は詩偈、法語、賛、序跋、記、祭文、銘、聯など各種の文体の著作について、書き出し部分を集めたものである。次に、「準冠首索引」とは、法語を対象とし、その中でも上堂、示衆、機縁、拈古といった、法語の中でも王座的地位を占める形式のものに関して、書き出し部分に続く最初の語句を集めたものである。そして総索引は、高泉の著作全般にわたってそこに見る主だった仏教用語、固有名詞を中心とする語彙を集めたものである。平久保氏の作成されたカードは、他の三祖それぞれの同種のものに同じく精緻を極めたものであったが、惜しむらくは高泉の最大の詩文集たる『洗雲集』と、『遺稿』補巻とに関連する諸項目が全く収録されておらず、これが筆者をも含む編纂委員会メンバーを悩ませ、増補のための相当の時間を費消する結果を招いた。ようやく出来上がった総索引は、三祖それぞれの全集に見る総索引に比して作品別の細分を行っておらず、これを補訂することは他日を待つほかはなき現状である。ともあれ、黄檗宗僧侶の中でもとりわけ多才であった高泉の著作は、これでひとまず概観することが可能となった。

## 第一節　先行研究

### 平久保氏の業績

高泉の事蹟並びに思想について、近代以降最も精緻な研究を進めておられる先学としては、まず平久保章氏（一九〇九～一九九四）に屈指すべきであろう。隠元・木庵・即非のいわゆる黄檗三祖の『全集』(1)は、同氏多年の研究の集大成であり、また、その著書『隠元』(2)は、隠元の生涯のみならず、初期黄檗教団の歴史を概観するうえでも、現在なお必須の文献である。平成十六年（二〇〇四）以降順次刊行される『高泉全集』は、実に同氏がそのほとんどを独力編纂された。

### 大槻氏の研究

ついで、現に研究に従事されている方として、大槻幹郎氏（昭和三年［一九二八］生）に屈指すべきであろう。大槻氏は、平成十一年（一九九九）発行の年刊『黄檗文華』第一一八号以降、「黄檗語録に見る加賀・越中」との題下に、逐次成果を公表されつつあるが、氏の研究によって、高泉の加賀献珠寺での活動ぶりや、同地での外護者・横山家の系譜が明らかにされつつある。大槻氏はまた、『黄檗文化人名辞典』（以下、『人名辞典』と略称）(3)の三人の執筆者の一人として、また、中国の学者との共編に係る『旅日高僧隠元中土来往書信集』(4)の日本側編者としても知られており、その研究領域の広さに関して、平久保氏亡きあとは全く餘人の追随を許さないものがある。

今般（平成二十六年〔二〇一四〕三月）ようやくにして刊行を見た『高泉全集』にあっても、同氏が右記『黄檗文華』に連載された成果が、「【解説】高泉禅師語録類の解題」の題下に、その第Ⅳ巻（解説索引篇）冒頭に集大成のうえ、掲載を見た。本章および次章に掲げた主要な高泉伝および高泉の著作について、筆者は筆者自身の目に映じた発見を叙述したものの、一見したところ、すでに大槻氏のこの労作あるがゆえに、「屋上　屋を架す」との批判を免れまい。ただ筆者は、書誌学的な方面に関しては、あくまでも大槻氏の記すところを仰ぎ見つつ、大槻氏の叙述が比較的手薄な方面について新たに所見を記したつもりである。

### 研究未発展の背景

主要な文献資料が鎌倉市の平久保邸、並びに黄檗山中の文華殿にのみ格護されていたために（一部の語録・詩文集は東京・駒澤大学図書館にも架蔵）、高泉研究は黄檗三祖の研究に比すれば著しく停滞していた。しかしながら、今般の『全集』刊行に伴って、この才気溢れ、かつは慈愛に富む禅者の存在は、いよいよ世に知られてゆくことであろう。

## 第二節　高泉の略伝

### 第一項　主要な伝記資料

高泉の伝記資料中、彼の門下生および知友が編纂に関与した、一級資料と認定すべき文献としては、以下の三種類が挙げられよう。いずれも返り点・送り仮名が附刻されている。

**（一）『仏国開山大円広慧国師紀年録』**（略称：『紀年録』）

門人琛州道祐（「道清」の名も用いる）が編纂。上下二巻からなる、最も詳細な年譜である。宝永三年（一七〇六）一月成立、翌四年十月刊行。編者・道祐は撰述を終えてのち、同じ月の月末に示寂した(5)。原本の版木をもとに、昭和七年（一九三二）、伏見仏国寺（高泉開創）から再摺本が刊行されている。

**（二）『黄檗第五代高泉和尚行実』**

全一巻。高泉示寂（十月十六日）からまもない元禄八年（一六九五）十二月の成立で、編者は門人の雲宗元章である（以下、法諱「元章」を用う）。刊記を欠いており、正確な刊年は未詳。その内容は前出『紀年録』の基礎をなす。元章の名は、『人名辞典』所載の法系図中に見当たらないが、法諱の系字「元」から、法孫と知られる（直弟子の系字は「道」）。黄檗文華殿事務局主任・田中智誠師の教示に拠れば、元来は高泉の門人・了翁道覚（一六三〇～一七〇七）の門人であり、黄檗山における了翁の廟所・天真院にはその具名（フル・ネーム）の刻まれた石碑が伝存するという。元章自らが語るところに拠れば、高泉に近侍すること二十年に及び、師の語る中国語をほぼ解したという(6)。本書もまた昭和七年（一九三二）の再摺本があり、同じく仏国寺の刊行である。

### (三)『高泉和尚末後事実』

全一巻。附録として高泉の「遺語」と、葬儀に際しての「南岳悦山和尚仏事法語」とを収める。前者は高泉が病躯をおして江戸から宇治へ帰る途上、小田原宿でしたためたものであり、後者は彼の同輩・悦山道宗（一六二九～一七〇九、黄檗山第七代）が撰述し、葬儀に際し実際に読み上げられた。本文は、高泉示寂から二日後の元禄八年（一六九五）十月十八日、門人の月峰道喜（一六四〇～一六九七）が撰述。月峰は金沢藩の重臣・横山家の出身で、延宝九年（一六八一）に高泉から嗣法、実家の経済的基盤を背景として、その五年前の延宝四年（一六七六）には金沢に明法山献珠寺を建立している。「末後事実」という篇名からも知られるように、主として示寂前後のことを中心に取り上げている（見舞い客・病状・遺偈作成状況など）。黄檗三祖それぞれに『末後事実』が伝えられており、この状況について平久保氏は、「江戸時代に黄檗宗では半ば慣行的に（引用者註：「末後事実」が）板行されていた時期があり、約十五種類の末後事実が現存している」と指摘されている(7)。

これら文献（主として『紀年録』）に依拠しつつ、『黄檗文化人名辞典』の高泉の項が立てられている(8)。高泉が唐僧（中国人僧侶）であることからして、中国語に明るい林雪光師が初稿を執筆、他の二氏（加藤教授・大槻氏）が補訂を加えられたものであろう。全体的にすこぶる要領を得ているが、微瑕としては、本『辞典』の他の項目と同様、本文中に西暦が全く附記されておらず、元号・西暦対照表示もなされていないことである。

## 第二項　高泉の主要な事蹟

### 幼少期

本項では、主として『紀年録』に拠りつつ、高泉の主要な事蹟を概観したい。高泉は明末の崇禎六年（一六三三）十月八日、福建省は福州に生を享けた。俗名は知られていないが、俗姓は林氏である。九人きょうだいの五男で、出家者としてはほかに妹の惟孜がいる。父・茂高は仏教信仰篤く、菜食者であった。そのため、高泉が九歳にして出家の願望を口にしたときも反対はせず、それならば参禅に励むべきだとして、六祖慧能開悟の故事を語り聞かせた(9)。明朝滅亡の翌年（順治二年、一六四五）、その父は十三歳になった息子・高泉の願望を実現してやるべく、家からも遠からぬ黄檗山に赴いた。そして実弟の、高泉にとっては叔父にあたる無住隆宓（一五八九〜一六七一）に会見し、ときの住職・亘信行弥（一六〇三〜一六五九）ともども息子を善導されたし、と乞うたが、帰宅後病を発して世を去った。のみならず、その病気が伝染病でもあったためか、直後に妻・趙氏（すなわち、高泉の母）も世を去った。

一時に両親を喪った彼は、まもなく黄檗山で出家した。すこぶる不幸な形で年来の願望の実現を見たといえよう。このとき、外祖母の勧めで、父母の追善のために「毎日、紙を製して、金銀として仏を念」じている。これは外祖母が、「金銀を製して念仏するときは則ち、亡者乃ち受用するを得」ると語り、高泉もまた「之を深く信」じたためである(10)。

これはいわゆる「寄庫」の習慣であろう。台湾および東南アジアの華人社会で今も一般に見かけ、金紙・銀紙を製造したうえ、それらを燃やして冥界の先祖へ「届け」、供養するというものである。明末の福建で少年期を過ごした高泉も、かかる民俗習慣を既に行っていたことが知られよう。なお、黄檗入門後の高泉は、亘信離任後まもなく隠元が再住したのに際会（順治三年／一六四六）、以後、右記の無住と並んで隠元をも師と仰いでいる。なお、受戒して正式に僧侶となったのは、彼十九歳の順治八年（一六五一）のことである。

### 青年期

かくて、修行の合間には周辺の景勝の地に遊び、後年の詩文の才能を培ったものと見られる。順治九年（一六五二）には、福州郊外の葉進晟(11)邸に遊び、ここで二人の箕仙（何九真［号：紫雲］・陳無煙）を請じており、前者に対しては与えられた詩に次韻している(12)。いかなる方法によって「招仙」したのか、関連文献を博覧したうえで推定すべきではあろうが、明らかに道教のいわゆる「請箕仙」（降神術）とおぼしい。『紀年録』の該当条文を見よう。

師二十一歳。一日邑中葉太史家請二箕仙一。會紫雲何九真降。題レ詩以寄レ師曰。「一日路傍今世業。三生石上舊因緣。令三人欲説二仝窗話一。又恐無レ因不レ可レ前。」其末書云。「我與兄為紫雲舊友。生成道骨怕墜塵寰。故作レ此以寄。」師得レ詩和一之曰。「丹臺碧洞渾忘卻。那省曾修二香火緣一。多謝故人情義重。令三予特地憶二生前一。」又陳無煙箕仙亦贈偈。有「圖中一因君知否。向後移レ花待二雪開一」之句。見者莫測二其旨一。師云「此仙人懸讖。時至方知也」。

やがて隠元が順治十一年（一六五四）、わが承応三年、日本に赴いたので、高泉は新たに黄檗山に晋山した慧門如沛（一六一五〜一六六四）に師事した。この慧門は、順治三年（一六四六）に隠元から嗣法している。以後、慧門のもとで参禅弁道に勤しみ、かつ、以前に変わらず福州城内の居士ら（仏教信徒の士伸を指すが、彼の場合は多く明末および南明政権の地方官・挙人［郷試合格者］）と詩社を通じて方外の交わりを結んでいた(13)。

後年、『洗雲集』自序でも述べているように、当時の黄檗山では、修行僧らは農作業に追われ、読書・学問の時間が得がたかったが、生来吟詠を好んだ彼は、風景の美に触れ、心に叶うものがあるたびに、それを詩歌に詠じていた[14]。二十七歳の順治十六年（一六五九）には、自身未嗣法ながら、すでに英巌道行を出家・得度せしめた[15]。順治十八年（一六六一）、隠元を福清黄檗山に呼び戻すための使者として、日本に赴くことが決定し、師・慧門から付法されている[16]。

**渡日前後の状況**

ただ、付法に際し、六祖慧能や隠元の場合に見るような師僧との偈頌の応酬（および応酬を通じての悟境提示）は、『紀年録』に拠る限り認められない。また、付法に先立ち、前年に行われた師との禅問答についても、隠元ら黄檗三祖の年譜に比すれば、記録するところ決して多くはない[17]。『紀年録』順治十七年条の関連部分は、左に掲げるような、すこぶる簡略なものである。

師二十八歳。師常看二無夢無想主人公話一。久之不レ決。因問二慧和尚一曰。「無夢無想時。必竟主人公在二甚麼処一。」慧曰。「偏界不二曾蔵一。」師于二言下一領旨。自レ是。雖レ不レ疑二言句一。但機思猶覚二遅鈍一。一日随レ慧入二清斯法兄寮一。師曰。「此事某知レ之甚明。只逢二人借問一。無二句可一レ答。」慧劈面一掌曰。「是有句無句。」師乃礼拝。不レ覚失声曰。「従上諸祖。天下老和尚。総是白拈賊。」慧曰「汝今日始瞥地也」。清兄在レ傍曰。「泉兄今日喫二一掌一。通身慶快。」師曰。「且喜老兄瞥地」。

のちに日本における文字禅の第一人者となった高泉の事蹟としては、いかにも精彩を欠いており、すこぶる意外の感を禁じ得ない。この点について、中尾文雄師（一九一〇～二〇一四）の論攷「黄檗宗での嗣法について」に徴したところ、黄檗宗にあっては「開悟を主とした日本臨済宗の開悟嗣法（引用者註：「開悟即嗣法」の意であろう）とは異なって、その人格、師弟間の親しさから、また特別な事業を成し遂げた点から嗣法の弟子となられた方もある。隠元に於ける大眉（性善、一六一六～一六七三）、木菴に於ける鉄眼（道光、一六三〇～一六八二）の如きはそれで、頓悟の折りに印可を与えると思われる日本臨済禅とはいささか違っている」という(18)。

これに拠れば、渡日を前にしてのいささか慌しい付法こそは、中尾師のいわゆる〈特別な事業を成し遂げた点から〉――ヨリ厳密にはこれからまさに成し遂げんとする点から――なされたものであり、大蔵経（いわゆる鉄眼版）刊行の大志を言明した鉄眼へ、師の木庵が付法したのと同質のものと言えるのではなかろうか。ただ、中尾師に拠れば、付法に際しては必ず「依嘱の語」と払子とが師僧から授与されるというが(19)、それらが現存するかどうかは未調査であり、また、前者に関しては『紀年録』に引用・掲載なく、奇異の念を禁じ得ない。今後の課題としたい。

四月一日に福清黄檗山を辞した高泉は、未発性中（一五九七～一六六三?）・曉堂性収（一六三四～一六六六、弢玄道収とも）・柏巖性節（一六三四～一六七三）・惟一道実（一六二〇～一六九二）の四人の同行者とともに日本へ向かった。長崎到着は六月のことである（順治十八年［一六六一］は、わが寛文元年）(20)。

しばらく同地の崇福寺に滞在し、住職・即非のもとで引き続き参禅弁道に勤しんだが、九月に至って東上し、その年五月に開創されたばかりの宇治黄檗山に入り、隠元に再会した。隠元はすでに帰国の思いを断ち、伽藍建造の指揮と黄檗禅宣揚とに日々従事しており、高泉も入山匆々にして隠元の教化を補佐することとなった(21)。

### 教化の本格化

高泉自身の我が国における教化活動(22)は、三十三歳の寛文五年(一六六五)以降、本格化している。この年、いわゆる黄檗大名の一人で、奥州二本松藩主の丹羽光重(玉峰居士、一六二一～一七〇一)(23)が、国許に甘露山法雲院を開創、高泉を住職に招聘している。

二本松では、渡日後最初の本格的な著作『釈門孝伝』を執筆(翌年刊行)、明末以降の仏教の特色たる儒仏一致の思潮、とりわけ、僧侶も実の親への孝道を重視すべしとする思想を宣揚したが、実例として挙げられた孝僧(親孝行な僧侶)の中には、隠元をはじめ鉄牛・超宗師弟ら日中双方の黄檗宗関係者が散見され、さりげなく自派の宣伝をなしている。また、恐らくは『元亨釈書』に拠ったものと見られるが、我が国僧侶の孝行(智泉・祈親・栄好ら)も取り上げられ、日本仏教史への関心がすでにこの当時から萌芽していたことが認められる。

翌寛文六年(一六六六)には黄檗山に帰ったが、時あたかも後水尾法皇(一五九六～一六八〇、譲位後、慶安四年[一六五一]出家)から隠元へ舎利下賜のことあり、隠元の命を受けて「舎利記」を撰述したほか、龍渓性潜(一六〇二～一六七〇)を介して、法皇の嘱を奉じ「十牛頌」(童子と牛とを描いた十幅の絵画により、禅境の進化を表現する「十牛図」へ寄せた偈頌)をも製作した。法皇にまつわる一連の詩文製作によって、いよいよ文名を高めたものと思われる。寛文七年(一六六七)正月には二本松にあり、四月に至って『曇花筆記』を脱稿(同十一年[一六七一]刊)。

これは主に、経典と禅籍を読んで心にかなった故事の概要を掲げた上、評語を付したもので、その故事というのも、戒殺《かいせつ》(殺生を戒める)に関するものが多い。八月には黄檗山に帰り、翌八年(一六六八)には、山内に法苑院を開創した。同院はいわゆる禅寺の塔頭(大本山内の小寺院)であるが、遺憾ながら現存しない。

以後、ここで徒弟の育成に鋭意するほか、折々寄せられる宗門内の先輩・同輩および他宗学僧からの序跋撰述の嘱に応じ、また、隠元（山内の松隠堂に隠棲）・木庵（寛文四年［一六六四］、黄檗山第二世就任）の教化を助けた。このほか、真言律の大家で東山・泉涌寺長老の天圭照周とは寛文七年（一六六七）に、同じく東山は智積院にあって真言教学振興に鋭意していた運敞（一六一四～一六九三）とは同十二年（一六七二）に相識っている。

さらに、奈良・興福寺内一乗院（明治維新後、廃滅）の門跡・真敬法親王（一六四九～一七〇六、後水尾法皇第十二皇子）とも、同じく寛文十二年（一六七二）に出会っており、後年の教化活動の基盤をなす交遊関係は、この頃までにほぼ整ったものと見るべきであろう。

## 増えゆく著作

同時期の著作として寛文十年（一六七〇）には『山堂清話』全三巻を撰述している（同十二年［一六七二］刊）。同書では、明末禅門の逸話や、郷里・福建での仏教関連の見聞が、平易な文章で綴られている。地方色の豊富な点を除けば、雲棲袾宏の『竹窓随筆』に相通ずるものを覚える。高泉は同書中巻で「閲㆓雲棲大師語㆒」の条を立て、「数日大師（袾宏）の語を閲せずんば、厳師の策発無きに似たり。身心に懈怠なることを覚えんに、必ず時々に披閲すれば、則ち惕然として倦を忘る。諸仁に勧め奉る、斯の道に志有る者は、大師の語を閲せざるべからず」と激賞している(24)。また、『竹窓随筆』は、『緇門崇行録』・『正訛集』と並んで袾宏の啓蒙的著述中、青年期の高泉が最も好むところであった(25)。

寛文十三年（一六七三）、隠元が示寂、祭文撰述その他、木庵による葬儀執行を側面から補佐した。また、隠元によって綱格の示された『黄檗清規』二巻を、木庵の監修をへて完成している。九月には金沢在住の門人・月峰道喜（前出『末後事実』の撰者）からの招聘で、月峰が同地に開創した心空庵に赴き、法を説いているが、時の藩主・前田綱紀（一六四三〜一七二四）をはじめ、多数の僧俗が争って参聴したという。

延宝三年（一六七五）六月、後水尾法皇の八十歳の誕日に際し、『扶桑僧宝伝』全二十巻を奏進、法皇から大いに嘉賞された。分量から推して、短期間で出来上がるものとは考えられず、法務の合間を縫って執筆・編纂したことであろう。この年一月にはまた、『東渡諸祖伝』全二巻も完成を見ている。こちらは日本に禅宗を伝えた中国人僧侶の伝記のみを収録しているが、内容上の関連性からして、前記『禅林僧宝伝』と同時に執筆・編纂されたものと見られよう。翌四年（一六七六）七月には、再度金沢に赴き、同地に新たに開創された献珠寺に晋山した（滞在一ヶ月にして帰山）(26)。

### 仏国寺の開創

四十六歳の延宝六年（一六七八）には、伏見の山上にあった永光寺の故地に仏国寺を開創した。元来は一信徒が高泉ではなく、その第一の弟子・雷州道亨（一六四一〜一六七八）に寄進したものであったが、雷州自らは監院（副住職）に居り、開山として宇治から師・高泉を迎えたのである。実際の開山は和僧（日本人僧侶）であるが、開山としては唐僧（中国人僧侶）を戴く――という点で、黄檗宗寺院にはしばしば見受けられる開山形式である。仏国寺の場合は、それに加えて、久しく廃滅して名のみとなっていた寺（永光寺）を復興するという形式に拠りつつ、実質上の新寺建立を成し遂げた点が、黄檗宗寺院の開山形式として典型的な部類（いわゆる「古跡復興寺院」）に属していよう(27)。

幕府は初期黄檗教団に対し終始好意的・庇護的であったが、それでも、地方への展開・新寺建立に際しては、すでに成立後久しい寺社関係の種々の法規に制約され、新来の黄檗宗は相当な苦戦を強いられたのである。高泉もまた例外ではなかった。ともあれ、仏国寺では日ごとに工事が進み、京都・大坂一帯では、一般の人々の間でも話題になったもののようである(28)。しかしながら、来日以来、終始高泉の右腕としてその教化を助けた雷州（和僧、京都の石河家出身）は、この年の暮れに示寂し、高泉（ときに四十六歳）は大きな悲痛を味わったのであった。

延宝八年（一六八〇）九月、隠元ら初期黄檗教団に対し終始外護を惜しまなかった後水尾法皇（一五九六〜一六八〇）が崩じ、伏見から上洛、拈香している。ただ、ときの天皇（霊元）・上皇（後西）は、ともに亡き法皇の皇子であり、朝廷の高泉に対する種々の寵遇は以前に変わることはなかった。この年二月には、黄檗大名の一人・青木重成（摂津麻田藩主、一六二四〜一六九三）の招請で、仏日寺（大阪府池田市）に住した。ここでの高泉は、大掛かりな説法（開堂）はせず、もっぱら限られた僧俗の弟子を対象に法を説くのみであった。そして、宗門内外の諸方から寄せられる偈頌や序跋の作成依嘱に答え、弟子を教導しつつ、天和二年（一六八二）、高泉は仏日寺で五十歳を迎えた。この間二年、法務の暇には大蔵経を閲している。同年二月、仏国寺へ帰山した。

貞享二年（一六八五）、高泉は、亡き法皇が龍渓性潜（一六〇二〜一六七〇）から伝えられていた法を、法皇の遺嘱に基づいて適任者を捜したうえ、晦翁宝暠（一六三五〜一七一二）に伝えている。翌貞享三年（一六八六）に至って、いわゆる「代付事件」として問題化したが、最終的には高泉の言い分が認められている。貞享四年（一六八七）には『東国高僧伝』全十巻を脱稿（翌五年［一六八八］刊）。ほぼ同時期（貞享三年〜五年）に、前出『禅林僧宝伝』の続編たる『続扶桑禅林僧宝伝』（全三巻）をも完成させている。後者の刊行はかなり遅れ、示寂二年前の元禄六年（一六九三）に至ってようやく刊行を見た。

元禄二年（一六八九）八月、三たび、金沢献珠寺に赴き、藩主以下の歓迎を受けているが、僅か半月の滞在期間に、諸方からの依嘱で法語および偈頌を製作すること百余篇に及んでいる。また、彼の代表的な詩文集である『洗雲集』

全二十二巻は、この年に編纂された（翌元禄三年［一六九〇］刊）。ちなみに、『紀年録』中には記載を見ないが、福建時代から来日直後までの詩文を中心に収録する『一滴艸』（全四巻）は貞享四年（一六八七）に成立（同年刊）(29)。福建時代に加えて来日後、黄檗山内法苑院に落ち着くまでの詩文を収録する『法苑略集』（全五巻）は、ずっと以前の寛文十二年（一六七二）の成立（同年刊）である。

そして、『仏国詩偈』（全六巻）は、序（高泉）・跋（編者で門人の道清・道発）中に詳細な成立年代を認めないもののの、その刊行は貞享二年（一六八五）のことである。同書では、題目にいわゆる〈仏国〉寺のみならず、法苑院（前出）で製作した詩文のうち、主要なもの九百篇を収録している。これら四集の間には、作品の重複もむろん見受けられるが、作品の取捨・配列自体に高泉の意向が相当に反映されていよう。今後の研究課題である。

元禄四年（一六九一）には『翰墨禅』（全二巻）が成った（同七年［一六九四］刊）。平久保氏の調査に拠れば、同書に限っては、彼の自序が示寂後編纂の『大円広慧国師遺稿』（全七巻）に収録されているほかは、右記四集との間に重複を見ないという(30)。貞享四年（一六八七、五十五歳）以降、元禄三年（一六九〇、五十八歳）までの、いわば脂の乗り切った時期の作品が収録されている。同じく元禄四年（一六九一）に、全六巻から成る『空中天鼓』が成った(31)。

**黄檗山への晋住とその示寂**

元禄五年（一六九二）一月、独湛性瑩（一六二八〜一七〇六）の後を承けて黄檗山第五代住職に就任、二万名もの僧俗がその晋山説法に傾耳したと伝えられる。以後は掉尾の活躍とも言うべき日々を過ごす。すなわち、同年四月には江戸に赴いてときの将軍・徳川綱吉（一六四六〜一七〇九）に謝恩した。江戸滞在中には、金沢の場合と同様、日ごと訪れる貴顕・宗門内外の僧侶と会見し、かつ、多量の偈頌を製作しては記念に与えている。元禄六～七年（一六九三～四）は、黄檗山にあって、各宗の高僧、有力檀徒らとの親睦を深めているが、もはやかつてのようなまとまった学的著述（僧伝の類）をものする時間は、職務上得られなかったもののようである。

示寂の年、元禄八年（一六九五）には四月に隠元の二十三回忌を導師として執行し、盛会裡に法会を終えた。同月々末、一月の紫衣下賜の恩を将軍に謝すべく、再度江戸に赴いたが、結果的にはこれが彼の寿命を奪った。

江戸到着は五月十日のことであったが、道中長雨のため健康を損ない、全快せぬまま二十八日に登城して将軍に謁した。御前での説法・偈頌揮毫を済ませ、一連の歓迎行事に出席したために、病状は一層悪化したものと見られる。病をおして偈頌・扁額を揮毫、見舞い客に面会しつつ、八月七日、江戸を出発、二十三日に帰山した。引き続き療養に努めたものの、弟子や信徒に対する彼の義理堅い性格は、病状を一層悪化させたもののようである。

見舞い客の多くは前出の真敬法親王をはじめとする京都近郊の高僧たちや、各地の大名からの使者たちであり、応対をゆるがせにはできなかったことであろう。また、各地の末寺からも相変わらず聯・扁額揮毫依頼が舞い込み（恐らく彼の生命が長くないと聞いて急ぎ依頼したのであろう）、その一々に誠実に応えていた。しかも、弟子の生家に不幸ありと聞くや、追善の偈頌を賦し[32]、雲棲袾宏を代表とする明末仏教の思潮「僧と為るも宜しく父母に孝なるべし」[33]を実践・宣揚している。

かくて日ごとに身体は衰弱。十月十六日未明、弟子道祐（『紀年録』編者）から遺偈を乞われ、当初は拒否していたが、たっての頼みに「者漢生来。太煞粗糙。罵レ祖呵レ仏。不レ分二白皂一。末後一句。不レ道不レ道」としたため示寂した。ときに六十三歳、法臘（受戒して正式に僧侶となってからの年数）四十四であった。その遺骨は、最も長く住した、萬福寺からもさほど遠からぬ仏国寺に葬られた。碑銘は後半生の彼と親交のあった公家・近衛家熙（一六六七～

一七三七）が宝永三年（一七〇六）に撰述している。

高泉の萬福寺住持期間は、正味四年弱であり、決して長くはないが、この間、萬福寺では浴室・総門・松隠堂（隠元の廟所）・大庫房を重建し、宗門内外から「黄檗中興」と称せられた。日中両国を通じて禅僧へしばしば追贈される徽号について言えば、宝永二年（一七〇五）には「大円広慧国師」、享保十一年（一七二六）には「仏智常照国師」をそれぞれ贈られている。下賜したのは、霊元上皇（一六五三～一七三二）である。上皇は後水尾天皇第十八皇子であり、父帝や真敬法親王（同母兄）を通じて生前の高泉ともゆかりが深かった。

以上、高泉の主要な事蹟を概観したが、本項では思想的な実践活動については十二分に述べ尽くせない。以下の各章・節・項中で必要に応じて触れてゆきたい。

## 第三節　黄檗三祖および宗内余師との道縁

### 三祖の渡日状況

承応三年（一六五四）、六十三歳の隠元（一五九二～一六七三）は日本渡来に際し、翌年帰国した者も含めて総勢三十人もの弟子を伴っていた[34]。ついで木庵性瑫（一六一一～一六八四）は、翌明暦元年（一六五五）、四十五歳にして二人の門人（慈岳定琛・喝禅道和）とともに東渡。そして、即非如一（一六一六～一六七一）は明暦三年（一六五七）、三人の門人（千呆性侒・若乙［一］超［炤］元[35]・弘永性嘉。うち、若乙は二年後に帰国）とともに、四十二歳にして来日している。

三祖のうち、最後に来日した即非は、最年少者でありながら、その実、隠元・木庵よりも早く示寂しており、しかもその主要な活躍の地は、長崎・崇福寺および小倉・福聚寺であった。しかしながら即非は、隠元から木庵への代替わりの時期に黄檗山にあって、両祖を補佐している（寛文三年［一六六三］八月～翌四年九月）。また、当時黄檗山に次ぐ初期黄檗教団の要地であった長崎の僧俗を統率し、のみならず、小倉藩主・小笠原忠真（一五九六～一六六七）を外護者として、新寺院を開創（福聚寺開創は寛文四年［一六六四］）、法兄（兄弟子）・木庵にも先駆け(36)、大名を外護者として教線を展開した。いわば、黄檗宗の地方展開における一つの規範を確立した。

彼ら三祖の来日は、室町時代初期以降久しく途絶えていた中国人僧侶の大挙来日と、それに伴う有形無形の文物の伝来とを意味しており、仏教界のみならず、当時の文化人にとっては、均しく重大な関心事となったのであった。

## 隠元直弟子としての高泉

高泉はやや遅れての来日ながら、彼ら三祖からはすこぶる信頼された。殊に隠元に対しては、中国・日本を通じて近侍した期間が正味十年を超えており(37)、その文才も手伝って、祭文撰述や『黄檗清規』編纂に際し、大いに信任された。ここで注意すべきは、高泉が本師（直接の師）・慧門如沛に親近し、師事した期間は、その実、正味六年間であり(38)、隠元への師事期間に及ばないということである。系譜上は法孫でありながら、名実ともに隠元の直弟子という彼の立場は、渡日後、教団内外における発言力を強めたものと見られ、のちに発生したいわゆる「代付問題」に際しても、初志を貫徹せしめた原動力となったものとおぼしい（本章第五節第二項後述）。

さて、『紀年録』に記すところでは、高泉の隠元への近侍ぶりは、「其の祖翁［隠元］に唐山に事ふること、先に起きて盥を進め、安を見て寝に就き、冬は則ち按摩して足を温め、夏は則ち帳席を扇いで蚊蚋の血に飽くことを知らず、偏体斑にして錦繡の如し。召に東に赴くに逮んで、晨昏定省、備さに孝敬を極む。国師［隠元］或いは不予の時と雖も、師［高泉］至るときは、則乃ち能く顔を解く。師の純誠の致す所に非ずといふこと無し。木・即の二和尚も常に之を以て讃称するなり」という誠を尽くしたものであった(39)。

一方、隠元の詩偈中にも、「喜二高泉法孫至一」(40)、「喜二高泉法孫回一レ山」(41)の二首があり、隠元が平素高泉を頼りとしていたことが、隠元自身の筆で記されている。したがって、『紀年録』に見る右記の叙述は、撰者・道祐が事実に基づかずしてもっぱら師・高泉を美化したものなどではあるまい。

隠元の詩題に「法孫」とあることからも知られるように、法系上、高泉は隠元の直接の門下ではなく、法孫であった。高泉の本師・慧門は順治三年（一六四六）に隠元から付法されており、木庵（同七年［一六五〇］）・即非（同八年［一六五一］）よりは早いから、後二師は高泉からすれば法叔に当たる。木庵・即非が高泉に寄せた詩偈は、それぞれの『全集』の総索引によってほぼその全貌を把握できるが(42)、該当作品を一覧した限りでは、隠元ほど直截に彼への親愛の念を現わした作品は見当たらず、折々の詩歌の応酬や、黄檗山内法苑院開創を祝すといった社交上もしくは儀礼上の必要から製作されたものが多い。

一方、高泉が木庵・即非（および彼らの遺弟ら）に寄せた詩偈は、高泉の詩藻こそいかにも華麗であるものの――とりわけ二師の葬儀に関連した作品――やはり社交文書的側面が濃厚である。これは高泉が隠元に対するほどには彼ら法叔に親近する機会を長期的に持ち得なかったことを裏付けていよう。

### 慧林・南源両法叔との親交

同じく法叔であっても、来日後、比較的長寿を保ち、かつ、居住地が互いに近かった慧林性機（一六〇九～一六八一、高泉より一代前の仏日寺住職、のち示寂まで一年間黄檗山第三代）(43)・南源性派（一六三一～一六九二、摂津国国分寺［天徳山］の中興者）とは、詩文（「文」の場合、具体的には語録への序・跋）のやりとりのみならず、終始往き来があったことが、現存する該当作品から推知される。

ちなみに、教団外の邦人僧侶中、高泉と最も親しかった真言宗の学僧・運敞は、晩年、詩文集『瑞林集』を編んだ。年代順に配列された同書の詩および書簡の部では、高泉関係の詩および高泉宛の書簡に前後して、決まって慧林・南源および悦山道宗（後述）関係のそれも配列されており（特に後二師の書簡と肩を並べた例が多い）、以て運敞の黄檗宗僧侶との交遊が、以上四師を軸としていたこと、そして、運敞との交遊を通じて、高泉のその他三師（慧林・南源・悦山）との交遊も確実に深められたであろうことが推知されるのである。

自己に先立って示寂した慧林・南源のために、高泉はそれぞれ祭文を撰述し、交遊を回顧している。いかにも祭文然とした「祭二天徳南源和尚一文」[44]に比して、「祭二慧林和尚一文」のほうは、「我、師と夙寃山積、往々にして遭逢し、斧刀も劈き難し。如今瓦解氷消し、復た撞頭磕額すること無からん」[45]と、時には色をなして互いに口論したことをも率直に回顧している。

### 独湛との決裂

慧林・南源よりも、さらには高泉よりも長寿を保った高泉の法叔として、独湛性瑩（一六二八〜一七〇六、黄檗山第四世）がいる。寛文十二年（一六七二）、高泉が詩文集『法苑略集』を編輯・刊行した頃までは、互いに離れて住まっていたけれども[46]、とりたてて感情の齟齬なく、詩文の応酬もあった。『法苑略集』巻頭には慧林からの序と並んで、独湛からのそれも掲げられている[47]。ところが、貞享三年（一六八六）に至って状況は一変し、二人はついに絶交するに至ったのである[48]。

その前年、高泉は後水尾法皇の遺嘱にて、法皇が龍渓性潜から伝えられていた法を、晦翁宝嵓（龍渓門人）に伝えたが、かかる付法形式（代付）は不当だとして、「誹議の輩」が「妄りに是非を起こして、竟に旨（法皇遺旨）に忤ひ、法を滅せんと」した[49]。高泉は相手にせず、諸山の和尚も「誹議の輩」を指弾して、ひとまず騒ぎは終熄した。翌貞享四年（一六八七）秋、彼らはまたもや事を構え、幕府に訴え出たが、まもなく彼らの敗北に終わった[50]。

「誹議の輩」とは、具体的には、ときの黄檗山住職だった独湛と、その高弟で監院（副住職の）無住道立（和僧、一六四四〜一六九九）を指している。あくまでも師から弟子への面授相承こそが本来の付法形態であり、代付などは邪道だとする独湛師弟の言い分には、隠元の師・費隠通容にまで遡る教義上の根拠があり（本章第五節第二項後述）、この点、高泉のほうが不利でさえあったのだが、支援者の豊富さという点で、独湛は到底、高泉の敵ではなかった[51]。

高泉および門人（詩文集編纂にかかわるほどの高弟を指す）の独湛へのわだかまりは大きかったもののようで、元禄二年（一六八九）の『洗雲集』編纂に際しては、記念的性質の強い一部作品について、本来記されるべき独湛の名を篇題から削除して「某人」とし（「某上人」でも「某和尚」でもなく）、また、独湛が久しく止住した「初山」を中国語では類音の「楚山」に改めるという操作をすら敢えてしている[52]。ここでは一例として、「楚山開室檀越疏」を挙げよう（詳細な書誌は註（52）を参照）。

楚山地勝。早懸二識於神霊一。香水泉奇。忽湧二流於錫下一。故知因縁不レ苟。良以法化由レ人。某人見源洞徹。透二万仞之淵潭一。法眼昭明。奪二百千之日月一。卓然人品。邈爾道風。離二世網於志学之先一。性澄猶レ水。分二祖燈於而立之後一。徳重如レ山。即二萬行一以即二一心一。即二一心一而彰二万行一。智悲仝運。禅浄双修。実古之永明。今之雲棲也。愧某身臨二王事一。跡混二世塵一。屢仰二高名一。直過二山斗一。毎瞻二懿範一。不二翅雲霓一。豈期知識鴻慈。恵然肯顧。頓使二身心悦預一。良愜二所懐一。如三晦夜之獲二明燈一。類三孾児而逢二慈母一。用レ是斬レ茅択レ地。広啓二建禅坊一。一二新鐘鼓之音一。爛二発山川之色一。四来龍象。竚聴二雷声一。闔国黔黎。欽承二雨点一。旹之至矣。勢不レ可レ延。敢祈首転二法輪一。直令大弘二済道一。端二居曲彔一。接二三根一。痛棒下。奪レ境奪レ人。熱喝中。分レ賓分レ主。実際理地。雖レ曰三本無二是説一。仏事門中。不レ妨曲順二旹情一。三叩二猊台一。願垂二首肯一。

なお、三行目の、傍線を施した「某」とは、初山宝林寺に独湛を請じた旗本の近藤語石を指している。この人物のために高泉が本篇を代作したのである。

今後、独湛側の資料をも調査せねばなるまいが、高泉にとって法系上の法叔たる独湛は、少なくとも高泉自身の意識においては、同輩中の先輩（師兄）であった。すなわち、『洗雲集』において、右記のような修整を免れた高泉青年期の作品では、同輩を意味する「湛兄」もしくは「湛公」が用いられており(53)、上長に対して用いるような「湛法叔」とした例は、絶えて見当たらない。前述した「代付問題」で、高泉が終始毅然とした態度を保持し得た背景には、朝廷から黄檗大名諸家に至るまで自己がおよそ支援者には事欠かないという自信に加え、こうした独湛への同輩意識および対抗意識の存在があったものと見られよう。

ちなみに、大眉性善（一六一六〜一六七三）や、前出の南源もまた、高泉から「(師) 兄」と称されているが(54)、法系上は法叔である。彼ら三師に共通しているのは、唐僧（中国人僧侶）ながらいずれも隠元の渡日後に付法されていることである(55)。それゆえ、高泉としても隠元への近さでは彼らに比して遜色なしという自負を禁じえなかったのではないだろうか。

### 悦山・鉄牛両法弟との親交

木庵・即非の門人たち――彼らこそが高泉にとっては本来、法系上の同輩であり、かつ、付法の年次からすれば弟分（法弟）に当たる人々である。高泉は木庵門下の悦山道宗（一六二九～一七〇九）および鉄牛道機（一六二八～一七〇〇）と特に親しく、二師の五十歳・六十歳の誕生日に寄せた賀偈や、語録への序文など、それぞれ十指に余る作品が遺されている。高泉と鉄牛（和僧）とは、ともに仙台藩主・伊達綱村（一六五九～一七一九）を有力な外護者に戴き、綱村はまた、彼らからの指導のもと、参禅と偈頌づくりとに励んでいたから、高泉と鉄牛との交流が特に多かった事情もうなづける(56)。遺憾ながら、鉄牛について比較的完備した年譜があるほかは(57)、高泉との交流について、悦山・鉄牛の側から踏み込んだ研究をすることは、史料上の不備によりなお困難である。

## 第四節　主要著述の概観

本節では、高泉の主要な著述について概観しておきたい。生来詠物・詠景を好んだ彼は、福建にあっては福州城内の文人（その多くは同時に篤信の居士でもあった）からの賞賛と督励とを受け(58)、渡日後まもなく今度は隠元から度々記念性の高い文章の代作を命ぜられ、文才いよいよ向上したものと見られる(59)。

### 愛読者群の形成

かくて渡日から十五年後の延宝四年（一六七六）、四十四歳の彼の手許には、『釈門孝伝』・『曇華筆記』・『山堂清話』・『法苑略集』・『扶桑僧宝伝』など、三十余巻の著作が刊本の形で存在していた(60)。さらにのちの元禄四年（一六九〇）、五十九歳にして『空中天鼓』全六巻を刊行した時点では、「刻して世に行はるる者十有四種、凡そ九十三巻、其の未だ刻せられざる者尚ほ多し」というありさまであった(61)。高泉自身が、同書の序で「時の羶を慕ふ者、数《しばしば》来たりて殺青を請ふ。之を拒めども既に甚だしくして請益《しんえき》力めて已む無し」と述べているように、世人が彼の詩文を読みたがり、出版業者も彼らの需要に応うべく仏国寺を来訪すること、さながら蟻の大群が羊の生肉（羶）に群がるようなありさまであった。

かかる状況は、寛文十二年（一六七二）、四十歳にして詩文集『法苑略集』を刊行する以前からすでに存在している。すなわち、法叔・慧林が寄せた序に拠れば、高泉は「常に自ら其の稿を秘して刊行に即け」なかったが、「諸方の禅師の名を知る者、其の言を得んことを欲せざるといふこと莫し。率ね多く知識・故旧の処に従つて二三の草稿を鈔出す」というありさまで(62)、高泉が詩文集を公刊しなかったために、彼の作品を読まんと望む者は、高泉の知人のもとを訪れて写し取るという熱の入れようであった。

貞享二年（一六八五、高泉五十三歳）刊行の『仏国詩偈』には、道清・道発二門人の跋が掲げられているが、そこにも「京師好事の者、数《しばしば》来たりて愬ろに流通せんことを請ふ。（道）清等、終に卻くること能はず。乃ち其の要なる者を輯めて之に授けて、以て来意を塞」いだとある(63)。

詩文集に比すれば、語録のほうは専門性が高く、一般からの需要が多かったとは見られない。しかしながらそれでも、示寂後刊行の『大円広慧国師広録』（全十五巻）の凡例に拠れば、『黄檗新録』なる坊刻本の高泉語録あり、これは校閲も済ませていなかった語録原稿を高泉示寂後に許可なく遺弟らのもとから持ち出されて成ったもので、誤刻が随所に見受けられたという(64)。

宗門外第一の黄檗研究家・平久保章氏は、萬福寺文華殿および駒澤大学図書館所蔵の高泉著述を精査され、信頼できる底本を選定・複写のうえ種々の註記を記入されたのみならず、先に公刊された隠元・木庵・即非三祖の各『全集』に倣い、冠首索引・準冠首索引〈準冠首〉とは、題目を除いた最初の句を指す）・総索引を作成された。総索引にはしかし、高泉の最も重要な詩文集『洗雲集』関連の項目が収録されておらず（御老病のためその時間を得られずに終わったか）、また、詩文集『空中天鼓』が、近代以降の刊本（『黄檗叢書』）が存在するにもかかわらず、なぜ『全集』収録の対象とされなかったのか、いささか理解に苦しむ。それでも、高泉の主要な著述は、新刊の『高泉全集』によって概観できよう。

以下、第二節第二項「高泉の主要な事蹟」と若干重複するが、『全集』収録の主要な著述を概観したい。戦前刊行の『仏書解説大辞典』、そして、小川霊道師の『新纂禅籍目録』も、もとよりこれら高泉の著述について立項しているが、前者は多く簡略に過ぎ、後者もまた、小川師が奉職される駒澤大学所蔵本をもっぱらよりどころとしている傾向なしとしない。

かかる傾向は、『国書総目録』中の関連諸項目についても言い得ることである。近年刊行の仏教文献解題の中では、『日本仏教典籍大事典』(65)がとりわけ懇切である。いずれも大槻幹郎氏の執筆に係るが、遺憾ながら今般『全集』に採録された高泉著述のすべてが取り上げられているわけではなく、詩偈集としては独り『洗雲集』が取り上げられているのみである。因って本稿では『大円広慧国師広録』・『洗雲集』ほか一部文献に関しては、右記『大事典』に見える大槻氏の解説を参照したが、他はいずれも原本とそこに書き記された故・平久保氏の知見とに依拠した。

**（一）『高泉禅師語録』全二十四巻（略称：「二十四巻本語録」）**

刊記には貞享元年（一六八四）刊とあるが、実際の刊行は、翌二年（一六八五）と見るのが妥当であろう。『紀年録』

貞享二年の条に、この年「語録二十四巻を刻す」とある(66)。また、本書巻九所掲の法語では、貞享二年の「代付」のことに触れており、かつ、年代順に掲げられた法語の中にあって、その法語は「代付」(同年四月)以降の法語として掲げられている(67)。巻一所掲の慧林性機の序には、延宝九年(一六八一)との紀年あり。『全集』は文華殿本を底本としており、これは昭和四年(一九二九)に高泉の廟所たる仏国寺から、ときの住職・鈴木皓滋師が再摺・刊行された木版本である。江戸期の原本との相違点は、原本にあった三篇の序のうち、慧林のそれのみが留められ、また、同じく二篇まで掲げられていた請疏が、全く削除されていることである。目次は次のとおり。

(巻首)序文三・請疏二　(巻一)武州維摩室語録　(巻二)奥州甘露山法雲院語録　(巻三)山城州法苑禅院語録上　(巻四)山城州法苑禅院語録下　(巻五)加州明法山献珠禅寺語録　(巻六)山城州天王山仏国禅寺語録　(巻七)摂州摩耶山仏日禅寺語録上　(巻八)摂州摩耶山仏日禅寺語録下　(巻九)山城州天王山仏国禅寺語録　(巻十)問答機縁上　(巻十一)問答機縁中　(巻十二)問答機縁下　(巻十三)拈古　(巻十四)頌古・代古　(巻十五)仏事　(巻十六)法語上　(巻十七)法語中　(巻十八)法語下　(巻十九)仏祖賛　(巻二十)賛　(巻二十一)賛　(巻二十二)賛　(巻二十三)賛　(巻二十四)賛

通覧するに、高泉が隠元・木庵のいる黄檗山を辞し、宗教者として一人立ちしてからの主要な法語、および教義性の比較的高い韻文(拈古・賛など)が多数収録されていることが分かる。

(二)『仏国大円広慧国師語録』全二巻(略称:「二巻本語録」)

写本である。題目には〈大円広慧国師〉という示寂後に追贈された徽号が用いられているが、内容は天和二年(一六八二)、彼が仏日寺からホーム・グラウンドともいうべき仏国寺へ戻ってきて以降の法語を中心としており、黄檗山晋山後の法語は含まれていない。平久保氏の註記に拠れば、別名を『仏国寺語録（二会語録）』という(68)。高泉の法語は、本来散文体を主とすべき本文にもしばしばほとんど韻文を用い、また、本文には散文体を用いていても、その最後に「頌に云く」と前置きのうえ、偈頌（大抵の場合七言絶句形式を用う）を掲げている。本書所収の法語もその例に漏れないが、前出・二十四巻本のような独立した偈頌・賛の部は立てられていない。また、他の著述と異なり、本書のみは返り点・送り仮名が全く施されておらず、いささか読解に手間取る。しかしながら、余書に採られていない、本書にのみ収録された法語も少なくなく（例：弘法大師忌法語、後西上皇崩御に際しての拈香法語）、小冊ながらその価値は忽視できない。『全集』底本となった文華殿所蔵の古写本には識語を見ないが、尊経閣本には、宝永八年（一七一一）の識語を見るという(69)。

(三)『黄檗高泉禅師語録』全四巻（略称：「四巻本語録」）

元禄八年（一六九五）四月刊。この年十月に、高泉は示寂している。刊年月・版元（京都・林五郎兵衛）・刊資捐贈者（金沢の在俗弟子・宗秀）ことごとく同じでありながら、二種類の刊本が現存する。すなわち、駒澤大学本巻二の末尾に十丁に達する「機縁問答」を収録するが、文華殿本にはそれを欠く。その内容も、柳沢吉保（一六五八〜一七一四）との禅問答が含まれており(70)、また、まさに示寂せんとするに際し、弟子・琛州道祐と交わした禅問答も最後尾に掲げられているから(71)、恐らくはこの「機縁問答」の部のみ、高泉示寂以後に補刻されたものであろう。

いま、補刻本に拠って本書の目次を掲げれば、次のとおりである。（巻首）序一・疏三（巻一）上堂・小参（巻二）上堂・小参・晩参・問答機縁（巻三）上堂・小参・晩参（巻四）上堂・小参・晩参・仏事

（四）『大円広慧国師遺稿』全七巻（略称：『遺稿』）

平久保氏が研究資料とされた駒澤大学図書館本は、昭和十年（一九三五）に東京本郷の古書店・琳瑯閣所蔵の原本（松ヶ丘文庫に現存）を影写したものである。影写には原本の刊記が含まれておらず、正確な刊年は未詳であるが、収録作品の多くは、元禄五年（一六九二）黄檗山晋山以降に製作されたものがほとんどである(72)。いかにも「遺稿」との書名が似つかわしい。なお、同題で全一巻の補巻も現存する。

目次は次のとおりで、駒大本に拠る限り、序・跋は見当たらない。（巻一）詩偈（巻二）法語（巻三）序（巻四）記（巻五）碑銘・銘（巻六）跋・疏・祭文・書問・雑著（巻七）聯

（五）『大円広慧国師広録』全十五巻（略称：『広録』）

平久保氏が研究資料とされた駒澤大学図書館本は、昭和四年（一九二九）に、ときの仏国寺住職・鈴木皓滋師が再摺・刊行された木版本であり、刊記を欠いている。しかしながら、最終巻（巻十五）に近衛家熙撰文の高泉碑銘を掲載するに当たり、碑陰に刻まれた造立記をも併録しており、その造立記が正徳元年（一七一一）五月の成立であることから推して、本書の成立もまた、それ以降に係っていよう。

目次は以下のとおりである。（巻一上）勅序・正覚［真敬］法親王序・開堂請疏・山城州黄檗山萬福禅寺語（巻一下）小参・仏事（巻二）奥州甘露山法雲禅院語（巻三）山城州法苑禅院語（巻四）加州明法山献珠禅寺語（巻五）山城州天王山仏国禅寺語（巻六）摂州摩耶山仏日禅寺語（巻七）山城州天王山仏国禅寺語（巻八）拈古・頌古・代古（巻九）仏事（巻十）法語（巻十一）法語（巻十二）源流讃（巻十三）讃（巻十四）自讃・機縁（巻十五）徽号宸翰・碑銘・遺偈

巻一上については、特に註記を要する。「開堂請疏」は三篇（山門疏・同門疏・道旧疏）が収録されており(73)、それぞれ石窓道鏗（一六三八〜一七〇四、独湛門人）・悦山道宗・慧極道明の手に成る。このうち、石窓の疏は山内僧侶を代表してのものであり、後二者は同輩中の法弟（弟弟子、ともに木庵門人）が高泉の晋山を祝賀する内容である。

目次とは反対に、実際の本文では、まず高泉の語録が先に配され、ついでこれら三篇の疏が置かれている。また、正覚［真敬］法親王序と語録との間には「凡例」が掲げられている。その第四条によって、本書が貞享甲子年（元年、一六八四）刊行の「旧録」、すなわち二十四巻本語録と内容上、相補う関係にあることが知られる(74)。平久保氏の調査に拠れば、巻二から巻七までは二十四巻本語録および二巻本語録（仏国寺二会語録）と多く重複しているが、天和二年からの二度目の仏国寺晋山以降の法語中、二巻本語録に漏れたものが、本書巻七に収録されている。かつまた、二十四巻本・二巻本・『遺稿』に漏れた法語が、巻九・十に収録されているという(75)。さらに、上下に分かたれた巻一のうち、下のほうは多く四巻本語録からの抄録であるが(76)、上に関しては字句の異同すこぶる多く、平久保氏は逐一当該文・句に註記しておられる。

（六）『法苑略集』全五巻

高泉四十歳の寛文十二年（一六七二）刊。高泉の詩文集としては、最も早期に刊行されている。法語類は皆無ではないが、右記の諸語録におけるような部立ては加えられておらず、いわば影を潜めた形である。収録された作品は福建時代から渡日、奥州法雲院をへて黄檗山内は法苑院に落ち着くまでの期間に成った主要な詩文を収める。中年期までの作品の集大成と言えよう。

目次は以下のとおりだが、巻首に慧林と、当時なお関係良好だった独湛から寄せられた序が掲げられていることを附記しておきたい。（巻一）古詩・五言律（巻二）七言律（巻三）七言絶（巻四）序・跋・記・辞・書問（巻五）書問・啓・祭文・賛・銘

## （七）『一滴艸』全四巻

貞享四年（一六八七）成立、平久保氏の見解では、同年のうちに刊行(77)。主として福建時代の詩文を収録し、即非の序を除いて（これは返り点のみ）、ことごとく返り点・送り仮名を附しているので、萬福寺・九鯉湖・泉州の東西両仏塔といった、清初福建の名刹・景勝の地を十二分に想見することができる。

目次は以下のとおりである。（巻首序）（巻一）詩偈（巻二）詩偈（巻三）詩偈（巻四）序・記・跋・書・啓序・跋について附記しておきたい。実は本書の草稿は、高泉の来日直後にはすでにあらかた成立しており、かつ、『一滴艸』なる題目もすでに定められていたことが、巻頭の即非の序から知られる。即非の序は惜しむらくは紀年を欠くが、これに拠れば、高泉が寛文元年（一六六一）五月末来日の直後、上陸地・長崎の崇福寺で即非に参じ、九月に至って東上せんとするに当たり、本書草稿を取り出して批評および序を乞うたとされる(78)。

以後四半世紀以上にわたり、高泉の筐底に比せられていたが、門人の道清・道発が附した跋に拠れば、高泉は「著述の多きを以ての故に、意、伝へんことを欲せず、諸《これ》を敗篋に置くこと久し」かったのだという(79)。いわゆる「文字禅」に対する彼の見方については、第七章で後述するが、日本での文名が高まるにつれて、かえって文を以て世に知られることを本意としない思いが、胸中に萌してきたのであろう。

（八）『仏国詩偈』全六巻

貞享二年（一六八五）刊。序・跋中には編纂経緯に関する言及が見当たらず、また、紀年を欠いている。収録作品は九百篇に達するが、もっぱら詩偈をのみ収録し、各体の散文（例：序・跋・記）は、これを全く収録しない。題目にいわゆる仏国寺での作品が中心であるが、黄檗山内法苑院や、二年間を過ごした摂津仏日寺での作品も、まま見受けられる。

目次は以下のとおり。（巻一）古詩五言・七言・長短篇・五言絶句・五言律（巻二）五言律詩・七言律詩（巻三）七言絶句（巻四）七言絶句（巻五）七言絶句（巻六）七言絶句・六言絶句

（九）『洗雲集』全二十二巻

元禄三年（一六九〇）刊。質量ともに、高泉の詩文の集大成をなしている。概観するに福建時代の作品も含まれるが、多くは中年期以降、仏国寺にあっての作品である。年譜『紀年録』の本文は、単に事蹟と作品の題目を記すのみであるから、細かに高泉の伝記研究をする上で――特にその我が国僧俗との交遊や、黄檗教団の地方展開を研究する上で――本書は二十四巻本語録と並んで必須の一大資料だと言えよう。平久保氏が本書に関してのみ総索引未作成のまま逝去されたことは、とりもなおさず、同氏がその練達した手腕によって、本書の梗概を総索引での立項という形で提示する機会を永く失ったことを意味している。改めて惜しまれる。

本書の目次は以下のとおりである。（巻首自序）（巻一）古詩（巻二）五言律詩（巻三）七言律詩（巻四）五言絶句・六言絶句（巻五）七言絶句（巻六）七言絶句（巻七）七言絶句（巻八）七言絶句（巻九）七言絶句（巻十）七言絶句（巻十一）序（巻十二）序（巻十三）記（巻十四）記（巻十五）塔銘（巻十六）銘（巻十七）

跋（巻十八）疏・啓（巻十九）書問（巻二十）書問（巻二十一）祭文（巻二十二）表・伝・文・説・辞・榜・引・曲・歌・偈・讃

（十）『常喜山温泉記』全一巻

延宝六年（一六七八）刊。内題は「高泉禅師常喜山温泉記」である。前年（延宝五年）秋、有馬温泉に逗留中に製作した詩偈および法語を収録。元来は同地の旅館経営者とおぼしい人物（一湯掃頭館主）に与えたものと見られる。『紀年録』に拠れば、そのさらに一年前の延宝四年秋、初めて有馬を訪れて「（前）温泉記」を製作し(80)、これを除いた他の詩偈（七絶連作「湯山十二景」）を同五年秋、「再び温泉に入」っての作とする(81)。しかしながら虚心に読む限り、「（前）温泉記」と他の一連の詩偈とは時間的連関性を有している。これはやはり、延宝三年から五年にかけて生じた『紀年録』の錯簡(82)の一つではないかと思われる。「（前）温泉記」の紀年は、本書も、次の『喜山遊覧集』（再録）も、ともに「延宝五年十月二十日」とする。

（十一）『喜山遊覧集』全一巻

元禄四年（一六九一）刊。内題は「高泉禅師常喜山遊覧集」である。延宝五年（一六七七）以降、有馬を訪れることのなかった高泉であったが、この年三月、十四年ぶりに来遊。さきの『常喜山温泉記』の自序へ「前温泉記」との篇名を冠し(83)、同『温泉記』所収の作品を再録したうえ、新たに「後温泉記」をも製作(84)、そののち、滞留中に製作した詩偈を掲げる。周知のごとく、有馬温泉は秋の紅葉の美しさで知られており、前・後両篇の「温泉記」の存在と相俟って、蘇軾「赤壁賦」（これも前・後両篇から成り、秋の製作）を学んでいることが歴然としていよう。

（十二）『翰墨禅』全二巻

元禄七年（一六九二）刊。生前刊行の詩偈集は、これを最後とする。自序に自ら「近稿の中に於いて、其の要なる者を撮つ」たと述べているように[85]、天和二年（一六八二）春以降、二度目の仏国寺住持期間中に成った詩偈を収める。散文体の長い序を持つ作品が少なからず見受けられるものの、序・跋・碑銘といった、典型的な散文は収録を見ない。また、他の詩偈集に見るような部立ては施されていない。しかしながら、収録作品は元禄四年（一六九一）四月前後までを下限としている[86]。かつ、示寂後刊行の『遺稿』の詩偈の部は十全なものではない。したがって、例えば高泉が元禄六年（一六九三）九月の運敵示寂に際し製作した五首の挽偈を読むことができない[87]。この点、伝記研究をなす者にとっては、大きな遺憾事である。

（十三）『釈門孝伝』全一巻

寛文六年（一六六六）刊。本書は高泉来日後最初の、そして恐らくは彼の生涯を通じて最初の公刊された著書である。全五十二話から成り、一話ごとに——類話が並んだ場合は二番目の話の篇末に[88]——賛が附せられている。このうち十二話は、雲棲袾宏の『緇門崇行録』孝親之行第四[89]から篇題・本文とも、そっくり借用しており、賛のみが高泉のオリジナルである。梁以降各時代の僧侶中の孝子が取り上げられているが、明以降の孝子の例として、福清黄檗山関係者も挙げられている。さりげなき宗派宣伝の書としての側面は否みがたい。すなわち隠元の場合は、「万里尋父」の題で、出家以前の父探しの旅が、即非の場合は、「刲肝寿母」の題で肝を割いて母の病気の全快を祈ったとされる事蹟が、相並んで取り上げられている[90]。

また、日本僧侶中の孝子も智泉（空海弟子）・法蔵・信誓・祈親ら『元亨釈書』に見える鎌倉期以前の例を引くほか、巻末には黄檗の和僧たる鉄牛道機（一六二八～一七〇〇）・超宗如格（一六三八～一七一七）師弟の例が挙げられている。

本節前項で述べたように、高泉は自己の同輩中では、鉄牛ととりわけ親しかった。鉄牛は本書刊行の年の暮れ、大悟徹底してその境地を偈に詠じ、翌寛文七年に至り、木庵から印可証明のうえ付法されている(91)。また、超宗が鉄牛から付法されるのは、さらにのちの延宝五年（一六七七）のことである。したがって、宗門外の人士からすれば、未だ大悟徹底せぬ人々（鉄牛・超宗）を史上の高僧らと同列に並べたとの批判も、あるいはあったことであろうが、高泉はそんなことにはお構いなく、一書の巻末という、すこぶる目立つ位置に彼らの孝行を置いて礼讃している。

ただし、同じく寛文六年、田原屋仁左衛門刊でありながら、鉄牛・超宗師弟ら巻末の六条を欠いた刊本も存在する(92)。欠けている事例は、鉄牛・超宗に加えて、宋・元代の僧侶もしくは居士たちである(93)。

（十四）『曇華筆記』全一巻

寛文十一年（一六七一）刊。刊行の四年前、二本松法雲院において脱稿している。全六十七条から成り、高泉が仏典閲覧を通じて知り得た教訓話を掲げ、短評を施している。したがって多くは仏典の、すなわち仏教の故国・インドの故事であるが、巻末に置かれた「造寺供僧」・「詔僧画仏」・「奉仏遵法」・「度僧造像」・「天雨金華」・「金書蔵経」は、中国歴朝の帝王が仏教を尊崇した故事を、明初の岱山心泰が編んだ『仏法金湯編』に依拠しつつ列挙している(94)。

（十五）『山堂清話』全三巻

寛文十二年（一六七二）刊。さきの『釈門孝伝』と並ぶ啓蒙書で、全百三十条（巻上：四十八条；巻中：四十六条；

巻下：三十六条）から成っているが、『釈門孝伝』がもっぱら孝道を強調したのに対し、本書は孝道ともかかわり深い戒律思想をも併せて宣揚している。かつ、取り上げられた教訓話の主人公は、僧俗を問わず、高泉の福建での知友であることが多い。形式や内容上の傾向からして、平素高泉が敬慕していた雲棲袾宏の『竹窓随筆』に範を取っていることは明白であるが、地方色に富んでいる点は、明末清初福建の庶民生活を考察する上で、貴重な資料を提供していると言えよう。

（十六）『東渡諸祖伝』全二巻

延宝三年（一六七五）撰述、刊年未詳。高泉の一連の僧伝中、これまで唯一広範な流布を果たし得なかった書である。平久保氏が用いられた版本は、大正十四年（一九二五）に版木から摺り起こした上、活版印刷した原文および高泉の略年譜を附録している。序は高泉自身の手に成り、跋は和僧の月潭道澄（一六三六～一七一三）(95)が撰している。本書は我が国へ禅宗を伝えた中国人僧侶十六師の伝記に漏れなく賛を附している。高泉の他の僧伝に比すればすこぶる簡略であるから、以下に目次を掲げよう。（巻上）義空・蘭渓道隆・兀庵普寧・無学祖元・大休正念・西澗子曇・一山一寧・石梁仁恭・鏡堂覚円・霊山道隠（巻下）清拙正澄・明極楚俊・竺仙梵僊・東明慧日・東陵永璵・隠元隆琦

（十七）『扶桑禅林僧宝伝』全十巻

延宝三年（一六七五）序。本書は大正初期に『大日本仏教全書』に収録・刊行されており、高泉の著述としては、『東国高僧伝』と並んで、従来最も一般に知られていた。栄西以降、雪江宗深（一四〇八～一四八六）に至るまで、臨済

宗を中心とする日本人禅僧百十七師の列伝である。

本書の書誌としては、鏡島元隆博士執筆の同『全書』本への解題が、すこぶる簡にして要を得ており、しかも『全書』本の誤植一覧をも掲げており、今後も引き続き依拠するに足ろう(96)。ただその冒頭、博士は前出『東渡諸祖伝』の書名と巻数を記されるものの、内容にまでは言及されず、しかも、本『僧宝伝』中に中国渡来僧の伝記が見当たらないことについて、高泉が「敢えてこれを省いたのである」との認識を示され、「龍を画いて点睛を欠いた憾みがないでもない」(97)との感想を示される。因って思うに、本解題執筆当時、鏡島博士はまだ『東渡諸祖伝』(渡来僧列伝)原本を見る機会を得られぬまま、かかる認識・感想を提示されたのではないだろうか。

## (十八)『続扶桑禅林僧宝伝』全三巻

元禄六年(一六九三)刊。しかしながら本文自体は、貞享三年(一六八六)一月に撰述された高泉自序に拠れば、正編たる『扶桑禅林僧宝伝』刊行後いくばくもなくして成立を見た。正編刊行後、諸方から高泉の文名を慕って資料が寄せられ、それらをもとに、この続編を成したという。『紀年録』では、延宝四年(一六七六)の執筆としている(98)。正編と同様、四十八師の禅僧列伝を掲げるが、正編で僅かに十師(道元門下の曹洞宗本流に加え、中国僧を派祖とする東明派から二師)に留まった曹洞宗僧侶の伝記を十五師(曹洞宗本流十四師、東明派一師)まで補っている。恐らくは正編刊行後いよいよ深まった曹洞宗僧侶との交流によって、拠るべき資料を得たものと見られる。

本書についても、鏡島博士による解題あり(99)、『仏教全書』本の正誤表をも附していて便利である。また、平久保氏は、正・続『僧宝伝』の各伝ごとに、伝主たる禅僧の法系を逐一註記しておられ、これによって、その伝主がわが禅宗史上に占める位置を確認しつつ、本文が読める。『高泉全集』でこの註記が省略されたのはいかにも残念なことである。

## （十九）『東国高僧伝』全十巻

貞享五年（一六八八）刊。本書は『扶桑禅林僧宝伝』と時を同じくして成り、『扶桑僧宝伝』の名で、全二十巻が延宝三年（一六七五）六月に後水尾法皇へ上進された[100]。上進されたのは刊本ではなく、浄書された写本とおぼしく、禅僧列伝の部分十巻がまもなく刊行されたのに対し、のちに『東国高僧伝』として刊行される部分十巻は、後出「跋二東国高僧伝一」で高泉自らが語るところに拠れば、刊行資金を欠いたため、すぐには世に問うことができなかったという。

本書は道昭（留学僧として渡唐、玄奘に学ぶ）から天海に至る約九百年間の我が国の高僧の伝記を収録。平久保氏の算出に拠れば、その数は正伝二百九十五師、附見（正伝の伝主に附随して取り上げられた人）四十六師の合計三百四十一師に達するが（少しく訂正を要す。第八章註（53）を参照）、禅僧は前二著（正・続『僧宝伝』）で取り上げられており、全く除外されている。すなわち、いわゆる「教宗《きょうしゅう》」諸派の高僧が取り上げられているのである。「教宗」とは禅宗に対する言葉であり、不立文字に基づく禅宗に対し、一定の経・論に基づいて教義を立てるので、この称がある。具体的には天台・真言・華厳・法相・浄土といった諸宗が、これに属する。

本書もまた、つとに『大日本仏教全書』に収録されており、平岡定海博士が解題を著された[101]。鏡島博士の解題に見るような正誤表こそ附していないものの、黄檗宗が由来学芸を好んだ状況を述べており、高泉の精力的な僧伝編纂の背景を知るうえで有益である。平岡博士はしかし、平久保氏とは算出の基準を異にしておられ、すべて三百三十六師とされる。筆者の見るところでは、こちらがヨリ実数（総計三百三十五師）に近い。また、平岡博士は、本書巻頭の運敞序文を受けて、本書が『元亨釈書』に多く負うており、『釈書』以降の高僧はいくらも取り上げていない旨、指摘される。筆者も実地に両者を照合したところ、基本的に博士のご指摘のとおりであった。しかしながら、『釈書』未載の諸師で本書が取り上げている人々もむろん存在し、それら諸師の多くは、高泉ともかかわりの深かった真言・浄土両宗の主要な学僧たち（鎌倉・室町初期に活躍）であることが明らかになった。

本文は全十巻で、すべて僧侶をのみ取り上げるが、「巻首附」として「聖徳太子伝」を掲げている。また、従来多くの研究者が参照してきた駒澤大学所蔵の木版本と、同系統の版本を活字化した『大日本仏教全書』本とに拠れば、本書の序は、運敞のそれと高泉の自序との二篇から成る。そして跋はないが、跋に代えてか、七言律詩「編二高僧伝一成志レ喜」一首が掲げられている(102)。ところが、『大円広慧国師遺稿』には、「跋二東国高僧伝一」が収録されており、そこには高泉自身の筆によって、次のような経緯が記されている。本書刊刻に先立ち、多年の道友たる運敞と仏国寺内「指柏軒」に寄寓していた晦巌道熙（和僧、慧林門人、生歿年未詳）とが「『元亨（釈書）』の外、有らゆる潜徳未顕の者又た数十伝を徴捜」してくれたので、その分を延宝三年以来保持してきた旧稿（前出）へ増補できたというのである(103)。

このうち、晦巌による編纂補助に関しては、今のところ資料を得ていないが、運敞には書簡「復二野峯雲石堂寂本闍梨一」がある。そこでは運敞が、高野山の学僧・寂本（一六三一～一七〇一）に対し、山史に輝く名僧六十余師の伝記資料を寄せてくれたことを謝するとともに、それら資料のうちどれを「採ると採らざるとは、唯だ高泉翁の掄選する所なり」と、寂本に了承を乞うている(104)。

（二十）『高泉和尚襍話』全一巻

平久保氏が研究資料とされたのは、駒澤大学図書館本である。成立年代不明の写本であるが、文字明瞭で読みやすい。五丁にわたり、平易な漢文で当時の僧侶の弊風を列挙し、得難い人身を得、出家を果たしながら怠惰に過ごすことの罪業性を説いている。

著作の概括的分類

以上の著作を歴覧するに、（一）の二十四巻本語録〜（五）の『広録』までは、いわゆる語録に属す。このうち（四）の『遺稿』は、詩文集としての側面も強いが、法語の部も儼存するから、ひとまず語録に含められよう。また、（二十）『高泉和尚襍話』もまた、法語一則分としては、やや長きに過ぎるが、内容から見て、語録に含められるのではないだろうか。

ついで、（六）の『法苑略集』から（十二）の『翰墨禅』までは、長短こそさまざまながら、詩文集として一括されよう。そして（十三）の『釈門孝伝』から十五の『山堂清話』までは、すこぶる仏教的色彩に富む通俗的啓蒙書と見られよう。これら書籍の主旨は、程度の差こそあれ、孝道や戒殺・放生の宣揚にある。終わりに（十六）の『東渡諸祖伝』から（十九）の『東国高僧伝』までは、いわゆる僧伝である。著述すこぶる富んでいた高泉であるが、それら著述の内容は以上のとおり大別されるのではないだろうか。なお、一連の詩文集に関しては、大槻幹郎氏が平成十六年夏、「高泉禅師語録の解題——詩文篇——」を、『黄檗文華』第一二三号誌上に公表された（掲載号六三〜六六頁）。これら論攷は補訂のうえ、『高泉全集』第Ⅳ巻で所収文献への解題に充てられている。本稿もまた大槻氏の所見に拠った（とりわけ収録詩文のおおよその成立年代について）。

### 著述上の弱点

総じて言えることは、高泉は法語や詩偈は禅僧の本分として、もとより熟達しており、また、評伝形式による史書を著すことにも長けていたようであるが、特定の経典を細かに註釈することは結局不得手だったとおぼしいことである。すなわち、貞享三年（一六八六）、長崎の僧・真常が『地蔵菩薩本願経手鑑』(105)を刊行した際、高泉は序を寄せて、『地蔵菩薩本願経』の不可思議な功徳を認識し、註釈書とともに広く世間に流通せんことを念願していたが、同『経』には元来註釈書（原文：箋釈）が甚だ乏しいことを概嘆していた――と述べている(106)。

しかしながら、彼自身に同『経』の註釈を撰述せんとする意向は無かったもののようで、その理由としては、真常が持参した『手鑑』原稿を見るや、「余、忝くも禅を学びて、教に於いては未だ之を考へず。敢へて其の是非を議すること莫し」との所感を示している。つまり、義学（特定の経論に基づいた煩瑣な思惟）には慣れていないので、著者・真常も「亦た禅学の人なり。又た能く教理に明る」いということに全幅の信頼を置いて、内容に関する判断は保留したい――というのである(107)。

なお、『高泉全集』では、『紀年録』ほか高泉の主要な伝記資料三種をも収録する予定であるが、これらについてはすでに第二節第一項「主要な伝記資料」で述べたから、ここには再述しない。

### 返り点・送り仮名に見る日本への同化

終わりに、(二)のいわゆる二巻本語録（写本）を除けば、刊本たると写本たるとを問わず、明瞭な返り点・送り仮名が施されている。隠元・木庵・即非ら三祖の場合、版本によっては全くの白文のままのものが見られるが(108)、高泉の場合は恐らく一般社会からの需要もあってか、刊本に関してはほぼ例外なく返り点・送り仮名の附刻を見るに至ったのであろう。

　そもそも来日に際し、隠元のごとく中国人門弟を伴わなかった高泉は、その来日の当初から、雷洲ら日本人門弟と生活せざるを得なかった。中国語を解する門人としては元章（『高泉和尚行状』撰者）を有したものの、三祖に比すれば各段に不断に日本語に接していたことであろう。

　また、これも三祖に比すれば、自身の日本仏教への深い関心も手伝って、不断に日本語に馴染もうと努力していたものと推察される。因って思うに、これら返り点・送り仮名は、示寂後刊行の『遺稿』を除けば、高泉と編者たる門人たちとの間で、相当な討議の末に施されたものであろう。本稿では、高泉法語・詩偈引用に際し、全面的にこれら返り点・送り仮名に準拠したい。

## 第五節　日本における接化の概観

　本項では、高泉の日本での化導ぶりについて、顕著に認められるいくつかの特徴を取り上げたい。

### 第一項　三祖を継承した側面

#### （一）思想的側面

　高泉が教義面で黄檗三祖から継承した側面については、第二章以下の各章の然るべき節・項で触れる。ここでは主として具体的な教化方式に関して顕著な点を、二三挙げておきたい。平久保章氏は、その『隠元』にて、第六章に「僧俗接化」を立て、二項にわたって隠元の我が国における具体的な接化状況を詳述している。

その第一節「一般僧俗との交渉」では、隠元が縁を結んだ在来諸宗（主に臨済・曹洞両宗）の僧侶および主要な公家・大名・旗本を列挙するが、交渉の深浅を問わず、隠元は彼らに詩偈を与えている。実のところ、詩題に「××居士の需めに応ず」との註を有する作品も枚挙に暇がない。それゆえ、譬えはいささか下品であるが、外国人タレントに争ってサイン揮毫を求める現代の日本人ファンに相通じるものを感じないでもない。

かかる状況について、平久保氏は「幕閣・幕臣・大名らについていうならば、その多くは明（みん）文化の荷担者、明文化の教養を身につけた隠元により多くの関心をよせ、その法語・復書、特に題讃・詩偈を入手することでじゅうぶん満足していたのではなかろうか」との見解を示し、一方、隠元の側からすれば、これら題讃・詩偈および散文体の法語は、「仏法の開示であり、弘法の手段であった。言葉が通じないため、参謁者との問答・応接には華語を解する侍者や通事が介在しており、当機を失することを免れなかった」とも述べておられる(109)。

## 自己表白の深化

高泉の場合も、韻文体の題讃・詩偈についてのみ見るならば、隠元ら三祖の場合と状況はあまり変わらない。ただし、同輩（特に南源）・門人（特に夭折した雷洲）や、心を許した友人たち（特に真敬法親王および運敞）へは、すこぶる時宜にかなった、しかも内面を吐露した詩偈を寄せている。また、散文体の序・跋について見るならば、高泉の詞藻と博学とを敬慕して、原稿の校閲かたがた執筆を依頼されたというものが少なくない。この点が、我が国の学僧らと深く立ち入った交渉をなす時間を得ぬまま示寂せざるを得なかった三祖らとの大きな相違点である(110)。

その状況を『紀年録』は、「凡そ大方の尊宿碑銘、語録の序・跋、及び題讃等、之を求むる者の日々門に填つ。之を卻くれば愈多し。而して諸方の選［撰］述、必ず師に就いて櫽括す。若し師の覧を経るに非ずれば、世に信ぜられず」と描写している[111]。これも『紀年録』に拠れば、右にいわゆる〈之を求むる者〉たちが、高泉に教示を期待したのは、「祖録中の事義、戒壇上の儀規、禅林の礼楽、翰苑の応酬」[112]であり、高泉がこうした専門知識を序・跋で提示しつつ、彼らの著述に一定の権威を付与することであった。

## 法語の懇切化

一方、禅僧が最も本分を発揮すべき法語について見るに、隠元ら三祖に比すれば格段に個々の信徒の事情に応じた教示を施している。自己の過失に起因しない減封を苦にする大名、長男を失った長崎唐通事、相次ぐ近親者の死に打ちひしがれる信徒…いずれも高泉から寄せられた漢文の法語を解する人々であり、当時の一般庶民に比すれば教養の上で（も、かつ経済面でも）確実に豊かな人々であり、ここに高泉をも含めた初期黄檗教団の教線展開上の限界性が認められないでもない。

しかしながら、中国人僧侶なるがゆえに、ともすれば日常の宗教および文化活動に過度に忙殺されがちな彼が、示寂のときまで個々の僧俗の弟子を大切に扱い、教導を惜しまなかったことは、やはり特筆さるべき事実である。

もとより隠元もまた、渡来以前には個々の弟子たちの事情に応じてすこぶる懇篤な教示を与えているが、渡日後には言葉の壁に遮られ、以前に比すれば、いささか精彩を欠いていると言わざるを得ない。いわゆる応病与薬・臨機応変を地で行っていた隠元の法語は、渡日以降、少なからず単調化・類型化を余儀なくされている[113]。したがって、高泉の懇篤な教導ぶりは、渡日以前の隠元の禅風を再現したものと言えよう。

## 棒喝の洗練・再登場

さて、修行僧時代の隠元は、浙江省は海塩県の金粟山広慧寺にあって、その師翁であり、直接師事もした密雲円悟（一五六六～一六四二）の禅風に接していた。密雲の弟子への接化たるや、「しきりに棒喝を行じ、あるいは胸ぐらをとらえ、あるいは踏み倒し、弟子たちをして智解・情識を弄するいとまなからしめる」という、なかなかに凄まじいものであった。多数の門下生らも「意気軒昂で制御し難いものが多く」[114]、いわば師弟それぞれが飾りのない赤心をぶつけ合って研鑽に勤しんでいたものとおぼしい。

隠元もかかる気風を承け、その年譜は彼の平素の人となりを、「人の情理に悖るを見れば、必ず怒り色に形はれ、人の長上を敬ふを見れば、則ち喜び懐に生ず。応機説法、縦横無礙、垂手接人、直截痛快なり」と伝えている[115]。〈直截痛快〉の句は、時に棒喝をも辞さなかった彼の接化ぶりを指していよう。もとより棒喝等、弟子の身体にまで訴えかける接化手段は、別段、密雲にのみ特有のものではなく、古くは臨済義玄・徳山宣鑑ら唐代臨済宗の祖師に淵源しているのである。しかしながら、隠元渡日当時の我が国にあっては、いささか乱暴なものと目され、実地に行ずる師家は決して多くなかったものとおぼしい。

すなわち、高泉は晩年、「答㆔正覚法親王問㆓陳仙懸識事㆒書」を撰述した。題目にいわゆる〈陳仙懸識事〉とは、隠元渡日に際し、仙人・陳摶（?～九八九）が出現[116]、日本での弘教に際し留意すべきことを隠元に伝授したとされる説話であるが、高泉に拠れば、陳摶は隠元が日本へ「初めて到るとき、且く棒を用ひること莫かれ。恐らくは俗人未だ知る者有らざればなり」と注意を促したとされる[117]。〈俗人〉とはいっても、禅寺に出入りするほどの人々のことであるから、当時の我が国の一般的な知識層を指すと解して差し支えなかろう。彼らの目には、中国僧の棒喝が、我が国在来禅宗僧侶のそれに比すれば、いかにも粗野で凄まじいものに見え、受け容れ難かったことが、陳摶の言葉

（とされる言説）に暗示されているのではなかろうか。

高泉はこうした状況に鑑み、日常の接化においては努めて棒喝を慎んでいる。すなわち、門人・琛州道祐は自ら編んだ『紀年録』で、高泉の「尋常、学者を教諭するに、未だ嘗て声を厲まさず。或いは左右を叫（よ）ぶこと三二声にして至らずんば、声、前（さき）に加へず」という姿を伝えている(118)。慧極道明（一六三二〜一七二一、木庵門人）は、高泉から推されて高泉開山の加賀献珠寺の第二世となるほどに（延宝六年［一六七八］）、中年期までの高泉とは道縁深厚であったが、その慧極も、高泉の黄檗山晋山を賀した「道旧疏」に、「大機を蘊《つつ》み、大用《だいゆう》を存し、肯へて濫りに棒喝を行ぜず。美器を負ひ、美名を播し、猶ほ能く光華を掩ふ」と述べている(119)。総じて公の場では、中国的な荒っぽい棒喝を控えめにしていたと言えよう。

しかしながら、その一方で、一たび問答商量の場ともなれば、高泉の温厚な態度は一変し、前出・琛洲に拠れば、「機弁縦横、電掣雷轟、衲子入室するときんば、蒼鷹の兎を攫むが如くにして、直下《じきげ》に其のひとをして偸心を死尽して根元を徹證せしめて後已む」(120)という激しくも熱心な教導ぶりであった。

また、日ごろ十分に意思の疎通を成しえていた弟子に対しては、大いに叱責を加えることもあったようである。例えば門人・乳峰は、一つにはそのことに嫌気がさし、二十年間随侍した高泉のもとを辞して、恐らくは京都・奈良の学問寺での経典講義を聴きに行こうとした。これに対し高泉は、「尋常、辞色を仮らず、譏呵怒罵するも、安ぞ他有らんや。意、吾が子［乳峰］が志を奮ひ、磨錬して悪習を除去し、他日、箇の仏祖の好児孫と成つて、法門を扶持せんことを欲すればなり」と説き聞かせている(121)。

黄檗三祖の日本人門人たちとの言語コミュニケーションの実態は、依然未解明の部分が多く、殊に木庵・即非の日常生活については、隠元ほどには研究が進んでいない(122)。語録・詩偈集のような外向けの文献からだけでは、なお窺い得ないものがある。この点、高泉の詩文集、特に『洗雲集』は本人および弟子たちによる編集を経ているにせよ、高泉の日常生活の明け暮れを描いた詩偈はその例に乏しからず、彼の弟子に対する厳しくも温かな教導ぶりを今に伝えている(123)。棒喝の一点に関してはやはり、渡日以前の隠元、遡ってはその本師・費隠(124)、師翁・密雲（前述）、さらに遡っては臨済義玄の家風を、いくぶんの手加減を施しつつ再現したものと言えよう。

## (二)　法縁的側面

平久保氏『隠元』では、前述したように、隠元ら黄檗三祖とかかわりのあった権力者、とりわけ大名に関して地域別に列挙し、その法名・通称（例：越後守）を註記している(125)。いわゆる「黄檗大名」たちであるが、彼らのうち主要な人物に関しては、『黄檗文化人名辞典』に略伝が掲載されており、同『辞典』巻末の「檀越帰依者索引」は、いわば黄檗三祖の主要な外護者リストをなしている。

同『辞典』の微瑕として、加賀藩主・前田綱紀（一六四三〜一七二四）並びに仙台藩主・伊達綱村（一六五九〜一七一九）の項目が立てられていないことが挙げられる。ともに「黄檗大名」としては比較的参入が遅かったことに因ろうが、前者は萬福寺に倣って高岡に広壮な瑞龍寺（曹洞宗）を造営し、その額や鐘銘を隠元に乞うている。後者もまた、いわゆる伊達騒動のため幼少期に父・綱宗から引き離されて以降、稲葉正則（一六二三〜一六九六、小田原藩主）を後見人と仰ぎ（のち正則の女婿に）、そのため、有数の黄檗大名であった正則を介して、青年期以降、常に黄檗僧との交渉を保っている。とりわけ鉄牛および高泉に親炙している。幸いにして近年、前者に関しては大槻幹郎氏に、後者に関しては尾暮まゆみ氏に、それぞれ精緻な論攷があり、大いに欠を補っている(126)。

一方、三祖が来日以前に道縁を有した福建在住の士大夫・文人らについては、中国史学の立場からする研究が近年頓に進歩した。中国にあっては、陳智超氏を主たる編者として『旅日高僧隠元中土来復書信集』が、その集大成と言えよう。この『書信集』では、萬福寺に秘蔵されてきた一群の中国人外護者らからの書簡を影印のうえ、釈文と語釈とを附しているが、語釈には右記・銭粛楽をはじめ、劉沂春・陳従教・葉進晟・余宰匯といった人々の伝記を『明史』や各種方志に拠りつつ掲げている。

明末清初の福建にあっては、いわゆる南明政権（鄭成功をも含む）と清朝との間に激しい城市争奪戦が繰り広げられ、その都度数知れぬ犠牲者を出したのであるが、同書巻末の「清初福建軍事政治大事記」（何齢修氏執筆）は、『清実録』ほか複数の史料から主要な史実を摘要しており、かなり専門的であるが、隠元・高泉ら黄檗僧が渡日した時期の福建の状況を知る上で便利である。ちなみに、我が国にあっては、小野和子教授が銭粛楽ら隠元にかかわり深い南明魯王政権について研究を重ねておられ(127)、その平易な行文によって、一般読書界にも隠元の中国における外護者らの実態が知られつつある。

### 「地盤」の継承

さて、高泉は隠元ほか黄檗三祖と道縁のあった中国での外護者らとも、さらに渡日後に得た「黄檗大名」らとも、それぞれ何らかの形で縁故を有している。ただ、九州の黄檗大名諸家のうち、現存の法語・詩偈を通覧する限り、立花氏（柳川藩主）とは全く交渉を持たなかったもののようである。

いささか品の無い譬えであるが、高泉・鉄牛・潮音道海ら、隠元の法孫に当たる世代の僧侶は、その唐僧たると和僧たるとを問わず、いわゆる二世・三世政治家が父祖の地盤・看板を引き継ぐかの如く、縁故にしたがって黄檗大名らからの外護を獲得、地方展開を成し遂げていったのである。高泉の場合はその豊かな才能のゆえに、引き継いだ外護者にはとりわけ富んでいたと言えよう。

## 第二項　高泉独特の破旧的側面

ついで本項では、高泉の接化に見る破旧的側面について取り上げたい。

### (一) いわゆる「代付問題」に対する態度

#### 禅宗における代付の発生

第一節でも少しく触れたが、高泉の生涯にあって、ほぼ唯一最大の難局となったのが、標記の「代付問題」であった。代付とは、禅宗史上時に見受けられる事象である。ある高僧が示寂し、その門下には折悪しく付法に人を得なかった場合、別の門派の高僧が一時預かりのうえ、時を待つ。そして時機至らば、亡き高僧の門人の中で、すでに立派に成長して学徳を具備した者に、亡き師に代わって付法する――かかる付法形式を「代付」というのである。

中国禅宗史上有名なところでは、曹洞宗の大陽警玄(九四三～一〇二七)示寂後、その法は一時臨済宗の円鑑法遠(九九一～一〇六七)の預かるところとなったが、のち、投子義青(一〇三二～一〇八三)という、曹洞の法門を希求する優れた法器が現れたので、円鑑は迷わず、それまで保持していた大陽の法を投子へ伝えたことが挙げられよう(128)。

また、近現代の中国仏教にあっても、その例はまま認められる。著名なところでは、台湾仏教界の最長老・印順法師(一九〇六～)が大陸時代(民国三十二年[一九四三])と台湾渡来後との二度にわたって、自身はいかなる先人からも法を付された経験を持たないにもかかわらず、請われて代付を司った経験を自ら語っている(129)。

費隠の代付・遥嗣批判

しかしながら、隠元の本師・費隠通容（一五九三～一六六一）の時代には、さしたる法器にも非ざる者へ、法嗣を欠いていた高僧の法をみだりに代付するということが横行、乱統乱脈を憂う費隠は、弟子の百癡行元（一六一一～一六六二）や徐昌治（崇禎六年［一六三三］の挙人、生歿年未詳）らと『五燈厳統』を編纂するに際し、全九条から成る同書凡例の第五条で、この風潮を非難している。いささか長きに渡るので詳細は註（130）を参照されたい(130)。

徳洪の代付・遥嗣批判

中国の禅宗史上、「代付」および「遥嗣」を最初に批判した文献として一般に知られているのは、北宋・徳洪覚範（一〇七一～一一二八、初名：恵洪）著『林間録』に見る以下の一則である(131)。この「遥嗣」もまた、代付と同様、師と仰ぐ高僧がすでに世にない場合の付法形式であるが、こちらは預かり人をへることなく、ある人物が過去の特定の高僧（故人）の法嗣たることを自ら公言することを指す。とりわけ知られた例としては、費隠も批判の対象としている薦福承古（？～一〇四五、通称：古塔主《こたっす》）が雲門文偃（八六四～九四九）の語録に感動・開悟して、の遥かな法嗣たることを言明した事蹟が挙げられる。

さて、問題の「代付」および「遥嗣」に対する右記・徳洪の批判は、以下のとおりである。

古塔主、雲門の世を去ること無慮百年にして、其の嗣と称す。青華厳［投子］、未だ始めより大陽を識らざるに、特に浮山遠公［文遠］の語を以ての故に之に嗣たり。疑はず、二老、皆に伝言を以て之を行ひて自若たり、其の己に於いて甚だ重しとし、法に於いて甚だ軽しとするや。古の人の法に於いて重しとするは、永嘉・黄檗是れなり。

永嘉、『維摩』を閲するに因って仏心宗を悟るも、往きて六祖に見えて曰く、「吾、宗旨を定めんと欲するなり」と。黄檗、馬祖の意を悟るも百丈に嗣ぐ。故に百丈、嘆じて及ばずと為すなり。

これに拠れば、徳洪は代付や遥嗣に対し、不正常で好ましからぬものとの印象を有しており、永嘉玄覚・黄檗希運の採った面授師承を重んずる態度(132)こそ、禅者として本来あるべき姿だと見ていたことが分かる。徳洪自身も真浄克文（一〇二五～一一〇二）に師事のうえ、その法を面授されており、生涯において、もとより直接「代付」・「遥嗣」を敢行したことはなかった。

### 費隠の換骨奪胎

費隠は右記の徳洪の言葉のうち、「遥嗣」を批判した部分をのみ採って、『五燈厳統』凡例第三条の拠りどころとし、かつ、自己の法叔・雪嶠円信（一五七一～一六四七）(133)が幻有正伝門下のれっきとした臨済宗僧侶であるにもかかわらず、ことさら滅びて久しい雲門宗の法嗣を称したことを、古塔主の模倣であるとして非難している。その第三条の全文は以下のとおりである(134)。

別伝一著。不レ落二文言一。唯是当機契證。親承二記莂一者。方譜二伝燈一。若下去二聖時一遥。従二其語句一触発者上。断不下容以二私心一遥続上。玄策云。「威音以後。無師自悟。尽屬天二然外道一。」故永嘉已徹。猶参二叩於曹渓一。覚範既悟。必受二印於真浄一。良以二師承之不レ可レ已也。如二薦福古一。去二雲門一百有餘載。而妄称二其嗣一。寂音呵レ之。近世雪嶠信倣二其陋轍一。亦嗣二雲門一。是以二私意一為二師承一。而天下後世。将二焉拠一乎。斯風一啓。安所二底止一。吾為レ此懼。不レ得レ不二起而閑レ之也。故以二両家一並列二於未詳法嗣一。

別伝の一著、文言に落ちず。唯だ是れ常機契證し、親しく記莂を承くる者をのみ、方めて伝燈に譜すべし。聖時を去ること遥かにして其の語句より触発さるる者の若きは、断じて容に私心を以て遥続すべからず。玄策云く、「威音以後、無師自悟する者は尽く天然外道に属す」と。故に永嘉は已に徹したるも、曹渓に参叩す。覚範既に悟れるも、必ず印を真浄に受く。良に師承の已むべからざるを以てすればなり。鷹福の古、雲門を去ること百有余載にして妄りに其の嗣と称す。寂音、之を呵せり。近世、雪嶠信、其の陋轍に倣ひ、亦た雲門に嗣げり。是を以て、私意師承を為せば、天下後世将た焉くにか拠らん。斯の風一啓せば、安くにか底止する所あらん。吾、此が為に懼れ、起つて之を閑《しず》めざるを得ざるなり。故に両家を以て並に未詳法嗣に列せり。

文中にいう〈寂音（尊者）〉とは前出・徳洪覚範と同一人物である。本稿においては「徳洪」（改名後の法諱）に拠る(135)。費隠が古人（徳洪）の言葉を拠りどころとして批判の対象としているのは、もはや投子自身や代付者たる円鑑ではない。右に触れた円鑑による投子への大陽の法の代付については、実は『五燈厳統』にも直書されており、そこでは投子が大陽の法嗣だと明記されている。のみならず、そこに何らかの批評が加えられているわけでもなければ、そもそも投子の伝が立てられなかったわけでもない(136)。

『五燈厳統』にのみ限っていうなら、費隠はいわゆる「代付」にもまして、「遥嗣」のほうに批判の力点を置いていたものとおぼしい。したがって、『五燈厳統』に関する長谷部幽蹊博士並びに村瀬正光氏の先行研究(137)は、この点に関しては、若干の訂正を要するもののようである。筆者の見るところに拠れば、費隠はもとより「代付」に対しても、小さからぬ嫌悪感をいだいていたが（詳しくは註（130）参照）、それでもやはり当事者の恣意度がヨリ高い「遥嗣」のほうに批判の重点を置いていたのである。

なぜならば、「遥嗣」に関しては古今の例（古：薦福承古・今：雪橋円信）を二つながら挙げつつ、強い嫌悪と制止とを表示しているのに対し（『厳統』凡例第三条）、一方の「代付」に関しては、自己が直接目睹した近き世の事例をのみ挙げている（『同右』凡例第五条に述べる普明妙用の例）。そして、禅宗史上ヨリ有名な、まさしく代付の典型例ともいうべき投子義青のそれは、一種の「聖域」とされ、終始何らの批判も加えていない。

この事実からは、彼が徳洪『林間録』から引用するに際し（凡例第三条）、徳洪の原文に見える代付関連の字句（すなわち徳洪の投子批判）を注意深く避けたことと相俟って、代付に対する費隠の複雑な心情が垣間見られるのではないだろうか(138)。

## 高泉の代付観

さて、高泉は徳洪の右記の言葉を一字もたがえず全文引用し、代付および遥嗣を拒絶する徳洪の思想に対し、いちおうの賛同を示している。第七章で後述するように、徳洪は高泉が平素最も敬慕していた人物であり、まずは先人へ敬意を表しているのである。そのうえで高泉は二十四巻本語録・巻九で、一丁半にわたって、万やむを得ず代付の当事者となった経緯を弁明している。

龍渓性潜（一六〇二～一六七〇）は元来、京都・妙心寺の高僧であったが、隠元の渡日とともにその門下に投じ、寛文四年（一六六四）、邦人最初の法嗣となった。龍渓自身の付法の弟子はしかし、後水尾法皇ただ一人であったため、法皇は当時なお在世していた隠元にも相談し、しかるべき法器の持ち主に龍渓の法を伝えんとしたが、隠元からの返答は適任者なしというものであった。隠元示寂後、法皇はさらに高泉に対し同様の相談を持ちかけ、決着を見ぬまま法皇は延宝八年（一六八〇）に示寂した。

ついに貞享二年（一六八五）に至って、高泉は熟考の末、多年龍渓の侍者を務めていた晦翁へ、亡き後水尾法皇に代わって、龍渓性潜の法を付したのである(139)。

問題の法語は、正確な説示年代をつまびらかにしないが、これを載せる二十四巻本語録の刊行が貞享二年（一六八五）のことであるから(140)、同年四月の代付の直後と見て差し支えなかろう。

示衆。従上仏法鼎重。不レ可二造次一。必須四面稟親承。師師授受。如三一器水伝二於一器一。乃所謂源流正脈也。仮使流無レ源脈不レ正。而欲二仏法永永流通一。不二亦難一乎。寂音云。「古塔主去二雲門之世一。無慮百年。而称二其嗣一。青華厳未三始識二太〔大〕陽一。特以二浮山遠公之語一。故嗣レ之不レ疑。二老皆以二伝言一行レ之自若。其於レ己甚重。於レ法甚軽。古之人於レ法重者。永嘉・黄檗是也。永嘉因閲二維摩一。悟二仏心宗一。而往見二六祖一曰。『吾欲レ定二宗旨一也。』黄檗悟二馬祖之意一。而嗣二百丈一。故百丈嘆以為レ不レ及也。」

寂音此話。已行数百年載。孰敢而議レ之。独洞下有二白公一。非レ之曰。「此覚範所レ論。是論之未レ当也。古塔主既去二雲門一百年。而未レ識二雲門一。輸レ己以承嗣。得レ非二軽レ己重レ法乎。青華厳亦未レ見二太〔大〕陽一。而以二浮山遠公之語一嗣レ之。又非二軽レ己以重レ法乎。反謂二『於レ己甚重。於レ法甚軽一』。是何言歟。」噫此白公之誤也。何不下以二永嘉・黄檗一。合而観上レ之。若以二古塔主・青華厳一為レ是。則必以二永嘉・黄檗一為レ非矣。使二当時寂音不レ出二此言一。則天下之承レ虚接レ響而称二遥嗣一者。奚所二抵止一哉。若三古塔主悟二雲門之旨一。可三遥嗣二雲門一。則永嘉悟二仏心宗一。亦可三以遥嗣二霊山一耳。又何必定二宗旨於曹谿一乎。以レ是観レ之。則古之重レ己軽レ法明矣。

寂音之論。奚未レ当耶。若下夫華厳承二太〔大〕陽之遺囑一。続中洞宗已墜之風上。庶幾其レ近之。視二古之遥嗣一。又大不レ侔矣。

然亦不レ可二以為レ法。使二它人皆如レ是。則所謂面稟親承者何在。天王今日為二従上大法一。不レ惜二口業。知邪罪邪。

惟尽二耿耿此衷一而已。珍重。

ここでは網かけ部分（寂音此話…噫此白公之誤也）を除いた部分を中心に見てゆきたい（網かけ部分については、のちほど第三章第四節第四項で卍山道白［高泉のいう〈白公〉］の付法観を論ずる際に取り上げる）。まず冒頭、高泉は本来あるべき付法の形態は面授であるとして、次のように提起する。

従上の仏法鼎重にして、造次なるべからず。必ず須らく面稟相承、師師[141]授受すること、一器の水の一器に伝ふるが如し。乃ち所謂源流正脈なり。仮に流れをして源無く、脈をして正しからざらしめば、仏法永々に流通せんと欲するも、亦た難からずや[142]。

そのうえで、右に引いた徳洪『林間録』の一条を全文引用し、次のような評語を呈している。

当時の寂音、此の言を出ださずんば、則ち天下の虚を承け響を接して遥嗣と称する者、奚ぞ抵止する所あらんや。古塔主の雲門の旨を悟るが若き、遥かに雲門に嗣ぐべきときんば、則ち永嘉の仏心宗を悟るも、亦た以に遥かに霊山［霊山一会、釈尊から摩訶迦葉に初めて禅宗が伝えられた場］に嗣ぐべきのみ。何ぞ必ずしも宗旨を曹谿［永嘉直接の師・慧能を指す」に定めんや。是を以て之を観れば、則ち古の己を重しとし法を軽しとすること明けし[143]。

と評している。

つまり高泉に拠れば、古の高僧らにとっては、法を嗣がんとする自己の主体的態度こそが重大なのであって、誰の法をいかなる形式で継ぐかは第二義的な問題だったのであり、そのことは、古塔主のような遥嗣にとっても、永嘉のように直接師から付法された者にとっても同様であった。

高泉の見方に拠れば、一見、遥嗣（および代付）に厳しく、面授をこそ是認するかのごとき徳洪の言葉（前掲）も、その実、両者を等しく是認する精神を秘めているのであり、そうでなければ、遥嗣・代付によって法を付された者は立つ瀬がないではないか――というのである。そして古の遥嗣は、現在のそれとは大いに違って（原文：視二古之遥嗣一、又大不レ侔。）、心構えが立派であり、投子が円鑑から大陽の法を代付された事例こそは、まさしくその好例であって、これこそ「（曹）洞宗既墜の風を続」いだ快挙だったとの認識を示す[144]。

とはいえ、高泉もまた、費隠（法系上の曽祖父）と同様、遥嗣・代付が世に横行することを憂慮しており、次のように法語を結ぶ。

然れども亦た以て法と為すべからず。它人をして是くの如くならしめば、則ち所謂面授親承の者、何くにか在らん。天王［天王山主の意、高泉の自称］今日、従上の大法の為に口業を惜しまず。知るや罪すや。惟だ耿々たる此の衷を尽くすのみ[145]。

つまり高泉は、「代付」が本来ごく限られた、やむを得ぬ場合にのみ許される付法形式であるべきことを、言外に強調しているのである。さきに見たように、費隠の著作中、宗門外へも広く流通した『五燈厳統』にあっては、費隠の批判の重点は「代付」よりも「遥嗣」に置かれていた。その理由は、後者のほうが恣意性がヨリ高く、弊害もまたヨリ大きいからであろう。黄檗宗内において聖典的存在たる『厳統』が直接的には「代付」を排斥していないという事実は、代付問題に際し、高泉が外護する貴顕（真敬法親王、前田・伊達・丹羽家等の大名諸家）(146)や道友(147)に事欠かなかったことと相俟って、彼の意を強うするに足ったものと見られる。

この「応援団」の多さという点で、独湛は到底高泉の敵ではなかった。山中静かに参禅し、時に念仏を併せ修するという独湛の門風は、浄土宗の学僧・戒律の遵奉者中に終生の友を得られこそしたものの（例：忍澂・義山）、外護者の獲得という面では全く効果を奏せず、あまつさえ、数少ない二人の外護者のうち（近藤語石・岡上景能）、岡上景能のほうは新田開発にからむ紛議から、代付事件のさなかの貞享四年（一六八七）、六十有余歳を一期に、切腹して果てているのである(148)。これでは勝負の結果は、闘わずして明らかだったと言えなくもない。

もっとも、費隠にはまた、法弟の木陳道忞が大々的な「代付」を実行したことを痛烈に批判する言説も存在しており(149)、それは恐らく独湛・無住師弟ら高泉への反対派にとって理論的支柱をなしたものと見られよう。生前の隠元自身が代付に関し、すこぶる消極的な返信を上皇に寄せていたことは、独湛・無住の立場こそが費隠以来の黄檗教団にあっては極めて正統的であったことを傍証してはいないだろうか。

本師・隠元の示寂にも先立つ、最初の邦人嗣法者（龍渓）の死が招いた偶然の問題は、教団内ではむしろ異端的立場にある高泉の側の勝利に帰した。その際、高泉が拠りどころとしたのは、明末以来再評価されつつあった文字禅の始祖・徳洪の言葉であった。このことが含む意味合いについては、第七章で再度考察したい。

## 高泉自身の厳格な付法

終わりに、高泉自身の付法の門人は、合計十二名である。この数字は、彼の旺盛な弘教活動（特に教線の地方展開）に比すれば、極めて少なく、いかにも奇異の念を禁じ得ない。高泉の代付に反対した独湛ですら、萬福寺晋山以前はずっと浜松の山中（初山宝林寺）にありながら、付法の門人は三十九名にも達しており、初期黄檗教団の唐僧中では木庵（五十三名）についで多いのである[150]。実は高泉は、意識的に付法を厳格にしていた。すなわち、天和二年（一六八二）、法弟で和僧の円通道成（一六四三～一七二六）へ寄せた書簡の中で、自己が慧門から付法されてはや二十余年にもなるのに、容易に弟子に付法しないので、弘教上の方便を知らぬ愚か者だと「議する者」があるが、そのわけは「正に深く法門を振ひ、深く仏祖の恩を報ずる所以なり。此の意、正知見の者に非ずんば、熟［孰］か能く之を弁ぜん」と弁明している[151]。

この書簡の受取人たる円通は、ほかならぬ独湛の門人であり、延宝三年（一六七五）、すでに独湛から付法されているのである。本書簡発信の僅か四年後には代付問題が表面化し（貞享三年）、高泉は渦中の人となる。してみれば、彼の付法上の基本的立場は費隠に学び乱統乱脈を忌む、あくまでも厳格なものであって、代付は熟慮の末のやむにやまれぬ挙であったと言えるのではなかろうか。

代付問題のさなか、もしくは直後、高泉は突如、ずっと以前に亡くなった「清水湛法弟」、すなわち湛然道寂（一六二九～一六七九、和僧、木庵門人で美濃清水寺住職）を偲びつつ、七言絶句一首を賦した[152]。そして、湛然を偲ぶ筆は、後半一転、「嘆ずべし、今、昆弟と称する者、蕭墻の内、干戈を起こさんと要するを」と、いわゆる兄弟鬩牆の現状への嘆きと化し、詩題の「哭」字とともに、心ならずも遭遇した代付問題およびその結果たる独湛との訣別によって味わった心痛を物語っている。

## （二）清朝への見方

### 隠元の明朝追慕

いかなる悲惨な経験も、世代交替をへてゆくうちに、いつしか風化してゆく。これは戦災であれ、震災であれ、我々がかつて経験したことである。黄檗宗を語る人はしばしば、隠元ら教団初期の指導者が滅び去った明朝への哀悼の念を胸に、異郷・日本での日々を過ごしたと見ている。隠元に関しては、この見解はほぼ正鵠を得ていると言えよう。とりわけ知られた例を挙げれば、順治九年（一六五二）暮れ、福清黄檗山での授戒会に際し、隠元（六十一歳）は自ら撰述した『弘戒法儀』を読み上げた。文中、太祖洪武帝の年号を口にするや、彼ははらはらと落涙、しばし頭を上げ得なかった。

この話を伝え聞いた福州の「諸名公」は、隠元の明朝に対する追慕の意を讃え、詩集『頌言』を編輯、隠元に贈っている(153)。「諸名公」とは、具体的には劉沂春（魯庵、崇禎七年［一六三四］の進士）・厳白海（崇禎十六年［一六四三］の進士）ほか九名である。南明・魯王政権の重鎮だった劉沂春と同じく唐王政権のそれだった厳白海以外は、今のところ伝記未詳だが(154)、一巻本の隠元年譜に拠れば、彼らに加えてすでに亡き陳子龍（字：臥子、一六〇八〜一六四七）も、「乱筆《けいひつ》」（一般に、死者の言を解すとされる道士がトランス状態に陥り、砂の上に錐でしるした文字をのちに判読、成文化したもの）によって詩を寄せたという(155)。

ちなみに陳子龍とは、明末崇禎十年（一六三七）の進士であり、北京の中央政府崩壊後は、南京の福王（隆武帝）政権に仕えたが、内紛ぶりに失望して帰郷・出家、のち、魯王政権に参画、義兵を集めて蜂起を図ったが清軍に捕らえられ自殺した。いわば明朝の忠臣である(156)。

## 高泉の遺民意識

しかしながら、明滅亡当時高泉は、まだ数え十二歳の少年であった。それゆえ、隠元が二名もの抗清運動の志士（独往性幽・独耀性日）をその門下に迎え入れたのに比すれば、明室の滅亡が郷愁を伴って迫ってくるものではなかったものとおぼしい。むろん高泉とて、後にしてまもない故郷福建が戦乱で荒廃を極めているとの時代認識を、渡日の翌春（寛文二年［一六六二］）製作の七言律詩「乱後思親作此自警」[157]の中で、「早亡二恃怙一最堪レ悲。況値二人間灰劫時一。挙レ眼山河多二病痛一。回レ頭風物転支離。」と切々と詠じてはいるのである。

さらに極めつけというべきは、七言絶句「読黄石斎先生殉節詩」[158]であろう。黄道周（号：石斎、一五八五〜一六四六）を悼む作品は、隠元も実に六首まで製作している[159]。数の差は、世代の違いに起因する感情体験の有無に起因していようか。とはいえ高泉の詩も、「一心憂レ国又憂レ民。自古君臣没二両人一。聖主既無二天可一レ王。先生安有二地容一レ身。」と、明の命運にあくまで殉じた黄道周を敬慕している。

また、高泉の公刊された詩文では、自己が明の遺民だとの意識が、一度ならず明瞭に示されている。例えば『洗雲集』所収の「恭題永楽皇帝宸翰」を見よう。本篇の正確な成立年代は判然としないが、およそ貞享三年（一六八六）前後の製作に係る[160]。その題目が明示するとおり、内容は石川貞生なる医師から示された成祖永楽帝親筆の勅書[161]に題されたものである。そこには、「激［高泉］、忝く明の産にして未だ龍文［皇帝の宸筆］を覩ず。意はざりき、東方に之を見んとは」と、自己が明人であり、故国の君主の宸筆を実見できたことの喜びが顕然としていよう。

五十七歳の元禄二年（一六八九）、文人宰相・張瑞図（号：二水、生歿年未詳）の遺墨を偶然目にして、七言絶句「張相国遺墨」[162]を製作、「可レ憐明国今無レ士。艸聖尽伝二到海邦一」と詠じている。本篇の小序に拠れば、草書の達人だった張瑞図の遺墨は、「明末に至つて群寇の為に掠められ、日東に流るる者夥し」く、それで高泉は「往々にして之を贖」っていたが、「近ごろ又た巨軸を得」た。それが本篇にも詠じられた一軸だという。「憐れむべし、明国　今、土無し」との慨嘆といい、小序で張瑞図の遺墨を見かける度に購入した旨言明していることといい、いかにも明の遺民らしい口吻である。

また、青年期に直接出会った遺民への敬意も、すこぶるはっきりと表明している。七言律詩「贈㆓林可陞総戎㆒」[163]では、詩を贈った相手たる林可陞との出会いに感激して、「半生侠気存㆓明世㆒。一片忠貞寄㆓玉壺㆒。何幸此逢堅下㆑榻。唱酬応㆔自愧㆓匡廬㆒」と詠じており、林可陞の明朝への忠節に深い敬意を表明し、廬山の慧遠のような学徳を有しない自分には、慧遠が謝霊運と交わしたような風雅な交わりは期すべくもない——と恥じている。官名に〈総戎〉とあるから、明末もしくは南明政権にあって、軍事関係の役職にあった人物と見られるが、隠元ら黄檗三祖の法語・詩偈中にその名を見ず、詳しい事績は不明である。

### 隠元からの遺民意識喚起

しかしながら、高泉のこうした遺民意識は、渡日以後（一六六一）、隠元示寂（一六七三）までの間、親しく随侍した隠元から一層触発・増幅されたものとおぼしい。まず、同じく『洗雲集』所収の「重刻御板法華経後序」は、寛文十一年（一六七一）、高泉が隠元の命で代作したものである。

その内容は、明の英宗が正統十四年（一四四九）に御製序を附して刊行したいわゆる『御版法華経』を信徒の豪商・阿形宗珍（一六四五〜一七一八）が和刻したことを賞賛している[164]。文中、「大明」・「英宗睿皇帝」・「聖母」（英宗の母后、英宗へ刊経を勧告した）といった字句の前は一マス分空白とされている。いわゆる「闕字」であって、隠元の明室に対する変わらぬ敬意が見て取れよう。

また、二十四巻本語録には、法語「示㆓嘯庵鄧太守㆒」を掲げる(165)。前後二段に分かたれ、二丁にわたる比較的長文の法語であるが、受取人の〈鄧太守〉とは、思明州の知事である。思明州とは現在の福建省の厦門市附近を指し、「明を思う」との名からも明らかなように、一六五五年（清・順治十二年／南明・永暦九年）三月、鄭成功の命名に係る。

ここで『紀年録』寛文元年（一六六一）の条に拠れば、高泉は渡日早々にして、隠元の命で「答㆓思明鄧刺史書㆒」を代作している(166)。『隠元全集』では、「復㆓素庵鄧居士㆒壬寅冬」とある書簡を指そう(167)。〈壬寅〉とは渡日の翌年（寛文二年、一六六二）の干支であり、この点、『紀年録』と食い違うが、右記の法語「示㆓嘯庵鄧太守㆒」の前半は、「復㆓素庵鄧居士㆒壬寅冬」と全く同文である。また、残る後半は、『隠元全集』所収の「復㆓素庵鄧居士㆒」（題下に註なし）(168)とほぼ同文である。したがって、高泉二十四巻本語録の「示嘯庵鄧太守」は、『隠元全集』所収の二通の書簡を語録編纂に際して合したものと言えよう。

さて、この法語「示㆓嘯庵鄧太守㆒」の冒頭（つまり『隠元全集』の「復㆓素庵鄧居士㆒壬寅冬」冒頭）、隠元は高泉の筆を借りつつ、鄧太守の人格を讃えて、「台下能く朱紫叢中、干戈隊裏に於いて特に隻眼を開いて、富貴の為に移され、刀兵に擾されず、仏法・世法、打成一片にして、礙・無礙の境、迥然として超絶す」と述べている(169)。一般に明朝復興の希望の星と見られている鄭氏政権（＝朱紫叢中、干戈隊裏）であったが、その内部ではしかし、醜悪かつ熾烈な権力闘争が渦巻いており、隠元のいう〈富貴の為に移され、刀兵に擾されず〉とは、そんな状況下、泰然として坐禅修養に勤しむ鄧太守への讃嘆の意が看取されよう(170)。

鄧太守については、（一）寛文三年（一六六三）梅月（旧暦四月）に、隠元のために語録『黄檗和尚太和集』のための序を撰したこと(171)、（二）同年七月にそれを落手した隠元が返信として右記「復素庵鄧居士」を高泉に代作せしめたこと、（三）『隠元年譜』寛文三年の条では、その官職が「戸部郎中」とされていること(172)が知られるのみである。

寛文三年（一六六三）とは、中国では康煕二年に相当する。彼が隠元へ寄せた序では、清の年号を用いず、単に「癸卯」とのみ記しており、かつ、その肩書きには「方外素庵会道人」とあって(173)、すでに隠者的生活を送って久しいもののようである。

隠元の書簡にいわゆる「太守」といい、「戸部郎中」といい、恐らくは鄧氏が明廷（南明政権をも含む）から与えられた官位であろう。なお、高泉自身も書簡代作からまもない寛文四年（一六七四）、その著『嘯庵集』を読み、その感動を「庵中発㆓一嘯㆒。四座起㆓風雲㆒。収拾瑶函上。希声海外聞」(174)と詠じている。

## 杜立徳の隠元碑文への感嘆

このように渡日以前も以後も隠元の側近にあって、親しく記念性の強い文章（例：「重刻御板法華経後序」）や、隠元ゆかりの南明遺臣（鄧太守）宛文書の代作を司っておれば、高泉が師のいだく遺民意識に感化されるのは異とするに当たるまい。しかしながら、世代の違いはやはり争われない。例えば以下のような事例がある。

南源性派は、法系上は高泉の法叔ながら、実際には同輩的感覚をもって高泉と親交した。貞享三年（一六八六）、南源は商船に託して隠元の語録および年譜を、北京なる清の大官・杜立徳（一六一二〜一六九二）へ寄せた。今日、萬福寺内に聳える隠元の碑に碑銘を乞うためである(175)。元禄二年（一六八九）、海を越えて送られてきた碑銘を読み、南源の親友・高泉は七言絶句一首を作成した。

杜読㆓燕山杜相国所㆑撰隠師塔銘㆒

君具㆓当年張相才㆒。世間出世法全該。解㆑将㆓浴日扶天手㆒。点㆓出金剛正眼㆒来。

起・承両句では、杜立徳を「当年張相の才を具」し、「世間・出世の法を全該す」などと素直に讃えている(176)。隠元碑銘の撰者とされる杜立徳は元来、明末崇禎年間（一六二八〜一六四四）の進士であり、清代に入って順治・康熙両帝に仕えている。その出身が北京郊外（直隷宝坻）であったためか、清朝に仕えることにはさしたる抵抗感がなかったものとおぼしい。ともあれ、形式上はいわゆる二朝に仕えた人物（例：五代の馮道、元の趙孟頫［子昂］）であり、儒家道徳（明末仏教界もその深厚な影響下にあった）からすれば、あまり好ましからぬ経歴の持ち主だと言えよう(177)。

一方、隠元は渡日以前、杜立徳と同じく崇禎の進士でありながら、清朝に仕えることを潔しとしなかった人々（劉魯庵・厳白海［以上、前出「頌言」関係］・紀許国(178)）と、深い道縁を有していた。それゆえに、隠元にして霊あらば、たとい現に大官であるにせよ、杜立徳のごとき人物に碑銘を書かれるのは、決して欣快ではなかったことであろう。

## 順治帝への好感

高泉の対清感情が表明された詩文から、隠元世にあらば仰天・憤慨せしめたに相違なき事例を二つほど挙げたい。まず、『山堂清話』巻下「盂蘭会」の条では、「順治間」、旗山（福州府閩県）でのことだとして、盂蘭盆会に名を借りて集めたお布施で飲んでしまった愚僧が、その報いで廃人となったという故事を取り上げる(179)。いったい、清の年号・順治と南明の年号・永暦とは、それぞれの君主の死によって、同じく西暦一六六一年に終わっている。また、始まった年代も前者が一六四四年、後者が一六四七年と、さほど隔たりはない。したがって、右記の「順治中」を、「永暦中」と書いても、清朝官憲の権力が及ばない日本での出版ゆえ、何の問題もないはずである。本書は寛文十二年（一六七二）四月、京都で刊行された。年譜に拠る限り、八十一歳の隠元はなお健在であった。

次に、二十四巻語録に見える、順治帝（一六三八～一六六一）関連の法語・賛の存在も見落とせない。帝は明末清初の禅の高僧を北京に招き、しばしば法要を問うている。木陳道忞（一五九六～一六七四）・憨樸性聡（一六一〇～一六六六）・玉林通琇（一六一四～一六七五）の臨済宗三師に対しては、とりわけ敬仰の念深く、それぞれ『奏対録』が遺され、帝の禅学研鑽ぶりを今に伝えている。

隠元・木庵には、これら三師に関する法語・賛は全く伝わらないが、即非には木陳・玉林を讃えた詩偈が伝えられている[180]。高泉の場合は、さらに進んで、かつて小僧時代、憨樸に福清黄檗山で出会ったなつかしさから（小序中に明記）、「賜号明覚憨樸国師賛」を撰述している。高泉が本篇を賦した主旨は、その小序では憨樸が順治帝から「恩を蒙るを喜ぶに非ずして、法門の耿光有つて祖道の寥落を致さざるを喜ぶ」にあるとされている[181]。そして賛本文においても、俗塵を遠く離れた憨樸の姿を雲鶴に比しているのみで、順治帝に関する明喩・暗喩は、ともに何ら認められない。

しかるに、「報恩玉林老和尚賛」では、その小序で「順治十五年　皇帝…」と、「皇帝」の語の前に闕字を施して敬意を表し、賛本文では順治帝を「聖王」としている[182]。また、「天童弘覚国師山翁老和尚賛」においても、順治帝を「聖主」と記している[183]。例として、ここでは前者を取り上げたい。

報恩玉琳老和尚賛（并序）

順治十五年　皇帝詔請問レ法。師奏対詳明。蒙レ賜二紫袍・金印并大覚禅師之號一。明年帝遣レ使存問。復賜二金印一加二号明教一。賛曰

道無二貴賤一。遇貴乃昌。有二大尊宿一。感二動聖王一。詔請問レ法。龍顔大悦。徽号甚服。寵賚弗レ絶。

われわれは民国初年、日本に亡命した王国維が、羅振玉（長男の岳父）の肖像写真へ署名するに際し、依然「宣統」の元号を題したことを知っている(184)。古今の中国人にとって、いかなる年号（元号・西暦・干支）を用いるかは、容易ならぬ問題をはらんでいる。ある特定の年号を用いることは、そのままその年号を称する王朝の正統性を認めることをも示している。そして高泉ももとより、そのことに疎かったはずはない。

にもかかわらず、高泉が高僧賛の中で一度ならず「順治」の元号を用いていること（帝名をも含む）は、彼が清朝に対し身を焦がす恨みをいだいていたわけでもなければ、哀切な明朝遺民意識をもって日々を過ごしていたわけでもないことを、如実に物語っていよう。もっとも、順治帝に関してはもちろんのこと、帝に召されて法を説いた右記三師について一切触れようとしない隠元・木庵の態度は、その本師（木庵にとっては師翁）・費隠の現実的な態度に比してすら、いささか頑なに過ぎるものがある。

いずれにせよ、高泉の清朝への態度は、隠元ら明朝の滅亡をまのあたりにした世代の黄檗唐僧には認められないものと見られよう。若くして世を去った順治帝は、以後の諸帝、とりわけ雍正・乾隆帝父子に比すれば、はるかに純粋な信仰に基づいて禅宗に関心をいだき、これを研鑽したのであるが、かかる帝の姿は、海の向こうの高泉の目にも、すこぶる好ましいものと映じたのであろう。これらの字句には、高泉の順治帝への好感が率直に流露しているかのようである(183)。

ちなみに、啓蒙書『曇花筆記』では、『仏法金湯編』（明初・心泰の編）から梁の武帝ほか歴代の崇仏天子の事蹟を六条まで挙げているが、典拠たる『金湯編』所載の該当例は多々ある中に、清と同様の異民族王朝たる元の世祖（天雨金華）・順帝（金書蔵経）の例を取り上げ、それぞれに一条を割いている(184)。漢民族であれ、「夷狄」であれ、崇仏のふるまいとして賞賛すべき行いは、惜しみなく評価せんとする彼の態度は、異郷・日本にあって同地の高僧の事蹟を鋭意調査し、僧伝にまとめ上げる上で大きな原動力をなしていたのではないだろうか。

## 結語

本章では、高泉に関する先行研究、伝記・著述の概要、師長たる黄檗三祖および同輩（法弟）との道縁の具体的経過を取り上げ、そのうえで、高泉の接化の三祖からの継承面と彼独自の側面とを考察した。第二章からは、本章での概観をもとに、高泉の日本での弘教の特色・成果について、ヨリ具体的に探究してゆこう。

以下、本章で明らかにし得たことを繰り返す。遺された法語・詩文に見る限り、高泉はその文才を、朝廷・大名・在来諸宗の高僧らから渡日後いくばくもなくして高く評価され、その結果、概して平穏かつ活発な日本での歳月を重ねた。高泉の生涯でほぼ唯一の波瀾たる「代付事件」はその実、彼の禅に対する、とりわけ嗣法に対する見解が、反対派からの非難を通じて顕現された瞬間であった。事件それ自体に言及する法語と、嗣法に関する極めて厳格で、安易な印可を強く慎む旨の書簡とを併せ読めば、高泉は平素は法曾祖父・費隠以来の福清黄檗山の家風を人一倍愛重し、師から弟子へと親しく法が受け継がれる姿に、禅宗嗣法のあるべき姿を認めていたことが明瞭となる。

したがって、「代付事件」さえ起こらなければ、高泉の禅風は反対派の筆頭たる独湛の禅風とも、遡っては隠元・木庵・即非のそれとも、さして齟齬を来たさなかったものと見られよう。

しかしながら高泉は、上進した主著『扶桑僧宝伝』(185)を高く評価してくれた(186)後水尾法皇への恩義も忘れてはおらず、法皇からの遺嘱も無視することができなかった。そして、熟慮の末に、やむを得ぬ場合の特例として、法皇が遺した龍渓の法（その象徴は龍渓から法皇へ贈られた伝法偈と払子）を伝えたのである。

「代付」観にもまして注目すべきは、高泉に代表される、ヨリ年少の黄檗唐僧の清朝に対する態度の変化であろう。隠元やその本師・費隠の場合(187)とちがって、高泉自身が清軍から身に危害を加えられた形跡は見当たらない(188)。したがって彼は、明の遺民としての意識は一定程度保持していたものの、滅び去った明朝への哀惜や、異民族王朝・清への不快感といった、いわゆる「感情体験」を、隠元（や一般人士でいえば朱舜水）ほどには持ち得なかったことであろう。そうでなければ、順治帝を「聖王」と尊んだり、帝を指す言葉の前で闕字する筈もなければ、明・清の二朝に仕えた人物・杜立徳から隠元の碑銘を寄せられて、素直に喜びを表明する筈もないであろう。

## 註

（1）『新纂校訂　隠元全集』は、昭和五十四年（一九七九）、東京：開明書院刊。『新纂校訂　木菴全集』は、京都：思文閣出版刊、平成四年（一九九二）。『新纂校訂　即非全集』は、京都：思文閣出版刊、同五年（一九九三）。

（2）東京：吉川弘文館刊、『人物叢書』所収、昭和三十七年（一九六二）。

（3）京都：思文閣出版刊、昭和六十三年（一九八八）。他の二氏は林雪光師（故人）・加藤正俊教授。

（4）日本へ渡った隠元に宛てて、中国の弟子たち、帰依者らが寄せた書簡（いずれも黄檗山所蔵）の影印を掲げた上、釈文・註釈を施している。中国側編者は陳智超（民国時代の著名な仏教学者・陳垣［援庵］氏の孫）・韋祖輝・何齢修の三氏。北京：中華全国図書館文献縮微複製中心刊、一九九五年。

（5）『黄檗文華人名辞典』二四〇頁上。執筆は大槻氏。

（6）『全』Ⅲ・一五〇九上右。

（7）『隠元全集』第一巻・解題四三頁。高泉自身にも、「柏巌禅師末後記」がある。『洗雲集』巻十三、『全』Ⅱ・九〇六下左～九〇七下右。本篇は、寛文十三年（一六七三）八月、柏巖性節（一六三四〜一六七三）が示寂した際に製作された。柏巖は俗姓黄氏、福建省漳州府の出身。隠元が敬慕した明末の忠臣・黄道周（号：石斎、註（159）参照）の「姪孫」である。隠元示寂後、その塔を守ったが、自身も同じ年に世を去っている。高泉はその示寂前後の状況をよく伝えている。ちなみに、曹洞宗寿昌派においても、日本における同派の初祖・心越興儔（一六三九〜一六九五、一般には「東皐心越」の名で知られる）の示寂に際し、撰述者未詳ながら「開山心老和尚末後事実」が作成されている。寿昌派は黄檗宗と同様、明末仏教の特色を伝えていた。禅慧法師（台湾の尼僧）編纂の標点本『寿昌正統録』三一七〜三二〇頁参照。台北：三慧講堂刊、民国八十三年（一九九四）。同書の原本は宝暦九年（一七五九）、鼎隆默道（心越の法曾孫）が撰述した（全五巻、附録一巻）。詳細な書誌については、原本所蔵者でもあられる永井政之教授の「東皐心越とその派下の人々――寿昌正統録の成立をめぐって――」を参照。『印度学仏教学研究』第二七巻第一号・三四七〜三四九頁、昭和五十三年（一九七八）。

（8）同『辞典』一一五頁下〜一一七頁上。

（9）『紀年録』崇禎十四年（一六四一）の条、『全』Ⅲ・一四七六下左。

（10）『紀年録』順治二年（一六四五）の条、『全』Ⅲ・一四七七上右。

（11）萬福寺の有力な外護者で大学士の葉向高（一五五九〜一六二七）の曾孫。彼自身もまた、南明・唐王（隆武帝）政権から礼部右侍郎に任ぜられたが、この当時は明朝復興に望みを絶って隠居していた。註（4）前出『旅日高僧隠元中土来往書信集』二二〇頁を参照。

（12）『紀年録』順治九年（一六五二）の条、『全』Ⅲ・一四七八下右。

（13）『紀年録』順治十五年（一六五八）の条、『全』Ⅲ・一四八〇上左。

（14）『洗雲集』巻一・『全』Ⅲ・七三七上右。自序は元禄二年（一六八九）執筆。

（15）『紀年録』順治十六年（一六五九）の条、『全』Ⅲ・一四八〇下右。

（16）『紀年録』順治十八年（一六六一）の条、『全』Ⅲ・一四八一上左。

(17)『紀年録』順治十七年（一六六〇）の条に拠れば、高泉は常々「主人公」の公案（『瑞州洞山良价禅師語録』、『大正蔵』、第四七巻・五二五頁上）について思い巡らしており、その疑問を「無夢無想の時、必［畢］竟主人公、甚麼（いづれ）の処にか在る?」と言語化して慧門に呈したところ、慧門から「偏［遍］界曾つて蔵せず」と答示され、「言下に于（お）いて旨を領」した。なおすっきりしないところがあるので、慧門とともに法兄・清斯真浄（一六二九〜一七〇五、のち福清黄檗山第八世）の僧房を訪れ、引き続きこの問題を討論した。慧門は高泉の面前に拳を突きつけ、彼の悟達をうながし、高泉もようやくにして疑雲を晴らしたという。『全』Ⅲ・一四八〇下左。

(18)『黄檗文華』第一一七号・一頁。平成十年（一九九八）。

(19)同師註（18）前掲論文、『黄檗文華』同上号・五頁。

(20)『紀年録』順治十八年（一六六一）の条、『全』Ⅲ・一四八一上左。

(21)『紀年録』順治十八年（一六六一）の条、『全』Ⅲ・一四八一下右。

(22)渡日以前の福建時代は、なお修行時代であったために、居士および一般大衆への教化活動については、少数の事例を除き、特筆すべき事蹟は見当たらない。しかしながら、旅先の漁村での戒殺思想宣揚と、念仏結社づくりは、記憶さるべき一事である（第二章第四節後述）。

(23)生歿年については、『藩史大事典』第一巻「二本松藩」の項に拠った。執筆は田中正能氏。同巻・三〇四頁に光重の詳細な生年月日・通称・法名・墓所を掲げる。東京：雄山閣出版刊、昭和六十三年（一九八八）。なお、『黄檗文化人名辞典』「丹羽光重」の項が、その享年を八十一歳とし、元禄十四年の死去とするのは正しいが、元和元年（一六一五）の誕生とするのは同七年（一六二一）の誤りではないだろうか。同『辞典』二九七頁上を参照。

(24)『山堂清話』、巻中、『全』Ⅲ・一一五七頁上左。

(25)寛文十二年（一六七二）、四十歳の折に編纂・刊行された『法苑略集』全五巻は、高泉中年期までの詩文集である。詩・序・跋・記など文体別に該当作品が分類・収録されているが、ほぼ年代順に配列されている。巻四「跋」の部では、冒頭「跋二雲棲大師崇行録」・「跋竹窓随筆」・「跋正訛集」の三篇を掲げる。このうち、三番目の「跋正訛集」は、『紀年録』に拠れば、順治十七年（一六六〇）、二十八歳の折の作品と知られる。年代順の配列であることから推して、前二篇の成立は、さらに遡るものと見られよう。『法苑略集』、巻四、『全』Ⅱ・五八二上左。

(26)『紀年録』は延宝三年の条に系年しているが、大槻幹郎氏は二十四巻本語録、『広録』（十五巻本語録）それぞれの関連法語、および『仏国詩偈』所収の関連詩偈をも併せ読み、事実は翌四年のことである旨、考証された。大槻氏「黄檗語録に見る加賀・越中（三）」、『黄檗文華』第一二〇号、平成十三年（二〇〇一）。

(27)竹貫元勝教授『近世黄檗宗末寺帳集成』解説二四〜三〇頁参照。東京：雄山閣出版刊、平成二年（一九九〇）。

(28)拙稿「井原西鶴　黄檗寺院のある風景」で、井原西鶴がその小説中に仏国寺を描いた場面について論述した。『本朝二十不孝』（貞享四年［一六八七］刊）巻一第二話および『日本永代蔵』（同五年［一六八八］刊）巻三第三話がそれで、ともにストーリーの転回点にあたる場面に登場する。『応募論文集』第一号・一一二〜一一三頁、東京：東京黄檗研究所（三鷹市の黄檗宗・禅林寺内）刊、平成十四年（二〇〇二）。

(29)刊記を欠くが、巻一冒頭の扉には「貞享丁卯四年秋」と刷られており、跋（編者たる道発・道清の二門人）にもまた「貞享丁卯年季春（三月）」とあることから、年内の刊行と見た。

(30)平久保氏の註記、『翰墨禅』巻一、『全』では省略されている。

(31)平成十五年十二月現在未見。文華殿に江戸期の原版本を架蔵。昭和十七年（一九四二）、吉永雪堂師が『黄檗叢書』（全三冊）の第一冊として、黄檗宗務本院（萬福寺内）より刊行されたが、こちらは文華殿に加え、駒澤大学図書館も架蔵（蔵書番号忽─一一一四）。小川霊道師編『新纂禅籍目録』八〇頁・中を参照。

(32)『紀年録』元禄八年（一六九五）八月二十六日の条、「雲宗上座の父を喪ふと聞き、荐偈有り」と見える。偈頌は伝わらないもののようである。『全』Ⅲ・一四九五上左。

(33)これは袾宏『竹窓三筆』の中の一項目の題である。『和刻影印　近世漢籍叢刊思想四篇』第六巻・五五四一頁（目次）および五六〇四～五頁（本文）を参照。京都：中文出版社刊、昭和五十九年（一九八四）。なお、偈頌の作成には至らなかったが、隠元もまた示寂二日前に侍者・別伝道経（一六三五～一七一二）の孝行（仏日寺内に庵を構え老母を養う）を聞いて、褒美を与えている。『黄檗開山隠元老和尚末後事実』、『隠元全集』五四三六頁。能仁晃道師訳註の『隠元禅師年譜』四三二頁、京都：禅文化研究所刊、平成十一年（一九九九）。

（34）平久保章氏『隠元』八九頁に、主要な随侍者と、翌年帰国した者たちとを列挙している。

（35）平久保氏編纂の『即非全集』では、「若乙超元」に作る。同『全集』総索引七八頁。また、『黄檗文化人名辞典』では、山本悦心師『東渡僧宝伝』に依拠して「若一炤元」に作る。同『人名辞典』一一〇頁下。

（36）木庵が松代藩主・真田家の外護にて象山恵明寺を開創したのは寛文九年（一六六九）のことであり、しかも実際に事に当ったのは、同地出身の門人・良寂道明（一六二二～一六八九）であった。『木菴禅師年譜』、『木菴全集』三五六五頁。『黄檗文華人名辞典』三八五頁下をも参照。

（37）『紀年録』の記事に準拠すれば、中国にあっては、順治三年（一六四六）春から隠元が東渡した同十一年（一六五四）五月までの間、ついで日本にあっては、寛文元年（一六六一）九月、高泉の宇治黄檗山入りから、同四年（一六六四）夏以降、二本松に赴くまでの期間、それぞれ隠元に近侍していた。

（38）これも『紀年録』の記事に準拠すれば、隠元が東渡した順治十一年（一六五四）当時、高泉は同じく福州の獅子巌（隠元青年期修行の地）にあって、隠元の命で、独往性幽・独耀性日・良政□（系字、恐らくは「性」）印らと『獅子巌志』を編纂していた。秋には無住（得度の師にして実の叔父）とともに、福州市街地からも遠からぬ蓮華庵に移った。同十二年（一六五五）春に至り、慧門の命に応じて黄檗山へ戻り、以後、同十八年（一六六一）四月の渡日まで師事している。

（39）『紀年録』元禄八年（一六九五）の条、『全』Ⅲ・一四九七下右。高泉の生涯を綜観した一節中に見える字句である。

（40）『隠元全集』四一〇八頁。

（41）『隠元全集』四二二四頁。

(42)『木菴全集』索引巻・一二二頁、『即非全集』索引巻・七四頁に、それぞれ「高泉（性潡）」の項を立てる。なお、『隠元全集』では、同じく索引巻・一八五頁を参照。

(43)近年作成の慧林の年譜としては、大槻幹郎氏が『禅学研究』第六六号に公表された「慧林性機年譜稿」が、文華殿所蔵資料を詳細に参照しており、最も完備している。昭和六十二年（一九八七）。慧林の語録および詩偈集を自在に閲覧できない現況下では、本論攷によってその生涯の大略を知るほかはあるまい。

(44)『大円広慧国師遺稿』巻六、『全』Ⅰ・四〇四上右。

(45)『洗雲集』巻二十一、『全』Ⅱ・一〇二五上右。

(46)独湛は寛文四年（一六六四）、信徒の近藤語石（浜松在住の旗本）に招かれて初山宝林寺を開創、以後、天和元年（一六八一）、黄檗山に住持するまで、主として同地にあった。『黄檗文化人名辞典』二七八頁下。

(47)『法苑略集』、『全』Ⅱ・五四八下右。

(48)ただし、『紀年録』に拠れば、元禄八年（一六九五）九月二十三日、病軀のまま江戸から黄檗山に帰還した高泉を、独湛は見舞っている。当時独湛は、山内の塔頭・獅子林院に隠棲していた。『全』Ⅲ・一四九五上左。独湛の名は直書されず、「獅（子）林（院）和尚」と記され、また単に「訪問」とのみ書かれている。僧の名を直書せず、その所住の寺号で呼称して敬意を表するのは、禅宗文献の常例であるが、この場合、ごく簡単な記事本文と相俟って、高泉の側の独湛への依然根強いわだかまりが反映されてはいないだろうか。なお、『紀年録』と並ぶ高泉の伝記『高泉和尚行実』では、そもそも独湛および阿形宗珍・大文字屋怡斎の両居士が見舞ったことを記さず、代わって月潭道澄、別伝道経、梅谷道用、斉雲禅棟ら日頃道縁の深かった諸師（いずれも和僧）が訪れたことを記している。『全』Ⅲ・一五〇六上左。

(49)『紀年録』貞享三年（一六八六）の条、『全』Ⅲ・一四八九上左。

(50)『紀年録』貞享四年（一六八七）の条、『全』Ⅲ・一四九〇上右。

(51)『黄檗文化人名辞典』に拠れば、旗本の近藤語石（貞用）のほか、岡上景能の存在が知られるばかりである。独湛は後者を開基として、上野国新田郡に二山国瑞寺を開創した。同『辞典』二七八頁下。なお、近年、浜松市博物館において、初山の開創三百五十周年を記念する特別展覧会が開催された。その図録『浜松市博物館特別展初山宝林寺開創350年記念　浜松にもたらされた黄檗文化』では、初山を中心とする独湛の教化活動と、それを支えた近藤家とへスポットを当てつつ、弟子たちの事蹟をも概観している。浜松市博物館刊、平成二十六年（二〇一四）。

(52)（1）『洗雲集』巻十八、「某人継二黄檗山門一疏」、『全』Ⅲ・九八三上右。（2）同、「楚山開室檀越疏」、『全』Ⅲ・九八四・下左。（3）同、「某人住二楚山一啓」、『全』Ⅲ・九八六上右。いずれも出自（祖先に状元あり）や、その熱心な浄土信仰が「某人」の美点として記されており、これらが独湛を指していることは明白である。また、（3）の直後に置かれた「復三檀越請二開室一啓代」では、開基たる居士がときの政権の要人であることが美文調で記されており、これは近藤語石が旗本であったことを指していよう。同じく『洗雲集』巻十八、『全』Ⅲ・九八六下。なお、本篇はその題下に「代」とあることから推して、独湛から代作を依頼され、独湛になったつもりで執筆されたものであることが明示されており、製作当時の高泉・独湛の間の信頼関係がなお良好であったことを傍証していよう。

(53)（1）五言古詩「贈二湛師兄一」、『洗雲集』巻一、『全』Ⅱ・七四二下左。（2）五言律詩「贈二湛公禅師一」、『同』巻二、『全』Ⅱ・七五六上右。（3）七言律詩「次韻贈三湛兄結二南薫亭一」、『同』巻三、『全』Ⅱ・七六五下右。

(54)大眉に関しては、（1）七言律詩「大眉師兄四十七初度」、（2）同「贈二大眉師兄住一レ庵」など。ともに『洗雲集』巻三、『全』Ⅱ・七六六上左～下右を参照。一方、南源に関しては、（1）五言古詩「予三十初度。南師兄以二佳作一見レ贈。賦答」、『洗雲集』巻一、『全』Ⅱ・七四二下左。（2）「贈二南源和尚五十一」、『洗雲集』巻一、『全』Ⅱ・七四五下右。（3）五言律詩「賀三南源師兄建二華蔵一」、『洗雲集』巻二、『全』Ⅱ・七五二下右など。なお、大眉は鉄眼が大蔵経の版木架蔵所に窮していたのを救った人物として知られる。

(55)平久保氏『隠元』一二三九～一二四〇頁では、渡来以前と以後とに分けて隠元が弟子に付法した日時や、弟子が嗣法した際の年齢を掲げている。

(56) 高泉・鉄牛を中心とする黄檗宗僧侶と伊達綱村との道縁については、近年では尾暮まゆみ氏の論攷「史料紹介　『如幻三昧外集』に見える黄檗宗と伊達綱村（一）」に詳論されている。題目にいわゆる『如幻三昧外集』とは、綱村の漢詩集である。『黄檗文華』第一二一号、平成十四年（二〇〇二）。

(57) 大槻幹郎氏編『鉄牛道機禅師年譜』、長松院刊、平成二年（一九九〇）。なお発行元の長松院は、鉄牛を派祖といただく「長松下」の中心的寺院で、黄檗山内にある。

(58) 『紀年録』順治十一年（一六五四）、二十二歳の条、『全』Ⅲ・一四七九上右。

(59) 隠元の師・費隠を悼む「祭㆓費隠老和尚塔㆒」・「祭ㇾ師文」は、渡日した寛文元年（一六六一）に代作を命ぜられた。『洗雲集』巻二十一、『全』Ⅱ・一〇一九上右。

(60) 丙辰春、すなわち、延宝四年（一六七六）に発した旨、註のある書簡「寄㆓斂石雲崖和尚㆒書」より。『洗雲集』巻十九、『全』Ⅱ・九九八上右。受取人の雲崖は、慧門門下での法兄（兄弟子）である。

(61) 「空中天鼓序」、『遺稿』巻三、『全』Ⅰ・三七六上左。

(62) 『全』Ⅱ・五四七下右。全文二丁半におよぶ。

(63) 『仏国詩偈』巻六、『全』Ⅱ・七三三下右。

(64) 『広録』巻一、『全』Ⅰ・四四三下右。

(65) 雄山閣出版刊、昭和六十一年（一九八六）。

(66) 『全』Ⅲ・一四八九下右。

(67) 『全』Ⅰ・八八上左。なお、「代付問題」について、詳しくは本章第五節第二項を参照。

(68) 本書表紙部分へ註記。

(69) 『新纂禅籍目録』、一一六頁下。なお、本『目録』では、高泉関連の文献は、『空中天鼓』（八〇頁所掲）を除いて、すべて「高泉」の題下に一括掲載されている。一一六頁下〜一一七頁中。

(70)「四巻本語録」巻二、『全』Ⅰ・二九九下右。なお吉保は、黄檗大名としては比較的遅い参入ながら、唐僧らと筆談を交えて熱心に禅を語った。『黄檗文化人名辞典』三六二頁下〜三六三頁下。詳しくは、中尾文雄師の訓読訳注に係る『柳澤吉保公参禅録：勅賜護法常應録』の充実した解説を参照。大和郡山市：永慶寺刊、昭和四八年（一九七三）。また、近年では島内景二教授が『柳沢吉保と江戸の夢：元禄ルネッサンスの開幕』を公刊され、従来とかく否定的に捉えられがちであった吉保の実像へ新たな光を当てるとともに、第Ⅳ章「吉保の文化創造と賢人たち」の終わりに「禅僧たち―仏教の巨人たち」と題する一節を立て、高泉をも含む彼の参禅の道を平明に概観している。東京：笠間書院刊、平成二十一年（二〇〇九）。

(71)「四巻本語録」巻二、『全』Ⅰ・三〇二下左。

(72)平久保氏が『全』底本に記入された註記に拠れば、巻二所掲の「示二正覚［真敬］法親王一」（『全』Ⅰ・三五五上右）は、延宝三年（一六七五）、四十三歳の折に提示された法語であることが篇末の紀年から知られる。また、筆者の所見では、同じく巻二所掲の法語「示二松平大和守一」（『全』Ⅰ・三四八上左）は、減封を苦にする元姫路城主・結城直矩（一六四二〜一六九五、減封のうえ豊前国日田へ）へ寄せられたものであり、直矩の減封は天和二年（一六八二）のことであるから、この法語も、その直後に製作されたものと見られよう。高泉ときに五十歳である。

(73)「四巻本語録」初版本・補刻本にも収録されている。『全』Ⅰ・二七九下右以下を参照。

(74)「多々ならんことを欲する者は、尚ほ旧録有りて存す。何ぞ広覧を妨げんや」と。『全』Ⅰ・四四三下左。

(75)『全』底本一〇丁右に頭註されている。

(76)平久保氏の評語、『全』底本（萬福寺文華殿蔵）九丁左。

(77)註（29）を参照のこと。

(78)『全』Ⅱ・六七九上左。

(79)『全』Ⅱ・六五八上左。

(80)『紀年録』延宝四年（一六七六）の条、『全』Ⅲ・一四八六上右。

（81）『紀年録』延宝五年（一六七七）の条、『全』Ⅲ・一四八六上左。

（82）註（26）前出の大槻氏論攷、特に掲載号一四三頁を参照。

（83）『全』Ⅱ・一〇七四下右。

（84）『全』Ⅱ・一〇八〇下右。

（85）『全』Ⅱ・一〇四九上左。

（86）年代順に配列されている収録作品の終わりから三番目の「瑞聖慧極和尚六十并開戒」は、元禄四年（一六九一）四月に、法弟・慧極道明が江戸白金の瑞聖寺で授戒会を執り行ったことを賀する。『全』Ⅲ・一〇六八上左。

（87）高泉にこれら挽偈のあったことは、『紀年録』元禄六年（一六九三）の条に明記されている。『全』Ⅲ・一四九二下左。

（88）例えば、「居喪不食」（梁・法雲）・「泣血哀毀」（隋・智聚）を併せて賛している。『全』Ⅲ・一二〇四下左。

（89）『近世漢籍思想叢刊思想四編』六・五一七一～五一八一頁。京都：中文出版社刊、昭和五十九年（一九八四）。

（90）『全』Ⅲ・一一一〇上左。なお、即非が肝を割いたとされる事蹟については、慧極明洞撰『広寿即非和尚行業記』に見える。『即非全集』一三二二頁。

（91）大槻幹郎氏『鉄牛道機禅師年譜』（註（57）前出）三二頁。

（92）『新纂　禅籍目録』一七一頁下。『新編　禅学大辞典』四七一頁では、全五十二話の刊本を再治本、四十六条のそれを初刻本と見ているが、初刻本の刊記を見ていないので、この点に関して筆者は判断を保留したい。

（93）『全』底本の目次に見る、平久保氏書き入れに拠った。略されているのは、「宋僧導」（宋末元初の人、名は□［系字］導ヵ）・「恭行巳」・「元優婆夷陳氏妙珍」・「宋渤潭広道」（北宋臨済宗の真浄克文の法嗣）の四人である。このうち二番目の恭行巳（具名は恭行□巳［己ヵ］であろう）は、上虞県（江蘇省）の人で、母とともに各地を行乞しつつ学問に勤しんだとされる。上虞県は前漢以来の比較的歴史のある県であるが、主人公たる恭行巳が母との行乞生活を詠じたとされる詩は、唐代に完成された七言絶句の形式を用いているから、彼の実在性はともかくとして、この孝行説話の成立は、唐代以降のことに係ろう。

(94)『全』Ⅲ・一一三八上左。なお、『仏法金湯編』は『卍続蔵経』第一四八冊所収。
(95)和僧で、隠元直弟子の独照性円（一六一七～一六九四）から付法されており、法系上は高泉の法弟に当たる。わずか一ヶ月で唐話に熟達したとされ、来日当初の隠元門下において、すでに重んぜられていた。『黄檗文化人名辞典』九九頁下段。
(96)『大日本仏教全書』第九八巻（解題一）三一〇頁下～三一二頁下。東京：鈴木学術財団刊、昭和四十八年（一九七三）。
(97)註（96）前掲書・三一一頁下。
(98)『紀年録』同年の条、『全』Ⅲ・一一八六上右。
(99)註（96）前掲書・三一三頁上～下。
(100)「進二扶桑僧宝伝一表」、『洗雲集』巻二十二、『全』Ⅱ・一〇二七下右。
(101)『大日本仏教全書』第九八巻（解題二）・二三五頁下～二三六頁下。東京：鈴木学術財団刊、昭和四十八年（一九七三）。
(102)『大日本仏教全書』（略称『大仏全』）第一〇四巻一三一頁下。
(103)『遺稿』巻六、『全』Ⅰ・四〇一下右。
(104)運敞の詩文集『瑞林集』巻十四、『智山全書』第一一巻・六四〇頁上。同『全書』刊行会刊、昭和四十二年（一九六七）。
(105)『日本大蔵経』本（方等部一）では、高泉の序を省略している。なお、堀池春峰博士は、同『大蔵経』第九七巻（解題一）で、『手鑑』の概要を解説されるとともに、乏しい現存資料の中から真常の人物像、とりわけその熱心な地蔵信仰の姿を解き明かしている。同巻二三頁、鈴木学術財団刊、昭和五十二年（一九七七）。真常が住持した宝池山徳苑寺は、維新以前から窮乏し、維新後はついに廃寺となった。真常は三代目とはいえ、父祖伝来の地を捨て寺基を旧地から移し、臨済宗妙心寺派の末寺に列した、いわば中興者であった。『長崎市史』地誌篇仏寺部下巻八九〇頁以下を参照。長崎市役所刊、大正十二年（一九二三）。
(106)「地蔵菩薩本願経手鑑序」、『洗雲集』巻十二、『全』Ⅱ・八九六上右。
(107)同上書、『全』Ⅱ・八九六下左。
(108)三祖の『全集』本文は、編者たる平久保氏がそれぞれ数種の善本を選び、対照・掲載するという形を採っている。

(109)『隠元』一九〇頁。

(110)ただし、木庵の場合は、隠元・即非に比すれば渡日後の在世期間が比較的長く、また、隠元隠棲後の教団の統率者となった関係上、在来二大禅宗の高僧・学僧との交渉も比較的頻繁であった。その典型的な所産こそ、卍山道白（一六三六〜一七一五）からの需めに応じて撰述した「興聖永平開山道元和尚語録序」であった。これは延宝元年（一六七三）に初版刊行を見た道元『永平広録』の重刷本へ寄せた序文である。しかしながら、その撰述は、木庵晩年の天和元年（一六八一）の事であった。『木菴全集』二七七一頁。

(111)『紀年録』元禄八年（一六九五）の条、『全』Ⅲ・一四九九上右。

(112)同上。

(113)これは中尾文雄師の流麗な現代口語訳によって渡日以前と以後の隠元の法話を比較対照して得た所見である。同師訳・服部祖承師編『黄檗隠元禅師の禅思想――現代語訳『普照国師広録』より――』、大阪府：自敬寺（編者・服部師自坊）刊、平成十一年（一九九九）。

(114)平久保氏『隠元』二〇頁。平久保氏は、『天童密雲禅師年譜』に依拠しつつ、これら文言を叙述している。今、台北・新文豊出版刊『明版嘉興蔵』本の同『年譜』に徴するに、天啓五年（一六二五）、密雲六十歳の条には、門下生らの意気軒昂ぶりが述べられているが、密雲自身の弟子たちの身体にまで訴えかける、いささか乱暴な接化ぶりについては、この条も他の条も触れるところがない。平久保氏はもとより然るべき典拠あって、「胸ぐらをとらえ、…踏み倒し」との叙述をなされた筈であるから、その検出を今後の課題としたい。『密雲禅師語録』巻十二（最終巻）、『嘉興蔵』第一〇冊・八一頁上〜中。なお、翌天啓六年、三十五歳の隠元は、密雲を住持と戴く金粟寺で修行していたが、住持補佐（西堂）の五峰如学（一五八五〜一六三三、密雲法嗣）との間に、自らがつき立てた拳をめぐって、棒喝交差する激しい禅問答を繰り広げた。密雲会下の気風が、一斑ながら窺い知られよう。『隠元全集』五一二一頁（二巻本年譜）および五一二四頁（一巻本年譜）、能仁師校註『隠元禅師年譜』一二一〜一二八頁。

（115）『普照国師年譜』（いわゆる二巻本年譜）寛文十三年（一六七三）の条、『隠元全集』五二六〇頁。訓読は能仁晃道師訳註『隠元禅師年譜』三八六頁に掲げる所に拠った。京都：禅文化研究所刊、平成十一年（一九九九）。

（116）陳搏が中国道教史上で果たした役割については、『中国道教史』第二巻第七章「北宋における道教の復興と発展」中に一節を立てて詳論がなされている。題して「陳搏およびその『易龍図』などの著述の象数体系、北宋道教の儒家士大夫と理学とに対する影響」。同書六六〇～七〇三頁。執筆は丁培仁氏。成都：四川人民出版社刊、一九九六年。

（117）『遺稿』巻六、『全』Ⅰ・四〇五下右。なお、高泉のこの答書（真敬法親王宛）は、彼示寂後の元禄十年（一六九七）、月潭道澄（第四節前出、高泉『東渡諸祖伝』へ序を寄す）・大随道機（一六五二～一七一七、高泉門人）によって他の黄檗学僧らの答書とともに『桃蘂編』一巻にまとめ上げられ、法親王を介して霊元上皇へ進上された。『黄檗文化人名辞典』一〇〇頁上および二〇六頁上参照。なお、『人名辞典』は、「陳摶」に作るが、註（116）前出の『中国道教史』に依拠して「搏」と改めた。

（118）『紀年録』、元禄八年（一六九五）の条、『全』Ⅲ・一四九九下右。

（119）『広録』巻一上、『全』Ⅰ・四四六上右。

（120）『紀年録』、元禄八年（一六九五）の条、『全』Ⅲ・一四九九下右。

（121）「示二乳峰侍者聴レ講」、『遺稿』巻二、『全』Ⅰ・三六一上右。

（122）源了圓博士は、鉄眼道光の主要法語を訳註された際、その解題にて、鉄眼は師・木庵と常に通訳を介して法談せざるを得ず、そのために、これまた常に不全感を抱いていたと指摘される。源博士『鉄眼仮字法語』一五頁、『現代語訳　禅の古典』九、講談社刊、昭和五十七年（一九八二）。

（123）七言絶句「予午後浴畢。方二就炉頭一…」は、入浴後せっかく良い気持ちで眠っていたのを、弟子の元章（『高泉和尚行状』の撰者で、和僧ながら中国語を解した）からの「和尚！」の一声に叩き起こされてしまったとするぼやきを詠じる。『洗雲集』巻十、『全』Ⅱ・八七〇上左。また、同じく『洗雲集』巻三および巻八に収められた五言律詩「対レ菊用二乳子韻一」、七言絶句「乳侍者乞レ題二画花一」では、いずれも高泉と乳峰（本文前出）との間の風雅な師弟関係を伝えている。『全』Ⅱ・七六一下右および八四三上右を参照。

（124）祭文「祭二費隠老和尚塔一」に、費隠の接化ぶりを「雷揮電掃、一条の生鉄棒、虎驟龍馳、或いは奪ひ或いは縦《ほしいまま》にす」と描写。『洗雲集』巻二十二、『全』Ⅱ・一〇一九上右。本篇は寛文九年（一六六九）、隠元の命にて代作。

（125）『隠元』一八二～一八六頁。

（126）大槻氏「黄檗語録にみる加賀・越中（二）」、平成十二年（二〇〇〇）、『黄檗文華』第一一九号。尾暮氏「史料紹介『如幻三昧集』に見える黄檗宗と伊達綱村（一）」、平成十四年（二〇〇二）、『黄檗文華』第一二一号。

（127）「銭粛楽の黄檗山墓葬について」、『黄檗文華』第一一八号、平成十一年（一九九九）；「独往性幽『本師隠公大和尚伝賛』について」、『京都橘女子大学研究紀要』第二八号、平成十四年（二〇〇二）ほか。

（128）石井修道博士『宋代禅宗史の研究』では、一節を割いて、この代付の経過と、当事者三師（大陽・円鑑・投子）の思想を究明している。同書二〇九～二二七頁。節題は「大陽警玄と投子義青の代付問題」。東京：大東出版社刊、昭和六十二年（一九八七）。

（129）印順法師『華雨集』第四巻・一六九頁、台北市：正聞出版社刊、民国八十二年（一九九三）。同巻所収『中国仏教瑣談』第十一章に「付法与接法」を立て、代付を請われた経緯を叙述。最初の代付は、印順師の止住先の寺（四川省合江県・法王寺）で、隠居住職と現任住職とが相次いで示寂、新住職候補者はしかし、彼らからまだ付法されておらず、寺規にしたがえば就任は不可能であった。たまたま寺の「首座」に任ぜられていた同師が、法を代付する権能ありと周囲から見なされ、ついにこれを引き受けたという。ただ、二度目の代付体験の具体的な背景については語られていない。

（130）『卍続蔵』第一三九冊・六頁下。冒頭「是の編の輯、秖《た》だ実契真伝を収むるのみ、仮符する者は与せず」と言明、代付によって法を伝えられた者は収録せず、かくして、「仮竊する者の懲を為す」と結んでいる。費隠は自己が目睹した実例として、その師・密雲円悟（一五六六～一六四二）が、普明妙用（？～一六四二、同じく臨済宗ながら法系を大きく異にする）から亡き興善慧広（？～一六二〇）の法を代付してくれるよう乞われて、「与麼（かくのごとき）ときんば則ち吾が宗、地を払はん」と峻絶した逸話を挙げている。そして、曹洞宗の遠門浄柱（一六〇一〜一六五四、湛然法孫）がこうした実情を知らずに、その著『五燈会元続略』にて（巻四下）、普明を興善の直接の弟子として立伝したことや、遠門の師・石雨明方（一五九三〜一六四八、湛然門人）が、普明の哀請を容れてついに代付の労を執ったことをも批判している。『卍続蔵経』第一三九冊・六頁下〜七頁上。費隠は、『厳統』本文中では、批判の意を込めてか、代付を行った当事者たる普明の伝を立てていない（ただし、石雨の伝は立てている）。

(131)『卍続蔵経』第一二四冊・六〇四頁上。訓読筆者。

(132)玄覚は『維摩経』によって開悟したが、それが本物であるかを確かめるべく、六祖・慧能を訪ね、印可を得た。これは慧能の弟子・玄策からの勧めによる。『六祖法宝壇経』、『大正蔵』第四八巻・三五一頁下。また、黄檗希運（？〜八七五）は、馬祖道一（七〇九〜七八八）を敬慕して、はるばる福建から江西にまで赴いたものの、目指す馬祖はすでに亡く、その法嗣・百丈懐海（七四九〜八一四）に師事したが、百丈は黄檗が示す鋭い禅機に感嘆、黄檗は確かに生前の面識なき馬祖の禅風を体解しており、のみならず、その禅機たるや「超師之作」だとまで賞嘆した。『碧巌録』巻二、『大正蔵』第四八巻・一五一頁中。

(133)費隠の師・密雲円悟（一五六六〜一六四二）の法弟である。『佛光大辞典』五四〇二頁では、「円信」の項を立て、『五燈全書』・『五燈会元続略』それぞれの円信伝に拠りつつ、彼がたまたま目にした「古雲門」の文字に触発されて開悟し、雲門宗再興を一生の大願とするに至ったと叙述している。

(134)『卍続蔵』第一三九冊・六頁上。

(135)阿部肇一博士『増訂　中国禅宗史の研究――政治社会史的考察――』に依拠する。研文出版刊、昭和六十一年（一九八六）。

(136)『五燈厳統』巻十四、『卍続蔵経』第一三九冊・五九七頁下。

(137)長谷部博士『明清仏教教団史研究』では第十二章として「禅門伝燈の統合と文化」を立て、その第一節を「五燈の補完（臨済下）」と題し、まず『厳統』を取り上げる。凡例第三条の主旨については、「遥嗣代付の者も私意師承の類として尽く排除しようとしたのである」との見解を示される。同書四七九頁。京都：同朋舎出版刊、平成五年（一九九三）。また、村瀬氏はその論攷「黄檗教団の一流相承制（度弟院）的傾向について」を執筆するに際し、長谷部博士前掲書および鳥越文邦師『費隠禅師と其の著、五燈厳統――附、筑後の黄檗――』（昭和六十一年［一九八六］）に依拠しつつ、『厳統』独特の禅宗法系に関する見解を図式化された。これによって、『厳統』が清初に臨済・曹洞両宗間で争議の発端となった背景を明瞭ならしめた。村瀬氏が拠った鳥越師著書（筆者未見）二九四～九頁では、費隠が法弟・木陳道忞（一五九六～一六七四）の代付（三名の僧に直弟子を介して自己の法を代付）を非難したことが詳述されているという。費隠が「遥嗣」と並んで「代付」に対しても好ましからぬ印象を持っていたことが、これによって推知されよう。村瀬氏論攷は、『応募論文集』第一号所収、東京黄檗研究所（三鷹市禅林寺内）刊、平成十四年（二〇〇二）。

(138) 永井政之教授は、その論攷「明末に生きた禅者達――費隠通容による五燈厳統の成立――」にて、『厳統』のみならず、『五燈厳統解惑篇』（『厳統』批判者らを論破すべく著された）をも参照しつつ、「ただ通容は代付そのものを否定しない」、「具眼の作家による代付は認める」との見解を提示されている。また、同教授の要約にしたがえば、投子義青の代付こそ良き代付の典型であって、投子ほどの力量をもたない普明（註（130）前出）は、誰であれ他者に代付を願い出ることなど許されないのだという（『解惑篇』に見える費隠の見解を、永井教授が要約）。『宗教学論集』第九輯・三三二頁、昭和五十四年（一九七九）。筆者もまた、永井教授の見解に賛意を表したい。

(139) 『黄檗文化人名辞典』、「晦翁宝暠」の項、五二頁上。

(140) 『紀年録』貞享二年（一六八五）の条、『全』Ⅲ・一四八九下右。

(141) 正しくは「師資［師と弟子］」とあるべきところであろう。

(142) 「二十四巻本語録」巻九、『全』Ⅰ・八八上左。

(143) 『全』Ⅰ・八八下右～左。

(144) 高泉の門人・琛州道祐は、投子が生前の大陽と面識がなかったのに比すれば、高泉を通じて龍渓―後水尾法皇の法を付法された晦翁は、その実、龍渓に師事すること久しく、十二分に法を継ぐ資格ありとの見解を示している。琛州撰『紀年録』元禄八年の条、『全』Ⅲ・一四九八上右。なお、『紀年録』元禄八年の条は、高泉示寂前後の状況を詳述するとともに、在りし日の高泉の生活ぶりや人となりに関しても筆墨を費やしている。

(145)『全』Ⅰ・八八下左。

(146)『大円広慧国師広録』巻頭に掲げられた、享保十五年（一七三〇）九月十六日付けの中御門天皇（御水尾法皇曾孫、当時三十歳）の「勅序」では、高泉の代付を「猶ほ浮山の大陽に於けるがごと」く、まさに絶えなんとした法脈を辛くも維持し得たと、高く評価している。『全』Ⅰ・四三九下左。

(147)運敞は書簡「復㆓高泉禅師㆒」を高泉に寄せている。題目に〈復〉とあることからも知られるように、高泉から代付問題をめぐる訴訟の概要を知らされ、幕府の裁決を「理勢の当然」と礼讃するとともに、街の噂話に高泉の身の安全を憂えさせられたことを語り、「玉磨かれて逾《いよいよ》潔く、蘭動かされて弥《いよいよ》馨し」、すなわち「雨降って地固ま」ったことを慶賀し、老齢のため直接赴いて賀詞を呈せぬことを惜しんでいる。『瑞林集』巻十四、『智山全書』第一一巻・六四〇頁上（書誌は註（104）参照）。この書簡の成立年代は本文中に明示されていないが、①直前に置かれた書簡「復㆓野峯雲石堂寂本闍梨㆒」（註（104）前出）が『東国高僧伝』刊刻に際してのものであること、②訴訟の経緯が概括されていること――これら二点から推して、独湛らが二度目の訴訟を起こした貞享四年（一六八七）秋以降の成立と見られよう。ときに運敞は数え七十四歳、すでに隠居して著述に専念していた。

(148)岡上景能は、代官在任中の延宝元年（一六七三）、独湛を開山に迎えて、現在の群馬県新田郡笠懸村に国瑞寺を建立した。『笠懸村史』上巻五二七～五三四頁に景能の略伝を、下巻一一七〇～一一七六頁に同寺の略史を掲げる。執筆は前者が阿久津宗二氏ら、後者が天利秀雄氏ら。上巻は昭和六十年（一九八五）、下巻は同六十二年（一九八七）。

(149)野口善敬師「費隠通容の臨済禅とその挫折――木陳道忞との対立を巡って――」を参照。『禅学研究』第六四号・五九頁、昭和六〇年（一九八五）。ちなみに、高泉の二十四巻本語録巻二十三には、「天童弘覚国師山翁老和尚賛」を収録する。その題目にいう〈山翁老和尚〉とはすなわち、費隠が批判した木陳を指す。『全』Ⅰ・二二二下右。また、同書巻四所収の法語中にも、木陳の『奏対録』（順治帝からの下問に答えた記録）を高く評価した一則を見る。『全』Ⅰ・二九下左。隠元・木庵には木陳に関連する法語・詩偈を認めないが、即非には「読法叔祖木陳老和尚語録」があり、率直に木陳の禅風を礼讃している。それゆえ、即非が在世しておれば、あるいは高泉の良き擁護者たり得ただろうが、この当時すでに示寂している（寛文十一年［一六七一］）。『即非全集』九七七頁。高泉の二十四巻本語録は京都で刊行されたから、黄檗山に住まう独湛・無住師弟の目に触れなかったとは考えがたく、彼らの不興をいやがうえにも煽ったことであろう。

(150) 平久保氏『隠元』二四八頁。

(151)『洗雲集』巻十九、『全』Ⅱ・一〇〇二下左。

(152)「哭㆓清水湛法弟㆒」、『洗雲集』巻十、『全』Ⅱ・八六五上左。本篇およびその前後の作品には、季節を示す言葉を欠き、正確な製作年代を明らかにしがたいが、二つ前に置かれた作品は題を「冬夜」といい、三つ後に置かれた作品は、貞享五年（一六八八）春の京都西往寺参詣のこと（年譜『紀年録』同年の条、『全』Ⅲ・一四九〇上左）を詠じているから、その中間に位置する本篇は、貞享四年冬もしくは翌五年春の製作と見られよう。

(153)『隠元全集』五一八七頁（二巻本）および五一八八頁（一巻本）、能仁師訳註『隠元禅師年譜』二二八頁。

(154) 劉沂春については、陳智超氏ほか『旅日高僧隠元中土来往書信集』二〇二頁および能仁師『隠元禅師年譜』八三頁を参照。厳白海については、小野和子教授「独往性幽『本師隠公大和尚伝賛』について」、『京都橘女子大学研究紀要』第二八号・五九頁を参照。平成十四年（二〇〇二）年。

(155) 陳子龍の詩（とされる作品）は七言律詩であり、『隠元全集』五三〇二頁所掲。「附乩筆」の題下に、「玉真子」作の七律二首とともに『黄檗和尚寿章』（本文は「寿章」・「頌言」・「別句」から成る）に附録されている。「玉真子」もまた、降霊術によって招かれた仙人であろう。当該作品の首聯（第一聯）「風景依稀王気存。梨袈猶自激㆓君恩㆒」、頸聯（第三聯）にも「涙灑㆓空山㆒情已遠。心傷㆓故国㆒道何尊」とあって、隠元の落涙を忠君の挙として絶賛している。

(156) 能仁師訳註一三二頁に『明史』本伝（巻二七七）に基づく陳子龍の略伝を掲載。隠元の二巻本年譜（高泉および南源が日本で編纂）は一巻本年譜（独耀性日が福建で編纂）に比すれば概して詳細であるが、この「乩筆」のことは全く載せず、また、一巻本で九名まで挙げられていた『頌言』の作者を、二巻本では「劉魯庵・厳白梅の諸名公」と簡略化している。これは恐らく、高泉および南源（二巻本年譜編者）が、一般の日本人には道教関連の「乩筆」の詳細が理解できず、かつ、〈諸名公〉がことさら詩集を編んだ歴史背景も深くは理解できまいと判断したからではなかろうか。

(157) 『洗雲集』巻三、『全』Ⅱ・七六五下左。

(158) 『仏国詩偈』巻三、『全』Ⅱ・六八四上右。

(159) 「次㆓石斎黄老先生巡節韻㆒」（四首）、『隠元全集』一五〇二頁；「懐㆓石斎先生㆒」（二首）、『同』一五三七頁。黄道周の略伝は能仁晃道師『隠元禅師年譜』二〇五頁を参照。

(160) 『洗雲集』巻十七、『全』Ⅱ・九七八下左。ほぼ年代順に作品が配列された『洗雲集』であり、本篇を収録する「跋」の部も例外ではないが、本篇の三つ前に置かれた「跋㆓趙仲穆画馬㆒」には貞享三年夏との紀年を見、反対に本篇の二つ後に置かれた「跋㆓金剛般若経㆒」には同二年との紀年を見る。年代的に見て、ここには錯簡ありと言えよう。また、『紀年録』を見ても、本篇の製作年代は見当たらない。

(161) 高泉の記すところに拠れば、永楽十年（一四一二）、永楽帝が礼部左侍郎・胡濙をして当時名高かった道士・張三丰を宮中に招かしめる文面だという。張三丰は元末から明初にかけて活躍した。『明史』巻二九九に伝記を収録する。『中国道教史』第三巻第十章では、一節を割いて、神話的色彩に富んだその事蹟を取り上げている。執筆は陳兵氏。陳氏に拠れば、永楽帝は張三丰を招かんことを熱望していたが、胡濙（ときに給事中）および内侍・朱祥を彼が住まうとされる武当山（湖北・陝西両省境界）に派したのは、永楽五年（一四〇七）のことであり、同十年には、正一教の道士・孫碧雲をして武当山中に道観を建立、住持せしめ、張三丰出現のときを待たしめている。同書四六七頁、成都：四川人民出版社刊、一九九六年。ところが、『明史』の本伝では、単に「永楽中」、右記の胡濙・朱祥を派したとのみあり、具体的な年次は記されていない。中華書局本七六四一頁。陳氏が『明史』以外のいかなる文献に拠ったかは不明。

(162)『翰墨禅』巻下、『全』Ⅱ・一〇六五上左。

(163)『法苑略集』巻二、『全』Ⅱ・五六二上左。

(164)『洗雲集』巻十一、『全』Ⅱ・八八二下右。なお、高泉自身にも七言絶句「宗珍長者刻二法華経一」一首がある。こちらは延宝二年（一六七四）の作であり、詩題にいう『法華経』刊本が、さきに覆刻された明勅版との同じものかどうか判然としない。詩中では、唐・僧詳『法華経伝』（『大正蔵』第五一巻）に拠りつつ、同書巻二に掲げる宋・曇諦の出生時および隋・智顗の『法華経』講説時の奇瑞がもっぱら詠じられている。『洗雲集』巻七、『全』Ⅱ・八二八下右。

(165)「二十四巻本語録」巻十六、『全』Ⅰ・一四九上左。なお、歿後刊行の『広録』巻十にも本篇を収録するが、後半部を欠いている。『全』Ⅰ・五一〇上右。削除された後半部では、唐宋禅宗史における著名な居士（例：裴休・黄庭堅）と、その依止師（例：黄檗希運・仏印了元）とを列挙のうえ、鄧太守もこれに倣うよう勧説している。

(166)『全』Ⅲ・一四八一下左。

(167)『隠元全集』三二九〇頁。

(168)『隠元全集』三三一二頁。なお、高泉の語録では、本篇冒頭の「鄧太守からの手紙を七月に受け取った」とする字句のみ削除、これを後段として前段（「復素庵鄧居士壬寅冬」相当部分）と合している。

(169)『全』Ⅰ・一四九上左。

(170)福建出身の林観潮氏（厦門大学哲学系副教授）の近稿に、「隠元と鄭成功との関係について」あり、福建の地理・歴史に関する知識を動員して、従来、時にいわれてきた隠元渡日の鄭成功使者説を否定され、のみならず、隠元が詩偈に暗喩した鄭氏政権への批判についても指摘されている。『黄檗文華』第一二二号、平成十五年（二〇〇三）。

(171)『隠元全集』三一七三～三一八〇頁。

(172)『隠元全集』五二四二頁（二巻本年譜）。能仁師訳注『隠元禅師年譜』三四二頁。

(173)『隠元全集』三一八〇頁。
(174)五言絶句「閲鄧太守嘯庵集」、『洗雲集』巻四、『全』Ⅱ・七七八下左。
(175)『黄檗文化人名辞典』「杜立徳」の項、二八六頁。この碑銘は荻生徂徠(一六六六～一七二八)によって長崎在住中国人による偽作と見なされ、徂徠は建碑を取りやめるよう、親交のあった悦峰道章(一六五五～一七三四、黄檗山第八世、唐僧で独湛門人)に忠告している。平久保氏『隠元』二頁、能仁師『隠元禅師年譜』iii(序言)頁。平久保氏は不収録の理由こそ明示されないものの、その校訂に係る『隠元全集』に本碑銘を収録されなかったのは、恐らくこの偽作説の存在を意識し、かつ、これに賛同されたためであろう。本碑銘は、能仁師訳註『隠元禅師年譜』には収録されている。同書三九五～四〇六頁。徂徠が悦峰に寄せた書簡「与₂悦峯和尚₁」其七が、碑文を偽撰と難ずる内容をもつ。平石直昭教授編『徂徠集』三一八頁上～三一九頁上に委細を尽くして偽撰たる理由が述べられている。ぺりかん社刊、『近世儒家文集集成』第三巻、昭和六十年(一九八五)。また、同じく平石教授『荻生徂徠年譜考』七一頁に拠れば、本書簡は宝永六年(一七〇九)、徂徠四十四歳の折りの執筆という。平凡社刊、昭和五十九年(一九八四)。
(176)『翰墨禅』巻上、『全』Ⅱ・一〇五八下右。張相とは、高泉の詩にも複数回登場する張瑞図(字:長公;号:二水)を指そう。万暦の進士、宰相となった。『明史』巻三〇六に伝あり。
(177)杜立徳伝は、『清史稿』巻二五〇所収。中華書局本九六八八～九六九〇頁。また、台湾・国史館刊行の『清史稿校註』第一〇冊・八三六九～八三七一頁を参照。民国七十七年(一九八八)。
(178)崇禎十五年(一六四二)の進士。銭粛楽(南明魯王政権の宰相)を墓葬すべく、隠元らと奔走。小野和子教授「銭粛楽の黄檗山墓葬について」を参照。『黄檗文華』第一一八号・九頁、平成十一年(一九九九)。
(179)『全』Ⅲ・一一六九上右。
(180)「読₂法叔祖木陳老和尚語録₁」、『即非全集』九七七頁。「寄₂呈玉林法叔祖老和尚₁」、『同』九七五頁。
(181)巻二十四、『全』Ⅰ・二二三下右。

(182)巻二十四、『全』Ⅰ・二二二上左

(183)巻二十四、『全』Ⅰ・二二二下右。

(184)民国三年（一九一四）、日本で撮影された羅振玉の肖像写真に題して「宣統甲寅十二月王国維署」としている。貝塚茂樹博士編『古代殷帝国』巻頭口絵二を参照。みすず書房刊、叢書『人間と文明の発展』所収、昭和三十三年（一九五八）。

(185)費隠（隠元より一歳年少）は順治十七年（一六六〇）、隠元宛書簡の中で、「幸いに今上国主、済宗を隆重す。古より以来無比なり」と順治帝の崇仏ぶりを高く評価し、帝が召した三師（本文前出）の名を列挙、そのうえで、「相聞く、亦た老僧をも召さんと欲す、と。知らず、法契の縁、何ぞ一に之を龍天に聴すに似たるをや」と、暗に帝からの招請を期待するかのような口吻を漏らしている。もはや清の天下がゆるぎないものとなった今、したたかで、かつ現実的な態度だと言えよう。『旅日高僧隠元中土来往書信集』六一～六六頁。附せられた註釈に拠れば、費隠の御前説法実現のために、すでにそれを成し遂げた法孫・憨樸が運動したが、実現を見ないまま、費隠は本書簡発送の翌年示寂した。

(186)『全』Ⅲ・一一三八下左。

(187)全二十巻から成る稿本であって、上進は延宝三年（一六七五）六月のこと。禅宗高僧伝の部分は『扶桑禅林僧宝伝』十巻として、教宗（非禅宗諸宗）高僧伝の部分は『東国高僧伝』十巻として、それぞれ別々に刊行された。

(188)『紀年録』延宝三年（一六七五）の条に拠れば、法皇からの賞詞には、「願はくは禅師の朕と寿を同じうせんことを」とあったという。『全』Ⅲ・一四八五下右。

(189)隠元の年譜に拠れば、順治十年（一六五三）のある日、住職として福清黄檗山にあった隠元のもとへ暴客が訪れたが、隠元は少しも動ぜず、静かに坐禅瞑想していたため、暴客も敬意を表して（原文：稽首）去ったという。南宋・無学祖元（一二二六～一二八六、鎌倉・円覚寺第一世）が乱入した元兵の白刃にひるまなかったという、かの著名な事蹟を彷彿とさせるものがあろう。〈暴客〉の素性は、本文中に明かされておらず、清軍兵士なのか、それとも流賊なのか判然としないが、いずれにせよ、清軍と鄭成功軍とが激しく抗争・拮抗していたこの当時の福建なればこその事態である。『隠元全集』五一九〇頁（二

巻本）および五一九三頁（一巻本）、能仁師訳註『隠元禅師年譜』一二三頁。また、順治十年当時の福建の情勢については、「清初福建軍事政治大事記」五四五～五四六頁を参照、『隠元中土来往書信集』附録。一方、費隠が寺に押し入った清軍兵士の剣によって右腕を切断されたとする伝説は、美術史関係の研究者の論文・展覧会図録の説明などでしばしば見かける。例えば昭和六十年（一九八五）秋、長崎市立美術館で開催された『「黄檗美術展」観覧の手引き』や、近藤秀実教授（多摩美術大学）の論攷「明末清初肖像画の諸問題　黄檗画像の祖――曾鯨と張琦」（『黄檗文華』第一二一号、平成十四年）に、その逸話を掲げる。けれども、いずれも出典をつまびらかにしていない。ただ、『隠元中土来往書信集』巻頭の費隠の隠元宛書簡四通のうち、順治九年（一六五二）発のそれ（同書四三頁）は筆勢すこぶる流麗なのに対し、同十二年（一六五五）以降の三通（同書四七頁以下）がいささか稚拙な楷書でしたためられているのは、費隠が右腕切断後、不自由な左手で執筆したとする右記の伝説を、さながら傍証するかのごとくである。別の機会に検討したい。

(190) 陳智超氏ら『隠元中土来往書信集』の附録「清初福建軍事政治大事記」（何齢修氏執筆）に拠れば、順治十八年（一六六一）七月には、耿継茂（清朝に服属した軍閥）が福建に移住、その際、福州で苛斂誅求をほしいままにした。また、同年九月には、清朝によって鄭成功政権の糧道を絶つべく、いわゆる「遷界令」が福建でも強行された。その結果、沿岸部の住民は突然の強制移住を余儀なくされ、その過程で少なからぬ人々が命を落とした。同書五五二頁。何氏は主として『榕城紀聞』（清・海外散人著）に拠っている。しかしながら、高泉はすでに五月に福建を去って東渡しており、これら二つの惨事を目睹することはなかった。

# 第二章　渡日以前の思想的系譜

# 序節

本章では、高泉が渡日に際し身に帯びてきた明末福建の仏教がもつ思想的系譜や文化的背景について概観したい。一般に明末仏教思想・文化を我が国へ独占的にもたらしたとされる黄檗宗であるが、その思想・文化は、ヨリ厳密には、福建のそれであると言っても過言ではあるまい。隠元を我が国へ招いた側（長崎華僑）も、招かれた側の隠元およびその門下らも、ひとしく福建の出身であった。もとより福建の仏教もまた、巨視的には江南仏教の正系に属しており、明代以降に関していえば、江蘇・浙江・広東といった諸地域の仏教に比して著しい相違を見るわけではない。

周知のごとく、元朝はチベット仏教を崇信し、崇信が過ぎて狂信となり、ついに一世紀に満たない短命のうちに漠北の地へ敗走した。モンゴル人の文化を排除し、漢民族本来の文化を恢復すべく鋭意した明朝の諸帝（とりわけ武宗正徳帝）はしかし、モンゴル人の遺産ともいうべきチベット仏教に傾倒し、その結果、北京や山西省の仏教聖地・五台山には、少なからぬ数のチベット式仏塔の造立を見た(1)。しかしながら、南方の福建にあっては、明・清両代を通じて大規模なチベット仏教寺院の造立がなされたり、さらにはチベットから名のある高僧が招請され、そうした寺院に居住したとする記録は、管見の限りでは得られていない。

高泉がその『山堂清話』で活写した明末清初の福建仏教の僧侶・居士の姿は、それぞれに個性的ではあるが、同書を貫く彼の思想は、あくまで仏教を上位に置きつつも儒教倫理および民間信仰をも併せて大切にするというものであり、雲棲袾宏（一五三五～一六一五）が大成した仏教思想と、その基盤を一にしている。すなわち、禅者なるがゆえに禅を根本に据えながらも（袾宏の場合は、浄土教がこれに代わる）、戒律によって、禅者がとかく陥りがちな種々の無軌道（狂禅）に走ることを抑え、かつ浄土信仰（高泉の場合は、西方浄土と兜率浄土［弥勒菩薩の浄土］とへの信仰が共存）をも導入・融合して常に念仏（阿弥陀仏・観世音菩薩・弥勒菩薩・地蔵菩薩の事例あり）を怠らず、現世・来世の冥護を希求するというものである。かかる思想が成立するまでには、もとより相当の時間を要したのであるが、以下の第一節では、その土壌をなす福建の仏教について、諸先学の業績に拠りつつ、一瞥しておきたい。

# 第一節　明末清初の福建仏教

## 第一項　先行研究

### 林田博士の業績

黄檗宗研究に欠かせない先学の研究成果として、まず第一に挙げるべきは、林田芳雄博士（一九三一年生、中国名は「林伝芳」）の『華南社会文化史の研究』(2)であろう。同書には十四篇の論攷が収録されているが、このうち、黄檗宗研究に必須なものとしては、昭和末年から平成初年にかけて相次いで発表された以下の諸篇であろう。

（一）「明代における福建の仏教」(3)、（二）「明末における福州の仏教」(4)、（三）「福州黄檗山志諸本の比較検討」(5)、（四）「明末清初閩僧東渡攷」(6)。このうち、（一）・（二）は、隠元らを生み出した背景を巨視的に見る上で役立ち、また、（三）は『黄檗山志』（初版は隠元編纂）各版本の精緻な対照にのみとどまらず、福清黄檗山の詳細な歴史として、現在に至るもなお日中両国諸家の追随を許さないものがある。そして（四）は、隠元渡日前後の福建の社会情勢を詳論している。林田博士前掲書にはまた、「唐・五代における福建の仏教」(7)も収録されており、福建における仏教の起源を知る上で役立つ。

## 福建仏教史の概略

林田博士の如上の業績、並びに鈴木哲雄博士の業績（後述）に拠りつつ、唐・五代から明末までの仏教の歴史を、ここでごく簡単に覗いてみよう。中原・長江流域に比すれば、山々を隔て、海が間近に迫る福建は、文化的には後進地帯であり、仏教の導入に関してもまた、その例外でなかった。少なくとも、いわゆる高僧伝に名を連ねるような高僧の輩出は認められない。ところが、中原・長江流域が唐末・五代の戦乱に捲き込まれた九世紀末葉から十世紀中葉に至ると、この地を支配した閩国（王氏）および呉越国（銭氏）からの大々的な外護によって、また、六祖慧能に始まる嶺南禅宗の南方からの移入も加わって、福建各地に宏壮な伽藍の林立を見るに至った。

十世紀末葉（五代末・宋初）には、再度政治的に不安定な時期を迎え、主要な高僧は海岸づたいに北方の浙江へ移り、福建の仏教、とりわけ禅宗は、浙江諸山の影響下（法系など）に置かれるに至った。しかしながら、一たび蒔かれた文化の種は滅びず、福州開元寺では宋代初期に至って、大蔵経の開版を見るに至ったのである。我が国史に類例を求めるならば、それまで西国の小都市だった山口に、室町中期以降の戦乱を避けて公家・学僧が移住し、瑠璃光寺ほか大寺が造立され、かつ、大内版の名で称される儒書・仏典が相次いで開板された状況に比せられようか。

宋・元と、現状の維持を見たものの、林田博士の言葉を借りれば、教理においては中国の他地域と同様、「折衷融合を以て仏教の形骸の温存を図るにとどまり」、教団制度においては、「僧侶の堕落に加えて明朝政権の仏教抑圧が厳しく、没落は必至の趨勢となるに至」ったという(8)。博士が教理の〈折衷融合〉を以て好ましからぬもの、仏教衰退の一因と見ておられるのは、戦前からの典型的な中国仏教史観を引き継ぐものであり、〈折衷融合〉禅の筈の黄檗宗が我が国仏教界へ種々の新風を吹き込み、相当の成功を収めたことを知る者として、いささか異議なしとしない。

しかしながら、〈明朝政権の仏教抑圧〉について、博士は余人が間然することを許さぬほどの精緻な考証を展開しておられる。

これに拠れば、太祖・洪武帝以来の歴代皇帝の対仏教政策は、基本的に太祖のそれを継承しており、各地での新寺建立、大蔵経の刊刻（および天下の名刹への下賜）ほか、「外見では仏教護持のように見えるが、実際には仏教々団に対してさまざまな圧迫を加え、僧侶とりわけ漢僧（引用者註：番僧［チベット僧］に対していう）に対する態度は頗る傲慢で強圧的であ」り、甚だしきは仏教延命を願って皇室関係者にすがったところ、かえって「皇帝の怒りに触れ、刑獄や流罪の災難に遭った高僧が後を絶たな」かったという(9)。

福建もまたその例外ではなく、博士は明代中期成立の『八閩通志』に拠りつつ、隠元および高泉が生まれた福清県をはじめ、福州府下各県における寺院統廃合状況を精査されている(10)。これに拠れば、福清一県においてすら、百四十八か寺が廃寺となり、報慈・霊石そして黄檗（山萬福寺）の三大寺に吸収合併されたという。まさに徹底した統制ぶりである。

かかる統制の根拠とされた法令が、明初より実施された「清理寺観条例」であるが、これによって、南宋・淳熙九年（一一八二）に千五百有余あった全福建の寺々は、右記『八閩通志』が成った明代中期（一四八四〜一四八九年編纂）になると、同書編者ら（陳道修・黄仲昭）の言葉によれば、実に百分の一にまで激減としたとされる。林田博士はこれがいささか誇張の表現であることを実証される一方、新寺建立の禁止は厳格に守られていたこと、存立を許された寺も一たび焼失すれば、よほどの名刹（例：萬福寺、雪峰寺）でもない限り、復旧を認められなかったことなどを明らかにされている。

ちなみに、廃寺となった寺の資産は、統合先の寺に継承され、したがって存立を許された寺の資産たるや、膨大なものとなるが、好景久しからず、それを狙って各級政府からの苛斂、地方豪族からの収奪は激化する一方であり、その結果、僧侶は日々の糧にすら事欠くありさまであったという。隠元および高泉の年譜に、有力者からの寄進を求めて托鉢に奔走する姿が一度ならず描かれているのには(11)、まさにこうした背景があるのであろう。隠元および高泉が福建で禅僧として立つ頃までの同地の仏教の盛衰はおよそ以上のとおりである。

### 竺沙博士の先駆的研究

福建仏教の本格的研究は、戦後、竺沙雅章博士（一九三〇年生）が先鞭を著けられたと言えよう。すなわち、昭和三十一年（一九五六）、博士は「宋代福建の社会と寺院」(12)を発表され、二年後の同三十三年には、「唐・五代における福建仏教の展開」(13)を発表された。両篇は合して「福建の寺院と社会」と改題のうえ、『中国仏教社会史研究』(14)に収録されている。個々の寺院の歴史、高僧の伝記よりも、寺院およびその所有に係る田地の増減のほうに重点が置かれているが、唐から明に至るまでの福建寺院の経済状況の推移を知る上で、必須の労作である。右記の林田博士の業績も、竺沙博士のこれら業績に負うところが認められる。

### 鈴木博士の唐・五代福建仏教史研究

そして、唐・五代という、福建仏教にとっては、とりわけ同地の禅宗にとっては草創期ともいうべき時期については、鈴木哲雄博士（一九三四年）がその著『唐五代禅宗史』(15)にて一章を割いて詳論されている。題して「福建の禅宗」という（同書第二章）。博士のこの論攷は、福建仏教の大きな外護者であった閩国王氏に焦点を当て、同家の禅宗に対する具体的な外護の事例を考察するほか、福建禅宗の基礎を築いた雪峯義存（八二二～九〇八）の事蹟についても、金石文を中心に精緻な考証を加えておられる。博士の考察が宋以降には及んでいない点が、いささか惜しまれるものの、黄檗唐僧の詩偈にしばしば登場する福建の寺院や高僧について知識を得る上で、林田博士の関連論攷と並んで欠かせない労作である。

## 王栄国教授の『福建仏教史』

中国大陸にあっては、解放後の仏教研究にはイデオロギー上の理由から種々の制約が伴ったが、近年に至って、見るべき成果が続出しつつある。福建仏教の研究もその例外ではないが、とりわけ注視すべき労作として、王栄国教授『福建仏教史』(16)が挙げられよう。本書については、序章でも少し触れたが、六朝から現代までの福建仏教の通史である。各時代の寺院造立状況から主要な僧侶・居士の伝記、これも主要な名刹（福清黄檗山・泉州開元寺・鼓山湧泉寺）の略史など、幾多の『方志』を参照しつつ叙述されている。

なお、王教授は一九九六年刊行の『福建宗教史』(17)においても仏教の部を担当されたが、さまざまな状況から十二分な叙述をなすことができず、本書においてようやく所期の目的を達成できた。それでも禅宗関係の、とりわけ思想的側面に関してはなお後日を待ちたいとされている(18)。

とはいえ、実際の本書は、外国人研究者で、福建仏教史に関心を持つ者にとっては格好の入門書であるように私見される。微瑕としては、引用文献を見る限り、著者・王教授は明らかに日本語読解の力を持っているにもかかわらず、その力量はもっぱら長崎華僑関連の文献（木宮泰彦博士・宮田安氏ら著）を読むことに費やされ、右記の竺沙・林田・鈴木三博士の福建仏教に関する諸論攷をなお閲読されていないことが挙げられよう。

## 陳錫璋氏の鼓山史研究

さて、福建から海峡一つ隔てた台湾では、清代中期以降開発が進むにつれ、住民の心のよりどころとして、彼らの郷里でもある福建の仏教が移入された。最初に開発された台南には、泉州開元寺・鼓山湧泉寺といった福建の名だたる末寺から派せられた僧が、現地の有力者からの外護も得て、それぞれ寺院を建立している。その状況はさながら、明治中期以降の札幌に、東西両本願寺の別院をはじめ、内地諸宗の本山の別院が甍を連ねつつあった状況に比せられよう。清代・日本統治時代を含めて、福建のどの寺院よりも台湾仏教界に深い影響を及ぼしたのは、やはり鼓山《くざん》湧泉寺である。

明末に至り、無異元来（一五七五〜一六三〇）が僅か半年間ながら晋山してのちは、住職が曹洞宗の（とりわけ同宗寿昌派の）法系に属していることが、同山では山規として定着し、今日に及んでいる。しかしながら、地理的な近さから、木庵・即非・高泉らは宗派の壁を超えて同山に遊んでおり、木庵・即非は、同山の名住職として知られる永覚永覚に教えを仰いだ（第二節後述）。高泉もまた、この法叔二師（木庵・即非）に倣う形で、永覚の高弟たる為霖道霈に会見、偈を呈して敬意を表した（第三節後述）。いわば鼓山は、全福建の仏教の中心であった。

したがって、現代の学術的業績を駆使した鼓山の歴史は、福建仏教全体の歴史を俯瞰するうえでも、久しく待望されるところであった。幸い、近年に至って、台南市在住の陳錫璋氏が、八十歳に近い老躯に鞭打ち、解放後離れて久しい故郷・福州を探訪、鼓山の歴史を精査の上、『福州鼓山湧泉寺歴代住持禅師伝略』(19)・『鼓山湧泉寺掌故叢譚』(20)を公刊された。前者は題名の示すとおり、唐末から現代に至る歴代住持の事蹟を、大陸・台湾双方の文献を駆使して究明している。一方、後者は歴代住職中とりわけ知られた高僧の事蹟を考証するほか、台南・開元寺、同・竹渓寺といった台湾における縁故寺院の歴史をも概観している。

慧厳師の福建・台湾仏教交流史研究

また、慧厳師（尼僧、京都・佛教大学文学博士）は、右記の我が国の三博士、とりわけ林田博士の業績を十二分に踏まえつつ、台湾における福建仏教の渡来から定着・発展までの経緯を「台湾仏教史前期」(21)および「明末清初閩台仏教的互動」(22)の二論攷にまとめ上げられた。とりわけ後者では、隠元・高泉ら黄檗宗ゆかりの福清黄檗山萬福寺の台南における布教状況について、台湾および福建の方志を縦横に参照されつつ、詳述されている(23)。泉州開元寺・鼓山湧泉寺は、文化大革命による小さからぬ打撃こそ受けたものの、伝存文物にはなお事欠かず、これら二か寺の台南における末寺建立の過程については、すでに戦前の日本統治時代から研究がなされていた。

ところが、福清黄檗山は、近代における文革のみならず、すでに清代後期において、一再ならず天災・人災を蒙っており、明末以来の伝存文物たるや、いくつかの金石文と『黄檗山志』の数種の版本とを除けば、いくらもない状況であった(24)。したがって、萬福寺が台南に建立した末寺・黄檗寺も(25)、本寺たる萬福寺自体が不振であったためか、後継に人を欠いて、ごく短命に終わった。幸いにも慧厳師は、その博覧によって、かなり具体的、かつ詳細に台南・黄檗寺の歩みを追うておられる。惜しむらくは慧厳師の博覧は、古写真・古地図・古老の昔話にはなお及んでおられない。この点、筆者の研究(26)が何ほどか学界に貢献あらんことを期している次第である。

### 第二項　家系に見る「仏国福建」の体現

本項では、高泉のいくつかの詩文に徴して、彼の家系の仏教とのかかわりについて見ておこう。第一章第二節で概観したことと一部重複するが、叙述上の必要に応じて、いくつか再度繰り返したい。

## 父・茂高の禅学的素養

まず、高泉の父・林茂高は、ある程度まで禅宗の知識をもち、出家願望を口にした九歳の息子・高泉に対し、「それならば人はどこから生まれ、死してのちどこへ行くのか?」と問いかけ、答に詰まった息子に、六祖慧能が五祖・弘忍から付法された際の逸話を教示、高泉はこれをしっかり記憶して、いよいよ志を養っている[27]。そして十三歳の順治二年（一六四五）に至り、出家願望が実現しはじめた頃、父母がほぼ同時に亡くなり、高泉は甚だ不幸な形で年来の願望をかなえたのである。

## 叔父・無住の助力

日本であれ、中国であれ、家庭の経済事情から出家するという例は事欠かず、また、かかる因縁で出家した僧侶が身心ともにハングリーな修行僧時代を過ごしたという事例も枚挙に暇がない。しかしながら、高泉の場合はすこぶる幸運なことに、出家先の福清黄檗山にはすでに叔父・無住隆宓（一五八九～一六七一）が僧侶として住まっており、しかも久しく指導者的立場にあったために、まずはすんなりと寺院生活に溶け込んでゆけたように見受けられる。もとより修行僧時代の彼は、とりわけ、十九歳で具足戒を受ける以前の彼は、よく学び（先人の語録や『禅林宝訓』を研鑽）、かつ、便所掃除を含め、寺内のあらゆる作業に進んで参加した。

しかしながら、無住がいたために、精神的に追い詰められたときなどは、大いに助けられたものと推察される。例えば十四歳の順治四年（一六四六）、隠元の侍者となった高泉は「生、何《いづ》くよりか来たる?」・「死、何くよりか去る?（原本送り仮名ママ、「去《ゆ》く」ヵ）」と、かつて亡父から投げかけられた問いを、隠元へ発した。しかるに、隠元からはいずれも「問処より来たる」・「問処に去る」と取り付く島もない返答が帰ってきた。そこで高泉は、「如何なるか是れ父母未生前の本来面目？」と問いを重ねたところ、痛棒を食らわされてしまった。そこで発奮し、臥して眠らず、屋外の禅椅に坐してこの公案を究明すべく努めた。四日目の晩に、無住はこのままでは高泉が病を発するものと憐れみ、「方便もて之を寛う」してやったという(28)。

恐らくは高泉へは、「このへんでやめにしておきなさい」と語りかけ、一方隠元へも「御容赦を…」と願い出たのであろう。住職・隠元とて、自己より三歳年長の無住からの頼みとあれば、聞き入れざるを得なかったことであろう。隠元隆琦、無住隆宓と、系字（法諱の第一字）を共有していることからも知られるように、黄檗一山の僧としては、両者は同輩であった(29)。

無住の伝記としては、実の甥たる高泉の「黄檗受業師時黙和尚宓公行業記」（略称：「行業記」）が、やはり簡にして要を得ている(30)。無住が出家後の生涯を、生家からも程近い福清黄檗山で過ごし（受戒のため一時期離れたことはあったが）、一寺の住職とはならず、しかるべき高僧の法嗣ともならなかった点、甥の高泉とはすこぶる対照的である。

しかしながら、力の及ぶ限り常々貧窮者への賑給を惜しまなかったことや(31)、反面、自らの生活に関しては節倹に節倹を重ね、破れた袈裟を補修のうえ、いつまでも使っていたことなど(32)、高泉へも相当な感化を及ぼしたものと見られよう。なお、青年期の無住が、良き師ありと聞いて、臨済・曹洞の壁を超えても曹洞宗の高僧へ参じた事蹟(33)は、隠元・木庵、そして高泉の修行時代にも同様に認められることであり（後述）、明末清初の福建禅宗の自由闊達な気風の現れと見られよう。

## 姉一家からの布施

高泉の姉妹たちの信仰心も注目に値する。順治十六年（一六五九）、二十七歳の高泉は、住持・慧門の命を奉じ、福州城内で托鉢、いよいよ不足の一途を辿っていた僧侶の米塩を入手せんと努めた(34)。そこで姉の嫁ぎ先に赴いたところ、「塩一百二十担」を布施された。その前日、たまたま郊外の町で出会った「鎮官周公」は、高泉の托鉢姿に感動し、すこぶる意気投合。翌日、高泉を伴って城内に入ると、恐らくは有力者に伴われていたためであろう、高泉は人々から白米二石を供養されている。日を同じくして布施された姉の嫁ぎ先からの多量の塩（前述）と相俟って、彼がもたらした二つの膨大な供養の山は(35)、寺内の修行僧の喜びの声に迎えられたのである。

福建の大寺が、その豊富な資産ゆえに、常に官憲・豪族からいわば「金のなる木」として狙われていたことについては、前項に述べた。加えて当時の黄檗山では修行僧の数が三千人にまで膨れ上がっており、いわゆる自転車操業状態であったことは、『紀年録』に順治十四・十六と相次ぐ高泉の城内托鉢の記事から推察されよう。姉の嫁ぎ先が相当の資産家であると同時に、弟・高泉の訴える、黄檗山の見かけに似合わぬ窮状をよく理解するほどの一族であったことは、この逸話がもつ見落とせない側面ではないだろうか。

## 妹・惟孜庵主

次に、同胞九人の中で、高泉（五男）以外ではもう一人の出家者たる妹・惟孜にも注視したい。惟孜は出家後、庵主となり、日本の兄へ二度まで書簡を寄せたが、一通目が届かなかったことは、高泉の書簡「答㆓惟孜《うし》庵主㆒書」(36)から知られる。この書簡は、彼女からの二通目の書簡への返事をなしている(37)。五十歳に達した天和二年（一六八二）に書かれており、高泉はその冒頭、「六七人」いた同胞のうち、在家者はみな世を去って、出家した自己と惟孜とのみが健在していることは、「此の劫末、烽火、年を連ぬるに丁《あた》つて」は、まさに仏の加護であると強調。そのうえで、今生ではもはや再会も叶わぬであろうからと、称名念仏に勤しむよう勧説、浄土での再会に望みをつないでいる。志を同じくする兄から妹への懇篤な教示が読む者に感動を与える。

垂訓の対象が女性である点、熱心に浄土往生を勧めながら、その実、高泉のいわゆる「浄土」なるものが、「心浄きときんば土も浄にして、則ち念仏の時、全身已に浄土に在るのみ」と、すこぶる唯心論的な見解に立つものである点、隠元ら黄檗唐僧に典型的な念仏関連の教示から大きく逸脱するものではない。

ただし、高泉の場合は、得度の師にして実の叔父たる無住が日常ひっきりなしに称名念仏に勤しんでおり(38)、惟孜へ返信を寄せてから三年後の貞享三年（一六八六）には、彼自身もまた七言絶句三首から成る「懐西詩」を製作、これを生前に弟子編纂の『洗雲集』中に採録せしめていることなどから推して(39)、浄土信仰に対する相当な信仰と熱意とを込めて、妹への返信の筆を執ったものと見られよう。

## 長兄と従兄

なお、男きょうだいの中で、高泉が出家後も引き続き親密な交渉を保っていたのは――ただし渡日するまでの間であるが――長兄（伯氏）・爾鐸である。爾鐸が山間の閑静な地に引っ越したことを賀し(40)、あるいはまた、他の友人らも交えて夜話のひとときを持っている(41)。延宝二年（一六七四）、四十二歳になっていた高泉のもとへもその訃が伝わり、高泉は「位を設け祭を致して、為に伽陀を説」いている。「東閣爾鐸伯氏遺書至。…」とある七言絶句がその〈伽陀〉（偈頌）で(42)、高泉は亡兄に「西に蓮郷有り、真の快楽（けらく）。娑婆世界、貪求すること莫かれ」と呼びかけ、西方浄土往生を祈念している。

高泉の家族に関しては、以上に挙げた人々が注意すべき存在であるが、終わりに、従兄・有夏について少し触れておきたい。その正確な成立年代は判然としないが、高泉はまだ福建にいた頃、この従兄へ書簡を寄せた(43)。その文面たるや、長兄・爾鐸から近い将来、林氏一族に「墳事の闘搆」の発生する恐れがあると聞かされた。こんな醜態は、本来あってはならないことだが（原文：此係二莫レ須レ有之理一）、裁判沙汰（原文：公議）は免れまい、あいにく我が一族は人物寥々、頼れそうな人は皆な物故している、どうか貴兄（有夏）には「中流の砥柱」としてぜひとも奔走されたし――という、相当に切実な内容である。「誠に亦た我が仏の一大宝筏なり」とも讃えているから、仏教に対してもそれなりの信仰を有していたものと見られる。

この短い書簡からだけでは、高泉の焦慮していた問題が他家の墓地との間の単なる境界線争いなのか、それともいわゆる風水説もからんだヨリ複雑な問題なのか、分かりかねる。今後、明清から現代に至る福建地方の墓制を論じた文献に徴しつつ、書簡に記された高泉の不安の背景について究明したい。

## 第二節　黄檗三祖の同時代閩・浙高僧らとの接触

本節では、隠元・木庵・即非らがそれぞれ大悟徹底する以前の遍参時代に、良き師ありと聞けば、当時福建（閩）・浙江で興隆しつつあった曹洞宗・律宗の高僧をも訪ねて教えを請うた事例について、概観してゆきたい。

### 明清曹洞宗の一般的気風

まず、筆者の率直な見解を述べさせていただくならば、彼らが参じた中国曹洞宗からは、こと元代以降に関して言えば、我が国の道元に見るが如き、突出した個性と思弁をもち、そしてそれらを併せて文字にした人物が生まれなかった。むろん、本節で取り上げる永覚永覚・為霖道霈師弟のごとき、その生前から、我が国でも名を知られ、敬慕されていた学僧は多数生まれた（とりわけ為霖）。しかしながら、彼らの伝記をいかに読むも、同時代の臨済宗の学僧ら（例：隠元）との間に、外面上さしたる相違ありとは認められない。

元来曹洞宗は、以心伝心を旨とする禅宗各派にあっても、とりわけ文字を好まず、ゆえに我が国における曹洞宗は、江戸期以前までは、臨済宗の五山文学に見るがごとき、華麗な文芸や精緻な学術研究を生み出さなかった。中国にあってはしかし、およそ我が国とは事情を異にしており、種々の学芸を重んじた。また、戒律および浄土教との融合も著しい。こうした傾向は、曹洞宗各派の中でも、江西・寿昌寺（今の江西省黎川県）にあって化を敷いた明末の無明慧経（一五四八～一六一八）において特に顕著であったが[44]、その無明の法嗣・法孫こそ、福建鼓山の名刹・湧泉寺に相次いで晋山し、曹洞宗を中心に、福建仏教の再興に従事した人々であった（法嗣：無異元来、永覚元賢；法孫：覚浪道盛、為霖道霈）。

旺盛な弘教活動と、深い教養を反映してか、彼ら、とりわけ右記の永覚・為霖師弟の語録はすこぶる浩瀚であり、一般に曹洞宗について言われる黙照禅とか、只管打坐といった文字忌避の印象からはほど遠い。それどころか、彼ら師弟が手がけた寺志・僧伝の編纂、清規の制定といった、いわば文字禅中の文字禅ともいうべき事業は、後発の費隠・隠元門下にも相当な感化を及ぼしたものと見られる。

## 心越による寿昌派東伝

また、心越興儔（一六三九～一六九六）は、覚浪道盛（一五九二～一六五九）の法孫であるが、延宝五年（一六七七）渡日、所属の曹洞宗寿昌派の教義・化儀を日本に伝えた。心越は徳川光圀（一六二八～一七〇〇）の外護を得て、水戸に寿昌山祇園寺を開創、同寺のほか上州にも末寺を開創した。「高崎のダルマ市」で知られる少林山達磨寺がそれである。以後、江戸時代を通じて、右記・祇園寺は独立した本山として活動、心越およびその法嗣・法孫らは曹洞宗を標榜するがゆえに、曹洞宗主流派（永平・總持両大本山）の祖・道元へは一定の敬意を表示しつつも、同時に化儀の点で共通面の多い黄檗宗とのかかわりを絶たなかった(45)。

派祖たる心越は、書画・篆刻・琴学にも通じており、渡日後それぞれ邦人の弟子を得て伝授している。いわば彼は、中国寿昌派の学問・芸術を重んじる宗風を一身に体現したのである。ちなみに、明治維新後、我が国の寿昌派は水戸藩からの外護を失って混迷、本寺たる祇園寺が主流派曹洞宗の傘下に入ったのに対し、高崎・達磨寺は黄檗宗に帰入したが(46)、明音で経典・梵唄を朗誦し、用いる清規は『黄檗清規』と実質的に変わりがない以上(47)、後者が採った道は、すこぶる自然なものだったと言えよう。

このように、明末曹洞宗、とりわけ日本にも伝わった寿昌派は、少なくとも外面においては臨済宗とさしたる相違点はなく、優れた学僧が学術・文芸を重んじた例は、枚挙に暇がない。このことは、明・清禅僧の主要な語録が収録された『卍続蔵経』および『嘉興蔵』に拠りつつ彼らの語録を少しく閲覧すれば、誰しも首肯せざるを得まい。両宗間の交流も、少なくとも福建の禅僧間にあってはすこぶる盛んであり(48)、隠元ら黄檗三祖および無住・高泉叔姪の事蹟は、その典型的な例と言えよう。

### 隠元の曹洞宗参禅

最初に、隠元は天啓元年（一六二一）、黄檗山の化主《けす》（民間に勧募する役職）として北上した際、紹興府は雲門顕聖寺で、湛然円澄（一五六一〜一六二七）の講ずる『涅槃経』を聴いている(49)。二種ある隠元年譜のうち、その大部分が隠元渡日以前に中国で編まれた一巻本（『黄檗隠元禅師年譜』、独耀性日編）では、単に隠元が「顕聖寺に詣り、『涅槃経』を講ずるを聴く」とのみあって、経を講じた学僧（湛然）の名が記されていない。

隠元示寂後、高泉・南源が共編した二巻本（『黄檗開山普照国師年譜』）に至って、はじめて湛然の名の記載を見る。一巻本を編んだ独耀性日は、日本には渡来せず、渡日以前の高泉とは親交があった(50)。隠元が曹洞宗の名僧に参じたとする叙述は、隠元の年譜中にはここ一箇所のみであり、しかも、前述したとおり、一巻本では彼が参じた名僧の名を記さないから、厳密に言えば、二巻本の天啓元年の条ただ一箇所というべきである。一巻本を編んだ独耀は、隠元に入門後、「記室」、すなわち書記を務めていたほどの人物である。それゆえ単なる疏忽から湛然の名を脱したとは思われない。

いささか大胆な推測が許されるとするならば、これにはやはり、一巻本年譜編纂と前後して、浙江・福建一帯の臨済・曹洞両宗間で表面化しつつあった『五燈厳統』（隠元の師・費隠の撰）にからむ問題が、大きな影を落としているのではないだろうか(51)。隠元はいわば、この論諍の一方の当事者（費隠）の法嗣、俗界でいえば近親者にあたっている。編者・独耀としては、かかる人物の年譜に、今や敵側となった人々（曹洞宗）の崇める故人（湛然）の名が記されるのは、差し当たって不適切と見たのであろう。

**湛然から得たもの**

ともあれ、隠元は湛然の講経に列した。そこで得た所感や知識について、二種の年譜はともに何も記していない。ただ、湛然の伝記に徴するに、湛然の歩んできた道自体が、隠元のその後の思想展開に対し、無視できない感化を及ぼしたものと見られる。まず、出家以前の隠元は、俗世間にあって時に農林業、時に商業に従事したものの、つねに出家を志向し、しかも「放生」に熱心で、商業で得た収入は往々これに投じてしまい、たちまちのうちに資本は尽きてしまうというありさまであった(52)。まさしく宗教家たるべく、この世に生を享けたと言っても過言ではあるまい。

一方、湛然もまた、二十歳以前に父母に死別し、郵便配達夫となったものの、官庁宛郵便物を誤配するという失態から、処罰を恐れて川に入水、漁師に助け上げられるという、職業人としては落第の過去を持つ。しかるに、たまたま出会った僧侶から、「僧となれば大成するだろう」と予言的な励ましを受け、俗塵から去っている(53)。

湛然は二人目の師・隠峰から、「念仏する者は是れ誰ぞ」という、いわゆる念仏公案(54)を授けられ、究明に励んだが、この公案はまた、隠元が在俗の弟子に対し、しばしば提示し、参究を促した際にも頻用されている(55)。万暦十九年（一五九一）、湛然は曹洞宗の慈舟方念（？～一五九四）(56)に参じてその法嗣となったが、それ以前の遍参聞法の時代に、雲棲袾宏（一五三五～一六一五）に二度参じ、一度目は受戒、二度目は禅について教えを乞うている。

心ある禅僧が同時代の禅宗にまま見受けられた破戒無慚の狂禅の徒への道へは誓って足を踏み入れぬために、当時道誉並びなかった袾宏や、その門人・聞谷広印（一五六六～一六三六）のような戒律を研究・実践する僧から受戒するということは、臨済・曹洞の別なく見受けられる事象であり、湛然もその例に漏れないということであろう。

### 律僧・樵雲との会見

隠元もまた、受戒こそしなかったものの、二十九歳にして出家した当初、漳州（泉州のさらに南西）・芝山精舎在住の樵雲律師（一五五六～一六三八）に会見することを望んだ。幸いにして実現を見るや（於福清黄檗山）、隠元は樵雲が「徳、沢潤にして春膏（引用者註：春雨）の如し、誠に虚なら」ぬ人物だという印象を得た(57)。ついで、三十九歳の崇禎三年（一六三〇）八月、勧募の旅の帰途、今度は漳州で再度樵雲に会見、偈頌一首を贈った(58)。

樵雲の伝記としては、智旭（一五九九〜一六五五）撰文の「樵雲律師塔誌銘」(59)が挙げられよう。これに拠れば、樵雲はその「苦行実修を以て八閩の為に敬仰せら」れており、無学ゆえに卑賤視されていた「担役」労働者らも、その偉大性をよく認識し、讃嘆してやまなかったという。

隠元の右記法語に拠れば、当時は必ずしも樵雲を評価する者ばかりでなく、中には樵雲が「未だ仏祖の爪牙を具せず。豈に人の師範たるに堪へんや」などと悪し様に言う僧侶もあったようである。隠元はしかし、「一行の人に過ぎ、一徳の嘉すべき者有れば、亦た濁世の標準たるに足らん」と、批判者を駁している。

隠元のいう〈一行の人に過ぎ、一徳の嘉すべき者〉とは、具体的には智旭「塔誌銘」が描くところの、樵雲が自ら律すること極めて厳格、禅・戒律・浄土の法門を福建各地で孜々として説いて歩いた姿を指していよう。隠元との縁故こそ浅かったものの、木庵は隠元が樵雲を訪ねた崇禎三年（一六三〇）、二十歳にして樵雲から十戒を授けられている(60)。また、無住（高泉の叔父にして得度の師、前出）も、青年期に「戒法の未だ円ならざることを念ひ」、黄檗山から漳州まで赴いて樵雲を訪ね、受戒している。そもそも「無住」という号も、実にこのとき樵雲から与えられたものである(61)。

隠元が臨済宗以外の他宗（曹洞宗・律宗など）の高僧を訪ねて法を問うた、もしくは語り合った例は、右記二例を見るのみである。同時代の福建における曹洞宗の中心・鼓山湧泉寺を訪れた形跡は木庵・即非・高泉とはおよそ対照的に、現存の法語・詩文中にはまったく見当たらない。反対に、順治年間、鼓山からやって来た僧侶を、「響きを見ず」と一喝、返答に窮せしめた旨の記録が、『隠元禅師語録』に収録されている(62)。

平久保氏の考証に拠れば、本『語録』巻十所収「行実」の叙述に照らして、本『語録』初版本は順治八年（一六五一）には既に刊行された可能性があり、したがって、我々が今日『嘉興蔵』に見る順治十年（一六五三）本は、重刻本である可能性が高いという(63)。ともあれ、鼓山にあっては、寿昌派の曹洞宗高僧によって、物的・人的側面における興隆が推進されつつあった。なお、崇禎十五年（一六三七）から順治十四年（一六五七）までは、永覚元賢が二度目の住職を務めている(64)。

同じ頃、隠元は福清黄檗山の興隆に尽力したうえ、順治十年（一六五三）には、いずれ帰山するつもりで日本へ旅立っている。したがって、右記の隠元の法語には、あるいは日に興隆しつつある鼓山への対抗意識が含まれているやもしれない。

隠元の現存法語・詩偈に見る限り、同時代の浙江・福建の他宗高僧との交流は、概してすこぶる低調であったと言わざるを得ない。筆者自身は、実際には相当の交流があったにもかかわらず、語録編纂の過程で削除されたのではないかという疑念を禁じ得ず、今後、管見のおよぶ限り、彼と同時代の曹洞宗高僧の語録および律宗高僧の著述を対象として、そこに隠元関連の法語・偈頌もしくは叙述（序跋中の）を探してゆきたい。

**費隠の曹洞宗参禅**

ちなみに、隠元の本師・費隠（一五九三〜一六六一）は、隠元とは同郷・同世代であるが、彼は隠元とはすこぶる対照的に、密雲円悟に参ずるまでの経歴は、曹洞宗僧侶のそれかと見まがうばかりである。費隠には鼓山に赴いた形跡こそないものの、主著『五燈厳統』所掲の伝記(65)、および隠元が『仏祖像賛』中の一章として製作した賛文(66)は、費隠が天啓二年（一六二二）、付法の恩師・密雲に出会う以前は、主に曹洞宗の三高僧に歴参したことを直書している。三高僧とは、無明慧経・無異元来・湛然円澄を指す（参じた順）。

右記の二書ともに、叙述はすこぶる簡略であり、彼らのもとでは結局大悟徹底できなかったとするのみであるが、その実、費隠は湛然には二十歳（万暦四十年［一六一二］）以降、とりわけ久しく師事しており、受戒もまた、湛然を労しているのである（同四十四年［一六一六］）(67)。

後年、費隠は『五燈厳統』を著し、その凡例で、これら三師の師系が確固とした面授相承に基づかない、甚だ疑義の多いものだ——とする見解を表明（註（51）参照）、三師の弟子たちからの憤激を買った。その憤激には恐らく、「曹洞宗で世話になりながら、その法系にケチをつけるとは…この恩知らずめ！」とでも表現すべき感情が含まれていたであろうことは、疑いを容れないのである(68)。

## 木庵の曹洞宗参禅

さて、隠元の二大弟子、木庵・即非の場合を概観しよう。木庵（一六一一～一六八四）は崇禎三年（一六三〇）、二十歳にして生地・泉州からも遠からぬ漳州に赴き、樵雲から十戒を授けられている（前述）。同六年（一六三三）、福建南平県は宝善庵にはじめて永覚元賢（一五七八～一六五七）を訪ね(69)、さらに同八年（一六三五）には、出家以来掛単していた泉州開元寺に永覚の晋山を迎え、師事し、かつ具足戒を受けた(70)。同九年（一六三六）、木庵は今度は浙江天童山は景徳寺にあって、密雲円悟（一五六六～一六四二、隠元の師翁）に参じていた。たまたま永覚が鼓山から北上、杭州の真寂寺にやって来たと聞いて下山、直ちに永覚のいる真寂寺へ赴いた(71)。

永覚北上の理由は、同寺住職の聞谷広印（一五六六～一六三六）の訃に接し、受戒の師であった聞谷を弔うためであった。聞谷は禅と戒律とを修めており、戒律は雲棲袾宏について学んでいる。永覚にとっては戒律学における師であり、かつは志を同じくする道友でもあって、永覚が鼓山に住職として晋山したのは、聞谷からの激励によるものであった(72)。

友を失った悲しみをいだいて真寂寺に赴いた永覚は、そのまま地元有力者らからの請いに応じて、五年間を同寺で過ごしていた。そこへ赴いた木庵は、永覚から大いに提醒を受け、悟境頓に進んだとされる。また、さきに永覚から具足戒を受けたのに加えて、さらに「菩薩大戒」をも受けている(73)。

当然のことながら、『木菴全集』には鼓山や、そこに住持する永覚に関連する五指に余る詩偈が収録されている(74)。また、「木庵禅師年譜」においても、恩師の一人として叙述されているのである。とりわけ高い史料的価値を有するのは、七言絶句「和㆔永覚禅師秋日避㆑兵往㆓双溪韻㆒」(全二首)に屈指すべきであろう。

永覚の伝記として一般に知られている林之蕃「行業曲記」(75)および潘晋台「鼓山永覚老人伝」(76)のうち、前者では永覚が明末清初の動乱期において、どこか安全な地に難を避けたとの叙述を認めない。また、後者に至っては、「丁亥(一六四七)・戊子(一六四八)、省会[省都福州]大いに乱れ、寇将、鼓山を掠めんとするに際し、永覚が一たびは弟子たちのかつぐ輿で逃れようとしたところ、道半ばにして弟子たちが突如地に倒れたため、やむなく引き返した。にもかかわらず一山終始無事であった――との奇瑞を伝えている(77)。

さながら船と運命を共にする船長のごとく、永覚が愛する鼓山と運命を共にせんと腹を据えた英雄的な姿を、「老人伝」の著者・潘晋台は伝えたかったのであろう。また、高弟・為霖道霈が編んだ『永覚元賢禅師広録』全三十巻のどこにも(とりわけ巻二十四~六の「詩」の部)、「避兵」・「逃乱」といった、永覚が鼓山を捨てて逃げたとする旨の詩偈はない。

これに対し、「木庵禅師年譜」順治三年(一六四六)の条の叙述と、右記の七言律詩二首との存在は、永覚とて戦乱に際しては生命(自己と多くの弟子たちとのそれ)を重んぜずにはいられなかったこと、避難先で木庵と詩の応酬をして心を慰めたことを伝えており、為霖ら門下生たちが編んだ正史的文献（『永覚元賢禅師広録』）からは得られない永覚像を今に伝えている。

現存する永覚の詩偈中では、押韻や形式の上から、崇禎十七年（一六四四）製作と推定される七言律詩「寓双漈寺二首」(78)が該当している。ただし、本篇には戦乱の行方を憂える字句こそあれ、自己が山寺（双漈寺）に滞在するに至った事情を説明する字句は全く見当たらない。また、木庵が本篇に和韻したとの註記もない。

ここで潘晋台「老人伝」（前出）に拠れば、永覚は『五燈厳統』をめぐる臨済・曹洞両宗の論諍に際して、自己が同書「凡例」第八条で費隠から名指しで法系未詳呼ばわりされているにもかかわらず、曹洞宗側の各地僧侶から共闘を呼びかける書簡に接しても、笑って答えなかったという(79)。しかしながら、『五燈厳統』論諍は、永覚の語録編纂(80)にはやはり影を落としたものとおぼしく、全書中、同時代の臨済宗の高僧、とりわけ費隠・隠元およびその直系の弟子たち（例：木庵・即非）に関する偈頌は、全く見当たらない。

永覚から得たほどの深い啓発は得なかったものとおぼしいが、木庵が参じた曹洞宗の高僧としては、ほかにも雪関道誾（前出、一五八五～一六三七）・三宜明盂（一五九九～一六六五）・石雨明方（一五九三～一六四八）の三師が挙げられる。雪関には崇禎九年（一六三六）、杭州に赴いた直後に信行寺で会見(81)、「何の方便を以てか生死を脱することを得ん」と問いかけたものの、納得のゆく答を得られなかった（雪関もまた同年に鼓山住職を辞して北上していたのである）。

木庵は天童山で密雲円悟（本師・隠元の師翁）に参じ、さらに下山して永覚に参じたのち（既述）、今度は三宜に参じている。三宜は当時、紹興府・雲門顕聖寺を退いて、杭州郊外の西湖のほとりに「愚庵」を構えて隠棲していた。同じく杭州は龍門山悟空寺には、のちに同門の石雨が住持するほどで、何かしらの縁故があったのであろう(82)、三宜が悟空寺へ立ち寄っていた際に、たまたま訪ねてきた木庵と問答商量している。が、木庵は問答の末に三盂から一喝されて退座するに終わった。一方、石雨にはその住持寺院たる杭州宝寿山光孝寺で相見しているが、機縁合せず、まもなく辞している(83)。

このように、木庵は都合四師にもわたり曹洞宗の高僧へ参禅したのであるが、四師いずれの語録にも、彼らが木庵に与えたであろう法語や偈頌は、いまだ片鱗だに見当たらない。永覚についてはすでにその背景を推察したが、事情は残る三師についてもほぼ同様である。まず、雪関は永覚と同様、寿昌派の僧であり、永覚の法兄・無異元来の弟子である。したがって、彼の語録に木庵関連の法語・偈頌が見当たらないのは、同じく寿昌派の永覚の場合と同様、木庵が費隠直系の門人であり、語録を編んだ遺弟らとしては、いわゆる「坊主にくけりゃ袈裟までも」的の心情から、恐らくは存在したであろう関連作品を削除したものと見られる。

ところで、三宜明盂および石雨明方の二師は、系字（法諱第一字）の〈明〉を共有していることからも明らかなように、ともに湛然円澄の門人である。第一章の註（130）および、本章の註（51）で詳述したように、費隠は順治十年（一六五三）公刊の主著『五燈厳統』にて、寿昌派派祖・無明慧経および湛然がともに「明眼の作家」だとは認定しつつも、その師承関係に疑惑ありと直書し、これら二師の法嗣や法孫の憤激を買った。その憤激した人々の中に、ほかならぬ三宜の姿があったのである。すなわち、三宜は『明宗正譌』を著して、費隠批判の論陣を張ったのである。

しかも、石雨の語録は、高弟の遠門浄柱（一六〇一～一六五四）が編纂している。『五燈厳統』論諍が表面化した順治十一年（一六五四）、遠門は世を去っているが、恐らくは最後の力を振り絞ってであろう、『厳統』を批判する『摘疑説』を撰述している。筆者はなお未見であるが、費隠から自著（『五燈会元続略』）を批判された浄柱としては（第一章註（130）参照）、恐らくは、いやがうえにも筆を執る腕に力がこもり、それが文面にまで表出したことであろう。

かかる人物が亡き師の語録を編む以上、憎むべき費隠とその直系の弟子たちに関係する作品は、たとえあったとしても(84)、削除せずにはおられなかったのではなかろうか。

## 即非の曹洞宗参禅

即非（一六一六～一六七一）は、受戒に関しては、まったく費隠・隠元師弟に負うており、崇禎六年（一六三三）、十八歳にして費隠から沙弥の十戒を、ついで同十年（一六三七）、隠元から菩薩戒を受けている。そして二十四歳の崇禎十二年（一六三九）からは、しばらく遊方の旅に出た(85)。彼が参じた高僧たちのうち、朝宗通忍（一六〇四～一六四八）・万如通微（前出、一五九四～一六五七）の二師は、ともに師翁・費隠の同輩たちであり、また、亘信行弥（一六〇三～一六五九）は、師・隠元の法弟である。

これら三師に加えて、石雨明方・永覚元賢にも参じている。すでに度々取り上げた曹洞宗の高僧たちである。石雨は崇禎十一年（一六三八）十一月に、福州府の怡山西禅長慶寺に晋山しているが、翌十二年（一六三九）四月には、同府の雪峰寺に転じている(86)。したがって、即非の石雨参禅もこの間のことと見られるが、即非は石雨から与えられた「狗子《くす》無仏性」の公案に不眠不休で取り組んだものの、なかなか究明できずに終わった(87)。石雨とは機縁合しなかったというべきであろうか。

また、即非は永覚には二度まで相見しており、このうち二度目の相見の際に呈した七言絶句「再謁㆓永和尚㆒」が、今日に伝えられている(88)。即非はその中で、「千里尋㆑師不㆑憚㆑遠。山雲海月一肩挑」と、敬慕の意を露わにしている。にもかかわらず、即非の関連の法語・詩偈もまた、永覚（および石雨）の現存語録中には見当たらない。

石雨ら接触期間の短かった曹洞宗僧侶の場合はともかくとして、即非といい、遡っては木庵といい、他門の修行僧ではあるが、永覚を敬慕し、永覚もまた彼ら両師を熱心に教導したことは、両師それぞれの年譜中の叙述および詩偈に見る限り明らかである。にもかかわらず、永覚の語録に両師との道縁の痕跡が何ら留められていないのは、恐らくはいわゆる『五燈厳統』をめぐる紛糾が関係していよう。木庵は順治七年（一六五〇）、即非は翌八年（一六五一）、それぞれ隠元から付法されており、渡日はそれぞれ順治十二年（一六五五）、同十四年（一六五七）のことである。この間、右記『厳統』をめぐる紛糾の発生を見ている。両師の語録もまた、それぞれの付法後における明末曹洞宗僧侶との交流の痕跡を留めない。恐らくは隠元からの付法によって、費隠直系の法孫たることが内外に明らかにされた以上、両師としても以前のような交流は躊躇されたのではなかろうか。

終わりに、木庵・即非の遊方参学ぶりについては、曹洞宗の高橋竹迷師が八十年近くも昔、流麗、かつ、その場が目に浮かぶような——悪く言えば講談口調の——口語文体で叙述されており、現在もなおその資料的価値を失っていない(89)。しかしながら高橋師は、①永覚・雪関・石雨・三宜らが、木庵・即非とは所属の宗派を異にしていること、そして、②明末曹洞宗にあっては、永覚・雪関の属した寿昌派、石雨・三宜の属した湛然下こそが、久しく欠けていた宗派意識を再燃せしめる上で最右翼となったこと(90)にまでは言及しておられない。執筆資料の不足もあったことではあろうが、この点、微瑕と評せざるを得まい。

ちなみに、独湛性瑩（宇治黄檗山第四世）も永覚に参じている。すなわち、順治八年（一六五一）、二十四歳の独湛は隠元に師事してまもなかったが、鼓山を訪れて永覚にも相見、永覚から「向上の一路」を提示されたという(91)。

# 第三節　高泉の福建高僧らへの私淑および師事

## 第一項　高泉が私淑した福建の高僧諸師

### 狭かった高泉の行動範囲

本項では、空間的にはかなり限られていた高泉の遊方参学について、当時すでに亡かった永覚元賢への私淑ぶりをその遺文の上に徴したい。それに先立って、高泉自身が「少にして株守して未だ大方に遍参するに及ばず」(92)と自認していたほどの、その行動範囲の狭さを確認しておきたい。高泉は、費隠・隠元・木庵・即非らに比すれば、その行動範囲が著しく狭かった。この点、清朝と鄭成功政権とが依然抗争を繰り広げる福建にあっては、方外の士といえどもなかなか自由に旅して回れなかったことを如実に物語るかのようである。

年譜たる『紀年録』の叙述、および詩文集『法苑略集』・『一滴艸』・『洗雲集』所収の作品に拠る限り、高泉が住まい、かつ、赴いたのは、生地・福州福清県を含めて、莆田・泉州・厦門（以上、北から南へ）といった、福建の中でも比較的沿岸部の地が中心である。渡日後ときを経た貞享三年もしくは翌四年（一六八六・七）のある日、高泉は武夷山（茶の名産地でもある）を描いた画幅を示されて、「我向《さき》に未だ曾つて武夷に入らず。但だ看る朱子の櫂謌の詩」と正直に語っている(93)。同じく福建であっても、江西省との境界に近い内陸部の武夷山（崇安県）へは赴いたことがなかったというのである。

かかる経歴を反映してか、高泉が渡日以前に福建で参じた曹洞宗の高僧としては、現存著述および年譜に拠る限り、為霖道霈（一六一五～一七〇二）が挙げられるのみである（後述）。また、所属の臨済宗に関していえば、第二項以下で取り上げる如幻超弘・蓮峰素とはとりわけ道縁深厚であったことが知られる。

彼ら両師のほか、福建時代には、亘信行弥（一六〇三～一六五九、雪峰如幻の師、費隠門下での隠元法弟）に親近している(94)。後年、高泉は日本でその語録を手にして、亘信の禅風を、その言行が逐一経論にかなっており、かつ、垂示された法語もまた文華に富んでいたと総括し、いかにも雪峰義存（八二二～九〇八）の再来たるにふさわしい、と礼讃している(95)。

## 清初黄檗山史新資料としての高泉著述

とはいえ、これら臨済宗僧侶のいずれもが、費隠の法嗣（亘信）もしくは孫弟子（如幻・蓮峰）たちであり、高泉の福建時代における臨済僧との道縁は、畢竟、費隠門下の範囲内を出なかったと言わざるを得まい。むろん、高泉が彼らと交わした詩偈や書簡・祭文・行状（伝記）は、日本黄檗宗の源流を探る上で、どれも大きな史料価値を含んでいる。

すなわち、隠元らが去ったあとの福清黄檗山の状況については、従来『黄檗山志』以外には、およそ拠るべき史料を欠いていたのであるが（一群の方志資料も、『山志』に多く負うた二級資料である）、高泉が遺した右記の詩文は、その欠をよく補うものである(96)。高泉が世代的にも、また渡日年次の上でも隠元ら黄檗三祖よりはずっと後方に位置していることが、これら作品の製作を可能にしたと言えよう。けれども、巨視的に見れば、所詮は一般社会の家史・家伝に相当するところの、「身内の歴史記録」たるを免れまい。

高泉の著述は、その形式のいかんを問わず、隠元・亘信以外の費隠の他の門下生、すなわち、百癡行元（一六一一～一六六二）・徐昌治（居士、崇禎六年［一六三三］の挙人）ら費隠の『五燈厳統』編纂を助けた人々や、さらに遡っては漢月法蔵（一五七三〜一六三三）・木陳道忞（一五九六〜一六七四、第一章第五節第二項前出）ら密雲円悟（隠元師翁）の門下生について、何らかの新情報を提供するわけではないのである。

### 永覚への私淑

以上、かなり前置きが長引いたが、ここでいよいよ本項の主題たる、高泉の永覚への私淑について説明を加えたい。永覚については、すでに度々前述したが、高泉は、順治十四年（一六五七）示寂の永覚には、ついに相見の機会を得なかったようである。

『紀年録』に拠る限り、永覚示寂の翌十五年、二十六歳の高泉は初めて鼓山に登り、山内の景勝地を歴覧、その際、建立後まもない永覚の墓塔を拝し、かつ、永覚の衣鉢を継いで晋山したばかりの高弟・為霖に相見、名勝・一線泉を詠じた七言絶句を呈している（後述）。高泉は永覚の巍々たる墓塔を前にして、「吾が師の眼目　諸方を照らす。窣堵何ぞ能く覆蔵することを得ん。足下の千山　皆《ことごと》く弟子。朝昏稽首して空王を礼す」と最大級の賛辞を捧げている[97]。

### 永覚の浄土信仰に関する逸話

高泉はまた、渡日から十一年を経た寛文十二年（一六七二）刊行の『山堂清話』では、「婆子請偈《ばすしょうげ》」の項を立てる。題目にいわゆる〈婆子〉とは、鼓山のふもとに住まう、永覚信徒の老婦人を指す。高泉に拠れば、老婦人の名は「道喬」であり、永覚から在家五戒を受けたとされるから、恐らくは潘晋台（法名：道靖）と同様[98]、永覚の在俗弟子の一人であろう[99]。というのもこの〈道〉字は、僧俗を通じて寿昌派のよく知られた系字（法名の第一字）だからである。

道喬はふとした病で冥土に行った際、冥土の役人に生前どんな善業を修したかを問われたので、永覚に帰依して五戒を受けた旨、申告した。それならば、一度現世に戻って永覚から証拠となる偈頌をもらってくるよう命ぜられ、道喬は蘇生、永覚に事の次第を告げたところ、永覚から彼女の自宅へ「明明有二箇西方路一。只在二当人一念中一。看三破身心同二馬角一。剣樹刀山当下空三」との一偈が届けられた。それを懐にして、道喬は今度は永遠の眠りに就いたとされる(100)。

この偈頌の大意は、西方浄土は、その実、念仏行者の心の中にあるのだとする――いわゆる唯心浄土思想である。永覚の他の著述、さらには、彼の師・無明慧経や、高弟・為霖ら寿昌派曹洞宗諸師の浄土思想に比して、甚だしく背馳するものではない。しかしながら、右記の逸話は、彼の全集たる『広録』にも、また、聖厳法師の先行研究にも見えない(101)。したがって、その史実たるといなとを問わず、その存在自体が、寿昌派の浄土思想および禅戒一致思想に関する新資料をなしていると言えよう。

また、平久保氏は、その綜合索引原稿（萬福寺文華殿所蔵）で、それが永覚を指すとの判断を示しておられないが、高泉「永禅師小影賛」(102)にいわゆる〈永禅師〉もまた、永覚を指しているものとおぼしい。本篇は二十四巻本語録の「賛」の部に収録された小品である。その題の示すとおり、〈永禅師〉なる人の肖像画に題された賛であるが、高泉の描くところに拠れば、画中のその僧の姿は、「念仏せず、看経せず、独り石畔に依つて、酔ふが如く醒めるが如」くであるという。高泉が出だしから「不念仏。不看経」と詠じていることは、かえって〈永禅師〉が平素好んで念仏・看経する人、すなわち、禅と念仏とを二つながら修し、かつよく経典を読んで、当時の禅僧にありがちな学問無視の弊風に染まらなかった人だったことを暗示してはいないだろうか。

本篇の前後に置かれた作品もまた、尽く高泉と同時代の福建の僧たちの肖像画賛であり(103)、したがって、本篇のみが福建と無縁の人を詠じたものであるとは考え難い（本語録の編纂には、高泉自身も関与）。するとやはり、高泉が本篇で詠じる〈永禅師〉とは、鼓山にあって禅と念仏とを宣揚し[104]、かつ、旺盛な著作活動を展開して学問の重要性を身を以て示した永覚を指すものと見るのが、妥当なのではなかろうか。

## 第二項　如幻との道縁

### 主要な如幻伝

標記の如幻超弘（一六〇五～一六七八）は、隠元の法弟・亘信行弥（一六〇三～一六五九）の門人であり、隠元から見て法姪にあたる。姓は劉、泉州府恵安県の出身である。比較的詳細な如幻の伝記としては、民国の居士・喩謙（？～一九三三）が編んだ『新続高僧伝四集』巻六十二に立伝を見る[105]。しかしながら、同書は民国八年（一九一九）以降、五年を費やして成ったものであり[106]、伝記資料としては、いささか新しきに過ぎる憾みがある。加えて、依拠した先行文献を明示していない[107]（これは近代までの中国高僧伝の通弊でもあるが）。やはり主著『痩松集』巻末の自撰「塔銘」と門人・照拙撰述の「行状」、そして高泉ほか師友の語録・詩偈集所掲の関連法語・偈頌に依拠するのが、その伝記研究には欠かせないものと見られる。

次に、略伝として、従来は台湾の明復法師『中国仏学人名辞典』[108]中の一項が知られていた。惜しむらくは、拠りどころとした文献については何らの出典も示されていない。幸い近年に至って、震華法師（一九〇八～一九四七）の『中国仏教人名大辞典』[109]が、抗日戦争・文化大革命といった歴史の劫火をくぐり抜けて出版され、その「超宏」の項が出典（『乾隆泉州府志』・『民国福建高僧伝』）をも詳示しており、すこぶる依拠するに足る（なお、出典表示部分は、同『大辞典』の補訂・出版に際し、在俗の弟子・王新氏らが多く新たに補ったものである）。微瑕はすなわち、如幻の法諱はあくまでも「超弘」であり、清代刊刻の主著『痩松集』にすら明示されているにもかかわらず[110]、「超宏」

としていることである。恐らく震華法師は、右記『痩松集』清版本以外の清代文献で、乾隆帝の諱（弘暦）を憚って「超宏」に作る何らかの資料に拠られたのであろう。

さて如幻は、明末の諸生として、時代の激変を目の当たりにした。二十七歳の崇禎四年（一六三一）、重病の床に臥して、生命のはかなさを如実に体験、出家求道を志したものの、俗縁に阻まれて果たせなかった。身のはかなさから出家を志した如幻は、やがて国家さえもまた幻の如く消え去ったのを目の当たりにし、順治三年（一六四六）、ようやく出家の素懐を遂げた。既に四十二歳になっていた。二十八歳年下の高泉との交流も、したがって、それ以降のことと見られよう。以後、右記の亘信のもとで、参禅弁道に勤しみ、順治十四年（一六五七）、亘信から付法された。そして康熙四年（一六六五）に至って、楊梅山雪峰寺に晋山した。

ちなみに、福建には二つの〈雪峰〉がある。福州の北方七十七キロ、閩侯県は大湖郷のそれ（雪峰山崇聖寺）は、右記の亘信および渡日以前の即非が活動した場である。一方、福州からずっと南下して、泉州の西方、如幻自身の生地からも遠からぬ南安県にあるそれ（楊梅山小雪峰寺）は、規模こそ前者には劣るものの、前者の開山たる義存（八二二〜九〇八）の生地であり、かつその父母の墳墓を兼ねている。両「雪峰山」の関係は、日本仏教に類例を求めるとすれば、身延山と両親閣（日蓮の生地にある日蓮両親の墓所）とのそれに比せられようか。如幻は晋山以後は後者から離れず、かねて宗派の壁を超えて道縁のあった為霖道霈（一六一五〜一七〇二、当時既に全福建仏教界の領袖でもあった）が彼を推して泉州開元寺に栄転させようと取り計らったときにも、これを固辞している(11)。

## 福清黄檗史料としての『痩松集』

如幻の後半生は、典型的な明遺民僧・逃禅者であったと言えよう。その主著『痩松集』は、法語よりも詩文を主体としている。書名は生前の道号「痩松道人」にちなんでいる。門人・道余らは如幻示寂から四年後の康煕二十一年（一六八二）には、すでに語録（法語）二巻を刊行していた。ところが、詩偈を中心とする『痩松集』のほうは、編纂自体は雍正五年（一七二七）以前にはすでに終了していたにもかかわらず、なかなか刊刻の機縁を得なかった(112)。遅延すること実に二十七年、乾隆十九年（一七五四）に至って、法孫・海印（生歿年未詳）が七十七歳の老躯に鞭打ち、賛同者らの出資も得て、やっと刊行したという(113)。

かくまで刊行が遅延した背景としては、康煕二十年代までの、明の遺老・遺民がまだ健在していた頃に本書を福建で刊行した場合、人々の余憤をかき立て、延いては清朝当局の忌諱に触れる虞れがあったということがまず考えられよう(114)。刊行に奔走した海印自身、生前の如幻には会ったことがなく（奇しくも如幻が歿した年・月の生まれである）、明朝に対する遺民らのような強い思い入れは、すでに無かった筈である。

いま、流布の歴史が久しい標点本(115)にしたがって、その目次を列挙すれば次のとおりである。（巻首）重印雪峯如幻禅師痩松集序（林子青）・林（之濬）序・洪（世沢）序・原序（龔岸齋）・縁起序（海印）・重印序文（広義）(116)（巻一）小参・法語・頌古・小仏事（巻二）塔銘・誌銘・祭文（巻三）序上（巻四）序下・印（巻五之上）題・跋（巻五之下）讃・説・銘・伝（巻六）書・啓・記・論・賦（巻七之上）［詩］五言古・七言古・歌・行（巻七之下）［詩］五言律・七言律・五言絶・七言絶・偈・詞（巻八之上）偶録（巻八之下）垂徴・紀事・因事示衆・末後示西堂・塔銘自撰・行実

本書は、明・清両代の主要な禅僧の語録を多数収める『卍続蔵経』および『嘉興蔵』にも共に収録を見なかった。単行本としては戦後刊行の標点本に加えて、近年では文字すこぶる明瞭な影印本の刊行を見たものの(117)、いまだ専著・専題研究の出現を認めない。本書の持つ明末仏教史・福建社会史資料(118)としての価値の大きさを思えば、いか

にも遺憾なことである。本項の叙述が広く関連学界の関心を喚起せんことを念ぜずにはおれない。

さて、渡日以前の黄檗教団の福建における動静を知る上で、本書ほど内容が充実し、しかも、客観性に富んだ資料は得難いものと見受けられる。前述したように、如幻はその法諱を「超弘」というが、その系字〈超〉が物語るように(119)、密雲円悟━費隠通容━亘信行弥（隠元法弟）という法系を受けている。したがって、費隠の直系ではあっても、隠元の直系ではない。また、隠元・木庵・即非ら黄檗三祖の遺文中には、現在までのところ、彼に関連する法語・詩偈を認めないが、これは三祖が渡日した当時、如幻は遅い修行生活に入ってから未だ久しからず、僧侶としては三祖と直接に交往するほどの地位を築いていなかったことに因ろう。

しかしながら、如幻は三祖が日本に去ってのちの福清黄檗山（別名：古黄檗）の僧たちとは年とともに交流を深めており、詩偈の応酬、さては祭文の撰述はすこぶる多く、『痩松集』の随所に関連作品の採録を見る。すなわち、隠元によって黄檗山に葬られた南明魯王政権の大学士・銭粛楽の墓を弔い(120)、山内の隠元衣鉢塔に銘し(121)、隠元の放生偈に和韻し(122)、一巻本『隠元年譜』の編者・独耀性日の母探省を送り(123)、そして慧門如沛（一六一五～一六六四、高泉の本師）・虚白性願（一六一六～一六七三）の二代にわたる住職のために、あるいは祭文(124)を撰し、あるいは碑銘(125)を撰している。

このうち、碑銘「黄檗虚白和尚塔銘」は、前任者・慧門と墓塔の主たる虚白とのそれぞれの寺院運営を忌憚なく比較・論評しており、彼の立場（第三者でありながら山内事情に熟達）ならではの得がたい客観的証言をなしている。すなわち、慧門が住持していた頃の黄檗山は、「毎事優容」であったのに対し、虚白が一たび晋山するや、「益《ますます》規条を整へ、臨淮の汾陽に代はるが如し(126)。壁塁旌旗、故《もと》の如くして、精彩煥然一新」したと述べ、その積極的な運営ぶりを高く評価しているのである。

『黄檗山志』および『中土来往書信集』所掲の虚白書簡（二五六頁、隠元へ寺の近況を報告）に拠れば、慧門の在任期間は、隠元が東渡した順治十一年（一六五四）から康熙二年（一六六三）秋までであり、一方、虚白のそれは、翌康熙三年（一六六四）冬から康熙十二年（一六七三）六月のその示寂までである。それぞれ十年に近い両師の住持ぶりを比較しての率直な見解だと言えよう。

ちなみに虚白は、晋山の翌年（康熙四年［一六六五］）、隠元に宛てた書簡で、清朝と鄭氏政権（既に台湾に拠る）との間の抗争の結果、清朝の黄檗山に対する徴発が激しく、山内大衆一同が「日間二餐も尚ほ措く所無し。其の他、言はずして知るべし」と苦境を訴えている(127)。にもかかわらず、如幻の見方にしたがえば、虚白は一山挙げてのこの苦境を、自らの知力を総動員してよく乗り切ったのである。

## 『痩松集』に見る青年期の高泉

このように、『痩松集』は多面的な史料価値を有するのであるが、如幻の性格や事蹟について、貴重な補遺をなすのが、ほかならぬ高泉からの書簡であり、偈頌である。高泉の渡日以前はもとより、以後もまた二人は相互に書問を欠かさなかったことが、高泉側の資料からは明らかなのだが、対する『痩松集』にはしかし、「良偉師詩集序」ただ一篇をとどめるのみである。

題目にいわゆる〈良偉〉とは、高泉の出家後最初の道号であるが、『紀年録』ほか一連の伝記には記載を見ず、また、高泉の現存遺文に関していえば、彼自らがこの最初の道号を用いた例を認めない。そして黄檗三祖の遺文においても、僅かに即非の偈頌「題二偉上人扇頭一」一首(128)を見るのみである。

いま、本篇に拠れば、如幻はつとに慧門門下生中に「良偉」という詩の天才がいると聞かされており、丁酉、すなわち順治十四年（一六五七）夏に至って、福清黄檗山で初めて当人に出会ったという。ときあたかも良偉は、師・慧門の「記室」（書記兼秘書）を務めていたというから、『紀年録』同年の条の叙述とまさに一致し[129]、ここに良偉が高泉と同一人物であることが確認されよう。如幻（五十三歳）が高泉（二十五歳）から示されたとされる詩稿は、今日伝わらないが、現存する「鑁餘集自序」[130]がその序文であった可能性は小さくあるまい。

「鑁餘集自序」は短篇であるが、そこからは若き日の高泉が、不立文字を大原則とする禅の道と、さながらそれに逆らうかのごとく、覚えず執ってしまう詩歌の筆との間で板ばさみとなって苦しんでいる姿や、両者の折り合いをつけるべく、ときあたかも明末禅界（禅に心を寄せる士大夫をも含む）において再評価されつつあった北宋の徳洪を規範と仰ぎつつ、大いに心を労していた姿が、よく垣間見られる。結局これらは彼終生の課題となったのであるが（第七章後述）、福清黄檗山での如幻との出会いは、こうした相反する志向のせめぎあいに一定の基準・納得をもたらすこととなった。

ここでまず、如幻の「良偉師詩集序」全文を見ておきたい。

余丱角時，即竊喜レ学レ詩。時方治二博士家言一，長者輒相規，謂「且レ妨二正業一，不レ如レ已レ之。」余意殊不レ然，嗜レ之益甚。其於レ詩，未レ有レ当也，而落落無レ所レ成，竟如二長者言一。迨レ入二空門一，悔二学道已晩一，痛二除前習一，不三復厝二意於編詠一。間或拈二弄筆墨一，正如二鳥啼虫号一，自作自止，都無二倫次一。復自愧二於レ道實無レ所レ得也。而詩思益減退，信三天下之至拙莫二余若一。

數年前，聞三黄檗有二良偉師一，少年才雋，工レ為レ詩。丁酉夏，至二黄檗山一，謁二堂頭慧和尚一，而偉公為二掌記室一，晨夕晤対，因得レ読二所レ為詩一，巧思秀句，奔二輳筆端一，令二人応接不一レ暇。偉公方入二本色宗師爐鞴一，疑無レ暇二於此一。顧乃吐納風雅，綽有二餘閒一，豈非二其天才超妙一与。

昔宝峯祥見二景淳蔵主山居詩一，謂「不レ減二灌渓一，恐後世以レ伎取レ子而道不レ信二於人一。」而東坡為二思聡詩一叙，則謂「苟可三以発二其巧一智，物無二陋者一，聡若得レ道，琴与レ書皆与有レ力，詩其尤也。聡能如二水鏡一，以レ一含レ万，則書与レ詩当二益奇一，吾将レ観レ焉，以為二聡得道浅深之候一。」

是二説，似二相左一，吾以為顧二其才分何如一。偉公姿穎絶倫，当レ如二坡公之所レ勉。如二余之老鈍無似一，則当レ守二宝峯之所レ戒。所謂以二吾之不可一，学二柳下恵之可一，偉公聞レ此，必以為二通人之論一也。

（分段・返り点・引用符、筆者）

如幻は本篇の第二段以下で文字、ことに詩偈を好む禅僧には二つの型があるとして、北宋・景淳と、同じく北宋・思聡とを挙げている。景淳は宋元以降の禅宗で盛行した「山居詩」（如幻・高泉にも作例あり）を師の宝祥へ呈したところ、宝祥からはしかし、「お前の名はその禅僧としての道誉によってではなく、単に余技たる詩偈によってのみ後世へ伝えられようぞ」と叱正を蒙った(131)。

一方、思聡は杭州郊外の孤山に住まっていた。琴・書・詩の三つの芸を幼くして修めたとされ、その詩集に対し、蘇軾から励ましの序を贈られている(132)。蘇軾は、「苟しくも以て其の巧智を発すべくんば、物として陋なる者無し」として、詩偈はもちろんのこと、書や琴などの芸術も思聡の道業を増進するものだと勧発している。如幻はこれら二つのエピソードを引用ののち、高泉は姿穎絶倫なので、景祥が景淳に対して寄せたような心配は無用であり、いな、蘇軾の励ましを受けた思聡に倣っていよいよ詩偈の道にも邁進し、そうすることで、禅僧としての本分発揮にも役立てるよう説いている(133)。

如幻から教示された、右記二つのエピソードのうち、前者はとりわけ高泉の心に印象づけられたものとおぼしく、のちに『続扶桑禅林僧宝伝』を編んだ際にも、希世霊彦（一四〇三～一四八八）の伝賛にてほぼ全文を引用する。そして伝主たる希世が、いわゆる五山文学の大家として、もっぱらその詩偈によってのみ知られ、師承嫡々たる具眼の禅僧であることが一般には忘れ去られている現状は、さながら「道誉によってではなく、余技によって世に知られている」禅僧の堕落態（宝祥の景淳への訓戒）そのものだと、希世のために惜しんでいるのである(134)。

さて、ともに福建にあった当時の如幻・高泉の交往は、まさに「同気相求む」の類であったという感を強く催させる。高泉『山堂清話』「痩松道人」の項に伝えるところでは、慧門およびその門下（高泉をも含む）においては、如幻が何か詩文をものするたびに争ってこれを伝写し、とりわけ「慧門黄檗慧門和尚語録序」および「送下独耀書記還二西呉一省覲上序」が愛誦されていたという(135)。高泉はしかし、如幻と自己との性格上・経歴上の共通点を見い出し、師や同輩らとは違う、もっと心の奥深いところから如幻を敬慕していたものとおぼしい。

すなわち、高泉の描くところに拠れば、如幻は「天性朴訥、客に対し言《ものい》ふこと能はず」、ところが一たび筆を執れば、「篇を連ね牘を累ねて思索を仮ら」なかった。詩偈を得意としたが、本人の初志は、宋代から明代に至るまでの高僧の伝記を完成することにあった(136)。一方、高泉もまた自身が「生来、口拙にして客に対し多く言無」く、ややもすれば人の誇りを招いた(137)と自己分析している。不立文字の禅と文芸とのせめぎあいには生涯葛藤し続けたものの、こと僧史（高僧伝）編纂に関しては、これを天職と信じて少しも疑わず、自ら開山となった仏国寺の開山堂に掲げしめた聯の一方には、「扶レ教扶レ宗力メテ撰ス海邦ノ釈史。眼底有レ疑休二縦歩一」と大きな自負を披瀝している(138)。

## 如幻関連詩偈の概観

高泉には、福建時代に如幻に関連して①五言古詩「幻和尚至。適予有二他行一。先此言レ別」(139)、②五言律詩「如幻和尚至。次韻」(140)、③七言律詩「郊居詩次幻和尚韻」(141)、④七言古詩「幻和尚以二新詩一見レ示。次韻」(142)、⑤同右「山楼夜話復次前韻」(143)の計五首があり、渡日後は、七言絶句「寄二懐小雪峰如幻和尚一」(二首)(144)があり、それぞれ敬慕の意を表明している。また、渡日以前に福清黄檗山から如幻へ寄せた書簡「復二小雪峰如幻和尚一」(145)も伝存している。その文中には「某人至る。詩序を教ふることを承く。…之を巻首に置かば以て光を増すに足れり」とあることから推して、前出の「良偉師詩集序」を人を介して如玄から寄せられたことへの礼状と見られる。

このうち、詩②・③・④・⑤には、その題目から推して、高泉が次韻の対象とした如幻の原作を『痩松集』中に見るはずであるが、③以外は該当作品を認めない。そして③もまた、一篇十首から成る如幻側の該当作「郊居在省城南」こそあれ、その中には高泉の次韻作と同一の平声元韻を用いたものが見当たらない。恐らく原作は、現在よりもさらに多くの「首」から成っていたけれども、『痩松集』編纂までの間に、その一部が失われたのであろう。

高泉の渡日当時、如幻はまだ出世(一寺の住職となること)しておらず(康熙四年[一六六五]、小雪峰寺晋山)、したがって、これら高泉側の作品は、如幻の伝記中、晋山以前の空白部分多き時代を補填するに足ろう。

さて天和二年(一六八二)秋、如幻の訃にようやく接するや、高泉は七言絶句「追二悼小雪峰如幻和尚一」(146)を製作、四首一篇を費やし、かつ題下には略伝をも掲げてその徳を偲んでいる。賛も二首まで伝えられており(147)、前出の「追二悼…」がその第三首で、如幻を北宋の徳洪覚範(一〇七一~一一二八)に比しているのに対し、賛のほうでは(第二首)、同じく北宋の契嵩(明教大師、一〇〇六~一〇七二)になぞらえている。徳洪も契嵩もともに文学的および史学的才能に富み(契嵩の著述はヨリ理論を志向しているように見受けられるが)、かつ、士大夫層との交往を通じて仏教と儒教との会通を図った点が共通している。高泉自身もまた、その示寂後に、門人で『紀年録』編者の道祐から同趣の賛辞を得ている(148)。

## 第三項　蓮峰との道縁

### 梅愛好の契機

松竹梅のいわゆる「三友」の中でも、隠元は松を愛好し、それがために今日宇治の黄檗山内には天に聳える松の巨木を多々認める。次に高泉の場合、「三友」や蘭・菊・蓮を詠じた、いずれも十首に余る詩偈を遺しているが、とりわけ質的かつ量的にも優位を占めるのは、やはり梅に関する作品であり、その数四十篇（連作の場合、冒頭の総題のみを数えた）を上回る。彼の最も長期にわたる活動の拠点となった伏見・仏国寺では、あたかもよし、永光寺時代からの梅の古木が山門そばに群生しており、手入れのうえ、いよいよ多くの梅を植え、「梅花塢」と名づけた。

高泉の梅愛好は既に福建時代から始まっている。ある年の春、病むこと数日してのち、偶々梅の開花に接し、見慣れた花ながら初めてこの花の真面目に接した感をもよおして「未開梅」・「新梅」・「乍開梅」・「問レ梅」以下七言絶句三十二首を一挙に連作した(149)。渡日後はこうした大掛かりな連作は影を潜めたものの、代わって毎春、梅の季節を迎えるたびに、必ず数種から五、六首の詠梅詩を製作しており、いずれも『仏国詩偈』および『洗雲集』中に伝録されている。

中国禅宗、殊に黄檗宗も属する臨済禅において、熱烈な梅愛好振りを最初に示した人物としては、元の中峰明本（一二六三～一三二三）に屈指すべきであろう。その「和二馮海粟梅花詩百詠一」(150)は、馮子振（号：海粟、『碧巌録』重刻を助けたことで知られる居士）から提示された詠梅詩百首に次韻したものである。すべて七言律詩のみから成り、しかも、全首まったく同一の韻字を用いており、内容的にもおよそ禅宗とは無関係である。次韻という、その非主体的な製作機縁と相俟って、いささかマンネリズムの気味なしとしない。けれども、禅林における梅愛好は、明本の名声と相俟って、一層拍車がかかったものと見られる[151]。

高泉の梅愛好もまた、遠くは明本に淵源するものであろうが、ごく身近にあって、これを一層鼓吹したとおぼしい人物が、本項題目に見える蓮峰である。彼の略伝とその語録『蓮峰禅師語録』（全十巻）については、つとに駒澤大学禅学研究所編纂の『禅学大辞典』中に立項を見る[152]。また、同大学図書館所蔵本を影印して、台北の新文豊出版公司本『明版嘉興大蔵経』に同『語録』が収録されており、早稲田大学文学部図書館や、台湾大学綜合図書館で容易に手にとることができるようになった[153]。

駒大本では、巻頭の超裴（蓮峰の法弟）・超弘両師の序文のうち、後者の末尾を欠損しており、したがって、これを影印した『嘉興大蔵経』本もまた、欠損を呈している[154]。しかしながら、超弘とはすなわち、前項で取り上げた如幻（の法諱）にほかならず、欠損部もまた、如幻『痩松集』によって補うことができる[155]。『蓮峰禅師語録』のほうでは単に「序」とされているが、『痩松集』に拠れば、「座山蓮峰和尚梅花百詠附落花三十詠」と題されており、元来は同『語録』巻十所掲の「梅花百詠」および「落花吟」[156]のために撰述されたことがわかる。

前述した福建時代に高泉が製作した詠梅詩連作（『洗雲集』巻五）では、各首ごとに「××梅」という小題が附せられているのだが、蓮峰「梅花百詠」も同様の小題付加を見、また同じく七言絶句形式を用いている。これに対し、禅林における詠梅師の鼻祖ともいうべき元・中峰明本の作品では、漫然と百首が連ねられているのみであり、また、所用の詩形も七絶ではない（七律）。現存の詩偈に拠る限り、高泉が蓮峰「梅花百詠」を読んだのは渡日後実に二十八年をへて、彼自身の晩年も間近い元禄二年（一六八九）のこと、春には梅花咲き乱れる（前出・梅花塢あり）仏国寺においてであった(157)。したがって、高泉の福建での詠梅連作が果たしてどの程度、蓮峰から鼓吹された結果であるのか、なお検討を要する。しかしながら、黄檗三祖を含め、およそ語録（兼詩偈集）を遺すほどの費隠門下（直弟子：隠元、百癡行元、亘信行弥：法孫：如幻、蓮峰）にあっては、蓮峰ほどに熱烈な梅愛好ぶりを示した人を見ず、筆者はやはり高泉の梅愛好が多分に蓮峰に負うたものと見たい。

### 初期黄檗教団資料としての『蓮峰語録』

さて、蓮峰とはその道号であり、法諱のほうは、今日に至るまで系字部分（第一字）未詳とされている。したがって、各種の禅宗法系図や辞典ではおおむね「蓮峰□［系字］素」と表記されている(158)。『語録』巻七には、彼の自伝「行実」が収録されているものの、遺憾ながら最後まで系字が明示されるのを認めない(159)。本稿執筆に際し、高泉の法語・詩偈中の叙述によって、あるいはこの未詳の系字が明らかにされるかとも期待したが、結局、空振りに終わった。彼が属した百癡行元の門下における演派偈（どんな系字を用いるべきかを指示）の発見に望みをつなぐばかりである。

この「自伝」に拠れば、順治二年（一六四五）、三十三歳にして、師の百癡行元（一六一一～一六六二）から付法されたというから(160)、その生年は万暦四十一年（一六一三）と逆算される。師の百癡は、隠元や亘信行弥と並んで費隠通容の高弟として知られ、とりわけ費隠の『五燈厳統』編纂には大きな役割を果したが、弟子たる蓮峰には、こうした修史にまつわる事蹟や関連作品は伝えられていない。また、その行動範囲も、高泉と同様広くはなく、生地・福建興化府内の六か寺に住持した。

彼は崇禎三年（一六三〇）、十八歳にして出家後、ただちに福建西南部の漳州に樵雲を訪ね、受戒している。実はこの崇禎三年には、隠元も樵雲を訪ね、木庵もまた樵雲から受戒しているのである（本章第二節参照）。樵雲の道誉を慕って、近隣の名士らの物質的外護を仰ぎつつ、あるいは授戒会が開催されたのかもしれない。「出世」、すなわち一寺の住職となったのは、順治十年（一六五三）、四十一歳のことであった。最初の晋山先は興化府孤山寺である。ついで、同十三年（一六五六）から康熙元年（一六六二）まで九座山に住持した。高泉が敬慕して同地に初めて彼を訪ねたのは、順治十四年（一六五七）、高泉二十四歳、対する蓮峰は四十五歳であった[161]。

本項では、前項と同様、その『語録』が前出・如幻の『痩松集』に比して遜色なきほどに、日本黄檗宗の前史に関する好資料であることと、高泉の蓮峰関連作品が、蓮峰の伝記資料の補遺をなしていることを強調したい。本『語録』の目次は以下のとおりである。（巻一）語録（巻二）語録（巻三）語録[162]（巻四）小参（巻五）示衆・拈古・頌古・代古（巻六）入室・機縁・法語・讃・自題（巻七）序・歌・伝・行実・啓・引・辞・銘・仏事（巻八）文・雑詠上（巻九）雑詠中（巻十）雑詠下

さて、隠元・木庵・即非らの現存遺文中には、関連法語・詩偈を認めないが、例えば巻九には、七言絶句「途中贈㆔木庵禅師回㆓温陵㆒」[163]を見る。これは「木庵禅師年譜」の叙述に拠れば[164]、順治十二年（一六五五）春、木庵が象山慧明寺（泉州府永春県）から泉州（温陵）城内の古刹・開元寺に帰還するに際しての作と推定されよう（ときに木庵四十五歳、蓮峰四十三歳）。また、巻八の七言絶句「挽㆓也懶禅師㆒」[165]も注目に値する。

題目にいう〈也懶禅師〉とは、也懶《やらん》性圭《しょうけい》を指す。彼は隠元の弟子で、順治八年（一六五一）夏、逸然性融（一六〇一～一六六八）ら長崎在住の華僑僧俗からの招聘に応じ、同地の崇福寺に赴任すべく厦門を出航したが、まもなく海難事故のため溺死した。隠元の渡日は、彼自らが語るように「子（也懶）の債、父（隠元）還す」べくなされた[166]という側面も見落とせない。蓮峰のこの挽偈は、也懶の死に関してとりたてて新たな情報を提供するものではないが、その死が隠元門下のみの痛惜でなかったことをよく伝えていよう。

## 『山堂清話』に見る蓮峰の人となり

高泉関連の法語・詩偈は、本『語録』中のどこにも見当たらない。巻頭所掲の超裴の序には「丙午」、すなわち康熙五年（一六六六）との紀年を見るから、所収の法語・詩偈が蓮峰五十四歳頃までの作と知られる。高泉の渡日はその五年前のことであり、したがって高泉に何らかのかかわりある偈頌（恐らく複数存在したことであろう）が収録されていても不思議はない筈であるが――ましてや高泉は渡日後も蓮峰からはるばる語録を送られるほどの道縁を有していた――実際にはまったく見当たらないのである(167)。

高泉が福建時代・渡日後を通じて蓮峰へ寄せた詩偈・書簡はしかし、五指に余る。その一部は註（157）にて、高泉の梅愛好の始まりを考察するに際し言及した。高泉にはさらに、七言律詩「宿二鏡庵一。次二蓮峰和尚韻一」(168)、五言律詩「莆陽送二蓮峰和尚之一レ呉省二百和尚一」(169)とがある。このうち、前者はその詩題から推して、確実に蓮峰の原作があり、それへの次韻作と知られるけれども、蓮峰の『語録』中には該当作品を認めない(170)。また、後者は順治十六年（一六五九）、蓮峰が浙江省松江府の明発禅院に赴き(171)、一年繰り上げて師・百癡の五十歳を賀した際の作品と見られよう。

また、渡日から三年後の寛文四年（一六六四）暮れには、七言絶句三首から成る連作「雪中懐二蓮峰和尚一」(172)を製作、山深く静かに坐禅三昧の日々を送っていた蓮峰をなつかしんでいる。その題下の註には、蓮峰の簡単な経歴を記すが、出世地（最初の住持先）を九座山とするのは、恐らくは高泉の記憶違いである（正しくは興化府内の孤山寺）。高泉が貞享二年（一六八五）に発した礼状「上二遯庵蓮峰和尚一書」に自ら記すところに拠れば、彼はこれら三首を蓮峰に寄せて「棒教を乞」うたというから、この書簡が無事福建の蓮峰のもとに届いたとすれば、蓮峰は恐らく右記の伝記上の誤謬に苦笑したことであろう。

この書簡ではまた、贈呈された『蓮峰禅師語録』を我が国においても刊行、「座下（蓮峰を指す）の法雨、沢して斯の国に及ばんことを」誓っている。高泉は青年期、まだ福建にあった頃、ちょうど二十歳年長の蓮峰から「叨りに慈愛に沐し、恩、父母に踰」えたと深謝しているが、『山堂清話』を読むと、高泉がそもそも蓮峰の人となりのいかなる点に心服したかが推知される。すなわち同書巻下では、「真率」の一項を立て、次のように述べている(173)。

> 九座山蓮峯和尚。莆陽巨族柯氏子。受二印于金粟百癡元和尚一。与二憨樸国師一。為二法門昆季一。師久隠二莆中一。後出二世座山一。天性真率。胸無二城府一。嘗以レ道自適。莆之黒白。靡レ不レ欽レ風。師対レ客無二尊卑貴賤一。皆抽レ手坐納二其礼一。左右曰。「貴人至。須三少加二敬謹一。万一有レ所レ不レ悦。則妨二于道一。」師曰。「任他。信亦一箇蓮峯。不信亦一箇蓮峯。吾安能于レ此二二其心一哉。」一予嘗侍二師于西岩・雲門・国讙諸處一。湌二法味一甚飫。知師実古之尊宿。不レ可レ及也。
>
> 天性真率にして胸に城府無く、嘗て道を以て自ら適す。莆の黒白（僧俗）、風を欽はざるは靡し。師、客に対し、尊卑貴賤と無く、皆な手を袖にして坐して其の礼を納る。左右曰く、「貴人至らば、須らく少しく敬謹を加ふべし。万一悦ばざる所有らば、則ち道を妨げん」と。師曰く、「任他《さもあらばあれ》、信も亦た一箇の蓮峰、不信も亦た一箇の蓮峰。吾安ぞ能く此に於いて其の心を二にせんや」と。

高泉は蓮峰のこうした態度を、「古の尊宿も及ぶべからざるなり」と手放しで礼讃している。中国・日本を問わず、往古は型破りの傑僧を輩出した禅宗であったが、時代が下るにつれ、種々の清規や国家からの統制によって、地位のある僧ほどその言行を束縛されざるを得なくなった。

高泉自身は、訪れる賓客に対し――むろん多くは大名・高僧ら社会の上層に属し、最低でも中層以上（例：医師・

大商人）であったが――「謙光を主とし、送迎礼に過」ぎていたため、側近の弟子たちから「師は人天の師なり。宜しく軽《かるがる》しく自ら謙屈すべからず」と苦言を呈された。この苦言に対し、高泉は「我、人の無礼を悪《にく》む。礼を以て応接せずんばあるべからず」と弁明した(174)。人の無礼を忌み嫌うからこそ、自分のほうからまず礼節を示すのだ――という、いかにも一宗の『清規』の実質的制定者らしい見解であるが、来日して日も浅い『山堂清話』執筆当時は、自然体のまま各階層の訪問者に接する蓮峰の姿に、なお強い親近感をいだいていたのではないだろうか。

## 第四項　為霖との道縁

### 永覚・為霖師弟の活躍

明末清初の福建仏教において、為霖道霈（一六一五～一七〇二）の果たした役割は、誠に目覚しいものがあった。為霖については、すでに第二節でも度々触れたが、俗姓は丁氏、福建省内陸部の建寧府建安県に生まれ、十四歳にして出家、十八歳の崇禎五年（一六三二）、初めて師の永覚に値遇し、以後ずっと本師と仰いでいる。その存在は実は、福建に来錫していた聞谷広印（永覚の師かつ友であり、律禅双修の高僧として知られた）から聞かされたのであった(175)。入門後、三十七歳年長で同じく建寧府出身の永覚からは、修行時代には禅者として厳しく鍛えられたが、これによく応え、後年の大をなした。為霖は一生の著述すこぶる多く、二十八種百九十六巻(176)に達する。その多くは禅宗にかかわるものだが、『華厳経疏論纂要』・『続浄土生無生論』に見るように、華厳教学（前者）および華厳教学の観点からする浄土教学（後者）にも造詣が深く、加えて本項で後述するように厳格な戒律を自己と弟子たちとに課しており、いわば禅・教・律兼修の家風を宣揚していた。

ところで、隠元の福建黄檗山住持時代（一六三七～一六四四、一六四六～一六五四→渡日）は、為霖の師・永覚元賢の鼓山湧泉寺住持時代（一六三四～一六三七、一六四二～一六五七↓示寂）と重複もしくは前後している。永覚は二度にわたる鼓山住持時代は、今日その『永覚元賢禅師広録』全三十巻に見える多くの法語・偈頌を開示・製作するのみならず、寺志『鼓山志』(177)、燈録『補燈録』(178)・『継燈録』を編纂、高弟である為霖は、これを大いに助けている。また、出世（初めての住職就任）にずっと先立つ天啓八年（一六二八）には、採録対象を唐から明に至る福建出身の禅僧および禅宗ゆかりの居士に限定した『建州弘釈録』(179)を編纂している。後年、高泉が日本で完成させた『福唐僧宝録』は、本書の存在を多分に意識しつつ編纂されたものである（第八章第二節第三項後述）。

永覚のこうした旺盛な著作活動、および高弟・為霖によるその補助を、鼓山からさほど遠からぬ福清黄檗山に住まう隠元が知らなかったとは考え難いが、隠元の現存著述に見る限り、鼓山に関しては、同地からやって来た修行僧へさながら冷や水を浴びせかけるような法語一則（第二節前述）を留めるのみである(180)。これも前述したように、永覚・為霖側の資料もおよそ費隠直系の弟子たちにかかわる法語・詩偈はひとたびは確実に存在したであろうにもかかわらず、少しも痕跡を留めていない。

永覚の木庵（費隠法孫）への懇篤な教導ぶり、即非（同右）が永覚へ寄せた偈頌に見る敬慕、さらには為霖が如幻超弘（同右）の人物を高く評価し、名刹・泉州開元寺の住職に推挙さえしたこと（本節第二項既述）などから判断して、少なくとも木庵・如幻の名のみは、永覚・為霖の語録のどこかに見えていてもおかしくない筈であるが――なお、即非の場合は一種の片思いであるから、数多い参学者に日々接する永覚の側からすれば、あるいはあまり印象に残らなかったかもわからない――事実は少しも見当たらないのである。その背景としてはやはり、費隠『五燈厳統』における曹洞宗寿昌派（永覚・為霖師弟の法系）への苛酷な批評と、それに対する寿昌派人士の反発・憤慨とを第一に考えざるを得ないのである。

## 高泉の語る為霖訪問の印象

為霖が高泉へ書き与えた法語・偈頌も、恐らくは存在したことであろうが、他の費隠門下に関連する法語・偈頌と運命を共にし、永く伝存の機会を失ったものと見受けられる。すでに第一項冒頭で述べたように、高泉が初めて鼓山を訪れたのは、順治十五年（一六五八）、二十六歳の春であった。高泉は山内の名称「一線泉」を詠じつつ、敬愛する為霖の名（前半の道号部分）をも結句中に詠み込んで、「従来恬澹無㆓人識㆒。独在㆔千山与㆓万山㆒。誰向㆓源頭㆒分㆓一線㆒。散為㆓霖雨㆒済㆓人間㆒」と詠じている[181]。

その前年、福清黄檗山訪問の際、高泉に初めて出会った如幻は、その詩才に驚嘆している（第二項前述）。本篇もまた、恐らくはその当意即妙の作として、為霖の微笑と賞賛とを得たことであろうが、現存の『鼓山志』（乾隆・光緒の二度の増補を経た）芸文篇中には採録を認めない（芸文篇には、鼓山を詠じた僧俗双方の詩文を多数収録）。ところで、鼓山ではこれも前年、長く住持を務めた永覚が示寂。高泉がその『山堂清話』[182]に伝えるところに拠れば、永覚第一の弟子であった為霖は、当初「非才を以て辞」したものの、外護者たる土地の名士から再三懇請されたため、やむなく「大師［永覚］の頂相を方丈に奉じ、自ら偏位に居し、朝夕、大衆と同じく作礼」、いわゆる三年の喪を済ませてのち、はじめてこの敬礼を停止した。高泉が為霖に会見した時点では、当然のことながら、なお服喪中であり、その「師の法を尊び、師の喪を守る。孝誠独り至れ」るさまを目睹したはずである。

高泉はまた、為霖の「人となり極めて厳正にして、凛々として犯すべからず、衆、清規に違ふ者有れば力めて之を擯す」る姿にも感銘を覚えている。高泉が後年、自ら中心となって、現行の『黄檗清規』を編纂するに際し、為霖が成文化した鼓山の清規に学ぶところがあったのも、ゆえなしとしない。為霖がかくまで厳正に清規を実施した理由について、為霖自らが語ったとされる言葉をも、高泉は伝録している。いわく、「道霈此の山に住せずんば、則ち已みなん。既に住せば、一日と雖も先師一日の法を行ぜんことを要す」と。

つまり、清規を成文化したのは自己であるが、その精神はすでに亡き師・永覚に胚胎しているというのである。『山堂清話』に先立って『釈門孝伝』を撰述、仏教と儒教との孝道実践における一致を説いた高泉の目には、為霖のこうした言行は、軌範中の軌範と映じたことであろう。

## 木庵が話題とされた可能性

両師の会見に際し、どんなことが語り合われたのか、もとより想像の域を出ないのであるが、恐らく為霖は、すでに渡日した（順治十二年［一六五五］）、木庵をなつかしみつつ、木庵とは正反対の求道をなした自己の青年期を、高泉へ語り聞かせたのではなかろうか。すなわち、木庵が福建から北上して天童山に密雲円悟を尋ねた時期は、同時に、木庵より四つ年下の為霖が、杭州真寂寺に師・永覚を尋ねた時期と重なっている。

本章第二節でも既述したように、木庵は密雲のもとで少しく修行に行き詰まりを生じたため、崇禎十年（一六三七）、下山して杭州に赴き、時あたかも来錫中の永覚に再度参じた。一方、二十三歳の為霖もまた、師・永覚に随従して杭州に赴いたものの、悟境なかなか進まず、思い余って天童山に登り、密雲の教示を仰いだ。その自伝「旅泊幻蹟」で自ら語るところに拠れば、天童山に居ること半年、ある日、夜半まで経行し、疲労の極、眠ろうとしたところ、「虚空迸裂、髑髏爆散、全体現前して貧の宝を得、病の汗を得たるが如く、其の踊躍慶快、以て喩を云ふこと無」く、北上以来の迷霧をようやくにして脱し得た。天童山での修行仲間からの引き止めを振り切って下山、永覚に相見したところ、ひさびさに見る師にはすこぶる喜色あり、今度は「子、已に門に入るも、但だ未だ堂に升り室に入らざるのみ」と、つまり、格段の進歩ありと評価されたのだった(183)。

### 聯への重視に学んで

鼓山に対し冷淡だった隠元は、すでに遠く日本にあり、高泉はいわば「鬼の居ぬ間の洗濯」さながらに、何らの憂慮なく鼓山訪問を済ませたものと見られる。為霖（当時四十四歳）との会見は、高泉の若き脳裏に鮮烈な印象を留めたものとおぼしく、それから三十数年ののち、我が国へも伝来した為霖『旅泊庵稿』[184]を読んで、高泉は「福城東際尋レ師日。計レ指今余二三十春一。三界果然猶二旅泊一。羡師出作二指迷人一。」と詠じている[185]。

この『旅泊菴［庵］稿』には、康熙十年（一六七一）、為霖が鼓山の住持を辞してから、同二十三年（一六八四）、僧俗からの懇請を拒み難く再度晋山するまでの、縁にしたがって福建各地の寺々を転々としていた期間の法語・詩偈が収録されている。とりわけ、明・清両代の著名な高僧の語録中、「聯」のみを集めて独立した部を立てたものとしては、恐らく最初の例と見られ、この点においても注目すべき存在である[186]。わが国にあっては、高泉の遺稿集たる『大円広慧国師遺稿』が、聯の部を立てた最初の禅宗文献とおぼしい。序・跋のない高泉の『遺稿』が、どの程度まで生前の高泉の意を承けて編纂されたのか、判断は難しいけれども、同じく『遺稿』巻三には「聯偶序」が収録され、その中で高泉は中国では古来、寺院ばかりか役所から一般家庭に至るまで聯が溢れているのに対し、日本では一般家庭は言うに及ばず、「朝廷僧省の大も亦た未だ備へず。吾が祖［隠元］東来、剏めて梵刹を立て、凡そ殿堂有れば必ず門聯を製し、金を塗り緑を抹して以て観瞻を壮んにす」と、隠元による聯づくりの習俗請来を誇りを込めて強調している。そして高泉は、隠元の衣鉢を継ぐ形で、多くの僧俗[187]からの求めに応じて聯を製作、「覚えずして帙に盈つ。故に之を存し、以て翰墨仏事［文字によって仏の教えを弘めること］を為」したのだと述べている[188]。以下にその全文を掲げよう。

門聯対偶。吾邦素所レ尚也。自二朝廷・官府・寺観・菴院一以至二士庶之家一。靡レ不レ具焉。独此方弗レ尚。士庶固不レ待レ言。即朝廷・僧省之大。亦未二嘗備一。及二吾祖東来一。刱立二梵刹一。凡有二殿堂一。必製二門聯一。塗レ金抹レ緑。以壮二観瞻一。於レ是好事者效レ之。多来求索。予不レ欲レ違二其意一。輙為製作。不レ覚盈レ帙。故存レ之以為二翰墨仏事一云。

本篇がその巻頭に掲げられた筈の高泉の門聯集は未見であるが、その内容の多くは『遺稿』巻七の「聯」の部に継承されていよう(189)。

### 為霖「道元伝」の粉本

年齢の差や所属宗派の壁もあってか、両者間の交渉においては、もっぱら高泉が為霖を敬慕するに留まったとの感が強い。しかしながら、為霖もまた、日本の「逆流禅徳」から送られてきた道元碑文（の恐らくは拓本）を広げつつ、そこに記された撰文者・高泉の名を認めて、「あっ、いつかのあの青年僧が…」と驚きの声を漏らしたものと見られるのである。

今日、東京高輪・泉岳寺、京都市右京区・浄住寺（中興開山は高泉とも親しかった鉄牛道機）、長崎市・晧台寺に現存する為霖揮毫の扁額は、長崎に出入りする中国貿易船を介してもたらされた日本側関係者からの依頼に為霖が応じて染筆したものとおぼしいが、うち二か寺までが曹洞宗（泉岳寺・晧台寺）に属していることからも推知されるように、為霖の日本曹洞宗に対する関心は、深く、かつ久しかった。独庵玄光（一六三〇～一六九八）の『独庵独語』のために撰した七言絶句および序文(190)は、それを雄弁に物語っていよう。

すでに見たように、彼の師・永覚は、臨済宗に比すれば体系的な燈録（高僧列伝兼機縁語集）になお乏しかった中国曹洞宗の現況を憂慮し、『補燈録』・『継燈録』を編纂したのだが、為霖は師亡きあと、後者に関して一部増補を行っている。その際、天童如浄の弟子列伝の中に、道元のそれをも増補したが、これこそは中国人の手になる道元伝としては、恐らく現存最古のものであろう。増補された道元伝の直後には左記のような為霖の識語が附せられている(191)。

道元禅師得二法天童浄祖一。為二日国洞宗始祖一。続伝燈失レ載。近有二逆流禅徳一。是其宗裔。特作レ書以二師道行碑一附二商舶一寄示。所レ載法語甚詳。書中又引二宋文憲護法録一。贈二日本範堂儀公蔵主一文中。覚阿之嗣二仏海遠一。道元之承二天童浄一二語。為レ證。余於レ是知古今得道。散二處此界他方一。或出或處。名徳不三表二彰於世一。如二道元一者。何限。余於レ是重有レ感。乃特採二碑文一立レ伝。列二於先師継燈録天童浄祖嗣下一。庶不レ没二古徳幽光一。亦使二読者有一レ所二攷鏡一云。

住二福州鼓山湧泉禅寺一道霈謹識。

長谷部幽蹊博士は、つとにこの識語に注目され、その訓読と訳註とを施された(192)。その成果に依拠しつつ、筆者が明らかにし得たことをも加えて、以下にその訓読文を再掲させていただく。

道元禅師は法を天童［如］浄祖に得、日国洞宗の始祖となる。『続伝燈（録）』（引用者註：明・玄極居頂が明代初期に編纂）は載を失す。近ごろ逆流禅徳あり。これはその宗裔なり。とくに書を作り、師の道行碑を以って商船に附して寄せ示す。載するところの悟由（引用者註：大悟の経緯）(193)・法語は甚だ詳なり。書中にまた宋文憲『護法録』の「日本範堂儀公蔵主に贈る」(194)の文中の「覚阿（引用者註：台・禅兼学の鎌倉初期の僧。）の仏海［慧］遠（引用者註：霊隠慧遠とも。南宋の孝宗皇帝が法要を問うた高僧）に嗣ぎ、道元の天童［如］浄に承く」の二語を引いて證となす。余はここにおいて、古今の道を得て此界他方に散處し、或いは出で或いは處り、名徳の世に表彰せられざる、道元の如き者を知る。何ぞ限《へだ》てんや。余ここにおいて重ねて感あり。乃ち特に碑文を採りて立伝し、先師（引用者註：永覚禅師）の『継燈録』、天童（如）浄祖の嗣下に列す。庶くは、古徳の幽光を没せざらんことを。また読者をして攷鏡（引用者註：亀鑑と崇めること）するところあらしめんという。

福州鼓山湧泉禅寺に住する道霈、謹んで識す。

識語本文にいわゆる〈宋文憲〉とは、明代初期に活躍した学者・宋濂（一三〇九～一三八〇）を指す。〈文憲〉とは、明代中期に至って武宗皇帝から賜った謚である。宋濂の仏教関連の論著は、さらに明代後期に至って『護法録』の題下に、明末の著名な高僧・雲棲袾宏（一五三五～一六一五）が編纂・公刊した。実は永覚・為霖師弟は、浄土教においては、袾宏―聞谷広印（一五六六～一六三六）―永覚（―為霖）と承けており、かつ戒律学のうえでも、袾宏―無明慧経（一五四七―一六一七）―無異元来（一五七五～一六三〇）―永覚（―為霖）と承けている[195]。したがって、袾宏のこの編著は、為霖にとっては頗る馴染み深いものであったことであろう。

為霖がいったいいつ頃、右記の識語をしたためたのか、なお判然としないけれども、本師・永覚を称して〈先師〉としている以上、当然、順治十四年（一六五七）の永覚示寂以降のことであろう。また、為霖は二度鼓山に住持しており、もしも二度目の住持期間（一六八四～一七〇五）にこれを書いたのであれば、「再住福州鼓山…」とするのが、この種の署名の通規であるのに、実際にはそれを認めないことから推して、やはり一度目の住持期間中（一六五八～一六七一）に記したものと見たい[196]。

さて、長谷部博士は、為霖の識語をひととおり解説ののち、聖僕妙（義）諦（伝記未詳の臨済宗の僧）の『禅籍志』

上巻に見える『継燈録』の項(197)をも、併せて紹介しておられる。正徳六年（一七一六）刊行の『禅籍志』は、近代に至って小川霊道師が『禅籍目録』を公刊される以前においては、清初までの中国人の手に成る禅籍を概観できる第一の工具書であった。しかしながら、ことこの『継燈録』道元伝に関して、撰者・聖僕の説明は決して的を得たものとは言い難い。

長谷部博士の訓読文にて虚心に読む限り、為霖識語の大要は、日本の「逆流禅徳」が船で送ってきた道元の「道行碑」に拠りつつ、為霖が道元の略伝を執筆、それを今はなき師・永覚禅師の『継燈録』に補遺として収録した――としか読めないのであるが、聖僕は何をどう勘違いしてか、「逆流なる者が舶便にて書を遣わし、元師［引用者註：道元禅師］の行実を記して、永覚に請うて碑文を撰述せしめた」などとする(198)。そして長谷部博士もまた、聖僕のこの見解を重視され、永覚が道元碑文を撰述した可能性の有無を真摯に検討されている。

しかしながら、すでに今枝愛真博士が指摘され（該当論攷、筆者未見）、竹内道雄師が要約・強調されているように(199)、『継燈録』所掲の道元伝は、あくまでも為霖の撰述であり、ヨリ正確には日本から寄せられた高泉撰「日東洞宗初祖永平元和尚道行碑銘」の要約であることを、ここに再度明記したい。聖僕の見解は畢竟誤解に基づくものであり、もはや永覚による碑文撰述の有無を論ずるまでもなかろう。高泉による、この碑文形式の道元伝は、戦前刊行の『曹洞宗全書』にも、江戸期成立の他の道元伝とともに採録されている(200)。

高泉が碑文篇末に記すところに拠れば、黄檗唐僧との道縁深厚だった曹洞宗の鉄心道印（一五九三～一六八〇）(201)は、かねがね宗祖・道元を記念するにふさわしい碑文が存在しない状況を遺憾とし、高泉に撰文を請うた。その際、鉄心は参考資料にと、道元の「行状」を示したとされる。時に延宝七年（一六七九）、高泉四十七歳、依頼人たる鉄心は示寂前年の八十七歳であった(202)。

この「行状」がいかなるものであったのか、今後、曹洞宗史関連の諸文献および曹洞宗学における最新の研究成果に徴しつつ、解明に努めたい[203]。なお、日本からはるばる福建まで「道行碑」（の恐らくは拓本）を為霖へ寄せたとされる「逆流禅徳」とは、今枝博士および竹内師の指摘に拠れば、長崎晧台寺の第五世・逆流禎順（？～一六九九）と見られる。

幸いにして原爆の惨禍を免れた晧台寺には、今も多くの文化財が伝えられているが、それら文化財の中に為霖が逆流に贈った墨蹟（七律偈頌一首）を見る[204]。恐らくはこの「道行碑銘」送付の所産であろうが、詳しい内容は今後の調査に俟ちたい。逆流の前任住職であり本師でもあった人物こそ、為霖から偈頌のみならず、著書の序まで贈られた独庵玄光であった[205]。

左に為霖による道元伝と高泉による道元碑銘との対照表を掲げた。両者の詳細な対照は、これによってほぼなされたことと思われる。高泉の原文に見える「建長」・「宝治」などの日本の年号を、為霖は全く削除している。恐らくはいわゆる「華夷意識」のなせるわざではなかろうか。なお本文の対照を第一義としたため、ベタ書きを用い、改行は略した。

### 為霖「道元伝」と高泉「碑銘」との対照表

| 為霖『継燈録』巻七・道元伝<br>（『卍続蔵経』第一四七冊・七一四頁下～七一五頁下） | 高泉「日東洞宗初祖永平元和尚道行碑銘」<br>（『洗雲集』巻十五、『全』Ⅱ・九四三上左～九四六下右） |
| --- | --- |

（出生から少年期まで）

日本永平道元禅師。姓源氏。本国村上天皇九世之裔。
骨相奇秀。七處平満。
目有重瞳。
七歳読毛詩・左伝及諸経史。不由師訓。自然通暁。
時以神童称之。
居母喪。毎観香火繚繞。念念散滅。悟世無常。

（序説・曹洞宗の起源）

蓋聞。少林之道。初無言説。直指人心。見性成仏而已。是以傫壁九霜。許半臂之士三拝得髄。安有他哉。六伝至曹谿。曹谿展転。至洞山。如水伝器。山得曹山佐之。則君臣道合。偏正相資。鳥道玄路。金針玉線。諸方仰之。号曹洞宗。盛行于世。其得其旨趣。而緜密無滲漏者。実罕其人。至大宋天童浄公和尚。最称作者。而天下衲子帰之。若百川赴海。有如永平禅師者。実浄公入室之高弟也。

（出生から少年期まで）

師諱道元。姓源氏。京兆人。村上天皇九世之後。母某氏懐師時。聞空中声。曰。「此五百年聖人也。為法済世。故来仮胎善護之。」及誕室有祥光。自幼頴悟。邁同倫。相者曰。「此児骨相奇秀。七處平満。目有重瞳。非凡器也。但恐其母不能尽天年耳。」四歳。読李嶠百詠。七歳。読毛詩・左伝。凡閲一切経史。不煩師訓。自然通暁。一時名公鉅儒。皆以神童称之。八歳。母亡。果如相者言。師居母喪。尽其孝。毎観香火之煙。念念遷滅。悟世無常。親恩難報。輙有脱白求法之志。九歳。誦倶舎論。琅琅不絶口。或問其義。則弁如瓶瀉。老宿曰。「利若曼殊。真大乗器也。」師聞之益加精進。昼夜弗

| | |
|---|---|
| | 輟。稍倦。則以錐刺股。大臣九条基房公。見其神宇。欲乞為子。師曰。「富貴功名。非我所願。惟願学無上菩提之道而報恩有焉。」竟弗従。 |
| （出家得度から入宋留学まで）<br>遂投舅氏台山良顕法師出家。時年一十四。<br>尋稟具戒。究大小乗諸経論。<br>聞大宋有老宿伝仏心印。 | （出家得度から入宋留学まで）<br>建暦二年春宵。遁出洛城。投台山法師良顕公。顕即師之舅氏也。愕然詢其故。師曰。「我母遺命。欲我出家。夫父母生身之本。恩莫大焉。養不足以報。故吾仏以徳報之。白刃可蹈也。飲食可去也。遺命不可違也。」顕聞其語。為之下涙許焉。遂就横川首楞厳院剃落。礼座主公円為力生。時年十有四矣。<br>尋登壇受具足。究大小乗。悉造其極。台宗之徒。無出其右。十八歳。両閲大蔵。究顕密奥旨。有疑未決。聞三井有公胤僧正者。乃顕密明匠。直往叩焉。胤曰。「此旨幽深。雖有成説。恐未尽善。聞大宋有伝仏心印者。乃能釈子之疑矣。」因抵建仁。参明庵西公。公一見直以大器期之。 |
| 乃特附船舶。航海入宋。抵明州。当寧宗嘉定十六年也。 | 貞応二年。随商舶入宋。抵明州。当寧宗嘉定十六年也。 |
| （入宋後、如浄に値遇するまで）<br>首登天童。見無際派和尚。既而遊双径。礼浙翁琰。又謁宗月・月堂・無象諸大老。莫不機契。 | （入宋後、如浄に値遇するまで）<br>遂登天童。見無際派和尚。既而遊双径。礼浙翁琰。又謁宗月・月堂・無象諸老。莫不機契。先是。師在天童。衆以其外域之僧。且年少。不依戒次。列 |

| | | |
|---|---|---|
| | （如浄への入門）<br>将理帰楫。有耆徳。勉之曰。「当今宗門具大眼目者。莫如長翁浄和尚。現応詔住天童。子盍往見之。」師如教。即造天童。一見懽若平昔。<br>師乃啓曰。「道元自幼在本国。発菩提心。参諸知識。繙閲経論。徒滞名相。不明大法。後入大宋。見諸尊宿。獲聞臨済之宗。今得造法席。誠多生之幸。願和尚慈悲。聴道元不時入室。咨問法要。蓋生死事大。時不待人也。」<br>浄憐其誠。忻然許之。 | （天童成道）<br>師於是昼夜精勤。脇不沾席者。将及両載。一夜。浄巡堂次。見僧打睡。責之曰。「参禅要身心脱落。何得只管打睡。」師 |
| 新戒之位。師上表于朝廷。力争之。朝議以国有大小。不可不別。師上表者三。謂。「娑婆世界。皆釈迦如来化土。一切衆生。皆是仏子。梵網経云。『先受戒者在先坐。後受戒者在後坐。』曾何以国之大小而別之乎。」朝廷乃降旨曰。「和僧所申有理。須依臘次。」自爾。名聞朝野。 | （如浄への入門）<br>久之。将理帰楫。有老璡者。謂曰。「子既徧参知識。当今称具大眼目者。莫如天童浄。亟見之。不可後。」時浄方応詔主席。師一見若平生。懽或疑之。浄曰。「吾昨夜夢悟本大師至。此僧非本之復肉歟。」<br>師因白曰。「道元自幼在本国。発菩提心。参訪諸師。繙経蔵。識因果。然未明大法。徒滞名相。後入明庵禅師之室。始聞臨済之宗。今随禅師。航海万里。歴尽波濤。得至法席。誠多生之大幸也。願和尚大慈大悲。聴道元不時入室。咨問法要。蓋生死事大。無常迅速。時不待人也。」浄見其誠懇。忻然許之。 | （天童成道）<br>師於是脇不沾席者。将及両歳。一夜。浄巡堂次。見僧打睡。責之曰。「参禅者要在身心脱落。只管打睡作什麼。」師従傍 |

従旁聞之。当下身心脱落。廓然契悟。天明入方丈焼香。浄曰。「子作麼生。」師曰。「身心脱落。」浄曰。「身心脱落。脱落身心。」師曰。「這個是暫時岐路。和尚莫乱印某甲。」浄曰。「我不乱印」師曰。「如何是不乱印底。」浄曰。「脱落身心」。師於言下。釈然得大無礙。

由是服勤四載。尽得洞上之道。

於是告帰。浄付以伽梨頂相。嘱其弘揚。

（帰国、興聖寺での初転法輪）

師既帰。首住興聖宝林禅寺。徳風遠播。万指囲繞。

聞之。豁然大悟。天明入方丈焼香。浄曰。「焼香作麼生。」師曰。「身心脱落来。」浄曰。「身心脱落。脱落身心。」師曰。「者个是暫時伎倆。和尚莫乱印某甲。」浄曰。「我不乱印伱。」師曰。「如何是不乱印底。」浄曰。「脱落身心」。

時福州広平侍者曰。「外国人得恁麼地。非細事也。」師珍重而出。

由是服謹四載。尽得其底蘊。一日問曰。「和尚為甚著黒衣。一如常僧。」浄曰。「諸方無鼻孔長老。不捨名利。与乎杜撰禿子。通著斑衣。我為异彼故不著也。汝他日帰国弘道。須著斑衣。不必效我。」偶有江西之行。暮抵荒村。値一虎馳至。師手中杖子。忽変為龍。虎即怖走。黎明。有童子。告曰。「師当帰国唱道。毋滞於此。」師曰。「卿何人耶。」曰。「我韋将軍也」。言畳不見。

於是与浄告帰。浄以伽梨并自頂相付之。嘱。「深隠遁勿近王臣。」及帰。海上値颶風。大舟欲没。舟人失措。師黙坐移時。俄見観音現海濤上。光明赫奕。良久乃隠。及登岸。

（帰国、興聖寺での初転法輪）

寓建仁寺。偏尋幽邃之地。不可得。暫居於洛南深草里。無何。徳風遠籔。四衆雲臻。便成叢社。号興聖宝林禅寺。天福癸巳春。尼大師正覚。為建法堂。

| | | | | |
|---|---|---|---|---|
| 其禅林軌則。一取法於天童。 | 上堂。山僧歴尽叢林。只是等閒。最後見天童先師。当下認得眼横耳直。不被人瞞。便乃空手還郷。総無一毫仏法。只是任運過時。日日日東出。夜夜月沈西。畢竟如何。良久云。三年逢一閏。鶏向五更啼。（上堂法語一） | 上堂。身心脱落。声色俱非。箇中無悟。何處著迷。座中誰是江南客。聴取鷓鴣声外詞。（上堂法語二） | 上堂。興聖久不為衆説話。仏殿僧堂。渓声樹影。総為人説了也。諸人聞得也未。若道聞得。説個甚麼。若道不聞。辜負自己。（上堂法語三） | 雲州太守義重公。剏永平道場。請師居之。当開堂日。有山神出現。因号其山。曰吉祥。（永平寺開創） |
| 嘉貞二年。請為衆演法。座下嘗盈万指。其禅規典則。一皆取法於天童。 | 上堂。山僧歴尽叢林不多。只是等閒。最後見天童先師。当下認得眼横耳直。不被人瞞。便乃空手還郷。総無一毫仏法。只是任運且延時。朝朝日東出。夜夜月沈西。雲収山骨露。雨過四山低。必竟如何。良久云。三年逢一閏。鶏向五更啼。（上堂法語一） | 上堂。身心脱落。声色俱非。箇中無悟。何處著迷。座中誰是江南客。聴取鷓鴣声外詞。（上堂法語二） | 上堂。興聖久不為衆説話。仏殿僧堂。渓声樹影。総為人説了也。諸人聞得也未。若道聞得。説箇甚麼。若道不聞。辜負自己。（上堂法語三） | 雲州太守義重公。慕其徳。延住越之吉田。師見其山川幽邃。有終焉之志。寛元二年秋七月。剏永平禅寺。当師入寺開堂日。有山神出現。因号其山。曰吉祥。（永平寺開創） |

| | |
|---|---|
| 副元帥時頼平公従師受菩薩大戒。執弟子礼。甚恭。緇素弟子得戒者。徧於東国。<br>後嵯峨帝。賜以甚服徽号。<br>師奉之高閣。<br>未嘗掛体。 | 宝治元年。副元帥時頼平公聘師至相陽。受菩薩大戒。執弟子礼。甚恭。由是黒白男女求戒者。不下数万指。元帥大喜。将立禅刹。捨庄田。留師開法。師弗応。<br>後嵯峨帝。聞其道望。賜以甚服徽号。師堅辞不允。乃奉之高閣。終其身<br>未嘗掛体。 |
| （示寂）<br>一日示微疾。<br>示衆書偈。<br>荼維獲舍利無算。<br>塔于永平。<br>閲世五十四年。坐四十一夏。 | （示寂）<br>一日示微疾。王公等強師入京都。京中道俗。喜自天降。各持香花。作礼問道者絡繹不絶。上皇勅国医診視。師談笑如常。<br>一夜沐浴畢。索筆書頌曰。「五十四年。照第一天。打箇𨁝跳。触破大千。咦。渾身無覓。活陥黄泉。」擲筆怡然而化。実建長五年八月二十八日也。<br>四衆悲恋如失考妣。乃舁帰興聖。停龕三日。顔貌紅潤如生。异香満室。一衆嘆异。<br>闍維得設利羅無算。門弟子収霊骨。<br>塔于永平。師生于正治二年某月某日至遷化。閲世五十四年。坐四十一夏。 |
| （著述概観）<br>所著有正法眼蔵・叢林清規・学道用心集并語録共若干巻。<br>流行于世 | （著述概観）<br>嘗著正法眼蔵・叢林清規・学道用心集并語録凡若干巻。流行于世。 |

| | |
|---|---|
| 景定間。無外遠和尚嘗為師序其語録。又霊隠退耕寧・浄慈虚堂愚二老倶為題跋。 | 景定間。無外遠和尚嘗為師序其語録。又霊隠退耕寧・浄慈虚堂愚二老倶為題跋。其為人所重如此。 |
| 嗣法弟子僅慧奘・僧海・詮慧凡三人。（門人） | 師平生慎許可。故嗣法弟子僅慧奘・僧海・詮恵等三人而已。剃度弟子餘三百人。其帰依受戒法者。指不勝屈。（門人） |
| 師在日国。為洞宗始祖。今三十六州界内禅刹凡称洞下雲仍者。莫不事其香火。礼其霊塔。猗歟盛哉。（結語） | 師在日国。為洞宗之始祖。今天下六十六州所有禅刹凡称洞下雲仍者。莫不事其香火。礼其霊塔。謂非曹山再生。豈易臻此哉。（結語） |
| | 予嘗為之作伝行世頗久。茲蔭涼寺鉄心老宿。年将九十。望尊一時。毎慮其祖未有碑銘。以状来徴予銘。予固不敏。但不欲違老宿之意。為之銘。（撰文の縁由） |
| | 洞上之道。玄之又玄。金鍼玉線。密密緜緜。千眼莫覰。空口難詮。至於浄老。弘啓法筵。新豊曲調。響徧三千。元師没興。渡海而前。一聞斯調。当下瞑眩。瞑後而醒。双眼明円。踰于日月。麗乎中天。光輝不墜。億万斯年。我作銘詩。翠琰是鐫。唯冀来者。幸詳鑒焉。（碑銘） |

なお、高泉「道行碑」に引かれた道元法語は、中国とのかかわり深き天童山での大悟に関するものと、帰国直後の宇治興聖寺での上堂法語三則とのみである。これは高泉が鉄心から提示された参考文献中に、主著たる『正法眼蔵』からの法語抜書が含まれていなかったためであろう。いったい『正法眼蔵』は、曹洞宗門の人ですら、江戸中期に至るまではなかなか自在に閲覧できなかったとは、しばしば耳にするところであるが、『正法眼蔵』からの引用を全く欠いた「道行碑」は、いかにもこの見解を傍証するに足るのではなかろうか(206)。

## 第四節　いわゆる居士仏教との交流

### 「居士仏教」の定義

福建時代の高泉詩文に登場する人々の中で一部の在家信徒は、いわゆる居士仏教史の観点からもすこぶる注目すべき存在である。中国では既に散逸した多量の文献(主に隋唐浄土教関連)をわが南条文雄博士を介して再度請来した楊文会居士(法名:仁山、一八三七〜一九一一)、抗日戦争・文化大革命の風雪を耐え抜いて最晩年まで旺盛な活動を繰り広げた趙樸初居士の名や事蹟は、我が国でもつとに知られている。

また、台湾にあっては、李炳南居士(一八九〇〜一九八六)の存在を見落とせまい。李居士は、戦後国民政府とともに渡来した孔子直系子孫・孔徳成先生のもと、「至聖先師奉祀官府秘書長」として孔子への公的祭祀に従事しつつ、平素は台中市仏教蓮社にあって浄土教を宣揚し、多数の経論、浄土教文献を刊行していた。いわば明末以来の士大夫層に見る儒仏一致思想を継承した最後の一人であろう。

中国近世の仏教は、右記三居士に代表されるような、その信仰と研究熱心とにおいて、僧侶に比して遜色なき彼ら一群の居士たちによって護持されてきたと言っても過言であるまい。著作・弘教、志ある僧侶と連携しての儒教・道教との融和（道教に対しては、ときに激しく抵抗したこともあったが）――こうした各方面にわたる居士たちの活動を称して「居士仏教」とする[207]。

## 居士仏教に関する先行研究

我が国における居士仏教における有数の研究者としては、牧田諦亮博士に屈指すべきであろう。牧田博士は清代後期における代表的な居士・彭紹升（法名：際清、一七四〇～一七九六）の生涯を研究され[208]、僧侶中に見るべき存在の少なきこの時代にあって、かえって彭紹升のような在家信徒中に、進士及第の栄誉を投げ捨てても只管仏道に邁進する篤信者があったということを我が国の学界へ知らしめられた。ついで、荒木見悟博士は一般読書界をも視野に入れた『雲棲袾宏の研究』[209]を公刊され、彭紹升の仏教思想が、明末・雲棲袾宏および袾宏を取り巻いた一群の居士たちに淵源するものであって、居士仏教が彭紹升一代の独創ではないことを究明された。

荒木博士が右記の著述をはじめ、明末における仏教と儒教（特に陽明学）との交渉を詳細に研究・公表された結果、居士仏教が明末に興起し、清代後期に至って大成され、現代に継承されるまでの過程が明瞭にされた。ただし士大夫階級に属する居士が、禅僧と深い道縁を結んで詩偈のやりとりをしたという事例自体は、すでに北宋の蘇軾・黄庭堅・張商英に認めることができる。

これらの人々が江西や杭州といった仏教、殊に禅宗が盛んだった地において具体的にどのような活動を展開したかについては、阿部肇一博士が昭和三十八年（一九六三）初版発行の『中国禅宗史の研究――南宗禅成立以後の政治社会史的考察――』[210]の中で、数章を割いて詳説しておられる。これに拠って、宋代の居士仏教は、明末のそれに見るような居士側の主体性（例：居士が中心となって燈録を編む。書物によっては『居士分燈録』のようにもっぱら居士のみの機縁語を集めた例も）や組織性（大規模の結社参禅・念仏）、そして組織の永続性（寺院並みの体系的規約のもと、法人としての財産目録を定め、かつ経験豊かな複数の委員を置く）にはなお欠けているものの、現代の大陸・台湾における居士の日常行持要目や心態は、宋代においてすでに形成されていたことを把握できる。

我が国における中国居士仏教研究は、その始祖ともいうべき牧田・荒木両博士の先行研究が明清に限定した、それも特定の居士のみ（例：前出の彭紹升のほか、明代では李卓吾・袁中郎ら）を中心としていたために、時代的にも、かつ、空間的にも、いささか広がりに欠ける憾みなしとしなかった。

けれども近年に至って、阿部博士前掲書（宋代）のほか、長谷部幽蹊博士『明清仏教教団史研究』がいわば断代史的観点から、特定時代の居士仏教を概観している。すなわち、長谷部博士は同書第十章「明代における燈録の編述印行」で一節を割いて「居士の学仏と燈録の編述」（同章第四節題目）を中心に、明末清初の居士らが、従来僧侶の専業だったというべき燈録の編纂にまで手を染めた状況を詳説されている(211)。それら燈録の中には、明末・朱時恩の『居士分燈録』（全二巻、崇禎五年［一六三二］刊）のように、居士のみの伝記を収録する文献も見られる。

明末の居士仏教は、質量ともに歴代居士仏教の精華ともいうべき存在であるが、その政治との現実的なかかわりが、清代後期のそれ（とりわけ隠遁者的気味すらあった彭紹升の事蹟や、学術的傾向に終始した魏源の信仰活動）に比して一層深厚である。したがって、これを概観するには、関連諸学についての幅広い知見が必然的に要請される。

我が国ではつとに荒木博士が、陽明学をはじめ明代思想史全般に関する幅広い知見を駆使され、十指に余る労作を公表されている。目を中国語圏に転ずるに、かかる営為を最初に試みた労作としては、台湾・聖厳法師（立正大学文学博士）の『明末仏教研究』が挙げられよう（書誌は註(101)に既述）。主要な居士たちの事蹟（歴史上の動乱による苦難・惨死も含む）・師系・著述については、本書によっていちおうの概観をなすことができる(212)。

## 『中国居士仏教史』の美点と微瑕

さて、二〇〇〇年に至って、潘桂明教授『中国居士仏教史』上下二冊が、北京の社会科学出版社から刊行された。本書は従来の先行業績を集大成した金字塔的労作である。仏教の中国伝来から民国期までの主要な居士の事蹟を縦糸に、そして、各時代の仏教の動向および主要な僧侶の思想を横糸にして綾なされている。中国の居士仏教史を概観せんと望む読者には、惜しむべき微瑕もいくつか認められるものの(213)、概してその書名に背かぬ視座を提供してくれる。

ここでは明清時代関連の章の微瑕のみを言おう。本書は主に彭紹升『居士伝』に拠っているが、乾隆三十五年（一七七〇）から五年を費やして成った同書は、その成立から百年以上も前に滅びた明代の居士たちの伝記としては、畢竟二級資料たらざるを得まい（これはまた、聖厳法師の前掲書についても言い得る微瑕である）。

とりわけ、明末曹洞宗に参じた代表的な居士・黄端伯（？～一六四五、南明福王政権の指導者）の清軍に捕らえられてから壮烈な最期を遂げるまでの経緯については、註（114）でも既に触れたように、雪峰如幻『痩松集』の叙述――ヨリ厳密には、如幻が永覚元賢『寱言』から引用した、現行本になき逸文――のほうが、史実かどうかはさて措き、同時代人の記録らしくリアリティーに富んでいる(214)。

また、隠元・木庵そして高泉に関しては、黄端伯関連の法語・詩偈の伝存を認めないが、独り即非は小序を添えた五言律詩「輓㆓黄侍御海岸居士㆒」(215)を遺しており、その小序に拠れば、黄端伯辞世の偈頌の字句も、処刑に際しての状況も、ともに右記『痩松集』（所引の『寱語』逸文）と完全に一致している。また、『痩松集』に比すれば叙述が簡略だが、参学の経路も曹洞宗（無明慧経）から臨済宗（密雲円悟）へという点で一致している(216)。

## 高泉詩文の史料的価値

さて、明末福建の仏教は、本章で取り上げたように、隠元の率いる福清黄檗山、および永覚・為霖師弟を住持に戴く鼓山が双璧であり、これら寺院を外護した居士で史書に名を留めている人々も少なくない。にもかかわらず、潘教授・聖厳法師の労作がともに取り上げていないのは、福建仏教の現代中国仏教における地位の大きさに鑑みても、速やかに補われるべき不備と見られよう。

隠元ら黄檗三祖が葉進晟・張瑞図・劉魯庵・陳従教・陳民懐・林月樵といった当時知名の居士（その多くは黄檗山の外護者でもあった）へ寄せた法語や偈頌は、今後しかるべき学識者が福建居士仏教史を編むに際しては、第一級の資料となることであろう。高泉の関連詩偈もまた、同様の価値を有する。ただし福建時代の高泉は、当時なお青年期にあり、まだ一寺の住職として世に出てはいなかった。したがって、彼ら一群の信徒らは、親交の対象であり、高泉を外護する主体でこそあっても、高泉からすれば教化の相手ではなかった。それゆえ、現存著述に見る限り、高泉が彼らに授与した法語や、教訓性濃厚な詩偈はまったく見当たらない。

すなわち、伝存する関連作品は、もっぱら彼らとの道縁を楽しみ、渡日に際しての見送りを謝し、渡日後には楽しかった彼らとの交流をなつかしむという内容のものばかりである。したがって、それら作品は、もとより明末居士仏教史料の好補遺ではあるものの、思想史面（とりわけ清初福建の禅宗史）に関しては、新たに提供してくれる情報は決して多くはない。しかしながら、清初福建の文芸史および福清黄檗山史に関しては、大いに関連分野の研究者を瞠目せしめるに足ろう。

## 周鶴芝訪問

渡日後と同様、福建においても高泉は、師翁・隠元ゆかりの在家信徒らと、さながら隠元から引き継ぐような形で交流した。それゆえ、高泉が隠元ゆかりの福建の居士たちと交わした詩偈や年譜『紀年録』の数個所の叙述は、彼らが隠元と離別してからの動静を知る上で貴重な資料をなしている。例えば、『紀年録』順治十三年（一六五六）の条では、二十四歳の高泉が常熙興餤（一五八二～一六六〇、隠元門人）に連れられて「海南」に赴き、同地で「平夷侯周公」に会見したとする(217)。

この人物は、小野和子教授の論攷「銭粛楽の黄檗山墓葬について」(218)に拠れば、具名を周鶴芝といい、隠元・高泉とは同郷（福建福清県）の出身。明滅亡とともに南明唐王政権（福州）の水軍都督となり、かつて密貿易で赴いた日本を再訪、幕府の援兵を乞うたものの実現を見なかった。ちなみに『紀年録』にいう「平夷侯」との肩書は、同じく福州で成立した魯王政権から賜ったもので、主要な南明史資料は「平夷伯」とするものの、高泉自身が撰述した「鎮海常熙禅師餤公行業記」(219)や、全祖望の「葬録題詞」・「忠介銭公［銭粛楽］神道碑銘」(220)もまた「侯」に作っており、したがって右記『紀年録』の表記は、単なる訛伝・誤記とばかりも言い切れない。

小野教授の研究は、主として黄宗羲『日本乞師記』ほか、抗清運動関係者の著書に拠りつつなされたが、代表的な周鶴芝伝たる右記『乞師記』では、根拠地だった舟山列島が順治八年（一六五一）、清軍の手に陥ってのちの消息を記していない(221)。同教授はしかし、新出資料というべき葉進晟『葬録』を紹介されつつ、同書所収の祭文・碑銘（いずれも銭粛楽のために撰述されたもの）から、この年以降の周鶴芝に関する事蹟をいくつか摘出されている。高泉『紀年録』の記事は、周鶴芝の伝記資料としては、右記『葬録』よりもさらに後期に位置していよう。

『葬録』が扱っているのは、順治十一年（一六五四）二月における銭粛楽（魯王政権の宰相、一六〇六～一六四八）

の正式埋葬、並びにそれに際して周鶴芝らかつての戦友たちが奔走した状況である。周鶴芝は、まさに渡日せんとする（この年六月出帆）隠元らとともに、かつての戦友の埋葬を済ませ、以後は恐らく明朝回復に望みを絶ったまま、同十三年（一六五六）、福清黄檗山から常熙（七十五歳）・高泉（二十四歳）という、さながら祖父と孫のような二人の僧の訪問に接したことであろう。右記の「鎮海常熙禅師飮公行業記」は、常熙示寂の直後に高泉が撰述した伝記であるが、これに拠れば、周鶴芝は常熙に平素篤く帰依していたという(222)。

今後の課題は、高泉らの訪問当時、周鶴芝が住まっていたとされる「海南」(223)が現在の行政区域のどこに当たるかを比定することである。高泉が常熙の示寂直後に撰述した「行業記」（前出）に拠れば、高泉を周鶴芝に引き合わせた常熙は、福州府鎮東衛の出身である。『中国歴史地図集』七〇頁（明・福建）を見るに、福清黄檗山から東方の海岸に、この町は位置している。常熙三十六歳の天啓七年（一六二七）、寿昌派曹洞宗の無異元来（一五七五～一六三〇、永覚の法兄、為霖の法伯）が鼓山に晋山、翌春まで半年にわたり化を敷いたので、二十七歳で出家後ずっと出身地の鎮山寺にあった彼も、少し北上して鼓山（福州北郊）に赴き、無異から受戒している（同時期に、高泉の叔父・無住も無異から受戒）。同じく「行業記」に拠れば、受戒後の常熙がしばらく隠棲していたのが、すなわち「海南眠牛山」であった。再度『中国歴史地図集』に徴すれば、鎮東衛の東方沖合に浮かぶ海壇島の傍らには、その名も「牛山島」のあることが知られる。その形状が牛の臥した形に似ているのであれば、近隣住民の間では、「眠牛山」との別名も生まれるのではなかろうか(224)。

## 葉家との道縁

さて、右記の『葬録』を編んだ葉進晟は、親子四代にわたる福清黄檗山の外護者である。その曾祖父・葉向高（一五五九〜一六一八）は、隠元・高泉と同じく福建福清県の生まれである。字は進卿、号は台山、謚を文忠という。万暦年間の宰相として中央で活躍、同四十二年（一六一四）には、郷里の福清黄檗山へ浩瀚な大蔵経が下賜されるよう仲介の労を執っている。以後、子の成学、孫の益藩（字：君錫）、そして曾孫の進晟と、四代にわたって、葉家は物心両面で福清黄檗山を外護した。同山が寺号を多年用いてきた「建徳禅寺」から現行の「萬福（禅）寺」に改めたのも、右記の天佑的な大蔵経下賜を機縁としてのことであった(225)。

葉家四代の当主たちの中でも、とりわけ、高泉とかかわりが深かったのは、明清交替期を生きた進晟（生歿年未詳）であろう。その字は子器、号は霞丞および枝南といい、明滅亡以前は父祖の恩蔭で尚宝司丞の官を授与された。南明・唐王の隆武元年、すなわち順治二年（一六四五）に至って、福州の唐王政権から礼部右侍郎を授与された。そして、主に翰林院（とはいっても、福州行宮内のささやかなものではあろうが）にあって、前年北京で壮烈な最期を遂げた崇禎帝の実録や明史の編纂を開始したが、やがて老母の求めにより退職、以後は清に仕えず隠居の身となった。進晟が在職中に撰述した史稿は、仕事仲間から高く評価されたという。

青年期の進晟は、曾祖父・向高の恩蔭で、祖父・父・実弟（進昱、字は子暄）と同様、「尚宝司丞」（内廷の印璽を扱い、同僚には宦官・女官も含まれる）という、明代新設の、恐らくは閑職を授けられていたに過ぎなかった。しかし、中央政権崩壊という未曾有の政変に際して、短期間ではあったものの、却って一挙に文学的才能を開花させたのであろう(226)。

降って順治九年（一六五二）、すでに隠居していた彼は、その邸に二十歳の高泉を招き、「箕仙を請」じている(227)。第一章第五節第二項（二）でも触れたように、これはいわゆる霊媒術と見られる。祭壇を設け、霊媒師としての力量ありと見なされている道士が、死者や仏菩薩および仙人の声を伝えるとされている。一般に知られ、かつ現在最もよく行われる方法としては、箱の中に撒いた砂の上へ、トランス状態に陥った道士が錐（乩筆）で記したあとを、別の者が読み取って詩偈となすというものである。砂を五十音表に改めれば、我が国の「こっくりさん」にいささか似た様子を呈しよう(228)。

葉進晟邸で行われたそれがいかなる形式のものであったのか、文中には明記されていない。しかしながら、高泉が『山堂清話』「降レ仙一」に記すところに拠れば、同じく福州三山に住まっていた高泉の知人(229)・鄭道士は、「符咒を以て桃木を取り乩を作し以て仙を降」したという(230)。左にその様子を掲げよう。

三山鄭道人。能以二符咒一取二桃木一。作レ乩以降レ仙。判二人吉凶一皆験。一屠レ牛者。詣レ仙乞二判事一。仙勧二其改一レ業。屠者曰。「業已熟矣。為二之奈何一。今日現有二牛須一レ殺者。」仙云。「若不レ能レ改。我有二方便一。」遂写二一符一。嘱レ之云。「其一你自戴二于髻一。其一粘二牛角上一。俟二明日一殺レ之可也。」屠者承レ命而去。其夜遂夢為レ牛扶二犂於田一。日熱身疲。犂不レ能レ進。遭二人鞭撻一。楚痛難レ堪。自視其身則牛。而心猶歴歴然人也。正含レ恨處。有二宰夫一至。将レ殺レ之。其時冤苦万状。双涙如レ雨。不レ知二何以至一レ是。擬二欲求一レ救。而口不レ能レ言。即見二宰夫一。荷二巨椎一。劈頭一撃。大叫而醒。魂飛胆戦。始大悔悟。

黎明疾走至二仙館一。仙見二其来一。作レ字問云。「今日胡不レ殺レ牛。」屠者曰。「従レ今以往。誓不レ殺レ牛。苟無二生計一。寧丐食矣。」由レ是見者悉皆断レ殺。

嗟凡夫之人。但知レ有レ自。不レ知レ有レ他。及其身親試レ之。始知二自他一体一。善哉。乩仙能仮二此方便一。導レ物指レ迷。其真仙矣。自言陳姓。名博。号二無煙一。宋時人。有二詩文數巻一。皆警レ世語。

この場合、降仙に用いられた法が常用される鉄錐ではなく、筆状の木であったことが知られよう。その筆状物の材質はともかくとして、恐らくは葉邸での降仙も似たような方法に拠ったことであろう。引用原文からも知られるように、それまで多年屠畜をなりわいとしていた人物が、鄭道士が呼び招いた仙人・陳無煙から諭された結果、殺生の重罪性を認識し、悔い改めるという内容である。明代仏教の特色ともいうべき戒殺思想を強調するのに、道教色極めて濃厚な降仙を引き合いに出している点に、高泉の道教に対する親和性の高さが看取されよう。

さて、葉家での降仙の結果、二人の仙人が、来訪した高泉の面前で招霊された。その仙人とは、何九真と陳無煙とである。両者ともに、隠元ともゆかりのあった人物である。まず、何九真は隠元へ「紫雲洞寄二隠和尚一」を寄せており、これは「仙詩」の項題のもと、黄檗宗ゆかりの仙人・陳摶の「和小渓十咏」・「別句」と並んで、『黄檗山志』に収録されている[231]。

また、陳無煙に関しては、その詩二首へ隠元が次韻した偈頌が伝えられている。七言絶句「次二無煙陳仙翁獅子菴韻一」と、七言律詩「次二無煙陳仙翁韻一」とがそれである[232]。これら詩偈を読む限りでは、何九真・陳無煙とも、一見隠元と同時代の実在人物と見えるのである。その実、高泉の「降仙一」（前掲）に拠れば、陳無煙は名が博、「無煙」はその号で、宋代の人、「詩文数巻有り、皆な世を警するの語」ばかりだという[233]。

ちなみに、隠元「次二無煙陳仙翁韻一」では、その首聯・頷聯に「浪談夢話幾経レ秋。九転二還丹一付二水流一。自レ古真伝誰不レ老。邇来見性孰為レ悠」（〈還丹〉とは水銀を原料とする薬品で不老長寿を得るとされた）と詠じられていて、隠元がいかにも陳無煙と親しかったかの如く詠じられている（これらの句意は、仙道であれ参禅であれ、なかなかその道の奥義に達することは難しい——というものである）。

しかしながら、陳無煙が遠く宋代の古人である以上、作者・隠元もまた、しかるべき道士を請じて降仙を試みたと見るほかはない。そして、何九真については、その活躍年代こそ未詳だが、恐らくは降仙によって「招霊」された上、隠元の「小渓十咏」に「唱和」したものと見られよう。

さて、道士の招霊は必ずしも、彼らをのみ特定してなされたものではなかったようで、『紀年録』当該条の叙述では、「会《たまたま》、紫雲の何九真降る」としている。何九真は霊媒を介して七言絶句一首と「我［何九真］与レ兄為二紫雲旧友一。生成道骨。怕墜二塵寰一。」なる挨拶の言葉とを寄せている。これに対し高泉は次韻、「多謝故人情義重。令三予特地憶二生前一。」と答えた。〈紫雲〉とは、何九真が住まった洞窟を指していようが、場所は今後の調査に俟ちたい。ついで現れたのが、陳無煙の霊である。示された偈頌には「図中一影君知否。向後移レ花待レ雪開。」とあって、参会者一同、その意味を解しかねたので、高泉に解釈を請うたところ、彼は「此れ仙人の懸讖にして、時至つて方に知らん」との見解を示した。これだけ見ると、高泉は確答を避けていると言えなくもないが、さきに何九真に対しては、即座に次韻して返していたから、その場の雰囲気は恐らく彼に対する敬仰の視線に満ちていたことであろう。

この出来事より以前か以後か判然としないが、当主の進晟のみならず、彼の近親者の葉氏もまた、高泉の才能を愛し、物心両面での支援を惜しまなかった。葉氏は名を王門、法名を明毓といい、進晟の曾祖父・葉向高の孫娘である。したがって、進晟からすれば同族の伯（叔）母に当たろう。「明毓」の法名は、密雲円悟（一五六六～一六四二）から授与されたものであるが（後出・高泉の詩偈小序）、密雲の法孫・隠元が黄檗山に住持してからは隠元に師事した。『隠元全集』中には、法語「元宵信女明毓請二上堂一」並びに七言律詩「寿二葉太夫人六十初度一」の伝存を見る[234]。高泉は後年、五言律詩「追二悼義母葉老夫人一」[235]を製作、葉氏から受けた恩義をなつかしんでいる。

問題の五言律詩には、小序が附せられているが、これに拠れば、葉氏は「書を読み詩を能くす。子女三人を生み、皆な詩名有り。篤く仏法を信じ、恵施を好む」という、当時の女性としては瞠目すべき知識人であり仏教信徒であった。高泉の回顧に拠れば、葉氏の彼に対する慈愛は「己が子に踰え」ており、「時々に服食を供し、往々に寒暄を恤《あは》れ」んでくれ、「今（も）思ひ及ぼす毎《ごと》に、猶ほ未だ母子の恩を忘るること能は」ないという。高泉は葉氏からの嘱を奉じ、朝晩『金剛般若経』を転読すること千巻に及んだ。来日後の高泉は、かつて同時に死去した父母の追善のため、一度ならず自らの血を墨に混ぜて仏典を書写しているが(236)、その際、多く同経が選ばれている背景として、同経がこの慈母のような葉氏にゆかりある仏典でもあったことが挙げられよう。

葉家は福清黄檗山興隆をもたらした、寺にとっては恩人ともいうべき一族であるが、歴代の当主すべてが必ずしも篤信の仏教徒であったわけではない。前出・葉氏が密雲に帰依したのは、密雲のごく短かった黄檗山住持期間中（崇禎三年［一六三〇］三月～八月、密雲六十五歳）のことと見られるが(237)、住職を離任して浙江へ帰る途上、福州の葉進晟邸に入った密雲は、進晟・進昱兄弟から亡父・益藩のために「対霊小参」を乞われた。「対霊小参」とは、禅宗葬礼の一形式で、遺族の求めで亡者のために法を説くことを指す。密雲の説法の相手たる故・益藩もまた葉向高の孫であり、したがって前出の葉氏にとっては兄弟もしくは従兄弟にあたる筈である。しかしながら、葉氏が篤信の仏教信徒であったのに対し、益藩は仏教とはおよそ縁遠かった。

説法の済んだ夜、夫人・陳氏（進晟の実母）の夢枕に立った彼は、密雲の説く「生死一如・去来不二」の教え、すなわち般若空観の理に心服、「我向《さ》きに儒書を読むも、未だ仏法を諳んぜず。近ごろ大師［密雲］の点醒を蒙つて甚だ安楽なることを得たり」と語り、「白金百両」を謝礼として包むよう夫人に指示したとされる。高泉は福建時代に恐らくは進晟や葉氏から感嘆交じりにこの話を聴かされ、自らも強く信じたとおぼしく、これを取り上げる『山堂清話』当該項目(238)では、「其の法語（は）具さに『全録』第四巻第十六葉に載せたり」と、丁数まで明記して読者の同感を促している(239)。

高泉が渡日まで親炙した当主・進晟もまた、仏教を基調として修養に勤しんだことが伝えられている。具体的な修行方法は未詳であるが、『山堂清話』に拠れば、進晟は「聞レ謗不レ怒」を目標に掲げ、修養すること二、三十年に及んだという。高泉は出家者でさえ「謗声を聞きて猶ほ怒りを免れず。況や世俗をや。況や世俗の大貴人をや。二、三十年にして得《う》とは、洵に虚しからず」と、その透徹した修養ぶりを礼讃している。葉家の仏教信仰は、民間信仰から依然不可分であり、進晟の曾祖父・向高は風水説を篤信、他家の墳墓が持っていた好環境を「破壊」し、これによって己が一門の興隆を「企図」したと伝えられている[240]。進晟自身もまた、右に見たように自宅に道士を請じ、仙人の霊を「招いて」いる。けれども、葉家ばかりが民間信仰から離れられなかったわけではない。

例えば林家・陳家の当主もまた、葉家と並ぶ黄檗山の外護者であったが、康熙四年（一六六五）、隠元寿陵のあるべき位置に関して、紛議を生じている。その原因たるや、林家当主・月樵が風水上の観点から新たに定めた位置（囲棋籠）に対し、陳家当主・民懐（字は允寧）[241]が隠元住山当時に定められた位置（旧厝）を堅持して譲らず、これがために、両者二十年来の友情も絶たれてしまった。その経緯は、前年冬に福清黄檗山に晋山した虚白性願が、慨嘆まじりに日本の隠元（虚白の師）へ報じている[242]。

### 居士たちの高泉への期待

高泉の才学を愛したのは、葉家の人々ばかりではない。『紀年録』順治十一年（一六五四）の条に拠れば、福州の「大総戎李公」と「黄文学」との二人は、高泉（当時二十二歳）の黄檗山内の庵室が狭隘なのを憐れみ、鳳山の名刹[243]に住職として晋山できるよう奔走、そのために、鳳山の住職に高泉を新命住職として招聘する旨の「疏」を撰述するよう強要した。鳳山の住職は、「官勢の已むを得ざるを以て曲げて従ひ、意、楽しまざるに似」ていたので、これを知った高泉は晋山を辞退、その謙虚な姿に、右記二人の有力者はいよいよ敬重を加えたという[244]。「大総戎李公」・「黄文学」[245]が清朝・鄭成功政権いずれの側の大官であったのか、今後の調査に俟ちたいが、前者が武官、後者が文官であることは、それぞれの官名から歴然としており、この当時の福州における文武双方の有力者であったことは疑いを容れまい。

同じ年の春のある日、福州城内の他の「文学」の官にある人々も、高泉を招いて即興の詩を製作せしめ、高泉もよくこれに応えている。以後しばしば招かれたが応じなかったのは、恐らく自己が禅僧としての道誉によらず、末技たる詩文の才で名を知られることの危うさを、早くも察知していたからであろう。

また、高泉自身も、単に居士たちからの期待を受けるのみならず、志を胸に秘めて福清黄檗山に来遊する青年信徒に、未来の黄檗山の外護者たるべく、期待を寄せてもいたようである。恐らくは福州の葉進晟邸で、彼の青年期すでに世を去って久しかった葉向高の銅像を仰ぎ見た高泉は、葉向高を唐・裴休（七九七～八七〇、黄檗希運および圭峰宗密を外護）の再来であって、「両肩に儒仏全く担荷す。豈に尋常一个の臣に比せんや」と讃えた[246]。

その頃、福清黄檗山では、林酔石という知識青年が寄寓して、日夜読書に励み、ゆくゆくは科挙に合格して第二の葉向高たらんと勉学に励んでいた[247]。酔石は休憩時間には高泉と歓談、高泉もまた彼とのひとときを、そのかみの廬山における慧遠と居士たち（例：謝霊運）との清談になぞらえ、七言律詩一首[248]を製作、前途を祝福した。ところが、林酔石はその雄図も空しく夭折、高泉は「鉄人聞くも也《ま》た涙、襟を沾さん」と追悼している[249]。

世俗的成功によって、自己が信奉する宗教の護持を図ろうとする態度は、我が国の新宗教にもまま見受けられるところであるから、別段異とするに当たらないが（疑う向きは『聖教新聞』紙上に日々散見される青年信徒の言志を瞥見されたい）、かかる前途有望の青年の寓居を許した寺院側の期待も、相当なものであったとおぼしい。

ところで福清黄檗山の明清時代における年中行事は、流布本の『黄檗山志』（『中国仏寺史志彙刊』本）にも見えないが、同じく福州府の鼓山では、信徒からの需めに応じて、「為官求課」・「科場求中」の祈禱を修していたことが知られる(250)。さながら初詣でにぎわう我が国の一部大寺院の祈禱項目を連想させられるが、いかなる地方官を戴くかによって寺運を左右されがちな中国の大寺院としては、当然のことながら、仏教にヨリ好意的な官僚の輩出を希望していたことであろう。したがって、これら二種の祈禱儀軌の誕生は、単に信徒側の需要によるものとのみ言い難い側面が認められるのではないだろうか。

順治十八年(一六六一)、二十九歳の高泉がいよいよ渡日するに際しては、当時まだ仲たがいしていなかった陳民懐・林月樵両居士が、他の居士らも交えてともに見送った(251)。そして日本への出帆地・厦門に至るや、隠元の在俗弟子・余宰匯（法名：性誠）の別荘に滞在した(252)。余宰匯については、その兄（名は未詳）が「少保」、彼本人が「宮保」の官位を南明政権からそれぞれ授与されていたということのほかは、『中土来往書信集』の校註(253)によっても、その事蹟を明らかにし難い。高泉が彼に贈った詩もまた、これまで知られていることに新たな情報を附加するものとは言い難い。

しかしながら、余宰匯が師・隠元の渡日から七年をへても、引き続き怠りなく参禅修養に努めていたこと、高泉が十年以上も前から、唐の龐蘊にも比すべき精進ぶりを聞かされていながら、なかなか会見の機縁を得られずにいたことが、その詩句からいずれも窺い知られる。

# 結語

本章では、隠元・木庵・即非をも同時代の少し先を行く人々として視野に入れつつ、主として高泉の渡日以前の求道ぶりや、在俗居士らとの道縁について検討を加えた。その結果、以下の三点が明らかにされた。

（一）寿昌派曹洞宗の重鎮として、福清黄檗山からも遠からぬ鼓山で教線を展開していた永覚元賢・為霖道霈への敬慕は、木庵・即非と同様、高泉の場合も深く、かつ久しかった。また、為霖はのちに日本から寄せられた高泉の「永平元和尚道行碑」に依拠しつつ、中国最初の道元略伝を撰述している。

（二）高泉の詩才は、二十代前半にしてすでに福州近辺の僧俗間に知れ渡っており、明末逃禅知識人の典型たる如幻超弘の「良偉師詩集序」が、その好証左をなしている。本篇をも含む如幻の『痩松集』は、隠元渡日以降の福清黄檗山の事情を知るうえでも、貴重な資料を多数含む宝庫である。

（三）福清黄檗山第一の大檀越だった葉氏一家からの外護は、高泉の才能も手伝ってか、すこぶる深厚であった。その他、隠元時代の外護者もまた、多く彼の才学を愛し、外護を惜しまなかった。小野和子教授の先行研究によって順治十一年（一六五四）春、銭粛楽埋葬までは存命していたと推定されていた周鶴芝（抗清復明運動の重要人物）も、高泉関連の資料によって、さらに二年のちの同十三年（一六五六）までは、確実に存命していたことがわかった。

今後の課題として、南源性派・悦山道宗ら、高泉と親しかった黄檗唐僧の渡日以前における状況に関しても同様の調査を行い、彼らの負うていた思想的社会的背景を一層明らかにすべきことを挙げておきたい。

## 註

（1）昌建福氏『中国密教史』第六章「元明清以来的密教」第二節「元明清時期的蔵伝密教」を参照。チベット仏教各派の教義・歴史（以上、第一項）、各派の活仏および高僧の元・明・清三代の諸帝への拝謁（中心は清代）と、それによって許可された中国内地での弘教状況（以上、第二項）を詳述している。同書五六四〜六一五頁。北京：中国社会科学出版社刊、一九九五年。

（2）『京都女子大学研究叢刊』第二十一巻、平成五年（一九九三）。

（3）京都女子学園仏教文化研究所『研究紀要』第一七号、昭和六十二年（一九八七）。

（4）『仏教史学研究』第三〇巻第二号、昭和六十二年（一九八七）。

（5）京都女子大学史学会『史窗』第四六号、平成元年（一九八九）。

（6）京都女子大学史学会『史窗』第四七号、平成二年（一九九〇）。

（7）京都女子大学宗教・文学研究所『研究紀要』創刊号、昭和六十三年（一九八八）。

（8）林田博士「明代における福建の仏教」、『華南社会文化史の研究』（書誌は註（2）前出）六四頁。

（9）林田博士註（2）前掲書六五頁。

（10）林田博士註（2）前掲書七一〜七三頁。

（11）泰昌元年（一六二〇）、隠元二十九歳。『隠元全集』五一一〇頁（二巻本）・五一一一頁（一巻本）、能仁師訳註『隠元禅師年譜』一〇四頁。天啓元年（一六二一）、三十歳。『隠元全集』五一一二頁（二巻本）・五一一三頁（一巻本）、能仁師訳註一〇七頁。崇禎三年（一六三〇）、三十九歳。『隠元全集』五一三一頁（二巻本）・五一三二頁（一巻本）、能仁師訳註一三五頁。一方、高泉については、『紀年録』順治十六年（一六五九）の条、高泉二十七歳、『全』Ⅲ・一四八〇下右一二丁左〜一三丁右。また、『紀年録』には見えないが、黄檗山内の雲水がまだ五百人前後だった時期には、七言絶句「募㆓僧糧㆒」一首を製作。その題下には代作である旨註記されており、恐らくはときの住職にして本師たる慧門の意を承け、広く一般人士からの布施を仰ぐべく、今日の広告業界のいわゆる「キャンペーン・ソング」として製作されたものではなかろうか。その起句には「五百頭陀聚㆓法筵一」とあるから、順治十六年（一六五九）、「衆、三千指に盈」ち、「廩人、匱しきを告ぐ」る以前のことと見られよう。『一滴艸』巻二、『全』Ⅲ・六二八下右。

(12)『東洋史研究』第一五巻第二号。

(13)『仏教史学』第七巻第一号。

(14) 初版は京都：同朋舎出版刊、昭和五十七年（一九八二）。増訂版は京都：朋友書店刊、平成十四年（二〇〇二）。筆者は後者に拠った。

(15) 東京：山喜房佛書林刊、昭和六十年（一九八五）。

(16) 廈門大学出版社刊、一九九七年。

(17) 福建教育出版社刊、一九九六年。

(18)『福建仏教史』前言より。同書一頁。なお、前出『福建宗教史』の「緒言」（主編・陳支平教授執筆）を読むと、同書仏教編は、王教授に加えて、閩南仏学院の湛如法師も執筆していることが知られる。

(19) 台南市：智者出版社刊、民国八十五年（一九九六）。

(20) 台南市：智者出版社刊、民国八十六年（一九九七）。

(21) 初出は『中華仏学学報』第八期、民国八十四年（一九九五）。のち、慧厳師『台湾仏教史論文集』所収。高雄市：春暉出版社刊、民国九十二年（二〇〇三）。

(22)『中華仏学学報』第九期、民国八十五年（一九九六）。のち、前出『台湾仏教史論文集』所収。

(23) 前出『台湾仏教史論文集』七四〜八九頁。

(24) 常盤大定博士『支那仏教史蹟踏査記』六七六〜六八三頁、東京：龍吟社刊、昭和十三年（一九三八）。同四年（一九二九）一月、博士が龍池清氏（鼓山および怡山の古文献目録を作成）ら数名の同行者とともに福清黄檗山を踏査された折の記録である。篇末所掲の博士の七言絶句に「琦公東去法東流。黄檗山中猿鶴愁。風雨唯留松隠塔。依然久似待二帰舟一」とあるが、その転句は、本文中で叙述された現存文物の乏しさを暗喩していよう。

(25) 台南黄檗寺の建立は、康熙二十七年(一六八八)のことである。ときの福清黄檗山住職は、その前年に晋山したばかりの第十代・惟吉道謙(一六三四～一七〇六)である。ただし惟吉は、晋山から僅か二年後の同二十八年(一六八九)春には退任し、渾古普洽(? ～一七一九、八十有余歳)が晋山、同三十一年(一六九二)まで在任した。したがって、台南・黄檗寺開創事業は、それが一定の期間を要することから推測して、これら惟吉・渾古の両師に加え、惟吉の前任者たる第九代・天池寂晟(一六二三～一六九四)をも交えた、三代にわたる事業であったものと見られよう(天池の在任期間は一六八二～一六八七年)。三師のうち、中間の惟吉を除く天池・渾古の両師は、慧門如沛の門人であり、つまりは高泉の同輩である。海を越えた日本で、高泉が宇治萬福寺に晋山した丁度その頃(一六九二)、福建の祖山においても、彼の法兄弟(同輩)らが寺の指導者となっていたのである。平久保氏『隠元』二四一頁の叙述および所掲の法系図に拠れば、隠元渡日後の福清黄檗山は、主に慧門如沛の門人・法孫によって継承されたとする。天池のそのまた前任の第八代・清斯真浄(一六二九～一七〇五)もまた慧門の門人であることを思えば、まさに平久保氏の指摘されるとおりであると言えよう。以上に挙げた、十七世紀末における福清黄檗山住職諸師の伝記は、『黄檗山志』(林田博士のいわゆる「道光版山志」)巻四、『中国仏寺史志彙刊』第三輯・第四冊(『黄檗山寺志』)一八一～一八八頁参照。台北:丹青図書公司刊、民国七十四年(一九八五)。

(26) 筆者は二〇〇二年九月来台後、日ならずして台南・黄檗寺の存在を知り、慧厳師ら台湾の諸先学の業績に拠りつつ、拙稿「台南黄檗寺考――古黄檗末寺の盛衰――」を執筆、『黄檗文華』第一二二号に発表した。平成十五年(二〇〇三)。『台南市志』ほか各種方志に拠れば、乾隆年間以降、寺はもはや廃寺同然の姿を呈していたものの、日本統治時代初期(十九世紀末)まで、寺基ばかりはまがりなりにも維持されていたことが、すでに明らかになっている。したがって、目下台湾の史学界でデータベース化の進行しつつある古写真・古地図中に、同寺の在りし日の姿を認められる可能性は決して小さくはあるまい。

(27) 『紀年録』崇禎十四年(一六四一)の条、『全』Ⅲ・一四七六下左。

(28) 『紀年録』順治三年(一六四六)の条、『全』Ⅲ・一四七七下右。なお、この公案は、元来、宋・大慧宗杲の語録に見える。『大

慧普覚禅師語録』巻十九、『大正蔵』第四七巻・八九一頁中。

(29) 明末から清代後期に至るまで、黄檗山の僧は、その法名を定めるに際し、明代後期の住職・中天正円（?〜一六一〇）が定めた偈頌「黄檗剃度宗派」に拠っていた。隠元・無住の前後は、その中の「正覚興隆。性道元浄」の句に拠っていた。慧門如沛や即非如一といった例外的命名例をまま認めるものの、木庵・高泉（性）、鉄眼・鉄牛（道）らの法名は、多くこの偈頌に基づいている。『黄檗山志』巻一、註（25）前掲書・二六頁。

(30)『一滴艸』巻四、『全』Ⅱ・六四六下右から掲載。微瑕としては、無住の生年が「万暦己丑（十七年、一五八九）九月初一日午時」、示寂が「辛亥（一六七一、康熙十年）四月二十六日巳時」と、身内らしく時刻まで掲載し（六四八上左）、かつ「辛丑（順治十八年、一六六一）秋、師七十三歳」と記しておりながら（六四七下左）、二度までも享年八十四歳と誤記している点である（六四八下右および左）。正しくは、「（数え）八十三歳」とあるべきところであろう。

(31)『全』Ⅱ・六四七上左。なお、高泉の六言絶句「賑レ貧」は、渡日二年後の寛文三年（一六六三）の作品であるが、その小序で自己が毎冬、貧者への賑給に努める理由について、「固より偏く及ぼすこと能はざることを知るも、但だ触目の傷心を免る」ことを期すからだとしている。『一滴艸』巻三、『全』Ⅱ・六四一下左。また、寛文十二年（一六七二）製作の七言絶句「荒年有感三首」では、自らが行じた賑給事業に際しての情景を映じている。その第一首には「官貪二聚斂一民傷久。且復連年穀不レ登。十室炊煙六室断。不レ分二衣盋一敢言レ僧。」、第三首では「凄風苦雨倍堪レ哀。載レ道流民貿貿来。民牧半酣如レ不レ睹。浩謌猶自舞二三台一。」と、多数の貧民を生み出した為政者に対する批判が、極めて率直に詠じられている。当時高泉は、黄檗山内の法苑院に住まっていた。『洗雲集』巻七、『全』Ⅱ・八一九上左。高泉のこうした直言癖は、初老期以降は、もっぱら教義面においてのみ発揮されるものの、四十歳の折のこの作品は、黄檗三祖ほか主要な唐僧の作品が、それぞれの渡日以降は絶えて時政に言及しないのとは著しい対照をなしている。恐らくは同時代の邦人僧侶の作品中にも類例を見ないほどの、特筆すべき尖鋭ぶりだと言えよう。

(32)「行業記」、『全』Ⅱ・六四七下右。高泉の同様の事蹟は、『紀年録』元禄八年（一六九五）の条、『全』Ⅲ・一四九九上左を参照。

(33)「行業記」、『全』Ⅱ・六四七上右。無住が参じたのは、曹洞宗寿昌派の高僧・無異元来(一五七五～一六〇三)である。この人物は、木庵(宇治萬福寺第二世)が参じた永覚元賢(一五七八～一六五七)とは、無明慧経(一五四八～一六一八)門下では同輩の間柄にある。ただし、彼の主たる活躍の地は、通称「博山和尚」からも推知されるように、江西省は博山能仁寺であり、福建での弘教は、鼓山湧泉寺に住した(第九十二代)僅か半年間のことである。その時期は天啓七年(一六二七)から翌崇禎元年(一六二八)春までであるから、生涯福建から離れなかった無住の来謁もまた、この間のことであろう。陳錫璋氏『福州鼓山湧泉寺歴代住持禅師伝略』二八四～二八五頁、台南市:智者出版社刊、民国八十五年(一九九六)。

(34)『紀年録』順治十六年(一六五九)の条、『全』Ⅲ・一四八〇上右。

(35)『角川新字源』附録「中国度量衡の単位とその変遷」に拠れば、明代の一石は約一七〇リットル、清代には約一〇三リットル。一方、一担は約七一キロ、清代には約五九キロである。同書一二二四頁。ここで『隠元中土来往書信集』附録「清初福建軍事政治大事記」に拠れば、一六五九年当時、福州はすでに清朝の支配下に入り、鄭成功は七月に南京を攻略したものの清軍に撃破され、九月にはもとの根拠地・厦門周辺に退却している。同書五五一頁。したがって、『紀年録』本条に見えるこれら度量衡は、清代のそれに拠ったものと見られよう。

(36)『洗雲集』巻十九、『全』Ⅲ・一〇〇三上右。なお、「惟」字は黄檗宗にあっては、惟一道実《ういどうじつ》(高泉と同時に渡日)のように、伝統的に「う」とする読み癖がある。

(37)この書簡に添えて、七言古詩「寄₂女弟惟孜庵主₁」をも製作、送付している。『洗雲集』巻一、『全』Ⅱ・七四六上左。

(38)「宓公行業記」(前出)、『一滴艸』巻四、『全』Ⅱ・六四八下右。無住はかくまで熱心に称名念仏に勤しむわけを、「阿弥陀仏、願力功徳不可思議にして、十念すら尚ほ能く往生す。況や念々に舎てざるをや」と自ら語っていたとされる。

(39)『洗雲集』巻十、『全』Ⅱ・八六一上右。隠元も三十八歳の崇禎元年(一六二八)浙江省嘉興府は狄秋庵滞在中に、土地の信徒らと念仏放生会を行い、その際、「浄土詩」十二首を製作したが、今日に伝わらない。「隠元年譜」崇禎元年(一六二八)

の条、『隠元全集』五一二九頁（二巻本）・五一三〇頁（一巻本）。能仁師訳註『隠元禅師年譜』一三二頁。また、『隠元全集』所収の現存法語・詩偈に徴する限りでは、女性や在家信徒に称名念仏を勧説するものは散見されるが、高泉「懐西」に見るような西方浄土への憧憬を率直に表明するものは認められない。

(40) 五言律詩「爾鐸伯氏移レ家入レ山志レ喜」、『洗雲集』巻二、『全』Ⅱ・七五〇上右。

(41) 五言律詩「鶴棲居同二李青牛・陳舜功及爾鐸伯氏一夜話」、『洗雲集』巻二、『全』Ⅱ・七五一上右。

(42) 『洗雲集』巻七、『全』Ⅱ・八二五上左。

(43) 「与二従兄有夏一書」、『洗雲集』巻十九、『全』Ⅱ・九九〇上右。なお、渡日後の寛文十二年（一六七二）、七言絶句「懐二兄有夏居士一」二首を作成、有夏が官に就いて任地を転々としていることを詠じている。『仏国詩偈』巻三、『全』Ⅱ・六九四上右。

(44) 無明の禅風を簡明に叙述した論攷として、近年では台湾の禅慧法師（尼僧、台北三慧講堂住持）のそれを挙げたい。その校訂に係る標点本『寿昌正統録』の巻頭、同師は「出版序言」を附し、無明の禅風が（一）農禅合一之叢林生活、（二）看話禅之影響、（三）念仏禅之流行の三点を兼備していると指摘している。同書一一～一四頁。台北：三慧講堂刊、民国八十三年（一九九四）。微瑕としては、同師は（三）に関して、無明の韻文体法語「念仏法要」を引用されるが、詳細な出典を表示されない。筆者の検索の結果、本篇法語は、『無明慧経禅師語録』巻四に見えることが判明した。『卍続蔵経』第一二五冊・六四頁上～下。

(45) 『寿昌正統録』は、大坂住之江・亀林寺（同じく寿昌派）の鼎隆默道（伝未詳）が宝暦九年（一七五九）に著した寿昌派の高僧列伝である。書誌は註（44）前出の禅慧法師標点本「序言」のほか、同師が師事した駒澤大学・永井政之教授の論攷「東皐心越とその派下の人々——寿昌正統録の成立をめぐって——」を参照されたい。後者は『印度学仏教学研究』第二十七巻第一号所収、昭和五十三年（一九七八）十二月。さて、『正統録』巻四所掲の心越伝に拠れば、渡日した心越は、宇治興聖寺（道元初転法輪の地）に詣でて、道元肖像を拝し焼香、そののち木庵を黄檗山に訪ね、相見ることの遅かりしことをともどもに悔いている。禅慧法師標点本『正統録』一三〇頁。また、普明一琮は、鼎隆（『正統録』撰者）の師である。元禄九年（一六九六）、水戸の生まれ、心越からは法曾孫にあたり、祇園寺（寿昌派本山）八世として、弟子たる鼎隆に命じて『正統録』を撰述せしめてもいるが、その修行時代にあっては、道元の『正法眼蔵』を書写する一方、享保十九年（一七三四）秋には、高泉ゆかりの伏見仏国寺に参詣、ときの住職・大僊道龍（一六五七～一七三八、高泉の法嗣）と会見した。「共に法門の下垂を嘆」じた二人は、同年冬に至って、普明が大僊を助ける形で、「数《しばしば》事を公庁に奏」した。禅慧法師標点本『正統録』二三〇頁。『黄檗文化人名辞典』の「大僊」の項に拠れば、具体的には黄檗山住持にふさわしい唐僧を招くための招請状を中国へ発することについて、幕府の許可を求める運動であったことがわかる。同『辞典』二〇八頁下。

(46) 正満英利師の論攷「少林山達磨寺蔵経　一切大蔵経勧化私録」では、同寺が享保元年（一七一六）に鉄眼版大蔵経を購入した際の勧募文書を分析しつつ、同寺と本寺たる水戸・祇園寺との関係が必ずしも円滑なものでなかったことを究明している。『応募論文集』第一号所収、東京黄檗研究所（三鷹市：禅林寺内）刊、平成十四年（二〇〇二）。

(47) これは註（45）前出の永井教授論攷に見える、同教授の評語である。『印度学仏教学研究』第二七巻第一号・三四九頁下。

(48) 中国仏教においては、清末・民国期に至って、一人の僧が臨済・曹洞両宗の法を兼ねて継承するなどという、我が国の禅宗にあってはおよそ考えられない挙に出た例が、まま見受けられる。（一）虚雲（一八四〇～一九五九、湧泉寺第一三〇世）は泉州に生まれ、鼓山湧泉寺で出家。光緒十八年（一八九二）、同寺で時を同じくして妙蓮（一八二四～一九〇七、湧泉寺第一二六世）からは臨済宗（第四十三世）の法を、耀禅（伝未詳）からは曹洞宗（第四十七世）の法を、それぞれ付されている。拙緇法師（虚雲晩年の弟子）「虚雲和尚行業記」を参照。著者・拙緇法師は虚雲から親しく示された法巻（付法証書）に基づいて、かく叙述している。拙緇法師はまた、湧泉寺が近世以降、典型的な「伝法叢林」として臨済・曹洞両宗の法を兼ね伝えていたと説明している。『禅』第三期所載（同誌は河北省仏教協会の機関雑誌）、一九八九年。筆者は『中華仏教百科全書』第七巻に転載する所に拠った。同巻・四四八六頁。なお、虚雲が妙蓮から付された曹洞宗の法とは、ヨリ具体的には、湧泉寺が伝える寿昌派のそれである。（二）道源（一九〇〇～一九八八）は河南省の人。出家当時は臨済宗の法系に属した。その法名「能信」は、主流的な臨済宗の字輩（能仁聖果）に拠っている。しかるに、民国五十九年に至って、香港・荃湾は虚雲和尚紀念堂に赴き、住職・復仁（一八八九～一九七三、前出・虚雲の門人）から、鼓山湧泉寺の伝える曹洞宗寿昌派の法を受けている。闞正宗氏『台湾高僧』所収の道源伝を参照。なお、道源が手にした曹洞宗法巻の写真が、同書九八頁に掲げられている。台北：菩提長青出版社刊、民国八十五年（一九九六）。

(49)『隠元全集』五一一二頁（二巻本）・五一一三頁（一巻本）。

(50)『黄檗文化人名辞典』では、その生歿年を未詳とする。同『辞典』二八三頁上。しかし、元禄元年（一六八八）、高泉は七言絶句二首を製作し、独耀の示寂を追悼しているから、これ以前には我が国へも訃報がもたらされたのであろう。「追悼独耀師兄二首」、『洗雲集』巻十、『全』Ⅱ・八六七上左。また、海を越えて訃報がもたらされる程であるから、出家以前は同様に抗清運動に従事した独往性幽が隠元渡日後、再度従軍したのとは対照的に、独耀はもはや明朝復興の望みを絶ち、黄檗山中で静かに余生を送ったものと見られよう。

(51)長谷部幽蹊博士『明清仏教教団史的研究』三八〇頁に拠れば、順治十年（一六五三）成立・刊行の費隠『五燈厳統』は、すでに示寂していた無明慧経（寿昌派祖）および湛然円澄の曹洞宗両高僧に対し、前者を師系未詳の徒として巻十六に列し、後者についても、曹洞宗の一般的な法系図（例：駒澤大学編『禅学大辞典』所掲の「禅宗法系譜」）にしたがって、ひとまずは慈舟方念の法嗣とはするものの（巻二十五）、凡例第七条では、この付法に疑義ありとして、無明の場合と同様、「未だ妥ならざるを覚ゆるに似たり」と批評している。『卍続蔵経』第一三九冊・七頁上。これを見た湛然の法嗣・三宜明盂（一五九九～一六六五）、無明の法曾孫・嘯峰大然（一五八九～一六五九）および笠庵大成（一六一〇～一六六六）はそれぞれ憤慨し、これまたそれぞれ書を著して、大いに費隠を批判した（三宜：『明宗正譌』：嘯峰『熄邪弁』：笠庵：『救蛾説』）。一方、費隠は『五燈厳統解惑篇』を著して彼らに反論したため、彼らの怒りは、さながら火に油を注がれた形となり、ついに有力者らと手を携えて官に訴えた。この争いは、結局費隠の敗北に終わり、翌順治十一年（一六五四）秋に至り、『厳統』の版木は焼却の憂き目に逢った。ところで、批判者たちのうち、嘯峰および笠庵は、ともに覚浪道盛（一五九二～一六五九、無明の法孫、鼓山第九十五世）の高弟である。それゆえ、民国の陳垣氏（号：援庵、一八八〇～一九七一）は、その『清初僧諍記』巻一で、この論諍の真の「原告は覚浪と三宜（明盂）」とする見解を示される。つまり陳氏は、嘯峰・笠庵の著した批判書（筆者未見）がその実、彼ら共通の師・覚浪からの指示で書かれたと見ておられるのであろう。『中国仏教史専集（六）明清仏教史篇』二〇三頁、台北：大乗文化出版社刊、民国六十六年（一九七七）。なお費隠は、同書が渡日した隠元によって（同年七月、長崎来航）日本で重刻されたうえ、それら日本重刻本が毎年数十部ずつ中国へ逆輸入・流布されることに望みをつないでいる。順治十七年（一六六〇）六月の隠元宛書簡、『中土来往書信集』六五頁（釈文）を参照。また、『清初僧諍記』は、野口善敬師によって、すでに精緻な日本語訳註が公表されている。野口師『訳註　清初僧諍記――中国仏教の苦悩と士大夫たち――』、福岡市：中国書店刊、平成元年（一九八九）。本書の存在を御教示いただいた三鷹市禅林寺の木村得玄師に対し、この場をお借りして御礼申し上げる。

(52) 能仁師訳註『隠元禅師年譜』九〇・九九頁。

(53)「会稽雲門湛然澄禅師行状」、『湛然円澄禅師語録』巻八、『卍続蔵経』第一二六冊・三一三頁上。

(54) 念仏公案の淵源については、近年、台湾・圓光仏学研究所に学ばれた印謙法師（比丘）が、論攷「禅宗『念仏者是誰』公案起源考」を公表、これが元代の中葉、白蓮教に始まったことを論明されている。『圓光仏学学報』第四期所収、中壢市：圓光仏学研究所、民国八十八年（一九九九）。

(55) 平久保氏『隠元』一九二頁。

(56) この人物と寿昌派の祖・無明慧経（一五四八～一六一八）とは、ともに宗鏡宗書（一五〇〇～一五六八）を師翁としている。石井修道博士『宋代禅宗史の研究』附録「中国曹洞宗略系譜」、同書五六五頁、東京：大東出版社刊、昭和六十二年（一九八七）。

(57) 法語「清漳浄塵上人求ㇾ薦㆓乃師樵雲公㆒」、『語録』巻十一、『隠元全集』九三七～九三九頁。樵雲示寂後、その弟子・浄塵が使者（孫弟子にあたる台則）を派して隠元に追薦法語を求めたので本篇を提示し、禅宗から見たあるべき「薦師の道（先師追悼の道）」を語ている。

(58) 二巻本年譜崇禎三年（一六三一）の条。『隠元全集』五一三二頁。独耀編纂の一巻本では、全く触れられていない。偈頌は「贈㆓芝山樵雲公㆒」と題する七言絶句であり、「借問す、老来端的の意。又た玉斧を提げて芝山を斫らん」という、すこぶる禅宗的な内容である。『隠元全集』一一一四頁。隠元は独耀（中国にとどまる）に寄せた書簡において、日本の僧俗中には自己の法系や、付法の有無をとやかく言う者があったが、独耀が編んだ一巻本年譜によって、渡日以前の六十三年の歩みが明らかになった。もはや疑義を唱える者もあるまい――と謝意をあらわにしている。「復二独耀侍者一」、『黄檗和尚扶桑語録』巻五、『隠元全集』二二五七頁。全文の口語訳は、小野和子教授「独往性幽『本師隠公大和尚伝賛』について」所掲、『京都橘女子大学研究紀要』第二八号、平成十四年（二〇〇二）。一巻本は、隠元の修行時代の事蹟も相当詳細に伝えているが、密雲・費隠師弟のもとでの精進ぶりを大綱としており、他師（湛然・樵雲ら他宗高僧をも含む）への請教については、このように二度まで省筆している。隠元示寂後、南源・高泉によって二巻本（上下二巻）が編纂され、一巻本年譜を基礎とする上巻においても随所に増補がなされたのは、一巻本が依然、年譜としてのその主目的（隠元の法系提示）を十二分に達成していなかったためではなかろうか。

(59) 智旭『霊峰宗論』巻八之三、『和刻影印近世漢籍叢刊』第一二巻・九八二五～九八二七頁、京都：中文出版社、昭和五十九年（一九八四）。能仁師はその『隠元禅師年譜』一四〇頁で、樵雲の伝記は未詳とされるが、智旭のこの「塔誌銘」は、短文ながら主要な事蹟はほぼ尽くされているように私見される。

(60)『木菴禅師年譜』崇禎三年（一六三〇）の条、『木菴全集』三五〇五頁。ここにいう「十戒」の内容が何であったのか、容易に断定することは出来ない。しかしながら、同世代の同輩たる即非が十八歳にして費隠から受けた戒が「沙弥十戒」であったことから推して（これは即非の「行業記」中に明記あり）、同じく沙弥十戒であったものと見られる。木庵は受戒の前年に出家したばかりであったから、その条文二百条を超える具足戒を受ける段階にはなお達しておらず、沙弥戒に留まったものと見るのが妥当であろう。

(61) 高泉「宓公行業記」（第一節第二項前出）、『一滴艸』巻四、『全』Ⅱ・六四七上右。なお、無住はこののちさらに、たまたま鼓山に住持中の無異元来（曹洞高僧）を訪ね、「菩薩大戒」を受けている（註（33）参照）。樵雲からは受けたのは具足戒（二百五十戒）であり、一方、無異から受けた「菩薩大戒」とは、出家・在家に通ずる戒として、当時広く授けられていた「菩薩戒」を指そう。菩薩戒の内容について、わが国では同じ大乗仏教の中でも天台宗・真言宗・浄土宗・曹洞宗と、様々な解釈が分かれるが、黄檗教団をも含む明末禅宗にあっては、『梵網経』所説の十重四十八軽戒を指していよう。長谷部博士に拠れば、無異が雲棲袾宏に師事して戒学を受けた結果、その門下（寿昌派博山下）では以後、「菩薩戒」が比丘戒にもまして重視され、僧俗ひとしくこの戒を受けるに至ったという。同博士『明清仏教教団史研究』（書誌は第一章註（137）を参照）一九六頁。

(62)『隠元禅師語録』巻十一、「問答機縁」の部、『隠元全集』八九三頁。師（隠元）問ふ、「僧、甚れの処よりか来たる？」僧云く、「鼓山より来たる」。師云く、「響きを見ず」。僧、語無し。師、云く、「是れ鼓山より来たらず」。末尾の隠元の言葉には、「〈鼓の山〉なんて大層な名前の寺からやって来ながら、何の返答もできぬとは、名前負けも甚だしいじゃないか」という皮肉がこめられていよう。

(63)『隠元全集』解題八頁。ただし平久保氏は「後考を俟つことにする」として、断定を避けておられる。

(64)住職の晋山・退山の詳細な推移は、陳錫璋氏『福州鼓山湧泉寺歴代住持伝略』附録「鼓山湧泉寺法系伝承表」五四九～五五〇頁を参照。台南市：智者出版社刊、民国八十五年（一九九六）。

(65)『五燈厳統』巻二十四、『卍続蔵経』第一三九冊・一〇二三頁下。台湾・中華仏学研究所の藍吉富教授（一九四三年生）は、その「五燈厳統解題」（同教授主編『禅宗全書』所収、『中華仏教百科全書』第三巻・一〇六二頁転載）で、この費隠伝は後に補刻されたものであろうとの見解を示される。燈録（禅宗高僧列伝）は通常、現存者の伝記を収録しないから、同教授の指摘されるとおりであろう。筆者は費隠が示寂前年に隠元へ寄せた書簡（註（51）参照）の中で、「外《ほか》、数章を補遺」せよと指示していることから推して、この費隠伝は隠元（およびその渡日門人）の執筆・補刻と見たい。

(66)『隠元全集』三一六九～三一七一頁、どの項も肖像画・略伝・賛（隠元作）の順に掲げられている。

(67)『福厳費隠容禅師紀年録』巻上、『明版嘉興大蔵経』第二六冊・一八三頁中～一八四頁中。費隠の湛然への師事は、密雲に出会う前年の天啓元年（一六二一）まで九年に及び、「学問義理、此れ［同輩たちとの討論］に繇つて日に進む。但だ自ら覚ゆ、本分上、甚だしくは相応ぜざるを。益を湛和尚に請ふも、未だ甚だしくは力を得ず。趺坐自ら傷み、覚えずして泣下る。遂に憤りを発して遍参を思」い、湛然のもとを辞したのであった。同『紀年録』天啓元年（二十九歳）の条。

(68) ちなみに、高泉には「雲門湛然大師賛」一篇があり、「恨むらくは激、小子にして、之と時を同じくして堂に登つて提唱するを聆かず」と記し、費隠・隠元師弟のように雲門と同時代に生まれ合わせて教えを仰げなかったことを惜しんでいる。二十四巻本語録、巻二十三、『全』Ⅰ・二二二上右。また、湛然の教学自体に関しては、「洞水将に枯れんとして、師に頼つて漲」ったとの見解を示す。湛然が門人に富んでいたことや、明初以来とかく失われがちだった曹洞宗門下の人々の宗派意識を『五燈法語』・『五燈機語』を著して鼓吹したことなどを指していよう。湛然が曹洞宗の宗派意識を鼓吹したことについては、長谷部幽蹊博士『明清仏教教団史』三九九〜四〇二頁を参照。

(69) このことは「木庵禅師年譜」には見えず。『黄檗文化人名辞典』木庵の項（三五三頁下）によって、その年次を記し、かつ『卍続蔵』本『永覚元賢禅師広録』所収の二種の永覚伝（註（75）・（76）後述）により、この時の永覚の滞在地を検した。

(70)「木庵禅師年譜」、『木菴全集』三五〇八頁。

(71)「木庵禅師年譜」、『木菴全集』三五一〇頁

(72) 聞谷の嘱に応じて瞬く間に『諸祖道影賛』百余首を製作した永覚の才能に、聞谷は痛く感動、「我、（福）建に入らず、公［永覚］、将に世人を瞞尽し去れ」と鼓山への晋住を勧告、いわば一種の餞として、戒を授けている。林蕃之「永覚元公大和尚行業曲記」、『永覚元賢禅師広録』巻三十、『卍続蔵経』第一二五冊・七八五頁上。潘晋台「鼓山永覚老人伝」、同、同冊・七八九頁下。

(73)「木庵禅師年譜」崇禎十年（一六三七）の条、『木菴全集』三五一一頁。

(74)「永覚賢禅師垂語」、同二一五頁。木庵の師翁たる費隠の垂語と並んで掲載されているが、主として戒律に関する問答の記録である。七言律詩「秋日鼓山喜二晤南詢兄一」『木菴全集』四三八頁。五言律詩「登二鼓山一」、同四七四頁。七言律詩「和三永覚禅師秋日避レ兵往二双溔韻一」（全二首）、同五六〇頁。

(75) 具題は「福州鼓山白雲峯湧泉禅寺永覚元公大和尚行業曲記」、『永覚元賢禅師広録』巻三十、『卍続蔵』第一二五冊。

(76) 註（75）前掲書所収。

(77) 註（75）前掲書・七九〇頁下。

(78)『語録』巻二十五、註（75）前掲書・六九〇頁上。二首前に置かれた「挽㆓燕京死節諸臣㆒」は、明らかに崇禎帝君臣を悼む作品であり、帝の死は崇禎十七年（一六四四）三月のことである。また、本篇の直後に置かれた「九日自㆓双溙㆒帰㆓宝善庵㆒途中有㆑感」は、冒頭「帰来秋老」とあるから、同年の重陽（九月九日）を指している。

(79) 註（75）前掲書・七九〇頁下。なお、潘晋台は、これを庚寅の年、すなわち順治七年（一六七〇）のこととする。潘晋台のいう、『五燈厳統』に異議ありとして、曹洞宗の「呉浙の諸禅、競つて争宗の説を為し、訴牘に形（あら）は」さんとしたのは、長谷部幽蹊博士の研究に拠れば同十年（一六七三）のことであり、順治七年当時はなお、編纂が緒に就いたばかりであった。年代にずれありと言うべきであるが、この当時、ほかに大規模な禅宗論諍の発生を聞かず、やはり『五燈厳統』論諍を指すものと見たい。

(80) 巻頭の為霖の序には「丁酉」、すなわち順治十四年（一六五七）との紀年を見る。

(81)「木菴禅師年譜」、『木菴全集』三五〇九頁。「杭州接待寺」にて、雪関に指教を仰いだとしている。『雪関禅師語録』巻二「杭州虎跑語録」および巻三「妙行語録」に拠れば、この年春、雪関は杭州虎跑寺に晋山、しかるに、荒廃していた妙行寺（杭州）の再興を信徒らから乞われ、三月二十五日、同寺に転住している。『嘉興蔵』第二七冊・四五一頁下および四五六頁下。接待寺がすなわち妙行寺の別称であるのか、それともまったく別の寺であるのか、今後の調査に俟ちたい。

(82)「木菴禅師年譜」崇禎十一年（一六三八）の条、『木菴全集』三五一四頁。『石雨禅師法檀』巻一～八所収の各「語録」冒頭では、入院（じゅえん）［晋山］の年月日を明記しているが、これに拠れば、石雨の龍門山晋住は崇禎十七年二月（一六四四）からのことで、同年十月には嘉興府の東塔広福寺に転じている。『嘉興蔵』第二七冊・九四頁上および九六頁中。

(83)「木菴禅師年譜」崇禎十一年（一六三八）の条、『木菴全集』三五一五頁。「年譜」では「保寿（山）」に作る。註（82）前掲書に拠れば、石雨の宝寿山住持期間は、崇禎九年（一六三六）春からで、同十一年（一六三八）十一月には遠く福建福州の怡山西禅長慶寺に転じている。

(84) ただし、石雨自身は費隠の師・密雲円悟を明末を代表する臨済宗の高僧として敬仰しており、七言絶句「密雲和尚像賛」が、語録『法檀』にも採録されている。そこでは「一条の白棒　家風を顕はす。今日相看る　影現の中。道師、臨済を隆んにするに足らずと道はば、怒髪茎々、直ちに空を指さん」と、密雲の家風たる棒喝を讃嘆している。『法檀』巻十二、註（82）前掲書一二二頁中。石雨はまた、費隠の法弟・万如通微（一五九四〜一六五七、即非も参じた）とも親しかったものとおぼしく、語録『法檀』巻十五には、七言絶句「贈㆔南湖万如禅師新㆓築桐月庵㆒」を収める。註（82）前掲書一三一頁下。彼と同世代の万如もまた、青年期に一時、湛然（石雨の師）に参じており、その頃からの宗派を超えた誼（よしみ）と見られよう。「行状」、『万如禅師語録』巻十、『嘉興蔵』第二十六冊・四七九頁中。ただし、万如の語録中には、石雨関連の法語・詩偈は見当たらない。

(85) その期間は、即非自身が語った経歴たる「広寿即非和尚行実」（寛文五年［一六六五］）にも明記されておらず、歿後に成った法雲明洞撰「広寿即非和尚行業記」（同十二年［一六七二］）においても補充を認めない。

(86) 註（82）前掲書八五頁中。

(87) 「広寿即非和尚行業記」、『即非全集』一三〇一頁。ちなみに石雨は、崇禎十五年（一六四二）には北上して浙江に帰るが、順治三年（一六四六）、唐代以来の名刹復興を念願する外護者らの熱請を容れて杭州仏日寺に晋山してからは、雲棲袾宏―湛然円澄と継承した律僧としての側面をも発揮するに至り、晋山後まもなく執り行った授戒会には、実に一万二千人もの受者を数えたという。「行状」、註（82）前掲書一五五頁上。

(88) 『即非全集』八六二頁。また、日本渡来後、永覚の訃に接した即非は、賛「鼓山賢和尚」を製作、「予方而立。曾学㆓三上㆒。別㆑師一紀。臘踰㆓八旬㆒。近聞葉落帰㆑根也。無影枝頭爛熳春」と、参学の昔をなつかしみつつ哀悼している。同六六四頁。〈三上〉の語義が判然としないが、即非の永覚参学を三十歳（而立）と明記している点、簡略な「即非和尚行業記」の叙述を補っていよう。

(89) 高橋師『隠元・木庵・即非』、初版は、東京：丙午出版社刊、大正五年（一九一六）。筆者は昭和五十三年（一九七八）、東京：国書刊行会から刊行された再版本に拠った。この再版本は、『叢書　禅』第一四巻をなす。木庵の参学に関しては同書九八～一〇三頁、即非のそれに関しては、一四八～一五一頁を参照。

(90) 長谷部幽蹊博士『明清仏教教団史研究』では、第七章に「明清仏教の宗派性」を立て、三節に分かって、明清交替期における宗派意識の形成を詳論している。同書二五一～二七六頁。

(91) 道契『続日本高僧伝』巻五、『大日本仏教全書』第一〇四巻・二二四頁上。大賀一郎博士（大賀ハスで知られる）は、『続日本高僧伝』を主軸としつつ、他の伝記資料をも参照して、論攷「黄檗四代念仏禅師独湛和尚について」を公表された。『浄土学』第一八・一九合輯、昭和十七年（一九四二）。来日以前の事蹟に関しては、今日なお他の研究者の追随を許さない詳しさが認められる。なお、独湛の一代前の黄檗山住職であった慧林に関しては、大槻幹郎氏「慧林性機年譜稿」に拠る限り、得度の師・祇園□卉（系字未詳）と本師・隠元以外の他の高僧へ参学した形跡を認めない。慧林の出家は、順治五年（一六四八）四十歳と、すこぶる遅かった。

(92)『釈門孝伝』自序、『全』Ⅲ・一一〇〇下左。ある人から「古今の孝行を以て知られる僧侶の事蹟を、貴僧ご自身の見聞から大々的に摘出・編纂されては？」という慫慂に対し、そんな大がかりな事は自己には不可能だとして述べられた言葉である。

(93) 七言絶句「武夷図」、『洗雲集』巻十、『全』Ⅱ・八六四上左。貞享三～四年の七絶作品は、季節もしくは時日を示す語彙が本文・題目ともに甚だ乏しく、他の時期の作品に比して、系年には著しく困難を伴う。本篇の五つ前に置かれた「因レ事有レ感」は、貞享三年に代付問題を慨嘆して賦した旨、『紀年録』にも明記あり（『全』Ⅲ・一四八九下左）。また、本篇の三つ後には、「仏国建二開山堂一。闢二地基一。口占」一首が置かれているが、この開山堂の落慶は元禄二年（一六八九）の夏のことである（二巻本語録巻下、『全』Ⅰ・二六二上右）。したがって、今後、仏国寺各堂宇の建立記録を調査することによって、起工時に製作された右記「仏国建二開山堂一」の正確な製作年代が判明し、それに伴って、本篇の製作年代もまた明らかにされよう。

（94）五言律詩「謁㆓亘和尚于補山㆒」、『法苑略集』巻一、『全』Ⅱ・五五六上右。〈補山〉とは福州城内の補山万歳寺を指し、隠元・木庵の詩偈にも登場する。

（95）「雪峰亘信大師語録序」、『洗雲集』巻十二、『全』Ⅱ・八九一上右。また、『仏国詩偈』巻五にも、七言絶句「読㆓雪峰亘大師語録㆒」を収録する。『全』Ⅱ・七一四下右。なお、義存は亘信の主たる住持地・雪峰崇聖寺（福州市北西郊）の開山である。

（96）福清黄檗山内の実務運営に当たったのは、高泉の叔父たる無住と、その直弟子の「良×（道号）性△（法諱）」の道号・法諱をもつ一群の人々である。後者には例えば、良照性杲（？～一六六一、六十余歳）・良知性炳（？～一六五八、七十余歳）が挙げられる。高泉はその示寂を哀悼し、渡日後に「知闍梨伝」を撰述、種々の作務に黙々と勤しみ、「順治の末年、兵荒に値ふ」も、「猶ほ寺務を統べ、日に拮据して衆を済《すく》」っていた姿を描いている。『一滴艸』巻四、『全』Ⅱ・六五五上右。良照がごく晩年に隠元から嗣法して、その名を隠元関連の資料上に辛くも留め得たのに比し、良知や良亨・良穆らの名は、そこには見えず、また、木庵・即非の著述中にも見当たらない。彼らの師・無住は、黄檗山生え抜きの幹部であったものの、終生嗣法せず、また、著述らしい著述を遺さなかったために、弟子たちもまた世に知られることなく終わったものと見られよう。敢えて卑近な譬えを使わせていただくならば、彼らはいわば天下りの社長（住職）を迎える、天下り先生《は》え抜きの一般社員に比せられようか。

（97）七言絶句「礼㆓永大師塔㆒」、『法苑略集』巻三、『全』Ⅱ・五六七上左。

（98）永覚の二大伝記のうち、「鼓山永覚老人伝」の撰者・潘晋台の法名が「道靖」であることは、篇末の署名に「建安弟子道靖潘晋台百拝」とあることからも明らかであるが、もう一方の「行業曲記」の撰者・林之蕃のそれは判然としない。「行業曲記」篇末の署名部分で、彼は「賜進士出身」以下の官職（恐らく明代のそれであろう）を列挙したのち、「菩薩戒弟子」としめくくっているが、法名らしい文字は見当たらない。『永覚元賢禅師広録』巻三十、『卍続蔵経』第一二五冊・七八八頁下。ただ、五言の偈頌四首一篇から成る永覚の詩偈「答㆓林道敬居士㆒」は、あるいは林之蕃に贈られたものかもわからない。今後さらに検討を進めたい。同『広録』巻二十三（偈頌下）、『卍続蔵経』同右冊・六五九頁下。ちなみに、林之蕃の号が「涵斎」であったことは、『広録』巻頭の為霖の序に「其他［引用者註：永覚の主要な事蹟のこと］備二乎林涵斎居士行業曲記一」とあることからも明らかである。『卍続蔵経』同右冊・四〇四頁下。実は林之蕃は、隠元とも道縁を有していたものとおぼしく、二巻本・一巻本年譜ともに順治十一年（一六五四、隠元六十三歳）の条で、『黄檗和尚寿章』編者の名を列挙した中に、「銓部林涵斎」として挙げられている。その官職を〈銓部〉としているのは、彼が「吏部考功清吏司郎中」として、官吏の考課を司っていたことに因ろう（前出「行業曲記」篇末の署名を参照）。『隠元全集』五一九七頁（二巻本年譜）・五二〇三頁（一巻本年譜）、五二八〇頁（林之蕃本人の賀詩［七言絶句］）、能仁師訳註二五七頁。なお、能仁師訳註では、「林之蕃もまた福建出身。字は孔碩、進士及第は崇禎年間のことで、浙江省嘉興県の知事を務めたことがあり、清廉で山水画に長けていた」という新情報を盛り込んでいるが、惜しむらくは典拠を明示されていない。同師がしばしば参照される『中土来往書信集』中には、林之蕃に関連する校註を認めないから、『書信集』以外の文献に拠られたのであろうか。

(99) 長谷部幽蹊博士に拠れば、永覚の法兄・元来（戒律学の一門に関しては永覚の師でもあった）の頃から、「戒弟子の数を殖やすことによって、教線を拡張する方策がとられるようになったようで、参学弟子、居士の帰依弟子と共に、これら多数の戒弟子が下部組織として教団を支えた」という。同博士『明清仏教教団史研究』二八〇頁。

(100)『山堂清話』巻上、『全』Ⅲ・一一四九上右。

(101) 聖厳法師はその『明末仏教研究』第二章「明末的浄土教人物及其思想」中に、「明末禅者的浄土思想」の一節を立て、七人の禅者の浄土思想に関する言説を、著述中から細かに摘出される。うち四師までが曹洞宗の僧であり、そのうち湛然を除く三師が寿昌派の僧である（無明・無異・永覚）。同書一六七〜一七一頁、台北市：東初出版社刊、民国七十六年（一九八七）。

(102) 巻二十三、『全』Ⅰ・二二四下右頁。

(103) 本篇の前には、「受業師無住宓和尚賛五首」・「師叔無所恒公賛」が配され、後には「雲門玄生和尚賛」・「先師慧門沛和尚真賛」が配されている。〈師叔無所恒公〉とは、無住の法弟たる無所（字：時恒）を指し、〈雲門玄生〉とは玄生海珠（一六〇五〜一六五三）を指す。玄生は福建の人であり、密雲・隠元に師事する以前は、鼓山に短期間住持した無異元来に参じている。『黄檗文華人名辞典』一〇七頁下。無異の来山は、天啓七年（一六二七）から翌春までであるから、玄生二十三歳のときに相当しよう。

(104) ただし聖厳法師は、永覚が『浄慈要語』（『卍続蔵経』第一〇八冊）で展開した念仏が、その実、参禅の異形態にほかならなかったことを指摘される。註(101)前掲書一七一頁。

(105)「福州雪峰寺沙門釈如幻伝」『高僧伝合集』九五〇頁下、上海古籍出版社刊、一九九一年刊。喩謙は号を味庵といい、清末の著名な文人・王闓雲の弟子である。明清両代の高僧伝の不備を痛感していた北京法源寺の住職・道階（一八六〇〜一九三四）から、『新続高僧伝四集』の撰述を嘱された。どの伝も概して達意の名文であるが、本文でも指摘したように、出典表示には頗る乏しい。

(106) 註(105)前掲書「出版説明」五頁。

(107) 解放以前から福建仏教史の研究に邁進された林子青居士は、一九五五年刊行の標点本『痩松集』に序を寄せているが（「重印雪峯如幻禅師痩松集序」）、これに拠れば、『新続高僧伝四集』の如幻伝は多く『痩松集』に負うているという。同書三頁。

(108) 同『人名辞典』四一〇頁「超弘」の項、台北市：方舟出版社刊、民国六十三年（一九七四）。

(109) 同『大辞典』六九七頁、上海辞書出版社刊、一九九九年。なお、震華法師の伝記、とりわけ本『大辞典』編纂の辛労に関しては、高弟で上海玉仏寺住職の真禅法師（一九一六〜一九九五）が巻頭の序で詳述されている。また、于凌波氏（一九二七〜）『民国高僧伝続編』の「上海玉仏寺釈震華伝」も詳細だが、惜しむらくは出典表示を欠く。同書一二五〜一三一頁、台北市：昭明出版社刊、民国八九年（二〇〇〇）。

(110)「塔銘」（自撰）および「行状」（三門人共撰）ともに「超弘」とする。『痩松集』巻八之下、大乗精舎印経会影印本六七六および六八〇頁。影印底本は、光緒十八年（一八九二）重刻本である。台北市：大乗精舎印経会刊、民国九十一年（二〇〇二）。

(111)「行状」、『痩松集』影印本六八四頁、標点本四四四頁。「時に鼓山為霖和尚も亦た紫雲戒壇を以て師の出世地と為さんとす」と。〈紫雲戒壇〉とは、泉州開元寺内「〈紫雲〉大殿」および隣接の甘露〈戒壇〉を指していよう。崇禎八年（一六三五）、為霖の師・

永覚が同寺に来訪、久しく途絶えていた授戒会を再興している。永覚「泉州開元寺志序」、『中国仏寺志史彙刊』第二輯・第八冊・三頁。台北：明文書局刊、民国六十九年（一九八〇）。

(112) 林之濬（在俗の門人）の「序」、紀年は雍正五年（一七二七）。『痩松集』影印本七頁、標点本巻頭（通頁番号なし）。

(113) 海印「刻痩松集縁起序」、『痩松集』影印本一八頁、標点本巻頭（通頁番号なし）。なお、海印の伝記は、『新続高僧伝四集』巻六十四に見える。註（105）前掲書九五六頁上。

(114) 巻八之上「偶録」の部の最終条では、永覚元賢『寱言』からと明記のうえ、二度にわたって同書を長文にわたり引用、そのうえで、永覚の人物批評に対し、強い調子で異議を唱えている。如幻に拠れば、永覚は同書で、黄端伯（字：元方；号：海岸道人）の死が名に殉じたものと見る一方、水難事故で女主人を救えなかったことを恥じ、再度入水・自殺した下女や、清軍の福州入城に際して縊死した少年を、ともに「真如泯びずして内に無明に薫じ」、「成仏作祖の力量」ありとまで絶賛しているという。右記の黄端伯は、崇禎の進士で、南明・福王政権の礼部侍郎となったが、やがて清軍に捕らえられ、降伏を勧められるも屈せず、ついに刑場の露と消えた。さながら南宋の文天祥を見るような、壮烈な最期であった。ところが、如幻に拠れば、永覚は自己と黄端伯とがともに無明慧経門下での参禅仲間であったにもかかわらず、その死を忠烈だとは言い得ても、孔子のいわゆる「朝に道を聞かば夕に死すとも可なり」という大悟徹底の境地ではないと規定し、黄端伯を畢竟、「名に殉ずるの士」であると評し去っているという。如幻はこうした「永公の予［与］奪」を不当だとし、黄端伯・下女・少年を三者ともに、その学問の有無にかかわらず、ひとしく義士と見、とりわけ、永覚が過小評価した黄端伯に対しては、「名に殉ずとは、名を好むなり。忠烈、天性に出づ、豈に名を好むの為す所ならんや」と弁護している。『痩松集』影印本六六四～六六七頁、標点本四三二～四三四頁。ところで、永覚『寱言』には、正編と続編とがあり、その高弟・為霖道霈が順治十四年（一六五七）に編んだ『永覚元賢禅師広録』（『卍続蔵経』第一二五冊）巻二十九・三十に、順に配録されている。また、『寱言』原本は、永覚自序の紀年から、正編が崇禎五年（一六三二）、続編が順治九年（一六五二）と知られる。したがって、年代から見て、右記の黄端伯・福州一少年それぞれの殉節のことは、続編のほうに掲載されている筈である（ちなみに、下女の入水は、崇禎四年［一六三一］のこととされる）。ところが、『広録』所収の『寱言』続編には、該当する条文がまったく認められない。恐らくは編者たる為霖が、明滅亡後いまだ二十年を経ず、一部遺民の余憤なお冷めやらないことと、すでに清朝が福建を制圧している状況とに鑑み、高度な政治的判断から、原本にあった当該条を削除したものと見られよう。黄端伯の殉節自体は、清代中期に至って、居士仏教の重鎮・彭際清（一七四〇～一七九六）がその『居士伝』で立伝、『明史』・『建昌志』・『新城志』などに拠りつつ詳述している。同書巻五十一、『卍続蔵』第一四九冊・九九一頁上～九九二頁上。聖厳法師『明末仏教研究』（註（101）前出）もまた、本書に拠りつつ、「明末居士遭受政治迫害及与流賊相抗」一節を立て、その生涯を取り上げる（同書二六三頁）。しかしながら、『居士伝』が伝える黄元方臨終の偈は、如幻が永覚『寱言』から引いたそれとは、全く字句を異にする。如幻に拠れば、永覚はこの臨終の偈を熟視のうえ、黄元方を「殉名之士」と規定している。『寱言』本（如幻所引）：四大元無㆑我。消帰烈燄中。紅炉烟滅處。偏地起㆓清風㆒。一方、『居士伝』本：覿面絶㆓商量㆒。独露金剛王。若問㆓安身處㆒。刀山是道場。

（115）大陸における原本の刊年は未詳である。北京：中国仏教協会や、福州：閩南仏学院には恐らく架蔵されているものと見られるから、今後の調査に俟ちたい。巻頭の林子青居士（解放後の福建を代表する居士でもある）の序は、戊戌（一九五八）の執筆であり、これも巻頭掲載の「重建雪峯寺大雄宝殿碑記」は乙未（一九五五）の撰文と銘記されているから、恐らくは大雄宝殿再建に代表される雪峰寺の復興を記念して、一九五八年以降に出版されたものと推察される。図版・標点すべて明瞭であり、解放後刊行の仏書の模範例としても注目に値しよう。本書は民国六十四年（一九七五）に至り、台北：新文豊出版公司から覆刊されて、現に台湾大学綜合図書館に架蔵されている。原本にほぼ忠実な覆刊ぶりであるが、唯一前出の「大雄宝殿碑記」にいわゆる「人民政府」の語についてのみ、前半の「人民」部分が墨塗りされており、戒厳令解除以前の台湾における覆刊であることを如実に物語っている。

（116）これら一連の序文のうち、冒頭の林子青居士の序、および最後の広義法師（当時シンガポール在住）のそれは、標点本刊行時に撰述されたものである。また、標点本には、如幻の墨蹟や墓塔の写真、および「大雄殿碑記」（註（115）前出）も巻首に掲載されているが、目次にはその旨の註記を認めない。

(117) 台北市：大乗精舎印経会本、民国九十一年（二〇〇二）。本稿では後者に拠る。こちらは光緒十八年（一八九二）重刻本を底本とする。ちなみに、標点本では、底本が明示されていないが、筆者が今般照合した限りでは、これも光緒重刻本に拠ったものとおぼしい（重刻本巻末の王受福跋が省略された理由は不明である）。なお、藍吉富教授主編『禅宗全書』では、第六十五巻に『痩松集』を収めるが、これは大陸刊行の標点本の影印である。台北：文殊文化有限公司刊、民国七十九年（一九九〇）。

(118) 韻文では「雪峯院寇レ被。余上人（道余、如幻高弟）有レ詩志レ感。用レ韻」が、明清交替機の動乱から山寺とて免れ得なかったことを伝えている。標点本三一三頁、影印本五〇五頁。道余（名は照拙、道余は字、一六三三～一七〇四）の伝記は『新続高僧伝四集』巻六十三に見える。註（105）前掲書九五二頁中。また、「輓二方烈婦一歌」は、夫婦で福州郊外から城内に避難したものの夫が病没、二度自殺を図って二度目（絶食）に「成功」した烈婦を英雄的と礼讃している。標点本三一七頁、影印本五一一頁。また、散文では、「無疑大師暨徒行勉達己二師合葬塔銘」が注目すべきである。漳州府陥落に際し、市中の山なす屍を葬って回った師弟（師：無疑；弟子：行勉、達己）をねぎらい讃えることを主旨とするが、師弟の活躍に触れた場面は、さながら鎌倉幕府滅亡に際して同様の菩薩行に邁進した時衆僧を彷彿とさせるものがある。標点本七七頁、影印本一四二頁。

(119) 密雲は演派偈たる「黄檗伝法法脈」を製作、自己の法嗣・法孫らが、この偈頌の文字を系字とすべきことを規定した。亘信（行弥）・如幻（超弘）師弟の時代は、本篇の第二句「行超明実際」に基づいて系字を定めていることが明らかである。一方、同じく密雲の門下であっても、隠元（隆琦）・無住（隆宓）・木庵（性瑫）・独湛（性瑩）ら、福清黄檗山を主たる活動の地とした人々は、別の演派偈「黄檗剃度宗派」に拠って、系字を定めている。隠元およびその門下生の時代は、その第一・二句「正覚興隆。性道元浄」に基づいていた。この偈頌は、中天正円（？～一六一〇、黄檗山僧侶としての隠元の法曾祖父）が製作したものである。なお、高泉（性潡）の場合、隠元の法孫である以上、本来ならば系字に「道」を用いるべきところ、師僧・

慧門（如沛）が変則的に、この偈頌になき文字（如）を系字としたため、一代繰り上がる形で、「性」（本来は木庵・独湛ら彼の法叔たちの系字）を系字に用い、法嗣・法孫たちも以下、これに倣っている。なお、右記二篇の演派偈全文は、『黄檗山志』巻一巻頭所掲、『中国仏寺史志彙刊』第三輯第四冊・二六頁。

(120) 五言律詩「銭相墳」、標点本三二三頁、影印本五一九頁。銭粛楽の事蹟および、埋葬の経緯については、小野和子教授「銭粛楽の黄檗山墓葬について」を参照。『黄檗文華』第一一八号、平成十一年（一九九九）。

(121) 「黄檗隠老和尚衣鉢塔記」、標点本四三頁、影印本八九頁。〈衣鉢塔〉の存在自体は『黄檗山志』にも明記されているものの、そこに刻されていたはずの如幻「塔記」の引用は、なされていない。『山志』巻五、『中国仏寺史志彙刊』本二三二頁。如幻は、隠元が銭粛楽埋葬に際し土運びの労を惜しまなかったことや、授戒会に際して、疏（宣読文）中の明の年号を口にするや涙したことを「倫常大節に於いて克敦ならざるは靡（な）」かったことの例として挙げている。

(122) 偈（形式上は五言古詩）「和㆓黄檗隠元和尚勧㆒放生㆒」、標点本三九五頁、影印本六〇七頁。隠元の原詩は『隠元全集』二五九七頁参照。

(123) 「送㆘独耀書記還㆓西呉㆒省観㆖序」、標点本一〇一頁、影印本一七九頁。本篇は「丙申」、すなわち順治十三年（一六五六）の撰述である。独耀は隠元年譜の撰者としてのみならず、明末逃禅者・遺民僧の典型としても注目すべき存在でありながら、これまで伝記資料に乏しかったことは、すでに小野和子教授が註（58）前掲論文にて指摘しておられる。渡日する隠元と辞別してから後の事蹟は、殊に不明な点が多いが、本篇および五言律詩「和㆓独耀師越中見㆑懐之作㆒」（四首一篇、標点本三三二頁、影印本五三〇頁）の存在は、独耀伝の空白を埋めるに足ろう。独耀についての主要な伝記資料は、『中土来往書信集』一〇〇頁に列挙されているが、その中に『痩松集』は含まれていない。

(124) 「黄檗慧門和尚起龕」および「挙火」、標点本三八頁、影印本八一頁。また如幻は「黄檗慧門和尚語録序」をも撰述し、禅者としては具眼の士だとして高く評価している。標点本九三頁、影印本一六七頁。

(125) 「黄檗虚白和尚塔銘」、標点本六五頁、影印本一一三頁。

(126) 台湾大学文学院哲学系・楊恵南教授の御指教に拠れば（民国九十二年〔二〇〇三〕一月八日）、この句中にいわゆる〈臨淮〉とは、安史の乱に際し臨淮を守った李光弼を、一方、〈汾陽〉とは同じく安史の乱に際し汾陽を守った郭子儀を、それぞれ指しているという。いかにも、これならば句意が通じよう。楊教授は中国仏教思想全般、とりわけ禅宗史の権威であられるが、その該博な知識によって、本篇中最も難解で、かつ関鍵をなす句を理解できたことを、ここに厚く御礼申し上げる。

(127) 訓読筆者。『中土来往書信集』二五五頁（原本影印）および二五六頁（釈文）。

(128) 『即非全集』八八五頁。平久保氏はその頭註および総索引七四頁において、良偉が高泉と同一人物であるとの判断を示される。

(129) 『全』Ⅲ・一四八〇上右。ただし、『紀年録』では記室就任を同年冬のこととしており、それ以前（夏）にすでに記室となっていたとする如幻の叙述との間には若干の齟齬が認められる。思うに夏にはまず見習に、ついで、冬に至って正式に任用されたのではなかろうか。

(130) 〈钁餘〉の二字が物語るように、福清黄檗山での農作業（钁）の合間（餘）に製作した詩歌を収録する詩稿であった。『一滴艸』巻四、『全』Ⅱ・六四三上右。

(131) この逸話は、『五燈会元』（南宋末期刊）・『五燈厳統』（明末・費隠撰）あるいは『続伝燈録』（明初成立）といった主要な燈録中の両師伝には見当たらない。ヨリ詳しく言えば、宝祥は景淳の作品が「灌谿」に似ているとして、本文にも引いた叱責を加えているのである。「灌谿」とは、長沙灌谿に住した唐の志閑（？～八九五）を指す。志閑は臨済義玄の弟子であり、その伝記は、宋初成立の『景徳伝燈録』に掲げるものの（『大正蔵』第五一巻・二九四頁中）、ここには詩偈に巧みであったとする記述は認められない。下って円悟克勤（一〇六三～一一三五）が大成した『碧巌録』になると、唐の宣宗皇帝（八一〇～八五九、在位八四六～八五九）が即位以前、甥にあたる廃仏天子・武宗からの猜疑の視線を避け、身分を隠して志閑ならぬ智閑（香厳智閑、八一九～九一四、潙仰宗の禅僧）に入門、師弟ともに廬山で瀑布を眺め、二人していわゆる聯句を作ったとする。智閑がまず「穿レ雲透レ石不レ辞レ労。遠地方知出処高。」と詠じ、これに続けて僧形となった宣宗が「渓澗豈能留得レ住。終帰二大海一作二波濤一。」と詠じており、これによって智閑は、この弟子がただ人でないことを悟ったというのである。

同書巻二、『大正蔵』第四十八巻・一五二頁中。前出・志閑（灌谿）に山水関連の詩偈ありとする如幻の見解は、恐らくこの説話（の訛伝）から派生していよう。「智」と「志」とは中国語では同音（zhì）であり、しかも両師ともにほぼ同時代人であったために、容易に転訛を生じたものと見られる。ちなみに智閑についても、宋初成立の『宋高僧伝』（巻十三）および『景徳伝燈録』（巻十一）に拠る限り、山水関連の偈頌に巧みだったとの叙述を認めない。宣宗皇帝の禅宗入門伝説には、ほかにも幾つかヴァリエーションがある。例えば、陳巖肖の『庚渓詩話』は、『碧巌録』より若干あとの南宋・淳熙年間（一一七四～一一八九）の成立と見られるが、これに拠れば、宣宗は黄檗希運（臨済義玄の師であり、志閑にとっては師翁）とともに、どこと知れぬ山中で瀑布を眺めたとされる。これら一連の宣宗参禅譚については、林田芳雄博士の論攷「唐宣宗と黄檗禅師の瀑布聯句について」が詳細である。『黄檗文華』第一一五号、平成七年（一九九五）。

(132)「送銭塘僧思聡帰孤山叙」、『東坡全集』巻三十四、『四庫全書薈要』第三七八巻・五一八頁下、台北市：世界書局刊、民国七十四年（一九八五）。本篇をも含む『禅喜集』（蘇軾の仏教詩文集）全収録作品については、近年、飯田利行博士が訳註を公表された。本篇の訳註は、同博士の『禅喜集』下巻八三～八七頁を参照。東京：国書刊行会刊、平成十五年（二〇〇三）。

(133) 標点本一五〇頁、影印本二五六頁。

(134)『続扶桑禅林僧宝伝』巻二、『全』Ⅲ・一三二五下左。

(135) 巻中、『全』Ⅲ・一一六〇下左。

(136)「徴輯僧鑑録序」にその志を披瀝している。標点本一一七頁、影印本二〇五頁。『僧鑑（録）』は未完に終わったものとおぼしく、五言律詩「和独耀師越中見懐之作」（註(123)前出）第三首では、「僧鑑、編未だ成らず、深意　毫箋に託す」と詠じている。標点本の序の撰者・林子青居士は、「其の書をして果成せしめば、其の功、豈に（永覚）元賢の『建州弘釈録』の下に在らんや」と惜しんでいる。

(137) 七言絶句「予生来口拙…」の題目より、『洗雲集』巻八、『全』Ⅱ・八四五下左。

(138)『大円広慧国師遺稿』巻七、「聯」の部、『全』Ⅰ・四一七上左。

(139)『法苑略集』巻一、『全』Ⅱ・五五〇下右。
(140)『洗雲集』巻二、『全』Ⅱ・七四九下左。
(141)『法苑略集』巻二、『全』Ⅱ・五六一上右。
(142)『法苑略集』巻一、『全』Ⅱ・五五一下右。
(143)『法苑略集』巻一、『全』Ⅱ・五五一下左。
(144)『仏国詩偈』巻五、『全』Ⅱ・七一一上左。
(145)『洗雲集』巻十九、『全』Ⅱ・九八九下右。「書問」の部の冒頭に置かれ、しかも以下しばらく福建でしたためた書簡が続くから、本書簡もまた福建で執筆されたものであろう。したがって題目に「小雪峰如幻和尚」とあるのは、渡日後、如幻が小雪峰に晋住したことを知り、かつ『洗雲集』編纂に際し、本書簡が何らかの題目を必要とする段階になって、新たに附されたものと見られよう。
(146)『洗雲集』巻八、『全』八四九上左。
(147)「二十四巻本語録」巻二十三、『全』Ⅰ・二二七上左。題して「小雪峰如幻和尚賛」。第一首は五・六・七言句から成り、第二首は五言絶句の形式に拠っている。
(148)『紀年録』元禄八年（一六九五）の条、「其の翰墨に遊戯《ゆげ》し、宗門を黼黻《ふふつ》するの功、藤州（契嵩の出身地）・筠渓（徳洪の出身地）に遜らず」と。『全』Ⅲ・一四九九上右。
(149)『洗雲集』巻五、『全』Ⅱ・七九〇上左～七九二下左。この連作に先立つ一首は比較的長い詩題を持つ。これに拠れば、病癒えて後、居士の余未学とともに散歩、渓流沿いに植えられた梅に開花を認めた。その際の新鮮な驚きを、余未学が代弁して「将に謂《い》へり、『師、始めて梅を見ると。梅も亦た曰はん、吾始めて師を見る』」と語っている。『全』Ⅱ・七九〇上右。
(150)『天目明本禅師雑録』附録、『卍続蔵経』第一二二冊・七九二頁下～八〇〇頁下。なお、本篇については、つとに明本の高弟・天如惟則がその明本真作にあらざることを強調している。すなわち天如は「跋㆓海粟学士吟巻㆒」を撰述、「海粟の梅詩、自吟未だ了せず。未だ了せざるに先づ和す。甚《なん》の頭脳か有らん」として、明本が次韻の対象としたとされる馮子振の作品自体が実は未完であったこと、したがって、未完の作品（百首未満）に先師・明本が次韻する（百首）筈もないことを力説しているのである。『天如惟則禅師語録』巻七、『卍続蔵経』第一二二冊・九二四頁下。天如は『中峰国師広録』（明本の主要な法語・偈頌を収録）の編者でもあるが、本篇は当然のことながら採録していない。のちに如幻も天如に賛意を表し、かつ、一歩進めて、字句の低俗なること、到底『中峰国師広録』中の多くの真作偈頌に及ばないことを偽作の理由に加えている。標点本四三二頁、影印本六六四頁。

（151）『中国文学大辞典』第八巻・五七三三頁では、『集古梅花詩』を取り上げている。執筆は応宇氏。これに拠れば、全四巻から成る『集古梅花詩』は、古人の詩句を集めて（いわゆる集句）、梅を詠じた各体の詩を作り上げている。現存する明代の刊本は、明代後期の弘治十五年（一五〇二）刊本のほか、崇禎七年（一六三四）・同十六年（一六四三）のそれがあるという。今後の課題として、福建における同書の流伝状況を調査し、蓮峰・高泉が同書を披見した可能性を考察したい。

（152）同『大辞典』一三一〇頁。

（153）『嘉興大蔵経』第三十八冊。

（154）篇末に記されていたであろう超弘の名も、したがって、『嘉興大蔵経』本（駒大本を影印）には見当たらない。にもかかわらず、『禅学大辞典』「れんぽう・ぜんじごろく」の項では、超弘の序である旨、明記されている。恐らく駒大所蔵の原本（筆者未見）では、どこかに超弘の序である旨の書き入れがなされていて、『大辞典』執筆者（駒澤大学禅学研究所関係者）はそれに基づいて、超弘の序だと明記したのであろう。

（155）標点本九九頁、影印本一七七頁。

（156）『嘉興大蔵経』第三十八冊・三七九頁下～三八三頁上（「梅花百詠」）および三八三頁上～三八四頁中（「落花吟」）。うち、後者は黄十華なる居士から呈された七言律詩連作であるが、いわゆる平声三十韻（一東、二冬、三江…）各種につき一首ずつ詠じている。三十韻の中には、しばしば用いられる真韻・庚韻のような、所属の文字が多くて詩を賦しやすいものがある一方で、覃韻・咸韻のように所属文字が少ない上に、難字もしくは稀用字ばかりで詩作にはおよそ不向きな、いわゆる「難韻」もある。蓮峰がそつなくこれら「難韻」による詩作をもこなしている点、その詩才は注目に値しよう。

(157) 七言絶句「読㆓蓮峰和尚梅花詩㆒」、『洗雲集』巻十、『全』Ⅱ・八六七上左。転句に「吟㆓成百詠㆒立㆓花間㆒」とあるから、明らかに「梅花百詠」を指していよう。高泉はよほど「梅花百詠」が気に入ったものと見え、生前最後の詩偈集『翰墨禅』巻下にも、七言絶句「冬日読㆓蓮峰和上梅花詩㆒」を見る。その結句に「衾を擁し細かに読む　百梅詩」とあるから、これまた明らかに「梅花百詠」を指していよう。『全』Ⅱ・一〇六一上左。ただし、蓮峰の語録を読んだのは、さらに以前の貞享二年（一六八五）のことで、七言古詩「読㆓蓮峰和尚語録㆒」一首の伝存を見る。『洗雲集』巻一、『全』Ⅱ・七四八上右。しかも彼が手にしたのは、蓮峰から海を越えて寄せられた一本であった。そのことは同年に蓮峰へ宛てて発せられた礼状「上㆓遯庵蓮峰和尚㆒書」の文面からもうかがい知られる。『洗雲集』巻十九、『全』Ⅱ・一〇〇三上右。問題は高泉が手にした『蓮峰語録』の版本に、果たして「梅花百詠」も収録されていたかどうかであるが、筆者はその可能性が高かったと見る。なぜならば、その前年の貞享元年（一六八四）、仏国寺内に寓居する晦巖道熈が『新撰梅花百詠』を撰述し、高泉の七言律詩（詩序あり）を附して刊行しているからである。高泉はその詩序で、晦巖のこれら作品が「遠祖中峰明本の翰墨を以て仏事を為すに擬し」たとの見解を示している。『洗雲集』巻三、『全』Ⅱ・七七五上左。けれども実は、二人して仏国寺内で『蓮峰語録』を閲覧しつつ、直接的には蓮峰の「梅花百詠」を範としたものと見るのが妥当ではなかろうか。今後さらに国内に伝存する『蓮峰語録』諸版本を調査したうえで、いずれ結論を下したい。ちなみに駒澤大学本（『嘉興蔵』の底本）は、康熙三十一年（一六九二）の刊行である。『嘉興蔵』第三十八冊・三八四頁下所掲の刊記を参照。

(158)『旅日高僧隠元中土来往書信集』四三二頁では、蓮峰の隠元宛書簡の釈文・語釈を掲げるが、同書は蓮峰の系字については「性」ではないかとの見解を呈している。その根拠は、蓮峰が書簡の中で隠元を「法伯」と称していることに置かれている。しかしながら、「性」字はもっぱら、隠元直系の、それも福清黄檗山有縁の僧のみが用いた系字である（例：木庵〈性〉瑫・独湛〈性〉瑩）。蓮峰は隠元から見れば、確かに法姪に当たるものの、「性」字使用者としての資格は有しない。むしろ、費隠門下における主流的系字「超」を用いていたと、見るのが妥当ではなかろうか。ちなみに彼の『語録』に――ヨリ厳密には「梅花百詠」に――序を寄せた如幻は、法諱を〈超〉弘といい、もう一人の序の撰者もまた、蓮峰の同門法弟であるがゆえに、〈超〉裴という。前者の師が亘信〈行〉弥であり、後者（および蓮峰）の師が百癡〈行〉元であることからも知られるように、費隠門下の主要諸師のうち、隠元を除く諸師（亘信・百癡）は、いずれも「〈行〉〈超〉明実際」の句に基づいて法子・法孫の系字を定め、かつは定めしめているのである。なお、現在の中国において最も詳細な仏教人名辞典である『中国仏教人名大辞典』では八五一頁に「蓮峰」の項を立て、二人の僧の伝記を記しているものの、ともに本項で取り上げる人物とは別人と知られる。震華法師原編、上海辞書出版社刊、一九九九年。

(159)『嘉興大蔵経』第三十八冊・三六二頁上～下。末尾には「臘八十■。坐夏五十■。塔建国懽寺西麓」とあって、撰述当時すでに八十歳を越えていた彼が、余命いくばくもないことを悟って、あらかじめ寿陵（塔）を営んでいたことが知られる。

(160)『嘉興大蔵経』第三十八冊・三六二頁中。

(161)『紀年録』順治十三年（一六五六）の条、『全』Ⅲ・一四八〇上右。

(162)「語録」の部は、蓮峰最初の晋山先たる孤山禅寺をはじめ、六か寺での上堂法語を中核とする。いま、個々の寺名は略した。

(163)『嘉興蔵』第三十八冊・三七七頁下。

(164)『木菴全集』三五三三頁。なお、『蓮峰禅師語録』所掲の偈頌は、必ずしも年代を逐うて配列されてはおらず、詩題に干支・年号を含まない作品の系年には注意を要する。

(165)『嘉興蔵』第三十八冊・三六八頁下。

(166)隠元の費隠宛書簡「上徑山本師大和尚」に見える言葉である。『隠元全集』二一九八頁。

(167)「高泉」のみならず、最初の道号「(良)偉」によっても検索したが、該当詩偈は得られなかった。なお、七言絶句「送㆔雲崖上座回㆓獅子巖㆒」（『嘉興蔵』第三十八冊・三六八頁中）、および七言律詩「雲崖姪巖遊回。用㆑韻似㆑之」（同・三七四頁下）が現存しており、これら作品によって蓮峰が雲崖（これは道号。法諱未詳）と交流のあったことが知られる。雲崖は高泉の慧門門下での法兄（兄弟子）である。高泉からしても特に近しい法兄だったとおぼしく、延宝四年（一六七六）春発送の書簡「寄二斂石雲崖和尚書一」では、この時点までに刊行されていた著述五種を列挙のうえ、「奈んせん、途遠くして一一寄呈すること能はず。後日何如と俟つ」と自ら惜しんでいる。『洗雲集』巻十九、『全』Ⅱ・九九八上右。

(168)『一滴艸』巻二、『全』Ⅱ・六二九上左。

(169)『法苑略集』巻一、『全』Ⅱ・五五七上右。

(170)蓮峰には「寓二鏡庵一雨後観レ湖」、「和二鏡庵即事韻一」の二首あり、ともに七言律詩である。殊に後者は、蓮峰が他者の作品に〈和〉韻したものであり、その他者があるいは高泉なのではないかとも考えられなくもないが、用いている韻の種類を異にしている以上、やはり否定せざるを得ない（高泉の作品が平声冬韻を用いているのに対し、蓮峰のこれら作品は順に平声尤韻・平声先韻を用いており、いずれも「通韻」は不可能）。『嘉興蔵』第三十八冊・三七五頁上および三七六頁中。

(171)蓮峰自撰「行実」、『嘉興蔵』第三十八冊・三六三頁中。

(172)『洗雲集』巻五、『全』Ⅱ・七九五下左。なお、書簡「上二遯庵蓮峰和尚一書」は『洗雲集』巻十九、『全』Ⅱ・一〇〇三下右。

(173)『全』Ⅱ・一一七〇下左。

(174)『紀年録』元禄八年（一六九五）の条、『全』Ⅲ・一四九九下右。

(175)自伝「旅泊幻蹟」、『為霖道霈禅師還山録』巻四、『卍続蔵経』第一二五冊・九七五頁上。

(176)陳錫璋氏『福州鼓山湧泉寺歴代住持禅師伝略』三四〇頁。

(177)順治二年（一六四五）成立、全十二巻。今日、台北：明文書局刊『中国仏寺志史彙刊』第一輯に収録されていて、早稲田大学・台湾大学図書館で容易に閲覧できる影印本は、乾隆二十六年（一七六一）刊の増補本を光緒二年（一八七六）に至ってさらに増補した刊本を、その底本としている。乾隆時の増補は、ときの住職・遍照興隆（一六九七～一七七五）が土地の文人・黄任に嘱した事業であった。陳錫璋氏『福州鼓山湧泉寺歴代住持伝略』三七二頁参照。台南市：智者出版社刊、民国八十五年（一九九六）。

(178) 順治六年（一六四九）成立、全四巻。昭和四年、龍池清氏が常盤大定博士とともに鼓山（および怡山西禅寺）を訪れ古文献目録を作成した際は、なお本書唯一の刊本を目睹されている。龍池氏「鼓山・怡山蔵逸仏書録」、『東方学報』第二六号第六冊・二六頁、昭和十年（一九三五）。早稲田大学中央図書館は、あいにく同『学報』のこの巻をのみ架蔵しておらず、頁数は長谷部幽蹊博士『明清仏教教団史研究』四七三頁に示すところに拠った。『補燈録』の流伝が永覚の他の著述に比して著しく狭小であったことについては、同じく『明清仏教教団史研究』の四六〇頁を参照。長谷部博士が現存する本書の序や永覚の伝記資料に拠りつつ明らかにされたところに拠れば、南宋・大川普済（雪篷慧明編纂説もあり）の『五燈会元』の後を承け、曹洞宗を中心とする禅匠の伝記・機縁語を掲載、撰述に際しては、当時なお閲覧困難であった玄極居頂『続伝燈録』をツテを得て参照したという。陳錫璋氏『鼓山湧泉寺掌故叢譚』一三五頁に拠れば、文化大革命の劫火によって、山中第一の宝であった元版大蔵経（いわゆる「延祐蔵」）は惜しくも失われたが、幸いにして永覚・為霖師弟の著述刊本および版木は、なお多く伝存しているという。しかしながら、これとて同氏が先行文献で見た叙述の踏襲であり、筆者としてはいささか悲観的な気持ちを伴いつつ、本書の安否を気遣わざるを得ないのである。

(179) 全四巻、『卍続蔵経』第一四七冊所収。成立年代をめぐる考証は、長谷部博士前掲書三八七頁参照。ちなみに永覚は、福建出身の朱熹を第四「輔教」の部（巻下）に列しているが、一般には仏教に否定的だったと見なされている朱熹に、かかる地位を与えているあたり、儒者出身の永覚の儒仏一致を目指す理念が、濃厚に反映されていよう。

(180) 福建時代の木庵にも、鼓山から参じた僧との問答が遺されている。その修行僧は「生、何（いづ）くよりか来たり、死、何くよりか来たる」という疑団をかかえて木庵に参じた。問答の末、木庵は「妄語漢！」の痛罵とともに彼に痛棒を食らわせているが、そこに至るまでの問答はあくまでも真摯である。『木菴全集』二二九頁。

(181) 七言絶句「詠㆓一線泉㆒呈㆓為霖和尚㆒」、『法苑略集』巻三、『全』Ⅱ・五六七下左。

(182) 巻下、項題は「尊㆑師」、『全』Ⅲ・一一七〇下左。

(183) 『為霖道霈禅師還山録』巻四、『卍続蔵経』第一二五冊・九七六頁上〜下。

(184) 全四巻、『卍続蔵経』第一二六冊所収。

(185) 七言絶句「読二為霖大師旅泊菴稿一」、『大円広慧国師遺稿』巻一、『全』Ⅰ・三三八下右。

(186) 正確な部題は、「聯句」である。漂泊先の寺々で請われて撰述・揮毫した対聯十九対を掲載。『卍続蔵経』第一二六冊・七七頁下～七八頁下。一方、前出『大円広慧国師遺稿』は、高泉の侍者・道圭の編纂に係る。本書もまた「聯」の部を、最終巻（巻七）の末尾に配しており、この点やはり、巻数こそ異なるものの、『旅泊菴稿』の巻次に倣ったものとおぼしい。道圭は、侍者として仕えていた生前の高泉から『旅泊菴稿』の原本、もしくは元禄五年（一六九二）刊刻の和刻本を提示されていた可能性があろう。平久保氏の算出法に拠れば、収録された対聯は実に百九十九対に達する。ちなみに、『遺稿』の編者・道圭は、恐らくは高泉の法孫・大中元圭と同一人物であり、何らかの事情により――恐らくは付法に際し、系字を同じくする同輩間での付法が好ましからぬものと見なされたために――系字を本来の「道」から一世代下の「元」に改めたうえ、宝永三年（一七〇六）、高泉直弟子の琛州道祐から付法されたように推察される。なお、聯の製作・集成自体は、厳密には為霖が本師・永覚から継承した文芸嗜好である。しかしながら、為霖においては、永覚のような餘技としてではなく、どこまでも自己の禅思想の一部として血肉化した感が強い。

(187) 依頼主の多くは禅宗の僧侶であったが、浄土律院や東大寺大仏殿からの依頼もあり、加賀藩主・前田綱紀も菩提寺天徳院（曹洞宗）の造営に際し、多量の聯製作を依頼している。天徳院所蔵の聯の現況については、木村武氏の論攷「加賀・能登における「黄檗文化史」の一考察」に詳しい。『黄檗文華』第一二二号、平成十五年（二〇〇三）。

(188) 『遺稿』巻三、『全』Ⅰ・三七七下右。

(189) 黄檗山内の聯については、中尾文雄師『黄檗山の聯と額』に実物の写真・大意が多数掲載されている。黄檗宗務本院刊、平成二年（一九九〇）。

(190) 七言絶句「贈二日国玄光禅師一」、『鼓山為霖禅師還山録』巻一、『卍続蔵経』第一二五冊・九五六頁下段。「独庵独語序」、同『録』巻四、『同』第一二五冊・九六四頁上～下段。後者は独庵が古徳の心・志の持ち主であって、「今日支那の宗門、地を掃ふに、意《おも》はざりき、日国玄光禅師に于いて之を見んとは」と絶賛している。なお、明末仏教とのかかわりを中心に取り上げた独庵の略伝は、『黄檗文化人名辞典』二六八頁下〜二六九頁上を参照。為霖から得た高評に加え、かつて師事した道者超元（一六〇二〜一六六二、隠元の法姪なるも、隠元渡日後まもなく帰国）との道縁についても、簡明な説明を加えている。また、同時代人による独庵略伝としては、徳翁良高（一六四九〜一七〇九）『続日域洞上諸祖伝』巻四、『大日本仏教全書』第一一〇巻・一一四頁上〜一一五頁上を参照。著者・良高は独湛に参じ、木庵から受戒したこともある曹洞宗僧侶である。

(191)『継燈録』巻一、『卍続蔵経』第一四七冊・七一五頁下〜七一六頁上。

(192)長谷部博士『明清仏教教団史研究』四六三頁。

(193)この語、長谷部博士訓読文に欠く。

(194)宋濂の原文は、『明版嘉興大蔵経』第二十二冊・六七二頁上段に見える。その篇題について、長谷部博士訓読文は「賜（る）」に作る。原文ではしかし「贈（る）」としている。博士ご自身は、この一篇が、宋濂『護法集』巻八所収の「贈㆓令儀蔵主㆒序」に相当することを考証・比定しておられるから、この「賜」字はやはり、印刷時の誤植と見たい。なお、宋濂から「序」を贈られた範堂令儀の事蹟は未詳だが、卍元師蛮『延宝伝燈録』巻十七巻頭に見える「範堂円模」（蘭渓道隆の法曾孫）は、建長寺での参学成ってのち、入明したとされる。恐らくはこの人物を指すか。『大日本仏教全書』第一〇八巻・二三二頁上。

(195)長谷部博士前掲書二六六頁。寿昌派曹洞宗の禅僧としては、無異元来・永覚ともに、無明慧経（同派派祖）門下での同輩であるが、無異は永覚に戒を授けており、したがって、戒律学のうえでは、前者は後者の師となるという。

(196)なお、長谷部博士前掲書四七四頁に拠れば、この道元伝をも載せる『継燈録』和刻本は、元禄五年（一六九二）に、初刊を見たという。これまた筆者の見解を傍証するに足るのではなかろうか。

(197)『大日本仏教全書』第一巻・二九四頁下。

(198)長谷部博士前掲書四六三頁に見える概括に拠った。

(199)『曹洞宗全書』解題・索引三八三頁上、昭和五十三年（一九七八）。

（200）同『全書』第一巻・二一一～二一四頁、昭和十三年（一九三八）。また、『洗雲集』巻十五、『全』Ⅱ・九四三上左。

（201）江戸期成立の鉄心略伝中、隠元ほか黄檗僧侶とのかかわりを中心に取り上げたものとしては、註（190）前出の徳翁『続日域洞上諸祖伝』巻四のそれが、まず挙げられよう。『大日本仏教全書』第一一〇巻・一一〇頁上～一一一頁下。

（202）『紀年録』延宝七年（一六七九）の条、『全』二五丁右。

（203）碑文撰述以前に成立していた、曹洞宗関係者の手になる漢文体の道元伝としては、『永平開山道元和尚行録』（延宝元年［一六七三］刊、撰者未詳）が挙げられる。『曹洞宗全書』第一巻所収。解題は同『全書』解題・索引三七九頁下～三八〇頁上、執筆は竹内道雄師。その文相《もんそう》、とりわけ、説話の順序がすこぶる高泉の「道行碑銘」に似ており、参考資料の一つたることは疑いを容れないが、宇治興聖寺で垂示された法語は引かれていないから、高泉は「道行碑銘」撰述に際し、延宝元年（一六七三）刊行の『永平広録』（道元の語録、木庵が序を寄せた）をも参照したものと見られよう。

（204）『曹洞宗文化財調査目録解題集』3（九州管区編）・一一〇頁下、曹洞宗宗務庁刊、平成八年（一九九六）。

（205）逆流は、延宝二年（一六七四）、独庵の後を承けて晧台寺住職となった。のち、自己の語録の添削を唐通事・林道榮（一六四〇～一七〇八）に依頼したことが師の独庵に知られ、禅者にあるまじき虚偽のふるまいとして叱責されている。永井政之教授「独庵玄光と中国禅――ある日本僧の中国文化理解――」、『独庵玄光と江戸思潮』九八頁、ぺりかん社刊、平成七年（一九九五）。

（206）『正法眼蔵』が正格の漢文に訳出されたのは、瞎堂本光（一七一〇～一七七三）の『正法眼蔵却退一字参』に始まる。明和元年（一七六九）暮に起稿、僅か一年にして脱稿し、その歿後ほぼ四十年をへた文化九年（一八一二）、法嗣たる甫天俊昶（？～一八一七）が刊行した。『永平正法眼蔵蒐書大成』第一八巻所収、大修館刊、昭和五十年（一九七五）。巻頭に河村孝道教授による詳細な解題を掲げる。

（207）潘桂明教授（蘇州大学）著『中国居士仏教史』上冊・四頁に見る同教授の定義から取意。北京市：中国社会科学出版社刊、二〇〇〇年、。

(208) 論攷「居士仏教に於ける彭際清の地位」、『中国近世仏教史の研究』所収。京都：平楽寺書店刊、昭和三十二年（一九五七）。初出は『仏教文化研究』第二号、昭和二十七年（一九五二）。

(209) 大蔵出版刊、昭和六十年（一九八五）。特に第四章「後世への影響」は、清代後期以降の居士仏教における袾宏思想の継承・展開を詳説している。

(210) 誠信書房刊。のち、『増訂　中国禅宗史の研究――政治社会史的考察――』の書名にて昭和六十一年（一九八六）に至り、研文出版（山本書店出版部）より増訂版刊行を見た。ただし、宋代居士仏教を扱う「宋初における臨済派下に関する居士について」（増訂版第四章）、「黄龍派の発展と居士」（同第八章）、「杭州結社型仏教」（同第十二章）は、いずれも初版本以来のものである。

(211) 同書三九六～四〇七頁。

(212) 同書第四章「明末的居士仏教」二三九～二七八頁。篇末の聖厳法師「後記」に寄れば、初稿は一九七八年、コロンビア大学での第三回国際仏教学研究大会で発表されたという。

(213) 潘教授は明らかに日本語の、それも思想関連の論文を読む能力を有されながら、巻末の参考文献目録を見る限り、それを活用された形跡がないのも惜しまれる。教授は池田大作氏著『私の仏教観』および『私の釈尊観』の中国語訳者である旨、著者略歴に明記されている。にもかかわらず、参考文献目録には、我が国における明清居士仏教の古典的名著たる牧田・荒木両博士の著作を認めない。代わって、古典的名著ではあるものの、居士仏教に関してはさして筆を費やさぬ忽滑谷快天博士『禅学思想史』や野上俊静博士『遼金仏教』が列挙されている。元代の居士仏教については、もっぱら耶律楚材についてのみ叙述しており、趙孟頫や高麗忠宣王（大都滞在）らの中峰明本との交往については全く触れられておらず、右記文献目録中にも明本の語録は挙げられていない。

(214) 本書八〇三～八〇四頁。なお、『痩松集』では、引用ではない如幻自身の言葉として、黄端伯が曹洞宗の無明慧経のもとで悟達、かつ、進士に及第（崇禎元年［一六二八］）ののち、今度は臨済宗の諸師を歴訪し、いよいよ悟境を深めたとする。これは彭紹升『居士伝』の叙述とは全く逆の求道過程である。のみならず、『居士伝』では、黄端伯が進士及第・任官後から求道を開始したとしている。『居士伝』に拠れば、黄端伯の参じた臨済宗の高僧が密雲円悟（原文：天童）とその門人たる費隠通容（同：徑山）・漢月法蔵（同：三峰）の二師であり、最終的には曹洞宗の無明のもとで開悟したという。密雲の『語録』現行本に、崇禎五年（一六三二）三月執筆の黄端伯の序を見ることから推して（『嘉経蔵』第一〇冊・一頁上）、右記の『居士伝』の叙述は、彼の密雲への参学に関しては措信するに足ろうが、参訪の順序としてはやはり、同時代人で密雲の法曾孫（費隠法孫）でもある如幻の叙述のほうを採るべきではなかろうか。

(215)『即非全集』八六七頁。『嘉興蔵』本『即非禅師全録』では、巻十六に載せる。『嘉興蔵』第三十八冊・六九五頁上〜中。ただし、巻頭に掲げられた康熙三十三年（一六九四）執筆の沈廷文（字は「元洲」、清の翰林院学士）の序に拠れば、『嘉興蔵』本は日本からもたらされた版本の覆刻であるという。同冊・六二七頁下。明滅亡からちょうど半世紀をへた中国では、もはや強烈な反清意識に燃える明の遺民ももはや多く鬼籍に入り、本篇のような凄絶、かつ、然るべき遺民が読めば反清感情を喚起しかねない作品をそのまま覆刻しても、恐らくは差し支えなかったものと見られよう。

(216)即非前掲詩偈および『痩松集』（所引の永覚元賢『寱語』逸文）では、黄端伯が家族と訣別した際の五言絶句を、「義士不㆑憂㆑死。忠臣豈愛㆑生。只留㆓方寸赤㆒。千古放㆓光明㆒。」とし、いよいよ斬に処せられる際の遺偈を「四大原〔元〕無㆑我。銷〔消〕帰烈焰中。紅炉煙冷處。偏地起㆓清風㆒。」とする（〔　〕内は『痩松集』の用字）。黄端伯はこれを唱え終わって、従容として死に就いたとされる。一方、『居士伝』では、家族に遺した詩は伝録を認めず、南京守備に際しての七言絶句および遺偈を掲載する。しかしながら、後者は同じく五言絶句ではあっても、「覿面絶㆓商量㆒。独露金剛王。若問㆓安身處㆒。刀山是道場。」というもので、右記二書が掲げる本文とは、およそ字句を異にしている。また、『居士伝』では、白刃のもと、少しも顔色変ぜぬ彼に刑吏が恐れをなし、二人目の刑吏もまた恐れて剣を振り下ろせなかったので、ついに黄端伯のほうから刑吏に「どうして私の心臓を刺さないのだね？」と語りかけ、刑吏もその言にしたがって、最期を遂げたとされている。

(217)『紀年録』、『全』Ⅲ・一四七九下右。

（218）『黄檗文華』第一一八号・七〜八頁。平成十一年（一九九九）。
（219）『法苑略集』巻四、『全』Ⅱ・五八四上左。『紀年録』順治十七年（一六六〇）の条に拠れば、高泉二十八歳の作と知られる。『全』Ⅲ・一四八一上右。
（220）小野教授論攷に拠れば、前者は『銭忠介公集』巻二十一（馮貞群氏主編『四明叢書』所収）、後者は『鮚埼亭集』巻七所収（ともに筆者未見）。同教授による日本語抄訳は、ともに『黄檗文華』註（120）前掲号・四頁所掲。両篇とも成立年代は判然としないが、葬儀記録集への序文（前者）および碑文（後者）という性質上、順治十一年（一六五四）の銭粛楽埋葬と前後して成ったとおぼしい。高泉の周鶴芝訪問は同十三年（一六五六）のことだから、この当時、周鶴芝の官位を「平夷侯」とする呼称が一般に行われていたのではなかろうか。
（221）小野教授前掲論攷、『黄檗文華』註（120）前掲号・七〜八頁。なお、近代史学的手法による、わが国で最も早期の周鶴芝伝記研究としては、石原道博氏「明将周鶴芝・馮京第の日本乞師に就いて」が挙げられよう。同氏『明末清初　日本乞師の研究』所収、東京：冨山房刊、昭和二十年（一九四五）。その初出は『齋藤先生古稀祝賀記念論文集』、昭和十二年（一九三七）。
（222）『法苑略集』巻四、『全』Ⅱ・五八五上右。
（223）周鶴芝訪問に際し、「海南」で製作した七言律詩「戒殺」三首が、『一滴艸』巻二に伝録されている。遺憾ながら地名特定につながる字句を認めないが、いずれも漁民に不殺生を呼びかける内容である。『全』Ⅱ・六二七下右。『紀年録』順治十三年（一六五六）の条に拠れば、「神社」（恐らくは小規模な道観を指そう）に掲げられた本篇は名作と謳われ、ある老人が数十里の遠きを厭わず、その「神社」を訪れて写し取ったほか、五十余名もの老若男女が、生涯肉食しないことを誓ったため、高泉は彼らのために会規を定め、念仏結社を開かせたという。彼にとっては最初の庶民教化の旅となった。『全』Ⅱ・一四七九下右。
（224）隠元の書簡「与二常熙上座一」では、冒頭、常熙の所住の地を「福唐海壇西院」とする。『隠元全集』二二四九頁。また、高泉の七言律詩「眠牛山」では、首聯に「当年已に道《い》ふ、函関を出づと［引用者註：老子が牛に乗って函谷関を通過した伝説を指す］。底事《なにごと》ぞ石と化して海島に居す」とあり、眠牛山が海上の島内にあることが明示されている。『法苑略集』巻一、『全』

Ⅱ・五五〇下右。そして『中華人民共和国地名詞典』福建省・四三三頁に拠れば、本文に挙げた牛山島は、その形状が臥牛に形が似ているので、この名を得たという。筆者の本文中における推測の根拠がこれである。北京：商務印書館刊、一九九五年。現段階での筆者の私見としては、眠牛山とはすなわち現在の牛山島のことであり、そして海壇が転訛して「海南」となったものと見たい。後者に関しては、明末福建方言の知識を必要とするが、専門書に徴してぜひとも解明したい。ちなみに、「眠牛」には、「風水上の適地」という意味もあるが（小野教授註（58）前掲論攷、掲載号五九頁）、この場合はそれに加えて「臥牛」との意味も含まれるのではないだろうか。

(225)『黄檗山志』巻二、『中国仏寺史志彙刊』第三輯第四冊・六三頁。

(226) 進晟の簡明な伝記としては、『旅日高僧隠元中土来往書信集』二二〇頁所掲のそれが、拠るべき古文献を列挙していて最も信頼が置ける。この略伝は、進晟が順治十三年（一六五六）春にしたためたと推定される隠元宛書簡への註釈中に見える。

(227)『紀年録』順治九年（一六五二）の条、『全』Ⅲ・一四七八下右。

(228) 篠原壽雄教授はその『台湾における一貫道の思想と儀礼』中に「飛鸞の意義・権能とその諸相」と題する一章を設け（第三部第三章）、主として許地山氏の戦前の研究（公表は『扶箕迷信底研究』、台北：台湾商務印書館刊、民国五十五年［一九六六］）に拠りつつ、宋代以降清代に至るまでの箕仙の事例を列挙し、逐一所見を添えておられる。同書三五〇〜三七四頁、平河出版社刊、平成五年（一九九三）。教授の意図は、一貫道（台湾で盛行している道教主体の混淆宗教）が教団独自の霊術だと主張する「飛鸞」が、その実、宋代以来の民間道教儀礼にまで遡ることを明らかにすることにある。

(229) 七言絶句「寄㆓贈三山鄭道士㆒」『仏国詩偈』巻一、『全』Ⅲ・六六六下右。本篇で特に注目すべきは転結両句である。鄭道士の道力の強大さを賞賛して「壮心不㆘為㆓僵尸㆒移㆖。離欲無ㇾ容㆓炭女染㆒」と詠じている。〈僵尸〉（広東語発音：キョンシー）とは、「霊幻道士」ほか一連の香港映画によって我が国でも知られるに至った「死霊」の意であろう。もう一方の〈炭女〉とは、五斗米道の始祖・張道陵が、弟子の道念堅固ぶりを試みるべく炭でつくった美女のことで、その故事（炭婦羞）自体は、時代的にずっと降った宋・龐元英（の著とされる）『談藪』（筆者未見）に見えているという。『大漢和辞典』「炭婦羞」の項参照。

(230)『山堂清話』巻上、『全』Ⅲ・一一五二上左。なお、高泉は本項に続けて「降レ仙」をも設け、本項と併せて降仙の方法とその意義・霊験談を取り上げており、恐らくは我が国における最初期の道教儀礼紹介としても貴重な記録だと言えよう。

(231)『山志』巻七、『中国仏寺史志彙刊』本・四五一頁。陳摶の「和二小渓十咏一」は、隠元の六言絶句連作「小渓十咏」（『隠元全集』一二三三頁）に和したものであるが、当然のことながら、陳子龍の場合と同様（第一章註(155)参照）、霊媒を務める道士が、乱筆を執って砂上にしたためたものを、道士当人もしくは判読担当者が判読のうえ詩偈の形に整えたものであろう。

(232)『隠元全集』一五二一頁および二七四四頁。前者は福清黄檗山の山内末庵たる獅子庵を詠じている。したがって、前出・何九真の「和小渓十咏」と並んで『黄檗山志』巻七（題目は無いが、一般的な寺志の芸文志に当たり、その寺ゆかりの詩文を収録）に伝録されていてもおかしくない筈であるが、『仏寺史志彙刊』本が底本とする道光刊本には見当たらない。

(233)これは註(230)前掲書・同項目の結語である。『全』Ⅲ・一一五二下左。

(234)『隠元全集』五三三頁および一四八二頁。

(235)『翰墨禅』巻下、『全』Ⅱ・一〇六〇下左。

(236)例えば七言絶句「先厳慈諱日血二書金剛経一」、『洗雲集』巻五、『全』Ⅱ・七九七上右。七言絶句「閒中追二思先父母一。因瀝レ血敬二書三千諸仏名経・金剛・円覚・弥陀・観音・盂蘭盆・遺教・弥勒下生経等……一」、『同』同巻、『全』Ⅱ・七九七下左など。

(237)「天童密雲禅師年譜」崇禎三年（一六三〇）の条、『密雲禅師語録』附録、『嘉興蔵』第一〇冊・八二頁中。

(238)巻上、「対霊」、『全』Ⅲ・一一五三下右。

(239)『嘉興蔵』本『密雲禅師語録』の丁数も、これと全く一致する。『嘉興蔵』本は順治十七年（一六六〇）の刊刻であり、『山堂清話』はその十二年後のわが寛文十二年（一六七二）の刊刻であるから、高泉のいう『全録』とは『嘉興蔵』本を指すのではなかろうか。

(240)陳錫璋氏『鼓山湧泉寺掌故叢譚』二五九頁では、王宣煌氏『閩海風光』に拠りつつ、葉向高本人が風水に詳しかったこと、その知識を「悪用」し、種々の方法で、他家の墓地の風水上の好環境を「破壊」して回ったことを伝えている。とりわけ知られた事例として、小さな塔を建立、その影を矢のごとく延ばしていって、林家墓地の龍穴を「破壊」するよう企図したことを紹介している。王氏の著書（筆者未見）は、閩海出版社刊、民国四十八年（一九五九）。

(241) その父・陳沁斎（〈沁斎〉は恐らく号）と二代にわたる外護者であり、五人兄弟の長男である。兄弟挙げて福州の官学に勤務し、人望を集めていた。隠元門下では慧門如沛（高泉の師）と親しく、また、清斯真浄（高泉法兄）が康熙十六年（一六七七）、福清黄檗山に晋山するに際しても奔走したという。以上の事蹟および家系は、高泉の七言絶句「寄㆓懐玉融陳外護㆒」三首の題下註に記されており、『中土来往書信集』四二七頁所掲の略伝、および同書に拠った能仁師『隠元禅師年譜』二一六頁所掲の訳註を補う内容である。『洗雲集』巻八、『全』Ⅱ・八四八下左。また、民懐の父・沁斎には、「沁斎」に加えて「乾庵」の号もあり、いずれの場合も、黄檗三祖および高泉の遺文には、しばしば「参藩陳――」という形で記名されている。この〈参藩〉の語義はなお未詳であるが、即非の詩偈「寄㆓贈陳乾庵参藩六十寿㆒」（『即非禅師全録』巻十七、平久保氏『即非全集』底本）の題を、異本たる『即非禅師雪峰草』では「寄㆓贈参議乾庵陳居士六十初度㆒」に作っていることから推して、官名「参議」の別名と見られよう。『即非全集』九〇三頁本文および頭註を参照。

(242)『中土来往書信集』二五六頁に原文の釈文を掲げる。虚白は風水説に立つ林氏の見解に加えて、参詣に不便だとする他の信徒たちの意見をも長々と引用するが、対する陳氏の見解のほうは簡略に触れるにとどめ、しかも陳氏が林氏の「意を解せず」と断じている。したがって、虚白が林氏（および他の信徒らの）側に立っていることは覆うべくもない。そして彼は、この問題の早期解決のため、法兄・大眉性善の帰国・調停を切望しつつ筆を擱いている。大眉は隠元のもとで、福清黄檗山の監寺（大寺の副住職であり、しばしば実務上の最高責任者となる）を久しく務めており、外護者間の調停を図るには適任者であったためと見られよう。

(243) 也懶性圭が住持し、隠元も渡日の途上滞在・説法した鳳（凰）山報国寺（福州府羅源県）を指すか。

(244)『紀年録』順治十一年（一六五四）の条、『全』Ⅲ・一四七九上右。

(245) 人物の特定にはつながらない内容であるが、渡日後の寛文二年（一六六二）、七言絶句一首を製作し、この人に寄せている。

「寄二黄文学一」がそれである。『一滴艸』巻三、『全』Ⅱ・六三八下左。

(246) 七言律詩「瞻二相国葉文忠銅像一」、『一滴艸』巻一、『全』Ⅱ・六一二下左。なお本篇は、仏・菩薩にあらざる実在の知名人の銅像が、この時代（清初順治年間）においてすでに製作されていたことを証明する、中国美術史学の見地からしても頗る貴重な資料だと言えよう。

(247) 註（249）後出の七言絶句の題下註に、「官を得て法門の外護と為らんことを願」っていたとあり、本文承句には「危科を掇《と》つて梵林を護らんことを誓ふ」とあって、林酔石の対外的な志望が――その内心はともかくとして――科挙に及第、出世栄達して黄檗山の新たな外護者たらんとすることにあったのは明瞭である。

(248) 「林酔石読二書山中一。賦贈」、『洗雲集』巻三、『全』Ⅱ・七六三上右五三丁左。

(249) 七言絶句「悼二林酔石秀才一」、『一滴艸』巻三、『全』Ⅱ・六四二上右。詩題に〈秀才〉とあることから推して、あるいは童試には既に合格していたか。

(250) 『叢林祝白清規科儀』、藍吉富教授主編『禅宗全書』第八二巻・二六一頁、文殊文化有限公司刊、民国七十九年（一九九〇）。本『科儀』の内容は、永覚・為霖師弟に淵源しているが、「祖師忌辰上供単」（右記『全書』本三一二〜三一五頁）に列挙された歴代住職が、道源一信（？〜一七九五、示寂まで在任）に終わっていることから推して、現行本は同師が示寂した乾隆六十年（一七九五）以降久しからぬ頃に成立したものと見られる。

(251) 七言律詩「留二別陳允寧・林月樵部夫諸護法一」、『法苑略集』巻二、『全』Ⅱ・五六三上右。なお、〈部夫〉とは林月樵の字と見られる。姪《おい》の林啓棨（字：士荃）も隠元に帰依し、『中土来往書信集』に隠元宛書簡一通が収められているほか（同書一八九頁に関連校註）、即非にも七言絶句「送三林部夫・士荃叔姪回二徑江一」を見る。

(252) 七言古詩「贈二余宰匯居士一」、『洗雲集』巻一、『全』Ⅱ・七四一下右。また、『紀年録』順治十八年（一六六一）の条、『全』Ⅱ・一四八一下。

(253) 同書三四七頁。なお、余宰匯自身の官名が「宮保」であったことは、隠元・木庵の語録に見る関連法語・詩偈には明示されておらず（即非には関連法語・詩偈なし）、註（252）前出の『紀年録』順治十八年条に拠って初めて明らかにされた。

# 第三章　在来二大禅宗との交流

# 序　節

本章題目にいわゆる「在来二大禅宗」とは、江戸期日本の臨済宗と曹洞宗とを指す。これら二宗派が新来の黄檗宗（その実、明代末期の臨済宗）に対し採った態度は、好意と反感との二手に大きく分かれる。簡単に言えば臨済宗、とりわけ当時最も勢力のあった妙心寺教団（維新後、近代的宗教行政が確立されてからの妙心寺派とほぼ重なる）は、一種の近親憎悪的感覚から、「臨済正宗」を自称した黄檗教団に対し相当の反感を呈した。

天龍寺・建仁寺・東福寺・永源寺といった、妙心寺以外の他の有力寺院（およびその末寺の僧侶）は、隠元らの携えて来た中国禅宗の豊かな香、とりわけ禅と戒律とを併せ重んじるその門風に対し、強い敬意と好意とを寄せた。この点、曹洞宗もまったく同様であったが、曹洞宗の場合は、十八世紀に入って、面山瑞方（一六八三～一七六九）・玄透即中（一七二九～一八〇七）がいわゆる古規復古運動を展開、相当に黄檗化していた僧侶の日々の行儀を道元の昔に返そうと鋭意して以降は、次第に親黄檗的（容檗的(1)）気風が殺がれるに至った。ただし、高泉在世中はなお、有力な学僧の多くが容檗の立場にあった。

高泉が来日した当時、隠元門下と妙心寺教団との溝は、それまでのいきがかりから修復不能なほどに広がっていた。ただし、高泉は、恐らく彼個人の文才や、思想的立場（仏教を優位に置いた儒仏一致論）といった要因から、指導者クラスの妙心寺僧侶との親交があった。また、自己が統率する黄檗教団の今後を考えてであろう、晩年に至って、当時妙心寺に対するほぼ唯一の対抗勢力であった南禅寺の指導者に親近している。曹洞宗に対しては、隠元・木庵・即非以来の親密な交渉を引き続き維持すべく鋭意していたことが、遺された法語や詩偈からうかがい知られる。本章では、以上の観点から、高泉が在来二大禅宗に対し採った言動を具体的に解明してゆきたい。

## 第一節　高泉以前の黄檗教団の在来二大禅宗との関係

### 平久保氏・大桑教授の先行研究

節題に挙げた課題に関しては、黄檗・臨済・曹洞三宗に関係する研究者（僧侶をも含む）に、それぞれ見るべき研究業績を認める。最も簡にして要を得、しかも書名の割には驚くべき客観性を保持しているものとして、やはり平久保章氏の『隠元』にまず屈指すべきではなかろうか。隠元は当初は三年の滞在期間が過ぎれば帰国するつもりであり、その意向を表明した「告帰偈」も、今に伝えられている(2)。

しかしながら、妙心寺指導者の一人・龍渓宗潜（一六〇二～一六七〇、黄檗改宗後「性潜」と改名）との出会いが、大きな転機となり、日本永住を決心した。このことは同時に、かねて隠元のもたらした明末臨済宗の宗風を快からず思っていた人々をいよいよ刺戟する結果をもたらした。

平久保氏に拠れば、隠元が渡来した十七世紀中葉、妙心寺においては「禅の在り方について、戒律を厳格にする持戒主義と、持戒の形式を超越してしかも真実の道を行なう悟道主義との、二つの潮流があった」のであり、「近江の永源寺を中興した一糸文守や、念仏禅でその名を知られた雲居希膺が前者の立場をとり、愚堂東寔や大愚宗築が後者の立場をとった」のである(3)。平久保氏のいわゆる〈持戒主義〉は、これを「禅戒一致思想」とも換言できよう。隠元を歓迎した一群はすなわち彼らであり、右記の龍渓もまたその一人であった。

大桑斉教授の先行研究によって(4)、江戸初期の禅宗における持戒禅の研究は近年いよいよ進み、そのリストは平久保氏が『隠元』を執筆された時代よりも、さらに長くなりつつある。とはいえ、持戒主義者の多くが隠元らを支持し、隠元の携えてきた有形無形の戒律学関連の知識・文物を歓迎し、対する悟道主義者の多くは逆に仇敵視さえしたとする見方は、今日も依然有効と見られる。

## 隠元来日当時の妙心寺における二大趨勢

妙心寺は、いわゆる京都五山には属しない。開山の関山慧玄（一二七七～一三六〇）は、師の宗峰妙超から印可されてのち、美濃国伊深に正眼寺を開いてしばらく隠れ住んでおり(5)、一般に知られた伝説では、京都で乞食の群れに投じ、彼らとともに橋の下を住居としていたとも言われる。伝説のほうはさておき、悟ってのち韜晦して山林に身を隠したという点では、獅子巌の風光を愛し、費隠から印可を得てのちも長期間滞在した隠元の事跡(6)とまったく軌を一にしている。

したがって隠元は、現実の妙心寺に対してはともかく、開山たる関山に対しては、賛や詩偈こそ現存しないものの、のちに妙心寺教団から改宗して最初の日本人法嗣となった前出・龍渓宗潜から関山の事蹟を聞かされ、恐らくは敬意と親近感とが入り混じった感情をいだき続けたことであろう。

時代が下るにつれて貴族化を強めた京都五山に比して、開山の関山以来終始野人的気風の強かった妙心寺は、大徳寺教団や曹洞宗とともに「林下」と総称されていた。かつて統制を加えていた室町幕府が衰え、戦国の乱世に入るにつれて、衰えゆく五山を尻目に、いよいよ教線を拡大し、江戸初期においては臨済宗各派中、有数の末寺と経済的基盤とを擁していた。ただし大所帯であり、加えて右記二つの思潮のうち、どちらかといえば悟道主義のほうが優勢であったがために、末寺の僧の中には往々にして堕落僧も生まれたものとおぼしい。

悟道主義は、それを一歩誤れば破戒無慚の狂禅となる。自己が悟ったと確信しさえすれば、世人から一見破戒とされる種々の行為（例：飲酒）も何らさまたげなし、という行動を招致するからである。よく知られたところでは、わが国の一休宗純（一三九四～一四八一）が平素かかる振る舞いに出ており、それをまた隠すことなく堂々と詩偈に詠じていたことが挙げられよう。一休が実は具眼の師家であって、その種々の破戒の振る舞いも、世人や後進に対し名利を捨て権勢に媚びず、自由奔放に生きるべきことを教示せんとする熱心さに出でていた。

けれども、一休ほどの悟境にもない者が、単に一休の外面だけを真似するようになればどうなるか、その結果は惨憺たる禅林を現出しよう。中国においてはすでに明代中期にその弊害が激しくなり、雲棲袾宏・憨山徳清らが慨然矯正に努めたのであったが、わが国においてはやや遅れて十七世紀初頭以降、一糸文守（一六〇八～一六四六）らの禅僧有志が当時における戒律の一大研究センターであった京都・泉涌寺に学び、その矯正に志したのであった。

しかしながら、妙心寺においては結局のところ、悟道主義（およびその美名に隠れた堕落の徒）が主流を占めたものとおぼしく、万治二年（一六五九）、寺の開山・関山慧玄の三百年遠諱に際しても、持戒主義の重鎮であった雲居希膺（一五八二～一六五九）が焼香導師を務めんとしたところ、大多数の大衆は、平素彼が念仏禅（これは持戒主義の一助をなし、坐禅に堪えない下根の衆生を引入する方便とされる）を主張していたことを理由に、強い反対の意を表明した(7)。のみならず、神聖なるべき法会が済んで、多数の上洛僧侶が若衆買いに殺到、在京の若衆好きを呆れさせた――と、井原西鶴はその『男色大鑑』に活写している(8)。

さて、隠元を日本に永住させようと、龍渓が献身的なまでに奔走したことはよく知られているが、龍渓が隠元に何を求めたがゆえに、かくまで熱心に奔走したのか、従来の伝記・年譜(9)は今ひとつ踏み込んでいない憾みがあった。かえって、黄檗宗と対抗した妙心寺側の正史にその明記を認めるのである(10)。これに拠れば、龍渓は平素敬慕していた一糸文守の持戒禅の遺風を宣揚することを願っており、そのために海外に善知識を尋ねんとしたが、これは鎖国の国禁のため果たせず、あたかもよし、同じく持戒禅の立場に拠る隠元が来日したので、隠元を妙心寺に迎え、寺内の二大思潮の一方でありながら、どちらかといえば不振がちの持戒主義を定着・宣揚することを企図したのだという。

しかしながら、もう一方の思潮・悟道主義を代表する愚堂東寔（一五七九〜一六六一）は、すでに五十歳を過ぎた龍渓の振る舞いを外国僧侶への諂いと断じた。また、来日当初の黄檗教団は現在にもまして浄土教色濃厚であり、現在の宇治黄檗山ではすっかり跡を絶っている念仏行道も、長崎渡来当時に引き続き、なお盛んに行じられていた(11)。こうした念仏禅は、愚堂の目には禅の堕落態と映じ、その旗手たる隠元が自己の平素批判していた雲居希膺（前出）の再来とさえ映じたのであった(12)。

## 初期黄檗教団指導者の妙心寺参詣

こうした背景からして、隠元が妙心寺教団から好悪双方の反応を得ることは、ごく自然ななりゆきであったと言えよう。隠元が妙心寺境内に足を踏み入れ、七言絶句「過二妙心寺一」(13)を製作、同寺の僧たちに呈示したのは、明暦二年（一六五六）のことであった(14)。

また、木庵は寛文三年（一六六三）、洛中の他の禅宗名刹（東福寺・建仁寺・大徳寺）と並んで妙心寺に詣でているが、関連する詩偈は現存しない。

一方、即非は渡日後は長崎・小倉での生活が長く、宇治萬福寺で生活した期間は、僅かに寛文四年（一六六四）春から翌年秋までに過ぎない。この間、「光を洛上の名刹に観」たとされるが(15)、隠元・木庵それぞれの『年譜』と異なり、具体的な参詣先が記されていない。しかしながら、妙心寺には明らかに参詣しており、七言絶句「過二妙心寺一謁二関山国師像一」[16]および賛「妙心開山関山和尚」[17]が今に伝わる。

前者は前半で寺の偉観を、後半で関山の遺像の眼光を礼讃する。また、後者では関山の開悟から妙心寺開創までの歩みを、「初入レ門踏二倒向上関一。出二草庵一豁二開正法眼一。」と詠じている。これは悟後の関山がしばらく草深い美濃の正眼寺に韜晦し、それから再び上洛して正法山（妙心寺）を開創したことを指していよう。即非はしかるべき資料に拠りつつ（恐らくは龍渓から提供されたものであろうが）、正確かつ直截に関山を礼讃している。

木庵の妙心寺参詣から二年後の寛文五年（一六六五）七月、妙心寺当局は、ついに派中の僧が「他山」に掛錫し、掛錫先で法衣・袈裟の形態を改めることを禁じた[18]。いわゆる『壁書補正』（全五条）である。「他山」の名がそこには明記されていないものの、法衣・袈裟云々とあることからして、当時在来の禅宗とは異なるそれら[19]を用いていた黄檗山を指していると見て相違あるまい。隠元の妙心寺晋山に強く反対した愚堂はすでに亡かったが、その弟子たち（例：無門源真）らが実権を握っており、龍渓もその同志・提宗慧全（一五九二～一六六八）も、ここに古巣に帰る道を完全に絶たれたのであった。

慧林性機（宇治黄檗山第三代）は、寛文十一年（一六七一）当時、摂津仏日寺住職であったが、その秋、「京古刹」・奈良・高野山・長谷寺を巡拝している[20]。京都では東山の泉涌寺塔頭戒光寺に天圭照周を訪ね、禅・密（真言）・戒を兼学し、朝廷からも尊崇を受けていたこの学僧との紐帯を強めるのが、隠元以来の久しき慣例となっており、高泉もまた同様である。したがって、戒光寺、およびその本寺たる泉涌寺への参詣は、隠元・木庵・慧林・高泉の年譜には均しく明記を認める[21]。

このとき慧林が妙心寺へも足を運んだかどうかは、今後、彼の詩偈を集めた『耶山集』を精査せねばならないが、すでに妙心寺は派下の僧が黄檗山に掛錫することを禁じており（前述）、加えて、慧林上洛の前年（寛文十年［一六七〇］）八月には、龍渓が滞在先の大坂・九島禅院で押し寄せる津波を前に逃げようともせず、自身は端坐したまま水死する――という壮絶な最期を遂げていた。この事件は世人の話題を集めたが、龍渓の古巣たる妙心寺側では、異国の僧を寺の住職に据えようとしたから、開山（関山）の冥罰が当たったのだとして、「関山濤」とことさら喧伝し(22)、派内になお存在したであろう容檗分子を威嚇する切り札とした。したがって、慧林は恐らく、これ以上妙心寺を刺戟することを避くべく、山内にまでは立ち入らなかったのではなかろうか。

独湛（黄檗山第四世）に至っては、寛文四年（一六六四）以降天和二年（一六八二）の黄檗晋山まで、浜松郊外の初山宝林寺および群馬県新田郡笠懸村の二山国瑞寺にあって、坐禅と念仏とに日を過ごした。その余暇には『扶桑寄帰往生伝』全二巻を撰述（延宝元年［一六七三］）、後年に至って忍澂・義山ら浄土宗の高僧と親交する因を作りつつあった。この間、積極的に京都の名刹、とりわけ禅宗の名刹に接近した形跡は見られない。

## 第二節　妙心寺との関係修復

### 第一項　高泉の関山像

#### 無着・桂林の黄檗宗排撃

幕府から黄檗一宗の独立を認められ、広壮な本山が京都南郊に姿を現し、のみならず、新来の彼らが「臨済正宗」を自称としたために（例：各種の金石文や書籍の序跋など）、在来臨済宗各派の中で主流を占める妙心寺教団は、一部の僧侶を除けば多く不快の意を露わにした。一種の近親憎悪と言えなくもないだろう。

精緻な考証と堅実な立論とで知られる無着道忠（一六五三～一七四四、妙心寺三一四世）ですら、享保五年（一七二〇）、『黄檗外記』を著し、『禅林象器箋』ほか彼の他の大著にはおよそ認められない感情的な字句を連ねて隠元とその門下を痛罵している。彼の一代前の妙心寺住職・桂林崇琛（一六五二〜一七二八）もまた『禅林執弊集』（元禄十三年［一七〇〇］、筆名にて刊行）を著した。彼らは正徳年間（一七一一〜一七一六）、相次いで妙心寺に晋山し、二代にわたって反檗の気風を山内に鼓吹した(23)。彼らが相次いで妙心寺に晋山した正徳年間は、すでに隠元示寂から四十年近い歳月をへている。それぞれの著作の時期に隔たりこそあれ、彼らが極めて執拗に黄檗教団を排撃した背景として、筆者は高泉が妙心寺との関係修復を図り、それが相当の成果を収めていたことを指摘したい。

## 高泉の妙心寺参詣の年代

まず高泉自身の妙心寺参詣の年代を推定しておきたい。高泉が初めて、いな、二度目に妙心寺に足を踏み入れ、五言律詩「重経二妙心寺一」を製作したのは、寛文十二年（一六七二）のことと見られる(24)。これに拠れば彼は、妙心寺の隆盛ぶりに「礼楽存二三代一。規模冠二衆岑一。関師尚在レ定。苗裔合二森森一」と感嘆している。様々な法器が清規にしたがって打ち鳴らされる寺院にこそ、儒家が拠るべき、しかし俗界ではとうに亡び去った三代の礼楽が、今も脈々と活きている――これは翌寛文十三年（一六七三）、高泉が隠元の遺命を奉じて現行の『黄檗清規』を編成した際にも盛り込まれた観点である(25)。高泉は妙心寺が単に大寺であるのみならず、僧侶らが清規にしたがって粛々と日常行事を執り行っている姿に感銘を受けたものと見られる。

さらに三度目の参詣は、天和三年（一六八三）から翌貞享三年（一六八四）の間のことと見られる。開山堂に祀られた関山の像を拝して七言絶句「妙心寺謁二関山国師像一」を製作し、ついで、山内の塔頭（大寺院の山内の小寺院、多く著名な僧の廟所から始まる）・玉鳳院に足を運び、同じく七絶の「玉鳳院瞻二華園上皇御像一」を製作している(26)。

花園上皇は北朝建武四年（一三三七）、関山に離宮を与えて妙心寺を開創せしめるとともに、右記・玉鳳院をも開創・居住して日々関山の教示を請うたとされる。このうち前者には、「当年行脚之㆓何處㆒。合国如今尽児孫。梵刹峩峩山畳畳。国師面目儼然存。」とあり、今や日本国中に妙心寺の末寺が分布していることを、率直に礼讃している。

最初の参詣の年代を明らかにするのは今後の課題であるが、高泉は妙心寺に対して、ことにその開山たる関山に対しては、つとに敬意と関心とを寄せていた。延宝三年（一六七五）脱稿・上進の『扶桑禅林僧宝伝』では、巻十に関山の伝を掲げる。その篇末の賛で、「予、甞（つて）真賛［画賛］を作つて曰く…」と前置きのうえ、「一条烏暼栗。威光徧地。半領破袈裟。眼目通身。…」以下の賛文を引いている。〈甞（つて）〉とある以上、『僧宝伝』を脱稿した延宝三年よりは数年遡るのではないだろうか。〈真賛〉とは画賛のことである。高泉が妙心寺教団の僧にあらざる以上、僧俗いずれかは未詳であるが、誰かから著賛を乞われたのであろう。

貞享二年（一六八五）刊の二十四巻本語録では、この賛にさらに七絶一首を加え、「関山玄和尚賛二首」とする(27)。新に附加された七絶で「蓬頭跣足混㆓塵市㆒。仏法未㆔曾談㆓一字㆒。」としているのは、恐らく高泉に呈示された関山の肖像画が、前述の「印可を得てのち、乞食の群れに投じ、橋の下を住まいとした」伝説を踏まえて描かれていたことを反映してはいないだろうか。この伝説が広く定着した時期を示す資料としても、興味深い作品だと言えよう。以下に二首の関山賛の全文を掲げよう。

一条烏楖栗。威光偏㆑地。半領破伽黎。眼目通身。畐㆓扇子㆒而脖跳。噓㆓枯木㆒而回㆑春。作㆓正法之鼻祖㆒。示㆓羣生之要津㆒。機用横行。奔㆑雷激㆑電。英霊満座。如㆑鳳若㆑麐。稽首國師常寂定。滹沱・韶石合㆑同㆑倫。（其一）

蓬頭跣足混㆓塵市㆒。仏法未㆔曾談㆓一字㆒。有㆑口長年似㆓磉盤㆒。従教荒㆓卻天華寺㆒。（其二）

さて、右記の『僧宝伝』巻十（最終巻）では、関山に始まって授翁宗弼（賛なし）―無因宗因（賛なし）―日峰宗舜（賛あり、妙心寺中興の祖）―義天玄詔（賛なし）―雪江宗深（賛あり）と、実に六代にわたる妙心寺歴代住職の伝を掲げている。中間の日峰宗舜の伝では、「玉琢（か）ずんば、器と為さず」（『礼記』学記）の格言を掲げてのち、日峰が遍参した諸師からの呵責によく堪えて大器をなし、その当時、関山の廟所を留めるのみとなっていた妙心寺を中興したことを礼讃する(28)。そして、最後の雪江宗深伝の賛では、世間ではこれら六師を中国初期禅宗の六祖になぞらえて「正法（山）の六祖」と呼んでいる旨紹介したうえ、「豈に然らざらんや」と賛意を表している(29)。しかも、かかる見解を、『僧宝伝』全巻の最後というすこぶる目立つ位置に配しているのである。したがって、少なくとも僧伝作者としての高泉は、臨済各派中では当時――そして現在も――最大の教団であった妙心寺教団に対し、何のわだかまりも抱いていなかったものと見られよう。

## 第二項　隠渓智脱への共感

### 隠渓『儒仏合論』撰述の思想的背景

同時代の妙心寺指導者層の中で、高泉と最も深い縁故をもったのは、妙心寺二二九世となった隠渓智脱であろう。その所住の塔頭・蟠桃院には、維新をへて、川上孤山居士が『妙心寺史』下巻(30)を著した大正年間までは、『儒仏合論』という書物の版木がなお蔵されていた。全九巻十万言にも達し、内容は主として中国唐・宋・明代の皇帝・士大夫にして儒仏を併せ尊んだ人々の例、儒者、もしくは道士が仏教を侮辱したために得た悪果を豊富に列挙している。日本の事例については『日本書紀』・『続日本紀』ほか、比較的詳細に出典を明示しているが、主流をなす中国の事例についてはほとんど記されていない点が、本書研究に際しての今後の大きな関門と言えようか。

さて本書は、仏教史家・鷲尾順敬博士が戦前、『日本思想闘諍史料』第一巻(31)を公刊された際、かの山崎闇斎（一六一八～一六八二）の『闢異』（全一巻）と相並べて収録された。その理由について、右記『史料』では原本も戦後の覆刻本もともに触れるところがない。しかしながら、川上居士『妙心寺史』では、隠渓の浩瀚な『儒仏合論』が闇斎の『闢異』を破折すべく著されたものであるとする(32)。のみならず、この二人は、妙心寺での少年僧時代には竹馬の友であったという(33)。

闇斎の年譜には、十五歳の寛永九年（一六三二）から十九歳の同十三年（一六三六）まで妙心寺で修行していた旨明記されているが、隠渓との交遊については触れるところがない。その後妙心寺を出て土佐に向かった闇斎は、二十五歳にして朱子学に転じ、三十歳の正保四年（一六四七）、右記の『闢異』を著し、烈々たる排仏の意を示した(34)。一方、隠渓の『儒仏合論』には、序跋に見る限り直接闇斎に言及した字句は見当たらず、高泉から寄せられた序も同様である。高泉の序に「時輩の顰みを宋儒に效ひ、仏法を謗毀す」とあるのが(35)、恐らくは闇斎を指すのであろう。浩瀚な本文中から闇斎関連の章節を検出することを、今後の課題としたい。

隠渓はすでに寛文八年（一六六八）、本書の初刻本を公にしており、高泉の序は重刻本から掲載されている。重刻本は延宝三年（一六七五）に世に出た。高泉の序に拠れば、この時点ではまだ隠渓に会っておらず、黄檗山内法苑院で(36)隠渓の門人が携えてきた初刻本を通読、「其の一片扶宗衛法の心、金城湯池と雖も未だ喩へと為すに足らず。」と賞賛している(37)。高泉は中国においては仏教側から儒教および道教に対し提示された護法論は「亡慮数十種」あり、わけても代表的な例としては宋・契嵩（明教大師）の『輔教篇』と、妙明の「析疑論」(38)だと見ている。

排仏論に立つ朱子学者という共通の敵を得て、それまでいわば冷戦状態だった妙心寺教団と黄檗山とをそれぞれ代表する学僧の間に、一種の共闘関係が生じたのだといえよう。大桑教授が指摘されているように、明代末期の仏教は、朱子学の衰退(39)と、仏教にヨリ親和的な陽明学の興起という社会的背景を有していたのに対し、日本近世初期の社会にあっては、朱子学が林羅山や前出の山崎闇斎の手によってこれからまさに勃興せんとしていたのである。

したがって、高泉の目に詠じた排仏的朱子学者像は、隠渓の目に詠じたそれとは確実に異なっている。大桑教授の見解を踏まえつつ、筆者なりに考えをめぐらすならば、朱子学など倒そうと思えば倒せるという楽観が高泉にはあり、一方の隠渓は、幕府からの外護の有無にかかわらず、武士階層の新たなイデオロギーとして年とともに擡頭する朱子学への脅威があったことであろう。隠渓の場合はさらに、親しかった少年の日の友（闇斎）が、あろうことか仏敵として立ち現れてきたことへの驚きと悲しみというファクターも見落とせまい。

### その後の両者の交流

ともあれ、このことが機縁となって、隠渓との間には詩のやりとりがなされたものとおぼしく、『仏国詩偈』には七言絶句「寄二蟠桃院隠谿長老一」(40)・「寄二華園隠谿長老一」(41)が収録されている。

寄二蟠桃院隠谿長老一

寒玉萬竿繞二薜廬一。清風満座足二驩虞一。寄レ言問訊休居者。千歳蟠桃熟也無。

寄二華園院隠谿長老一

朔風凛凛砭二人骨一。帯レ雪寒梅華正新。遥想老僧禅定裡。胸中別有二一壷春一。

前者は延宝三年（一六七五）冬もしくは翌四年春の作と見られる。寒い日が続きますが、貴僧のお寺では、院号にいう樹齢千年の桃の巨木（＝蟠桃）に実がなったでありましょうか？　と問い掛けている。また後者は、寒さを凌いで梅が綻びつつある今、坐禅瞑想される貴僧の胸中には「別に一壷の春」がございましょう、と語り掛けている。こちらは天和三年（一六八三）春以降の作と見られる。今後の課題として、隠渓の平素の思想や事蹟[42]について、さらに踏み込んだ研究を進めたい。

## 第三項　その他の妙心寺関係者との交流

### 隠元ゆかりの老僧（一）南山祖団

特定の人物に対し、周囲が何と言おうが、個人としては深い敬慕をいだきつづけながらも、しかし周囲の空気がその敬慕を口にすることを憚らしめる――という切なき事態は、いつの時代でもあった。その感を改めて深うさせるのが、隠元ゆかりの妙心寺の老僧に関連する数篇の高泉詩偈である。

まず篇題が長いが、それ自体が一幅の絵をなしているから、敢えてそのまま取り上げよう。七言絶句「妙心賜紫南山長老廿年前。参二隠老人於獅林一。典二賓客一。今年丁二老人遠忌一。特来焼香。不レ覚涕下。予甚義レ之。作レ此以贈」[43]。詩の本文には、「当年典レ客獅林裡。礼レ像今朝到二享堂一。一滴涙珠香一瓣。知君恩義未二曾忘一。」とある。本篇は延宝六年（一六七八）四月、隠元六回忌に際して製作されたものと見られる[44]。

主人公たる南山長老とは、妙心寺二〇九世の南山祖団をいう。また、彼が典客（知客ともいう）として住まった〈獅林〉とは、現存する黄檗山塔頭・獅子林院（四代住職退任後の独湛も住まう）をいう。南山の師系や持戒禅に対する態度については、今後の調査に俟ちたいが、彼が隠元来日のそのかみ、進んで会下《えか》に参じた妙心寺僧侶の一人であったことは、疑いを容れまい。

本寺たる妙心寺からの厳令によって黄檗山を去らざるを得なかった南山が、ひさびさに旧師・隠元の遺像へ涙ながらに焼香する姿をまのあたりにして、高泉は「甚だ之を義と」したのである。裏を返せば、それほどに、黄檗山での日々を口を拭って語らなくなった妙心寺の僧侶が多かったということではあるまいか。この遠忌参詣を機縁として、高泉と南山との間に詩文のやりとりが生じたとおぼしく、『仏国詩偈』にはさらに七絶一首を収める。「寄二賜紫南山長老一」がそれで、貞享元年（一六八四）春の製作と見られる(45)。

## 隠元ゆかりの老僧（二）虚櫺了郭

標記の虚櫺了郭（一六〇〇～一六九一）は、隠元来日当初は、年長の龍渓および禿翁妙宏（一六一一～一六八一、法弟にあたる）・竺印祖門（一六一〇～一六七七）とともに、隠元の妙心寺晋住のために奔走し、のみならず、来日直後の隠元のもとに参じて、詳細な見聞録を作成した（註（11）参照）。その文書は、隠元に代表される明末中国仏教と日本仏教（特に臨済宗）との現存最古の比較論をなしていよう。

しかしながら、ヨリ積極的だった禿翁が、龍渓と袂を分かつに及んで、虚櫺もまた妙心寺中の人に立ち返り、寛文十二年（一六七二）には同寺第二一九世となった。その弟子の中には、無門原真がいる。この無門は寛文五年（一六六五）、他山（実は黄檗山）への派内僧侶の掛錫を禁ずる妙心寺の寺法『壁書補正』（第一節既述）に関連して『答客問』を撰述、理論武装を図り、龍渓・提宗の帰檗二師から寄せられた抗議に反駁している(46)。

しかるに、その師である虚櫺は、右記の禁令が発せられてからさして年をへない寛文八年（一六六八）、高泉と会見したものとおぼしい。「贈㆓賜紫虚櫺大徳㆒」(47)と題された七言絶句には、年代や季節を示す字句が見当たらないが、本篇の六篇前には、「画㆓受業師無住老人頂相㆒」を掲げる(48)。高泉はこの年九月に、無住の八十歳の賀をはるか日本で祝ったのだが、頂相は当然、祝賀法会よりも以前に製作されている筈である。

そして高泉が虚櫺に会見した地が妙心寺（内の虚櫺の住坊）だと見るならば、同十二年（一六七二）製作と見られる前出の「重経㆓妙心寺㆒」に、〈重ねて〉とあることの説明ができよう。今後の課題として江戸期の京都案内書を閲覧し、妙心寺（現在の右京区花園）近辺を通過して高泉が度々訪れた比叡山・修学院方面へゆく道がなかったかどうか解明したい。

さて、虚櫺の印象について、高泉は「法窟僧龍道有㆑君。呑㆓残義海㆒似㆑無㆑文。苧袍半染煙雲跡。所㆑見誠無㆑負㆑所㆑聞」と詠じている。隠元・龍渓ら虚櫺の人となりを知る人々からかねて聞かされていたとおりの、質素で学徳溢れるお方だ——という大意であるが、承句は特に注目すべきであろう。「義学を呑残して」とあるから、虚櫺が立っていたのは、坐禅をのみ偏重する、ややもすれば奔放不羈な振る舞いにも及びかねない悟道主義では断じてあるまい。むしろ、戒律や語録の研鑽をも含めた学問（義学）を重視する、持戒主義の側に立っており(49)、しかも虚櫺が高泉ら黄檗教団の人々に対し、会見に応ずるほどには関心と好意とを依然もっていたことが確認できよう。

## 二人の妙心寺上座

寛文五年（一六六五）の黄檗山掛錫禁止令が、妙心寺内でいつ頃まで効果をもっていたのか、今後の調査に俟ちたいが、本項で注視したいのは、この禁令にもかかわらず、高泉の盛名を慕う妙心寺（およびその有力末寺）の僧は厳として存在したということである。

例えば法語「示㆓花園梁上座㆒」(50)がある。高泉に師事すること十有余年にも達した〈梁上座〉が、地蔵菩薩とおぼしい高僧を夢に見たので、その夢の意味を高泉に問うたことに対する返事である。返事自体は「精勤に道を学び、時流に堕すること毋れ。道明らかにして然る後に法を弘めよ」という、ありふれた教訓調のものであるが、それに先立って〈梁上座〉の師系を「長老南公の門より出づ」と明かしている。

この〈長老南公〉とは、恐らく隠元遺像を前に落涙した前出・南山祖団を指していよう。南山は立場上、公々然黄檗山（および黄檗唐僧の住まう寺）に行けなくなったので、当時まだ若く地位も高くなかった〈梁上座〉を自己の代理として派し、高泉らの指教を仰いでいたと見ることもできるのではないだろうか。そうでなければ、明文化された禁令をかいくぐって十数年もの間、〈梁上座〉が高泉のもとに通うことなど不可能だったのではあるまいか。

次に、『洗雲集』には、七言絶句「花園宗是首座乞㆑偈」(51)を見る。「有㆓一句子㆒如㆓生鉄㆒。五家門戸渾無㆑渉。拈来且道是何宗。口縫才開便不㆑協。」という、短くも難解な内容である。筆者の見るところでは、高泉は恐らく、宗是首座がいわゆる禅宗五家（臨済・潙仰・曹洞・雲門・法眼）の分別を超越し、五家分化以前の原初の禅の世界に直入せよと言いたかったのではなかろうか。門戸の見を立て、派下の僧の黄檗山行きを厳禁した妙心寺への皮肉が、ここからは仄見えなくもない。

## 鵬雲東搏の来訪

終わりに、妙心寺歴代に名を連ねながら（第二〇七世）、前出・南山とはおよそ対照的に、本人ばかりか弟子たちまで引き連れて仏国寺に高泉を訪ねた人物を取り上げたい。その人物とは、高泉に会見した当時、松島瑞巌寺（妙心寺教団有数の末寺）住職であった鵬雲東搏（？～一七〇三）である。高泉の七言絶句「仙台賜紫鵬雲大徳見㆑訪」は、延宝七年（一六七九）春の作と見られる(52)。その承句に「領レ徒訪レ我到二煙巒一」とあり、鵬雲の同行者が複数であったことが明白である。

鵬雲の詳しい事蹟については、近年、図録『鵬雲東搏禅師展——没後三百年を記念して——』(53)が刊行された。巻頭所掲の浅野恵一師の論攷「鵬雲禅師の足蹟」は、従来不明な点が少なくなかった鵬雲の生涯に相当に迫っている。正確な歿年は依然不明ながら、恐らく九十二歳の高齢であったとおぼしいことも、同師によって明らかにされた。浅野師に拠れば、鵬雲が妙心寺第二〇七世に任ぜられたのは寛文六年（一六六六）のことであったが、その主たる活躍の地は、あくまでも青年期から住まった瑞巌寺である。

寛文二年（一六六二）、鵬雲は瑞巌寺山内に不昧堂を建立し、一時期衰えていた雲居希膺創唱の念仏禅を復興している。僧侶のみならず、一般庶民もまたこの堂に参じて念仏と禅とを兼修せんことを期した。浅野氏論攷には、高泉ら黄檗僧との交往については何ら触れていない。しかしながら、外護者として伊達綱村（一六五九～一七一九）を得たこと(54)、そして、本師・洞水東初（一六〇五～一六七一）が前出の虚櫺了郭（一六〇〇～一六九一）と同郷の同輩であったことなどからして、鵬雲は相当詳細に黄檗教団の状況を知り得る立場にあった。念仏禅の復興・維持に努めたのも、黄檗禅を相当に意識してのことであろう。恐らくは高泉とも、つとに相識っていたものと見られよう。

ちなみに、鵬雲の遺偈は、いわゆる平起式六言絶句の形式に拠っており、「面前銕壁銀山。背後銀山銕壁。咄哉是什麼真。銀山銕壁銕壁。」と詠じられている（前掲図録一四頁所掲）。実は彼より八年早く世を去った高泉もまた、江戸から宇治への帰途、死を覚悟して仄起式六言絶句一首を製作、これは年譜『紀年録』にも記録されている（第九章第六節第四項参照）。高泉を除けば、日中両国を通じて六言絶句ほど愛好者に乏しい詩形はない。にもかかわらず、記念すべき遺偈の詩形として敢えて六言絶句を用いた高泉に、鵬雲が学んだと見られなくもない。この点、今後一層の究明に努めたい。

## 第三節　非妙心寺系諸派との交流

### 第一項　南禅寺接近の背景

高泉は上洛のたびに、妙心寺のほか、天龍寺・東福寺・建仁寺・大徳寺に詣で、開山木像を中心に寺宝を拝し、あるいは庭園の美を賞しては、詩偈もしくは序・記（参詣の印象を記録）をものしている[55]。ただし、現存作品に見る限り、いずれの寺院に対しても一度もしくは数度の参詣にとどまったようである。しかしながら、南禅寺に関しては、かなり様相を異にしている。

最初の南禅寺参詣は、三十九歳の寛文十一年（一六七一）春のことで、このときは七言絶句「遊二南禅寺一」[56]を製作、古松生い茂る広大な寺域に感嘆している。その起句には「十刹五山推二第一一」とあり、同寺がいわゆる「五山之上」であって、京都五山を統率する権能を有していたことを明確に認識している。その後、十七年をへた貞享五年（一六八八）春、京都大宮高辻は西往寺に、浄土宗寺院にしては珍しい宝誌堂が建立された（宝誌は禅宗で崇拝される梁代の僧で、数々の伝説に富む。第九章第二節参照）[57]。

恐らくはその往復の途上であろう、高泉は再度、南禅寺に詣で、七言絶句「登二南禅寺門楼一」[58]を製作、巨大な山門（石川五右衛門終焉の地としても知られる）と、その楼上に祀られた十八羅漢像とを詠じている。また、無関普門（大明国師、一二一二〜一二九一）の像を拝し、七言絶句二首を製作している[59]。

## 英中玄賢との交往

この二度目の参詣への答礼を兼ねてであろう、同年九月には、南禅寺の「大長老」・英中玄賢（？～一六九五）が弟子たちを引率して仏国寺に高泉を訪ね、終日、禅を談じている(60)。英中は南禅寺の第二八〇世である。在任期間未詳だが、次の剛室崇寛の晋山は寛文八年（一六六八）のことだから(61)、それ以前であろう。高泉は僧伝編纂に際して英中の助力を仰いだとおぼしいが（第八章第三節後述）、英中が実際に高泉を訪ねたのは、ずっとあとになったのである。高泉は五言律詩「謝二南禅中和尚過訪一」を製作、天王山上までの足労を謝した(62)。

このほか、貞享五年もしくは翌元禄二年の重陽（九月九日）には、光雲寺に英中を訪ねている(63)。『紀年録』に拠れば、高泉が生涯最後に南禅寺へ参詣したのは、元禄八年（一六九五）二月のことで、このときは英中は不在、「童子暫相問。山翁出未レ旋」との句を得た(64)。前出の「謝二南禅中和尚過訪一」に拠れば、当時の英中は「雷名轟二海内一。椹服賜二簾前一」という盛名を得ていたが、歴史的人物としての重みでは、彼の次に南禅寺住職（第二八一世）となった剛室崇寛（一六二七～一六九七）には及ばない。

英中の事蹟は、『新版禅学大辞典』に見えず、法系については、同『大辞典』附録の「禅宗法系譜」の中で、遠く円爾から承けていることのみが記されている。また、彼は後述の金地院住職（およびその兼務職たる僧録司）に就任しなかったために、金地院史を中心に描く桜井景雄師『続南禅寺史』においても、ほとんど何ら触れられていない。今後角度を変えて、例えば他の臨済宗大本山の寺史や、南禅寺の主要な末寺の寺史にも徴しつつ解明を図りたい。

## 剛室崇寛への接近

江戸時代の南禅寺にあって、最も勢威をふるっていたのは本寺にもまして、塔頭の金地院であった。いな、金地院こそ南禅寺教団はおろか京都五山全体に睨みを利かす司令塔だったと言っても過言ではあるまい。ここは黒衣宰相として知られる以心崇伝（一五六九～一六三三）の開創にかかる。江戸・芝増上寺の隣にも同名の支院が開かれ、幕府の威令を京都五山全体に伝達したが、かかる金地院の四代目の総元締め（僧録司）となったのが、剛室である。ときに延宝元年（一六七三）十一月のことであった（金地院住職就任は、その一ヶ月前）(65)。剛室は実に崇伝の法孫に当たる。以後、剛室は時折帰洛するほかは、多く江戸の金地院に住まい、将軍綱吉に重用された。

元禄四年（一六九一）には綱吉の圧力により、朝廷から剛室へ「仏慈普済禅師」の徽号が下賜されている。妙心寺・大徳寺・曹洞宗の場合と違って、現存の五山僧侶に朝廷から徽号が贈られるのは、室町後期の永正年間（一五〇四～一五二一）以来絶無であった。この一件に際し、関白・近衛基熙（一六四八～一七二二、高泉の碑銘を撰した家熙の実父）はその日記の中で、こと禅師号に関しては、あくまで朝廷の内意を拝してのちに与えるべきところ、下賜を強要するとは、「末世是非も無き次第なり」――と憤慨している。高泉の関連詩偈の篇題には、すべてこの徽号が用いられている。剛室は同十年（一六九七）三月の示寂まで僧録司として勢威を振るった(66)。

高泉が剛室に初めて会見したのは、元禄五年（一六九二）二月、江戸においてであった。このとき高泉は萬福寺晋山が許されたことを幕府に感謝すべく出府し、剛室のオフィスともいうべき江戸金地院で会見、七言絶句一首を贈られた。そこで高泉は即座に次韻、「久有二声華一布二帝寰一。又停二金錫一武陵間。何期今日親瞻対。恰似三中天見二斗山二」(67)と詠じた。一か月にわたる江戸滞在中、高泉は日を隔てて再度江戸金地院に剛室を訪ねている。このときに製作した五言律詩は、題して「喜レ晤二仏慈普済禅師一」といい、剛室に会見できたことを「実に千載の一遇なり」（序）、「深知縁分熟。不二是偶然間一」（本文）と喜ぶ。問題の「禅師」号については、「所謂『名下に虚士無し』とは今、禅師に於いて之を見る」（序）、「紫袍君久錫。徽号国新頒。」と礼讃している。

近衛基熙が発した、「博学の聞こえ有りと雖も、道儀［義］に於いては、人以て信用せざるか」(68)という剛室に対する憤慨を、高泉がどの程度まで認識していたかは不明である。しかしながら、たとい黄檗山の重要な外護者であっても、今や一宗の統領となった高泉としては、基熙以上に剛室の歓心を買わねばならなかったのではなかろうか。黄檗山へ戻ってからも高泉の剛室への接近は継続されており、翌元禄六年（一六九三）には、前出・英中とともに(69)、折りしも帰洛中の剛室を京都金地院（南禅寺内）に訪ねている(70)。

## 柳沢吉保の剛室・高泉への参禅

実はこの出府の際、高泉は柳沢吉保（一六五八～一七一四）にも会見、偈頌を贈り、かつは筆談ながら禅問答も交わしている。また、元禄八年（一六九五）夏、高泉最後の出府の際にも、発病のために江戸滞在が長引いたのを縁として参禅、もしくは禅問答を主旨とする書簡計十二通を交わした。

吉保もまた将軍綱吉の信任厚く、側用人として権勢をふるっていたが、その一面、すこぶる参禅を好み、まずは臨済宗の諸師に、ついで高泉との出会い以降は黄檗宗の高僧に参じた。黄檗大名としては最も遅い参入者と言えるが、主体的に参禅したという点では、稲葉正則・伊達綱村らに比して遜色はない。元禄八年（一六九五）の高泉示寂後は、唐僧では千呆性侒・悦山道宗に親炙している。

さて、吉保を囲む禅僧たちの中に、同じように綱吉から信任されていた剛室の姿もあった。彼らと吉保との禅問答は、吉保自身およびその近臣（荻生徂徠をも含む）によって記録され、辻善之助博士が　つとに紹介・分析されている。これに拠れば、高泉がすこぶる甘かったのに対し、剛室はなかなか吉保の進境を認めてくれなかったようである。博士は関連文献を校訂・掲載のうえ、吉保の営為を畢竟「お大名気質」の現れと評し去り、高泉が吉保に寄せた詩偈(71)に至っては、「諂諛の文句に満ち、一読嘔吐を催すものがある」とさえ酷評される(72)。しかしながら、この評語はやはり酷に過ぎるのではないだろうか。

この年六十歳を迎えた高泉は、自己亡きあとの教団の行く末を案じ、とりわけ、黄檗教団に対し依然敵意をいだき続ける妙心寺教団の存在感に脅威を覚えていたに相違なく、在来臨済宗系では唯一つ同教団のカウンターパートたりえた南禅寺、とりわけその心臓たる金地院に接近し、一種の同盟を結びたかったのではないだろうか。また、ときの金地院主たる剛室も、その門人たる柳沢吉保も、均しく最高権力者（綱吉）から多年寵遇を得ており、教団統率者としての高泉は、江戸出府を機縁として、ぜひとも親近したかったのだと見るのが自然であろう。

権力者への過度のおもねりは、一個の宗教者としてはもとより批判されるべきものであるが、黄檗晋山以降の高泉は、好むと好まざるとにかかわらず、それ以前にもまして宗教・世俗両面の権力とかかわらざるを得なかったのである。その権力の側が彼に対し好意的であった以上、教団統率者としてその事態を渡りに舟と思ったことは、深くは咎められないのではなかろうか。まして彼が統率する黄檗教団は、日本伝来後なお日が浅く、これを日本に根づかせるためには、なりふりなど構っていられなかったことであろう。辻博士のように阿諛追従の挙と見るか、それとも愛山護法のやむにやまれぬ挙と見るか、なお研討を要しよう。

## 第二項　松堂宗植

### 一休観に見る高泉の好まなかった禅僧像

黄檗禅の特色ともいうべき持戒禅（持戒主義）に対し、前項で取り上げた英中および剛室がどのような態度を示したか、高泉側の現存資料だけではなお不十分である。しかしながら、高泉が臨済宗僧侶と交往するに際し、禅僧にまま見受けられる型破りな、一見破戒僧かと見まがわれるような人士を好まなかったことは、現存の詩偈および『続扶桑禅林僧宝伝』に見る一休宗純への評価から、如実に窺い知られるのである。

延宝三年（一六七五）、もしくは、その翌四年、高泉は七言絶句「霊瑞山謁㆓大応国師像㆒」を製作した(73)。〈大応国師〉、すなわち南浦紹明の像を祀る、山号を〈霊瑞山〉とする寺としては、酬恩庵（通称：一休寺、京田辺市）が挙げられるばかりである。このさして広からぬ寺には、一休の廟所と影像（一休の遺髪を頭部に植えている）とが祀られ、一般にはむしろそちらのほうが知られている。高泉がその存在に気づかなかった筈はないが、延宝三年、後水尾法皇へ上進された『扶桑禅林僧宝伝』には、まだ一休の伝は立てられていない。

翌延宝四年（一六七六）脱稿の『続扶桑禅林僧宝伝』に至って、一休伝の立伝を認める。その賛ではしかし、「花街柳巷を択ばず、遊歴せずといふこと無し。又た自ら筆墨に形《あら》はし、縦横放肆にして避け忌む所無し」と、一休が『狂雲集』で大胆に表白した愛欲の世界に触れ、「蓋し是れ一種大解脱の人の所履の境界、豈に小根劣悪の規縄を守らざる者の倣ひ効ふべけんや」と、一般の禅僧が一休の行為を形だけ真似することを厳に戒めている。

これに対し、卍元師蛮（妙心寺教団の学僧）『本朝高僧伝』一休伝に見る賛は、一休に対しすこぶる共感的であり、彼を批判する「今の人」に対し、「格外の機有る者［一休］は、格外の事有り。規中を墨守する者［今の人］の得て甄別すべき者に非ざるなり」と全面的に弁護する構えを見せている(74)。あるいは「今の人」・「規中を墨守する者」とは、自己から借りた史料で自己よりも早く著書を公刊した――そして『黄檗清規』の撰者でもある――高泉を指しているのかもわからない。

すでに福建時代から戒壇（泉州開元寺のそれ）の壮観を詠じ、律僧を賞賛的に詠じる詩偈をものしていた高泉は、明末の無頼の徒が食い詰めて僧侶となり、真摯に仏典を研鑽する僧侶をせせら笑う姿に強い憤りを感じていた。そして独往性幽（『黄檗山志』の撰者、のち再度離山して抗清運動に身を投ず）へ寄せた書簡の中で、彼ら無頼の徒の実態を活写し、かつ、文字・書籍によってのみ開悟せんとする輩をも併せて批判している(75)。したがって、高泉の目には、いかに詩才ある、そしてその遺墨が現に世人から珍重されている一休といえども、故国で見かけた破戒無頼の僧に才学を添えただけの、依然自己には容認しがたい人物と映じたのであろう。高泉は次のように、筆鋒鋭く「狂禅者」を批判している。

弟閒居旹思二天下閒一。一二事絶可レ笑者。有等禅和。白衣旹。未三嘗読二孔孟之書一。及二之去レ染。大蔵経律。亦未二之見一。只效二幾句口耳之学一。纔見二人文字一。便検点冷笑。逮レ視二其中一闕焉。此等軽薄人。實可レ為二一笑一者。殊不レ知下返求二諸己一奚似上。（後略）

この書簡自体は福建時代に書かれたものではあるが、経典研鑽を怠る一部の堕落した禅者らへの高泉の批判は、渡日後も決して弱まることはなかった。

## 松堂との出会い

いささか前置きが長引いたが、本項で取り上げる松堂宗植や、次節で取り上げる曹洞宗の僧侶らは、いずれも程度の差こそあれ、戒を守りつつ禅に勤しむ人々であり、高泉が嫌う狂禅の徒とは正反対の人物像の持ち主である。

まず、松堂宗植（一六四一～一七一四）との交往を見よう。高泉が彼と相識った時期はなお判然としない。天和二年（一六八三）、仏国寺の仏殿(76)が完成したのを賀して、松堂は七言絶句一首を寄せた。高泉は「次韻以て謝」したが、その篇題に自己が松堂と「素昧二平生一」と述べている[77]。したがって、この時点までは相見る機会を得なかったものと見られよう。私見では、高泉は延宝三年（一六七五）冬、もしくは翌四年春、建仁寺に栄西（千光国師）の像を拝しており、その際、互いに名のみを聞いたのではないだろうか[78]。

その後、貞享二年（一六八五）には、灌仏会（四月八日）に松堂が仏国寺に来遊[79]、東山は高台寺への来遊を勧めた。当時四十五歳の松堂は、平素はこの寺に住まっていた。高泉は松堂が語る高台寺の景勝に興をそそられ、同月十二日に弟子たちとともに入洛、まず清水寺を拝し、そののち松堂の待つ、峰つづきの高台寺へ向かった。

東山一帯は、江戸初期（十八世紀半ば）以降、眺望絶佳の地として、花の季節には殊に多数の遊客を集めるに至り、その盛況は例えば井原西鶴の作品に散見される。高泉らが訪れた頃はすでに初夏で見るべき花は見当たらなかったけれども、庭園を賞し、茶を喫し、豊臣秀吉・北政所夫妻および千利休の遺物を実見、帰途は（恐らく二度目の）建仁寺参詣をなし、栄西像を拝している。ちなみに、高台寺は建仁寺の末寺である。

高泉は以上の経緯を、「鷲峰山高台寺記」[80]に詳述している。本篇の微瑕として桃山時代の工芸美術の精華として知られる高台寺蒔絵（秀吉夫妻の廟所を荘厳）について全く触れていない点が挙げられる。しかしながら、東山一帯がいかなる事情で江戸期京都市民の行楽地となったかを知るうえで、注視すべき資料たるを失うまい。

## 松堂の律僧・明忍への敬慕

さて、松堂の師系は、遠く関山慧玄（妙心寺開山）に淵源しているが（『新編禅学大辞典』附録「禅宗法系図」）、彼自身は五山の伝統たる文芸を好み、その学識を買われ、二度まで対馬・以酊庵に派遣された。同庵では、徳川幕府が幕末まで五山の学僧をして担当せしめた「朝鮮修文職」（李氏朝鮮との間の外交文書を起草）に就いていたものと見られる(81)。松堂はまた、近世初期を代表する戒律復興の高僧・明忍（一五七六～一六一〇）を多年敬慕していた。

僅か三十五歳で夭折した明忍は、入明求法せんことを強く望んでおり、対馬まで来たものの、発病して世を去った。しかしながら、短い生涯の間に、門下からは俊秀輩出し、その孫弟子・曾孫弟子の代になると、明忍自身が属した真言律の系統のみならず、浄土律（性憲）・持戒禅（一糸文守・如雪文巖師弟）など、各宗にわたって戒律を兼学・実践する人々を輩出した。いずれも高泉とは深浅の差こそあれ、何らかの縁故を有する人々ばかりである。

また、筆者は未訪未見だが、明忍を中興開山とする槇尾山西明寺（平等心院、京都市右京区）には、その石塔が建ち、碑銘は高泉の手になるという。これは戒山慧堅の『律苑僧宝伝』の記事であるが(82)、著者の戒山は同書脱稿に際し、高泉から序や賀偈(83)を贈られており、根拠のある記事と見られる。明忍碑銘を『空中天鼓』ほか筆者未見の数種の高泉著述に徴するか、実際に槇尾山中に足を運ぶかして、その存否を確かめることを今後の課題としたい。

ところで、松堂もまた、宝暦二年（一七〇五）六月、明忍のために画賛を題している。篇末の署名には、「前住建仁後陞南禅」とあるから、彼はまず建仁寺の住職となり（第三一一世）、ついで南禅寺に転住したのであろう。しかしながら、南禅寺の歴代住職表中にその名を認めない。今後それぞれの寺での住職期間を調査し、かつ、南禅寺でのそれが名目的なものであったのかどうかをも明らかにしてゆきたい。

この画賛本文は、さきに伊藤宏見教授によって達意の口語訳註がなされている(84)。これに拠れば、松堂の二度目（伊藤教授説）の対馬赴任中、右記・槇尾山に住まう明忍の法孫たちが、師翁（法祖父）・明忍の墓碑を新たにした。松堂はかねて明忍に対し多大の敬意的関心を寄せており、一度目の赴任中、その墳墓の荒れ様を目睹、帰洛後、槇尾山の彼らに実況を語った結果、墓碑新建が実現を見たのである。松堂は二度目の対馬赴任に際しては、前回とはうってかわった堂々たる石塔（現存）を仰ぐことができた。そして、明忍の眠る対馬・海岸寺のために、明忍画像に著賛した。

松堂の幼少期、建仁寺からも遠からぬ泉涌寺には如周正専（一五九四～一六四七、同寺八〇世）がおり、各宗派の学僧に戒律を講じていた(85)。松堂が何歳で建仁寺に入ったか未詳であり、かつ、正専示寂は松堂が僅か七歳のときであるから、もとより参学できるはずもない。けれども、正専示寂後の泉涌寺では、その高弟・天圭照周（一六一六～一七〇〇）が、後水尾法皇からの帰依を得つつ、引き続き講席を張っている。寛文十年（一六七〇）には泉涌寺八三世に就任、延宝六年（一六七八）までの在職期間中に皇室の菩提寺としての同寺の地位を磐石ならしむべく奮励した(86)。隠元・木庵・即非・慧林、そして高泉の泉涌寺参詣に際し、応接に当たり、詩偈を応酬したのも、常にこの天圭である。

よって思うに、松堂がかくまで律学に敬意的関心を寄せ、しかも、対馬に派せられるほどの文才の持ち主であることから推して、松堂がこの天圭との間に何らかの道縁を有していたと見るのが妥当ではなかろうか。しかるべき文証を得べく、今後も探索を続けたい。

なお、仏国寺に高泉を訪れた建仁寺関係者として、今ひとり「尹上座」を挙げておきたい。隠渓智脱に七言絶句を寄せたのと同時期、恐らくは天和三年（一六八三）春に(87)、この人物が仏国寺に高泉を訪れ、偈を呈したので、高泉は直ちに次韻の偈を書き与えている(88)。恐らく法諱が「×尹」なのであろうが、今のところ建仁寺歴代の中にその名を認めない。また、松堂との師弟関係の有無も未詳である。高泉の次韻偈は、「大地山河一法牀。何分此土与㆓他郷㆒。百千日月都呑却。放出無辺脳後光」という、すこぶる豪放な内容である。

# 第四節　曹洞宗僧侶との交流

## 第一項　高泉の曹洞宗観

### 黄檗三祖の道元礼讃

第二章第二・三節で概観したように、黄檗三祖（隠元・木庵・即非）、さらには費隠（隠元の本師）・独湛・高泉といった、初期黄檗教団の指導者（費隠を除く）は、中国にあった頃、程度の差こそあれ明代曹洞宗の高僧に参じ、費隠・木庵・即非はとりわけ深く参じている。隠元もまた、福清黄檗山から程近い鼓山の永覚に対してこそ冷淡な態度を採っていたが、さりとて曹洞宗自体を否定したのではない。渡日後は「来る者は拒まず」という態度で、日本曹洞宗の　僧侶の参禅を、事情の許す限り受け容れている。

また、有力な外護者の一人・永井尚政（一五八七〜一六六八、淀藩主）が慶安二年（一六四九）、興聖寺（元来は深草にあった道元最初の弘教の道場）を宇治に再興した関係上、同寺関連の多数の詩偈を製作し、いずれも什物として今も興聖寺に格護されている[89]。それら什物の中に、賛「興聖開山道元禅師」がある[90]。紀年から万治二年（一六五九）の作と知られるが、その前年冬、隠元は『元亨釈書』を手にしており[91]、これに拠って、道元に関する予備知識を得ていたものと見られる。

『黄檗文化人名辞典』では、宗門僧侶のみならず、黄檗三祖に参じた臨済・曹洞両宗の僧侶の伝記も掲げるが、このうち、曹洞宗僧侶は十五師を超えている。ただ、世代の関係にもよろうが、隠元よりはむしろ木庵に参じた（もしくは受戒した）人のほうが多いようである[92]。これには、木庵の曹洞宗参禅経験が隠元に比して、ヨリ豊富であったことが大きな要因をなしているのではないだろうか。

また、道者超元（一六〇二〜一六六二）に参じた経験を持つ人々も目立つ(93)。中には、道者帰国の事情に憤慨してか——長崎・崇福寺住職の座をめぐる隠元一行との軋轢が取り沙汰されている——隠元には参じなかった曹洞宗僧侶も見られる(94)。ちなみに道者は、隠元の法弟・亘信行弥の高弟である。したがって、隠元から見れば法姪に当たっている。

木庵にはまた、「興聖永平開山道元和尚語録序」がある(95)。卍山道白からの請いに応じ、七十一歳の天和元年（一六八一）に撰述されたが(96)、これは卍山刊刻の『永平広録』（道元の語録集成）増刷本(97)の巻頭を飾った。中国に学んだ道元の漢文には、いわゆる和習はほとんどない筈であり、道元の禅境は、漢文で書かれたものに限り木庵にもよく伝わったものと見られるが、それでも日本曹洞宗学との解釈の相違は免れなかった(98)。

終わりに、即非にも賛「永平道元禅師」一篇を見る(99)。その題下には「××大徳請」のような註記を見ず、本篇がいかなる背景で製作されたものか判然としない。ただ、参考資料としては、隠元が万治元年（一六五八）、「東渡扶桑諸祖賛」を製作する際、虎関師錬『元亨釈書』を参照したのに倣い、同書巻六の道元伝(100)が参照されたほか、さらに二三の資料、もしくは日本人門弟から提供された情報に拠ったことだろう。なぜならば、右記の賛文には、冒頭「捏二砕浄老［如浄、道元の本師］鼻孔一。放二過諸方脚跟一」とあって、道元の入宋修行に関して思想的にかなり立ち入った描写をなすが、これは『元亨釈書』の簡略な道元伝からは到底得られない情報だからである。

## 高泉の曹洞宗観に見る限界性

高泉の曹洞宗に対する態度は、三祖の後を承け、概してすこぶる好意的であり、曹洞宗僧侶から詩偈・法語を求められると、晩年に至るまで[101]惜しむことなく授与している。しかしながら、その曹洞宗観は、多分に自己の修史の主たる参考文献でもあった『元亨釈書』に負うており、『釈書』の謬見に拠った結果、道元以来の日本曹洞宗の実況にそぐわない面も認められる。

例えば、延宝七年（一六七九）、四十七歳の折に撰した「日東洞宗初祖永平元和尚道行碑銘」（全文は第二章章末所掲の別表を参照）では、冒頭、曹洞宗の奥旨を「(洞) 山得㆓曹山佐㆒。則君臣道合。偏正相資。鳥道玄路。金針玉線。諸方仰㆑之。号㆓曹洞宗㆒。盛行㆓于世㆒」[102]としている。ここにいう〈偏正相資〉とは、いわゆる洞上五位の説を指す。桜井秀雄博士の解説に拠れば、正中偏・偏中正・正中来・偏中至・兼中到の五位によって、存在の実態を正（平等）・偏（差別）のかかわりあいとみる立場をいう[103]。

五位は当初は、求道者に対する接化の手段として弾力的に用いられていたのが、宋代以降、易学と習合して複雑煩瑣な解釈を生んだ。道元は入宋留学中、かかる思想を教導の手段として形式的に固定化することが単なる観念の遊戯になりかねないことに鑑み、主著『正法眼蔵』はもちろんのこと、漢文語録においても極力言及を避けていた。『新纂禅籍目録』および正・続『曹洞宗全書』所収書目を見る限りでは、日本曹洞宗が五位思想を熱心に研究し始めたのは、さして昔のことではない。すなわち、江戸時代以降、永覚元賢（一五七八～一六五八）の『洞上古轍』と、同書に度々言及する門人・為霖道霈（一六一五～一七〇二）の著述が移入されて以降のことと知られる。五位思想（を研究すること）こそは、明代曹洞宗が日本曹洞宗に及ぼした最大の影響といえなくもない。

したがって、道元思想の核心を五位思想と見るのは誤りである。にもかかわらず、高泉が撰述した「碑銘」は、如浄を以て「其の旨趣（五位思想）を得て緜密にして滲漏無き者」と規定し、道元を以てその「入室の高弟」と規定している。これでは碑銘を読む者に如浄・道元師弟こそが五位思想を最も体解した人々であるとの誤解をいだかせかねないであろう。

高泉のこの誤解は、中国にいた頃に学んだであろう禅宗関連の文献（例：宋・希叟紹曇の『五家正宗賛』）に加えて、僧伝作者としての彼が常に机上に置いていた『元亨釈書』にも負うていよう。すなわち、『釈書』巻二十七（諸宗志）では、曹洞宗の教義を「正中偏中設二五位一。成二三畳一。東説西説推二一位一。忌二十成一」と規定している(104)。同書の道元伝は極めて簡略であり（前述）、その第一の門人（例：懐奘）の伝をさえも収めていない。

『元亨釈書』では、日本曹洞宗に関する論評としては、ほかに今ひとつ、巻二十七で僅かに「北地亦有二新豊之微派一」として、著者・虎関の在世当時、その教勢が越前に偏在していたことを指摘しているのみである(105)。したがって、『釈書』に依拠すればするほど、道元思想の核心がすなわち五位思想であるとの観念は強まりこそすれ、決して弱まることはあるまい。

また、近年、伊藤隆寿教授は道元の師・如浄との応酬を熟読され、その結果、そもそも道元自身は如浄に学んだ教えが禅宗、とりわけいわゆる「曹洞宗」であったとは決して認識しておらず、ひとえにそれを「仏祖正伝の法」であったと認識し、かつは弟子たちに力説してもいたことを究明された(106)。

しかしながら、高泉在世当時は、時あたかも右記『洞上古轍』の移入によって、日本曹洞宗にあっては中国曹洞宗への関心が高まりつつあった時期であり、加えて道元の如上の観点が随所に明示された『正法眼蔵』は依然一般僧侶間には得難い秘典であった。したがって、高泉ばかりか、日本曹洞宗においてすら、大多数の一般僧侶は、道元が「禅ならぬ禅」、いな、「禅以上の禅」を鼓吹していたことを知り得ぬ状況に置かれていたのである。

## 第二項　鉄心道印

高泉が生涯にものした曹洞宗関連の詩文・法語の中で第一の長篇となった前出「道行碑銘」は、数度既述したとおり、標記の鉄心道印（一五九三～一六八〇）からの依頼で撰述された。江戸期成立の曹洞宗僧伝に見えるその伝記としては、徳翁良高（一六四九～一七〇九）の『続日域洞上諸祖伝』(107)および嶺南秀恕（一六七五～一七五二）の『日本洞上聯燈録』(108)の二種が挙げられる。両者ともに、(一)青年時代の鉄心が、万安英種（一五九一～一六五四、第一項前出・宇治興聖寺の中興開山）とともに武蔵国舟田山に籠って修行に勤しんだこと、そして(二)道元『正法眼蔵』をある日たまたま開いた彼が、二度目に開いた際、豁然として大悟したことを記している。

このうち、(二)については、『正法眼蔵』の伝写が、この時代（十七世紀前半）はもっぱら写本によって、限られた学僧間にのみ伝写されていた状況からして(109)、少しくその信憑性を疑わざるを得ない。今後いわゆる「眼蔵学」の最新成果に照らしつつ、鉄心が本当に『眼蔵』を手にしたとして、それがいかなる系統の写本であったかを明らかにしたい。ともあれ、青年期の鉄心が真摯な道念に溢れた人物であったことは疑いを容れまい。

晩年は河村瑞賢（一六一七～一六九九、富豪・土木家）の帰依を受け、和泉国泉南郡に蔭涼寺を開創、静修の日々を送っていた。ちなみに、河村瑞賢はのちに高泉にも帰依し、黄檗山第五世に晋山した高泉が元禄七年（一六九四）冬、結制（安居会、夏と冬とあり）した際には、期主《ごす》として巨額の費用を進んで負担している(110)。また、同じく元禄七年、瑞賢が史上に名高い淀川治水事業を竣工せしめた際、高泉は「贈㆓瑞徴士治㆒㆑河詩序」(111)を製作、瑞賢の偉功と、彼のような人物を登用した当局者とを併せ讃えている。

高泉・瑞賢の道縁は、黄檗三祖の現存詩偈中に瑞賢関連の作品を認めないことから推して、高泉が新たに得たものとおぼしい。すなわち、延宝七年（一六七九）、高泉によって前出「碑銘」が撰述され、その後まもなく蔭涼寺（開基：

瑞賢）の境内に碑が建立されたのを、同寺の檀越たる瑞賢が眺めたこと(112)に始まるのではなかろうか。

## 「道行碑銘」撰述の経過

さて、高泉自身が明記しているように、種々の状況から、かくまで深い道縁があったにもかかわらず、高泉は結局、鉄心と会見する機会を得なかった。すなわち、延宝八年（一六七九）正月の鉄心示寂に際し製作した七絶「悼二鉄心老宿一」(113)では、その詩序で「予与レ公雖レ未レ謀レ面。而心心相契。有レ若二膠漆一」と述べているのである。同じ詩序の中で「去年以レ偈寄レ公」としているのは、『仏国詩偈』巻四所掲の七絶「寄贈蔭涼寺鉄心老宿」(114)を指そう。

鉄心は、最晩年に至るまで、「毎に其の祖の未だ碑銘有らざるを慮」っており、その悩みを高泉に相談した(115)——というのが「道行碑銘」篇末に記された撰述縁起であるが、実際はモウ少し複雑な経緯があった。すなわち、高泉の書簡「答二蔭涼鉄心老宿一書」に拠れば、鉄心は高泉に対し、当初、『扶桑禅林僧宝伝』中の道元伝をもっと増補してほしいと請い、これに対し高泉は、同書がすでに世に出て久しいことから、「如し未だ備はらざる者有らば、当に別に一道行の碑を述ぶれば則ち両つながら相妨ぐること無からん」と提案(116)、結局、碑を建立することに落ち着いたのである。なお、『僧宝伝』道元伝の文面は、「道行碑銘」のそれとの間にさしたる異同を認めない(117)。

終わりに、鉄心関連の高泉著述として、右記の諸篇のほか、まず「牛頭山重興護国禅寺記」(118)が挙げられよう。吹田市に現存する護国寺が寛文年間に再興され、ときの住職「祖印大徳」は鉄心を招いて冬期結制を挙行せしめた。のち、延宝二年（一六七四）に至って、「祖印」はさらに高泉に請うて大徹宗令（一三三三〜一四〇三、道元法孫）以来の寺史を叙述せしめた。これが本篇撰述の由来である。恐らく鉄心は「祖印」から本篇を示され、かつ、翌三年脱稿の『僧宝伝』をも読んで、道元碑銘は高泉に…との思いを固めたのではなかろうか。

次に「永平道元和尚真賛并序」(119)が挙げられる。ただ、その序には「某山心上人」が道元の肖像画を携行して、直接高泉を訪ね、画賛を乞うたとされている。左にその全文を掲げよう。

師出㆓京兆源氏㆒。南遊徧㆓参知識㆒。後従㆓天童浄和尚㆒得㆑旨。帰㆓闢永平㆒。為㆓日域洞宗初祖㆒。某山心上人。持㆓画象㆒来乞㆑賛。為㆑之賛曰。

俊哉永平。気岸千尋。太白峰頭。敲㆑空取㆑髄。天童室裏。輥㆑芥投㆑鍼。首伝㆓洞水㆒帰㆓東海㆒。直使㆓波濤滾到㆒㆑今

高泉に道元の画賛を乞うほどの曹洞宗寺院住職としては鉄心以外に考えられず、また鉄心の名を伏せねばならないような事情があったとは到底思われないが、直接高泉を訪ねたというのでは、高泉自身が語る「面晤の縁なし」という言葉と矛盾する。今後、蔭涼寺の寺宝中に該当する道元肖像画が現存するかどうか確認を急ぎたい。

## 第三項　桃水雲渓

### 主要な桃水伝

ついに相見ることなきままに終わった（とされる）鉄心に比して、標記の桃水雲渓（一六一二～一六八三）は、高泉が最も深くかかわった曹洞宗僧侶である。何となれば、住持先の寺（島原禅林寺）を捨てて貧窮な人々の群れに身を投ずるという驚愕の後半生を選んだ彼から、高泉は二人もの弟子を託されるという事態に直面したからである。江戸時代成立の桃水の伝記三種のうち、最も詳細なものは、面山瑞方（一六八三～一七六九、曹洞宗の代表的学僧）が明和五年（一七六八）に刊行した『桃水和尚伝賛』(120)である。同書の名文によって、今日に至るまで、いわゆる「乞

食桃水」のイメージが広く流布した。また、同書に至って、桃水の黄檗山での比較的長期にわたる掛錫体験が初めて明記された。

『伝賛』に先立って、蔵山良機（生歿年未詳）の『重続日域洞上諸祖伝』（享保二年［一七一七］刊）[121]、および嶺南秀恕（一六七五～一七五二）の『日本洞上聯燈録』（寛保二年［一七四二］刊）[122]が挙げられる。ただ、後二者はほとんど同文であり、『大日本仏教全書』本に拠る限り、行数は同じく、字数はのちに成立した『聯燈録』のほうが僅かに短い。また、明治初期成立の道契（真言宗学僧）『続日本高僧伝』は、右記『伝賛』の要約をなす[123]。『黄檗文化人名辞典』もまた同様である。

さて、十八世紀前半に公刊された『諸祖伝』および『聯燈録』が直書して憚らなかった桃水の事蹟に、老後京都の町屋に落ち着いてからの彼が、老若の差はあれ、かの一休宗純と同様、女性と同居していたということである（一休の場合は盲目の美女・森侍者）。すなわち、五条大橋の上での野菜の行商を終えた桃水を、かつての修行仲間・雲山愚白（一六一九～一七〇二）が偶然見かけた。そこで自宅まで尾行してゆくと、桃水は折りしも老婦人と同じ卓を挟んで食事を摂っており、驚いて戸口に佇む雲山に気づくと、別段臆するふうもなく、ともに往時を語り合った。別れに臨んで、桃水は七絶の詩偈一首を雲山に呈した。そこには「行脚昔年鬧㆓利名㆒。相依未㆑尽老夫情。東山幸卜閒居地。来伴㆓洛陽風月清㆒」とあって、熱心な修行も、実は名聞利養の心に出でたものであって、一見俗塵のただ中にある今こそ、事実は真の禅悟に達しつつあるのだ――とする心境が率直に詠じられていた[124]。

多くの弟子や信徒を捨てて当初乞食の群れに身を投じた桃水を、二人の弟子が熱心に探し回ったが、せっかく見つけ出した師からは、前後して高泉に参じるよう厳命されている。琛洲道祐（？　～一七〇六）と、智伝（法諱未詳、？～一七〇九）[125]とがその二人であり、このうち、琛洲は高泉示寂後、年譜たる『大円広慧国師紀年録』を編纂している。

『諸祖伝』に拠れば、桃水は晩年、東山から洛北鷹が峰に転居し、酢を売りつつ生涯を終えた。また、『伝賛』は、高泉の信徒で富豪の角倉氏(126)が桃水に残飯で酢を作る法を教えたとする。

『諸祖伝』が記す老婦人との同居の史実性については、今後の課題としたい。ただ、本書編纂当時、著者・蔵山は桃水晩年の住居に近い洛北に住まっており(127)、全く根拠がないとも言い切れない。仮に史実だったとすれば、一休に対し好感をもたなかった（第三節第二項既述）高泉は、恐らく相当の困惑と嫌悪感とを催したことであろう。

いずれにせよ、二人もの弟子を託された関係上、高泉は桃水が市井の人となってからも、依然かかわりを持たざるを得なかった。七絶「贈二雲渓老宿一」は、天和三年（一六八三）春頃の作と見られるが(128)、「如今老去骨柴崖。剰二片禅心一勝二秋月一」と、世俗にあっても変わらない桃水の禅境を賞賛している。

同年九月、桃水はついに示寂、高泉は七絶「挽二鷹峰雲渓老宿一」（全二首）を製作(129)、かつ、葬儀を司り、仏事法語(130)を撰述している。後者は起龕・秉炬（荼毘に際して）・進塔（納骨）の三篇から成っている。左にこれら追悼偈頌および葬送法語の全文を掲げよう。

挽二鷹峰雲谿老宿一

前山雨過綠凝凝。月白風清野色奇。書レ偈胡牀擲レ筆去。正如三鷹鳥脱二鞲旹一。

乱山深處草萋萋。雲満二長空一水満レ渓。今也水乾雲亦滅。老龍蜚去鳥空啼。

（起龕）

洞下雲渓老宿。中路起龕。以二主丈一劃一劃。截二断路頭一。必竟向二什麼處一去。復直一直。放二開線路一。一二任十字縦横一。卓一卓。直得清風脚下生。

秉苣。臘届二従心一。性似二孩眉一。留二柯雪一鬢成レ灰。身心脱落無二留礙一。只為下曾探二洞水一来上。其惟雲谿老宿。生来古朴。孤硬無レ敵。壊墨衣終レ身不レ換。瓦盃食竟日如レ常。或時翱二遊鳥道一。或時混二迹類中一。高下随レ宜。正偏自在。雖レ然更有二一個末後句一。不レ妨挙似作麼生是末後句。遂擲二下火苣一。云只者是。（秉苣）

進塔。眼裏絶二疎親一。胸中空二我人一。一銭猶不レ蓄。到底不レ知レ貧。山林鄽市随レ縁寓。那管人間歳月新。處レ寂能忘レ寂。居レ塵不レ惹レ塵。俄然唱二起還元曲一。火後収来骨似レ銀。今日送レ公帰二甚處一。湘南潭北好安レ身。（進塔）

このうち、法語二篇目の「秉苣」は、住持する寺を出奔してからの桃水が、「或時翱二遊鳥道一。或時混二迹類中一。高下随レ宜。正偏自在。」だったと礼讃する。山林に市井に、宜しきにしたがって出没したその姿こそ、前述の「五位思想」を自家薬籠中のものとした大悟徹底の境地だというのである。なお、桃水の著作としてまとまったものは遺されておらず、面山の『伝賛』に引かれた詩偈が伝えられているばかりである。

## 第四項　卍山道白

### 卍山の代付批判

貞享二年（一六八五）四月の、いわゆる「代付事件」に関して、高泉が採った態度や心境については、第一章第五節第二項（二）に詳述した。代付から日をへずして垂示されたと見られる法語[131]の原文は、第一章第五節第二項（一）に引くところを参照されたい。

筆者はさきに、この原文のうち、冒頭に引かれた北宋・徳洪覚範の代付批判論（『林間録』所掲）、および後半の高泉の見解について所見を提示した。その際、両部分の中間の網掛け部分（「寂音此話。已行数百載…」以下）については、叙述の関係上、煩を避けて触れなかった。本項では、この傍線部を中心に据えつつ、曹洞宗史上のいわゆる「宗統復古運動」に対する彼の態度を探ってみたい。

## 卍山の黄檗禅親近

まず、傍線部に〈洞下白公〉とあるが、高泉が引用する〈白公〉の主張から推して、これが卍山道白（一六三六〜一七一五）を指すものと見て間違いなかろう。卍山の生涯、とりわけその生命をかけた大事業となった「宗統復古運動」に関しては、近年、尾崎正善師が、『宗統復古志』(132)を撮要・口語訳のうえ、「卍山道白年譜」(133)にまとめ上げられた。道元開宗の昔、嗣法は必ず一人の師から、それも面授にのみ限られ、これを「一師印証」と称した。道元はその嗣法方式の重要性を、主著『正法眼蔵』に「嗣書」・「面受」の二巻を立てて強調した。

ところが、時代が降るにつれて、「以院易師」と称して、転住のたびに、恣意的にそれまでの嗣続を放棄して、転住先の師に新たに付法を請うても奇異としないような風潮が生まれた。のみならず、面授だけならばまだしも、往々にして代付も行われるに至った。

卍山は二十八歳の寛文三年（一六六三）、右記の『正法眼蔵』中の二巻を読んで、積弊久しい「以院易師」の風を矯正し、宗祖の昔に復しようと志した(134)。卍山はそれ以前、二十一歳の明暦二年（一六五六）には潮音道海（一六二八〜一六九五、木庵門下の和僧）に参じ、黄檗改宗を勧められ、三十四歳の寛文九年（一六六九）には黄檗山に隠元・木庵を訪ねており(135)、黄檗禅に対し相当の敬意的親近感をいだいていたとおぼしい。けれども、ひとたび胸に萌した宗統復古の理想は、彼をして黄檗改宗をあくまでも断念せしめたのである。
また、卍山四十六歳の天和元年（一六八一）には、京都で真敬法親王・照山元瑶尼（異母兄妹）にも会見した(136)。ともに高泉にとって多年の外護者であり友でもあった人々である。折りしも卍山は観音型の霊芝を発見、照山尼が描いたその図へ、法親王が著賛している(137)。したがって、高泉は比較的早くから、こうした縁故によって、卍山の名声と活動、そして、宗統復古の理想を聞き及んでいたものと推察される。
さて、煩を避けて口語訳文をのみ掲げるが、すでに見たように、卍山は禅僧があくまで一人の師から、それも面授によって付法されることを宗祖道元以来のあるべき姿と見ていた。したがって、当然のことながら代付を嫌悪していた。高泉に拠れば、卍山の主張は以下のとおりである。

徳洪禅師のこの言葉（第一章第五節既述の代付否定論）は、すでに数百年にわたり世に行われている。どこに議論を差し挟む者がおろうか。ただ一人、曹洞宗に白公があって、徳洪禅師の見解を次の通り批判している。「古塔主（薦福承古）は雲門文遠が世を去ってから百年をへてから生まれ、雲門とは一面識もないのにその法嗣を自称した。これが『己は軽く法は重い』という考えでなくて何だ。また、投子義青（華厳寺に住まった義青）は大陽警玄に会ったこともないのに、浮山文遠を介し、大陽の法を代付されているが、これまた『己は軽く法は重い』という考えでなくて何だ。にもかかわらず、徳洪は『林間録』の中で、彼らが『己を重んじ、法は軽しと見た』だなどと評している。これはまた何という言い草だろう」と。

高泉は卍山の主張をこのように要約的に紹介したうえで、次のように卍山を批判する。さきに第一章第五節で、訓読・引用した部分をも含めて再度口語訳を施したい。なお、私に分段を施した。

ああ、これは卍山どのの考え違いというものだ。どうして彼は永嘉玄覚や黄檗希運が師から法を継いだときの事例と併せて古塔主・投子義青の例を見ようとしないのだ。古塔主・投子義青が正しいならば、もう一方の永嘉玄覚や黄檗希運は間違っていたということになる。北宋の昔、徳洪禅師はその『林間録』の中で、代付の問題に触れ、古塔主・投子義青が「己を重んじ、法は軽しと見た」と批判された。さもなければ、おそらく天下には、遠い昔に示寂した高僧の法嗣を自称する者が満ち溢れ、留まるところを知らなかったことであろう。古塔主が雲門の奥義を悟って、雲門の遥嗣になれるというのなら、永嘉玄覚は直接の師である六祖慧能の法嗣となるのではなく、『維摩経』を読んで既に悟っていた以上、霊山会上で釈尊の法嗣となったということもできる筈だ。それをせず、永嘉は実際には「私は慧能さまの法を継ぎます」と語っている。

つまり古の人は、総じて「己を重んじ、法は軽し」と見たのだ。だから、徳洪禅師の右のお言葉は、すこぶる至当なのだ。投子義青が代付によって大陽の法を継いだことで、一たびは途絶えてしまった曹洞宗の法脈が辛くも維持された。これなどは誠に、「己を重んじ、法は軽しと見た」好例である。古の遥嗣は、当今の軽率なそれとは大いに異なっており、やむを得ざるに出でた、しかし真摯なものだった。

とはいえ、これを当たり前のこととしてはいけない。誰も彼もが遥嗣の方式で付法するならば、禅宗本来のあるべき付法の形態「面稟親承」はどうなるのか。今日は仏祖以来の大法を守るために無駄口を費やしてしまった。拙僧を理解し、拙僧を罪するのは、ただこの真心のみだ。

つまり高泉は、古塔主が雲門の法嗣を自称した事例のような典型的な「遥嗣」は、徳洪と同様あくまでも排除すべしとの見解に立っているが、「代付」は時としてはやむを得ないとの認識を示しているのである。ちなみに、『紀年録』元禄八年条の篇末は、高泉の生涯に関する論賛に充てられているが、その中で編者・琛洲道祐（第三項前出）が代付事件の弁明に相当の字数を費やしているのは、恐らく高泉の示寂前後から活発化した卍山の宗統復古運動を意識したからであろう。『紀年録』（高泉年譜）が成った宝永三年（一七〇三）、卍山らの運動は、見事成功を収めた(138)。

この年一月、琛洲は『紀年録』の筆を擱くや、その月末には力尽きてか示寂した。元来曹洞宗で出家した彼は、宗内から卍山に同調し、先師・高泉の採った措置を批判する者がまた現れるのではないかとの不安を胸に、死の床に就いたのではないかとも思われる。

高泉が卍山に与えた法語や詩偈は現存せず、また、そもそも明らかに見解を異にする両者が親しく交往したとは考え難い。高泉は最晩年まで、たとい一寺の住職であっても、宗派の壁を超えてなお遍参、向上を求めてもいいではないか――との考えをいだいていた。

すなわち、元禄七年（一六九四）冬、黄檗山に彼を訪ねた曹洞宗の「因鷲長老」へ――〈長老〉というからには、一寺の住職である――「探二残洞水一無二涓滴一。荷レ策来参済北禅。洞済両宗如透徹。自然推出有二龍天一」と書き与えている(139)。かかる開放的な考えの持ち主が、黄檗禅に親炙はしていても(140)潔癖なまでに一師印証にこだわった卍山と相容れなかったのは、けだし当然といえよう。

# 結語

本章では、在来の二大禅宗、すなわち臨済・曹洞両宗の人々が高泉に対しいかなる態度を採り、また、対する高泉がいかに応じたかを追究した。ひとくちに臨済宗といっても、最大勢力であった妙心寺教団の態度と、それ以外の教団とでは、すこぶる様相を異にしている。妙心寺教団は隠元在世当時から警戒的、ついで批判的、最後は非難的態度をもって新来の黄檗教団に接した。しかしながら、高泉が現れるに及んで、その学才に推服し、思想（仏主儒従の儒仏一致論）に共鳴する妙心寺の長老も、隠渓智脱ら少数だが現れた。

また、高泉は、京都五山を統率していた南禅寺に注視、黄檗山の住職となってからは自ら積極的に、同寺の最高幹部たる剛室崇寛に接近した。恐らく、妙心寺との関係修復が依然望み薄だった状況下、臨済系諸派の中ではその唯一のカウンターパートだった南禅寺に接近し、以て黄檗教団の基礎を磐石ならしめんと図ったのであろう。

曹洞宗は、高泉在世中は依然、「容檗派」のほうが大勢を占めていた。相互の人的交流もすこぶる盛んで、高泉自身も道元の「碑銘」をものしたほか、法苑院時代には、やって来た多くの曹洞宗僧侶を前に、法語を垂示してもいる(141)。しかしながら、卍山道白が掲げた代付忌避・面授偏重の思想は、代付事件直後の高泉の苦衷を過度に刺戟して餘りあるものであり、恐らくはそのためか、仮に実現したならばわが仏教思想史上の逸話をなしたであろう両者の交流は、ついになされることなく終わったのである。

註

（1）平久保章氏、曹洞宗の鏡島元隆博士がそれぞれの著述で常用される。本稿もまた、これにしたがう。対語は「反檗的」である。

（2）『隠元全集』二九九三頁。隠元および高泉が自己にとって重大な心事を表明する際にしばしば用いた六言絶句が詩形として用いられている。六言絶句が隠元の詩偈において果たした特殊な役割については、第九章第五節を参照。

（3）『隠元』一〇四頁。同趣旨のことは、川上孤山居士が大正一〇年（一九二一）刊行の『妙心寺史』下巻四五四頁にて既に述べておられるが、そこでは平久保氏の用いた「悟道主義」は「法爾主義」とされている。また、それぞれの「主義」の定義・解釈も難解に過ぎる憾みなしとしない。なお、本稿で拠った『妙心寺史』は、荻須純道師が増補された『増補妙心寺史』である。京都：思文閣刊、昭和五十年（一九七五）。

（4）大桑教授が竹貫元勝教授・谷端昭夫氏と共著された『史料研究　雪窓宗崔――禅と国家とキリシタン――』、京都：同朋舎刊、昭和五十九年（一九八四）。および同教授『日本近世の思想と仏教』、京都：法藏館刊、平成元年（一九八九）。

（5）卍元師蛮『本朝高僧伝』巻二九、『大日本仏教全書』第一〇二巻・四〇四頁上。

（6）崇禎七年（一六三四）秋、すでに印可を得ていた四十三歳の隠元は、同じく福清県の獅子巖に帰り、同十年（一六三七）五月まで止住ののち、福清黄檗山住職として黄檗山に戻った。『隠元全集』五一三九～五一四三頁、能仁師訳註一四九～一六一頁。

（7）大桑斉教授「諸教一致論の形成と展開」、『日本近世の思想と仏教』三八五頁、京都：法藏館刊、平成元年（一九八九）。初出は『講座近世日本史』第九巻（近世思想論）、東京：有斐閣刊、昭和五十六年（一九八一）。

（8）同書巻五第一話「泪のたねは紙見せ」、『定本西鶴全集』第四巻・一五七頁、東京：中央公論社刊、昭和三十九年（一九六四）。口語訳註は『対訳西鶴全集』第六巻・一八六頁を参照。東京：明治書院刊、昭和五十四年（一九七九）。

（9）例えば（一）『黄檗之宗源』、大阪：慶瑞寺（龍渓の廟所の一つ、高槻市）刊、大正八年（一九一九）。執筆者は今井貫一氏（わが国図書館学の祖）。（二）大槻幹郎氏「龍渓性潜年譜稿」、『禅学研究』第七八号、平成十二年（二〇〇〇）。

（10）註（3）前出・川上居士『妙心寺史』下巻四五七頁。なお、大槻氏の執筆に係る『黄檗文化人名辞典』龍渓性潜の項（三八一頁下）でも、川上居士の見解を引用している。

（11）長崎興福寺における結制の模様を報じた虚櫺了郭（一六〇〇～一六九一）の禿翁妙宏（一六一一～一六八一）宛書簡（妙心寺仙寿院所蔵）では、念仏行道が行われていたことを明記している。辻善之助博士『日本仏教史』近世篇之三・三二五頁所掲。また、平久保氏『隠元』一九二頁では、無着道忠『正法山誌』巻七に見える逸話を引く。その逸話とは、妙心寺の的首座（法名：□的ヵ）が宇治黄檗山での掛錫を済ませてのち、南源性派に「声高らかに念仏を唱えている点、さながら浄土宗のようですね。また、手に印契を結ぶのは真言宗のようでもありますよ」（口語訳：引用者）と語った――とするものである。

（12）大桑教授註（7）前掲書同頁。大桑教授は、愚堂の年譜『大円宝鑑国師年譜』に拠りつつ、愚堂の念仏禅嫌悪の実況を説明される。また、同教授『寺檀の思想』一四四頁では、とかく外護者におもねりがちだった中年期までの雲居を、愚堂があるとき叱責、これを容れた雲居が豹変を遂げ、初心に立ち返ったとする逸話（鈴木正三『驢鞍橋』所掲）を紹介している。東京：教育社刊、『教育社歴史新書〈日本史〉』一七七、昭和五十四年（一九七九）。

（13）『隠元全集』二八九二頁。底本は『隠元和尚雲濤二集』であるが、併せて掲げられている異本（『大光普照国師広録』）では、篇題を「妙心寺会二合山大徳一」に作る。

（14）『隠元全集』五二二八頁（二巻本年譜）、能仁師訳註二九六頁。

（15）法雲明洞「広寿即非和尚行業記」、『即非全集』一三二一頁。

（16）『即非全集』一〇五〇頁。

（17）『即非全集』六六一頁。

（18）大槻氏註（9）論攷、掲載号三四頁。

（19）川口高風教授『曹洞宗の袈裟の知識――「福田滞邃」によって――』に詳しい。曹洞宗宗務庁刊、昭和五十九年（一九八四）。

（20）大槻幹郎氏「慧林性機年譜稿」、『禅学研究』第六六号・九頁、昭和六十二年（一九八七）。

（21）即非の宇治黄檗山止住期間は短かったが、詩偈「戒光寺礼二栴檀唐像一」を遺している。『即非全集』一〇四三頁。

(22) 鏡島元隆博士「古規復興運動とその思想的背景」、『道元禅師とその門流』一八一頁、東京：誠信書房刊、昭和三十六年（一九六一）。
(23) 平久保氏『隠元』二二六頁、および鏡島博士「桂林崇琛について」、註(22)前掲書・二〇四頁。
(24) 『洗雲集』巻二、『全』Ⅱ・七五五下左。その二篇前には「立夏過二水月庵一」が、さらに遡って六篇前には「送三潮音和尚帰二広済一」が、それぞれ置かれている。このうち後者は、潮音が寛文十一年（一六七一）に本師・木庵から江戸で印可され、その喜びを胸に西上、秋まで黄檗山に滞在して師翁・隠元を省したことを詠じている。したがって、前者にいう「立夏」とは、翌寛文十二年のそれと知られよう。よって、この「立夏」からさして日をへずして成ったと思われる本篇もまた、季節を示す言葉こそ見当たらないものの、寛文十二年中の作と推定される。潮音のこの頃の事蹟については、正満英利師『緑樹』四七頁（本文）および二二九頁（年譜）を参照。潮音禅師三百年遠諱大法会実行委員会刊、平成六年（一九九四）。なお、本篇から四篇後ろには「四月十一日贈二友四十一」を、さらに下って八篇後ろには、寛文十三年（一六七三）八月の柏巖性節の示寂を悼む一篇を、それぞれ掲げている。これらは本篇が寛文十二年中の作であることを示唆してはいないだろうか。
(25) 『黄檗清規』礼法章第八の序、『大正蔵』第八二巻・七七五頁中。『黄檗清規』諸章の序文は、いずれも高泉の手になる。『洗雲集』巻十二、『全』Ⅱ・八八七下左。『清規』編定のことは、『紀年録』（高泉年譜）寛文十三年の条に見える。『全』Ⅲ・一四八五上右。
(26) ともに『仏国詩偈』巻六、『全』Ⅱ・七二一下右。詩形別・年代順に詩偈が配列された本書にあって、これら二篇は天和三年製作の「挽二鷹峰雲谿老宿一」（曹洞宗の桃水雲渓はこの年九月示寂）と翌貞享元年製作の「寄二題矢闍羅漢洞一」（詩序に紀年あり）との中間に配置されている。
(27) 巻二十二、『全』Ⅰ・二一八下左。
(28) 巻十、『全』Ⅲ・一二九四上右。
(29) 巻十、『全』Ⅲ・一二九六上右。

（30）妙心寺派教務本所刊、大正十年（一九二一）。本稿では註（3）前掲の荻須師増補版に拠った。ちなみに上巻は同六年（一九一七）の刊行である。

（31）東京：東方書院刊、昭和六年（一九三一）。

（32）かかる見解は、石田瑞麿博士『日本仏教史』にもそのまま継承されている。博士は同書三一二頁で江戸期成立の護法論を列挙された際、『儒仏合論』が『闢異』への反駁書である旨、明記されている。岩波書店刊、『岩波全書』第三三七巻、昭和五十九年（一九八四）。

（33）註（3）前掲書・四五二頁。

（34）山田連思『山崎闇斎先生年譜』、岡田武彦博士編著『山崎闇斎』附録・巻末資料一八八頁。東京：明徳出版社刊、『叢書　日本の思想家』第六巻、昭和六十年（一九八五）。

（35）『洗雲集』巻十一、『全』Ⅱ・八八五下左；註（31）前掲書二七頁。

（36）『洗雲集』本では、この字句を欠く。『全』Ⅱ・八八六上右；註（31）前掲書二七頁。また、『洗雲集』本では、「延宝丙辰又三年梅月浴仏日」という紀年も削除されている。

（37）『洗雲集』巻十一、『全』Ⅱ・八八五下左；註（31）前掲書二七頁。

（38）道教に反駁する唐・慧浄（五七八～？）の同題の文章を指していることは明白であるが、慧浄に「妙明」なる別号・謚号もしくは所住の寺（妙明山もしくは妙明寺）があったかどうか、今後の調査に俟ちたい。道宣『続高僧伝』巻三の慧浄伝には見えない。また、同じく道宣の『広弘明集』巻十八に、慧浄の「析疑論」の全文を収録している。『大正蔵』第五二巻・二二三〇頁上以下。

（39）大桑教授「近世初期仏教思想史における心性論――雪窓宗崔『禅教統論』をめぐって――」、註（7）前掲書三五八頁。初出は『論集日本仏教史　七　江戸時代』、東京：雄山閣出版刊、昭和六十一年（一九八六）。大桑教授は「朱子学体系の崩壊」とされる。しかしながら、朱子学の基盤に立つ科挙が、明滅亡の直前までまがりなりにも挙行されていたことを思えば――

合格者のある者は新たに清朝に仕え、またある者は抗清運動の志士となった。後者はまさに「陰王陽朱」の態度で試験に臨んだというべきか——やはりいささか行過ぎた表現と考えられる。よって敢えて「朱子学の衰退」と改めさせていただいた。

(40) 巻四、『全』Ⅱ・七〇〇上右。本篇の直後に掲げられた「答二資聖長老一」では、延宝三年脱稿の『扶桑僧宝伝』に対し旧知の僧から賀詩を寄せられたことを謝している。一方、六篇のちに置かれた「歳丙辰夏。淫雨汎濫…」では、延宝四年夏の長雨で飢饉に陥った長崎の人々のために、ときの住職・千呆性侒（一六三六～一七〇五、唐僧。高泉歿後、黄檗山第六世に）が三ヶ月にわたり、毎日数千人に施食した偉業を賞賛している。したがって本篇は、延宝三年冬か、翌四年早春の寒さなお厳しい頃の製作と見られよう。

(41) 巻五、『全』Ⅱ・七一七上左。本篇から二十四篇前に「賀二智積盛公僧正一」が置かれている。これは天和二年（一六八二）夏五月、信盛が運敞の後を承けて智積院第八世となったことを祝賀する作品である。したがって、本篇は翌天和三年、梅の花が咲く頃の製作と見られよう。信盛の智積院晋山の年代は、長与が元禄十五年（一七〇二）に撰述した「列祖画像」賛文に明記されている。『智積院史』附録二四頁、弘法大師遠忌事務局（総本山智積院内）刊、昭和九年（一九三四）。

(42) 卍元師蛮『延宝伝燈録』・『本朝高僧伝』、道契『続日本高僧伝』、荻野独園『近世禅林僧宝伝』（明治二十二年［一八八九］序）にはひとしく立伝を認めない。

(43) 『仏国詩偈』巻四、『全』Ⅱ・七〇五上左。

(44) 本篇の直後に置かれた作品は、延宝六年十二月の雷洲道亨（高泉の愛弟子）の死を痛嘆している。

(45) 巻六、『全』Ⅱ・七二二下右。承句に「幽鳥一声春雨余」とあり、本篇の直後には貞享元年製作の「寄二題矢闍羅漢洞一」（詩序に紀年あり）が置かれている。

(46) 大槻幹郎氏「龍渓性潜年譜稿」、『禅学研究』第七八号・三四頁、平成十二年（二〇〇〇）。

(47) 『法苑略集』巻三、『全』Ⅱ・五七九下右。

(48) 『紀年録』寛文八年（一六六八）の条も、本篇をこの年の作と見るが、月日までは記していない。『全』Ⅲ・一四八三下左。

(49) 七絶「示二梅窓院祖林尼上人一」では、祖林尼が「洗レ心誓欲レ稟二毘尼［戒律］一。従レ斯更解レ明二禅要一」、すなわち、まずは戒を受け、そののちに禅道に入ることを望んでいる。そしてその結果、祖林尼がかの総持尼（菩提達磨の嗣法門人の一人とされる）に比して遜色無き禅者とならんことを期待している。『洗雲集』巻十、『全』Ⅱ・八七二上左。本篇はいわば、あるべき禅者の進路を示唆していると言えよう。すなわち、まず受戒し、そのうえで戒・禅双修の修行に勤しみ、以て悟達を期するという戒律禅・持戒禅の道である。本篇より三篇前に某年元日の作を掲げており、一方、六篇のちに、貞享五年（一六八八）三月の鉄眼道光七回忌に際しての作を掲げているから、本篇は恐らくそれ以前の、同年春に成っていよう。

(50) 『大円広慧国師遺稿』巻二、『全』Ⅰ・三六二上右。

(51) 巻十、『全』Ⅱ・八六八上右。本篇の前後に置かれた作品は年代を特定できる字句に甚だ乏しい。実に二十五首前に置かれた「謁二東照大将軍廟一」は、元禄元年（一六八八）の作である旨、『紀年録』にも明記を見る。また、本篇の十二首前には「暮雪」が置かれている。そして、本篇の直後には「移レ梅遇レ雪」・「雪中梅花」の二篇を並置している。したがって、年を越した翌元禄二年春の作であるように考えられる。

(52) 『仏国詩偈』巻四、『全』Ⅱ・七〇六下左。本篇よりも四篇前に、この年二月に死去した外護者・青木直影（興石居士、一六一九～一六七九）を悼む一首を掲げる。

(53) 宮城：瑞巌寺刊、平成十四年（二〇〇二）。冠題を「瑞巌寺　第一〇一世／慈明寺・覚照寺開山」とする。

(54) 綱村と黄檗宗との関係について知るには、尾暮まゆみ氏の論攷「史料紹介『如幻三昧集』に見える黄檗宗と伊達綱村（一）」が綱村の詳細な年譜を附録しており、すこぶる便利である。瑞巌寺ほか仙台藩内在来諸宗とのかかわりをも視野に入れた続篇の公表が待たれる。『黄檗文華』第一二一号、平成十四年（二〇〇二）。

(55) （一）天龍寺：五言律詩「天龍寺謁二夢窓国師像一」、『仏国詩偈』巻二、『全』Ⅱ・六七三上右：「天龍古刹」、『同』巻三、『全』Ⅱ・六九〇上右：七言律詩「題二天龍寺仮山一」、『洗雲集』巻三、『全』Ⅱ・七七五下左：「霊亀山天龍寺記」、『同』巻十四、『全』Ⅱ・九二八上右：七言絶句「題二天龍寺一示二同行一」、『翰墨禅』巻下、『全』Ⅱ・一〇六一下左。このうち、「霊亀山天龍寺記」

はすこぶる長篇であり、文礼周郁（二〇七世）および古渓性琴（二一四世）との会見についても記すが（三九〇丁左）、紙幅の多くは寺の庭園美を叙述することに費やされている。さらに、天龍寺から至近の位置にある臨川寺内にある夢窓の廟所を詠じた作品も、広義の天龍寺関連作品に含まれよう。すなわち、「臨川寺礼二夢窓国師塔一」、『仏国詩偈』巻三、『全』Ⅱ・六八九下左。（二）東福寺：七言絶句「東福寺礼二無準和尚像一」、『一滴艸』巻三、『全』Ⅱ・六三八下右。：七言絶句「慧日山贈二太華老宿一」、『仏国詩偈』巻三、『全』Ⅱ・六九五下左、〈慧日山〉は同寺の山号・七言絶句「観無準和尚遺墨」、『同』巻四、『全』Ⅱ・六九六下右。（三）建仁寺：七言絶句「建仁寺謁二千光国師像一」、『仏国詩偈』巻三、『全』Ⅱ・六九六上右。（四）大徳寺：七言絶句「大徳寺雪中紅梅」、『法苑略集』巻三、『全』Ⅱ・五七二上右：「謁大燈国師」、『仏国詩偈』巻五、『全』Ⅱ・七一七下左。後者は〈謁〉した寺の名が明示されていないが、大燈国師、すなわち宗峰妙超（妙心寺開山・関山慧玄の師）の像を祀る洛中の名刹といえば、まず大徳寺に屈指すべきであるから、ひとまず大徳寺で製作されたものと見る

(56)『仏国詩偈』巻三、『全』Ⅱ・六九〇上左。

(57)貞享五年（一六八八）にこの堂宇が建立されたことは、『紀年録』同年の条を参照。『全』Ⅲ・一四九〇上左。また、七言絶句「西往寺礼二宝誌大士栴檀像一」は、ともに春に詠じられたことを明示する「東谷禅人求レ語」と「題二花月亭一」との間に置かれており、これまたこの年春の製作と知られよう。『洗雲集』巻十、『全』Ⅱ・八七三下右。

(58)『洗雲集』巻十、『全』Ⅱ・八六五上右。

(59)「南禅寺謁二大明国師一」、『翰墨禅』巻上、『全』Ⅱ・一〇五六下左。うち一首は「文応上皇」、すなわち無門に離宮を下賜した亀山天皇の御製（開創後まもなく示寂した無門を悼む）に次韻している。なお、本篇の直前には、「贈二戒山律師一」が置かれている。こちらは元禄二年（一六八九）の作である旨、『紀年録』同年の条に明記あり。しかしながら、さらに進んで二〇丁を見ると、同じく元禄二年三月の照山元瑶尼（後水尾法皇皇女）からの法皇遺墨奉納を謝する偈の二つあとに、今度は貞享四年（一六八七）十二月の雲堂の高野山復帰を祝賀する偈が掲げられている。後者の場合は、復帰を聞かされたのが翌貞享五年（＝元禄元年、一六八八）正月に入ってからだったとも考えられるが、いずれにせよ、『翰墨禅』は、高泉の他の詩偈

集が概して正確に年代順に作品を配列しているのに比し、いささか錯簡があると言わざるを得ない。なおまた、『紀年録』元禄二年の条には、関連する記事（三度目の南禅寺参詣）を認めない。よって、本篇に関しては、他に有力な証拠を得るまで、しばらく貞享五年に系年する。

(60)『紀年録』貞享五年（一六八八）の条、『全』Ⅲ・一四九二上右。

(61)辻善之助博士『日本仏教史』近世篇之三・五八四頁。

(62)『翰墨禅』巻上、『全』Ⅱ・一〇五七上右。註（59）と同様の見解に立って、しばらく元禄二年に系年する。

(63)五言律詩「遊二光雲寺一贈二賜紫英中和尚一」、『翰墨禅』巻上、『全』Ⅱ・一〇五六上右。系年後考。寛文七年（一六六七）当時、雲峰元冲（一六四七〜一七一一）は、光雲寺なる英中の門下にあった。その俗弟・大随道機（一六五二〜一七一七）も同門である。兄弟ともに本師・英中の隠元参禅に随行し、黄檗山へ参じた。うち、大随は英中からの勧めで元禄四年（一六九一）、高泉から付法されている。『黄檗文化人名辞典』三一一頁下および二〇五頁下。

(64)『紀年録』元禄八年（一六九五）の条、これら両句を含む関連詩偈は『遺稿』中には見えず。唐・賈島の五絶「尋二隠者一不レ遇」を踏まえていよう。

(65)まず金地院住職に就任、一か月をへて僧録司に就任するのを例としている。僧録司就任によって、正式に五山全体を統御する権能を得るのである。桜井景雄師『続南禅寺史』一〇二頁所掲の「僧録歴代表」を参照。京都：南禅寺刊、昭和二十九年（一九五四）。

(66)以上、辻博士『日本仏教史』近世篇之三・五八四頁以下。

(67)「過二金地院一次レ韻」、『大円広慧国師遺稿』巻一、『全』Ⅰ・三三三上右。

(68)原文は日本式漢文、辻博士註（66）前掲書五八五頁。

(69)『紀年録』元禄六年条の原文は、「嘗同二済北英和尚一訪二金地僧録仏慈禅師一道話弥レ日。」。〈済北〉とは、南禅寺の塔頭・済北院を指そう（今は廃寺）。『全』Ⅲ・一四九二下右。

(70) このとき製作された詩偈が、七言絶句「京兆金地院訪仏慈禅師」、および同「過金地院贈普済禅師」と見られる。『遺稿』巻一、『全』Ⅰ・三三九上右および三四五下右。

(71) 現存するものはすべて『遺稿』巻一所収。(一) 七言絶句「賀柳沢出羽守」、『全』Ⅰ・三三九下右；(二) 五言律詩「寄贈柳沢出羽守居士」、『全』Ⅰ三四〇上左；(三) 五言律詩「賀柳沢出羽守」、『全』Ⅰ三四一下右。このうち、(二) は、蘇軾が大成した回文詩の形式を用いている。恐らく「貴公(吉保)は当世の蘇軾なり」とでも表現すべき賞賛的寓意が込められていよう。

(72) 辻博士註 (66) 前掲書五〇七頁。

(73) 『仏国詩偈』巻四、『全』Ⅱ・六九八下右。まず、本篇の三篇あとには、この年示寂の本寂を悼む「聞大智本寂律師順世」を掲げる。本篇と同様、季節は冬とされている。『紀年録』延宝三年の条をも参照。『全』Ⅲ・一四八五下左。しかるに、本篇の四篇前には、延宝四年三月に示寂した聖護院門跡・道寛法親王のための輓偈を掲げる。よって本篇の系年については、後考を俟ちたい。なお、木庵の場合は酬恩庵で二篇、大徳寺真珠庵では一篇の一休賛を製作しており、高泉とはこの点すこぶる対象的である。「過大徳寺真珠菴礼一休禅師遺像」「春晩登霊瑞山随喜偶成(題下註：一休禅師開山)」、「登霊瑞山随喜一休禅師勝蹟」、『木菴全集』一四四九・二五八七・二六五七頁。一方、木庵製作の南浦紹明賛は見当たらない。

(74) 『本朝高僧伝』巻四十二、『大日本仏教全書』第一〇三巻・一〇五頁上。原文は「今之人叨譏評。或以為堕撥無。或以為馳虚遠矣。夫有格外之機者。有格外之事。墨守規中者。非所可得而甄別焉。」

(75) 「与独往子書」、『一滴艸』巻四、『全』Ⅱ・六五一上右。本書簡の成立年代は未詳。ただし高泉が独往と友情を深めたのは、順治十年(一六五三)、隠元の命でともに獅子巌に赴き、そこの景勝の地や寺の歴史を述べた『獅子巌志』を編纂した際と見られる。『紀年録』同年の条、『全』Ⅲ・一四七八下左。

(76) 『紀年録』天和二年条の原文は「天人師殿」に作る。〈天人師〉とはいわゆる「如来の十号」の一つであるから、「仏殿」の意と解釈した。『全』Ⅲ・一四八八上左。

(77)「建仁植長老与レ余素昧二平生一。聞三余興二仏国一。特以二貫花一見レ賀。次レ韻以謝。」、『洗雲集』巻八、『全』Ⅱ・八四八上左。

(78) 七言絶句「建仁寺謁二千光国師像一」、『仏国詩偈』巻三、『全』Ⅱ・六九六上左。季節を示す字句なし。本篇よりも十五篇前には、延宝三年の黄檗山開山堂建立工事に高泉自ら土を負うて参加したことを詠じる一篇が置かれ、五首のちには翌四年二月の修学院離宮再遊を詠じた一篇が置かれている。

(79) このとき高泉が松堂に贈った詩偈が、七言絶句「高台植長老至」と見られる。『洗雲集』巻九、『全』Ⅱ・八五七上右。

(80)『洗雲集』巻十四、『全』Ⅱ・九二五下左。

(81) 朝鮮修文職の沿革については、桜井景雄師註(65)前掲書一九三～二〇一頁を参照。

(82)『律苑僧宝伝』巻十五、『大日本仏教全書』第一〇五巻・二九〇頁下。原文は、「仏国高泉禅師譔二塔上之銘一」

(83) 序:「律苑僧宝伝序」、『洗雲集』巻十二、『全』Ⅱ・九〇一下左・賀偈:七言律詩「贈二戒山律師一」、『翰墨禅』巻上、『全』Ⅱ・一〇五六下右。

(84) 論攷「対馬海岸寺明忍資料及び墓塔訪問」、『密教文化』第一一三号、昭和五十年(一九七五)。

(85) 赤松俊秀博士監修『泉涌寺史　本文篇』三二五頁では、諱を「正専」、字を「如周」とする。よって、これを彼の本来の具名と見做し、多くの文献で「正専如周」としているのを顚倒した。京都:法藏館刊、昭和五十九年(一九八四)。

(86) 註(85)前掲書三八一～三八四頁、第二章第二節「皇室の御崇信と寺観の整備」、執筆は藤井学教授。

(87) 七絶「寄二華園隠長老一」。系年については、註(41)参照。

(88)「建仁尹上座呈レ偈。即レ韻以答。」、『仏国詩偈』巻五、『全』Ⅱ・七一七上左。

(89) 守屋茂氏編著『宇治興聖寺文書』第四巻、京都:同朋舎出版刊、昭和五十六年(一九八一)。

(90)『隠元全集』二五〇六頁。ただし紀年が略されている。註(89)前掲書では巻頭に実物の写真を掲載しており、これに拠って製作年代が知られる。

(91)「東渡扶桑諸祖伝」の引、『隠元全集』二四九三頁。

(92) 案山吉道（一六〇八～一六七七）；雲山愚白（一六一九～一七〇二）；月坡道印（一六三七～一七一六）、隠元・即非にも謁した；徳翁良高（一六四九～一七〇九）；卍山道白（一六三六～一七一五）、隠元にも謁した；無得良悟（一六五一～一七四二）；明堂正智（一六三五～一六七三）；黙玄玄寂（一六二九～一六八〇）；黙室焉智（一六五一～一七一二）；惟慧道定（一六三四～一七一三）。

(93) 雲山愚白（前出）；松雲宗融（一六〇九～一六六四）、隠元にも参じた；鉄心道印（一五九三～一六八〇）、隠元にも参じた；惟慧道定（前出）、隠元にも参じた。

(94) 悦巌不禅（一六一六～一六八一）；月舟宗胡（一六一八～一六九六）；月舟宗琳（一六一四～一六八七）；独庵玄光（一六三〇～一六九八）；普峰京順（一六二〇～一六九五）。永井政之教授はその論攷「独庵玄光と中国禅――ある日本僧の中国禅宗理解――」にて、断定は避けられつつも、独庵が隠元・道者間の紛議の「一部始終を見たのである。従って、独庵が、隠元とその派下の人々に対して、特殊な感情を持ち続けたであろうことは、容易に推察しうるところである」とされ、独庵と交往のあった黄檗僧としてはただ一人・慧極道明（一六三二～一七二一、和僧で木庵法嗣）あるのみと指摘される。鏡島元隆博士編『独庵玄光と江戸思潮』一一六頁、東京：ぺりかん社刊、平成七年（一九九五）。

(95)『木菴全集』二七七一頁。

(96)「木菴禅師年譜」天和元年（木庵七十一歳）の条、『木菴全集』三五八四頁。

(97) 初刊は卍山三十八歳の延宝元年（一六七三）である。尾崎正善師「卍山道白年譜」、『曹洞宗宗学研究所紀要』第四号・六八頁、平成三年（一九九一）。

(98) 木庵は道元の悟境について、「雖㆓悟處平常㆒。実相㆓符洞山『我今正是渠。渠今正是我』之謂㆒也」と評した。ところが独庵は、木庵が〈平常〉の語義を誤解しているとして、延宝三年（一六七五、木庵六十五歳）、批判の一文を草した。永井教授註(94) 前掲書七五頁。

(99)『即非全集』六六〇頁。

(100)『大日本仏教全書』第一〇一巻・二〇八頁上。

(101) 元禄五年（一六九二）夏、江戸出府中には、宿舎となった紫雲山（瑞聖寺）で、「洞下輪王寺珠光長老」との会見に応じたところ、それまでなかなか悟達できずにいた珠光は、さながら如浄に出会った道元のごとく「身心脱落」、疑団雲散したという。七言絶句「与二光長老一」、『遺稿』巻一、『全』Ⅰ・三三三上左。また、翌六年冬にも、黄檗山に自己を訪ねて来た因鷲に会見し、七絶「送二因鷲長老一」を書き与えている。『同』巻一、『全』Ⅰ・三四二下左。こちらは前半両句に「洞水を探り残《つく》して涓滴なし。策を荷ひ来り参す済北の禅」とあり、元来は曹洞宗に属する僧侶であることが明示されている。

(102)『洗雲集』巻十五、『全』Ⅱ・九四三上右から。

(103)「禅宗［曹洞宗］」の章、平川彰博士編『仏教研究入門』三〇四頁、東京：大蔵出版刊、昭和五十九年（一九八四）。

(104)『大日本仏教全書』第一〇一巻・四六九下。

(105) 註（104）前掲書・二一三頁下。なお〈新豊〉とは、洞山良价（曹山本寂と並ぶ中国曹洞宗の祖）の住まった山の名を指す。

(106)『中国仏教の批判的研究』本論第九章「道元の中国仏教批判」を参照。平成四年（一九九二）、大蔵出版刊。

(107) 巻四、『大日本仏教全書』第一一〇巻・一一〇頁上～一一一頁下。

(108) 巻十二、『大日本仏教全書』第一一〇巻・四九八頁上～四九九頁上。

(109) 尾崎正善師「卍山道白年譜」に拠れば、貞享元年（一六八四）、卍山は宗内諸大刹の『眼蔵』秘本を探索し、これを自坊たる加賀大乗寺の古写本と対校したことが知られる。このとき鉄印示寂後すでに四年をへていた。『曹洞宗宗学研究所紀要』第四号・七〇頁、平成三年（一九九一）。

(110)『紀年録』同年の条、『全』Ⅲ・一四九二下左。

(111)『遺稿』巻三、『全』Ⅰ・三七三下右。なお、詩本文（七絶五首）は、『同』巻一、『全』Ⅰ・三四三上左。

(112) 碑が実際に建立を見たことは、『曹洞宗全書』本が、篇末に「和泉州蔭涼禅寺伝曹洞正宗遠孫道印鉄心稽首勒石」と署名されていることからうかがい知られる。同『全書』第十七巻・二一四頁上、昭和十三年（一九三八）。速やかに現地に赴いて碑の存否を確認すべきであるが、蔭涼寺が瑞賢ほどの富豪を開基としていることからして、少なくとも建立自体は実現したものと見たい。

(113)『洗雲集』巻八、『全』Ⅱ・八四〇上右。

(114)巻四、『全』Ⅱ・七〇六下左。

(115)前出「道行碑銘」、『洗雲集』巻十五、『全』Ⅱ・九四六上左。

(116)原文「承レ教欲三重増二遠祖先永平伝一。愚意此書已行二于世一。世已戸知。似レ不二必増加一如有二未レ備者一。当別述二一道行碑一則両無二相妨一」。『高泉全集』が底本とする駒澤大学図書館本は、奥付に刊年月日を欠いているが、この記述によって、高泉自序の執筆された延宝三年（一六七五）夏からさして歳月をへずして『僧宝伝』が上梓され、広く流布したことが推知されよう。『大日本仏教全書』本の底本では、奥付に延宝三年刊との文字を見るとの由であるが（鏡島元隆博士執筆、『大日本仏教全書』解題二・三一〇頁下）、筆者は未見である。また、大槻幹郎氏執筆の『日本仏教典籍大事典』の関連項目も、奥付について叙述するが、刊年月日の有無については言及を認めない（同『大事典』四五五頁）。

(117)巻一、『全』Ⅲ・一二一四上左から。ただ、賛は本文所説の如浄が見た夢に関して、いくぶん増補している。如浄の夢とは、道元が天童山に掛錫する前夜、洞山良价を夢に見、その後身・再来である道元がまもなくやって来ることを察知した――という説話である。賛ではしかし、如浄がこの夢を直ちに人に語り、「此の人〔道元〕、向後当に大いに吾が宗を弘むべし」と語った――と増補している（『全』Ⅲ・一二一五下左）。『永平開山道元和尚行録』（第二章註(203)前出）は、『僧宝伝』・「道行碑銘」がともに拠った資料と見られるが、同書では、如浄は「丹知客」に夢の内容を語ったとしている。『曹洞宗全書』第十七巻・一六五頁上。

(118)『洗雲集』巻十三、『全』Ⅱ・九〇七下左から。再興当時の住職「祖印」の事蹟は、未詳である。「祖印」は恐らく道号ではなく、法諱とおぼしい。『新編禅学大辞典』附録「禅宗法系図」に徴するに、この法諱をもつ曹洞宗僧侶は伝心祖印（三二頁八段）と水巌祖印（三五頁一三段）とが存在する。なお、『吹田市史』の宗教関連の諸章は、薗田香融博士の執筆に係り、博士自身が属された真宗本願寺派に関しては通史・各寺史とも精緻を極めるが、護国寺ほか市内の曹洞宗寺院に関する叙述は極めて簡略であり、「祖印」について新知見を得ることはできない。大阪：吹田市役所刊、昭和五十年（一九七五）。

(119)「二十四巻本語録」巻二十二、『全』Ⅰ・二二六下右

(120)『曹洞宗全書』第十七巻、昭和十三年（一九三八）。なお、近年、三浦真介氏は論攷「雲渓桃水の生涯とその思想」を公表された。桃水の実像に迫るべく鋭意した労作であるが、高泉へ託した二門人については、新たに提示する事跡を認めない。『駒澤大学大学院仏教学研究会年報』第二二号、平成八年（一九九六）。

(121)巻四、『大日本仏教全書』第一一〇巻・一五九頁下。

(122)巻十二、『大日本仏教全書』第一一〇巻・五一五頁上。

(123)巻七、『大日本仏教全書』第一〇四巻・二六一頁下。

(124)『伝賛』およびその要約たる『続日本高僧伝』では、本篇を桃水が雲山ならぬ雲歩とともに老後有馬温泉に遊んだ折りの作とし、老婦人との同居生活については一切触れていない。ちなみに、雲歩は桃水と囲巌宗鉄門下で同輩であった人であり、高泉からも詩偈一首を贈られている。七言絶句「洞下雲歩老宿過訪」、『洗雲集』巻十、『全』Ⅱ・八六三上左。

(125)『黄檗文化人名辞典』は、高泉から付法されたとし、その歿年月日を明記する。同『辞典』二六四頁下。しかしながら、高泉の現存著述中に該当人物を見い出せない。あるいは黄檗改宗後、法名に加え、道号（智伝）をも改めたか。今後の究明に俟ちたい。

(126)あるいは、土木家として知られる了以（一五五四～一六一四）・素庵（一五七一～一六三二）父子の縁者かと思われる。註(111)前出の七絶連作「贈㆓瑞徴士治㆑河詩序」では、第二首で「昔有㆓治㆑河了以翁㆒。至㆑今遺像鎮㆓山中㆒」と詠じられている。

(127)各巻巻頭に「洛北沙門　良機編」と署名している。例：註(121)前掲書二八一頁下（巻四巻頭）。

(128)本篇よりも十六篇前には「寄㆓華園隠谿長老㆒」が置かれている。これが天和三年、梅の花咲く頃の作と見られることは、註(41)に既述した。両者の間には「雪夜戯占」一篇が置かれているが、雪と梅とを併せ詠じており、しかも年の変わり目を示

す字句は見当たらない。よって、「寄二華園隠谿長老一」から本篇の間まで、すべて天和三年春以降の作と見た。
(129)『仏国詩偈』巻六、『全』Ⅱ・七二〇上左。
(130)「二十四巻本語録」巻十五、『全』Ⅰ・一四六上左。
(131)「二十四巻本語録」巻九、『全』Ⅰ・八八上左。
(132)『続曹洞宗全書』第一巻所収、昭和五十年（一九七五）刊。原本は、宝暦十年（一七六〇）刊。卍山の高弟で九十歳を超える長寿を得た三洲白龍（一六六九〜一七六〇）が口述、そのまた弟子の卍海宗珊（一七〇六〜一七六七）が筆受した。その概要は『曹洞宗全書』索引・解題四四七頁中以下を参照。執筆は、鏡島元隆博士。
(133)『曹洞宗宗学研究所紀要』第四号、平成三年（一九九一）。
(134)尾崎師「年譜」、註(133)前掲書六七頁。
(135)尾崎師「年譜」、註(133)前掲書六六・六八頁。
(136)尾崎師「年譜」、註(133)前掲書七〇頁。なお、「真教法親王」とあるのは「真敬」の誤りであろう。
(137)『黄檗文化人名辞典』三四〇頁上。
(138)同年八月、幕府は一院印証を定規とする通達を曹洞宗両大本山（永平寺・總持寺）に下した。尾崎師「年譜」、註(133)前掲号七六頁。
(139)『遺稿』巻一、『全』Ⅰ・三四二下左。なお本章註(101)をも参照。
(140)なお、鏡島元隆博士の論攷「桂林崇琛について」では、卍庵が隠元・独湛の示寂に際しては輓偈を寄せ、木庵・潮音道海師弟へはそれぞれ偈を呈し、とりわけ、潮音に対しては衷心よりその嗣法を賀したことを取り上げている。そのうえで、これら一連の関連詩偈を卍山が「いかに黄檗禅に親炙していたか」ということの文証と規定している。同博士『道元禅師とその門流』二〇六頁、昭和三十六年（一九六一）、誠信書房刊。
(141)法語「洞下衆禅客参次」、「二十四巻本語録」巻四（法苑禅院語録下）、『全』Ⅰ・三一上左。五篇前に、泉涌寺妙応殿落慶を

賀する法語がある。隠元献上の釈尊像を奉安する同殿は、延宝五年（一六七七）に建立されている。赤松俊秀博士監修『泉涌寺史　本文篇』三八九頁、京都：法藏館刊、昭和五十九年（一九八四）。したがって、本法語もまた、それ以降の垂示と見られよう。「四面好山青似レ沃。一川流水湛如レ青。柔風吹払払。幽鳥語喃喃。」と、美麗な韻文形式に拠っている。そして、篇末に至って「鼻孔看来無二両様一。何労対レ我競和南」として、「臨済禅（高泉）も曹洞禅も、その実何の差異もないのに（無二両様一）、なぜわざわざ、わしのところまで大挙してやって来るのだね」と、敢えて諧謔的な問いかけを発している。

# 第四章　教宗諸師および儒者との交流

# 序　節

## 教宗の定義

本章では、教宗、すなわち禅宗以外の諸宗と高泉との交流について概観したい。教宗《きょうしゅう》とは、中国仏教において禅宗に対する概念であり、わが国ではあまり一般的でないが、不立文字、所依の経典を持たない禅宗に対し、何らかの経論によって宗義を立てる宗派を指す。したがって、わが国の仏教においては、禅宗を除く宗派はすべて教宗に属するのであり、口伝を重んじる密教といえども、何らかの文献を併用する以上、また教宗に属しているというべきであろう。

教宗の寺院は、禅寺・禅院に対し、当然「教寺」・「教院」と称されるが、わが国にあっては、かの知恩院の正式名称を「華頂山知恩教院大谷寺」とすることが、さして多からぬ人々に知られているほどではないだろうか。そもそも禅宗あってこその概念が教宗であり、教寺（院）なのであるから、知恩院のこの正式名称が定まった過程および年代を研究することは、そのまま、わが国において「教宗」という呼称が定着した過程を調査することにほかなるまい。ぜひとも他日の課題としたい。

## 律宗は教宗にあらず

さて、ここで注意しておきたいのは、律宗の扱いである。高泉の見方に拠れば、膨大な関連文献を有する律宗はしかし、教宗の一部ではなく、これはこれで独立した存在であり、しかも、禅と教とを結ぶ掛け橋であるという。彼のこうした見解が最も端的に表明された著述が「律苑僧宝伝序」である。その中でも、彼の戒律観がとりわけ明瞭に示された部分を左に掲げよう。

原夫律者。戒法也。有二在家白衣人戒法一。有二出家比丘等戒法一。有二小乗戒法一。有二大乗戒法一。広至二三千威儀・八万細行一。皆是検二束身心一。防レ非止レ悪故。名二律宗一也。然而律法甚厳。毫無二繊爽一。持者多不レ能レ尽レ法。独西竺優波離尊者。称二持律第一一。東土則有二澄照大師［道宣］一。此土則有二普照・俊芿・睿尊諸師一。亦落落如二晨星一。然終不レ可レ闕也。以下禅教二宗雖二門戸各別一而律則同秉上也。蓋以禅是仏心。教是仏語。律是仏行。豈有二学仏者不レ循二仏行一乎。

高泉はインド・中国・日本を通じてすぐれた持律者と目すべき人々はさながら暁天の星のごとく決して多くはないが、およそ僧侶にとって律学が不可欠なゆえんは、「禅・教の二宗は門戸各別なりと雖も、律は則ち同じく秉るを以てすればなり」と述べ、禅・教・律三宗の関係について、「禅は是れ仏心、教は是れ仏語、律は是れ仏行なり。豈に学仏の者の仏行［律宗］に循はざること有らんや」と規定する。そして、衆目の前で子猫を斬殺した南泉普願や、同様にして蛇を斬殺した帰宗智常ら――ともに公案とされている――は、一見いかにも殺生戒を破っているように見えるが、彼らの振る舞いはともに凡夫の理解を絶した大解脱の境界からなされたことであり、仏智に照らせば少しも仏祖に違背していないのであると補説、我々凡夫が表面だけを模倣してはならないことを説いている(1)。

後述するように、高泉の本音は、禅教一致とはいっても、あくまでも禅主教従であり、自己の目から見て有為な青年禅僧が教宗に関心を向けること、とりわけ、まさに悟達しつつある青年が、悟りまであともう少しというところで禅寺を出て京都や奈良の教宗寺院で経典講義に列することを好まなかった。しかしながら、律宗に対しては別扱いであり、中国での青年期以来、終始好感を寄せていた。

また、隠元ら黄檗三祖が律宗をいかなる目で見ていたか、まとまった著述には表明されていないが、基本的には高泉のこうした見解と同様であったものと見られる。だからこそ、寛永十二年（一六三五）以降、「北京東山泉涌律寺」として、公式には禅寺でなく、教寺でもないとされ、律寺として立った泉涌寺を(2)、彼らはしばしば訪れたのであろう。

## 黄檗三祖らの教宗との交流

さて、隠元の渡日は、その携えてきた有形無形の明末仏教文化のめずらかさゆえに、禅宗のみならず、教宗諸派からも多大な関心を集めた。そして隠元一行が日本に定住してからは、折に触れ洛中・奈良・高野山へ参詣の旅に出たこともあって(3)、教宗諸派の学僧との交流もおのずと開始されるに至った。

しかしながら、ひとくちに教宗諸派といっても、積極的に隠元ら三祖と深く交流したのは、現今の宗名でいえば、真言律宗・真言宗であり、独湛の場合はこれら両宗よりは、むしろ浄土宗鎮西派（浄土宗最大派）の中でも特に戒律に心を寄せる僧たち、とりわけ、同宗捨世派（持戒を旨とする）の事実上の開祖・忍澂と親交があった。

## 比較的疎遠だった天台宗

これら以外の有力諸宗、たとえば天台宗の門跡とは終始没交渉であり、高泉に至ってはじめて、ときの天台座主(4)および青蓮院(5)・聖護院(6)の両門跡との間の詩偈・書簡の応酬を見るが、それは恐らく、これら座主・門跡が、高泉の弟子であり友であった真敬法親王（興福寺一乗院門跡）の血縁者――換言すれば、子女の多きを以て鳴る後水尾法皇の皇子たち――であった関係でなされたこと、という側面が大きい。

それら関連詩偈の内容も、いわゆる「貴種」に対し敬意を尽くしてはいるが、別段天台の教義には渉らない。また、天台山、すなわち比叡山に遊んだ際の詩文は、即非に一篇(7)、高泉に至って五篇（詩偈四篇、文一篇）にまで増加している(8)。後者は叙景詩および紀行文としては秀逸であるが、これまた天台教義にまで渉る内容ではない。

**無視された日蓮宗と真宗**

なお、元来排他性が強かった真宗・日蓮宗の関係者とは、これまた三祖・高泉もともに、現存著述に見る限り、全く没交渉である。真宗の場合は、宗祖・親鸞の昔から肉食妻帯が許されており、加えて、同宗から黄檗宗に転じた鉄眼道光に対する真宗側からの批判が相当激しかったから、出家以来、持戒主義を終始金科玉条とした高泉にとって、恐らく不快、かつ忌むべき存在であったものと推察される。

むろん、彼に先行する黄檗三祖の現存著述（詩偈・法語）中にも、これら両宗に関するものは一切認められない。さまざまな俗縁から（例：両宗とも縁のある公家・大名からの懇請）、たとい彼らが不承不承ながら詩偈の類を製作したことがあったにせよ、語録・詩偈集編纂の段階で、削除されたものと見られよう。

ただし、彦山亮有の例（第三節第四項後述）の例に照らしても、皇族・貴族と姻戚関係にあった両本願寺法主およびその近親者のために、彼ら黄檗唐僧が詩偈の製作、もしくは揮毫をなした可能性が小さくない。今後、真宗側の資料を調査してゆきたい。

地盤継承者としての高泉

高泉は隠元以来の教宗諸派との交流関係を基本的に継承し、真言宗の中では高野山系および智山系（総本山：智積院）の学僧もしくは持戒者との道縁を深めた。また、泉涌寺の天圭および湛慧とも久しく詩偈をやりとりしたが、これも実は隠元以来の縁故である。しかしながら、彼自身が新たに得た道縁として、西山浄土宗における持戒者、ヨリ具体的には、深草真宗院の龍空瑞山・慈空性憲師弟とのそれを見落とせまい。

## 第一節　一乗院宮真敬法親王

維新後の廃仏毀釈でとりわけ手痛い打撃を蒙った名刹として、誰もが奈良の興福寺を挙げることであろう。猿沢池に優美な姿を今も映している五重塔は、取り壊し代がかさむため、辛うじて難を免れたと聞く。境内に甍を連ねていた大乗院・一乗院の両門跡もまた、室町期以来の伝統も空しく廃絶を余儀なくされ、跡地は奈良公園の一角となっている。数々の典籍も、このとき四散してしまった。

標記の真敬法親王（一六四九〜一七〇六）は、この今はなき名刹のあるじであった。後水尾天皇第十二皇子として生まれた彼は、万治二年（一六五九）、十一歳にして出家し、先代・尊覚法親王の弟子となった。尊覚は父皇の実弟であり、自己からすれば叔父に当たる(9)。この点、のちに禅の師となった高泉とは全く状況を同じくしている（出家年齢の近さ、得度の師が実の叔父であること）。文字にこそ表明されていないものの、恐らく高泉は、この高貴な弟子に対し、驚喜すべき親近感を覚えたことであろう。

延宝六年（一六七八）から貞享三年（一六八六）までの二十六冊にもおよぶ真敬の日記『一乗院門跡入道真敬親王

日記』は、興福寺を襲った廃仏毀釈の劫火を幸いにも免れ、昭和初期以降、久しく東京大学史料編纂所に蔵されているが(10)、筆者は未見である。真敬三十歳から三十八歳までの、高泉との交往最も盛んであった時期の記録であるから、いずれ閲覧のうえ、文中に散在しているであろう高泉との詩偈応酬ぶりについて報告をまとめたく思う。また、平久保氏がその『高泉全集』総索引（稿本、萬福寺文華殿蔵）に列挙された真敬関連の法語・詩偈は、実に十篇に余り(11)、法語もまた同様である。ともに黄檗宗僧侶を除けば、最多である。それぞれの詩偈・法語に関する詳細な系年は、今後、前出『一乗院門跡入道真敬親王日記』を閲覧のうえ、進めたいと思う。

高泉が真敬に初めて出会ったのは、寛文十二年（一六七二）二月一日、高泉四十歳、真敬の二十四歳のときのことで、『紀年録』同年の条は、真敬が黄檗山内法苑院に高泉を訪ねたところ、「一見して夙契［前世からの因縁］の如」くであった。そして真敬は高泉に慈恩大師、すなわち、（窺）基（六三二〜六八二、玄奘高弟にして中国法相宗祖）の像賛を請うている(12)。このとき真敬は、青蓮院門跡・尊證法親王とともに黄檗山に隠元を訪ね、法要を問うていたのだが(13)、隠元すでに八十一歳、真摯に禅を学ばんと志つつあった真敬としては、いささか心細く感じたのではなかろうか。まもなく今度は（同月二十八日）、高泉が奈良まで赴いたとされる(14)。この奈良（および高野山）への旅の記録が、「遊南都記」である。

### 真敬参禅の動機

これに拠れば、真敬は招き入れた高泉と夜更け（四鼓）まで語り合った。翌日、真敬が一乗院内に新たに設けた坐禅堂を参観、請われて「正覚」と額にしたためた(15)。真敬自身が高泉に語った参禅の理由は二つある(16)。一つ目は幼少期から日々の寺暮らしの中で学んできた法相宗が「教相繁多にして、浩として煙海の如く、当人の性源を洞すること能はず、乃ち自ら惟へらく、使《も》し禅を学ばずして是くの如きの纏縛を脱せんと欲せば、得べけんや」というもの。二つ目は、自ら奉ずる法相宗のわが国での開祖・道昭自身が入唐留学中に、師の玄奘から教宗（既述）中の教宗たる法相宗を学んだが、同時に禅をも教わった。禅宗に関してはさらに慧満にも指教を仰いで、ついに印可を得た。帰国後の道昭はもとより法相宗を宣揚したが、同時に禅をも広めた⒄。それならば自身（真敬）もまた、遠祖・道昭に倣って教・禅両宗を兼学したい――というもの。

かくして、高泉の示寂（元禄八年［一六八八］十月）によって終止符が打たれるまで、詩偈・書簡の応酬、時々の往来（多くは使僧の相互派遣によったけれども）を中心とする長い道縁が始まった。高泉の病篤しと聞いた真敬は、使僧を派する（九月）だけでは満足できず、同月十五日、自ら黄檗山を訪れて高泉を見舞った。示寂の月（十月）には、三日に再度訪問、互いに長年の道宜を感謝し合い、去るに忍びず、涙に咽ぶ真敬を、侍者らが横合いからかかえて、やっと辞去させるという、一幅の絵のような瞬間もあった⒅。

## 参禅経験を活かしての唯識経典註釈書撰述

ところで、真敬は少なくとも、意識の上では決して法相宗に嫌気が差して禅に転ぜんとしたわけではない。のち、元禄五年（一六九二）冬に至って『唯識三十頌錦花』一巻を著した。これは真敬が同母弟・霊元上皇から唯識教学の聖典『唯識三十頌』の主旨を問われたのに奉答すべく撰述された書である。

もとより真敬は、久しく一乗院の門跡、高泉のいう「当代唯識宗主」⒆を務めるという立場上、改宗して黄檗に入るわけにもゆかず、参禅で得たものを法相宗の教義研究に活かすばかりであった。高泉もまた真敬の立場を理解したうえで、序文の筆を執ったことであろう。幸いにして、出来上がった真敬の著作は、高泉を落胆させないだけの内容を具備していた。インド（チベットをも含む）における唯識教学自体、元来は瞑想を実修しつつ研鑽することを前提としており、単なる机上の学問体系ではない（そのことが中国・日本においては、とかく忘れられがちだったのである）。したがって、真敬が参禅し瞑想したことは、唯識教学本来の性格からすれば、決して時間の空費には当たらない。

高泉の序(20)に拠れば、同書の文面は参禅瞑想の実体験者のそれにふさわしく、「語言直截にして隠すこと無し。正に茎草を拾つて以て病を癒すに驢駝薬を仮らざるが如」く(21)であったという。高泉の見解に拠れば(22)、インドの人々は「万法唯識」というこの簡単無比な道理に満足できず、その結果思考に思考を重ね、「直截の處に於いて却つて領悟すること能はず。正に所謂『分明極まるが為に、翻つて所得［悟り］をして遅からし』めてしまった。そこで、世親（ヴァスバンドゥ）が現れて『唯識三十頌』を撰述、わが国では笠置山の貞慶（通称：解脱上人、一一五五～一二一三）(23)が同書を礼讃しつつ註釈を著した。本来ならばこれで十分であるのに、日本人もまたインド人の轍を践んでしまい、かくて註釈に註釈を重ねて煩雑極まりない状況になった――という。かかる状況を断然打破したのが、ほかならぬ自己の法嗣・真敬であったので、その喜びを行間に滲ませつつ高泉は序文の筆を執ったものと見られる。

## 「禅主教従」の立場に拠った高泉

もとより自他ともに認める禅者・高泉にとっては、「禅教一致」とはいえど、本音はあくまでも「禅主教従」であった。それはさながら、彼が平素信徒に与えた詩偈の中では盛んに「儒仏一致」を説きつつも、門人に与えた法語・詩偈に表白された本音があくまでも「仏主儒従」であったのと同軌である。

さきに引いた法語「示二正覚法親王一」の後段には、実は異本が存在する。異本は「示二南都正覚法親王一」と題し、「二十四巻本語録」巻十七に掲げるが、すこぶる直截、まさに歯に衣着せずといった感じで、教宗の弊害を説いている。

中年期までは時の為政者をすら忌憚なく批判していた彼の直言癖は[24]、こと教学に関しては依然健在であったことを、この法語は如実に物語っている。

すなわち、この異本では、真敬が「住㆓持南都大興福寺㆒。厭㆓教相繁雑㆒。企㆓慕臨済之道㆒。」[25]と、伝統ある門跡寺院として贅を尽くした教寺（興福寺一乗院）にあって、その精神はしかし、さながら目に見えぬ牢獄に投ぜられていたかの如く描いており、そして篇末で、真敬のこの精神的困苦も、参禅によって一挙に打破されるであろう――と自信をもって教示しているのである。左に引用するところを参照されたい。

南都法親王。太上法皇之聖子。今上皇帝之伯氏也。不㆑念㆓世榮㆒。出㆓九重闇㆒。入㆓三宝数㆒。国人以㆓法親王㆒称㆑之。住㆓持南都大興福教寺㆒。厭㆓教相繁雑㆒。企㆓慕臨済之道㆒。謁㆓黄檗開山老人㆒。嘗問道於予。予挙㆘一念不生成㆓正覚㆒語㆖示㆑之。有㆑所㆓契会㆒。真大乗器哉。但於㆓機用上㆒。未㆓甚痛快直截㆒。当㆑知済下児孫一箇箇。轟轟烈烈。雷揮電掃。掀㆑天掲㆑地。罵㆑雨呵㆑風。活潑潑無㆑拘無㆑束。任天下人没㆑奈㆑伊。所謂「我為㆓法王㆒。於㆑法自在。我為㆓法王㆒。於㆑法無㆑礙。」（引用者註：『法華経』譬喩品、『大正蔵』第九巻・一五頁中）。故臨済之道。烜㆓赫今古㆒。豈他家可㆓同㆑日語㆒哉。倘能造㆓此境界㆒。不㆑妨与㆓古悉達㆒把㆑臂共行共転㆑法。俾㆔一切人天羣類。鹹登㆓正覚之場㆒。庶不㆑負㆓最初発心求道之志㆒也。至祝。

そもそも、高泉自らが中心となって制定した『黄檗清規』では、梵行章（全十章の第五）の冒頭、大衆がまずは参禅・礼拝に勤しむべきこと、そしてそのうえで、「禅暇妨げず、博く蔵典［経律論の三蔵］・尊宿の語録を覧ることを。智力余り有る者は博く群書に及ばば庶幾《ねがは》くば可ならん」と規定している[26]。

しかしながら、真敬のような教を捨てて禅に入ることが許されぬ立場の人は別として、高泉の心の奥底ではやはり、「かりにも禅者として立った以上は、どこまでも参禅弁道に徹すべきであり、経典の講義などに傾聴している暇はない筈だ」との思いを禁じ得なかったようである。

かかる意識が、すこぶる率直かつ詳細に披瀝された例として、「二十四巻本語録」巻十六所掲の法語「勉二用上人一」が挙げられよう。これに拠れば、長崎の〈用上人〉(27)は若くして出家、隠元に参じ、以後ひたすら参禅弁道に勤しんでいた。高泉も大いに前途に嘱望していたところ、あろうことか、ある日やって来た彼は、「これから経典の講義を聴きに参りたく思います」だなどと語った。いわば彼は、禅を捨てて教に入らんとしたのである。

そこで高泉は、「君はすでに禅宗の自在な境地に会入しておりながら、かえって今度は、方便としての教説に過ぎない教宗の法などを求めようというのか？　どうして専心専一に初志を守ろうとしないのか！（原文：将下入二禅之無味一而尋中教之方便上。何秉レ志之不レ純若レ是邪）」と叱正、これに対し〈用上人〉が「教もまた禅にほかならぬと存じますが…（原文：教豈外于禅）」と反論すると、高泉はここぞとばかり次のような「禅主教従」の論を展開するのである。

曰く、

雖レ云二「教即有文字禅。禅即無文字教一」。在二学人分上一。当レ一二其志一。不レ可二岐而貳レ之。路多則踏レ艸不レ死。倘能於二座主未レ展レ巻已前一。一喝喝住。則如是我聞。已落レ七落レ八了也。更待二拠レ座揮レ尺。巧妙敷陳。等是陳爛葛藤。皮外抓レ癢。好沒交渉。直饒十二分教。一一鑽透。衲僧面前。一字也用不レ著。

「教は即ち有文字の禅、禅は即ち無文字の教」と云ふと雖も、学人分上に在つては当に其の志を一にすべし。岐かつて之を貳にすべからず。路多きときんば、則ち艸を踏むに死《か》れず。倘し能く座主［科挙の試験官］未だ巻を展べざる已前に一喝喝住するときんば、則ち如是我聞、已に七に落ち八に落ちん。更に座に拠り尺を揮って巧妙に敷陳するを待たば、等しく是れ陳爛葛藤、皮外に痒を抓くなり。直饒《たとひ》、十二分教に一々鑽透するも、衲僧面前一字も也た用ひ著《え》ず(28)。

ところどころ難解な字句も見られるが、彼が言葉を極めて一行に徹すべきことを力説していることは理解できよう。華麗な文藻の持ち主だった高泉が、唯一まとまった経典註釈だけは遺さなかったのは、本人自らこうした営為を苦手としていたのもさることながら(29)、筆を執るうちに、いつしか「註釈のための註釈」に陥り、不立文字という禅者の本道に背くことを避けたかったからでもなかろうか。

# 第二節　真言律宗諸師との交流

## 第一項　同時代の真言律宗の状況

### 真言律の定義と江戸初期における状況

本項題目にいわゆる「真言律宗」とは、奈良市の西大寺を総本山とする――そして、著名な末寺として往古金沢文庫を管理した称名寺や、奈良時代は総国分尼寺であり、近世以降は安産のお守りで知られる法華寺を有する――比較的小規模な仏教の一宗派を指しているのではない。もとより、これらの寺々をも包含するけれども、江戸時代の「真言律（宗）」とは、現在よりはずっと多様多彩な、いくつかの寺院系列（本寺およびその末寺）から成る集合体だったのである。

いずれの寺院系列も、基本的には真言宗の教義を踏まえつつ、戒律をも厳に実践することを旨としており、室町後期から戦国時代は逼塞していたが、江戸時代に入って社会が安定を見ると、再び活性化し、かつての叡尊（一二〇一～一二九〇）・忍性（一二一七～一三〇三）師弟がそうであったように、様々な社会福祉事業に活躍する僧をも輩出するに至っている。

これら律僧たちの活動について、江戸期および明治初年までに成立した文献中、まとまった情報を我々に提供するものとしては、（一）戒山慧堅（一六四九～一七〇四）の『律苑僧宝伝』(30)巻十五（最終巻）、（二）卍元師蛮（一六二六～一七一〇）の『本朝高僧伝』(31)巻六十二～三（浄律篇）、（三）天霊道契（一八一六～一八七六、以下、「道契」と記す）の『続日本高僧伝』(32)巻九（浄律篇）が挙げられよう。

そして、これら三書に拠りつつ、蓑輪顕量教授は、その『中世初期南都戒律復興の研究』(33)にて、すこぶる簡明な略史を提示されている。蓑輪教授は江戸初期に久々に律宗が脚光を浴びた背景について、「幕藩体制下の仏教として、自律的な側面が民衆に対して効用を持つとして、戒律が再び注目される時に、律宗の活動が取り上げられるのである」と規定し、そのうえで、十八世紀中葉、すなわち、隠元が渡来する頃までに活躍した主要な律僧を次のとおり列挙している(34)。（ ）内は原文の註であり、［ ］内に補ったのは、引用者（野川）の註である。

まず京都の槇尾山西明寺［別称：平等心院］の明忍（一五七六～一六一〇、［字は俊正］）が注目される。明忍は法華宗の慧雲［法諱は「寥海」、「慧雲」は字。のちに改宗して槇尾山を継承。？～一六一一］と西大寺の友尊を知己にし、慶長七年［一六〇二］に槇尾山に自誓受戒したと伝えるから、その頃には、戒律は衰微していたに違いない。彼は別受［三師七証を要する本式の受戒儀式］を伝えようと中国に渡る計画を立て対馬まで赴くが、わずか三十五歳で、対馬に病没した(35)。しかし、この明忍から、律宗は再びその歴史の上にその名を残すことになる。明忍に対馬で会った良永（一五八五～一六四七、［字は賢俊］）は後に槙尾山に行き、慧雲、友尊より受戒し、後に高野山に入り、元和五年（一六一九）、高野山に真別處円通寺を創建したという。また良永の弟子になる快円恵空（生没年不詳）(36)は、和泉大鳥山に神鳳寺を復興して「律園」を開き、明忍の孫弟子に当たる慈忍慧猛（一六一四～一六七五）は河内に野中寺を復興し、野中寺を律の道場としたという。こうして槙尾山西明寺、大鳥山神鳳寺、河内野中寺は、「律の三僧坊」と呼ばれる戒律学の道場となった。

ヨリ厳密には、快円恵空は良永の孫弟子であり、本師は良永の高弟・真政円忍（一六〇九～一六七七）である。この真政は、寛文五年（一六六五）二月に行われた第二次黄檗三壇戒会に招かれ、尊証阿闍梨（別受の受戒儀式に要請される七証（人）の一）を務めた。すでに松隠堂に隠居していた隠元からは、恐らく慰労の品としてであろう、七律「贈二真政忍大徳一」を書き与えられている(37)。黄檗教団が三壇戒会に他宗の僧を招請したのはこの時以外にない。

恐らく真政は、それまで文献の上でのみ読み知っていた三師七証を伴う本格的な戒会を、この際ぜひとも実見せんという願望に充ち満ちていたものと見られる。そのためかこの年の冬期結制（冬安居）には、弟子・快円を伴って再度来山している(38)。

## 江戸初期泉涌寺の隆昌

さて、隠元渡日当時、すでに相当の規模を有し、しかも禅宗に対し相当の好意的関心を有していた集団として、右記の槇尾山・高野山真別處系の人々にもまして、まず京都東山の泉涌寺教団に屈指すべきであろう。鎌倉時代の開山・俊芿（一一六八～一二二八）以来、禅・台（天台）・密（真言）・律の四宗兼学を寺風としていた泉涌寺では、僧侶の名も禅宗式に「道号（字）＋法諱」と四字連称するのを習わしとしてきた。また、少なくとも江戸期以降は、長老（住職）・西堂・知蔵・喝食といった、禅宗叢林におけるそれと同義の役職・身分も設けられている(39)。

さらに、『泉涌寺史　本文篇』（註（2）前出）の随所に掲げられた室町～江戸期住職の肖像画もしくは木像は、すべて曲彔に坐し、定印を結ぶというわゆる頂相様式のそれで、一見どこかの禅宗大本山の正史を読んでいるかと錯覚させられるほどである。これはしかし宋代禅宗の、というよりは、宋代仏教における典型的な僧侶肖像・彫刻を継承した結果、かかる形式の絵画を生み出したというべきで、短絡的に禅宗のみの影響と断じることは許されまい。

しかしながら、泉涌寺が維新まで禅宗（頂相製作の伝統あり）をも兼学の対象としてきた結果、かかる様式で代々住職を描くという慣習もまた同時に維持されてきたことは相違あるまい。とにかく、今日の目、すなわち真言宗泉涌寺派総本山という視点で、江戸期以前の同寺を見ることは、意外な誤解をもたらしかねない。単なる真言宗の巨刹では断じてなく、むしろ、黄檗教団をも含めた各宗派の学僧が寄り集った一大文化センターと見るべきであろう。

その泉涌寺にあって、後水尾法皇からの帰依を受けつつ、一山の興隆に鋭意していた人物こそ、隠元ら黄檗三祖、そして高泉が参詣するたびに出迎えた天圭照周（一六一六～一七〇〇、泉涌寺八三世）であった。泉涌寺のみならず、塔頭たる戒光院も、さながら判で押したかのように彼らの参詣先となっているのは(40)、同院が天圭によって現在地に移転・再興された彼自身の住坊であったことに因ろう。

## 天圭の禅学研鑽

天圭は如周正専（一五九四〜一六四七、泉涌寺八〇世）門下の俊秀であった。右記『泉涌寺史』では、本師・如周の勉学の歩み、とりわけ禅宗研鑽については相当の字数を費やしている(41)。一方、天圭の禅学研鑽に関して、同書は何ら触れるところがない。しかしながら、若い頃から本師・如周や、寺内の他の律師のもとに参学していた禅僧たちの姿に触れ(42)、ほかに台・密も兼学したとはいえ、禅宗に対しては、ヨリ一層の親近感をいだいたものと見られる。

慶安四年（一六五一）、天圭が僅か三十六歳にして仙洞御所なる後水尾法皇御前で最初に講じた経典は『円覚経』であり、二年後には『首楞厳経』を講じている(43)。両『経』ともに、一般には禅家所用の経典と見なされている。これによって、彼の禅学に対する深い造詣が推知されよう。

さらに、黄檗僧・潮音道海（一六二八〜一六九五）は、正保三年（一六四六）、戒光寺で行われた天圭の『首楞厳経』講義に参じている(44)。同じく黄檗僧の慧極道明（一六三二〜一七二一）は、二十二歳の承応二年（一六五三）上洛、天圭の講ずる『首楞厳経』に傾耳している(45)。そして万治三年（一六六〇）、彼のもとで出家した法源道印（一六五一〜一七三〇）は、寛文四年（一六六四）には江戸増上寺に転じ、十八歳にしてよく『碧巖録』を講じたとされる(46)。しかしながら、法源が『碧巖録』のような禅書中の禅書を、浄土宗の牙城たる増上寺で――江戸幕府成立とともに、そこで講ぜられるべき経論についても精緻かつ厳格な取り決めがなされた――学び得たとは到底考えられず、多くは天圭に教わった、と見るのが妥当であろう。

## 第二項　天圭照周・湛慧周堅師弟

### 高泉の泉涌寺参詣

高泉と天圭との道縁は、もとより黄檗三祖（とりわけ隠元・木庵）および慧林（萬福寺第三世）から継承されたものではある。しかしながら、高泉三十五歳の寛文七年（一六六七）秋、泉涌寺参詣に際し五十二歳の天圭（当時「西堂」、住職に次ぐ地位）に初めて出会って以来(47)、年少の高泉がさきに示寂するまで、実に四半世紀以上の長きにわたって持続された。その結果、天圭のみならず、その高弟たる湛慧周堅（？～一七〇一、泉涌寺八六世）との交往をも招致したのであった。

年を越した翌八年（一六六八）二月、高泉は今度は山内戒光寺に天圭を訪ねた。同寺では本尊を拝し、七絶一首を製作している(48)。戒光寺は室町時代以降、戦乱や秀吉の都市計画で数度の寺基移転を余儀なくされ、正保二年（一六四五）に至って現在地に落ち着いたのであるが、その折には、天圭およびその本師・如周が奔走している(49)。同寺の本尊・釈迦如来像は、香木（栴檀）に刻まれ、「丈六さん」の名で親しまれている。後水尾法皇が即位した際、暗殺の危機に瀕したが、幸いにしてこの本尊の霊験により難を免れ、以来、法皇は中興の祖・天圭の学徳に心服していたばかりではなく、本尊に対する恩義からも、進んで中興を支援したとする伝承がある。今のところ確かめるすべはないが、高泉も天圭や真敬（法皇皇子）から、何か聞かされていたかもわからない。

この二度目の天圭との会見に際しては、いわゆる「寛文中興」で建築関係者が日々奔走していた主伽藍へは足を踏み入れなかったものとおぼしい。寛文十年四月製作の詩文の篇題や記事（後述）が、いずれも「三遊」ではなく「重遊」とされているのが、その傍証をなしていよう。

このときはまた、泉涌寺裏山に連なる歴代天皇の陵墓に謁し(50)、かつ、如周の住坊だった山内雲龍院(51)を訪れて、境内黒戸御殿に後光厳・後円融（ともに北朝）・後小松三帝の像を拝し[52]、かつ仏歯（原文：仏牙）を礼している[53]。泉涌寺の仏舎利は、開山・俊芿が宋からもたらしたとされており、これを奉安する舎利殿はすでに寛永十九年（一六四二）、後水尾法皇（当時すでに上皇）が規模も大きく再建していた。再建の二年前、法皇は仙洞御所でこれを礼拝し、以後ほぼ五十年おきに舎利は禁中で天皇以下皇族の拝礼を受けている[54]。雲龍院の仏歯と、舎利殿中の舎利との関係は明らかでないが[55]、同院中興の祖・如周が法皇からの帰依を背景に、主伽藍内の舎利堂から分与されたものであるかもわからない。

寛文十年（一六七〇）二月、天圭は泉涌寺第八三世に就任、延宝六年（一六七八）までその座にあった。天圭は住職就任と恐らくはほぼ時を同じくして、朝廷から紫衣を下賜されている[56]。恐らくはこれら慶事への祝賀も兼ねてであろう、四月二十三日に至って、法兄弟らとともに泉涌寺に赴き、主伽藍ほか[57]雲龍院・法音院にも参詣、数々の什宝を参観している。その際に製作された七律「重遊㆓泉涌寺㆒」[58]では、「壁染㆓丹青㆒疑㆓顧虎㆒。僧弘㆓戒律㆒倣㆓芝園㆒」と詠じているが、これは顧愷之（東晋の名画家）の作かと見まがうほどの狩野探幽（一六〇二～一六七四）の障壁画と、持律厳正なることさながら宋の元照律師（号：芝園）のような天圭の就任によって、日ごとに戒律を厳守しつつある山内大衆の姿とを描いていよう。

この年十月、天圭は全十六条から成る「制法」[59]を定めた。天圭はこれを単なる寺規たるに留めず、制定に先立って外護者たる法皇および公家・勧修寺経広（寛文年間の伽藍再興を助ける）にも草案閲覧を請い、将来にわたって寺僧らが彼らの期待を裏切ることなきよう配慮している[60]。その第一条で、新住職を朝廷へ推挙するに際しては、山内での位次にはよらず、もっぱら「寺門之棟梁、大衆之上首」としての器量によるべきことを謳っている点、それがたとえ建前であったにせよ――あるいは後代に至って悪用されてしまったにせよ――万事につけて身分制度が厳格だった時代にしては驚くべき進歩的な取り決めであり、志ある山内僧侶の奮起精進を促したものと見られよう。

### 天圭の高泉訪問

かくて、「礼は交往を尚ぶ」の格言のままに、寛文十一年（一六七一）春に至って、今度は天圭が法苑院に高泉を訪ねた(61)。十二年をへた天和三年（一六八三）十一月、天圭はすでに伏見仏国寺に移っていた高泉を訪れたが(62)、このときは前回と同様歓談したのみならず、天圭の来遊を縁として、法語一則を垂示している(63)。左にその全文を掲げよう。

東山賜紫圭長老至。示衆。昨夜燈花発。今朝有㆓吉祥㆒。果然尊客至。艸木亦生㆑光。烹㆓野茗㆒。爇㆓清香㆒。相招相対。坐㆓山堂㆒。気靄靄。語琅琅。且道所㆑談何事。金風吹㆓玉管㆒。那個是知音。復説㆑偈云。「雪花満院玉成㆑林。象駕迢迢辱㆓訪臨㆒。況是高齢長不㆑出。此情江漢未㆑為㆑深。」

篇末の偈は、「況是高齢長不㆑出。此情江漢未㆑為㆑深。」と、六十八歳の天圭（すでに住職は退任）が天王山上まではるばる訪ねてきた厚情を謝している。

高泉が最後に天圭に会ったのは、貞享五年（＝元禄元年、一六八八）三月、戒光寺内の隠居所「玉樹軒」に天圭を訪ねたときと見られる(64)。その際、高泉は天圭の新著『無量寿仏讃註補遺』に序を請われている(65)。同書は宋代律宗の大家・元照（一〇四八〜一一一六、前出）の『無量寿仏讃註』への註釈であるが、高泉は一読ののち、同書の主旨が自己の平素の浄土観・仏身観(66)と背馳しないことを確認、そのうえで、「只だ此の一篇にして唯心の浄土・本性の弥陀の旨、已に昭然として隠すこと無し。尚ほ此に於いて諦信進修すること能はざる者有らば之を奈何せんや」とまで絶賛、同時に、天圭の平素の学問について、「常に禅・教・律に於いて兼修して背かず。蓋し雲栖［棲］（袾宏）の洪範に式《よ》つてなり」と概括している。

あるいは高泉に言われてその気になったのかもわからないが、天圭は高泉に二首まで袾宏画像の賛を請うている(67)。いずれの賛も、「解行双全。禅浄倶董。」（第一首）、「布㆓慧雲於此界㆒［人界］。流㆓戒月于他方㆒［日本］。儒門砫石。僧海舟航。」（第二首）と、明末以降定着した儒仏一致論・戒律復興の教主としての袾宏像を強調している。

### 湛慧との交往

寛文八年（一六六八）二月の戒光寺参詣に際しては、天圭のみならず、その高弟たる湛慧周堅（?～一七〇一）とも相識ったものと見られる。七言古詩「再遊㆓東山㆒贈㆓周堅禅徳㆒」がそれである(68)。今日、湛慧の伝記としては、極めて簡単なそれを『泉涌寺史』四一〇頁に認めるのみである(69)。これに拠れば、湛慧は師の天圭を助けて、寛文年間には伽藍再興事業に挺身、貞享三年（一六八六）には泉涌寺八六代住職に就任した。天台・律・密・浄土の四宗に通じており、住職就任後も関連経論を講じ続けたという。また、元禄九年（一六九六）十一月の明正女帝（後水尾法皇皇女）葬儀に際しては、引導師を務めている。

彼が宣揚した法門の中に禅宗が認められないのは、右記の高泉の詩題に〈禅徳〉とあるのに比していかにも奇異に感ぜられる。その後はともあれ、この当時の湛慧はなお禅宗に関しても相当の実践経験のあったことを、この一語は示唆していないだろうか。その本師・天圭の禅学に関する造詣を思えば、むしろそのほうが自然に感ぜられるのであるが…。

その後、貞享三年（一六八六）、湛慧が紫衣を下賜され、かつ、住職となるに及んで、高泉は七絶「賀㆓湛慧長老賜㆑紫」を寄せて祝賀している(70)。以後、湛慧は元禄四年（一六九一）まで在任した。また、同五年（一六八八）三月には、戒光寺を再訪、かつて拝した釈尊像（通称：丈六さん、前出）が、湛慧の努力により実に万両の大金を費やして修復されたことを喜び、七絶「戒光寺礼㆓世尊像㆒」を贈っている。また、湛慧の詩に次韻して、五律「題㆓湛慧長老静室㆒用㆓壁間韻㆒」を製作している(71)。詩序としては比較的長文の序では、その像の形状や由来を詳述しており、湛慧からいろいろ説明を受けたであろうことが歴然としている。その際あるいは、本像が若き日の後水尾法皇の危難を救ったとの伝説を聴かされたかもわからない。

### 他の泉山塔頭住職との交往

終わりに、天圭・湛慧師弟以外に、高泉と道縁のあった泉涌寺住職について触れておきたい。寛文八年（一六六八）の戒光寺参詣に際しては、同じく泉涌寺山内の法音院にも遊び、ここに投宿している(72)。その際、住職とおぼしい「見山禅徳」と相識り(73)、以後、詩偈の応酬を中心として交往を続けている。延宝八年（一六八〇）の恐らくは八月、法音院に見山を訪ねて七絶「松濤居贈㆓見山耆徳㆒」(74)を贈っている。『泉涌寺史』塔頭誌（執筆：田中誠二教授）「法音院」の項は見山の事蹟について触れておらず、今後の調査に俟たざるを得ない(75)。

ただ、見山の師翁たる春山玉秀（？〜一六二八、泉涌寺七七世）、および本師たる三室覚有（？〜一六六〇、同七九世）の師弟が慶長十五年（一六一〇）九月、仏舎利を奉じて東国に下り、家康ほか顕貴の士に拝礼せしめ、伽藍再興のための勧募を行った(76)。このことについて、高泉は見山からも詳しく聞かされたものと見られる。

高泉の「東山仏牙賛」(77)は、篇題に〈仏牙〉とあることから推して、主伽藍内「舎利殿」の舎利ではなく、むしろ雲龍院のそれ（前述）を指すものとおぼしいが、近世における舎利信仰の中心として、黄檗山と泉涌寺とは双璧であった(78)。しかもともに後水尾法皇から信仰の対象とされており、高泉にとって泉涌寺の仏舎利・仏牙は、誠に興味に堪えなかった存在と見られる。

高泉の「東山法音院記」(79)は、さして長篇ではないが、春山・三室・見山三代にわたる再興の歴史を紹介しており、江戸初期の泉涌寺塔頭に関する史料として、今後さらに研究されるべきものと見られる。高泉の最後の法音院訪問は、貞享五年（＝元禄元年、一六八八）三月、戒光寺に天圭・湛慧師弟を訪ねたときと見られる。ただ、あいにく見山は不在であった(80)。

ちなみに、隠元は延宝二年（一六七四）、中国から携えて来た福建三平山(81)の釈尊像を後水尾法皇に献上、法皇はこれを泉涌寺に下賜した。これを受けて、同五年（一六七七）には、像を奉安する妙応殿が建立された（その後焼亡）(82)。高泉の「三平瑞像賛」の序を読むと、彼は落慶の日に仏国寺から泉涌寺まで赴いていることが知られる(83)。すると『紀年録』にも漏れた泉涌寺参詣の事蹟がほかにもあろうかと思われる(84)。今後同じく『泉涌寺史』の資料篇（未見）にも徴し、さらに解明したい。

生涯最後となった戒光寺・法音院参詣から戻った高泉が、仏国寺からさして遠からぬ深草大亀谷の那須与一墓を訪ねているのは(85)、恐らく、戒光寺でたまたま法安寺住職と出会った際(86)、法安寺末寺の即成院（泉涌寺塔頭、維新後、本寺たる法安寺と合併され現在に至る）が那須与一の菩提寺と聞かされ、平素はなにげなくそのそばを通り過ぎていた与一の墓に対し、俄然関心を催すに至ったからではなかろうか。

## 第三項　快円・真譲

快円恵空については第一項でも少しく触れたが、寛文五年（一六六五）冬、黄檗山での冬期結制に参じ、師の真政円忍とともに百日近くにわたって、黄檗の禅に親しんでいる。折悪しく高泉は、この年の五月以降(87)、丹羽光重に招かれて遠く二本松は法雲院にあり。その後、かつてともに渡日した仲間・裰玄道収（一六三四～一六六六）が翌六年一月二十八日に示寂したとの訃に接し、一時黄檗山に戻ったが、この頃にはすでに冬期結制も終わりに近づき（もしくは西下の旅の途上、すでに終わっており）、快円と相親しむ機縁は得られなかったものとおぼしい。

快円に関しては、その師・真政が『律苑僧宝伝』(88)および『本朝高僧伝』(89)に立伝を見るのに対し、江戸期にあっては伝記が刊行されることはなかった。戦前までに出た略伝として、今日なお比較的まとまっているものとしては、まず昭和六年（一九三一）初版の『密教大辞典』の関連項目を挙げるべきであろう。同書では、『金剛峯寺諸院家析負集』に拠りつつ、彼の出家以降の足取りを記している(90)。これに拠れば、万治二年（一六五九）、高野山真別處で沙弥戒を受け、翌年には具足戒をも受けている。

彼に戒を授けたのは、同『大辞典』には書かれていないが、当然、本師たる真政円忍（一六〇九～一六七七）であろう。その俊敏さを認められたためか、具足戒を受けてまもなく、真別處の住職となった。下って寛文年間（一六六一～一六七三）、右に引いた蓑輪教授の叙述にもあるように、和泉国大鳥山は神鳳寺を再興、戒律の道場としたばかりか、尼僧の道場として正福寺を開創している。

戦後、徳田明本師が『律宗概論』を著され、その六二八頁で、さらに新たな事蹟を補っておられる。これに拠れば、快円は本師・真政を第一座（住職）に請じ、八名の比丘とともに律院としての神鳳寺を興し、寛文三年（一六六三）十二月に最初の授戒会を開いたという(91)。彼ら八名はしかし、すこぶる容禅的、かつ容浄土的だった快円に比すれば、いささかかたくななまでに律宗の独立性にこだわる人々であった。

## 快円と浄土律創始者・忍澂との道縁

すなわち、寛文十一年（一六七一）、二十七歳の信阿忍澂（一六四五～一七一一、京都・法然院の事実上の開山）が、浄土の法門と戒律との融合、すなわちいわゆる浄土律の確立という理想を胸に、同寺に掛錫、律を学ばんことを請うたところ、実務上の代表たる快円が応諾したにもかかわらず、彼らはみな峻絶したのであった。忍澂伝の撰者・真阿珂然（一六六九～一七四五）は、峻絶の理由を、槙尾山の律師たちと同様だったとする。これに拠れば槙尾山の律師たちは、「山中では声高らかに称名念仏することまかりならん」と制したのであった。熱心な浄土宗僧侶であった忍澂にとって、念仏をするなというのは、呼吸するなというに等しい、到底受け容れ難い条件であった(92)。

こうして忍澂は、独力で浄土律確立の道を歩まざるを得なかったのであるが、ある程度の見通しが立った延宝四年（一六七六）、再度快円を訪ねたところ、今度は自誓受戒した八斎戒に関してのみ、快円から証明《しょうみょう》を仰ぐことができた(93)。前出のかたくなな八名の比丘らがどうなっていたのか、気になるところであるが、少なくとも快円自身は、その門下から知名度こそ低いが熱心な持戒念仏者を、記録に残るだけでも二人まで生み出しており(94)、寺内への掛錫はともかく、真摯な浄土宗僧侶のためには力添えを惜しまなかった人物だったと見られる。

## 高泉の快円関連詩偈

このように、快円は寛文五年（一六六五）、本師・真政と連れ立って黄檗山に赴く以前において、戒律復興に関してはすでに相当の経験を積んでいたものと見られる。ただ、自身『黄檗清規』という戒律体系の編成者であった高泉は、すぐには彼との道縁を得られなかった。すなわち、現存最古の関連詩偈は、ずっと下った延宝五年（一六七七）製作と見られる七言絶句「円律師過訪」が最初である(95)。高泉は仏国寺へやって来た快円に、「戒鈎定杖慧奚奴。三学円脩是仏徒。若向二衲僧門下一過。更須三拌レ命入二紅炉一」と、戒・定・慧の三学を一つの有機体として学ぶべきこと（承句）、これに対し、三学をそれぞれ別々に学ぶような態度では、すなわち戒にとらわれ、定（禅定）を松葉杖とし、慧を求めながら慧の奴隷となって汲々としているようでは、到底解脱はおぼつかない（起句）――と力説している。その後、恐らくは延宝五年（一六八八）春(96)、快円は再度仏国寺に高泉を訪ねた。七言絶句「雨中快円律師過訪」(97)が、その際に製作されている。

ところで快円は、延宝八年（一六八〇）には既に摂津住吉の地蔵院にあったと見られる(98)。その後はここを中心として活動を展開したものとおぼしく、元禄五年（一六九二）秋、黄檗山に晋山した高泉を快円は訪ねている。高泉は七絶「快円大律師至」(99)を書き与えたが、その詩序に拠れば、「住吉地蔵院の快円律師は当今律門の最も尊き者」であり、「王公大臣も欽んで仰がずといふことな」い(100)。彼のような「福智両つながら全く、徳年並び峻《たか》」い人がいることによって、たとい「今、末法の僧風古からずと雖も、幸いに律幢未だ仆れず、仏法頼《よ》る所有り」、快円こそは南山大師道宣（中国律宗の確立者）の生まれ変わりにあらずして何ぞ――と最大級の賛辞を寄せている。

本篇の篇題に〈大律師〉とあるのも、快円に寄せられた当時の人々の声望を少なからず反映していよう。主たる活躍地であった地蔵院は維新後廃寺となっている。しかしながら、高野山大学図書館には、依然多くの真別処資料が寄託されており、そこには真政・快円師弟に関する文献も見い出されよう。また、快円が禅の師と仰ぎ付法をも受けた鉄牛道機の伝記資料中にも、関連する資料が複数含まれていよう(101)。いずれの研究も今後の課題としたい。

## 真譲律師との道縁

標記の律僧は、『律苑僧宝伝』および『本朝高僧伝』のそれぞれの真政円忍伝篇末にて、真政の高弟の一人として、快円らとともに名が記されている。右記二書に拠れば、彼の具名は「真譲□性」と知られる。さて、高泉が真譲に贈り、その示寂を悼んだ都合二篇の詩偈は、木庵の同趣の作品と並んで、真譲に関する新たな事蹟を提供してくれる。まず、延宝七年（一六七九）夏以降の作と見られる七絶「贈二法隆寺真譲律師一」[102]では、「律行精修又習レ禅。三冬鍛錬会二人天一。豁然契二入無生旨一。堪レ作二当今大法船一」と、真譲が律・禅双修の人であったこと（起句）、〈三冬〉、すなわち三度にわたる冬期結制を経験したこと（承句）を詠じている。

この当時、仏国寺は開創後まだ間もなかったから、同門の快円および本師・真政と同様、木庵との道縁（註(103)参照）により、黄檗山でのそれに参加したのではないだろうか。翌延宝八年（一六八〇）、真譲の訃が高泉に達した。七絶「聞二法隆譲律師順世一」は、その示寂を悼んでいる[103]。「叔世僧風薄欲レ泥。只求二狂解一不レ求レ真。奈何又喪二律中虎一。令三我長懐二終阜人一」。世に横行する「禅を誤って解釈し、愚かしい振る舞いを解脱と誤解する者」はいよいよ多くなる一方であり、今また真譲律師を喪う。終南山（終阜）の道宣律師のような彼の遺徳が、切に偲ばれることだ——との詩意であろう。

いったい法隆寺といえば、仏教美術の宝庫という印象が、我々現代人の間では一般的である。しかるに近年、大桑斉教授は、奥本武祐教授の先行研究に依拠しつつ、法隆寺の塔頭・北室院が近世初頭において戒律の道場であったこと、賢俊良永の統率下、そこに集まった律僧たちが、叡尊・忍性ら鎌倉期の戒律復古運動家の社会福祉挺身の伝統を甦らせたことを明らかにされた[104]。『律苑』・『本朝』それぞれの賢俊伝は、賢俊が貧者に食物を、病者に薬を与えていたことまでは明記するものの[105]、彼が北室院初代知事職にあって、かかる事業を組織的に展開していたことまでは記していない。真譲が住まっていた住坊もまた、師翁（法祖父）・賢俊ゆかりの北室院であった。

### 第四項　本寂慧澂

標記の律僧の事蹟については、平久保章氏『隠元』の指摘によって（106）、月潭道澄（一六三六～一七一三）に「大智寺本寂律師伝」のあることが知られている。月潭の『峩山稿』にこの伝記を載せるというが、筆者は平成二十八年二月現在も未見である。本寂が復興した京都府木津町の大智寺は、真言律宗（総本山：西大寺）の寺として現存するものの、寺のある木津町役場が刊行した『木津町史』は、もっぱら寺に伝わる仏像の美術史的価値のみを詳論しており（107）、本寂自身の事蹟についてはほとんど触れるところがない。

今後ぜひとも右記「大智寺本寂律師伝」を閲覧のうえ、彼が真言律の中でもいかなる法系に属していたかを明らかにし、そのうえで彼の事蹟の思想的背景を究明したい。本稿ではひとまず、手許にある資料から知り得たことをのみ列挙させていただく。

まず、『隠元全集』には本寂に関連する詩偈・法語を収めないが（108）、大智寺本堂には隠元が揮毫した額が、今も掲げられているという（109）。また、寛文十二年（一六七二）、木庵は法語「示二本寂律師一」一則を書き与えている（110）。高泉の現存詩偈中、初めて本寂が登場するのは、『洗雲集』所掲の七言絶句「寄二大智本寂律師一」が挙げられよう（111）。これは寛文十年（一六七〇）の作と見られる。高泉は「末法維流多棄レ律。忽逢二高徳一転生レ憂。有レ如三狂国惟王醒。却恠二大王疾不一レ瘳」と、持戒堅固な本寂の姿に一たびは敬意と喜びとを催したものの、すぐに「かえって多くの堕落僧が貴僧を堕落せしめんと暗躍するのでは…」とする憂慮を表明している（112）。

ついで、『仏国詩偈』所掲の五言律詩「贈二大智寺本寂律師一」（113）が挙げられる。こちらでは、「脩名聞已慣。今始見二容顔一」と、初めての会見であることを自ら語っている。高泉「遊南都記」の叙述から、同十二年（一六七二）二月末、奈良・興福寺に真敬法親王を訪ねる旅の途上、大智寺に立ち寄った際の作と知られる[114]。同寺では仏舎利と、後水尾法皇および、新院上皇、すなわち後西上皇[115]の墨蹟を拝観した。その旅の途上、高泉はわが国における戒律の最初の道場である唐招提寺に参詣、荒れ果てた境内や、壊れたままの仏像を目にして、有名な鑑真像前で覚えず落涙している[116]。時期的には少し先立つが、前出「寄二大智本寂律師一」で詠じたわが国僧風の堕落に対する憂慮を、ここで再度痛感したのではないだろうか。

延宝三年（一六七五）、本寂が示寂すると[117]、高泉は七絶三首から成る「聞二大智本寂律師順世一」[118]を製作して悼み、かつその在俗の信徒からの要請に応じて画賛[119]をも撰述した。うち前者は、本寂が世を去ったために、「応（量）器［托鉢用の鉢］・畦衣［袈裟］、徒に壁に掛け、壇頭復た毘尼［戒律］を話る無し」と、主を失った寺のわびしさを詠じ（第一首転・結句）、「香を聞いて亦た恐る、華貪を犯すことを」、と生前の本寂の厳正な持律の姿をなつかしみ（第二首承句）、そして「幾番か召対して皇情を感ぜしむ。…西土に華の質を孕むに堪ふる有り」（第三首起・転句）と、宮中（恐らくは仙洞御所なる後水尾法皇）に律を講じて、畏きあたりから高評を蒙ったことと、彼が持律者であるとともに西方願生者でもあったことを記している。宮中で律を講じたことは、後者にも「名斉二北斗一。道契二聖皇一」と詠じられている。したがって、今後は後水尾法皇の仏教信仰、とりわけ仏典研鑽に関する先学の業績中に、本寂の名を見い出すべく努めたい。

## 第五項　その他の律師たち

### 槙尾山律院の参観

第三項に見たように、寛文十一年（一六七一）当時、洛北槙尾山を守る律僧たちは――恐らく夭折した開山・俊正明忍の法孫にあたる人々であろう――専修念仏の宗旨に立つ浄土宗僧侶に対しては、すぶる冷淡であり、浄土律開創の理想をいだいていた忍澂も、全く受け入れを拒まれたのである。ところが、ある日訪れた高泉に対しては極めて好意的であった。彼らはまた、第三章第三節第二項でも見たように、開山・俊正のための画賛を、建仁寺長老をも務めた松堂宗植（高泉の友）に請うている。

高泉が槙尾山に登ったのは、三十九歳の寛文十一年（一六七一）春であった(120)。同じ年に忍澂は入門を拒絶されている。高泉はしかし歓迎されたものと見られ、律院の生活を描く五言律詩「槙尾山贈二諸律師一」(121)を製作、置き土産としている。入門を請うのと、参観するのとではもとより事情を大きく異にするけれども、開山・俊正が渡航を熱望していた国の僧（高泉）の来遊は、彼らにとって驚喜すべきことだったに相違あるまい。

本篇にいう「空山寂静處。律行一生修。捫レ蝨疑レ傷レ命。聞レ香恐レ犯レ偸。畦衣肩不レ離。貝葉目無レ休」とは、けだし実景であろう。今後の課題としては、この当時の槙尾山（平等心院西明寺）が、明忍のいかなる法孫らによって運営されていたかを究明のうえ(122)、彼らがいかなる背景から高泉に明忍碑銘を請うたか、その碑銘が『律苑僧宝伝』に叙述されているとおり本当に建立を見たのか（第三章註（82）参照）、確かめてゆきたい。

### 了寂律師との交往

標記の律僧は、道号を「了寂」、法諱を「元真」という。『律苑僧宝伝』・『本朝高僧伝』・『続日本高僧伝』（前二書で取り上げられた江戸初期律僧たちのそのまた弟子たちを主に取り上げる）には、その名が見当たらない。唐招提寺の京都における二大末寺として知られる寺院として、法金剛院・壬生寺が挙げられるが、了寂は後者（中京区、新撰組隊士の墓やいわゆる壬生狂言で知られる）からも程近い地に幻住庵を結び、戒律・念仏、そして禅を兼修する日々を過ごしていた。

了寂が初めて高泉のもとを訪れた時期は判然としないが、貞享三年（一六八六）七・八月の間、雨中、仏国寺に高泉を訪れたことが、六言絶句「雨中幻住菴了寂律師過訪」から知られる[123]。恐らくはこのとき、了寂は「幻住菴銘」の製作をも依頼したものと見られる[124]。高泉は〈幻住〉との庵号の由来について、元代臨済宗の高僧で、日本黄檗宗でもとりわけ尊崇の対象とされている中峰明本（一二六三～一三二三）[125]が、「如幻三昧[126]を以て仏事を作」したことから取ったのだろうという見解を示すが、ヨリ直接的には中峰が江南各地を転々としつつ、どこに庵を結んだときも、多く「幻住庵」と号していたことに因んでいよう。

その後、貞享五年（一六八八）から翌元禄二年の間に至って、了寂は右記の「幻住庵」に、『首楞厳経』巻五にいわゆる「香光荘厳」の語に因んで、「光厳場」との額を掲げた。そこで高泉に対し、今度は「光厳場銘」の撰述を請うたのである[127]。同『経』の原文に徴するに、十方諸仏はさながら母が子を思うがごとく、常に衆生を念じたまうのだから、衆生をもまた仏を念ずればたちどころに仏を拝することができる。それはさながら良い香を嗅いだ人からは、常に香気が漂っているようなもので、これを「香光荘厳」というのだ――とある。同『経』は続けて、釈尊が「本《も》と因地に念仏の心を以て無生忍に入る。今、此界に於いて念仏の人を摂して浄土に帰せしめんとす」と説いたとしている[128]。

ここにいう〈念仏〉とは、仏名を称えることではなく、明らかに仏を心に念ずるの意である。しかしながら、了寂自身は敢えてこの句を「称名念仏して衆生とともに浄土に往生する」の意に解釈していた。そのことは、本篇よりも少し前に運敞（次節第二項後出）が彼のために撰述した「光厳場記」(129)に、彼自身の言葉として見えている。

彼から親しくこの言葉を聞かされた運敞は、曇鸞（北魏時代に活躍した浄土教の高僧）の『浄土論註』から、いわゆる五念門の説（浄土の行者が修すべき作礼・称名・作願・観察・廻向門の五種類の行）を引用し、右記の『首楞厳経』の教説を補っている。ここに展開された運敞の浄土観・仏身観は、西方に浄土実在すと説いていた当時の浄土宗のそれとはおよそ対照的に、自身が属した真言宗の教義を反映してか、すこぶる唯心的なものである(130)。この点、中峰の「懐浄土詩」を讃嘆した高泉とても同様であり(131)、かかる二人に対し、相次いで記・銘を請うた了寂自身の浄土観もまた推して知られよう。

了寂は元禄五年（一六九二）、高泉が黄檗山に晋山してからも高泉を訪ねており、その際、高泉に禅の心得を請益《しんえき》している。高泉は「一念無為。十方坐斷。一切律儀。了無㆓違犯㆒」と禅律一致の境地を簡潔に提示したところ、了寂は欣然として高泉を拝したという(132)。

### 律寺のための記・銘に関する運敞との合作

終わりに、高泉が律宗寺院のために撰述した比較的長篇の作品として、延宝七年（一六七九）撰述の「摩尼山重興大龍寺記」(133)が挙げられよう。空海開創後久しく荒廃していた神戸郊外は摩尼山大龍寺を寛文年間に唐招提寺の律僧・実祐が再興せんとしたが、志半ばにして示寂したため(134)、弟子の賢正が後を承け、ついに堂々たる伽藍を建立、毎年三月十八日には空海以来の本尊・観世音菩薩像を開帳し、大変なにぎわいだ——とする文面である。

当時の禅僧（原文：泛参禅理者）中にはしかし、この盛事を快く思わない者があって、菩提達磨が寺院建立・僧尼支援を鼻にかけた梁の武帝を「無功徳！」と一喝した快挙には比すべくもない、低次元のことであり、形に囚われた善行（有相行）だと嗤った。これを聞いた高泉は、彼らもまた相（形式）を捨てて性（内容）にのみこだわり、相・性がその実不二一体なのだと気づかない邪見の徒ではないか？　と反駁している。禅と戒律とを併修する高泉らに対し、一群の悟道主義（を標榜する）者たちが、久しく批判を向けていたことが推知されよう。

さて、運敞にも「大龍寺鐘銘」(135)があるが、こちらは彼自ら、「寺史について詳しくは高泉の「大龍寺記」に譲る」としており、さして長篇ではない。さきの「光厳場銘」において、高泉は「報恩老僧正」、すなわち瑞応山報恩寺に隠居する運敞がすでに「記」を作っており、上梓・流布されているが…と記しており、運敞の「光厳場記」ほどには文字を費やしていない。いま、大龍寺に関しては、逆に高泉のほうが多くを語っている。高泉・運敞は律寺のために文章を撰述するに際し、明らかに何らかの連携関係にあったと言えよう。運敞もまた、天圭や快円と道縁があったことが、書簡や詩偈から推知される(136)。

## 第三節　真言宗僧侶との親交

### 第一項　真言宗接近の背景

高泉が多年にわたり、真言律関係者と並んで交往した人々として、智積院教団（近現代における真言宗智山派とほぼ重なる）を中興した泊如運敞（一六一四～一六九三、以下、「運敞」と記す）とその門下生らが挙げられる。運敞はその豊かな学識を洛中の各宗高僧（複数の法親王を含む）・学僧から敬慕され、自然、智積院中興の英主となったのであった。かかる人物が、文芸・学術を語るに足る相手として隠元以来縁故のあった黄檗唐僧の中でも(137)、とりわけ高泉に親近感を覚えたのは、これまた自然な流れであったと言えよう。

また、禅宗ほどには不立文字の傾向を有しないが、それでも様々な口伝・秘訣が真言宗にはあり、それらをしかるべき門弟に付するに際しては、多く法器（金属製の杵・鈷など）が象徴とされた。このことも、身を禅宗に置く高泉にとって、真言宗に対し親近感をいだかせる一因をなしたことであろう。禅宗の付法に際しては、杵や鈷に代えて払子や如意が用いられるが――黄檗宗の場合、さらにいわゆる「源流法衣」が加わる――いずれも文字によらない、法脈継承の象徴をなしている。

### 黄檗宗に見る密教的要素

運敞との具体的な交往については次項で触れるとして、ここではまず、高泉の側が運敞ら同時代の真言学僧のいかなる点に好意的印象をいだいたかを、研討しておきたい。いったい黄檗宗は、その日常儀礼において、十種に余る陀羅尼（例：「千手千眼無礙大悲陀羅尼」・「大仏頂首楞厳呪」・「甘露水真言」等）を読誦し、加えていわゆる大般若転読法会や施餓鬼において、導師が手に印を結ぶ習わしを有する。

平久保章氏はつとに、これを浄土教的色彩と並ぶ顕著な特徴であり、宗派的には「密教の要素」と見なされた[138]。黄檗宗に限らず、近世中国の仏教には、こうした密教の要素が混入・定着しており[139]、日本とは対照的に密教が宗派としては独立せず、根付かなかった中国密教の知られざる遺風をなしている。

高泉自身にも、こうした密教色漂う儀礼に通じた僧を見て、「不空三蔵［唐代密教の高僧］是れ同流」（第一首結句）と詠ずるほどの感覚があった。すなわち、七絶「挽二玉山禅兄一」[140]では、実に五首を費やして、「声梵［仏教音楽］を習ひ、兼ねて瑜伽の教を能く」した玉山性覚（一六一三～一六七一）を悼んでいる。寛文十一年に示寂したこの唐僧は、慶安年間（一六四八～一六五二）にはすでに長崎に渡来しており、逸然とともに四度にわたって隠元へ招聘状を寄せている(141)。

## 明代仏教儀軌の成立と日本流布

さて、高泉が本篇で指す〈瑜伽の教〉とは、具体的には、施餓鬼会で用いる儀軌『修設瑜伽集要施食壇儀』を指していよう。多くの経論の要文を引用・掲載したうえ、これも多種にわたる陀羅尼・真言をも列挙した同書は、不空（前出）訳の『救抜焔口餓鬼陀羅尼経』ほか一連の密教経典を核として、宋の遵式・仁岳、『楽邦文類』の著でも知られる宗暁、そして元の中峰明本（註（125）前出）といった人々が徐々に増補し、ついに明代後期の雲棲袾宏に至って、今日見る形に仕上げられた。

袾宏はまた、梁の武帝の亡后追善に始まるとされる儀軌『梁皇懺』へも大々的に手を加えた。こちらは『法界聖凡水陸勝会修斎儀軌』の名で、中国大陸・台湾はもちろんのこと、東南アジアの華人社会の仏教寺院で旧暦二月に盛大に執り行われている。袾宏が手を加えた原本は、『仏祖統紀』で知られる南宋の天台宗学僧・大石志磐がとりまとめているが、その外護者で南宋宰相の史浩や、少し遡って北宋の蘇軾のような居士にも類似の編著があり、僧侶・居士の壁を超えて宋代以降、人々の信仰を最も集めた仏教行事であったことを今に伝えている。

現代台湾のいわゆる「経懺仏教」、わが国でいえば「葬式仏教」にあたる風潮は、すでに袾宏の時代にも認められ、彼は『沙弥律儀要略』ほか戒律学関係の著書の中で、しばしばこれを戒めたのであるが、同時に自らの編定にかかるこれら儀軌を、その活躍の地・雲棲寺で大いに実修した。一見矛盾するかの如き、袾宏の言行であるが、その『雲棲共住規約』附集では、要は行者が真摯な心から――ヨリ具体的には、意識的にせよ、無意識的にせよ、儀礼の商業化・

形式化を図るような邪念をいだかず――儀式を縁として道果を向上する信念があるかないかによるのだと説いている(142)。

さて、黄檗宗は、かかる理念のもとに編定された袾宏の二大儀軌をわが国へ将来した。高泉にとって最も身近な事例としては、貞享三年（一六八六）頃、法孫・九山元鼎（夭折した高弟・雷洲のそのまた弟子）が、仏国寺にある「続蔵」（宋代以降の禅僧らの語録を核として、明末清初に編成）を閲覧したものの、それら経典の中には「歳時常に誦する所の者或いは鮮きことを念」い、不備の経典を手ずから書写したり、観募のうえ刊本を製作したりして五十部にも達した。その写本たると版本たるとを問わず、完成品にはいずれも堅牢な装丁を施したという。

高泉は九山の利他行を高く評価し、「後に知る者有ること無きを恐れ」、いわば表彰状代わりに、六言絶句「鼎子捨経」を製作した(143)。その「続蔵」未収の典籍として本篇詩序中に挙げられているのが、「『梁皇懺法』・『盂蘭盆経』・『瑜伽』の科儀等」であった（本書867頁「『洗雲集』所収の六言絶句」番号（四九）を参照）。これら明代に至って完成を見た一連の儀軌は、唐から元にかけての仏教儀礼を保持・一部改変して用いていた従来のわが国仏教にとっては、およそ不必要なものであった(144)。それゆえ、鉄眼版（冊子形式の嘉興蔵を底本とする）刊行に際しては補入を見ず、かえって、唐代の密教儀礼を伝える真言宗の儀軌類の補入・刊刻が、覚彦浄厳（一六三九～一七〇二、以下「浄厳」と記す）から、大蔵経の刻主たる鉄眼道光（一六三〇～一六八二）に対し特に要請されたのであろう。

浄厳は、真言律の方面では、某年、前出・真政円忍を神鳳寺に訪ね、真政を助けてその戒律および密教関連の著述を校閲、かつ、延宝元年（一六七三）には、その弟子・快円から受戒している。その一方で、浄厳は密教諸流派の儀軌・法式にも明るかった。貞享元年（一六八四）以降、江戸にあって霊雲寺を開創、真言律を僧俗間に宣揚しつつ、四十を超える事相（修法様式）諸流派を研究し、「新安祥寺流」を大成した(145)。その成果（主に儀軌の校訂本文）を、延宝二年（一六七四）、鉄眼版大蔵経の補入部分として、公刊したのである。けれどもそれらは当然のことながら、わが国に従来流伝していた儀軌、すなわち、唐代密教の遺宝ともいうべき文献（およびその註釈書）ばかりであり、明代の儀軌は全く認められない(146)。

## 梵字への驚嘆

在来の日本仏教諸宗派にない儀軌を世に流布せんと奮励する弟子・九山の姿に感嘆した高泉は、同時に、和漢の仏教儀礼に見る差異にも、大いに関心を払ったものと見られる。とりわけ高泉を驚かせた事物としては、やはり梵字の存在に屈指すべきかと私見される。

もとより引用・掲載された陀羅尼（比較的長文）・真言（比較的短文）の多さでは、台湾の寺々の本堂に備え付けの『梁皇懺』（その実、内容は袾宏編定の前出『修設瑜伽壇儀』である）とて、相当なものである。しかしながら、わが国の密教儀軌との最大の相違点は、それら梵語の呪文を、漢字で音写表記するか（明代以降の儀軌）、それとも梵字で表記するか（わが密教）に存していよう。

中国本土にも梵語金石文は存在し、首都北京郊外にあっては、西夏文字解読の契機をなした居庸関のそれがとりわけ知られており、かつ、「雍和宮」「西黄寺」ほか北京市内に残存するチベット仏教寺院にも、チベット語と併記された梵文陀羅尼を往々にして見かけるとも聞く。ただ、それら梵語金石文に共通して言えることは、いずれも元代（居庸関）もしくは清代といった異民族王朝（征服王朝）の所産であって、宋・明のような漢民族が建設した王朝にあっては、梵語金石文刻造の事例が極めて乏しい。

確かに明代には、武宗のごときチベット仏教に傾倒した皇帝を見たものの、彼らとてチベット語金石文の刻造までに終わっており、チベット仏教の基礎をなした筈の梵語で金石文を刻むことにまでは思い及ばなかったように見受けられる。漢民族はひとたび梵語仏典を漢訳するや、もっぱら訳文をのみ研討の対象とし、梵語原典に対しては、概して扱いが冷淡になるという印象は、やはり否み難い。

これに対し、わが国にあっては、江戸時代以降、梵語梵字研究がすこぶる活発化し、とりわけ真言律関係者の間では盛んであった。右記の浄厳は、法隆寺秘蔵の梵語仏典をもとに、従来誤られがちだった梵字の筆画を正しており、慈雲飲光（一七一八～一八〇四）に至っては、浩瀚な『梵学津梁』を著し、近代以前においては欧米をも含めて最大級の成果をなしている。

高泉が六歳年少の同時代人・浄厳と交往した形跡は、現在までのところ認められないが——鉄眼を通じてあるいはその名は聞き知っていたかもわからない——悔焉澄禅（一六一三～一六八〇）とは道縁があり、五言絶句「謝㆔智積院悔公恵㆓梵字㆒」(147)が伝えられている。「卿［悔焉］非㆓竺国人㆒。善作㆓梵天字㆒。字字現㆓霊光㆒。鬼神不㆓敢視㆒。」と、恐らくは渡日後初めて見たであろう梵字への驚きを率直に詠じている。

悔焉は十七世紀中葉における梵字の大家であり、古写本の梵字臨摸に秀で、後水尾法皇より嘉賞されてもいる。その性格は質実剛健、若き日の運敞が自らの詩文の才に恃むところがあったのに対し、友人として諫言を憚らなかった。すなわち、運敞が宮中の連歌会に赴く前夜、その僧房を訪れ、「経論を講ずるならばともかく、僧侶にとって余技に過ぎぬ詩歌文芸で宮中に出入りするとは、本末顛倒も甚だしいではないか？」と質し、運敞もこれを容れたという(148)。

高泉が悔焉を知ったのは、恐らく共通の友人である運敞の紹介によっていよう。

## 目睹した大師信仰への驚き

渡日後初めて目にしたであろう梵字に対する新鮮な驚きと並んで、寛文十二年（一六七二）の二月の高野山参詣も、高泉の脳裏に強い印象を遺したことと思われる。『仏国詩偈』には、七絶三篇「登㆓高野山㆒」・「礼㆓弘法大師真身塔㆒」・「万燈堂」(149)を収録するが、後二篇は、奥の院の空海廟とその傍らの燈籠堂とを詠じている。「礼㆓弘法大師真身塔㆒」の詩序は、それ自体が空海略伝をなしている。内容的にはさして目新しいものはなく、いわゆる「大師入定信仰」（空海は示寂したのではなく、単に定に入っているのみであり、弥勒菩薩下生の暁には、その説法の会座に列するとする）が紹介されているに過ぎない。

しかしながら、中国人僧侶の手によって、「大師入定信仰」が比較的詳しく述べられた最初の例として、なお相当の価値ありと認められよう。同じ理由で、「万燈堂」もまた、十八世紀中葉における大師信仰を記録した貴重な一齣だと言えよう。高泉は「大師面目分明在。休㆘向㆓泥洹路上㆒尋㆖」と、案内に立った僧から聞かされた（であろう）説明に強く同調したとおぼしく、「すでに開悟した、仏に等しい弘法大師を、まだ修行途上の菩薩だと思ってはならぬ」と力説している。

「廟」を「真身塔」と表現した彼の脳裏には、恐らく広州南華寺に奉安された禅宗六祖・慧能並びに明末の高僧・憨山徳清のそれがあったのではなかろうか（第五章註（13）参照）。当時も今も、我々が空海廟の中を拝観することはできないが、案内に立った僧から高僧の遺骸が朽ちもせず祀られていると聞かされたならば、明末に生を享けた禅僧・高泉は、ほぼ反射的に南華寺なる慧能・憨山の肉（真）身仏奉安堂を連想したものと推察される。

高野山参詣から帰ってまもなく、その印象も薄れない頃、今度は「弘法大師賛」を製作している。高泉に限らず、黄檗三祖もまた、渡日後、非禅宗僧侶の画賛を製作しているが、それらの多くは序を有せず、題下にはまま「××大徳請」のような、製作の機縁を示す註記が附せられており、多分に非主体的、被動的立場で製作したことは明白である。ところが、この「弘法大師賛」には、たとえ人から頼まれて製作したものであったにせよ、すこぶる長文の序が附せられ、「寺宇数千、犀巓〔僧侶〕数万、殆ど人世に非ず。（須弥山）図上の忉利天に髣髴たり」と、高野山参詣の際の驚きを再説している。関連する偈頌を左にまとめて掲げよう。

登二高野山一

為レ訪二霊蹤意趣多一。不レ辞二贔屓一陟二崇阿一。縣崕四十八路盤。路尽長天手可レ摩。

礼二弘法大師真身塔一

大師諱空海。出二讃州佐伯氏一。父田公。母阿刀氏。夢二梵僧入一レ懐。有レ身。在レ胎十二月而誕。幼従二舅氏朝散大夫一。習二世典一。冠歳出レ俗。博二綜経蔵一。徳宗貞元二十年。入レ唐抵二長安一。周二遊諸刹一。遇二恵果阿闍黎一。果即不空大広智三蔵之高弟也。一見而喜曰。「吾待レ子久矣。」顧二諸徒一曰。「此三地菩薩也。」即為灌頂授以二阿闍黎位一。大師既帰。大興二密教一。其神異種種。非二凡情所一レ測。入滅至レ今。餘二八百載一。而肉身尚存。蓋持レ定以待二慈氏一。欲レ待二龍華補處旹一。留レ身在レ定未二曾移一。位登二三地一憑レ誰識。饒舌皆因二果闍黎一。

万燈堂

万盞燈光集二一室一。燈燈不レ絶古猶レ今。大師面目分明在。休下向二泥洹路上一尋上。

弘法大師真賛並序

師諱空海。弘法其謚号也。唐貞元間。遊中華。遇梵僧授以密教。梵僧嘗称レ師為二三地菩薩一。既帰寓二高野一。大興二其教一。神異叵レ測。入滅至レ今。餘二八百載一。真身尚存。列国王者。然二萬燈一為レ供。昼夜不レ絶。壬子春三月。予登レ山礼謁。見二山頭一。寺宇数千。犀顱数萬。殆非二人世一。髣二髴図上忉利天一。按二華厳一。三地名二発光一。菩薩住二此地一。多作二三十三天王一。能以二方便一。令三諸衆生捨二離貪欲一。布施愛語。利行同事。若勤若行精進。於二一念頃一。得二百千三昧一。乃至示二現百千身一。一一身。百千菩薩。以為二眷属一。用レ是観レ之。知二師実地位聖人之応身一也。賛曰。位登二三地一。厥徳難レ論。応二身東域一。闡二教天闍一。制二伏魔軍一。不レ動二声気一。吸二乾義海一。弗レ費二繁言一。謚二号弘法一。闔国知レ尊。万燈為レ供。無レ間二朝昏一。雖二久入滅一。苗裔猶蕃。真身霊塔。与レ国長存。稽首聖者。願起二定門一。重施二甘露一。廣潤二三根一。

もとより隠元・木庵も高野山に参詣、詩偈を製作しているが(150)、あくまでも一時の感興に留まっている。これに対し、高泉は少なくとも二度にわたって自己の住まう仏国寺で「弘法大師忌」(三月二十一日)を執り行い、それを縁として法語を垂示している。一度目は旅行から帰って間もない寛文十二年(一六七二)三月、黄檗山内法苑院で行っている。法語自体はごく短いが、高泉の法語にまま見受けられる全篇韻文のそれである。ここでは七言絶句を用いて、「好春三月廿有一。大士全身出現日。可レ惜時人眼不レ清。喃喃空念二波羅蜜一。」と、凡夫の肉眼には見えない空海の尊さを詠じる(151)。

そして二度目の「大師忌」は、貞享元年(一六八四)、空海八百五十年遠忌に際して、仏国寺で行われた。「正当八百五十年中。山青水緑。花咲鳥啼。頭頭呈二実相一。處處演二真如一。大師面目儼然在。一任人天兢［競カ］仰瞻。」と、語句至って平明ながら、他宗の宗祖に対し、率直な敬慕を表明している(152)。

## 第二項　運敞

### 智積院の歩み

運敞と高泉との交往について記すに先立ち、運敞が主たる活躍の場とした智積院（京都市東山区）について、簡単に触れておきたい。同院は真言宗寺院としては、比較的新しい歴史をもつ。かの秀逸な造形の多宝塔で知られる和歌山県の根来寺が、僧兵を擁して織豊政権に反抗したため、信長の比叡山焼き打ちと同様の憂き目を見、学僧中の双璧だった専誉（一五三〇～一六〇四）は大和国長谷寺へ逃れ、もう一方の玄宥（一五二九～一六〇五）は諸方を転々とした末に、家康の外護を得、東山に拠った。その生前はなお仮住まいに等しい状況であったが、高弟の日誉（一五五六～一六四〇、第三世）に至って、同じく東山の禅寺を家康から寄進され、ここに智積院が建立を見たのである。

長谷寺（豊山派）・智積院（智山派）がともに祖山と仰ぐ根来寺は、平安時代末期に覚鑁（一〇九五～一一四三）が開創した。浄土教の影響を受けた清新かつ峻厳な彼の門風は、在来勢力の妬みを買い、晩年の彼は高野山を下り、根来の地に新寺院を造立せざるを得なかったのである。教義的には、さながら東西両本願寺のごとくさしたる違いのない智豊両本山であったが、寺院勢力は分割して統治するとの方針に立つ幕府は、本願寺を東西に分かったのと同様の深謀遠慮から、一たび分裂した新義真言宗（開祖：覚鑁）に対し、その再統合を認めなかったのである(153)。

### 主要な運敞伝

泊如運敞（一六一四～一六九三、以下「運敞」と記す）は智積院第七世、字は「元［玄］春」、「泊如」は号である。

和泉国に生まれ、幼少期に母や兄弟らとともに京都に出、十六歳にして得度、智積院にて、前出・日誉に師事した。高泉との交往の核をなす、その流麗な詩文の才能についてはしかし、近代以降の運敞伝で一般に知られているものは、『続日本高僧伝』以下、比較的詳細な牧尾良海博士の手になる伝記も含めて（以下の叙述は主として同博士に拠る）、いずれもその源流（師承関係）を明かしていない。

若くして頭角を露わした彼は、数々の事相諸流（修法に関する諸流）はもちろんのこと、真言宗の根本聖典たる『大日』・『金剛頂』両『経』について研鑽、のみならず、真言宗が興る以前の奈良仏教における主流だった法相・華厳・三論の諸宗に関しても、奈良を訪れ、名匠に就いて学んでいる。これら諸宗は、いわば仏教学の基礎として、新義真言宗にあっては智山・豊山の両派を通じて、本来の密教教学と並び、久しく研究対象とされてきた。

かくて、学成った彼は、四十歳の承応二年（一六五三）、智山第五世・隆長に迎えられ、第一座（大衆中の筆頭）となり、翌三年、すなわち、隠元渡来の年には、さきに脱稿していた『性霊集鈔』をもとに、『性霊集』を講じたところ、八千人もの聴衆を集めたという。周知のごとく、『性霊集』は空海の詩文集であり、収録作品の多くは、流麗な、しかも字々句々典拠に富む四六駢儷文である。その研究・講説には、仏教学のみならず、中国文学・哲学・史学に関する深い学殖が要請される。以て彼が寸暇を得ては、これら諸方面に関する研鑽に勤しんでいたことがうかがい知られよう。

寛文元年（一六六一）、四十八歳にしてついに智積院第七世に任ぜられた。以後、六十九歳の天和二年（一六八二）夏まで、同院が有数の学林となるよう、講学はもちろんのこと、京都所司代と絶えず交渉を重ね、境内の整備に心を砕いている。引退も程近い天和二年には(154)、従来の「条目」（山内規則）に手を加え、毎月御影供（空海命日）ののち一同これを朗誦せしめた。また、開山忌（覚鑁命日）にも新撰の「開山忌条目」を朗誦せしめた。それら条文を入手していないので、立ち入った批評はしかねるが[155]、禅宗でいえば、いずれも清規に相当していよう[156]。今後入手のうえ、当時すでに公表・施行されていた『黄檗清規』ほか、同時代の禅宗清規との比較考察を行いたい。いずれにせよ、運敞が戒律を通じて、雲集する学徒の統制と、一山の興隆とに鋭意していたことは疑いを容れまい。天和二年夏の退隠後は、智積院能化（住職）代々の隠居所たる瑞応山大報恩寺に入り、以後は高泉・南源ら寛文年間以来親しかった黄檗唐僧と盛んに往来して詩文を応酬するほか、以前に変わらず、数々の真言教学関連の著書を執筆、示寂の直前まで筆硯に親しんでいた。

さて、運敞の伝記中、とりわけ詳細なものを、弟子・慈観らが編んだ『瑞応泊如和尚年譜』（全一巻）とする。寛政四年（一七九二）、百回忌に際し刊刻されており、現在では、東京大学史料編纂所や成田図書館（成田山新勝寺内）に架蔵されている[157]。本稿執筆に際し、同書を披見することをなお得なかった。それゆえに、遺憾ながら今回は、『瑞林集』巻十三・十四所収の高泉宛書簡三十五通に関し、それらを逐一系年することが叶わなかった。また、運敞が高泉と並んで多量の書簡・詩偈をやりとりした南源性派（唐僧、一六三一～一六九二）・悦山道宗（唐僧、一六二九～一七〇九）および月潭道澄（和僧、一六三六～一七一三）に関しても、右記の運敞年譜に加えて、彼らそれぞれの詩偈集・年譜を未見のため、それら書簡・詩偈の系年を、今後の課題とせざるを得ない。

なお、一般に知られた『続日本高僧伝』巻四の運敞伝[158]は、『瑞林集』および高泉『運敞僧正行業記』に拠ったことが、同書巻頭の「続日本高僧伝援引書目」[159]から知られる。筆者が実際に対照したところでは、高泉による『行業記』を、字句もほとんど改めず依用しており、見るべき新事蹟は無いと言ってよい。ところが、著者・道契（一八一六～一八七六）は、運敞もかつて講座を開いた智積院で学んだにもかかわらず[160]、篇末の賛で運敞の著書を「審細玩味。則腐乳葛藤而已。何免㆓屋下架㆑屋之誹㆒也」とまで酷評、見るべき著書はただ『谷響集』（後出）のみと判じている。

慈観『年譜』を除けば、高泉『行業記』が多年の友人の手になる、委細を尽くした内容を有している(161)。元禄七年（一六九四）九月十日、すなわち、運敞一周忌に撰述されている。近く『高泉全集』として刊行される底本中にはしかし、同『記』が見当たらない。

これら諸伝記のほか、昭和四十年代に、『智山全書』が逐次公刊された際、解題巻(162)に三神栄昇師の執筆に係る「智山学匠略伝」が収録されており、そこには運敞およびその高弟らが立伝されている。また、同じく解題巻の『寂照堂谷響集』（仏教を中心とする百科全書的な随筆、全二十巻）および『瑞林集』（詩文集、全十五巻、拾遺一巻）の項(163)は、ともに牧尾良海博士の執筆に係り、博士の中国学の造詣が発揮されている。殊に後者に関しては、江戸初期漢文学史上における同書の地位に関してまで分析がなされており、これは解題本文の大半を占める、巻ごとの内容紹介と相俟って、同書および運敞事蹟の研究には長く欠かせない文献をなしている。

終わりに、『智山全書』本『瑞林集』が刊行された際の『会報』第一七号(164)では、筆名「芙蓉」氏が同書および『寂照堂谷響集』について簡明な解説を加えている。牧尾博士執筆の解題（前出）を要約したような内容であり、「芙蓉」氏はあるいは同博士の筆名であるやに思われるが、博士の解題にない情報として、「これ等詩文の中には高泉禅師に関するもの三十一首、南源禅師に関するものこれ同じく、…月譚［潭］禅師に関するもの十一、慧林、石梯禅師［名は道雲、臨済宗永源寺九〇世、一六四五～一七一五］に関するもの各六」(165)として、運敞が黄檗教団を中心とする禅僧たちとの間に交わした詩偈がいかに多かったかを、具体的な数字を挙げて説示していることが挙げられよう。

ただ、ひと口に禅僧といっても、黄檗僧以外では、前出・石梯道雲(166)のほか、高泉と親しかった隠渓智脱・松堂宗植(167)（ともに第三章第三節前出）といった、程度の差こそあれ「持戒禅」ゆかりの人々、すなわち、戒律を厳守しつつ参禅にも打ち込むという姿勢の人々が多くを占める。

## 詩偈に見る高泉との交往

運敞は五十五歳の寛文八年（一六六八）、黄檗山に隠元を訪ねている（註（137）参照）。この年、三十六歳の高泉は山内に法苑院を開創して間もなかった。両者がそのとき、山内で相語り合ったかどうか、『瑞林集』所収の運敞の作品は、こと詩偈（巻一～五）と書簡（巻十三・十四）に関しては、多くは延宝（一六七三）以降のものから成る。詩偈についていえば、製作年代のはっきり分かる作品としては、七律「訪二高泉和尚一」[168]が最も早期の作例に属す。これは寛文十二年（一六七二）、運敞が法苑院に高泉を訪ねた際の作である。

次に、書簡に目を転ずれば、高泉宛書簡の第一信「貽二法苑高泉和尚一」[169]は、延宝五年（一六七七）十月、有馬温泉で会見した喜びを回顧する文言で始まっており、同書にはそれ以前のものは収録されていない。牧尾博士に拠れば、そもそも『瑞林集』という書名自体が、「瑞応山大報恩寺」で製作した詩文を意味しており[170]、天和二年（一六八二）の同寺隠棲以前の作品が少数であるのは、思えば当然と言えよう。

したがって、寛文年間初期における両者の交往に関しては、現在のところ、高泉側の資料（『紀年録』および関連詩偈）によって辿る以外にないのである。そこでまず、『紀年録』に徴するに、寛文十二年秋に、運敞が高泉を訪ね（前出の運敞の七律はその際の作）[171]、七年後の延宝七年（一六七九）六月には、今度は高泉が智積院に運敞を訪ねたことが知られる[172]。

そして運敞は、同年中秋以降、達磨忌（十月五日）までの間のある日、仏国寺に高泉を訪ねている[173]。その際に高泉が弟子たちに垂示した法語の中で、高泉は、いわば「歩く大蔵経」ともいうべき運敞の学識を讃えて、「有二大経巻一。在二一微塵一。破二一微塵一。出二大経巻一。流二通法界一。普利二人天一。且道誰是破レ塵者。慎勿二当面蹉過一。」と讃嘆している。

智積院参詣ののち、高泉は「遊㆓智積院㆒記」[174]を撰述した。智積院には浄書されたその原本が伝えられているが、『智積院史』本文篇の執筆者・村山正栄師は、本篇が「当時の一山光景は歴然として眼前に展開し来たるのである」と高評されている[175]。高泉に拠れば、彼が智積院を訪れる以前、すでに両者は「詩筒」、すなわち通信にて詩をやりとりしていたという。本章篇末に別表「運敞『瑞林集』に見る高泉関連詩偈」[176]にも挙げたように、延宝五年十月の高泉の有馬温泉行きに際しては、時をほぼ同じくして運敞も同地に滞在しており、詩（六）・（一七）・（二二）・（二三）・（二四）・（二五）は、その際の作である。

前述したように、各種の運敞伝中最も詳細な『瑞応泊如和尚年譜』を未見のため、恐らく高泉年譜（『紀年録』）に記されている以上の回数に達したであろう高泉の智積院訪問、および運敞の高泉訪問について、本稿ではこのうえ立ち入った研究を進めることができない。右記の別表に挙げた詩偈を通覧する限りでは、相互の訪問回数は、『紀年録』に記されているよりもさらに多かったことが明らかである（例：詩（一）・（二）・（五）・（七）・（一〇）など）。ただ、いかなる理由によってか、その際に製作された筈の、運敞の詩偈へ次韻した——あるいは逆に運敞から次韻された——高泉側の詩偈が、少なからず今日に伝えられていない[177]。したがって、詳細は今後の究明に俟たざるを得まい。

### 経歴上・性格上の相似点

高泉は右記「遊㆓智積院㆒記」にて、運敞の人となりを「能く謙抑にして心を下し、胸に府城無し」と讃え、一方の運敞も、五律「冬日仏国高泉和尚寄㆓苦寒之作㆒。見㆓慰問㆒次㆑韻答謝」（別表詩番号（八））にて、「交忘支（那）与㆓（扶）桑㆒。懐抱豈隄防。見㆑字如㆑看㆑面。読㆑詩同㆑対㆑牀」と、口頭はともかくとして、文字による限り何ら障礙なき心の交流を喜んでいる。

実は運敞が寛文元年（一六六一）、智積院へ晋山するに際しては、高泉も『行業記』で明記しているように(178)、同輩の謀盛とその一党二百余名に妬まれ、種々の妨害を加えられた。前任住職の宥貞が幕府にまで訴え出た結果、謀盛ら首謀者三名は、隠岐島に流され、事件はようやくにして決着を見た。のち貞享四年（一六八七）、代付問題の渦中にあった高泉へ、七十四歳の運敞が同情共感に溢れた書簡を寄せたのは（第一章註（147）参照）、恐らくこの晋山妨害事件から受けた心の古傷が疼き、そうした感情を喚起されたからではなかろうか。

また、運敞は智積院在任中の延宝八年（一六八〇）閏八月六日、将軍家綱の葬儀に赴いた帰途、東海道の吉原宿で洪水に見舞われた。宿中の人々があわてふためく中、運敞だけは静座して口に真言を誦じ、一切を因縁に委ねていた。不思議にもやがて水は引き、事なきを得た。高泉(179)および南源(180)は詩を寄せて運敞の無事を慶賀したが、彼ら二人の黄檗僧の脳裏には、運敞とは対照的に、そのちょうど十年前の八月二十三日、同様の水難で雄々しくも坐亡を遂げた龍渓性潜の姿が甦ったことであろう。とりわけ、龍渓の塔銘(181)を撰述した高泉は、運敞の無事が南源にもまして喜ばしかったのではないだろうか。

なおまた、高泉も運敞もともに、文字の魅力というものに対し抗い難い気質を持っておりながら、身を置く宗派はどちらかといえば伝統的に直覚霊感を重んじ、文字を重んじない体質を有していた。それゆえにこそ、年とともにいよいよ親密の度を加えたようにも見受けられる。高泉の文芸観については後述する。

一方の運敞には、悔焉澄禅という、莫逆の友でありながら、運敞の文芸志向（高泉のいう文字禅・翰墨禅）に終始釘をさす、目付役的存在がいた。この人物たるや、宮中連歌会出仕を翌朝に控えた運敞に、「僧侶の本分、経典研鑽（義学）に立ち返れ」と叱正することをさえ辞さなかった(182)。この状況を禅宗に置き換えるならば、詩歌にうつつを抜かす僧を、参禅一筋の別の僧が「もっと参禅に専心せよ」と一喝するようなものであろう。このように気質と環境との間で板ばさみとなっていた二人は、それゆえにこそ、年とともにいよいよ親密の度を加えたものと見られる(183)。

元禄六年（一六九三）九月十日の運敞示寂によって、長かった二人の交往も終わりを告げた。今後の課題として、高泉が運敞の葬儀の際に詠じたとされる五首の偈頌(184)を、『全集』未収録の古写本・古版本中から検出し、高泉がどのように運敞との長い友誼を総括したかを明らかにしたい(185)。

左に掲げる一覧表は、長きにわたる二人の交往ぶりを、運敞の詩偈を主軸としつつ跡付けたものである。系年については、今後さらに資料を閲覧のうえ、さらに正確を期したい。

別表　運敞『瑞林集』に見る高泉関連詩偈

| 連作の場合の番号 | 番号および詩題（連作の場合、各首起句） | 巻数および『智山全書』本の頁数 | 備　考 |
|---|---|---|---|
| （単作一） | （一）遊仏国新刹訪高泉和尚 | 巻一・四五九頁下 | 五律 |
| （単作二） | （二）訪高泉和尚次韻 | 同右・同右 | 同右 |
| （単作三） | （三）東武道中値洪水。得脱険。仏日高泉和尚以詩見賀。依韻答謝。 | 同右・四六〇頁上 | 同右<br>延宝八年（一六八〇）作。高泉「泊僧正脱険于水詩以唁之」に次韻。『洗雲集』巻二、『全』Ⅱ（以下同）・七五八上右。 |
| （単作四） | （四）寄仏日高泉和尚代柬 | 同右・同右 | 同右 |
| （単作五） | （五）喜高泉和尚過訪 | 同右・四六〇頁下 | 同右 |

| | | | | |
|---|---|---|---|---|
| （単作六） | （六）寓馬山次韻法苑高泉和尚見恵 | 同右・四六四頁上 | 延宝五年（一六七七）十月、高泉「寓疑雨軒喜泊翁僧正見訪」に次韻。『喜山遊覧集』（以下、『遊覧』と略）『全』・一〇七七上左；『常喜山温泉記』（以下、『温泉』と略）『全』・一〇九三下右；『洗雲集』巻二、『全』・七五七下左。なお、『洗雲集』では、詩題の〈疑雨軒〉を「臨渓斎」に作る。 | 同右 |
| （単作七） | （七）次韻仏国高泉和尚見訪 | 同右・同右 | | 同右 |
| （単作八） | （八）冬日仏国高泉和尚寄苦寒之作。見慰問。次韻答謝。 | 同右・四六六頁上 | | 同右 |
| （単作九） | （九）訪法苑高泉和尚 | 巻二・四六七頁上 | 寛文十二年（一六七二）、運敞の法苑院訪問時の作と見られる。高泉「智積泊翁僧正見訪有詩次韻」が、本篇への次韻作。『仏国詩偈』巻二、『全』・六八〇上右。 | 七律 |
| （単作一〇） | （一〇）喜仏国高泉和尚過訪 | 同右・四六八頁上 | | 同右 |

| | | | |
|---|---|---|---|
| (単作一一) | （一一）高泉和尚過訪有偈。次韻謝答 | 同右・同右 | 同右<br>高泉「遊智積贈泊翁僧正」が、本篇への次韻作。『洗雲集』巻三、『全』・七七四上左。 |
| (単作一二) | （一二）指栢晦巖上座陪従仏国和尚至。有詩歩韻。 | 同右・四七三頁下 | 同右 |
| 連作一<br>次韻法苑高泉和尚見恵<br>（一三）～（一五） | （一三）感喜至人情厚<br>（一四）揮筆珠璣落紙<br>（一五）道抱広於鯨海 | 同右・四七七頁上 | 六絶<br>（一三）高泉「贈僧正泊翁大徳」に次韻。系年待考。『仏国詩偈』巻六、『全』・七三〇上右。<br>（一四）「智積泊翁僧正開講席。作此代柬」其一に次韻。系年待考。『仏国詩偈』巻六、『全』・七三〇上左。<br>（一五））「智積泊翁僧正開講席。作此代柬」其二に次韻。系年待考。『仏国詩偈』巻六、『全』・七三〇上左。 |
| (単作一三) | （一六）附便鴻寄高泉和尚 | 同右・同右 | 同右 |
| (単作一四) | （一七）望有馬富士戯作 | 巻三・四八九頁上 | 七絶<br>高泉「次韻泊翁大徳題有馬富士」が、 |

| | | | |
|---|---|---|---|
| | | | 本篇への次韻作。『遊覧』、『全』・一〇七九下右。『温泉』には見えず。 |
| 連作二<br>早春簡華蔵・法苑［高泉］・聴雲三老衲<br>（一八）～（一九） | （一八）春淺松関寒尚留<br>（一九）吹冷軽風春意多 | 同右・四九〇頁下 | 同右 |
| （単作一五） | （二〇）次韻法苑高泉和尚見寄 | 巻四・四九三頁上 | 同右<br>詩の配列から、延宝四～五年（一六七六～七）の作と推定される。高泉「贈智積泊翁僧正」に次韻。『仏国詩偈』巻三、『全』・六九六上右。 |
| （単作一六） | （二一）又読泉和尚所撰禅林僧宝伝。依前韻 | 同右・同右 | 同右<br>右に同じく延宝五年（一六七七）の作と知られる。詩題にいう『禅林僧宝伝』とは、現在見る十巻本（禅僧のみ）のことであり、同三年（一六七五）に法皇へ上進した二十巻本浄写本（『東国高僧伝』にあたる部分も含む）にはあらざるべし。高泉の右記作品に次韻。 |

| | | | |
|---|---|---|---|
| （単作一七） | （一二二）高泉禅師至有馬。見寄輿中作於寓居。歩韻答之。 | 同右・四九四頁上 | 高泉「初至有馬山輿中作」に次韻。『遊覧』、『全』・一〇七五下左；『温泉』、『全』・一〇九二上左。<br>同右 |
| （単作一八） | （一二三）寓温泉。詠秋霖。寄高泉禅師 | 同右・同右 | 高泉「智積院僧正泊翁大徳以詠秋霖詩見寄。依韻裁答」が、本篇への次韻作。『遊覧』、『全』・一〇七六下右；『温泉』、『全』・一〇九三下右。<br>同右 |
| （単作一九） | （一二四）馬山留別法苑高和尚 | 同右・同右 | 高泉「泊翁大徳浴畢回京。留詩為別。依韻奉送」が、本篇への次韻作。『遊覧』、『全』・一〇七七上左；『温泉』、『全』・一〇九三下左。<br>同右 |
| （単作二〇） | （一二五）次韻高泉和尚馬郡温泉記後詩 | 同右・四九四頁下 | 長文の詩序あり。高泉『温泉』を読み、その七絶「題温泉記後」に次韻。『遊覧』、『全』・一〇七五下左；『温泉』、『全』・一〇九二上左。<br>同右 |

| | | | |
|---|---|---|---|
| （単作二一） | （二六）次韻高泉和尚読雲辺寺記 | 同右・同右 | 延宝五年（一六七七）冬作の運敞「阿州雲辺寺記」（『瑞林集』巻七）を読んだ感想を、高泉から七絶にて寄せられ（該当作品未検）、それへ次韻。 同右 |
| 連作三 寄候華蔵南公・法苑高公両禅師 （二七）～（二八） | （二七）人道清新千百章<br>（二八）毎憶清標欲命輿 | 同右・四九五頁上 | 延宝五年（一六七七）作。 同右 |
| （単作二二） | （二九）輓法苑神足雷師。兼弔高泉和尚 | 同右・四九五頁下 | 延宝七年（一六七九）作。前年暮れの雷洲道亨（高泉高弟）の示寂を悼む。 同右 |
| （単作二三） | （三〇）仏国寺訪訪高泉和尚。席上卍安禅衲呈偈。次韻答之 | 同右・四九八頁上 | 同右 |
| （単作二四） | （三一）喜仏国高泉和尚過訪 | 同右・五〇四頁下 | 天和二年（一六八七）作。 同右 |
| （単作二五） | （三二）退隠口号 | 同右・同右 | 天和二年（一六八八）夏作。『泊如運敞僧正退隠唱和集』中に、恐らくは高泉の次韻作あるべし。 同右 |

| | | | | |
|---|---|---|---|---|
| （単作二六） | （三三）喜仏国高泉和尚過訪 | 巻五・五〇七頁上 | 天和三年（一六八九）作。 | 同右 |
| （単作二七） | （三四）次韻仏国高泉和尚詠文房四宝見寄 | 同右・五〇八頁上 | 天和四年（一六八九）作。高泉「文房四宝」に次韻。『洗雲集』巻九、『全』・八五三下左。 | 同右 |
| （単作二八） | （三五）次仏国和尚韻同咏棋盤石 | 同右・五〇八頁下 | 天和四年（一六八九）作。高泉の原作は未検。 | 同右 |
| （単作二九） | （三六）謝高泉禅師見恵仏国詩偈六軸 | 同右・五一〇頁上 | 『仏国詩偈』が刊行された貞享二年（一六八五）十二月以降の作。 | 同右 |
| （単作三〇） | （三七）次韻仏国高翁和尚過訪見贈 | 同右・五一二頁上 | 貞享四年（一六八七）作。 | 同右 |
| （単作三一） | （三八）次韻仏国高泉禅師 | 同右・五一四頁下 | 貞享五年（一六八八）作。 | 同右 |
| （単作三二） | （三九）代東寄仏国高泉和尚 | 同右・五一六頁上 | 元禄二年（一六八九）作。 | 同右 |

| | | | |
|---|---|---|---|
| （単作三三） | （四〇）聞高泉和尚主席檗山志喜 | 同右、五一七頁下 | 同右<br>元禄五年（一六九二）正月の作。この月、高泉は黄檗山に晋山。 |

### 運敞高弟らとの交往

高泉の詩偈中には、運敞の高弟もしくは高弟とおぼしい人々へ寄せた作品も散見される。いくつか例を挙げよう。

まず、運敞の後を承けて智積院の能化となった信盛（一六二〇～一六九三）がいる。字を陽春という彼は、本師・運敞よりは一足早く、元禄六年正月に示寂した。前年暮れに派祖・覚鑁の五百五十年遠忌法会を終え、その直後、恐らくは過労から発病したものと見られよう(186)。

天和二年（一六八二）五月、信盛が智積院第八世として晋山した際には、高泉は七絶「賀㆓智積盛公僧正㆒」(187)を贈った。また、元禄五年（一六九二）頃、五律「贈㆓智積信盛大僧正㆒」を会見のうえ贈った(188)。すなわち、詩中には「雖㆑云㆓新識面㆒。已是旧知音」とあって、名こそ耳にしていたが、面識を得たことがなかったことが知られる。

また、元禄十年（一六九七）、智積院第十世となった専戒（一六四〇～一七一〇）(189)とも道縁があり、「贈㆓智積芳春上人㆒」(190)が伝存する。専戒の字が「芳春」であるのにちなんで、「方外相逢日転親。酡容青鬢正芳春。重重教海寛無㆑際。好就㆓明師㆒次第詢。」と、前途を励ましている。三篇前に置かれた「建仁植長老…」が天和二年（一六八二）の作と見られるから(191)、本篇もまたその頃の作であろう。本篇に見る限り、高泉は中年期の専戒とは面識があったものと見られる。専戒は聡明なうえに能筆とあって、本師・運敞の著述をしばしば浄写している。

終わりに、運敞門人とおぼしいが、事蹟未詳の人物として一雨と仙春とを挙げておこう。まず、延宝七年（一六七九）頃、高泉は智積院に住まっていた一雨に五言律「贈二一雨法師一」を贈っている(192)。題下の註に拠れば、一雨が『業報差別経』に註釈を加える夢を見たので、それを機縁として同『経』の註釈を完成、それを山内大衆に講ずる運びとなったことを賀している。

ついで、翌延宝八年（一六八〇）以降、相次いで七絶「智積一雨法師」・「次レ韻題二阿閣一雨法師詩巻一」(193)を製作、前者では、一雨が口にした「無辺教海一毛呑」（起句）との豪快な志を取り上げ、「応下施二一雨一潤中三根上」（結句）と、学んだものを衆生のために活用するよう、その名を詠み込みつつ要請している。後者では、一雨の号とおぼしい「阿閣」を詠み込んで、「閣中燕坐忘二生滅一百劫渾融一大春」と、彼の作品中に横溢する豪放な詩風を賞している。今後、運敞門弟に関連した文献や、『業報差別経』のわが国における註釈史に注視しつつ、一雨の事蹟を明らかにしたい。

次に、仙春に対しては、七絶「贈二仙春上人一」(194)が伝存する。本篇の直後に右記・専戒（字：芳春）へ書き与えた七絶を掲げているから、恐らくはともに運敞の門下生であろう。運敞『瑞林集』にも、七絶「江府客館贈二仙春闍梨一」が収録されている。こちらは延宝八年（一六八〇）、運敞の江戸滞在中の作であるが、「古人一日較二三秋一。況復五蛍懐二別愁一。正是風雲千載遇。欲レ被二襟袍一思悠悠。」(195)と、文字だけ見れば恋愛にさえ似た激情ぶりであるが、久々に愛弟子に逢い得た師の喜びだと解すれば、かかる激情のわけが理解できよう。

## 第三項　雲堂

### 主要な雲堂伝

標記の人物は、名を雲堂、号を天岳という。各種仏教辞典の関連項目(196)に拠れば、初名は立英、字は乗音といったが、その多年の友たる高泉および運敞が彼へ寄せた詩偈・書簡には、もっぱら先の二つが用いられている。なお、運敞の彼宛詩偈・書簡には、名の雲堂、号の天岳に加えて、「霊岫」という別号や、住持した寺の名にちなんで「興山上人」という尊称も用いられている。

註(196)所掲の四種の仏教辞典では、元禄五年(一六九二)四月九日に彼が示寂した際の年齢を未詳とするが、梅宮茂氏執筆の『二本松市史』では、二度にわたり世寿六十五歳とする(197)。遺憾ながら、梅宮氏はその典拠を明示されていないが、同氏執筆の雲堂関連の諸節は、行間から氏の雲堂への敬慕が感じ取れる文面を有している。また、氏は従来の高野山側の資料にのみ満足せず、『光重年譜』ほか、二本松藩の文書をも駆使して叙述されている。したがって、恐らくはそれら旧藩文書のどこかに、雲堂の年齢が記されたものがあり、それに拠って右記の年齢を明記されたのであろう。梅宮氏に拠れば、雲堂は寛永六年(一六二九)の生まれであり、高泉よりは四歳年長、運敞よりは十五歳年少となる。

「霊岫」・「興山上人」が本当に雲堂と同一人物であるかどうか、当初少しく惑ったが、仔細に当該詩偈・書簡(198)を読み、かつ、現時点で最も充実した雲堂伝を掲げる『二本松市史』第九巻(199)に拠って、「霊岫」・「興山上人」、すなわち雲堂その人であると判ずる。すなわち「霊岫」とは、二本松での庵室の名であり(200)、一方、「興山(寺)」とは二本松への流罪以前と、二十有余年ぶりに高野山に復帰して以後とにそれぞれ住持していた高野山内の寺の名である。この興山寺は、江戸時代を通じて高野三方の中のいわゆる「行人方」の本寺として栄えた。

### 『高野春秋』以来の誤伝

中世以降、高野山内の僧侶は、学侶方・行人方・聖方《ひじりかた》の三者に分かれた。学侶方は宝生院(宝門)もしくは無量寿院（寿門）かのいずれかに属す。いわゆる学僧たちである。ついで行人方は右記・興山寺に属し、元来は寺内の事務、諸般の労役を司っていた。近世初頭、応其《おうご》（一五三七～一六〇八）が現れ、高野山が比叡山・根来寺のような焦土と化さぬよう、秀吉に懇請し、種々奔走した。高弟の勢誉（一五四九～一六一二）もまた、家康の外護を受け、一山の興隆に尽力した結果、その統率にかかる行人方は、次第に発言力を強めた。終わりに、聖方は大徳院を本寺とし、諸国を巡回して、高野山上への納骨・建墓を勧めて、かつは募財に努めた。いわゆる「高野聖」がこれである。

これら高野三方のうち、数の上で多くを占める学侶方と行人方とは、江戸時代以降、瑣末なことからしばしば大掛かりな騒動を引き起こした。和泉国に生まれ、十二歳で出家した雲堂は、密教教学を修め、かつは種々の行法にも通じていた。学侶であっても一向におかしくない学識者である彼が、行人方の筆頭として種々の辛酸を嘗めたのは、得度した高野山文殊院が行人方の寺院であったためではなかろうか(201)。

右記の応其・勢誉師弟の伝記を読む限りでは、応其は主として文字の上の学問にもまして、儀軌を実修している。しかも木食生活で知られている。今日では、「木食上人」といえば、円空ののちに現れた江戸後期の同名の仏師僧侶がヨリ著名であるが、高野山周辺で「木食上人」といえば、久しく応其を指していた。木食とはすなわち、五穀を絶って木の実のみを、それも調理せず、そのまま口にするという苦行をいう。また、勢誉も修行時代には師と同様の苦行をなし、山野をへめぐったが、一方では能筆家として、その墨蹟が後陽成天皇の叡覧をも賜ったという。

従来の高野山史は、懐英（一六四二～一七二七）の『高野春秋編年輯録』（略称：『高野春秋』）を筆頭に、もっぱら学侶方の手によって編まれている。したがって、行人方に対してはどうしても偏見や蔑視を免れない。あまつさえ懐英は、行人方の精神的リーダーであった雲堂の示寂、行人方が一挙に劣勢に転じた際、ここを先途と学侶方が起こした訴訟において、宝門・寿門の両門主を助け、学侶方を勝利に導いた功労者でもあった(202)。その陰で、多数の行人が流刑・故郷追放の憂き目を見たのである(203)。歴史は勝者が書くものという名言は『高野春秋』にこそ最も当てはまっていよう。

かかる人物の手になる雲堂関係の叙述であったためか、『高野春秋』所掲の雲堂関連の記事には、雲堂の流刑先を二本松ではなく白河とする大きな誤謬があり(204)、それが昭和六年(一九三一)刊行の『密教大辞典』に始まり、近年刊行の『日本仏教人名辞典』(一九九二年)に至るまで踏襲されている(205)。恐らく雲堂を預かった大名・丹羽光重(一六二一～一七〇一)が、寛永二十年(一六四三)以前は白河を居城としていたため、寛文六年(一六六六)の雲堂流刑(206)に際し、懐英は光重が依然、白河藩主だと誤認したのであろう。

### 同じ城下で高泉の存在を知る

二本松到着後の雲堂は、当初は流刑囚として、表向きは蟄居させられていた。ただし、実際には大変な厚遇であったという。前年(寛文五年)五月以来(207)、同じ城下で至近距離に住んでいた高泉との会見が叶わず、もっぱら書簡の往来にのみ留まったのは、雲堂が周囲を憚る身分であったためであろう。寛文九年(一六六九)に至って、ときの毘沙門堂門跡・公弁法親王(後西天皇皇子。元禄三年、輪王寺宮となる)のとりなしで、法親王の亡姉・香久宮への追善供養として、雲堂は罪一等を減ぜられた。以後は事実上自由の身となり、藩主一家のみならず、広く領民から尊敬される日々を過ごした。

『二本松市史』に拠れば、寛文八年(一六六八)七月の雨乞いは、蟄居先の霊岫庵で修されたため、領内安達太良山中の滝壷(に棲まうとされる龍神)への塔婆奉納は人を介してなされたが、たちどころにして霊験あり、長く語り草とされた。また、同十年には、当時しばしば噴煙を上げていた安達太良山に登り、山上の巨岩に梵字を刻し、修法のうえ、以後二百年間、噴火なからしめんとした。修法のみならず、藩主光重の肖像へ、請われて画賛をしたためてもいる(208)。ただ、高泉はすでに、その三年前の寛文七年八月には二本松を去っている。両者が二本松で、内々にせよ会見できたかどうか、今後旧藩史料に徴しつつ明らかにしてゆきたい。

寛文十二年（一六七二）には、摩尼山東金剛院遍照尊寺を開創、二年後の延宝二年（一六七四）に至って伽藍落成を見ている。寺号は仁和寺門跡性承法親王（後水尾法皇皇子）から下賜されたという(209)。翌延宝三年十月には、崇源院（将軍秀忠夫人）の死去・追善に伴い、雲堂は正式に赦免されたにもかかわらず、帰山はなお実現せず、貞享四年（一六八七）暮れに至って、実に二十一年ぶりに帰山を果たした。

帰山ののちは、再度興山寺住職に就任、行人方の勢力保持のため、再度奔走する日々が始まったが、時利あらず、行人には従来許されていなかった学侶方高僧の法衣を身につけたなどの理由で、元禄四年（一六九一）四月、幕府から京都東山の寺（名未詳）に隠居を命ぜられた(210)。

かくて、翌五年四月には示寂のときを迎えるが、懐英はその『高野春秋』で「舌根爛壊落而餓死」したなどと記している(211)。懐英が敵方の盟主の示寂を実見したとは到底思われず、伝聞に基づいた悪意の叙述であろう。梅宮氏はこの記事の中の〈餓死〉に注視、雲堂が断食行という「最高・最期の行法を修し、身を挺して権勢に抗し、遺弟門派の大衆《だいしゅ》に無言の遺訓を垂れたのである」との見解を示される(212)。筆者もこれに同調したい。

### 高泉との道縁

今後、雲堂の遺著を集めた『雲堂集』全二十八巻の存否を確認のうえ、幸いにして現存するならば、同書に収められているであろう高泉からの詩偈・書簡を閲覧し、さらに、運敞『瑞林集』に録された雲堂関連詩偈・書簡（註

(198)参照)とも併せて考察したい。『高野春秋』ほか、学侶方が提示し、定着せしめてきた「行人方は悪玉なり」とする従来の観点は、それによって少なからず訂正を余儀なくされよう。

また、「行人」という字面から、我々はとかく彼らが数々の行には秀でていても、学には疎いという印象をいだきがちである。しかしながら、高泉・運敞が雲堂に寄せた詩偈・書簡から推して、それらを手にした雲堂の学識が、いわゆる学侶に比して何ら遜色なきことを知らされるのである。そればかりか、木食という苦行を多年自らに課していた彼が(213)、運敞(高野山におらしめたならば、典型的な学侶と見なされたことであろう)はともかくとして、種々の苦行(血書・戒疤など)の伝統をもつ黄檗教団の僧・高泉の目には、すこぶる好ましい、敬意と親近感とを感じさせる人物と映じたであろうことは、疑いを容れまい。

高泉が雲堂に寄せた最初の法語は、書簡体の「示二高野天岳大徳一」(214)である。これに拠れば、雲堂は「予[高泉]が居を距たること遠からず。未だ一面を獲ずと雖も、嘗って専人[使者]もて往来問訊」したという。また高泉は雲堂から、寛文六年(一六六六)の流罪以前、高野山興山寺の住職をしていた頃、隠元に参禅したと知らされている。高泉は黄檗山内では雲堂に会ったことがないもののようである。すると雲堂はあるいは、高野山真別處の律僧・真政円忍に同行して寛文五年(一六六五)二月の黄檗山授戒会か、同年冬の黄檗山での安居のいずれかに参加し、その際、隠元に謁したのではないだろうか。一方の高泉は、前年(寛文四年)十月には江戸「維摩室」で藩主・光重に法を説き、翌五年五月に至って、今度は藩主の居城に近い二本松・法雲院に晋山しており、しばらく黄檗山から遠ざかっていた(215)。

さて、高泉は雲堂に対し、「参禅は貴ぶらくは疑情を起こすに在り。」と提示する。そして〈疑情〉について、「生、何くより来たることを知らざれば、来處を疑はざるを得ず、死、何くに去《ゆ》くことを知らざれば、去處を知らざることを得ざるが如し」と定義する。これはいわば、修行時代の高泉を悩ませた問題でもあった（第二章第一節第二項）。このような〈疑情〉を徹底して保持しつづけておれば、他の雑念はおのずから消え去り、〈疑情〉もまた、「不知不覚の處に於いて驀然《まくねん》として撲破」し、さながら闇中に明燈を得たような心地に達するであろう――と、自らの参禅経験をも踏まえつつ結んでいる。左に関連する原文を掲げよう。

古徳云。「参禅貴在レ起二疑情一。疑情不レ破。誓不レ休レ心。何謂二疑情一。如下生不レ知二何来一。不レ得レ不レ疑二来處一。死不レ知二何去一。不上レ得レ不レ知二去處一。」疑情若切。則雑念自消。雑念既消。則従レ朝至レ暮。従レ暮至レ朝。純是一箇疑団。日久月深。忽於二不知不覚處一。驀然撲破。如二暗得レ燈。如二貧得レ宝。当二是時一也。豈不下慶二快平生一者上哉。承レ問不レ覚謬談。惟高明諒レ之。

引用部分冒頭の〈古徳〉とは明末曹洞宗の高僧・無異元来を指し、「　」内の字句はその短篇語録『博山参禅警語』巻上に見えている。かつて費隠も参じた無異が唱えたとされる「疑情をいだき続けることの重要性」は、ひとたびは高泉の中で十二分に咀嚼され、彼自身の禅体系の中にその確乎たる位置を与えられたものと見られよう。

さて、高泉が二本松を去ったのちも、雲堂は参禅に励んでいたものとおぼしく、貞享三年（一六八八）頃に高泉が寄せた書簡「与二天嶽山主一書」[216]では、「前年冬に寄せられたお手紙にお返事を差し上げなかったのは、決してお返事申すまいと思ったからではなく、私が答えずにいるその事実の中から、何かをつかんでいただきたいと願ったからでございます」と書き起こし、雲堂が「大徳向来教法［教宗］に深くして、未だ言説に渉ることを免れ」ないことを、その参禅上の弱点として指摘している。そして、いわゆる「言語道断・心行處滅」ということが体解できたならば、たちどころにこの世界は真実の教法に満ち溢れるでありましょう――と結んでいる。左にその全文を掲げよう。

客冬得二手簡一。自序二禅中工夫一。山叟至レ今不レ答。非レ不レ答也。正欲下大徳向二無言處一。会取則百了千当上。大徳向来深二於教法一。未レ免レ渉二於言説一。卒無二了日一。若論二禅門向上一着一。実無二開レ口處一。故曰。「我宗無二語句一。亦無二一法与レ人。」於レ是会得。雖レ無二語句一。語満二天下一。雖レ無二一法一。法徧二大千一。不レ知大徳以為レ然否。

むろん、参禅に関する疑問のみならず、雲堂からは折々書簡（恐らくは詩偈も附送）が寄せられた。七言律詩「題二弘法大師影堂一」[217]は、遍照尊寺内に大師堂を建立した際、雲堂に請われて製作された。延宝二年（一六七四）落成の主要な伽藍の中に、大師堂も含まれていたものと見られる。また、七絶「答二天嶽大徳一」[218]は寛文八年（一六六八）頃の、そして七律「贈二天嶽耆宿一」[219]は天和三年（一六八三）頃の作と見られる。前者は単に遠来の書簡を手にした喜びを語るに過ぎないが、後者は「身裹二紙衾一寧患レ盗。口甘二木食一不レ憂レ飢。分明画裡阿羅漢。但欠皤皤覆二面眉一」と、雲堂の相変わらずの清貧な生活（しかも木食）を、白眉白髪こそないが阿羅漢さながらと礼讃している。

貞享四年（一六八七）十二月、雲堂はついに高野山に復帰、再度興山寺の住職となった。それからまもなく、高泉は七絶二首を寄せている[220]。七絶「賀二雲堂法印奉レ旨再住二興山寺一」二首がそれである[221]。

賀二雲堂法印奉レ　旨再住二興山寺一

一捨二旧山一廿四年。半瓢隨處飽二風煙一。今朝奉レ旨重帰レ院。万衆歓呼欲レ動レ天。

蓬鬢灰心忘二彼我一。草衣木食度二朝昏一。畢レ生将レ謂謝二人世一。不レ料猶承二世主恩一。

常々ある程度は雲堂の生活状況を書簡で知らされていたのであろう。第二首に拠れば、時あたかも代付問題の渦中を這い出たばかりの高泉は、雲堂が自己を苦しめた学侶方への怨恨などとうに超越し（起句）、ひたすら俗世を捨てて仙人さながらの日々を過ごす（承句）姿に、羨望すら覚えているもののようである。

## 高泉における二本松時代の意義

梅宮氏が指摘されるように、二本松およびその周辺には、高泉関連の遺物が少なからず現存もしくは曾存した。まず、藩主菩提寺の曹洞宗大隣寺に伝わる法語墨蹟(222)には、寛文五年（一六六五）五月十二日、すなわち、二本松到着から僅か四日後の紀年を見る。「到二大隣寺一。丹羽氏宗親拈香」と題されており、この寺で執り行われた藩主の祖父・長秀および父・長重のための法会で読み上げられものであるが、「氤氳瑞気」で始まる本文は、「二十四巻語録」（巻二に二本松法雲院での語録を収録）ほか、現存する彼の語録には見当たらない。また、郡山市にはかつて「伊東肥前伝賛碑」があった。元禄五年（一六九二）十二月に高泉が黄檗山で撰述した名筆で、これは伊達綱村からの依頼によって製作されたという(223)。

高泉の二本松での二年間は、半ばは中国の延長ともいうべき長崎や黄檗山とは万事異なって、周囲すべてが日本人ばかりという環境であり、いわば三十代前半の彼が、雲堂に象徴される日本仏教を学ぶ地であった。高泉の側に現存する文献は決して多くないが、二本松側の資料と照らし合わせつつ、新事実の発掘に努めたい。また、高泉と雲堂における二本松のような共通の地理的縁故を有しない運敞が、そもそもいかにして雲堂と親しくなったかをも究明し、進んでは高泉・運敞・雲堂三者間に横たわる思想的背景を明らかにしたい（雲堂は晩年、運敞の住まった智積院もある東山に隠居するはるか以前の二本松流刑時代からすでに運敞と書簡のやり取りをしている。註（198）を参照）。

### 第四項　彦山亮有

#### 例外的な妻帯高僧との道縁

本章の冒頭、黄檗三祖・高泉ともに、東西両本願寺関係者と交流した形跡が全く認められないことに触れ、その理由を真宗の肉食妻帯が、黄檗教団の持戒禅の宗風と到底相容れなかったことにありと見た。しかしながら実は、即非および高泉は、ある修験道の座主父子と、彼ら父子が本願寺門主と同様の肉食妻帯者、いな、恐らくは妻帯者であるにもかかわらず(224)、偈を交わすまでの道縁をもっていた。

その座主父子とは、筑前国田川郡（現在の福岡県添田町）は英彦山の亮有（一六二九〜一六七四）と、その長男・広有（一六五二〜一六七九）および次男・相有（一六五四〜一七一四）を指す。明治の神仏分離で、英彦山は第一節前出の奈良興福寺と同様、仏教関係の文物が多量に失われた。幸いにして近年は、自然科学・人文科学の双方から種々の学術調査がなされ、久しく忘れられていた彦山《げんざん》修験道の実態が解明されつつある(225)。即非・高泉ゆかりの右記三座主については、現在のところ、廣渡正利氏が八十歳の高齢で公刊された『英彦山信仰史の研究』所掲の「近世における彦山座主略譜」(226)が挙げられるのみである。今後、従来の諸業績を通覧のうえ、英彦山周辺市町村の『市（町村）史』や、その他関連諸文献をも閲覧、三座主の事蹟についてさらに明らかにしてゆきたい。

さて、父・亮有が黄檗教団に親近した縁故は、廣渡氏著述には触れられていない。しかしながら、そこに掲げられた系図は、血縁によって彼が自然に黄檗禅へと導かれたであろうことを示唆している。彼の三男四女のうち、三女「おかね」は、小田原城主稲葉美濃守、すなわち、鉄牛道機に帰依した有数の黄檗大名・稲葉正則（一六二三〜一六九六）

の養女となっている。また、四女「おくめ」は、外護者たる小倉藩主・小笠原長真の弟（下枝五郎三郎）に嫁いでいる。長真・五郎三郎兄弟の実父こそ、即非を外護し、巨刹を営んでその帰国を断念させた忠真（一五九六〜一六六七）であった。

即非の詩偈（七絶）「亮有座主見レ謁。呈レ偈書示」(227)は、藩主の居城・小倉に亮有が赴いた際、即非から贈られたものであろう。製作年代は判然としないが、本篇よりも五篇のちに未発性中（高泉と共に渡日、のち帰国）を悼む一篇を掲げる。未発の訃報は寛文四年（一六六四）にわが国にもたらされているから、本篇は恐らくそれ以前の作であろう。即非は「参禅直下究二根源一。夜半金烏出二海門一。覰三破箇中無二點墨一。有三何教外可二重論一。」と、教外別伝の禅宗といってもただ参禅して生の根源を極めるばかりで、それはさながら毎朝太陽（金烏）が水平線上に姿を現わすのと同様のことだ(228)――とする見解を亮有へ示している。

## 高泉における修験道

さて、延宝二年（一六七四）四月、江戸に赴く途上の亮有は、京都で疱瘡を患い、遺偈「世上一路。今何了解。以二法界一帰。入二法界海一」を遺して示寂した。四十六歳の壮年であった(229)。そしてその葬儀を執り行った僧こそは、高泉であった。火葬に際しての法語「海西彦山亮有座主火」が今に伝えられている(230)。

冒頭割註にて「臨レ行遺二半偈一」と、亮有が遺偈を留めたことに触れ、日ごろの学ぶところが顕・密の両教にわたったこと、加えて参禅してそれら諸教から得たものを右記の臨終の半偈（前半二句のみの偈）の中へ収めてしまったことを讃える。そして篇末に至り、現世を去った亮有がどこへ行ったのか？　との問いを設け、その答えを「勝熱門中親験過。天堂仏国任二遨遊一」としているが、これは生前の亮有が寛文二年（一六六二）、同五年（一六六五）と、朝廷並びに将軍家のために祈禱護摩を修したことを指していよう。左に全文を掲げる。

海西彦山亮僧正火（臨レ行遺二半偈一。）幻住二閻浮一。幻歴二春秋一。幻中覓レ幻。転見無レ休。若能知レ幻離レ幻。自然不レ仮二周由一。某人高居二僧首一。久著二清脩一。一朝厭レ世。示レ疾不レ瘳。或顕或密。一斉坐断。千差万別。半偈全収。瞥然襟レ手帰去。了無二一物牽留一。畢竟向二甚麼處一去。勝熱門中親験過。天堂仏国任二遨遊一。

葬儀後、今度は子息の広有から、亮有の遺像への賛を請われた。「彦山亮有座主遺象賛」(231)がそれである。広有は延宝六年（一六七八）十二月、江戸に赴き、同地で亡父に同じく疱瘡を患い、翌七年正月に示寂した。したがって、「広座主請」との題下註を有する本篇は、当然それ以前の作と見られる。左に全文を掲げよう。

西山亮座主一去絶二消息一。君豈其人耶。覓亦不可得。不可得處絶二思量一。色即空兮空即色。亮公奚以至二於斯一。法界海慧三昧力。曇華道人作二此言一。留二与将来一為二軌則一。

一たび去って帰らないお座主。わが眼前の肖像画がお座主本人のはずもない。しかしながら、色即是空・空即是色の言葉のままに、今や形なきお座主は、その法界海慧三昧の力でもって、どこへでも御出現になる。だから、このお像は実はお座主本人でもあるのだ——と般若空観の思想に拠りつつ、短くも言い切っている。

江戸時代を通じて英彦山は天台宗に属した。広有の生命を奪った江戸行き（将軍家綱との会見）は、ときの輪王寺宮守澄法親王の周旋によっている。また、広有が得度したのは寛文八年（一六六八）、京都妙法院においてであった(232)。

ときの門跡は、堯恕法親王（一六四〇〜一六九五、後水尾法皇皇子）で、この人物は運敞の学問上（仏教史学）の弟子でもあった（第八章第六節第一項参照）。

夭折した兄・広有の後を承けて、弟の相有が英彦山の座主となった。廣渡氏に拠れば、彼は江戸中期における英彦山中興の祖であり、修験者として山中抖擻の行に勤しんだのみならず、文学の嗜み深く、実に三十有余年を費やして『彦山勝景詩集』を編み、天下名賢が彦山を詠じた詩歌を取り纏めた。また、一山の古記録や修験道の経典に関しても校訂に努めたという。

今後それら成果を実見したうえで所見を提示すべきではあるが、筆者はかかる相有の営為が、『黄檗山志』・『鼓山志』に見るような、明末以降盛行の山（寺）志編纂の風を何ほどか承けたものではないか？　との念を禁じ得ない。これら明末の山志は、多く「芸文志」の部を有し、寺が開創された時代から明代に至るまでの歴代の文人墨客が製作した関連詩文を多数収録している。とりわけ、『鼓山志』は最も体系化された構成を有している（第九章第五節を参照）。その部分をのみ別出すれば、右記の『彦山勝景詩集』のような書が出来上がることであろう。今後の課題として、同『詩集』を検索・披見するほか、英彦山の蔵書目録で現存するものがあれば、それに徴して明清両代寺院志の有無を確認したい。

相有は高泉のほか、洛北嵯峨は直指庵の月潭道澄（一六三六〜一七一三）、そして、法雲明洞（一六三八〜一七〇六）の三師に参じたという(233)。前二師には上洛時のみの参禅であろうが、法雲には小倉福聚寺で一度ならず参じたのではないだろうか。法雲は元来小倉の人であり、即非の法嗣として、寛文八年（一六六八）以来、同寺の住職を務めていた。高泉の現存著述中には、相有に関連する法語・詩偈を認めないが、月潭の『寱山稿』、法雲の語録中にはあるいはと期待される。

即非および高泉が遺した詩偈・法語・画賛は、恐らく中国人僧侶が修験道関係者、それも指導者級の高僧と交わした、恐らく最初の文芸作品だといえよう。ただ、同じ小倉藩の関係で、彼ら座主一家と日常的に付き合わざるを得なかったであろう即非・法雲師弟の場合と違って、以後の高泉に英彦山ほか修験道に関連する作品は現存しない。高泉自身が修験道をどう見ていたのか判然としないが、まず、彼らが僧形でありながら妻子ありというそのことだけで、高泉の平素の思想信条からして恐らくは愉快ならぬものを感じたであろう。

また、高泉の『東国高僧伝』では、粉本とした『元亨釈書』で巻十六に置かれていた聖徳太子の伝を、巻首に移動させたうえ、巻一とは別に「巻首附」を立て、そこに収録している。そのわけを篇末の賛で、「太子比丘身を現ぜざるが故に、敢へて僧数に混ぜず。又た特に之に附するは、仏法の自る所を忘れざるなり」と説明する。また、太子の事蹟が同じく王宮に生を享けた釈尊に類同しているとも讃美している(234)。これに対し、同じく『釈書』巻十六では修験道の開祖とされる役小角の伝を掲げているが、高泉は彼の伝を立てていない(235)。ともに僧形を呈しなかった二人のうち、一方は高く評価し、もう一方は全く顧みないという点に、修験道に対する高泉の平素の感情が仄見えていないだろうか。

## 第四節　浄土律僧侶師弟との道縁

### 浄土律に関する先行研究

浄土宗祖・法然が、戦い敗れて斬刑に処せられんとする平重衡（大仏殿焼き打ちの首謀者）からの要請に応じ、その授戒の師となった――とする『平家物語』の説話は、あくまでも伝説の域を出ない。しかしながら、浄土宗にあっては、地下水のごとく、戒律を研究・実践し、専修念仏の助行に充てんとする一脈の流れが存在した。

江戸期以降、社会が安定し、落ち着いて諸経論に見る戒律思想を研究できる状況が整うと、かかる流れに属する人々もまたその動きを活発化させ、本章第二節で取り上げた洛中・大坂の律師らの門を頻りに叩くに至ったのである。その首唱者を信阿忍澂とするが、彼の創業の苦心については、第二節第三項で快円を語るに際し、少しく言及した。

専修念仏の教えと戒律とを融合せしめ、これによって、前者からややもすれば生じがちな造悪無礙の邪義を抑制せんとする、いわゆる「浄土律」の思想については、すでに戦前、大島泰信師（一八七四～一九五二、作家・中国文学者武田泰淳氏の実父）が、その『浄土宗史』で相当の紙幅を割いて、その通史を叙述されている(236)。また、浄土律の運動を戒学史全体の上に位置付けた労作としては、徳田明本師『律宗概論』が挙げられよう(237)。

ただ、前者は浄土宗の中でも、もっぱら鎮西派（主流派）における浄土律の歴史をのみ論述しており、後者もまた、鎮西派に重きを置いている。すなわち、西山派における浄土律の動きについては、ほとんど触れるところなく、二三の有力者の名と著述とを記すに留まっている。西山派は法然高弟の證空（一一七七～一二四七）を派祖とするが、證空自身の出自もあってか、公家社会に基盤を有し、当初は天台宗・真言宗とのかかわりが深く、さすがに護摩こそ焚かなかったけれども、証空およびその門下はしばしば皇室・公家のために祈禱を修している。厳密に言うならば、過度の祈禱は、専修念仏の教義と相容れなくもない営為ではある。

のち、禅宗が勃興するに及んで、前述した泉涌寺の場合と同様、西山派にあっては僧侶の正式な呼称が「道号＋法諱」の四字となり、また、さながら禅宗の頂相かと見まがうような本山住職の肖像画が複数製作されるに至った。いくつか本山格の大寺を見るが、とりわけ泉涌寺からも程近い、東山の永観堂においてその傾向が著しい(238)。江戸初期において、西山派にあって、戒律研究に相当な成果を示した学僧として、南楚大江（一五九二～一六七一）が挙げられる(239)。その著『六物図採摘』を筆者は未見であるが、題目から推して、いわゆる「比丘六物《びくろくもつ》」に関する研究書と見受けられよう。

このように、西山派における浄土律の歴史に関しては、鎮西派におけるそれに比すれば、著しく研究が立ち遅れていたとの感を否めない。しかしながら近年、大桑斉教授がその論攷「諸教一致論の形成と展開」(240)にて、西山派浄土律の大成者たる慈空性憲（一六四六～一七一九、以下、「性憲」と記す）の事蹟を、主として『続日本高僧伝』の性憲伝(241)に依拠しつつ詳細に論述され、ここに長年の欠が補われた。

大桑教授に拠れば、慈空は西山派の僧としては、龍空瑞山（生歿年未詳）の高弟であったが、律僧としては慈忍慧猛（泉涌寺の如周に学び、槙尾山で自修）――「某大徳」と承けている。この「某大徳」から、貞享三年（一六八六）、四十一歳にして具足戒を受けた。大桑教授は、この「某大徳」の素性について、慈忍から河内・野中寺《やちゅうじ》（大阪府羽曳野市）を受け継いだ、高弟・慈門信光であろうとの見解を示される。

さらに同教授は、「超宗派的な性憲の活動は、念仏禅であり持戒禅であった黄檗禅との交流をよびおこした。…念仏独湛の異名をもつ黄檗山四世独湛性瑩や、伏見仏国寺を開いた高泉性潡との同志的結合があったというのである」と紹介されている(242)。ちなみに、独湛の念仏信仰、わけても前出の忍澂との道縁については、戦前の大賀一郎博士に始まって、近年では長谷川匡俊・松永知海両教授に優れた成果を見(243)、また、『黄檗文化人名辞典』を含む大抵の仏教人名辞典でも言及されている。しかしながら、性憲とのそれについては、管見の限りでは先行研究を認めず、今後の課題としたい。

## 高泉詩偈に見る性憲との交往

さて、高泉はまず、西山派僧侶としての性憲の本師・龍空瑞山に親近している。天和三年（一六八三）頃、深草霞谷の真宗院に「偶遊」した高泉は、同院の師弟らが持戒すこぶる厳正、「礼楽存二三代一。熏修課二六時一」というありさまに感嘆、住職の瑞山に偈を呈した。五言律詩「遊二霞谷一贈二龍空耆宿一」がそれである(244)。儒家が理想とする三代の礼楽は紅塵渦巻く俗世間ではなく、数々の法器を取り揃え、諸事清規にしたがって粛々と執り行われる寺院にこそ今も活きている——という、高泉の平素の確信（次節後述）が、ここにも詠じられているのであるが、真宗院の閑静かつ厳粛なたたずまいに感嘆した彼は、以後もしばしばここを訪れたとおぼしい(245)。本文を左に掲げよう。

偶遊霞谷地。入レ寺覚二威儀一。礼楽存二三代一。熏修課二六時一。風伝金殿磬。水溢藕華池。及レ見二蒼顔叟一。猶疑是遠師。

瑞山から性憲への代替わりの時期が判然としないが、これまた天和三年頃——あるいは瑞山に前出の詩を呈したときと同時であったかもわからない——七絶「遊二霞谷真宗院一次レ韻」・「贈二慈空上人［性憲］一」を製作している(246)。両者を併せ掲げたい。

遊二霞谷真宗院一次レ韻

古柏高杉翠打囲。珠幢画棟照二林扉一。意行髣二髴匡廬社一。也有三荷香惹二客衣一。

贈二慈空上人一

重開㆓白社㆒近㆓皇城㆒。梵行精修道骨清。一念浄心通㆓仏土㆒。車輪華上定標㆑名。

これら七絶二篇のうち、前者はさきに見た「遊㆓霞谷㆒贈㆓龍空耆宿㆒」に同じく、真宗院の閑雅なたたずまいを賞している。〈次韻〉とあるから、瑞山・性憲師弟の一方から——恐らくは性憲から——呈示された原詩に和したものであろう。一方、後者は「一念浄心通㆓仏土㆒。車輪華上定標㆑名」と、宋代の荊王夫人の故事(247)を踏まえつつ、性憲の熱心な称名念仏の姿を讃えている。

さらに降って、貞享四年（一六八七）春頃、再び真宗院に遊び、五律「贈㆓艸山慈空律師㆒」と、七絶「題㆓霞谷真宗院㆒」を製作した(248)。伏見仏国寺から深草真宗院まではさして遠からず、前者において高泉は、「志於㆑人自別。居与㆑我為㆑鄰。非㆓止僧中宝㆒。又為㆓一角麟㆒」と詠じているが、これには単に互いの住まいが近接しているのみならず、志を同じゅうしていることへの喜びも込められていよう。また、後者は廬山慧遠の白蓮社もかくやと偲ばれる真宗院の静けさを賞している。翌貞享五年（＝元禄元年、一六八八）春にも参詣、方丈で仏舎利を拝したほか、受戒してまもない青年僧・寿石から偈を乞われ、快く五言律詩を製作して与えている(249)。

なお、「浄土律院」とのみ題された高泉の聯も、ほかに高泉有縁の浄土律の寺院が見当たらないことから推して、恐らくは真宗院に贈られたものであろう。「眼浄即木身［仏像］何非㆓実相㆒。心清則穢土便是浄土」とあるが(250)、左右どちらの聯も、「心浄則土亦浄」という『維摩経』の文言を踏まえており、心次第でこの世が浄土になりもすれば、地獄になりもするという、すぐれて唯心的な浄土観が説かれている。かかる内容の聯を贈られて拒絶しない浄土律院が、西方に確乎として浄土ありとする鎮西派のそれとは到底思われない。やはりこの聯の受取人は、高泉の交際圏中にあっては性憲以外に考えられないのである。

### 真宗院開山伝の撰述

終わりに、瑞山・性憲師弟との道縁から生まれた仏教史学上の所産として、高泉『東国高僧伝』巻十の円空伝（および附録の如円伝）を挙げておきたい。円空立［隆］信（一二一三～一二八四）は證空の高弟であり、真宗院の開山でもある。運敞が寄せた序や、平岡定海博士の指摘（『大日本仏教全書』本への解題）にも述べられているように、確かに『東国高僧伝』は多く『元亨釈書』を典拠としており、『釈書』に見えない教宗諸派高僧の伝記は、概して載せていない。けれども、数少ない例外の中に、この立信の伝記が挙げられる(251)。

篇末の賛に拠れば、高泉は日ごろ、浄土教弘通に大功のあった立信を敬慕していたものの、全伝を得られず遺憾に思っていた。幸い、真宗院は「仏国を距たること遠からず、纔かに一嶺を隔つるのみ。予、常に（真宗）院に至り、住持龍空［瑞山］および慈空［性憲］二公と道話」しており、恐らくは彼らからの資料提供によってであろう、本篇を撰述したのである。

高泉亡きあとの宝永四年（一七〇四）、臨済宗の卍元師蛮（一六二六～一七一〇）は畢生の大著『本朝高僧伝』を公刊した。卍元は、かつて延宝初年に高泉に貸与した資料が『東国高僧伝』ほか一連の高泉著作に直ちに利用された旨、同書の凡例最終条（第十条）で言明している(252)。最終条という目立つ場所での言明に、高泉に先を越された卍元の悔しさが言外ににじみ出ていると言えよう。

しかしながら、卍元も卍元で、亡き高泉の文章を、字句を多少改めつつ、文脈から説相に至るまでそっくり利用した箇所を遺している。その典型例こそ、『本朝高僧伝』巻十五の隆［立］信伝なのである(253)。詳細は、次に掲げる別表「高泉『東国高僧伝』および卍元『本朝高僧伝』の円空伝対照表」を参照されたい。

## 高泉『東国高僧伝』および卍元『本朝高僧伝』の円空伝対照表

| 高泉『東国高僧伝』巻十（『全』Ⅲ・一四六一C下左、もしくは『大日本仏教全書』第一〇四巻・一三〇頁上） | 卍元『本朝高僧伝』巻十五（『大日本仏教全書』第一〇二巻・二三四頁上） |
|---|---|
| 釈立信。号円空。未詳其姓氏。十五出俗。師事西山善慧公。二十餘年如一日。慧解天縦。邁儕輩。〔出自と参学の経緯〕 | 釈隆信。字円空。不詳姓氏。歳甫十五。翼侍善慧。学専念法二十餘年。窺其門牆。殆尽美富。〔出自と参学の経緯〕 |
| 嘗就洛南艸山。剏真宗院。弘其法。緇白帰崇者多矣。至於宝治上皇。亦敬其徳。嘗詔請問法。信奏対称旨。皇情大悦。勅建仏殿山門経蔵等。又構般舟堂。令修念仏三昧。給以斎粮。〔真宗院開創と上皇の帰依〕 | 遂就洛南深草。創真宗院。偏弘念仏。帰向者多。後深草上皇召問浄法。勅建大殿廊門経蔵。別構般舟堂。令修念仏三昧。賜以斎粮。〔真宗院開創と上皇の帰依〕 |
| 而皇太后亦帰之。丞相久我公。亦助斎糧三百碩。其為至人所重為若此耶。〔皇太后・貴顕の尊信〕 | 皇太后召問往生旨。久我内大臣源具実。往来問法。乃給斎粮。〔皇太后・貴顕の尊信〕 |
| 信常与衆講経。座下聴者。無不悦服。所出弟子。皆一時碩徳。若如円・道教・明戒・信一・法慧等。至於台宗妙観院僧正顧公。亦入其室。且博学多識。〔講経と著作〕 | 信議論便便。聞者忘起。〔講経と著作〕 |

| 項目 | 上段 | 下段 |
|---|---|---|
| | 嘗撰観経疏記十巻。伝於世。 | 嘗撰観経疏十巻。当時行世。 |
| ［住持地の変遷］ | 中年住往生・遣迎二院。後遷京兆誓願寺。大揚其道。四衆帰之。如水赴壑。惟恐後焉。 | 中年随同門請。住往生・遣迎二院。盛唱宗義。四衆羣聚焉。 |
| ［往生の前後］ | 暮年帰本院。一心念仏。不舎昼夜。弘安七年四月十八日。端坐唱仏而化。時有瑞雲覆其室。経久不滅。見者嘆異。享人間寿相。七十二年。在菩提位中。五十八夏。 | 晩帰旧院。専修精勤。昼夜無止。臨終拝弥陀像而化。弘安七年四月十八日也。時瑞雲覆室。久而不散。見者嘆異。享年七十二。 |
| ［附篇　真空伝］ | 又釈信空。号如円。左京大夫信実猶子也。出信公之門。受其遺命。住艸山・龍護二刹。名翼遙飛。四衆帰仰。大光於教門也。以某年中入寂。春秋六十有八。僧臘若干。 | 有弟子真空・明戒・信一・法慧。空号如蘭。左右大夫藤信実猶子。学性相法。最精浄教。依信之囑。継住艸山。又移龍護。常啓談席。餘法眷皆化一方。是謂深草立義也。 |
| ［賛］ | 系曰。扶桑学浄業者頗多。而名弗顕。至吉水源公。倡衆称仏。蓮宗大興於世。艸山信公。乃源公諸孫也。不墜家声。徳誉播於寰宇。上自王公宰輔。下至士庶。無不欽仰。至於名衲碩師。負笈而従者亦縄縄弗絶。若円公者。亦緇林之翹 | （なし） |

楚也。親稟其学而継其箕裘。大有光於教門也。奈未得其全伝。不能無遺憾焉。艸山距仏国不遠。纔隔一小嶺。予常至院。与住持龍空及慈空二公道話。見其僧儀整粛。殿宇壮麗。晨鐘夕梵倶不失時。可謂有乃祖之風矣。於乎盛哉。

両者を対照するに、卍元は別段「賛」を附しておらず、立信に対しては高泉ほどの思い入れもなければ、書かずにおられぬような動機もなかったものとおぼしい。自然、既存の伝記を——すなわち高泉によるそれを——ほぼ依用してすませたのであろう。ただ、附篇の真空伝(254)では、真空が浄土教ばかりか唯識教学（原文：性相法）にも明るかったとしている。これは高泉の『東国高僧伝』には見えない事蹟であるから、卍元自らが調査し、補ったのであろう。今後の課題としては、性憲の全集たる『深草法彙』を閲覧し、その章立てや、同書を通貫する思想が、どの程度、先行する雲棲袾宏の全集『雲棲法彙』に相通じているかを明らかにしたい。そして、『深草法彙』中に散見されるであろう高泉からの詩偈・法語を集成のうえ、逸文の有無を確認したい。

## 第五節　儒者との交流

本章の終わりに、仏教以外の当時の有力な思想・儒学に対する高泉の見解を概観しておきたい。第三章第二節第二項に見たように、強烈な排仏論を帯びた朱子学という共通の敵の擡頭は、少なくとも彼一代においては、それまで敵対もしくは冷戦状態にあった妙心寺有力者との和解をさえもたらした。朱子学の寛文年間における幕閣への浸透ぶりは相当なものであった。

史実としての信憑性を精緻に考証せねばならないが、高泉とも親しかった鉄牛道機（一六二八～一七〇〇、和僧）が、寛文二年（一六六二）、小田原藩主・老中の稲葉正則（一六二三～一六九六）と道縁を得た契機たるや、仏教に懐疑的になっていた正則が、鉄牛に論難されて憤慨し、一時は刀の柄に手をかけさえしたことから起こったとされる(255)。正則をして仏教に懐疑的ならしめたのは、彼の幕閣での同僚が、仏教を排撃して神道を好み、ついには仏舎利・経典・仏像を破棄しさえしていたのに触発されたからだという。

そこで、『最新日本歴史年表』(256)に徴するに、果たして同僚中に保科正之（一六一一～一六七二、会津藩主）の名を認める。この人物は、山崎闇斎（一六一八～一六八二）に師事し、闇斎思想の中でも、とりわけ垂加神道に共鳴した人物として知られる。ただ、垂加神道の教理体系自体が多く朱子学に負うており、正之の所業たるや――それが史実とすれば――間接的には朱子学の排仏論がしからしめたものと言えよう。

このように、のちには有力な黄檗大名となった稲葉正則でさえ、寛文元年（一六六一）の高泉来日からまもなかった頃には、大名・武士階層を覆った時代思潮から無縁ではいられなかったのである。これら階層を本国の士大夫らに比していた高泉としては、恐らく強い危惧感を時として感ぜしめられたことであろう。高泉は青年期から戒律に強い親和性を持ち、自ら律すること厳であったためか、その謹厳な姿は儒者にも好印象を与えたものと見られる。

すなわち、寛政五年（一六六五）春、高泉は前年から丹羽光重に招かれて江戸に滞在していた。「一儒生」が彼をしばしば訪ね、ともに仏法を語ったが、あるとき、「仏祖は固《まこ》とに吾が知る所に非ず。但だ吾が儒の所謂聖賢といふ者は、斯の人に非ずや」と高泉を評しつつ感嘆したとされる(257)。

## 柳川震沢の高泉訪問

高泉の儒者（学識の上下にかかわらず、およそ四書五経に親しむほどの人々）に対する態度は終始変わらず、「来たる者は拒まず」の一語に尽きたと言ってよい。延宝三年（一六七五）、宇治法苑院なる高泉を、柳川震沢が訪ねている。元禄三年（一六九〇）、四十有余歳で歿した震沢は、この当時二十代後半であったと見られよう。木下順庵（一六二一～一六九八）門下の俊秀であったと伝えられる。詳細な伝記としては、竹林貫一氏『漢学者伝記集成』(258)が挙げられよう。同書では主として東条琴台の『先哲叢談続編』（明治十七年［一八八四］刊）に拠りつつ、震沢の事蹟や学問を叙述している。とりわけ精彩を放っているのは、天和二年（一六八二）秋の朝鮮通信史・成翠虚との詩の応酬であろう(259)。

また、一般に荻生徂徠（一六六六～一七二八）の創始に係ると見られがちな明代古文辞学派（李攀龍・王世貞）の著作研究も、その実、震沢に始まるという。明代の詩集が和刻されたのは、震沢によって寛文初年に陳継儒の詩集が、そして延宝年間には李卓吾の正続『明詩選』が公刊されたのに始まるという。李卓吾は人も知る明代居士仏教の雄であるが、陳継儒（一五五八～一六三九）もまた明代居士の代表的な禅語録『珊瑚林』に序を寄せており(260)、居士仏教史上忘れてはならない存在である。震沢の高泉訪問の折りには、恐らくこれら明代居士の詩集刊刻のことも話題に上ったことであろう。

震沢は幼くして父を喪い、成人後まもなく、今度は母を喪った。三年にわたる母の喪中には、酒肉を絶ち、歌舞音曲を遠ざけるという、熱心な居士に外面上は勝るとも劣らぬ精進潔斎の日々を過ごした。かかる人物であるからこそ、仏教への親和性は高かったものと見られる。訪れた震沢から「文稿数編」を示された高泉は、彼の才識に感服するとともに、「其の道に入らんことを勧」めた。七絶一首が今に伝わる(261)。

京兆英士柳剛者。順菴先生之門弟也。性聡穎。善読レ書能レ文。甞謁二余於法苑一。出二文稿数編一。其議論風生。実英才也。且年甚少。志甚鋭。其進猶レ未レ艾。因詩以貽レ之。以勧二其入一レ道。

学至二誠明一出レ慎レ独。知君授受有二明師一。更能妙契二空王旨一。蘇氏家声見二此時一。

本篇の前半では、『大学』にいわゆる「君子慎レ独」の金言を守ったからこそ、貴殿は現在の聡明を致したのだ――と賞賛（起句）、また、順庵先生という良き師を戴いて学系にも確かなものがあるとも高評する（承句）。そして後半に至って、このうえ仏教を学べば、親子二代儒仏兼修の美名を流した、かの蘇洵（父）・蘇軾（長男）・蘇轍（次男）の盛事を再現できましょうぞ、と学仏を熱勧している。いったい震沢にとって、木下順庵は単なる師ではなく、まさに親替わりであった(262)。その順庵の対仏教観を研究のうえ、半ばは順庵の養子ともいうべき震沢に、これ以降高泉を再訪した形跡がない理由を考察したい。

### 仏国寺を訪れた「屠隆」たち

さて、天和二年（一六八二）、仏国寺の主伽藍が成った頃、高泉は六言絶句「山居襍詠」三首を製作、その第三首では、「我愛東海屠隆。三教門牆窺透。瀛来眼大二於天一。不レ落二羣儒之後一。」と念願している(263)（全文は、第九章別表二一・連作二四を参照されたい）。起句にいわゆる屠隆（一五四二～一六〇五）は、『仏法金湯（録）』(264)を著して護教論を展開、ひいて儒仏の一致を力説した人物である。

屠隆はまた、達観真可が嘉興蔵（鉄眼版大蔵経の底本）の刊刻事業を開始した際、流麗な「化縁之疏」を撰述した。

嘉興蔵は前代にない冊子形式を採ったため、保守的な一部の僧侶・居士の間から、経典を軽んずる振る舞いだとして批判の声が寄せられた。これに対し、居士の屠隆は「方冊本を流布して遍からしめる功は、弊を補って余りあるものであり、仏如来も許し給うところである」と強調、達観を擁護している(265)。いったいどのような儒者が屠隆にも比すべき人々として法苑院や仏国寺に高泉を訪ねたのか、今後究明すべき課題ではある。

### 儒者・休庵との道縁

高泉と久しきにわたり道縁を有した儒者の一人としては、まず江戸在住の休庵儒士が挙げられよう。法語一則と、詩偈三篇とが伝えられているが、寛文四年（一六六四）、来日後最初の江戸滞在中に相識ったものと見られる(266)。高泉を見て「聖賢とはこういう人のことか」と嘆じた前出の「儒士」とは、あるいはこの人物を指しているかもわからない。法語ではこの身が幻であることを速やかに看取し、幾多の英雄好漢が世間の情愛声色に惑ったまま一生を終えた轍を踏まぬよう呼びかけている。

このほか、あるときは、「書物ばかり読んで至道が人の心に存することを知らぬのでは、たとえ顔回（孔子高弟）のような聡明さをもっていても愚人と同様だ」と力説し(267)、またあるときは、右記・柳川震沢に対したときと同様、「儒釈門雖レ異。当人性不レ差。先レ儒後学レ仏。紅燄発二蓮華一。」と、儒学を棄てることなく、同時に仏教をも学び始めるよう勧説している(268)。さらにあるときは、すでに老いた休庵が四書五経に註を加えつつ、塾を開いて子弟に教授している姿を思い浮かべている(269)。今後、江戸時代の、とりわけ江戸市内の儒者中に該当する人物を検出したい。

### 三代の礼楽は寺院にあり

高泉はこのように儒学的素養のある居士に対しては、儒仏の一致を説き、速やかに参禅するよう勧説するのであるが、儒仏一致とはいっても、その本質はあくまでも仏主儒従である。むろん彼とて、いわゆる夏・殷・周三代を理想の時代と見る中国人の伝統的な観念を決して棄ててはいない。それどころか強く共感してさえいる。

と同時に、（一）人々が純朴で仏教を要しない時代がとうに去り、末世の今だからこそ仏教の存在が要請されること、そして、（二）儒家が憧憬する三代の礼楽が今や寺院の中にのみ存在すること、（三）為政者たる者、単に世間道徳たる儒教の倫理項目を鼓吹するだけでは不十分であって、出世間の教法たる仏教をも庇護することで、はじめて世の安定が招致されることを力説している。こうした見解が鮮明にうち出されている法語を、加賀藩の重臣に贈られた「示横山主事」[270]とする。

その冒頭、高泉は儒家の五倫（仁義礼智信）が仏教の五戒（不殺生・不偸盗・不邪婬・不飲酒・不妄語）と少しも異ならないものの、単にこれら徳目を守るばかりでは人界・天界に生まれる果報を得るばかりで、世間を超え、三界（欲界・色界・無色界）を通り抜けて高い悟りを得るには至らない。悟りを得るには、やはり禅道によるのほかはない。ただ、禅道といっても何か特殊な高邁な道だというわけではなく、我々の心のうちに元来仏性が具備し、少しも欠けたことがない、この一事を極めるばかり――と強調している。

こうした思考経路たるや、開巻三条目にして「儒仏の和会《わえ》を図るのはもとより結構なことであるが、すでに仏道に目覚めた者は、表面的に両教を一致せしめるだけではなお不十分であり、かかる営為が所詮は戯論だということに気づくべし」[271]と説く、雲棲袾宏の『竹窓随筆』に負うていないだろうか。〈すでに仏道に目覚めた者〉ヨリ具体的には、自己と寝食をともにしている出家弟子たちに対しては、彼らが外典、すなわち儒家の学に走ることを、詩文に耽ること（第七章後述）と並んで、厳に戒めている。

例えば「文禅人《もんぜんにん》」なる弟子を悼む七言絶句(272)では、その詩序で、亡き弟子がある時以降、「世典」を好み、しばしば宇治法苑院から(273)都にまで赴いては儒者の講座に列したものの、数ヶ月にして世を去ったことを記す。そして、その小序の中で、「世間の文字は山の高く、海の深きが如し。其れを極むるも尽くし難く、就使《たとひ》極むることを得るも、己に於いて奚《なん》の益かあらん。此を作り以て悼み以て時流を警む」と強調している。全体的に見て、ほとんど同情の感じられない内容である。〈時流を警む〉とあるから、高泉の周囲には、亡き文禅人と同様、好んで儒教を兼学する青年僧が多かったのであろう。左にその全文を掲げよう。

文禅人。好習㆓世典㆒。常遊㆓京師㆒聴㆑講。聴㆑帰而病。病数日而卒。不㆑思世間文字。如㆓山之高。海之深㆒。極㆑其難㆑尽。就使得㆑尽。於㆑己奚益。因作㆑此以悼。以警㆓時流㆒。

不㆑喜㆓坐禅㆒不㆑看㆑経。儒門典籍刺㆑頭聴。臨㆑行半字難㆓相救㆒。恨殺従前太不㆑惺

なお、高泉の本国にあっても、袾宏がその著名な『竹窓随筆』で三度にわたり(274)、僧侶が儒学もしくは儒学と表裏をなす詩歌文章に心を寄せることを戒めている。同書はむろん、高泉の目にも触れており(275)、国境を超えて目睹してしまった僧侶の「弊風」に、高泉自身は恐らく愕然となったことであろう。

さて、高泉が仏主儒従、もしくは仏尊儒卑の根拠とする「三代の礼楽は寺院にのみ存す」という確信は、彼だけがいだいていたものではない。例えば、木庵・即非も参じた曹洞宗の石雨明方（一五九三〜一六四八）は、出家以前に父親と訪ねた郷里の寺で、僧侶の威儀が整然としており、さながら三代の礼楽を見るような心地がしたのを機縁に出

家したという[276]。石雨の青年期（三十歳までと見る）といえば、高泉はまだ世に生まれていない。今後、隠元・石雨・費隠（後二師は同い年）の著述を中心に、かかる観念の濫觴がいつ頃にあったかを究明したい。

さて、高泉自らが記すところでは、寛文元年（一六六一）渡日した彼は、開創後まもない宇治黄檗山で「叢林の整斉、宗風の大いに振るふを見」、「宋の大儒」が自己と同様、整然たる禅寺の生活に「これぞ三代の礼楽！」と感嘆した逸話を想起したと述べている[277]。同十三年（一六七三）に至って、『黄檗清規』を編んだ際には、その〈大儒〉の名が明記されている。同『清規』礼法章第八の序で、彼は宋の伊川先生、すなわち、程頤（一〇三三～一一〇七）があるとき禅寺で僧侶らの入堂の姿を見て、右記の嘆声を発したとしている[278]。高泉は単に〈入堂の姿〉と略しているが、中華書局本『二程全書』では僧侶らが威儀を整え斎堂に赴く姿に嘆声を発したのだとしている。ただし、声の主は弟・程頤ではなく、兄の程顥（明道先生、一〇三二～一〇八五）とされている[279]。

この説話は、『全書』の本来の部分ではなく、のちの補編に係る『河南程氏外書』巻十二に収録されており、そこには「『呂氏童蒙訓』に見ゆ」との校註が施されている。しかもその校註にはさらに割註して、呂氏とは呂本中（？～一一四六）である旨、明記されている。この呂本中は、潘桂明教授『中国居士仏教史』[280]（第二章第四節前出）でも取り上げられている程の名だたる居士である。高泉も天和三年（一六八三）に前出・稲葉正則の致仕を賀した際、子孫がみな仏教を信奉し、かつ、皆な官位を得て仏教を護持するよう、呂本中が毎朝祈っていたとする故事を引き合いに出している[281]。したがって、程顥（明道先生）が嘆声を発したとする説話は、呂本中が程氏兄弟の学系を受けていることを考慮に入れても、呂本中の創作と見るのが妥当であろう。

南宋末に至って、嘆声の主を司馬光（一〇一九～一〇八六）とする『仏祖統紀』の類話も生まれたが[282]、兄（明道）を改めて弟（伊川）としたのは現存文献中では、明代初期に成った心泰の『仏法金湯編』に始まるようである[283]。

高泉は寛文七年（一六六七）、二本松で脱稿した『曇華筆記』巻末で、『仏法金湯編』に拠りつつ、中国歴代の帝王が仏法を尊重した例を六項にわたって紹介しているから(284)、この説話に関しても、恐らくは『仏法金湯編』に拠っていよう。

以後も数度、高泉は「三代の礼楽」をヨリ忠実に伝えているという「事実」によって、仏教を儒教（およびそれを基盤とする中国・日本の世俗社会）よりも上位に置く見解を繰り返している。その集大成が「答三北都大藩主問二禅門礼楽一書」である(285)。〈北都大藩主〉とは、仙台藩主・伊達綱村（一六五九～一七一九）を指そう。本節冒頭で触れた稲葉正則の女婿である。彼の主張はとりわけ次の一段に明示されている。

原夫礼楽。天下国家之大典也。礼也者敬也。天理之節。人物之儀則也。楽也者和也。出二於人心一。而布二於管絃一也。然此礼楽。非三独用二於世法一。而仏法亦未二嘗廃一焉。自二仏祖応世一。既有二人天囲遶。龍象交参一。使レ無二礼楽一。則不レ成二弘範一耳。由レ是仏制二比丘三千威儀・八万細行一。凡所二説法一。必先鳴レ犍。広集二天龍八部一。又百丈大智禅師。建二叢林一。立二規矩一。考レ鐘伐レ鼓。唱二作梵唄一。殷殷焉粛粛焉。使二人天龍鬼。知レ所二敬仰一。此禅門之礼楽也。宋伊川先生。見二僧出レ堂。嘆曰。「三代礼楽。尽在レ此矣。」以レ是観レ之。則当時禅門之礼楽。豈不レ整与。

高泉に拠れば、世俗社会にも、出世間の仏教の世界にも、ともにそれぞれの礼楽があるけれども、仏教の礼楽が世俗のそれに優っているゆえんは、荘厳さが段違いであること、殊に人間ばかりか鬼神たちをも心服せしめ得るという点にあるのであり、しかもまさにその点において、「三代の礼楽」と同等だというのである。

さらに高泉は、明の太祖が仏教を篤信し、建国後まだまもない頃、国都・南京郊外の蒋山で大法会を執り行った事蹟に触れ(286)、仏法の興隆は為政者に負うところ誠に大であるから…と、綱村の仏教外護に期待を寄せつつ、筆を擱いている。

## 輪廻説の儒教への導入

本節の終わりに、長文の詩序のある興味深い作品を二篇まで取り上げておきたい。まず七絶「和二王陽明先生前身偈一」(287)である。寛文九年（一六六九）以前の作とおぼしい本篇では(288)、王陽明の略伝を掲げたうえ、ある日、山寺に遊んだ彼が、堅く閉ざされたままの龕を発見、「五十年間、定《じょう》に入ったままの僧がいるのですから…」との寺僧の制止を振り切って戸を開いたところ、果たして自分にそっくりの顔立ちの僧が端坐しており、壁面には「五十年前王守仁。開門便是閉門人。精霊剥後還帰復。始信禅門不壊身。」との七絶が題されていた。王陽明は一瞥ののち、寺僧に対し、「これが私の前身だよ」と語った——というのである。

高泉は「此方」、すなわちわが国には王陽明の学を奉じる者が多いので、特に右記の詩に和韻して（実際には次韻であり、全く同じ韻字を用いている）、「先生の自る所」、すなわち前世が僧であったことを明らかにしたいと詩序を結んでいる。

高泉の見るところに拠れば、王陽明が「富貴に処すと雖も、志、塵表に在」ったのは、その前世が清貧な僧侶だったことで説明がつくというのであろう。高泉の次韻作には「門分二儒釈一道同レ仁。先後何曾有二二人一。肉眼凡夫休二擬議一。宰官身即比丘身。」とあって、仏教と儒教とがともに仁を目指していること（起句）、にもかかわらず、宰相として儒教の理想を実現せんとした王陽明も、その実もともとは僧侶であったのだ（結句）として、日ごろの「仏尊儒卑」の信条を暗示している。左に詩序の原文を掲げよう。

先生諱守仁。字伯安。号㆓陽明㆒。杭之餘姚人。天資絶倫。読㆑書過㆑目成㆑誦。少善㆓詞章㆒。壮好㆓仏老㆒。登㆓進士㆒。官至㆓吏部尚書㆒。雖㆑處㆓富貴㆒。志在㆓人表㆒。一日遊㆓山寺㆒。見㆓一龕封鎖甚固㆒。欲㆑啓㆑之。寺僧曰。「不可。中有㆑僧入定。已五十載矣。」㆒先生竟発㆑之。見㆓一僧貌如㆑己。既而見㆓壁間一詩㆒云。「五十年前王守仁。開門便是閉門人。精霊剥後還帰復。始信禅門不壊身。」㆒顧謂㆓寺僧㆒曰。「此吾前身也。」㆒先生嘉靖初。論㆑功封㆓新建伯㆒。隆慶初謚㆓文成㆒。万暦初。詔㆓示天下㆒。従㆓祠孔子廟庭㆒。称㆓先儒王子㆒。予因㆔此方多崇㆓先生之学㆒。特和㆓其偈㆒。以昭㆓先生之所㆑自云。

実は本篇と全く同題で、同様に長文の詩序を有する作品が即非にもある。こちらは詩序末尾に寛文四年（一六六四）中秋、すなわち八月の作である旨、明記を見る[289]。当時即非は長崎から東上、黄檗山に滞在中であった。その詩序における王陽明の略伝部分は、高泉の同題作品のそれよりも長いが、いずれも一般に知られた事蹟ばかりである。また、壁に記されていたとされる七言絶句は、承句の「便是」を「原是」に作っていることだけが相違している。即非の次韻作には、「先生大道継㆓能仁［仏］㆒。有相何曾著㆓我人［人我］㆒。只為㆓度生㆒心未㆑了。再来示現宰官身。」とあって、釈尊にも比すべき衆生済度の誓願をもった僧侶が、その願心やまざるがゆえに、今度は大官の身に生まれ、その座によって前世とは別の形で人々を救ったとの見解を示す。これも高泉の作とほぼ同趣旨ではある。

ただ、即非が高泉と異なるのは、この日本に陽明学者が多いという点では高泉と見解が一致しているものの、高泉はさらに一歩を勧めて、「それゆえにこの詩（次韻詩）を作って、儒教と仏教とが不二一体であることを明らかにする（原文：昭㆓儒釈不二㆒）」としている点である。右に見たように、高泉はこの説話自体を、自ら奉ずる仏尊儒卑説の根拠にまで充てている。換言すれば、現世のことは現世だけで解決し、不可解な事象（例：生まれついての賢愚）

に対してはとかく理由説明を怠りがちな儒教に対して、輪廻説をもつ仏教は対照的に十二分な「説明」を加え得るとする「事実」を、彼は力説しているのである(290)。今後の課題として、王陽明の正伝たる『王文成公全書』年譜には見えないこの説話の淵源を探り当て(291)、かつ、慧林性機が高泉に語った福建の類似の説話(292)についても、その淵源を明らかにしてゆきたい。

# 結語

本章では、いわゆる教宗、すなわち、不立文字を理念とする禅宗に対し、それ以外の、特定の経論に拠って教義を展開する諸宗派の僧と、高泉がいかなる道縁を結んだかを研討した。高泉自身は、禅僧として半ば当然のことながら、禅主教従、もしくは禅尊教卑という観念を心中強く持しており、したがって天台宗・浄土宗のような、わが国・中国を通じて典型的な教宗と目される宗派の僧とは、詩偈のやりとりをする程度で、さほど深い道縁は有していない。

一方、禅宗・教宗に通じる教法こそ戒律であるとの観点（『律苑僧宝伝』序）から、律宗僧侶、とりわけ、自己の属する黄檗教団と並んで後水尾法皇からの帰依厚かった泉涌寺の律僧集団とはすこぶる交往があった。また、教宗諸派の中でも師資相承を重んじ、重要な教理は筆紙によらずもっぱら口伝で伝承していた真言宗に対しては、相当の親近感を寄せ、運敞・雲堂と久しい交往があった。ただ、真言宗とて、禅宗に比すればなお多く（紙に記された）文字に頼っているとの感想をいだき、遠方にあって参禅に勤しむ雲堂に対しては、ことさら返事（紙に記された文字）を出さず、禅的立場から自力で洞察することを要求している。

さらに、雲棲袾宏以来の明末仏教の思想的系譜を承けて、儒学に対しては融和的であった。ただし、儒家思想への歩みよりにもおのずと限度があり、道縁のあった儒者には参禅を勧め、かつ、自己の出家弟子が儒教経典ほか外典の学に走ることを戒めた。これは袾宏に同じく、高泉の胸中に仏主儒従・仏尊儒卑との観点が確立されていたためである。今後の課題として、袾宏から高泉の間の、すなわち、密雲円悟―費隠―隠元と次第する師系における対儒教観についてさらに当該詩偈・法語を検索、それら文献の高泉に対する具体的な感化について、さらに分析を加えたい。

註

(1)『洗雲集』巻十二、『全』Ⅱ・九〇一下左。なお、『大日本仏教全書』本『律苑僧宝伝』は本篇を収録せず、七言絶句「贈二戒山律師一」(詩序あり)をのみ掲げる。同『全書』第一〇五巻・一二六頁上段。後者は『翰墨禅』巻上、『全』Ⅱ・一〇五六下右。

(2)これは同年の幕府への届け出に書かれた名乗りであった。赤松俊秀博士監修『泉涌寺史 本文篇』三八四頁。本章では、主として同書の第二章第二節「皇室の御崇信と寺観の整備」に拠る。執筆は藤井学教授。京都:法藏館刊、昭和五十九年(一九八四)。

(3)(一)隠元:寛文七年(一六六七)春、奈良の諸名刹を巡拝。同十二年(一六七二)、泉涌寺およびその塔頭を巡拝、「隠元禅師年譜」、『隠元全集』五二四八・五二五四頁。能仁師訳註三五八・三七六頁。(二)木庵:寛文三年(一六六三)夏、泉涌寺およびその塔頭を巡拝、別の日に高野山へも。延宝四年(一六七六)、奈良の諸名刹を巡拝。「木菴禅師年譜」、『木菴全集』三五五二・三五七七頁。(三)即非:寛文四年(一六六四)春から翌五年秋まで、黄檗山に滞在、この間、洛中の名刹を巡拝したほか、奈良で東大寺参詣・観楓をなす。「広寿即非和尚行業記」、『即非全集』一三一一頁、一〇六三〜一〇六四頁(奈良での作品を掲ぐ)。(四)慧林(黄檗山第三世):寛文十一年(一六七一)秋、泉涌寺ほか洛中の名利に参詣、そののち奈良・高野山に赴く。大槻幹郎氏「慧林性機年譜稿」、『禅学研究』第六六号・九頁、昭和六十二年(一九八七)。

（4）以下註（6）まで、登場する法親王の比定に際しては、『読史備要』「日本仏教各宗派本山門跡住持歴代表」および、杣田善雄教授『幕藩権力と寺院・門跡』二二〇頁所掲「近世の門跡」に拠った。京都：思文閣出版刊、平成十五年（二〇〇三）。①七言絶句「謝二天台皇太子恵茶レ菓一」『仏国詩偈』巻三、『全』Ⅱ・六九三下左。二篇前に寛文十二年（一六七二）春、高野山参詣の際、同地の燈籠堂を詠じた一篇を置く。②同巻四、「次二韻天台皇太子遊二水戸参議公後楽園一」、『全』Ⅱ・六九八上左。『紀年録』延宝四年（一六七六）の条に「和二天台皇太子詩一」とある作品を指そう。③同「天台皇太子輓辞」、『同』巻五、『全』Ⅱ・七〇九下右。直後に天和元年（一六八一）元日製作の一篇を置く。④書簡「謝二天台皇太子書一」、『洗雲集』巻十九、『全』Ⅱ・一〇〇一下右。直前に置かれた鉄眼宛書簡は、延宝七年（一六七九）六月の瑞龍寺大雄宝殿建立着工を賀する文面である。
以上四篇のうち、③にいわゆる〈天台皇太子〉とは延宝八年（一六八〇）に示寂した天台座主・尊敬法親王（輪王寺門跡としての名は守澄）を指すか。残る三篇は彼、もしくは、堯恕法親王（一六四〇～一六九五、妙法院門跡で生涯二度天台座主に任ぜらる、第八章第五節第一項参照）を指しているものと見られる。なお、七絶「菊」三首は、元禄六年（一六九三）九月、ときの「輪王（寺）法親王」の命にて製作された。これは明らかに尊敬法親王を指している。『遺稿』巻一、『全』Ⅰ・三三九下左。

（5）七言絶句「青蓮皇太子至」、『仏国詩偈』巻四、『全』Ⅱ・六九六下右。『紀年録』延宝二年（一六七四）の条および『黄檗文化人名辞典』一四頁下（一乗院宮真敬法親王の項）に拠れば、この年春、青蓮院の尊證法親王が、真敬法親王とともに仏国寺に高泉を訪ねたという。同「謝二青蓮皇太子贈二熏鑪燭台一」、『洗雲集』巻七、『全』Ⅱ・八二〇上左。四首前に延宝元年（一六七三）五月に示寂した太虚道清を悼む作品を掲げる。ここにいわゆる〈青蓮皇太子〉もまた、元禄七年（一六九四）まで久しく在任していた尊證法親王を指そう。なお、『黄檗文化人名辞典』は「尊澄」に作るが、註（4）所掲の二資料によって「尊證」と訂正する。

（6）①七言絶句「聖護皇太子輓詞」、『仏国詩偈』巻四、『全』Ⅱ・六九八上右。十三首前に延宝四年（一六七六）二月の修学院再遊を詠じた作品を置くから、ここにいわゆる〈聖護皇太子〉とは、同年三月に示寂した道寛法親王を指そう。②同「聖護院法親王至」、『遺稿』巻一、『全』Ⅰ・三三九下右。直後に元禄六年（一六九三）の萬福寺回廊（堂宇を結ぶ）建立を祝賀する作品を掲げる。よって、ここにいわゆる〈聖護院法親王〉とは、元禄四年（一六九一）門跡となった道尊法親王を指そう。

(7)「登二天台一謁二伝教大師道場一」、『即非全集』一〇四八頁。寛文四年（一六六四）春から翌五年秋までの黄檗山滞在中の作と見られる。

(8) 以下（一）から（五）までは、いずれも寛文八年（一六六八）初夏の作であることが、（五）の記事によって知られる。詩偈：（一）五言律詩二首「初夏遊二天台一」、『法苑略集』巻一、『全』Ⅱ・五五九上左；（二）「途中望二天台一」、『法苑略集』巻三、『全』Ⅱ・五七七下右；（三）同「謁二伝教大師塔一」、『同右』同、『全』Ⅱ・五七七下右；（四）同「遊二天台一」、『仏国詩偈』巻三、『全』Ⅱ・六八六下右。文：（五）「遊二天台一記」、『法苑略集』巻四、『全』Ⅱ・五八六上左。また、寛文十一年（一六七一）には、「天台伝教大師真賛」を製作した。「二十四巻本語録」巻二十二、『全』Ⅰ・二二四上左。この作品の製作の機縁は未詳。

(9) 尊覚との血縁関係については、杣田教授註（4）前掲書二〇七頁所掲「皇族・摂家関係系図」を参照。

(10) 上島享教授編『興福寺旧蔵史料の所在調査・目録作成および研究』二三頁下段。京都府立大学文学部刊、平成十五年（二〇〇三）。なお、昭和初期に横浜市の大倉精神文化研究所によって、本資料をも含む江戸時代の一乗院門主の日記が影写され、今も同研究所に伝存するという。

(11) 筆者が検出した『洗雲集』中の関連作品も含む。

(12)「二十四巻本語録」巻二十二、『全』Ⅰ・二二四上右。

(13)「隠元禅師年譜」同年の条、『隠元全集』五二五五頁、能仁師訳註三七六頁。なお、能仁師訳註では、同行者たる青蓮院門跡を守澄法親王（初名：尊敬）とされるけれども、ここは註（5）に既述したように、尊證法親王と見るのが妥当ではなかろうか（明暦二年［一六五六］から元禄七年［一六九四］まで在任）。杣田教授註（4）前掲の表を参照。平久保氏『隠元』一七四頁では、「尊澄法親王」としているが、ここも正しくは同教授の表によって「尊證」とすべきであろう。

(14)『全』Ⅲ・一四八四下左。二十八日という日時は、「遊南都記」冒頭に明記あり。『全』Ⅱ・九一一上右。

（15）『洗雲集』巻十三、『全』Ⅱ・九一〇下左から。
（16）以下、法語「示正覚院法親王」（前段）に引かれた真敬自身の述懐を口語訳する。『遺稿』巻二、『全』Ⅰ・三五五上右。本法語は「又」（この文字に一行すべてが充てられている）を挟んで前後両段に分かたれており、後段では延宝三年（一六七五）夏、高泉が真敬に付法した際の法語であることが明示されている。あるいは垂示の時期を異にしているかもわからない。
（17）道昭が禅・教（法相宗）を兼学したとする叙述は、虎関師錬『元亨釈書』の道昭伝に見える。巻一、『大日本仏教全書』第一〇一巻・一四四頁上。高泉もその『東国高僧伝』で、ほぼ字句を違《たが》えず転載した。巻一、『全』Ⅲ・一三四三上右。
（18）『紀年録』元禄八年（一六九五）の条、『全』Ⅲ・一四九六上左。
（19）「唯識三十頌錦花序」、『遺稿』巻三、『全』Ⅰ・三七一下右。『紀年録』は元禄六年（一六九三）の条に系年している。『全』Ⅲ・一四九二下右。
（20）註（19）前掲書（『遺稿』巻三）、『全』Ⅰ・三七一下左。
（21）黄檗和僧の大智海統が著した『碧巖録種電鈔』では、註釈対象たる『碧巖録』巻四所出の用例（第三七則「盤山無法」、『大正蔵』第四八巻・一七五頁上）を解釈して、「その病気に対応した薬であるならば、庭先の垣根の下の草を煎じてでも治る。何もわざわざ驢馬に載せるほど多量の薬を処方して、かえって病をこじらせるまでもない」とする。『碧巖録索引』附録・一三九頁上、京都：禅文化研究所刊、平成三年（一九九一）。原本は元文四年（一七三九）刊。また、宋・大慧宗杲の語録『大慧普覚禅師宗門武庫』にも、同一の表現が認められる。『大正蔵』第四七巻・九五三頁下。
（22）註（19）前掲書（『遺稿』巻三）、『全』Ⅰ・三七一下右。
（23）「二十四巻本語録」巻二十二に「解脱上人真賛」を収める。『全』Ⅰ・二一七下左。
（24）第二章註（31）を参照。
（25）『全』Ⅰ・一六三下右。「二十四巻本語録」は、高泉五十三歳の貞享二年（一六八五）刊。また、示寂後刊行の『大円広慧国師語録』（十五巻本語録）巻十一冒頭にも掲げる。『全』Ⅰ・五一四下右。

(26)『大正蔵』巻八十二、七六九頁中。中尾文雄師の訳註『黄檗清規』一八頁。後者は黄檗宗務本院刊、昭和五十九年(一九八四)。

(27)『黄檗文化人名辞典』附録「黄檗法系譜」四八五頁に見える大活元用を指すか。この人物は千丈道巖の法嗣、木庵の法孫で、貞享四年(一六八七)一月に千丈から付法されている。

(28)『全』I・一五四下左。

(29)第一章註(106)参照。

(30)『大日本仏教全書』第一〇五巻(三段組み新版では第六四巻)所収。元祿二年(一六八九)序、同年刊。

(31)『同右』第一〇三巻(三段組み新版では第六三巻)所収。原本は元禄十五年(一七〇二)序、宝永四年(一七〇七)刊

(32)『同右』第一〇四巻(三段組み新版では第六四巻)所収。原本は慶応三年(一八六七)序、明治三十九年(一九〇六)刊。

(33)京都:法藏館刊、平成十一年(一九九九)。

(34)註(33)前掲書四八七頁。

(35)明忍についてさらに詳しくは、第三章註(84)前掲の伊藤宏見教授論攷を参照。

(36)徳田明本師(律宗僧侶)『律宗概論』六二八頁では、快円の生歿年を一六八一年〜一七一二年とする。京都市:百華苑刊、昭和四十四年(一九六九)。歿年はともかくとして、生年を一六八一年(天和元年)とするのでは、隠元(一五九二〜一六七三)在世中に長短句の偈「示二快円上人回一高野山一」(『隠元全集』四一四三頁)を贈られていることの説明がつかない。隠元示寂当時でさえ数え僅か九歳にすぎぬ少年僧に隠元がかくも鄭重な詩を贈るとは到底考えがたいからである。同師が同じ出版社から同四十九年(一九七四)刊行の『律宗文献目録』八頁で、「生年未詳」と改訂されたことは、すこぶる妥当と言えよう。また、石田瑞麿博士『日本仏教史』二八四頁も、快円の生歿年を『律宗概論』と同じく、一六八一年〜一七一二年とするが、これまた同様の理由から生年を未詳とすべきであろう。東京:岩波書店刊、『岩波全書』第三三七巻、昭和五十九年(一九八四)。

(37)「隠元禅師年譜」、『隠元全集』五二四五頁、能仁師訳註三五〇頁。また、戒会の主宰者たる木庵からは、法語「示二真政律師一」を贈られた。『木菴全集』一七八七頁。

(38)『黄檗文化人名辭典』一六三頁下。

(39)註(2)前出『泉涌寺史　本文篇』三三七頁所掲の慶安二年(一六四九)の古文書「泉涌寺僧立次第」を参照。

(40)隠元・木庵・即非・慧林の泉涌寺および戒光寺参詣年代は、註(1)を参照。三祖の戒光寺および天圭関連詩偈は、以下のとおり。隠元:(一)「戒光主人送₂銅浄瓶₁為ㇾ供以ㇾ偈答ㇾ之」、『隠元全集』四一九〇頁;(二)「戒光寺」、『同』四九三三頁。木庵:(一)「贈₂戒光寺天圭大徳₁」、『木菴全集』一九五七頁;(二)「謝₂戒光寺主人送ㇾ花」、『同』一九八五頁;(三)「贈₂戒光寺大徳₁」、『同』三三四六頁。即非:「戒光寺礼₂栴檀唐像₁」、『即非全集』一〇四三頁。

(41)同書三二七頁。

(42)寛永十三年(一六三六)、二十一歳の越伝道付(一六一六〜一六八三)は、泉涌寺で受戒のうえ、三年にわたって掛錫している。当時、如周は再興の進む自坊・雲龍院(泉涌寺塔頭)にあって、僧俗を問わず多数の人々に講経、併せて授戒も行っていた。『泉涌寺史』三三〇頁。越伝が聴講した泉涌寺の学僧たちの中には、恐らく如周も含まれていたことであろう。また、黄檗僧本人が参じたのではないが、法雲明洞(一六三八〜一七〇六)の養母・上条氏(一六二五〜一六五二)は、若くして仏典を愛読、寛永十八年(一六四一)には如周から受戒したほか、大徳寺・妙心寺などで参禅したとされる。即非「題₂心光壽栄信女影₁」、『即非全集』一二七二頁。

(43)同書三八三頁。

(44)『黄檗文化人名辞典』二三〇頁上。

(45)『黄檗文化人名辞典』三六頁下。

(46)『黄檗文化人名辞典』三三三頁上。

(47)寛文十年(一六七〇)撰述の「遊₂東山₁記」は、泉涌寺初訪をその「三年前」とする。『法苑略集』巻四、『全』Ⅱ・五八八上左。すなわち、寛文七年であるが、高泉はこの年、年初から八月まで二本松・法雲院に在った。『紀年録』、『全』Ⅲ・一四八四上右。したがって、黄檗帰山の途上もしくは、帰山以降に初めて泉涌寺を訪れたものと見られる。

(48)「戊申春二月。曇華道人至二戒光寺一礼二栴檀相一。寺主天圭大徳請写二大悲像一。為二之賛一曰。」、『法苑略集』巻五、『全』Ⅱ・五九九下左。
(49)『泉涌寺史　本文篇』別篇塔頭誌・六三三頁。
(50)七言絶句「泉湧寺謁二皇陵一」、『法苑略集』巻三、『全』Ⅱ・五七七下左。
(51)ときの住職は如周の遺弟であり、天圭と同門の皓山であったものと見られる。『泉涌寺史』三八四頁以下所掲の寛文十年（一六七〇）古文書に、連署人としてその名を認める。元祿元年（一六八八）十一月示寂（同書六八〇頁「年表」）。
(52)『泉涌寺史』三一九頁、寛永十六年（一六三九）、前二帝木像の修復過程を述べ、これが後小松帝の御宸影（画像）とともに黒戸御殿に奉安されたことを記す。
(53)七言絶句「雲龍院恭瞻二上皇禦像一兼礼二仏牙一」、『法苑略集』巻三、『全』Ⅱ・五七七下右。
(54)『泉涌寺史』三九〇頁。
(55)『泉涌寺史』別篇塔頭誌六一九頁以下に同院の歴史を掲げるが、仏歯については触れるところなし。
(56)七律「重遊二泉湧寺一兼贈二賜紫圭長老一」、『仏国詩偈』巻二、『全』Ⅱ・六七九上右。
(57)五律「泉湧寺観二禅月大師応真図一」、『洗雲集』巻二、『全』Ⅱ・七五三下右。〈禅月大師〉とは、唐末の貫休（八三〇〜九一二）を指す。
(58)『洗雲集』巻三、『全』・七七一上右。
(59)註（51）前出の古文書を指す。
(60)『泉涌寺史』三八七頁。
(61)『紀年録』、『全』Ⅲ・一四八四上左。
(62)『紀年録』、『全』Ⅲ・一四八八下左。
(63)「二十四巻本語録」巻九、『全』Ⅰ・九一一下左。

(64) 七絶「玉樹軒訪二天圭和尚一」、『翰墨禅』巻下、『全』Ⅰ・一〇六三下左。なお、高泉は天圭に請われて、玉樹軒の聯をしたためている。「或禅或教或律。統二三周一而並学［右聯］。日上日中日下。総二一体一以同観［左聯］」とあるが、右聯は天圭一代の学問を概括していないだろうか。『遺稿』巻七、『全』Ⅰ・四一六上左。

(65)「無量壽仏讃註補遺序」、『洗雲集』巻十二、『全』Ⅱ・九〇〇下右。

(66) 五言絶句「示二人念仏一」では、「勤念二自性仏一。往二生惟心土一。念既不レ従レ他。生［往生］亦不レ出レ戸。」として、心のうちに浄土も仏も具備していることを強調している。『仏国詩偈』巻一、『全』Ⅱ・六六八下右。本篇は系年未詳であるが、十篇のちに、加賀へ赴いた際の道中所感「過二加州一。謝三越前守遣二夫馬護送一」が掲げられているから、寛文十三年（一六七三）の加賀行き以前の作と見られよう。

(67)「雲棲蓮池大師真賛二首」、「二十四巻本語録」巻二十三、『全』八七二頁。

(68)『仏国詩偈』巻一、『全』Ⅱ・六六八下右。本篇よりも五首前には、寛文七年（一六六七）十月の小笠原忠真（一五九六～一六六七、小倉藩主）の死を悼む一篇が置かれ、三篇前には、慧林へ寄せた摩耶山仏日寺（慧林の寺）の満開の桜を詠じた一篇が置かれている。したがって、後者と本篇とは、ともに同八年春の作と知られよう。

(69) 執筆は藤井学教授。

(70)『洗雲集』巻十、『全』Ⅱ・八六三上右。本篇の二篇のちに、この年二月十六日に示寂した雪堂海瓊（一六五一～一六八六）を悼む一篇を掲げる。したがって、湛慧は泉涌寺晋山と同時、もしくはそれと前後して紫衣を下賜されたと見られよう。

(71)『翰墨禅』巻下、『全』Ⅱ・一〇六三下左。また、これも泉涌寺塔頭たる法安院の住職が戒光院を訪れたため、この人物へも五言律詩一篇を書き与えている。「会二法安主人於戒光蘭若一」、『同』巻下、『全』Ⅱ・一〇六四上右。法安寺については、『泉涌寺史』は触れるところ甚だ乏しい。高泉に拠れば、法安寺住職はまだ若く（原文：且喜春秋富）、仏国寺に高泉を訪ねたいと語っていた（原文：有レ約造二天王一）という。今後、『泉涌寺史』資料篇（未見）に徴して該当する人物を検索したい。

(72) 七絶「宿二法音院一」、『法苑略集』巻二、『全』Ⅱ・五七七上左。

(73) 五律「遊二法音院一贈二見山禅徳一」、『仏国詩偈』巻一、『全』Ⅱ・六六三上左。

(74) 『洗雲集』巻八、『全』Ⅱ・八四四上右。本篇よりも二十九篇前に、この年の開成（勝尾寺開山、七二四～七八一）九百回遠忌に捧げた一篇を掲げ、また、本篇よりも八篇あとにも、延宝八年と詩序に明記した「夢住軒」一篇を掲げる。この年八月、後水尾法皇は崩御、葬儀は泉涌寺で挙行され、高泉も上洛しているから、あるいはその際、法音院に立ち寄ったか。

(75) 同書六四一～六四四頁。

(76) 『泉涌寺史』三一三頁。

(77) 「二十四巻本語録」巻二十、『全』Ⅰ・一九三上右。

(78) 泉涌寺仏舎利に対する人々の信仰（例：近松門左衛門作の浄瑠璃「舎利」）については、『泉涌寺史』三九〇頁を参照。黄檗山の舎利は、隠元七十五歳の寛文六年（一六六六）に下賜された。こちらは泉涌寺のように広く知られたわけではないが、山内の重要行事「法皇忌」における一種の神体として、今日まで格護されている。高井恭子氏の論攷「黄檗山萬福寺における仏舎利供養について――「法皇忌」との関係から――」が詳細である。『黄檗文華』第一二一号所収、平成十四年（二〇〇二）。

(79) 『洗雲集』巻十三、『全』Ⅱ・九〇五下左。

(80) 七絶「松濤菴尋二見山公一不レ遇」、『翰墨禅』巻下、『全』Ⅱ・一〇六四上右。

(81) 広東との省境に近い福建南部にあり。義忠（七八一～八七二）が武宗による会昌廃仏をこの地に避けたとされる。その伝記は、『景徳伝燈録』巻十四、『大正蔵』第五一巻・三一六頁中。なお、林田芳雄博士の論攷「唐・五代における福建の仏教」では、義忠をも含む福建仏教の開拓者らについて詳述している。同博士『華南社会文化史の研究』一〇頁、『京都女子大学研究叢刊』第二一巻、平成五年（一九九三）。初出は京都女子大学宗教・文化研究所『研究紀要』創刊号、昭和六十三年（一九八八）。

(82) 『泉涌寺史』三八九頁。

(83) 「二十四巻本語録」巻十九、『全』Ⅰ・一八八上右。

(84) 『東国高僧伝』巻十の俊芿伝の賛では、「予恨生晩去レ師［俊芿］已三百余載。猶幸与二師之子孫一友善。常登二其門一。瞻二其像一。儼若二法身常在一。」と述べている。この〈常〉字は、彼の泉涌寺参詣が再三であったことを物語ってはいないだろうか。『全』Ⅲ・一四五一上左。

(85)「経二那須氏墓一」、『翰墨禅』巻下、『全』Ⅱ・一〇六四上左。

(86) 註 (71) 参照。ちなみに、この墓は明治二十年（一八八七）に至り、即成院内に改葬されている。『泉涌寺史』別篇塔頭誌六四九頁。

(87)「二十四巻本語録」巻二所収「奥州甘露山法雲院語録」に拠れば、五月八日、入院《じゅえん》（＝晋山のこと）したという。『全』Ⅰ・一二下右。

(88) 巻十五、『大日本仏教全書』第一〇五巻・二九九頁下〜三〇〇頁下。

(89) 巻六十三、『大日本仏教全書』第一〇三巻・三三〇頁上〜下。なお、篇末に高弟らを列挙するにあたり、『全書』本は句読を切り誤っている。すなわち「慧忍。然純。空照。真譲。性快。円空。」としているのだが（三三〇頁下第八行）、正しくは『律苑僧宝伝』にあるように、「慧忍然。純空照。真譲性。快円空。」とすべきである（三〇〇頁上第一五行）。『律苑』の著者・戒山も、『本朝』の著者・卍元もともに「道号（字）＋法諱」の四字連呼をなす際に、禅宗式に法諱の第一字（系字）を省略したのである。『全書』本『本朝』の校訂者はあるいは禅宗以外の宗派の人であったために、かかる習わしに気づかず、句読を切り誤ったのではないだろうか。

(90) 同書三六二頁上。本稿では、京都：法藏館から昭和四十五年（一九七〇）に刊行された復刻・増補版に拠った。なお、同書「快円」の項が依拠した『金剛峯寺諸院家析負集』は、天保五年（一八三四）に道猷（一七九六〜一八五三）が高野山内正智院で編纂したもので、久しく写本によってのみ行われている。

(91) 徳田師註 (36) 前掲書（『律宗概論』）六二八頁。

(92) 珂然『獅谷白蓮社忍澂和尚行業記』巻上、『浄土宗全書』第一八巻・一〇頁上〜下。原本は享保十二年（一七二七）序。

(93) 註 (92) 前掲書一五頁下。

(94) 雲霊桂鳳『現証往生伝』(全三巻)に見える。原本は元文四年(一七三九)序。序を撰述したのは、ときの法然院住職・慧闇であり、著者・雲霊は忍澂の法孫である。(一)巻上・如幻律師：延宝六年(一六七八)示寂。「摂州住吉快円律師ノ上足ナリ」とする。(二)巻中・浄本法師：「五十一歳ニシテ、住吉地蔵院快円律師ニ随テ剃染シ、八斎戒ヲ受持シ、日課念仏六万声ヲ誓受シ、二十五年ノ間、霏々トシテ懈ルコトナ」く、正徳五年(一七一五)、七十六歳で示寂したという(一六四〇~一七一五)。『近世往生伝集成』第一巻一七九および一九六頁を参照。山川出版社刊、昭和五十三年(一九七八)。解題は長谷川匡俊教授。

(95)『仏国詩偈』巻四、『全』Ⅱ・上左。本篇より五篇前には真敬法親王が亡き母后・藤原氏のために経典を血書したことを賞賛する作品を掲げ、七篇前には「藤聖母輓辞」を掲げる。これによって〈藤聖母〉が延宝五年(一六七七)七月五日に崩じた新広義門院国子であることが分かる。新広義門院の命日は、『泉涌寺史』年表六八一頁に見える。年表執筆者は藤井学教授。

(96) 本篇の直前に置かれた一篇は、法友で高野山僧侶の雲堂が、貞享四年(一六八七)十二月二日、二十数年ぶりに流罪先の二本松から高野へ帰山したことを祝賀する。ただ、高泉がその報せに接したのは、翌元禄元年になってからと見るのが妥当であろう。また、本篇では承句に「正値二清和時節佳一」と詠じているから、延宝五年のうちでも、春の作と見られよう。なお、雲堂の高野山帰還の年月日は、『高野春秋編年輯録』(通称：『高野春秋』)巻一六、日野西真定教授校訂本三八〇頁下に記すところに拠った。東京：名著刊行会刊、平成二年(一九九〇)。

(97)『翰墨禅』巻上、『全』Ⅱ・一〇五八下右。

(98) 第五章註(123)後出の『続日本高僧伝』大心義統伝を参照。

(99)『遺稿』巻一、『全』Ⅰ・三三五下左。詩序に「今年秋。因予在黄檗」とあり。本篇の直前には、江戸白金瑞聖寺で住職の実伝道鈞(一六二七~一七〇四)と会見したことを詠じる一篇を置く。『黄檗文化人名辞典』一四六頁上に拠れば、元禄五年三月のことと知られる。また、本篇の二篇前には、江戸の伊達綱村邸で、鉄牛道機並びに月耕道稔と歓談したことを詠じる一篇が置かれている。大槻幹郎氏編『鉄牛道機禅師年譜』六七頁に拠れば、これは同年四月のことと知られる。高泉は黄檗山晋山を奉謝すべく、この年四月に江戸に入り、五月に帰山した。

(100) 徳田師註（36）前掲書六二八頁では、寛文年間の神鳳寺律院化に際し、「柳沢侯」の外護を受けたとするが、この当時、柳沢吉保（一六五八～一七一四）は、まだ家督を継いでおらず、また、将軍綱吉から寵遇を受けて大名に列するのは、貞享五年（一六八八）のことである。『黄檗文化人名辞典』三六二頁下。しかるべき大名が快円を外護したことは考えられるにしても、それを柳沢吉保と見ることは、やはり困難ではないだろうか。記して後考に俟ちたい。

(101) 大槻幹郎氏『鉄牛道機禅師年譜』延宝七年（一六七九）の条、正月に付法、法語をも垂示したという。同『年譜』四五頁。ときに鉄牛五十六歳。鉄牛は二十七歳の承応三年（一六五四）、真政円忍から受戒しており、真政・快円師弟とは恐らくそれ以来の道縁があったのであろう。同書一九頁。

(102)『洗雲集』巻八、『全』Ⅱ・八三九下右。直前に置かれた一篇は、延宝七年（一六七九）夏、大休海燁（一六四〇～一七二〇）が、本師・柏巌性節の示寂によって得られなくなった印可を、新たに師事した法伯父・千呆性侒から得た（代付ではない）ことを祝賀するものである。

(103)『洗雲集』同右巻、『全』Ⅱ・八四三上右。本篇を延宝八年に系年した理由は、註（74）前出の「松濤居贈二見山禅徳一」に同じい。また、木庵にも「輓二真譲律師一」がある。『木菴全集』二六八四頁。同『全集』の総索引では、真譲の法諱を「練性」としているが、これは『木菴老人稀齢［古希］賀集』篇末所掲の賀偈進呈者名簿に拠っている（同『全集』三七七〇頁）。

(104) 論攷「近世初期仏教思想史における心性論——雪窓宗崔『禅教統論』をめぐって——」補註（二）、同教授『日本近世の思想と仏教』三七九頁。京都：法藏館刊、平成元年（一九八九）。補註部分は昭和六十三年（一九八八）執筆。なお、大桑教授が拠られた奥本教授論攷は「近世前期の寺院復興運動——鈴木正三を中心として——」、『龍谷史壇』第八七号、昭和六十一年（一九八六）。筆者未見。

(105)『律苑僧宝伝』巻十五、『大日本仏教全書』第一〇五巻・二九一頁下。『本朝高僧伝』巻六十三、『大日本仏教全書』第一〇三巻・三二六頁上。なお、木庵の「北室示二真譲律師一」は、延宝四年（一六七六）、木庵が法隆寺・唐招提寺ほか奈良の名刹を歴訪

した際の製作と見られる。『木菴』全集二六三七頁。

(106) 同書一七四頁。

(107) 『木津町史　本文篇』五二一～五三〇頁、中世編第四章第四節「鎌倉・室町時代の美術」、執筆は伊東史朗氏。平成三年（一九九一）年。また同書近世編第四章第二節「庶民の信仰と民俗」七〇三頁では、本寂による寺の中興が寛文九年（一六六九）であったことを記す。執筆は広吉寿彦教授。

(108) 平久保氏はしかし、隠元有縁の他宗僧侶として、大智をも数え、その典拠として、月潭によるその伝記を挙げている。同氏『隠元』一七四頁。

(109) 『京都・山城寺院神社大事典』四四九頁。平凡社刊、平成九年（一九九七）。行基が木津川に架設した橋の残骸（木造橋脚）が鎌倉後期の弘安年間、折々光を放ったので、これに文殊菩薩を刻んで奉安、「橋柱寺」と名づけたのが寺の興りとされる。

(110) 『木菴全集』一八三四頁。

(111) 巻六、『全』Ⅱ・八一六下左。本篇の直前には、この年十一月に世を去った仏師・范道生（一六三五～一六七〇）を悼む一篇を掲げる。また、直後には、この年八月、師の龍渓とともに殉難水死した拙道道澄（一六一七～一六七〇）の墓前での作を掲げる。

(112) 『南史』袁粲伝に見える、伝主・袁粲自身が知人に語ったとされる故事を踏まえている。ある国では、王を除く全国民が飲むと発狂する泉の水を口にして発狂してしまった。国王だけは別に井戸を掘って安全な水を飲んでいたが、狂える国民は、正気の国王こそが、国中でただ一人狂っていると見なし、いやがる国王に「治療」を加えた結果、不本意ながら国王も狂泉の水を飲まざるを得なくなり、ここに国を挙げて狂人となった――という内容である。

(113) 『仏国詩偈』巻一、『全』Ⅱ・六六九下左。

(114) 『洗雲集』巻十三、『全』Ⅱ・九一一上右。

(115) 当時、明正女帝も久しく上皇となっていたが、ヨリ世代の新しい上皇（新院）としては、後西上皇が相当しよう。

(116) 註(114)前掲書・『全』Ⅱ・九一一下左。
(117) 『紀年録』同年の条、『全』Ⅲ・一四八五下左。
(118) 『仏国詩偈』巻四、『全』Ⅱ・六九八下右。
(119) 「二十四巻本語録」巻二十三、『全』Ⅰ・二二七下左。
(120) 『紀年録』同年の条、『全』Ⅲ・一四八四上左。
(121) 『仏国詩偈』巻二、『全』Ⅱ・六七三上左。
(122) 筆者が検索した限りでは、十七世紀後半以降の槇尾山に関しては、研究文献に甚だ乏しい。徳田明本師『律宗文献目録』八頁所掲「律宗学系略図」に拠れば、高泉・忍澂が来山した頃に槇尾山で活躍していた律僧としては、静遍(寛文十年[一六七〇]頃)・宗覚正直(一六三二〜一七一二)の二師が該当していよう。百華苑刊、昭和四十九年(一九七四)。筆者は未見だが、上田天瑞師『戒律の思想と歴史』は、一章を割いて槇尾山をも含めた「律の三僧坊」の歴史を概説していることが、その目次から知られる。和歌山：高野山大学密教文化研究所刊、昭和五十一年(一九七六)。上田師の著書を披見して、槇尾山法流に関する先学の知見を吸収のうえ、徳田師の文献をも閲覧し、しかるべき先行業績の発掘に鋭意したい。
(123) 『洗雲集』巻四、『全』Ⅱ・七八五上左。本篇の直前には「喜レ雨」が、直後には「頌言」がそれぞれ置かれ、それぞれの詩序には順にこの年七月・八月との紀年を認める。
(124) 『洗雲集』巻十六、『全』Ⅱ・九六二下左。序には「丙寅(貞享三年)七月」との紀年あり。
(125) 三祖および高泉にはそれぞれ画賛あり。隠元：『隠元全集』三一五三頁・木庵：『木菴全集』七二二一・三二一六頁・即非：『即非全集』五七二・六〇九・六六一頁・高泉：「二十四巻本語録」巻十九『全』Ⅰ・一八六下左。インドから中国をへて自己の師翁たる隠元、および本師たる慧門に至る列祖を詠じた連作「仏祖源流賛」の中の一首である。高泉は単に画賛を撰述したにとどまらず、福建時代には、その浩瀚な主著『中峰国師広録』を読んで、七絶二首から成る「読二中峰国師広録一二首」を製作した(系年未詳)。『滴艸』巻一、『全』Ⅱ・六一七上左。また、延宝二年(一六七四)にも、七絶「読二中峰国師懐浄土詩㆒」を製作している。『洗雲集』巻七、『全』Ⅱ・八二三下右。こちらは全百八首から成る中峰の「懐浄土詩」（『大正蔵』第四七巻・二二九頁上〜二三一頁中）を読んでの感嘆である。「懐浄土詩」の殊勝さを、同じく百八の珠から成る数珠に喩え、これを常に唱えておれば、娑婆苦を脱し得ること確実と礼讃する。なお、「懐浄土詩」に盛られた浄土思想は、「自性（じしょう）の弥陀・唯心の浄土」を核とする唯心的な観念に立っており、禅宗と教義上背馳するものではない。

(126) 一切諸法が泡のごとくであることを覚知体解する禅定の境地をいい、禅家愛誦の『金剛般若経』に「一切有為法。如㆓夢幻泡影㆒。如㆑露亦如㆑伝。応㆑作㆓如是観㆒」と詠じられた偈が、それを的確に表現しているとされる。『大正蔵』第八巻・七五二頁中。

(127)『洗雲集』巻十六、『全』Ⅱ・九六四上左。本篇の直前に置かれた仏国寺鐘銘は、『紀年録』貞享五年条の記事から、この年の撰述と知られる（『全』Ⅲ・一四九〇下左）。また、本篇の直後に置かれた美作国真島郡清水寺の鐘銘には、翌元禄二年三月との紀年を見る。

(128)『大正蔵』第一九巻・一二八頁中。

(129) 運敞『瑞林集』巻七、『智山全書』第十一巻・五三七頁下〜五三八頁下、昭和四十四年（一六六九）。

(130) 運敞自身の浄土観・仏身観は、その題も「唯心浄土」・「己身弥陀」とする七言絶句二首に端的に表明されている（系年未詳）。前者は「応㆑知十万億程土。不㆑出㆓老翁一念心㆒」、後者は「寧知浄刹包㆓胸宇㆒。海目山毫具㆓此身㆒」として、ともに浄土や阿弥陀仏が衆生の心の中にあることを力説している。『瑞林集』巻三、註（129）前掲書四七九頁上。

(131) 和泉国の松涼山専称寺は、称誉松林が開創した浄土宗寺院である（誉号は浄土宗鎮西派僧侶特有の法号）。高泉がときの住職「潮長老」に請われ、同寺の本尊・阿弥陀如来像を霊験を記した際、「衆生は惟［唯］心の浄土・本性の弥陀が、誰の身にも備わっていることを知らないから、速やかに仏道を成ぜずにいる。これを知ったうえで、ひとたび往生を願いさえすれば、たちどころに往生できない者はいない」と述べている。「松涼山阿彌陀如来霊応記」（系年未詳）、『洗雲集』巻十三、『全』Ⅱ・九一〇上右。かかる見解はしかし、寺が属している浄土宗（鎮西派）の浄土観・仏身観、そして何よりも「凡夫が浄土唯心の理にめざめることはついに無し」と見る絶望的なまでの人間観とは、到底相容れないものであろう。

(132)「四巻本語録」［増補本］巻二、『全』Ⅰ・二九八上左。なお、この法語を載せる「問答機縁」の部は、高泉生前に刊行された初刻本には見えない。

(133)『洗雲集』巻十四、『全』Ⅱ・九一九上左。

(134)実祐の歿年は未詳、命日は九月十五日、享年四十五歳とされる。義澄『招提千歳伝記』巻中之二、『大日本仏教全書』第一〇五巻・三六七頁上。同書は唐招提寺に住まう著者が、戒山『律苑僧宝伝』に唐招提寺関係者の伝が乏しいのを遺憾として撰述、元禄十四年（一七〇一）に脱稿したが、久しく写本によってのみ行われていた。

(135)『瑞林集』巻六、註(129)前掲書五三一頁上段。

(136)天圭：『瑞林集』巻四、註(129)前掲書五〇二頁上、天和元年（一六八一）作：書簡「答二天圭和尚一」、『同』巻十四、同右六四二頁上。貞享五年（一六八八）、天圭から使僧を介して著書『無量寿仏讃註補遺』を贈られたことを謝す。快円：七絶「神鳳快円律師過訪」、『瑞林集』巻四、同右四九五頁下。延宝六年（一六七八）作と見られる。

(137)隠元（七十七歳）は、寛文八年（一六六八）、運敞（五十五歳）に黄檗山で会見し、「為二智積泊如僧正一題二文殊一賛」を贈っている。『隠元全集』五二五〇頁、能仁師訳注「隠元禅師年譜」三六二頁。なお、能仁師に拠れば、この作品は今日伝わらないという。筆者の見るところでは、この作品が画賛という美術品的性質を帯びていることからして、あるいは智積院の宝庫中には伝存しているかもわからない。運敞もまた、七絶「黄檗山相二見隠元老和尚一」を製作、寛文十三年（一六七三）の隠元示寂に際しては、その遺偈に次韻して七絶「黄檗開山隠元老和尚輓偈二首」を製作している。ともに『瑞林集』巻三、註(129)前掲書四八三頁下および四八八頁下。

(138)平久保氏『隠元』一九六頁。

(139)福井文雅博士の講演録「マレーシアの中国仏教とその現況」では、マレーシアを主たる紹介対象とされつつも、中国本土の禅宗が、近世このかた、こうした密教的要素を漂わせており、マレーシア華人社会の仏教寺院も、その実、これを忠実に継承したに過ぎないことを指摘されている。福井博士『中国思想研究と現代』四一五頁、東京：隆文館刊、平成三年（一九九一）。本講演は昭和五十七年（一九八二）十一月になされ、それが原稿化されたのは翌五十八年刊行の『浅草寺仏教文化講座』第二七集においてであった。また、昌建福氏『中国密教史』では、第六章第三節として「密教科儀懺法的流行」を立て、「瑜伽焔口」・「舎利懺法」ほか、現今の中国仏教において一般的な儀軌が——それらはまた、黄檗宗常用の儀軌でもあるが——いかに多くを密教経典に負うているかを論述している。同書五四七頁～五六三頁、中国社会科学出版社刊、一九九五年。

（140）『洗雲集』巻六、『全』Ⅱ・八一七上左。

（141）『黄檗文化人名辞典』三四七頁上～下。つまり玉山は、隠元渡日を実現させた、しかし逸然ほどには知られていない陰の功労者であると言えよう。

（142）以上、仏教儀礼に対する袾宏の多様な言行については、見曄法師（俗名：王秀花）の国立中正大学（嘉義県）歴史学研究所博士論文『明末仏教発展之研究——以晩明四大師為中心——』八〇頁以下を参照。民国八十六年（一九九七）提出。

（143）『洗雲集』巻四、『全』Ⅱ・七八四下左。本篇の直前に「謝㆔勧学院了翁大僧都恵㆓蔵経㆒」を置く。これは了翁道覚（一六三〇～一七〇七）が久々に本師・高泉を訪ね、仏国寺に「続蔵」を施入したことを謝している。了翁が、仏国寺からも遠からぬ黄檗山へ鉄眼版大蔵経を施入したのは貞享三年（一六八六）三月のことであった。黄檗山への大蔵経奉納の時期については、内山純子氏の論攷「了翁禅師の一切経寄進と月山寺檀林について」、同氏・渡辺麻里子氏共著『曜光山月山寺了翁寄進鉄眼版一切経目録』一四八頁下を参照。茨城：月山寺刊、平成十三年（二〇〇一）。了翁は江戸寛永寺内に勧学院を設け、鉄眼版大蔵経を中心に多種多量の文献を架蔵、僧侶のみならず広く社会に開放した。いわばわが国における本格的、かつ、公共な図書館の始祖である。ただ、右記の内山氏らの著書には、仏国寺への「続蔵」施入については、触れるところがない。仏国寺へ相当部数の経典が施入されたこと、そして、それら経典がいわゆる「続蔵」であったことは、高泉が了翁へ寄せた礼状「与㆓了翁大僧都㆒書」に、「昨蒙㆔船送㆓仏国続蔵㆒」とあることからうかがい知られる。『洗雲集』巻二十、『全』Ⅱ・一〇一四上右。ここにいう〈昨〉を「昨年」の意に解するか、「昨今」の意に解するか、いささか判断に苦しむ。ただ、高泉は同じ書簡の中で、

「且有㆘広施㆓二十一処大蔵㆒之願㆖」として、了翁の誓願に触れている。了翁が公的にこの誓願を表明したのは、貞享二年（一六八五）冬のことである（内山氏、前掲書一四八頁上）。したがって、誓願表明にやや先立つ、同じく貞享二年中に、仏国寺に「続蔵」を携行・奉納し、その翌年（貞享三年）、高泉がこの礼状を発したと見るならば、右にいう〈昨〉とは「昨年」の意と解釈されよう。貞享二年は、翌三年から見れば、まさに「昨年」となる。ちなみに、了翁の貞享二年における事蹟としては、高野山光台院（徳川家菩提寺）への大蔵経奉納のみが知られているが、その途中で伏見仏国寺に立ち寄り、部数さして多からぬ「続蔵」を奉納していったと考えられないだろうか。

(144) 福井文雅博士論攷「中国伝統宗教の転機」、『漢字文化圏の座標』三四二頁、東京：五曜書房刊、平成十四年（二〇〇二）。平成六年（一九九四）四月、国際会議「東アジアの伝統文化」席上にて発表ののち原稿化された。

(145) 道契『続日本高僧伝』巻一に伝を掲げる。『大日本仏教全書』第一〇四巻・一五〇頁下～一五二頁上。ヨリ詳細な伝記としては、行武善胤師（一八九六～一九二八）『雲嶺作家五十七家列伝』巻頭のそれが挙げられよう。同書は昭和五十一年（一九七六）に至って、三好龍肝師『真言密教霊雲派関係文献解題』に収録のうえ公刊された。東京：国書刊行会刊。浄厳伝は、その四五七頁上～四六六頁下に掲げるが、真政・快円師弟との道縁、および鉄眼への儀軌刊刻要請の記事は、四六〇頁下～四六一頁上を参照。なお、三好師の附記に拠れば、『続日本高僧伝』も含め、近代以降の各種辞典（行武師も依拠）中の浄厳伝は、弟子・惟宝蓮体（一六六三～一七二六）撰述の『浄厳大和尚伝行状記』に多く負うているという。

(146) 松永知海教授はその論攷「『黄檗版大蔵経』の再評価」中に、「『高麗版大蔵経』を底本に使用したことと秘密経密軌類の入蔵のあったこと」と題する一節を立て、浄厳が鉄眼に請うて十余部の典籍を補入・刊刻したことを取り上げている。『黄檗文華』第一一四号・三七頁、平成六年（一九九四）。本論攷の初出は『仏教史学研究』第三十四巻第二号、平成三年（一九九一）。

(147) 『洗雲集』巻四、『全』Ⅱ・七七九下右。本篇の六篇前には「示㆓洛陽忠円仏師㆒」を掲げるが、この作品について『黄檗文化人名辞典』は寛文四年（一六六四）頃の作と見ている。同『辞典』一三〇頁上。高泉が悔焉と相識るのには運敞の紹介を要したに相違ないから、高泉が運敞と相識った寛文十二年（一六七二）以降、悔焉が示寂した延宝八年（一六八〇）以前の作と見るのが妥当であろう。ちなみに、運敞は彼の示寂に際し、七絶「悼二知等菴主悔焉老人一」を製作、その梵字の妙を讃えるとともに、「四十年来真莫逆。従レ今懐抱向レ誰攄」と痛嘆している。『瑞林集』巻四、註（129）前掲書五〇一頁下。

（148）道契『続日本高僧伝』巻二に伝あり。『大日本仏教全書』第一〇四巻・一六九頁上～一七〇頁上。また、このような逸話は掲げないが、三神栄昇師はその「智山学匠略伝」で、主要な事蹟と著述とを挙げておられる。『智山全書解題』四六七頁、昭和四十六年（一九七一）。

（149）巻三、『全』Ⅱ・六九三上左～下右。なお、「弘法大師真賛」は「二十四巻本語録」巻二十二、『全』Ⅰ・二一七頁上左～下右。

（150）隠元：「高野山」、『隠元全集』四一四三頁。木庵：「題二高野山燈籠堂一」、『木菴全集』一一五三頁；「高野山随二喜弘法大師道場一」、『同』一四〇八頁。

（151）「二十四巻本語録」巻三、『全』Ⅰ・二五下右。

（152）「二巻本語録」巻上、『全』Ⅰ・二四二上右。

（153）松長有慶博士『密教の歴史』二五六～二五八頁。京都：平楽寺書店刊、『サーラ叢書』第一九巻、昭和四十四年（一九六九）。

（154）註（161）後出の村山師『智積院史』一一八頁では、退隠後約半年をへた天和三年正月のこととするが、本項では註（162）後出書四六五頁下に見る牧尾博士の説に拠った。

（155）『瑞林集』拾遺巻々頭に掲げる「三月二十一日［空海命日］懺悔誓誡文」は、題下に「関東の諸州に此の規則有り」との割註を見る。篇末の紀年から、運敞が本篇を製作したのは、慶安三年（一六五〇）、尾張長久寺住持中のことと知られる。本山たる智積院においても、恐らくは同趣の誓文が朗誦されたものと見られよう。

（156）今日永平寺およびその東京別院（港区西麻布の長谷寺）で「宣読清規」の月例行事を見る。『永平大清規』を朗読することで、同『清規』制定者にして寺の開山たる道元の精神を忘失しないことを期した法会と見られるが、その起源・沿革および他宗（智山派も含む）における類似行事の研究を、今後の課題としたい。

（157）『補訂版　国書総目録』第五巻・四頁。

(158)『大日本仏教全書』第一〇四巻・一九一頁下。
(159)『大日本仏教全書』第一〇四巻・一四四頁下～一四五頁下。
(160)大内青巒居士「円通沙門道契師略伝」、『大日本仏教全書』第一〇四巻・三五二頁上。
(161)『智積院史』附録一九～二三頁、弘法大師遠忌事務局（総本山智積院内）刊、昭和九年（一九三四）。
(162)智山全書刊行会（総本山智積院内）刊、昭和四十六年（一九七一）。
(163)註(161)前掲書二六六～二七七頁。
(164)昭和四十二年（一九六七）七月十二日発行。
(165)註(162)前掲書二頁下。
(166)元禄六年（一六九三）九月、ときの輪王寺宮公弁法親王が高泉に菊を詠じた詩（七絶「菊」二首）を所望した際、使者を務めている。『遺稿』巻一、『全』Ⅰ・三三九下左。石梯が住した永源寺では、かつて一糸文守（一六〇八～一六四六、第八〇世）・如雪文巖（一六〇一～一六七一、第八一世）師弟が持戒禅の宗風を宣揚している。特に如雪は当初、槇尾山で戒律を学んでのち禅に転じており、本師・一糸の示寂後には、相通ずる門風を有した隠元へも参じている。その塔銘は、高泉の手に成った。「瑞泉山老宿如雪巖公塔銘」、『洗雲集』巻十五、『全』Ⅱ・九四〇下左。
(167)隠渓智脱：七絶「喜三蟠桃禅衲見二過訪一」、『瑞林集』巻三、註(129)前掲書四八七頁下。松堂宗植：七律「次三韻前真如松堂禅師見レ一賀二退隠一」、『同』巻二、註(129)前掲書四七二頁下。
(168)『瑞林集』巻二、註(129)前掲書四六七頁上。
(169)『瑞林集』巻十三、註(129)前掲書六一九頁下。
(170)註(162)前掲書二七一頁下。
(171)『紀年録』、『全』Ⅲ・一四八四下左。
(172)『紀年録』、『全』Ⅲ・一四八六下左。

(173)「二十四巻本語録」巻六、『全』Ⅰ・五六上左。

(174)『洗雲集』巻十三、『全』Ⅱ・九一五下右。

(175)註(161)前掲書一一九頁。なお、村山師は本篇全文を引用・掲載されるに際し、篇題を「遊智積寺記」とされている。

(176)「芙蓉」氏は関連詩偈を三十一篇とされるが(註(164)参照)、本表では高泉のみならず、その有力な弟子や友人に運敞から贈られた作品をも、広義の関連詩偈と見なした。詩(一二)や(三〇)などがそれである。その結果、関連詩偈は四十篇に達した。

(177)なお、高泉の七言律詩「智積老僧正見レ過賦謝」は、あるいは延宝七年の運敞来訪に際しての作かとも見られる。『洗雲集』巻三、『全』Ⅱ・七七四上右。本篇に関しては、運敞側の次韻作品が伝わっていない。運敞が高泉に次韻した作品は、大部分『瑞林集』中に収録されているから、これはむしろ例外的事例に属していよう。高泉のこの作品に拠れば、運敞は五名の高弟(神足)とともに来訪したことが知られる。本篇の直後には、延宝六年(一六七八)三月、高泉が慧極道明を金沢献珠寺住職に推挙した際の作品を掲げ、二篇のちには、天和元年(一六八一)、石雲道如(一六二二～一七〇六、慧林門人の和僧)の六十歳を賀する偈を掲げる。ところが、三篇のちにはまた年代を遡って、延宝七年(一六七九)の智積院参詣の詩「遊二智積一贈二泊翁僧正一」を載せており(『全』Ⅱ・七七四上左)、このあたりの諸丁には、錯簡を認めざるを得ない。したがって、本篇もまた本来置かれるべき位置に置かれなかった可能性があろう。

(178)註(161)前出『智積院史』附録二二頁。本文篇一一二頁をも参照されたい。

(179)別表詩番号(三)。『行状記』もこの奇蹟を取り上げる。註(161)前掲書附録二二頁。

(180)七絶「華蔵南源禅師見レ賀レ脱二水災一次レ韻答レ之二首」、『瑞林集』巻四、註(129)前掲書五〇一頁上。

(181)「特賜大宗正統禅師龍谿和尚塔銘」、『洗雲集』巻十五、『全』Ⅱ・九三六上右～九三九下右。

(182)註(148)参照。

(183)運敞最晩年にあたる元禄年間になると、運敞が高泉に詩を寄せることも少なくなったとおぼしく、製作年代の明らかなものとしては、別表詩番号（三〇）・（四〇）を見るのみである。ただ、高泉にとっては依然、運敞は敬慕の対象であり、元禄四年（一六九一）三月、久々に有馬温泉に赴いた際には、七絶「過二権現坊一憶下泊翁老僧正上」・「観二老僧正手墨一」二篇を製作、最初の有馬行きの際の運敞と過ごした愉快なひとときをなつかしんでいる。『喜山遊覧集』、『全』Ⅱ・一〇八二上右。

(184) その存在は、『紀年録』元禄六年（一六九三）の条に明記されている。『全』Ⅲ・一四九二下左。

(185)「瑞林集序」は、運敞示寂前年の元禄五年八月（原文：南呂月）に書かれているが、主旨は運敞一代の学問・徳行を記すことに置かれている。したがって、二人の交往を知る資料とするに足りない。註(129)前掲書四三三頁上～四三六頁上。なお、高泉『遺稿』にも本篇を収録するが、篇末の紀年が削除されている。巻三、『全』Ⅰ・三七〇上左。

(186)『智積院史』附録二三～二六頁に、元禄十五（一七〇二）年、宝養長与が撰述した漢文伝記を掲げる。

(187)『仏国詩偈』巻五、『全』Ⅱ・七一五下右。

(188)『遺稿』巻一、『全』Ⅰ・三四五上右。本篇よりも七首前に、元禄五年（一六九二）十月の小田原紹太寺における超州如格（一六三八～一七一七）の開堂説法を賀する詩を掲げる。なお、信盛が詩題にいう〈大僧正（正僧正）〉に任ぜられたのは、元禄四年（一六九一）のことであった。『智積院史』一二八頁および附録（漢文伝記）二五頁を参照。

(189)『智積院史』附録の専戒伝は、簡略に過ぎる憾みあり。三神師「智山学匠列伝」中のそれはやや詳細である。『智山全書』解題四六九頁上～下。

(190)『洗雲集』巻八、『全』Ⅱ・八四八下右。

(191) 第三章註(77)参照。

(192)『仏国詩偈』巻二、『全』Ⅱ・六七五下左。本篇の直前に「仙台法弟月耕和尚至」が置かれている。月耕道稔（一六二八～一七〇一）が黄檗山に本師・木庵を省して付法されたのが、この年の夏安居においてであった。本篇に「見説君今夏。談レ経踞二宝壇一」とあるから、本篇の製作もまた、直前に置かれた「仙台法弟…」とほぼ同時期と見られよう。また、この年六月に高泉が智積院に運敞を訪ねていることも、本篇の成立時期が同年夏であることを傍証してはいないだろうか。

(193)『洗雲集』巻八、『全』Ⅱ・八四四上左および八四五上右。前者は延宝八年との紀年を詩序中に有する「応頂山」と「夢住軒」との間に置かれている。また、後者は、前出「夢住軒」と翌天和元年十一月八日（誕生日）作の一篇との間に置かれている。

(194)『洗雲集』巻八、『全』Ⅱ・八四八下右。系年の理由は、「贈二智積芳春上人一」に同じ。

(195) 巻三、註（129）前掲書四八二頁下。

(196) ①鷲尾順敬博士『大日本仏家人名辞書』二六頁上、明治三十六年（一九〇三）初刊。本稿では同四十四年（一九一一）の増訂版を昭和六十二年（一九八七）に至って復刻した「東京美術」（社名）本に拠った。②『密教大辞典』一三五頁下、昭和六年（一九三一）初版。本稿では、同四十五年（一九七〇）刊の京都：法藏館増訂版に拠った。③佐和隆研教授主編『密教辞典』四五頁、京都：法藏館刊、昭和五十年（一九七五）。④『日本仏教人名辞典』四二頁、京都：法藏館刊、平成四年（一九九二）。

(197) 註（199）後掲書四九九および五三四頁

(198) 以下は、註（129）前掲書（『智山全書』第十一巻所収の『瑞林集』）における頁数である。詩偈：①五律「次二韻木食雲堂上人来訪一」、巻一、四六四頁下、貞享元年（一六八四）作；②七絶「霊岫上人自二奥松府一見レ寄二絶句一篇和歌一首一依レ韻答レ之」二首、巻四、四九八頁上；③同右「摘二雲堂上人和歌末字一答レ之」、同右、四九九頁下。②・③は延宝七（一六七九）秋から翌八年秋までの間に成った。書簡：①「復二霊岫上人一」、巻十三、六二二頁上；②「復二雲堂上人一」、巻十四、六三一頁上；③「復二霊岫上人一」、同右、六三八頁上、貞享四年（一六八七）、雲堂の高野帰山ののちに寄せられ、帰山を祝賀；④「復二興山上人一」、同右、六四〇頁下；⑤「答二雲堂上人一」、同右、六四三頁上。

(199) 第九巻は、平成元年（一九八九）刊。「自然・文化・人物　各論編二」を副題とする。雲堂の事蹟は、二本松（雅称：松府）におけるそれを中心に、第二編第二章第二節「安達の仏教文化」四九五～五〇一頁（遍照尊寺史）および五三三～五四〇頁（雲堂伝）に詳述されている。執筆は梅宮茂氏（福島県文化財保護審議会委員）。

(200) 註（199）前掲書四九八頁。

(201) 註（202）後出の日野西師校訂『高野春秋』巻十五・万治元年（一六五八）十一月三日の条に「文殊院立詮［雲堂の本師］

上」達学侶方訴状之返答書」」とあって、同院が学侶方の対抗者、すなわち行人方の寺院であったことが知られる。同書三三八頁上。
(202) 日野西真定師校訂『高野春秋』解題四六四頁。東京：名著刊行会刊、平成二年（一九九〇）。
(203)『二本松市史』五三七頁。
(204)『高野春秋』巻十五、註(202)前掲書三五一頁下。
(205) 鷲尾博士『大日本仏家人名辞書』（註(196)前出）では、単に「奥州に流さる」とする。博士は『高野春秋』のみならず、雲堂の著書『雲堂集』にも拠っておられたため、敢えて奥州のどこか明記されなかったものと見られる。筆者は『雲堂集』を見る機会をまだ得ていないが、全二十八巻に達するという。
(206)『高野春秋』註(202)前出記事では、「九月二日。竄雲堂於奥州白川府」とするのに対し、『二本松市史』四九七頁所引の『光重年譜』巻三では、同月六日、二本松着とする。交通手段未発達な当時としてはいかにも恐るべき速さであるが、これは江戸での訴訟に敗れてのち、そこから直ちに流刑の途に就いたためであろう。
(207)『二本松市史』五一〇頁所引の『光重年譜』巻三記事。
(208)『二本松市史』五三八～五四〇頁。
(209)『二本松市史』四九五頁。
(210)『高野春秋』巻十六、日野西師校訂本三八四頁下および三九一頁上。
(211)『高野春秋』巻十七、日野西師校訂本三九三頁上。
(212)『二本松市史』五三六頁。
(213)『高野春秋』巻十七、元禄元年（一六八八）二月十四日の条に、雲堂ら行人方と学侶方の僧らとが江戸の在番所（現在の高野山東京別院）で会談した際、木食行者の彼が行者独特の昼食を持参した旨を記す。日野西師校訂本三八二頁上。
(214)「二十四巻本語録」、巻十六、『全』Ⅰ・一五六下右。なお、無異元来の法語原文は、『博山参禅警語』巻上、『卍続蔵経』第一一二冊・九四七頁下を参照。

(215)「二十四巻本語録」巻一、『全』Ⅰ・六上右では、十月五日に江戸到着後、まもなく「維摩室」で法を説き始めたことを記す。同書巻二、『全』Ⅰ・一二下右では、翌五年五月八日に法雲院に晋山したとする。

(216)『洗雲集』巻二十、『全』Ⅱ・一〇一四上右。本篇は貞享三年（一六八六）に執筆されたと見られる「与㆓了翁大僧都㆒書」と、同年八月の龍渓性潜十七回忌を前に、その廟のある黄檗山萬松院の住職・寂門道律へ寄せた書簡との間に置かれている。前者を貞享三年と系年した経緯は、註（143）を参照。

(217)『洗雲集』巻三、『全』Ⅱ・七七三上左。

(218)『法苑略集』巻三、『全』Ⅱ・五七九上左、本篇の二つ前に、寛文八年に得度の師・無住の頂相を描いた際の作を載せる。

(219)『仏国詩偈』巻二、『全』Ⅱ・六八三上右。本篇の三つ前に「過㆓西光寺㆒途中値㆓微雨㆒」を掲げるが、これは天和二年、同寺（京都市東山区に現存する空也の遺蹟）のために鐘銘を撰した際の作と見られよう。

(220)ちなみに、運敞の賀詩は『瑞林集』には見えないが、祝賀書簡「復㆓興山上人㆒」が収録されている。巻十四、註（129）前掲書六四〇頁下。題目に〈復〉とあるから、まず雲堂から帰山を知らされ、それに対する返信としてしたためられたのであろう。

(221)『翰墨禅』巻上、『全』Ⅱ・一〇五八下右。

(222)『二本松市史』四八四頁に図版を掲載。

(223)『二本松市史』五一一頁。碑の全文は一巻本『大円広慧国師遺稿』（七巻本『遺稿』の補巻）に収録されている。『全』Ⅰ・四二三上右。

(224)修験道における肉食（魚）は、恐らくは仏教に準じて一般には禁じられていたものと見られるが、筆者は目下明証を有しない。

(225)廣渡氏註（226）後出書冒頭に掲げる川添昭二教授「序文」では、戦後の英彦山研究の主要な業績を列挙している。

(226)同書一五五～一六八頁。東京：文献出版刊、平成六年（一九九四）。

(227)『即非全集』一一三九頁。

(228) 本篇承句は、『景徳伝燈録』巻二十三「石門山乾明寺慧徹伝」に見える「金烏出レ海光二天地一。与二此光陰一事若何」（『大正蔵』第五十一巻・三九八頁上）、あるいは、南宋・虚堂《きどう》智愚（一一八五～一二六九）の語録（『虚堂和尚語録』）巻五に見える「啐啄之機類不レ同。飛星撒レ火髑髏空。偸心死尽難レ為レ生。忽見金烏出二海東一」といった文言（『同右』第四十七巻・一〇二〇頁中）にちなんでいよう。後者は、馬祖道一が弟子の百丈懐海に語った言葉とされる。

(229) 廣渡氏註（226）前掲書一六一頁。

(230) 「二十四巻本語録」巻十五、『全』Ⅰ・一四一上右。

(231) 「二十四巻本語録」巻二十三、『全』Ⅰ・二二八下右。

(232) 廣渡氏註（226）前掲書一六一～一六二頁。

(233) 廣渡氏註（226）前掲書一六三頁。

(234) 『全』Ⅲ・一三四二下右。

(235) 高泉が役小角の存在を知らなかったのではない。貞享五年（一六八八）撰述の「宝誌大士画象賛」では、京都の浄土宗寺院・西往寺に伝わる梁代の僧・宝誌の像にまつわる役小角関連の伝説（役小角が中国へ渡った際、宝誌像を入手したとする）を取り上げている（第九章第二節参照）。ただ、そこでは役小角を「仙人」としている。『洗雲集』巻二十二、『全』Ⅱ・一〇四五上右。なお、本篇撰述の前年、高泉は旧稿に加筆のうえ、『東国高僧伝』を刊行している。

(236) 『浄土宗全書』本六一二頁上～六二〇頁上。同『全書』第二十巻、昭和四十七年（一九七二）。

(237) 同書六三三～六三五頁、京都：百華苑刊、昭和四十四年（一九六九）。

(238) 拙稿「一遍・夢窓問答伝承をめぐる一考察」、『時衆文化』第六号、時衆文化研究会刊、平成十四年（二〇〇二）。

(239) 徳田師註（237）前掲書六四〇頁。

(240) 大桑教授『日本近世の思想と仏教』所収。京都：法藏館刊、平成元年（一九八九）。初出は『講座　日本近世史』第九巻、東京：有斐閣刊、昭和五十六年（一九八一）。

(241) 巻九、『大日本仏教全書』第一〇四巻・二九六頁上～下。なお、大桑教授は、性憲が「某大徳」から具足戒を受けた年次を天和元年（一六八一）とされる。註（240）前掲書三九六頁。しかしながら、『続日本高僧伝』の原文には、単に「時年四十一歳也」とのみある。性憲が数え四十一歳に達したのは、天和元年（一六八一）ではなく、貞享三年（一六八六）と算出される。よって本稿では、『続日本高僧伝』の叙述のほうに準拠した。

(242) 大桑教授註（240）前掲書三九七頁。

(243) 大賀博士「黄檗四代念仏禅師独湛和尚について」、『浄土学』第一八・一九輯、昭和十七年（一九四二）。長谷川教授：「黄檗宗の念仏者独湛――禅浄双修から浄業帰一へ――」、同教授『近世浄土宗の信仰と教化』、東京：渓水社刊、昭和六十三年（一九八八）。初出は『季刊・日本思想史』第二二号、昭和五十九年（一九八四）、原題は「近世念仏者と外来思想――黄檗宗の念仏者独湛をめぐって――」。松永教授：（一）「黄檗四代独湛和尚攷――当麻曼荼羅をめぐる浄土宗僧侶との関連において――」、『坪井俊映博士頌寿記念　仏教文化論攷』所収、昭和五十九年（一九八四）；（二）「『勧修作福念仏図説』の印施と影響――獅谷忍澂を中心として――」、『仏教大学大学院研究紀要』第一五号、昭和六十二年（一九八七）。

(244) 『仏国詩偈』巻二、『全』Ⅱ・六七六上左。本篇よりも三篇前に、天和三年四月、鴨長明の庵跡を訪ねての作を掲げている。

(245) 大桑教授は真宗院の再興が、性憲によって正徳年間（一七一一～一七一六）になされたとの見解を示される。註（240）前掲書三九七頁。恐らく『続日本高僧伝』性憲伝に、「正徳中。真宗精舎。羯磨結界。定作二僧伽藍界一。」とある文言に拠られたものと見られるが、実際にはもっと早く、すでにその本師・瑞山の時代からひととおりの復興は成し遂げられていたのではないだろうか。高泉『東国高僧伝』立信伝の賛では、瑞山のもとを常々訪れていた高泉が、真宗院の「殿宇壮麗」なことを、寺に住まう僧侶らの威儀整然たることと併せて礼讃している。『大日本仏教全書』第一〇四巻・一三一頁上。

(246) 『仏国詩偈』巻五、『全』Ⅱ・七一八上右。系年の理由は、第三章註（41）「寄二華園隠谿長老一」に同じい。

(247) 宋・王日休『龍舒浄土文』巻五、夫人の夢枕に、彼女の勧めで称名念仏に勤しんだ亡き下女が現れ、その導きで浄土に赴いたところ、行者の浄土往生を願う心が大ならば、車輪のように大きな蓮の花が極楽の池に開き、その心が退転すれば、忽ちにして萎んでしまう状況を目の当たりにしたという。『大正蔵』第四七巻・二六九頁上。
(248) 『翰墨禅』巻上、『全』Ⅱ・一〇五二上右。前者（「贈二艸山律師一」）から三篇前に置かれた「謝二横山居士一」は貞享四年の作と詩序に明記あり。また、七篇前には、慧極道明と即空道立とがこの年三月、江戸瑞聖寺で挙行された授戒会に赴くのを送る詩が置かれている（製作は二月頃か）。したがって、前者の直前に置かれた「春日刻レ韻」もまた貞享四年春の作と見られよう。
(249) 五言絶句「霞谷方丈礼二仏舎利一」、五言律詩「真宗寿石新戒乞レ偈」、『翰墨禅』巻下、『全』Ⅱ・一〇六三上左。後者の二篇のちに貞享五年三月、泉涌寺山内の戒光寺で釈尊像を拝した際の作品を掲げている。
(250) 『遺稿』巻七、『全』Ⅰ・四一六上右。
(251) 『大日本仏教全書』第一〇四巻・一三〇頁上～一三一頁上。
(252) 『大日本仏教全書』第一〇二巻・五〇頁下。
(253) 『大日本仏教全書』第一〇二巻・二三四頁上。
(254) 卍元は真空の字を、「如円」ならぬ「如蘭」とする。あるいは拠るところがあったか。ただ、その父の官職を「左右大夫」とするのは、明らかに「左京大夫」の誤りであろう（あるいは誤植か）。
(255) 『浄住開山鉄牛和尚年譜』、その訳文を大槻幹郎氏『鉄牛道機禅師年譜』二七頁に掲げる。長松院（黄檗山塔頭）刊、平成二年（一九九〇）。
(256) 大森金五郎・高橋昇造両氏編著、東京：三省堂刊、昭和十七年（一九四二）。附録「老中年表」、同書三八頁。
(257) 『紀年録』寛文五年（一六六五）の条、『全』Ⅲ・一四八二上右。
(258) 同書五三六～五四三頁、関書院刊、昭和三年（一九二八）。本稿では同四十四年（一九六九）、名著刊行会による復刻本に拠った。
(259) 朝鮮総督府刊行の『朝鮮人名辞典』に拠れば、成翠虚は本国では成均館学士であった。来日時製作の七絶二首には、高泉も次韻している。『洗雲集』巻八、『全』Ⅱ・八四七下左。

(260) 著者は袁宏道（字：中郎）である。陳継儒の序の和訳は、荒木見悟博士監修・宋明哲学研究会訳註『珊瑚林　中国文人の禅問答』九～一一頁、ぺりかん社刊、平成十二年（二〇〇〇）。また、高泉は延宝六年（一六七八）頃、「自然亭」に遊んだ際、たまたま亭中に陳継儒の詩「九月過㆓泖寺㆒。移㆓竹裡梅花㆒」を認め（墨蹟か額かは不明。〈泖〉とは松江府の湖水の名）、これに次韻し、「亭中有㆘眉公先生『九月過㆓泖寺㆒。移㆓竹裡梅花㆒』詩㆖、因歩㆓其韻㆒」と題した。『洗雲集』巻十、『全』Ⅱ・八六四下右。本篇の四つのちに「冬夜」を掲げ、六篇のちに延宝七年（一六七九）七月の湛然道寂の示寂を悼む一篇を掲げている。よって、本篇は前年冬以前の作と見られよう。

(261)『洗雲集』巻七、『全』Ⅱ・八二五上右。本篇の直前に「得㆓玄樸檀上人書㆒」を掲げる。高泉と一別十五年、「大宛国」（台湾を指そう）から船で日本を訪れる旨の書簡を手にした喜びを詠じている。中国式の算年法（足かけ）に拠れば、順治十八年（一六六一）の高泉渡日から〈十五年〉とは、延宝三年（一六七五）に当たろう。

(262) 震沢の夭折後、順庵は向井滄洲をして改姓、遺産をも引き継いで後嗣たらしめた。ただ、この人物はすこぶる不誠実であり、震沢が今わの際まで気にかけていた遺稿刊刻を実行せず、順庵門人の室鳩巣（一六五八～一七三四）に叱責されてもなお改悛せず、ついには事実上、後嗣としての責務を放棄したという。

(263)『仏国詩偈』巻六、『全』Ⅱ・七三一下左。本篇の直前に、延宝二年（一六八二）五月の仏国寺本堂落慶を賀した一篇を掲げる。

(264) 明初に岱宗心泰が著した『仏法金湯編』とは類名異書である。明末（の恐らくは天啓年間以降）に『釈鑑稽古略続集』を著した大聞幻輪は、屠隆のこの書が「聖教《しょうぎょう》淵源の理を発明《ほつみょう》し、当世師友の英を品題す」としている。『大正蔵』第四九巻・九五二頁中。

(265) 長谷部幽蹊博士『明清仏教研究資料　文献之部』二八頁、同博士私家版、昭和六十二年（一九八七）。本書第一部は論攷「明代以降における蔵経の開雕」を収録、嘉興蔵ほか明・清・民国時代の主要な大蔵経について平明な解説を加えている。屠隆の主著『由拳集』および『白榆集』は、『四庫全書存目叢書』第一八〇冊所収。早稲田大学中央図書館および台湾大学綜合図書館所蔵。

(266) 法語「示二休菴儒士一」は、寛文四年垂示の「示二揖斐与翁居士一」と同八年垂示の「示二和田真空主事一」との間に置かれている。「二十四巻本語録」巻十六、『全』Ⅰ・一五二上左。

(267) 七言絶句「寄二休菴儒士一」、『法苑略集』巻三、『全』Ⅱ・五七五上右。転結両句に「法雲吐二露真誠語一。寄二与江東君子儒一」とあるから、二本松法雲院在住中の高泉が江戸の隅田川東岸に住まう休庵に寄せたものと見られる。本篇の四篇のちに冬のある日、丹羽家から斎食に招かれたことを謝する偈を掲げ、五篇のちには寛文六年六月、一時黄檗山に戻った際に後水尾法皇から法衣を下賜されたことを謝する偈を掲げる。よって、本篇は越冬以前の寛文五年の作と見られよう。

(268) 五絶「寄二休菴儒士一」、『洗雲集』巻四、『全』Ⅱ・七七九上左。本篇の直前に置かれた「示二洛陽忠円仏師一」について、『黄檗文化人名辞典』二三〇頁上では、寛文四年（一六六四）頃の作とする見解を呈示している。本篇もまたあるいはこの頃の作か。

(269) 七言絶句「寄二休菴儒士一」（二首）、『仏国詩偈』巻三、『全』Ⅱ・六八九上左。本篇の二篇前に、寛文十年（一六七〇）冬製作の「十僧詩」を掲げる。本篇もまた、この頃の作であろう。第二首起句では「久闕双魚寄二武江一」と、無沙汰を詫びており、一別後は会見の機を得なかったことが知られる。

(270) 「二十四巻本語録」巻十七、『全』Ⅰ・一六六下左。この法語を贈られた横山主事とは、高泉を金沢献珠寺開山に迎えた月峰道喜の生家親族（前田家重臣）である。恐らくは横山氏従（一六三七～一七〇六）もしくは正房（一六三五～一六九三）のいずれかであろうが、後考を俟ちたい。横山家の歴史については、大槻幹郎氏「黄檗語録にみる加賀・越中（二）」、『黄檗文華』第一一九号・九二頁以下を参照。平成十二年（二〇〇〇）。

(271) 「儒釈和会」の項、「有二聡明人一。以二禅宗一与二儒典一和会。此不二惟慧解円融一。亦引二進諸浅識者一。不レ復以レ儒謗レ釈。其意固美矣。雖然拠二麤言細語一。皆第一義。則誠然誠然。若按レ文析レ理。窮レ深極レ微。則翻成二戯論一。已入レ門者又不レ可レ不レ知也。」『和刻影印近世漢籍叢刊　思想四編』第七巻・五二六三頁。なお、見曄法師（俗名：王秀花）が台湾：国立中正大学歴史学研究

所へ提出した博士論文「明末仏教発展之研究――以晩明四大師為中心――」（註（142）前出）八二頁では、袾宏が僧侶の儒学ほか外典の研鑽に反対していたことを指摘、一一二頁では僧侶と居士とでは修行すべき内容も理念も異なると主張していたことをも指摘し、袾宏の関連著述を多数例示しつつ詳説している。

（272）「悼レ僧」、『洗雲集』巻七、『全』Ⅱ・八一八下右

（273）本篇よりも四篇のちに、寛文十二年（一六七二）十二月の天閒（独立性易の号）の示寂を悼む作品「悼二天閒兄一」を掲げる。よって本篇はそれ以前の作と見られるが、二本松から戻ってのち、寛文年間の高泉は、黄檗山内法苑院に住まっていた。

（274）『竹窓随筆』「僧習」、註（271）前掲書、五三一〇頁；「外学」、同五三四七頁；『竹窓三筆』、「僧務外学」、同五五六七頁。

（275）中峰明本や自己の法曾祖父・費隠の著述と並んで、『竹窓随筆』が、「天下古今、世・出世の法、収羅殆ど尽く。是を徳有り言有り」と高評し、「徳人の言は乃ち能く遠きに伝ふ」との見解を示している。寛文十年（一六七〇）作の『山堂清話』序、『全』Ⅲ・一一四三下右；『洗雲集』巻十一、『全』Ⅱ・八七九上右。なお、松永知海教授「『勧修作福念仏図説』の印施と影響」（註（243）前出）に拠れば、京都法然院には、承応三年（一六五四、隠元渡来の年）刊行の『竹窓随筆』（続篇たる『二筆』・『三筆』をも含む）和刻本が伝存するという。同論攷掲載号一七頁。

（276）高弟の遠門浄柱撰「行状」、『石雨禅師法檀』巻二十、『嘉興蔵』第二七冊・一五三頁下。

（277）七言律詩「太和新鐘」詩序、『洗雲集』巻三、『全』Ⅱ・七六五上右。

（278）『大正蔵』第八二巻・七七五頁中。中尾文雄師訳註『黄檗清規』四一頁。後者は黄檗宗務本院刊、昭和五十九年（一九八四）。

（279）王孝魚氏点校、北京：中華書局本『二程集』第二巻・四四三頁、一九八一年。なお、至元二年（一三三六）、元の翰林直学士・欧陽玄は『勅脩百丈清規』の序を撰した際、この説話をほぼそのまま引用する。ただ、程顥が訪れた寺は「定寺」とされており、その語義は未詳である。あるいは「禅定を目的とする寺」の意であり、禅寺と同義語か。『大正蔵』第四八巻・一一五九頁上。

（280）下巻五〇二頁。『宋史』の本伝と清・彭紹升『居士伝』とに拠りつつ、呂本中の家系および大慧宗杲（一〇八九～一一六三）

への参禅について叙述。

(281)「賀₂大柱国稲葉泰応先生致仕₁書」、『洗雲集』巻二十二、『全』Ⅱ・一〇三三下右。呂本中の故事は、雲棲袾宏の仏教随筆『竹窓二筆』「願力」からの引用とおぼしく。正しくは「文清」とする諡を誤記して「文正」としている点まで一致している。

(282)同書巻四十五、『大正蔵』第四九巻・四一二頁下。

(283)同書巻十二、『卍続蔵経』第一四八冊・六四一頁下。

(284)「造寺供僧」・「詔僧画仏」・「奉仏遵法」・「度僧造像」・「天雨金華」・「金書蔵経」、『全』Ⅲ・一一三八上左〜一一三九上右。

(285)『洗雲集』巻二十、『全』Ⅱ・一〇〇九上右。本篇の直前に、貞享二年（一六八五）、鉄牛が高泉のために出資して「二十四巻本語録」を刊刻したことを感謝する旨の書簡を掲げる。よって本篇は同年以降の作と見られよう。本篇のほか、製作年代未詳の聯「律院」で、「盂食畦衣衆僧威儀整粛。鐘鳴鼓響三代礼楽全該」としたためている。〈鐘鳴鼓響〉の文字に、高泉が「礼」のみならず「楽（音楽）」にも、注視していたことが推知されよう。『遺稿』巻七、『全』Ⅰ・四一六下左。また、七絶「贈₂引請闍梨₁」は、元禄三年（一六九〇）九月作との詩序をもつ。黄檗山での授戒会に際し、助手（引請闍梨）として受戒者に種々の作法を教授した覚照ら四師のお蔭で、「僧儀律法井々として条有」ったことを謝し、「真に三代の礼楽なり」と喜んでいる。『翰墨禅』下、『全』Ⅱ・一〇六七下右。

(286)長谷部幽蹊博士は、その『明清仏教教団史研究』で、第一章「王法と仏法」を、蒋山大法会に関する詳述に充てておられる。京都：同朋舎刊、平成五年（一九九三）。

(287)『法苑略集』巻三、『全』Ⅱ・五八〇上右。

(288)直後に「立春寄₂龍谿和尚₁」および「賀₃鉄牛法弟卓₂錫長興₁」を掲げる。龍渓の示寂は寛文十年八月のことであり、鉄牛が長興山（紹太寺）に晋山したのは、その前年の十二月十八日のことである。したがって、龍渓に寄せた詩に〈立春〉とあるのは、いわゆる「年のうちに春は来にけり」で、年内（寛文九年）に立春を迎えたためではなかろうか。ちなみに本篇より三つのちには「元日（庚戌）」を掲げるが、これは明らかに寛文十年のそれを指している。

(289)『即非全集』一〇七七～一〇七九頁。

(290)同一の観点に立った作品として、七絶「戒レ棄二字紙一」が挙げられよう。『洗雲集』巻六、『全』Ⅱ・八〇八下左。宋の王沂の老父は、普段から紙（文字の記された反故をも含む）を大切にしており、床に落ちていて再利用できないものは洗った上、焼却するという念の入れようだった。その敬虔な姿をみそなわして、ある日、老父の夢枕に孔子が立ち、「わが高弟・曾参をお前の家に生まれさせてやろう」と仰せあり、まもなく生まれた孫（王沂の子）は聡明絶倫、状元の栄冠を手にしたという。高泉はこの説話を本篇詩序に長々と引いたうえ、世人がもっと紙を大切にするよう呼びかけている。孔子を神秘的能力の持ち主としている点で、この説話が正統的な儒者の世界から生まれたものでないことは歴然としている。ただ、高泉には儒教で説明できないことを、仏教（輪廻説を核とする）によって「説明」せんとする熱意があり、どこかでこの説話を聞き知ったうえで、本篇を作るに至ったものと見られる。本篇の八篇前には寛文二年（一六六二）十月、本師・慧門如沛から手紙をもらったという夢を見た際の作を掲げている。一方、六篇のちには、翌三年正月の弢玄道収の示寂を悼む作を掲げる。よって本篇はこの間の作と見られよう。

(291)王陽明三十歳の弘治十四年（一五〇一）、北京在住の彼は、地蔵菩薩の霊場として名高い九華山（安徽省青陽県）に遊び、山内のその名も「地蔵洞」に「異人の松毛に坐臥し火食せざるあるを聞き、嵓険を歴てこれを訪《おとな》」ったという〈火食せざる〉とは、雲堂が実行した「木食」に同じ。生の植物を食べる）。そして陽明は、その修行者と「最上乗」（最高の教法）を語り合った末、周濂渓（敦頤）と程明道とが儒教にあっては「両箇の好秀才なり」と見る返答を得たという。この〈異人〉が、山内およびその周辺の僧侶だったのか、それとも、多分に民間信仰の背景を追う漂泊の道士だったのか、明代における九華山関連の資料を見たうえで究明したい。ともあれ、この説話の母胎をなしたとおぼしい王陽明の事蹟は、年譜中にはこれあるのみである。安岡正篤氏監修、福田殖教授主編『王陽明全集』第九巻・二二一（訳註）および二三六頁上（原文）。東京：明徳出版社刊、昭和六十一年（一九八六）。

(292)「現二宰官身一」、『山堂清話』巻下、『全』Ⅲ・一一七二下左。泉州南方の「玄錫楊公」は僅か十六歳で進士及第を果たした。

科挙に赴くに先立ち、郷里の寺でたまたま閉ざされたままの部屋に入り込むと、机の上に七篇の八股文原稿が置かれており、科挙では果たして、関連する問題が出題され、玄錫は見事栄冠を勝ち取るとともに、自己が過去世で僧侶だったことを認識したという。高泉は、この説話が王陽明のそれに類しているとの見解を示したうえ、「夫れ修行の人、聖果《しょうか》に登らず、仏土に生ぜざれば、或いは天道に居し、或いは宰官と作《な》る」ものだと結んでいる。

# 第五章　『黄檗清規』の背景

# 序　節

## 関連三章についての概説

以下の三章は、相互に関連性を有する。高泉は、晩年の隠元からの付嘱という機縁によって、標題の『黄檗清規』を編纂、福建の青年僧時代からの理想であった「本格的な戒律体系の樹立」をわが国において果たそうと努力した。まず、本章で『黄檗清規』の背景と大旨とを概観したい。

次に、宗教のいかんを問わず、およそ行者が自らを律せんとする心は、往々にして一般人の目には激烈と映ずる種々の苦行を現出する。黄檗教団は、宋代以降の中国仏教において活発化した経典血書などの苦行をわが国へ直輸入している。高泉は、黄檗唐僧の中でも、これら苦行の実践、および有縁の友らへの熱心な勧説という点で、恐らくは隠元をすら凌ぐものがあった。第六章「苦行の実践」では、高泉が具体的にどのように自ら苦行をなし、かつ、人に勧めて行わしめたかを概観したうえ、それら苦行がやがて廃れていった背景をも考察したい。

さて、戒律を文書化し、その不朽・永続を図るという思潮は、元来、以心伝心・不立文字を重んずる中国禅宗に対し、詩偈・法語の形でヨリ詳細かつ、ヨリ芸術的に、自己の禅境を表明したり、あるいは理想的な悟境を提示する――という傾向を附与した。明代後期、雲棲袾宏（一五三五～一六一五）が現れ、それまでとかく放逸に流れがちだった禅宗叢林の気風を憂え、自己の住まう雲棲寺を拠点として革新した際、禅と同様に久衰していた戒律思想をも中興し、これを有形無形種々の形で禅宗へ導入した。その結果、禅宗においては、戒律の文書化（「清規」・「規約」）が盛行を見るとともに、ヨリ多量に、かつ、ヨリ美麗に詩文の形で禅境を表明することも活発化した。これがいわゆる

「文字禅」の思潮である。

高泉は自己および弟子たちが、禅者の餘技たる詩偈の道に深入りすることを自ら恥じ、かつ深く戒めてはいたものの、結局、その生涯は自らのうちに蟠居する「文字禅」との戦いであったと言っても過言ではない。「文字禅」の始祖とされる徳洪覚範（一〇七一～一一二八）が、彼の生まれる少し前から再評価されるようになり、「文字禅」の根本聖典ともいうべきその詩文集『石門文字禅』も久々に重刻され、相当の流布を見ていた以上、同書からの誘惑には、高泉とて「時代の子」として、抗い難かったようである。そこで、第七章「高泉の文字禅」では、その実況を彼の詩偈・法語のうえに徴してゆきたい（第九章第三節をも参照）。

## 第一節　明末戒律復興運動に関する先行研究

『黄檗清規』を概観するに先立ち、それを生み出した背景である明末戒律復興運動について概観する必要があろう。この分野に関しては、わが国で荒木見悟・長谷部幽蹊の両博士に、第一・二章で度々触れた労作を見る。

荒木博士は、雲棲袾宏を中核として、彼一代におけるこの運動の成就と、その後代への影響を論じられた。一方、長谷部博士は、袾宏の著述のみならず、それに触発されて成った明末清初の諸文献、とりわけ授戒会用の儀軌や主要な寺々の「規約」について、精緻な比較研究を成し遂げられた。

また、台湾にあっては、聖厳法師が、袾宏よりややのちの藕益智旭（一五九九～一六五五）を起点として、『明末中国仏教の研究』（智旭の伝記研究であり、同師の博士論文）・『明末仏教研究』（苦行の種々相や、居士による仏教研究について詳しい）ほか、数種の関連著作を公刊されている。

これら諸研究の後を承ける形で、近年、陳永革博士（一九六六年生）が、博士論文「晩明仏学的復興与困境」(1)を公表された。本論は全七章から成り、右記の諸研究を集大成する労作であり、袾宏・智旭ら高僧の著述のみならず、彼らと道縁のあった居士たち（例：袁宏道・屠隆・李卓悟ら）の文集をも博覧、全体像の解明に努めている。その目次は、以下のとおりである――緒論「円融与還源：晩明仏教復興的思想主題及其特質」／第一章「仏教綱宗与晩明禅学中興」／第二章「浄土信仰的全面皈依与晩明仏教的普世性」／第三章「晩明仏教戒律及其倫理詮釈」／第四章「禅教帰浄与晩明居士仏学的思想特質」／第五章「仏儒交渉与晩明仏教経世思潮」／第六章「心学流変与晩明仏学復興」／第七章「晩明仏教与道、天主教之交渉」／第八章「救世与解脱：晩明仏学復興的困境」

このうち、緒論第四節では、「晩明仏教思想研究現状及其啓示」を立て、一九七〇年代以降の頗る詳細な研究史を掲げている(2)。また、巻末の「主要参考文献書目」(3)も、一九九八年までに公刊された大陸・香港・台湾・日本・アメリカにおける主要な専著・論文を網羅しており、甚だ有用である。

### 未開拓分野――「狂禅者」の素性究明

戒律復興運動発生の直接的要因をなしたのが、標記の「狂禅者」の目に余る横行である。この「狂禅（者）」とは、「我は既に悟った」と自称し、肉食妻帯、放蕩無頼（もしくは贅沢三昧）の生活を送っていても、その心的境地は凡夫の思量を遥かに超えており、したがって、一見破戒僧のようであっても、その実、菩薩が衆生を導くために殊更そのような振る舞いを呈しているだけに過ぎない――云々と言い張る行為（徒輩）を指す。

明末以降、右に挙げた袾宏や智旭、さらに真摯に仏教に取り組む居士が自己と同時代および前代の禅宗に見受けられた堕落分子の存在を慨嘆・非難する際、しばしば用いられる表現がこれである。しかしながら、彼らの原文は、「狂禅者」について相当詳細な描写をこそ行っているものの、さらに踏み込んで、どこの寺の何という名の僧が、そうした振る舞いに及んでいたのかまでは明かすことがない。もっとも、後述するように、特定の寺の改革に長期間取り組んだ憨山徳清（一五四六〜一六二三）は、そうした破戒僧らの実名こそ挙げないものの、「これまでの弊害」と題して、その寺の僧侶の種々の醜態を列挙している。したがって、徳清は、同時代の袾宏らに比すれば、ずっと痛烈、かつ、具体的な「狂禅者」批判をなしていると言えよう。そもそも「狂禅者」ならばまだましなほうで、無学無頼の徒が糊口の手段として寺院へ紛れ込んだ例さえも、そこには多々指摘されている。

とはいえ、黒岩涙香（一八六二〜一九二〇）が日清戦争前後の『万朝報』紙上で連載、のちに単行本化した『蓄妾見聞』のような迫力は、彼ら明末の戒律復興運動家の著述には求めても得難く、また、それら文献を細緻に分析・研究されつつある右記諸先学の労作も、「狂禅者」の具体例発掘（どこの寺の誰が…）という点では、依然不備ありと評せざるを得ない。この点、春秋に富む陳博士に期待し、また、徳清や湛然円澄による「狂禅者」指弾の著述につとに着目された江燦騰博士が、引き続き研究成果を公表されることへも期待を寄せたい。むろん、筆者自身も今後種々の史料に徴しつつ、発掘に鋭意したい。

ちなみに、右記の『蓄妾見聞』は、著者・黒岩涙香が、一人もしくは複数の愛妾ありとの噂ある名士を尾行し、その噂の真偽を確かめたうえで、蓄妾はもとより、当該名士の職分（医師・慈善事業家）にふさわしからぬ私的醜行を忌憚なくあばき、痛罵した書である(4)。僧侶（ただし真宗以外）も当然のことながら彼の追及を免れることはできず、当時の京浜地区の名刹住職らの行状が、詳しく、かつ、実名入りで暴かれている。わが国における僧侶の妻帯が日とともに公然化しつつもなお批判的な目で見られがちだった時期の、いわば過渡期の産物である。

## 高僧伝・善書の限界性

筆者の見るところでは、僧侶の手になる歴朝の高僧伝も、また、多くは熱心な居士の手になる善書も、その名が示すとおり、前者はあくまでも高僧が主体であり、後者もまた僧侶や居士の善行を宣揚することを主眼としているのであって、正史における奸臣伝のような部分がそもそも存在しない(5)。したがって、仏教の影の部分である「狂禅者」の列伝は、なかなかまとまった形では集成される機会を得なかったのではないだろうか。

一般に家醜を揚げないことを美徳とする中国仏教において、元代チベット仏教の僧侶が国家権力を笠に着て働いた横暴の数々は、つとに『元史』ほか種々の史書で取り上げられて、わが国でも広く知られている。しかしながら、彼らの場合は、異民族王朝・元における異民族出身の僧侶、それも禅・浄土などの伝統的な中国仏教に改宗したわけではなく、依然「夷狄」色濃厚なチベット仏教を奉ずる僧侶の非行という点で、僧侶をも含めた明代以降の史家たちは、彼らに対し遠慮なく痛罵の筆を執ることができたのであろう。やはり特例と言うべきではないだろうか。

## 江燦騰博士の先駆的研究

明末の高僧たちの中でも、湛然円澄（一五六一～一六二七）および憨山徳清（一五四六～一六二三）の二師は、前代および同時代の僧侶の非行を具体例を挙げて詳細に批判した点において、出色の存在であった。湛然には、万暦三十五年（一六〇七）撰述の『慨古録』(6)がある。台湾の江燦騰博士はつとに本書に注視され、本書を経とし、明代の他の諸史料を緯として、論攷「晩明仏教叢林衰微原因析論」を公表された(7)。本論攷は、民国七十九年（一九九〇）、台湾大学文学院歴史学研究所に提出された碩士（修士）論文(8)の一部をなしている。『慨古録』を評註した論攷としては、恐らく空前の詳細さを有していよう。本論攷によって、湛然が同時代の仏教のいかなる点に憤慨しているのか、それぞれの史的背景をも含めて明確化された(9)。第二章第二節で既に見たように、天啓元年（一六二一）、三十歳の隠元は、湛然の『涅槃経』講座に列している。湛然はあるいは『涅槃経』に縁じて(10)、同時代の僧侶のいかにも末法然とした堕落の種々相を隠元らに語ったかもわからない。

江博士にはまた、論攷「明憨山徳清中興曹渓祖庭及其周辺」がある(11)。こちらは南方へ流謫されていた憨山が、万暦二十八年（一六〇〇）以降、六祖慧能ゆかりの名刹、広州・南華寺を復興した過程を、馮昌歴らの『曹渓中興録』（『憨山大師夢遊全集』巻五十・五十一、『卍続蔵』第一二七冊所収）を中心として詳論している。憨山は費隠の『五燈厳燈』（黄檗教団における中国禅の正史）にあっては、「未詳法嗣」とされ、同書巻十六中に雲棲袾宏や無明慧経（曹洞宗寿昌派派祖）らとともに立伝されている。第一章第五節第二項（一）で既述したように、費隠は彼の主観において少しでも嗣承に疑義ありと見た場合（本師が誰なのか判然としなかったり、複数の師から付法されている場合）には、歴史に名高い高僧であっても、容赦なくこの「未詳法嗣」部に列してしまっている。同時代人である袾宏・憨山らはもちろんのこと、費隠自身が僧伝作家の先達として敬慕していた徳洪覚範ですらも、それを免れることは出来なかった。

しかしながら、隠元・即非師弟が憨山を敬慕していたことは現存する賛からも明らかであり(12)、高泉にも六言絶句「次二韻憨山大師一」（第九章註（88）参照）に加えて、賛「曹渓中興肉祖憨山大師賛」(13)を見る。隠元・即非の賛が単に「憨山大師（賛）」としているのに比して、高泉が憨山の事蹟中、とりわけどこに注視し敬慕していたのかが、篇題には明示されていよう。〈曹渓中興〉を成し遂げた憨山は、一時、江西省の廬山に転じたが、最晩年は南華寺に帰り、示寂後、その遺骸は肉身仏とされた（ゆえに賛題に「肉祖」と表現されているのであろう）。この肉身仏は、慧能のそれとともに、文革の劫火をくぐり抜けて今も寺内に奉祀されている。篇題にいわゆる〈肉祖〉とは、このことを指していよう。本文自体はごく短篇であり、「決㆓曹水㆒以再漲。挺㆓木椿㆒而益堅」(14)と、すこぶる簡略に、慧能の再来としての憨山を礼讃している。

## 湛然・憨山の実践活動

江博士が、湛然・憨山のような黄檗教団ともかかわり深い高僧を対象として、彼らが同時代の仏教界の弊風をいかに慨嘆し、かつ、いかに改善に努力したかを細緻に論証されたのは、今後の研究が進められるべき方向を明示されたものとして注目に値しよう。江博士が要約されたように、湛然の『慨古録』は儒家さながらの復古主義に立って、禅宗全盛の昔（唐宋、主として唐代）を偲びつつ、明代以降の衰退を慨嘆する文面に覆われている(15)。けれども、彼自身が久しく住した会稽雲門山顕聖寺は、その人格に感化されてか、集い来る僧俗の弟子たちは、いずれも上根の士ばかりであった。その『語録』所収の塔銘・行状（『卍続蔵経』第一二六巻所収）を読む限りでは、湛然がとりたてて清規・規約を制定して、弟子の言動を取り締まったとする叙述を認めない。

また、荒木見悟博士がつとに指摘されているように(16)、『慨古録』で提示された四つの改革案も、四番目の「ほしいままの行脚への制限（求道の旅が堕落して物見遊山化したため）」を除けば、僧官制度・住職官選・資格考査と、実に三つまでがお上頼みの自律性希薄な、そして、公権力（当時既に問題錯出）に対し依然厚い信頼を寄せた内容である。四番目の項目とて、行脚を制限する主体を寺院ではなく国家権力としている点で、前三項と同断であろう。荒木博士が湛然の如上の改革案を評して「世俗のすべてがあげて音立てつつ崩れつつあるという認識は微塵もみられ」ないとされたのもゆえなしとしない。

一方、憨山が住した南華寺は、歴史に名高い巨刹であり、現在もなお多くの観光客でにぎわう「肉山」である。したがって、同地の地方政府にとってばかりか、寺中に巣食う剃髪しただけの無頼の徒や、寺外のいわゆる土豪列紳にとっては、そこから得られる権益は何としても手放しがたいところであった。憨山は果敢にも、かかる伏魔殿へ身の危険を顧みず入住し、種々の改革に取り組んだのだが、その際、現在にまで伝えられている「興復曹渓規約十条」を定め、これをいわば基本方針としている(17)。

「規約」第一条の「培㆓祖龍㆒以完㆓富貴㆒」とは、その実、風水説に基づいて、南華寺の地の利を「損なっている」地形を、新堂宇建築や庭園模様替えによって「改善」するというものであり(18)、仏教とはおよそ無縁の迷信の気味なしとしない(19)。しかしながら、これに続く第三条「選㆓僧行㆒以養㆓人才㆒」、第四条「駆㆓流棍㆒以洗㆓腥穢㆒」、第五条「厳㆓斎戒㆒以励㆓清修㆒」（法会に犠牲を用いない）の諸項には、憨山平生の持律主義が遺憾なく発揮されていよう。また、第六条「清㆓租課㆒以裨㆓常住㆒」では、寺院資産の護持や、寺内各部署の予算について、具体的な数字を挙げて指導、節倹に努めしめており、憨山が単なる理想主義者でなかったことを雄弁に物語っている(20)。

以上に述べたことをここで再度要約すれば、明朝中央政府の仏教抑圧政策（第二章第一節第一項）は、年をへるにつれて、その弊害を大にし、本来あるまじき種々の醜態が各地の寺院で日常的に見受けられるに至った。袾宏・湛然・憨山ら心ある高僧は、これを黙視するに忍びず、慨然改革の言動に出《い》でた。そして、隠元・高泉ら黄檗唐僧がこうした動きをわが国へもたらし、社会的背景を殊にしつつもその再演に努めた。以上が本章で取り上げる『黄檗清規』の背景をなす歴史の流れである。

### 戒壇閉鎖をめぐる事情

本節では主に、「狂禅者」の横行と、それに対する明末高僧たちの動きとについて述べたが、「狂禅者」を生み出したそもその遠因である戒壇閉鎖について、本節の終わりに一言しておきたい。明代中期、孝宗の弘治年間（一四八八～一五〇五）に施行された戒壇の閉鎖は、さきに述べた中央政府による仏教抑圧政策の一環であった。その理由について、長谷部幽蹊博士は、「僧徒の量的拡大に伴って、反って法儀が疎略となり綱紀の紊乱を招く結果となった。戒壇が閉鎖されたのは、それが正常な機能を果し得ない状況にあったためであろう」という見解を提示される(21)。授戒する僧侶の量的増大と、それに反比例する質的低下が、仏教教団の統御者たる国家権力をして、戒壇の維持を放棄せしめたというのである。すこぶる当を得た説明と言えよう。

このほか、さらに傾耳すべき説明として、僧侶のみならず、在家戒を受けんとする男女信徒らの質的低下も挙げられよう。すなわち、台湾の見一法師（尼僧）は、その論攷「略述中国仏教戒壇与受戒方式変革之関係――以唐至清初為中心――」にて、『礼部志稿』（明の林暁兪纂修、兪汝楫編撰）から礼部官僚・王綸の上奏文を紹介されている(22)。これに拠れば、王綸は、正月十五日の北京城内での授戒会と、四月八日の郊外・西山の廟会とは、ともに男女が雑踏し、風紀上すこぶるよろしくないので、以後厳禁されたし――と願い出ている。およそ男女が制約なく会える場には乏しかった時代のこと、在家者向け授戒会参加に名を借りて、男女密会の場とした者もいなかったとは言われまい。

しかしながら、こうした強圧的な官憲の措置は、不良学生が出る恐れがあるので、学校という学校を閉鎖してしまうに等しい愚挙であり、以前にもまして、見る間に僧尼の質は低下し、そもそも戒とは何かまともに考えたこともなければ、その機会も得られない者が多数を占めるに至った。そして堕ちるところまで堕ち切った末に、右記の袾宏・憨山ら諸師のやむにやまれぬ立ち上がりを見るに至ったのである。

筆者が調べた限り、明末におけるほぼ一世紀ぶりの戒壇設置（地域によって官立もあれば私設もあり）に際し、官憲があからさまな抑圧（禁止命令や、すでに建立した戒壇の撤去命令）を加えた形跡を見ないのは(23)、律僧諸師に寄せられた僧俗双方からの大きな期待もさることながら、戒壇閉鎖がもたらした弊害を、当路者がそれなりに認識していたからではないだろうか。

## 第二節　初期黄檗教団における戒律制定の動き

### 第一項　明末戒律史上における『黄檗清規』の位置

#### （一）明末における清規・規約・授戒儀規の分化

今日、『大正蔵』第八二巻に収録されている『黄檗清規』は、黄檗教団三百年来の綱紀であるとともに、明末の中国で数多く成立した清規の典型とも言うべき側面を有している。ただ、当時の時代相を反映してか、我々が宗賾《そうさく》『禅《ぜん》苑《ねん》清規』（『卍続蔵経』第一一一冊所収）[24]や道元『永平大清規』（『大正蔵』第八二巻所収）から連想する禅寺の役職に関する規定や、日々の行事説明の部分（これが本来の清規である）に加えて、いわゆる「べからず集」である規約や、授戒儀軌（授戒会手引書）も盛り込まれている。後者は、明末以降、在来の律宗寺院に加えて、禅寺でも授戒会が開かれるようになったことを反映していよう。

**規約の起こり**

このうち、規約と授戒儀軌とが生じた背景について、長谷部幽蹊博士は、次のとおり説明を加えておられる。まず、「規約」と題する文献を初めて制定したのは雲棲袾宏（一五三五～一六一五）であり、万暦五年（一五七七）、その主たる活躍の地、杭州郊外の雲棲寺にあって、『雲棲共住規約』を制定、「叢林の学道生活において当面する諸問題を処置する法が説かれ、ありと凡ゆる現実的局面を想定した上で、これに対処する上に必要な条項が盛り込まれて」おり、全四部（上・下・附集・別集）から成り、条項は実に四百二十六条にも及んでいる。さながら保険の契約書にも似た緻密さである(25)。

ただ、基本をなすのは別集所収の「僧約」十種（条）である。第一：敦く戒徳を尚ぶの約、第二：貧に安んじ道を楽しむの約、第三：縁を省き本を務むるの約、第四：公けに奉じ正を守るの約、第五：柔和忍辱の約、第六：威儀整粛の約、第七：行業を勤修《ごんしゅ》するの約、第八：直心もて衆に処するの約、第九：分に安んじ小心たるの約、第十：規約に随順するの約。

これら十種がさらに五〜十の小項目に分けられ、それぞれに関連する禁止規定が集められている。違反した場合は「出院（寺院退去）」と定められている。以後、清代に至るまで中国各地の禅寺で、おおよそこれら十項を骨子として、僧風の堕落に伴い飲酒・賭博・喫煙に関する禁止条項も盛り込まれて現代に至っているという(26)。精緻な体系を有する元末勅撰の『勅脩百丈清規』ではあったが、これは前代までの諸清規（例：『禅苑清規』）と同様、罰則規定を全く欠いていた(27)。それゆえ、前項で触れたような僧尼の質的低下は、ヨリ具体的かつ、実効性のある——すなわち罰則を有する——寺院規則を必要とするに至ったのである(28)。

ところで漢月法蔵（一五七三〜一六三五）は、密雲円悟の門下では、費隠の法兄に当たる人物である。彼は万暦四十四年（一六一三）、「雲棲僧約」に倣って十条の規約を立て、示寂前年の崇禎五年（一六三二）には、『三峰久遠清規』と名づけて清規と規約とを折衷した形で一派の家憲とした(29)。いわば理論性（清規）と実践性（規約）とを具備した新しい形の清規の誕生であり、『黄檗清規』も実にその流れを汲むものと言えよう。

## 授戒儀軌の起こり

漢月のもう一つの功績として、禅寺における授戒会作法をその『弘戒法儀』(30)全二巻によって確立させたことが挙げられる。漢月は袾宏を敬慕し、二度まで雲棲山中に袾宏を訪ねて授戒（恐らくは具足戒）を乞うたものの、目指す袾宏からは「官許を得ていないから」との理由で許されず、僅かに簡略な息慈戒、すなわち沙弥戒をのみ授けられた。袾宏は右記の「僧約」第一条第二項で、早くも「故《ことさ》ら朝廷公府の禁令に違ふ者は出院」と規定しているほどである。したがって、恐らく袾宏は、戒壇閉鎖がたとい百年前の旧事であっても、その効力は依然存在しており、一山僧が公権力に抗ってまでみだりに大々的な授戒会（具足戒の授与は相当の儀礼を伴う）を行うべきではないという考えを保持していたのであろう。しかしながら、漢月はこれになお満足できず、別の高僧・古心如馨（一五四一～一六一五）を訪ねて具足戒を受け、さらに、すでに亡き袾宏の墓所を拝して自誓受戒した(31)。

戒壇閉鎖の弊害は大きく、授戒会の種々の作法をめぐって、律僧の間ですら見解が分かれることもあった。そこで漢月は自ら往古の儀規を博覧し、菩薩戒に関しては敬慕する袾宏の『戒疏発微』に依拠したほかは、禅・教（教宗諸派）・律三宗の長を採り、右記の『弘戒法儀』を完成したのである。その主旨はひとえに、受者（受戒者）をして整然たる授戒儀軌を通じて禅戒一致の精神を会得せしめ、他の多くの禅僧が「増上慢」に陥って種々の狂禅の振る舞いをほしいままにしていることに倣わぬようにと期している。

『弘戒法儀』は、中国各地の禅寺で相当に活用された。しかしながらやがて訪れた明末の動乱期に際し、地方の寺々と、仏教学が盛んに研究されている江浙の大刹との間では戒師招聘を中心とする人的交流が不如意となった。そのため、各地の寺々では、『弘戒法儀』を簡略化して独自に授戒会を開催する動きが表面化した。隠元が本書と同題の『弘戒法儀』を編定し、これをわが国で流布せしめたのは、そうした動きの好例である。隠元と同時代もしくはやや後の中国では、ほかにも『叢林規略便用』や『伝授三壇弘戒法儀』といった漢月『弘戒法儀』の簡略版が相次いで編まれている。これら簡略版編纂の目的は、地方の寺院で短時日の間に沙弥・比丘（具足）・菩薩のいわゆる三壇戒を一時に受けるための形式を確立することにあったとされている(32)。

## （二）『黄檗清規』の大綱

さて、『黄檗清規』は、その題目のとおり、「清規」的部分を主としているが、同時に右に挙げた「規約」的部分と、「授戒儀軌」的部分をも含有している。『大正蔵』本（第八十二巻所収）の目次(33)は、いささか簡略に過ぎる憾みがあり、戦前の大久保堅瑞師によるそれ(34)も、説明は依然有用であるが、惜しむらくは紙幅に制せられてか、鳥瞰図的に全体を眺めることが不可能である。よって本稿では、中尾文雄師の訳註巻末に掲げられたそれに依拠したい(35)。また、各章の下に『大正蔵』本の当該頁数および段を註記した。また〔　〕内の字句は筆者が補ったものである。

黄檗清規序（七六六上）
目次（七六六中）
祝釐章第一（七六六中）
（一）元旦
報本章第二（七六七上）
（一）仏降誕　（二）仏成道　（三）仏涅槃　（四）観音降誕　（五）弥勒降誕
尊祖章第三（七六七上）

（一）達磨忌　（二）百丈忌　（三）臨済忌　（四）徑山老和尚［費隠］忌　（五）開山和尚［隠元］忌

（六）掃開山塔　（七）開山慇忌［隠元誕辰］

住持章第四（七六八上）

（一）住持日用　（二）住持進退

梵行章第五（七六九上）

（一）弘戒儀式　（二）戒壇執事　（三）引票　（四）弘戒日単　（五）戒牒　（六）三衣盋具

（七）新戒参堂　（八）応斎持盋　（九）日用偈咒（七七一上）

五衣・七衣・仏前・展具・展盋・出生・侍者送食・洗盋・嚼楊枝・浄手・洗面・聞鐘・登厠密念・洗浄

諷誦章第六（七七一中）

（一）早晩堂　早堂・晩堂・羯磨夜

（二）上供諷誦　（三）小庵早晩諷誦　（四）小施食　（五）二時念供養　（六）放生儀式　（七）経懺

（八）霊前諷誦　（九）放水燈

節序章第七（七七二下）

（一）正月　歳旦祝聖・上元解制・百丈忌

（二）二月　仏涅槃・観音降誕

（三）三月　掃開山塔・徑山老和尚忌

（四）四月　開山和尚忌・仏降誕・臨済祖師忌・結夏上堂

（五）五月　端午日上堂・弥勒仏降誕

（六）六月　（特に行事なし）
（七）七月　解夏上堂・啓建盂蘭盆報本大会
（八）八月　中秋上堂
（九）九月　掃開山塔
（一〇）十月　達磨忌・結制
（一一）十一月　開山和尚慰忌・冬至日祝聖上堂
（一二）十二月　開戒期・仏成道・除夜(36)
（一三）節序仏事疏語（七七三中）
歳首（啓建祝聖道場疏・元日礼懺通用疏）仏涅槃疏・観音大士降誕疏・開山和尚涅槃疏・釈迦文仏降誕疏・建盂蘭会疏（二篇）・施食疏・仏成道疏・寒林榜

礼法章第八（七七五中）
（一）堂衆出入　（二）堂規　（三）朔望雲集唱礼　（四）浴堂規　（五）入浴軌式　（六）沙弥祝髪
（七）斎堂両序位次　（八）執事単　（九）叢林師訓条規大約（七七七中）　（一〇）省行堂
（一一）立僧秉払

普請章第九（七七八上）

遷化章第十（七七八中）
（一）進龕　（二）祭日儀軌　（三）出喪・荼毘　（四）進塔　（五）遺物　（六）入祖堂
（七）訃音式　（八）亡僧　（九）唱衣　（一〇）入塔

以下、附録

仏事梵唄讃（七八〇上）

（一）仏降生　（二）仏成道　（三）仏涅槃　（四）弥勒仏降生　（五）初祖忌　（六）百丈忌

（七）先覚忌香讃　（八）先覚回向讃　（九）衆僧讃　（一〇）地蔵堂薦霊讃

老人預嘱語（七八〇下）

開山塔院規約（七八一上）

門聯通用（七八一下）

（一）開正建千仏会　（二）中元建蘭盆会　（三）戒壇　（四）山門　（五）天王殿　（六）仏殿

（七）禅堂　（八）斎堂

古徳語輯要（七八二上）

（一）円悟［克勤］曰　（二）湛堂曰　（三）古徳浴室示衆偈曰（七絶三篇）　（四）大隋真禅師示衆曰

（五）智者大師示衆　（六）自得輝和尚曰　（七）死心謂草堂曰　（八）白楊順禅師示衆曰

（九）密庵曰

法具図（七八三上）

跋（七八五下）

序・跋を除く本文が全十章から成り、附録は「仏事梵唄讃」以下、大きく分けて六つの部分から成っている。本文の各章冒頭にも小序が配されている。特に祝釐章第一では、仏法の外護者である天子の万歳を祈念する、いわゆる

「祝聖《しゅくしん》」について、なすべき儀礼を規定している。報恩章第二および尊祖章第三では、降誕会ほか、もっぱら仏教関連の儀礼について細則を提示している。うち、第二章は仏・菩薩関連の諸法会について、続く第三章では達磨・臨済義玄・百丈懐海（現存しないが、禅宗清規を初めて制定）そして隠元ら、黄檗教団で崇敬されている主要な人師《にんじ》（実在した高僧）関連の諸法会について、それぞれ規定している。

住持章第四は、住職の業務や、その代替わりにおける諸規定を掲げる。梵行章第五では、黄檗教団の声価を高める主因をなした、それまでのわが国に類例を見ない本格的な授戒会について、隠元『弘戒法義』の略本という形で、その綱格を提示している。また、章末では、「日用偈頌」を掲げ、日々用いられる一般的な偈頌十五篇を挙げ、明音による読み方を添えている。諷誦章第六では、第一～三章で取り上げられなかった日々の仏事について、本堂（大雄宝殿）におけるそれを中心に規定している。

節序章第七は、第一～三章に列挙された法会が挙行されるべき時節を列挙し、詳細な説明はそれぞれの章に譲っている。ただ、盂蘭盆会および冬期結制（安居）に関しては、これら三章中に説明を加える場所を得なかったためか、比較的詳細な説明を見る。また、章末には「節序仏事の疏語」を列挙し、祝聖・仏降誕会・開山忌・盂蘭盆会ほか主要な法会で用いられる疏の雛型を集成・提示している。

礼法章第八では、大衆《だいしゅ》の日常生活に関する諸規定であり、僧堂・斎堂・浴室での諸規則を掲げるほか、「沙弥祝髪」の一項を設け、入門者の受け入れについて規定するほか、山内塔頭《たっとう》（大寺院内の子院）の僧が私に弟子をかかえることを罰則（違者出寺）付きで禁じている。さらに、「執事単」では、彼ら大衆によって分担されるべき寺内の諸役職（方丈侍者・典座・化主・作房・田頭）が列挙されている。ただし、前出の宗賾『禅苑清規』以下、中国の主要な清規に見るような職務内容や各職の心構えに関する詳細な説明は見当たらない。あるいは自明のことと見なされたためであろうか。また、密雲円悟（隠元の師翁）が定めた、罰則付き「べからず集」（「叢林師訓条規大約」）が附録されている。

普請章第九は、各章中最も短文ではあるが、その昔、百丈懐海が語ったとされる「一日作さざれば、一日食らはず」の精神を再確認し、隠元自身が故山にあった頃は自ら率先して種々の作業に取り組んだことを明記し、山内大衆が安逸をむさぼらず、進んで作務に従事するよう勧説している。

そして、遷化章第十は、住職が示寂した場合を想定、その葬礼（形見分けをも含む）に関して、細目を提示している。以上が本文の概要である。

附録のうち、「古徳語輯要」は、(三)の「古徳浴室示衆偈」が出典未詳であるのと、(五)の「智者大師示衆」が『釈門自鏡録』から採られていること[37]以外は、いずれも『禅林（門）宝訓』、もしくは『緇門警訓』に見える中国臨済宗の高僧たちの言葉である[38]。これら三書は、いずれも修行僧（特に禅僧）が叢林にあって衆と処してゆくうえでの教訓や、あるいは、住職たる者の心得（第（七）項）を集成しており、明代中期以降、各地の寺院に流布していた。とりわけ、『禅林（門）宝訓』、およびその註釈書は、明末清初に複数種の刊行を見た[39]。したがって、隠元および高泉にとっては、ごく身近な教訓書というべき存在であった。

このほか、附録の中でも「老人預嘱語」全十条は、示寂を前にした隠元自身の遺言状である。紀年は認められないが、二巻本の隠元年譜では、寛文十一年（一六七一）の暮の作としている。続く「開山塔院規約」は、隠元百か日忌の修された寛文十三年（一六七三）七月十五日、木庵らが制定、隠元の廟所・松隠堂の維持・管理について十六条にわたって規定している。ただ、その祖型は、右記の「老人預嘱語」と時を同じくして寛文十一年暮れに成っており（隠元年譜）、『清規』附録への収録に際し、補修されたものと見られる。〈規約〉と題されているが、雲棲袾宏以来の「××規約」と題する文書のような、日常生活関連の「べからず集」ではない。

また、同じく附録の「法具図」では、いわゆる結界石として知られる、「不許葷酒入山門」と刻まれた石柱図ほか、様々な仏具が図入りで掲載されている。結界石は今日、多くの禅寺や、戒律厳守を謳う一部の教宗寺院（例：高野山真別處、藤沢市鵠沼の浄土宗・本真寺［尼寺］）を特徴づける存在となっている。しかしながら、その起源は実に『黄檗清規』にあり、とりわけ、「老人預嘱語」第四条に「本山及び諸山、凡そ黄檗の法属と称する者は、概ね葷酒を山門に入れて仏の重戒を破ることを許さず（原文：本山及諸山。凡称黄檗法属者。概不許葷酒入山門破仏重戒）」とあることに因んでいるのである。

## 各章節に関する先行研究

高泉自身が自ら註記し(40)、かつ、平久保氏もつとに明記しているように(41)、巻頭の総序(42)に加えて、各章冒頭の小序もまた、高泉が師翁（法祖父）・隠元の名において代作したものである。しかしながら、どこまでが代作者・高泉の平素の信条であり、また、どこまでが隠元自身の多年いだいてきた戒律観であるのか、両師の思想は見事なまでに融会《ゆうえ》しており、細かに区分することは甚だ困難である(43)。と同時に、法系上は師翁・法孫である両師が、事実は息の合った直接の師弟であったことを、これら序文の存在自体が雄弁に物語っていると言えよう。

一宗の紀綱たる本『清規』の内容は、すこぶる多岐にわたっている。全体を通覧したうえで要語に訳註を加えているのが、前出・中尾師の労作である。中尾師はまた、巻末の「解説」で、本『清規』と形式上最もよく似ている元代成立の『勅脩百丈清規』とを対照せしめ、かつ、本『清規』が世に出る以前の日中両国禅宗における清規制定の歴史をも概観されている。

ただ、惜しむらくは、中尾師の学識をもってしても、節序章第七篇末の「節序仏事疏語」が訓読・訳註されることなく終わったことである。幸い、後進の榊原直樹師が、自己の多年の参禅験をも踏まえつつ、『黄檗文華』誌上に「黄檗清規序と梵行章第五を読み直す」を公表された(44)。梵行章は隠元・高泉の戒律禅の思想が、本『清規』中最も端的に表明された部分である。榊原師の解説は論旨明快、加えて思想的な研討も行き届いている。

また、同じく梵行章第五の（一）～（八）の諸項は、隠元編定の『弘戒法儀』の略本をなしている。『弘戒法儀』自体が、漢月法蔵の同題書の略本であることはすでに述べたが、長谷部幽蹊博士は、註（21）前掲書第四章「律苑の授戒より禅門叢林の授戒へ」にて、一節を割いて両『法儀』を比較考察されている。とりわけ、戒壇上に勧請し授戒の証明《しょうみょう》を仰ぐ仏・菩薩および諸先徳の名に関しては、精緻な対照表を掲げておられる(45)。これは梵行章を味読するうえでも、すこぶる有益に感ぜられる。筆者は平成十六年（二〇〇四）二月、黄檗山萬福寺文華殿にて、隠元版『弘戒法儀』を披見することを得た（事務局主任・田中智誠師の御厚意による）。ただ、略本とはいえ、隠元の『弘戒法儀』もまた相当な巨冊である。今後別の機会に、同書を通覧し、略本のそのまた略本たる「梵行章」と比較しつつ、所見を提示したく思う。

### 黄檗式の伽藍配置および諸儀礼についての先行研究

さて、山門と本堂（大雄宝殿）との間に天王殿を置き、かつ主要な堂宇の間を回廊で結ぶという黄檗山の伽藍は、これを中国大陸・台湾・東南アジアの華人仏教の寺院（例：洛陽の白馬寺）と伍せしめれば別段奇異ではなく、むしろ主流的な伽藍配置というべきである。しかしながら、臨済宗をも含めて、わが国の在来仏教には、このような伽藍配置は、全くその類例を見ないのである（東京都世田谷区の曹洞宗豪徳寺や高岡市の同宗・瑞龍寺のような、黄檗寺院伽藍の模倣例は除く）。

また、本『清規』の普及によって臨済・曹洞両宗においても一般化したことではあるが、道元『永平大清規』などの鎌倉・室町期の清規においては、「僧堂」を修行・食事・起居の場を兼ねた総合施設としていた。ところが、本『清規』では、僧堂（起居、日常生活の場）・禅堂（参禅の場）・斎堂（食堂）と、用途によって完全に分離せしめている。したがって、われわれが日本仏教に関する知識（とりわけ建築について）にのみ頼って本『清規』を読み、あるいは、本『清規』が道元や清拙正澄（渡来した元代禅僧）による古《こ》清規と同様のものだという誤まてる認識の上に立ちつつ本『清規』を読むと――とりわけ、諷誦章第六の伽藍関連の叙述を読むと――収拾のつかない混乱に自ら陥る虞れ無しとしない。この点、福井文雅博士が昭和五十七年（一九八二）二月、「マレーシアの中国仏教とその現況」[46]との題で、自ら調査されたマレーシア華人仏教寺院の伽藍配置や儀礼を主としつつも、傍ら黄檗山に見るそれらにも言及され、こうした諸寺院が国境を超えて体現する明末以降の中国仏教の一般的特色について講演されたのは、すこぶる意義深いことであった。

　また、同じく諷誦章第六に挙げられた各種の儀礼のうち、大多数はわが国でも行われているか、あるいは、「放生儀式」のように、わが国ではさして流行しなかったものの、比較的よく知られているものばかりである。しかしながら、最後に挙げられた「放水燈」は、餘り知られていない。そこで鎌田茂雄博士はその論攷「中国仏教儀礼の日本伝播」[47]にて、諷誦章全体を通釈されたほか、「放水燈」については別に一文を草して専論されている[48]。

### 香讃および「仏事梵唄讃」についての先行研究

　終わりに、附録の一章をなす「仏事梵唄讃」全十篇は、すべて同一の詩形（4／4／7／5／4／5の六句二十九言）に拠っている。これら十篇は、ただ単に、定められた字数で各句を填めているのみならず、各句の平仄配置にも明確な規則性が認められ、この詩形が古体詩・近体詩以外の、いわゆる填詞に属していることは、疑いようもない。填詞とは、宋代以降興隆した俗謡性の高い詩体であり、所属の詩形を「詞牌」と称する。「詞牌」は実に計数百種にも達している。左に全文を掲げよう（なお、『黄檗清規』原文には附せられていない返り点については、筆者が私に補った）。

（一）仏降生（浴仏日用）

三祇因満。万徳果円。下㆓生観史㆒誕㆓藍園㆒。九水浴㆓金盆㆒。指顧称㆑尊。法界沐㆓慈恩㆒。

（二）仏成道

棲㆓身雪嶺㆒。六載修行。明星現處豁㆓双睛㆒。無上道初成。普視㆓衆生㆒。仏慧本均平。

（三）仏涅槃

娑羅樹下。跋提河辺。泥洹時至会㆓人天㆒。遺教語親宣。中夜寂然。一代化儀全。

（四）弥勒仏降生

迦文已逝。弥勒当㆑來。度㆓生補處㆒坐㆓蓮台㆒。説法会三開。徳本深栽。果報永無㆑涯。

（五）初祖忌

少林燈耀。普照㆓大千㆒。無明臂断得㆓真伝㆒。双履返㆓西乾㆒。五葉芳聯。祖道永緜緜。

（六）百丈忌

叢林師表。無㆑出㆓雄峰㆒。禅儀法範立成㆑功。三代礼雍雍。不㆑墜㆓先宗㆒。湖海永尊崇。

（七）先覚忌香讃（通㆓用祖堂・聯燈堂㆒）

真香無㆑礙。流㆓出心胸㆒。非㆑煙非㆑火気和融。靉靆徧㆓虚空㆒。大円鏡中。願即降㆓神聡㆒。

（八）先覚回向讃

那伽既入。何往非㆑親。森羅万象悉帰㆑真。全不㆑離㆓纖塵㆒。大願無㆑垠。再転㆓法中輪㆒。

（九）衆生讃

閻浮果熟。仏国華新。浮漚四大本非㆑真。證㆓取未生身㆒。不㆑離㆓初心㆒。在処覲㆓能仁㆒。

（十）地蔵堂薦霊讃（通㆓用僧俗㆒）

衆生度尽。方證㆓菩提㆒。多生誓願不思議。六道仗㆓提携㆒。此日霊輀。速往㆓妙蓮池㆒。

さて、「仏事梵唄讃」十篇は、高泉の現存著述中にも見当たらず、作者は未詳である。しかしながら、高泉は填詞をもよくしたから(49)、依然有力な作者候補の一人ではある。この六句二十九言の詩形(50)の中でも、仏教界（さらには道教界）でとりわけ久しく用いられているのが、「炉香讃」である。一般に知られた本文には、「炉香乍爇。法界蒙レ薫。諸仏海会悉遥聞。随処結二祥雲一。誠意方慇。諸仏現二全身一」とある。「炉香讃」自体にもまた、いくつかのヴァリエーションを見るが、一般には「香讃」と総称されている。福井文雅博士は、明代における各種「香讃」の成立と、それら作品の儀礼における採用こそが、中国仏教（黄檗教団をも含む）と日本仏教との外面上の一大分岐的であるとの認識に立たれ、その旨、昭和五十八年（一九八三）公表の論攷「マレーシア・シンガポール地域の仏教」(51)で指摘され、同六十二年（一九八七）刊行の『般若心経の歴史的研究』に至って、再度指摘されている(52)。

福井博士の「香讃」研究は、九〇年代に入ってから深度を加え、五指にあまる論攷・講演にて、その東アジア仏教史上の意義を強調されているが、単刊専著における知見の集大成としては、「近世中国の新儀礼「香讃」考」(53)と「中国伝統宗教の転機」(54)とにまず屈指すべきであろう。また、「香讃」の中でも代表的な「炉香讃」ほか数種については、単刊専著になお収録を見ないものの（平成十六年春現在）、論攷「「香讃」試釈」(55)において訳註がなされている。ちなみに、「炉香讃」は、本『清規』「仏事梵唄讃」の部にこそ収録されていないが、『禅林課誦』に採られて、黄檗教団の法会用常用偈頌とされている。

このように、香讃、および香讃と同じ詩形を用いた「仏事梵唄讃」の存在は、著しく黄檗宗の儀礼を特徴づけている。筆者は先年、拙稿「「仏事梵唄讃」に見る黄檗禅の特色」(56)にて、香讃の史的背景に関しては主として福井博士に依拠しつつ、十篇、および本『清規』中の関連条目（特に使用の場を規定した尊祖章第三、節序章第七）に見られる黄檗教団の在来二大禅宗に見られぬ独自性を論述した。遺憾ながら、筆者の『禅林課誦』全文に対する理解は限定されたものであり、これら香讃の使用方式について、同書が本『清規』以上に詳細な説明を加えていることを認識しているのみである(57)。いずれ機会を得て全文を再度熟読し、そのうえでさらに所見を提示したい。

## (三)『黄檗清規』の主要な法源

標記の〈法源〉とは、元来法律学の用語である。ある国（いわゆる後進国）が、欧米先進国の法規を取り入れ、新たにその国向けの法律を制定した場合、規範とされた先進国の法規が、その後進国家にとっては法源となる。例えば十九世紀後半以降、東欧や中南米の諸国がナポレオン民法に倣った法典を相次いで制定しているが、この場合、これら諸国にとってはナポレオン民法が共通の法源をなしているのである。

この語彙および語義を、仏教における法律である戒律に応用するならば、本『清規』序で言及されている中峰明本の『幻住庵清規』(58)と、その形式や全文を貫く理念（天子以下国家権力への順応）からして、本『清規』が規範と仰いだことが明らかな『勅脩百丈清規』との二清規は、本『清規』にとって大きな法源をなしているものと見られよう。

### 『幻住庵清規』の大綱

標記の清規は、元代臨済宗の高僧・中峰明本（一二六三〜一三二三）が、延祐四年冬（一三一七）に定めたものである。終生大寺への晋山を拒んだ中峰は、その前年、住み慣れた浙江省天目山をやむなく去った。これは、ときの仁宗皇帝から勅使が派せられ、「江南の仏教界を統御すべし」という勅命が申し渡されるらしいとの噂に接したためで、彼は下山後、鎮江（江蘇省）にひとまず「難」を避けた(59)。年が明け、外護者が建立した大同庵に入り、ここで日を送ったが、翌五年には弟子たちの懇請を容れて再度天目山に入った。したがって、この『幻住庵清規』は、中峰が旅の空にあって還山後の禅林運営をいかにすべきか思いを巡らした末の所産と言えよう。目次では、「日用須知十条綱目」として日資・月進・年規・世範・営弁(60)・家風・名分・践履・摂養・津送の十大綱目が提示されている。『卍続蔵』第一一一冊所収本に拠れば、本文の大綱は、以下のとおりである。すでに戦前、大久保堅瑞師が、『仏書解説大辞典』の関連項目にて、『幻住庵清規』の大綱を提示されており(61)、依然すこぶる有益である。ただ、惜しむらくは『黄檗清規』の場合に同じく紙幅に制約されてか、鳥瞰図的に全体を眺めることができなかった。その点、本稿では紙幅上の餘裕をもって、同じく大綱を提示できたことと思う。

第一章　日資（九七二下）
第二章　月進（九七三上）
（一）正月　　歳旦祝聖・上元
（二）二月　　啓建天寿聖節・仏涅槃
（三）三月　　満散聖節道場・伽藍慶誕・高峰和尚愍忌［誕辰］
（四）四月　　仏降誕・起楞厳会・土地堂念誦・結制
（五）五月　　端陽
（六）六月　　散青苗会
（七）七月　　満散楞厳会・土地堂念誦・解制・啓建盂蘭盆会
（八）八月　　（特に行事なし）
（九）九月　　（特に行事なし）
（一〇）十月　開炉・達磨大師忌

（一一）十一月　冬至（土地堂念誦と講礼）

（一二）十二月　高峰和尚忌・仏成道・除夜（土地堂念誦）

第三章　年規（九七六上）

聖節・四節〔結夏・解夏・除夜・冬至〕・歳計

第四章　世範（九七七下）

（疏語）（九七七下）[62]

聖節啓建疏・聖節満散疏・仏涅槃疏・観音菩薩生日疏・仏生日疏・結夏啓建楞厳会疏・青苗経疏・満散楞厳会疏・仏成道疏・祈晴疏・満散祈晴疏・啓建祈雨疏・満散祈雨疏・薦亡焼香疏・送生日功徳疏

回向（九八五上）

朔望祝聖回向・国忌回向・歳旦普回向・毎日粥罷諷経回向・初二十六伽藍堂諷経回向・清明日祠堂回向・三月初四土地生日・三月二十三日高峰和尚愍忌回向・四月初八日浴仏偈・九十日楞厳会普回向・十月初五日少林忌回向・十二月初一日高峰和尚忌回向・四節土地堂念誦・伏願〔篇末用の文言、十種〕・聖賢回向事宜

第五章　営弁（九九〇上）

斎饌・修葺治畳
第六章　家風（九九一上）
掛搭・延納・用人・賞罰・進退・分衛・普請
第七章　名分（九九四上）
庵主・首座・副庵・知庫・互用・
第八章　践履（九九六上）
外縁・内縁・訓童行
第九章　摂養（九九九上）
為病人解釈念誦
第十章　津送（一〇〇〇下）
板帳式・道者山頭仏事

冒頭に総序を、各章ごとに小序を置くという構成は、ややのちの『勅脩清規』や、ずっとのちの『黄檗清規』と同様である。まず、第一～三章までは、幻住庵における年中行事が掲げられている。ついで、第四章では、それら年中行事のたびに必要とされる疏語・回向文について、それぞれ雛型を列挙している。第五・六・七章では、山寺・幻住庵の家風を提示するとともに、庵主（住職、制定当時は中峰自身）をはじめ、寺の運営にあたる役職者の職務内容や堅持すべき心得も明記されている。第八章は、ここに集う修行者（まだ出家していない童行《ずんなん》［わが国でいう稚児］をも含む）にあるべき修道姿勢を教示している。第九・十章では、道半ばにして病に倒れた者を看病し、かつ、その者が不幸にして示寂した場合の葬礼や、遺品処分の方法について規定している。
ここでとりわけ注目すべきは、現存最古の清規たる宗賾『禅苑清規』をはじめ、『勅脩清規』から『黄檗清規』に至るまで、中国禅宗の清規の多くが、もっぱら住職の示寂した場合を想定し、そのうえで葬礼法や、そこで用いられるべき祭文の雛型を提示しており、一般の僧侶が示寂した場合は、添え物的にごく短い紙幅が割かれるに留まっているのに対し、この『幻住庵清規』第十章では、あくまでも住職以外の一般の僧侶が身まかった場合を想定しつつ、筆が進められているということである。恐らく制定者たる中峰自身は、当初は自分が世を去ったときのことなど考えてもみなかったものの、のちに天目山に落ち着くまで相当の期間を長江を行き交う船の中や、長江沿いの都市の小庵で過ごしてきたために、恐らくは自己の葬儀についても、そのときの縁にしたがって、いかようにでも――という考えへと次第に達していったものと見られる。

## 『勅脩百丈清規』の大綱

『幻住庵清規』編定から二十一年後の至元四年（一三三八）、ときの天子・順宗（元朝最後の皇帝）による勅命を奉じるという形で、『勅脩百丈清規』全八巻が編纂された。『大正蔵』本（第四八巻）巻頭に掲げられた目次は、すこぶる詳細である。いま、その中から、割註表示部分を除き、主要項目と、『大正蔵』本における頁数とを掲げたい。

祝釐章第一（一一一二下）
　聖節・景命四斎日祝讃・旦望蔵殿祝讃・毎日祝讃・
　千秋節・善月

堂司送新旧両序鉢位・
方丈管待新旧両序・方丈特為新首座茶・
新首座特為後堂大衆茶・
住持垂訪頭首点茶・
両序交代茶・入寮出寮茶・
頭首就僧堂茶・両序出班上香

大衆章第七（一一三六下）
沙弥得度・新戒参堂・登壇受戒・護戒・弁道具・遊方参請・
大相看・大掛搭帰堂・抛香相看・謝掛搭・方丈特為新掛搭茶・
坐禅・坐禅儀（宋・宗賾撰）・坐参・大坐参・赴斎粥・赴茶湯・普請・日用軌範・亀鏡文（宋・宗賾撰）・病僧念
誦・
亡僧・板帳式

節臘章第八（一一五〇上）
夏前出草単・新掛搭人点入寮茶・出図帳・衆寮結解特為衆湯・
楞厳会・戒臘牌・
方丈小座湯・四節土地堂念誦・庫司四節特為首座大衆湯・
結制礼儀・四節秉払・
方丈四節特為首座大衆茶・庫司四節特為首座大衆茶・

前堂四節特為首座大衆茶・旦望巡堂茶・
方丈点行堂茶・庫司頭首点行堂茶・
月分須知（一一五四中）
法器章第九（一一五五中）
鐘・版・磬・鐃鈸・鼓
附著（一一五六中）
（一）百丈塔銘　（二）百丈山天下師表閣記　（三）古清規序　（四）崇寧清規序　（五）咸淳清規序
（六）至大清規序　（七）日用寒喧文

祝釐章第一と報恩章第二とは、ともに天子を讃嘆、もしくは、追悼する法会について、種々の細目を提示している。報本章第三・尊祖章第四は、『黄檗清規』に見る同題の章とほぼ同様であるが、『黄檗清規』と異なるのは、報本章において菩薩（とりわけ観音・弥勒）を礼讃するのに代えて、「帝師涅槃（会）」を修することである。ここにいわゆる〈帝師〉とは、『勅規』本文にその略伝ともども明記されているとおり、世祖フビライが師事したパクパ（チベット仏教の高僧）と彼以降の帝師たちとを指している。

住持章第五では、住持の職務や晋山・退隠、示寂後の葬礼について規定されている。続く節序章第六では、東西両序に大別される寺院内の諸役職について職務内容や心構えを明記、かつ、任務交替に際しての儀礼（例：両序交代茶）についても規定している。また、大衆章第七では、新たに出家した者の受け入れについて記すほか、住職以外の一般の僧が病み、さらに示寂した場合の葬礼について規定している。節臘章第八では、安居の結制・解制に伴う諸儀礼を規定するほか、四節（結制・解制・冬至・除夜）における種々の諸儀礼についても、その際読み上げられるべき疏語の雛型をも添えつつ、解説を加えている。また、章末の「月分須知」は、『幻住庵清規』の第二章「月進」や、『黄檗清規』の節序章第七に相当している。

以上、『勅脩清規』の第五〜八章は、同『清規』の屋台骨をなしているが、これら条文が実施されるべき寺院として編者・東陽徳煇《とうようでひ》および校閲者・笑隠大訢の念頭にあったのは、彼ら自身が住まった百丈山大智寿聖禅寺や、大龍翔集慶寺のような官寺名刹であったものとおぼしい。百丈山は、禅林清規の父・百丈懐海（七四九〜八一四）が開創した江西省の名刹である。また、大龍翔集慶寺は、文宗が即位する以前に住まった南京の王府であり、その即位後、寺に改められた（つまり、北京の雍和宮によく似た開創経緯をもつ）。これら四章に横溢する、禅寺にしてはおよそ繁文縟礼に過ぎるほどの種々の儀礼作法は、『勅脩清規』実施の本来のモデル寺院が諸事形式を重視する官立大寺とされていたことを、雄弁に物語っていよう。

終わりに、法器章第九では、禅林常用の法具の用法について規定している。ただ、前出の「結界石」（不許葷酒入山門）に加えて、木魚に関する項目が見当たらない。隠元個人の厳格な戒律観から生まれた結界石はともかくとして、今日中国大陸・台湾の寺々で必備の木魚について何らの解説も施していないということは、木魚が明代以降に生まれた法具であることを示唆してもいよう。

## 大綱は『勅規』から、細目は『幻住』から

『勅脩百丈清規』の特色、とりわけ、同『清規』が祝釐・報恩の二章を冒頭に掲げ、禅宗を名実ともに国家権力の統制下に置かんとした意図については、成河峰雄教授の論攷「禅宗の清規――元代『勅脩百丈清規』を手掛かりに

――」(63)に詳細な解説を見る。思うに本文全九章から成る『勅規』は、同じく本文全十章から成る『黄檗清規』にとって、大綱編定に際しては欠かせない参考文献であったものとおぼしく、章題・節（項）題ほか、種々の形式において参照された形跡が著しい。詳細は、左に掲げた別表「『黄檗清規』が『勅脩百丈清規』から摂取した章節」を参照されたい。

別表　『黄檗清規』が『勅脩百丈清規』から摂取した章節

| 勅脩百丈清規 | 黄檗清規 |
|---|---|
| 祝釐章第一<br>報恩章第二 | 祝釐章第一 |
| 報本章第三　仏降誕・仏成道涅槃 | 報本章第二　仏降誕・仏成道・仏涅槃（『勅規』「帝師涅槃」の項を除く） |
| 尊祖章第四　達磨忌・百丈忌・開山歴代祖忌 | 尊祖章第三　達磨忌・百丈忌・開山忌 |
| 住持章第五　住持日用・請新住持・入院・退院・議挙住持 | 住持章第四　住持日用・住持進退 |
| 大衆章第七　新戒参堂・登壇受戒・護戒・弁道具・<br>「日用軌範」所掲の偈頌・梵語陀羅尼中、『黄檗』梵行章「日用偈頌」所掲のそれと共通するものあり。『大正蔵』本一一四四頁下～一一四五頁下に散見される。 | 梵行章第五　三衣盋具・新戒参堂・<br>日用偈頌（「七衣」の偈頌および陀羅尼・展盋の偈頌・洗盋の偈頌および陀羅尼・浄手の陀羅尼・聞鐘の偈頌・登厠密念の陀羅尼・洗浄の陀羅尼）<br>（　）内に示した偈頌もしくは陀羅尼が、『勅規』と共通 |

| | |
|---|---|
| | （展盞偈の第一句のみ「以此洗盞水」に作っており、「我以洗鉢水」に作る『勅規』と小異）。また、陀羅尼の用字は、まま小異す。 |
| | 諷誦章第六 |
| 節臘章第八　月分須知 | 節序章第七　一月～十二月 |
| 両序章第六　延寿堂主（「列職雑務」中の一小項） | 礼法章第八　沙弥祝髪・ |
| 大衆章第七　沙弥得度 | 省行堂（延寿堂に同じ） |
| 大衆章第七　普請 | 普請章第九 |
| 住持章第五　遷化 | 遷化章第十（一）～（一〇） |
| 大衆章第七　亡僧・版［板］帳式 | |
| 法器章第九 | 法具図 |

この別表は、中尾師が『黄檗清規』訳註の巻末解説に掲げられた対照表(64)をもとに、筆者がさらに詳細化を図ったものである。中尾師は、『黄檗清規』が「『勅脩百丈清規』に倣い、それを祖述すると共に、当時の黄檗宗開創の事情も多分に考慮されてい」ると規定、そのうえで、両『清規』の差異として、「前者（『勅規』）が住持の日用に詳しく、また、両序に多くのページを割いているのに対し、後者（『黄檗清規』）はいたって簡略である。また、『弘戒法儀』（引用者註：梵行章第五に見る同書の要約部分を指す）は前者には欠け、新戒参堂、登壇受戒、護戒として授戒に触れているのみである」との所見を提示されている(65)。

筆者も中尾師の見解に全く同調する。この別表の中で、「新戒参堂」ほか『勅規』大衆章第七の四項と、「三衣盂具」

ほか『黄檗清規』梵行章第五の三項とを対照せしめた。両者間にはもとより相当に関連性があるものの、後者が前者の字句・説相を尽く襲用している、という意味ではない。

既述したように、『勅規』が成立した元代は、明代にいやまさる崇仏の王朝であったが、この当時、戒壇の維持や授戒会の挙行は、依然健在だった律宗寺院が任としていたものと見られる(66)。一方、『黄檗清規』が背景とする明末の臨済宗は、すでに独自に授戒会を執り行うだけの伝統や、参考文献・専門家を有しており、それゆえに授戒の一事に関しては、『勅規』よりも詳細、かつ、禅宗思想にヨリ適合した規定をなし得る段階に到達していたのである。

さて、『黄檗清規』総序において、隠元(およびその意を承けた代作者・高泉)が名指しで参考文献に挙げているのが、中峰明本の『幻住庵清規』である。黄檗三祖および高泉は、臨済宗列祖の中でもとりわけ中峰を尊崇しており、第四章註(125)で既述した賛を遺している。そのほか、中峰の画像は多数製作されており、様々な作例を目にする。黄檗教団における中峰尊崇の歴史は長く、したがって、『黄檗清規』が中峰の『幻住庵清規』から摂取した要素は、『勅規』からのそれほどには明瞭でないものの、いくつか指摘できる。

まず最初に、「愍忌」の存在を指摘できよう。『幻住』第二章「月進」では、毎年十二月に高峰、すなわち高峰原妙(一二三八~一二九五)の「愍忌」を執り行うべき旨、規定している。高峰は、中峰の本師であり、峻厳な家風で知られているが、その「愍忌」とは、命日ではなく誕辰を指している。「愍忌」の語源は判然としないが(67)、高僧が衆生を「愍《あわれ》」んで世に降ったと見る解釈が一般的である。『幻住』の場合は、制定者の中峰が、寺の開山でもあり、しかも制定当時なお健在だったからか、同じ天目山中に寺を構えていた先師・高峰を尊び、自らは謙抑の意を示したものと見られる。一方、『黄檗清規』は、隠元が示寂してのち、木庵・高泉によって最終的な編定を見たから(次項後述)、遠慮することなく、いな、遺弟たる者の当然の務めとして開山・隠元の「愍忌」(十一月四日)を尊祖章第三に盛り込んだのであろう。

次に、疏語の重視とその一括掲載も、直接的には『幻住』に学んでいるのではないだろうか。疏語とは各種の法会で読み上げられる法語もしくは声明文であるが、いかなる題材であっても四六駢儷文を基調とし、字々句々が典故を踏まえていることを必要条件とする。一所不住の前半生を送った中峰であったが、その中年以降は、趙孟頫（子昂）・高麗の忠宣王（王子時代から大都で成長した）ら、当時の代表的士大夫と道縁があり、疏語のような典型的文字禅の方面にも関心をもち、かつは種々実作経験を積まざるを得なかったようである。自ら編んだ『幻住』第四章「世範」では、疏語と回向（文）との二部に分けて、祝聖（聖節）・涅槃会ほか、様々な法会で用いられるべき疏語の雛型を例示している。『黄檗清規』もこれを受けて、節序章第七に「節序仏事疏語」の項を立て、計十一篇の疏語を収めている。このうち、「仏涅槃疏」・「仏成道疏」・「寒林榜」の三篇が『洗雲集』にも採られており(68)、高泉自身の製作に係ることが明らかである。

終わりに、普請の重視も、恐らくは『幻住』に学ぶところであろう。『勅規』では、大衆章第七の中の一項として「普請」を立てている。その篇末を「当に古人の『一日作さずんば一日食らはず』の誡を思ふべし」と、一般に知られた百丈懐海の名言で結んでいるものの、全文百二十字に満たない短文であり、いかにも掛け声だけという感じがする(69)。これに対し『幻住』の第五章「営弁」では、「修葺治畳」（畳とは敷石を指す）一項を、続く第六章「家風」では、「分衛」・「普請」の二項をそれぞれ立てており、住職以下、一山大衆挙げて種々の作務（掃除）・普請に汗を流すべきことを規定している。『黄檗清規』では、全章中最も短い一章ながら、普請章第九を立て、『幻住』と同様、種々の労役を惜しまぬ真の禅者の輩出を期している。

中峰明本の思想については、とりわけその浄土教に対する好意的関心については、近年、荒木見悟博士に平明な論述を見る(70)。また、註(59)前掲の西尾教授論攷に加えて(71)、野口善敬(72)・藤島建樹(73)・佐藤秀孝(74)の諸先学にも、それぞれ注視すべき業績がある。いずれも得意とされる分野の知見を活かしつつ、中峰の語録（『広録』および『雑録』）を経とし、居士たちとの道縁を緯とした精緻な伝記研究である。しかしながら、こと『幻住庵清規』に関しては、大正期の忽滑谷快天博士『禅学思想史』における論評(75)以降、立ち入った論攷を見かけない。今後この分野に関する新研究の登場を待望しつつ、自らも新たな所見あるよう努めたく思う。

### 密雲・費隠師弟の「規約」

これら二大法源のほか、『黄檗清規』礼法章第八で引用された密雲円悟の「叢林師訓条規大約」（以下、「条規」と略称）、および引用こそされなかったが、費隠通容の『叢林両序須知』もまた、隠元の師翁・本師の手になった先行の「規約」として、『黄檗清規』編定に際し、相当に参照されたものとおぼしい。まず、密雲「条規」の成立年代は判然としないが、密雲は崇禎十五年（一六四二）に示寂している。示寂の直前、天台山通玄寺に転住しているが、それまでの十一年間（崇禎四年四月以来）、わが国の道元にもゆかり深い天童山景徳寺にあって、荒廃していた堂宇の復興に鋭意した(76)。『黄檗清規』所引本には、彼の名に「天童密雲老和尚作」と冠しているから、本「条規」もまた、この間にあって、寺院復興事業を通じてとりわけ緊要と感ぜられたことを文書化したものではないだろうか。

全十条は、朝晩の参禅・諷経に勤しむべきこと（第一条）、寺内で商行為を営むことの禁止（第四条）、男色・女色に惑溺することへの戒め（第七条）、寺の財物を流用し、権貴と結ぶことの禁止（第八条）などから成り、違反する者は退去するよう規定している。ついで、原本の十条を敷衍・補足する形でさらに十条が附せられており、「如《も》し犯す者有らば軽重を量つて罰責すべし。如し極重ならば偏門より擯出し、再び入ることを容るること無けん」と結ばれている。

密雲の原文では一律「出院」（退去）とされているのが、いささか寛《ゆる》められ、情状を酌量することありとされている。こちら補足部分の末尾には「方丈（ときの住職・木庵）立」とあるものの、実際の編定は恐らく高泉によっていよう(77)。

次に、費隠の『叢林両序須知』は、『卍続蔵経』第一一二冊に収録されている。冒頭の総序に記されているように、費隠が口授したことを、高弟の百癡行元（『五燈厳統』編者の一人でもあった）が筆受したものである(78)。総序に拠れば、費隠は『勅脩清規』の中でも住持第五・両序第六の二章こそが全文中の眼目だと見ていたものの、両序章には不備な点があると感じていた(79)。

そこで、東西両序（本堂・法堂で東西に分かれて並ぶ役職者たち）のうち、西序では首座（西堂にも通用）・書記・蔵主・知客・浴主（附、圊頭）・方丈侍者の六職について、一方、東序では監寺・維那・副寺・典座・歳の五職について、いずれも「××［役職名］須知」と題し、十一章を費やして論述した。各章の小序では、その職務の由来や理想像を語り、箇条書きの本文では、罰則なしの「べからず集」の形で、職務上なすべからざることを列挙している。これら十一職（および附説された西堂・圊頭）のうち、首座・西堂が見えず、かつ「蔵主」が「知蔵」と改められている点を除けば、ことごとく『黄檗清規』の「執事単」にも見えている。

ここに再説するまでもなく、「首座」とは大衆の上首である。また、「西堂《さいどう》」とは、古くは「他山の前住職がその寺に寓居した場合の呼称」であり、その後、「結制［安居］に際し、住職を助けて衆僧を接化する者」という語義を生じた。費隠は、目次所掲の題下註で「首座に関することは西堂にも通用する」と述べている以上、二番目のヨリ新しいほうの語義（首座とほぼ同様の職位）に拠っていよう(80)。

もっとも、首座・西堂の職務内容は、いわば禅林の常識であったから、『黄檗清規』では簡略な「執事単」においてすら挙げられることなく終わったものと見られる。なお、『叢林両序須知』全体の成立年代は未詳であるが、最終章たる「直歳須知」は、篇末の紀年から、崇禎十二年（一六三九）春の編定と知られる。他の諸章もまた、おおよそこの前後の編定であろう。ときに費隠四十七歳、前年以来、浙江省嘉興府の金粟山広慧寺にあった(81)。

## 江戸期黄檗山における両規約の扱い（仮説）

以下は仮説であるが、費隠の『叢林両序須知』は、普段は黄檗山内のしかるべき所に架蔵され、詳しく参照されることが必要な場合（例：『黄檗清規』を教材とする説法）にのみ、そこから借り出され、『黄檗清規』「執事単」の簡略を補ったのではないだろうか。「執事単」の直後には、前出・密雲の「条規」が掲げられている。すると講話者は、『清規』本文たる「執事単」を語りつつ、関連文献たる費隠の『両序須知』にも触れ、それが終わると、『清規』本文に沿って、今度は密雲の「条規」へと話頭を転じることとなる。その結果、密雲・費隠・隠元の祖孫三代にわたる清規観を、まさに一石三鳥的に語ることができよう。

今後、文華殿ほか心当たりのある部署の蔵書を拝観し、この仮説を実証したい。ただ、黄檗教団に対し強い反感をいだいていた無着道忠ですら、恐らくは「敵を知り己を知らば」という孫子の兵法的観点からか、本『須知』を自ら書写し、その写本は、今も妙心寺山内東海庵に所蔵されているという(82)。すると、黄檗教団内外における本書の流布は、筆者の想像を遥かに上回るものがあったように思われるのである。

## （四）疏語・聯に関する法源

### 笑隠による禅林四六文の確立

『黄檗清規』では、すでに見たように、疏語《じょご》に対し相当の重視を示している。これは明らかに先行する中峰明本の『幻住庵清規』に倣ったものと見られる。『幻住庵清規』に遅れること二十年にして成った『勅脩百丈清規』では、『幻住』とは対照的に疏語だけを集成した部分を持たず、疏語は各章の必要な項目中に散在している。野口善敬師は、『蒲室集』和刻本(83)の解題執筆に際し、それら疏語のすべてが、『勅脩清規』校閲者たる笑隠大訢（一二八四〜一三四四）の作であることを確認された(84)。笑隠は中峰と同時代人であり、名山大刹に住まった点で、一所不住の中峰とは、外面上およそ対照的な生涯を歩んだように見える。

しかしながら、野口師が指摘されているように(85)、ともに当時の著名な居士たちと道縁を結び、また、ともに清規の編定によって――官撰と私撰という違いはあるが――国家の庇護下、ややもすれば堕落しがちであった禅宗教団の正常化を図った点で相通ずるものがある。笑隠がヨリ良き人材を求めて奔走、見い出した人材を中央政府（とりわけ宗教行政を扱う行宣政院）に対し積極的に推薦していた証拠こそ、数多く撰述された流麗な諸山疏・山門疏・行宣政院疏なのである。

中峰が製作した疏語も美文が多いが、笑隠の場合は、それら作品が生前の至元四年（一三三八）に『蒲室集』十五巻にまとめ上げられている。同書はわが国へもまもなく伝えられ、延文四年（一三五九）には五山版で刊行された。周知のように、四六駢儷文は唐代中期に韓愈・柳宗元が古文復興を唱えて以来、詔勅の類を除いてその用途がすこぶる限定されていたのであるが、元代に至って中峰・笑隠、とりわけ笑隠が現れてからは、禅林文芸の精華として、新たな生命を吹き込まれたのである(86)。禅宗における疏語の摂取は、明代以降の科挙において確立された八股文と並んで、近世における四六文の二大用途をなしていたと言えよう。

## 永覚元賢の疏語多作

明代において、疏語に対しとりわけ深い関心を寄せた人物として永覚元賢（一五七八～一六五八）が挙げられる。すでに度々述べたように、永覚は鼓山泉湧寺にあって寿昌派曹洞宗を挙揚したおり、そこへ木庵・即非ら福清黄檗山の僧らも参じていた。永覚の疏語好きは、同時代にあっては特筆すべきもので、その生前に『禅林疏語』全四巻を自ら編んでいる。

永覚はその序（小引）で、おおよそ次のとおり述べている(87)。禅林で疏語が用いられているのは、仏が定めたものでもなければ、達磨以下禅の祖師が定めたものでもなく、此土（中国）において、僧が衆生を仏海に導き、仏・菩薩に対し種々の事情を表白《ひょうびゃく》するに際して疏語を用いたのが始まりであった。唐宋時代には才学優れたものが疏語の起草に当たったが、明代以降はその任に堪え得る者が甚だ少なくなり、陳腐な言葉を書き連ねるばかりとなった。かく言う自分も出家以来、疏語起草を担当してきたが、「旧として因るべき無きに苦し」んだ。つまり、これという参考文献が得られなかったのである。こうして三十有餘年を経過したが、この間、好事家が拙作を蒐集、相当な分量に達した。愈時篤氏が武林（杭州）で出版し、泉南、すなわち永覚も開元寺住職として一時住まった泉州でも出版した。いつか優れた作者が禅林中から現れたならば、本書は無用の存在となるであろう、と。

この小引は紀年を欠いているが、永覚は万暦四十五年（一六一七）、四十歳にして出家しており、そのときから三十有餘年後、しかも泉州に住まって以降といえば、順治七年（一六五〇）前後と見られよう。この当時、永覚は鼓山にあって『金剛経略疏』を著し、また、詩偈を多く載せた『禅餘外集』や、芸文志の充実した『鼓山志』を自ら編み、もしくは人をして編纂せしめていた(88)。いわば自己一代の「文字禅」の所産を自ら集大成しつつあった時期である。出家以前の彼は別段甚だしい貧家に育ったわけではなく、当時の一般的気風のままに科挙をめざし、宋学を修めたというから(89)、その過程で八股文をも習ったことであろう。俗界における八股文の仏教版が、すなわち疏語であるから、永覚がこの文体に長じていたのもゆえなしとしない。

『禅林疏語』は、巻三までが本文であり、これが彝典門・修因門・弭災門・祈恩門・薦悼門の五門に分かたれ、百四十篇以上もの作例を収録している。祝聖・仏涅槃・祈雨など、中峰の『幻住』疏語集にも見るようなヨリ在来的な性質の疏語は、前三門に収録されている。祈恩門は安産・科挙合格・病気平癒など、在家信徒からのあらゆる方面の現世利益をかなえんとする内容の疏語を収め、また、薦悼門も、薦大沙門・入塔・生忌（憖忌に同じ）など一部の項目を除けば、もっぱら在家人のための葬儀に際し用いられるべき疏語を収録している。大多数は「某年某月某日、某寺沙門某敬白…」と、いつ、誰がどこにおいても使えるような書かれ方をされている。

## 『禅林疏語』聯の部の概要

残る巻四は附録である。大蔵恭聞・法華恭聞ほか経典関連の疏語や、崇禎帝を追悼する「先帝遐昇修懺上表」、福建の平和を念ずる「聞賊勢猖獗諷仁王護国経疏」など、時事性濃厚な作品を収録している。さらに附録中には「道場各聯」との項題のもと、計六十四対もの聯を収録する(90)。これら聯を掲げるべき場として、丈室（住職居室）・客堂・十方堂・仏殿（本堂）・浄業堂・観音閣・三門・祖師堂・伽藍堂・韋陀祠・雲堂（僧堂）などが挙げられている。恐らくこれら諸堂宇は、永覚が住まった当時の鼓山の主伽藍でもあったことであろう。

さて、明末清初の禅宗においても聯をとりわけ重視し、生前に編んだ自らの語録中に聯の部を立てた人物として、為霖道霈がまず挙げられることは既に述べた（第二章第三節第四項）。その為霖の本師が、すなわち永覚である。ただ、全三十巻にも達する永覚の『広録』（語録・詩偈を中心とする全集）(91)中には、聯の部が独立して立てられることはなかった。また、『禅林疏語』本文所収のものだけで百四十篇を超えた疏語も、『広録』では巻十七ただ一巻に二十九篇が採録されているのみである。しかも、『広録』のこの巻に採録された作品は、（一）時事性濃厚、かつ悲痛なもの（いずれも『疏語』では附録所収）や、あるいは、（二）「建州孫道台請祈雨疏」・「誕日薦親疏」といった、現世利益とはおよそ無縁の、真摯な道念に基づいた作品ばかりである。

つまり、『禅林疏語』において多数派を占めていた「某年某月某日、某寺沙門某」云々のマスプロ型の作例は、示寂後編纂の『広録』では全く影を潜めているのである。筆者が両書を照合した限りでは、『疏語』本文篇（巻一～三）所掲の作品で、『広録』の「疏」の部にも再録されている例は一つも見当たらない。『疏語』所掲の涅槃会疏や祈雨疏はあくまでも後進のための雛型であって、『広録』では、あくまでも何年何月どこの寺で修したかを明示する作例のみが収録されているのである。

もっとも、『広録』巻十四「序」の部には、永覚が『疏語』巻頭に掲げた小引も、「禅林疏語序」の題にて収録されており(92)、永覚にこの著のあったことまでが抹殺されたわけではない。ここで再説するまでもなく、『広録』を編定した為霖は、本師・永覚の禅思想を最もよく解した人物である。その為霖が、相当の質量を誇る師の聯を語録中に少しも採らなかったのは、少なからず理解に苦しむ。ただ、永覚の言行を再度顧みるに、彼自身が文芸を好み、同時代の禅界で愛読されていた徳洪覚範の『石門文字禅』を同様に愛読しつつも、「若論㆓仏法㆒。則醇疵相半。世人愛㆓其文字㆒。並重㆓其仏法㆒。非㆔余所㆓敢知㆒也」(93)として、同書中に展開された徳洪の禅思想（臨済宗黄龍派の思想を背景とする）にまで賛同できなかったものと見られる。

するとやはり、永覚の脳裏には依然、黙照を重んじ文字を末節と見る曹洞宗の思想が蟠居しており(94)、聯のごときはそうした末節の中でもとりわけ末節と見なされたものと見られる。そして、こうした師の見解を承けて、高弟・為霖は師・永覚の語録中に敢えて聯の部を立てず、また、関連作品をも採らなかったとも見られよう。

### わが国における『禅林疏語』流伝

『黄檗清規』所掲の疏語（節序章第七）・聯（附録）は多く高泉の手になるものであり、後者は彼の『遺稿』にも再録されている。永覚『禅林疏語』所掲の疏語・聯と対照した限りでは、何ら似るところがない。しかしながら、実は『禅林疏語』自体が、『黄檗清規』のまさに編まれつつあった寛文十二年（一六七二）、「山城国宝蔵院」から刊刻されている(95)。この時代の山城国で、『疏語』のような明末清初の禅宗文献を積極的に刊行していた宝蔵院といえば、宇治黄檗山内のそれを措いて、ほかには考えられない。そしてときの同院住職こそ、大蔵経刊行の大業を推進しつつあった鉄眼道光である。

高泉は、同じ黄檗山内の法苑院にあって、『黄檗清規』編纂の筆を執りつつ、墨の香りも新らしい『禅林疏語』を披見し（恐らくは鉄眼の配慮で高泉へも献呈されたに相違あるまい）、『清規』の紙上を飾る疏語・聯の――後者に至っては実際に伽藍内の各所に掲げられさえもした――草案を練ったことであろう。高泉が永覚を深く敬慕していたことは、第二章第三節第一項にすでに述べた。

## 第二項　『黄檗清規』の制定と流布

最晩年の隠元の禅戒一致の思想と、それを自己亡きのちも宣揚せんとの願いが、高泉の文筆によって発揮された労作――それがすなわち、この『黄檗清規』である。その編定の過程は、高泉の詩偈や書簡から窺い知ることができる。まず、年譜『紀年録』寛文十三年（一六七三）の条に拠れば、この年四月三日、隠元が示寂、高泉は九月に金沢心空庵へ赴くまで喪に服していたが、その間、今日見る二巻本『清規』の編纂を進めたという(96)。恐らくは相当部分がこの五か月の間に成ったものとおぼしいが、全てが完成したのではない。

二年後の延宝三年（一六七五）、松隠堂の境内に開山堂が建立され、高泉自ら土を負って工事に参加すること二ヶ月に及び、『清規』普請章に定めるところを自ら実践した(97)。その直後、高泉は『清規』の最終的な編纂作業を終えたものとおぼしく、南源性派から贈られた賀偈に対し、答礼として次韻の七絶を寄せている(98)。そこでは、「輯レ書不レ欲レ没二先宗一。愧匪二訢師一敢伐レ功。何幸瑶章軽恵教。頓令二斯話遠流通一」と、『清規』編纂の目的があくまでも師翁・隠元の徳行を湮滅させないことを第一義としているのであり、非才の自分には、〈訢師〉、すなわち、元の笑隠大訢が『勅脩清規』編纂にあたり成し得たような大業は務めかねる――と謙遜している。事実はしかし、全文を校閲し、総序・各章の小序に加えて疏語をも執筆するなど、笑隠が果したのと同種の仕事を、高泉は果たしている。

さて、やがて木版本として世に出た『黄檗清規』の刊年は、これを底本とする『大正蔵』本の脚註にも明示されていない。ただ、高泉が晦翁宝暠（一六三五～一七一二）に寄せた書簡では、延宝八年（一六八〇）以来、晦翁が近江国蒲生郡の正明寺に住持していることを慶賀し、かつ、高泉が「知非之歳」、すなわち、五十歳に達した天和二年（一六八二）十月には、晦翁が仏国寺までやって来て祝賀したことを謝してもいる。そして、こうした多年の厚誼への感謝の印に、『黄檗清規』および「時物」（旬の野菜・果物の類か）を寄せる――と、書簡を結んでいる(99)。この書簡の直後には、木庵宛の書簡が掲げられている。これまた天和二年（一六八二）の高泉五十歳の賀に際し、木庵から種々の慶賀の品を贈られたことを拝謝する文面である。したがって、遅くとも天和二年頃までには、『黄檗清規』浄写本、もしくは刊本が成っており、人に贈るほどの部数が高泉の手許に常備されていたことであろう。

また、黄檗僧の手を介して有縁の他宗僧侶も既に延宝年間には入手した形跡がある。例えば、『黄檗清規』が、黄檗教団内のみならず、曹洞宗内にあっても流布していたことは、つとに知られている。鏡島元隆博士の論攷「古規復古運動とその思想背景」に拠れば、加賀国大乗寺に住した月舟宗胡（一六一八〜一六九六）は、寛文十一年（一六七一）の同寺晋山以来、刊行されてまもない道元『永平大清規』を、寺内大衆をして実地に行ぜしめたほか、延宝二年（一六七四）には、『黄檗清規』を大々的に取り入れた『雲堂常規』、およびその補足規定たる『重雲堂之常規』を編定している(100)。これら両『常規』が主として模倣したのは、『黄檗清規』の中でも、礼法章第八の「堂規」である。ここでは日々の修行・作業について規定し、かつ十三条にわたって禁止事項を列挙、各条を「違反者は罰す」という同一の警告で結んでいる(101)。

ところで近年、両『常規』（延宝二年）よりもさらに先立って編定されたとおぼしい『雲堂規』（兵庫県出石町・見性寺所蔵）が発見された。この文書については、本多祖圭師によって簡明な紹介がなされている。本多師に拠れば、恐らくこの『雲堂規』は、月舟が大乗寺で結制を営弁するにあたって、それまでの曹洞宗になかった結制中の規矩を欲し、在来の『永平大清規』・『瑩山清規』に加えて、『黄檗清規』、さらには『幻住庵清規』第一章「日資」をも折衷し、『雲堂規』を制定し、ついでこれを基礎として『雲堂常規』を編定したという(102)。

確かに『永平大清規』は、近世以前にあっては有数の体系性を具備した清規であり、とりわけその一部をなす『衆《しゅ》寮《りょう》箴規』および『対大己五夏闍梨法』は、多少字句を改めさえすれば、他宗派の僧侶学林にあっても、修行僧の生活規則として十分に転用できるほどの具体性を帯びている。それゆえに、寛文四年（一六六四）、京都での単刊本刊行後まもなくして、同じく京都にあった時宗遊行派の学寮規則として字句修改のうえ採用されたのであろう(103)。しかしながら、『永平大清規』には結制（安居会）に関する規定が見当たらず、この点では、後続の『瑩山清規』（大乗寺開山・瑩山紹瑾の編定とされる）とて同様である。

月舟が大乗寺で問題の結制を挙行するまでの経緯や、具体的な実施状況については、今後同寺関連の諸文献を調べねばならない。ただ、延宝二年（一六七四）よりもさらに以前に、月舟が『黄檗清規』に接し、これを自己の大乗寺における教化活動中において活用しようと期していたことは、本多師の校勘学的研究によって明らかにされている。曹洞宗人の手になる現存最古の月舟伝としては、門人の徳翁良高（一六四九～一七〇九、卍山道白の同門法弟）がその著『続日域洞上諸祖伝』巻四に立てたそれが挙げられる[104]。しかしながら、大乗寺での月舟については、単に「永平古規を恢復」したとするのみであり、『黄檗清規』への傾倒については触れるところがない。

実は徳翁は、元禄四年（一六九一）、本師・月舟、法兄・卍山の後を承けて大乗寺住職となったが、月舟に輪を掛けて『黄檗清規』に傾倒したため、五年後、ついに大乗寺を終われ、のみならず、かの龍渓性潜の場合と同様、寺の歴代住職表から、その名を除かれてしまった[105]。同じ曹洞宗の甘露英泉（江戸で活躍、伝未詳）がその著『尸羅敲髄章』で指弾しているように、徳翁は同門法兄の惟慧道定（一六三四～一七一三）とともども、大乗寺内の大衆をして「唐音を用《も》つて香讃・課誦を作《な》さし」めており、これが永平寺を中心として次第に勢いを強めつつあった古規復古運動家らの反発・排斥を招いたものと見られる[106]。このような経緯から、晩年、各地を巡錫しつつ『続日域洞上諸祖伝』の筆を進めつつあった徳翁は、先師・月舟の『黄檗清規』への傾倒ぶりに言及することで再度物議を醸すという事態を避けたかったのではないだろうか。

ちなみに、『黄檗清規』では、香讃ほか常用偈頌には、唐音による振り仮名が施されており、また、常用経典たる『禅林課誦』においては、さらに多くの経典・偈頌に対し同様に振り仮名を施している。それゆえ、しかるべき黄檗僧に就き、一定期間習いさえすれば、抑揚をも含む本格的な読み方を会得することが十分に可能である。

延宝四年（一六七六）、大乗寺からほど近い金沢には、高泉を開山とする黄檗の寺・献珠寺が建立されており、同寺の実務を司る月峰道喜は、恐らくは大乗寺に依頼して、曹洞宗関連の伝記資料を蒐集、本師・高泉の僧伝編纂を支援している（第八章第三節第四項後述）。徳翁らへ黄檗唐音を伝授した人物は、加賀藩重臣・横山家出身の月峰であったという可能性が大である。

## 第三節　同時代の清規・戒律主義者への影響

### 第一項　臨済宗における反応

かくて制定・流布を見た『黄檗清規』であったが、在来の臨済宗からの反応は必ずしも芳しいものではなかった。恐らくは『黄檗清規』の向こうを張ってか、貞享元年（一六八四）、僅か三十二歳の無着道忠は妙心寺内龍華院にあって『小叢林略清規』(107)全三巻を編定、膨大な彼の著作中、生前唯一刊行された書であるとともに、その刊行は比較的早く、のちに編定した『正法山清規』全三巻（写本のみ）ともども、妙心寺教団内に広く流布した。

それ以前の臨済宗にあっては、遠く嘉暦二年（一三二七）、清拙正澄（渡来した元代臨済宗の僧）が『大鑑禅師小清規』を編定したのみで、京都・鎌倉の五山大刹では、一般には『勅脩百丈清規』を主とし、それぞれの寺の寺規を従として大衆を統率していた。室町時代までの五山禅林には、龍山徳見・中巖円月のような入元留学し、現地で東陽徳煇・笑隠大訢ら『勅規』生みの親にあたる高僧たちから親しく教えを受けた士にも乏しくなかった。それゆえに、日本臨済宗独自の清規の編定、およびその大々的な流布は、かえって伝統を損なう有害な営為ですらあったものと見られよう。

### 桂林崇琛『禅林執弊集』に見る『黄檗清規』批判

かかる伝統の中に育った桂林崇琛（一六五二～一七二八、妙心寺第三一三世）は、高泉亡きあとの元禄十三年（一七〇〇）、『禅林執弊集』（筆者未見）を刊行し、その中で実に十七条にわたって黄檗教団批判を展開する。その批判の多くは、思想批判というよりは、明代仏教文化に対する桂林の無理解から発したものが多く、例えば「法器濫りに鳴らすべからざるの弁」では、木魚・鐃鈸といった『黄檗清規』法具図にも見える法器を用いつつ法事が進められることについて、「明季［明末］闇証の禅徒、濫りに他人の耳を悦ばしめんと欲して、還つて百丈（懐海）万世不易の叢規を忘却するもの」だと難じている[108]。また、黄檗山では誰も彼も帽子を戴いているが、これまた明末の弊風の現れであると見ている[109]。

わが国でのイメージが従来とかく芳しからぬ清代後期・民国の中国僧侶の中にも、学徳兼備、戒律厳守の敬慕すべき高僧はあまた存在するが、桂林の見解に従うならば、彼らでさえもまた、世俗におもねる、俗臭を脱し切れぬ悪僧ということになってしまうであろう。何となれば、彼ら高僧たちは、桂林が指弾した明末以来の「弊風」の中で日々の寺院生活を送り、法器の音も高らかな――桂林の言葉を借りれば「かまびすしい」――法会を執り行いもすれば、帽子を戴いて境内を逍遥してもいたからである。

数ある黄檗批判の中でも、「侍者をして坐具を展《の》べしむべからざるの弁」はしかし、「我々こそが『勅脩清規』の解釈・実践者としては本流だ」との自負が表出した一条と見られる。桂林は、隠元ら黄檗唐僧が本堂で仏像を拝する際、自ら坐具（尼師檀ともいう。敷物のこと）を広げることなく、侍者をしてなさしめていることを批判し、かつ、隠元があるとき、中国では久しく失われていた『百丈清規』を手にしたことを喜んだとする逸話をも紹介する。そのうえで、隠元らが実はおよそ清規に疎かったのだ――と一項を結んでいる(110)。

今、「(展)坐具」および「展具」の検索語にて「CBETA電子仏典(大正蔵)」に徴したが、『勅規』中には、どこにも関連する字句を認めない。また、宋代成立の宗賾『禅苑清規』に関しても、鏡島博士ら三師と近刊の蘇軍氏による二種の校訂本を通覧したが、同様にして関連する叙述を得ない(111)。恐らくは鎌倉時代末期以降、入元して『勅規』実施の状況をまのあたりにして帰国した僧から法孫たちへと、累代伝承された専門知識なのだろう。

なお、桂林は隠元が渡日後『百丈清規』を初めて手にして感動したと述べているが、百丈懐海制定のいわゆる「古清規」は、少なくとも元代以降は、日中両国ともに全くその跡を絶っている。また、『勅脩百丈清規』は中国にあっては、官版・私版の二種の明版大蔵経にともに入蔵されており、隠元が渡日以前に活躍した福清黄檗山には、隠元が生まれる以前から、中天正円・鑑源興寿師弟らの奔走と福建出身の宰相・葉向高の支援により、朝廷から官版大蔵経が下賜されていた。さらに、私版大蔵経(明末に達観真可らが開版した方冊大蔵経)に関しても、中国からこれを携え来たり、大蔵経和刻を志した鉄眼へ底本として贈与した人物こそ、ほかならぬ隠元であった。したがって、桂林が引く逸話は、いかにも妙心寺関係者らしい悪意に基づいた創作と見るほかはない。

もっとも、隠元がたまたま宋・宗賾の『禅苑清規』を披見し、そこに息づく「百丈古清規」の精神を目の当たりにしての感嘆だと考えられなくもないが、『勅脩清規』流布の結果、日中両国を通じて『禅苑清規』は久しく行われなくなり、内容具備した註釈書の成立も認められない以上、やはり無理な想像と言わざるを得まい(112)。

## 聖僕『禅籍志』に見る冷静、かつ好意的な批評

標記の文献については、第二章註(197)でも既に触れた。著者・聖僕義諦は、在来の臨済宗に属しているということ以外伝記未詳であるが、黄檗文献からは、高泉の著した一連の僧伝と『黄檗清規』とを取り上げ、その概要および批評を記している[113]。正徳六年(一七一六)刊の同書は、先行する桂林『禅林執弊集』に比すればずっと冷静かつ好意的な目で『黄檗清規』をとらえている。ここでは訓読文を略し、原文と口語訳とをのみ掲げたい。「原註」と表示した個所を除けば( )内の字句は筆者が補ったものである。

按。明朝禅藍。有二仏殿・法堂・禅堂一。夫禅林有二仏殿一。如二朝廷大極殿一。非二大公事一則不レ行。乃修二朔望・祝聖・三仏会・臨時祈禱一。及住持大衆。旦暮朝拝。報二仏恩・国恩一之所。彼念仏求二往生一。陳二白一己願一。各寮私修。非二大殿規一。

見二其上堂一。用二講経式一。座前設レ案。令下侍者預擎二持爐払一(爐払。天台家伝。如二少林衣鉢一。)行置中案上上。而後。住持出レ室。登二法堂一。大衆香讃一徧畢。住持提綱。是教製。非二禅規一。

昔者。新命開堂日。請二它山尊宿一。或本山東堂。道徳顕レ世者一。白槌證明。是取二信於一時之人一也。明規則不レ然。開堂時。請二後進長老一白槌。後毎二上堂一。維那白槌。

又教家有二禅堂一。専修二慧業一。故別置二定座所一。禅林。入レ門尽是禅地。更無レ有二禅堂一。但要二僧堂衆静地裡参究。外堂衆閙地裡参究一。明規謂二僧堂一為二禅堂一。亦是教習也。

住持退院。不レ離二本山一者。請居二東堂一。若十刹住持退院。退院来二住五山一者。請居二西堂一。故西堂本是師位之人。其位次。東堂・西堂。前堂・後堂也。明規列二之前堂下一。後堂上一。可レ謂二杜撰一矣。

然而日本禅人。覩二黄檗如レ斯言。「百丈清規。絶二于明一。而存二于我一。」可レ笑。清規所二根本一。住持時時槌払。大衆日日坐禅也。其佗行相。枝葉耳。依二禅規一。則甚善。教規亦不レ悪。禅也。教也。修レ道為レ要。黄檗枷レ基。今四十年。住持説法。垂示不レ懈。結レ夏結レ冬。大衆禁足。其真参・實證。余之所レ不レ知。平日所レ行。不レ失二本宗一。今忘二本根尽失一。誇二枝葉才遺一。容易起二誹謗一。一句被二難殺一也。

按ずるに、明朝の禅宗伽藍には、仏殿があるが、これはわが朝廷の大極殿が大掛かりな国事でなければ使用されないのと同様、毎月朔望（一日・十五日）の祝聖か、三仏会《さんぶつえ》（語義未詳）、臨時の祈禱を修したり、あるいは住職以下大衆が朝晩礼拝し、仏および国家からの恩恵を報ぜんとする場である。念仏して極楽往生を求めたり、一私人としての願い事をするなどは、それぞれの寮房でなされるべきことであって、仏殿でなされるべきことではない。

また、住職の上堂（法語垂示の形式の一つ、最も本式のそれ）を見るに、経典講義の式に倣っており、座前に机を設け、侍者にあらかじめ炉払《ろほつ》（原註：これは天台宗伝来の法具であり、少林寺達磨大師の衣鉢のようなものである；引用者註：住持章第四「住持日用」に、上堂に際しては侍者が炉を持って随行とあり）を捧げ持たせ、これを机の上に安置しておく。その後、住職が居室を出て法堂に赴き、迎える大衆は香讃一遍を唱え、それが済むと住職が法語を垂示する――とある。これはしかし教宗に見る規定であって、禅宗の規範ではない。

往古は新任住職が初めて法を説く際には、他山の高僧や、自山の退隠住職（東堂）などその徳望が世に知られた方々を招き、槌を打って（新任住職がしかるべき人物であることを）証明していただいたものである。これは新住職の人物を広く世間の人々に認めてもらうための計らいであった。ところが、（『黄檗清規』に代表される）明の清規では、同じく長老とはいえ、その新任住職よりも後輩にあたる僧を招き白槌《びゃくつい》せしめており、晋山以降の上堂（前出）に際してはその都度、（自山の役職者たる）維那《いの》に白槌せしめている。

また、教宗寺院では禅堂を設け、そこでは専ら坐禅をのみ行わしめていた。禅宗寺院ではしかし、山門を一歩入れば悉く禅の道場である。それゆえ特別に禅堂を設ける必要は無かった。僧堂に住まう大衆は静かに参禅し、悟りを目指せばよかったし、（僧堂の外廓を席次とする、客分の）外堂衆もまた、（堂内ほどには静かな環境ではなく、むしろずっと）騒々しい場であるにせよ、同様に悟りを目指せばよかったのである。ところが明の清規では、僧堂のことを禅堂と称している。これまた教宗寺院における習わし（に惑わされた誤り）である。

さて、住職が退任すると、自山を離れない場合には東堂にお移りいただく。もしまた、十刹のいずれかの住職が退任して（十刹より上位の）五山のいずれかの寺に来住した場合には、西堂に住まっていただく。したがって、「西堂」とは元来、（大衆ではなく）師家《しけ》の位にある人（を指す言葉）であって、その席次は東堂・西堂、（そして、大衆中の上首たる）前堂・後堂となるべきところである。ところが、明の清規では、（誤って西堂を）前堂よりも下座、後堂よりは上座に置いている。この点、いかにも杜撰だと言えよう。

日本の禅僧らは、『黄檗清規』のこうした誤謬を見て、「百丈（古）清規（の精神）は明ではとうに滅び、わが日本に却って伝存している」などと誇っている。これは嗤うべきことだ。いったい、清規がよりどころとするのは、住持は折々法を説き、大衆は日々参禅に勤しむことにある。その他の作法など、末節に過ぎない。禅宗の清規に忠実に依拠することは大変素晴らしいことだが、教宗のそれに依拠するのも悪いことではない。住持が法を説き、倦むことなく大衆を教導し、夏冬二度の結制（安居会）には、大衆は禁足、（只管参禅に打ち込む）。彼らが本当に悟りを開けたかどうかは私（聖僕）の預かり知らぬところであるが、（黄檗山の住職・大衆が）平素行するところを見た限りでは、禅僧の本分を忘れていない。（わが国の禅僧が、その）本分を忘却し、末節的なことを誇りとし、軽々しく誹謗の言葉を吐いているようでは、(彼らから「馬鹿者!」の)一句で笑い飛ばされることであろう。『黄檗清規』に対する同時代の在来禅宗の僧らの批判、とりわけ、臨済宗の一部僧侶からの近親憎悪的な色彩さえ呈した批判の数々は、ほぼここに描き尽くされていると言ってよいであろう。

## 『黄檗清規』に見る「西堂」の語義変容

ところで、口語訳文中の傍線部については、若干の補充説明を要する。周知のように、わが国の五山十刹の制度は、宋および元のそれを模倣し、主として京都・鎌倉の臨済宗大刹間に適用された。これら寺々の住職選任方式は、十方叢林制といい、歴代住職は広く公選され、退任後はそのままもとの寺に留まるか、あるいは他山の隠居寺に移るかしていた。わが国にあっても、室町時代まではほぼ完全にこの制度が守られていたのである。

ところが、中国の五山十刹(いずれも江南の名刹)にあっては、明代以降、仏教教団の久しき不振により、右記「十方叢林」の制は行われなくなった。また、福清黄檗山や、鼓山(曹洞宗寿昌派)では「一流相承」(もしくは「伝法叢林」とも)の制が実施されるようになった。これは特定の法系によって代々の住職が選ばれることをいう。明末清初に至って、この「一流相承」の制が、大刹・地方叢林の別なく、ほぼ定着を見た[114]。その積極的側面としては、住職以下小僧に至るまでひとしく自山に対する愛着の念を深め、もっとよく寺の歴史・現況を知ろうと、各地の寺々で競って寺志が編纂されるに至ったことが挙げられる(第八章第二節第二項参照)。

かくして「一流相承」の制が定着した結果、聖僕がいう〈十刹のいずれかの住職が退任して(十刹より上位の)五山のいずれかの寺に来住〉するなどということは、明末の叢林では絶えて見られなくなり、これに伴って、「西堂」

の語義も、「来住した他山の前住職の住まい」という意味から、費隠『密雲禅師紀年録』で用いているような意味（註(80)参照）に、すなわち、「結制中の大衆の上首」という意味に変容を遂げたのである。『黄檗清規』礼法章第八では、明らかにこの第二の、新出の意味（大衆身分）で「西堂」を用いており、したがって、わが国の清規における「西堂」の語義が旧来のそれ（師家身分）であったのとは、大きく様相を異にしている。また、礼法章では「斎堂両序位次図」を掲げているが、これに拠れば、「西堂」の席次は西序に配されており、前から順に、「首座・西堂・後堂」と並ぶよう定められている。

聖僕は、「西堂」が「客分の師家」だとする在来の語義によったため、この並び方を「誤謬」と見なし、「西堂」は本来ならば西序と東序のいずれでもなく、堂頭和尚（現任住職）と席を並べても当然と考えているのであろう。右に引いた彼の言葉には、その見解が色濃く表出している。聖僕はまた、『黄檗清規』の「斎堂両序位次図」にいう「首座」を、「前堂」の意と見ているようである。前堂・後堂ともに、大衆の上座であり、僧堂の中で聖像を安置した龕を挟んで、前方を「前堂」、後方を「後堂」と称し、それぞれに首座を置くというのが、わが国の禅宗における在来の習わしであった[115]。のちには、「前堂首座」の〈前堂〉を略して単に「首座」と称し、「後堂首座」に関しては逆に〈首座〉を略して単に「後堂」と称した[116]。「斎堂両序位次図」に見る表記もまた、これに拠っていよう。

### 大心義統の理想と挫折

標記の大心義統（一六五七～一七三〇）[117]は、宝永三年（一七〇六）、大徳寺へ第二七三世住職として晋山している。この人物が貞享三年（一六八六）に刊行した著書『礼敬三宝諸天説』[118]のために、高泉は序を寄せており[119]、また、運敞は刊行に先立って、その稿本を校正している[120]。当時まだ三十歳になったばかりの青年僧・大心に対し、名声ともに嘖々たる五十四歳の高泉と七十三歳の運敞が与えた支援は、いかにも破格の厚さであったと言えよう。これひとえに、大心が禅戒一致の思想的立場に拠り、高泉・運敞共通の友である律師・快円から受戒しているのみならず、一時は外護者を得て「禅律道場」の開創をすら企図したことが、二師の心を大きく動かしたためであろう。

同書の内容は、細々とした戒律の条文とは直接的には関係なく、仏法僧三宝および三宝を守護する諸天を我々がいかなる心構えで拝すべきかを説いた、いわば「礼懺《らいさん》」に関する論著と見られる。大心にはほかに『礼懺通義』の著もあり、この方面に関しては種々の関連文献を渉猟していたものとおぼしい。ただ、心を正して仏・菩薩を拝し、かつ、自己の罪業を懺悔することは、戒律の実践と不即不離の関係にあり、広義の戒学書と見られなくもない。高泉は大心が多くの経論を渉猟して同書をものしたことを評価しつつ、序文篇末に至って、「不㆓着㆑仏求㆒。不㆓着㆑法求㆒。不㆓着㆑僧求㆒。必竟礼拝当何所㆑求。」[121]と、三宝のいずれにも執着してはならない旨、強調している。高泉に拠れば、大中帝、すなわち唐の宣宗が僧形に身をやつしていた頃、この言葉を疑問として胸に温めつづけていたが、黄檗希運に投じてこの言葉を投げかけたところ、悟達への手ごたえを得た（原文：被㆓黄檗直下両掌㆒）という[122]。

近代以前に書かれた義統の伝記として一般に知られているものでは、道契の『続日本高僧伝』巻十一の「京都大徳寺沙門義統伝」がまず挙げられる[123]。これに拠れば、十歳にして大徳寺清涼院で天倫宗忽を師として出家した。天倫は大応派祖・南浦紹明（法嗣の宗峰妙超が大徳寺を開く）から数えて十六代目（禅宗式には十七世の孫）にあたる[124]。

以後、参禅弁道に勤しんだが、その傍ら禅と戒律とを併せ学ぶことの必要性を感じたものとおぼしく、延宝八年（一六八〇）正月、二十四歳にして「墨江［住吉］快円律師」に参じ、菩薩戒（出家・在家通用の戒、十重禁戒と四十八軽戒とから成る）を受けた[125]。天和三年（一六八三）の釈尊降誕会には、今度は具足戒（出家者のみが受ける二百五十戒）を受けた。『続日本高僧伝』では、このとき大心へ授戒した戒師の名が明示されていないが、菩薩戒のときと同様、恐らくは旧師・快円に請うたものと見られる。

実はこの間三年、大心は、外護者を得て禅律兼学の僧院を開創せんと企てたが、これは「有レ故不レ成」、つまり、事情があって果せなかったという。いかなる〈故〉であったのか、判然としない。ただ、大心は平素、「礼懺・持呪・念仏」を日課としていたといい、参禅一筋のいわゆる禅僧然とした禅僧ではなかったものと見られる。大徳寺の開山・宗峰（前出）は、妙心寺開山・関山慧玄の本師であり、両寺はともに五山に属せず、野人的、純禅的（浄土教不容認）、かつ悟道主義的な気風が強かったから、新寺開創と新義（新たな学説）創唱とが厳しく制限された時代背景に加えて、禅僧としての彼の本師・天倫からあるいは強く反対されたのかもわからない。今後、大徳寺および妙心寺に関する文献に徴しつつ解明したい。

寺院開創こそ成就を見なかったものの、律僧としての大心の面目は維持され、具足戒を受けた者は四十餘人、菩薩戒を受けた者は六百人余にも達したという。また、八大誓願を自ら立て、経典十万巻を印施すること（第二条）、銭一千貫を貧者に施すこと（第三条）を目標とし、印施については六万二千三百五十一巻まで達成した。いわば大心は、遠く鎌倉時代の叡尊・忍性師弟に見る、社会福祉事業者としての律僧像を、自ら再現したのであった。恐らく大心は、その戒律の師であった快円から、高野山真別處出身の賢俊良永（一五八五～一六四七）とその門下らが法隆寺北室院を拠点として、こうした民衆救済事業に取り組みつつあったことを聞かされたのではないだろうか（快円は、賢俊らが去ってのちの高野山真別處に住持している。第四章第二節第三項冒頭部を参照。）。

大心が禅戒一致を目指し、僧院開創に苦闘していた頃、その僧院に必然的に要請される清規のモデルとして世に出ていた文献は、僅かに『黄檗清規』が存在するばかりであり、無着道忠の『小叢林略清規』はなお編定の途上にあった。快円が統率する地蔵院は純然たる律院であり、禅律兼修を旨とする大心が模倣できる面は、全体の半ばまでに限られていた筈である。残る半面、禅院としてのモデルは、私淑していた高泉の仏国寺であった可能性が大である。今後さらに関連資料の発見に努めたい。

## 第二項　曹洞宗への影響

### （一）日本曹洞宗の『黄檗清規』受容と反発

#### 卍山道白の『椙樹林清規』

第二節第二項で既述したように、加賀国大乗寺の月舟宗胡・徳翁良高師弟は『黄檗清規』の摂取にすこぶる熱心であり、徳翁に至っては熱心が過ぎてついに追放の憂き目を見さえした。大乗寺にあって、延宝八年（一六八〇）の月舟退隠後から、元禄四年（一六九一）の徳翁晋山まで住職を務めていた人物が、卍山道白である（月舟の門人にして徳翁の法兄）。卍山は在任中、本師・月舟編定の『雲堂規』を核として大幅な増補を加え、『椙樹林清規』を編定した。『永平大清規』はもとより、本師が延宝六年（一六七八）に出した初刻本を校閲して完璧を期した『瑩山清規』をも主たる法源としている。近年に至って、尾崎正善師は計四篇にも達する一連の研究成果を公表された(126)。同師はその研究において、鏡島博士の指摘に基づきつつも、ヨリ一層の具体的対照を成し遂げられた。

このうち、『黄檗清規』からの摂取部分については、鏡島元隆博士がつとに二度まで指摘されているように(127)、（一）道元『永平大清規』では坐禅を僧堂でなすよう規定し、かつ、僧堂が斎堂（食堂）をも兼ねた総合施設であることを規定しているにもかかわらず、『椙樹林清規』では僧堂（宿舎）・禅堂（坐禅専用）・斎堂と建物を別々にし、全く『黄檗清規』に倣っている。（二）『瑩山清規』の規定では朝粥ののち諷経することになっていたのを、粥前と改めた。この改定は、本師・月舟の『雲堂常規』においてすでになされているが、月舟が模範としたのは『黄檗清規』堂規（礼法章第八所掲）である。のちに面山瑞方・玄透即中が本格的な古規復興（および『黄檗清規』排除）運動を推進したにもかかわらず、粥前諷経は曹洞宗の定式となって今日に及んでいる。（三）明代仏教に淵源する特殊な行法が多く見受けられる。

### 「怡山願文」の採録に見る『黄檗清規』摂取

ここでは（三）について、尾崎師が既に簡単に指摘された一例について、筆者が新たに知り得たことを明記しておきたい。『椙樹林清規』では夕刻の「大衆上殿諷経」に際し読誦すべき経典の一つとして、「怡山願文」を挙げている(128)。この願文は、具題を「怡山然禅師礼仏発願文」という。黄檗教団にあっては、明暦二年（一六五六）、隠元が長崎を発って東上、摂津富田の普門寺（高槻市）に滞在した際、大衆が本篇を朗誦するのを耳にして、「三蔵の玄文、百家の諸子を読むことを用ひず。唯々この一篇を努めて行はば、これ即ち菩薩の因なり」と語り(129)、本篇のもつ重みを礼讃したとされる。

以後、常用経典『禅林課誦』においても、版を重ねる度にほぼ毎回採録され(130)、近年では昭和五十八年（一九八三）刊の『黄檗宗檀信徒勤行聖典』にも採られている。内容は生々世々、仏教と縁を得て、自覚覚他の生涯を送り得るように――というもので、別段参禅の心構えは提示されていない。『大正蔵』所収の諸文献の中では、『緇門警訓』に採られている(131)。同書は明代成化六年（一四七〇）の重刻以降盛行した。既に見たように、『黄檗清規』附録「古徳語輯要」が、一度ならず同書を法源としている。

同じく『黄檗清規』では、恐らく右記の隠元による嘆賞もあってのことであろう、早課（朝の勤行）において、この「発願文」か「華厳願文」（四十巻本『華厳経』巻末の普賢菩薩十大願）かのいずれかを、「和声緩念。貴在㆓悲切懇到。善念者最能生㆓人善心㆒」という思いを込めて読誦するよう規定している(132)。卍山の『椙樹林清規』では、早課ではなく、夕刻の大衆上殿諷経の際にと改めているのだが、彼が大衆に期したことは、『黄檗清規』の規定と似たようなものであったことであろう。

本篇は、黄檗教団のみならず、近世以降の中国にあっても日課経本に採られている。民国十年（一九二一）、天台山に住まう興慈法師（一八八一～一九五〇）が『重訂二課合解』を撰述した際、全文へ通釈を加えている(133)。本篇は右記「華厳願文」や宋・遵式の「浄土文」ともども「早晩回向文」の部に編入されており、同書の註釈対象たる一般的経本においては、恐らく『黄檗清規』や『椙樹林清規』におけるのと同様の用いられ方をされていたのではないだろうか。

本篇の撰者とされる〈怡山然禅師〉の伝記は未詳である。その系字（法名第一字、しばしば省略される）について、王栄国教授は梵輝法師（近人）の『西禅古寺』に拠りつつ、「如然」であるとし、かつ、その法系を未詳とする。王教授は本篇が南宋末期の開慶元年（一二五九）に福州怡山西禅寺で撰述され、以後、各地の寺々で早課に読誦されるに至ったとする(134)。怡山は福州の西郊に位置し、東郊の鼓山ともども、唐代以来、福州の二大名刹として知られている。隠元が本篇を絶賛したのは、そこに盛られた崇高な誓願もさることながら、故郷・福州ゆかりの人の手になったと見られることも、多分に関係していよう。

本篇の邦文による註解としては、戦前、伏見仏国寺（高泉開山）の鈴木皓滋師が『発願文とその謾解』を著し、戦後は村瀬玄妙師（一九一三～一九八八、黄檗山第五七世）が『平和への呼びかけ』の中で、隠元以来の黄檗教団における「発願文」読誦の歴史に触れておられるが、筆者はともに未見である。近年、榊原直樹師（一九四〇～、京都市右京区浄住寺住職）がこれら先行註釈を集大成する形で、単なる註釈に留まらない禅的解釈に立つ一篇を公表された

（註(129)参照）。これはいわゆる禅僧の「提唱」の典型ともいうべき労作である。

なお、台湾にあっては、如悟法師（一九三八～、中壢市圓光寺住職、附属圓光仏学院院長）が近年、『怡山了然禅師礼仏発願文浅釈』(135)を公刊された。その書名からも知られるように、同師は〈怡山然禅師〉の系字を「了然」とされる。かつ、巻頭所掲の恵空法師序文に拠れば、〈然禅師〉は天台教学に明るく、著作『大乗止観』・『虎渓集』があるほか、山西省に華厳寺を建立したとされる(136)。このように、〈然禅師〉の事蹟をめぐっては、従来の見解は大きく二様に分かれている。ともあれ、卍山が「怡山発願文」のような黄檗教団独特の経典を採用していることは、彼の『黄檗清規』への傾倒ぶりを雄弁に物語っていよう。

## 面山・玄透の反檗活動

標記の二師、面山瑞方（一六八三～一七六九）および玄透即中（一七二九～一八〇八、永平寺第五〇世）は、曹洞宗において、いわゆる「古規復古運動」を推進、月舟・卍山らに見る『黄檗清規』への傾倒を潔しとせず、その影響を排除して道元の昔に帰るべきことを主張した。まず、面山が『洞上僧堂清規行法鈔』・『洞上僧堂清規考訂別録』を宝暦三年（一七五三）、同五年（一七五五）と相次いで刊行（いずれも『曹洞宗全書』清規巻所収）、日本・中国の諸種の清規を参照しつつ、何が道元以来の要素であるかに迫った。かつ、彼の主観において『黄檗清規』起源と見なされ、その当時の曹洞宗内で行われていた各種の作法・事物を排除するよう、これら著述において力説したのである。

面山は実は月舟の法孫であり、月舟―損翁宗益（一六四九～一七〇五）―面山と承けている。その本師・損翁は、月舟とは対照的にすこぶる反黄檗的（反檗的）感情の持ち主であり、月舟を敬慕してはいたものの、その復古主義的な一面（『永平』・『瑩山』両清規の刊行・講説）をのみ見て、革新主義的な側面（新来の黄檗教団に清規を通じて親炙）

もあったことを敢えて見ようとせず、誤伝か捏造か（恐らくは後者であろう）、極めて反黄檗的な月舟像を強調することも辞さなかった(137)。面山は本師のこうした考えを祖述したが、「婆子面山」の評語で知られるその懇篤綿密な学風は、『曹洞宗全書』所収の数々の著述に結実したのみならず、宗内至るところへ反檗の思潮を引き起こして餘すところが無かったのである。

一方、玄透もまた月舟の法玄孫であり、その法系を月舟―徳翁（前出）―黙子祖淵―頑極官慶―玄透と承けている。『黄檗清規』に傾倒した挙句大乗寺を追われた徳翁は、彼の直接の法曾祖父に当たる。玄透の師翁（法祖父）・黙子は高泉・鉄牛に参じ、本師・頑極もまた、大鵬正鯤（一六九一～一七七四、唐僧）および祖眼元明（一六七三～一七五七、和僧）の黄檗晋山に際し、それぞれ賀偈を呈した。いわば相変わらず容檗的な法系であったことが知られる(138)。にもかかわらず、玄透自身は恐らくは面山からの感化によってか(139)、すこぶる反檗的であった。その著『祖規復古雑稿』には、寛政七年（一七九五）の永平寺晋山と同時に本格的に取り組みはじめた古規復古運動に関連する文書を収録している。これに拠れば、玄透は宋・宗賾の『禅苑清規』を高く評価し、これこそ百丈古清規（散逸）の精神を正しく受け継いだものと規定し(140)、かつ、道元『永平大清規』が『禅苑清規』に比してなお出藍の誉れありと礼讃している(141)。

玄透はまた、黄檗式の木魚を鳴らしつつの勤行が不快であったものと見え、「木魚弁」(142)を著し、木魚が「明季［明末］の私造にして古格の正器に非」ず、その音は「倡家の淫曲の如し」とまで非難している。さらに、今日のいわゆる木魚が生まれる以前は、「魚板」、すなわち魚型の細長い板を打って時刻を知らせていたが、黄檗教団ではこの魚板を「梆」と呼んでいることをも非難、その理由を「梆」が元来軍隊用具であり、戒律中にはその文字が見当たらないことに帰している。「梆」の呼称についての論述はともかく、木魚の音に関する彼の批評は、すこぶる主観的かつ感情的と言わざるを得まい。

既に見た面山の場合と同様、玄透もまた自己の法曾祖父・月舟に対しては、その復古主義者としての側面にのみ注視しており、革新主義者としての側面は単に抹殺したのみならず、史実を歪曲することをさえ辞していない。すなわち玄透は、月舟が『黄檗清規』を「視ること仇讐の如し。厳に守禦を設け、金城湯池、自《よ》つて入ること無し」というふうであったと述べている[143]。月舟が大乗寺にあって古清規を刊行し『雲堂常規』を編定したことの目的を、『黄檗清規』の曹洞宗内への流布を防ぐことにあったと見なしているのである。これは史実を無視した強弁と言わざるを得まい。

玄透はしかし、晋山前年の寛政六年（一七九四）、百二十八年ぶりに重刻されていた『永平清規』（『校訂冠註永平清規』と題し、『大正蔵』本の底本）が永平寺山内で施行されるよう幕府へも強く働きかけ、享和二年（一八〇二）に至って、その要望が容れられた。これには公家の勧修寺経逸（一七四八～一八〇五）の支援も大きかったものと見られる。この経逸は、娘の婧子（東京極院）をときの光格天皇の後宮に入れたところ、寛政十二年（一八〇〇）に至って、皇子（のちの仁孝天皇）の誕生を見ている。したがって、経逸はこの当時なお皇室の外戚ではなかった。けれども、勧修家自体が代々武家伝奏（幕府と朝廷との連絡に当たる）として公家社会間に重きをなしており、かかる人物からの後援[144]は、玄透にとってはすこぶる心強かったことと思われる。

## 反檗派に見る時代的随順性

このように、十八世紀後半からは、反檗派の動きが表面化し、『黄檗清規』をはじめとする明清仏教からの移入要素は曹洞宗から次第に排除されるに至ったのである。しかしながら、二師といえども道元以降の要素を完璧に払拭することはできなかった。鏡島博士は、「時代が異なり、機根が異なる江戸時代において永平古規を文字通り遵守することが出来るであろうか。新規（『黄檗清規』）の混入を排撃した玄透自身も『永平清規』の履践に当っては、何らかの時代的随順性を加味せざるを得なかったのではあるまいか」との見解を示される。

筆者は博士のいわれる〈時代的随順性〉の端的な事例として、『吉祥山永平寺小清規』巻下に立てられた「疏語」の部を挙げたい。文化二年（一八〇五）刊行のこの『小清規』（全三巻）は、玄透が大衆らとともに道元の『大清規』を実践するに際し、道元の時代になかった諸行事や事物に関しては、他の清規によって補わざるを得なくなったために編纂された。

とりわけ、『永平大清規』が年中行事の部を欠いていることは、大きな問題であった。さればとて、彼が嫌悪する『黄檗清規』を参酌するわけにもゆかず、凡例を見る限りでは、彼が高評する『禅苑清規』に加えて、『勅脩百丈』・『幻住庵』の両清規のほか、元代までに成った中国の清規を主要な法源としている。その結果、巻下には「疏語」の部が設けられ、『勅規』（疏語は散在）・『幻住』（疏語は一括掲載）に比しても遜色なき流麗な四六文が掲げられるに至ったのである(145)。道元（一二〇〇～一二五三）の時代、中国にあって疏語はなお後世見るような洗練化がなされていなかったものとおぼしく、それを反映してか『永平大清規』には疏語らしい疏語を認めない(146)。

ところが玄透の『小清規』疏語の部では、計十二篇の疏語が収録されている。そこには、開山忌・天童忌（道元の本師・如浄の忌辰）・二世忌（道元高弟・孤雲の忌辰）など曹洞宗関連の疏語に加え、涅槃会・達磨忌・百丈忌・盂蘭盆会など、右記二『清規』（『勅規』・『幻住』）や、『黄檗清規』とも共通するテーマの疏語も見られる。

こうして見るに、多数の「疏語」を製作し、『禅林疏語』と題して生前に刊行せしめた永覚元賢の存在が、玄透の念頭になかったとは考えがたい。永平寺における『禅林疏語』ほか明末曹洞宗関連の文献の有無と、それらがいつごろ購入されたかを明らかにしたうえで、玄透が永覚・為霖に代表される明末曹洞宗をどう見ていたかを研討したい。

同じく黄檗を好まなかった面山の場合は、末節的ではあるが、ヨリ直接的に黄檗の事物を取り入れている。すなわち、最晩年の明和六年（一七六九）、八十七歳の面山は、従来の大般若転読会の法式が不備であるとして、新たに『大般若講式』を編定した。その次第は、散華偈・香讃偈・勧請文・祭文…と進行するが、二番目の香讃偈には、「鑪香乍爇。法界蒙ㇾ薫。般若海会。諸仏現ㇾ身」とあって(147)、これは実は黄檗の香讃（六句小讃を詞牌とする填詞）を、在来型の偈頌（四言古詩）に改めたものにほかならない。

すでに『仏教音楽辞典』は、書中二度まで、面山が黄檗の香讃を改めて香讃偈としたことを指摘している(148)。すると、基本路線は黄檗嫌悪、黄檗排除であった面山すらも、師翁・月舟と同様、『黄檗清規』に学ぶところがあり、ただ、その反檗という自他共に認める立場上、生涯の最後において、ようやくにしてそれを示さざるを得なかったのではないだろうか。今後さらに類似の偈頌の有無を検出したい。

## (二) 寿昌派系諸清規との関連性

本項の終わりに、寿昌派系諸清規との関連性について触れておきたい。隠元ら黄檗教団にとって、日本曹洞宗と並んでかかわりが深かったのは福建鼓山を中心とする曹洞宗寿昌派であった。同派の清規として一般に知られているものとしては、(一) 覚浪道盛（一五九二～一六五九）が崇禎十三年（一六四〇）に江西省は廬山で序した『覚正規』、(二) 覚浪の法曾孫たる法澧天湫が、享保十二年（一七二七）に水戸・寿昌寺で序した『寿昌清規』、(三) 福建鼓山で乾隆六十年（一七九五）以降、今日見る形に整えられたとおぼしい『叢林祝白清規科儀』の三種が挙げられる。

このうち、(一) については、永井政之教授が先年解説を添えてそれぞれの本文を紹介されている(149)。編定者・覚浪の法孫・心越興儔（一六三九～一六九五）が、渡日に際し携えてきたものと見られる。また、（二）についても、本文は『続曹洞宗全書』清規・講式巻に採録されており(150)、内容分析は、これも永井教授によってなされている(151)。なお、編定者・法澧は、右記・心越興儔の法嗣（日本人）である。

### 『叢林祝白清規科儀』の概要

さて、（三）は近年台湾で刊行された『禅宗全書』第八二巻に影印収録されており、巻頭には編者・藍吉富教授によって、新たに目次が附せられている。その成立年代に関する考察は、第二章註（250）を参照されたい。題目の一部に〈祝白〉とあることからも知られるように、主要な部分は現世利益祈願をも含めた、数々の祭文（祝白）から成っており、授戒会の儀軌(152)や、住持および一般僧侶の葬儀に関する作法(153)も、その中に置かれている。

このように数々の祭文を盛り込んでいるという点で、明らかに永覚元賢の『禅林疏語』を継承している。ただ、永覚作品の襲用例は見当たらず、また、祭文部分はいずれもごく簡略で、読誦されるべき仏名・陀羅尼・経典を、それも題目をのみ列挙した例がほとんどである。

そして全文も終わり近くになって、為霖道霈が順治十六年（一六五九）に制定した「本山共住規約」、および同じく為霖が康熙三十年（一六九一）に制定した「日用堂規」・「僧堂正規」を附録的に——附録という標題こそ附していないものの——掲げている。前者と後二者との間には、為霖の本師・永覚、および法伯父・無異元来（永覚の法兄であり、戒律学においては永覚の戒師）による警語六則を掲げている(154)。このうち、「本山共住規約」は、その小序で為霖自身が言明しているように、雲棲袾宏の「雲棲僧約」を手本としている。

このほか、同じく本書の附録的部分では、『覚正規』を定めた覚浪道盛が、鐘板を題材として垂示した法語二則を掲げている(155)。これら覚浪の法語に続く形で、作者未詳ながら法器、特に朝晩鳴らして叢林の種々の日課を報ずる版［板］の類について、その扱い方（「周日法器」）や、沿革（「天下釈氏五大宗派犍稚即鐘板式」・「叢林鐘板根源」(156)）、使用に際し念ずべきこと（「巡照板儀」）を説いた一連の文書を列挙している。

## 『寿昌清規』に見る覚浪「鐘板」論の継承

覚浪は、自ら定めた『覚正規』において、いわゆる主伽藍（山門・仏殿・法堂・土地神祠）に加え、釈尊十大弟子の一々を祀る堂宇を建立すべきことを主張し、また、儒者的な正名思想に基づいて、例えば山門は「大法門」、客殿は「尊聖殿」、そして方丈は「正法堂」と改めるべきことをも説き、相当の字句を費やして改名、いな、「正名」の理由や、従来にない堂宇の建立理由を述べている。さながら東京・哲学堂公園（井上円了博士開創）の内部に点在する新奇な名の建物・庭園設備の数々と、それぞれの場に建てられた説明板とを眺めているような錯覚が催される。

これらはいずれも、他の清規にない『覚正規』の一大特徴と言えようが、覚浪のこの独特の性向は、寺院常用の法器に対しても発揮され、註（155）前出の二則の法語（語録所収）となって結実した。また、『覚正規』中にも「鐘板」の形状について、在来の横に細長い形を改め、特に円形に改めた理由を、「蓋し以て諸《これ》を従上の円相の義に取れり」と言明している(157)。これを忠実に継承する形で、彼の法曾孫・法澧は『寿昌清規』所掲の「法具図」中に「各処更版」の図を掲げ、その形状が円形であるべきことを規定している(158)。

説明が遅れたが、「鐘板」とは読んで字のごとく、鐘（鐘楼に安置する梵鐘と違って小型のそれ）の頂部から下方に垂らされた縄の先端に結び付けられた板を指す。『黄檗清規』法具図にも見えているが(159)、わが国には定着しなかったものとおぼしい。代わって、黄檗教団を介して「更版」が定着した。長方形の木板に「謹白大衆。生死事大。無常迅速。各宜醒覚。慎勿放逸」と墨書されているのは、まさに禅寺の風物詩ともいうべき存在である。

## 鼓山「巡照板儀」の黄檗「版偈」との関連性

この文言（版偈）自体は、黄檗教団で成文化されたものであろうが、筆者の見るところ、他派の僧である覚浪の法器への多大な重視が、その成立を促進したと考えられなくもない。実は『叢林祝白』附録の「巡照板儀」は、作者も成立年代もともに未詳だが、不寝番担当者が宵から夜明けまで（初更から五更まで）、「更」ごとに「巡照板」を鳴らす際、「無常迅速。生死事大」と念ずるよう明確に規定している。

覚浪が鐘板に禅的な意味付けを施した法語二則（註（155）参照）は、垂示地から推して崇禎五年（一六三二、四十一歳、徑山）および順治十五年（一六五七、六十六歳、崇先寺）に成っていよう(160)。一生を通じ、かくまで法器に深い関心を寄せた人物は、同時代中にはさして多くはあるまい。その覚浪の福建鼓山在住は、崇禎十四年（一六四一）夏の結制期間のみである。この間、覚浪が鐘板その他法器について、大衆に何を語ったか伝わらないが、その三年前、すでに『尊正規』を編定、彼独特の「名の哲学」を確立している。したがって、覚浪は恐らく鼓山においても、深い思いを込めて法器を用いるよう力説したことであろう。右に触れた「巡照板儀」に加え「周日法器」・「天下釈氏五大宗派犍稚即鐘板式」といった文書は、このときの覚浪からの垂訓を機縁として、鼓山で作られたものと見られる。

十八世紀初頭、法澧は『寿昌清規』を編定するに際し、既存の明代清規たる『黄檗清規』に、各章の題目(161)、門聯の部の構成(162)、法具図の内容(163)はもとより、主要な項目の詞章に至るまで、多くを負った。そのため、『寿昌清規』は、現存するどの清規にもまして『黄檗清規』に似ていると言っても過言ではない。しかしながら、法澧は同時に、自らが寿昌派の法流を汲んでいるとの意識を忘れず、覚浪―心越と伝えられた遺教を奉じ、（一）『覚正規』から罰則集の「不願共住規三十条」・「擯規三十条」を襲用のうえ『寿昌略清規』(164)を編定した。加えて、(二)更版に記す文言(版偈)自体は『黄檗清規』に倣っていても(165)、版の形状を覚浪式に円形とした。これら二点において、寿昌派清規としての面目を依然保持していると言えよう。

覚浪道盛に関しては永井教授のほか、近年では荒木見悟博士、ワルド・ライアン氏がそれぞれ良質の成果を公表されている(166)。堂宇の名や法器の禅的解釈などは、直言を重んじ、投獄されることをすら辞さない、極めて実践性に富んだ覚浪の思想体系においては、一見些事であるかもわからない。それでいて実は、その思想体系の中でも、相当に重要な要素をなしているようにも予感される。これら諸先学の業績に依拠しつつ、今後引き続き研討を加えたい。

## 第三項　融通念仏宗中興に果たした高泉の役割

### 大通融観の黄檗参禅

標記の融通念仏宗は、大阪市平野区の大念仏寺を総本山とし、現今ではもっぱら大阪府と奈良県とにのみ末寺三百有余を数える浄土教の一派である。その宗祖は、天台教学と声明(仏教音楽)とに通じた良忍(一〇七三～一一三二)とされる。「一人の唱えた念仏が一切衆生に行き渡り、かつ、逆もまた然り」ということに因み、その教義に〈融通〉の名を冠している。良忍が阿弥陀仏から直接授けられたとされる偈頌を核として、中世以来、大阪・奈良の農村地帯(例：八尾一帯)に教線を展開した。土俗信仰とも混淆した、その独特の儀礼は、民俗学の好テーマとされて久しい(167)。

しかしながら、教義の核をなす偈頌がさして長篇ではなく(註(186)参照)、教義としてはいかにも簡略に過ぎる憾みがある。しとしない。また、本山に鎮座する本尊(阿弥陀如来およびその脇侍十菩薩を中心にした巨大な画像、いわゆる「十一尊天得如来」)が信徒集中地域を巡回する「御回在」の執行をめぐり、本山・有力末寺・有力信徒の間でしばしば紛議が醸され、時として本山に相当期間住職（法主）が不在のまま長期間を経過するという事態にさえ陥った。

かかる現状を目の当たりにして、門前町に生を享けた大通融観（一六四九～一七一五、以下、融観と略称）が、若くして中興の志を立てた。そして居士の身で、融通念仏の歴史はもちろんのこと、各宗の思想を幅広く学んだ。とりわけ黄檗禅に参ずること深く、まず三十歳の延宝六年（一六七八）には大坂・瑞龍寺で鉄眼（一六三〇～一六八二）に参じている(168)。

ついで、翌七年（一六七九）には、遠く宇和島に赴き、臨済宗の賢巌禅悦（一六一八～一六九〇）が講じる『首楞厳経』に傾耳した(169)。この賢巌は、宇和島から海峡一つ隔てた豊前国臼杵の出身で、同地にある多福寺（妙心寺末寺）の住職である。その本師(170)・雪窓宗崔（一五八九～一六四九）の衣鉢を継いで、戒律禅・禅教一致（とりわけ禅・律・浄土一致）の立場から禅を指導し、かつ『首楞厳経』・『大乗起信論』、そして『梵網経雲棲発隠』（袾宏撰）などを講じていた。これらはいずれも、衆生が地道に修行すべきことを説いた書物である。それゆえ、雪窓・賢巌師弟、さらには鉄眼のような戒律禅の立場に拠る人々が、宗派の壁を超えて均しく重視していた。

ちなみに、賢巌の本師・雪窓は、隠元来日を見ることなく示寂したが、賢巌はその「行状」を撰述した際、隠元の来日によって、「本朝の禅学、是に於いてか中興せらる」としつつも、過半は本師・雪窓の功績であるとの見解を示している(171)。これは恐らく、自己の本師がもしも存命していたならば、本師こそが隠元と相通じる思想によって、隠元が成し得た功績を、隠元に先取りして成し得た筈であるのに、という痛惜に発していよう。

しかしながら、賢巌自身は別段黄檗教団を嫌悪していたのではなく、それどころか、同時代の臨済宗にあってはすこぶる親黄檗的であった。すなわち、長崎で隠元・木庵に参じたほか(172)、九州生活が長かった即非には、自坊・臼杵多福寺の観音堂のために額揮毫を乞うている(173)。また、南源・高泉ら第二世代にあたる黄檗唐僧らとも道縁を有していた(174)。『黄檗文化人名辞典』にも立項されており(175)、龍渓亡きあとの妙心寺教団における代表的な容檗派と言えよう。

この賢巌の存在を、融観は鉄眼から聞かされたと見られる。鉄眼自身が三十二歳の寛文元年（一六六一）、賢巌の『首楞厳経』講義に列し、覆講を命ぜられて高く評価されている(176)。賢巌は遠路居士の身で参学した融観を「異日処レ道。必能光二顕仏法一。恨吾老矣。不レ得レ見レ之」と評価し、詩偈および「万峰不住居士」の号を授けた(177)。

## 高泉参禅で得たもの

そして融観は延宝八年（一六八〇）に至って、高泉に参じた。ときに高泉は、青木重兼の要請で、主道場たる伏見仏国寺を離れ、摩耶山仏日寺（大阪府池田市）にあった。この年、夏・冬の二度にわたって、仏日寺ではそれぞれ九十日間の結制が行われた(178)。その間、高泉が垂示した法語は「二十四巻本語録」巻七に伝えられているが、居士の身で参加した大通は、僧侶に伍して参禅に励み、高泉から「真の浄名［維摩居士］なり」と評価された。

そこである日、大通が自己多年の理想を高泉に語ったところ、高泉は大いに嘉賞し、「不退場」の三大字を書き与えた。大通も「我が所願に符へり」と、これを喜んで拝受しており、その額は慧日が享保四年（一七一九）に『行実年譜』を撰述した当時、なお本山・大念仏寺内「三昧堂」に掲げられていたという(179)。この「三昧堂」とは、鎌倉時代以降常用された「墳墓附属の小型仏堂」という意味ではなく、念仏三昧に勤しむための専用施設の意であろう。

大通が夏・冬いずれの結制に参加したか判然としないが、恐らく夏のほうであったものとおぼしい。翌天和元年（一六八一）二月には、本山内の両親の墓の傍らに草庵を結び、精進潔斎、五月に至ってついに時の法主・良観のもとで得度している。ときに三十三歳であった。こと宗教法制に関しては諸事厳格な江戸時代のことである。僧侶ならぬ一居士の草庵建設には、それ以前からの本山との交渉、申請、許可待ちに相当の時間を要したであろうから、冬期結制（期間中は寺内に禁足）が一月十五日に終わってからでは到底間に合うまい。したがって、融観の結制参加は、前年（延宝八年）の夏と見たい。

この夏期結制に際し、高泉は「小参」（方丈内で住職が家訓を垂示する、ヨリ非公式な垂示形式）において、参集した雲水・居士たちを前に、大よそ次のようなことを述べている――父母を捨て、恩愛を断って、富貴も功名をも思わず参じられた方々よ、諸子がここで参禅・経行《きんひん》するのは何のためであろうか。ひとえに一大事因縁を明らかにせんがためじゃ。この大問題をかかえているというだけでもすでにして大変な英気と言えようが、その一大事はしかし、各々方の身に当初からくっついて離れず、ごく身近にあるものじゃ。決して難しくもなければ遠くにあるのでもない。この心そのままが仏、道は門を出ればそこに横たわっておる。それだからとて、何でもないなどと思うてもならぬ。なぜぞや？「不レ入二驚レ人浪一。争逢二称レ意魚一」とのみ言うておこう、と[180]。左に原文を掲げよう。

小参。衲僧家為二一大事一故。最初便捨二了父母一。断二了恩愛一。不レ図二富貴一。不レ念二功名一。毀レ形易レ服。密練潜鞭。今則又復百里千里。或辞二父母一。或離二師長一。瞻レ風撥レ艸。擦レ袴磨レ裙。來二摩耶者裏一。茹レ苦食レ淡。打坐経行。安有レ他哉。蓋為二此段大事一故也。既具二如レ是志趣一。如レ是英霊一。甚是正気。然此一段大事。初不二曾離一。只在二諸人脚跟下一。諸人日用中。挙足下足。未三曾不二一一踏著一。只是自己蹉過。諦信不レ及。只管道。難之又難。遠之又遠。不レ見レ道。如何是仏。即心是仏。有二什麼難一。如何是道。在二牆外一。有二什麼遠一。摩耶与麼挙。諸人便作二無事会一。錯了也。何故。不レ入二驚レ人浪一。争逢二称レ意魚一。

結びの句は、「虎穴に入らずんば虎児を得ず」と換言できようか。ここで大波に譬えられているのは身命を擲っての修行体験であり、〈称レ意魚〉に譬えられているのは、それに見合った悟達を指していよう(181)。筆者は高泉から贈られた額と、この小参法語とが融観の背中を押して翌年夏五月の出家を遂げしめたものと見たい。

さらに、「二十四巻本語録」巻十八には、法語「示二大通新戒一」を掲げている(182)。そこでは、いま、汝（融観）が進まんとする念仏の道は、一般には「易行道」と呼ばれているが、外面が容易に見えるに過ぎず、行住坐臥常に念仏して一心不乱の三昧に達してこそ、極楽往生を遂げ、かの地で悟りをも証することができる。それができて初めて出家した意義ありというもので、さもなくば名のみの出家、何の益も無いことだ——と、念仏がその実坐禅に勝るとも劣らぬ難行であることを力説し、融観が安逸に陥らぬよう戒めている。左に全文を掲げよう。

夫離レ塵出レ俗。剃レ髪染レ衣。非レ図二安逸一也。為下学二無上菩提之道一。以了中生死上也。凡人自レ有二識神一以來。至二於今日一。生生死死。死死生生。入二一皮袋一。出二一皮袋一。於二三界火宅之中一。流転不レ息。不レ知レ経二幾許苦一矣。今欲下了二此生死一而学中此道上。豈細事哉。

然学道有レ二。有二易レ行之道一。有二難レ行之道一。今大通宗二念仏法門一。正易レ行之道也。卻不レ用二如何若何一。但念二一句阿弥陀仏聖號一。行亦念。坐亦念。閒亦念。忙亦念。若能念念無レ間。念到二一心不亂一。則全体是仏。歩歩所レ履。無レ非二清浄境界一。至二臨命終時一。托二質蓮胎一。花開見仏。頓證二無生一。如レ是則学道之能事畢矣。而生死了矣。不レ負二今日一。離レ塵剃レ髪一番。不レ然特一時名相而已。奚所レ益哉。

出家後の字〈大通〉が用いられていることから推して、融観が出家の翌天和二年（一六八二）二月、住吉地蔵院に快円律師を訪ね、受戒して以降、本篇が授与されたのではないだろうか。大通が快円から受戒したのは、実はこれが二度目のことである。一度目は居士時代の延宝五年（一六七七）、善知識歴参の旅の初めに、地蔵院を訪ね、このときは「梵網在家菩薩戒」を受けている(183)。当時融観は、快円の道友たる高泉へはまだ参じておらず、いかなる道縁から快円に授戒を乞うたのか判然としないが、恐らく居住地の近くに住まう学徳兼備の律僧として、快円の存在がごく自然と念頭に浮かんだのではないだろうか。

二度目の出家後の授戒に際しては、「梵網円頓十重六八戒」、すなわち『梵網経』所説の十重四十八軽戒を受け、かつ個々の条目について教示された。さらに、「興正菩薩瑜伽自誓三聚浄戒之宗意」、すなわち、叡尊（一二〇一～一二九六）が三十六歳にして『瑜伽大乗論』に拠りつつ（出家者向けの）菩薩戒（＝三聚浄戒）を自誓受戒、真言律の一門を興したことの意義をも教示されている(184)。

## 浄土門の研鑽と教義の組成

こうして融観は禅、戒律を学ぶ一方で、本分たる浄土教の研鑽にも取り組み、徐々に自己の教学を確立していった。それは同時に、融通念仏宗をして在来他宗（天台・華厳・浄土）から教義上の独立を成し遂げしめることを企図する道程でもあった。

鎌倉後期、良忍の後を承けて融通念仏を広めた人々として、円覚導御（一二二五七～一三〇〇）、法明良尊（一二七一～一三四九、大念仏寺第七世）の存在が挙げられる。このうち、法金剛院・壬生寺など京都の律寺を活動の拠点とした円覚に関しては、泉涌寺の天圭照周（一六一六～一七〇〇）が秘訣を伝承しており、天和二年（一六八二）十一月、融観は泉涌寺山内は戒光寺に天圭を訪ね、これを教示されている。

そして同時期に、今度は深草真宗院（高泉の住まう仏国寺も近い）をも訪ねて、ときの住職・龍空瑞山から善恵證空（西山派祖）の「蓮宗念仏の奥旨」を承けている。天圭や龍空が高泉と親しかったことは、第四章で既に見た。とくに融観は、居士の頃からの真摯な学仏者であったとはいえ、出家者としては、僅かに一年半を経過したのみの若輩者であったから、彼ら名だたる高僧との会見、秘伝の伝授に際しては、あるいは高泉からの有形無形の支援（例：紹介状授与）があったとも考えられよう。

かくて元禄十三年（一七〇三）には、『融通円門章』を脱稿、本書は、融通念仏宗の現行教義において根本聖典となっている(185)。融観はその中で、良忍が阿弥陀仏から授けられたとされる、いわゆる「弥陀直授の偈」(186)について、天台と華厳との教学に拠りつつ、しかし引用文献名をほとんど示すことなく、縦横に解釈を加えている。二年後に撰述・刊行した『融通円門信解章』では、出典を明示しての引用がやや増加しているが、いずれも中国天台宗（特に智顗・湛然・知礼）、華厳宗（澄観・宗密）、そして、元代臨済宗の天如惟則『浄土或門』(187)などを主たる拠りどころとしている。これに対し、日本浄土教で拠りどころとされている隋・唐浄土教の文献、とりわけ、善導の主著（『観経疏』ほかいわゆる「五部九巻」）からの引用は、ほとんど見当たらない(188)。

### 門人らに見る明末浄土教の移植

こうした傾向は、門人・準海（一六六一〜一七四一）が著した本書の註釈書『融通円門章集註』ほか、一連の末疏において、一層甚だしい。すなわち、明末浄土教の文献からの引用が目につく。殊に多いのが、袾宏・智旭のそれぞれの『阿弥陀経』註釈書からの引用である。『円門章』の末疏、すなわち、近世融通念仏宗の教義文献こそ、わが国の仏教文献において、最もまとまった形で明末浄土教文献を引用し、それら文献に対し教義上、相当の依拠を示していると言えるのではないだろうか。

元禄元年（一六八八）、融観は幕府の許可を得て宗門中興の大願を果たし(189)、『檀林清規』ほか大念仏寺山内に学ぶ僧侶の行持要目を定め、翌二年には第四六世住職として晋山した。すでにその久しい以前から、『行実年譜』にはとりたてて禅宗関連の記事を認めないが(190)、黄檗教団とは門人らの代に至っても引き続き道縁があったものと見られる。例えば、右記の準海『集註』巻七では、黄檗の和僧・洞仙照養（伝未詳）に指教を仰ぎつつ、『三字経』の文言（上大人。丘乙巳。化三千。七十子…）へ唐音による発音表示を施している(191)。今後、彼ら融観門弟らの黄檗教団とのかかわりを中心に、明末仏教文物を摂取した過程を調査してゆきたい(192)。

## 『檀林清規』に見る『黄檗清規』摂取

高泉自身は、良忍に始まる融通念仏宗の歴史そのものに関しては、さしたる関心をいだいていなかったものとおぼしい。彼の『東国高僧伝』では、巻七に良忍伝を立てるが、その文面は『元亨釈書』の引き写しであり、加えて、高泉の日本仏教観が窺われる賛も、この良忍伝には附せられていない(193)。

また、高泉は寛文十二年（一六七二）冬頃、鞍馬寺に詣で、融通念仏宗発祥の機縁をなした毘沙門天王像を拝している。すなわち、『融通縁起』に拠れば、天治二年（一一二五）四月、鞍馬寺に詣でた良忍の前に突如、毘沙門天が出現し、「神名帳」（念仏に帰依したわが国の神々の名を連ねた帳簿）を授与したとされる(194)。以後、鞍馬寺の毘沙門天は広く信仰を集めており、高泉は同寺へ参詣のうえ、五律一篇を製作(195)、山内の幽邃なたたずまいを詠じながらも、「我来非レ采レ勝。専謁二北天王一」と結び、間近に拝した三尺の木像に感嘆している。ただし、良忍とこの毘沙門天王像との関係については、何ら触れるところがない。

一方、一宗を統率する任に就いた融観は、六十一歳の宝永六年（一七〇九）、大念仏寺にあって『檀林清規』(196)・『融通本山規約総式』ほか、本山以下教団の統制に必要な諸規定を編み、これらを同年刊行の『大源雑録』に収めた。まず『檀林清規』は、序文と本文とから成り、本文には「衆寮規矩」との別題が附せられている(197)。本文には十七条から成り、末尾には結語と「学侶名位」の項とが置かれている。なお、「学侶名位」の項では、寺主・学頭・副寺の三つの職分について、設置の由来やなすべき任務が明記されている。

融観は檀林に学ぶ大衆こそが、自己亡きのちの宗門を担う幹部候補生であるとの確信をいだいていたとおぼしく、すこぶる期待を寄せていることが各条文から窺われる。条文中には衣制、学ぶべき経論に関する規定、年中行事の規定が見られ、この点は本章で取り上げた一連の禅宗清規と同様である。各条は最終条を除いて、明文化された罰則を認めないが、最終条（第一七条）に至って、「徒党もて人を悩まし、悪口もて人を罵り、是非互いに競ひ、眼赤く色変ぜば、是れ僧中の羅刹なり」と見なし、こうした徒輩は速やかに退去処分とし、法門を汚損せぬようにと規定している。

年中行事について規定した第五条では、三元祝聖、涅槃、仏生、結夏、自恣［解夏］、蘭盆・施餓鬼、仏名会、開山・中興［法明良尊］日月両忌（月命日および祥月命日）に加えて、浄土門の寺らしく「別時念仏」が定められ、「朝昏課誦」にも怠りなきよう戒められている。〈祝聖〉や〈課誦〉といった字句に、禅宗、とりわけ黄檗教団の清規に見る用字からの影響が見て取れないだろうか(198)。また、同条の文言に拠って、檀林（僧侶学院）の規定（『檀林清規』）とはまた別に「宗門総規」があり、そこでは「僧家名位」が定められていたことが知られる。こちらは恐らく、法主以下、宗門内の僧階について、衣制や昇任資格などを規定したものと見られる。

第三条では、『法華経』・『華厳経』・『阿弥陀経』・『梵網経』が根本聖典であることを規定するとともに、檀林に学ぶ者たちが余暇には「儒典」・「神書」を披見しても差し支えなしと定めている。また、融観は自己の主著たる『融通円門章』に対し、すこぶる自負するところあり、初学者が同書を暗誦するまで熟読し、学頭も春秋二度、同書を講説し、以後恒例とさえしてくれれば、「老僧従来勤苦練行して東西に馳走し、宗門を再興するの本懐も亦た足りなんのみ。至嘱、至嘱」と結んでいる。

融観が自称を「老僧」としていることからも窺われるように、本『清規』の序・本文・結語の随所に、『黄檗清規』の序や「開山預嘱語」・跋に見る隠元の口吻に似たそれが感じ取られる。とりわけその傾向の著しいのが、融観の自序である。近年、谷村純子氏は両『清規』の序を対照し、その結果、融観が『黄檗清規』序の説次や字句を相当に襲用していることを解明された(199)。

説次の相似という点では、谷村氏が既に指摘されたように、(一)前文、(二)自己の弘教事蹟、(三)清規制定のゆえん、(四)禁戒(よほどの大解脱を遂げた者にとっては、区々たる清規など不要であろうが、ごく一般の修行者はあくまでも清規を遵守せよ、と説く)、(五)結語という構造が一致している。ただ、『檀林』の序のほうは、(三)に先立って、自己が蹶起するまでの融通念仏宗の衰亡ぶりを悲嘆まじりに叙述している点が、先行する『黄檗清規』との大きな差異である。字句詞章の相当な一致は驚くべきものであり、詳細は谷村氏の論攷を参照されたい。

融観がこの自序をしたためた元禄九年(一六九六)九月当時、その参禅の旧師・高泉は、前年十月に示寂している。『黄檗清規』木版本は久しく流布しており、それを購入したか、あるいは自己および弟子たちの黄檗僧との道縁によって寄贈されていたのかもわからない。ちなみに、『黄檗清規』の隠元「自序」が高泉の代作であることは、『洗雲集』本には明記されている。この『洗雲集』(高泉の詩文集)もまた、すでに元禄三年(一六九〇)には世に出ているから、融観はあるいは隠元の「自序」である以上に、敬慕する高泉の名文ということで、参照したとも考えられる。

むろん、隠元が「自序」の中で「老僧雖二老朽無似一。忝為二一代開山一。不レ得レ不下重立二規制一以暁中後昆上」[200]と韜晦しつつ示した密かな自負は、融観においても「老僧雖二老朽無似一。已丁二檀林開闢之重任一。何不二自彊一乎」[201]と忠実に継承されてはいる。今後の課題として、『清規』と並んで編定された『融通本山規約総式』二十一条について、袾宏の「僧約」と対照しつつ、さらに考察を加えたい[202]。

### 第四項　法華律の黄檗教団への関心

本項の題目にいわゆる法華律とは、日政元政（一六二三〜一六六八、以下、元政と略称）に始まる。京都西郊の深草・瑞光寺を本寺として、日蓮教学と戒律とを融合せしめ、僧風の向上を図る運動である。いわゆる日蓮の「四箇格言」において、律宗は「国賊」と断ぜられた――と見るのが、元政以前の日蓮宗では一般的であった。

元政は当初、日蓮宗にて出家する意思はさして強くなかったとおぼしい。道契『続日本高僧伝』巻九・元政伝に拠れば、冠年、すなわち十九歳の寛永十八年（一六四一）、泉涌寺の如周正専（一五九四〜一六四七、天圭の本師）に参じ、如周の講ずる『法華経』に傾耳した。同書では、戒律を学んだとは記していないが、律・禅・教宗諸派（特に真言宗）に明るかった如周のことであるから、『法華経』を語りつつ、しばしば戒律にも説き及んだことであろう。ところが出家を願い出た元政を前にして、如周はしかし、元政がなお年少であり、もっと時を待つよう教示したという[203]。

七年を経過した二十六歳の慶安元年（一六四八）、出家の機縁熟し、元政は日蓮宗・妙顕寺（京都）で出家した。当時の日蓮教学にあっては、日蓮思想の研究よりも、むしろその基礎をなす天台教学の研究が盛んであって、元政も鋭意これに取り組んだ。しかしながら、同時代の日蓮宗の僧風たるや、とりわけ京都一帯において、万事に華美を競ってとかく堕落しがちであった。元政はかかる状況を潔しとしなかった。そこで彼は仔細に日蓮遺文を読み、その結果、日蓮があくまでも、同時代の律宗高僧（例：叡尊・忍性師弟）が社会事業推進の過程でとかく時の権力者に親近しがちだったのを指して国賊と断じたに過ぎず、日蓮個人は律僧に勝るとも劣らぬ持戒堅固の士であったことに着目、堂々と所信を表明し、かつ実行した。

すなわち、明暦元年（一六五五）、深草の地に草庵を築き、戒律・天台・日蓮教学を自ら学び、かつ、人にも講ずる生活を始めた。その前代になき法華律の思想が成文化されたものこそ、『草山清規』(204)にほかならない。ただ、成文化したのは、元政本人ではなく、彼の示寂から十五年を経過した天和三年（一六八三）、高弟で瑞光寺第二世となった慧明日燈（一六四二〜一七一七）の手に成っている。彼は本師・元政の思想を二十四歳で出家して以来、本師に常随給仕しつつ体解していた。

## 『草山清規』に見る『幻住庵清規』模倣

本『清規』に対する詳細な訳註と、それに基づいた思想研究は、小林啓善博士（一九〇二〜一九八二）によってなされた。博士は昭和三十七年（一九六二）脱稿の「草山教学の研究」で、第五章を「草山清規の研究」とし、『草山清規』の文々句々を平明な口語文に改めたうえ、全体の構造を分析された(205)。博士の所見に拠れば、『草山清規』が目指すものは、むろん開山・元政が唱えた法華律思想の具現であるが、そのための行法には、天台と禅の教義や儀軌が頗る多く見受けられるという。

小林博士が既に指摘されているように、禅宗起源の法器（雲板）で時を報ずること(206)や、元日に天台宗の典型的儀式である法華懺法を修すること[207]を指していよう。また、これは筆者の所見であるが、同じく元日には「祝聖《しゅくしん》」をなす旨、規定しているが、ヨリ日蓮宗的な語彙としては、「国禱」とすべきところであろう。

中国禅宗の現存する清規で、「祝聖」の語を用いた最も早期の例としては、『幻住庵清規』が挙げられる。実は『草山清規』は、『勅脩百丈清規』や『黄檗清規』にもまして、『幻住』の構造に倣っている。すなわち、全体の綱目は、第一章「日資」・第二章「月進」・第三章「年規」・第四章「斎儀」・第五章「名分」・第六章「家訓」となっており、第一から第三章までは『幻住』にも同じ順序で同題の章あり、また、第六章「家訓」（全二十七条）には、『幻住』の営弁・践履・摂養・津送の四章に該当する諸内容が、箇条書きで盛り込まれている[208]。

元政の瑞光寺は、中峰明本の幻住庵と同様、ごくささやかな草庵から始まったので、そこで施行すべき清規としては、大寺での施行を想定した『勅脩清規』や『黄檗清規』よりも『幻住』のほうがずっと手本としやすかったからではないだろうか。また、寛永二十年（一六四三）の和刻本『幻住庵清規』[209]の刊行も見落とせまい。

さて、元政の持律堅固な日常と、豊かな詩文の才能とは、宗派の壁を超え、多くの僧俗からの敬慕を集めた。それゆえに、道契（真言宗）ですら、幕末に『続日本高僧伝』を編纂した際、正篇たる卍元師蛮の『本朝高僧伝』の方針を継承し、真宗僧侶は一切立伝しなかったのに対し、日蓮宗からはただ一人、元政を立伝したほどである。ただ道契は、他の高僧たちに対するのとは違って、元政伝には「賛」を附さずに「論」（伝主の言行に問題ありと道契が認めた場合、「賛」に代えて附す）を附し、元政の天台教学理解には問題があり、それを彼の師承が正しくないことに帰《き》している[210]。〈師承が正しくない〉とは、道契自身も愛好した「主流的」法華思想・天台宗ではなく[211]、他宗派から「固法華」と陰口を叩かれていた日蓮宗に元政が属していたことを指していよう。また、元政伝を載せる巻九は、「浄律」科と題されており、左右に列せられた他の伝主たちは、いずれも律僧ばかりであり、元政自身も日蓮宗僧侶としてよりは、律宗僧侶として描かれている。

## 元政の黄檗僧との交往

宝暦四年（一七〇七）刊行の『本朝高僧伝』には、元政より七年も後に示寂した慈忍慧猛と九年も後に示寂した真政円忍とが共に立伝されているにもかかわらず、日蓮宗を好まない撰者・卍元の方針で、元政伝は立てられなかった。恐らくはこのことに憤慨的触発を受けてであろう、日蓮宗の海音日潮（号：六牙院、一六七四〜一七四八）は、享保十五年（一七三〇）、一部未完成に終わったものの『本化別頭仏祖統紀』(212)を撰述、宗祖・日蓮以降十八世紀後半までの日蓮宗の高僧列伝をまとめ上げた。元政伝は、巻二十二「別頭真隠伝」中に収められている。こちらは元政を律僧としてよりも隠者と見る姿勢が顕著であり、これはこれで問題なしとしない。

ただ、元政の各宗僧侶との多彩な交遊については、『続日本高僧伝』よりはずっと詳述している。これに拠れば、元政は「泉涌天圭」「篠田鉄心」「嵯峨独照・月潭」と親しかったという(213)。改めて繰り返すまでもなく、〈天圭〉とは、元政がかつて入門を乞うた如周の高弟であり、鉄心とは曹洞宗の鉄心道印（一五九三〜一六八〇）、そして〈嵯峨独照・月潭〉とは、嵯峨直指庵の独照性円（一六一七〜一六九四）・月潭道澄（一六三六〜一七一三）師弟をいう。

このほか黄檗僧で元政と親しかった人物としては、五歳年少の潮音道海（一六二八〜一六九五）が挙げられる。ただし、ヨリ厳密には、両者が相識った当時、潮音はまだ臨済宗の僧であった。潮音は三十二歳の万治二年（一六五九）、大坂・久昌院で浩瀚な『中峰国師広録』を講じ、参聴者の好評を博した(214)。彼は同じ年に元政と相識り、詩偈の応酬をなした(215)。潮音の中峰明本に対する傾倒は、近江国永源寺に掛搭した正保三年（一六四六）に始まり、同寺に掛搭した理由というのも、開山・寂室元光が入元留学して中峰から付法されており、近くは一糸文守が戒律禅を挙揚しつつ中峰・寂室師弟の峻厳な道風を再興しつつも志半ばにして夭折した直後であったためである(216)。

恐らく潮音は、元政との交遊に際し、ともに中峰を語り、かつ、天圭（潮音の師、元政の友）や、学んだ時期こそ違うが、共通の母校ともいうべき泉涌寺を語ったものと見られる(217)。したがって、『草山清規』が多く中峰『幻住庵清規』に負うているのは、元政の遺訓を成文化した日燈の意向である以上に、恐らくは元政自身の平素から好むところであったとも考えられる。両『清規』をさらに精細に対照しつつ、別の機会に研討を加えたい。

## 高泉の瑞光寺との接点

さて、高泉自身には、寛文八年（一六六八）に元政が示寂するまで、道縁を結んだ形跡がない。また、元政の後を承けて享保二年（一七一七）の示寂まで瑞光寺を守っていた日燈の伝記（『本化別頭仏祖統紀』所収）にも、高泉との交往を記す記事を認めない。

しかしながら、瑞光寺に隣接する真宗院は、宗派こそ日蓮宗とは多年相容れない浄土宗に属しておりながら、これまた戒律兼学の道場であった。三熊花顛『続近世畸人伝』では、元政が真宗院の「中興慈空上人とつねに伴ひて遊行せられし。隣寺といひ、同じく律を持て斎食なれば」としている(218)。元政が示寂した当時、慈空性憲（一六四六〜一七一九、以下、性憲と略称）は、まだ二十三歳の青年僧である。かかる若輩者が、当時洛中に聞こえた文人僧・元政と〈つねに伴ひて遊行〉し得たとは到底考えられない。恐らく真相は、慈空が本師・龍空瑞山の後を承けて真宗院を〈中興〉した頃、自己より四歳年長の瑞光寺二世・日燈と親交したということであろう。

『本化別頭仏祖統紀』の日燈伝に拠れば、日燈は当初、「慈任律師」のもとで得度し（法名：智岸）、寛文五年（一六六五）の元政への入門も、得度の師・慈任の紹介を労したという(219)。この〈慈任〉とは、恐らく慈忍慧猛（一六一七〜一六七五）を指していよう。慈忍と元政とは泉涌寺の如周門下で同門の間柄にあったからである(220)。

高泉が天和末年から貞享年間（一六八三〜一六八八）にかけて、仏国寺から山一つ越えた真宗院にしばしば遊んだことは、第四章第四節に既述したが、その際、隣寺たる瑞光寺の存在について、殊に同寺もまた戒律兼学であることに関しては、律院としての真宗院の開山である性憲から一度ならず聞かされたことであろう。高泉の「佐和孝子写法華経記」は実に、天和元年（一六八一）から貞享元年（一六八四）の間に撰述されたと見られる(221)。

佐和姓の孝行息子が、「草山上人」からの教示のままに真心込めて『法華経』の写経に勤しんだところ、盲目になりかけた老父の目が回復し、後水尾法皇・照山元瑶尼父娘（ともに高泉と道縁あり）からは、嘉賞の宸翰および観音菩薩画像（照山尼作）を下賜された、という出来事を叙述している。この「草山上人」が真宗院の性憲を指すと見るならば、性憲は律と浄土とを兼学する立場上、『法華経』に代えて『阿弥陀経』ほか、いわゆる浄土三部経の書写を勧めたに相違ない。加えて、高泉とは既に当時相当の道縁を有していた筈の性憲のことを、「草山上人」などといかにもって回ったような他人行儀の呼び方で呼称しているとは到底考え難い。やはり高泉のいう「草山上人」とは、瑞光寺の日燈を指すものと見るのが妥当であろう。

法華律の本寺たる瑞光寺の住職は、黄檗宗に対しては、特にそれが齎した授戒会ほかの戒律関連の文物に関しては、元政・日燈以降も相当の関心を寄せていたものとおぼしい。そのよき証左こそは、銘酒「櫻正宗」本舗のホームページ所掲の以下の逸話である。天保十一年（一八四〇）、同社の六代目当主が瑞光寺にときの住職を訪ねた際、住職の机上に『臨済正宗〜』と題された書物が置かれていた。そこで彼は、これを借用して時あたかも世に出さんとしていた新銘柄の酒の名とした――というのである（URL は www.sakuramasamune.co.jp/index.html）。

ちなみに「臨済正宗」とは、東渡以来の黄檗教団の正式名称である。いかなる書籍が右記のエピソードに登場する書籍に該当しているのか、今後文華殿の蔵書を中心に調査させていただく所存であるが、この一事をもってしても、法華律関係者の黄檗教団に対する並々ならぬ、しかも持続的な関心が看取されよう。

## 第五項　高泉自身の弘戒活動

これまで高泉自身の戒律観、とりわけ、彼が青年時代から持戒という営為に対し親和性が高かったことについては触れるところが無かったように思われる。そこで本節の終わりに、この点に関する彼の言説を、詩偈を中心として概観しておきたい。

すでに見たように、高泉の青少年時代、郷里福建は明清交替期の乱世であり、主都・福州の統治者も、あるいは鄭成功、あるいは清朝と瞬く間に入れ替わっており、その都度多くの死者を出していた。ただ、こと戒律の復興、定期的な授戒会の開催という点に関しては、少なくとも明代中期の国家的抑制の激しかった時代に比すればずっと幸運な時代であった。

殊に福建においては、巨刹・鼓山涌泉寺に律師として無異元来―永覚元賢―為霖道霈師弟が相次いで晋山し、無異・永覚師弟（禅者としては同門の法兄弟）が雲棲袾宏―聞谷広印と受け継がれていた戒学の思想・実践体系をこの地に扶植し、為霖もまたその守成に努めていたのである。

こうした背景からであろう、高泉は青年僧の頃（順治三年［一六四六］～同十八年）、福清黄檗山近辺でも律僧の姿を見かけ、これと語ったことがあったとおぼしく、その感動を七絶「贈二律師一」[222]に詠じている。彼が出会った律僧は「蒐二空竺籍一精二律学一。慧刃発レ硎露二鋒鍔一。想見登壇講説時。乍拈二麈尾一双峰落」という、いわば専門的に律学を修めた人物であったと見られる。

このように、高泉の青年時代の福州では、城内で、そして寺がある山中で律僧を普通に見かけたのみならず、久しく荒廃していた戒壇の復興も成し遂げられていた。五言古詩「温陵甘露戒壇」(223)は、天下三戒壇と称されていた泉州開元寺の戒壇を詠じているが、終始戒壇の偉観を讃え、少しも荒廃した様子に言及していない。これは恐らく、彼の泉州来遊にずっと先立つ万暦二十三年（一五九五）、土地の名士・黄文炳が二年を費やして復興に尽力したためであろう(224)。

また、高泉自身も順治十六年（一六五九）以前に製作したと見られる七絶「自警五首」(225)で、第一首に「比丘浄戒重二須弥一。厳護須レ還二出世児一。若不二披レ心親頂戴一。焉能断二得一生癡一」と所信を語っている。このような峻厳な態度が、同時代になおまま見受けられた「狂禅者」とはおよそ対極に位置していたことは言うまでもない。

## 高泉の二大弘戒活動――戒殺と放生

彼自身の一般信徒に対する戒律宣揚は、具体的には戒殺と放生、とりわけ戒殺の勧説を通じてなされた。雲棲袾宏には「戒殺文」・「放生文」があり、ともに人口に膾炙しており(226)、以後、中国仏教では戒殺・放生を説く詩偈が激増した。隠元は青年期以来、折りあるごとに放生を行っており、在家時代の過度の放生（およびそれに伴う散財）は、彼をして出家を決心せしめた主因をなしてさえいる。また、明末清初の福建では、永覚が、戒学における法曾祖父・袾宏および師翁（法祖父）・聞谷の後を承けて、しばしば放生会を催し、これはそのまま高弟たる為霖へも受け継がれた(227)。高泉は、こうした同時代の福建仏教における思潮を忠実に受け継ぎ、二十四歳の順治十三年（一六五六）、福清黄檗山から少し南下した際には、漁民を相手に戒殺を説き、相当の成功を収めている（第二章註（223）参照）。

渡日後の寛文四年（一六六四）、黄檗山に現存の放生池が造成された(228)。翌年夏、二本松へ赴いた高泉のもとへ、池造成のために数百両を寄進した原田佐右衛門から、「放生文」撰述の依頼状が寄せられた。高泉は、「放生文」をものした古今の作者は甚だ多いとしながらも、「およそ生ある者、死を畏れざるはない」と、放生の意義を力説している(229)。また、二本松・法雲院に住まっていた寛文七年（一六六七）、『曇華筆記』を脱稿しているが（刊行はその四年後）、「二友放鱔」・「二人打蛇」の二項では、万暦三十二年（一六〇四）刊行の蔡善継『好生録』から、放生・戒殺に関連する説話を一つずつ紹介している(230)。この『好生録』全二巻は、袾宏在世中に刊行され、上巻々末に袾宏の「戒殺」・「放生」両文を掲げ、印度（経論所見）・中国の戒殺・放生関連の故事を多数収録し、相当の流布を見た(231)。

二本松では、単に著述を通じて戒殺を説くのみならず、法話でも取り上げており、寛文五年（一六六五）中秋には、一藩士が感銘、多年愛用の釣竿などを火中に投じ(232)、これに対し高泉は七絶一篇を授与、その小序ではこの藩士を「真の大丈夫なり。成仏作祖も尽く是《ここ》に在り」と賞賛している(233)。ただ、その行為を沢山の人々が見守り、誰もが道念を発した――としている辺り、かえってそれまでは釣りが殺生につながることに思いを致す者が、京都・江戸のような仏教の中心地はともかく、二本松のような地方都市ではごく少なかったという状況を裏書きしていよう。以後、黄檗僧侶が狩猟・釣魚の禁絶を信徒に勧告することは他宗にもまして盛んであったとおぼしく、ひいて明治後期に及んでいる(234)。寛文七年（一六六七）八月、二本松を辞した高泉は、黄檗山へ帰る旅の途上、放生を行っている。その際鳥を空に放ったか、それとも魚介類を水中に放ったか判然としないが、「不㆑知夙昔作㆓何因㆒。熏得悲憐念最真」と、囚われの生き物を見ると、財布を開いて贖わずにはおられない性分を詠じている(235)。

黄檗帰山後も人々に放生を勧めており、これが売名と取られることを警戒してか、諸法唯心・万物一体の理を説き、そして、「舎㆓吾難㆑捨物㆒。全㆓彼不㆑全生㆒。至理宜㆑如㆑此。非㆑因㆑慕㆓令名㆒」と弁明している(236)。もっとも、熱心が過ぎて、ある日自室で、外に出られずに飛び回る蜂を助けてやったところ、あろうことか刺されてしまうという事態にも遭遇、そのぼやきを「我痛固不レ妨。奈汝毒若レ許。因思当世人。背レ徳嘗如レ此」と詠じてもいる(237)。

さらに、貞享元年（一六八四）までには、主たる活躍の場・仏国寺にも、放生池が穿たれていたものと見られる(238)。

高泉に感化されてか、和僧の円通道成（一六四三～一七二六）も「誡殺文」を撰述、その跋を高泉はしたためている(239)。

### 授戒会での高泉

なお、黄檗教団がもたらした三師七証を請じての本格的授戒会（三壇戒会）において、高泉は天和元年（一六八一）九月・貞享二年（一六八五）三月・元禄三年（一六九〇）三月には、いずれも教授阿闍梨を務めている。また、黄檗晋山後、元禄八年（一六九五）三月、すなわち、示寂の七ヶ月前には戒和尚（得戒阿闍梨）として授戒会を主宰している。語録に見える法語は、天和元年の教授阿闍梨としてのそれ(240)と、元禄八年の戒和尚としてのそれであり(241)、後者は殊に美文である。けれども、両者ともに彼が職務上仔細に説明し（教授阿闍梨）、あるいは讃嘆した（戒和尚）筈の沙弥・比丘・菩薩の三戒（三壇の各壇で授けられる）について、逐条的に立ち入った説明は何ら施されていない。二度目の教授阿闍梨依頼に際しては、七絶「黄檗戒壇再招勉応」(242)を製作している。その詩題や、「使命星蜚逼二再三一。人義篤時難二固拒一」との内容から推して、経典註釈執筆と同様、経論（戒律経典をも含む）に関する条理だった解説は、どうやら高泉には不得手だったものと見られよう。

### 寂門道律への訓戒と賞賛

ちなみに、恐らくは元禄三年（一六九〇）の初冬（十月）、仏国寺で小規模の授戒会を執り行った際、高泉は黄檗山内・開山院（松隠堂、隠元墓所）を守っていた寂門道律（一六五一～一七三〇）を招き、戒律を講ぜしめた。音吐朗々、かつ明快な寂門の解説に、参加した受戒者は皆な喜び、高泉は七絶「贈三寂門上座講二戒律一」(243)を贈って賞賛している。詩序ともどもその全文を掲げよう。

仏国初冬。偶有二四衆一。乞二授戒一。為設二両日壇儀一。授訖特請二松隠塔主寂門公一為説二戒律一。以二公聡明利智一。善講レ経。而且音声朗潤。語言瓶瀉一。一会聴者皆躍然信受而去。予喜二法門有レ人。化風猶未レ艾也。因作レ此以贈。以称二其徳一云。

仏国初開艸芥壇。雲來四衆忻求受。羨君善解レ説二尸羅一。頑石直教二斉点首一。

この寂門は詩文に長じ、さながら青年期の高泉を思わせるものがあったが、高泉は彼が詩偈に耽って禅僧の本分をおろそかにするのではないかと案じ、法語「示二万松寂門庵主一」(244)一則を書き与えて将来を戒めている。すなわち、まず参禅に勤しみ、勤しみ抜いたその果てに、「心花頓発。偏照二十虚一」という瞬間が必ず巡ってくるので、「文字之学」にはそれから親しんでも遅くはなく、また、悟達してこそ「文字之学」もさながら竹が鋭利な刃の前にすぱっと割けるが如く、それ以前にもまして容易に解されよう――と結んでいる。寂門が万松院(その先師・龍渓の廟所)に入住したのは天和二年(一六八二)のことであるから、この法語も、恐らくはそれ以降に垂示されたものであろう。左にその全文を掲げよう。

郷聞下寂子聡穎博学。能二吟詠一。擬中与二皎潜一並上レ駕。今見二所レ呈近藁一。巧思秀句奔二赴筆端一。果名下無二虚士一也。倘加レ工不レ已。孰得二而追一レ之。雖二然文字固佳一。徒増二智障一。不レ能レ洞二当人之性源一。不レ若専究二禅那一。究レ之之極。

一旦心花頓発。偏照二十虚一。然後視二文字之学一。若レ破レ竹然。莫レ不二迎レ刃而解一矣。

寂門はまた、天和元年に本師・龍渓がかつて住持した近江国正明寺で『首楞厳経』を講じている。したがって、恐らくは高泉が戒めた「文字之学」とは、詩偈製作のみならず、禅宗常用経典たる『首楞厳経』をただ講説するばかりで、書かれた内容（禅定）を進んで実践しないことをも指そう。幸い寂音は、高泉からの訓戒に傾耳し、参禅に勤しんだばかりか、戒山慧堅からも菩薩戒を受け、これを学び、かつ実践している（戒山撰述の律僧列伝については、第八章第五節第二項を参照）。高泉としては「合格点」を与えたいところであったのだろう、仏国寺授戒会への招請は、寂門のこれまでの参禅・持戒両面にわたる修行を評価・賞賛する意味も込められていたものと見られよう。

## 結語

本章では、『黄檗清規』に代表される明末仏教の整備された戒律体系と、そのわが国への影響とについて、これまでに解明し得たことを述べた。今後の課題としては、本章で取り上げた臨済・曹洞・融通念仏・日蓮の各宗に加え、高泉の道縁から推して相当の感化を受けたとおぼしい智積院教団（現在の真言宗智山派）・泉涌寺教団・西山浄土宗についても一層多くの資料を渉猟し、『黄檗清規』からの影響の有無を精査したい。

なお、本章でその労作からたびたび引用した中尾文雄師（一九一〇〜二〇一四）は、一世紀を超えるその生涯を閉じるまで孜々として黄檗研究に励まれ、おおいに宗門のため光を争われたが、最晩年の平成十四年（二〇〇二）に至り、『黄檗山の儀礼と規律—『黄檗清規』』（京都：黄檗宗務本院）を公表され、『黄檗清規』本文を平明な口語にて逐条訳された。遺憾ながら、本章初稿執筆時には参照することを得ず、近年、村石恵照教授から御恵与頂いてようやく全文を披見することができた。ここに衷心より村石教授からの御好意を拝謝するとともに、今後機会を見て中尾氏の旧訳『黄檗清規』（昭和五十九年）とこの新訳とを併せ読んだうえ、本章全体の補訂を図りたい。

**註**

（1）本論文は、一九九七年、南京大学哲学系へ、博士学位請求論文として提出された。指導教授は、頼永海教授である。その後、民国九十年（二〇〇一）に至って、台湾の佛光山文教基金会（高雄市大樹区）より、『法蔵文庫　中国仏教学術論典』第三九巻に収録・刊行された。同『文庫』は大陸地区における仏教関連の博士・修士論文を主たる収録対象としている。

（2）陳博士註（1）前掲書三〇～三三頁。

（3）陳博士註（1）前掲書所収。

（4）近年では、平成五年（一九九三）に至り、社会思想社版『社会思想文庫』に収録されている。なお、本書では、蓄妾と並んで、彼らによる寺産横領（のうえでの個人事業開創）や、飲酒・肉食も非難の対象とされている。寺産横領はいずれの時代においても罪行であろうが、明治後期のわが国において、一定数の人々（『万朝報』読者層）が依然、女色と並んで飲酒・肉食をも僧侶にあるまじき不品行と見ていたことを、これらの叙述は示唆していよう。いわば本書は、日本仏教が出家者中心から在家主義へ、戒律主義から世俗化へと体質変換を遂げつつあった過渡期の所産であり、その時代ならではの混沌ぶりを今に伝える史料であるとも言えよう。

（5）善書にあっては、種々の実例を挙げて五倫五常に背くことを戒める章節が存在する。しかしながら、そこに挙げられた具体例は、ほとんど一般人による醜行ばかりであり、僧尼によるそれが取り上げられた例は、およそ見い出し難い。清代中期までに成立した善書の中でも、とりわけ浩瀚なものとしては、周夢顔（字は安士、号して懐西居士、一六五六～一七三九）の『安士全書』が挙げられる。同書を構成する諸文献の中でも、青年期の康熙二十一年（一六八二）に刊行された『欲海回狂集』全三巻は、豊富な例を挙げつつ色欲を戒めて餘すところがない。ただし、いずれも居士、もしくは世俗の男女の例であり、僧尼に関しては、破戒行はもちろんのこと、浄行すらも挙げられていない。本稿では台南市：和裕出版社本（刊年未詳）に拠った。その影印底本は、民国七年（一九一八）、印光法師（一八六一〜一九四〇、浄土教の高僧）による重刻本である。なお、版元の和裕出版社は、台湾における代表的な寺院日用経典および善書の出版元として知られている。同書各章中、巻一「勧下犯二根本重罪一者上」の章は、とりわけ僧尼とのかかわりの深い一章であり、僧尼および近親者を犯す者は無間地獄に堕することが強調されている。しかしながら例に挙げられているのは、あくまでも一般人による彼（女）らへの罪行である。右記和裕出版社本七〇六頁以下。

（6）『卍続蔵経』第一一四冊所収。

（7）本書は、著者・江博士が台湾の人であるにもかかわらず、『明清民国仏教思想史論』の題で、さきに大陸版が刊行された。北京市：中国社会科学出版社刊、一九九六年。のち、民国八十七年（一九九八）に至って、台北市：南天書局より『中国近代仏教思想的諍弁与発展』の題で、増補された台湾版が刊行を見た。

（8）『晩明仏教叢林改革与仏学争〔ママ、「諍」に非ず〕辯之研究』の書名にて、同年、台北市：新文豊出版（著名な仏教書出版社）から刊行を見た。

（9）とりわけ、本論攷の第二節「《概古録》所見的晩明叢林諸問題」および第三節「晩明叢林悪化的背景解析之一」、註（7）前掲書大陸版四八〜七四頁、台湾版八六〜一〇八頁。

（10）『大涅槃経』（北本）巻四「如来性起品第四之一」では、末法の世には、外に賢善の相を現じ、内に貪疾をいだく悪比丘らが、肉食・占星術・権力者への親近といった如来の禁戒を平然と破るであろうとする釈尊の預言が提示されている。『大正蔵』第一二巻・三八六頁中。

（11）江博士註（7）前掲書台湾版所収。大陸版では不収録。本論攷もまた、博士の前出碩士論文の一章をなし、註（8）前掲書にも収録されている。憨山の具体的な南華寺改革の経緯は、第五節「曹溪祖庭中興的十大改革及其成就」に特に詳細である。同書二八九〜三〇二頁。陳永革博士註（1）前掲書では、本文はもとより、「主要参考文献書目」においても、江博士の一連の業績に全く触れられておらず、この点すこぶる遺憾に思われる。

(12) 隠元：賛「憨山大師」、『隠元全集』二三六二頁。即非：賛「憨山大師」、『即非全集』六六四頁。

(13)「二十四巻本語録」巻二十三、『全』Ⅰ・二二二上左。本篇の二つ前に、天圭照周からの依頼で製作された「雲棲蓮池大師真賛二首」を掲げているから、本篇もまた明らかに渡日後の製作と見られよう。

(14)〈挺二木椿一〉とは、慧能が五祖弘忍に入門直後、粉引き小屋で働いていたことを指していよう。流布本『六祖壇経』、『大正蔵』第四八巻・三四八頁上。

(15) 江博士註（7）前掲書九三頁。

(16) 荒木博士『雲棲袾宏の研究』三四〜三六頁、東京：大蔵出版社刊、昭和六十年（一九八五）。湛然のほか、袾宏・永覚元賢にも通じて認められる「ゆるやかな末法意識」を論じておられる。

(17)『憨山大師夢遊全集』巻五十は、この「規約」の各条を解説、次の巻五十一では、改革に際し、憨山が弟子や外護者へ寄せた書簡を中心とした関連文書を集成している。『卍続蔵経』第一二七冊所収。

(18) 江博士註（7）前掲書二九〇頁。

(19) こうした風水への相当の配慮は、隠元が宇治に萬福寺を造営した際にも認められており、雲棲袾宏を除けば、同時代の僧侶の事蹟中には多かれ少なかれ共通していることである。袾宏『竹窓随筆』「墳墓」の条では、弟子たちが師・袾宏のために墓所を選ぶに際し、風水を勘案しつつ、幾度も候補地を変更している姿に慨嘆、「世人が風水を気にかけるのは、子孫の富貴を望むからだが、まさかお前たちはわしの恩蔭で、朝廷から紫衣を下賜される国師を出したいと思っているのではあるまいな？『遺骸は禽獣に施せ』と語った古人があったが、わしは遺骸が鳥や狐の餌食にされさえしなければよいのだ」と訓戒している。

(20) 註（17）前掲書九〇九頁下〜九一三頁上。

（21）長谷部博士『明清仏教教団史研究』一三九頁、京都：同朋舎出版刊、平成五年（一九九三）。
（22）見一法師『寒笳三拍——比丘尼重受戒論文集——』三八頁、南投県：南林出版社刊、民国九十一年（二〇〇二）。
（23）長谷部博士註（21）前掲書および見一法師註（20）前掲書にも、特段の言及なし。
（24）訳註としては、つとに鏡島元隆・佐藤達玄・小坂機融三師による『訳註禅苑清規』がある。曹洞宗宗務庁刊、昭和四十七年（一九七二）。近年、中国の蘇軍氏が新たに校訂本を公刊された。こちらは諸書に散在する宗賾の遺文についても逐一詳細な考察を加えている。鄭州市：中州古籍出版社刊、『中国禅宗典籍叢刊』所収、二〇〇一年。
（25）長谷部博士註（21）前掲書三二〇頁。
（26）長谷部博士註（21）前掲書三二一～三二八頁。
（27）『勅脩百丈清規』にも詳細な「べからず集」は存在する。大衆章第七の「日用軌範」の項がそれで、日常生活において修行者が本堂はもちろんのこと、僧堂・斎堂・洗衣場・浴室などでなすべからざることを多数列挙している。しかしながら、「違（反）者罰」とか「出院［退去］」といった文言は、ここには全く認められない。『大正蔵』第四八巻・一一四四頁中～一一四六頁中。このうち冒頭十行は序分をなしており、撰述者は「無量寿禅師」とされているが、その伝記は未詳である。さて、『勅脩清規』に関しては、清代後期の儀潤が註釈『百丈清規証義記』を著している。同書巻七下ではしかし、右記「日用軌範」に註釈するに際し、原文の題目を掲げるばかりで、引用もせず、註釈も加えていない。その代わり、袾宏「雲棲僧約」全十種（条）の原文を若干改変したものを掲載し、「種」ごとに註釈を加えている。『卍続蔵経』第一一一冊・八〇一頁下～八〇五頁上。筆者のいう〈若干の改変〉とは、各小項目（これが五～十集まって一種を構成）の初めに「不得」を附し、末尾の「出院」を「若犯軽者罰。重者出院」と改めるというものである。例えば「習近女人者出院」という原文が、「不得習近女人。若犯軽者罰。重者出院」と増訂されている。つまり、厳格な袾宏が違反者は一律出院と規定していたのを、儀潤は多少寛うしているのである。
（28）長谷部博士註（21）前掲書三一八頁。

(29) 長谷部博士註（21）前掲書三一九頁。
(30) 『卍続蔵経』第一〇六冊所収。
(31) 長谷部博士註（21）前掲書一五五頁。
(32) 長谷部博士註（21）前掲書一六〇〜一六一頁。
(33) 『大正蔵』第八二巻・七六六頁中。
(34) 『仏書解説大辞典』第一巻・三八六頁、東京：大東出版社刊、昭和八年（一九三三）。
(35) 『黄檗清規』八九〜九一頁、黄檗宗務本院刊、昭和五十九年（一九八四）。
(36) 中尾師目次原本では、「開浴結算」、すなわち、その年最後の浴室開場とするが、『清規』原本の当該項目は、除夜の儀礼についてほとんどの字数を費やしている。よって特に「除夜」と改めた。
(37) 巻下、『大正蔵』第五一巻・八一九頁中。本書は全二巻、編者は唐の懐信である（『宋高僧伝』巻十九に伝あり）。『大正蔵』本は、わが安永元年（一七七二）、京都・慶證寺の僧・玄智が、袾宏『竹窓随筆』や、明代盛行の「功過格」の書（袾宏の『自知録』か、それ以外の餘人の著か、今後の調査に俟つ）からも、「僧侶の業報の著明なる者［事例］」を摘出、それら説話を「続補」篇として附刻したものである。智顗が天台山の「知事」（寺の役職）に対し、「寺の公物を愛重せよ」と教訓したことは、智顗教団の正史である『国清百録』にも見える。『百録』巻一、『大正蔵』第四六巻・七九八頁下。『釈門自鏡録』においても、その出典が『百録』である旨、明記されている。ただ、『黄檗清規』では、本説話の引用・掲載に際し、これら二つの先行文献にない「挙《こ》す」という一語を冒頭に添加し、智顗が語ったとされる言葉の冒頭に置いている。この「挙す」とは、禅寺の住職が法語などの教示を垂れる際の常用語句である。
(38) 『禅林宝訓』（全四巻）・『緇門警訓』（全十巻）、ともに『大正蔵』第四八巻所収。前者は宋の大慧宗杲および竹庵士珪によって編まれた原本が落丁・破損著しかったのを、南宋・淳熙年間（一一七四〜一一七九）に、浄善が重修した。今日行われているのは、洪武十一年（一三七八）跋の明初重刻本である。一方、後者は元の永中が皇慶二年（一三一三）、先行する類書を補って編んだ原本を、明・成化六年（一四七〇）に至って、蕃庵如巹がさらに追補・刊行したものである。以下、「古徳語輯要」所掲の説話ごとに、典拠を示そう。（一）『禅林』巻二、『大正蔵』一〇二四頁下。（二）『同右』同、『同』一〇二二頁中。（四）『緇門』巻九、『同』一〇八九頁上。（六）『禅林』巻四、『同』一〇三七頁下。（七）『同右』巻三、『同』一〇三〇頁上。（八）『緇門』巻二、『同』一〇五二頁下。（九）『禅林』巻四、『同』一〇三七頁下。

(39) 戦後、台湾に渡来活躍した道安法師（一九〇七～一九七七）は、乾隆二十四年（一七五九）跋の『禅林宝訓筆説』（清の智祥著）を影印・刊行するに当たり、『筆説』を含む、明末清初（崇禎から康熙年間にかけて）における『禅林宝訓』註釈書の盛行ぶりを、各註釈書の成立年代を挙げつつ触れておられる。これに拠れば、それら註釈書の殿軍ともいうべき『筆説』が康熙四十五年（一七〇六）に成っているほか、高泉が渡日した順治十八年（一六六一、わが寛文元年）までに、実に三種もの註釈書成立を見ている。すなわち、大建『禅林宝訓音義』（一六三五）、張文嘉・文憲の居士兄弟による『禅林宝訓合註』（一六五〇）、褒翁盛行の『禅林宝訓拈頌』（一六五四）がそれである。道安法師「重印序」一～二頁、民国六十三年（一九七四）。本稿では同八十四年（一九九五）刊行の台南市：和裕出版社再刊本に拠った。

(40) 総序は『洗雲集』巻十一、各章の小序は「黄檗清規十章序」との題下に、『同』巻十二所収。『全』Ⅱ・八八四下左（総序）および八八六下右（各章小序）。前者は題下に「代（作）」との註記を見る。

(41) 平久保氏『隠元』一六七頁。平久保氏は、本『清規』の跋（これは隠元自筆であり、ごく短篇）に拠りつつ、「本文の骨子、清規そのものは隠元の定めたもので、その制定に当って前代の諸清規を折衷し、繁簡その宜しきを得ようとした」との見解を提示される。しかしながら、〈前代の諸清規を折衷〉する具体的な作業は、すでに八十一歳の老齢に達していた隠元によってではなく、また、監修者ではあるが、黄檗山現役の住職として繁忙を極めていた木庵によってでもなく、数え四十歳に達したばかりの高泉の手によったと見るのが、やはり妥当ではないだろうか。

(42) 紀年は「龍飛壬子季良月穀日」、すなわち寛文十二年（一六七二）十月吉日とされている。隠元示寂の前年冬にあたる。『大正蔵』本七六六頁上、中尾師訳註二頁。

(43) 普請章第九の序のみは、もっぱら隠元の福清黄檗山における体験（率先して種々の労役をこなす）を中心に据えており、隠元自身の言葉という側面がヨリ濃厚である。『大正蔵』本七七八頁上～中、中尾師訳註五三頁。

(44) 『黄檗文華』第一二〇号、平成十三年（二〇〇一）。

(45) 同章第三節「『弘戒法儀』と『伝授三壇弘戒法儀』」、註（21）前掲書一五七～一六八頁。

(46) その原稿化は、同博士『中国思想研究と現代』においてなされた。東京：隆文館刊、平成三年（一九九一）。また、儀礼についてのさらに立ち入った比較考察は、同博士著『般若心経の総合的研究——歴史・社会・資料——』第三章第六節「東南アジア華人社会と般若心経」においてなされている。東京：春秋社刊、平成十二年（二〇〇〇）。こちらは、講演よりもさらに遡り、昭和五十四年（一九七九）度の文部省特定研究「文化摩擦」による現地実態調査の一端である。

(47) 山本達郎博士・衛藤瀋吉教授監修『日本華僑と文化摩擦』四一〇～四一三頁、東京：巖南堂書店刊、『叢書　アジアにおける文化摩擦』所収、昭和五十八年（一九八三）。

(48) 鎌田博士『中国の仏教儀礼』解説篇第二章第七節「放水燈」、東京大学東洋文化研究所編、東京：大蔵出版刊、昭和六十一年（一九八六）。初出は、『大法輪』第四七巻第八号、昭和五十五年（一九八〇）。

(49) 『洗雲集』巻二十二には「曲」の部を立て、「初春三禅客至。夜話」一篇（全一首）と、「写レ懐」一篇（全九首）とを掲げる。前者の詞牌は「望江南」、後者のそれは「行香子」である旨、それぞれ註記されている。『全』Ⅱ・一〇三六上右。「望江南」は前後両闋（段）から成り、「3／5／7／7／5（前闋）3／5／7／7／5（後闋）」の計五十四言に達する。押韻箇所は六箇所である。白楽天が「憶江南」の題で初期の作例を遺した際には、前闋のみであったが（単調）、のちに後闋が附加されて双調とするのが例となった。前段と後段とで換韻する（韻目《いんもく》を改めること）のが通規であるが、高泉の作品は、一韻（元韻）到底による変則的な作例である。一方、「行香子」は、よく知られた作例が蘇軾にあり、「4／4／7／4／4／4／3／3（前闋）4／4／7／4／4／4／3／3（前闋）」の計六十六言に及ぶ。「望江南」と同様、双調である。後闋の第一句および第二句では押韻しないのが通規であるが、高泉の作例はすべて押韻しており、これまた変則的と言うべきであろう。

清の査継超が康熙十八年（一六七九）に初めて刊行した『詞学全書』には、自ら増補にかかわった正・続『塡詞図譜』（頼以邠原著）ほか、同時代人の手に成る詞論・詞譜六種を収める。本稿では陳果青・房開江両氏校訂本に拠った。貴州人民出版社刊、一九九〇年。右記の両詞牌に関する説明は、二二（毛先舒『塡詞名解』）・二六一（『塡詞図譜』正篇）・三二六（同前）の各頁を参照。

(50) 年代はずっと降るが、清末の光緒十九年（一八九三）に妙蓮法師（一八二四～一九〇七、鼓山湧泉寺第一二六世）が編纂・刊行した『禅林讃本』では、「六句小讃」と呼称している。すこぶる分かりやすい呼び名だと言えよう。鎌田博士註（48）前掲書資料篇六四三頁下。同『讃本』の編者・妙蓮法師は、清末マレーシアの華人仏教界ともすこぶる道縁が深かった。同師の詳細な伝記は、陳錫璋居士『福州鼓山湧泉寺歴代住持禅師伝略』四二四～四二九頁を参照。台南市：智者出版社刊、民国八十五年（一九九六）。

(51) 酒井忠夫教授監修『東南アジアの華人文化と文化摩擦』所収、東京：巖南堂刊。『叢書　アジアにおける文化摩擦』所収。のち、平成十四年（二〇〇二）に至って、「マレーシア、シンガポール地域の華人仏教」と改題のうえ、福井博士『漢字文化圏の座標』第二章第四節として収録。東京：五曜書房刊。

(52) 本稿では、平成十二年（二〇〇〇）刊行の増補新版（註（46）前出の『般若心経の総合的研究』）三〇九頁に拠った。

(53) 初出は、『印度学仏教学会報』第四二巻第二号（通巻第八三号）、平成五年（一九九三）。初出時の題目は、「「香讃」の初出資料について」。その後、平成十一年（一九九九）刊の同博士『道教の歴史と構造』（五曜書房）に、第八章第二節「「香讃」前史――日本に入らなかった中国宗教儀礼――」として再録、増補・改題のうえ、同十四年（二〇〇二）刊の『漢字文化圏の座標』（註（46）前出）第三章第三節に、現在の題目にて再録された。

(54) 福井博士註（51）前掲『漢字文化圏の座標』第三章第四節をなす。

(55) 初出は『天台学報』第三五号、平成五年（一九九三）。

(56) 『早稲田大学大学院文学研究科紀要』第四五集第一分冊所収、平成十二年（二〇〇〇）。

(57)『禅林課誦』のわが国における流伝と、明代から現代に至るまでの中国大陸の同種の日課経本との比較は、岩田郁子氏の論攷「黄檗声明の経本の成立と変遷」および「禅林課誦と中国日課経本」に詳しい。『黄檗文華』第一一五号および一一八号、平成七年(一九九五)・同十一年(一九九九)。殊に前者では、諸版本間の異同を一覧表化しており、すこぶる有益である。岩田氏は、音楽学の立場から、楽曲としての香讃について、緻密な研究を積み重ねている。右記二篇以外の主な業績は、以下のとおり――(一)「黄檗宗声明の伝承史」、『成城文藝』第一五〇号、同右年。(二)「黄檗宗の梵唄の旋律構造」、『黄檗文華』第一一七号、平成十年(一九九八)。(三)「黄檗宗声明の旋律構造――節経を中心に――」、『美学』第一九二号、同上年。

(58)『黄檗清規』総序には、「老僧[隠元]、老朽無似なりと雖も、忝くも一代の開山と為る。重ねて規制を立てて以て後昆を暁さざることを得ず。蓋し時に随ひ、地に随つて其の法を立つること同じからざる所有り。即ち随方毘尼の意なり。普応国師[中峰明本]の『幻住清規』の如きも亦た一家の訓にして、天下の叢林と之を共にするには非ず。凡そ我が後昆宜しく我が法に遵ふべし」とある。『全』Ⅱ・八八五上右、『大正蔵』本七六六頁上、中尾師訳註一頁。これに拠れば、隠元は中峰が『幻住清規』によって、自己の門派(いわゆる幻住派)独自の風格を確立したのに倣い、当時、日本・中国にあっては『勅脩清規』がすでに相当に流布していたにもかかわらず、『黄檗清規』によって、自ら統率する教団の独自性を内外に表明せんと期していたことが知られる。

(59)西尾賢隆教授「元朝における中峰明本とその道俗」、『禅学研究』第六四号・三五頁、昭和六十年(一九八五)。

(60)本文では「営備」に作る。『卍続蔵経』第一一一冊・九九〇頁上。本稿では目次での用字および、それを承けた大久保堅舟師の解説(註(61)後出)に拠った。

(61)同『大辞典』第三巻・一九二頁、大東出版社刊、昭和九年(一九三四)。

(62)原本には見えないが、私に「疏語」の項題を立て、「回向」の項と区別した。

(63)新保哲教授編『世界の諸宗教』所収、京都市:晃洋書房刊、平成四年(一九九二)。本論攷は、本書の第十章をなす。

(64)同書八五頁参照。中尾師訳註の書誌は、註(35)に既述。

(65) 中尾師訳註八六頁。
(66) 長谷部博士註(21)前掲書一四九頁および一七〇頁参照。元末明初の間には、禅宗叢林において具足戒を受けた例は見当たらず、禅僧も多くは律寺に赴いて律師から受戒したものと見られるという。長谷部博士はまた、『勅規』が受戒についてほとんど触れていない理由を、それが制定された元末には、受戒が依然、律寺の管掌であったことに帰しておられる。
(67) 元代までの禅語録をのみ収める『大正蔵』中には、全く用例を認めない。この言葉を禅学関連の辞書で最初に取り上げたのは、恐らくは山田孝道師の『禅宗辞典』(光融館刊、大正四年[一九一五])であろう。しかしながら、同書一〇二八頁に挙げられた用例は、『幻住庵清規』に見るそれである。降って『新纂 禅学大辞典』に挙げられた用例は、さらに年代の新しい『黄檗清規』中のそれである。
(68) 「仏涅槃疏」および「仏成道疏」、『洗雲集』巻十八、『全』Ⅱ・九八一上左~下左。「寒林榜」、『同』巻二十二、『全』Ⅱ・一〇二五上右~下右。
(69) また、およそ禅寺のある地では風物詩ともいうべき「分衛」、すなわち托鉢に関する規定もなく、同治年間に『勅規』の註釈を著した儀潤は、原文にない「分衛」の項を新たに立て、それらしい「本文」(註釈対象)を製作し、これに註釈を加える、という荒業を餘儀なくされている。『卍続蔵経』第一一一冊・八一三頁下~八一五頁下。『勅規』に托鉢関連の項目を認めないのは、その実施寺院として官立の大寺(衣食住すべて官給で、托鉢の要なし)が想定されているためではなかろうか。
(70) 荒木博士『雲棲袾宏の研究』一三八~一四一頁。袾宏の浄土教観との比較論である。
(71) 西尾教授には、次の二論攷もある。(一)「元の幻住明本とその波紋」、同教授『中世の日中交流と禅宗』第三章、東京:吉川弘文館刊、平成十一年(一九九九)。初出は『日本歴史』第四六一号、昭和六十一年(一九八六)、初出時の題目は「元の中峰明本とその海東への波紋」。(二)「幻住明本と日元の居士」、同書第四章、初出は『小田義久博士還暦記念東洋史論集』、龍谷大学東洋史学研究会刊、平成七年(一九九五)。
(72) 「天目中峰研究序説――元代虎丘派の一側面――」、『中国哲学論集』第四号、昭和五十三年(一九七八)。なお、短篇ではあるが、野口師は『和刻影印　近世漢籍叢刊　思想四編』所収の『天目中峰和尚広録』の解題をも執筆されている。京都市：中文出版社刊、昭和五十九年（一九八四）。

（73）「元朝仏教の一様相――中峯明本をめぐる居士たち――」、『大谷学報』第五七号、昭和五十二年（一九七七）。

（74）「元の中峰明本について」、『宗学研究』第二三号、曹洞宗宗学研究所刊、昭和五十六年（一九八一）。

（75）同書下巻四九五～五一三頁、第六編第四章「天目中峰の禅浄習合」、東京：玄黄社刊、大正十四年（一九二五）。『幻住清規』については五〇七頁で、「祝聖、青苗会（田疇保護の祈禱）、祈晴、祈雨、祈山門鎮静等あり、而して其儀式は多神教的信仰に立脚す」と規定し、「青苗経疏」（第四章「世範」所掲）中に玉皇大帝・紫微帝君・城隍神といった道教の神々まで列挙されていることを例に引きつつ、「是の如き多神教信仰は勅脩百丈清規、又は禅苑清規にも見る能はざる所なり」と評されている。

（76）『天童密雲禅師年譜』崇禎七年の条では寮舎と池の建設、同八年には仏殿、同十二年には列祖塔補修の記事が見える。このうち、池の造成には密雲自ら率先して従事したことが知られる。『嘉興蔵』第一〇冊・八三頁下～八四頁上および八五頁上。

（77）『大正蔵』本七七七頁中～下、中尾師訳註四八～五〇頁。

（78）『新編　禅学大辞典』では、筆受者を隠元としているが、『卍続蔵』本では行元である旨明記されており、また、本書が成立した崇禎十二年（一六三九）当時、隠元は遠く黄檗山にあって住職を務めており、筆受に参加できたとは到底考えられない。

（79）『卍続蔵経』第一一一冊・七七七頁上～下。

（80）なお、費隠の本師・密雲の年譜は、費隠が在俗門人の唐元竑とともに編纂したものであるが、その崇禎二年（一六二九）の条では、金粟山で密雲が冬期結制を行った際、「挙二費隠容一為二西堂一。時衆満二万指一矣」とする。このとき、費隠はまだ密雲から付法されておらず、住職にさえなっていない。したがって、ここにいわゆる「西堂」とは、二番目の意味（首座と同様の職務）であろう。註（76）前掲書八二頁上。

（81）『福厳費隠容禅師紀年録』、『嘉興蔵』第二六冊・一八七頁上。

（82）『新纂　禅籍目録』二八〇頁下。

(83)『和刻影印　近世漢籍叢刊　思想四編』所収、京都市：中文出版社刊、昭和五十九年（一九八四）。影印底本は、承応二年（一六五三）刊の九州大学文学部所蔵本である。
(84)野口師『ナムカラタンノーの世界――『千手経』と「大悲呪」の研究――』二五五頁、京都：禅文化研究所刊、平成十一年（一九九九）。
(85)註（83）前掲書解題一頁。
(86)わが国における疏語受容史、とりわけ『蒲室疏』受容の歴史については、玉村竹二博士『五山文学新集』第五巻所収の「蘭坡景茝集解題」に詳しい。東京大学出版会刊、昭和四十六年（一九七一）。蘭坡景茝（一四一七／一四一九～一五〇一）は、疏語に長じ、かつ『蒲室疏』講説でも知られた五山の文学僧である。拙稿「「京師金光寺幹縁疏」瞥見」では、その一作例について、考察を加えた。『時衆文化』第五号所掲、平成十四年（二〇〇二）。
(87)『卍続蔵経』第一一二冊・七九一頁上。なお、『卍続』本は厳密には、超然道果が著した、原本に対する註釈書『禅林疏語考証』である。巻数は原本と同じく四巻であるが、原本中の要語について、逐一出典を挙げており、すこぶる便利である。その著者・超然は、系字「道」から推して、永覚の門人と見られる。『卍続』本は、延宝九年（一六八一）、江戸：戸嶋惣兵衛の和刻本を底本としている。
(88)ともに崇禎十六年（一六四三）から順治二年（一六四五）にかけての事蹟である。陳錫璋居士註（50）前掲書三一二頁。
(89)『永覚元賢禅師広録』所収の林之蕃・潘晋台による伝記（第二章註（98）参照）は、ともに二十五歳の永覚が山寺で読書に勤しんでいた際、たまたま『法華経』の偈を耳にして、「周孔の外、乃ち別に此の一大事有ることを知」って、仏教に志したとしている。『卍続蔵経』第一二五冊・七八四頁上（林伝）および七八八頁下（潘伝）。
(90)註（87）前掲書八七六頁下～八八一頁上。
(91)『卍続蔵経』第一二五冊所収。
(92)註（91）前掲書五五九頁上～下。

(93) 永覚「寱語下」（別称：「続寱語」）、『広録』巻三十、註（91）前掲書七〇七頁上。正続両篇からなる『寱語』の書誌については、第二章註（114）を参照。『広録』編纂時に、為霖によって原本から一部の章節が削除されたものと見られる。

(94) 陳永革博士註（1）前掲書五四頁では、永覚が徳洪の禅思想にまでは賛同できなかった理由を、永覚が畢竟曹洞の禅者であったことに帰している。筆者もこれに同調したい。

(95)『新纂　禅籍目録』二六四頁下。

(96)『全』Ⅲ・一四八五上右。

(97) 七絶「建二開山老和尚影堂一負レ土」が今に伝わる。『仏国詩偈』巻三、『全』Ⅱ・六九五上右。

(98)「承二開山遺命一修二黄檗清規一。華蔵和尚以レ詩見レ贈。依レ韻答謝」。註（97）前掲作品の直後に掲げる。『全』Ⅱ・六九五上左。

(99)「与二正明晦翁寺主一書」、『洗雲集』巻二十、『全』Ⅱ・一〇〇六下左。なお、本書簡の受取人・晦翁は、龍渓―後水尾法皇と伝授された法を高泉によって代付されており、貞享三（一六八六）・四年の代付事件に際し、高泉とともに独湛側からの批判にさらされている。

(100) 同博士『道元禅師とその門流』一八一頁、東京：誠信書房刊、昭和三十六年（一九六一）。原文は、卍山道白（月舟の高弟）編定の『椙樹林清規』冒頭に掲げられている。『曹洞宗全書』清規・四四一頁～四四三頁参照、昭和五年（一九三〇）。

(101)『大正蔵』第八二巻・七七六頁上～中。

(102) 本多師「月舟宗胡の明末清規の受容について――新出資料『雲堂規』の紹介――」、『黄檗文華』第一一九号・一五七頁、平成十二年（二〇〇〇）。

(103) 詳しくは、拙稿「『遊行会下箴規』の基礎的研究」を参照されたい。『時宗教学年報』第二六輯所掲、平成十年（一九九八）。なお、『衆寮』・『対大己法』ともに、同七年に至って今度は『永平大清規』の一部として刊行を見た。

(104)『大日本仏教全書』第一一〇巻・一一一頁下。宝永五年（一七〇八）序、正徳四年（一七一四）刊。同書では、月舟三十一歳の慶安元年（一六四八）、長崎で道者超元および隠元に参じたとするが、隠元来日は実はその六年後のことであり、承応元年（一六五二）、道者にのみ参じたというのが正確な史実である。鏡島博士註（100）前掲書一八〇頁を参照。恐らく徳翁は、惟慧道定・黙元玄寂（ともに月舟を助けて『雲堂常規』を編定）の類似の事蹟と混同したのであろう。

（105）徳翁追放の理由を『黄檗清規』の大々的実践に帰する見方は、栗山泰音師『嶽山史論』（筆者未見）に始まり、鏡島博士によって継承されている。鏡島博士註（100）前掲書一九三頁。

（106）本書の存在は、平久保氏がつとに『隠元』二三〇頁で指摘されている。全一巻、享保九年（一七二四）刊。本項で訓読引用した原文は、『曹洞宗全書』禅戒・八五頁上、昭和六年（一九七一）。同『全書』解題・索引巻一二八頁に、黒丸寛大師による解題を掲げる。昭和五十三年（一九七八）。なお、著者・甘露の主観では、隠元が漢月法蔵の『弘戒法儀』を刪修して同題の書を編定したことが「盗法」とされている（『曹洞宗全書』同巻・八四頁上）。しかしながら、明末清初の混乱期、地方寺院における漢月『弘戒法儀』の刪修はごく一般的に行われており、中国本土と異国日本という地理的な違いこそあれ、隠元による刪修もまた、そうした営為の一例であるに過ぎない。したがって、甘露の批判はいささか酷に過ぎるものと言えよう。

（107）平成七年（一九九五）、禅文化研究所から、その原本が影印・刊行された。『江湖叢書』所収。長谷部博士註（21）前掲書一五八頁。

（108）辻善之助博士『日本仏教史』近世篇之三・三六三頁、東京：岩波書店刊、昭和二十九年（一九五四）。

（109）辻博士註（108）前掲書一〇九頁、桂林は項題を「帽子濫りに著《つ》くべからざるの弁」としている。

（110）辻博士註（108）前掲書一〇九頁。

（111）「展具」の検索語で調べた結果、『虚堂和尚語録』巻三に、南宋・宝祐四年（一二五六）、阿育王山に晋山した虚堂智愚（一一八五～一二六九）が仏殿で述べた法語を掲げているが、単に「展具して曰く」とのみあり、侍者をして展具せしめたとの字句は見当たらない。『大正蔵』第四七巻・一〇〇三頁下。

（112）鏡島・小坂・佐藤三師による『訳註　禅苑清規』（註（24）前出）解説一三頁では、「仏殿を建立せず、もっぱら法堂の存在を重視すること（住職が法堂でしっかりと禅風を挙揚しさえすれば十分なので）」を、一五頁では、「四知事・六頭首ら、いわゆる大衆中の幹部といえども、任期は僅かに一年であり、任期満了後は全くの平僧となるので、在任中であっても他の大衆を頤使するわけには行かず、役職の設定が大衆本位とされていること」を、同『清規』において特に著しい「百丈古清規」精神の表出と見ている。また、二七頁では、目ぼしい註釈書が現れなかった理由を、本文が難解であることと、『勅脩清規』の広範な流布とに帰している。執筆は鏡島博士。

(113)『大日本仏教全書』第一巻・三一五頁上～三一六頁上。

(114)長谷部博士註(21)前掲書第八章「叢林寺院の性格と実態」に詳説を見る。また、村瀬正光師の論攷「黄檗教団の一流相承制(度弟院)的傾向について」も、日中両国禅宗におけるそれぞれの一流相承制の史的背景について、簡明に論述している。『応募論文集』第一号(第一回～第五回)所収、東京黄檗研究所編、三鷹市:禅林寺刊、平成十四年(二〇〇二)。なお、一流相承がもたらした否定的側面として、いわゆる「新しい血」が入ってこなくなり、どこの寺もヨリ閉鎖的かつ派閥主義的雰囲気を漂わすに至ったことを指摘できよう。

(115)『勅脩百丈清規』両序章第六、『大正蔵』本一一三〇頁下。

(116)山田孝道師『禅宗辞典』六一〇頁「前堂首座」の項。

(117)この生歿年は『新編　禅学大辞典』二〇五頁「義統」の項に示すところに拠った。同項では、『大徳寺世譜』ほか大徳寺関連の古文書に拠っている。参考文献未詳の『続日本高僧伝』では、単に宝永三年(一七〇六)五十歳にして大徳寺に晋山、享保年間に示寂したとするのみ。

(118)書名および刊年は、『仏書解説大辞典』第一一巻・一七〇頁および『新纂　禅籍目録』に拠った。

(119)「礼敬三宝説序」、『洗雲集』巻十二、『全』Ⅱ・八九九上左。なお、大心は阿形宗珍(一六四五～一七一八)を介して高泉に序文執筆を請うたことが知られる。宗珍は京都の豪商で隠元・高泉とも道縁の深かった人物である(『全』Ⅱ・八九九下左)。

(120)「与二一法菴総持禅師一」、『瑞林集』巻十四、『智山全書』第一五巻・六三九頁。なお、運敞蔵に『礼敬説』刊本を蔵する。刊行後、謝礼として大心から運敞に贈られたものと見られる。『運敞蔵所蔵目録』一三〇頁下。

(121)『菩薩行方便境界神通変化経』巻下に、法を求める上での態度を教示した仏の言葉として記されている。『大正蔵』第九巻・三三二頁下。その後、『景徳伝燈録』巻二十八「越州大珠慧海和尚語」に採られ、さらに『人天眼目』巻三では、「曹山三種堕」として、曹山本寂の訓戒（とされる法語）中にも採られている。『大正蔵』第五一巻・四四一頁下および『同』第四八巻・三一八頁上を参照。

(122) 出典未検。唐の宣宗を福清黄檗山や黄檗希運と関連付ける説話は、複数に達している。第二章註（131）を参照。

(123)『大日本仏教全書』第一〇四巻・三四八頁下。

(124)『新編　禅学大辞典』附録「法系図」四四頁九段。

(125)『密教辞典』二六八頁「三聚浄戒（さんじゅ・じょうかい）」の項に、真言宗における菩薩戒研究の歴史について、平明な概説を掲げている。

(126) 関連論攷は左記のとおり。(一)「『椙樹林清規』について――瑩山清規との比較において――」、『宗学研究』第三四号、平成四年（一九九二）。(二)「『椙樹林清規』に関する一考察――瑩山清規との比較において(二)――」、『曹洞宗宗学研究紀要』第五号、平成四年（一九九二）。(三)「『椙樹林清規』の『黄檗清規』受容について――『洞上僧堂清規考訂別録』の批判を通して――」、『曹洞宗研究員研究紀要』第二三号、平成四年（一九九二）。(四)「『椙樹林清規』と『黄檗清規』――『黄檗山内清規』の紹介を中心として――」、『印度学仏教学研究』第四二巻第一号、平成五年（一九九三）。なお、月舟・卍山師弟が鋭意中興に努めた時期を中心として、大乗寺一山の歴史に関しては、つとに舘八平氏（号：残翁、一八六七～一九四七）が浩瀚な『加賀大乗寺史』を撰述されている。ただ、舘氏は反檗派の見解にのみ盲従しており、そのため、月舟が新来の黄檗宗に対抗し、日本禅宗のために気を吐いたと叙述される。同書一〇四頁。これはしかし、今日の観点からすれば著しく史実に背いていると評せざるを得まい。また、彼ら師弟の清規制定には触れているものの、その意義について語るところがないのも、惜しむべき微瑕ではある。金沢市：北国出版社、昭和四十六年（一九七一）。

(127) 鏡島博士註（100）前掲論攷、前掲書一八八頁。本書が昭和三十六年（一九六一）に公刊されてから十七年後、『曹洞宗全書』

解題・索引巻が刊行された際、『椙樹林清規』の解題は、鏡島博士が執筆された。その際、三項目の「特殊な行法」については、起床時を報ずる際の係りの者の作法を典型例として増補されている。同巻一五三頁中～一五四頁中。

(128) 『曹洞宗全書』清規・四四七頁上。また、尾崎師論攷（三）、掲載号七六頁上をも参照。

(129) 榊原直樹師による通釈「『礼仏発願文』（怡山然禅師撰）」、『黄檗文華』第一二一号・二頁、平成十四年（二〇〇二）。隠元の言葉は、「隠元年譜」（二巻本）明暦二年の条に見える。『隠元全集』五二二九頁、能仁師訳註二九六頁。

(130) 岩田郁子氏作成の表「『禅林課誦』各版の内容」、岩田氏論攷「黄檗声明の経本の成立と変遷」、『黄檗文華』第一一五号・二〇頁、平成七年（一九九五）。

(131) 巻六、『大正蔵』第四八巻・一〇七二頁下。なお、長谷部博士註（21）前掲書三九五頁では、本書の増補重刻者たる嗇庵の事蹟を紹介している。

(132) 諷誦章第六、『大正蔵』本七七一頁下。

(133) 同書巻六、本稿では民国八十二年（一九九三）刊の台南市：和裕出版社による復印本に拠った。本篇への通釈は二九一～三〇三頁を参照。なお、著者・興慈法師の伝記は、于凌波居士『民国高僧伝初編』一八七～一九二頁所掲、台北市：昭明出版社刊、民国八十九年（二〇〇〇）。

(134) 王教授『福建仏教史』附録「福建現存的主要寺院」四三三頁、廈門大学出版社刊、一九九七年。

(135) 刊年未詳であるが、巻頭の恵空法師序文には、民国八十八年（一九九九）との紀年を見る。圓光印経会刊。なお、序を寄せた恵空法師は、民国四十六年（一九五七）生まれ、二〇一五年現在、台中県慈光寺住職、慈光禅学院院長である。

(136) 註（135）前掲書、頁番号なきも第一頁に叙述。

(137) 損翁はその著『見聞宝永記』（筆者未見）において、鉄眼の大蔵経が在来の一行十七字詰を改めて二十字詰としたことについて、月舟が古格を損なう行為だと指弾したとする逸話を紹介している。また、損翁自身は、潮音道海（木庵門人）著『坐禅論』に横溢する明朝禅について、道元禅に比すれば物の数にも入らないと批判したとされる。以上、鏡島元隆博士論攷「古規復古運動とその思想的背景」、同博士『道元禅師とその門流』一七九および一八四頁を参照。
(138) 鏡島博士註（137）前掲論攷、前掲書一八三頁。
(139) 「与二某長老一書」、「瀰く又た瑞方師といふ者有り、『行法抄〔鈔〕』を撰し、『永規』に羽筈《うかつ》たらしむ」、『続曹洞宗全書』清規・三三六頁下。
(140) 「上二官衙一書」、『続曹洞宗全書』清規・三三七頁上、「慈覚大師賾公といふ者有り、出でて百丈を祖述す。『禅苑清規』十巻を著し、之を叢林の際に行ふに、緇門の礼楽、井々として観るべく、千古の下《もと》、百丈の清規の泯滅せざるは特に賾公の力なり」と。
(141) 註（139）前出「与二某長老一書」、前掲書三三六頁下。
(142) 玄透『祖規復古雑稿』所収、註（140）前掲書三四〇頁上。鏡島博士の論攷「桂林崇琛について」では、本篇が桂林『禅林執弊集』の「法器濫りに鳴らすべからざるの弁」を祖述したものと規定され、そのうえで、「桂林〔妙心寺教団〕は彼の同調者を洞門にもったものといえよう」との見解が提示されている。同博士『道元禅師とその門流』二一三頁。
(143) 註（140）前掲の「上二官衙一書」、前掲書三三七頁下。
(144) 『祖規復古雑稿』の序文は、寛政八年（一七九六）、経逸が執筆している。註（140）前掲書三三三頁上～下。なお、勧修寺家の略史および系譜は、『国史大辞典』第三巻・二八三頁「かじゅうじけ」の項を参照。執筆は橋本義彦氏。
(145) 『曹洞宗全書』清規・三七六～三八四頁
(146) 降って瑩山紹瑾（一二六八～一三二五）の時代になると、その『瑩山清規』には「大般若経結願疏」や「祝聖疏」ほか流麗な疏語の掲載を見るに至る。『大正蔵』第八二巻・四二九頁下および四三七頁下を参照。これら疏語の存在は、瑩山の文藻を今に伝えているとともに、南宋末から元代にかけて、中国禅宗における四六駢儷文が摂取され、かつ、禅林専用の文体たらしむべく改良が施されつつあったことをも物語っていよう。
(147) 『続曹洞宗全書』清規・講式・六七八頁、昭和五十一年（一九七六）刊。解題は『曹洞宗全書』解題・索引巻四七二頁下、同五十三年（一九七八）刊、執筆は松田文雄師。

(148) 同『辞典』七九頁「こうさんげ」および一九三頁「だいはんにゃこうしき」の二項を参照。同『辞典』は、天納伝中・岩田宗一・播磨照浩・飛鳥寛栗四氏の執筆・編纂に係る。京都：法藏館刊、平成七年（一九九五）。

(149) ①「祇園寺蔵、新出［覚正規］について（一）」、『曹洞宗研究員研究生研究紀要』第一〇号、昭和五十三年（一九七八）；②「祇園寺蔵、新出［覚正規］について（二）」、『同』第一一号、同五十四年（一九七九）。

(150) 同巻二八〇頁以下を参照、昭和五十一年（一九七六）。また、『曹洞宗全書』解題・索引巻四五九頁に、光地英学教授による解題を掲げている。昭和五十三年（一九七八）。

(151) 「寿昌清規の成立とその周辺」、『宗学研究』第二一号、昭和五十四年（一九七九）。

(152) 『禅宗全書』本二八四頁

(153) 『禅宗全書』本二九二〜二九七頁

(154) 『禅宗全書』本三四五〜三七〇頁。

(155) 『禅宗全書』本三三三〜三三五頁。なお、康熙十九年（一六八〇）刊行の『天界覚浪盛禅師全録』巻十四では、「徑山掛二鐘板一」および「崇先掛二鐘板一」の題目にて、これら法語を収録している。『禅宗全書』第五九巻・五一四頁上、民国七十八年（一九八九）。後者は『叢林祝白』に引くところと全く同文であるが、前者は小異がある。すなわち、『全録』（語録）では、覚浪が本文を垂示してのち、「千聖不レ出真秘音。当レ機一震定二乾坤一」と賛を附したとしているのに対し、『叢林祝白』では、「千聖不レ出真秘音。当レ機一震定二宗風一」に作る。かつ、「道場克畢。鐘板停懸。緇流堂内悉悠然。法施遍二三千一。功徳荘厳。集レ福利二人天一」と、香讃（六句小讃）形式の賛をさらに附している。

(156) この「叢林鐘板根源」は、文面を板に刻ませた人物が、「監院成清」である旨、篇末に明記されている。ただ、成清は住職にまでは昇任しなかったものとおぼしく、陳錫璋氏の鼓山歴代住職伝（註（50）前出）には見当たらない。

(157) 永井教授註（149）前掲論攷②、掲載号一八七頁上。

(158) 註（150）前掲書三〇〇頁下。

(159)『大正蔵』本七八三頁上。

(160) 永井政之教授の論攷「覚浪道盛伝考」に見る覚浪の足取りに拠った。『曹洞宗研究員研究生研究紀要』第一二号所収、昭和五十五年（一九八〇）。

(161) 永井教授註（151）前掲論文、掲載号一九四頁下に両『清規』大綱の対照表を掲げる。これに拠れば、『寿昌清規』は祝釐章第一、報本章第二、尊祖章第三、住持章第四、諷誦章第五、節序章第六、礼法章第七、遷化章第八から成る。『黄檗清規』にある梵行章と普請章とを欠いているが、『寿昌』では礼法章第七に関連内容を盛り込んでいる。また、『黄檗清規』に規定された臨済忌・費隠忌および開山（隠元）忌が、曹洞宗の『寿昌』では、洞山忌・翠微忌（心越の本師・潤堂大文の忌辰が不明なため、心越が付法された日をもって、これに代える）および開山（心越）忌に、それぞれ改められている。

(162)『続曹洞宗全書』清規・講式巻・二九八頁上～下。『黄檗清規』にある戒壇・天王殿用の聯を掲げず。これは恐らく、祇園寺が萬福寺ほどの巨刹ではなく、また、授戒会もそう度々は催されなかったことに因ろう。ちなみに、萬福寺では授戒会に際し、具足戒は天王殿、菩薩戒は仏殿を道場に充てている（長谷部博士註（21）前掲書一九四頁）。それ以外の元日の千仏会・盂蘭盆会・山門・仏殿・禅堂・斎堂に用うべき聯は、『寿昌清規』にも掲げられている。黄檗教団と同様、斎堂を設けている点に、日本曹洞宗との相違が認められよう。なお、『黄檗清規』のような、疏語のみをまとめた項を設けていないが、これについては寿昌派独特の「課誦本」の別にあったことが、祝釐章第一に元旦祝聖の行法を記した際、「合掌宣㆑疏（疏語具㆓課誦本㆒）」と割註していることから窺い知られる。同書二八〇頁上。

(163) 註（162）前掲書では、『黄檗清規』に見える梆・木魚・太鼓の図を認めないが、それ以外の各種の牌や、結界石（不許葷酒入山門）の図は載せている。そもそも結界石は隠元個人の意向から作られた形跡があり、『寿昌』が『黄檗清規』に学んだものと見られよう。同書三〇二頁下参照。結界石の外形は、両者共通しているが、寸法に関しては、『黄檗』が「高六七尺、広一尺二寸」としているのに対し、『寿昌』では「高五六尺、広一尺余」と若干低く、かつ小ぶりに規定されている。

(164) 大要は永井教授註(151)前掲論文、掲載号一九七頁上に掲げる。明治四十四年(一九一一)刊の浅野斧山師編『東皐全集』に全文を収録。筆者未見。

(165) この偈文について、筆者年来の仮説を記す。本文にも述べたように、これ自体は、もとより隠元らが定めたものであろう。ただ、この当時、福清黄檗山から遠からぬ鼓山には、覚浪の駐錫以来、法器を鳴らして時を報じては世の無常を念ずるという習慣が既にあって、隠元らはそれに注視しつつ、成文化を図ったのではないだろうか。なお、拙稿「「版偈」の成立経緯をめぐって」では、日中両国の主要な禅籍に見る成句「生死事大。無常迅速」を列挙し、これを核として「版偈」全体が成立した過程を論じた。ただ、寿昌派系清規については、わずかに『叢林祝白』の、それも一部をのみ披見したに過ぎず、同派における法器(特に版)重視の歴史については、本稿で初めて述べることができた。『黄檗文華』第一二〇号、平成十三年(二〇〇一)。

(166) 荒木博士『憂国烈火禅——禅者覚浪道盛のたたかい——』、東京:研文出版社刊、平成十二年(二〇〇〇)。ライアン氏「明末清初の禅宗とその社会観——覚浪道盛の場合——」、『禅学研究』第七七号所収、平成十一年(一九九九)。なお、近年、高田祥平氏は『徳川光圀が帰依した憂国の渡来僧 東皐心越』を公刊され、心越を中心とした寿昌派の日本伝来の歩みを平明に論述されている。東京:里文出版刊、平成二十五年(二〇一三)。

(167) よく知られた論攷に浜田全真師「融通念仏宗と民俗」が挙げられる。『講座・日本の民俗宗教』第二巻(仏教民俗学)所収、東京:弘文堂刊、昭和五十五年(一九八〇)。また、最近では梅谷繁樹師に「融通念仏宗と時宗——各種側面の比較——」があり、宗風の類似から並び称されることの多い両宗について、日本仏教史・民俗学の知見を活かした考察を加えておられる。『法明上人六百五十回御遠忌記念論文集』所収、大阪:大念仏寺刊、平成十年(一九九八)。

(168) 以下、融観の事蹟は、主として『再興賜紫大通上人行実年譜』に拠る。本書は原漢文で、慧日慈光(伝未詳)が、融観示寂から四年後の享保四年(一七一九)、融観の法嗣・忍通融海(三条西家出身の、いわば貴種)の監修を仰ぎつつ編纂している。本稿では、昭和四十年(一九六五)、吉井良顕師が原文と訓読文とを対照のうえ、巻末に語釈を掲げたものに拠った。大阪:

大念仏寺（総本山）刊。本書の複写は、融通念仏宗宗務所教学部・北川全宏師より御恵与いただいた。記して御礼申し上げる。鉄眼への参禅のことは、本書二四頁を参照。賢巖・高泉への参禅の記事ほどには長文ではないが、それでも鉄眼からは二十年後の大成を期待されたという。なお、近年に至り、神崎壽弘師（一九七三年生まれ）は「『賜紫大通上人行実年譜』再考」を公表され、大通の生家の大念仏寺との代々の縁故を明らかにし、かつ本『年譜』の撰者たる慧日の事蹟や、慧日の戒律上の師である快円（第四章第二節第三項既出）との道縁にまで説き及んでいる。これによれば、快円は大通とも戒律上の師弟関係があり、大通へ梵網戒および瑜伽戒（密教の戒律）を授けてもいる。『開宗九百年・大通上人三百回御遠忌奉修記念論文集　融通念仏宗における信仰と教義の邂逅』所収、大阪：大念仏寺編、京都：法藏館刊、平成二十七年（二〇一五）。この労作の註において神崎師自らが語るところに拠れば（前出『融通念仏宗における信仰と教義の邂逅』三八四頁註（10））、平成二十三年度の西山学会研究大会にて「近世初期における融通念仏宗と他宗との関わり」の題にて、高泉をも含む他宗僧侶大通との道縁について発表されたとの由であり、同二十七年（二〇一五）現在未定稿のこの研究成果が速やかに論文として公表される時が待望される。

（169）註（170）後出の小畠師による賢巖伝では、鉄眼も参聴した寛文元年（一六六一）の自坊・多福寺における『首楞厳経』講義の記事を掲げているが、延宝七年の宇和島での講経（融観も参聴）についてはは触れるところがない。したがって、『行実年譜』の記事は、賢巖伝の補遺をなしていると言えよう。

（170）小畠文鼎師（一八七〇〜一九四五）『続近世禅林僧宝伝』（能仁晃道師の訳註あり、後出）の賢巖伝（第一輯巻之上）では、賢巖の本師を節巖道円（一六〇七〜一六七五）とする。賢巖は雪窓のもとで出家しており、その門風をよく理解してはいたものの、慶安二年（一六四九）の雪窓示寂（於臼杵多福院）に際しては美濃で大愚東寔（浄土教嫌いなるも雪窓多年の盟友）に参じていた。臨終の雪窓は、藩主から「誰に付法するのか？　賢巖か？」と問われるや、「あれは文字の学は出来ておりますが、悟っているかどうか分かりませぬ」と返答、ついに雪窓は一人の付法門人をも定めないまま示寂、久しく歴史に埋もれる原因を自ら作った。師の危篤を聞いて駆けつけた賢巖もまた、「亡き師のお像の前で嗣法香を焚いて、法嗣たることを宣言されては？」という周囲からの勧めに対し、自ら欺くことはできぬと拒絶、翌年、悟境をさらに深めた賢巖は、海を渡って伊予に赴き、正眼院（亡き雪窓が属した鉄山派の、伊予における本寺）で、住職・節巖から付法されたのであった。能仁晃道師訳註『訓読　近世禅林僧宝伝』上巻・二八二頁、京都：禅文化研究所刊、平成十四年（二〇〇二）。本稿ではしかし、賢巖が十二分に雪窓の思想を継承していることに鑑み、敢えて「本師」との表記を用いる。

(171) 賢巖撰「再住妙心雪窓崔和尚大禅師行状」、註(173)後出書・史料編一〇頁。

(172) 能仁師註(170)前掲書二八三頁。

(173) 大桑斉・竹貫元勝・谷端昭夫三氏共著『史料研究　雪窓宗崔――禅と国家とキリシタン――』研究編第一章で、大桑教授が指摘されている。この章は「伝記の検討」と題し、雪窓の事蹟、とりわけ、賢巖による思想的継承について詳論する。同書三一二～三一三頁では、とりわけ雪窓・賢巖師弟と黄檗教団との思想上の接点を考察している。京都：同朋舎出版刊、昭和五十九年（一九八四）。

(174) 延宝九年（一六八一）、賢巖が多福寺から退隠した際、南源から寄せられた書簡、および高泉から贈られた詩偈を小畠師『続近世禅林僧宝伝』の賢巖伝に掲げる。能仁師註(170)前掲書二八五頁。後者は「声名灌⌊耳雷霆響。踪跡相違雲水重。三十年来難⌊二一面⌉。知君真是釈中龍」とあり、『高泉全集』収録予定著述中に見えない逸文である。能仁師註(170)前掲書二八五頁。

(175) 一〇六頁上～下。主として、小畠師の『続近世禅林僧宝伝』に拠っている（註(170)前出）

(176) 「瑞龍開山宝蔵国師鉄眼和尚行実」、赤松晋明師校訂『鉄眼禅師仮字法語』一一五頁、岩波書店刊、『岩波文庫』所収、昭和十六年（一九四一）。なお、賢巖は延宝五年（一六七七）、臼杵から東上、大坂・瑞龍寺に鉄眼を訪ねたが、折悪しく鉄眼は不在であった。源了圓博士『鉄眼禅師仮字法語』「鉄眼略年譜」一五八頁、東京：講談社刊、『禅の古典』第九巻、昭和五十七年（一九八二）。

(177) 註(168)前掲書二一五頁。

(178) 「二十四巻本語録」巻七、『全』Ⅰ・六二一上右（結夏）および六四下右（結冬）。

(179) 註(168)前掲書二六頁。
(180)「二十四巻本語録」巻七、『全』Ⅰ・六二下右。
(181) この二句は高泉会心の句であったとおぼしい。黄檗山晋山後の法語を集めた「四巻本語録」巻二では、元禄六年(一六九三)の「結夏上堂」(安居始業式)法語を収めるが、そこにも引用されている。ただ、「難レ逢二称レ意魚一」に作っている点が相違する。『全』Ⅰ・二九三上左。
(182)「二十四巻本語録」巻十八、『全』Ⅰ・一七五上右。
(183) 註(168)前掲書二四頁。
(184) 註(168)前掲書二七頁。
(185) 詳細な註釈書としては、平岡良淳師が平成六年(一九九四)、『融通円門章論講』を公刊された。文献目録に加え、『融通縁起』の影印をも収録、福井康順・牧田諦亮両博士の校閲をへており、江戸期成立の末疏類を除いて、現時点では最も充実した内容を有する。法藏館刊。また、戸田孝重師も論攷「『融通円門章』・『融通念仏信解章』の思想と問題点」を公表され、書誌学的角度から、これら大通主著の成立過程を簡明に解説されている。『印度学仏教学研究』第五二巻第二号、平成十六年(二〇〇四)。
(186)「一人一切人。一切人一人。一行一切行。一切行一行。是名他力往生。十界一念。融通念仏。億百万年。功徳円満。諸法実相。無能念。無所念。如如融通。是名他力往生之願。生仏宛然。如如融通。是名他力往生之行。億百万遍。非多非少。是名事理不二不可思議功徳往生日課。一念懈怠。宝池蓮萎。億百万遍。功徳損減。一念精進。宝池蓮開。億百万遍。功徳成就」。『融通円門章』本文より集成、『大日本仏教全書』第六四巻・七頁下〜一二頁上。
(187) 谷村純子氏の論攷「天如惟則の『浄土或門』について」に、基本的な報告を見る。『黄檗文華』第一二一号所収、平成十四年(二〇〇二)。
(188) 数少ない引用例を、『融通念仏信解章』中に見る。同書は『円門章』の大意を教養ある一般信徒向けに説き示している。「直授の偈」末尾の「一念懈怠」以下、怠りなく念仏すべきことを勧説する一段を註釈するに際し、善導の主著『観経疏』から、いわゆる「至誠心釈」（『大正蔵』第四七巻・一五四頁下）を引用している。『大仏全』註（186）前掲巻二七頁上。ただし、漢文体で書かれた、宗義上はるかに重要な『円門章』の該当段には、同様の引用を認めない。同右巻一一頁上。

（189）最後の難関となった、有力信徒組織（六別時）への統御過程については、近年、神崎壽弘師が論攷「融観大通について――元禄期の融通念仏宗――」を公表されている。『印度学仏教学研究』第五〇巻第二号（通巻第一〇〇号）所掲、平成十四年（二〇〇二）。

（190）正徳三年（一七一三）の条、江戸に滞在中の融観が、水戸天聖寺（黄檗寺院に非ず）の「蘭山禅師」と会見、『融通念仏信解章』（註（185）前出）を贈っている。会見の際、「互ひに旧縁を語り、法話亹々たり」とあるから、融観との間に、かつて何かしら接点のあった禅僧と見られる。今後の究明に俟ちたい。註（168）前掲書六五頁。

（191）『大仏全』第六四巻・三二七頁下。詳しくは、拙稿「『融通円門章集註』に見える唐音をめぐって」を参照。『黄檗文華』第一一九号所掲、平成十二年（二〇〇〇）。なお、唐音の分析に際しては、全く古屋昭弘教授のお力に負うた。ここに記して御礼申し上げる。

（192）『行実年譜』巻頭に掲げる融観木像、および平岡師著作（註（185）前出）巻頭の画像は、ともに典型的な明末僧侶像の様式を踏まえており、木像はすこぶる写実的、かつ、正面を向いて曲彔に坐し、右手に錫杖を携えている。画像は木像ほど写実的ではないが、様式は同様である。ただ、両像ともに左手に数珠を手にしている点が、払子を手にする黄檗様式と小異している。浄土門なるがゆえの変容と言えようか。

（193）『全』Ⅲ・一四一四上右。『元亨釈書』良忍伝は、『大仏全』第一〇一巻・二七一頁下～二七二頁上。

（194）平岡師註（185）前掲書三五七頁所掲の影印に拠る。原本は元禄四年（一六九一）、融観が刊行した。

（195）「鞍馬寺謁二毘沙門天王像一」、『仏国詩偈』巻一、『全』Ⅱ・六七〇上左。詩中にいう〈北天王〉とは、北方を守護するとされる毘沙門天の別称である。本篇の直前に「冬夜吼・源二兄集二曇華室一刻レ韻」を掲げ、そのさらに前には、寛文十二年二月、奈良に遊んだ際の一連の作品を掲げる。一方、本篇の二篇のちには「擬二寒山一」を掲げるが、これは内容から春の製作と知られる。後出の「霊応像記」(寛文十二年作)との関係から推して、十二年冬に製作された可能性が高い。ところで、寛文八年(一六六八)に法苑院を開創した際、高泉は毘沙門天を伽藍神に勧請しようと考えたが果さなかった。ところが、翌九年に至って頭部のみのトルソを、弟子を通じてさる古寺から入手、十二年に至って、今度は同じ寺から、頭部以外の他の部分を入手、かくて高さ三尺ばかりの、「鞍馬の天像と埒(ひと)し」い像が復元を見た。「弘法大師手造毘沙門天王霊応像記」にその経過が詳述されている。『洗雲集』巻十三、『全』Ⅱ・九〇四下左。この「霊応像記」は寛文十二年の作である旨、『紀年録』同年の条に明記されている(『全』Ⅲ・一四八五上右)。ただ、いかにも鞍馬寺の毘沙門天像を実見したような「霊応像記」の書きぶりから推して、ヨリ正確には寛文十二年冬、鞍馬寺に参詣してまず前出の五律を製作、その後まもなく本篇をも執筆したのではないだろうか。

(196)本稿では、融通念仏宗学林教授・吉村暲英師(東大阪市・大善寺住職)より恵与いただいた『大源雑録』からの複写に拠った。記して御礼申し上げる。

(197)「衆寮」とは、禅宗寺院内で、主として仏典研鑽の場に充てられており、道元には『永平大清規』の一部をなす『衆寮箴規』全二十八条がある。『大正蔵』第八二巻・三二九頁下〜三三一頁上。『檀林清規』第一六条で、時の朝廷・幕府の政治、在家(の信徒ら)の長短好悪を談ずるなかれと規定しているのは(『大源雑録』巻上・九丁右)、『衆寮箴規』第八条で「世間の事、名利の事、国土の治乱、供衆の麤細」を語ることを禁じたのに倣ったか。寛文四年(一六六四)・七年と相次いで刊行された『衆寮箴規』が、時宗檀林の校則に転用された状況については、註(103)前掲の拙稿を参照されたい。

(198)なお、浜田師註(167)前掲論攷では、明治三十六年(一九〇三)刊の『融通総本山大念仏寺案内記』から、明治後期における主要年中行事を紹介しておられる。前掲書四〇一〜四〇三頁。これに拠れば、この当時すでに、江戸期までの「三元(上元・中元・下元)の祝聖」に代わって、節分に「宝祚長久国家安全御祈禱」の修せられていたことが知られる。年に三度まで修することの煩雑さに加えて、ヨリ中国的(もしくは禅宗的)な三元に修することが、いつしかヨリ日本人に馴染み深い節分における執行に改められたものと見られよう。

(199) 論攷「『黄檗清規』序文と「檀林清規」(融通念仏宗)序文との比較」、『黄檗文華』第一二二号所掲、平成十五年(二〇〇三)。また、谷村氏は平成十六年夏に至りさらに、「黄檗宗が大通上人(融通念仏宗)に与えた影響」を『黄檗文華』第一二三号誌上に公表された。こちらでは教義面に加えて、印刷・絵画などの芸術文化面で大通が高泉・悦山道宗ら黄檗唐僧から学んだ事象を考察されている。掲載号二三五〜二四二頁。

(200) 『大正蔵』本七六六頁上。

(201) 『大源雑録』巻上・二丁左〜三丁右。

(202) 『法会(御回在)の調査研究報告書』資料篇二二一頁上〜二二二頁下、奈良市:元興寺文化財研究所刊、昭和五十八年(一九八三)。筆者は谷村氏より、『規約総式』全文の複写を御恵贈いただいた。記して御礼申し上げる。全文の終わりに近い第二十条では、「帯二他鞋履一者。罰銭八十字[文]」と規定しているのは、袾宏の「僧約」はもちろんのこと、長谷部博士註(21)前掲書所収の他の明清「規約」にも見当たらない規則であるが、具体的に罰金の額を定めているのは、恐らく袾宏の「僧約」に倣っていよう。なお、全二十一条中、罰金額が明示されているのは本条のみである。

(203) 『大日本仏教全書』第一〇四巻・二九八頁上。

(204) 本稿では、明治二十九年(一八九六)刊の、河合日辰師(一八五五〜一九四三)による校訂本に拠った。東京:笹田文林堂刊。同師は日蓮宗第二十二代管長を務めたほか、元政出家の道場・妙顕寺の興隆に尽力されている。本書を復写し筆者に恵与されたのみならず、熟読玩味する機会(訓読文)を賜った伊藤瑞叡博士に対し、記して御礼申し上げる。

(205) 本論攷は平成十四年(二〇〇二)、瑞光寺現住職・川口智康師の手により、山喜房佛書林より『草山元政教学の研究』の題にて刊行を見た。本稿も同書に拠った。なお本章初稿執筆時には参照できなかったが、片桐海光師は近年論攷「深草元政にみる律僧との交流」を公にされ、明忍(第四章第二節第一項前出)の門下に実は慧雲、友尊、了性、省我ら複数の日蓮宗からの脱宗者が含まれていること、元政がこれら脱宗者の中でもとりわけ省我と親しく、その要請のままに「槙尾平等心院興律始祖明忍律師行業記」を撰述していることを取り上げ、元政がいかに明忍を始祖と仰ぐ律僧集団と深い法縁を有していたかを力説し、にもかかわらず元政が宗祖日蓮をあくまでも持律の清僧と仰いでいたがゆえに省我らのような脱宗の道を歩まなかったことをも指摘されている。『日蓮教学研究所紀要』第三二号、立正大学日蓮教学研究所、平成十七年（二〇〇五）。

(206) 『清規』註（204）前掲書二丁右、小林博士註（205）前掲書三〇五頁。博士に拠れば、雲版の使用は同宗他寺の僧から異端視されたとおぼしいという。

(207) 『清規』註（204）前掲書一一丁左。小林博士註（205）前掲書三〇八頁。

(208) 例えば、『幻住』の摂養（病僧介護）・津送（亡僧葬儀）両章に関する規定は、『草山』では「家風」章の第一五・一六条として並列されている。註（204）前掲書二四丁左～二五丁右。

(209) 『新纂　禅籍目録』九三頁下。

(210) 『大仏全』第一〇四巻・二九九頁上。

(211) 道契自身がしばしば天台教学を講じたことは、『続日本高僧伝』附録の「円通沙門道契師伝略」に明記されている。『大仏全』第一〇四巻・三五三頁上、大内青巒居士（曹洞宗）撰。

(212) 戦前、『日蓮宗全書』に収録され、戦後、昭和四十八年（一九七三）に至って、梅本正雄師が本満寺（往古木版印刷の名品を刊行したことで知られる京都市の巨刹）から覆刊された。本稿では、この覆刊本に拠った。

(213) 註（212）前掲書四八一頁。

(214) 正満英利師『緑樹』（潮音の評伝）四一頁上、潮音禅師三百年遠諱大法会実行委員会刊、平成六年（一九九四）。

(215) 正満師註（214）前掲書四一頁上、なお、筆者は正満師より、当該記事を載せる『黒滝潮音禅師年譜』万治二年条の複写資料を頂戴した。記して御礼申し上げる。

(216) 正満師註（214）前掲書三八頁下。

(217) 潮音が泉涌寺山内戒光寺で天圭の講ずる『首楞厳経』に傾耳したのは、永源寺に赴く少し前の正保三年春のことであった。

正満師註（214）前掲書三八頁下。

（218）正宗敦夫氏校訂『近世畸人伝　正・続』一三三頁、『日本古典全集』本、昭和十一年（一九三六）。本書にこの記事があることとは、大桑斉教授の論攷「諸教一致論の形成と展開」、同教授『日本近世の思想と仏教』三九八頁の指摘に拠った。京都：法藏館刊、平成元年（一九八九）。なお。本書の著者・花顛（一七三〇〜一七九四）は、正篇『畸人伝』の挿絵作者でもある。

（219）註（212）前掲書四三八頁。

（220）戒山慧堅『律苑僧宝伝』巻十五の慈忍伝に、寛永十五年（一六三八）、如周に参学したことを記す。『大仏全』第一〇五巻・二九六頁。また、『本化別頭仏祖統紀』巻二十二では、元政・日燈・慈明日静ら三代にわたる瑞光寺住職の列伝を含む、法華律関係の八師の伝記を掲げている。

（221）『洗雲集』巻十四、『全』Ⅱ・九二四下右。本篇の直前に掲げられた「特賜林丘寺観世音菩薩聖像記」は天和元年の作である旨、『紀年録』に明記あり（『全』Ⅲ・一四八八上右）。また、直後に掲げられた「紀州報恩院大悲香象記」は、その文中に貞享元年の作と紀年されている。

（222）『一滴艸』巻一、『全』Ⅱ・六一一上右。また、同書巻二にも、七絶「贈二某律師一」を掲げる。六首前に鼓山参詣の際の作品を掲げているから、順治十五年（一六五八）、同山に参詣して以降の作と見られる。こちらもまた贈呈相手の律師の真摯な戒律研鑽を讃えている。

（223）『法苑略集』巻一、『全』Ⅱ・五五二上右。正確な製作年代は未詳。

（224）林田芳雄博士「明代における福建の仏教」、同博士『華南社会文化史の研究』八九頁、京都女子大学刊、平成五年（一九九三）。初出は『仏教史学研究』第三〇巻第二号、昭和六十二年（一九八七）。なお、開元寺での永覚の活動に関しては、林之蕃による伝記よりも潘晋台によるそれのほうが一層詳細である。後者に拠れば、崇禎八年（一六三五）の来錫は、授戒会を主軸としており、十五年（一六四二）の来錫は結制（九十日間の参禅）を主軸とし、また『泉州開元寺志』を編纂せしめている。『永覚元賢禅師広録』巻三十、『卍続蔵経』第一二五冊・七九〇頁上〜下。『泉州開元寺志』芸文志には、李開藻の「重脩戒壇序」

が収められており、これに拠って、主として高僧・永覚の来錫を因として、久しく荒廃していた戒壇が復興されたことが知られる。『中国仏寺史志彙刊』第二輯第八冊・一五一～一五三頁。台北：明文書局刊、民国六十九年（一九八〇）。その影印底本は、民国十六年（一九二七）重刻本である。

(225)『一滴艸』巻二、『全』Ⅱ・六二八上左。本篇の二篇のちに、順治十六年、福州で托鉢に励んだ際の「募㆓僧粮㆒」を掲げている。

(226) 道端良秀博士『中国仏教思想史の研究』第四章に、訳註および解説を掲げる。京都：平楽寺書店刊、昭和五十四年（一九七九）。また、荒木博士『雲棲袾宏の研究』六二～六六頁では、これら二篇に対する社会の反響を取り上げている。実は隠元は寛文十一年（一六七一）、その和刻本のために、詩偈二篇および跋をしたためている。つまり隠元は、わが国における本篇の流布者を務めたのである。「勧㆓戒殺放生㆒」、『隠元全集』四三一七頁、および「跋㆓雲棲大師放生文後㆒」、『同』二五八八頁を参照。

(227) 長谷部博士註（21）前掲書二七五頁。

(228) 近世の中国にあっては、万暦二十八年（一六〇〇）、袾宏が相次いで放生池を開削、かつ、記念の文（放生池記）を撰述して以降、各地でこれに倣って造成を見るに至ったという。

(229)『洗雲集』巻二十二、『全』Ⅱ・一〇三二下左。「文」とは文体の一種である。単なる散文ではなく、四言を基調とし、かつ、押韻を前提とする。本篇もまた、その例外ではない。

(230)『全』Ⅲ・一一三七下左から。

(231) 荒木博士註（226）前掲書六八頁。

(232)『紀年録』同年の条、『全』Ⅲ・一四八三上右。

(233)『洗雲集』巻五、『全』七九七上左。

(234) よく知られた近代の例としては、河口慧海師（一八六六～一九四五）が挙げられよう。明治三十年（一八九七）、河口師（当時黄檗宗僧侶、のち還俗）がチベットへ旅立つに際し、信徒の肥下徳十郎氏らから「餞別は何を？」と問われたところ、同師は「諸氏の戒殺こそ大願成就の基なり」と答えた。そこで、肥下氏らは愛用の釣道具を火中に投じている。河口師『チベ

ット旅行記』第一章、東京：講談社、『講談社学術文庫』本第一冊（校訂は高山龍三教授）、昭和五十三年（一九七八）。

（235）七絶「道中放生」、『仏国詩偈』巻三、『全』Ⅱ・六八四下左。

（236）五律「勧二放生一」、『洗雲集』巻二、『全』Ⅱ・七五二下右。本篇の直前に寛文八年（一六六八）八月の華蔵院開創（黄檗山内、南源の自坊）を賀した一篇を掲げる。また、本篇の二篇のちには、同院の偉観を詠じた一篇を掲げる。よって本篇もまた、この当時の作と見られよう。

（237）五古「救レ蜂被レ螯」、『仏国詩偈』巻一、『全』Ⅱ・六六二下左。本篇の直後に、寛文七年（一六六七）十月の小笠原忠真の死を悼む一篇を掲げる。また、四首前には、華蔵院（註（236）前出）を訪ねた際の一篇「春過二華蔵一…」を掲げるが、同院の開創は寛文八年（一六六八）八月のことである。したがって、このあたりの詩の配列には明らかに年代上の錯簡ありと言うべきであるが、本篇自体はおおよそこの頃の作と見られよう。

（238）七絶「放生池」、『洗雲集』巻九、『全』Ⅱ・八五六上右。本篇よりも三篇前には、この年秋、越伝道付の舎利を眺めた折りの一篇を掲げる。また、本篇の直後には十二月二十二日の雷洲（愛弟子）命日に際しての一篇を掲げる。したがって、本篇もまたこの年の秋・冬の間に製作されていよう。

（239）「書二通禅師誡殺文後一」、『洗雲集』巻十七、『全』Ⅱ・九六六上左。本篇の七篇前には貞享五年（一六八八）執筆の「跋僧宝伝」（『続禅林僧宝伝』の跋）を掲げる。一方、本篇の直後には、寛文四年（一六六四）以前、高泉が独湛と同僚だったころ、独湛のためにその詩巻へ跋した一篇を掲げている。したがって、本篇の系年はすこぶる困難である。円通を〈通禅師〉と呼称した例としては、天和二年（一六八二）作の「通禅師住二献珠一檀越疏」が挙げられる（『洗雲集』巻十八）。なお、円通（独湛門人）は、高泉の推挙にて加賀献珠寺第三世となっており、少なくとも代付事件までは、すこぶる道縁があったものと見られる。

（240）「二十四巻本語録」巻八、『全』Ⅰ・七三下左。

（241）「四巻本語録」巻四、『全』Ⅰ・三一五上左。

(242)『仏国詩偈』巻五、『全』Ⅱ・七一〇下右。
(243)『翰墨禅』巻下、『全』Ⅱ・一〇六七下右。直前に「贈二引請阿闍梨一」を掲げるが、こちらは小序に元禄三年九月の作と明記あり、黄檗山での三壇大戒会に際し、引請阿闍梨（教授阿闍梨を助け、沙弥や居士に細かな作法を教示する役職）を務めた四師に感謝している。本篇は初冬（十月）の作とのみあって（小序）、年次が記されていないが、恐らくは黄檗山での大授戒会直後の十月、すなわち同年十月の作と見られよう。本篇小序では寂門の肩書きを「松隠塔主」としているが、彼がこの職に任ぜられたのも、同年七月のことであった。『黄檗文化人名辞典』一五一頁下。
(244)「二十四巻本語録」巻十八、『全』Ⅰ・一七九上右。

# 第六章　苦行の実践と日本への導入

# 序節

高泉の法語・詩偈、とりわけ詩偈には、戒疤・焼指・経典血書などのいささか血なまぐさい苦行を礼讃した作品が多々散見される。わが国の仏教界において、それまで苦行といえば滝行か、断食、或いは山岳修道における木食（高泉の道友・雲堂が実践）を数える程度であったところへ、黄檗教団は新たな苦行形態を齎したと言える。また、わが国で刊行された禅宗関係の一般的辞典にはおよそ見当たらない「関主」という単語も散見される。これまた苦行たる「掩関（または閉関）」において、自らを狭い一室（関房）に閉じ込め、坐禅・念仏そして大蔵経閲覧に通例三年を過ごす人を指した言葉である。わが国の「参籠」に比すれば、その期間はずっと長く、また、「参籠」が僧俗男女を通じて行われるのに比して、「掩関」はもっぱら僧侶によってのみなされる点に大きな相違がある。

本章では、既に跡を絶って久しい戒疤・焼指・掩関について、それがわが国に定着しなかった背景を考察するほか、逆に宗門内のみならず一時は他宗派においても相当の流行を見た経典血書について、その歴史やそこに盛られた仏教思想上の意義を考察を加えたい。

## 隠元が中国人住職招聘を懇望した理由

ところで、隠元は「開山預嘱語」（『黄檗清規』附録）の第六条で、大老・酒井忠勝（一五八七～一六六二）がその生前、隠元へ語った言葉を言質として、自己亡きあと住職の器に相応しい人物がもしも黄檗山内で得られなかったならば、中国（ヨリ具体的には故郷・福建を指そう）から、然るべき高僧を招聘するよう遺嘱している。隠元に拠れば、

「古来東渡の諸祖、嗣法の者を歴観するに、三、四代ののち即便《すなは》ち断絶す。遂に祖席をして寥々たらし」めているという(1)。

隠元のいう〈古来東渡の諸祖〉とは、彼の「東渡諸祖賛」でも詠じられている蘭渓道隆・無学祖元ら、鎌倉時代に中国から渡来した禅僧たちを指していよう(2)。その法嗣たちが本師に同じく渡来唐僧であった時代が三、四代しか続かなかったことを、隠元はその遺嘱の中でことさら問題視しているのである。

これが果たして問題とすべきことなのかどうか、また、和僧によってのみ継承されるようになった建長寺や円覚寺など大刹の住職の座（祖席）が、隠元のいう通り本当に〈寥々〉たる有様なのかどうか、「外来宗教の土着化」という今日的観点からすれば、大きく議論が分かれよう。ただ、ここで推察できることは、隠元自身は、自己の伝えた明末臨済宗の宗風が、文字によってばかりではなく、自己も含めた唐僧が儀礼の際に示す所作や、読経の抑揚などの、およそ文字化しがたい諸要素によっても表明されるものであり、いな、むしろそうした諸要素に負うた部分のほうが大なのであって、少なくとも教団の本営たる宇治黄檗山の住職は、引き続き唐僧によって担われるべきだ――と考えていたことである。この願いが相当に強かったからこそ、今は亡き有力者（酒井忠勝）の言葉をさえ引用し、弟子たちの遵奉を強く望んだのではないだろうか(3)。

隠元の強い願いにもかかわらず、十八世紀中葉までで唐僧の渡来は途絶え、それに附随する形で、苦行もいつしか廃れていった。むろん、『黄檗清規』を金科玉条としての熱心な参禅弁道は以前に変わらなかったけれども、『清規』の中に、とりわけその梵行章第五（あるべき修行の針路を規定）に何ら義務規定のない戒疤・焼指・経典血書は、それを讃嘆し（、時に実践しさえし）た唐僧がいなくなり、わが国民の「血穢」を避ける宗教的伝統も相俟って、やがて表舞台から姿を消していった。また、施主に相当の経済的負担を強いる掩関も、恐らく江戸中期以降、黄檗教団の主たる外護者であった大名・武士階級の没落に伴い、行われなくなったものと見られる。

## 第一節　中国仏教に見る苦行

### 第一項　主要な先行研究

ときに命を捨てることをさえ敢行する中国仏教の苦行であるが、アメリカのウェルチ教授（Holmes Welch）その歴史に注視し、戦後大陸から香港・台湾などの地へ避難していた僧尼に対し聴き取り調査を行い、主として清末から民国三十年代までの苦行の種々相を明らかにされた。一九六七年、ハーバード大学出版局より刊行の *The Practicies of Chinese Buddhism* がその成果である(4)。

また、台湾の聖厳法師は、東京の立正大学大学院に留学中の昭和五十年（一九七五）、日本語にて博士論文「明末中国仏教の研究」を提出された。先にわが国で刊行された同書（同五十三年、山喜房佛書林）は、その後、関世謙氏によって中国語訳され、民国七十七年（一九八八）に刊行された。法師の全集たる『法鼓全集』に日本語のまま収録された原著とともに、今や台湾において広く行われている(5)。

同書は明末・智旭（一五九九〜一六五五）の思想・事蹟について、種々の角度から考察を加えた労作であるが、著者・聖厳法師は、智旭がその生涯の間に度々繰り返した種々の苦行（戒疤・割肉・経典血書）について、単にその実況を紹介するのみならず、戒律学の専門家として仏教経典におけるそうした苦行の淵源にまで遡り論述された。とりわけ、その第三章第四節では「血書および焼身信仰」と題し、智旭がこれら苦行に対し、同時代の他の高僧たちにもまして思想的意義付けを図った姿が取り上げられている。

わが国にあっては、近年、川勝守（法名：賢亮）教授が、論攷「東アジアにおける捨身の文化史」を公表された(6)。川勝教授は、その第一回ではまず、（一）『金光明経』の中のその名も「捨身品」、（二）「いろは歌」の起源として名高い『涅槃経』聖行品（雪山童子の説話）、（三）一般に「焼身供養」の根拠とされる『法華経』薬王菩薩本事品について、中国天台宗における解釈史を概観される。

ついで、いわゆる梁・唐・宋の三大『高僧伝』の中の捨身者列伝(7)を列挙、時代によって捨身の形態にも変遷が認められることを指摘されている。世が乱れ、人々が皆な厭世の念を強めると、僧侶の捨身もまた、これに伴って焼身などヨリ過激な形態を取るに至るとの指摘(8)は、かのベトナム戦争における僧侶の焼身行や、昨今のチベットにおけるそれを思えば、いかにもと首肯されよう。

そして、連載第二回では、梁の武帝がしばしば「捨身」と称して寺に籠り、精進潔斎の日々を過ごした事例を専論されている。中国仏教における苦行の淵源は、川勝教授の論攷によって、以前に比して一層明瞭にされたと言えよう。同教授の筆がさらに進んで、本章で取り上げる宋代以降の苦行にまで速やかに及ぶことを期待したい。

川勝教授の成果はなお盛られていないが、今日中国語圏で刊行された書籍中、インド（仏教成立以前）および中国仏教における苦行の諸形態について簡明に解説したものでは、『中国仏教百科全書』の「苦行」の項を挙げ得よう(9)。前半のインドにおけるいわゆる「外道」（ヒンドゥー教諸派）に見る苦行に関しては主として宇井伯寿・宮本正尊の両博士に負い、後半、近世中国仏教に見る苦行に関しては、右記 Welch 教授の著作の中国語訳第十章第五節を掲載している。遺憾ながらこれら苦行、とりわけ戒疤・血書が定着したと見られる明末期の例は、編集者による補充が認められない。また、「掩関」については、別に「閉関」の項を立てている(10)。簡明な説明ののち、陳健民氏（チベット仏教研究者）の「閉関細談」を転載している。

陳氏の主たる信仰・研究対象を反映してか、そこではもっぱらチベット仏教における掩関が解説されている。とりわけ、実修場所の探し方や、修行期間中の使命・禁忌について、同氏は詳細に述べておられる。惜しむらくは、中国仏教、とりわけ禅宗における掩関については、ほとんど触れていない。ただ、今後われわれが東アジア各地の仏教における掩関の諸形態を研究するうえで、チベット仏教における掩関に関しては、便利な概説文献であると言えよう。

## 第二項　初期黄檗教団における苦行の実践

### 即非・惟一に見る「割股」

まず、平久保氏作成の隠元・木庵・即非それぞれの『全集』総索引に拠りつつ、彼ら三祖が苦行を礼讃した事蹟を考察したい。三祖いずれも、門下や師友による経典血書を礼讃している。ただ、遺された詩偈・法語に見る限り、前二師が自身の行としてはさほど積極的に血書に取り組んだ形跡が無いのに比して、即非は自らも積極的に血書に励んでいる。即非（一六一六～一六七一）と並んで初期黄檗教団における苦行の双璧としては、惟一道実《ういどうじつ》（一六二〇～一六九二）を挙げることができよう。

両者が共通して実践した苦行とは、胸肉（即非）や股肉（惟一）を刲《えぐ》って病母に食らわしめ、その快復を願うという、血書に幾倍したすさまじいものである。すなわち即非は、福清黄檗山で書記（記室）を務めていた順治五年（一六四八）、重病の床にあった母のために、胸の肉を割いて与えたところ、その病、たちどころにして癒えたという。のち高泉は、寛文五年（一六六五）、二本松で渡日後最初の著作『釈門孝子伝』を撰述した際、少しく誇張を加え、即非が胸の上から刃を進め肝をさえ抉ったとし（本文）、「肝を抉っても死ななかったのは、ひとえに仏天からの即非禅師に対する御加護である」と結んでいる（賛）[11]。事実は即非自身が語っているように[12]、単に胸の肉を割いたとのみ見るべきであろう。
また、惟一道実の割股については、高泉が「華厳道人伝」を撰述、その中で取り上げている。これに拠れば、惟一が十九歳に達する崇禎三年（一六三八）よりも少し前、母・徐氏が重病に倒れた。いかなる薬も効果が無かったので、惟一が真心込めて神々に祈り（原文：露二禱上下神祇一）、股肉を割き、粥に混ぜて母に捧げたところ忽ちにして癒え、人々はみなその孝心を賞賛したという[13]。

改めて言うまでもなく、こうした行為は、「身体髪膚、之を父母に受く。敢へて毀傷せざるは孝の始めなり」という、『孝経』巻頭に掲げられた中国の伝統的な孝観念に、真っ向から抵触している。にもかかわらず、敢えてそれが実行に移され、しかも、郷党から「これぞ孝子の鑑だ」との賞賛を集め得たのはなぜか。恐らく、瀕死の肉親を前にして、病者と「気」を同じくする健康な親族の肉に特別の薬効ありと信じる、多分に道教的な民間信仰が、右記の孝観念と並立する形で、いつの頃からか根強く存在していたためではなかろうか。そのヨリ正確な発祥年代を究明するのは、今後の課題である。

現時点での私見を述べれば、かかる信仰は、（一）インド仏教伝来の要素に加え、（二）唐代中期成立の『大報父母恩重経』（偽経『父母恩重経』の増広本）の文言、そして（三）道教起源の「気」への信仰[14]の三者を立脚点としているようである。

まず、インド仏教においては、釈尊の著名なジャータカ（前世譚）が、典型例な「割股行《かっこぎょう》」として、一般に知られている[15]。懐に逃げ込んだ小鳥からの救命を乞う哀訴と、「肉食しなければ死んでしまうのだ」という鷹からの哀訴との板ばさみに苦しんだ挙句、尸毘王（釈尊の過去世）は、ついに自らの股《もも》の肉を鷹へ割き与えたのであった。また、これもよく知られたジャータカとして、『大方便仏報恩経』に見える須闍提太子（釈尊の過去世）の故事も見落とせない。両親たる国王夫妻とともに避難する途上、父王が食糧尽きて妃を殺し、息子の須闍提太子とともにその肉を食して飢えをしのごうとしたところ、「未だかつて母の肉を食した子なし！」と、太子は強く諫め、結局自らの肉を割いて両親と三人で食した(16)。これを載せる『大方便経』は、後漢時代の経録に既に見えるとされている（梁・僧祐『出三蔵記集』巻四）。したがって、純然たるインドの説話と見られよう。

このうち前者は、ガンダーラ美術に複数の作例を見るなどして、ヨリ知られている。いわば前者は、「無縁の大悲」の実践であり、見ず知らずの衆生をも救わんとした点で、肉親をのみ救わんとした後者に比して、ヨリ大乗的な見地に立っていると言えよう。

## 割股の中国的変容

このインド伝来の利他捨身の行「割股」(17)を、中国仏教圏にあって最初に実践した人物としては、北涼の法進が挙げられよう。飢饉に見舞われた際、法進はその股肉を始め、身体の随所を割き、飢えた人々へ施した末、壮烈な示寂を遂げたという(18)。北涼は、いわゆる五胡十六国の一つであり、その文化が漢民族のそれと、インド仏教をも含めた西域のそれとを混淆せしめていたことを考え合わせるならば、法進のこの行為は、右記の二説話を載せる、純然たるインド伝来の仏典に基づいていよう。

ところが、中原に伝えられて以降は、この崇高な菩薩行も、もっぱら病める父母（か、せいぜいが近しい道友）の本復を願う行為へと変容を遂げている。しかも僧侶になってからではなく、出家以前に実行した事例、もしくは、在家信徒が実践した事例が、すこぶる目につくのである。恐らくこれは、インド伝来の仏典に加えて、偽経『大報父母恩重経』の文言にも依拠していよう。

唐代中期に至り、同経が成立、「たとい～しても、父母の恩は到底報じ尽くせない」という八条の仮定句を連ね、在来の偽経『父母恩重経』（隋末・初唐成立）に無かった、父母の恩の甚大さに関する詳説を行った。その第二条には、「たとい百千劫の天文学的期間にわたり、おのが父母のため、身肉を切り取ってその飢えを防いであげても、父母の恩は報じ難い」とある[19]。この文言から、抉り取った血肉を献ずべき対象が、もっぱら自己の直系尊属に限定されるに至ったものと見られよう。

また、同経が広く民間に流布したことは、その敢行者を僧侶だけに限定せず、幅広い階層の人々に分布せしめる主因をなしたのではないだろうか。なお、右記の仮定句自体は、般若三蔵が貞元十一年（七九六）以前に訳出した『大乗本生心地観経』（略称：『心地観経』）報恩品に見えており[20]、『大報父母恩重経』はこれを若干改変（母→父母）のうえ摂取したものと見られる。

まず、賛寧『宋高僧伝』に見える唐代後期の僧・鑒宗（？～八六五）が、病気の父へ「家畜の肉ですよ」と紿《あざむ》いて、おのが股肉を割き与えた。父はめでたく本復し、それを見届けた上で、鑒宗は出家した[21]。この当時、すでに右記の『大報父母恩重経』は成立しており、出家以前の彼も、一つにはその所説に突き動かされ、いま一つには道教の「気」の思想に基づき、健康な子女の血肉が発する「気」こそ、起死回生の妙薬との信仰に基づいて――自らの身体に刃を加えたのではないか。

また、北宋の契嵩（一〇〇七～一〇七二）は、知人の在俗青年にこの行いがあったことを知り、「送㆔林野夫秀才帰㆓潮陽㆒叙」を撰述、彼を「純孝」の士だと賞賛している。ただ、こちらは青年の願いも空しく、病父は世を去ったという[22]。これまた鑒宗の事例と同種の背景を有していよう。

これら二例ともに、なぜ普通の畜肉ではなく、また、同じ人肉であっても、見ず知らずの他人のそれではない自己の肉を用いたのか、その理由は明示されていない。仏教の不殺生戒に照らし、他の衆生（家畜および人間）の肉は不可であるが、自らの肉は構わない——という考えが、いずれの事例についても仄見える。

ただ、そのことだけでは、病親本復後に出家した鑒宗、および出家の身でこの苦行を行じた智旭（後述）、そして即非の心事までは説明できても、割股を敢行した当時は別段熱心な仏教信徒でもなく、肉食を禁忌していたとは思われない惟一や陳引官（後出）の心事までは説明することはできまい。概して土葬が一般的だった明代の中国である。彼らがその気にさえなれば、夜陰に乗じて墓地で新鮮な人肉を得ることも、さして困難ではなかった筈である(23)。

あまつさえ、惟一の場合、自らの肉を割き与えた徐氏（病母）自身は、実は平素から肉食を避けていたのである。したがって、かかる人物へ肉を与えることは、たといそれが自己の肉であっても、平時にあっては、親の意向に逆らう不孝の振る舞いですらあった。

また、右記『恩重経』の原文では、「たとい気の遠くなるほどの時間をかけて、幾度もわが肉を割き、父母に捧げたところで（原文：為二於爹娘一尽二其己身一。臠割砕壊。猶レ如二微塵一。経二百千劫一）、到底報恩するに足りない」と規定している以上、一度や二度、それどころか幾度も肉体を割いて父母に捧げたところで、結局は気休めにしかなるまい。この程度の道理は、少しく『恩重経』や、その材料たる『心地観経』に親しんだ者ならば、すぐに気づくことであろう(24)。やはり何か、同『経』と並ぶ積極的な背景があって、彼らは置かれた立場に違いこそあれ、等しく割股に及んだものと見られる。筆者はその背景こそ、「気」に根ざした中国の民間信仰と見たい(25)。

## 民間信仰としての割股

既に少し触れたように、その信仰とは、眼前で病み苦しむ肉親に対し、同じ「気」を持った健康な子女が、その健康な肉体から割き与えた血肉こそが最上の薬品もしくは滋養物だと考える、一種の「呪術的輸血」である。例えば高泉は、「明三山陳孝女伝」を撰述している。

三山（福州）の地方官・陳大順が、拿捕した船に逃げられ、憂悩の末に重病を患ったため、その娘で十三歳の引官は、真心込めて神々に祈り（原文：露〓禱上下神祇〓）、父が本復するまで実に二度にわたって股肉を割き与えた。すなわち、一度目は粥に混ぜて進め、二度目は薬と称し、煎じてすすめたのであった。

めでたく快復した父もそのことを知り、「娘が嫁ぐ相手は、娘同様の孝行な者でなければ…」と喜んだ。引官は嫁ぎ先の姑が素食念仏の人だったのに感化され、自らも素食者となった。そしてある年の観音菩薩の誕生日（陰暦二月十九日）、往生の素懐を遂げた。まもなく明清鼎革期にあたり、その夫は俗世に望みを絶って出家した――と、高泉は筆を擱いている[26]。ここで仔細に「陳孝女伝」の原文を読み、かつ前出の「華厳道人伝」（註（13）参照）とも照らし合わせると、彼女の嫁ぎ先の鄭家とは、その実、惟一の生家であり、夫とはほかならぬ出家以前の惟一であることが知られる。引官もまた、惟一の場合と同様、仏・菩薩に対してではなく、神々に対し、病父の本復を祈ったのである[27]。少なくともこの二例に関しては、仏教的背景は、他の諸例に比すれば殊のほか薄いと言わざるを得まい。

## 福清黄檗山ゆかりの苦行者・捨身者たち

現在までのところ、筆者は宋と明との間に横たわる元代に関して、著名な僧侶・居士による割股実践例を得ていない。明代に至り、雲棲袾宏が万暦十三年（一五八五）、『緇門崇行録』を著し、「刲股出家」の題目で、さきに挙げた唐・鑒宗の事蹟を取り上げた[28]。同書の流布は、かかる苦行が仏教に淵源するものだという印象を、一層広く世に流布したことであろう。

高泉もこれを承けて、日本で撰述した『釈門孝伝』に同題の一項を設けた。その本文は、平素敬慕する袾宏の『崇行録』からの引き写しであるが、袾宏の原著にはない賛が附せられており、そこには「人之重病。業病也。病重雖二神剤一難レ瘳。奈可以二一股肉一而愈レ之。語曰。孝可レ動レ天。其斯之謂歟」として、孝心が天にも通ずることが強調されている[29]。

高泉が鑒宗を取り上げ、讃嘆を加えたのは、自己の属する教団の僧が二人まで実践した苦行「割股」を、鑒宗こそが中原の仏教界では記録上最も最初に行った人物であることに加えて、彼が「徑山第二祖」（袾宏『緇門崇行録』）、すなわち浙江省徑山寺の第二世であったことも関係していよう。徑山寺は天目山（中峰明本が住まった）に近接する臨済宗の名刹であり、黄檗教団にあって、列祖中とりわけ尊崇されている宋の無準師範、および明の費隠通容もここに住まった。また、高泉の示寂からはずっと後のことではあるが、隠元百回忌の明和九年（一七七二）、後桜町上皇から新たに隠元へ授与された徽号は「徑山首出国師」という。このように、黄檗教団にあっては、徑山は福清黄檗山と並ぶ聖地であったと言ってよい。

ところで、苦行の果ての捨身ではなく、かねて寺周辺を包んでいた戦雲の中での不幸な落命ではあったが、福清黄檗山からも、かつて一人の捨身の高僧を出している。『宋高僧伝』にも描かれた鴻休（庥）がその人である。唐末の広明年間（八八〇～八八一）、黄巣の乱に際し、賊徒が寺に押し入ろうとした際、住職だった鴻休は進んで門外に出、「誓つて清浄の地を汚さざれ」と賊の首領に請願、そのまま首を刎ねられたが、少しも出血を見なかった。また、その遺骸を荼毘に付したところ、七顆の美しい舎利を得たという[30]。高泉ら黄檗教団の僧が苦行・捨身を讃嘆し、かつ、舎利を崇めるのは中国仏教の伝統であるとともに、自山の遠祖たる鴻休の壮烈な殉道に由来していよう。

隠元が独往性幽に『黄檗山志』を重修せしめたのは順治八年（一六五一）、翌九年に至って完成を見たが、その際、崇禎十年（一六三七）刊刻と見られる初修本『山志』から、開山・正幹以降費隠に至るまでの八高僧の伝記をも襲用せしめている[31]。『黄檗山志』に見る鴻休伝（山志は「鴻庥」に作る）は、多く『宋高僧伝』に負いながらも、鴻休をヨリ英雄的に描いており、さながら一幅の宗教画を眺めるような心地さえ催される。

すなわち、賊徒を前にして従容と死を待つ鴻休へ、その首領が国事を問い掛けたところ、鴻休は慨然として、「汝輩犬豕矣。見二龍頭一必敗二李樹下一。逢二虎狼一遂遭二女児手一。奚敢問二大事一」と言い放ち、怒った賊がその首を刎ねるや、血ならぬ純白の乳が迸った。賊もこれを見て深く悔悟し、鴻休の遺骸を拝したという[32]。鴻休最期の言葉に〈見二龍頭一必敗二李樹下一〉とあるのは、唐室（李姓）の復興を依然熱望する忠義の人として鴻休を描くべく、説話作者が加えた潤色であろう。

また、首を刎ねたら乳が迸ったとするのも、『景徳伝燈録』師子比丘伝[33]の説相を転用していよう。この師子比丘は、禅宗の「西天二十八祖」の中の第二十四祖とされている。カシミールの地で大乗の教を宣揚していたが、外道の誣告により悪王の怒りを買って斬首され、その折り、血ならぬ乳が迸った。悪王もまた右手を失って、たちどころに地獄に堕ちたとされている。

今後、崇禎初修本『黄檗山志』鴻休伝の説相を実見のうえ、さらに研討を加えたいが、さながらカオスのような明末福建の社会にあって、『山志』を重修した隠元・独往師弟はもちろんのこと[34]、独往と親しかった高泉（順治十年、独往らと『獅子巖志』を編纂）もまた、改めていにしえの捨身の高僧に敬慕の意を寄せたことであろう。

### 即非苦行の智旭との関連性

本項の終わりに、今後研討に値する課題として、標記の問題を挙げておきたい。智旭（一五九九〜一六五五）は黄檗三祖と同時代を生きた高僧であり、かつ、苦行の理論化および実践に関して、その右に出る者はいくらもいなかったと思われる。聖厳法師註（5）前掲書では、数多い智旭の著述の中から、年月のはっきり分かる苦行歴を博捜のうえ、これを血書歴一覧と焼臂・焼頂一覧とにまとめている(35)。ただ、これら二表からは、今ひとつの彼の苦行・割股の敢行年月を知ることができないが、それに関しては、見曄法師（俗名：王秀花）の「智旭生平大事与時代大事対照表」(36)によって補うことができる。

この「対照表」に拠れば、既に出家していた二十八歳の天啓六年（一六二六）、智旭は病篤い母の快復を願って四度まで割股を敢行したが、願いも空しく母は世を去った。その自伝「八不道人伝」には、母に食せしめたとまでは書かれていない(37)。これは病親に食せしめることが、当時はごく自明のことだったから略したのであろう。同じく見曄法師の対照表に拠れば、三十三歳の崇禎四年（一六三一）、杭州蓮居庵にあった智旭は、数少ない盟友ともいうべき惺谷道寿（一五八三〜一六三一）が重病に倒れたために、再び割股を敢行した。しかし今回もまた願い空しく、惺谷は示寂したのである。

その後、智旭は崇禎十一年（一六三八）以降福建に赴き、同十五年（一六四二）まで足掛け五年にわたり、主として南部の泉州・漳州に滞在した(38)。ただ、前出の盟友・惺谷道寿が、無異元来（曹洞宗寿昌派）の弟子であったにもかかわらず、福建在住中の智旭が福州郊外にある鼓山を訪れた形跡はない。折悪しく、無異元来とは同門の永覚元賢は、智旭が福建に赴いた前年の崇禎十年（一六三七）以降、鼓山を離れ、北上して杭州に赴いている。そして、智旭が福建を去った同十五年に至って、永覚はやっと鼓山へ戻って来たのであった。

この間、主なき鼓山では、覚浪道盛（永覚の法姪）が崇禎十四年（一六四一）の結夏期間のみ住職を務めている。智旭はしかし、福州から遠く隔たった漳州の丹霞岱山で結夏しており、集まった僧俗に『法華経』を講じていた。恐らく覚浪に合いに行く時間は得られなかったことであろう。

さて、聖厳法師がその労作を「寂しい仏教学者」と題する一項で締めくくっていることからも推察されるように、生前の智旭は、数々の著作を順調に出版する道縁にこそ恵まれていたものの、同時代の仏教に対する厳格な批判に共鳴する道友には、なかなか恵まれなかった。福建在住時代、鼓山に赴いた形跡がないばかりか、隠元に統率されていた福清黄檗山と交流した形跡も見当たらない。また、黄檗三祖および高泉の現存遺文中にも、智旭に関連した詩偈は認められない。

智旭の著述は、似たような思想傾向（戒律と浄土信仰との併修）を有する雲棲袾宏の著述と並んで、わが国でも盛んに刊行されているが、彼ら二師を殊に敬慕した法然院忍澂（鎮西派における浄土律の開祖）の手沢本を見る限りでは、和刻本の刊行は袾宏よりもいくぶん遅く開始されており、延宝六年（一六七八）、『阿弥陀経要解』一巻が刊行されたのを皮切りに、延宝年間（一六七三～一六八一）に十二点、天和二（一六八二）・三年に五点を数える(39)。ただ、いずれの書籍にも、黄檗山（とりわけ大蔵経刊行で知られる山内宝蔵院）は関係していないもののようである(40)。

恐らく、智旭が終生好んで講じたのは、天台・華厳・律・浄土に関する諸経論であって、禅宗にはさしたる熱意を寄せなかったから、黄檗山としても、かかる人物の著述を積極的に日本で流布せんとする動機を欠いていたのではないだろうか。

にもかかわらず、筆者が敢えて即非と智旭との関連性に注視せずにおられないのは、共にすさまじい割股行を実践したのみならず、示寂に際しては、これまた共に「遺骨を麺にまぜて魚に与えよ」と遺嘱していることである(41)。単なる撒骨ではなく(42)、骨を麺にまぜて魚の餌状にせよと遺嘱している点に、生涯最後の捨身行を意図していることが明確に窺われよう。この遺嘱は、さすがに弟子たちが実行するに忍びず、二師の意に反して、それぞれ立派な石塔が造立されてしまったのであるが。今後、明末の福建禅宗における智旭思想受容の状況を精査したうえ、二師の接点の有無を明らかにしてゆきたい(43)。

## 第二節　焼身供養の諸形態

以下の諸項では、焼身供養を取り上げる。かのベトナム戦争中の南ベトナム僧侶や、現今の中国政府治下のチベット僧侶に見るがごとく、身を燃やして命ごと仏に供養するのを至上の形態とする。これは『法華経』薬王菩薩本事品に基づいた、まさに命がけの苦行であった。けれども、古今を通じて東アジアの仏教にあっては、平時はその例を聞くこともまれであり、その数少ない例は、三大『高僧伝』（中国）、『本朝高僧伝』（日本）などに集成を見る。

黄檗教団にあっては、泰峰浄高（一六九七〜一七二一）が、僅か二十五歳にして享保六年（一七二一）に敢行している。彼はすでに二十歳以来、塩を断ち、穀類をも断つ、すなわち「木食」の苦行に取り組んでおり、覚悟のうえでの挙であった(44)。

本節では、この文字通りの焼身供養を除き、教団内でごく一般に行われた戒疤（燃頂・燃臂）、および戒疤ほど一般的ではないが、比較的例の多い燃指に的を絞り、その黄檗教団における実行例を論じたい。

### 第一項　中国仏教における戒疤の歴史

われわれが台湾・香港の僧侶・居士と会談の際、相手が中年以上の年齢に達しておれば、僧侶の頭上には通例十二箇所の灸の跡を、そして、居士の腕（通常注射を施す部位）には、これも三箇所前後のそれを認めることであろう。

これが標記の「戒疤」である。実は灸によってではなく、線香の燃え殻によって施されているが、今日灸を据えることもまれとなった我々の目には、まずは大変な苦行と映ずることである。

ヨリ専門的には、「戒疤」を頭部に施すことは「燃頂（香）」と称し、腕に施すことは「燃臂（香）」と称して区別する。清代以降、前者は出家者が菩薩戒を受ける際の義務的行為となった。一方、後者は出家・在家を通じての義務的行為とされている。近年、大陸にあっては、中国仏教協会（本部は北京市の古刹・広済寺）がこの習慣、とりわけ僧侶における「燃頂（香）」を陋習と見なし、これを授戒会の場から排除しつつあるという(45)。しかしながら、台湾・香港、そして東南アジアの華人仏教界にあっては、依然一般的な習わしである。

## 元初・雲巌志徳の燃頂勧説

聖厳法師は、この習わしの発祥年代を未詳とされる(46)。一方、長谷部幽蹊博士は、中国仏教会（戒厳令時代の台湾仏教の統制団体。本部は台北市の善導寺）の機関誌『中国仏教』（筆者未見）に拠りつつ、宋代からすでに存在したとする一説ありとし、かつ、幾分時代の下った実例として、元の雲巖至徳（一二三五～一三二二）の天禧寺（南京南郊、明代の大報恩寺）における例を挙げている(47)。

遺憾ながら、長谷部博士の指摘がごく簡略なため、改めて「CBETA電子仏典」にて検索した結果、如惺『明高僧伝』の雲巖伝に、次のような記事のあることが知られた(48)。世祖の至元二十五年（一二八八）、雲巖が同寺に晋山して以降、僧俗七衆（比丘・比丘尼・式叉摩那・沙弥・沙弥尼［以上出家者］・優婆塞・優婆夷［以上在家者］）のために授戒会を催す度に、恐らくは受戒者らをして同参の家族ぐるみなさしめたことであろう、「必令四其父母兄弟相教無レ犯。至三於然レ香然レ頂。指為二終身誓一」とある。

髪の長い女性の在家者の場合、燃頂は困難なように感ぜられなくもないが、そこだけ髪を除くなりしたとも考えられる。また、元代は清代ほど徹底して辮髪令が敷かれたわけではないが、漢人（もと金朝治下にあった漢民族）を中心に、少なからぬ漢民族男性がモンゴル人の威を恐れて辮髪していたとも考えられるから、在家男性の燃頂はさして困難ではなかったことと考えられる。

雲巌自身の平素の戒行が、自他双方を鞭撻してやまぬものであった点に照らせば(49)、彼は以後三十年にわたって、燃頂・燃指を授戒会における苦行として定着せしめたものと推察される。なお、焼臂については触れられていないが、これまた宋代初期から苦行としての存在が確認できるから、恐らく燃頂と同様、至徳はその励行を受戒者らに勧説したことであろう。

## 宋代仏教に見る燃頂・燃臂・燃指の実例

焼頂が授戒会での苦行とされたのは、このように元初にまで下っているようであるが、燃頂、そして燃臂・燃指といった焼身行自体は、僧俗を問わず、すでに宋代初期から広く行われていたものとおぼしい。同じく「CBETA電子仏典」で検索するに、大石志磐の『仏祖統紀』に拠れば、宋初の開宝八年（九七五）、泗州（現安徽省）の僧伽塔（唐初に来中した西域僧・僧伽を祀る）が、白昼から自然と光を発したため、毎月千余人の士民（官吏から一般庶民まで）が、その勝景を拝しつつ、「然㆓頂臂香㆒供養」したという(50)。

また、同じく『仏祖統紀』に拠れば、遵式（九六三～一〇三二）は、二十一歳の太平興国八年（九八三）、天台山国清寺の普賢菩薩像前で一指を燃やしている(51)。これに先立って、遵式は具足戒を受け、守初律師に戒律を学んでもいる。したがってこの挙は明らかに、『梵網経』（代表的戒律経典）に見える「若不㆓焼身・焼臂・焼指。供養諸仏㆒。

非二出家菩薩一」[52]との文言、および『首楞厳経』巻六に見える「其有二比丘発心一。決定修二三摩提〔禅定〕一。能於二如来形像之前一。身然二一燈一。焼二一指節一。及於二身上一爇二一香炷一。我〔釈尊〕説是人。無始宿債。一切酬畢。長揖二世間一。永脱二諸漏一」[53]との文言を、さながら現代アメリカの聖書原理主義者が『聖書』の一字一句を忠実に信奉するような態度で、実行に移したものと見られよう。

遵式の天台山での苦行はその後も続き、開山・智顗の命日には、必ず焼頂行を修し、智顗が『摩訶止観』で説いた四種三昧を励行する旨、誓ったという。遵式は、懺悔滅罪の諸儀軌を編纂・実践したことで、一般には「慈雲懺主」の名で知られている。そのすさまじいまでの苦行の背景には、のちの智旭の場合と同様[54]、深刻な罪悪観が横たわっていたものと見られよう。

ところで、禅宗にあっては、臨済宗黄龍派の真浄克文（一〇二五～一一〇二）が、本師・黄龍慧南（一〇〇二～一〇六九、黄龍派祖）の重病に際し、「然頂・煉臂、仰いで陰相を祈」った。快復した慧南はそれを聞いて、「生死は固より吾が分なり。爾、参禅するも理に達せざること是《か》くの若《ごと》し」と叱ったところ、真浄はしかし従容として、「叢林に克文無かるべきも、和尚無かるべからず」と答え、識者はみな、克文の師に対する孝心の篤さに感服、「他日必ずや大器を成さん」と賞賛したという。

この逸話は元来、南宋初期の『北山紀聞』に月堂道昌が語ったこととして見えていたが、のち、『禅林宝訓』[55]に収録されている。したがって、高泉が同書や『緇門警訓』を参照しつつ『黄檗清規』附録の「古徳語輯要」を編んだ際には[56]、この逸話にも目を通した筈である。そしてまた、高泉自身が門下に燃頂・燃臂の意義を説いた際には、恐らく手近な実例とされたことであろう。

## 第二項　初期黄檗教団における焼頂・燃臂

### 木庵時代の萬福寺授戒会に見る焼頂・燃臂

さて、密雲・費隠・隠元・木庵の四代にわたる年譜(57)、即非の行業記(58)では、譜主の得度および受戒について述べる際、焼頂・燃臂を行ったかどうか、何ら触れるところがない。しかしながら、それは行わなかったからではなく、当然の義務であったがゆえに、殊更記されなかったものと見たい。少なくとも、木庵住職時代の宇治黄檗山では、授戒会に際し、比丘らが既に中国の習慣に倣って焼頂・燃臂していたことは明らかである。

すなわち、寛文十年（一六七〇）春、盛儀に終わった木庵六十歳の寿賀を縁として、黄檗山での三壇戒会が開催された際、高泉は七絶「衆僧円二菩薩戒一。然二頂香肉燈一。作レ此以示」(59)を製作している。その前二句で「六根不レ染潔二於水一。仏位従レ今許二尽登一」と受戒の功徳全般を詠じてのち、後二句では、「全体是香心智燄。無レ労二煉レ頂復燃レ燈一」とする。字面のうえでは、高泉もまた、平素敬慕していた雲棲袾宏の見解(60)に同じく、これら苦行に対し消極的な考えを表明しているかのようである。

しかしながら、転句の〈全体是香心智燄〉は、高泉の平素の持戒観や修行観に照らして「全体是れ香、心智の燄ならば」と仮定の形に読むべきであって、このような高邁な境地に至っていない普通の受戒者は、やはり燃頂・燃臂して誓いを立てるべきであろう、とする見解に、高泉は立っていたものと見られよう(61)。

### 高泉自身の受戒時燃頂

高泉自身もまた、十九歳の順治八年（一六五一）、福清黄檗山での受戒に際し、「煉頂」しつつ、「心法を明らめて以て四恩を報ぜんことを願」っている(62)。それまでの高泉は十三歳の順治二年（一六四五）、黄檗山で駆烏《くう》となり、このとき「剪髪」してはいたものの(63)、これはいわばわが国における稚児か見習僧のような立場であったようである。受戒に至って完全に「円頂」(剃髪)し、かつは燃頂したのである。燃頂が受戒に際しなされたという点で、元の雲巖以来の中国仏教の通例に拠ったと言えよう。

なお、高泉の肖像がさして多く伝わらないのに比して、黄檗三祖の肖像は数多く伝存する(64)。しかしながら、彼ら四師の頭部にともに存したであろう戒疤をまで描いた作例は、現在までのところ見たことがない。ただ、同時代の中国高僧の画像(65)にも戒疤を認めないことから推して、あるいは描かないことが通例とされていたようにも思われる。今後の課題としたい。

### 鉄牛道機の燃頂・燃臂

まず、木庵の和僧門人中、比較的早く燃頂・燃臂に取り組んだ人としては、鉄牛道機(一六二八～一七〇〇)を挙げるべきであろう。すなわち、明暦三年(一六五七)秋、摂津普門寺に隠元を拝訪し、長崎なる本師・木庵のもとへ帰る途上、三十歳の鉄牛は、周防国御手洗浦に程近い「峨眉山」に登った。そして夜通し普賢菩薩像を礼拝しつつ燃頂・燃臂、「三年中の加護を得て大願の成就を念じ」たとされる(66)。

いかなる〈大願〉であったのか判然としないが、その年譜を見る限り、この苦行前後の鉄牛はまさに人生の転換期にあり、いろいろと思い悩むこともあったように考えられる。悟達は日に進みつつあったものの、長崎福済寺で本師と仰いだ木庵との問答は、依然、唐通事・頴川官兵衛(一五九二～一六七一)を煩わせていた。それゆえに、禅問答に不可欠な当意即妙の応対をなし得ず、いわば薄紙一枚のところが突き破れぬ苦悩があったことであろう。加えて、その前年からは、木庵の侍者たるよう命ぜられ、「和漢合集して事多く違隔」していた大衆の和合にすこぶる苦慮してもいた[67]。今日の言葉でいう「文化摩擦に由来したストレス」に押しひしがれていたのである。そのさなか、鉄牛の念頭に、本師をはじめ、福済寺で日ごろ接していた唐僧らの頭部や腕に痕跡鮮やかな戒疤が浮かび上がり、覚えず彼らに倣って苦行に取り組み、煩悶多き長崎の木庵会下で再度奮励せんと誓ったものと見られよう。

ただ、普賢菩薩の像前で取り組んだという点は、剃髪直前の寛永十九年（一六四二）、たまたま手にして感動した『仏祖統紀』遵式伝（註（51）参照）からの影響とも見受けられる[68]。遵式の場合はもっとすさまじく、同じく普賢菩薩の像前で、指一本を燃やしてしまったのであるが。鉄眼は遵式伝を読んだ当時、鳥取龍峰寺（妙心寺末寺）にあって、提宗慧全（一五九二～一六六八、龍渓と並ぶ妙心寺教団の親檗派）の教化を日々受けていたが、本書を読んで「古今の人、豈に異なるところあらんや。只だ志すところの如何に在るのみ」と正式に出家する決意を固め、提宗の得度を受けている。彼にとって、いわば出家の原点をなす書物であった。

遵式伝にはまた、遵式が天台山にあって開山・智顗の命日ごとに燃頂したとの叙述も見える。したがって、本書を手にした十五歳の時点で、鉄牛は中国仏教にはこうしたすさまじいまでの苦行が存在することを知り得たものと考えられる。そして、鎖国体制が完成して既に久しいにもかかわらず、承応三年（一六五四）には中国へ渡るべく、長谷観音に成功を祈念した。恐らくは中国仏教界の気風が日本以上に真摯かつ激烈だという確信をもち、そのうえで、かの地に渡って苦行の実際を見、かつ、良師に就こうという考えからであろう。

幸いにも同じ年の七月には隠元およびその門下が長崎に渡来、少しく志望を変じて翌承応四年その会下に参じ、さらに翌々年の明暦元年（一六五六）からは木庵に師事したのであった。かつて遵式伝で読んだ、頭部に戒疤をもつ中国人僧侶をまのあたりにしての鉄牛の感動は大きかったことと考えられる。

## 第三項　高泉門人に見る焼身供養

### 九山元鼎の燃掌

さて、燃臂に類似した苦行として、燃掌が挙げられる。これは掌に油を注ぎ、それを油皿に代えて火をともし、諸仏に供養するという、なかなかにすさましいものである。「燃（然）掌」・「以油注掌」などの検索語を「CBETA電子仏典」に投じたものの、現在までのところ関連する経論を得られず、その起源は定かでない。しかしながら、註(53)前掲の『首楞厳経』の句に「身燃二一燈一」とあるから、恐らくはこの文言に基づいて、開始されたものと見られよう。

同経の原文を読む限りでは、これらの苦行は、利他の行いというよりは、むしろ自身の解脱を求めるための行為という側面が濃厚である。事実、鉄牛が承応二年（一六五三）春、摂津国犀寺観音でこの行を修した際には、良き師に値遇して自己の解脱を求めることを本旨としていた(69)。しかしながら、行者がこの苦行によってまず自身の救済を図り、同経で説かれているように、無量の過去世以来の宿業を清算する。そのうえで、今度は志も新たに利他行に勤しむのだ――と解釈することも可能であるし、かつ、行者自身が自利と利他とを併せ果すべく敢行することも解釈次第では可能であるように見受けられる。高泉門人の九山元鼎が実践した例は、自利・利他を併せて目指したものと考えられる。左に詩序を含む全文を掲げ、九山の苦行の概要を見ておきたい(70)。

侍子鼎九山公務之暇。誓持二往生神咒一十万徧。持畢回向。以レ掌注レ油為レ燈。供二養十方調御一。凡三昔而后已。秘而弗レ言。無レ有二知者一。予密察レ之。喜下其年少。有二此行願一。終不上レ虚也。因作レ此以示。「心転二真言一十萬。手燃二明炬一三宵。藉レ此誓レ成二仏果一。管レ教二覚路非一レ遥。」

すなわち、天和二年（一六八二）五月以降のある日、高泉は侍者の九山がひそかに三日（三昔）にわたって燃掌行を実践、のみならず、「往生神呪」(71)十万遍を誦じ、十方諸仏に供養していたことを察知、六言絶句一首を書き与えたというのである。九山は、その系字「元」からも知られるように、高泉の法孫であり、その本師は、延宝六年（一六七八）暮れに示寂していた雷洲道亨である。九山が燃掌行と同時に「往生神呪」を読誦してもいることから推して、あるいは先師・雷洲の追福を祈るために、この苦行がなされたとも考えられるのである。

## 了翁道覚の燃指

高泉門下の和僧による焼身供養の実例として、とりわけ知られているものに、標記の了翁道覚（一六三〇～一七〇七）の燃指が挙げられよう。ただ、了翁がこの苦行、および男根を断つ苦行を相次いで敢行した当時、彼はまだ高泉との道縁をさほど深めてはおらず(72)、隠元・即非に参じてのちは、主として江戸東叡山寛永寺内の「勧学講院」を主たる活躍の拠点として、多くの僧俗を香り高い儒仏の世界へといざなう独自の活動を展開しつつあった。

了翁の大事業を礼讃する高泉の詩偈・碑銘(73)・法語の中で、了翁の肩書きが常に「僧都」とされているのは、彼が半ばは、いな、半ば以上は天台宗寺院・寛永寺の人であったことを、如実に物語っていよう（往古も今も、黄檗教団に「僧都」なる僧階なし）。了翁が高泉との道縁を深めたのは、貞享三年（一六八六）ごろ、了翁が伏見仏国寺への明続蔵を奉納して以降のことであり（第四章註（143）参照）、元禄五年（一六九五）、高泉が黄檗山に住職として晋山後はいよいよ道縁を深めたものとおぼしく、了翁が惜しみなき布施行の一つとして山内諸堂宇の修復に巨額の寄進をなしてからは、再び黄檗山中の人としての側面を呈するに至った。

すなわち、元禄七年（一六九四）、高泉より蔵主を命ぜられたが、これはわが国最初の本格的図書館とも言える右記・勧学講院を創立した者としての手腕を買われてのことであろう。翌八年元旦には、ついに高泉から付法され、それ以前の名「祖休」を、高泉の直弟子（系字：道）として「道覚」と改めている(74)。

## 了翁の苦行に対する評価の変化

さて、自らは清貧な生活を守りつつも、黄檗山や勧学院の興隆のために了翁が終始布施し得る財力を保持し得たのは、夢の中で亡き黙子如定（一五九七～一六五七、唐僧）から「傷の妙薬」の作り方を教わり、これを「錦袋円」と名づけて売り出したところ、すこぶる評判となり(75)、大変な収益金を得たためである。切傷とは、寛文二年（一六六二）、三十三歳にして男根を切除した際のそれに加えて、三度にわたる燃指行のそれをも指している。寛文三年（一六六三）、了翁は摂津勝尾寺で「普門大士」、すなわち、観音菩薩を供養対象として一指を燃やしたのを手始めに、観音霊場として名高い長谷寺および清水寺においても、それぞれ燃指を敢行している(76)。

ただ、『梵網経』・『首楞厳経』と、著名な大乗経典に二つまで根拠を有する燃指行に比して、断根切除は、インド成立の『十誦律』で一たび禁ぜられて以来、これを肯定的に描く経論を見ない。この『十誦律』では、ある僧が永く性欲を断つべく、その根源たる男根を切除したところ、切り方がまずかったためか、苦痛にあえいだ。そこで釈尊は、「断つべきは貪・瞋・癡の三毒である。男根ではない」と垂訓し、以後かかる行為が罪とされるに至った(77)。

加えて中国では宦官が存在し、かつ、これを卑しめる気風もまた久しく存在した。むろん、北京・白雲観では、解放以前は丘處機（一一四八～一二二七、全真教興隆の功労者、長春真人）が自ら男根を断ったとされる旧暦一月十九日を「閹九」と称し、その日は市が立って大変な賑わいを見せたという(78)。しかしながら、これは道教史上に新紀元を劃した偉人にまつわる、あくまでも特別な例というべきである。

また、その祭日の名に、〈閹〉という宦官を意味する文字が用いられ、宦官が袂を聯ねて参詣していることからも推知されるように、この祭礼を継承した道士・信徒らは、恐らく祭祀の対象たる丘處機を敬いつつも、どこか納得のゆかない、「何もそんな宦官まがいのことまでなさらなくとも…」という呆れに似た意識をいだいていたのである。いわんや、生涯北京に赴く機会を得なかった隠元ら黄檗三祖や高泉にとっては、たといその盛況を伝聞したとしても、所詮は「都の奇祭」としか感ぜられなかったことであろう。

やはり高泉および木庵は、身体の他のどの部位を断ち得ても、男根を断つのは恥ずべきこととする文化の中に育ったのである。しかも、男根切除は、燃指の場合とは対照的に、仏典中には確たる根拠を有しない。それゆえに、了翁の所業を耳にして、驚きと困惑とを禁じ得なかったものと見られ、文字通りの「怪我の功名」たる妙薬発明に関しても、もっぱら燃指苦行のみをその機縁と記している[79]。碑文（高泉）や序（木庵）といった、宗門外の一般人士の目にも触れる性質の文章であったことが、彼ら二師をして事実を直書する筆を執らせなかった要因と見られよう。

ずっと下った元禄七年（一六九四）四月八日、了翁から寄進された鉄眼版大蔵経を讃嘆する法語において、高泉は集まった僧俗を前に、ようやくにして「然レ指為レ燈。普供二十方之調御一。断レ陰守レ戒。欲レ除二曠劫之貪根一」[80]と、了翁の二つの苦行を同質、かつ同等の崇高な行為と見る評価を下している。

## 思考改変の要因としての遵察顕彰

また、同じ頃、江戸の浄土宗僧侶・遵察（字は空無、誉号は本誉）が、それぞれ八尺にも達する六地蔵を人々からの喜捨によって鋳造することを発願[81]、高泉はその偉業を讃えて「武州新置二地蔵銅像一記」[82]を執筆している。これに拠れば、遵察（一六三〇〜？）は二十四歳の承応二年（一六五三）、「末法の僧倫の梵行を修し聖道《しょうどう》を証する能はざる所以は、婬事に苦しめらるるが為なり」との見地から、「密かに其の勢を除き、並びに穀食を断つて身心をして寂静ならし」めた。そして「仏の聖号《しょうごう》」（専修念仏の浄土宗であるから、恐らくは阿弥陀仏の名であろう）を称えること一万日の誓いを立てた。右記の六地蔵像建立は、この浄業を成し遂げた六十一歳以降の発願であり、ときに元禄三年（一六九〇）であった。

『地蔵経』は高泉が平素愛誦する経典であり(83)、地蔵菩薩の名を血書したこともある(84)。また、遵察も実行した、穀類を遠ざけ木の実をのみ食するという「木食」の人を、高泉は二本松時代以来久しく友としていた。高野山の僧・雲堂がその人である（第四章第三節第三項を参照）。

こうした背景から、元禄期の高泉は、遵察の苦行を聞かされても、もはや以前ほどには驚かされることなく――そして恐らくはまた、宦官のようだと卑しめることもなく――これをわが国独特の苦行(85)として素直に受け容れ、了翁を讃えた右記の法語の場合と同様、遵察に対し深い敬意を覚えつつ、その苦行を直書できるまでになっていたものと見られよう。

鉄牛・了翁は、いずれも隠元らが渡日する以前から、中国仏教で盛んな燃頂・燃指ほかの苦行を、文献によって知っていたものと見られるが、隠元らの頭部にまのあたり戒疤を認め、かねて心中に決意していたそれぞれの苦行を実践したのであろう。今後さらに他の黄檗和僧による実践例を探してゆきたい。

### 江戸期以前における戒疤不定着の背景

このように、少なくとも黄檗教団内にあっては相当な定着を見た戒疤（燃頂・燃臂）ではあったが、時の推移とともにいつしか行われなくなった。その背景は判然としないが、やはり唐僧の渡来が途絶え、黄檗山内の唐僧も、天明四年（一七八四）の大成照漢（一七〇九～一七八四、第二十一世）の示寂を最後に見かけなくなると、授戒会においてもいつしか忘れ去られるに至ったのではないだろうか。

そもそも中国においても、『唐令』では「僧尼令」中で僧尼の焼身・捨身を禁じている(86)。これを承けて、わが国の『大宝律令』中の「僧尼令」（全二十七条）では、最終条で同様に焼身・捨身を禁じた(87)。石田瑞麿博士は『令義解』（『大宝律令』註釈）に拠られつつ、〈焼身〉とは指や身体に燃をともすこと、〈捨身〉とは身の皮をはいで紙として経を写したり、自ら山野に身を捨て畜生に身を布施することを指すと説明のうえ、この一条を「極端な布施行を禁じたもの」と規定されている。

律令体制が徐々に崩壊し、また、平安時代も中期になると、私度僧が増加し、さらにいわゆる半僧半俗の「聖《ひじり》」も現れて、仏教の庶民化が進行するとともに、「僧尼令」の形骸化も進行した。したがって、平安中期以降は、焼身・捨身行を敢行しても、取り締まる側がそれほど厳しく罰し得ない状況に至ったものと考えられる。

にもかかわらず、『本朝高僧伝』浄忍篇（巻六十六）(88)には、授戒会におけると否とを問わず、燃指・燃頂・燃臂のことは、全く見当たらない(89)。その理由として考えられるのは以下の二点である。（一）まず恐らくは、これら苦行の発祥地たる中国においても依然敢行者がまれであったこと（特に燃指）。（二）そして、燃頂の推進者たる――そして恐らくは燃臂の推進者でもある――元の雲巌が活躍した十四世紀前半には、叡尊・忍性が一時復興したわが国の律宗も、外護者・鎌倉幕府の衰亡と運命を共にしており、このような時代背景下、律宗僧侶が進んで中国に留学した形跡も見当たらない。

そして江戸幕府が開かれてからは、俊正明忍・一糸文守の両律僧は、ともに槙尾山中で戒学の研究・実践に努めてのち、明に渡ってさらに本格的に律宗を学ばんと志したものの、鎖国体制が既に確立されており、前者は対馬で客死、後者は戒律禅に転じた。つまりわが国の律宗は、これら苦行を中国から導入する機会をついに得なかったのである。

### 慈雲飲光の戒疤不要論

さて、黄檗教団の渡来と、本格的な授戒会挙行の結果、著名な律僧・慈雲飲光（一七一八～一八〇四）の青年期には、頭部に戒疤のある――すなわち、受戒に際し燃頂を実行した――僧を依然しばしば見かけたものと見られる。ただ、慈雲はこうした習わしを好ましく思わなかった。初老期以降、いわゆる「正法律」を唱え、多くの僧俗から請われるままに盛んに教線を展開してからは、短篇法語の中で、次のように燃頂・燃臂を批判している。

……真実修行正法の人とても神通あるでもない。木の実草の葉を食して深山幽谷に閉ぢこもりて居るわけでもない。頭に燈明を燃し臂に香を盛りて苦行するでもない。死日を預め知るでもない。死後五色の光明の舎利となるでもない。是等は真修行の人は殊の外はづることじや。真修行の人は唯仏の行はせられた通りに行ひ、仏の思惟あらせられた通りに思惟するを云ふ。仏の思惟し行はせられた通りとは八正道じや。石窟の内に居る者などは、自ら死日を知り、死後五色の舎利ともなりたれども、正見がなき故に本寂禅師の一句につまつた。……(90)

〈石窟の内に居る者などは、自ら死日を知り、死後五色の舎利ともなりたれども〉とは、右に引いた言葉の直前に掲げられた曹山本寂（八四〇～九〇一）の逸話とされている。曹山の寺に程近い石窟中で修行する裸形の行者を、曹山が折伏したところ、行者はまもなく死に、荼毘ののち五色の舎利となって、一時は近隣住民の信仰を集めた。しかしながら、曹山が「死んで一石の舎利とならんより、生きて一句を言会《いひと》くには如かじ」と一喝したところ、舎利は膿血となってしまった、と。今のところ、『景徳伝燈録』ほか主要な曹山伝中に関連する事蹟を見い出せないが、傍線部の文言ともども、殊更中国禅宗関連（とされる）説話を援用することで、慈雲が暗に黄檗授戒会における燃頂・燃臂を批判していることが知られよう。

一般に真言律の大家、かつ世界に先駆けた梵語研究者と仰がれる慈雲であるが、禅学にも造詣が深く、二十四歳の寛保元年（一七四一）からは、信濃国内山村の曹洞宗正安寺に掛錫、住職・大梅法瑛（一六八二～一七五七）に参ずること、足掛け三年におよんだ。また、四十五歳の宝暦十二年（一七六二）には京都・大徳寺で説法し、六十六歳の天明三年（一）六八三）にも、同じく京都円満寺で『臨済録』を講じた[91]。

この法語の題目は、「正見」という。正確な垂示年代は未詳であるが、いわゆる「双龍庵時代法語集」の一部をなしており、四十四歳の宝暦十一年（一七六一）から五十四歳の明和八年（一七七一）までの、いわゆる脂が乗り切った頃の慈雲の法語が多数収められている。生駒山中の双龍庵では、ほかにも慈雲の主著たる『十善法語』・『人となる道』が書かれており、インド・中国の仏教故事を平明に語る彼を慕い、沢山の信者が遠路を厭わず訪れた。したがって、右に引いたような戒疤不要論も、折りあるごとに説かれ、多くの僧俗の耳底に響いたことと推察される。

時あたかも黄檗山では、右記の大成照漢ら、渡来唐僧中の最後の世代が凋落しつつあった。このような情勢のもと、わが国有数の戒律学の権威・慈雲が展開した戒疤不要論は、黄檗教団における授戒時の戒疤不実施に拍車をかけたのではないだろうか。今後の課題として、河内国高貴寺に今も蔵されている慈雲の蔵書中に『黄檗清規』や『弘戒法儀』（隠元版）があるかどうか、それら文献があったとして、そこに慈雲による批判的書き込みがあるかどうか確認してゆきたい。

# 第三節　経典血書の実践

## 第一項　中国仏教における血書の起こり

### 宋代以降の血書盛行

インド・中国の仏教における血書信仰の起こりと、人々が血書に込めた意義とについては、聖厳法師がその『明末中国仏教の研究』の中で、智旭の例を中心として、一節を割いて詳説されている。同師の指摘に拠れば、智旭ばかりか、年代的にいくぶん先行する達観真可・憨山徳清も自ら行い、かつ、門人・知友による実践を賞賛したことが知られる。惜しむらくは同師は、明以前における実践例に言及されていない。

そこで「CBETA電子仏典」で検索したところ、すでに宋代には、僧俗を問わず行われていたことが判明した。僧侶の実践例は五指に余るが、わが国でも知られた人物としては、宗曉（一一五一～一二一四）が『法華経』を血書している(92)。この人は、『楽邦文類』・『楽邦遺稿』の編著者として、中国浄土教史上に大きな足跡を遺している。宗派的には天台浄土教の人である。

また俗人の例では、任観察なる官僚が、生まれつき身体に障害を負い、しかも生みの父母を知らないことを、過去世における罪業の報いと解釈、その罪障消滅を期して一字三礼しつつ、『華厳経』を血書したという(93)。こちらは、大慧宗杲（一〇八九～一一六三）の『宗門武庫』（全一巻）に見える事例である。ただ三種（四十巻・六十巻・八十巻）ある『華厳経』のうち、どれを血書したかまでは明記されていない。

わが国における僧侶による経典血書として最初に知られているのは、文保二年（一三一八）に渡来した南宋の禅僧・

霊山道隠（一二五五～一三二五）が、鎌倉五山での大衆接化の暇に、八十巻本『華厳経』を血書したことである。これについて高泉は『東国高僧伝』で讃嘆する一方、妙心寺教団の僧・卍元師蛮は、その『本朝高僧伝』で、血書などは禅僧の本分ではなく、霊山ほどの堂々たる禅者がする筈もない――と断定している（第八章註（78）参照）。ただ、宋代における経典血書の盛行ぶりから推せば、この点に関しては高泉のほうに分があると言えよう。

僧俗の違いはあれど、霊山と任観察がともに『華厳経』を血書したのは、聖厳法師が指摘されているように[94]、四十巻本『華厳経』に「剥レ皮為レ紙。折レ骨為レ筆。刺レ血為レ墨。積如二須弥一。為レ重レ法故。不レ惜二身命一」[95]と、血書の尊貴性が力説されていることにちなんでいよう。この文言は、唐代に訳出された四十巻本にのみ見えており、先行する六十巻本および八十巻本の両『華厳経』には見当たらない。ただ、四十巻本自体は、先行する両本の最終部分、いわゆる、「善財童子求道の旅」（入不思議法界品）をのみ取り上げて増広したものである。

したがって、霊山と任観察は――そして黄檗教団第一の血書行者・惟一道実（号：華厳道人）もまた[96]――四十巻本に説かれた血書勧説が、文字にこそ書かれていないものの、先行両本にも潜在する精神だと解釈したのであろう。その結果、霊山と惟一道実は、三種の『華厳経』中、巻数の最も多い八十巻本を血書という名の苦行の題材として、ことさら選んだのではないだろうか。

### 民国・印光大師から弘一法師への血書指南

中国仏教にあっては、年代が下るにつれて、血書の方法もヨリ洗練の度を加えたものとおぼしい。近年はその例を聞かないが、少なくとも戦前までは依然盛んに行われていたものと見られる。標記の印光大師（一八六一～一九四〇）は今日、中国大陸および台湾で蓮宗（浄土教）十三祖と仰がれる高僧である。その著述は、これらの地域では、日本浄土教で尊崇される道綽・善導のそれよりも遥かに広く流布していると言っても過言ではない。

この人があるとき、弘一法師（一八八〇～一九四二）から、「経典血書に取り組みたいので指南を…」との書簡を寄せられた。その返信が、「復二弘一師一書」である(97)。執筆年代は判然としないが、受取人たる弘一法師（俗名・李叔同）は民国七年（一九一八）、妻（日本人）を捨て、家財や蔵書、地位の一切を捨てて出家、中国律宗復興の願行に邁進しつつあった。したがって、この書簡もまた、それ以降の執筆と見られる(98)。

印光のこの書簡は、受取人・弘一が、出家以前は芸術家（画家・音楽家）として世に知られていたことを念頭に置いて書かれている。いわば宋代以来の血書の心得を集大成した内容を有していよう。今後、書道史の資料として専門家から一層の研究が加えられることに期待したい。その冒頭、「光［印光］願はくは、座下［弘一］先づ念仏三昧を修し、其の得ること有るを待つて、然る後に此の法事を行ぜんことを。倘《も》し最初より即ち此の行を行ぜば、或いは血虧き神弱らんことを恐る」と、弘一の血書発願に対し、あまり賛成の意を示していない。

しかしながら、徐々に筆を進めて智旭ら明代以降における血書の歴史を語り、書道用具としての血の扱い方や採血の際の注意（大部の経典には指や腕の血、掌篇の経典は舌からでも可）に至るまで、懇切に教示している。また、書家が写経の際、とかく行書や草書を用いがちであることに関しては、これを不敬のふるまいとして反対し、弘一は決して彼らに倣うことなく、一画一礼の思いをこめ、丁寧な楷書体を用いるよう勧告している。今後、黄檗山ほか黄檗の主要な寺々に所蔵された血書経典を拝観するうえで、印光の書簡を一つの目安としたい。

## 第二項　高泉およびその門下の経典血書

### 高泉自身の経典血書

さて、平久保氏作成の『高泉全集』用「総索引」に拠れば、高泉が経典血書を讃嘆した法語・詩偈・題跋は、十指に余り、筆者が『洗雲集』から見い出だした例を加えれば二十数例に達する。ここでは特に注目すべき例を挙げたい。

まず、来日から二年を経た寛文三年（一六六三）、黄檗山内に住まっていた三十三歳の高泉は、記録に残る限りでは最初の血書を行っている(99)。このときは、「親恩の報じ難きを念ひ」つつ『報恩経』（『大報父母恩重経』カ）を墨書し、かつ、「十六観経」、すなわち『観無量寿経』を血書している。後者には、極楽浄土での父母の冥福を祈る気持ちが託されていよう。

ついで、二本松滞在中の同五年（一六六五）五月、同じ月中に相次いで身まかった亡き両親の供養のため、『金剛経』を血書した(100)。ときに高泉三十三歳である。両親の死からちょうど二十年を経ていたが、この間、彼自らが慚愧するところに拠れば、「早曾従二事空門裏一。甘旨全違祭祀忘」という。そして血書のゆえんを「思下為二双親一図中不壊上。痛錐二身血一錬二金剛一」と語っている。二十年を経た今、海を隔てた遠い故郷に錦を飾ることこそ叶わないものの、晴れて一寺の住職となり、その勇姿を父母が世にあらば見せてやりたいとの喜びも、むろん本篇の行間に潜んでいよう。

同じく寛文五年（一六六五）のある日、閑暇を得たので再度、父母追善のための血書に取り組み、今度は『三千諸仏名』・『金剛』・『円覚』・『（阿）弥陀』・『観音』（『法華経』普門品）・『盂蘭（盆）』・『（仏）遺教』・『弥勒下生』の諸経に及んだ。「枉掛二田衣一厠二法林一。毎聞二風木一痛難レ禁。恩懐二罔極一将レ何答。忍レ苦微傾寸草心」(101)と、いわゆる「孝子風樹の嘆」が詠じられている。

ずっとののちの延宝八年（一六八〇）、今度は菩提達磨および隠元の「名号」を血書し、巻尾には大衆を警策《きょうさく》する法語（未検）をしたためたが、その文面はすこぶる剴切で、これに胸を打たれない者はいなかったという(102)。以後、『紀年録』には特に記事を認めないが、決して血書を行わなくなったのではない。貞享四年（一六八七）春、関東から上洛した真言僧・主温（運敞の数多い門人の一人）へ、自ら血書した地蔵菩薩名号を記念に与えていることからも、それは明らかであろう（第八章註（251）参照）。以上の血書のうち、寛文三年と延宝八年のそれは、いずれも指を刺して血を得た旨、『紀年録』に明記を認める。

## 主だった門人らの血書

さきに見た九山元鼎の燃掌の場合と同様、高泉の弟子たちの中でも、侍者を務めるほどの優等生は、本師・高泉から感化されるのも早く、血書に取り組んでいる。寛文三年（一六六三）の血書については、これを実行した日時が明示されていないが、恐らくは父母の命日を期して、侍者・雷洲道亭とともに行ったように推察される。『一滴艸』では、同年作の七絶「先厳慈諱日書レ懐」と並んで、七律「雷洲子血二書金剛経一薦レ父寿レ母」が掲げられているからである(103)。雷洲の血書は、明暦四年（一六五八）春の鉄牛によるそれ(104)と並んで、和僧の手になったものとしては、比較的早期の実行例だと言えよう。

また、心宗（法諱不明）は、仏国寺開山忽々、愛弟子・雷洲を喪った高泉の侍者となり、のちに同寺の監寺ともなった人物である。余暇に指から採血、百巻もの『法華経』普門品をしたためた(105)。血書の対象はいわゆる観音経であるが、高泉は「躬行二普賢行一。広発二大悲心一」と、その営為が『華厳経』普賢菩薩行願品、すなわち経典血書の有力な典拠たる四十巻本『華厳経』に基づくとしている。

## 関禅人の断指血書

門人たちの血書の中でもとりわけ特異な事例が、標記の関禅人による断指血書である。彼の苦行を詠じた高泉の詩偈には単に「関禅人」とのみある。法語・詩偈を与えられるほどの主だった弟子たちの中で、これに該当する人物としては、琉球から黄檗山に来山・修行した禅関道徹が思い浮かぶが、この人物がはるばる琉球から高泉のもとへ入門したのは、元禄期に入ってからのことであるから、条件に合致しない(106)。今のところ、この激しい苦行の人の伝記は、未詳とするのほかはない。

さて、関禅人が敢行した断指の苦行には、高泉も少なからず困惑したものと見られる。確かに高泉は、渡日後最初の著書『釈門孝伝』で「断指懇親」の項を立て、『景徳伝燈録』などに描かれた仰山慧寂（八四〇～九一六）出家時の逸話を紹介、讃嘆を加えている(107)。十五歳で出家を決意した仰山であったが、二年を経ても依然父母の許しを得られなかったため、ついに指二本を断ち、決意の程を示した(108)。

また、高泉らにヨリ近い時代の例としては、明末・大聞幻輪の『釈鑑稽古略続集』に見える「雪光禅師」の例もある。この人物の伝記は未詳であるが、『続集』では、明代中期、英宗朝（十五世紀中葉に在位、重祚した）の人としている。誰に対しての誓願表明なのかが記されていないものの、この人もまた、「断指発心」したという(109)。これら二例に共通している点は、いずれも断指が出家に際しなされたことであって、出家以降行われたのではないということである。

実はインドの戒律経典においては、男根切除と並んで断指も戒律違反と規定されている。そのいわれは、ある比丘が風呂を沸かそうと薪の山に手を伸ばしたところ、そこに潜んでいた毒蛇に指を噛まれた。彼は全身に毒が回ることを恐れ、やむなくその指を切断し、その後は「橛」を当てたという。今日の義指に相当するものであろう。ところがそれを見た外護者らが、これを少欲知足の比丘にふさわしからぬ贅沢だと指弾、釈尊はそこで、比丘たちが以後指を断ずることを禁止し、もしも毒蛇に指を噛まれた場合は、その指を縛り、小刀で毒を排出するよう命じている(110)。

また、既に見たように、『梵網経』および『首楞厳経』では、焼指を讃嘆する文言こそあれ、刀による断指を勧説した文言は認められない。したがって、少しく戒律を学べば、断指が男根切除と同様、仏典中に何らの根拠をも持たない苦行であることが了知されるのであり、それでも敢行したならば、その僧は愚者との誹りを免れないのである。

関禅人が断指を敢行し、溢れ出る血で経典を揮毫したのは、延宝二年（一六七四）のことと見られる。高泉は七絶「関禅人断レ指書二戒経一」二篇(111)を作製し、まずはその道念を評価するものの、第一首後半に至って、「十指仮饒都截断。不レ如断二取世間心一」と詠じ、苦行経験に胡座をかくことなくさらに精進するよう勧告している。しばらくは傷の痛みに喘いでいたであろう禅関に対し、意外なほどに冷ややかな師の言葉と言わざるを得ない。これはひとえに、断指がもつ、苦行としては甚だ非正統的な側面に高泉が配慮し、他の弟子たちへの手前もあって、手放しでは讃嘆し得なかったためではないだろうか。

そして第二首では、「千仏流伝清浄戒。不レ起二無明一戒全空。果能断二得無明指一。梵網重重不二汝籠一」と、実は衆生に深い無明の煩悩があるからこそ、諸仏は戒律を設けたのであって、この深い道理を明らかにして戒に即しつつ戒を超えることの重要性を説いている。彼の血書した〈戒経〉（本篇題目）が、具体的には『梵網経』であり、彼は同『経』が説く燃指に代えて断指を敢行したということが、第二首の結句から知られよう。もしも『十誦律』であったならば、少なくとも断指はしなかった、いな、律への反逆となるがゆえに、到底できなかった筈である。

### 第三項　他宗派僧侶の経典血書

血書は当初、黄檗教団内においてのみもっぱら行われたものとおぼしいが、次第に黄檗有縁の他宗、それも多くは臨済・曹洞の在来二禅宗の僧侶中に模倣者を見るに至った。本項では主な例を四つ挙げたい。

#### 例（一）　真敬法親王の経典血書

興福寺一乗院門跡の真敬法親王は、延宝三年（一六七五）、高泉から付法されており、半ばは黄檗の人でもある。同五年（一六七七）七月、生母・新広義門院が逝去し、二十九歳の法親王は、その平素の孝心と能筆とのゆえに、父皇・後水尾法皇の命を奉じ、まず『宝篋印陀羅尼』および『礼舎利偈』（いわゆる「舎利礼文」か）を書写、法皇はこれを木版に刻して宮中に配布した。

ついで百か日に当たり、法親王は指を刺して新たに『般若心経』・『法華経』普門品・『仏母神呪』を揮毫している。この血書は、長年の経験ある惟一道実からの教示を得つつなされており(112)、揮毫成るや、その出来栄えを禅における本師・高泉と血書指南役の惟一とに示すためであろう、法親王は奈良から駕籠に乗って黄檗山を訪れている(113)。

ちなみに、高泉を介して、真敬法親王ととりわけ道縁の深かった出家皇族としては、法親王の異母姉・照山元瑶尼（一六二四～一七二七）が挙げられる。画技に長けた同尼は、血書の事蹟こそ伝えられていないものの、延宝三年（一六七五）、畿内一帯が飢饉に見舞われた際、災民を賑恤したのみならず、自身も断食すること一昼夜、『法華経』普門品を読誦すること三十三度、観音菩薩の名号および尊像を揮毫すること、またそれぞれ三十三度に及んだ。

当時の宮中の女性が取った社会問題への対応としては、誠に真摯な菩薩行と言えるが、その背景をなしたのは、父皇も師事した龍渓性潜から、その生前に菩薩戒を受け、身は深宮にありながらも自分なりに可能な利他行に思いを致していたということが挙げられよう(114)。

### 例(二) 大通文智尼の「普門品」血書

標記の人は、真敬・照山兄妹の姉であり、後水尾法皇の第一皇女である。元和五年(一六一九)に生まれた大通尼は、正保四年(一六四五)、父皇がかねて師事していた近江国永源寺の一糸文守(一六〇八～一六四六)に参じた。既にその二年前の寛永二十年(一六四三)には、自ら血書した『法華経』普門品(いわゆる「観音経」)を三巻まで奉納している。

この血書経典のことは、近年『永源寺町史 永源寺編』(115)および図録『特別展 永源寺の歴史と美術』(116)で取り上げられており、奉納年代からして、黄檗教団とは関係のない、しかも出家皇族の手になった血書経典としては現存最古の例と考えられる。いかなる機縁から大通尼が経典血書に志したか(117)、また、隠元渡来以後における同尼の黄檗教団との交流がいかなるものであったか(118)、今後の研討に俟ちたい。

皇族にあってはこの大通尼、公家出身の出家者にあっては瑞雲文英尼(119)が、隠元と同時代の日本の尼僧における経典血書者として、殊に知られた例と言えよう。両尼は、それまで皇室・貴族間に、出家者といえども根強く固着していた「血穢」の禁忌を自ら打破した。もとより彼女らが血書の根拠たる四十巻本『華厳経』を、一糸ら良き師を得て熱心に学んだ末の挙ではあろうが、やはりその背後には、後水尾法皇が支援者・認可者として存在したものと推察される。両尼の事蹟研究と並行して、法皇の苦行観に関しても明らかにしてゆきたい。

### 例(三) 賢巌禅悦の『法華経』血書

小畠文鼎師の『続近世禅林僧宝伝』の賢巌伝では、その年次を明記していないものの、賢巌禅悦（一六一八～一六九六）が「日輪当午経」(120)、すなわち『法華経』を血書したことを記している(121)。妙心寺に属した賢巌の黄檗教団との道縁については、第五章第三節第三項で既述した。

賢巌は、寛文十年（一六七〇）、臼杵の自坊・多福寺で、数百名の参聴者を前にして、雲棲袾宏の『梵網菩薩戒経発隠』を講じている(122)。註（60）でも述べたように、袾宏は同書において燃頂・燃臂といった苦行に対し、消極的な考えを打ち出している。しかしながら、賢巌自身にとって、少なくとも血書はこれら苦行ほどには激烈でもなければ、避けるべき行いとも感ぜられなかったものと見られよう。

### 例（四）月潤義光の『大般若経』血書

標記の血書経典は、六百巻にも達しており、石川県羽咋市の曹洞宗・豊財院に現存する。恐らくわが国にあって現存最多の巻数を有していよう。その由来については、近年、木村武氏が「白石山豊財院――能登路に於ける曹洞宗と黄檗宗とのかかわり――」を執筆、報告されている。これに拠れば、貞享二年（一六八五）二月、発願者・月潤の晋山とともに書写が開始され、元禄九年（一六九六）一月まで前半三百巻が完成し、全巻の書写が成ったのは、延享三年（一七四六）五月のことであった(123)。

発願した豊財院第一一世・月潤義光（一六五三～一七〇二）は、やはりと言うべきか、月舟宗胡・卍山道白師弟に多年親炙しており、豊財院晋山に先立って、加賀大乗寺で卍山から付法されている。また、天和元年（一六八一）に宇治田原の禅定寺で月舟に参ずる以前は、鉄心道印（道元道行碑建立を発願、高泉に撰文を乞う）のもとで侍者をしていた。その伝記は、『重続日域洞上聯燈録』に掲げられているが(124)、同書の著者・蔵山良機もまた、伝主・月潤と同様、月舟の法孫に当たり、「月舟―徳翁良高―蔵山良機」と法系を承けており、曹洞宗の中でもとりわけ容檗的な立場に立っている。それゆえか、月潤が黄檗唐僧では独湛に参じ、また、渡来した中国曹洞宗寿昌派の心越興儔にも参じ、明朝禅に浴していたことを直書している。

木村氏の前掲報告では、独湛が往来の途上、月潤の大願行に感銘し、その血を貰い受けて阿弥陀如来像・名号その他を揮毫したとされている。また、それら画像・墨蹟の写真も掲げられている[125]。ただ、独湛が北陸に赴いた形跡はない。恐らく真相は、次のとおりであろう。独湛高弟で、しかも金沢の黄檗寺院・献珠寺の第三世だった円通道成(一六四三〜一七二八)が、延宝四年(一六七七)から貞享五年(一六八八)までの十一年にわたる在職期間に[126]、同地における容檗派曹洞僧の根拠地だった大乗寺との縁故を一層深めた。その際、大乗寺出身の月潤が、かつて独湛にも参じたことを知り、現に進めつつある『大般若経』血書のことを宇治の本師・独湛へ知らせたところ、感服した独湛から右記の血書阿弥陀画像ほかを寄せられたのではないか、と。

曹洞宗にあっては、このほか宝暦八年(一七五八)前後に恵海が、また、正確な年代は未詳ながら、これに先行して観龍が、それぞれ宗祖・道元の『正法眼蔵』を血書している。ともに河村孝道教授が報告「血書『正法眼蔵』について」の中で紹介されている。河村教授は、これら二本が在来の血書の対象(もっぱらインド撰述とされる経典に限られていた)を広げ、祖録(特定宗派の文献)にまで応用した稀有の例だとする見解を示されている[127]。二本の血書のうち、観龍による血書『眼蔵』に対しては、面山瑞方も讃嘆の偈を製作しているという。

反黄檗の旗手である面山が、血書と黄檗禅との深いかかわりを知らなかったとは考え難い。しかしながら、彼が黄檗式の「香讃」を加工のうえ導入していることから推して(第五章第三節第二項(一)に既述)、恐らく面山は黄檗由来の事物であっても、自らが是と認めたものは、それが黄檗由来であることを記さずして受容するという考えに立っていたものと見られよう。

## 第四節　掩関の実践

### 第一項　掩関の起こり

本節では、標記の近世中国仏教独特の苦行と、黄檗教団によるわが国への移入について触れたい。寺院・神社での参籠は、わが国では平安文学の頻出場面である。しかしながら、標記の苦行「掩関」は、多くは寺院の一室、もしくは自己のささやかな庵室に閉じ籠り、獄窓さながらに狭い窓を通じて師友・信徒に時折会見する以外は、その一室から寸歩も出ず、通常三年（足掛けの場合もある）は参禅・念仏・閲蔵の日を過ごすというものである。わが国においては、そして近世以前に中国においてもその例を見ないことであった。

本章で数度参照した『中華仏教百科全書』には、検索機能付きのCD—ROMあり、これに「掩関」および類語「閉関」を検索語として投ずるに、その実践者として画面上に提示されたのは、雲谷方会（一五〇一～一五七五）・密雲円悟・湛然円澄・覚浪道盛・為霖道霈ら、万暦期以降に活躍した禅僧たちであった。

また、智旭も、祈りを込めた割股苦行も空しく母を喪った天啓六年（一六二六）、以降、足掛け三年にわたり「掩関」している。期間としては標準的であるが、彼の掩関は、その敢行に先立って筆硯を焼き捨て、もっぱら参禅工夫と念仏とを主内容としている(128)。

惜しむらくは、智旭研究文献として現在も依然最も詳細な聖厳法師註（5）前掲書では、同時代の仏教界における「掩関」の盛行や、智旭の掩関観について、ほとんど触れられていない。著者・聖厳法師自身が来日して本書を執筆するに先立ち、台湾南部の農村の寺で二度に渡り、正味三年半以上も「掩関」されたことがあるにもかかわらず、いかにも奇妙なことではある。

ただ、林其賢氏の『聖厳法師七十年譜』(129)では、右記の掩関実修(於 高雄市美濃区・朝元寺)について詳しい経過報告を掲げており、また、掩関生活の一齣を集成した小型写真集『聖厳法師掩関朝元寺』も近年製作・配布されている(130)。これに拠って、近代における標準的な掩関の実況が垣間見られる。

ちなみに、現に掩関しつつある僧がその日々の心境を語った資料としては、例えば浄元法師の『痴心夢語』(131)が挙げられる。著者・浄元法師は、台南市仁徳区・円空寺にあって民国八十五年(一九九六)夏から仏教概論および坐禅指導の著述を完成することを主たる目的として三年間の掩関を開始、著述の基盤をなす閲蔵と坐禅とに励んでいたが、僧俗の弟子たちに日記という形で心境を語っている。巻末に出家弟子の徳峰法師が執筆した「閉関与護関」を附録しているが、この文献は、〈護関〉、すなわち掩関している僧へ在家信徒が種々の供養をなすことの意義が詳述されている点、すこぶる注目すべきものがある。種々の供養とは、具体的には衣食や医薬を現物もしくは代価にて供養するほか、外部とのさまざまな連絡を代行することを指す。

ただ、外護者らの物質的負担は相当に大きく、加えて「小人閑居して不善をなす」の格言のままに安逸を貪った例が、仏教の殊に衰えた清末民初には往々にして見受けられたものとおぼしい。それがために、揚州・高旻寺の中興者・来果(一八八一~一九五三)は、民国四年(一九一五)からの同寺改革に際し、般舟三昧・念仏七(わが国の別時念仏会に相当)などの浄土教的修行・法会と並んで、掩関をも排除し、その理由が同寺を坐禅専修の寺たらしめることにあるとしている(132)。つまり来果の見るところでは、掩関は非禅宗的な修行方法だというのである。

これ自体は一つの見解に過ぎないが、しかるべき外護者の存在はやはり不可欠である。中国人が宋代以来観音の聖地と崇めてきた普陀山中で、民国初期には印光・諦閑・太虚ら高僧が掩関し、国共内戦のさなかですら、同時代人の一僧侶の回想によれば、依然五人の僧が掩関していたが(133)、これは恐らく、本土の騒乱が依然同地には及んでおらず、加えて、数多い巡礼者たちからの不断の供養が期待できたからであろう。

一方、福建時代の隠元・木庵・即非らには、掩関した形跡が全く認められない。これはやはり、彼らが福清黄檗山の中興に忙殺されていたからに相違あるまい。当時、明末清初の福建の社会情勢は、日に緊迫を加える一方であり、彼らのような一山の幹部およびその補佐役が、世務を放擲して一室の中に平均三年も坐禅・閲蔵三昧に耽ることが許されるような状況ではなかったものと見られる。

## 第二項　日本における掩関の歴史

### 隠元渡日以前の実例

『黄檗文化人名辞典』を通覧すると、いささか驚くべきことには、承応三年（一六五四）の隠元渡日以前、もしくは渡日した隠元に会見する以前に、早くも掩関を実行していた和僧の例が散見される。この経験あったがために、彼らの隠元への参禅はヨリ円滑に進行したものと思われる。

（一）まず、独照性円（一六一七〜一六九四）は、二十二歳の寛永十五年（一六三八）から、高峰原妙の語録に触発されて三年の期限を切って開悟すべく観音菩薩に誓っている(134)。そして堺・祥雲寺で鋭意修行したという。二年後の同十七年（一六四〇）には当時本師と仰いでいた一糸文守に参じているから、独照のいう「三年」とは、足掛け三年の意であろう。この間、彼が具体的にどのように修行を進めていたのか判然としないが、独照が手本と仰いだ高峰原妙（一二三八〜一二九五）の場合と同様、近親者が面会に訪れても顔を見せず、只管坐禅に打ち込んだものと思われる。

なお、高峰とは、黄檗教団でとりわけ尊崇される元の中峰明本の本師である。その「行状」に拠れば、高峰は二十歳にして天台宗から禅へ改宗、杭州の浄慈寺に掛錫したが、このとき「三年死限学禅」、すなわち、三年以内に死に物狂いで参禅することを誓っており、「一日父兄尋訪。巍然不顧」という奮励ぶりであった(135)。

(二) 次に、独本性源(一六一八~一六八九)は、隠元来日に先立つ承応二年(一六五三)、八王子の石戸山で掩関、明暦元年(一六五五)に至って出関(「破関」とも)し、弟子たちを率いて遠く長崎に走り、隠元に参じた。掩関の理由は『維摩経』を講じたものの、修行上の心配りがなお不徹底であるのを慚愧してのことであるとされる(136)。独本は、隠元に参ずる以前は龍渓に師事しており、しかも隠元の渡日は承応二年当時既に西国一帯の仏教界では相当な噂となっていたから、掩関期間が足掛け三年となったのは、恐らく自ら定めたものであろう。ただ、いかなる機縁で掩関という修行方法が存在することを知ったのかは、なお定かでない。

(三) そして、慧極道明(一六三二~一七二一)が七人の同志らと万治元年(一六五八)から修した掩関は、道者超元(一六〇二~一六六二)からの勧告によっている。慧極は長崎で道者に師事したが、道者(隠元の法姪に当たる)が日本を去るに当たり、まずは掩関し、道器を養ってのち隠元に参ずるよう勧められた。そこで、郷里・萩で寛文四年(一六六四)まで掩関した。そののち、掩関で得るところがあったためか、弟子らを率いて黄檗山に隠元を訪ねたところ、すこぶる順調に黄檗門下の人となっている(137)。

道者が渡日したのは、慶安四年(一六五一)のことである。したがって、この頃までには掩関が中国各地の禅宗叢林で多くの修行者によって取り組まれており、道者はそれをつぶさに実見、真摯な修行者にとっては効果ある修行方法だと考えていたのではないだろうか。

隠元渡来以前に経典血書がなされた例（第三節第三項例（一二））があるのと同様、これら掩関の敢行例も、すこぶる興味深い問題点を含んでいる。（三）は道者という渡来中国僧による指南を経てなされているが、残る二例では、行者が自力で研究のうえ、実践されている。隠元らを歓迎した在来臨済宗の中の持律主義者たちには、こうした明朝禅に対するいわば「予習」ともいうべき経験があり、まのあたり隠元らに出会った喜びは、これあるがために倍加されたものと見られよう。

### 高泉が掩関できなかった背景

高泉自身は、福建時代も渡日以降も掩関する機会を得なかった。世は明末の乱世ではあったものの、福清黄檗山内で掩関する者が皆無ではなかったことは、七絶「贈二生公関主一」(138)から窺い知られる。詩題に〈関主〉とあり、「把二住牢関一鎖二卻蹤一。綿綿密密絶二鍼鋒一」と贈呈相手を励ましていることから推して、現に掩関している人物へ、狭い窓越しに呈した作品と見られよう。

ただ、高泉自身について言えば、彼はその際だった文才のゆえに、隠元・慧門如沛ら一山の指導者から文献編纂者（『獅子巌志』）、および書記として早くから重用されており、加えて、外護者たる福州の有力者らも、文芸を主軸とする交遊を乞うている。かかる状況下、年とともに深まる一方の衆生縁を絶って掩関することは、恐らく非常に困難であったものと思われる。東渡後も息つく間もないほどに仕事が山積しており、ついに生涯を通じて自身が掩関する機会は得られなかった。現存の法語・詩偈は、尽く同輩や後進の掩関を激励し、とりわけ後進に対しては、あるべき心構えを示している。

## 掩関の「始祖」としての高峰原妙

さて、法語「示二関主潭法姪一」に拠れば、高泉は掩関の起源を元・高峰原妙（中峰明本の本師、前出）のいわゆる「死関」に置いている(139)。高峰の「行状」に拠れば、彼は梯子をかけて登るほかはない岩場に、さながら鳥の巣のような狭い庵室を設け、食事は一日一度、髪も刈らず、入浴もせずという凄まじい日々を、四十二歳の南宋・祥興二年（一二七九、この年滅亡）から、至元二十八年（一二九一）まで十二年にわたって送っている。その庵室には「死関」の扁額が掲げられ、訪れる雲水たちとの間に「三関」（三か条の問題）を核とした問答が繰り広げられた。けれども、中峰明本らごく少数の者を除いて、多くは高峰の意にかなった答えを発し得ず、たちまちにしてつまみ出されてしまった(140)。訪問者の入室を許したという点で、狭い窓越しに会見することを通規とする後世の掩関とは、およそ様相を異にしている。したがって、この「死関」を掩関の直接の起源と見なすにはいささか困難が伴う。

ただ、高泉としては、そのことは十分承知のうえで、それでも高峰をこそ掩関の元祖と仰ぎたかったものと見られる。何となれば、右記「三関」の第三条では、「大修行人。当レ遵二仏行一。因レ甚［何］不レ守二毘尼一」と、持戒の重要性が謳われている。のみならず、高峰は生涯を通じて数万もの人々に授戒しており(141)、その法嗣・中峰明本が『幻住庵清規』を制定したことと相俟って、黄檗教団が掲げる戒律主義の列祖とするに極めて適した存在であった。明暦三年（一六五七）、黄檗唐僧の大眉性善が高峰の語録を和刻した際にも(142)、その思想の正統的後継者が黄檗教団であることを広く世に知らしめんとする意図が込められていたことであろう。

## 黄檗和僧に見る掩関の実例

徐々にわが国に定着した黄檗教団にあっては、延宝年間以降、和僧の掩関が見受けられるようになった。本章冒頭に述べたように、関房に我が身を潜めて修行する当事者を「関主」と称するが、これは一般の禅宗用語辞典には見当たらない言葉である。わが国にあって、「関主」という言葉を題目に含む詩偈・法語が、初めて広く世に流布されたのは、恐らく昭和十六年（一九四一）刊行の『鉄眼禅師仮字法語』(143)においてではないだろうか。すなわち、同書の校訂・訳註者たる赤松晋明師は、『鉄眼禅師遺録』から書簡体法語「示二宝洲関主一」を採録、その全文を訓読された(144)。ただ、〈関主〉の語義については何ら解説されるところがない。

この法語は、天和元年（一六八二）正月、死を間近にし、それを予感してもいた鉄眼が、江戸から寄せたものである。これを授与された宝洲道聡（一六四四～一七一九）は、鉄眼の高弟、とりわけその大蔵経刊刻事業の後継者として知られているが(145)、時あたかも大坂・瑞龍寺で掩関していた。宝洲が掩関を開始した時期は、高泉から贈られた壮行の偈「宝洲上座掩関」(146)によって、延宝八年（一六八〇）中のことと知られる。

この年、掩関地たる瑞龍寺は、旧地から少し離れた現在地へ移転、その中国式の堂々たる伽藍が、大坂町人らの話題に上りつつあった(147)。鉄眼は大坂と江戸とを往き来して忙しくしていたが、第一の高弟たる宝洲に、外部の者から見れば時間の浪費としか思われない掩関を敢行せしめたのは、弟子の大成を熱望する親心からであろう。鉄眼は、宝洲が「有二宿根一。薄二名利一。存二道義一。不レ苟二世縁一」という法器であり、掩関しても決して「小人閑居」の類に堕しないことをよく認識している。

右記の文言に続けて、「今坐二関中一。実末代希有事也。更能発二決烈志一。向二銀山鉄壁処一。擦二手懸崖一。進二歩竿頭一。大死一番。」と、その掩関が余人には許されぬ得難い好機であることを力説している。そして篇末に至るや、鉄眼は自身の半生を回顧して「只恨刻蔵事重。典造事繁。業縁所レ牽。不レ得二自在一」と語り、大蔵経刊刻の大業に追われて思うがままに参禅に集中できなかったとする。恐らくは自己の果せなかったことを、機根優れた宝洲に、自己になり代わって成し遂げてほしいとする意向が込められていよう。

高泉から贈られた壮行の偈も、この法語と同軌であり、「驀然識二得関中主一。禅版蒲団亦破顔」と、いわゆる己事究明に邁進せんことを呼びかけている。著名な黄檗和僧による掩関ではあったが、まもなく訪れた本師・鉄眼の示寂（天和元年三月）と、これに伴う刻経事業継続の責務発生によって、恐らくは中断を余儀なくされたものと見られる。今後、『宝洲禅師語録』に徴して、宝洲自身がこの体験を回顧した詩偈・法語を探索したい。

## 高泉門人・呑海の掩関

さて、高泉自身の門人が掩（閉）関に取り組み、かつ無事出関（掩関修了）した際に書き与えた法語も、それぞれ現存している。垂示年代未詳の「示二呑海関主一」では、冒頭、「閉関」の真義を説明して、文字どおり狭い一室に閉じこもることではなく、反対に「当に十方尽虚空界を以て総《とも》に一関と作し、百億の須弥山を以て牀榻と為し、一句の鉄橛《てっけっ》子《す》の話頭を以て鎖鑰と為す」ことなのであり、これを銘記しつつ行住坐臥に、与えられた〈一句の鉄橛子の話頭〉を考究すれば、「直得下虚空粉砕。大地平沈。撐二開両眼一。跳中出牢関上」、すなわち、悟達すること疑いなしとしている(148)。左に全文を掲げよう。

習レ禅人閉関。非下入二一室一。據二一牀一。以二鉄橛子一。鎖二卻重門一。即謂中之閉関上。此則無縄自縛。自作二障礙一。豈閉関之旨哉。当下以二十方尽虚空界一。総作二一関一。以二百億須弥山一。為二牀榻一。以二一句鉄橛子話頭一。為中鎖鑰上。然後在二裏許一。或行或住。或坐或臥。将二此一句鉄橛子一。時時扣撃。扣レ之又扣。撃レ之又撃。驀然蹉手撃断。直得下虚空粉砕。大地平沈。撐二開両眼一。跳中出牢関上。其心身慶快。作用自在。如丙将二八千大海一。一口呑卻。不レ存二涓滴一。卻向下無二涓滴一處上。興乙起潑天巨浪甲。正与麽時。始不レ負二今日掩関之志一也。子其勉レ之。

黄檗教団もまた臨済宗の正系である以上、曹洞宗伝統の黙照禅とは対照的な看話禅の立場に拠っている。この文言から推して、高泉が呑海に授与した公案は、『碧巖録』第四十四則「禾山垂語」と見られる。その本則には、「習学謂二之聞一。絶学謂二之鄰一」とあり、円悟克勤がこれに「天下衲僧跳不レ出。無孔鉄鎚。一箇鉄橛子」とに著語《じゃくご》している[149]。山田孝道師は、〈鉄橛子〉の意味合いを「楔のように堅く、身動きのとれぬこと」と解説されている[150]。円悟の著語ともども、まさに掩関向けの公案だと言えよう。

三年以上をへて、呑海は恙無く掩関を修了、高泉は他の弟子たちもいる席で法語を垂示して賞賛している[151]。これに拠れば、呑海が掩関したのは仏国寺でもなければ萬福寺でもなく、建仁寺であった。また、その期間は「一千三百日」、つまり足掛け三年ではなく、三年半以上にも及んでいる。この法語の前後に掲げられた他の法語の垂示日時から、天和二年（一六八二）の中秋以降の垂示と知られる。したがって呑海の掩関が開始されたのは、およそ延宝七年（一六七九）春頃と見られよう。当時、高泉は松堂宗植（建仁寺三一一世）とはなお会見の機を得ていなかったので、何らかの他の縁故に拠っていよう（第三章第三節第三項）。ともあれ、左に全文を掲げたい。

徒僧呑海。約二三年一。掩二関於建仁一。期満回レ山。師為説レ偈。「一千三百日之中。把二住牢関一不レ漏レ風。今日奮身親搒出。四方八面絶二羅籠一。」

ちなみに、高泉門下の本拠地たる仏国寺は、前年暮れに開創されたばかりで、呑海が静かに掩関に打ち込める状況ではなかった。また、萬福寺は住職・木庵のもと、年とともに伽藍が整備されつつあった。にもかかわらず、高泉が敢えて呑海を建仁寺へ向かわせたのは、あるいは同寺に良質の高麗版大蔵経が所蔵されており、しかもその法宝が、当時としては珍しく、決して高閣に束ねられてはいなかったことも関係していよう。

すなわち、寛文年間以降、臨済宗他派の学僧の閲覧に供せられ[152]、宝永三年（一七〇六）からは、浄土律の忍澂およびその門下生にも開放されていた[153]。ところが、萬福寺には依然大蔵経が具備されておらず、これが具備するのは貞享三年（一六八六）から元禄六年（一六九三）にかけて、了翁道覚が四度に分けて寄進して以降のことであった[154]。したがって、呑海が掩関中に右記の公案の載った『碧巌録』や他の禅籍を参照するに際しては、建仁寺こそが理想的環境であったと言えよう。

なお、呑海は生来慈悲心に富み、天和二年（一六八二）頃には、同郷人の曹洞宗僧侶・元珪が重病の床に臥した際、仏国寺内の僧房に引き取り、看病に務めている[155]。呑海はすでに掩関を終えていたが、このような性格の持ち主ならば、掩関させても自己一身の解脱をのみ追求するようなことはあるまいとの見極めに基づき、呑海の掩関を認めたか、逆に高泉から呑海に掩関を勧めたのであろう。

呑海の出関と入れ替わるようにして、同じく天和二年頃、月峰心空（一六四〇〜一六九七）、すなわち金沢・献珠寺開基家出身の門人も掩関を開始している[156]。「牢関緊閉効㆓先宗㆒。門径何妨苔蘚封。時把㆓万縁㆒都坐断。直教㆓百鳥覓無㆑蹤」と、天目山中の高峰の「死関」に倣って死に物狂いで修行するよう勧説している。

### 永覚・袾宏の掩関への懐疑

基本的に門下や後進の掩関を温かく見守っていた高泉は[157]、青年期に私淑していた永覚元賢や、本項冒頭で取り上げた民国の来果とは、掩関に対する見解を大きく異にしている。このうち、来果の掩関反対論は、それが非禅宗的だからという見地から発している（既述）。一方、永覚は掩関に一律反対していたのではなく、掩関者（関主）を策例する詩偈も複数製作してはいる。しかしながら、書簡体法語「示二某上人閉関一」を執筆し、いわば猫も杓子も掩関するという時勢を慨嘆している(158)。

その主旨は、以下の二点に絞られよう。（一）「博参遠訪、賤役に陸沈し、〈其の筋骨を労し、其の体膚を餓ゑしめ〉(159)、百苦備さに嘗めざるは無し」という姿こそ、修行者が進むべき道であり、（二）しばしば引き合いに出される高峰の「死関」は、高峰が元来大悟徹底の法器であったからこそなし得た修行であって、「大事未だ明らかならざるに、地を画して以て自ら限る者」が、その形だけ真似るべきではない。

そして篇末に至って、永覚はこの法語を手にした〈某上人〉が、生死の二字を額に貼り付け、一人で万人に立ち向かうような、「俺が奴を殺《や》らなきゃ、俺が奴に殺される（原文：我若不殺死他。他必定要殺死我）」というぐらいの気持ちで掩関に取り組むよう勧告している。

また、永覚に先立って、袾宏もまた、その『竹窓三筆』に「年少閉関」の一項を立て、往古は掩関の例なく、これが道を養う、もしくは道に造《いた》る方法などでないことを言明、趙州従諗ですら八十歳にしてなお行脚、善知識歴訪に勤しんでいたではないか、と述べる。そして、永覚の法語と同様、高峰原妙のいわゆる「死関」は、彼が大悟徹底して以降の挙であり、未悟の修行者が形だけ模倣してはならない、と訓戒している。しかも、袾宏は本項に続けて「八十行脚」を立項、禅者の本道があくまでも善知識歴参にあることを、いわば駄目押し的に強調するのである(160)。

『竹窓随筆』全三編は、青年期において既に高泉の愛読するところであった(161)。また、これら両項を収めた『竹窓三筆』は、高泉が来日する八年も以前、承応二年（一六五三）には、すでに京都で和刻されている(162)。したがって、著者・袾宏の高名と相俟って、わが国における、特に在来二禅宗における掩関の流行に、これら両項が一定の歯止めをかけたと考えられなくもない。

## 慈岳定琛の掩関中止に対する評価

終わりに、高泉の掩関観について注目すべき言説を一つ挙げておきたい。延宝九年（一六八一）、和僧の慈岳定琛（一六三二～一六八九）は数え五十歳にして長崎福済寺で掩関を開始した。ところがまもなく、飢饉が長崎を襲った。そこで慈岳は急遽掩関を中止、正月から六月まで半年にわたり餓えた人々へ粥を施し続けた。慈岳は既に七年前の延宝二年、木庵から付法されている。したがって、この掩関はいわば悟境の維持とさらなる向上を目指していたものと見られるが、現に苦しむ人々の姿を弟子たちから聞かされ、やむにやまれぬ思いで破関、右記の社会性豊かな菩薩行に取り組んだものと見られよう。

高泉から寄せられた礼讃の詩偈に拠れば(163)、慈岳は弟子たちと托鉢して米を得たというが、恐らくは福済寺（唐通事菩提寺の一）住職としての地位と信用とを活用し、富裕な商人宅を中心に回ったのではないだろうか(164)。今に伝わる慈岳礼讃の偈では、「士夫不レ識菜中味。致レ使二人民菜色多一。君仮二一盂一充二万口一。我疑神力敵二維摩一」と、慈岳の行いが士人のそれだと規定され、かつ、その人徳ゆえに托鉢で多くの米が得られたことを『維摩経』に説かれた維摩居士の神通力(165)をも凌ぐものと讃嘆している。

高泉が禅者として、あらゆることを中途で投げ出すことを好まない性分であったことはその著作、とりわけ、僧伝刊行への取り組み方からも明らかであり、こうした態度を弟子や後進へも要求したことは想像に難くない。しかしながら、高泉はまた、東渡からなお日の浅い寛文年間には、放生と並んで、毎冬貧者への布施を行っている(166)。これらはいずれも、持戒主義に根ざした利他行の実践であり、同時代のわが国の律僧たちの理念とも通底するものである。

# 結語

本章では、高泉の詩偈・法語に散見される主だった苦行を分類・論評した。これら苦行のうち、高泉が東渡後初期の著作で、身近な三例（即非・惟一・陳引官）に古人の一例（唐・鑒宗）を加えて四度まで礼讃したのは、割股であったが、その余りのすさまじさのためか、わが国にあっては高泉の門人らをも含めて、ついに模倣例を見なかった(167)。黄檗教団がもたらした種々の苦行のうち、内部での和僧敢行者を見るに留まったのが燃頂・燃臂および掩関であり、一方、禅宗を中心にわが国の在来諸宗においても追随者を生んだのが経典血書である。

一方、現代の中国仏教に目を転ずれば、燃頂・燃臂（総称：戒疤）が健在であり、掩関の例も台湾にあってはしばしば耳にするのに加えて、燃指もまた授戒会に際し複数の敢行者のあることが報じられている(168)。ただ、経典血書の例は民国初期に律僧・弘一法師の例を見るほかは、明末清初ほどに盛んであるとの印象を得ない(169)。

今後の課題として、これら苦行が黄檗教団内にあって、いつ頃、いかなる事情から行われなくなったかを明らかにしたい。このうち、理由については、本章冒頭で示した推察――唐僧の渡来が途絶え、燃頂・燃臂・経典血書の実際を指導する者がいなくなり、外護者が減少してコストのかかる掩関の伝統を維持しがたくなった――が、当たらずといえども遠からずと思われる。ただ、今後ヨリ多くの文献を閲覧し、この推察を確実な根拠あるものとすべく鋭意したい。

既に見たように、授戒時に燃頂したとする叙述は、黄檗三祖の年譜・行状では全く認められない。それが宝永三年

（一七〇六）成立の『紀年録』（高泉年譜）にも、同書に先行する『黄檗第五代高泉和尚行実』にもともに明記されている。これはあるいは十七世紀末から十八世紀初頭にかけて、既に燃頂に対し異議を唱える者が教団内外に少しずつ現れ始めたことを反映しており、その疑念を解くべく、ことさら明記されたようにも思われる[170]。ただ、これについても、高泉と同世代の他の唐僧、特に高泉と親交のあった南源性派や悦山道宗らの年譜・行状をも併せ見つつ、裏づけを得てゆきたい。

なお、本章第一節第二項で取り上げた「割股」については、近年、小林義廣教授が論攷「宋代の割股の風習と士大夫」[171]にて、桑原隲蔵博士の戦前の先行研究に依拠されつつ、さらに豊富な実例を挙げておられる。小林教授に拠れば、唐・北宋（例：韓愈・蘇軾）の士大夫が甚だ否定的な感慨を示していたのに比し、南宋およびそれ以降の士大夫は一転、孝道の極致と讃えるに至ったという。小林教授はまた、正史たる『新唐書』から『明史』に至る正史に徴しつつ、幾多の「割股」敢行例を列挙されている。ただ、筆者は依然、「割股」が仏教をも起源の一つとしているとの見解を捨て切れずにおり、この点、桑原博士並びに小林教授が「割股」を純中国的な苦行とされているのと見解を異にする。今後さらに事例を収集し、この苦行をめぐる仏教・儒教・民間信仰三者間の交渉過程を明らかにしたい。

註

（1）『大正蔵』第八二巻・七八一頁上、中尾師訳註六四頁。

（2）これら高僧たちに対する隠元の関心については、第八章第二節第二項を参照されたい。

（3）ちなみに、幕末に来日し、明治末年まで五十年に渡ってわが国にロシア正教を宣教したニコライ（一八三六〜一九一二）もまた、晩年の一九〇四年七月二日付の日記の中で、日本人の優秀さを認めつつも、教会の伝統確立を期すべく、教団の長（主教）だけは、今後百年にわたって、引き続きロシアから招聘すべきだ――とする考えを、披瀝している。この点に関して中村健之介教授は、ニコライは儀礼性に富む正教会の教えが、その文化・伝統の中で一定期間以上育てられた者でなければ体現し得ない側面を色濃く有しており、過去に正教信仰の歴史を有しなかった日本人が、日本正教会の長となるのは時期尚早と見ていたためではないか、とされている。隠元の如上の言説もまた、恐らくはニコライと同様の見地から発したものと考えられるのではないだろうか。中村教授『宣教師ニコライと明治日本』二二七頁、東京：岩波書店刊、『岩波新書』所収、平成十年（一九九八）。

（4）本書の中国語訳は、可華・阿含の二師によってなされ、改題して『近代中国的仏教制度』といい『世界仏学名著訳叢』第八二・八三両巻に収録されている。台北市：世華出版社刊、民国七十七年（一九八八）。

（5）中国語訳は台北市：学生書局刊。また、聖厳法師の全集は『法鼓全集』といい、本論攷はその第九輯第一巻所収。台北市：法鼓文化事業刊、民国八十八年（一九九九）。

（6）第一回：『大正大学大学院研究論集』第二三号、平成十一年（一九九九）。第二回：『大正大学研究紀要（人間学部・文学部）』第八五号、平成十二年（二〇〇〇）。

（7）梁・慧皎『高僧伝』では「亡身」篇、唐・道宣『続高僧伝』では「遺身」篇、そして宋・賛寧『宋高僧伝』では「遺身」篇とする。ちなみに、わが国では、最初の本格的高僧伝たる『元亨釈書』（鎌倉末期の虎関師錬撰）では「忍行」篇とし、江戸時代に成った卍元師蛮『本朝高僧伝』では「浄忍」篇としている。ところが、幕末に成った道契『続日本高僧伝』では、まとまった形での捨身者列伝を設けていない。

（8）掲載号六八・七一・七六頁。

（9）第六巻・三四二四～三四二九頁、同『全書』編輯委員会編、台南市：中華仏教百科文献基金会出版、民国八十三年（一九九四）。出版の主体たる基金会は、高雄市の巨刹・元亨寺で多年住職を務めた開證法師（一九二五～二〇〇一）によって設立された。

（10）同『全書』第七巻・四〇七〇頁～四〇七三頁。

（11）項題は、「刲肝寿母」。『全』Ⅲ・一一一〇下左。

（12）寛文五年（一六六五）、自ら語ったところを年長の侍者・化林性偀（一五九六〜一六六七、唐僧）がまとめた「広寿即非和尚行実」では、「禱二仏天一刲レ胸救レ療得レ愈」とする。『即非全集』一三三二頁。また、即非示寂の翌寛文十二年に高弟・法雲明洞（和僧）が撰述した「広寿即非和尚行業記」も、この文言を襲用している。『同』一三三二頁。

（13）『一滴艸』巻四、『全』Ⅱ・六五四上右。その後、惟一は結婚して一児を挙げ、武職にも就いたが、妻子はともに歿し、軍人の父も戦死し、ついに三十歳を過ぎて隠元門下に投じたという。その時期は明清鼎革期と見られよう。

（14）「気」の定義は、福井文雅博士の所見に拠って、「目には見えないけれども運動を常に伴っている力」とする。そして、民間信仰としての「割股」にあっては、健康体から発せられる「気」が、その持ち主の肉親の快復を促進すべく作用するものと見たい。「気」に関する福井博士の論攷は数多いが、本稿では近年公表の「「気」とは何か?」に拠った。これは同博士『道教の歴史と構造』第十二章第三節中の一項である。同書三九一頁、東京：五曜書房刊、平成十一年（一九九九）。口頭発表は、平成九年（一九九七）。なお、本書初稿たる博士論文の口頭試問に際し（平成十六年十二月十四日）、副査の一人で中国民俗学に関しても博識を以て鳴る道教専門家・二階堂善弘教授より、中国における割股の歴史については、筆者が一層視野を広げて事例を収集し、それらが『孝経』に代表される「親からもらった身体を傷つけてはならじ」という伝統的思想との間でいかなるせめぎ合いや妥協を呈したかをもっと考察するよう御教示を賜った。以来十年をへてなおこの傾耳すべき御教示を実践できずにいる。記して御礼とおわびとを申し上げる。

（15）一般には『賢愚経』巻一に掲げられているのが知られている。『大正蔵』第四巻・三五二頁上。このほかともに鳩摩羅什の訳出に係る『大荘厳論経』巻十二、および『衆経撰雑譬喩』巻上にも、ほぼ同様の説相にて掲載を見る。『大正蔵』同巻・三二二頁上、および五三一頁下を参照。

（16）巻一、『大正蔵』第三巻・一二九頁上。また、『賢愚経』巻一にも類話を載せる。『大正蔵』第四巻・三五六頁下。

（17）この用字および読み仮名は、道端博士註（19）後掲書八一頁に拠った。博士はインド伝来の『大方便仏報恩経』に見える須闍提太子の説話が、中国における孝子たちの割股行を助長したこと、そして、種々の孝子伝に見る実践例が唐代以降増加したことを指摘されている。

(18) 梁・慧皎『高僧伝』巻十二(亡身篇)、『大正蔵』第五〇巻・四〇四頁中。

(19) 道端良秀博士『仏教と儒教倫理』一〇三頁に掲げる口語訳に拠った。平楽寺書店刊、『サーラ叢書』所収、昭和四十三年(一九六八)。なお、博士はもっぱら「母」と訳出されるが、父のために封肉した唐宋時代の実例も二例までを数えることに鑑み、かつ、筆者が台湾各地で入手した五種に余る流布本も、すべて「父母(原文:爹娘)」に作っていることに鑑み、敢えて「父母」と改めさせていただいた。

(20) 「為レ報二母恩一行二孝養一。割レ肉刺レ血常供給。如レ是数盈二於一劫一。種種勤二修於孝道一。猶未レ能レ報二暫時恩一」、巻三(報恩品)、『大正蔵』第三巻・三〇二頁上。

(21) 巻十二、『大正蔵』第五〇巻・七七九頁下。なお、巻十二は禅僧(および禅定三昧を修した天台宗僧侶の)列伝たる「習禅篇」をなしている。捨身行者の列伝たる「遺身篇」は、巻二十三に収める。

(22) 『鐔津文集』巻十一、『大正蔵』第五二巻・七〇九頁上。

(23) ただし、清代以降広く民間に流布していた道教系善書『玉暦宝鈔』では、死者の肉を薬として利用すること、また、飢饉の際、路頭に倒れている者の肉を生きながら割取し、これを売買することをともに禁じており、違反した者は、死後、冥界十王の一人・泰山王に厳しく裁かれるとしている。恐らく明末にあっても、同様の禁忌が存在していたものと見られよう。本稿では、『玉暦宝鈔(白話・原文)』六八~七一頁に拠った。『勧善叢書』第一巻、新竹市:仁化出版社刊、民国九十一年(二〇〇二)。口語訳註者は、「一群民間公益・文化義工」とのみ記されているが、『宝鈔』本文を註釈するほか、清代から民国前期にかけての関連逸話を多数紹介しており、口語訳文の精度は高く、かつすこぶる有用である。

(24) 即非は右に見た孝行が広く知れ渡り、地域挙げて表彰する予定である旨、土地の有力者らから聞かされるや、「我仏有レ言。善男女於二一劫一。毎日三時割二自身骨肉一。以養二父母一。而未レ能レ報二其一日之恩一。況我此身。従二父母一生。合下従二父母一捨上。即捨二千百身一供養。亦本分事。其可二因レ此以為レ名耶」と辞退しており、『恩重経』系の孝道思想に立った行いであることを言明している。即非自述の「行実」、『即非全集』一三三二頁。ただ、自己の血肉を薬のつもりで母に捧げた理由については触れていない。

（25）聖厳法師は、註（5）前掲書一二二頁で、（一）『鄞県志』（鄞県とは、浙江省寧波市近郊）からの転引という形で、唐・陳蔵器が著した『本草拾遺』に、「人肉は身体衰弱（原文：羸疾）に効く」と記されていることを紹介される。そして、（二）『鄞県志』では、世の孝行な子女が、この『本草拾遺』の説に基づきつつ、自らの股肉を割いて病親に捧げている――と明記している旨をも紹介される。法師は、『本草拾遺』の説を中国古来の民間信仰と規定されている。筆者も同感であるが、ではなぜ「効く」のかという理由が、これだけでは判然としない。そこで、現段階ではなお仮説ながら、筆者はここに、「気」の存在を措定したい。ちなみに、インド成立の戒律経典の中では、『摩訶僧祇律』巻三十二に、釈尊が比丘らに人肉食を原則としては禁じた経緯や、瘡（できもの）の薬としてのみ、龍肉や象肉、狗肉の場合と同様、それを患部に塗布することを許可した、とする記事を認める。したがって、病み衰えた親への滋養物として股肉を食せしめることの起源を仏典中に求めるのは、相当に困難なのではないだろうか。『大正蔵』第二二巻・四八六頁中および四八七頁上を参照。

（26）『一滴艸』巻四、『全』Ⅱ・六五五下右

（27）それぞれの原文では、惟一の母親・徐氏（すなわち引官の姑）は、平素肉食を忌避していたとされている。恐らく徐氏の信仰は、自らは仏教徒だと意識し、その標識をそれぞれの多年にわたる素食に置いてはいたことであろう。けれども、客観的に見れば、いわゆる「斎教」（道仏混淆の宗教で素食を守る。福建および同地から海峡一つ向こうの台湾で戦前まで広く興隆していた）の信徒と同様、彼女らの仏教信仰は、多分に道教と習合していたものと思われる。今後同地の方志の中に、さらに類例を求めてゆきたい。

（28）『和刻影印　近世漢籍叢刊　思想四編』第七巻・五一七七頁。

（29）『全』Ⅲ・一一〇七上右。

(30)「唐福州黄檗山建福寺鴻休伝」、『宋高僧伝』巻三十二〈遺身篇〉、『大正蔵』第五〇巻・八五六頁中。なお、〈建福寺〉とは、明代に至って大蔵経を朝廷から下賜される以前の寺号である。

(31) 林田博士の論攷「福州黄檗山志諸本の比較検討」に見る、同博士の調査報告に拠った。『華南社会文化史の研究』一四五頁、京都女子大学刊、平成五年（一九九三）。同じく林田博士の調査に拠れば、崇禎初修本は、わが国では内閣文庫および尊経閣に所蔵されており、隠元ゆかりの順治重修本は、所々に落丁を認める版本が文華殿に、完璧な写本が京都大学図書館に所蔵されているという。本論攷の初出は、『史窗』第四六号、平成元年（一九八九）。

(32) 本稿では、順治重修本をさらに増補した道光続修本に拠った。道光続修本は民国十一年（一九二二）に至って活字本として重刻されており、『中国仏寺史志彙刊』第三輯第四冊にその影印を収録している。鴻休伝は同書一〇二頁を参照。林田博士は註（31）前出論攷にて、この活字影印本の扉に刻まれた重刻年表示「天運壬戌年」について、民国十一年（一九二二）を指すか、それともそのさらに六十年前の同治元年（一八六二）を指すか、判断を保留されている。ただ、博士が文華殿で披見された本には、福清黄檗山の監院・如蓮法師が「乙丑年四月」に日本黄檗山へ寄贈する旨の識語を認めるという。同博士前掲書一六八頁。この〈監院・如蓮法師〉とは、常盤大定博士『支那仏教史蹟踏査記』六七八頁に、登場する人物と見られよう。常盤博士一行が昭和四年（一九二九）に福清黄檗山を訪問した際、応接した僧が如蓮法師である。『黄檗山志』の恵与を乞うた常盤博士に対し、同師は同書を民国十五年（一九二六、大正十五年）、日本黄檗山から訪れた山田玉田師（のち萬福寺第四九世）・安部禅梁師（同五六世）らにみな贈ってしまっていて、目下は残部なし――と答えている。したがって、この『山志』重刻本の刊刻年代は、民国十一年（一九二二）と見るのが妥当ではないだろうか。如蓮法師の詳細な事蹟は未詳であるが、大正十二年（一九二三、民国十二年）、日本黄檗山が派した最初の参詣団が福清黄檗山を訪れている（王栄国教授『福建仏教史』附録「大事記」四二六頁）。両黄檗山の二百有余年ぶりの交流における一方の代表として、もっと研究が加えられて然るべき人物だと言えよう。

(33) 巻二、『大正蔵』第五一巻・二一五頁上。

（34）隠元の賛「鴻庥禅師」が今に伝えられている。『隠元全集』一二九七頁。開山正幹らへの賛と同時に、崇禎十五年（一六三七）に製作された。

（35）日文原本二二九および二三四頁。

（36）同師博士論文「明末仏教発展之研究――以晩明四大師為中心――」一三六～一四〇頁、民国八十六年（一九九七）十二月、国立中正大学歴史研究所へ提出。

（37）原文「四封ㇾ股不ㇾ救」、『霊峰宗論』巻頭附録、『和刻影印近世漢籍叢刊』第一二巻・八五六一頁。

（38）聖厳法師註（5）前掲書一五三頁、「智旭事蹟の地理的分布」表を参照。

（39）松永知海教授の論攷「『勧修作福念仏図説』の印施と影響――獅谷忍澂を中心として――」に拠った。『仏教大学大学院研究紀要』第一五号、昭和六十二年（一九八七）。掲載号一七頁以下に、袾宏・智旭の主要和刻本一覧を掲げる。

（40）大槻幹郎氏の論攷「草創期黄檗の出版について」の附表「「草創期黄檗と出版」略年表」を参照。『黄檗文華』第一一六号所収、平成八年（一九九六）。掲載号一二一頁に、延宝・天和期の黄檗山（および関連版元）からの出版状況を掲げている。

（41）門人の成時による「八不道人伝」（智旭自伝）への附記、註（37）前掲書八五六七頁。なお、康熙元年（一六六二）に至って、門人の一人・性旦が示寂、「先師・智旭に代わって、我、遺骨を魚類に施さん」とする遺嘱あり、右記の成時がこれに応えている。同書八五七一頁。一方、即非の遺嘱は、「広寿即非和尚行業記」に見える。『即非全集』一三一六頁。こちらは「わが遺嘱を奉じない者は、わが弟子に非ず」とまで極言している。

（42）門人らに水中への撒骨を命じた黄檗唐僧としては、大眉性善（一六一六～一六七三）が挙げられる。高泉が撰述した「法王山正宗寺開山大眉和尚爪髪塔銘」では、遺偈「撒骨偈」から「水晶宮殿瑠璃界。任㆓我逍遥㆒趣不ㇾ窮」の二句を引いており、撒骨を命じた理由は、「世間の財を費やすことを免じ、常住［寺基］の地を占むることを免ず」るにあったとする。魚介類への捨身行という側面は、これらの叙述からはうかがわれない。『洗雲集』巻十五、『全』Ⅱ・九四七下左。

（43）（一）即非が崇禎十二年（一六三九）から数年間に及ぶ遍歴期間に、時あたかも泉州、ついで漳州にあった智旭と何らかの道縁を有しなかったか。(二) 順治十二年（一六五五）正月、智旭は浙江省霊峰山（別称：北天目、孝豊県）で示寂した。同年秋以降、即非は福建から北上し、天台山、雪竇山、杭州霊隠寺ほか同地の名刹、金山（双徑山、江蘇省）、蘇州虎丘、南京棲霞寺などの江・浙両省の諸山を歴訪し、実に三十三師もの高僧に参じたという。前出「行業記」、『即非全集』一三〇七頁。多くは禅僧であろうが、即非はこの旅を通じて福建と並ぶ明末仏教の中心地における思想的趨勢に触れ得たことと思われる。智旭の高風をも行く先々で恐らくは伝聞したのではないだろうか。

(44)『黄檗文化人名辞典』五七三頁上～下。なお、泰峰は、湛然道寂―鉄舟道英―聞谷浄拙―泰峰浄高と承けている。本師・聞谷（一六六六～一七四二）は、初名を「元拙」といったが、恐らくは派中挙げての系字改正があったとおぼしく、のち「浄拙」と改めている。泰峰はしかし、本師がなお「元拙」と称していた宝永四年（一七〇七）の入門である。泰峰の法曾祖父・湛然（一六二九～一六七九）は、木庵の法嗣であり、元来は曹洞僧であった。高泉もその道誉を偲び、「代付」問題のさなかのあるとき、追憶の一偈を製作している。第一章註（152）参照。師翁・鉄舟元英（一六四六～一七一九）もまた、元来は木庵門下での湛然の法弟である。恐らく右記の派中挙げての系字改正は、黄檗宗全体における法系と、清水寺派中におけるそれとを合致させるための営為と見られよう。この法系における苦行実践の事例としては、鉄舟が経典研鑽を放棄して山中に掩関的な庵居を試みたことが知られているのみである。したがって、泰峰がすさまじい捨身を決心した機縁については、依然様々な角度からの考察を要しよう。湛然を派祖とするいわゆる万寿下の概史としては、近年、村瀬正光師が「黄檗宗の末寺形成について――美濃・尾張の黄檗寺院史を中心として――」を公表された。『応募論文集』第一号（第一回～第五回）所収、三鷹市：禅林寺刊、平成十四年（二〇〇二）。

(45) 鄧子美教授の指摘に拠る。『二十世紀中国仏教』四七二頁、台北市：現代禅出版社刊、民国九十二年（二〇〇三）。本書は同教授と陳兵教授との共著であり、両岸および香港の二十世紀仏教史を概観できる。

(46) 同師註（5）前掲書二三九頁。

(47) 長谷部博士『明清仏教教団史研究』一九三頁。

(48) 巻二、『大正蔵』第五〇巻・九〇七頁下。本書には万暦四十五（一六一七）の著者自序を掲げる。なお、崇禎十一年（一六三八）序の大聞幻輪『続釈氏稽古略』巻一では、単に「必令㆓其立㆑誓無㆑犯」とのみ記し、燃頂のことを略している。『大正蔵』第四九巻・九一二頁下。

(49) 同じく『明高僧伝』に拠れば、彼自身は午後は一切食物を口にしない非時食戒を守り、加えて平素節倹に努め、飢饉に際し、寺の余財は尽く貧民救済に散じた。また、寺の財産を愛重し、破る者はたちどころに追放処分としていた。さながらわが国の叡尊・忍性師弟を髣髴とさせる律僧的人物である。日々『法華経』・『華厳経』・『金剛経』を講じていたともあり、どちらかといえば、禅僧というよりも、教宗および律宗にかかわり深い人物であったと言えよう。ただ、わが国の戒山慧堅が編んだ『律苑僧宝伝』（日中両国の主要な律僧の列伝）には立伝を認めない。

(50) 巻四十三（法運通塞志）、『大正蔵』第四九巻・三九九頁上。

(51) 巻十、『大正蔵』第四九巻・二〇七頁上。なお、民国八十八年（一九九九）、慧岳法師編『天台宗高僧伝』が、新北市石碇区：中華仏教文献編撰社（玉泉山法済寺内）から刊行された。本書は、『仏祖統紀』の核をなす中国天台宗高僧列伝に標点を加え、かつ、書中の年号に西暦を併記したうえ、明代以降の高僧伝をも収録している。本書を恵与された定玄法師に対し、記して御礼申し上げる。

(52) 『大正蔵』第二四巻・一〇〇六頁上。いわゆる「四十八軽戒」の第十六条である。

(53) 『大正蔵』第一九巻・一三二頁中。なお、聖厳法師註（5）前掲書二三九頁では、宋の宝応寺慧因が著した『梵網菩薩戒経註』こそが、この文言を引きつつ、『梵網経』所説の焼身行（註（52）参照）を解釈した最初の文献であり、智旭の『梵網経合註』がこれに次ぐ、としている。慧因の生歿年は未詳であるが、その著は紹聖三年（一〇九六）の序をもつ。したがって、遵式の焼指行は、『梵網』・『首楞厳』両経を有機的に結びつけたという点で、慧因の著作よりもずっと先んじていると言えよう。なお、『卍続蔵経』第六〇冊・五五三頁上に、『首楞厳経』に基づいた慧因の『梵網経』焼身行解釈を掲げる。

(54) 聖厳法師註（5）前掲書一九一および二三九頁参照。

(55) 巻四、『大正蔵』第四八巻・一〇三六頁上。
(56) 第五章註（38）参照。
(57)（一）密雲は万暦二十七年（一五九九）出家、唐元竑「天童密雲禅師年譜」、『嘉興蔵』第一〇冊・七八頁上。なお、『黄檗文化人名辞典』三四一頁上では、四年早い同二十三年（一五九五）の出家とするが、「年譜」原文を仔細に見るに、このときは本師・幻有正伝より剃髪・僧衣の命を受けたものの、密雲自身はなお雑役に任ぜんことを願い出ている。そして三年後の万暦二十六年四月八日（仏誕会）に至って初めて僧衣を身につけ（本文）、翌二十七年には、さらに剃髪したとしている（本文が拠りどころとした侍者・行昌の「記聞」）。（二）費隠は万暦三十四年（一六〇六）出家、「福厳費隠容禅師紀年録」、『嘉興蔵』第二六冊・一八二頁下。（三）隠元は万暦四十八年（一六二〇）出家、『隠元全集』五一一〇頁。（四）木庵は崇禎二年（一六二九）出家、同八年（一六三五）、具足戒を受く。『木菴全集』三五〇五および三五〇八頁。
(58)「即非和尚行業記」、崇禎六年（一六三三）出家、同八年（一六三五）、具足戒を受く。『即非全集』一三〇〇頁。
(59)『洗雲集』巻七、『全』Ⅱ・八二八上左。本篇より四篇前には、寛文十三年（一六七三）隠元示寂後の服喪期間の作を掲げる。また、本篇より二篇のちには同九年の喝禅道和退隠に際しての賀偈を掲げる。四篇のちには同十一年、阿形宗珍が『法華経』を刊刻した際の賀偈を掲げている。前後に錯簡が認められるものの、黄檗山でのこの時期における授戒会は、同十年のそれがあるのみである。
(60) 袾宏は『梵網経』註（52）前掲句に註釈して、「言ふこころは、菩薩行の応当《まさ》に此くの如くなるべきにして、必ずしも捨身し以て彼［仏］に供《くう》ぜよとには非ざるなり」とする。『菩薩戒経義疏発隠』巻四、『卍続蔵経』第五九冊・七五九頁上。聖厳法師は註（5）前掲書二三九頁にて、明末における戒学における権威者・袾宏にこの言葉があったことによって、同時代において授戒会（特に菩薩戒の授戒会）では必ずしも常に燃頂・燃臂の苦行が導入されたのではない、とする見解を示される。ただ、筆者の見るところでは、元の志徳や、明の智旭の唱導もまた相当に重んぜられ、菩薩戒授戒会に際し、自発的にこうした苦行を敢行した受戒者も少なくなかったのではないだろうか。

(61) 高泉はその僧伝『扶桑禅林僧宝伝』にて、一休宗純のような一見破戒僧としか思えない大悟徹底の人を取り上げた際、読者（一般の僧侶を中心とする）に対し、その心をのみ学んで決して跡（行為）を学ばぬよう、老婆心的配慮を尽している。第三章第三節第二項冒頭を参照。同様にして、受戒の要不要ということに関しても、大悟徹底の人は例外として、凡僧はあくまでも受戒という通軌を履むべきだとする考えに立っていよう。

(62)『紀年録』同年の条、『全』Ⅲ・一四七八上左。

(63)『紀年録』順治二年の条、『全』Ⅲ・一四七七上左。

(64) 近年におけるその集成としては、昭和六十年（一九八五）秋、長崎市立博物館での「黄檗美術展」に際して作製された図録が挙げられよう。

(65) 杉本欣久氏の「[研究ノート]渡辺崋山が所蔵した肖像画「為霖道霈像」と画家王任治」に参照すべき画像数点を認める。『黄檗文華』第一二二号所収、平成十五年（二〇〇三）。

(66) 大槻幹郎氏『鉄牛道機禅師年譜』二二頁、長松院刊、平成二年（一九九〇）。

(67) 大槻氏註（66）前掲書二一頁、明暦二年（一六五六）の条。木庵から潁川官兵衛を介して侍者たるよう命ぜられた際、鉄牛が辞退した言葉の中に見える現状分析である。

(68) 大槻氏註（66）前掲書一四頁、同年の条。

(69) 大槻氏註（66）前掲書一八頁。なお、鉄牛はこの苦行実践の五年前、大坂大仙寺で湛月紹円の講ずる『首楞厳経』に傾耳している。

(70)『仏国詩偈』巻六、『全』Ⅱ・七三三上右。本篇よりも五首前に天和二年五月、仏国寺本堂が落成した際の策を掲げている。また、『仏国詩偈』の刊行は、貞享二年（一六八五）十二月のことである。したがって、九山の苦行は、この三年中のことと見られる。

(71) 各時代を通じて黄檗教団の常用経典『禅林課誦』に採録された「抜一切業障根本得生浄土神呪陀羅尼」を指していよう。岩

田郁子氏第五章註（130）前掲論攷、掲載号二〇頁所掲の一覧表を参照。

（72）高泉「武州東睿［叡］山経蔵記」では、了翁と知り合ってから二十年としつつも、「未だ書刺の往還に及ばず」としており、書簡をしばしば交わすほどの親しさではなかった旨、明記している。『洗雲集』巻十四、『全』Ⅱ・九二三下右。経蔵完成は天和二年（一六八二）のことであるから、本篇もそれ以降の撰述と見られよう。

（73）註（72）前掲作品に加えて以下の作例を見る。（一）「了翁大僧都行業碑銘」、『遺稿』巻五、『全』Ⅰ・三八九下左以下。黄檗山内天真院（了翁廟所）に現存。後出の（三）が元禄五年（一六九五）の撰述である旨、篇末に明記を見る。そのまた「翌年」の撰述とあるから同六年の撰述と見られよう。（二）「勧学院講鐘銘」、『遺稿』同巻、『全』Ⅰ・三九七下左以下。（三）「武州東叡山講院了翁僧都道行碑記」、寛永寺本堂かたわらに、了翁の石像とともに現存。今沢慈海氏著『了翁禅師小伝』冒頭に返り点送り仮名を添えたその全文を掲げている。同書本文は英語版も併録されており、すこぶる参考書的な価値を帯びている。東京：日本図書館協会、昭和三十九年（一九六四）。また、平成七年（一九九五）八月、柴田光彦教授が拓本を製作され、かつ釈文を施された。『高泉全集』収録予定著述中には含まれておらず、本稿では同教授よりいただいた釈文および拓本時撮影の写真に拠った。記して御礼申し上げる。篇末に元禄五年（一六九五）四月の紀年を認める。

（74）元禄六年（一六九三）撰述の作例（一）では、依然として「祖休」が法名とされている。前掲書、『全』Ⅰ・三八九下左。そして同八年（一六九五）元旦に授与された法語「示了翁堂主」に至って、高泉が「道覚」と命名した由来を認める。『遺稿』巻二、『全』Ⅰ・三五二上左。

（75）井原西鶴作品中に見る「錦袋円」登場場面について、平成十年（一九九八）執筆の拙稿「井原西鶴　黄檗寺院のある風景」で所見を述べた。『応募論文集』第一号所収、三鷹市：禅林寺刊、平成十三年（二〇〇一）。また、松永知海教授が公表された「研究ノート　天真了翁禅師研究の課題」では、文華殿所蔵の古文書に依拠しつつ、この薬の成分や、販路の形成過程にまで踏み込んだ研究がなされている。『黄檗文華』第一二三号、平成十六年（二〇〇四）。

（76）年次は『黄檗文化人名辞典』三七六頁下に示すところに拠った。また、了翁が参詣先でいずれも燃指行を敢行したと記したのは、高泉の前出「経蔵記」の叙述に拠った。註(72)前掲書、『全』Ⅱ・九二三上左。
(77)巻三十七、『大正蔵』第二三巻・二六九頁中。
(78)『元史』釈老志(巻二〇二所収)および『長春真人西遊記』(『正統道蔵』第五七冊)にはともに見えない。清・震鈞の『天咫紀聞』を引く『大漢和辞典』第一一巻・七五〇頁に拠った。また、清代末期に敦崇(満州旗人)が著した『燕京歳時記』では「筵九」の題下にこの日の白雲観の賑わいを述べているが、丘處機の自宮については何ら触れる所がない。小野勝年教授訳註『北京年中行事記』四一頁、岩波書店刊、『岩波文庫』所収、昭和十六年(一九四一)。
(79)高泉「経蔵記」、註(72)前掲書、『全』Ⅱ・九二三上左。木庵「武州東叡山建₂蔵経堂₁序」、『木菴全集』二二七四頁。
(80)「四巻本語録」巻三、『全』Ⅰ・三〇六上左。
(81)戦災で一体が失われたほかは、新宿太宗寺、巣鴨真性寺などに現存。
(82)『遺稿』巻四、『全』Ⅰ・三八〇下左。
(83)「地蔵菩薩本願経手鑑序」、『洗雲集』巻十二、『全』Ⅱ・八九六下左。
(84)第八章註(252)を参照。
(85)今ひとつ知られた例としては、出羽三山のひとつ、湯殿山の一世行人(修験者)・鉄門海のそれが挙げられる。ただし、時代はさらに下って寛政九年(一七九七)のことである。動機は了翁・遵察とほぼ同様である。当時二十四歳で人足をしていた鉄門海は、ある武士と一人の遊女をめぐって口論となった挙句、武士を斬殺、処罰を恐れ湯殿山に逃れて出家した。ところが、今度はその遊女から付きまとわれたため、この苦行を敢行し、不退転の決意のほどを示したとされる。松本昭教授『日本のミイラ仏』二四頁、東京:六興出版刊、『ロッコウ　ブックス』所収、昭和六十年(一九八五)。
(86)川勝教授註(6)前掲論文(二)、掲載号七六頁。
(87)石田博士『日本仏教史』四七頁、岩波書店刊、『岩波全書』第三三七巻、昭和五十九年(一九八四)。
(88)『大日本仏教全書』第一〇三巻・三五三頁下〜三五九頁下。正伝十五師、附見一師を立伝している。平安後期(十二世紀後半)

までの、わが国仏教界における苦行者列伝をなしている。最後に立伝された皇円は、生歿年未詳ながら、法然（一一三三〜一二一二）の青年期における師の一人である。したがって、皇円の活躍時期は、およそ十二世紀後半のことと見られよう。

(89) ただし、文字通り焼身して命を絶った例は長明・円勧（庵ごと放火・焼身）・応照・永助と四例まで挙げられている。いずれも十一世紀半ば（平安時代中期）以降、いわゆる末法思想が唱えられ出してからの例である。わが国では永承七年（一〇五二）からが末法の到来とされており、穢土たる現世を厭離し、浄土往生を期しての焼身と見られる。もとより単なる厭世自殺ではなく、彼らがいわゆる「廻向思想」に立って、往生を遂げてのち、穢土に還来《げんらい》のうえ、新たに衆生を済度せんとする意志をも併せいだいていたことを、われわれは見落としてはなるまい。

(90) 木南卓一氏校訂・編纂『慈雲尊者法語集』三一〇頁、京都：三密堂書店刊、昭和三十六年（一九六一）。

(91) 以上、註(90)前掲書巻末「慈雲尊者略年譜」三六一頁、および「解説」三七〇頁を参照。また、慈雲が師事した曹洞宗の大梅については、古田紹欽博士の論攷「道者超元（独庵の師）に就いて」に略伝を掲げる。古田博士は『南山下得法源流略』なる法系図（天保六年［一八三五］増補完成）を紹介され、大梅が曹洞宗の法系のみならず、亘信行弥（隠元の同門法弟）―道者超元―鵬洲碩搏―量外頑器―大梅と、明末臨済宗の法を承けていることをも明らかにされている。本論攷の初出は、『印度哲学と仏教の諸問題』、岩波書店刊、昭和二十六年（一九五一）。本稿では『独庵玄光と江戸思潮』所収本に拠った。同書三〇九頁、ぺりかん社刊、平成七年（一九九五）。

(92)『仏祖統紀』巻十八、『大正蔵』第四九巻・二三九頁下。

(93)『大正蔵』第四七巻・九五四頁下。任観察とは、あるいは大慧および黄庭堅（一〇四五〜一一〇五）と同時代人で、黄庭堅の詩の最初の註釈『山谷内集注』を撰述した任淵を指すとも考えられる。任淵の官職は「潼州憲」であったが、〈州憲〉の職務は地方政治の視察であったから、これを大慧が「観察」と換言したと見ても、不自然ではなかろう。今後の研討に俟ちたい。

(94) 註(5)前掲書二二五頁。

(95) 巻四十（最終巻）、『大正蔵』第一〇巻・八四五頁下。

(96) 惟一は『華厳経』のほか『法華』・『報恩』・『涅槃経』をも血書し、合計二百巻に達したという。高泉「華厳道人伝」、『一滴艸』巻四、『全』Ⅱ・六五四下右。さらに寛文五年（一六六五）には、これらに加えて『大報恩経』を血書、高泉は再度「血書報恩経跋」を撰述して礼讃した。『洗雲集』巻十七、『全』Ⅱ・九六八下右。

(97) 『印光大師文鈔（上）』所収。本稿では、台中蓮社（李炳南居士開創の、台湾を代表する念仏道場）刊行の『印光大師全集』本に拠った。同『全集』第一巻・一四一〜一四四頁所掲、民国八十四年（一九九五）。なお、この書簡の註釈としては、会性法師『読印光大師文鈔記』五七七〜五八五頁に掲げるそれが、すこぶる平明である。同じく台中蓮社刊、民国七十七年（一九八八）。

(98) 以上、印光・弘一両師の事蹟は、于凌波居士（一九二七年生）『民国高僧伝初編』所収のそれぞれの伝記に拠った。台北市・昭明出版社刊、民国八十九年（二〇〇〇）。原典資料が明示されていない点、在来の中国高僧伝と同様の微瑕ありと言わざるを得ないが、行文はすこぶる簡明にして要を得ている。

(99) 『紀年録』同年の条、『全』Ⅲ・一四八二上右。

(100) 七絶「先慈厳諱日血ニ書金剛経ニ」、『洗雲集』巻五、『全』Ⅱ・七九七上右。本篇の系年理由は、第五章註（233）前掲の詩偈（釣道具を焼却した藩士を賞賛）に同じい。なお、高橋佳典氏がその論攷「玄宗朝における『金剛経』信仰と延命祈願」で究明されているように、『金剛経』自体は般若空観の思想を説いており、文中どこにも君父の長寿や、浄土での安穏を約束する字句を認めない。ただ、唐代中期（玄宗朝）以降は、その経名自体がこうした現世（および来世）利益をもたらし、金剛不壊の身心を回向先（君父）へ齎らすものと解釈された。その結果、いわゆる「金剛道場」法会の盛行を見るに至った。本篇もまた、こうした信仰の現れといえよう。高橋氏前掲論攷は、『東洋の思想と宗教』第一六号所収、平成十一年（一九九九）。

(101) 七絶「閒中追ニ思先父母一…」、『洗雲集』同右巻、『全』Ⅱ・七九七下左。詩題すこぶる長く、血書した経名が列挙されている。

(102) 『紀年録』同年の条、『全』Ⅲ・一四八七下右。

(103) 同書巻三、『全』Ⅱ・六四一下右。

(104) 大槻氏註(66)前掲書二三頁。前年秋、鉄牛は周防国峨眉山で燃頂・燃臂を敢行、長崎福済寺に帰山後、経文・陀羅尼を血書した。そして、この年春に中国へ戻る商船主・張梅庵に対し、自己に代わって普陀山へ納経してくれるよう乞うている。

(105) 五絶「心宗侍者公事之暇。嘗刺レ指血二書普門品一百巻一。用資二恩有一」、『仏国詩偈』巻一、『全』Ⅱ・六六七上左。製作年代は未詳であるが、本書は貞享二年（一六八五）に刊行されているから、当然それ以前の製作であろう。

(106) 法語「示二禅関道徹客堂主一」が伝わる。本篇の二篇前に元禄七年（一六九四）、了翁に授与した法語を掲げ、三篇のちに翌八年元日、同じく了翁に授与した付法法語を掲げている。よって本篇はこの間の作であろう。その内容は、禅関が入門以来三年（足掛けの意か）に達し、よく精進していることを讃え、「道徹」の名を新たに授けるというものである。『遺稿』巻二、『全』Ⅰ・三五三上右。ちなみに、琉球王朝と黄檗山との縁故は、恐らく延宝二年（一六七四）、鉄眼が大蔵経刊刻への喜捨を呼びかける旅の途上、鹿児島福昌寺（曹洞宗、島津家菩提寺）で『首楞厳経』を講じた際、同地に滞在中の琉球国王子からの求めに応じて法要を説いたことに始まるようである。源了圓博士『鉄眼禅師仮字法語』附録「鉄眼略年譜」一六七頁。当時の琉球国王は尚貞（一六四五～一七〇九）であり、在位四十一年（一六六九～一七〇九）に及んだ。上里賢一教授『校訂本中山詩文集』解説三〇頁、九州大学出版会刊、平成十年（一九九八）。王は漢詩文を好んで『中山詩文集』に複数の作品を留めるほか、中国禅宗に対しても相当の関心を寄せており、為霖道霈の『還山録』に見える七律「琉球国中山王求レ偈書レ此贈レ之」は、同書が康熙二十七年（一六八八）に編まれたことからして、これまた尚貞王に贈られたものと見られる。巻一、『卍続蔵経』第一二五冊・九五六頁上。琉球が鎖国体制化のわが国にあって、唯一比較的自由に中国との往来ができた地であったがゆえに、われわれはとかく、同地の僧侶もまた、もっぱら中国にのみ留学したと考えかちである。事実はしかし、王家の菩提寺・円覚寺が妙心寺の末寺だった関係上、日本へ赴く者も存在したのである。例えば、鉄眼とも道縁のあった賢巖禅悦（一六一八～一六九六）は、「琉球国燈首座」へも付法している。小畠文鼎師『続禅林僧宝伝』巻上、能仁晃道師訳註『訓読　近世禅林僧宝伝』上巻・二八七頁、京都：禅文化研究所刊、平成十四年（二〇〇二）。

(107) 『全』Ⅰ・一一〇六上右。

(108)『景徳伝燈録』巻十一、『大正蔵』第五一巻・二八二頁中。

(109)『大正蔵』第四九巻・九四六頁上。

(110)『十誦律』巻三十七、『大正蔵』第二三巻・二六九頁下。「男根切除」禁止規定の直後に掲げられている。

(111)『洗雲集』巻七、『全』Ⅱ・八二三下左。本篇よりも十五篇前に延宝二年（一六七四）作の「甲寅元日」を掲げる。一方、本篇よりも八首のちには「対レ菊」を、十篇後には延宝三年（一六七五）作の「編二扶桑僧宝伝一成書レ後」を掲げる。よって本篇は、延宝二年秋以前の作と見られよう。

(112)『黄檗文化人名辞典』一四頁下。

(113)「恭題二正覚皇子血書経後一」、『洗雲集』巻十七、『全』Ⅱ・九七二上左。

(114)「示二光子内親王一」、「二十四巻本語録」巻十七、『全』Ⅰ・一六六下右。

(115)同書七〇頁、第一章第八節「近世の永源寺」、執筆は渡辺守順師（叡山学院名誉教授）、滋賀：永源寺町刊、平成十四年（二〇〇二）。

(116)同書一〇九頁下、滋賀：栗東歴史民俗博物館刊、平成十五年（二〇〇三）。

(117)恐らくは諸経論にも通じた一糸から、父皇を介して四十巻本『華厳経』の中の関連文言を聞かされたものと見られよう。

(118)一糸夭折ののち後を承けた如雪文巌（一六〇一〜一六七一、永源寺第八一世）は、元来は律宗を学び、禅宗に転じてのちも、七歳年下の本師・一糸に同じく、禅僧となる以前は洛北槙尾山に戒律を学び、禅・律兼修の立場に拠っていた。それゆえ、隠元らとは立場を同じくし、殊に道縁が深かった。恐らくは大通尼もまた、新たな師・如雪を介して、黄檗教団がもたらした血書経典を一度ならず目にしたものと考えられる。

(119)高泉が天和三年（一六八三）に撰述した「大悲山円通寺碑銘」に、この瑞雲尼の略伝を掲げる。『洗雲集』巻十六、『全』Ⅱ・九六一下右。また、平久保氏『隠元』一七六頁では、辻善之助博士の先行指摘に基づきつつ、同尼（贈左大臣・園《その》基任の三女、後光明天皇［法皇皇子］生母の姉）こそが、隠元と皇室・公家社会との結縁を図った功労者であることを、明らかにしている。

高泉が右記「碑銘」を撰述する以前に、瑞雲尼は七十二歳で示寂しており、かつ、経典を血書した年代も明示されていない。ただ、大通尼の場合と異なり、一糸の示寂後は、新たに隠元に師事したことが知られている。

(120)『仏祖統紀』巻三十四「転法輪」の項では、天台教学の五時教判を解説するが、『法華経』を「約レ時。日輪当レ午」と述べている。『大正蔵』第四九巻・三二六頁下。

(121) 能仁師註(106)前掲書二八七頁。

(122) 能仁師註(106)前掲書二八四頁。

(123)『黄檗文華』第一二一号・一八三頁、平成十四年(二〇〇二)。

(124) 巻四、『大日本仏教全書』第一一〇巻・一六五頁上。

(125) 木村氏註(123)前掲報告、掲載号一八四頁。また、独湛渡日後の足跡については、大賀一郎博士「黄檗四代念仏禅師独湛和尚について」附録の年譜に拠った。『浄土学』第十八・十九合輯所収、昭和十七年(一九四二)

(126) 大槻幹郎氏の論攷「黄檗語録に見る加賀・越中(四)」に記すところに拠った。『黄檗文華』第一二一号・一九六頁、平成十四年(二〇〇二)。

(127)『永平正法眼蔵蒐書大成月報』第二七号・七～八頁。東京：大修館刊、昭和五十七年(一九八二)。

(128)「八不道人伝」、註(37)前掲書八五六一頁。

(129) 上下二冊、台北：法鼓文化事業刊、民国八十九年(二〇〇〇)。

(130) 刊年未詳、法鼓山(聖厳法師開創の巨刹)製作。朝元寺にて多量に配布している。筆者は、民国九十二年(二〇〇三)六月に入手した。法師の掩関は、数え三十四歳の民国五十二年(一九六三)九月末日から同五十五年(一九六六)八月までのほぼ三年間と、同五十六年(一九六七)六月から翌年二月下旬までの約八か月である。前者において、法師の著述として今も最も流布している『正信的仏教』を執筆・脱稿している。

(131) 梵心出版社刊、『法性宝林関房日記叢書』一、民国八十五年(一九九六)。

(132)『来果禅師自行録』三九頁、揚州：高旻寺刊、一九九二年。于凌波居士は同書から撮要のうえ、その『民国高僧伝初編』の来果伝を立てている。なお、来果が寺の改革に際し制定した『高旻寺規約』は、近代における「規約」（罰則付き「べからず集」）の典型とされ、台湾・香港で数次の刊行を見ている。

(133) 自らも掩関に取り組み、その途上病歿した煮雲法師（一九一九〜一九八六）は、民国四十二年（一九五三）、普陀山生活の回想をも交えた『南海普陀山伝奇異聞録』を公刊した。同書一四三頁以下に「関房関房徳光普照」の一章を立て、国共内戦中に同地で出会った掩関者らの印象を語っている。本稿が拠った同書は、台湾某地の有志らによる印贈品であり、刊記に刊年を認めない。

(134)『黄檗文化人名辞典』二七五頁上。

(135) 洪祖撰「行状」、『高峯原妙禅師語録』巻下、『卍続蔵』第一二二冊・六九六頁上。

(136) 同『人名辞典』二八〇頁下。

(137) 同『人名辞典』三六頁下。

(138)『一滴艸』巻二、『全』Ⅱ・六二八上右。本篇よりも四篇前に順治十三年（一六五六）、漁民たちに戒殺を呼びかけた一篇が置かれており、反対に、五篇のちには本師・慧門如沛に命ぜられて代作した「募レ糧」が置かれている。後者は同十六年（一六五九）、山内の食糧備蓄が底をついた折りの作である。したがって、本篇はこの間の食糧事情に依然余裕があった頃に成っていよう。なお、隠元はすでに同十一年（一六五四）に東渡している。

(139)『遺稿』巻二、『全』Ⅰ・三五四上右。文潭宗映（柏巖性節の門人）の長崎大慈庵における掩関を、「蓋し上《かみ》、高峰遠祖の芳規に倣はんと欲するなり」と見る。同じ法語中に、文潭が既に本師・柏巖から付法されている旨、明記されている。その付法年次は貞享五年（一六八八）三月のことであるから、本篇はそれ以降の執筆に係ろう。

(140)「行状」、註(135)前掲書六九七頁下。なお、高泉は本「行状」に拠りつつ、随筆集『山堂清話』に「病中用レ工」の項を立てている。ここでは、雲水の一人・若瓊が、高峰の訓戒を奉じて闘病しつつ参禅、今わの際に悟った故事を取り上げている。

巻中、『全』Ⅲ・一一五六上左。「行状」の関連原文は、註（135）前掲書六九八頁下。高泉は高峰に関しては、ほかに「仏祖源流象賛」中で「第二十二祖高峰原妙禅師」一篇を製作しているのみである。「二十四巻本語録」巻十九、『全』Ⅰ・一八六下右。ただし、高峰が二十二歳にして断橋妙倫に師事した際、「生、何くよりか来たる、死、何くよりか去《ゆ》く」の公案を与えられ、「脇、席に至らず」、すなわち横臥することなく究明に鋭意していた姿には、青年期の自己の経験と相通ずるものとして深く感銘を覚えたものとおぼしい。『山堂清話』の右記項目においても、「行状」原文を引き写しにする形で紹介している。「行状」の関連原文は、同じく註（135）前掲書六九六頁下を参照。

（141）「行状」、註（135）前掲書六九八頁上。

（142）『高峰大師語録』全一冊、松ヶ丘文庫所蔵（筆者未見）、小川霊道師『新纂　禅籍目録』一一八頁上。

（143）『岩波文庫』所収、平成元年（一九八九）復刊。

（144）原文：同書八七頁以下；訓読：同書八五頁以下。

（145）『黄檗文化人名辞典』には立伝を認めず、彼が教団史上に果した大きな役割を思えば、いかにも奇異なことである。近年、渡辺麻里子教授が、中村秀晴師（黄檗山内・宝蔵院［鉄眼版大蔵経版木を格護］住職）からの教示に基づきつつ、その略伝を執筆された。渡辺氏「月山寺蔵了翁寄進鉄眼版一切経調査報告」註（1）、同教授・内山純子氏の共著『曜光山月山寺　了翁寄進鉄眼版一切経目録』解題編一九八頁、茨城：月山寺刊、平成十三年（二〇〇一）。

（146）七言絶句、『洗雲集』巻八、『全』Ⅱ・八四二下右。本篇よりも十二篇前には、この年に執り行われた勝尾寺開山九百年忌に際しての賀偈が掲げられている。また、二十四篇のちにも、摂津方広寺内に端山道正が築いた「夢住軒」を詠じた一篇を掲げる。よって本篇は、同年内に成ったものと見られよう。

（147）西鶴作品中に散見される瑞龍寺の偉観描写については、註（75）前出の拙稿を参照されたい。掲載号一一六〜一二一頁。

（148）「二十四巻本語録」、巻十八、『全』Ⅰ・一七七上右。

（149）巻五、『大正蔵』第四八巻・一八〇頁下。禾山とは、洞山良价の法嗣の一人、吉州禾山を指す。

(150) 同師『禅宗辞典』七七二頁下。

(151) 「二十四巻本語録」巻九、『全』Ⅰ・八四下右。

(152) 『黄檗文化人名辞典』三五〇頁上、妙心寺の無門元真（一六二七〜一六八六）が寛文八年（一六六八）から妙心寺に大蔵経を架蔵せんことを発願、建仁寺から借経のうえ、同十二年に至って写本を完成せしめている。

(153) 辻善之助博士『日本仏教史』近世篇之三・五九七頁。忍澂およびその門下生による高麗蔵・鉄眼蔵（明蔵）対校成果は、明治に至って『卍続蔵経』として公刊された。

(154) 渡辺・内山両氏註（145）前掲書一四八頁。

(155) 七絶「示二呑海徒僧瞻レ病」二首、『仏国詩偈』巻五、『全』Ⅱ・七一六下左。題下に長文の詩序を附す。本篇の十八篇前には、天和二年五月、信盛の智積院晋山を賀した偈を掲げている。

(156) 「示月峰喜菴主閉関」、『仏国詩偈』同右巻、『全』Ⅱ・七一七上右。

(157) 文中に「掩関」、もしくは「閉関」との文字を認めないが、書簡「答二興源法上座一書」も、〈法上座〉が「杜レ門謝レ客」、ひたすら参禅弁道に励んでいることを彼から寄せられた近況報告で知って、「為レ之大喜」と述べ、今後いかに修行を進めるべきか、とりわけ彼が提示した「如二井底有レ物。雖レ獲二窺見一。而未レ能二手捉一。故於二仏祖無義味公案一。未レ透為レ恨」という状況をいかに打開すべきかについて、「心外《しんげ》に法を見てはならぬ」と教示している。『洗雲集』巻二十、『全』Ⅱ・一〇一三上左。いわばこの書簡は、準掩関者を教導し励ますものと言えよう。〈法上座〉とは、慧極道明（高泉の後を承けて金沢献珠寺に晋山）の高弟たる紹燈元法を指すか。

(158) 『永覚元賢禅師広録』巻九、『卍続蔵経』第一二五冊・五〇〇頁上〜下。

(159) 〈 〉内は、『孟子』「告子」下に見える、「天、大任を其の人に降さんとするや」以下の章句を踏まえる。四十歳にして出家するまで儒学を学んだ永覚らしい修辞だと言えよう。

(160) 『和刻影印　近世漢籍叢刊』思想四編第七巻・五五五四頁。

(161)「跋㆓竹窓随筆㆒」、『法苑略集』巻四、『全』Ⅱ・五八二下右。本書の散文の部は、福建時代から寛文年間（一六六一～一六七三）までの、四十歳以前の諸作品を収録している。

(162) 松永教授註（39）前掲論文、掲載号一七頁。

(163) 七絶「延宝九年。雨暘不㆑若。珠米桂薪…」、『仏国詩偈』巻五、『全』Ⅱ・七一〇上左。詩題すこぶる長く、製作理由についての説明を兼ねている。

(164) このほか、ときの長崎奉行からの官米支給も得られたという。『黄檗文化人名辞典』一三九頁下。

(165)「香積仏品」、同『経』巻下、『大正蔵』第一四巻・五五二頁下。維摩居士の徳に感じた香積仏が、多くの菩薩を派して「満鉢香飯」を供養したとする。

(166) 七絶「賑㆑貧」、『一滴艸』巻三、『全』Ⅱ・六四一下左。

(167) なお、ここで附言しておきたいのは、高泉自身の幼少期の宗教環境が、よく言えば信心深く、悪く言えば道教・仏教が混淆した典型的な福建の家庭であったことである。十三歳にして両親を一度に喪った彼は、外祖母からの勧めのままに、金紙・銀紙を燃やして両親が冥土で使用せんことを念じたが、この習わし（「寄庫」）については、既に袾宏がその『正訛集』で非仏教的な迷信として批判している。『和刻影印近世漢籍叢刊』第六巻・四九四二頁。高泉は出家後、同書を読んで感服、「跋㆓正訛集㆒」を撰述しているほどであるから、「寄庫」が迷信であることは気づいていたであろう。しかしながら、出家後も依然、福州の名士の「招いた」仙人らと詩偈を応酬し、その存在を信じているのは、福清県内の石竹山（黄檗山の北方に位置）で盛んだった乩仙信仰からの強い影響によろう。隠元もまた、盲信こそしていなかったものの、少なくとも渡日以前までは、乩仙信仰に相当の関心を寄せており、その形跡は『黄檗山志』に採録されている「仙詩」ほか、いくつかの詩偈からうかがい知られる。こうした状況下、割股を礼讃した高泉は、これが孝行の極致だとの認識はもっていても、それが帯びる土俗性、民間信仰性に対しては、恐らく深くは思いを致さなかったものと見られる。なお、石竹山の乩仙信仰に関しては、先年（平成十六年〔二〇〇四〕夏）、福州出身の林観潮氏（廈門大学哲学系副教授）が、「隠元隆琦と日本皇室――『桃蘂編』を巡って――」を『黄檗文華』第一二三号に公表された。

(168) 大島龍玄師「東アジアにおける持戒の現状」、『文明のクロスロード九州』所収、九州曹洞宗青年会・福岡曹洞宗青年会共同刊行（後者は田川市・成道寺内）、平成九年（一九九七）。同師が親しく目睹されたところに拠れば、一九九二年、宝華山（江蘇省鎮江市）で三十五年ぶりに執り行われた授戒会では、一人の若い尼僧が燃指を敢行したという。同書六六頁。なお、宝華山は、見月読体（一六〇一～一六七九）が清初に中興した、律宗の中心的寺院である。本書を筆者へ恵贈された大島師に対し、記して御礼申し上げる。

(169) 近年台湾にあっては、太虚・円瑛・印光・諦閑・弘一ら民国初期に活躍した高僧の全集・選集が新たに校訂・刊行されつつあり、今後これら諸文献を精査したうえで、血書関連の詩偈・法語をさらに探してゆきたい。

(170)『紀年録』は翌宝永四年（一七〇七）十月に至り、高泉の十三回忌を期して刊行された。また、先行する『黄檗第五代高泉和尚行実』は、示寂直後の元禄八年（一六九五）十二月に成っている。

(171)『名古屋大学東洋史研究報告』第一九号、平成七年（一九九五）。なお、桑原博士の先行研究「支那の孝道――殊に法律上より見たる支那の孝道――」は、『桑原隲蔵全集』第三巻所収、岩波書店、昭和四十三年（一九六八）。

# 第七章　高泉の文字禅

# 序　節

清規を定め、多くの詩偈を製作し、かつ、わが国の高僧伝を三百年以上にもおよぶ中絶ののちに再度編纂する――こうした高泉の営為は、清規制定の一点を除けば、北宋の徳洪覚範（一〇七一～一一二七、寂音尊者）の事蹟と相通ずるものがある。高泉にあって徳洪にない事蹟は、「清規制定」の一事である。これは徳洪が半ば自ら進んで時の政治的紛争の渦中に身を投じた結果、四十一歳の政和元年（一一一一）から示寂前年の靖康元年（一一二六、北宋滅亡）まで十五年間も還俗を余儀なくされており(1)、この間、身こそ寺院に在って数々の詩偈・僧伝をものしたけれども、身分上は在家居士であったがために、清規制定のような僧事にかかわることは許されなかったためである。

本章では、高泉が徳洪の詩文および僧伝が再度もてはやされた明末清初にあって、いかなる背景から、どのようにして、他の禅僧にもまして徳洪に傾倒するに至ったかを考察したい。

## 第一節　徳洪『石門文字禅』の成立と後代への影響

### 第一項　宋代禅宗における「不立文字」の崩壊

とかく「不立文字」の根本原則から、その奥義を文字・言語で表現することを嫌悪する思想だと見られがちな禅宗である。少なくとも初唐から中唐までは、この傾向が維持されたと言えよう。しかしながら、六祖慧能が現れ、飛躍的に禅宗を発展せしめてからは、彼の悟達において、詩偈が大きな役割を果したとする見方が定着した。その結果、自己の禅的心境を詩偈の形で表明し、本師や同門法兄弟へ提示、批評や讃嘆を受けるという事例が、およそ枚挙に暇もないほどに増加した。

時あたかも唐代が詩歌発展の頂点に達した時期でもあったことは、これら詩偈に形式・内容両面での充実をもたらした。『景徳伝燈録』および『祖堂集』を通覧するに、内容はともかく、形式の上からは、いわゆる唐詩で用いられる五言絶句・七言絶句・五言古詩・七言古詩が尽く活用されており、変化に富んでいると言ってよい(2)。こうして「不立文字」の壁は、まず詩偈の一角から突き崩された。

ついで宋代に至り、禅宗教団が体質的変化を遂げた。阿部肇一博士が指摘されるように、山野に隠れ個人的な悟達を少数の師友らとともに目指すという唐代までの傾向は影を潜め、代わって、都市にも大伽藍を構えて多数の大衆《だいしゅ》を擁し、清規を定めて整然と日々の行事を執り行うということが一般的傾向となった。いわば個人的宗教から社会的宗教への変化である。

開封・洛陽・杭州など都市の大伽藍へは、当然のことながら、士大夫が出入りし、その中には時として反仏教的な人士も交じってはいたが、多くは蘇軾・黄庭堅を代表例として、教養ある禅僧らと詩文を通じた交流を深めたのである(3)。これがために、唐代に比すれば禅僧の詩偈は飛躍的にその水準を向上させたと言ってよい。その中でも特筆されるべき存在が、徳洪覚範である。

## 第二項　文字禅の定義と先行研究

本章においては徳洪の主著としての「(石門) 文字禅」には書名符号『　』を附するが、この詩文集を象徴とする、中国禅宗の一大風潮が、すなわち「文字禅」である。序節冒頭に述べたように、これは本来文字では言い表し得ないと見られていた禅道の奥義を、詩偈を中心とする文字によって敢えて表現する試みを指す。

この言葉について、現在最も深く、かつ、様々な角度から分析を加えた労作として、周裕鍇博士（一九五四年生）の博士論文「文字禅与宋代詩学」がまず挙げられる。同博士は、「文字禅」の大まかな語義を「文字を媒介・手段、もしくは対象とするあらゆる参禅、仏教研鑽の営為」としつつも(4)、これに広義・狭義の両義ありとされる。

まず、広義の文字禅については、「一、経典の字句に関する註釈。二、燈録・語録の編纂。三、頌古・拈古の製作。四、世俗の詩文を吟誦すること」と規定される(5)。そして、狭義の文字禅については、「禅僧が製作したあらゆる人間臭さを取り去った（原文：忘情）、あるいは未だそのような忘情を果せずにいる詩歌と、士大夫らが製作した（通）仏教および禅的なものを含む詩歌を指す。恵洪を例に取れば、彼の詩文集の中には禅や仏を詠じた作品があるかと思えば、情感溢れる華麗な詩句も認められるが、それらすべてを総称して『文字禅』と呼んでいる」と規定される(6)。本稿においても、周博士のこの定義に準拠したい。

## 徳洪の事蹟に関する主要な先行研究

周博士の論攷は、わが国の阿部博士らの先行研究をも取り入れた、近年における「文字禅」研究の金字塔である。その本文は、左記のような構成を有する。――前言／第一章「禅宗言意観的演変：由不立文字到不離文字」／第二章「「文字禅」的闡釈学語境：宋代士大夫的禅悦傾向」／第三章「話語的転換：文字禅与宋代詩論」／第四章「語言芸術：禅語機鋒与詩歌句法」／結論。博士は主として徳洪の『石門文字禅』を取り上げつつ、蘇軾・黄庭堅・張商英ら同時代人の詩論や仏教観をも概観し、徳洪が確立した禅界の一大趨勢「文字禅」について詳解を尽している。

また、周博士に少しく先んじて、楊維中博士は論攷「由「不立文字」到「文字禅」――論禅宗的詩化歴程――」(7)

を執筆された。この論攷は、楊博士の碩士（修士）論文であるが、的をもっぱら禅宗における詩偈の導入と定着とに絞っている。その本文は、左記のような構成を有する。――導言／第一章「「不立文字」：禅宗的本旨」／第二章「農禅儒禅：禅的文人化」／第三章「「無説説」：禅門的語言理論」／第四章「文字禅：禅的詩化潮流」／第五章「詩禅互滲的内在機制：生命本体的豁然貫通」／結語。これも労作であるが、通覧するに、宋代詩論および宋代禅宗史に関する、ある程度の予備知識を要する。また、周博士の論攷ほどには徳洪が語られていないようである。

徳洪自身の事蹟、とりわけその僧伝編纂について取り上げた先行研究としては、阿部博士に註（1）前掲論攷に加えて「北宋の賛寧と徳洪の僧史観――「宋高僧伝」と「禅林僧宝伝」――」(8)があり、また、台湾・黄啓江博士の註（1）前掲論攷も、徳洪の修史と「文字禅」思想との密接なかかわりを論じている。

さて、近年に至って、大野修作教授は、「恵洪『石門文字禅』の世界」を公表された。『石門文字禅』一書に関しては、恐らく現時点で最も詳細な専論であるように感ぜられる。大野教授の指摘の中で、高泉研究にも適用できる視座として、次の二点が挙げられよう。

（一）徳洪自身はその実、「文字禅」という言葉を浩瀚な『石門文字禅』中、実は僅か五度しか用いておらず、しかもあまり積極的もしくは楽観的な語義を盛っていない。

（二）「文字」の同義語として「多語」を頻繁に用いており、これを自己の欠点と認識している。にもかかわらず、同時に「多語」し、ヨリ具体的には、詩歌に己が心境を託さずにはおられない。いわば「多語」に対して自戒と愛惜という二律背反的な感情をいだいている。したがって、徳洪は「多語」を基盤とする「文字禅」に対しても、決して楽観的にその中に浸り切っているわけではない(9)。

## 明末の徳洪再評価に関する諸研究

多語を自戒しつつも、その誘惑に抗い切れず、ついに政治的受難をさえ自ら招いたのが、ほかならぬ中年期以降の徳洪であった。そして、明末における徳洪の再発見者・達観真可（一五四三～一六〇三、紫柏尊者）もまた、同様にして詩文を媒介に士大夫社会との積極的交流に自らを投じた挙句、徳洪の轍を踏み、獄中に生涯を終えた。

達観畢生の事業である方冊大蔵経の刊刻を、わが国において継承・発展せしめた人こそ、黄檗和僧の鉄眼道光（一六三〇～一六八二）であり、隠元・大眉性善ら渡来唐僧は、鉄眼の事業に対し有形無形の支援を惜しまなかったが(10)、高泉自身は徳洪・達観を礼讃し（とりわけ、達観に対してはその非業の死を惜しみ）つつも(11)、内心では彼らの轍を踏まぬよう、常に心していたものと見られる。

さて、同時代人（北宋末期）の目に映じた徳洪像は、必ずしも好ましいものではなく、政治に首を突っ込んだ、俗念旺盛な僧だとする見方も存在した。かかる徳洪像が明末に至った大々的なイメージ・アップを遂げたのは、『石門文字禅』重刻者たる達観の宣揚に負うところが大である。高泉が註（11）前掲の「寂音尊者賛」で、「遠承二仏記一出身来。道声人物倶高邁。」とまで詠じ、最大級の礼讃を示しているのは、明らかに達観というフィルターを通じての徳洪像というべきであろう（〈仏記〉とは、仏から与えられる「記莂」、すなわち悟りの証明（書）を指す）。

徳洪の顕彰者たる達観の主要な事蹟と、その背後にあった思想とについては、近年、佐藤錬太郎教授が、論攷「紫柏真可の禅について」を公表された(12)。教授は達観の禅の最大の特色として、「経世済民の実践を使命とすること」を指摘される。これも同教授が指摘されるように、当時、実践を重視する陽明学が盛行しており、その一環をなす「万物一体論」が、彼をして自身の危険を顧みず民衆救済に邁進し、悲惨な獄死を遂げしめたものと見られる。と同時に、達観が鋭意宣揚した徳洪からの感化も、やはり見落とせないであろう。

達観およびその追随者（例：漢月宝蔵・覚浪道盛）らが、徳洪のいかなる事蹟に惹かれ、積極的に学んだのかについて、近年、台湾の廖肇亨博士が、『紫柏老人集』ほか浩瀚な関連文献に徴しつつ、一連の論攷で取り上げられた(13)。また、これも近年、大陸の陳永革博士も、明末における『石門文字禅』を核とした思潮としての「文字禅」に注視し、その博士論文「晩明仏学的復興与困境」の中で一節を割いて専述された(14)。

## 『石門文字禅』の大綱と高泉・運敞による模倣

さて、『石門文字禅』は「文字禅」を奉ずる人々から、根本聖典ともいうべき尊重を受けている。その大綱は、阿部博士註（1）前掲論攷で既に論述されている(15)。博士は全三十巻に達する同書の目次を掲げ、その部立て（例：古詩、七言律詩）を列挙されてのち、同書の性格を規定して「いわば禅門の教科書、入門書としてその見本を集約した著作と見ることができる」とされる。

ここで気になるのは、同書のこうした体裁に、いったいどの程度まで徳洪自身の意図が反映されていたかということである。本書の宋刊本は知られておらず、『四庫全書』(16)および『四部叢刊』(17)本として今日一般に知られているのは、いずれも達観が万暦二十五年（一五九七）、徳洪を絶賛する序を添えて世に出した重刻本である。ただし、重刻に際し何らかの形式上の甚だしい改変を加えた旨の註記は見当たらず、まずは宋代の原本のままと見てよいように思われる。その宋刊本の編纂は、門人の覚慈によってなされた。大野教授は、徳洪在世中に相当程度まで編纂が成っていたことを、同書巻十五所掲の七絶「与㆓護法禅者㆒」の詩句によって指摘しつつ、ただ、各作品が今日見るほどには完備を呈していなかったであろう、とする見解を示される(18)。

ともあれ、覚慈が本師・徳洪の意向を承けつつ同書を編んだことは疑いを容れまい。惜しむらくは、徳洪自身の序跋もなければ、編者・覚慈のそれも見当たらず、また、徳洪自身の自伝たる「寂音自序」（巻二十四）中では、本書の存在に言及せず、編纂の動機や理念を知ることは容易ではないが、阿部博士の指摘された〈禅門の教科書、入門書〉としての側面はいかにも濃厚である(19)。

同書の部立ては、すこぶる多彩であるが、とりわけ瞠目すべきは、全九十首にも達する六言絶句の作例である。恐らく高泉（全二百二十余首）に次いで、一個人としては史上最も多い作例を誇っていよう。これについては第九章第三節を参照されたい。ここではまず、古詩を先頭に、五律・七律・五絶・六絶・七絶と続く韻文部分の配列が、高泉の代表的詩文集『洗雲集』（全二十二巻）および、運敞最晩年の詩文集『瑞林集』（全十五巻）に見るそれに著しく似ていることを指摘しておきたい。

運敞自身、『洗雲集』ばかりか、達観重刻の明刊本『石門文字禅』をも架蔵していたが、彼の蔵書(20)に含まれる日中両国の禅僧の詩文集で、これら両書ほどに体系的な――すなわち詩形・文体別の――部立てを施しているものが見当たらない。また、運敞も六言絶句を製作しているが、そのきっかけは、高泉のみならず南源性派から軌範とすべき諸作品を贈られ、それらへ次韻したことに始まっている（第九章第七節後述）。したがって、ヨリ厳密を期して、『石門文字禅』・『洗雲集』に加えて、南源の詩文集『芝林集』をも今後併せて閲覧せねばなるまい。ともあれ、六言絶句に大きな役割を付与しているというこの一点で、運敞は『石門文字禅』、および同時代人たる高泉の『洗雲集』に学ぶところ大であったと言えよう。

なお、『洗雲集』巻頭には高泉の自序を掲げるものの、そこでは徳洪やその『石門文字禅』に関しては、取り立てて触れるところがない。また、同書には凡例もなく、高泉がいかなる先行詩文集を軌範としたか判然としない。しかしながら、先行する二つの詩文集、『法苑略集』（全五巻）および『一滴艸』（全四巻）の目次は、明らかに『石門文字禅』に倣ったことが窺われる。

よって、左にこれら三書の目次を掲げ（別表一）、ついで『石門文字禅』所立の諸項目のうち、『洗雲集』および『瑞林集』が何を取捨選択したかを見ておきたい（別表二）。かつ、高泉の比較的早期の詩文集たる『法苑略集』および『一滴艸』の部立てもまた、『石門文字禅』の詩部のそれにいかに大きく負うているかをも示した（別表三）。

別表一　『石門文字禅』・『洗雲集』・『瑞林集』の巻次対照表

| 巻次 | 『石門文字禅』 | 『洗雲集』 | 『瑞林集』 |
|---|---|---|---|
| 一 | 古詩 | 古詩 | 古詩<br>歌<br>五言律詩<br>排律（五言） |
| 二 | 古詩 | 五言律詩 | 七言律詩<br>七言排律<br>五言絶句<br>六言絶句 |
| 三 | 古詩 | 七言律詩 | 七言絶句 |
| 四 | 古詩 | 五言絶句<br>六言絶句 | 七言絶句 |

| | | | |
|---|---|---|---|
| 五 | 古詩 | 七言絶句 | 七言絶句 |
| 六 | 古詩 | 七言絶句 | 銘 |
| 七 | 古詩 | 七言絶句 | 記 |
| 八 | 古詩 | 七言絶句 | 序 |
| 九 | 排律 五言律詩 | 七言絶句 | 賦 説 弁 跋 墓誌 碑 |
| 十 | 七言律詩 | 七言絶句 | 賛 |
| 十一 | 七言律詩 | 序 | 伝賛 |
| 十二 | 七言律詩 | 序 | 伝賛 行状 表白 |
| 十三 | 七言律詩 | 記 | 表 疏 状 書 |

| | | | |
|---|---|---|---|
| 十四 | 五言絶句 六言絶句 | 記 | 書 |
| 十五 | 七言絶句 | 塔銘 | 縁起記 拾遺（問対・詩偈・雑文） |
| 十六 | 七言絶句 | 銘 | |
| 十七 | 偈 | 跋 | |
| 十八 | 賛 | 疏 啓 | |
| 十九 | 銘 詞 賦 | 書問 | |
| 二十 | 記 | 書問 | |
| 二十一 | 記 | 祭文 | |
| 二十二 | 序 | 表 伝 文 説 辞 榜 | |

| | | | |
|---|---|---|---|
| | | 引 曲 詞（歌） 偈 讃 | |
| 二十三 | 序 | | |
| 二十四 | 序 記語 | | |
| 二十五 | 題 | | |
| 二十六 | 題 | | |
| 二十七 | 跋 | | |
| 二十八 | 疏 | | |
| 二十九 | 書 塔銘 | | |
| 三十 | 行状 伝 祭文 | | |

別表二　『洗雲集』『瑞林集』に見る『石門文字禅』部立ての襲用Ⅱ

| 『石門文字禅』の巻次 | 『洗雲集』の巻次 | 『瑞林集』の巻次 |
|---|---|---|
| （以下、韻文）<br>古詩（一～八） | 一 | 一 |
| 排律（すべて五言）（九） | なし | 一（五言）<br>二（七言） |
| （律詩）<br>五言律詩（九） | 二 | 一 |
| 七言律詩（十～十三） | 三 | 二 |
| （絶句）<br>五言絶句（十四） | 四 | 二 |
| 六言絶句（十四） | 四 | 二 |
| 七言絶句（十五～十六） | 五～十 | 三～五 |
| 偈（十七） | 二十二 | なし |
| 賛（讃）（十八） | 二十二 | 十<br>十一・十二<br>［備考］　巻十所収の「賛」は、画賛ほか比較的短篇である。一方、十一・十二所収の「伝賛」は、僧伝の一環をな |

| | | |
|---|---|---|
| | | し、比較的長篇。 |
| 銘（十九） | 十六 | 六 |
| 詞（十九） | 二十二の「曲」が相当。 | なし |
| 賦（十九） | なし | 九 |
| （以下、散文の各文体）<br>記（二十～二十一） | 十三・十四 | 七・十五<br>［備考］後者はもっぱら寺院や霊像に関係する作品を収録。 |
| 序（二十二～二十四） | | 八 |
| 記語（二十四）<br>［備考］名僧の言葉を核として所見を述べる。 | なし | なし |
| 題（二十五～二十六） | なし。ただし、十七「跋」に「題二××一」とする関連作品を複数収録。 | なし。 |
| 跋（二十七） | 十七 | 八 |
| 疏（二十八） | 十八 | 十三 |
| 書（二十九） | 十九・二十 | 十三・十四 |
| 塔銘（二十九） | 十五 | 九の「墓誌」「碑」が相当 |

| | | |
|---|---|---|
| 行状（三十） | なし | 十二 |
| 伝（三十） | 二十二 | なし。ただし、十一・十二の「伝賛」には、伝記性の強い作例を複数収録 |
| 祭文（三十） | 二十一 | なし。ただし、十二「表白」は、先師や空也を礼讃する法会の際に読み上げられており、禅宗・儒教の「祭文」に相当。 |

別表三　『法苑略集』『一滴艸』に見る『石門文字禅』部立ての襲用

| 『石門文字禅』の巻次 | 『法苑略集』の巻次 | 『一滴艸』の巻次 |
|---|---|---|
| （以下、韻文）<br>古詩（一～八） | 一 | 単に「詩偈」として詩形別の分類は施さず、巻一から三までに全四百七首を収録。 |
| 排律（すべて五言）（九） | なし | |
| （律詩）<br>五言律詩（九） | 一 | |
| 七言律詩（十～十三） | 二 | |
| （絶句）<br>五言絶句（十四） | なし | |

| | | |
|---|---|---|
| 六言絶句（十四） | なし | |
| 七言絶句（十五～十六） | 三 | |
| 偈（十七） | なし | なし |
| 賛（十八） | 五 | 四 |
| 銘（十九） | 五 | 四 |
| 詞（十九） | なし | なし |
| 賦（十九） | なし | なし |
| （以下、散文の各文体） | | |
| 記（二十～二十一） | 四 | 四 |
| 序（二十二～二十四） | 四 | 四 |
| 記語（二十四）<br>［備考］名僧の言葉を核として所見を述べる。 | なし | なし |
| 題（二十五～二十六） | なし | なし。 |
| 跋（二十七） | 四 | 四 |
| 疏（二十八） | なし | なし |

| | | |
|---|---|---|
| 書（二十九） | 四・五<br>［備考］「書問」に作る。ヨリ私的な書簡は「書問」の部に、公的なそれ（住職就任祝賀状など）は、別に「啓」の部を設けて収録。 | 四<br>［備考］ヨリ私的な書簡は「書」の部に、公的なそれ（住職就任祝賀状など）は、別に「啓」の部を設けて収録。 |
| 塔銘（二十九） | なし | なし |
| 行状（三十） | なし | なし |
| 伝（三十） | なし | 四 |
| 祭文（三十） | 五 | 四 |

『法苑略集』・『一滴艸』ともに、とりわけ散文の部立てにおいて、その序列や名目を『石門文字禅』に学んだ形跡が歴然としている[21]。加えて、散文部分のない『仏国詩偈』（全六巻）では、（巻一）古詩（五言七言）・五言絶句・五言律詩／（巻二）五言律詩・七言律詩／（巻三）～（巻五）七言絶句／（巻六）七言絶句・六言絶句と配列、五言絶句・六言絶句の置き場所こそ『石門文字禅』とは異にしているが、『法苑』・『仏国』・『洗雲』の三集を通じて、韻文（詩偈）の部では、古詩に始まり律詩をへて絶句（七絶）に終わる、という形態がほぼ踏襲されている[22]。

高泉のこれら四つの作品集を通じて、『石門文字禅』への傾倒、とりわけ同書に見る部立てへの依拠は、すこぶる明瞭に認められよう。ちなみに、黄檗三祖（隠元・木庵・即非）の詩偈集に見る部立ては、平久保氏の報告（三祖『全集』それぞれの巻頭解題）に拠る限り、木庵・即非の場合すこぶる大雑把であり、「詩偈」と一括するのみ。これに対し、渡日後の隠元の詩偈集は、部立てすこぶる精緻である[23]。ただ、それでもなお古詩・律詩・絶句という大まかな分類によっており、しかも律詩・絶句に関しては『石門文字禅』のように五律・七律（以上、律詩）、五絶・六絶・七絶（以上、絶句）と細分化のうえ配列されているものは、皆無である。つまり、高泉の詩偈集ほどには『石門文字禅』と近似した配列法を採っていない。

今後さらに他の明末清初の禅僧の詩文集を広く閲覧したうえ、ほかにも相似た部立てを持つものがないかどうか精査せねばなるまいが、たとい該当する例を得たとしても、その詩文集自体に徳洪『石門文字禅』の部立てを模倣している可能性が十分にあることは見落とせない視点であろう(24)。

### 高泉の徳洪傾倒の開始時期

高泉の『法苑略集』は寛文十二年（一六七二）に編まれている。一方、『一滴艸』は作品こそ大多数が福建時代のものであり、渡日当時すでに稿本が成っていたというが（即非の序）、今日見る部立てで整理されたのは、貞享四年（一六八七）の弟子たちによる編纂に際してであったとも考えられる。また、『仏国詩偈』が刊行されたのは、『一滴草』に二年先立つ貞享二年（一六八五）のことであった。

『法苑略集』が成った寛文末年から『一滴艸』・『仏国』が成った貞享年中までの間、すなわち延宝年間、高泉は徳洪の『禅林僧宝伝』に範を取った正・続『扶桑禅林僧宝伝』を撰述した（第八章第三節第一項）。したがって、高泉の徳洪への傾倒は、これ以降強まる一方となり、元禄二年（一六八九）自編の『洗雲集』に至ってその頂点に達し、『石門文字禅』の部立てに多くを負うこの詩文集を生み出したのではないだろうか。

# 第二節　明末禅宗における文字禅への評価

## 第一項　達観真可の徳洪礼讃

達観（一五四三～一六〇三）が徳洪を、とりわけその「文字禅」思想を礼讃した著述としては、以下の三篇を挙げることができよう。（一）万暦十三年（一五八五）、徳洪の『智証伝』を重刻した際に附した序文(25)、（二）同二十五年（一五九七）の『石門文字禅』重刻に際し附した序文(26)、（三）同二十六年（一五九六）の歳末、徳洪の郷里にある石門山（江西生新昌県）を通過した際、同地で徳洪に捧げた祭文(27)。

### 達観最初の徳洪顕彰——『智証伝』の重刻

まず、（一）を撰述した万暦十三年、達観は四十三歳であり、既に久しく方冊大蔵経刊刻の事業に携わりつつあった。また、翌十四年には、生涯第一の同志となった憨山徳清（一五四六～一六二三）と相識っている。その冒頭、「これは宋代のことだ」と断り書きこそ加えているものの、「大法之衰。由㆓吾儕綱㆑宗不㆑明。以㆑故祖令不㆑行。而魔外充斥。即三尺竪子。掠㆓取古徳剰句㆒。不㆑知㆓好悪㆒。計為㆓己悟㆒。僭竊公行」と、恐らくは達観自身も目睹したであろう明代後期の「狂禅者」の実態を描き出している。これに拠れば、先人の機縁語（悟達の心境を述べた法語・詩偈）を断章取義のうえ、自分に都合のよいように解釈する徒輩が各地で横行していたことが知られる。

なお、徳洪の『智証伝』一巻は、宋代の原本では十巻に分かたれており、達観が指摘するように、『禅林僧宝伝』・『林間録』と並ぶ禅学三部作である。編纂の理念を示す徳洪自身の序・跋は現行本には見当たらない(28)。経論はもとより唐代から同時代までの禅の先徳の名言・事蹟を本文に掲げ、「伝曰…」という形で徳洪自身の見解や、その名言・事蹟に類似した例をも紹介している。禅宗の制度・典章に関しての考証を交えた随筆集『林間録』と並んで、僧伝作者としての徳洪の主著『禅林僧宝伝』を閲読するうえで、すこぶる有用である。

達観は、徳洪が経論の名言や、いにしえの名僧の言行を採録・分類した際の態度を、「宗教を離合し、事を引き類を分かち、五家の宗旨を折衷す」と概評する。これはつまり、徳洪が教禅一致、禅宗五家融合の立場に立っていたとする見解である。そのうえで、「昔人」の評語だと断り書きのうえ、「其の秘する所を発き、忌む所を犯して惜しまざるに至っては」、さながら漢初の貫高や春秋時代晋国の程嬰・公孫杵臼にも比すべき細心ぶりである、としている(29)。もとより徳洪自身は、その著述を披見する限りでは、権力の横暴で無理やり還俗させられて以降も、依然臨済宗黄龍派の一員だという強い意識を保持しており、師翁・黄龍慧南および本師・真浄克文への敬慕は、自伝「寂音自序」ほか複数の著述から容易に看取される。したがって、この概評といい、「昔人」の評語（徳洪の老婆心切なる様子に関して）といい、事実は達観自身の主観的見解と見るべきであろう。これら評語は、『智証伝』重刻の時点で、達観が佐藤教授の指摘される、「特定の経典や宗派に拘らない網羅的折衷的調和的傾向」(30)の持ち主であったことを、如実に反映していよう。

### 正統的思想継承者を宣言する『文字禅』重刻序および祭文

また、(二)・(三)は、万暦二十三年、政治闘争に捲き込まれて最初に投獄され、やがて出獄してのちの撰述である。これら両篇の文面には、特に(三)のそれには、自己の坐獄経験にこそ一字も触れられていないけれども、自己こそが徳洪思想の正統的後継者だとする自負が、隠しようもなく横溢している(31)。

これら二篇について、佐藤教授註（12）前掲論攷では、「文字を通じて仏法を理解せねばならない、という考え」が表明された典型例であるとの判断を示されている。（二）についてはのちに触れるとして、（三）、すなわち、徳洪ゆかりの地で敬慕を込めて撰述された祭文では、同教授の見るところでは、達観は篇末に至って「禅と文字とを密接不可分の関係に置いており」、「当時の禅僧が、経典やその理論的解釈を軽視する傾向を批判」している。つまり、「真可［達観］が、経論の出版に情熱を注いだ理由の一端」が、そこではっきりと開示されているのである(32)。

　文字波也。禅水也。如必欲㆘離㆓文字㆒而求㆖㆑禅。渇不㆑飲㆑波。必欲㆓撥㆑波而覓㆒㆑水。即至㆓昏昧㆒。

　文字は、波なり。禅は、水なり。如《も》し必ず文字を離れて禅を求めんと欲し、渇きて波を飲まず、必ず波を撥ねて水を覓《もと》めんと欲せば、即ち昏昧に至る。(33)

## 鉄眼による達観「文字禅」観の継承（附説）

なお、わが国にあって達観が刊刻した大蔵経を覆刻流布せしめた鉄眼（一六三〇～一六八二）は、明らかに禅僧とおぼしい人物から「我が宗、貴ぶらくは、明心見性に在り。然るに師〔鉄眼〕は常に経論を講ず。豈に直指の旨に違するにあらずや」と問いかけられるや、即座に笑って次のように反駁している。

　子何ぞ言ふことの易々たるや。夫れ禅は水なり。教は波なり。禅を取って経を捨つるときは、則ち波を撥つて、水を求むるが如し。……（中略）……烏虖（ああ）、禅と教と二致有らんや。(34)

つまり鉄眼は、右記の達観の言葉を自己多年の所信たる教禅一致論の根拠としているのである。さきに周裕鍇博士が広義の「文字禅」を定義した中で、〈経典の字句に関する註釈〉を第一に挙げたのを見た（第一節第二項）。鉄眼もまた、恐らくは自己の仏典講義が決して単なる教宗諸師の講経の模倣などではなく、自己の敬慕する達観に淵源した――そして遠くは徳洪にまで遡る――「文字禅」の一環であることを確信しており、それゆえに、達観の言葉をほぼ忠実に借用したのだと言えよう。

ただ、達観の場合と違うのは、教禅一致の立場をヨリ鮮明にし、達観の原文では「文字と禅」とされていたのを、鉄眼が「教（宗）と禅」と改めていることである。思うにこれは、鉄眼が自己の覆刻する達観の大蔵経が、禅宗（黄檗教団および在来二禅宗）のみならず、広く教宗諸派（例：天台・真言）へも流布せんことを願っていたことを反映していよう。

## 「重刻文字禅序」に見る達観の詩禅一味論

さて、(二)、すなわち、達観が『石門文字禅』を重刻した際の序では、南宋末期の『滄浪詩話』に至って確立された、いわゆる「詩禅一味論」が宣揚されている。大野教授は註（9）前掲論攷にて、徳洪自身はあくまでもこのような楽観的な詩禅一味論に与《くみ》する者ではなかったことを詳論されたが(35)、徳洪の思想的後継者を自任する達観はしかし、詩禅一味論こそが『石門文字禅』の主旨であると見なしている。この点では高泉も全く同様である。左に達観の「重刻石門文字禅序」の訓読文とその原文とを掲げよう。なお、分段は筆者が施したものである。

（一）禅宗渡来以前の中国仏教の通弊と以後の禅・教分立

夫れ晋・宋・斉・梁の学道の者より、争つて金屑を以て眼を翳《くら》ます。而して初祖東来、病に応じて剤を投じ、直ちに人心を指して、文字を立てず。後の虚を承け響を接し、薬忌を識らざる者は、遂に一切、其の垣を峻くし、文字を禅の外に築けり。是に由つて疆を分かち界を列し、虚空を剖判せり。禅を学ぶ者は、義を精にすることを務めず、文字を学ぶ者は心を了することを務めず。

夫自二晋宋斉梁学道者一。争以二金屑一翳レ眼。而初祖東来。応レ病投レ剤。直指二人心一。不レ立二文字一。後承レ虚接レ響。不レ識二薬忌一者。遂一切峻二其垣一。築二文字於禅之外一。由レ是分レ疆列レ界。剖二判虚空一。学レ禅者。不レ務二精義一。学二文字一者不レ務レ了レ心。

（二）禅・教いずれか一方に偏することの弊

夫れ義、精ならざるときんば、心了すれども光大ならず。義を精にして心を了せざるときんば、文字終《つひ》に神に入らず。故に宝覚（晦堂祖心、一〇二五～一一〇〇、徳洪はその法姪）、無学の学を以て百川を朝宗して尽くる無からんと欲するも、民の南海波斯に去《ゆ》くに風に因つて岸に到るを歎ず。標榜倶に存し、儀刑遠からず。嗚呼、以て思ふべし。

夫義不レ精。則心了而不二光大一。精義而不レ了レ心。文字終不レ入レ神。故宝覚欲下以二無学之学一。朝二宗百川一而無上レ尽。歎下民去(36)二南海波斯一。因レ風到上レ岸。標榜倶存。儀刑不レ遠。嗚呼。可レ以思矣。

### （三）禅と文字とのあるべき関係

蓋し禅は春の如きなり。文字は則ち花なり。春は花に在り。花を全うせば是れ春なり。花は春に在り、春を全うすれば是れ花なり。①而うして曰はん、「禅と文字と二有らんや」(37)と。故に徳山・臨済、棒喝交《こもごも》馳せて、未だ嘗て文字に非ずんばあらざるなり。②清涼［澄観］・天台［智顗］、経に疏し論を造りて、未だ嘗て禅に非ずんばあらざるなり。而うして曰く、「禅と文字と二有らんや」と。晩［輓カ］近に逮んで、更に相笑うて更に相非《あひそし》ること、水火よりも厳なり。

蓋禅如レ春也。文字則花也。春在二於花一。全花是春。花在二於春一。全春是花。而曰。「禅与二文字一有レ二乎。」故徳山・臨済。棒喝交馳。未三嘗非二文字一也。清涼・天台。疏レ経造レ論。未三嘗非レ禅也。而曰。「禅与二文字一有レ二乎。」逮二於晩近一。更相笑而更相非。厳二於水火一矣。

### （四）『文字禅』の美点と重刻者としての願望

宋の寂音尊者、之を憂へ、因りて其の著す所に名づけて『文字禅』と曰ふ。夫れ、斉・秦の難を搆ふるや、按ずるに周の天子の命令を以てし、遂に戈を投じ鼓を臥して大化に順へり。則ち文字禅の為なり。蓋し此の老子［徳洪を指す］、春台に向かつて衆芳を擷《つ》み、諦《あきら》かに春花の際を知り、地として眼を寄する無し。故に横心の見る所、横口の言ふ所、千紅を三寸枯管の下に闘はせり。此に於いて把住せば、水泄るるも通ぜず、波瀾浩渺として乃ち物に逗《とど》まりて吟じ、縁に逢ひて咏じ、並《とも》に編中に入るるに至れり。夫れ何の所謂禅と文字なる者ぞや。夫れ是れを之れ文字禅と謂ふ。而うして禅と文字と二有らんや。噫、此の一枝花、瞿曇拈じて後より数千余年、擲つて糞掃堆頭に在り。而うして寂音再び一拈示せり。即今流布せんに、踈影は人を撩（みだ）し、暗香は鼻に浮《ただよ》はん。其れ誰か破顔を為す者ぞ。

宋寂音尊者憂レ之。因名二其所レ著。曰二文字禅一。夫斉・秦搆レ難。按以二周天子之命令一。遂投レ戈臥レ鼓。而順二於大化一。則文字禅之為也。蓋此老子。向二春台一擷二衆芳一。諦知二春花之際一。無二地寄一レ眼。故横心所レ見。横口所レ言。闘二千紅於三寸枯管之下一。於レ此把住。水泄不レ通。波瀾浩渺。乃至三逗レ物而吟。逢レ縁而咏。並入二編中一。夫何所謂禅与二文字一者。夫是之謂二文字禅一。而禅与二文字一有レ二乎。噫此一枝花。瞿曇拈後。数千余年。擲在二糞掃堆頭一。而寂音再拈似。即今流布。踈影撩レ人。暗香浮レ鼻。其誰為破レ顔者。

傍線①および②については、あとで触れる。このように、達観は確信をこめて禅と文字との一致を語っている。既に見たように「文字禅」という言葉には、同じく徳洪の『智証伝』に見られるように「経典を解釈する」という意味も含まれており、この重刻序における用例も、これを含んでいるようである。しかしながら、篇末にいわゆる〈春台に向かつて衆芳を擷み、諦かに春花の際を知〉るという文学的な文句からは、達観が「経典解釈」という語義にもまして、「詩偈文章の製作」という意味合いに重点を置いていることが知られる。

### 第二項　蘊上達夫『集文字禅』

本節の終わりに、標記の詩偈集について触れておきたい。本書は『嘉興蔵』第二九冊に収録されている。著者・蘊上は元来、明の宗室貴族の出身であった。彼自身がその「先大人文貞先生行状記」に記すところに拠れば、父の名は華圉、字は仲叔という（一六〇二～一六四五）。当然のことながら、朱姓である。朱華圉は、その青年期には、「公安三先生」、すなわち、袁伯修・中郎［宏道］・小修の三兄弟に親炙したという(38)。彼らは語録『珊瑚林』を遺した明代有数の居士である。したがって、朱華圉（すなわち蘊上の父）もまた、袁兄弟を通じて仏教に親しんでいたものと思われる。この点、今後『明史』ほか関連文献に徴したい。

明滅亡の翌年、蘊上は父に死に別れ、恐らくはこれによって出家の念を強めたものと見られる(39)。また、同じく明の宗室貴族で、血縁的にもごく近かった蘊宏寛夫（法名、太祖九世の孫）も、同じく「金華山寺」の「野竹□慧」のもとで出家している(40)。蘊上の師系や事蹟については今後の研討を俟ちたいが、雲南・貴州・呉越（浙江）の各地に名僧を歴訪する過程で(41)、鼓山湧泉寺で道安惟静（一六一七～一六八八）に師事している(42)。

この道安は、康熙十一年（一六七二）、為霖道霈が第一次住職在任期間を終えてから同二十三年（一六八四）に再度晋山するまで、鼓山第九七世住職を務めた(43)。したがって、蘊上が師事したのもこの間のことと見られよう。また、右記の同門法兄弟・蘊宏寛夫が、その庵室に「参同居」と名づけていることからも推察されるように(44)、蘊上の善知識歴参も、主として曹洞宗（『参同契』を重視）の諸師を対象としてなされたものと見られる。

さて、『集文字禅』は、その二篇の序（舒序・杜序）のうち、遅れて成った舒序が康熙二十六年（一六八七）の撰述であることからして、この頃までには現在見る形にまとめられたものと見られる。同書は『鶏肋集』(語録、全一巻)・『頌古鈎鉅』（全一巻）(45)と同様の小冊であるが、蘊上の事蹟を知るうえで、『鶏肋集』と並んで重要な価値をもつ。書名が物語るとおり、宋代以降に盛行した、いわゆる「集句」の書である。ただ、さまざまな先行詩人の佳句をやみくもに採ったのではなく、もっぱら対象を徳洪の『石門文字禅』に絞っている。この時代（清初）における『石門文字禅』受容の代表例として、もっと考察が加えられてしかるべき文献であろう。ちなみに、第一節で列挙した先行業績では、遺憾ながら一篇として本書に言及した例を認めない。

集句ではあるものの、在来の集句詩集で見受けられがちな単なる言語遊戯や、平版な山水詩は見当たらず、師友らとの交往や大きな出来事を主軸としている。とりわけ、七律「六月三日為二先大人文貞先生四十週忌辰一。掛レ真侍レ饍二首」は、康熙二十三年（一六八四）の亡父（朱華園）四十年祭に際しての集句であるが、友人・杜国柱は「他人の成言を以て、自己の孝思を写す。而して感慨鬱結、盤旋して紙に満つ。我も亦た幾んど其の集（句）たるを忘れたり」とまで高評している(46)。本書の「言葉のコラージュ」としての出来栄えは、素材（『石門文字禅』）の良質性も相俟って、まずは上等と言い得よう。

なお、薀上は、徳洪が確立した詩形「六言絶句」へも、よく注視しており、総計九篇十首（うち連作一篇二首）を数える(47)。高泉が彼と同時代に海の向こうの日本で製作した六絶に比して遜色なき質・量とは言い難いものの、恐らくは集句史上最初の六言絶句による作例として、すこぶる注目すべき存在である。これも総計九十首という採句対象（『石門文字禅』六言絶句の部）あってこその成果と言えよう。

## 第三節　法語・詩文に見る高泉の文字禅観

### 第一項　福建における「文字禅」との出会い

高泉は福清黄檗山の青年僧であった頃、訪れた如幻超弘（一六〇五～一六七八）からその詩才を評価され、「君ならば詩歌に耽って禅僧の本分を疎かにすることもあるまい」というお墨付きを得ている（如幻「良偉師詩集序」、第二章第三節第二項）。高泉が世に『石門文字禅』なる書があり、そこには歴々と文字言語によって禅を語るという思想が展開されていることを知り得たのも、恐らくは如幻を介してのことと見られる。両者が初めて会見したのは、順治十四年（一六五七）、高泉二十五歳、如幻五十三歳のときのことであった。すでに隠元は東渡しており、高泉は、本師・慧門のもとで、「記室」、すなわち、書記を務めていた。いわば禅林の中でもとりわけ文才を要求される職務を担当し、生来の文才を日々発揮しつつあった。

　恐らくは如幻からの励ましに力を得てか、悟りを求めるには師家からの棒喝も必要ならば、禅語録・詩偈など文字の中から求めることも必要であって甲乙つけがたい――という考えをひとまずは確立し、自ら信じ、人にも勧めていたものと見られる。すなわち、如幻に出会った翌年の順治十五年（一六五八）には、日ごろ詩偈のやりとりをしていた葉家（福清黄檗山外護者）の当主・進晟から、「『五燈録』を披見しますと、歴代の禅師がたは多く棒喝をもってお弟子を接化なされているようでありますが、私どものような読書人は、文字の中から悟入してゆけばよいのではありませんか？（原文：向㆓閲五燈録㆒。禅宗門下多用㆓棒喝機用㆒接㆑人。但如㆓我輩読書人㆒。只就㆓文字中㆒点破。庶幾可矣）」と問われた。

　これに対し高泉は、「居士よ、悟りを求める心をまずは保持なされよ。この一事に向かって念々に怠ることなく日に月に励まれさえすれば、おのずと分かって参ります。棒喝のみが絶対だとか、反対に、文字のみが絶対だとかいうことはありません。（原文：居士［葉進晟］但能弁㆓取肯心㆒。向㆓此事上㆒。念念不㆓放捨㆒。則日久月深。自然冥契。未㆔必在㆓棒喝文字中㆒也）」と答えたところ、葉進晟もこれに心服したという(48)。これは右に引いた達観の「重刻石門文字禅序」の中の傍線部②に多くを負った答えだと言えよう。左にこのエピソードの全文を掲げておこう。

　太史一日謂㆑師曰。「向㆓閲五燈録㆒。禅宗門下多用㆓棒喝機用㆒接㆑人。但如㆓我輩読書人㆒。只就㆓文字中㆒点破。庶幾可矣。」師曰。「居士但能辨二取肯心一。向二此事上一。念念不二放捨一。則日久月深。自然冥契。未三必在二棒喝文字中一也。」
太史服膺。

また、これも青年僧の頃、高泉は詩集「鑁餘集自序」(49)をとりまとめた。如幻が高泉から提示された詩稿とは、あるいはこの『鑁餘集』を指しているようにも思われる。本篇は、高泉があるとき来山した「客」と交わした対話を核としている。その「客」は、開口一番、「大乗の教えは真空を体とし、妙有を禅定としている。声色語言とは没交渉だ。にもかかわらず、貴殿がこの『鑁餘集』で山水を映じつつ、この「声色語言」の四文字を斥けられずにいるのは、仏の教えに違《たが》っているではないか？（原文：大乗教以二真空一為レ体。妙有為レ禅。不レ渉二声色語言一。今鑁餘集。寄二趣山水中一。不レ能レ卻二此四字一。何異二仏氏之教一耶。）」と問いかけた。

そこで高泉は、「声色語言」が善でもなければ悪でもない無記（中性）であることを力説した。すなわち、衆生が覚醒せず、妄りに自己に執着することを、仏は「不レ渉二声色語言一」と戒めたに過ぎないのであって、唐の霊雲志勤・香厳智閑の両禅師は、この娑婆世界の声色語言に触れてこそ悟りを開き得たのである(50)。また、蘇軾も著名な詩の中で「渓声便是広長舌。山色無レ非二清浄身一」と、川のせせらぎに仏の説法を、山の緑に仏の清浄法身を認めたではないかと反駁、「客」もついには同意したのであった。高泉は篇末に至って、諸種の詩偈の中でも、とりわけ、山水詩こそが「詩禅一味」具現の場、すなわち「文字禅」発露の場であるとの考えを示し、「山間・渓光・竹籟・草木・禽魚。種種有二詩意一。便有二禅機一。有二詩義一便有二禅解一。又何［擬脱カ］二于声色語言一乎。」と断言している(51)。

こうした見解は、渡日後も堅持されており、寛文元年（一六六一）の東渡後まもなく、南源性派（一六三一〜一六九二、隠元法嗣）の詩集のために撰述した「松泉集序」(52)では同様に高泉と「客」との問答を核として、不立文字に固執する「客」の蒙を啓きつつ、「禅門の中《うち》、所有《あらゆる》文字は皆な真操実履の人の性海の中に於いて流露し将《も》ち来たつ」たものだと断言している。また、この断言に先立ち、高泉は『華厳経』に見える、普賢菩薩と普慧菩薩との委曲を尽した問答(53)を取り上げ、これを仏教が一般に文字によって奥義を開顕した好例だと規定している。

『松泉集』の作者・南源は、高泉と並んで詩名をうたわれており、高泉の運敞との交往においても大きな役割を果した。隠元の碑文建立に際し、北京の杜立徳に撰文を請うたのも、高泉との共同作業であった。したがって、高泉にとっては、この文芸上の同志を擁護・礼讃することは、そのまま自己の文字禅の立場を守ることにもつながっており、そのことを自覚してか、本篇は短文ながら意を尽くして禅宗における文字（特に詩偈）の重要性を論明している。

### 東渡後さらに強められた『石門文字禅』への傾倒

さらに、「文字禅」の根本聖典ともいうべき『石門文字禅』自体への傾倒も渡日後一層強められた。『仏国詩偈』には同じく「読二石門文字禅一」と題された五言古詩と六言絶句が各一首ずつ収録されている。後者については第九章第三節で後述する。

前者の正確な成立年代は判然としないが、全六巻から成る本書の巻頭という、すこぶる目立つ位置に置かれており、しかも本書編纂には高泉自身の意図が反映されていることと併せ考えれば、彼の『石門文字禅』への傾倒の大きさが改めて思い知らされる。ただ、全十二句のうち、三分の一を占める前半四句は、仔細に見れば、右に引いた達観「重刻石門文字禅序」中の傍線部①を韻文化したものであることが明らかである。このことは、高泉が手にした『石門文字禅』が達観による万暦二十五年（一五九七）重刻本であったことを証拠づけるとともに、高泉が確実に明末以来の徳洪再評価の思潮に深く浴していたことをも併せ証していよう。

文字不レ外レ禅。禅豈外二文字一。譬二諸春与一レ花。烏可二岐為レ二一。敬読二文字禅一。輙莫レ忘二寤寐一。言言味不レ窮。激二動人一生レ意。大哉甘露滅。実獲二無礙智一。迷レ封滞レ殼人。那復明二斯義一。(54)

## 第二項　同時代の福建高僧の文字禅観

### 永覚元賢の『続寱言』

ところで、同時代の福建の高僧たちは、高泉に対し最初に徳洪を語ったとおぼしい如幻をも含めて、必ずしも全面的に徳洪の思想に心服していたわけではない。まず、高泉が強く私淑した鼓山の永覚元賢（一五七八〜一六五七）は、順治九年（一六五二）序の『続寱言』の中で二か条にわたり徳洪を語っている(55)。その第一条では、世人が徳洪の文字（詩文）と仏法（禅悟の境地）とを併せ重んじているが、永覚自身は後者に関しては「醇疵相半」するという見解を示している。

ついで第二条では、徳洪が『首楞厳経』の註釈を撰述した際、黄龍派で同輩の霊源惟清から「文字之学」では「当人之性源」を究明することができぬばかりか、後人を誤ると書簡にて指正されたという逸話(56)を取り上げ、霊源が徳洪を指正した理由を「深知二其［徳洪］未レ悟」と規定している。永覚自身の本音もまた、恐らくは徳洪を〈未悟〉と見ていたことであろう。この条文の篇末は「然其痼疾弗レ瘳。亦且奈レ之何哉」と締めくくられている。左にこれら二条の全文を掲げよう。

洪覚範書。有二六種一。達観老人。深喜而刻二行之一。余所レ喜者。文字禅而已。此老文字。的是名家。僧中希有。若論二仏法一。則醇疵相半。世人愛二其文字一。併重二其仏法一。非三余所二敢知一也。
当二其時一。覚範才名大著。任意貶二叱諸方一。諸方多憚レ之。唯霊源深知二其未レ悟。嘗有レ書誡レ之曰。「聞在二南中一。時究二楞嚴一。特加二箋釈一。非二不肖所レ望。蓋文字之学。不レ能レ洞二当人之性源一。徒与二後学一。障二先仏之智眼一。病在二依レ他作レ解。塞二自悟門一。資二口舌一。則可レ勝二浅聞一。廓神機終難レ極二妙證一。故於二行解一。多致二参差一。而日用見聞。尤増二隠昧一也。予善〔羨脱カ〕二覚範慧識英利一。足二以鑑レ此。倘損レ之又損。他時相見。定則有二妙處一耳」。霊源此書。大為二覚範薬石一。然其痼疾弗レ瘳。亦且奈レ之何哉。

（返り点：引用者）

## 如幻超弘の「偶言」

次に、これも前出の如幻超弘（一六〇五～一六七八）もまた、『石門文字禅』を愛読し、五十三歳を迎えた順治十五年（一六五七）元日には、徳洪の七律に次韻して一首を賦すほどの傾倒振りを示す(57)。しかしながら、「偶録」では、徳洪の『首楞厳経』註釈をめぐる霊源との間での見解の相違に触れ（註（56）参照）、徳洪のような優れた禅者ですら文字に呑まれてしまった（原文：以二能書一掩二其平生一）ことを惜しむ。そして、徳洪ほどの学徳無き者は、なおのこと「汎く詞言を逐ひ、以て浮誉を猟す」ることを戒めねばならない、と結んでいる(58)。

覚範禅師得二法於真浄文和尚一，而文華才辯，超レ軼絶レ倫，幾以二才名一掩二其道價一。居二南中一。欲レ牋二楞嚴一，昭默禅師以レ書誡レ之曰。「或聞在二南中一時，欲下究二楞嚴一而加中牋釈上，若爾則非二不肖所レ望者也。文字之学。所二以不レ能レ洞二当人之性源一，与二後学一所三以障二先聖之智眼一，其病在二依レ他作レ解，障二自悟之門一，資二吻舌一或可レ勝二浅聞一，廓神機終難レ極二妙證一，故於二行解一多致二参差一，由レ此也。予羨二覚範慧識英利一，足二以竪レ此，倘損レ之又損。他時相見。定別有二好處一耳」。

後覚範祭二昭默一文，有レ云。「我憂二禅学，終背二教綱一，造レ論導レ之，排斥否臧，公聞乃曰，『彼自無レ瘡』，以レ書教誡，敧傾數行，至言吐レ鳳，自然文章，馬鳴龍勝，論著精詳，文字於レ道，疑不二相妨一，索二珠崇岡一，人各有レ志，酸鹹異レ嘗。」蓋似レ欲三自解二其所レ負，亦由二於天才横溢一，忍俊不レ禁也。

夫牋二釈経論一，於レ道未レ妨，而前輩老宿，猶深規レ之，蓋慮下依レ経解レ義者，従レ此入二於義路窠臼一，遂成中知解宗徒上；若乃造二作世間文字一，逞レ豔炫レ華，背二違道妙一，豈不二尤失一哉。

昔人読三王右軍与二殷浩一書，深歎三其有二経済之才一，惜下以二能書一掩中其平生上，吾於二覚範一亦云。況道不レ及二覚範一，乃汎逐二詞言一，以獵二浮誉一，誠所謂棄レ本逐レ末，弱喪而不レ知レ帰，又覚範之罪人也。

（返り点、分段：引用者）

如幻もまた、同時期に徳洪を評した永覚と同様、徳洪の詞藻には敬服しつつも、禅思想面ではあまり賛同していなかったものと見られよう。高泉は寂門道律への訓戒の法語「示二萬松寂門菴主一」（第五章第三節第五項所引）を与え、寂門が「文字（具体的には詩偈製作）」をひとまず捨てて参禅に専念すべき理由を、「文字」が「徒増二智障一。不能レ洞二当人之性源一」と説明している。恐らく福建での青年期に、直接面識のあった如幻から霊源惟清と徳洪との逸話を聞かされ、後年、寂門を訓戒せんとした際に、新たに耳底から呼び覚ましたのではないだろうか。既に見たように、永覚もまたこの逸話に言及しているけれども、高泉がその存在を知った経路としては、如幻からのほうが蓋然性において永覚からのそれをずっと上回っていよう。

## 師翁・隠元の文字禅観

終わりに、高泉が出家後二十二歳まで師事した福建時代の隠元（一五九二～一六七三）は、とりたてて徳洪（寂音尊者）や『石門文字禅』を論評する言葉を遺していないものの、七絶一首を賦して、ある僧が「文章を以て勝義と為」したことを厳しく批判している[59]。隠元は、「可レ憐一等雕虫僧。模二写虚空一夢未レ曾。流俗不レ明正法眼。之乎也者当二宗乗一」と、詩文に耽る一部の僧に対し、全く妥協・共感を示していない。本篇は前後に配された他の作品の製作年代から、およそ明末の崇禎十七年（一六四四）の作と見られる。

ただ、それだからといって、隠元は文字禅が全くの邪道であり、対する棒喝ばかりが本道だと固執していたのではない。この時代の『石門文字禅』の福建における流布は相当なものであったとおぼしく、順治六年（一六四九）には、「封君」の洪甫宇（伝未詳、清朝もしくは鄭成功政権から重んぜられた有力者か）が

「六雪和尚［伝未詳］は、文字禅の徒に過ぎませんから、人を打ってでも開悟させるなんてことはできません（原文：六雪和尚乃文字禅。打二発人一不レ得）。私が拳を突き立てつつ、『三千の諸仏が私に対し命乞いしている』と問い掛けたら、彼、答えられませんでしたよ」

と隠元に語った。これに対し隠元が、

「そういう貴殿の生命も、かえってこのわしの手のうちにあるぞ」と答えたところ、洪甫宇は「六雪和尚」に対しそうしたように、再度拳を突き立てた。隠元は、「やはりそうか（原文：果然）」とのみ答え、洪甫宇もまた隠元を礼してその場を退いたのだった[60]。原文は次のとおりである。

公嘗謂レ師云。「六雪和尚。乃文字禅。打二発人一不レ得。某曾竪レ拳。問云。『三千諸仏。向二某甲這裏一乞レ命。』彼

竟無レ答。」

師云。「汝的性命卻在二山僧手裏一。」公復豎レ拳。

師云。「果然。」公乃礼退。

いかにも禅問答然とした対話であるが、恐らく隠元が洪甫宇に対し、高泉が葉進晟に対し望んだのと同様、〈未三必在二棒喝文字中一也〉、すなわち、文字禅にのみ偏向するのも誤りなら、棒喝にのみ偏向するのもまた誤りだと知るよう望んだのであろう。隠元は高泉と少しく表現を異にしつつも、文字を通じ禅を語ろうとしたその姿勢は相通じており、節度ある文字禅の活用は、決して隠元の嫌うところではなかったものと見られる。

この逸話は、隠元の東渡直後に中国で編纂された一巻本年譜には見えず、高泉・南源という、ともに文字禅の立場に拠る二師が編んだ二巻本にのみ見えている。恐らく二師は、教団内外からの文字禅批判に対し、開祖・隠元自身が決して文字禅を排斥せず、その健全な発展を願っていた証左として、これを採録したのではないか。

今後の課題として、隠元が日本へ去ってのち、七年にわたって高泉を教導した本師・慧門如沛（一六一五～一六八四）が、いかなる「文字禅」観をいだいていたかを究明せねばならない。ただし、『紀年録』に拠る限り、この七年間、高泉の詩偈製作や、その基礎をなす景勝地探訪（例：鼓山）が、慧門およびその高弟ら（つまり高泉の法兄たち）によって禁止された形跡はない。慧門もまた時代思潮の影響を受け、「文字禅」に対しては相当に許容的であったものと見られよう。

### 第三項　「不立文字」との板ばさみと弟子への訓戒

#### 他者への礼讃に見る「文字禅」および類語の用例

高泉の文字禅観、とりわけ詩禅一味論は、基本的にその晩年まで維持されている。生前刊行された最後の詩偈集は、その名も『翰墨禅』と題している。その書名に込めた理念ついて、高泉は元禄四年（一六九一）執筆の自序の中で、読者らが次のような態度で了解・受容してくれるよう望んでいる――「若喚作レ禅。又是翰墨。若喚作二翰墨一。復不レ離レ禅。切不レ可二岐而為一レ二。亦不レ可二匯而為一レ一。二既不レ存。一亦莫レ守。庶幾於二翰墨之旨一。無二少疑［礙カ］一矣」と(61)。文字（翰墨）(62)と禅（ヨリ厳密には、禅の奥義）とが不即不離の間柄にあることをよく認識したうえで、本書所収の詩偈を読んでほしいとの要望である。

また、敬慕する先人や、近しい人々の語録や詩偈を讃嘆するに際しても、しばしば「文字禅」もしくはその類語を用いている。例えば延宝九年（一六八一）、高泉はほぼ二十年ぶりに亘信行弥（一六〇三～一六五九、隠元の法弟）の語録を入手、さっそく覆刊せしめたが、その序では、「般若（禅の奥義）は、その究極において世間の言語文字で言い表せるものではない。けれども、文字なくしてはそもそも近づくことができない」としつつ、次のように語る。

> 蓋般若之霊験。非三世間文字所二能比一也。然亦微二文字一。亦不レ能レ至。古不レ云乎。「禅宗雖レ謂二不立文字一。然臨済・徳山是禅宗第一等宗師。観二其語録・文章・経教一。無レ所レ不レ通。」東坡［蘇軾、一〇三六～一一〇一］謂。「雪竇［重顕、九八〇～一〇五二］語録。有二両个翰林学士之才一。」斯言豈欺レ我哉(63)。

傍線部の言葉は〈古不レ云乎〉として古人の言葉とされているが、仮にそうであるにしても、第二節第二項で引いた達観「重刻石門文字禅序」原文中の傍線②を媒介としていよう。

また、寛文十三年（一六七三）、黄檗山松隠堂で隠元の喪に服していた高泉は、師翁の塔を守りつつ参禅に専念、敢えて詩筆を執らなかった。ところが、たまたま慧林性機（一六〇九～一六八一）の『耶山集』を披見し、その華麗な詞藻に触発され、「覚えずして技癢復た萌」した。そこで七絶三首を賦して『耶山集』を礼讃したが(64)、その第二首では、「叔世道流智不レ円。竟将二翰墨一付二長川一。寂音尊者今無レ有。此集何輸文字禅」と詠じ、末世の禅僧がとかく円満な智慧を欠き、文字をおろそかにしがちな状況下、徳洪の『石門文字禅』に勝るとも劣らぬ佳什ばかりだ、と『耶山集』を高評している。

さらに、詩偈（文字禅の典型例）ではなく仏画であるが、「恭題二御賜画一」(65)も見落とせない。本篇撰述のきっかけは、玉翁なる隠者が後水尾法皇から直筆の仏画を下賜されたので、それを裱装したうえ高泉に跋をしたためんことを乞うたことにある。高泉は法皇が「応機の暇、筆墨を以て仏事を為し、人をして物を覩《み》、以て心を明らかにして法を聞き、道に契はし」めたと礼讃している。

## 過度の文字傾倒への反省

このように年とともに「文字禅」思想への傾倒を深めた高泉であったが、その一方で過度に文字、とりわけ詩偈に傾倒することを恥ずる気持ちも芽生えるに至った。大野教授註（9）前掲論文で指摘されているように、こうした文字に対する二律背反的な心情は、高泉が愛読した『石門文字禅』の中に、実は既に存在している。高泉は同時代の数ある同書読者の中でも、少年期における徳洪との境遇上の類似から（両親をほぼ同時に喪う、第九章第三節後述）、とりわけ深い愛着をこめて読み進めたものと推察される。したがって、徳洪が文字禅（詩偈）に対し必ずしも全面的に賛同していたのでないということも、十分に嗅ぎ取っていたものと見られよう。

寛文七年（一六六七）秋、高泉は二本松での思い出多い数年間に別れを告げ、宇治黄檗山に戻った。帰山直後、七絶「回レ山礼二大士一」(66)を製作、乞われるままに多量の詩偈を作った二本松での日々を、「踏二半扶邦一類二地仙一。逢レ人多与乞二詩篇一。帰来合十青蓮下。懺二我今生文字愆一」と懺悔している。また、七絶「謝二人送レ硯」(67)は、「不立文字」と「文字禅」との間で煩悶する心情を、ヨリ直截に「西来初不レ立二文字一。生怕児孫打二葛藤一。特献二文池一承二妙意一。怎如無語是山僧」、と詠じている。承句冒頭の〈生怕〉には、「あなにくや」と、甚だ意訳的な振り仮名が施されている。恐らくは和僧門人が、高泉からの説明を聞きつつ、原語の意味合いに最も適合した訳語を、と苦慮した末に案出した訳語であろう。

## 弟子たちの文字禅傾倒への制止

さて、「勇将のもとに弱卒なし」という格言そのままに、東渡後の高泉が徐々に形成した弟子集団中にも、過度に詩偈の道に耽ったり、参禅をおろそかにして経典研鑽にのみ勤しむ者が往々にして認められた。高泉はその都度、老婆心溢れる法語や詩偈を書き与え矯正を図っている。

ただ、その目に見えた成果としては、第五章結語で取り上げた寂門道律への訓戒を見るばかりである。多くは単に訓戒の法語・詩偈を見るのみであって、その後どう「改善」されたかを跡付けることができない。したがって、恐らく高泉は、大多数の門人らの「文字禅」傾倒を統御することに失敗したものと見られよう。高泉自身もまた、右に見た七絶「回レ山礼二大士一」が物語るとおり、いつも多くの日本僧俗からの求めに応じて詩文の筆を執らざるを得ず、率先垂範して「歌の別れ」（中野重治）を敢行する機会を得られないまま世を去ったのである。

加えて、後世の法孫らが履行すべきものとして高泉が編定した『黄檗清規』も、宋・宗賾の『禅苑清規』や、道元の『永平大清規』の質樸な文面に比すればずっと華麗な、見方によっては綺語とも言うべき字句で充ち満ちている。したがって、『黄檗清規』の存在自体が、文字禅傾倒者を再生産する装置として作動した、という可能性も大である。

ここでは主だった弟子訓戒の法語・詩偈を通覧しておきたい。まず。寛文十一年頃（一六七一）の作と見られる「跋二亮飯頭詩軸一」[68]は、短篇ながら筆鋒すこぶる厳しく、「無米飯。没字詩。吟レ之無レ尽。喫レ之不レ餓。亮上人知不レ知。既知宝二此軸一。欲二奚為一。不レ若一炬丙レ之。免レ遺二累於他時一」と、速やかに詩稿を火中に投じ、与えられた役職（飯頭）に専念するよう訓戒している。

また、高泉のお家芸ともいうべき六言絶句中にも、二首まで文字禅訓戒の作を見る。まず「示二人作レ詩」では、心正しからざればいかに美辞麗句を連ねても空しいという訓戒を、「筆下珠璣万斛。胸中荊棘千尋。将レ謂碔砆是玉。那知鍮石非レ金」と詠じている[69]。また、「即事示レ僧」では、身が無常であることを忘れ、参考書を並べて詩偈学習に忙しい僧を見咎めてか、「為レ僧休二枉用心一。頭上曦車如レ箭。閻王不レ尚二文章一。何必酔二心筆硯一」と訓戒を加えている[70]。

かかる作品が『石門文字禅』を絶賛する「読二石門文字禅一」と並んで収録されている点からは、仏国寺における壮年期の高泉が久しく「不立文字」と「文字禅」との闘ぎあいに苦しんでいた状況を看取できよう。いかに徳洪がもてはやされた時代に生を享けていたとはいえ、徳洪自身もまたそうであったように、ヨリ歴史の古い通念「不立文字」は、依然個々の禅僧の言行を多かれ少なかれ束縛していたのであり、高泉もその例外ではあり得なかったのである。

### 鉄崖の禅籍註釈を難ず

高泉はまた、具体的にいかなる書を読んでいたのか判然としないが、日ごろからあまり坐禅に勤しまず、同じく坐学ではあっても、経典・語録を通じてのみ仏道を学ぶこと（義学）に勤しんでいた一部の弟子を七絶「示㆓僧読㆑書㆒」(71)、および法語「示僧」(72)にて叱正している。ともに主旨は、「仏法を書物の上にのみ求めんとするのは大きな誤りだ」としつつ、後者ではヨリ直截に「何不㆓一斉抛却㆒。則仏法現前。如㆓日之中㆒矣」と、速やかに参禅の正道へ戻るよう強く呼びかけている。

このほか、第四章註（27）前出の法語「勉㆓用上人㆒」や、同章註（272）前出の七絶「悼㆑僧」は、教宗（禅宗以外の、特定経論に基づいて構築された諸宗派）や、外典（儒家経典）に心惹かれた者が門下や後輩の和僧たちの中から現れたことを慨嘆する。

かかる高泉の慨嘆は、禅籍中の禅籍ともいうべき『臨済録』を註釈した鉄崖道空（一六二六〜一七〇三、木庵門人）に対しても、遠慮なく表明されている。鉄崖は久しく徳島にあって四国における黄檗教団の教線展開に尽力していたが、土地柄、真言宗僧侶との詩偈の応酬すこぶる多く、かつ、二十三歳の慶安元年（一六四八）、泉涌寺で『法華経』の講席に連なって以来、律僧との交往もまた同様にして多かった。ある意味では、高泉とすこぶる相通じた思想および交遊傾向の持ち主であったと言える(73)。

ところが高泉は、鉄崖の労作『臨済語録評唱序』をいちおうは評価するものの、「あらゆる経論を註釈し得ても、独り禅宗列祖の語録ばかりは無義無味であって本来は註釈の仕様もない」との見解を明示する。そのうえで、古来『臨済録』の註釈書は数多く、鉄崖のせっかくの労作も、いわば屋上に屋を架したもので焼き捨てたほうがよい（原文：今復何得㆓於蔓上引㆑蔓。不㆑若一炬丙㆑之。免㆑見㆑絆㆓人手脚㆒）とまで極言している。さきに見た「跋㆓亮飯頭詩軸㆒」

と全く同様の語気である。

ただ、さすがに鉄崖が自己よりも七歳年長であり、法系上も同輩であることを思ってか、この極言に続けて「雖レ然不下因二柳毅一伝中消息上。争得三音書到二洞庭一」と、そもそも文字によらなければ、後代へ禅のあらましを伝えることは難しいと明言し、あくまでも「不立文字」を本道としつつ、「文字禅」にもなお相当の役割があることを指摘している(74)。左に全文を掲げよう。

> 大凡仏語。雖二極深妙一。皆有二義路一。可レ箋可レ釈。唯独祖語。初無二義味一。如二木札羹・鉄釘飯一。極是呑吐不レ得。苟非下格外衲僧向二未レ開レ口已前一。一前覰破上。則断無二語話分一矣。而況吾宗慧照大師。素称二風顛漢一。牙如二剣樹一。口似二血盆一。所有言語。雷砰電掣。豈容二擬議一哉。奈縁東国学子。不レ善二唐言一。間有二才識一者。乃因二文字一。微レ見二其大意一。故其前輩。遇二学人請益一。輒向二無義味中一。略為二評唱一。欲レ使二其因レ指見一レ月。蓋亦有レ所二甚不一レ得レ已焉爾。豈不レ惜二眉毛一邪。
> 仏日鉄崖空和尚。久入二櫱嶠木老人之室一。親承二祖印一。兼レ之徳臘倶高。博学多識。而参問者多以二婆心切一故。於二済祖之録一。常所二評唱一。若三円悟［克勤］在二碧巌時一也。門徒記レ之。成二鉅編一。特従レ予較閲。予曰。「前人当時。已是葛藤不レ少。今復何得二於蔓上引一レ蔓。不レ若一炬丙レ之。免レ見レ絆二人手脚一。雖レ然不下因二柳毅一伝中消息上。争得三音書到二洞庭一。」

全篇を通じて改めて認識されるのは、高泉の文字禅に対する消極的な態度である。彼は一般的な経典は文字言語による解釈の対象となし得るが、祖録、すなわち名高い禅の高僧の語録ばかりは本来的に言詮を超越しており、万やむを得ない事情によってのみ解釈〈文字禅〉が許されるのであるが、それも避け得るものならば避けるべきだ――という考えをいだいていた。その〈万やむを得ない事情〉こそは、必ずしも中国語の達人ばかりでなく、当座当座に生きた中国語で唐僧の語る禅の奥義を体得し得なくなった十七世紀後半以降の黄檗教団の実情ではないだろうか。ここに鉄崖が敢えて註釈の筆を執り、高泉もまた不承不承ながらこれを追認した主因が潜んでいよう。

# 結語

「文字禅」思想、とりわけその中心的文献たる『石門文字禅』が、高泉ら黄檗唐僧を通じ、わが国の仏教界に対しいかなる影響をおよぼしたか。清規や苦行、あるいは僧伝編纂の場合とは対照的に、高泉自身が百パーセントこの思想に共鳴していたわけではなく、これら諸事象に比すれば、その影響はずっと軽微であったと見ざるを得ない。

今後は『石門文字禅』所掲の各種詩形の中でも高泉が最も愛好した六言絶句の摂取・製作を中心として(75)、運敞・真敬法親王以外の他の諸宗僧侶に見る『石門文字禅』受容の実例を集めたい。そのうえで、それら諸例における高泉・南源ら、黄檗僧の中でもとりわけ文字禅的傾向の強かった人々からの直接的もしくは間接的感化が認められないかどうか考察を加えたい。また、『石門文字禅』が蘇軾・黄庭堅ら宋代を代表する文人についての一級資料であることに鑑み、江戸期の宋詩研究者の著述中に同書のわが国における流伝・受容の経緯を語ったものがないかどうか、いっそう博捜してゆきたい。

## 註

（1）徳洪の略年譜としては、阿部肇一博士の論攷「北宋の学僧徳洪覚範について」、および台湾の黄啓江博士の論攷「僧史家恵洪［引用者註：徳洪の初名］与其「禅教合一」観」のそれぞれの篇末に掲げられたものが、すこぶる有用である。阿部博士『増訂　中国禅宗史の研究——政治社会史的考察——』四六三～四六四頁（同書第一三章附録）、東京：研文出版刊、昭和六十一年（一九八六）。黄博士『北宋仏教史論稿』三四九～三五一頁、台北：台湾商務印書館刊、民国八十六年（一九九七）。

なお、徳洪の名をどう表記するかについては、筆者も少なからず困惑したところである。平成十六年十二月の博士論文口頭試問にあっても、副査三教授よりそれぞれ言い回しこそ違えど、一般に流布している「覚範」もしくは「恵洪」のほうが望ましい旨、懇篤な御教示を賜った。筆者もその後は大いに三教授の御教示に傾倒しつつある。ただ、本稿執筆に際してはほぼ全く阿部教授の先行研究に依拠しており、その学恩を謝し、かつ、自己の知識の由って来たるゆえんを明示せんがためにも、敢えて旧稿のまま改めないこととした。ここに謹んで三教授をはじめとする本書読者各位の御諒解を仰ぐ次第である。

（2）鈴木哲雄博士『唐五代禅宗史』五三五～五四二頁所掲の一覧表「祖堂集・伝燈録中の偈頌」を参照。山喜房佛書林刊、昭和六十年（一九八五）。詩形別に、唐・五代の禅僧たちの偈頌を分類した労作である。ただし、ここには律詩がほとんど見当たらない。恐らく律詩が対句や韻律などの形式美を強く要求しており、これに対し、禅宗の詩偈は一瞬の悟達を捉え、簡潔に詠ずることを本旨としており、したがって、詩偈用の詩形としては甚だ不向きであったからではないだろうか。

（3）阿部博士の論攷「宋代の詩僧たち」、同博士『禅宗社会と信仰——続中国禅宗史の研究——』一九九～二〇二頁、東京：近代文藝社刊、平成五年（一九九三）。博士は註（1）前掲書第十二章「杭州結社型仏教」においても、禅宗教団の体質変化と詩偈の興隆について論述されているが、本論攷はその提要をなしている。

（4）原文「泛指一切以文字為媒介、為手段或為対象的参禅学仏活動」。周博士のこの論攷は、項楚教授を指導教授として、一九九七年に四川聯合大学中文系に提出された。その後、民国九十一年（二〇〇二）に至って、台湾の佛光山文教基金会から『法蔵文庫』（別名：中国仏教学術論典　碩博士学位論文）第五六冊として刊行された。本稿では『法蔵文庫』本に拠る。右記の見解は、同冊・三六頁を参照。

(5) 原文「1．仏教文字的疏解；2．燈録語録的編纂；3．頌古拈古的製作；4．世俗詩文的吟誦。」周博士註（4）前掲書三六頁。なお、第三項にいう〈頌古〉とは、古人（特に既に示寂した著名な禅僧）の偈頌を取り上げ礼讃した詩偈を指す。また、〈拈古〉とは、古人の詩偈にちなんで、それと同題・同韻、もしくは関連する内容の詩偈を製作することを指す。

(6) 原文「指一切禅僧所作忘情的或未忘情的詩歌以及士大夫所作含帯仏理禅機的詩歌。以恵洪為例，他的詩文集中既有談禅説仏的詩偈，也有綺美多情的歌辞，而概称為「文字禅」。」周博士註（4）前掲書四六頁。

(7) 周博士註（4）前掲論攷に同じく、『法蔵文庫』第五三冊所収。本論攷は一九九四年、張孝評教授を指導教授として西北大学中文系へ提出された。

(8) 阿部博士註（1）前掲書第十四章をなす。本論攷は、同博士註（1）前掲論攷ともども、昭和三十八年（一九六三）刊行の初版本『中国禅宗史の研究』に既に採録されている。この初版本は、誠信書房刊。

(9) 大野教授『書論と中国文学』二〇七～二〇九頁、東京：研文出版刊、平成十三年（二〇〇一）。本論攷は、本書の第九章をなす。その初出は、『禅学研究』第六七号、平成元年（一九八九）。大野教授は、徳洪の五言古詩「瑜上人自二霊石一来。求二鳴玉軒詩一…」（『四庫全書』本巻四、一八丁右）を取り上げ、これを中心として、徳洪における「多言」（詩偈製作）への自戒と欲求との鬩ぎあいを論じておられる。

(10) 覆刻の底本には、主として隠元から授与された原本を用いた。また、大眉性善は、鉄眼が版木架蔵の場を得ず苦しんでいるのを見て、自己の住まう東林院（黄檗山内塔頭）との替地を快く申し出ている。源了圓博士『鉄眼仮字法語』解説二〇および二五頁。東京：講談社刊、昭和五十七年（一九八二）。

(11)（一）「寂音尊者賛」、「二十四巻語録」巻二十二、『全』Ⅰ・二一八上左、「末法頽波力挽回。遠承二仏記一出身来。道声人物倶高邁。不二止僧中斑馬才一」。（二）「紫柏尊者象賛」、「同」語録巻二十三、『全』Ⅰ・二二一上左、「身超二世表一。誼篤二君親一。気呑二雲夢一。眼絶二纖塵一。道大招二衆人之忌一。死去留二不壊之身一。噫大明世界如二天闊一。何故難レ容二此一人一」

（12）『印度哲学仏教学』第四号・二〇八頁、北海道印度哲学仏教学会刊、平成元年（一九八九）。
（13）（一）「明末清初の詩禅交渉研究序説」（『中国哲学研究』第一七号・二三六〜二四四頁、平成十四年（二〇〇二）第二章第二節「明末清初における仏教の社会倫理観——大慧宗杲、慧洪覚範の再評価——」。（二）「明末清初叢林論詩風尚探析」（『中国文哲集刊』第二〇期、民国九十一年（二〇〇二））第三章「従徳洪覚範評価的転変看明末清初叢林評論的発展方向」。このうち、（一）は廖博士が平成十三年（二〇〇一）、東京大学へ提出した博士論文「明末清初の文芸思潮と仏教」の序論から第四章までを改訂したものだという。これら両論攷を筆者へ恵与された廖博士に対し、記して御礼申し上げる。
（14）第五章註（1）前掲書四八〜五八頁、第一章第二節「禅学中興之一：文字禅之再唱」。
（15）註（1）前掲書四八〇頁。
（16）台北：台湾商務印書館刊、文淵閣本を影印。第一一一六冊所収。
（17）第二一七および二一八冊、早稲田大学中央図書館所蔵、上海商務印書館刊。底本は、江南図書館が所蔵していた徑山寺刊本。なお、徑山寺は、達観による方冊大蔵経刊刻の拠点であった。
（18）大野教授註（9）前掲書二二六頁。
（19）わが宝永七年（一七一〇）、曹洞宗の廓門貫徹（？〜一七三〇）は、本文に同じく全三十巻から成る註釈書『註石門文字禅』を上梓した。『禅学典籍叢刊』第五巻所収、柳田聖山教授・椎名宏雄師共編、京都：臨川書店刊、平成十二年（二〇〇〇）。全文の影印に、椎名師による「解題」が附せられている。
（20）いわゆる「運敞蔵」である。その『運敞蔵所蔵目録』は、平成三年（一九九一）に至り、京都の真言宗智山派宗務庁（総本山智積院内）から刊行されている。
（21）なお、散文部分の正確な部立て配列は、下記のとおり。『法苑略集』：（巻四）序・跋・記・辞・書問。（巻五）書問・啓・祭文・賛・銘。『一滴艸』：（巻四）序・記・跋・書・啓・祭文・伝・銘・賛。
（22）『仏国詩偈』では、韻文の部の最後が七絶ならぬ六絶であり、少しく変則的ではある。ただし、総計百六十首に達するこれら六絶作例の存在自体が、明らかに『石門文字禅』のそれ（全九十首）を意識しており、同じく『仏国詩偈』に載せる二首の「読二石門文字禅一」（七律および六絶各一首）の存在と相俟って、本書編纂以降、高泉の徳洪への傾倒がいよいよ強まったことを物語っている。

(23) ①『雲濤続集』、「解題」二七頁。②『雲濤三集』、「同」二八頁。③『松隠集』、「同」二九頁。④『松隠二集』、「同」三〇頁。⑤『松隠三集』、「同」三一頁。⑥『松隠続集』、「同」三二頁。⑦『松堂続集』、「同」右頁。⑧『耆年随録』、「同」三三頁。⑨『松隠老人随録』、「同」三四頁。①は、②にそっくり収録されており、②にはまた同題の増補本がある。⑨も、②と同様に同題の増補本がある。

(24) なお、明末における最初の、かつ最も有力な徳洪礼讃者たる達観真可にも、示寂後、憨山徳清が中心となって編纂した全三十巻からなる『紫柏尊者全集』がある。ただ、その部立ては法語・経典解釈（『釈心経』・『釈金剛経』ほか）を本文部分冒頭に配し、ついで縁起・疏・序・記・題・跋など散文体諸作品を配したうえ（巻十三〜二十四）、最後に詩・歌、すなわち詩偈を配している（巻二十五〜二十九）。つまり詩偈を先とし、散文を後とする『石門文字禅』とはおよそ対照的な部立てを呈している。もしも達観在世中に編まれたならば、もっと『石門文字禅』に近く、しかも「詩」の部に関しては詩形別の分類が加えられたことであろう。同『全集』の目次は、『卍続蔵経』第一二六冊・六二二頁上〜六二三頁下を参照。

(25) 「重刻智証伝序」、『紫柏尊者全集』巻十四、『卍続蔵経』第一二六冊・八七三頁下〜八七四頁上。

(26) 「石門文字禅序」、『同右』巻十四、『卍続蔵経』同右冊・八七三頁上〜下。

(27) 「礼石門円明禅師文」、『同右』巻十四、『卍続蔵経』同右冊・八八五頁上〜八八七頁下。なお、〈円明禅師〉、つぶさには「宝覚円明禅師」とは、南宋朝廷から徳洪示寂後に賜った諡号である。

(28) 『卍続蔵経』第一一一冊所収。

(29) 註（27）前掲書八七三頁。なお、貫高は、主君の趙王・張敖が高祖に侮辱されたのに憤慨、細心の計画で報復を企てたが、事露顕して自殺した。また、程嬰・公孫杵臼は、主君の遺孤を即位せしむべく、陽動作戦を展開、公孫杵臼は遺孤と偽った孤児とともに敵方に殺されたが、その御蔭で主君の遺孤は、程嬰とともに難を免れたという。『前漢書』巻三二（貫高）、『史記』巻四三（程嬰・公孫杵臼）をそれぞれ参照。

（30）佐藤教授註（12）前掲論攷、掲載号二〇六頁。このような傾向の持ち主でなければ、いかに密蔵道開のような有能な出家弟子や、屠隆・馮夢禎のような篤信の居士からの支援を得ていたところで、生涯をかけた刻蔵事業を持続することは困難であったとも言えよう。

（31）達観自身は、（三）の祭文篇末で「石門之血脈。幸而続レ之」と歓喜している。註（27）前掲書八八七頁下。

（32）以上、本段における「　」内の評語は、佐藤教授註（12）前掲論攷に拠った。掲載号二〇六頁を参照。

（33）訓読は、佐藤教授註（12）前掲論攷に示すところに拠った。掲載号二〇六頁。

（34）「瑞龍開山宝蔵国師鉄眼和尚行実」、赤松晋明師校訂『鉄眼禅師仮字法語』一二四頁。撰者は高弟の宝洲道聡である。なお、題目にいわゆる〈宝蔵国師〉とは、昭和七年（一九三二）の鉄眼二百五十回忌に際し下賜された諡号である。原題はこれを除いた「瑞龍開山鉄眼和尚行実」であり、正徳四年（一七一四）に刊行を見た。

（35）大野教授註（9）前掲書二〇六～二〇九頁。

（36）原本は、『四庫全書』本（達観重刻本を底本とする写本）・『四部叢刊』本（同・重刻本の影印）ともに「歎民公南海波斯」に作る。『紫柏尊者全集』巻十四所掲の重刻序もまた同様である。しかしながら、これでは句意をなさないものと思われる。よって徳洪『禅林僧宝伝』巻二十三の晦堂祖心伝に徴したが、関連する字句を得なかった。『卍続蔵経』第一三七冊・五三〇頁上～五三二頁下。次に「CBETA電子仏典」にて『大正蔵』本文を検索した結果、景福□順（伝未詳、黄龍慧南門下で晦堂と法兄弟）の偈頌に、「南海波斯入二大唐一。有レ人別レ宝便商量。或時遇レ賤或時貴。日到二西峰一影漸長」とあることが知られた。『人天眼目』巻二、『大正蔵』第四八巻・三一〇頁下。この偈頌と、達観のいわゆる「歎民公南海波斯」との関連性については今後さらに研討を加えねばならないが、いずれにせよ、〈公〉字では句意をなさない。そこで筆者はひとまず、この文字が「去」の誤写であろうとの見解に立って、「民の南海波斯に去（ゆ）くに」と読んだ。なお、この句に先立つ「宝覚欲以無学之学。

朝宗百川而無尽」に相当する文言は、『禅林僧宝伝』晦堂伝（前出）にも見えている。『卍続蔵経』同右冊・五三〇頁下。こちらは晦堂が、これ以上学ぶこともないほど（無学）までに参禅に勤しんだことを指している。

(37) 鉄眼の註（34）前掲の言葉は、その最後を「教と禅と二致有らんや」と締めくくられているが、出典は恐らく『紫柏尊者全集』で同じ巻に収録された本篇中のこの文言であろう。

(38) 薀上の語録『鄂州龍光達夫禅師鶏肋集』（全一巻）、『嘉興蔵』第二九冊・一七一頁中。

(39) 杜石安が康熙二十四年（一六八五）に撰述した「集文字禅序」では、単に明の滅亡を機に出家したとのみ記している。『嘉興蔵』註（38）前掲書一八五頁中。

(40) 「参同居志」、『嘉興蔵』註（38）前掲書一六九頁上。

(41) 舒峻極が康熙二十六年（一六八七）に撰述した「集文字禅序」の叙述に拠った。『嘉興蔵』註（38）前掲冊一八五頁上。

(42) 「湧泉老人哀詞」、註（38）前出『鶏肋集』、『嘉興蔵』註（38）前掲冊一七三頁下。

(43) 陳錫璋氏『福州鼓山湧泉寺歴代住持禅師伝略』三五〇頁。

(44) 曹洞宗の根本聖典『参同契』にちなんでいる旨、註（38）前出の薀上の一文に記されている。

(45) 同じく『嘉興蔵』第二九冊所収。薀上の自跋に拠れば、法兄弟・薀宏による著語《じゃくご》を附したうえ、鼓山掛錫中に脱稿している。同冊・一八三頁中。

(46) 註（38）前掲冊一九〇頁中。

(47) 以下、詩題を列挙する。すべて『卍続蔵経』第二九冊所収。（一）「晩帰」、一八七頁上。（二）「示㆓升禅人居㆒㆑山」、一八八頁上。（三）「送㆓臨同参住㆒㆑山」、一八九頁下。（四）「竹琴」、一八九頁下。（五）「同㆓允子㆒納㆓涼松下㆒」、一九〇頁。（六）偶成、一九〇頁中、連作二首。（七）「冬日晨起。主㆓浄業盟㆒已…」、一九〇頁下。（八）「少焉。暖日臨㆑窓。枕㆑書而臥…」、一九一頁上。（九）「曲終歩㆓鑑衢外㆒。流目長吟…」、一九一頁上。

(48) 『紀年録』（高泉年譜）順治十五年（一六五八）の条、『全』Ⅲ・一四八〇下右。なお、葉進晟のいう「五燈録」が費隠の『五燈厳統』を指すのか、先行する宋代の『五燈会元』を指すのか判然としない。この当時すでに『五燈厳統』の版木は表向き焼却されて地上から姿を消していたとされるが、費隠ゆかりの福清黄檗山にはひそかに刊本が護持されており、檀家総代ともいうべき葉進晟は、それを自由に手にとり得る立場にあった。また、『五燈厳統』を編纂せしめた費隠の立場は、棒喝を核とした師資相承を臨済義玄直伝の宗旨とするものであった。ただし、同書全二十五巻のうち、実に二十巻までが『五燈会元』の本文をほぼ襲用しており、この相当部分に関して、費隠の創意は、ひとえにいかなる高僧を採り、かつ、いかなる序列で並べるか、という点にのみ発揮されたと言うべきであろう。長谷部幽蹊博士『明清仏教教団史研究』四八二頁、京都：同朋舎出版刊、平成五年（一九九三）。

(49)『一滴艸』巻四、『全』Ⅱ・六四三上右以下。

(50) 霊雲・香厳の両師は、ともに潙山霊祐（七七一～八五三）の法嗣であり、『景徳伝燈録』では巻十一に近接して立伝されている。『大正蔵』第五一巻・二八五頁上（霊雲）および二八四頁上（香厳）。これに拠れば、霊雲は桃の花を見て悟り、香厳は竹箒にカチンと当たった小石の音で悟り、ともに本師・潙山から印可されたという。ただ、『景徳』本文を読む限りでは、彼らが開悟に際し偈頌を製作した形跡はない。したがって、彼らの悟りの瞬間そのものを文字禅の先例とするには、相当に難がある。ちなみに、香厳は偈頌を多作し、『景徳』および『祖堂集』（高泉はその存在を知らず）に採録されている。ただし、開悟に際しての作（とされるもの）は、それら採録偈頌中には見当たらない。香厳は元来福州の出身であるから、恐らく高泉は『景徳伝燈録』所掲のその作品に対し、相当の親近感をいだいていたものと見られよう。

(51) なお、引用部分の終わりに、「又何疑二于声色語言一乎」とあるが、直前までの文言が文字と禅との融通無礙を力説していることから推して、「礙」に作るのが妥当かと思われる。

(52)『一滴艸』巻四、『全』Ⅱ・六四三下左以下。

(53) 普慧菩薩は、「何等をか～と為す」という句型で、総計二百か条以上にも及ぶ問題を、普賢菩薩に対し投げかけている。六十巻本『華厳経』宝王如来性起品、『大正蔵』第九巻・六三一頁下～六三二頁下。八十巻本『華厳経』離世間品、『同』第一

○巻・二七九頁中～二八〇頁中。

(54)『仏国詩偈』巻一、『全』Ⅱ・六六二上右。

(55)『続寱言』は、『永覚元賢禅師広録』巻三十に収録されている。『卍続蔵経』第一二五冊・七七七頁上。

(56)徳洪は「祭二昭黙禅師［霊源］一文」にて、この指正に対し謝意を表しつつも、「文字於レ道。疑不二相妨一」とは馬鳴・龍樹らインドの大乗論師以来の伝統であると規定、そのうえで、「人各有レ志。酸鹹異レ嘗」と、自身の立場を固持している。『石門文字禅』巻三十、『四庫全書』本二〇丁右。

(57)「丁酉元日。余年五十三。偶閲二石門文字禅一…」、『痩松集』巻七之下、（新文豊活版本）三五〇頁、（大乗精舎影印本）五五二頁。なお、徳洪の原詩は、「元正一日示二阿慈一」と題し、『石門文字禅』巻十三巻頭に掲げられている。

(58)『痩松集』巻八之上、（新文豊活版本）四一一頁、（大乗精舎影印本）六三三頁。

(59)「時僧誇二文章一為二勝義一故示レ之」、『隠元全集』一一九六頁。

(60)「隠元禅師年譜」（二巻本）、『隠元全集』五一七六頁、能仁師訳註二一〇頁。

(61)「翰墨禅序」、『全』Ⅱ・一〇四九下右。なお、『遺稿』巻三所収本も「無二少疑一矣」に作っているが、註（51）の事例と同様、直前までの文言が文字と禅との融通無礙を力説していることから推して、「礙」に作るのが、より妥当かと思われる。『全』Ⅰ・三六八下左。

(62)「翰墨（禅）」が「文字（禅）」の同義語であることは、同じ序文の冒頭で、本書編纂の由来を説明するに際し、自己が諸方から詩偈を求められた状況を「未レ免借二翰墨一以明レ禅」と述べている点から了知される。『全』Ⅱ・一〇四九上右。また『石門文字禅』中に用例を求めるならば、「東坡画応身弥勒賛」に「東坡居士游二戯翰墨一作二大仏事一。如四春形二容藻三飾万像一」とあるのを指摘できよう。『四庫全書』本巻十九・四丁左。

(63)「雪峰亘信大師語録序」、『洗雲集』巻十二、『全』Ⅱ・八九一上右。

(64)「予自レ守レ塔以来。蒲団枯坐不レ作レ詩者数閲レ月矣…」と詩題すこぶる長い。『洗雲集』巻七、『全』Ⅱ・八二七下左。

(65)『洗雲集』巻十七、『全』Ⅱ・九六九下右。本篇の直前に寛文十二年四月刊行の『山堂清話』跋（「菊月」とのみあって年次を欠くが、前年九月の意か）を掲げ、直後には「金書首楞厳経跋」を掲げる。後者は寛文十一年（一六七一）正月に示寂した無心性覚からの遺嘱で撰述された。したがって、本篇もまた、恐らくは寛文十一年中の撰述と見られよう。

(66)『法苑略集』巻三、『全』Ⅱ・五七六下左。

(67)『洗雲集』巻六、『全』Ⅱ・八〇五上右。本篇よりも十五首前に「歳暮懐二夕陽山清法兄一」を掲げる。また、本篇の三十首のちに、寛文三年（一六六三）八月、長崎から宇治黄檗山を訪れた即非に呈した一篇を掲げる。したがって、「歳暮懐…」にいう〈歳暮〉とは、寛文二年の歳末を指しており、本篇は翌三年中――それも即非の到来以前――に成ったものと見られよう。

(68)『洗雲集』巻十七、『全』Ⅱ・九六九下右。本篇の系年理由は、註（65）前出の「恭題二御賜画一」に同じい。

(69)『仏国詩偈』巻六、『全』Ⅱ・七二六上右。

(70)『仏国詩偈』巻六、『全』Ⅱ・七二九上右。

(71)『洗雲集』巻六、『全』Ⅱ・八一〇下右。「長年冊上勤翻覆。自有二真文一不レ解レ読。棄二卻輪王無価珠一。遍従二鮑肆一覓二魚目一」。

(72)「臨済録評唱序」、『遺稿』巻三、『全』Ⅰ・三七〇上左。

(73)鉄崖が参聴した講師の名は未詳。『法華経』講説で知られ、潮音・元政も参じた如周（泉涌寺第八〇世）は、前年すでに示寂。なお、鉄崖の伝記研究では、近年、三好昭一郎氏が下記の三論攷を公表された。このうち（二）では、鉄崖の真言僧および律僧との交往について、すこぶる詳細な考察を加えている。（一）「近世阿波における黄檗宗の展開とその特質――鉄崖道空の動向を中心として――」、『黄檗文華』第一二一号所掲、平成十四年（二〇〇二）。（二）「鉄崖道空の人脈形成と竹林禅院――阿波黄檗禅展開の基盤として――」、『黄檗文華』第一二二号、平成十五年（二〇〇三）。（三）「鉄崖道空による竹林禅院開基前史――阿波黄檗宗展開への道程――」、『黄檗文華』第一二三号、平成十六年（二〇〇四）。このうち、（三）がとりわけ詳細である。しかしながら、高泉が鉄崖へ寄せた序文について、三好氏は「広くこの書を推奨している」と評されるが（掲載号一九九頁）、この点に関しては、同序文の如上の内容（「文字禅」への消極的評価）に鑑み、賛同しかねる。

(74) 註 (72) 前出「臨済録評唱序」、『遺稿』巻三、『全』Ⅰ・三六九下左以下。ちなみに、「不下因二柳毅一伝中消息上。争得三音書到二洞庭一」とは、唐代の伝奇小説『柳毅伝』を踏まえた表現である。『柳毅伝』の主人公・柳毅は、科挙に落第して帰郷する途上、洞庭湖の龍王の娘（龍女）に出会った。龍女は、嫁ぎ先の涇水で夫に虐待されていた。そこで、柳毅が龍女に乞われるがままに、窮状を綴った龍女の書簡を洞庭湖へ届けたところ、龍女は幸いにして救助され、柳毅もめでたく彼女と結婚したという。元・明・清の各時代に戯曲化されており、あるいは高泉も少年時代に観劇したとも考えられる。詳しくは、『中国文学大辞典』第六巻・四一六〇頁「柳毅伝」を参照されたい。執筆は劉兆雲氏、天津人民出版社刊、一九九一年。

(75) なお、本章執筆時にはまだ公刊されておらず、したがって当然参照できなかったが、中国の陳自力氏はその博士論文を修訂したうえ、二〇〇五年八月に至り、『釈恵洪研究』と題して北京：中華書局から公表された。同氏は『石門文字禅』を構成する散文・韻文双方のさまざまな文体について詳細に考察のうえ、徳洪の文学、ひいては宋代文学全体に占める意義を述べている。筆者は今後一層同書を熟読のうえ、本章全体の補訂を図りたく思う。

# 第八章　高泉の僧伝編纂

# 序節

高泉の日本文化、わけても仏教文化に対する貢献として、四種二十五巻にも上る、わが国および渡来僧侶についての列伝編纂を挙げないわけにはゆかない。鎌倉末期の『元亨釈書』以来、わが国では実に三世紀以上にわたって、久しく本格的な僧伝を見なかった。かかる状況は、高泉のみならず、隠元・即非・独湛といった人々の目には等しく奇異で惜しむべきものに感ぜられたとおぼしい。彼らはみな、「明代末期の福建」という、僧伝編纂とそれに伴う宗派意識の形成とが旺盛になされた地からやって来たので、各宗派の仏教が盛行しながら、僧伝らしい僧伝が久しく欠けている日本の現状に対し、大きな不審と遺憾とを禁じ得なかったのである。そして、何とかその状況を打開せんものと志したのであった。

しかしながら、隠元は来日時すでに人生の後半を過ぎていた。即非もまた、相当の資料を要する僧伝編纂をなすには、小倉にあって余りにも多用であった。また、来日後、日ならずして浜松郊外の山中に籠った独湛は、「往生人」という特定のテーマにしぼった著述をなす時間と史料提供者とまでは得られても、禅宗をはじめ各宗派にわたる高僧の列伝を編むには、山中で撰述した『扶桑寄帰往生伝』二巻に幾倍する労力を必要とするがゆえに因縁ついに熟せず、彼にはついに高僧伝編纂の機会は巡ってこなかった。

独り高泉のみが修史の業を全うできたのは、その文章力が比較的早くから知られていたこと、詩偈を縁として各宗派に友をもち、資料提供者に事欠かなかったことが主因として指摘できよう。本章では、彼の修史とその思想的背景とについて概観したい。

## 第一節　先行研究

高泉が数年以上の労力を傾けた四種二十五巻の高僧伝は、(一)『扶桑禅林僧宝伝』(全十巻)、(二)『続扶桑禅林僧宝伝』(全三巻)、(三)『東渡諸祖伝』(全二巻)、(四)『東国高僧伝』(全十巻)から成る。前三者が禅宗の高僧列伝であり、残る『東国高僧伝』は教宗および律宗のそれである。前三者のうち、正・続『禅林僧宝伝』には、わが国の禅宗高僧の伝を収め、残る『東渡諸祖伝』には、唐の義天に始まって、宋の蘭渓道隆・元の無学祖元ら主として鎌倉時代の来日中国人禅僧(非禅僧は対象外)の伝記を掲げたうえ、年代的に少し飛んで隠元に及んでいる。

今般『高泉全集』に収録され、初めて学界に提供される『東渡諸祖伝』を除けば、残る三著は大正初年に『大日本仏教全書』に収録され、相当程度まで知られている。にもかかわらず、それら著作の内容にまで立ち入った研究は、なお十二分に行われていない憾みがある。本稿第一章第二節第二項で既述したように、書誌学的な先行研究としては、正・続『僧宝伝』に対しては鏡島元隆博士の解題が、『東国高僧伝』に対しては平岡定海博士のそれが、昭和四十八年(一九七三)の『大日本仏教全書』解題における公表以降、現在に至るまで、依然最も詳細である。

鏡島博士は、『僧宝伝』の中のどこにも中国禅僧の伝記が収録されていないことについて、「画龍点睛を欠いた憾みがないでもない」と評されるが、その〈点睛〉は実は今般影印・刊行される『東渡諸祖伝』においてなされていた。にもかかわらず、本来同博士による適切な摘要・解題の対象とされるべき同書の活版本は、大正十四年(一九二五)、ごく小数部が黄檗山から刊行されたに過ぎず、『大仏全』のような広範な流布を見なかった。渡日した中国禅僧の伝記のみの集大成という試みは、その後近現代に至るまで著名な類書の成立を見ない。

もっとも、禅僧にあらざるがゆえに、鑑真・思託師弟ら(1)の伝記は収録されていないが、それでも鎌倉期における来日中国僧の事蹟は、この『東渡諸祖伝』によってほぼ概観が可能であろう。今後、本書に対する各方面からの国際的かつ学際的研究が進められることに期待したい。

下って昭和六十一年（一九八六）に至り、『日本仏教典籍大事典』にて、大槻幹郎氏は『東渡』を除く他の三書の概略を紹介される。内容自体は、上記両博士によるそれに比して、さしたる異同を認めないが、大槻氏が「これら高泉の著作は、江戸時代の僧伝編纂および宗統の再編を促す役割を果たした」と総括されているのは(2)、すこぶる注目に値しよう。恐らくは紙幅に制せられてか、大槻氏はいかなる要因が高泉を駆り立てて、かくまで相当量の僧伝をものさしめたのか触れておられない。そこで本章では、初めにこれについて触れておこう。

# 第二節　黄檗列祖の僧伝編纂

## 第一項　費隠の『五燈厳統』

ここでいう黄檗列祖とは、一定量の僧伝――韻文による賛の連作をも含む――を遺した費隠・隠元・即非・独湛の四師を指す（高泉については、次節で触れる）。まず、費隠の『五燈厳統』について。およそ明末清初に成った燈録（禅宗高僧列伝）の中で、本書ほど物議を醸した例は絶無と言ってよい。その紛紜の経緯については、（一）つとに民国初期の陳垣氏が『清初僧諍記』(3)巻一で取り纏めており、（二）野口善敬師に同書の精緻な訳註がある(4)。さらに、（三）長谷部幽蹊教授(5)並びに（四）永井政之教授(6)に専論を見る。後二者は『厳統』自体の構成をも詳論している。これら論攷によって、概して先行する『五燈会元』の焼き直しに過ぎぬ同書が、同時代の曹洞宗に対してはしかし、過度に激しい攻撃を加えていることが改めて浮き彫りにされ、前二者が叙述する曹洞宗側からの著者・費隠に対する熾烈な反撃の背景が、後二者を読むことで自然と理解されるのである。

全二十五巻、収録僧数二千四百有餘師（うち百師は名を記すのみであるが）に達する本書は(7)、多く南宋・大川普済（雪蓬慧明説もあり）編の『五燈会元』に拠っており、その内容も各師の機縁語（悟達の境地が示された法語・詩偈）を中心としている。したがって、伝記資料としてはさして新味もなければ、あまり有用でもない。しかしながら、その編纂には、費隠独特の史眼が発揮されており、彼自身の主観において法系不明瞭とされた禅僧の伝記は、たとい伝主が名だたる高僧であっても、正編に掲載されず、「未詳法嗣」の部に一括収録されている。

その中には、明末三高僧（雲棲袾宏・達観真可・憨山徳清）と並んで、当時福建の地で盛んに教線を張っていた曹洞宗寿昌派の派祖・無明慧経の名も見える。また、まがりなりにも正編で立伝されたものの、費隠の旧師たる曹洞宗の湛然円澄についても、費隠は巻頭の凡例で、その法系に対し容赦なく疑義を呈している。

本書が世に出た順治十年（一六五三）当時、福建鼓山では、永覚元賢が寿昌派を宣揚していた。永覚自身は、費隠から名指しでその法系を否定されるという屈辱を受けたにもかかわらず(8)、よくこれを忍受し、直接には『厳統』批判の言動を見せなかった。しかしながら永覚が著した『洞上古轍』は、中国曹洞宗の独自性を強くうち出しており、『厳統』の曹洞軽視に対し、間接的な反論をなしている(9)。永覚は別として、掲載有力な居士らを味方につけた曹洞宗側は、法廷にまで訴えでるほどの抗議活動を展開、その結果、『厳統』の版木は焼却処分され、中国本土に永くその跡を絶った。

費隠の要望を容れて、来日後の隠元は、わが国における本書の開版に着手した。こと和刻本に関しては、黄檗山が関係したもの、しないものを併せて明暦三年（一六五七）・寛文十年（一六七〇）・同十一年（一六七一）・延宝三年（一六七五）・元禄五年（一六九二）・同十三年（一七〇〇）(10)と、十七世紀後半だけで実に六度にもわたる刊刻を見た。明暦三年五月、隠元が滞在先の摂津普門寺で撰述した跋は、今日「重刊五燈厳統跋併偈」として伝存する。この年春、長崎で逸然に命じて和刻、僅々三ヶ月で上梓したという。その本師・費隠に対する敬慕のほどが知られるよう。散文体の跋に比して、韻文体の偈では、ヨリ直截に隠元の所感が詠じられている。海を隔てて中国曹洞宗諸師から訴えられる憂えもないためか、費隠を論難した彼らを名指しこそしないものの、「聾瞽末学」・「迷徒」と規定し、その所業を「偽言詐行。逐レ悪随レ邪。佐輔力勁。僭二竊祖道一。欺レ賢罔レ聖。業累二三途一。万劫奚屏。堪レ悲堪レ憐。可レ嗟可レ詠。」と断じている(11)。

俗に言うアクの強い、よく言えば主張明快で個性的な内容の本書はしかし、禅者として進むべき道を模索していた一群の人々にとっては、さながら啓示的存在と映じたものとおぼしい。例えば、潮音道海（一六二八～一六九五）は、隠元の渡日後最初の結制に参加したものの（於長崎興福寺）、甚だ意に満たず、挙句に隠元批判の捨て台詞を残し、期半ばにして去ってしまった。しかし寛文元年（一六六一）に至って、和刻本の『厳統』を入手・閲覧し、臨済の正系が那辺にあるかを知って痛省、独湛のとりなしを経て、再度隠元門下に列している(12)。浩瀚な本書を生み出したものは、直接的には費隠の愛宗心である。

しかしながら、巨視的に見れば、彼の一念もまた、社会背景の所産である。長谷部教授はそれを、「明の社稷が傾覆に瀕し、社会不安が増大する中で、出家者流もそれぞれ独自に安定性のある依り所を確立する必要もあり、源流を明らかにし、名実共に出家道に相応しい組織造りを成し遂げ、それを中心に一門の結束を固めることが焦眉の急とせられたものと思われる」と明快に説明されている(13)。

## 第二項　隠元の修史・詠史

長谷部博士の指摘に拠れば、明代後期以降に至って、一部の官寺を除いて、主要な大寺院では「一流相承」が一般的となった。すなわち、特定の法系に属す人々のみが、その寺院の住職を代々受け継ぐに至ったのである。これに伴って、住職以下、有力寺院の僧侶一同の寺への愛着は自然に長ぜられ、寺の歴史や名勝概観を叙述する文献（寺志・山志）の編纂が盛行を見るに至った(14)。福建時代の隠元も、当然のことながら、かかる思潮からは無縁ではなく、今日に伝わる『黄檗山志』(15)と、彼のひそかな修禅・法喜の地であった獅子巖の名勝案内とを、文筆に優れた弟子たちをして編纂せしめている。後者は題して『獅子巖志』という（文華殿所蔵、筆者未見）。その編纂に従事した隠元門下の一人が、ほかならぬ高泉であった。

『五燈厳統』が世に出た順治十年（一六五三）のことで、ときに高泉二十一歳。同僚は独往性幽・独耀性日・良印□［性ヵ］政であった。うち、独往は『黄檗山志』をも編纂しており、また、独耀は翌十一年、東渡する隠元のために、一巻本の隠元年譜を撰述している（のち、渡日後の高泉が増補して二巻本とする）。ともに明滅亡後、福清黄檗山で出家するまで抗清運動に従事しており、独往に至っては、再度運動に飛び出して消息を絶っている(16)。高泉はこのとき、獅子巖の記と、同地を詠じた詩を作っている(17)。前者はさして長篇ではないが、山内景勝の地を列挙し、簡明な説明を加えており(18)、恐らくは『獅子巖志』にも全文の摘要に代えて採録されたことであろう。

渡日後の隠元はしばらく長崎興福寺にあったが、あるとき、京都在住の臨済宗の禅僧「見叟禅人」から虎関師錬（一二七八～一三四六）の語録を贈られ、礼状をしたためている(19)。この人物に関連する書簡・法語・詩偈は、『隠元全集』中にはほかに見当たらないが、礼状に拠れば、見叟は京都の「虎関旧蹟」に住まっていたという。高泉も遊んだ南禅寺済北院ほか、洛中の「虎関旧蹟」は五指に余るので、その比定と見叟の事蹟考察とは今後の課題としたい。

同じ頃、隠元は贈られた虎関語録に触発されてか、画賛を製作、「将ㇾ謂六十六邦無㆓證拠㆒。不ㇾ妨三百年後却有㆓知音㆒」と、自己こそが虎関の真価を解する者だという自負を示している(20)。隠元がいったいいかなる意味において自らを虎関の〈知音〉と規定したのか、今後さらに虎関の語録を熟読したうえで究明せねばならないが、現段階で推察し得ることは、(一) 虎関が『元亨釈書』三十巻を著した本格的な僧伝作者であったことと、(二)『禅戒規』を著した、これも本格的な持戒禅の人であったこと(21)、(三) にもかかわらず、隠元来日当時の日本では、目に見える著作によって虎関のこれら二つの側面を継承する者が甚だ乏しかったこと——この三点に関して、我こそは三百年後初めて現れた理解者なりという所感を示したとのではないだろうか。

　さらに下って万治五年（一六五八）冬、すでに宇治黄檗山にあった隠元は、たまたま虎関『元亨釈書』を披見、書中に渡日した中国禅僧十数師の伝記を認め、これらに拠って賛を製作した。「東渡扶桑諸祖賛」(22)がそれで、(一) 唐の義空、(二) 宋の蘭渓道隆・(三) 兀庵普寧・(四) 無学祖元・(五) 大休正念・(六) 西澗子曇・(七) 一山一寧・(八) 鏡堂覚円、(九) 元の清拙正澄・(一〇) 竺仙梵僊・(一一) 明極楚俊・(一二) 東明慧日の計十二師を礼讃している。

　実は江戸初期の十七世紀という時代は、『元亨釈書』が再度脚光を浴びた時代でもあった。原本の刊刻は、慶長十年（一六〇一）・元和三年（一六一七）・寛永元年（一六二四）・寛文元年（一六六一）・元禄三年（一六九〇）と知られているだけでも五次に及び(23)、そのいずれかの刊本を隠元は——そして同書に拠りつつ数々の僧伝をものした高泉もまた——手にしたのであろう。ただし、右記十二師のうち、年代がヨリ新しい鏡堂覚円以下の五師の伝記は収録されていない。したがって、日本臨済宗出身の龍渓らから、これら五師の事蹟を聞かされたものと見られよう。

　隠元自身に本師・費隠に見るような僧伝・山志編纂への情熱があったことは明白であるが、渡日時の彼はすでに若くはなく、新たに資料を収集しても、それを一書にまとめ上げるだけの余暇にも乏しかった。隠元が渡日後になし得た山志・僧伝に関連の事業としては、僅かに退隠の年、寛文四年（一六六四）、高泉（ら？）をして編纂せしめた『新黄檗志略』上下二巻が挙げられるばかりである[24]。

### 第三項　即非の修史・詠史

木庵には費隠・隠元に見られるような修史（僧伝・山志）への情熱は乏しかったものとおぼしく、現存著作に見る限り、隠元が右記『厳統』を和刻した際、即非とともに跋を撰述[25]、本師・隠元および『厳統』著者たる師翁・費隠を礼讃したことが知られるのみである。虎関の語録や『元亨釈書』は、自らが近侍していた本師・隠元に倣って当然閲覧したものと見られるが、関連法語・詩偈は見当たらない。

即非はしかし木庵とは対照的に、そして本師・隠元と同様、修史に関しては、渡日後も相当の関心を保持しつづけていた。隠元からの提醒もあったことであろうが、虎関の語録を手にして五古「読二虎関禅師語録一」を製作[26]、また、隠元の「東渡扶桑諸祖賛」に倣ってであろう、「東渡諸祖」を製作している[27]。賛の対象とされる渡日中国僧がさらに増補され、十五師に達している。すなわち、（一）義空、（二）蘭渓道隆、（三）兀庵普寧、（四）無学祖元、（五）大休正念、（六）西澗子曇、（七）一山一寧、（八）鏡堂覚円、（九）霊山道隠、（一〇）清拙正澄、（一一）竺仙梵僊、（一二）明極楚俊、（一三）東明慧日、（一四）東陵永璵、（一五）隠元隆琦という構成である。（九）・（一四）を人から教示されたか、書籍で知ったかして附加し、かつ（一五）で本師・隠元への賛を附加している。製作年代は未詳だが、即非は寛文十一年（一六七一）、隠元に先立って示寂しているから、当然それ以前に成っていよう。

即非は、隠元が新たに編纂せしめた前出・『新黄檗志略』にも序を寄せている[28]。とはいえ、城下町・小倉にあって藩主一家との交往や教線展開に多忙を極めた彼には、新たに日本仏教の僧伝を編纂するだけの余暇は乏しかったものとおぼしい。即非が相当の力を傾注したのは、故郷・福建福清県の地方志の整理・修訂・和刻であった。即非「福清県誌続略序」(29)および高泉の「福唐僧宝録序」(30)に拠れば、即非があるとき、郷里の叔父・林汝読から四巻本の『福清志稿』を贈られ(31)、なつかしさに胸を躍らせたが、不備な点も多々あったので自己の見聞をも盛り込んで十八巻となし(32)、題して『福清志続略』とした(33)。即非示寂の翌寛文十二年（一六七二）には、隠元の命で高泉によって同書中の僧侶列伝が取り出され、増補されたうえ、『福清僧宝録』との題で刊刻されたという（後述）(34)。

即非はまた、楚の鍾儀や越の荘舄がともに生地を離れ、他国で仕官しても郷里の歌を忘れなかったという高風にあやかり、郷里の方志刊行という形で、彼らに続きたいとする意向を表明している(35)。即非が寛文七年（一六六七）に撰したこの序文については、すでに長尾直茂氏が大意と解説とをものされ、即非の愛郷心の中に、宋代以来科挙合格者を多数輩出した生家に対する誇りが含まれていることをも指摘されている(36)。

### 第四項　独湛の往生伝編纂

独湛には山志（寺志）編纂の事蹟は伝えられていないが、日本仏教関連の往生伝として、今日なお最多の採録人数を誇る『扶桑寄帰往生伝』二巻の編纂を成し遂げている。一般に浄土教は、禅宗ほどには法系を厳格に論ずることはないが、見事浄土往生を遂げたと見られる人々の伝記を集成する習わしは、つとに存在した。思うにこれは多様な階層の人々を信徒とした浄土教にあっては、学僧の列伝にもまして、身近な規範と仰げる往生人の列伝のほうが、ヨリ強く要請されたからではなかろうか(37)。

まず、中国にあっては、つとに唐代後期、八世紀後半の文諗・少康による『往生浄土瑞応删伝』に始まって、宋代の『龍舒浄土文』・『楽邦文類』・『仏祖統紀』には、それぞれ充実した往生伝の部が設けられている。また、わが国においても慶滋保胤（九三一〜一〇〇二?）『日本往生極楽記』に始まって、大江匡房（一〇四一〜一一一一）の『続本朝往生伝』ほか数種の往生伝が平安末期までに編纂された。

その後、日本では江戸時代に至るまで、実に五百年にわたって往生伝編纂の事は途絶えていたが、これを再開した人物こそ独湛であり、その成果こそ、右記の『扶桑寄帰往生伝』にほかならない。僧尼のみならず、居士・婦女子に至るまで、二百人弱の往生人を分類し、主として往生前後のみならず、平生の念仏精進ぶりをも叙述している。序に拠れば、独湛は寛文四年（一六六四）以降、遠江国初山宝林寺にあって、わが国の関連文献を閲覧、往生人の事蹟蒐集に努めてきたが、延宝元年（一六七三）に至って、その業を畢えた。彼は、平素敬慕していた明の雲棲袾宏の「慈眼」に、日本の往生人たちの事蹟が映じなかったことを遺憾とする。そこで、自己の著述が中国へ「寄帰」されること、すなわち流伝されることによって、母国の人々が「西方金蓮国土の即ち滄海の東に在るを見」んことに望みをつないでいる(38)。なお、独湛が本書撰述に際し軌範と仰いだ袾宏『往生集』は、万暦十二年（一五八四）の序をもつ(39)。

浄土宗・真宗所属の諸先学の本書に対する評価は必ずしも高くはなく、藤島達教授は「全体として各伝歴は簡略であり、年紀を欠くものも多く、史料としてはやや不備である」と評され(40)、伊藤唯真師も同趣の批評を示される(41)。本書の価値を初めて肯定的なものへと転ぜられたのは、長谷川匡俊教授を最初とするもののようである。すなわち同教授は、右記二教授の「史料としては不備」という批評を継承されつつも、仔細に全文を閲覧され、典型的な登場人物像の描出に力を注がれた。

その結果、独湛の主たる活躍地（近畿・東海地方）の往生人、それも独湛来日後に往生を遂げた人々が少なくないことを解明された。また、不備はあるにせよ、本書が近世の往生伝刊行史における質的転換（平安期往生伝の刊刻から新規の往生伝編纂・刊刻へ）を象徴する存在であることや、往生人の採録が「古代から当代に至るまでのスケールで行われていることの意義」を高く評価されている。また、「独湛自身にそくしていえば、本書の編纂過程は日本の浄土教、念仏信仰に接近していく格好の機会にもなり得たことであろう」とも指摘されている(42)。

## 第三節　高泉による僧伝の概要

### 第一項　僧伝作者への道

伏見仏国寺開山堂の聯は、開山たる高泉自身の撰文に係るが、そこには「[右聯]扶レ教扶レ宗力撰二海邦釈史一。[左聯]為レ人為レ法大興二仏国禅林一」としたためられている(43)。右聯からは、高泉が〈海邦釈史〉、すなわち日本の僧侶列伝撰述を畢生の大業と自認していたこと、そしてこの大業によって教宗・禅宗を問わず日本仏教に貢献せんと期していたことが明瞭に知られよう。

前節に見たように、僧伝作者としての高泉は、師翁（法祖父）・隠元によって培育されたと見るのが妥当である。すでに福建時代から、彼は隠元の命でまず山志を、ついで渡日後には福建の僧伝を編纂しており、かかる営為を通じてごく自然に史家の筆法を学んだものと見られる。また、青年期の高泉は、僧伝はともかくとして、山志には深い関心を寄せていたようである。順治十年（一六五三）、二十一歳にして『獅子巌志』編纂に加わったことはすでに見たが、彼は恐らくその過程で、参考資料としてであろう、『天童寺志』および『普陀山志』を閲覧し、それぞれ七絶による所感を詠じている(44)。

寧波郊外の天童山は、密雲円悟・費隠通容がかつて住して化を敷いた地であり、また、普陀山は天下に知られた観音の霊地であり、隠元も若き日にここで一年間在俗のまま茶頭を務め、仏道に志している。長谷部博士に拠れば、ひとくちに明代の寺志・山志といっても、嘉靖年間（一五二二〜一五六六）に編纂されたものは依然、単なる観光案内的な内容に終始し、これに対し、万暦年間以降、康熙年間にかけて陸続と編纂されたそれは、寺の沿革や属している法系を詳述しているという(45)。

高泉が眼にした二つの寺（山）志がいずれの系統に属しているか、今後の調査に俟ちたい。ただ、『天童寺志』については、「至今七十余宗匠」と詠じているから、同寺が七十有餘代の住職（宗匠）を戴いて以降に編纂された寺志と知られよう。現存の各写・版本中に、該当するものがあれば幸いであるが…。渡日後の高泉は、現存の著述に見る限り、山志編纂者としてよりも、僧伝作者として活躍した。山志関連の著述としては僅かに、慧林性機のために、摩耶山仏日寺（大阪府池田市）の寺志序文を代作したことが挙げられる程度である(46)。

一方、僧伝作者としては、まず寛文十一年（一六七一）、三十九歳の折に、但馬国雲頂山大明寺住職・列岑□均（系字未詳）からの依頼で、同寺開山・月庵宗光（一三二六〜一三八九）の語録に序を寄せている(47)。ただ、その序文の内容は、すこぶる伝記性が高く、住職から寄せられた行状をもとに、月庵の生涯を的確に描写している。大明寺は、江戸期以降、南禅寺の末寺に列している。南禅寺関係者としては、英中玄賢が寛文十一年（一六六七）よりも以前に、黄檗山で隠元へ参じているから(48)、あるいは英中をへて高泉の文才が大明寺にまで伝えられたのかも分からない（高泉と英中との道縁については、第三章第三節第一項を参照）。

翌寛文十二年には、隠元の命で、さきに即非が増補・刊刻した『福清県誌続略』から、僧侶列伝をのみ抄出したうえ、原本に見る四十師を五十四師にまで増加せしめ、題して『福唐僧宝録』とし、これを刊行したとされる。序文のみが『洗雲集』中に伝えられているものの(49)、刊本は未見である(50)。現存しておれば、高泉撰述の僧伝としては最古のものとなろう。今後さらに捜索に努めたい。

## 『扶桑僧宝伝』の撰述

標記の高泉著述は、かつて浄写本が存在し、それが延宝三年（一六七五）六月、後水尾法皇へ上進されている。浄写本は、あるいは宮内庁書陵部の蔵書中に現存するかもわからないが、未検である。のちに公刊された『扶桑禅林僧宝伝』（正篇）と増補以前の『東国高僧伝』とを併せた内容で、全二十巻から成っていた。高泉は黄檗山内法苑院に住まっていた頃、（一）『元亨釈書』に加えて、（二）諸方から寄せられた資料、そして、（三）弟子を派して臨済宗の卍元師蛮から借り出した資料をもとに、本書を成したのである。全二十巻のうち、禅僧伝が十巻、教宗諸派の高僧伝が十巻という構成であった(51)。

本書撰述の機縁や経過は、法皇へ上進した「進二扶桑僧宝伝一表」(52)および「扶桑禅林僧宝伝序」（註（51）参照）に詳しい。前者では中国東方の海上かなたに仏国土・日本があることを、本書刊刻・流通によって、中国にも知らしめたい（原文：寄帰）と明言しており、この点、独湛の『扶桑扶桑寄帰往生伝』と軌を同じくしていると言えよう。また、後者では、まず虎関師錬の『元亨釈書』以降、日本仏教界から虎関のような労作を著す人が現れなくなったことを「近代の闕典に非ざるを得んや」と慨嘆する。ついで、高泉が「諸刹に随喜し、詢うて（虎関）国師の後に及ぶに、能く対ふる者罕なり」という状況に接し、そもそも『釈書』の著者たる虎関ですら、その法嗣・法孫らの系譜が甚だ不明瞭となっていることに愕然とした旨、記している。〈諸刹に随喜し〉とは、ヨリ具体的には、東福寺・南禅寺・天龍寺といった、虎関ゆかりの洛中の叢林へ参詣したことを指していよう。高泉の見るところに拠れば、虎関の法嗣が不明瞭となったのは、「此れ他無し、未だ伝記有らざるが故なり」という。

さて、『釈書』は禅僧たる虎関の著述であるにもかかわらず、採録された高僧の多くは、むしろ教宗諸派に属する人々であり、禅僧の伝記にはかえって乏しい。こうした状況を慨嘆し、ぜひとも自己が虎関に続かんことをと期していたが、時節幸いしなかった。幸い法苑院に入住後、比較的余暇に恵まれるに至ったので、延宝三年六月の後水尾法皇八十歳の寿賀に間に合わすべく、断然起稿した。

高泉自らが記すところに拠れば、浄写本『僧宝伝』には四百余師の伝記を収録したという。現行の『扶桑禅林僧宝伝』（もとの禅宗の部）は百十七師、『東国高僧伝』（もとの教宗の部）は、平久保氏によって三百四十一師（本伝二百九十五師、附見四十六師）と計上されている[53]この四百余師とは、『扶桑禅林僧宝伝』の百十七師に、『東国高僧伝』本伝のそれ（二百九十五師）を加えた計四百十二師を指していよう。

## 自負と反響

初めて本格的な僧伝を書き上げた高泉の喜びはやはり隠しようもなく、自ら七絶「編二扶桑僧宝伝一成書レ後」三首を賦して賀し、それを刊本末尾に掲げている[54]。その第三首で「硯欲二磨穿一筆欲レ枯。窓前日夜用二工夫一。捜二来日国僧中宝一。伝向二諸方一作二範模一」としているのは、けだし実景であろう。また、延宝五年（一六七七）の垂示と見られる法語一則[55]では、「者《こ》の一隊の老古錐」云々と、撰述に際し使い古した筆の山から説き起こして、自己が自在に筆を進めたことをいささか得意げに、かつは美文調で述べている。

その写本は数人の友に寄せられたものとおぼしい。まず、十年以上も相見ていなかった「資聖［寺号カ］長老」なる人から賀偈二篇を贈られ、得がたい知己を得たかのように喜んでいる。七絶「答二資聖長老一」二首がそれである[56]。本篇は、延宝三年（一六七五）冬から翌四年春の間の作と見られる。翌四年春、江戸大休庵に住まう白翁道泰（？～一六八二、木庵門人、鉄牛と親しかった）から、班［班固］・馬［司馬遷］・宣［道宣］・洪［徳洪］に比する旨の高評を寄せられ、「愧づること無き能はず」と照れている[57]。さらに、同四年（一六七六）から翌五年の間、運敞からも賀偈が寄せられた[58]。運敞は「頭角群龍潜蟄久。毫端雷震忽騰飛」と、高泉の文筆によって、久しく湮滅していた高僧の事蹟が世に現れるであろうと祝っている。高泉撰述の四種の僧伝のうち、「運敞蔵」には『続扶桑禅林僧宝伝』以外の残る三種が架蔵されている[59]。『続扶桑』は、運敞示寂から二ヶ月後の元禄六年（一六九三）十一月に刊行されている。今後「運敞蔵」で原物（、とりわけそこに捺せられた印章類）を実見したいが、恐らく他の三種は、刊行のたびに高泉から運敞へ贈られたものではなかろうか。また、「運敞蔵」本には、何か高泉からの献呈の辞も書き添えられていようから、それら文言を読むことで、従来正確な刊年が未詳だった『扶桑禅林僧宝伝』および『東渡諸祖伝』のそれ[60]が、ヨリ明らかにされるのではないだろうか。

高泉示寂から五年後の元禄十三年（一七〇〇）、桂林崇琛（一六五二〜一七二八、妙心寺第三一三世）が、「花園亡名子」なる筆名で『禅林執弊集』二巻を公刊、三十七条にわたって当時の禅宗の弊害を挙げているが、そのうち十七条までは、黄檗教団に対する相当に感情的な「弊害」指摘をなしている（筆者未見）。辻善之助博士『日本仏教史』にその概要が掲げられ[61]、かつ、鏡島元隆博士の論攷「桂林崇琛について――近世洞済交渉史の一節――」[62]では、『執弊集』を中心とする桂林の言説が曹洞宗の古規復興運動に与えた影響を論じている。十七条の中に「読㆓扶桑僧宝伝㆒弁」の一条あり、高泉『僧宝伝』（正篇）巻三・直翁智侃伝と、巻八・石屋真梁伝とに誤謬があり、高泉が名を貪った弊害だとしている[63]。いずれ『執弊集』原本を披見のうえ、桂林が『僧宝伝』当該項目の何をもって誤謬としているのか確認したいが、〈名を貪った弊害〉とはあるいは、高泉が法恩ある後水尾法皇の八十の寿賀までに『僧宝伝』脱稿に漕ぎ着けようと、史筆の速さを正確さに優先させたことを指していよう。

一方、高泉の示寂から二十一年をへた正徳六年（一七一六）、臨済宗の聖僕妙（義）諦（伝未詳）が『禅籍志』二巻を公刊したが、その下巻では、正・続『僧宝伝』、『東国高僧伝』、そして和漢僧侶の孝行を載せた『釈門孝伝』を合評、高泉の僧伝を高く評価している(64)。

聖僕はまず、「日本の禅僧は文筆を欠き、外国の人［引用者註：高泉を指す］にかかる盛挙をなさしめてしまいながら、少しも恥じる風がない。言葉にできない恥ずかしさだ（原文：和僧無文。不レ能レ作レ史。令下外国人。成二此盛事一。而恬然不上レ耻。有二何可レ言）」と述べる。これに対し、「或る人」が「禅宗に文筆は要らないのだから、恥じることもあるまい（原文：禅宗不レ識二文章一。未二必可レ為二慚愧一）」と答えたところ、聖僕はこれを否定して「そういう言葉は、道眼《どうげん》を具備し、道行をも兼ね行うことができる人にして初めて発することが許されるものです。道眼も道行も二つとも具備できない以上は、あくまでも高泉禅師のように文筆によって禅を挙揚すべきでありましょう（原文：是具二道眼一兼二道行一者。而可二始言一。苟二無レ之。則寧有二翰墨一乎）。」と語った。

そして、高泉の僧伝のうち、とりわけ『釈門孝伝』に讃嘆の筆を費したのち、「書を著し言を立つる者、通慧［賛寧、後出］・寂音［徳洪、同右］と雖も瑕瑾を免れず。激公は支那の人にして日本の事を記す。烏ぞ漏脱差舛無からんや。其の語言平夷にして刀斧の痕無し。議論謹厳にして、美刺、節に中《あた》る。是れ余の常に嘆ずる所なり（原文：著レ書立レ言者。雖二通慧・寂音一。不レ免二瑕瑾一。激公支那人。而記二日本事一。烏無二漏脱差舛一。其語言平夷。無二刀斧痕一。議論謹厳。美刺中レ節。是余所二常嘆一也）」と、叙述にまま誤謬ありと認めつつも、最大級の賛辞を呈している。高泉をして世に在らしめば、知音を得たりと喜んだに相違あるまい。

### 第二項　卍元師蛮からの資料借り出し

高泉が本格的に修史に取り組みはじめた時期は、判然としない。しかしながら、寛文十二年（一六七二）には、右記『福唐僧宝録』の編纂を成し遂げている。彼がこの実務経験で自信を得たことであろう。翌十三年（＝延宝元年）

の隠元示寂や、金沢心空庵行きのような大事の合間を縫って、史料蒐集や執筆に励んだものと思われる。時あたかも、寛文九年（一六六九）以降、卍元師蛮（一六二六〜一七一〇）が妙心寺山内東西軒に住まい、わが国禅僧の伝記、とりわけ機縁語（悟達の境地を示す言葉、多くは詩偈）を核とした一大僧伝を編纂しつつあった。『本朝高僧伝』・『延宝伝燈録』と、わが国仏教史上第一の高僧伝を二種までも編纂した卍元であるが、彼自身の伝記は、戦前の『望月仏教大辞典』の関連項目、および戦後の荻須純道師による略伝(65)以外には、依然まとまったものがない。同時代の臨済宗学僧の双璧・無着道忠（一六五三〜一七四四）について複数の詳伝が出ているのとは、およそ対照的である(66)。『望月仏教大辞典』に拠れば、師蛮は若くして僧伝編纂に志し、実に三十有餘年にわたって史料蒐集に勤しんでおり、妙心寺内の寓居・東西軒の名も、史料を求めて東奔西走したことにちなむという。高泉・卍元ともに、それぞれの僧伝の各項編末では、個性豊かな「賛」を附している。とりわけ卍元の場合はしばしば、取材の記録（苦心談をも交える）(67)や、所蔵者（多くは伝主が眠る寺を守る住職）との間で交わされた伝主をめぐる対話(68)、あるいは伝主の生涯に関心をもった経緯(69)が詳細に叙述されており、まさしく「足で書いた労作」という感がある。その卍元のもとへ、「延宝初」、すなわち一六七三年頃、法苑院から高泉の使いが訪れた。

第三章第一節で触れたように、寛文五年（一六六五）以降、黄檗山と妙心寺とは一種の冷戦状態にあり、いわゆる幹部クラスの僧侶の相互往来には相当の困難が横たわっていたものの、高泉は同十二年（一六七二）に二度目の妙心寺参詣を支障なく済ませている(70)。延宝改元は翌十三年九月のことである。したがって、卍元のいう「延宝初」の高泉の史料借り出しは、あるいはこの際になされたとも見られる。もっとも、高泉本人ではなく、その使僧が妙心寺山内の卍元の書斎へ馳せられたのかもわからない。いずれにせよ、卍元は高泉からの頼みを聴き入れたのであり、一回目は卍元が架蔵していた「名徳三十余員の行状［伝記］」を貸し出した(71)。

ところが、二度目（以降）、こともあろうに、高泉からの使僧が、卍元が席を立った隙をついて、そこに展げられてあった偉仙方裔伝の草稿を盗み出し（原文：竊二其草稿一）、これをそのまま本師・高泉へ提供、高泉はこれによって『禅林僧宝伝』巻九の偉仙伝を撰述したというのである[72]。後者に関しては、「高泉」と名指しこそしていないものの、その使僧をして卍元から草稿窃取をなさしめた「或者」が、それによって『僧宝伝』を著した旨明記されており、これらの語が高泉およびその著『扶桑禅林僧宝伝』を指していることは明白である。

事実とすれば、わが国における久々に本格的な僧伝の編纂を目指した者同士の間に繰り広げられた仁義なき戦いというべきであり、しかも、非は明らかに高泉のほうにあって、現代においては恐らく学術倫理上の批判を免れ得まい。結局、卍元はこの偉仙伝に関しては、この「事件」ののちに、寒さに耐え、深い山中の浄因寺に赴き、そこで旧知の現住職の協力のもと、数多くの信頼すべき古記録を書写、偉仙碑銘（の拓本）をも得た。その結果、さながら禍を転じて福と為す形で、ヨリ本格的な偉仙伝を著すことができた――と自述している。

卍元が『本朝高僧伝』の筆を擱いた元禄十五年（一七〇二）、高泉はすでに亡く、また、「事件」の真相を語る高泉側の資料の存在は知られていない。先行文献の文言・説相《せっそう》（叙述の展開）の襲用ということならば、高泉を痛罵した卍元も、その実、『本朝高僧伝』で、巻十五・円空隆［立］信伝を著すに際し、先行文献となっていた高泉『東国高僧伝』の文言・説相を、出典を明示せぬままほぼ襲用している（第四章篇末の関連別表を参照）。ところで天和三年（一六八三）七月からの卍元の水戸清音寺住職赴任は、かの徳川光圀の招きによるものであり、彼はその際、光圀らが鋭意編纂中の『大日本史』草稿を目にしたものと思われる[73]。

この『大日本史』に関しては、「あらかじめ色眼鏡（大義名分論）をかけたうえでの編纂である」という批判が戦後紛起したが、同書はこと出典明示という点においては、前代までの史書にない詳細さを呈している[74]。卍元もむろん各篇の冒頭に主要な参考文献を提示してはいるものの、詳細さという点では、言々句々逐一出典を明示している『大日本史』には遠く及ばない。卍元がどうして『大日本史』のこの長所に学ばなかったのか、いかにも疑念に堪えない。

「剽窃事件」による、卍元の高泉ら黄檗唐僧への失望は誠に大きく、彼がこの頃撰述しつつあった『延宝伝燈録』（延宝六年［一六七八］春脱稿）では、当時すでに隠元語録が複数種刊刻されていたにもかかわらず(75)、また、隠元が既に亡き数に入っていた（寛文十三年［一六七三］）にもかかわらず、その立伝を見なかった。もとよりこれは、隠元示寂からなお日が浅かったため、公評未定という理由で立伝されなかったとも考えられる。しかしながら、卍元の高泉に対する幻滅や不信感は露わである。ついには、右記『伝燈録』の増補修訂版たる『本朝高僧伝』において、「外国僧にわが仏教史が分かってたまるか！」とさえ意訳されるほどの極言を吐露している(76)。

むろん、『本朝高僧伝』の叙述は精緻であり、正確さにおいて『東国高僧伝』は到底その敵ではあり得ない。しかしながら、卍元とて、近現代の仏教史学の視点からは明快に否定されている泰範・光定同一人物説を保持しており(77)、また、渡日した中国禅僧・霊山道隠が『華厳経』を血書したことの信憑性についても、文献に拠る限り、実行した可能性のほうが高いにもかかわらず、そんな筈はないと断ずるなど(78)、陰に陽に高泉を批判している。ともに憤怒のなせる業と言わざるを得まい。

そして、卍元はこうした憤怒の集大成として、その名も『東国高僧伝弾誤』を撰述した。右記『本朝高僧伝』の凡例同条では——最終条というすこぶる目立つ位置に置かれている点も注意すべきであろう——四種二十五巻から成る高泉撰述の僧伝は、いずれも「舛差甚だ多く、大を指せば三百餘あり。余が編の中《うち》、處に随つて挙正す。小なる者は尚ほ散じて沙礫の如し。別に『弾誤』を作り、覧者の惑を防げり」と述べている。同条の全文を左に掲げよう。

延宝初。明僧高泉借下余所二纂蓄一。名徳三十餘員之行状上。又集下流二落江湖一覆本上。撰二扶桑禅林僧宝伝十巻。東渡諸祖伝二巻。続扶桑禅林僧宝伝三巻。東国高僧伝十巻一。総括不レ盈二八百人一。共雕レ版行。舛差甚多。指レ大三百餘。余編之中。随レ處挙正。小者尚散。有レ如二沙礫一。別作二弾誤一。防二覧者之惑一焉。

『本朝高僧伝』の附篇ともいうべきこの『弾誤』は、全十巻一冊から成り、内閣文庫に写本を蔵するという(79)。今後閲覧のうえ、卍元のともすれば憤怒に覆われがちな、しかし概して適切な指摘のすべてを明らかにしたい。ただ、主要な誤謬は、『本朝高僧伝』の当該項目の賛文中で既になされているように見受けられる。『扶桑禅林僧宝伝』中の誤謬に関しては、右記『弾誤』のような専著の成立を認めない。しかしながら、『本朝高僧伝』巻十九から四十五までの「浄禅篇」が、正・続『扶桑禅林僧宝伝』および『東渡諸祖伝』と、内容上ほぼ重なっており、『僧宝伝』の誤謬指摘は、これら二十七巻の随所でなされている。

### 第三項　『扶桑禅林僧宝伝』（正編）の特色

本書撰述に際し、高泉の念頭には中国の三種の僧伝が、仰ぐべき模範として存在した。序に拠れば、（一）唐の道宣の『続高僧伝』（別称：『唐高僧伝』）、（二）宋の寂音尊者、すなわち徳洪覚範の『禅林僧宝伝』、そして（三）明の石鼓の永老人、すなわち永覚元賢の『建州弘釈録』がそれである。過半数を占める項目（僧伝）の篇末に賛を附するという形式は、明らかにこれら三書に負うている。とりわけ、題目が類似する『禅林僧宝伝』と、宗派こそ違えど多年敬慕していた永覚が郷里福建で刊行した『建州弘釈録』とは、常に机上に置かれ、大いに参照されたものと見られる。

このうち、『建州弘釈録』は全二巻から成り、唐から明に至るまでの福建出身の禅僧列伝である(80)。目次各項の題下註に拠れば、先行諸文献（僧伝・寺志）からの引用・再編輯がほとんどであり、伝記資料としての新味には乏しい。むしろ本書の特色は、各科（達本・顕化・崇徳・護法）篇末に永覚が附した「論」に発揮されている。伝主すべてが福建出身者のみという同書は、地域的な限定性が濃厚であり、それゆえにこそ、高泉が寛文十二年（一六七二）に隠元の命で『福唐僧宝録』を編纂した際にも、見るべき先行文献として、その序文中に挙げられている(81)。長谷部博士は元賢の伝記に拠りつつ、同書を崇禎元年（一六二八）の脱稿、翌二年の刊行と判じておられる(82)。

ところで、高泉の徳洪敬慕については、第七章で触れたが、全三十巻からなる徳洪『禅林僧宝伝』は、明代における重刻本としては、洪武六年（一三七三）本が知られているのみ(83)。しかしながら、明末清初の巨霊自融（一六一五～一六九一）は、『僧宝伝』の形式、とりわけその文体（諸史料・諸見解を鎔和して、原典の跡を残さない）(84)と、各項に極力「賛」を附した点とを愛好し、これに倣って『南宋元明禅林僧宝伝』全十五巻を編纂した(85)。それがために、清代には同書に『続僧宝伝』との簡称も生まれた(86)。門人・性磊（道号未詳）が補修する以前の初稿本は、康熙六年（一六六七）以前に成っていたと見られる。海を挟んで前後して徳洪『禅林僧宝伝』に倣った僧伝が編纂されたことは、いかにも興味深い。今後、『南宋元明禅林僧宝伝』のわが国における流通についても考察を進めたい(87)。

さて、徳洪に始まる一連の『僧宝伝』には、一つの大きな特徴がある。それは目次を見る限り、一見伝主の名（およびそれに冠された所住寺院の名）が無造作に書き連ねられているのみであって、『五燈厳統』などの「燈録」の目次に見られる「××下第△世」という、いわゆる「世代表示」が認められないことである。明末清初に相次いで刊行された「燈録」にあっては、いかなる人物を誰の（門）下の第何世と判じるかによって、しばしば門派間の紛争が惹起された。かの『五燈厳統』問題も、その例外ではなかったのである。かかる紛議を未然に防ごうと、右記の巨霊・性磊師弟は、ことさら僧宝伝形式によって——つまり世代表示を避けた形で——『南宋元明禅林僧宝伝』を編纂した。その結果、彼ら師弟の穏健な、宗派争いを望まぬ立場に加え、とかく「燈録」の編者がなしがちな先行燈録丸写しを避けた精力的な史料蒐集も相俟って、史書としては相当の完成度を呈したという(88)。

高泉も恐らくは同様の見地から——いな、『厳統』をめぐる紛議を周囲から度々聞かされていたがゆえに、巨霊・性磊師弟にもまさる直感的配慮で——僧宝伝形式によりつつ、正・続『禅林僧宝伝』を編んだことであろう(89)。ただし、その史料蒐集の手際たるや、言語の壁や自由に取材に走り回ることの困難(外国人僧侶の国内旅行に関する幕府法令)があったために、彼ら師弟や卍元に比すれば、確実に劣っていたと言わざるを得ない。

すなわち卍元は、前出『本朝高僧伝』の「凡例」第十条で、高泉が自己から借覧した史料に加え、「江湖に流落するの贋本」をも利用し、その結果、数々の誤謬を犯したとする見解を示し、その具体例として、東禅健易(一三四三〜一四二三)の遺偈を、高泉が誤って平心處斉(一一八七〜一三六九)のそれとしたことを挙げている(90)。いかにも高泉は、その著『禅林僧宝伝』巻三の平心處斉伝で、「威音一箭。虚空両片。脚尾脚頭。日面月面」という詩偈を平心の遺偈だとしている(91)。卍元に拠れば、この当時、平心の伝記としては不備かつ誤謬の多い行状が流布していたのみで、「故《こと》さらに他人の語を取って(平心)禅師の事と為す者多」く、「或者」、すなわち高泉は、「鹵莽にして真濫を知らず、漫りに之を書に筆《あらは》」してしまったのだという。これに対し自己は、旧知が住職を務める尾張定光寺に直接足を運び、信頼できる史料を親しく閲覧した結果、間違いのない伝記をものすことができたと力説している。

### 円爾法系の諸師が多く立伝された背景

さて、ここで正・続両『禅林僧宝伝』のおおよその綱格を概観したい。本稿附録に別表「『扶桑禅林僧宝伝』細目」・「『続扶桑禅林僧宝伝』細目」を掲げた。これによって、高泉が臨済・曹洞両宗の諸師をとりまぜて――臨済宗に関しては、いわゆる京・鎌倉の五山高僧を一見相当に無秩序に配列して――いるようでいて、その実、一定の集団ごとにとりまとめて配列していることを明らかにできたと思う。平久保章氏は、『全集』底本にて正続『僧宝伝』の各項ごとに、主として『禅学大辞典』に拠りつつ、伝主の法系を註記しておられる（この底本は文華殿所蔵）。その学恩によって、筆者も右記の状況に気づき得た。記して亡き平久保氏に御礼を申し上げたい。

巻一では、一般に臨済・曹洞両宗のそれぞれの宗祖と目される栄西・道元を置き、巻二巻頭では、東福寺開山の円爾を配する(92)。以後、各巻の初めのほうで、五山十刹の開山、もしくは平素敬慕していた僧史作家・虎関師錬のような大物の伝記を掲げ、巻二以降はそうした大物の法嗣・法孫の伝記をも掲げつつ最終巻たる巻十に及んでいる。そうした法嗣・法孫の中でもとりわけ多数を占めるのは、円爾の法系であろう。実に四十四師を数えており(93)、全体（正続両篇併せて百六十五師）の約二十五パーセントにも及ぶ。ついで多いのが夢窓疎石の法系に属する人々で、十八師を数え、全体の約十一パーセントを占める(94)。ただし立伝は法孫までに留まり、円爾の場合のように法曾孫から七代の孫（日本式に言えば、円爾から数えて六代目）にまで及ぶ詳細なものではない(95)。

円爾の法系が栄えたのは東福寺および南禅寺であった。高泉は東福寺では、第二四一世住職・太華令瞻（一六一〇～一六九一）と、その法嗣で第二五〇世住職の香林宗寔（一六三五～一七一二）と道縁があり、七絶「慧日山謁二太華老宿一」(96)と、同じく七絶「東福寔西堂至」(97)とが今に伝わる。ただ、その交往の時期は高泉の晩年にまでは至らず、南禅寺の場合（第三章第三節第一項）と違って、黄檗教団の護持・発展を企図しての戦略的背景は認められない。

とにかく、高泉は円爾およびその法孫・虎関に対し、『僧宝伝』の賛や、その他の画賛で深い敬慕を寄せており(98)、とりわけ虎関に対しでは、『僧宝伝』の賛で、「国師は吾が宗の遠祖なり」と規定し(99)、かつて東福寺でその肖像（木像か）を配した際の感動をも語っている(100)。また、跋「題㆓元亨釈書後㆒」(101)では、虎関が『釈書』を著した功績を司馬遷になぞらえ、同書が中国へなお伝えられていない状況を慨嘆している。円爾・虎関ゆかりの東福寺は、黄檗山とは同じくJR奈良線沿線に位置し、寺前にはそれぞれ同名の鉄道駅が存在していることからも知られるように、ともに京都・奈良間を結ぶ街道上に面していた。それがために、相互の往来も早くからあったもののようである。

高泉自身も、渡日の翌寛文二年（一六六二）秋には参詣し、七絶「東福寺礼㆓無準和尚像㆒」を製作している(102)。さらに、この作品製作と同時期か、その直後には再度（三度目以上かもわからない）参詣のうえ、東福寺側の許可を得て、秘蔵の無準遺墨を披見してもいる(103)。『僧宝伝』の撰述が高泉をますます東福寺に近づけたのか、逆に、東福寺との道縁が『僧宝伝』中の円爾法孫多数立伝につながったのか、今後の研究に俟ちたい。

東福寺は洛中諸名刹の中でもとりわけ早く、法系や嗣承を明らかにせんとする動きが活発であり、いわゆる『本朝僧宝伝』全二巻はその運動の成果であった。鏡島元隆博士の解題(104)に拠れば、延宝五年（一六七七）に釈半人子なる人が『二十四流宗源記』を著し、翌年には卍元が『延宝伝燈録』を書き上げたが（刊刻はずっとのちの宝永三年［一七〇六］）、こうした流れを承けて、東福寺内のある僧が聖一派（派祖：円爾）および夢窓派に属する高僧の伝記・行状・墓碑銘を集成、この『本朝僧宝伝』を編纂したという。筆者はしかし、かかる書物が生み出された要因の一つに、延宝三年（一六七五）には早くも世に出された高泉『僧宝伝』の存在を指摘したい。

### 南禅寺英中による史料提供の蓋然性

さて、現存する高泉の詩偈に見る限り、彼が南禅寺の英中玄賢と交往を始めたのは、ひとまず元禄期以降、すなわち彼の晩年に属しているもののようであるが（第三章第三節第一項参照）、その実、僧伝編纂の仕事を通じて、ずっと早くから、何らかの交渉を開始していたようにも考えられる。英中もまた円爾の法系を受けており、円爾七代の孫に当たる(105)。また、英中が元禄六年（一六九三）当時住まっていた南禅寺内「済北院」は、虎関師錬の遺蹟でありながら、その三年前まで久しく荒廃していたのを、高泉の門人・了翁道覚が再興している(106)。英中はやはり、高泉・了翁師弟との久しく深い道縁あって、この済北院に入住したのであろう。

けれども、かかる重大な道縁が短期間で成るとは到底考えられず、相当に以前からのものであったと見ざるを得ない。そもそも英中はつとに寛文年間に隠元に参じており、その門人・大随元機が木庵に参じ、のちには高泉門下に転じたのも、当初の師・英中からの勧めによっている。加えて、これも英中門人たる雲峰元冲は、右記・大随の実兄でもあるが、寛文七年（一六六七）頃までは、雲峰とともに英中の門下にあった（その後、黄檗の梅嶺道雪門下へ転ず）(107)。したがって、高泉が『僧宝伝』編纂に取り組んでいた延宝初年には、何らかの形ですでに英中との間に相当の道縁が生じており、円爾法系に関してしかるべき史料を高泉へ提供したかも分からない。

## 第四項　『続扶桑禅林僧宝伝』の特色

正編には乏しい、続編たる標記著述の特色としてまず指摘できることは、徳洪『禅林僧宝伝』に対するヨリ一層の傾倒である。その跋では自己がひとえに徳洪に倣って本書を撰述した旨を明言しており(108)、正篇で挙げられた『続高僧伝』や『建州弘釈録』の名は姿を消している。かつ、徳洪『僧宝伝』の明初重刻本巻頭に掲げられた戴良（一三一七〜一三八三、元代の詩人）の序[109]を長々と引用している（ただし、戴良からの引用だと明言しているのは、引用部分の中の一部に過ぎない）。左に掲げる本書跋文（全文）の中で、網掛けを施した部分が、戴良の言葉からの引用である。

古者。左史記レ言。右史記レ事。而言為二尚書一。事為二春秋一。司馬遷因レ之以作二史記一。而言与レ事具焉。嘉祐中。達観曇穎禅師。嘗為二五家之伝一。載二其機縁語句一。而略二其始終行事之迹一。寂音尊者病レ之。以謂影由レ形成。響逐レ声起。既載二其言一。則入道之。臨終之效。有下不レ可二唐捐一者上。遂於二湘西之谷山一。撰二禅林僧宝伝一。既編二五宗之訓言一。復著二諸老之行事一。而於二世系入道之縁由。臨終明験之際一。無レ不二謹書而備録一。九霊山人戴良公讀レ之謂三其得二遷之矩度一。

余不レ揣依二倣尊者一。撰二榑桑僧宝伝一。頗多二其事迹一。而機縁語句或寡。以下此方人博二於学一。而不上レ長二於文一故也。余既無レ従二稽考一。姑就二其所伝一。而撰二次之一。以存二其大槩一。覧者宜レ識レ之。

戴良の見解（網掛け部分）に拠れば、いにしえは左史の官が帝王の「言」を記録し、対する右史の官が「事」を記録し、前者が『尚書』（書経）となり、後者が『春秋』となった。司馬遷に至って、両者の職務を兼ね、「言」と「事」とが併せ録された『史記』が成ったのだが、その手法を僧伝に活かした人こそ徳洪禅師にほかならない――という。高泉は論評こそ附しないものの、戴良の言を長々と引くことで無言のうちに強い同意を示していると言えよう。

高泉はしかし、日本の禅僧は学があっても、文芸に通ぜず、それがために、大悟徹底しても、それを機縁語（悟達の心境を簡潔に自述。通常韻文体）に現わさない場合が少なくなく、そこで自分（高泉）はやむなく、どちらかといえば、戴良のいう「言」（＝機縁語）ではなく、「事」（＝事蹟）主体の僧伝をものさざるを得なかった、と結んでいる。

跋文中で鮮明に徳洪への傾倒を表明した高泉であるが、続『僧宝伝』の賛は、正編におけるそれと同様、「××禅師の臨終の（もしくは△△寺での平素の）振る舞いは…」といった文面のものがほとんどである。つまり、思想性は比較的濃厚だが、所詮は人物評の域を出ないものである。もっとも中国禅僧による本格的な日本禅僧論として、相当な価値を有していることまでは否定されないが。これはやはり、高泉が指摘したように、日本の禅僧が中国禅僧ほど頻繁には機縁語を遺さなかった状況を反映していよう。これに対し、徳洪『僧宝伝』の賛は、伝主の機縁語、もしくは詩偈を核として、進んでは伝主が属した法系の門風を論評するというものが少なくない。

ちなみに、卍元の『本朝高僧伝』および『延宝伝燈録』には苦心の跡が認められるものの、依然『語録』中の上堂法語からの引用が多く、伝主が本師やその同門の仲間と交わしたであろう火花の散るような問答に至っては、量的にずっと下回る徳洪『僧宝伝』ほどには見当たらない。伝主のフォーマルな姿は、引用された上堂法語からも窺い知ることができるが、修行時代や悟後の日常生活を伝える機縁語にはいかにも乏しいのである。

## 曹洞僧伝の増補

本書の特色として第二に挙げるべき点は、曹洞宗高僧諸師に関する補遺である。『僧宝伝』正編では、道元直系の禅者が、道元を含めて八師にとどまった。そこで続編では、新たに十四師を補っている。しかしながら、計二十二師では、全体の十三パーセントに過ぎない。しかも、続編で取り上げられた十四師は、一人の例外もなく瑩山紹瑾（一二六八～一三二五）の法系に属する人々である。つまり、永平寺・総持寺の両大本山のうち、後者に属する人々のみが取り上げられ、日本曹洞宗発祥の地たる永平寺の僧侶は、正編で道元・孤雲懐奘・徹通義介のいわゆる「永平三祖」が取り上げられているに過ぎない。かかるお寒い状況が、のちに曹洞宗人自身による僧伝編纂の呼び水となった（第四章第二項後述)。

われわれは「曹洞宗」と聞くと、ややもすれば永平寺が総本山、総持寺が一つ格が下の大本山という誤解を生じがちであるが、事実は両寺は同格の大本山である。宗祖・道元のあまりにも峻厳かつ清貧な禅風は、しばらくのちにはいささかジリ貧的状況を呈し、貧すれば鈍するとの喩えのままに、二祖・孤雲懐奘の示寂のちは、三祖・徹通義介(一二一九〜一三〇九)と、法弟・義演(?〜一三一四)との間に、弘教の手法をめぐって紛議をさえ生ずるに至った(110)。

ついに正応二年(一二八九)に至って、古希を過ぎた徹通は、永平寺を離山し、加賀国に新たに大乗寺(もとは密教寺院)を開創した。右記の瑩山紹瑾は、実にその法嗣である。瑩山は本師・徹通の方針を受け継ぎ、在来の密教や神道に対してはすこぶる容認的態度を示した。かの豊川稲荷や道了尊(大雄山)、巣鴨とげ抜き地蔵に見るが如き、曹洞宗の祈禱宗教的な側面は、ひとえに瑩山によって切り拓かれたと言っても過言ではない。瑩山は右記の大乗寺での修行ののち、能登国鳳至郡の密教寺院を改めて禅寺とし、総持寺と名づけた。そしてここを拠点として、盛んに教線を張ったのである(横浜移転は、二十世紀初頭)。

かくて、ひとくちに曹洞宗寺院といっても、地方によっては総持寺派が永平寺派を凌駕するという事態が現前し、江戸時代に至ったのである。ちなみに、右記の大乗寺は、江戸中期の延享年間(一七四四〜一七四八)までは、その数多い末寺とともに両大本山から独立した存在であったが、のちに永平寺の傘下に入った。

もとより江戸期刊行の数種の曹洞宗僧侶列伝に始まって今日に至るまで、曹洞宗関連の人名辞典は決して尠なしとしないが、その伝主が永平・総持いずれの系譜を引いているかにまで注意を掃ったものを認めない。恐らく宗門内では常識とされているのであろうが、黄檗宗に親しんだ曹洞宗僧侶の伝記研究をなす場合、まず寺史などでその人物の系譜を確認のうえ、取り組むことが要請される。にもかかわらず、そのための工具書は、今述べたように現在なお不備である。

本題にもどろう。高泉『続僧宝伝』所収の曹洞宗諸師のすべてが、瑩山以下、総持寺法系の人々で占められている背景としては、（一）資料の直接の来源とおぼしい金沢大乗寺（瑩山の本師が開創）が、如上の経緯から、この当時は、永平寺よりは総持寺に対してヨリ親和的であったこと、（二）その総持寺は黄檗宗式のいわゆる「有環袈裟」を導入、幕末に至るまで永平寺派と数度にわたる訴訟沙汰まで起こしつつも(111)、最後までこの衣制を守った。それほどに同寺（とその傘下の寺々）が容檗的であったことを指摘できよう。当時の総持寺にも、大乗寺と同様、すこぶる容檗的で、高泉のために快く資料提供に応じた幹部クラスの僧がいたことであろうが、その調査は今後の課題としたい。

高泉が活躍した頃（十七世紀後半）、曹洞宗は黄檗宗に対し、概して好意的であり、名のある学僧のほとんどが、いわゆる「容檗派」に属していたが、当時なお独立した本山だった大乗寺は、寛文十一年（一六七一）以降延宝八年（一六八〇）まで、月舟宗胡（一六一八～一六九六）を住職と戴いていた。この月舟こそは、当時の曹洞宗における「容檗派」の最右翼であり、道元制定の『永平大清規』の復元を高唱しつつも、大乗寺での実施に際しては、まま『黄檗清規』をも取り入れ、これによって道元の時代に無かった諸事物・制度への対応を図ったのであった(112)。

さて、本書巻三・大智祖継伝の賛に拠れば、いわゆる『大智（禅師）偈頌』の作者、日本曹洞宗有数の詩偈の達人として知られる伝主の伝記資料を、高泉はかねがね得たいと熱望していたが、本篇撰述に際し、ようやくにして金沢心空庵主から得ることができたと喜んでいる(113)。〈心空庵主〉とは、高泉の門人・月峰道喜（一六四〇～一六九七）を指す。月峰は加賀藩の重臣・横山家の出身であった。寛文十三年（一六七三）九月、高泉の初めての金沢行きは、月峰に請われてその心空庵で法を説くことが、本来の目的であった。

高泉『続僧宝伝』は、その刊行自体は高泉の晩年に近い元禄六年（一六九三）十一月のことであったが、執筆は貞享三年（一六八六）正月以前までに終了したものと見られるが(114)、補正のうえ、最終的に脱稿したのは、同五年（一六八八）六月以前のことと見受けられる(115)。私見では、月峰を介して右記・大智祖継に関連する資料を高泉へ提供した人物こそ、ときの大乗寺住職・月舟であり、延宝八年（一六八〇）の月舟退任後は、その法嗣で後任の卍山道白（一六三六〜一七一五）がこれに代わったのではないだろうか。

卍山は潔癖に過ぎるほど一師相承にこだわり、それに伴っていわゆる「代付」（弟子が亡き師の法を、他の人を介して受け継ぐこと）に対しても強い嫌悪感を表したために、高泉はことさら法語を垂示し、卍山に反駁している（第三章第四節第四項参照）。しかしながら、卍山と深い交往がなかったにもかかわらず、高泉がその思想を比較的正確に把握し得たのは、金沢なる弟子・月峰を介して、月舟・卍山師弟の動行に常に注視していたことを傍証していよう。また、卍山自身も、高泉との間にこそ深い道縁を得なかったものの、本師・月舟と同様、『黄檗清規』を参照しつつ、古規復興運動に邁進していたのであり、月峰から頼まれれば、その師・高泉への資料提供を無下には断れなかったものと見られよう。高泉は、自己および本師が研究対象とする『黄檗清規』の事実上の編者であり、たとい信条を異にしてはいても、粗略な対応のできない存在であった筈である。大乗寺関連の古文書は、近時とみに整理が進みつつあると聞く。今後、高泉・月峰師弟と、月舟・卍山師弟との道縁について、一層の資料発見に努めたい。

### 第五項　『東渡諸祖伝』の特色

さきに隠元・即非が、平安・鎌倉期に渡日した中国禅僧を礼讃したことに触れた。高泉にも同じく韻文体の賛「東渡諸祖賛十六首」がある(116)。その内訳は、即非よりも一師多い。すなわち、（一）義空、（二）蘭渓道隆、（三）兀庵普寧、（四）無学祖元、（五）大休正念、（六）西澗子曇、（七）一山一寧、（八）石梁仁恭、（九）鏡堂覚円（一〇）霊山道隠、（一一）清拙正澄、（一二）竺仙梵僊、（一三）明極楚俊、（一四）東明慧日、（一五）東陵永璵、（一六）隠元隆琦という構成である。新たに補われた（八）の石梁仁恭は、一山一寧の実の甥である。この作品の原本が現存するかどうか、また、幸いに現存するとして、原本に書き入れられているであろう紀年がいつであるか、今後の究明に俟ちたい。本書はこの「賛」を大幅に増補し、かつ、散文化した内容を有する。

その序文は高泉の序跋としては極めて短く、しかも禅宗語録の本文さながらの簡潔さと、それに附随した難解さとに充ち満ちている。まず全文を掲げよう。

露柱初無二眉目一。甚處堪レ摹二虚空一。了没二影一跡。云何可レ写。正謂下無レ可二摹写一。不上レ妨二摹写将来一。予今摹写既成。則眉毛顕露。影跡全彰。雖二然髣髴不一レ同。卻也依稀相似。且道似二個甚麼一。若道二是歴代諸祖一。又是虚空露柱。若道二是虚空露柱一。又是歴代諸祖。畢竟如何任従。滄海変。終不二与レ人通一。

これに拠れば、高泉は、自己の書き上げた渡来僧伝が果たして、彼ら各師の真面目を伝えているかどうか自問自答しているのみで（原文：若道二是歴代諸祖一。又是虚空露柱。若道二是虚空露柱一。又是歴代諸祖。）、撰述の経緯には全く触れていない(117)。かえって巻末の月潭道澄（一六三六～一七一三）による跋が、成立事情を伝えている。月潭に拠れば、『禅林僧宝伝』正篇を世に問うた高泉に対し、ある人が「どうして書中に中国から渡来した高僧の伝記が収められていないのですか。ましてや貴師［高泉］は、かの地からやって来た人でありますのに、よもや故郷をお忘れになったのではありますまいな（原文：吾邦碩徳。已蒙二採収一。西来諸祖。胡不レ録レ諸。況師亦震旦間生。豈可レ忘二維桑之誼一耶。）」と問われ、その人物からの勧めのままに、本書を書き上げたという(118)。その原文を左に掲げよう。

嚢唐宋元三朝之間。佩㆓仏心印㆒。東来開化者。亡慮十餘輩。肇㆑自㆓義空㆒。竟㆓于東陵㆒。一時王臣帰崇。雲水囲繞。大撾㆓法鼓㆒。盛唱㆓真乗㆒。自㆑非㆔古仏乗㆓願轂㆒而来。疇克爾耶。奈世代寖邈。而語録失㆑伝。行実闕㆓逮考㆒。本覚国師［虎関師錬］釈書浄禅篇。僅載㆓数人㆒。其餘多不㆑可㆑識。希顔之士。弗㆑能㆑無㆓遺憾㆒焉。

頃法苑高和尚。撰㆓本朝禅林僧宝伝㆒。既成。或謂㆑師曰。「吾邦碩徳。已蒙㆓採収㆒。西来諸祖。胡不㆑録㆑諸。況師亦震旦間生。豈可㆑忘㆓維桑之誼㆒耶。倘乗㆑暇再搦㆓遷固之管㆒。而掲㆓起先哲之幽光㆒。則寔為㆓禅門之大幸㆒也」。師嘉㆓其言㆒。遂捜㆓行繇及諸遺籍㆒。重新編次。繫以㆓賛辞㆒。兼述㆓吾祖黄檗開山老和尚略伝㆒。添㆓入厥後㆒。合一十六員。離為㆓二巻㆒。目㆑之曰㆓東渡諸祖伝㆒。

高泉の自序は延宝四年（一六七六）正月燈節日（元宵）、月潭の跋もまた同年月日に成っている。高泉は自ら「思古軒」と名づけた法苑院の書斎で、一方、月潭は嵯峨の直指庵でしたためている。一日で飛脚を飛ばせぬ距離ではなく、また、月潭は僅々一ヶ月足らずで唐話を解したほどの語学的才能の持ち主であったから(119)、高泉からの使者にさして長からぬ本書浄写稿を提示されるや、即座にこの跋文を記したとも考えられる。月潭に拠れば、本書は『僧宝伝』正編とともに世に行われることを期して上梓されたという。なるほどそれならば、わが国の禅宗史を、臨済宗に偏しているとはいえ俯瞰できるであろう。

本書の記事中、とりわけ興味深いのは、師蛮には「そんなことがあるものか」と否定された、霊山道隠の八十巻本『華厳経』血書のそれである(120)。恐らくはいわゆる「血穢」を避けてのことであろう、近世以前の日本仏教における経典血書の例として一般に知られているのは、聖徳太子の事例と、上田秋成が『雨月物語』で描いた崇徳上皇の讃岐国白峰（配流先）での事例とがあるばかりである。また、曼荼羅製作に際して、平清盛が自己の頭部から採った血を混ぜたという、東寺所蔵のいわゆる「血曼荼羅」も知られてはいる。

これら三例は、史実かどうかは暫く措き、いずれも比較的よく知られてはいる。しかしながら、すべて俗人による血書であり、僧侶による経典血書の例はほとんど知られていない。卍元は恐らくこうした通念に立ちつつ、「無準（師範）の的孫、雪巌（祖欽）の高弟」たる道隠が「正しく臨済本分の鍵鎚を秉つて以て此方《しほう》の学人《がくにん》を接得せんと欲」していたのであり、経典を血書する暇などなかったと見、名指しこそしないものの、高泉の叙述を誤謬と批判する。

しかしながら、師蛮とて、道隠が別人によって血書された『法華経』や『金剛経』に讃嘆の詩偈をしたためたことまでは否定しておらず、いな、それら詩偈を道隠伝では全文引用している。中国仏教において、経典血書は宋代以降、禅・教・律の宗派を問わず定着しており、道隠と同時代の禅僧中にもその例を認める(121)。隠元・高泉らもまた、道隠よりももっと世代は下るが、それこそ師蛮のいう「無準の的孫、雪巌（祖欽）の高弟」と法系を同じくしている(122)。筆者はやはり、高泉の叙述どおり、道隠自身が経典を血書したものと見たいが、今後関連資料をさらに披見し、かつ、無準派下における血書の起こりがいつ頃、誰に始まるかをも究明したい。

## 第六項　『東国高僧伝』の特色

### 日蓮宗・真宗の僧伝不掲載の背景

延宝三年（一六七五）に、禅宗高僧伝（すなわち『扶桑禅林僧宝伝』正篇）ともどもひとまず完成を見た教宗諸派高僧伝の部が、貞享四年（一六八七）に至って増補され、やがて世に問われた。これが『東国高僧伝』である。師蛮『本朝高僧伝』の場合と同様、高泉や師蛮のような禅僧の念頭に浮かぶ〈高僧〉とは、日蓮宗および真宗を除いた各宗のそれであった。

師蛮はさて措き、黄檗教団においては、高泉とも親しかった法弟・潮音道海が、寛文六年（一六六六）、外護者たる佐賀藩主・鍋島家の姫君（光茂の娘・仙姫、一六五〇～一六七二）のために、『霧海南針』を撰述している[123]。潮音はその中で、「題目名号も、大乗の心より唱えれば、皆是れ坐禅工夫にかわるべからず」としつつも、「日蓮（・）一向［真宗］の二宗は、日本の新宗にて、邪宗也」と断言、その理由を「彼の二宗は坐禅観法をきらいて、題目名号の外は難行と立てたり。三世の諸仏、ばんばんに出世し給うに、皆坐禅して正覚を成ずと仏経にはとけり。題目名号を唱えて正覚を成じたる仏、壱人もあるまじ」と、すこぶる明快に示している[124]。当時の黄檗教団の指導者のこれら二宗に対する見方が、ここには端的に示されていよう。

もとより日蓮・親鸞には、それぞれ壮大な教理体系があって、なぜ坐禅・観法（天台宗の止観、真言宗の阿字観、浄土宗の観仏三昧など）を捨てて題目・念仏をのみ修するのか、そこではいずれも理路整然と説かれてはいる。ただ、潮音のような禅僧は、そうした思想をあくまでも「偏狭」と見なしたのである。また、真宗に関しては、教義上の「偏狭性」に加えて、「肉食妻帯という、餘宗にない特権を、幕府が認めていたことに対する清僧の軽蔑」[125]もあったことだろう。

**分科を施さなかったゆえん**

さて、高泉はひとまず出来上がった稿本をかかえたまま歳月を経過したが、あるとき、東山泉涌寺に友人の天圭照周を訪ねた際、天圭から、「史を為《つく》らば当に全かるべし。既已筆を命じて、『釈書』と異なる。未だ禅・教を以て緩急を分かつべからず」との忠告を受けた。いかにも禅・教兼学の士・天圭らしい忠告ではある。本書が〈『釈書』と異なる〉とは、本書もまた正・続『扶桑禅林僧宝伝』と同様、目次を見る限りでは、一見無秩序に各派の僧の伝記が配列されており、『元亨釈書』に見るような詳細な分科（伝智・慧解・浄禅・感進など全十科）が施されていないことを指していよう。ここで序文全文を掲げ、高泉自身の語る現行本成立までの過程を確認しておこう。

囊予在二法苑一時。恭逢二　太上皇帝八十聖誕一。編二本邦僧宝伝二十巻一。以二禅教両家一。析二二十巻一。随レ表上進。以祝釐算。曾経　乙夜之覧。蒙允流通。将レ鋟レ棗矣。或有レ謂曰。「教門諸師。釈書載レ之頗詳。人或知レ之。非レ所レ急也。而禅門実鮮。不レ可レ緩。」於レ是先梓二禅伝十巻一。
一日登二東山一。与二　賜紫大徳圭公一談及。公曰。「是固然。但為レ史当レ全。既已命レ筆。而文与二釈書一異。未レ可下以二禅教一。而分中緩急上也。」予領二其意一。又若干載矣。
今念二予年漸老一。恐レ失二斯会一。乃従新筆削。易以二今名一。将下授二諸文梓一。与二前伝一。竝中伝於湖海上云。嗚呼。人徒知二仏法難レ遭。殊不レ知下弘二仏法一者僧上也。従上使レ無二若而《かくのごときの》僧一而仏法能光顕至レ今者。烏可レ得耶。予所二以孜孜而弗レ置者。旨在レ斯矣。

実際には、巻末の附録で示したように、本書全十巻の中でも、あとのほうの巻になればなるほど、例えば、高野山学僧群（巻八・九）・（真言宗）根来・智積院系学僧群（巻十）・法華経の持経者（巻九）・念仏往生人（巻九）・初期浄土宗の学僧群（巻十）が、まとめて掲載されているのを認める。しかしながら、『釈書』や師蛮の『本朝高僧伝』に見るような体系的分科は、敢えて施されていない。高泉本人や助手を務めた弟子たちにその能力が無かったからではなく、恐らくは徳洪が『禅林僧宝伝』でことさら分科立伝を避けたのと同様の見識に基づいていよう。

すなわち、分科とは実に諸刃の刃であり、その伝主をどの科に配するかによって、伝主一代の行持風格を読者に一目瞭然たらしめる効能がある一方で、類型化・画一化をもたらし、伝主を実際よりも小粒の人物と誤認せしめたり、あるいはそのイメージを固定化させてしまう虞れなしとしないのである。

そこで徳洪は、「形式的類型化を否定しながら内面的類型化するという編集の仕方」を採り、仔細に見れば「石頭［引用者註：希遷］系について大部を費し、馬祖系（黄龍派・楊岐派など）をこれに次いで」多く取り上げ、暗に自己の尊ぶ門派がどこにあるかを示している(126)。高泉の場合は、本書ではなく、先行する『禅林僧宝伝』（正篇）で、円爾系について大部を費やし、夢窓系をこれに次いで多く取り上げている点が、まさしく徳洪のこうした手法と軌を一にしていると言えるのではないか。

ただし、『東国高僧伝』の場合は、その大部分が『釈書』の再編集であり、しかも自己が直截には属しない教宗に関する著書であるから、『僧宝伝』（正編）ほど明瞭に彼の意図が表明されているとは言い難い。今後、『釈書』のどの部分が『東国高僧伝』のどこに移動・再配列されているかさらに考察のうえ、別に見解を提示したい。

### 運敞を介しての史料再蒐集

さて、右記・天圭からの忠告にもかかわらず、仏国寺を開創して以来忙しくなる一方の高泉は、なかなか増訂の機会を得られぬまま、いつしか老いを感ずる年齢に達した。そこで貞享四年（一六八七）、ついに一念発起して増訂を済ませた(127)。すると、あたかもよし、在俗の弟子で、しかも京都の書店主でもある茨木方淑が、高泉の案じていた刊刻費を喜捨してくれ、翌五年（一六八八、元禄元年）、ついに刊行に漕ぎ着けた(128)。版元は、茨木氏の営む「柳枝軒」であった(129)。刊記の横には七言律詩「編㆓高僧伝㆒成志㆑喜」一首が掲げられている。

国中自レ昔多二僧宝一。或在二宮阿一或道場。徳重岂岂伏二鬼魅一。名高往往動二侯王一。夜途為作二代レ明炬一。霧海還成二済レ溺航一。今仮二文辞一脩作レ史。千秋万古定流レ芳。

『扶桑僧宝伝』編纂に際して附した七絶三首（註（54）前出）ほどの高揚感は認められず、わが国に様々な高僧があって、人々を救済・教導してきたことを詠じるものの、高泉の作としてはごく平板な内容である。詠ずべきことは、すでに右記の三首に詠じ尽くされているようにすら私見される。

初稿本への増補に際しては、多年の友人である運敞（一六一四～一六九三）と、仏国寺内「指栢軒」に寓居していた晦巖道熙（慧林の法嗣）とを労して、「元亨之外。所レ有潜徳未レ顕者又数十伝」を得、これによって順調に増補作業を完了できたと謝している[130]。『望月仏教大辞典』に見る算出に拠れば、『元亨釈書』未掲の伝主は、その実十七師に過ぎないという[131]。したがって、高泉のいう〈数十伝〉とは、あるいは「十数伝」の誤刻かとも考えられる。

ここで高泉の自跋を掲げ、将来の考察に備えたい。

右伝十巻。皆国中古来教門諸師。自二白雉一而止二於元亨一。稾成餘二一十白一矣。恨無レ力二刻行一。今年京兆有二白衣弟子一。発心願レ梓レ之。於レ是復重新繕写。又得下報恩老僧正・指柏晦道人一。誠心好レ徳。徴二捜元亨之外一。所有潜徳未レ顕者又数十伝上。余輒修飾而増二補之一。計正伝若干人。附見若干人。竊惟諸方尚蔵。有二古徳銘状一。惜不レ及レ見。倘或寄示。当レ作二続伝一。毋レ曰二宝所遺珍而賈胡所レ不レ屑也。

ちなみに、運敞が高泉の増補作業を助けようと、高野山の学僧・寂本（一六三一〜一七〇一）に資料提供を乞い、寂本がこれを快諾してくれたことに対する運敞の礼状[132]では、「採与レ不レ採。唯高泉翁之所ニ掄選一也」として、誰を立伝するかは高泉自身の判断に待つ旨、寂本にあらかじめ諒解を求めてもいる。したがって、寂本が運敞を介して高泉へ寄せた「六十余員が嘉伝一巻」（高野山の高僧に関する伝記資料）は、相当な精選を経たものと見られる[133]。同様に、高泉が運敞・晦巖を介して得た「数十伝」も、さらに精選されて現行の十七師となったのかもわからない。

運敞が右記書簡の中で寂本に語ったところに拠れば、増補前の『高僧伝』初稿本には、「貴山［高野山］名徳無ニ一人登載者一。寔可レ惜矣。」という、誠にお寒い有様だったとされる。むろん空海・智泉・真然ら高野開創の功労者や、つとに『釈門孝伝』で取り上げられた祈親（九五八〜一〇四七）までもが立伝されていなかったとは、高泉の熱心な空海および高野山への崇拝（第四章第三節第一項既述）から推して到底考えられない。けれども平安中期以降、一山挙げて荒廃し、祈親によってようやく再興されて以降、江戸期までの高野山の歴史に関しては、運敞も指摘したとおり、あるいは認識が浅かったかとも思われる。

### 知空『東国高僧伝評』について

本書を批判する文献の双璧として、一つには既に触れた卍元『東国高僧伝弾誤』が、いま一つには、知空（一六三四〜一七一八）の『東国高僧伝評』が挙げられよう。筆者は後者もまた未見だが、高泉歿後の正徳四年（一七一四）の刊行という。知空は真宗（本願寺派）教学史上の巨人であり、その長い生涯を、開創当時騒動続きだった学林の復興に捧げ、かつ、蓮如教学を中核に据えつつ、真宗教学を確立した。

その背景には、本師・西吟（一六〇六〜一六六四）が、月感（一六〇〇〜一六六五、西吟とは同門法兄）から、「禅宗に傾いた真宗思想をいだき、その「害毒」を教育を通じて全国から集まった学林生たちへ注入している」と指弾されたからである。知空は辛うじて難を逃れた本師の姿を見て、とかく他宗、特に浄土宗と禅宗との教理が混入しがちだった真宗教学を純化すべく鋭意、その際には、本師に激しく敵対した月感の主張をも、いわば「他山の石」として味読したものと見られる(134)。

　さて、この『東国高僧伝評』の〈評〉とは、決して「高評」の意ではなく、むしろ「酷評」の意であることは、真宗（とりわけ、知空の属した西本願寺教団）と黄檗教団との軋轢の歴史（後述）から推せば、同書を読まずして明らかであろう。西吟門下で知空のかつての法兄にあたる人物の中に、黄檗版（鉄眼版）大蔵経刊刻で知られる鉄眼道光（一六三〇～一六八二）がいる。本師・西吟と月感（前出）とが、本願寺法主や興正寺住職（当時、西本願寺の脇門跡）をも捲き込んで繰り広げた教義論諍、いわゆる「承応の鬩牆《げきしょう》」は、青年僧・鉄眼をして真宗に見切りをつけ、禅に向かわせる契機をなしたものと見られる。鉄眼は西吟の語る『大乗起信論』に惹かれて仏道に志したのである。

　ところが、「承応の鬩牆」に際し、前述したように、月感は西吟の真宗思想が『起信論』や禅思想を核とする通仏教的思想に「汚染」されていると度々問詰、西吟も逐次反駁を試みた。この状況に対し、幕府およびその意を承けた本願寺権力は、ひとまず月感を処罰しつつも――のち、月感は大谷派（東本願寺）に転じた――西吟が能化（校長）を務める学林を廃校せしめたのであった。いわば喧嘩両成敗となったのである。

　鉄眼がこの論諍の経緯を伝え聞き、自ら語った伝記資料こそ今に伝わらないけれども、彼はこうした時代背景のもとで、真宗を捨てて、ヨリ広い世界を求めて遍歴、ついに新来の黄檗禅に辿りついたのである(135)。以後、大蔵経刊刻のための募財もかねて、禅宗で常用される『首楞厳経』を教材に、江戸で九州各地で講席を張り、その際、談しばしば破戒僧の悪報（同『経』頻出）に及んだために、これを自分たちへのあて付けと見なした真宗僧侶らが鉄眼の説法場への押しかけを企図した（未遂、いわゆる「森の法難」）。それら怒れる真宗僧侶の多くは、旧師・西吟の門人たちではなく、元来禅宗を嫌悪する月感の門人たちであった。月感自身もまた、死の床にあってもなお、鉄眼論破を期して読書に励んでいた(136)。

このように、およそ同時代の西本願寺関係者は、鉄眼やその法兄・高泉に対し、到底好感情をいだき得なかったものと見られる。高泉は鉄眼の生前には、その大蔵経刊刻の壮業を讃え、その示寂に際しては葬儀一切を執り行い、碑銘こそ撰述しなかったけれども、宝洲道聡ら遺弟による墳墓建立・語録刊行に協力を惜しまず、法兄弟としての本分を尽くしていた(137)。したがって、知空からすれば、高泉こそは憎むべき鉄眼と「同類」であり、かつは「法敵」・「叛徒」であった。そんな高泉が著した『東国高僧伝』に対しては、「酷評」をこそ下し得ても、到底「高評」は与え得なかったことであろう。今後は同書を仔細に閲覧のうえ、具体的な批判内容を明らかにしてゆきたい。

### 賛に垣間見られる高泉の息遣い

『東国高僧伝』各項の賛は、単に伝主を讃嘆するのみならず、しばしばいかなる機縁、もしくは、いかなる過程で、伝記本文を撰述したかについて明らかにしている。卍元『本朝高僧伝』の賛と違って、取材時の苦心談などは全く盛られておらず(138)、その点いささか遜色ありと言わざるを得ない。ただ、著者の息遣いが伝わってくるという点では、両『高僧伝』の賛はそれぞれに妙趣に富んでいるというべきである。本稿附録では、賛のある伝と、それを欠いた伝とを分別表示した。ただ、同一の伝主を賛するのでも、中国人の高泉と、日本人の卍元とでは相当の差異を示している(139)。一休に対する見方に象徴されるように（第三章第三節第二項冒頭を参照）、卍元は明らかに一休を擁護しているのに対し、高泉は『続禅林僧宝伝』所収の一休伝の賛で、「凡人は決して模倣してはならぬ」と訓戒している。

そして、教宗僧侶の列伝である『東国高僧伝』においても、巻六・審実伝および巻八・公伊伝の賛において、彼ら伝主が外面上破戒無慚の徒であっても、その実は菩薩の化現なのであって、飲酒ほか破戒の振る舞いも衆生を導く方便であったのだから、一般の僧侶が模倣することはまかりならぬ——と結んでいる。この点、師蛮が妙心寺における主流だった悟道主義の系譜を引いており、対する高泉が持戒主義の系譜に立っていることが認められよう。

さて、急峻な山を攀じ、あるいは他宗僧侶に対し頑なに閉ざされた古刹の秘庫を叩くといった経験（いずれも卍元は経験）こそなかったけれども、本書完成までの歩みを伝える叙述は、いくつかの賛中に散見される。巻六・海蓮伝の賛では、『法華経』の霊験を記したのち、「ここまで書いて、ふと書斎の外を眺めたら、花の下に赤斑《あかまだら》の蛇が蟠っているのを認めた。そこで私が高らかに『南無大乗妙法蓮華経』と三唱したら、さながら人語を解するがごとく、うねうねと去っていった。さても不思議なことだ」などと述べている[140]。

また、巻八・覚鑁伝および巻十・聖憲伝の賛では、運敞から贈られたその著『結網集』（智積院教団の高僧列伝）によって叙述した旨を記している。巻九・義空（号：求法、渡来した唐代禅僧とは別人）伝の賛では、義空が開創した京都大報恩寺に、智積院を退いて隠棲中の運敞を訪ね、その好意で義空の遺墨を披見した思い出を記す。さらに、巻十・聖聡伝の賛では、寛文四年（一六六四）江戸滞在中に増上寺（聖聡開山）へ詣でで、この世ならぬ輪奐の美に目を奪われた記憶を述べている[141]。全書の最終篇たる巻十・天海伝は、その賛から、まさに『高僧伝』を上梓せんとして、東叡山寛永寺当局から天海の行状（伝記資料）が寄せられたため、急ぎ執筆したことが知られる[142]。このように、賛の中で執筆の機縁や経緯をも述べている点が、卍元の『本朝高僧伝』、道契の『続日本高僧伝』に比しても遜色がないほどに、本書の特色をなしている。

中国において史家は、とりわけ官撰の正史を叙述する史官は、賛の中でも決して私事を語ることはない。この点は、私撰の、しかも僧伝である『禅林僧宝伝』も全く同様であり、その著者・徳洪は、伝主の思想や法系の偉大性を礼讃するが、（一）自己がその伝主を敬うに至った経緯や、（二）伝主ゆかりの寺を訪ねた際の印象などは、ともに何ら語らない。ちなみに、徳洪よりややのちの石室祖琇（生歿年未詳）が、徳洪『僧宝伝』の「誤謬」を正すべく撰述した『僧宝正続伝』（全七巻）(143)も、この点全く同様である。

けれども、のちの正史の軌範とされた『史記』では、周知のように、主要な列伝の篇末には「太史公曰く…」と前置きして、著者・司馬遷の伝主に対する人物評が——伝主に関連する文献を読んでの感想が多くを占めてはいるが——活き活きと述べられている。とりわけ、「春申君列伝」では、司馬遷がかつての春申君の領邑を実際に旅した際の印象が語られており、のちの官撰正史には求めても得がたい「史家の息遣い」を聴くことができる。ある意味では、高泉や卍元・道契のほうが、徳洪・祖琇にもまして司馬遷の風を学んでいるとさえ言い得よう。このような「私事を語る僧伝作者」は、わが国にあっては『元亨釈書』の虎関に始まるもののようである(144)。

### 『宋高僧伝』との関連性

高泉が模範と仰いだ中国の先行僧伝は、徳洪の『禅林僧宝伝』であり、とりわけ正・続『扶桑禅林僧宝伝』が同書への傾倒著しきことは、すでに見たとおりである。しかしながら、『東国高僧伝』の場合は、これら両書とは少しく様相を異にする。徳洪は、賛寧（本分は律宗僧侶）が『宋高僧伝』習禅篇で表明した禅宗観に不満を覚え(145)、『禅林僧宝伝』を撰述したものと見られる。

それでいて徳洪は、自らを賛寧になぞらえんとする意向を持っていたものとおぼしく、その『禅林僧宝伝』三十巻は賛寧『宋高僧伝』と巻数を同じくしている。また、徳洪が『石門文字禅』三十巻および『林間録』二巻をも著したのは、賛寧が『大宋僧史略』三巻を著して、僧伝で表し切れなかった仏教の各論ともいうべき諸事項に関し、入門書的概説を書き連ねたのに倣っている(146)。

徳洪が常に意識していた賛寧の大著『宋高僧伝』は、道原『景徳伝燈録』と同じく、官撰僧伝としての傾向が強い。巻頭には、ときの皇帝・太宗への上進表が掲げられている(147)。また、仔細にその上表を見れば、「臣僧賛寧等」とあって、本書が決して賛寧一人の力によって成ったものではなく、また、それが許されなかったことを明確に示している(148)。そして、各項篇末には、多くの場合、賛が附せられているが、徳洪『禅林僧宝伝』に見る、一人称の「予（余）」が全く見当たらず、著者（代表たる）賛寧の個性は抹殺されている。これは恐らく、官撰正史における論賛の文体に倣っていよう。当初筆者は、賛寧の名が「賛」で始まるために、『梁高僧伝』や『続高僧伝』（別名：『唐高僧伝』）でなされたように「賛曰」としてしまうと、史書の通規にしたがって伝主を「礼賛」しているのか、それとも、賛寧自身が「私（賛寧）」が伝主の毀誉褒貶について私見を申し述べまするに（曰）…」云々と、およそ官撰史書にあるまじき私見を開陳しているのか、判然としないように感ぜられた。けれども、広く史書や経典注釈などに例を収集するに、一般に中国人は、僧俗を問わず、『注維摩詰経』に多用される「肇曰」（僧肇曰く）や「生曰」（道生曰く）に見られるように、「二文字の名の下の文字＋曰」という形で見解を提示することが多く、反対に「二文字の名の上の文字＋曰」という事例は極めて見い出しがたい。したがって、賛寧が自身の著作の中で、「賛曰」と記した例も「寧曰」と記した例もともに皆無であるのは、官撰正史における論賛の文体に倣い、いかなる自称であれ、自己の個性をひとまずは没却すべき必要に迫られたからであろう。なおまた後者に関しては、伝統的な事例からすれば「寧曰」と記したとして、完全な一家の私見たる『大宋史略』では問題なかったにせよ、それによって読者に「寧ろ曰く…（むしろこう言うべきだろう…）」と誤読されるのを回避する必要があった点も見落とせまい。

さて、高泉は『宋高僧伝』の賛に見る官撰僧伝的側面は少しも継承しなかったけれども、同書がヨリ一般的な「賛(曰)」ではなく、「系(曰)」という字眼から賛文を始めるという形式は採用している。『東国高僧伝』には実は、「賛(曰)」で始まる賛は一箇所もなく、ことごとく「系(曰)」で始められており、この点のみは、徳洪『宋高僧伝』以上に、実に『宋高僧伝』に学んでいよう。

ちなみに、卍元の『本朝高僧伝』も、本文に附加された部分として賛・系・論の三種を見る。「賛」は伝主個人への礼讃である。「論」は、各科(篇、法本・浄慧など計十科あり)の終わりに置かれていて、その科を置いたゆえんや、取り上げた伝主たちの事蹟を総合的に批評している。中間の「系」は、「賛するに及ばず論ずるに足りない」事項を扱っている(149)。ただし量的にはさして多くはなく、いかにも〈賛するに及ば〉ない些事を取り上げている(150)。のみならず、高泉の誤謬(いずれも現今の仏教史学の観点からは明らかに誤謬とされる)を指摘する際に、二度までもこの「系」においてなしている(151)。まさしく、死者(『本朝』刊行時、すでに高泉は示寂)への紙上報復としか言い様もない。したがって、賛寧・高泉がそれぞれの僧伝で「系」に負わせたような重要な役割は、卍元『本朝高僧伝』のそれには求め難いのである。

## 『洗雲集』の「塔銘」・「伝」部について

高泉が撰述した、わが国の僧伝は、以上の四種が代表的ではある。しかしながら、彼の詩文集中、巻数が最も多い『洗雲集』を見ると、巻十五および十六には「塔銘」の部が、巻二十二には「伝」の部がそれぞれ立てられており、四種の僧伝に掲載された伝主に関連する作品も見受けられる(詳細は別表の備考欄に註記した)。

まず、「伝」部には、『東国高僧伝』巻四で相次いで掲載された陽勝伝と法空伝とが再録されている。先行する『高僧伝』では、法空伝の篇末に賛（系）を掲げ、『法華経』持経の功徳で金峯山の陽勝は空を自在に飛び、下野の法空は同経「陀羅尼品」に登場する十羅刹女が常随給仕するに至ったことを、それぞれ讃嘆している。一方、再録本たる『洗雲集』では、これらの賛が削除されて本文のみ収録されている。

　このうち、法空伝には取り立てて改変が認められないが、陽勝伝では『高僧伝』の説次が入れ替えられている。すなわち、『高僧伝』では、（一）陽勝が実父へ「毎月十八日には生家まで飛んで来て、屋根の上で『法華経』を読誦して父上にお聞かせし、育てていただいた御恩に報いますよ」と語る→（二）金峯山中で旧知の友に出逢った陽勝が、『法華経』の霊験を語ってのち、空高く消えてゆく——という終わり方であった。

　一方、『洗雲集』では（二）が削除されており、（一）の老父への孝行宣言で一篇が完結するように改められている。こうすることで、高泉が常々主張していた「出家者には出家者なりの孝行の道があるのであって、浅はかな儒者が『仏教即親を捨てる親不孝の教えなり』と断じ去るのは誤りだ」という平素の観点を、ヨリ鮮明に打ち出すことを期したのであろう。なお、『洗雲集』編輯当時、高泉は健在であり、かかる改作は当然、彼自身の意向に基づいていよう。

### 道契『続日本高僧伝』典拠としての高泉僧伝

　さて、同じ『洗雲集』の「塔銘」の部では、道元と字堂覚卍（曹洞宗）・空也の三碑銘が、四種の僧伝に直接関連している。これらのほか、「特賜大宗正統禅師龍谿和尚塔銘」・「瑞泉山［永源寺］老宿如雪巌公塔銘」は、幕末に至って天霊道契《てんりょうどうかい》（一八一六～一八七六、以下法諱「道契」を用う）が『続日本高僧伝』を編纂するに際し、基本的な資料としている。高泉の僧伝作者としての筆力は、自己と同時代人の伝記に関しては、民族や言語の壁を超えてやはり秀逸であったことが、改めて窺い知られよう。

すなわち、道契は『続日本高僧伝』の巻頭、「続日本高僧伝援引書目」を掲げ、右記の「龍谿和尚塔銘」・『洗雲集』、そして「運敞僧正行業記」（『智積院史』所掲、第四章第三節第二項参照）の三つの高泉著述に拠った旨、明記しているのである(152)。さらに、同書巻四諸種の如雪文巖伝が、高泉の「瑞泉山老宿如雪巖公塔銘」（『洗雲集』巻十五）に拠っていることは、『黄檗文化人名辞典』でつとに指摘されている(153)。

## 『続日本高僧伝』黄檗僧伝に見る偏向

道契は自著が卍元の『本朝高僧伝』の続編であることを「凡例」第一条で自己規定しており、恐らくはそのためか、卍元が嫌悪した高泉の伝記を立てていない。道契としては、こうすることで先人・卍元への遠慮的敬意を表したつもりでいたのではなかろうか。

本書では、木庵・即非・慧林・独湛・南源・龍渓・潮音・鉄眼ら黄檗僧十七師を立伝しているが(154)、知名度において彼らと十分に比肩する了翁道覚（高泉門人、上野寛永寺本堂前に石像・頌徳碑が現存）は立伝を見ず、その法嗣・仁峰元善（一六五八～一七三〇、京都獅子ヶ谷に隠棲、念仏に勤しむ）に至って――つまり高泉の法孫に至って――ようやくにして立伝された。和僧の卓巖道活・独本性源・独照性円、唐僧の大眉性善・独吼性獅のような、知名度においては明らかに高泉・了翁師弟を下回る人々が立伝を見たにもかかわらず、これはいかにも奇異な事象である。

各宗派の本山に黄檗版大蔵経を寄進した文化的な偉人・了翁の伝記が立てられなかった背景は判然としないが、私見では了翁が高泉の法嗣である以上、その伝記では高泉を取り上げ、伝主たる了翁ともども礼讃を加えざるを得まい(155)。それがために道契（続編撰者）は、亡き卍元（正編撰者）に気兼ねし、かつは正・続両編が「アンチ高泉」という点で一貫性を保つよう、敢えて高泉伝はもちろんのこと、法嗣・了翁伝を立てることをも見送ったのではないだろうか。本書は世に知られた黄檗僧の伝記集成であるけれども[156]、その採録方針は、正編たる『本朝高僧伝』に卍元の高泉嫌悪が顕示されていることによって多分に規制され、いささか偏向を来たしたと言えよう。

### 第七項　別表緒言

終わりに、附録に掲げた別表四種について触れておきたい。いずれも高泉が撰述した僧伝四種の細目である。高泉の賛（系）は、近代以前の外国人（東アジア）僧侶の目に映じた日本仏教観としては、空前の質量を有する。今後一層詳細な分析を加えてゆきたい。今回はしかし、高泉の日ごろの主張（禅主教従・戒律禅・「遥嗣」忌避・孝道・戒殺放生）が端的にうち出された個所を指摘するに留めた。

## 第四節　卍元師蛮の黄檗僧観

### 中国僧伝に見る先行史料「引き写し」について

卍元が原稿「盗用」事件によって覚えた高泉に対する幻滅は大きく、それは高泉が象徴する黄檗教団全体に対する侮蔑的怨恨となって、『本朝高僧伝』の至るところに噴出している。ただ、「盗用」事件に先立つ卍元からの史料（三十有餘師分）借り出しと、それら借覧史料を高泉がそっくり引き写したとされることについては、高泉をも含む中国の僧伝作者らの名誉のために、少しく弁明する必要があろう。

そもそも中国仏教においては、僧伝の編纂に際し、既存の行状（伝記資料）・碑銘に多く準拠し、それら先行史料の字句をなるべく温存することこそが望ましいと見なされていた形跡がある。例えば、賛寧『宋高僧伝』では、冒頭から編纂に際し、まずは掲載対象とした高僧らに関する碑文を鋭意蒐集したことを言明している(157)。また、徳洪『禅林僧宝伝』の場合は、徳洪自序(158)、長沙侯延慶の序ともに参考文献については何ら触れていないものの、台湾の黄啓江博士は同書と同時代の碑銘の傑作、とりわけ蘇軾・黄庭堅の文集所掲の該当作品とを対照したうえで、徳洪がいかに多くを、それら碑銘に負うているかを究明された(159)。

さらに、『五燈厳統』・『五燈全書』ほか、明末清初の臨済・曹洞両宗で五指に余るほど編纂された『五燈××』と題する燈録は、いずれも多く宋代の『五燈会元』に依拠しており、とりわけ、伝主の機縁語(悟達の瞬間を伝える本師との禅問答)に関しては、いずれの書も『五燈会元』の叙述をほぼそのまま借用していると言っても過言ではない。それゆえ、これら諸書それぞれの特色は、禅宗史上のいかなる高僧を採録し、かつ、いかなる順序で配列するかという点にのみ発揮されていると言っても、これまた過言ではあるまい。

以上の例に見るように、原稿「盗用」はともかく、こと先行史料の字句の襲用(引き写し)という点に関しては、当時としては進んだ意識の持ち主だったというべき卍元の尺度や、著作権という概念が確立された今日のそれをもって高泉を――さらには賛寧や徳洪らをも――批判することは避けるべきであろう。

なおまた、第四章の終わりですでに見たように、卍元自身も浄土宗の円空および聖聡の伝において、先行史料の文言を所々巧妙に言い換えつつ、しかし大局においては先行史料に依拠しているのであり、その先行史料こそ、ほかならぬ高泉の『東国高僧伝』だったのである(160)。ときに高泉はすでに亡く、卍元としてはまさに「死人に口なし」というひそかな報復的快感をさえ覚えたのではないかと推察される。

確かに卍元は、その『本朝高僧伝』を文字通り足で書いた。これに対し、高泉のほうは「坐享其成」という成語のままに、諸方から寄せられた史料を居ながらにして利用するか、せいぜいが洛中洛外の寺に親しい友を訪ねて(運敞の大報恩寺、性憲の真宗院）、その寺ゆかりの高僧の逸話を聞き、遺物を眺めるかするに留まったという印象が強い。しかしながら、高泉の生きた時代たるや、およそ外国人僧侶の自由な国内旅行が可能だった時代ではなく、この点は高泉のために大いに「情状酌量」を加える必要があろう。

## 噴出する黄檗僧への侮蔑的怨恨

さて、卍元は『本朝高僧伝』に隠元伝こそ立て、賛も附してはいるが、その評価は決して高いものではない。彼の史観では、日本に渡来した中国の「禅祖」としては、南北朝時代の東陵永璵（曹洞宗、？～一三六五）が最後だとされている。しかも最後にやって来た東陵の「禅海之深」（悟りの深浅のこと）たるや、すでに「古［初期の渡来僧たる蘭渓道隆らを指そう」に及ばず」、その著述には「詖辞［偏った見解」に蔽はるる所有」るものの、それでも、「今時明僧之類」よりはましであるという(161)。

卍元が槍玉に上げた〈今時明僧之類〉の中から、隠元はむろん除外されてはいる。卍元は巻四十五の巻末、すなわち、禅僧列伝たる浄禅科の最後に隠元伝を立て、その賛において、隠元の「宗・教の才識［禅宗・教宗双方に関する才識］、古人に及ばずと雖も、今世に勝れたり」と評する。これはいわば、右記の東陵永璵伝の賛と同様、限定的ながらも評価したものと言えよう。

そのうえで、「未だ幾もせざるに、付払《ふほつ》の子孫、處《ところ》を分かつて浩々たり。二世に及んでより、特に以て甚多なり。若し真正に捜討すれば、本色に在らず。其れ杜撰の禅師を奈《いか》んせん」(162)と、〈二世〉、すなわち木庵・独湛ら（ともに隠元高弟）が多くの弟子に付法して以降は、〈杜撰の禅師〉が横行するに至ったと指摘する。さすがに具体的に誰とは明示されていないものの、恐らく彼の意識においては、高泉もその一人に数えられていたことであろう。

これまた名指しこそされていないものの、卍元の耳には、「今時和明之僧」らが生前、「物に依り途《みち》に触れ、筆墨を弄し、其の死期に及んで手脚忙乱、敢へて一字をも使《もち》ふるを得ず」という醜態をさらしたという風聞が入って来たという(163)。『紀年録』に拠れば、高泉の最期は弟子に乞われるがまま速やかに遺偈をも遺した堂々たるものであった。したがって、卍元が嗤うような〈手脚忙乱〉でもなければ、〈一字をも使ふるを得ざる〉ものでもなかったが、数多い黄檗僧の——とりわけ詩偈に秀でた僧の——示寂に際しては、久しく冷戦状態にあった妙心寺教団へ、その最期が歪曲のうえ伝えられた事例があったということも十分に考えられよう。卍元がその後半生の多くを、ほかならぬ妙心寺山内で過ごしたことも見落としてはなるまい。

右記の隠元伝の直後に置かれた「論」は、二十七巻におよぶ浄禅科(篇)全体の結論をなすが、そこでは師蛮と同時代の僧侶・儒者が異口同音に隠元を「道、天地に充ち、古今に塞がる」と絶賛していたことを伝えつつ、師蛮自身はこれに反駁して、わが国の禅宗は実は隠元の渡日を俟たずしてすでに完成されており、「何ぞ又た外に求めんや。我に備はれるの道あるに、人、之を識らず。識情、之を害するなり」と、すこぶる感情的に結んでいる(164)。

## 近かった当初の思想的立場

このように、『本朝高僧伝』を取りまとめつつあった元禄後期の卍元にとって、高泉ら隠元の後を承けた黄檗唐僧に対する感情は、「嫌悪」の一語で概括するほかはない。しかしながら、延宝初年当時、高泉からの史料貸し出しの要請を聴き入れた頃、卍元の黄檗教団に対する印象は、彼自身の思想的立場からすれば、さほど悪かったとも思われない。なぜならば、『本朝高僧伝』の賛に散見される卍元の禅思想上の立場は、いくつかの点で高泉ら黄檗唐僧のそれとすこぶる近似しているからである。

まず、卍元は、虎関『元亨釈書』編纂の機縁について、虎関が元から渡来した僧・一山一寧に、「貴僧は、貴僧自身にとって異国である中国の古典には詳しいのに、どうして日本の仏教史には疎いのか？」と問われ、これを恥じて一念発起したという説に立っている(165)。したがって、その虎関の跡を慕って三百年ぶりに僧史編纂の大業に取り組み始めた卍元にとって、高泉の存在は好敵手であると同時に、「志同道合」の仲間という親近感をも催さしめたことであろう。まして、単に虎関が奮起するための機縁を作ったに過ぎない一山に比すれば、高泉のほうは同じく中国人でありながら、自ら積極的にわが国の僧伝に取り組まんとしていたのである。それゆえに、卍元が高泉へ最初に史料を貸し出した際には、恐らくさながら信玄に塩を送る謙信のような昂ぶりを、卍元は覚えたことであろう。

『本朝高僧伝』を読むと、著者・卍元が高泉と同様、一面で禅教同尊を口にしつつも(166)、究極的にはやはり禅者として「禅主教従」、もしくは「禅尊教卑」の立場に立っていたことが実感できる賛文にところどころで出くわす(167)。また、そのことに関連して、詩偈づくりは必ずしも咎むべきことではないが、禅者は教宗の僧が示すような文字への過度の依存を学んではならない――とする考えも明瞭に伺える(168)。

さて、卍元は禅宗におけるあるべき付法の姿を、面授と見ていた。巻四十三・天隠龍沢伝の賛では、「夫宗門者以㆓直指面命㆒。的的相承。昔古塔主距㆓雲門㆒百年而称㆓其嗣㆒。青華厳未㆔始識㆓大陽㆒而嗣㆑之。洪覚範評誚曰。『於㆑己甚重。於㆑法甚軽』。蓋以㆑紊㆓授受之要㆒也。」と記し、高泉と同じく徳洪覚範の言葉を引きながらも、高泉よりはずっと厳しく――曹洞宗の卍山道白に通ずる厳しさで――遥嗣（古塔主）や代付（華厳寺投子義青）を斥けている。そして、伝主・天隠が示した法語の中に、これら変則的な付法形態を容認する文言が認められることについて、「（龍）沢公、之を知らざるに非ざるも、人天衆前、何ぞ其の言や訒《しの》ばざるや」と惜しんでいる(169)。

## 共通項としての白玉蟾詩

終わりに、卍元が白玉蟾（一一九四～一二二九？）(170)の詩風を知っていることも興味深い。この宋代江南道教の重鎮の詩を、高泉は殊に愛好しており、「海南白玉蟾賛」を製作した(171)。そればかりか、玉蟾および白楽天（前者は後者九世の孫に当たる旨、自称していた）を「二白」と呼び、それぞれの文集から意にかなった作品を採録して『二白詩選』と名づけ、愛誦してもいた。『二白詩選』の題詞および序が今日に伝えられており(172)、刊年未詳だが実際に公刊されている(173)。そのことは現存する七絶「題二二白詩選一」と、散文体の「二白詩選序」とによって明知される。いったい平安文学以来、わが国民に人気のあった白楽天に対し、白玉蟾の詩が抄録にせよ紹介されたのは、恐らくこれが最初期の例ではなかろうか。ここでは簡略ながら資料性にも富む七絶のほうを掲げよう。

暇日嘗選二白楽天・白玉蟾詩一。意欲二合刻一。目レ之曰二二白詩選一。因題二其後一。
玉蟾羽客称二瓊琯一。居易侍郎号二楽天一。将謂一儒兼一道。誰知二者総詩仙。

ところで卍元もまた、高泉と同様、白玉蟾の詩をかなり読み込んだものとおぼしく、巻二十二・鏡堂覚円伝で、伝主の渡来僧・鏡堂（一二四四～一三〇六）が白玉蟾の子孫であることに触れ(174)、先祖の詩風をよく自己の詩偈中に融入せしめ、蘭菊の美を呈していると絶賛、同時代人の筈の虎関（一二七八～一三四六）の目に触れた形跡がないことを惜しんでいる(175)。

今後、一六七〇年代前半（延宝初年）から一七〇〇年代初頭（元禄末年）までの——つまり、卍元が僧伝編纂に勤しんでいた時代における——白玉蟾詩の流伝状況を調べたい。高泉編定の『二白詩選』がコンパクトな入門書的存在であったことは疑いを容れまい。高泉嫌いの卍元は、それでも伝主によってはところどころ高泉の『東国高僧伝』を参照していたように、あるいは高泉の『二白詩選』によって白玉蟾の詩風に触れたとも考えられよう。

## 第五節　同時代の僧伝への直接的影響

本節では、高泉僧伝の影響が、比較的顕著に認められる各宗の僧伝について概観しよう。社会の安定およびそれに附随する学問の振興によって、十八世紀以降は、どの宗派を通じても多種多様な僧伝の編纂・刊行を見た。本節では、『大日本仏教全書』に収録された文献を中心として、序・跋で高泉の先行業績に言及している事例を見てゆきたい。

### 第一項　真言宗の僧伝

すでに見たように、今日に至るまで最も充実したわが国の高僧伝の撰者・卍元師蛮は高泉に対しすこぶる侮蔑的な怨恨をいだいており、また、卍元が属した臨済宗妙心寺教団では、卍元の歿後、明治二十二年（一八八九）に荻野独園師が『近世禅林僧宝伝』を公刊するまで大掛かりな僧伝編纂はなされなかった。高泉の僧伝からの影響、それも高泉に対し相当の敬意を払いつつ自ら進んで高泉に学んだとおぼしい例は、むしろ真言宗智積院教団（明治以降の真言宗智山派にほぼ重なる）の運敞、およびその智積院における門人とおぼしい祐宝において、かえって顕著である。

#### （一）運敞『結網集』

標記の文献は、僧伝作者としての運敞（一六一四〜一六九三）の代表作である。櫛田良洪博士による解題(176)が、すこぶる要領を得ているが、これに拠れば、全三巻から成る本書は、上巻が密厳尊者《みつごんそんじゃ》、すなわち新義真言宗の開祖・覚鑁（一〇九五～一一四七）の年譜であり、題して「密厳尊者年譜」という。中巻は、高野山上にあった頃の大伝法院（開山：覚鑁）で活躍した教尋・真誉・融源（覚鑁実甥）ら九師の伝記と、同院が旧派との教義上の軋轢から弘安九年（一二八六）、根来山に移されてから、天正十三年（一五八五）秀吉の根来焼打ちに至るまでの頼瑜・良殿・印俊・聖憲・日秀・頼玄ら二十四師の伝記とから成る。題して「密厳下名徳伝」という。そして下巻は、根来を追われて京都に寓居した玄宥らが東山に智積院を得て教団を復興して以降の歴史を扱い、玄宥を始め、祐宣・日誉・元寿・隆長・宥貞ら六代の智積院能化の伝記から成る（ちなみに、運敞は第七世）。題して「智積中興列祖伝」という。また、篇末にはこれら六師の肖像画に著賛された「六代画賛六首」を掲げている。

本書巻頭には、運敞の自序に加えて、高泉(177)および月潭道澄(178)から寄せられた序を掲げている。高泉は序文中で、本書に伝記が見える諸師の事蹟は「皆な邦人の知らざる所の者なり」と指摘している。『元亨釈書』巻五に立伝されている覚鑁を除けば、いかにも高泉が指摘するとおりであり(179)、篇名のいわれ「臨レ淵羨レ魚。不レ如二退而結一レ網一」（『漢書』董仲舒伝）に背かないものと言えよう。

さて、高泉は単に序を寄せたのみならず、運敞から請われるままに、恐らくは漢文体の本書の字句や語法に関して、若干の添削を施したとおぼしく、その旨、書簡「答二泊翁老僧正一」(180)に記している。この労に対し、運敞は書簡「復二高泉和尚一」の中で、「下手な画家が虎を描いたら猫になったという話は聞いたことがございますが、貴僧［高泉］の御添削のお蔭で、ちょっと手を入れただけで（原文：点眼）、立派な虎が描きあがったようです。御潤色を賜ったのみならず、文筆を執る上での肝要事をも併せてうかがうことができました。」と感謝している(181)。また高泉は、序文の撰述と同時に、七言律詩「閲二密厳尊者紀年録一」(182)をも製作したようである。

## 白話二人称の多用に見る禅宗僧伝からの影響

本書に盛られた智積院教団史が、現代の仏教史学の眼から見てどの程度正確であるのか、今後、真言宗智山派刊行の各種学術刊行物を博覧のうえ、筆者自身の見解を提示すべく努めたい。本稿ではただ、(一) 本書に認められる中国語白話二人称「儞 (你)」(183) の用例が、こうした語彙を用いる伝統ありとは到底考えられない真言宗の僧伝にあっては極めて異常なほどに多いこと、(二) その模倣対象としては、同時代の禅宗文献、とりわけ道友・高泉の撰述した正・続『禅林僧宝伝』や、高泉ら黄檗僧との道縁で触れるようになった明末清初の禅宗僧伝(184)の存在が第一に考えられることをのみ指摘しておきたい。

まず、巻上「密厳尊者年譜」では、康和五年 (一一〇三)、伝主・覚鑁九歳の条で、三箇所まで「儞」を用いている。覚鑁はある日、長兄から「この世で最も偉い方は仏だ」と聞かされ、それならば自分も仏になろうと発心、自らに苦行を課した挙句やせ細ってしまった。覚鑁を酷愛する父は、事情を知って長兄を「儞令三黄口児。聞二無益事一。羸痩至レ此。将レ喪二奇児一。先当レ弑 [殺カ] 二儞不孝一。」と叱りつけ、刀を抜いてその身に押し当てた。するると、覚鑁は涙ながらに兄を許してくれるよう頼み込み、そのけなげな姿に怒れる父も微笑、「自今聴レ儞可二遄作仏一」と語ったのだった(185)。『元亨釈書』の覚鑁伝ではしかし、兄ではなくたまたま生家に滞在中の僧に対し、覚鑁が世界第一の貴人が誰であるか問うたとされており(186)、そこには「儞 (你)」の出る幕は設けられていない。何となれば、この言葉は「爾」から生じており、現代語形たる「你」と同様、自己と同輩、もしくは自己よりも下輩への語りかけに用いられるからである。

また、巻下「智積中興列祖伝」の宥貞伝では、伝主・宥貞 (一五九二〜一六六四、智積院第六世) が慶安三年 (一六五〇) から明暦二年 (一六五六) まで江戸円福寺 (維新後廃寺。かつて愛宕山下にあり、江戸における智山派四大寺院の一つだった）に住まっていた頃、檀家・戸田家の嫁（原文：少婦）が悪霊に取り憑かれたのを、修法のうえ、退散せしめた（とされる）。その際、宥貞が悪霊に語りかけた言葉は、「十法界一仏性。即身即仏。儞輩昏昧不㆓自知㆒。逼㆓悩児女㆒。何其愚哉」と記されている(187)。

このほか、唐宋口語たる「個」（この）(188)も、二つまで認められる。前出「密厳尊者年譜」嘉承二年（一一〇七）の条では、上洛して仁和寺に入った十三歳の覚鑁は、他の二人の少年とともに山内成就院の寛助に相見《しょうけん》した。寛助は三人の少年から手にしていた扇を預かり、瞑目しつつ遥かに宗祖・空海に対し、「個中若有㆓興法之偉器㆒。令㆔探㆓著其扇㆒」と黙念したところ、最初に手に触れたのは覚鑁の扇であり、そこには「仏者大日。法者真言」云々と大書されており、寛助は覚鑁が〈興法之偉器〉たることを確信したとされる(189)。また、同「紀年録」元永元年（一一一八）の条では、二十四歳の覚鑁が、八大誓願を立てたが、その八番目は真言教学関連の著述をものし、密教を興隆せしめたいというものであったことを取り上げたのち、撰者たる運敞自身の評語を附して、「個中撰㆓集章疏㆒之願。聿獲㆓成就㆒。尊者所㆓撰述㆒之秘釈義章等。行㆓于世㆒者凡八十餘種。千古藉為㆓亀鑑㆒焉」と礼讃している(190)。

## 新義派諸師伝の基礎資料としての『結網集』

高泉は、『東国高僧伝』にて真言宗の諸師、とりわけ、覚鑁以降の新義派諸師（もしくは有縁者）の僧伝を執筆するに際しては、ほぼこの『結網集』に拠っている。本書巻八の覚鑁・真誉・信慧、兼海・融源、巻十の頼瑜・良殿・順継・頼豪・聖憲の計十師の伝は、説次から字句に至るまで、運敞『結網集』に拠った跡が歴然としている。このうち、新義派で特に敬仰されている覚鑁・頼瑜・聖憲の三師伝は、いずれも甚だ長文にわたるから、別表での対照は差し控える。ここでは例として、真誉（一〇六九～一一三七、覚鑁法兄）伝を取り上げよう。この真誉は、『結網集』

のみならず、次の小項目で取り上げる寂本『野峯名徳伝』でも立伝されているが、覚鑁と道縁すこぶる深く、覚鑁晩年の紛議にも自然と捲き込まれた。そのため、高野山で生涯を閉じたにもかかわらず、彼に対する評価は、古義（高野山）・新義（根来寺・智積院・長谷寺）両派の間で、江戸期に至るまで一様でなかったものと見られる。

高泉は、高野山人たる寂本から『野峯名徳伝』（ヨリ厳密には増補前のその初稿本）を提供されたにもかかわらず、結局は自己の多年の親友で京都在住の運敞がものした――そして自らも潤色の筆を加えた――『結網集』に拠っているのである。別表「『東国高僧伝』を中心とする高野山高僧伝対照表」の中の例（一）「真誉伝」を参照されたい。

## (二) 寂本『野峯名徳伝』

本書は全二巻から成る。正伝には六十八師、附見には六師が採られている。巻上は、空海・真然[191]ら開創期の人物を除いて、主に平安時代に活躍した高野山の高僧を列挙し、巻下は、鎌倉時代から室町時代までのそれを掲げており、江戸期に入ってからの高僧は一人も採られていない。覚鑁本人や、その高弟で離山行動を共にしたとおぼしい信慧・兼海は立伝されず、運敞の『結網集』と共通して立伝されているのは、真誉（前出）・融源の二師のみである。ただ、彼ら二師は、新義派の学僧というよりは、単に覚鑁の有縁者（前者は法兄、後者は外甥）であるに過ぎず、覚鑁に教義上同調したわけではない。

本書撰述のそもそものきっかけは、寂本（一六三一～一七〇一）の自序[192]に明記されている。草稿本では、高野山の高僧六十餘師が立伝され、これが運敞からの要請によって、運敞を介して高泉へ送られた。自序には、貞享四年（一六八七）の「碁雉下浣」と紀年されている。何月の下旬なのか判然としないが、同じく貞享四年（一六八七）の恐らくは前半に、運敞が寂本に対し、書簡で「高泉和尚の『東国高僧伝』稿本には貴山（高野山）の高僧の伝記が一人も見当たらないから、ここは一つ貴僧が取り纏めて拙僧までお寄せ願いたい。拙僧は頂いた稿本を必ず高泉和尚へ転送するから…」と要請してきたので（註(132)参照）、「陳編［古文書］を抜き、老宿に問うて、人の口耳に熟せる者摭総して六十餘人を得」、「時遠く事去り、履歴悉せずと雖も、括して一巻と為」した。

ところが、一仕事終えた寂本の耳に、やがて『東国高僧伝』はすでに刊刻の段階に入っており、このうえ追加補入は不可能――という知らせが入ってきた。あくまでも、寂本が耳にした伝聞ではある（原文：時聞彼伝回［同ヵ］然歴㆓十霜㆒。更命㆓剞［剞ヵ］劂㆒。不㆑可㆑得㆓追入㆒焉）。しかしながら、運敞および晦巌へ資料追加のための奔走を謝した高泉の跋（註(128)参照）が、現存の『高僧伝』木版本に収録を見なかったことは、あるいは貞享四年前半には同書の大綱があらかた定められており、輪王寺宮からの天海伝執筆・補入(193)のようなよほど謝絶しがたい事情を伴っていなければ、大々的な増補はすでに不可能であったことを示唆していよう。

そこで寂本は、「人の手を借りて我が山の高僧の事蹟を知らしめるまでもあるまい（原文：何必借㆑他而售乎）」と思い定め、増補改訂に勤しんだ結果、今日見る、正伝・附見併せて七十師を超える二巻本の『野峯名徳伝』が成ったのである。現存する木版本の刊記は、刊年を欠く。ただ、元禄六年（一六九三）に示寂した運敞の蔵書中に本書が含まれている(194)ことから推して、恐らくは脱稿した貞享四年から日ならずして刊行を見たものと見られよう。

ただし、寂本苦心の初稿本が、まったく高泉に認められなかったのではない。道範・宥快二師（中世高野山を代表する学僧）の伝はともに長文にわたるから、今回は別表化しなかったが、例として『東国高僧伝』巻九に相次いで掲げられた覚海・法性伝を別表に挙げた。いずれも説次（説話の配列）・字句ともに現行本の『野峯名徳伝』に負うている。高泉がしばしば参照した『元亨釈書』では両師の伝は立てられていないから、高泉が拠ったのは寂本の『名徳伝』と見てよいだろう。このような『名徳伝』（初稿本）からの表現上の襲用は、同じく巻九巻末の覚海・法性・道範・

信日・宥快・長覚の計六師の伝記にも顕著に認められる(195)。

また、いささか餘談ながら、高泉を嫌っていた筈の卍元は、右記両師（覚海・法性）の伝では、ともに『東国高僧伝』の説次・字句をほぼ襲用しつつ、若干の補訂のみを加えている。あまつさえ、覚海を対馬の人とする誤謬(196)を、高泉からそのまま継承している。どうやら卍元は、自己の属する宗派の僧伝以外は、嫌いな筈の高泉の先行著作を引き写しにしても何の痛痒も覚えなかったものとおぼしい。詳しくは左に掲げる別表「『東国高僧伝』を中心とする高野山高僧伝対照表」を参照されたい。

## 『東国高僧伝』を中心とする高野山高僧伝対照表

### 例（一）真誉伝

| 高泉『東国高僧伝』巻八 | 運敞『結網集』巻中 | 寂本『野峯名徳伝』巻上 |
|---|---|---|
| 闍梨諱真誉。号持明。不詳其氏族。禀性誠実。無外飾。而慧解越倫。〔真誉の出自・人柄〕 | 闍梨諱真誉。〔真誉の出自〕 | 真誉 |
| 嘗入仁和寛助大僧正之室。与密厳尊者為伯仲。〔覚鑁との道縁〕 | 仁和寺寛助大僧正之入室。密厳尊者之法兄也。早登高野。号持明房。〔覚鑁との道縁①〕資性篤実。慧解超倫。〔真誉の人柄〕 | 仁和寺寛助親王之入室。覚鑁上人之法兄也。〔覚鑁との道縁①〕 |

| | | |
|---|---|---|
| 尊者初登高野。時依之如師。而誉欽尊者之徳。還執弟子礼。<br>蓋二者各有所長。故互相請益云。 | 〔覚鑁との道縁②〕<br>尊者初躋野山。依止之如師。而闍梨欽尊者徳望。還執弟子礼。尊者嘗稟法於闍梨。闍梨履承法於尊者。故尊者後譲座主職。其状云。「真誉闍梨。是小僧［覚鑁自称］之大師。而成仏願尤深。求法志無止。因茲覚鑁更授秘密灌頂之印璽。屡伝真言深奥之宗義」云々。互為師資者可見矣。 | 〔覚鑁との道縁②〕<br>少登山。就北室良禅。稟淵粋。鑁師登此山。依止公受法。鑁師本奇才。公又問。互相唱和。<br>長承三年五月八日。依鑁師之奏。伝法院座主可兼此山之座主。於是乎。闔寺不得不慊焉。 |
| 〔持明院開創〕<br>先是誉嘗剏一宇。号持明院。為国祝釐。後奏聞朝廷。準為御願寺。 | 〔持明院開創〕<br>初闍梨剏一区。号持明院。後奏請院宣。準御願寺。院宣略云。「依阿闍梨真誉申請。以彼建立堂持明院。為大伝法院末寺。可奉祈念国家泰平。宝寿長遠」云々。 | |
| 〔座主就任〕<br>保延元年。密厳尊者以金剛伝法二寺座主之職。推而任之。後付行慧。慧譲隆 | 〔座主就任〕<br>保延元年春。尊者以金剛伝法両寺座主之職。譲付闍梨。闍梨付行慧。慧譲隆 | 〔座主就任〕<br>鑁師退譲。擢誉公。為両寺之座主。 |

| | | |
|---|---|---|
| 海。師師［師資ヵ］授受不爽。大有光於教門也。 | ［その高い悟境］<br>誉生平精脩弗退。相伝已曾得忍。於生死関頭。而得自在。為調魔衆。乃生身入魔界云。 | 賛なし |
| 海。師資襲承無差爽也。 | ［その高い悟境］<br>闍梨生平学業不廃。精修不退。相伝闍梨得無生忍。生死自在。為調伏魔衆。生身入魔界云。 | ［賛］<br>仏子之行業。精修為至要。精修無退。所以得生身証忍。生死自在也。但精修無退難矣。若無礙智現前。則魔界即仏界。豈見異岐乎。 |
| ［座主から新設の撿挍へ］<br>保延二年三月。東寺僧綱。及衆徒。加此山之老宿百一人連署判。列参于官庁。訴復座主職於東寺。庁議賜依請之宣旨。改誉為撿挍。<br>［その示寂と法流］<br>同三年正月十五日化。字曰持明。故其遺区。号持明院。依仁和之伝。法立一家。名持明院流。 | | ［賛］<br>誉公之懿徳。為鑁師愈彰。鑁師之座主。以時勢。末寺兼本寺。我衆未心服。相慊至嗽々。終改誉公。世云。「鑁師営伝法新院。豊敞跨越本寺。以故。野山 |

| | | |
|---|---|---|
| | | 衆挟偏嫉而競入密厳為暴」。予初以為。此言未尽。及見古記解聴瑩。皆是不言座主〔覚鑁〕異執。昔叡山。智証〔円珍〕・慈覚〔円仁〕之徒。争座主。鼓噪日。至僧徒官兵相戦。死傷両多。両門〔山門・寺門〕不和。拒争日滋。野〔高野〕・根〔根来〕又相似。濁世魔弊之所然也。 |

## 例（二） 覚海伝

| 高泉『東国高僧伝』巻九 | 寂本『野峯名徳伝』巻上 | 卍元『本朝高僧伝』巻十三 |
|---|---|---|
| 〔出自と研学〕<br>釈覚海。字南證。対馬人。嘗登高野山。遊刃義学。<br>神悟天発。義解精絶。 | 〔出自と研学〕<br>覚海。但馬人也。<br>神悟天発。教義精絶。 | 〔出自と研学〕<br>釈覚海。字南證。未委其氏。対馬島人。観遊上国。住醍醐座主定海。承稟真教。神機俊発。義解絶儔。 |

| | | |
|---|---|---|
| ［門下育成］住華王院。恢張講席。有法性・道範等。時称義龍。皆出其門。 | ［天狗飛行］建保五年。補撿校。行業多异。甞祈弘法大師。知七生事。先是。山中魔事熾盛。動擾行者。妨礙善事。海誓欲調伏以護教法。一日両腋忽生羽翮。踢破門扉。凌空而去。時年貞応二年八月十七日也。山中迄今往往有見者云。 | 賛なし |
| ［門下育成］住花王院。張講席。法性・道範等偉流。欽下風。 | ［天狗飛行］建保五年。補撿校。年八十二蛻化。年貞応二年八月十七日也。世曰。「師通知前七生。先是。此山魔魅盛妨善事。師誓入其隊。調伏於彼。擁護教法。至三会。遂両脇生翼。踏破門扉。直飛去」。 | ［賛］賛曰。本朝云天狗者。所謂魔魅也。違仏乱僧。害善根。我慢邪執。著世間楽。憎嫉聖賢道法者。入于其趣。法力所感有神威。霊山幽区。必有之。道盛則魔盛之謂也。若海師者。以願力悉地而入焉。亦異矣。修多羅説。四依能駆逐魔。海師驃逐彼。豈［非（脱ヵ）］四依之力耶。 |
| ［門下育成］後住野山華王院。皇張密席。時之義虎。法性・道範等。倶遊其門。 | ［天狗飛行］建保五年。補三山検校。海嘗祈弘法大師塔。知七生事。行跡多奇。山中振古。魔事熾盛。動擾行者。障礙善事。海誓欲調伏以護教。一日両腋忽生羽翮。踢破門扉。凌空而去。時年八十有二。貞応二年八月十七日也。山中於今往往見海云。 | ［賛］系曰。心者天地万仏之根本也矣。以得正途之。以入邪路之。止観修焉。阿字観焉。所以復根知本為心之祖。而不待遣之。魔自沮伏也。海公定力不足。将憑呪力。伏之還成堕其中。寇借兵焉。蓋以法執膠固。而根本不明之過矣。前已弁之。近世此弊多。故重言耳。 |

## 例（三） 法性伝

| 高泉『東国高僧伝』巻九 | 寂本『野峯名徳伝』巻下 | 卍元『本朝高僧伝』巻十四 |
|---|---|---|
| ［法性の師系］釈法性。不詳其氏族生縁。正智院明任之神足也。神府独朗。慧弁快利。博究経典。洞明宗要。嘗建法性院。闡揚大教。時彦莫不挹其風猷。 | ［法性の師系］法性。不詳何許之人。正智院明住法眼之上足。神府独朗。慧弁快利。博究経典。洞明宗要。建一院。称揚教道。時彦莫不挹其風猷。 | ［法性の師系］釈法性。未詳俗姓。師正智院明任。神府恢濶。慧才爽俊。博探経典。洞暁密部。開法性院（割註：後改宝性）。闡揚真教。当時英彦。多窺其門。 |
| ［流罪の背景］任［仁］治中。大伝法院罹舞馬之変。至保延以来一百餘年。伝法輪下［覚鑁門下］与金剛峯衆。素不相能。故疑其所為。訴於朝廷。被謫于遠島者二十餘人。而性預焉。此時山中有亀毛之説。蓋為無実事也。 | ［流罪の背景］此山与根嶺相軋。保延之後。歴一百年未息。仁治三年秋。根嶺致亀毛之謀訴。官庁召山衆二十餘人。列向京師。時根嶺一寺。罹鬱攸之災。以定（為）我山之暴。明年正月。各蒙熏胥之罪。流離于絶域。以公配流出雲国。 | ［流罪の背景］仁治年中。大伝法院罹飛馬之災。而保延已降。伝法与金剛峯。不相和合。一百餘年矣。遂以誣告。性及衆傑二十餘輩。謫於遠島。山中学侶歎時之不祥。 |
| ［配所での示寂］寛元三年十月二十一日。坐化于謫處。性平素嘗語同法道範等曰。「二十一日乃鼻祖大師入定之日。我他后亦当以此 | ［配所での示寂］寛元三年十月二十一日。於配所奄化。常語道範等同門曰。「我以二十一日擬閉眼。」果然。聞人感嗟。 | ［配所での示寂］寛元三年十月二十一日。寂于謫所。性嘗語同門道範曰。「季春二十一日。廼祖弘法大師入定之日也。我亦他後当以 |

| | | |
|---|---|---|
| 日而逝」。至是聞者莫不嗟異。 | | 此日取滅矣。至是果然。 |
| ［法性院の興隆］ | ［法性院の興隆］ | ［法性院の興隆］ |
| 山中有能中興大教者凡八員。号為八傑。性居其首。滅後屡顕神异。時人咸欽其遺烈。後改法性為宝性。闔山分為両門。而宝性為一門之首云。 | 滅後神異不少。当山有中興教道之八傑。師居其甲。遺蹤以其名。号法性院。（割註：法今書宝）此院伝云。「性公是大師之化来也。故其真用大師之影」 | 当時野山有中興密教者。若道範。信日等八人。号為八傑。而性居其首焉。滅後屡顕神異。道俗咸欽其遺烈。 |

甚だしく受動的な機縁から始まった寂本の高野山高僧伝編纂であったが、寂本は筆を進めるにつれて、しだいに愛山の念を深めたものとおぼしい。すなわち、覚鑁伝を立てず、また、高野山に留まって覚鑁の意とする所を代行した真誉の伝記（巻上）へ賛[197]を附して、覚鑁の住坊・大伝法院が、一般に「嫉妬的集団」とされる金剛峯寺の「暴徒」に破却されたのは、もとより末法の世につきものの争いごとであり、かつそれ以上に、覚鑁自身の偏執狂的性格（原文：異執）に問題があったからだ――とまで断じている[198]。

寂本は運敞に加えて泉涌寺の天圭とも親しかったというが[199]、二師ともにあくまでも他山の人であって――とりわけ運敞は、高野山にとっては仇である覚鑁のために、精緻な年譜を撰述・公刊してさえいる――おのが山高野の歴史は、あくまでも山人たる自己の手によって…という思いを、本書撰述を縁として懐抱したものと見られるのである。

今後の課題として、僧伝作家としての彼の他の著書、とりわけ、『大師賛義補』・『弘法大師伝止沸篇』をも披見し、その史観や、中国の高僧伝にいかに学んだかを明らかにしてゆきたい。

## 第二項　『律苑僧宝伝』

### 高泉からの序文の主旨

高泉は『東国高僧伝』最終巻（巻十）で、巻頭の俊芿に始まって曇照・睿（叡）尊・忍性・如導・明忍と典型的な律宗僧侶六師の伝を立てる。ただ、この数字がいかにも少ないと認識しており、その理由を積極的に律僧の伝記を蒐集しなかったことに帰している。幸いに琵琶湖東岸の地・安養寺で戒律の研究・実践に勤しむ戒山慧堅（一六四九～一七〇四）がおり、この人物が全十五巻(200)からなる『律苑僧宝伝』を編纂、元禄二年（一六八九）、まさに世に問わんとしていると聞き、その喜びを同書へ寄せた序文「律苑僧宝伝序」(201)（第四章序節に既出）の中で披瀝した。

高泉の見るところでは、禅宗と教宗諸派と、それぞれ門戸を異にしていても、およそ出家者たるものが戒律を学び、かつ実践すべき必要性は、両宗ともに存在しており、かつ、戒律研究・実践に優れた足跡を遺した人々を手本と仰ぐ必要性もある。戒山がこれまで忘れられていた律学の先達の伝記を概観できるように苦心したのは、誠に尊いというのである。高泉は単に序を寄せたのみならず、七言律詩による題詞「題二律苑僧宝伝一」をも寄せている(202)。その詩序では、戒山が本書を撰述した理由を「末代の僧倫、慧解《えげ》有る者は多く縄墨［戒律］を忽にすることを慨し」ためと見ている。〈末代の僧倫〉とあるから、文字の上だけでは禅・教両宗に通じるが、恐らく戒山自身の視野においては、自己が律宗に転ずる以前に身を置いていた黄檗教団および曹洞宗の禅僧たちを指していよう。

高泉が本書のために寄せた序で、戒山を「緇門楚材」と表現しているのは(203)、「優れた人材」という意味に加えて、いわゆる「楚材晋用」（出典は『左伝』襄公二十六年）という意味合いがこめられていよう。戒山は元来は禅宗、とりわけ黄檗の鉄眼、および高泉とは道縁ことに深厚な曹洞の桃水雲渓の門下生であった。ところが、戒律研究に志して律宗に転じてしまい、その新天地で活躍していることへの一抹の寂しさをも含めた表現ではなかろうか。

## 戒山の事蹟

戒山の伝記は、道契『続日本高僧伝』巻九（浄禅篇）に、性憲（第四章第四節既述）ら同時代の他の律僧らとともに立てられている(204)。これに拠れば、久留米に生まれた彼は、寛文五年（一六六五）、十七歳にして同地の千光寺で行われた鉄眼道光（一六三〇～一六八二）の『大乗起信論』講義に感動し、ひそかに生家を去り、鉄眼のもとで出家、その後、巌宗悦禅師（巌宗□悦もしくは、宗悦□巌、伝記未詳）のもとで、昼間は『金剛般若経』・『円覚経』・『法華経』・『首楞厳経』といった禅宗常用の経典を学び、夜は参禅に勤しんだ。やがて、「僧伽の羽翼は戒律に在り。苟も戒律無くんば、飛翔せんと欲するも亦た謬りならずや」という確信をいだくに至り、良き師を求めて東上、大坂で桃水雲渓（一六一二～一六八三、第三章第四節第三項前出）に参じた。

まもなく桃水から、当時有数の律僧であった慈忍慧猛（一六一四～一六七五）に参じるよう勧められ、以後、慈忍に師事し、かつは、禅宗から律宗に転じている。同十年（一六七〇）、本師・慈忍は河内野中寺（羽曳野市）に晋山し、ここを拠点に餘生を多くの門弟育成に捧げた。戒山もまた師のもとでいよいよ研鑽に励んだ。延宝三年（一六七五）の慈忍示寂後は、律僧としての同門の縁によってであろう、法姪にあたる(205)慈空性憲（一六四六～一七一九）のいる深草真宗院に赴いた。浄土律院たる真宗院では、「郷に入っては」の格言のままに、戒律もさることながら、般舟《はんじゅ》三昧《ざんまい》（称名念仏に勤しみつつ浄土を観想）をも実修したとされる。真宗院止住期間は短かったけれども、以後も性憲との道縁は続き、『律苑僧宝伝』の末尾には、門人・湛堂慧淑による跋と並んで、性憲から寄せられたそれも掲げられている(206)。やがて、琵琶湖東岸の天台宗安養寺の中興開山となり、ここを主たる活動の舞台とした。本書のほか、『西方懺願儀略』の著もあり（筆者未見）、題目から推して称名念仏を核とする懺法関連の註釈書と知られる。性憲との道縁が久しく継続したのも、さこそと私見される。

『律苑僧宝伝』は、中国（魏～明）とわが国の主要な律僧の伝記を概観できる、誠に便利な文献である。中国の律僧は二百二十七師、わが国のそれは百三十四師、双方合わせて三百六十一師にも達し、収録者数が多く、しかも中国本国の律僧列伝に比しても遜色なき文献として、現在もなお有数の存在である(207)。微瑕としては、（一）ほぼ同時代に成った『本朝高僧伝』のように巻頭に主たる参考文献の一覧を掲げていないことであり、（二）わが国律宗の発祥地・唐招提寺関係の律僧たちに関しては不十分であり、その不備を義澄の『招提千歳伝記』(208)によって補う必要があることである。凡例に拠れば、中国の部に関しては、梁・唐・宋の三代高僧伝および諸書に散見される伝記や塔銘をよりどころとし、わが国の部に関しては、断簡をも含めた古文書に加え、言い伝えの類をも蒐集したという(209)。

## 戒山による高泉僧伝の襲用

さて、本書所収のわが国律僧の伝記（巻十二以下）のうち、高泉『東国高僧伝』の文言をほぼそのまま襲用していることが明瞭なのは、巻十一の俊芿伝・曇照伝、巻十四・如導伝、巻十五・明忍伝である(210)。ただし、著述も多く、開創した寺もまた多かった俊芿に関しては、関連する叙述が相当に増補されている。また、明忍伝に関しては、伝主が戒山にとって比較的近い時代、しかも同じく律宗の人物であったために（戒山は明忍歿後三十九年にして誕生）、得られた史料も多かったようで、これまた『東国高僧伝』に見えない逸話が増補されている。さらに、洛北槙尾山中に高泉撰文の明忍碑銘が建立されたとする記事（第三章第三節第二項参照）も、高泉の『東国高僧伝』の明忍伝にはなぜか見当たらない。

左に掲げる別表「『律苑僧宝伝』の『東国高僧伝』文言襲用」では、俊芿伝・明忍伝は長きに過ぎるので、例として如導伝を対照せしめた。伝主・如導（一二八四～一三五七）は、各地に赴いて荒廃していた寺院を再興し、かつは戒律講義にも努めており、戒山はその旨、叙述上のベースとした『東国高僧伝』如導伝に加筆している。ただ、全体的に見れば、加筆部分はごく僅かである。悪く言えば引き写しであるが、本書刊刻に先立つ貞享三年（一六八六）、戒山が仏国寺に高泉を訪ね、これに対し高泉は七絶「湖東戒山律師過訪」(211)を製作、歓迎の意を示しているから、恐らくこの際、出来上がりつつあった『律苑僧宝伝』のことも話題にのぼり、高泉は恐らく積極的に『高僧伝』からの襲用を容認したものと見られる。ここで具体的な一例を表示しておこう。

### 『律苑僧宝伝』の『東国高僧伝』文言襲用

| 戒山『律苑僧宝伝』巻十四 | 高泉『東国高僧伝』巻十 |
| --- | --- |
| 無人導律師伝 | 永園寺如導律師伝 |
| ［出自と研学］<br>律師諱如導。字見蓮。其号曰無人。姓藤原氏。伯州刺史之子也。生而弗凡。気貌雄偉。方妙齢時。限千日為期。毎日跣足詣北野天満大自在廟。乞神加護。期将満。見天童出現。授以松葉。告之曰。「汝持去。培植六十餘州」。師帰。向一僧。陳其事。僧曰。「噫子幸矣。得非向後能覆廕一切羣生之兆与」。<br>尋投知恩院薙髪。 | ［出自と研学］<br>律師諱如導。字見蓮。其号無人。姓藤原氏。伯州刺史之子也。生而弗凡。気貌雄偉。方妙齢時。限千日為期。毎日跣足詣北野天満大自在廟。乞神加護。期将満。見天童出現。授以松葉。告之曰。「汝持去。培植六十餘州」。導帰。与同学僧。陳其事。僧曰。「噫子幸矣。得非向後能覆廕一切群生之兆与」。<br>尋投智恩院薙髪。 |
| ［大井川での捨身行］<br>十九歳。遊行過大井川。慨然曰。「此界穢土也。此身穢器也。 | ［大井川での捨身行］<br>十九歳。遊行過大井川。慨然曰。「此界穢土也。此身穢器也。 |

| | |
|---|---|
| 無刹那可楽。不如速捨身土。求生浄處」。乃抱石投水。覚<br>足下有物擎出。導尽力跳下。亦不能溺。乃涕泣帰父宅。徹<br>夜不寐。去遊関西。寓安楽寺。猛練三載。至筑後州安養寺。<br>時年二十一矣。<br>居七祀。帰京。 | 無刹那可楽。不如速捨身土。求生浄處」。乃抱石投水。覚<br>足下有物擎出。導尽力跳下。亦不能溺。乃涕泣帰父宅。徹<br>夜不寐。去遊関西。寓安楽寺。猛練三載。至筑後州安養寺。<br>稟沙弥律。<br>居七祀。帰京師。 |
| [律学と餘乗との研鑽]<br>師慕澂照大師之徳。常曰。「我当従事木叉」。依東山泉涌寺<br>兀兀元和尚。受満分戒。又依良智律師。鑽仰八年。凡律部<br>所有奥義。莫不洞明。兼伝天台円頓大戒。旁及浄土教。<br>智公嘆曰。「不図。垂老得此律虎」。後至悲田院。依明玄長<br>老。入壇灌頂。受学密乗。於小野一派。尤造淵極。<br>久之。嘉遁于金台寺。修念仏三昧。脇不沾席者数稔。 | [律学と餘乗との研鑽]<br>雅慕南山宣律師之徳。常曰。「我当従事木叉」。依東山泉涌<br>寺兀兀和尚。受満分戒。又依良智律師。鑽仰八秊。凡律部<br>所有経論疏鈔。研究無遺。兼伝天台円頓大戒。<br>智公嘆曰。「不図。垂老得此律虎」。後至悲田院。依明玄長<br>老。稟密乗。入壇灌頂。竭其底蘊。<br>久之。嘉遁于金台寺。修念仏三昧。脇不沾席者数稔。 |
| [晩年の弘教]<br>晩開講于信之善光寺。一麾譚柄。則四衆雲従。若満慈之重<br>来也。垂老還京師。居永園寺。 | [晩年の弘教]<br>晩開講于信之善光寺。一麾譚柄。則四衆雲従。若満慈之重<br>来也。垂老還京師。居永園寺。 |
| 如上林苑観音寺。朝日山荘厳院。亦師所尸。 | |
| [夢窓疎石への参禅]<br>嘗至天龍。謁夢窓国師。先呈己解。次詢教外之旨。国師印<br>之。「教外無禅。禅外無教。如汝所見。我復何言。」 | [夢窓疎石への参禅]<br>嘗至天龍寺。謁夢窓国師。先呈己解。次詢教外之旨。国師<br>印之。「教外無禅。禅外無教。如汝所見。我復何言。」 |

| | |
|---|---|
| 因茲。声名益遠。後如芸州紉迎接院居焉。<br>六年而帰京師。於本願寺。為母説法。四十八日。緇白赴堂。<br>遅則無容膝之位矣。<br>俄他方化縁時至。於観音寺取滅。時延文二年五月二十七日也。世寿七十四。僧臘四十八。師平時住院一十餘所。創建起廃一十五所。又憐女人罪結深厚。立尼寺数十。度弟子若干人。而黒白男女。聞法帰誡者。又不知其幾矣。<br>応永間。観音寺蓮忍律師。恐師懿行日就泯泯。乃請海蔵譲禅師。製行状。伝于世。<br>［最晩年の道風］ | 賛曰。大雄之道。而有万殊。至則一也。豈専守一門。而可為尽善尽美也哉。若師者。非特洞明本宗。決禅于夢窓。伝密於明玄。至於天台浄土諸宗。研究不遺。一洗夫各宗其宗。各党其党。互相矛盾之陋。其亦美善倶尽者乎。<br>［賛］ |
| 因茲。遊方之士。往往有瞻風者。<br>乃立接待院。以安之。既而帰本願寺。為母説法。四十八日。<br>屨常満至無所可容者。<br>俄他方化縁時至。於北野観音寺取滅。時延文二年五月二十七日也。世寿七十四。僧臘四十八。導平時住院一十餘所。創建起廃一十五所。又憐女人罪結深厚。立尼寺数十。度弟子若干人。而黒白男女。聞法帰誡者。又不知其幾矣。<br>［最晩年の道風］ | 系曰。導公方少時。便能錬行。感神現身。令培道樹。以蔭天下。雖精于律。兼通禅教。且能孝親。以免釈氏無親之謗。世出世間。皆可以取法。孰謂异域無人。<br>［賛］ |

## 唯一の「僴」の用例について

律宗という宗派の性質上、その高僧伝は、伝主が熱心に戒律の研究・実践に勤しんだという叙述に富んではいても、その師や道友との語り合いの中からある日大悟徹底したなどという叙述はあり得ず、また、禅の語録でしばしば見かける、その場面が目に浮かぶような口語表現まじりの対話もまた、なかなか見当たらない。対話表現が少ないということは、取りも直さず、そこで常用される二人称代名詞の用例も得がたく、とりわけ、口語性濃厚な「你（儞）」を見い出すのは、本書の伝主たちが、中国人僧侶に関していえば大多数唐代の人々であるだけに(212)、極めて困難である。

筆者はこれまで二度、本書を通覧し、「你（儞）」をはじめとする口語表現を検出すべく努めたが、現在までのところ、中国ならぬわが国の律僧たる明忍の伝記中に僅かに「儞」一例を見い出したのみである(213)。前述したように、本書の明忍伝は、その大部分を高泉『東国高僧伝』中の明忍伝に負うているが、篇末に至って、伝主・明忍を神格化、いな仏格化する説話を掲げる。そこには、「師在日有レ僧。修二曼殊洛叉法一。一夕仮寐間夢。大士告レ之曰。『儞願レ見二我生身一。即高雄法身院俊正［明忍］是也』」と見える(214)。

すなわち、文殊菩薩（曼殊）が明忍と同時代のある僧へ語りかけた言葉の中に、「儞」が用いられているのであるが、かかる語彙が律僧としての戒山の意識から生じたものとは考えがたい。恐らくは本書撰述に際し、戒山が高泉編纂の僧伝を読み進み、かつは引き写すにつれ、それまで意識下に眠らせていた禅宗語録や禅僧列伝の中の口語表現が、意識の表層にまで浮き上がってきた結果と見られるのではないだろうか。

終わりに、元禄・正徳期までの戒律復興運動に関しては、近年、稲城信子氏を中心とする研究グループが、本節前出の槇尾平等心院や河内野中寺といった明忍およびその門下生ゆかりの寺院をたびたび訪れては歴代住持の伝記や、主要な所蔵文書を調査し、その成果を『日本における戒律伝播の研究』にまとめ上げている（平成13～15年度科学研究補助金〔基盤研究（C）（2）〕研究成果報告書、奈良市：（財）元興寺文化財研究所、平成十六年〔二〇〇四〕）。今後の課題として、同書所掲の文献目録を精読し、彼らと高泉、および泉涌寺や西大寺、深草真宗院（浄土律）との交渉ぶりを伝えているとおぼしい史料を摘出したうえ、一層の考察を加えたい。

## 第六節　間接的影響の認められる僧伝

本節では、直接高泉もしくはその撰述に係る僧伝に言及していないものの、明らかに間接的な影響が認められる同時代の僧伝二種を概観したい。

### 第一項　堯恕『僧伝排韻』

標記の文献は、全百八巻から成る。延宝八年（一六八〇）に脱稿、まもなく刊行された。編者・堯恕法親王（一六四〇〜一六九五）は、後水尾法皇の第六皇子であり、生涯二度まで天台座主に任ぜられている。十八世紀後半の京都を代表する文化人の一人であり、その事蹟については、近年、村山修一博士が『皇族寺院変革史――天台宗妙法院門跡の歴史――』(215)にて、相当の紙数を割いて紹介しておられる。宗派を異にしていたものの、堯恕の出家以来の住坊・妙法院は、東山山麓を走る同じ道路に面して智積院と甍を並べており、彼にとって智積院の運敞（一六一四〜一六九三）は、隣家の生き字引であった。いな、それ以上に、村山博士前掲書に拠れば、隣家に住まう指導教授であったと言っても過言ではない。

#### 中国僧伝の便利な工具書

本書は後漢以降明末清初に至るまでの中国仏教の僧侶で、母国・中国で生を終えた中国人僧侶を対象として、梁・唐・宋・明の高僧伝をはじめ、中国天台宗の僧伝『仏祖統紀』や、さらには『景徳伝燈録』・『五燈会元』など禅宗の燈録（機縁語を中核とする禅僧列伝）をも幅広く渉猟しており、各項目は簡略であるが、典拠としたこれら僧伝については巻数に至るまで表示しており、すこぶる便利である。

ことに、鈴木哲雄博士の労作『中国禅宗人名索引』で採録の対象とされなかった費隠通容『五燈厳統』が、本書にあっては対照的に明末清初を代表する燈録として、「引用書目」中に列挙されている。したがって、本書は鈴木博士の『索引』のよき補遺をなしており、両者を併用することで、唐代以降清初までの禅僧索引は初めて完全に機能し、ヨリ正確な黄檗宗史研究をも進め得ると言えなくもない。

## 引用書目の偏向に見る高泉の影

巻頭には運敞・堯恕師弟の序を掲げるが、当時すでに公刊されていた高泉の『扶桑禅林僧宝伝』（正編）および『東渡諸祖伝』については、何ら触れるところがない[216]。そもそも本書自体が、隠元のような故国を去って異域で生涯を閉じた僧を、全く採録の対象外としている。しかしながら、「引用書目」[217]に目を転ずると、費隠の『厳統』に加え、その在家法嗣・徐昌治の『高僧摘要』・『祖庭指南』の二燈録も採られ[218]、また、法従弟・箬庵通問（一六〇四～一六五五）の『続燈存稿』[219]も採られている。

さらに、明代後期以降盛んに編纂された居士による燈録[220]も、三種まで採用されている。万暦十年（一五八二）刊の瞿汝稷（一五四八～一六一〇）『指月録』と、崇禎四年（一六三一）序の朱時恩『仏祖綱目』、そして同六年（一六三三）序の黎眉『教外別伝』がそれである。これに対し、費隠と同時代の中国曹洞宗僧侶が編纂した燈録は、遠門浄柱の『五燈会元続略』も、永覚元賢の『継燈録』も、ともに採録を見なかった。本書に見る、こうした臨済宗文献、および居士の手に成った禅宗文献への極端な偏重ぶり[221]は、やはり堯恕が師・運敞を介して高泉から間接的に受けた影響と見られないだろうか。

第四章註（4）～（6）で既に見たように、高泉は天台宗の法親王らとはさして深い道縁を結んでおらず、関連する詩偈・書簡中には、明らかに堯恕へ寄せられたとわかる作品が見当たらない。しかしながら、堯恕（字：体素：号：逸堂）は、運敞の『瑞林集』にあっては、高泉・南源性派の二人の黄檗僧と並ぶ頻出人物である。また、高泉に師事・参禅した真敬法親王（法皇第十二皇子、一六四九～一七〇六）は、宗派こそ異にしていたが、同胞の中でも、同母兄である堯恕とは殊に親しく(222)、ともに十七世紀後半の京都・奈良在住の法親王間における指導者であった(223)。

ともあれ、こうした道縁から、僧伝史家としての堯恕(224)は、自坊に隣接して住まう師・運敞や、俗弟にして同じく出家者でもある真敬から、高泉の僧伝編纂について常々聞かされていたものと見て相違あるまい。今後の課題として、村山博士前掲書に掲げられた十七世紀後半における天台座主任期に関する考証(225)を参照しつつ、近年続々と整理・刊行中の妙法院古文書をも披見し、そのうえで、高泉の詩偈三篇および書簡（第四章註（4）参照）にいわゆる「天台皇太子」が、果たして本当に堯恕を指しているかどうか、ヨリ精密に究明したい。

## 第二項　祐宝『伝燈広録』

### 書名の由来

標記の僧伝は、『続真言宗全書』第三三巻(226)に収録されている。同『全書』本は正篇（原本の用字による。以下同）八巻、続篇十三巻、後篇五巻の計三篇二十六巻から成る。三篇通じて具題には「伝燈広録」の四文字を含んでいるので、一般にはこの名で呼ばれている。正篇の具題は「大毘盧無上正宗伝燈広録沢」、続篇のそれは「金剛頂無上正宗続伝燈広録」、後篇のそれは「金剛頂無上正宗伝燈広録後」とされている。正篇具題の末尾に〈沢〉とあるのは、正篇では主として広沢方《かた》（派祖：益信）に属する諸師を立伝していることに因ろう。また、正篇具題冒頭の〈大毘盧〉とは『大日経』を、続・後両篇の具題冒頭の〈金剛頂〉とは、『金剛頂経』を指していよう。両『経』ともに、真言宗の二大正依経典である。

さて、三つの具題に共用されている〈無上正宗〉なる宗名は、『密教辞典』四一〇頁所掲の、計九十種にも達する「真言宗（密教）異称一覧」には見当たらない。こんにち一般に「××正宗」の名で知られている宗名としては、「日蓮正宗」が挙げられるが、この宗名は大正二年（一九一三）に至って初めて成立を見ている(227)。本書が成った（と見られる）元禄・宝永の間、「××正宗」を称していた教団・人士としては、やはりまず黄檗教団に、ついでこれに感化された妙心寺教団の少なからぬ人々に屈指すべきであろう(228)。本書中随所に中国語口語や禅宗用語が散見され（後述）、加えて、三篇間に共通する『伝燈広録』なる書名は、極めて禅籍的である（例：『景徳伝燈録』・『続伝燈録』・『延宝伝燈録』など）。したがって、この〈無上正宗〉なる表現もまた、撰者・祐宝が書名考案時に、恐らくは師友の縁で平素聴き馴染んでいた「臨済正宗」を模倣して考え付いたものであろう。

## 全体の概要

さて、『伝燈広録』は、益信（八二七～九〇六）以降、江戸初期の仁和寺門跡・寛隆（一六六〇～一六九五）に至るまで計五百七十師もの真言宗の高僧を立伝している(229)。真言宗門にあっては依然最大の僧伝である。正篇には、益信に始まる広沢方諸師を立伝するが、とりわけ仁和寺の歴代門跡について多くの紙数を割いている。続篇は、聖宝（八三二～九〇九）に始まる小野方諸師を取り上げるが、とりわけ醍醐寺の高僧たちについて多くの紙数を割く。そして後篇では、これら両派以外の主要門派、すなわち安祥寺・勧修寺・随心院の諸師を取り上げる。また、真言宗に帰依した在家知名人として、藤原道長・紫式部・後醍醐天皇らが立伝されている。この点、わが国の『元亨釈書』・『本朝高僧伝』や、中国の『景徳伝燈録』・『仏祖統紀』が篤信の居士をも立伝したことに倣っていよう。

惜しむらくは、本書は近代に至るまで刊本を見ず(230)、また、撰述の理念・方針が展開されていたであろう序・跋も、現存の古写本中には見当たらない。相当の体系性を有する本書に、成立当初から序跋がなかったとは考えられず、この点いかにも残念に思われる。撰者・祐宝（一六五六〜一七二一以降示寂）の史観はしかし、所々に立てられた賛から垣間見られる。

本書がなかなか公刊の機会を得なかった理由の一つとして、筆者はその独特の北朝正統論を指摘したい。楠正成を忠臣とし、尊崇する思想は徳川光圀の『大日本史』編纂によって確立され、元禄五年（一六九二）には、これも光圀によって、湊川に「嗚呼忠臣楠子之墓」が建立された。運敞・高泉らも決してこの流れから無縁でなかったにもかかわらず(231)、智積院で運敞（およびその門人ら）に学んだ祐宝は、あくまでも南朝（の天子）を偽朝（もしくは偽帝）と規定し——正成が忠臣だという認識こそ持っていたものの——しかも足利尊氏を賢人と礼讃している(232)。

## 撰者・祐宝の伝記

祐宝の伝記として、今日に至るまで最も詳しいものを、『密教大辞典』「ユウホウ」の項とする(233)。惜しむらくは、相当に詳細でありながら、その典拠を明示していない。しかしながら、文献探索の末に、同『大辞典』が主として『法恩寺年譜』（二）の宝永元年（一七〇四）の条(234)に拠っていることを知り得た。法恩寺は埼玉県入間郡越生町に現存する智積院の末寺である。歴代住職の列伝を柱として、代ごとの特筆すべき事件を編年形式で列挙した文献が、前出の『法恩寺年譜』である。今日二冊が現存し、『越生の歴史　古代・中世史料〈古文書・記録〉』(235)の主たる収録文書として、影印・翻刻のうえ校註が施されている。（一）・（二）という冊番号は、調査にあたった越生町史研究会によって仮に附せられたものである。

『年譜』の主たる部分を書き上げた人物が、すなわち祐宝なのであるが、彼自身の経歴は、右記の宝永元年（一七〇四）の条で簡略に触れられている。これに拠れば、彼は法恩寺第二〇世・朝真（一六二一～一六九八、森氏、佐賀の人）とは同族であった。恐らくこの人物を頼ってであろう、二十一歳の延宝四年（一六七五）に生地・大坂から来山(236)、ついで再度上洛して智積院に転じ、天和元年（一六八一）、佐賀藩主・鍋島光茂（潮音道海の外護者の一）の招きにより、佐賀城下「護国福満寺」（現存、醍醐派に属す）の第一〇八世として晋山した。この寺は、旧師・朝真が出家した地でもある。

当時、智積院では運敞がなお講席を張っており、その隠退は、祐宝が佐賀へ赴任した翌天和二年のことである。よって祐宝は、運敞およびその高弟らの講席に列したものと見られる。祐宝は運敞と同様、新義派の派祖・覚鑁を神格化、いな仏格化しており(237)、最初の住職地・福満寺や晩年を過ごした醍醐寺が古義派の名刹であったにもかかわらず、その教学上の立場は、新義派智積院の正系を継いでいたものと見られる。

また、覚鑁以下、新義派の高僧伝では、「具如二『結網集』一」と、全面的に運敞の『結網集』に依拠している。ところどころ『結網集』の「誤謬」を指摘しつつも、決して批判的な筆致を呈しない(238)。この点、『元亨釈書』の「誤謬」を指摘する際(239)、祐宝が往々にしてその著者・虎関を痛罵し、その痛罵が進んでは虎関の属した禅宗そのものにさえ及んでいるのとは、およそ対照的である。祐宝はその後、福満寺を辞して再度上洛、かつて高泉も訪れた槙尾山の律院に入り、戒律を学んでいる。そして『首楞厳経疏集註』二十二巻を撰述、これを出版文化の中心地となりつつあった江戸で刊刻すべく、元禄年間（一六八八～一七〇四）再び東上した。この大きな望みをかけた著作が、果たして出版の機会を得たかどうかは定かでない。

東上後、法恩寺に駐錫し、弘教のかたわら、本『年譜』の初稿や、ときの第二十二世住職・英範（一六五五～？、京都の人）の行状を撰述したという(240)。祐宝がおそらく生涯最後に法恩寺に赴いたのは、宝永元年（一七〇四）七月のことで、以後九月まで滞在、九月十日の旧師・朝真の七回忌法会に高弟の一人として参列したほか、祥月命日を挟んで『父母恩重経』や『地蔵菩薩本願経』を講じ（命日法会以前）、また、「菩薩大戒壇」を建て、僧俗の受戒者三百名に授戒、戒律の条々を説いた。授戒会の聴衆は数千人に達し、寺のある越生村始まって以来の盛況を呈したという。槇尾山で戒律を研究・実践した彼の面目躍如たるものがある。

ところで、祐宝が古巣の寺で熱心に講じた経典が『地蔵菩薩本願経』であり、精緻な註解を施した経典が『首楞厳経』であったという点は、すこぶる興味深い。両経ともに、決して真言宗の中心的経典などではない。『地蔵菩薩本願経』が盛んに講じられるに至ったのは、中国では明末清初、わが国では江戸時代以降のことであり(241)、『首楞厳経』もまた同様である(242)。槇尾山に学んだ祐宝が戒律の註釈ではなく、『首楞厳経』の経典の註釈に向かったのは、荒木見悟博士のいう「頓と漸、悟と修とが、相互に表となり裏となり合って、自在に進展し、悟門を誇らず、行門（引用者註：戒律の研究・実践をも含む）を軽んじない均整のとれた人間像」(243)を、同『経』が強調しているということに気づいたためであろう。かかる〈人間像〉を再発見したのは、まず、明末の居士たちであり、それを半ば組織的にわが国へ伝えたのは、黄檗教団を中心とする明清文化に明るい僧たちであった。筆者はやはり、祐宝が洛中洛外のしかるべき場所で、そうした思潮に触れたものと見たい。なお、彼が学んだ智積院・槇尾山はともに、そうした場所の候補地だったとおぼしい。これは第四章第二節第五項および第三節第二項で見たとおりである。

### 瞠目すべき中国語口語・禅宗用語の多用

『伝燈広録』では、『結網集』に輪をかけて、中国語口語や、禅宗用語が多用されている。筆者はかつて（平成十三年春）、それらを摘出のうえカード化し、かつ、『高野山教報』紙上で簡単な報告を行った(244)。本稿では、それら語彙の中でも、とりわけ二十例を数える「儞（你）」(245)と、三例を数える「大雄宝殿」(246)とを、注視すべき語彙として挙げておきたい。

前者の場合、禅僧たる卍元が著した『本朝高僧伝』においても取り上げられた場面があるが――例えば第（一九）例の伝主と女神との対話――すべて「儞（你）」ではなく、僧伝においてヨリ定型的な「汝」・「師」などの語彙によっている。また、後者の場合、三例すべて転訛していて本来の用字によらないが、前後の文脈から見て、明らかに「大雄宝殿」、すなわち黄檗寺院（もしくは黄檗式伽藍によった在来の臨済・曹洞宗寺院）における本堂を指している。

### 『法恩寺年譜』に見る高泉詩偈

智積院には、学山として栄えた時代の文献を多数架蔵すると聞いている。今後それら文献の中から、祐宝（最初の字は円海、のち天龍比丘と号す）の名を見い出せないとも限らない。祐宝が法恩寺で師事した朝真は、万治元年（一六五八）から足掛け八年間、智積院に学び、寛文五年（一六六五）に至って運敞から「証状」（卒業証書）を得て関東に赴き、やがて法恩寺に晋山している(247)。

次の第二一世・主温（一六三一～?）は、元来京都の人であり、智積院で修学ののち、延宝七年（一六七九）関東に下っており、法恩寺晋山は、貞享三年（一六八六）のことである(248)。関東下向の翌年、旧師・運敞を江戸に迎えた。別れに臨んで、詩を呈したところ、運敞も大いに喜んで七律「武城道中。次二韻主温闍梨餞一」を与えている(249)。法恩寺晋山の翌貞享四年（一六八七）、今度は主温が上洛、醍醐寺三宝院での門跡・高賢による灌頂を拝観、恐らくは自身も秘法を受けたことであろう。離洛も間近い三月十七日、運敞のみならず[250]、高泉も七絶一首を書き与え、かつ、自ら血書した地蔵菩薩の名号（掛軸か）をも贈っている。

その際、まず、主温が高泉に七絶一篇[251]を呈した。すると高泉は「暮春法恩主温上人袖レ詩過訪。走レ筆以謝」と題して七絶一篇を書き与え、かつ、記念品としてであろう、右記の地蔵菩薩の血書名号をも贈っている。高泉の詩には「満塢春華開二錦綉一。一林松韻奏二笙簧一。謝君遠遠来相訪。道意清如二薝蔔香一」とあった[252]。内容自体は、高泉自慢の梅花塢ほか仏国寺周辺の景勝の地が詠み込まれているのみで新味はないが、『高泉全集』として刊行された著述中には見当たらない作品であり、恐らくは逸文であろう。主温は詩偈と血書名号へのお礼に、高泉の作品に次韻して、「天王山外聞二経唄一。仏国林中似レ奏レ簧。恵示血書悲願厚。入レ門只覚祖風香」と詠じている。

この主温と祐宝との道縁は、なお判然としない。主温が法恩寺で住職を務めたのは、元禄十年（一六九七）までのことであり、元禄年間における祐宝の法恩寺再遊は、主温の次の英範の代になってからのことであった。しかしながら、法恩寺という地が、出家後まもない祐宝をして親禅的、とりわけ、容槃的心境をいだかせるに足る地であったということは、そこでの受業の師・朝真が長期にわたり運敞（高泉の親友）に師事していたがゆえに、疑いを容れまい。法恩寺には、『年譜』のほかにも多数の古文書が所蔵されており[253]、智積院のそれと合考すれば、祐宝らの事蹟や法系についてなお多くのことを知り得よう。今後の研究課題としたい。

## 結語

本章では、高泉の主たる文化活動の一つであり、かつは弘教の一方便でもあった僧伝編纂について、さまざまな角度から考察を加えた。外国人という言葉の壁に加えて、蒐集し得た史料にも限りがあり、出来上がった僧伝に、今日の仏教史学の目から見て不十分な点が多々見受けられるのはやむを得ないことであろう。いな、同時代においてすら、史料「剽窃」を根に持つ卍元師蛮から、さながら死屍に鞭打たれるがごとく、そうした不備や誤謬を——中には卍元のほうが誤っていた事例もあるが——逐一指摘・痛罵されていたのである。

しかしながら、その流麗かつ要を得た史筆は、こと同時代人に関してはおおむね正鵠を得ており、江戸初期の律僧・明忍の伝記は、『律苑僧宝伝』の筆を執りつつあった戒山によって、そして、如雪文巖や龍渓・運敞の伝記は、幕末に至って『続日本高僧伝』の筆を執りつつあった道契によって、それぞれ引き写しと言っても過言でないほどに活用されている。卍元もまた、高泉を剽窃者呼ばわりしながら、浄土門や真言宗といった、教宗諸師の伝記を撰述するに際しては、自己にとってやや不得手な分野だったためか、すでに亡き高泉の『東国高僧伝』から、当該項目を引き写しのうえ、若干の字句修改を施しただけで済ませているのである。

ともあれ、正・続『扶桑禅林僧宝伝』および『東国高僧伝』の賛は、近代以前の外国人僧侶（東アジア出身）が語る日本仏教論としては空前の質量を誇っている(254)。ただ、随所に仏典および中国の典故がちりばめられており、難解な点も多々認められる。今後これら字句の典故を究明したうえで、彼の日本仏教観の全体を把握すべく努めたい。

註

（1）隠元とその随行者ほど多数ではなかったが、鑑真の来日に際しても、侍童・潘仙童、尼僧・智首、仏師・軍法力をも含めた随行者が存在したことが伝えられている。とりわけ、軍法力の存在は、隠元一行においては、同様に仏師であった范道生にも比せられよう。義證『招提千歳伝記』巻中之三「居士篇」、『大日本仏教全書』第一〇五巻・三七〇頁上。
（2）同『大事典』四五五頁「扶桑禅林僧宝伝」の項、東京：雄山閣出版刊。
（3）註（4）後出の野口師訳註に原文を影印にて収録する。原本は北京：中華書局刊、一九六二年。
（4）『訳註　清初僧諍記――中国仏教の苦悩と士大夫たち――』、福岡：中国書店刊、平成元年（一九八九）。本書の存在および意義については、三鷹市の黄檗宗禅林寺住職・木村得玄師からの御指教を忝くした。記して御礼申し上げる。
（5）長谷部教授『明清仏教教団史研究』四七七～四八五頁、京都：同朋舎刊、平成五年（一九九三）。
（6）永井教授「明末に生きた禅者達――費隠通容による五燈厳統の成立――」、『宗教学論集』第九輯、昭和五十四年（一九七九）。
（7）『卍続蔵経』第一三八冊所収。各巻ごとの僧数の内訳や、『五燈会元』および『五燈会元続略』との内訳比較は、永井教授前掲論攷の掲載号三四四頁を参照。なお、『五燈会元続略』は曹洞宗の遠門浄柱（一六〇一～一六五四）が崇禎末年に撰述、順治年間に公刊しており、費隠は同書の内容が曹洞宗に偏向しているとして、『厳統』撰述の筆を執ったのである。
（8）『厳統』凡例第八条、註（7）前掲書七頁下。
（9）永井教授註（6）前掲論攷掲載号三四〇頁では、この点に関しては、費隠を酷評した同派の覚浪道盛と、実は軌を同じくしていると見ている。覚浪は本師・務台元鏡の法系を『厳統』凡例第八条で否定されたことに憤慨し、費隠糾弾の急先鋒を自任した。また、洞山良价を初祖とし、自己の本師・務台元鏡を二十七祖とした曹洞宗列祖賛を製作してもいる。この列祖賛は、『天界覚浪盛禅師全録』巻十三に見える。藍吉富教授主編『禅宗全書』第五九巻・四九九頁下～五〇五頁上、文殊文化有限公司刊、民国七十八年（一九八九）。
（10）長谷部教授註（5）前掲書四八五頁。

(11)『隠元全集』二五七八頁、ただし篇末の紀年が削除されている。『卍続蔵』本『五燈厳統』では削除せず。註(7)前掲冊一〇四三頁上~下。また、七言律詩「承二本師和尚遺嘱一修二補厳統一有レ懐」は、順治十八年(一六六一、日本寛文元年)の費隠示寂以降、現行本の『厳統』にその伝記を増補した際の作品と見られるが、名指しこそしないものの、中国曹洞宗に対し再度強い批判を加えている。『隠元全集』三六七四頁。同じく七言律詩「題二五燈厳統一」は、寛文六年(一六六六)の作と見られる。前二篇のような激越な口吻は鳴りを潜めているものの、「直至二我師一厳二正統一。無レ容三僭竊混二宗綱一」とあって、同宗他派や中国曹洞宗に対する敵視を依然緩めてはいないことがうかがわれる。

(12)正満英利師『緑樹』四二頁上。本書は江戸時代刊行の潮音の伝記・年譜を経とし、彼の詩偈を緯としつつ編まれた労作である。四〇頁下以下の叙述に拠れば、隠元への最初の参禅の前後、潮音は永源寺に掛錫し、如雪文巖が先師・一糸文守以来保持していた戒律禅の門風に親しんでいたという。潮音禅師三百年遠諱大法会実行委員会(群馬:黒滝山不動寺内)刊、平成六年(一九九四)。

(13)長谷部博士註(5)前掲書四二六頁。

(14)長谷部博士註(5)前掲書三一五頁以下、節題を「寺志の編述と寺規の定立」と題して、明代寺院における「愛寺心」の発生と、それに伴う寺志・山志編纂の盛行とについて叙述。

(15)本書に関する書誌学的研究としては、林田芳雄博士「福州黄檗山志諸本の比較検討」がとりわけ詳しい。同博士『華南社会文化史の研究』所収、京都女子大学研究叢刊第二一巻、平成五年(一九九三)。初出は『史窗』第四六号、平成元年(一九八九)。これに拠れば、隠元は崇禎初修の山志に対し、独往をして斧鉞を加えしめ、順治九年(一六五二)に完成させたという。前掲書一五九頁。

(16)小野和子教授論攷「独往性幽「本師隠公大和尚伝賛」について」、『京都橘女子大学研究紀要』第二八号、掲載号五三頁以下、平成十四年(二〇〇二)。

(17)『紀年録』同年の条、『全』Ⅲ・一四七八下左

(18)「遊二獅子巖一記」、「一滴艸」巻四、『全』Ⅱ・六四五上右以下。
(19)「復二見叟禅人一」、『隠元全集』五二〇九頁。
(20)明暦元年（一六五五）製作の賛「虎関禅師」。『隠元全集』二五〇七頁。
(21)沖本克己教授は『日本仏教典籍大事典』にて、虎関を「広く儒仏に通じていた」と見、かつ本書について、「禅戒一致思想を唱え、その立場から臨済宗における菩薩戒すなわち十六条戒の授受の歴史的意義、具体的方法などを十一門に分けて説いたもので、宗門への影響は大きく、また彼自身の主著の一つに数えられえる」と説明される。かかる書物の内容および著者の人間像が、隠元にとって好ましいものと映じたであろうことは、容易に推察できよう。同『大事典』三二三頁。
(22)『隠元全集』二四九三〜二五〇六頁。
(23)『仏書解説大辞典』および『日本仏教典籍大事典』に拠った。
(24)宇治黄檗山の山志で、序はこの年二月、隠元が自撰している。『隠元全集』三四六三頁。高泉もまた「黄檗寺志文引」および「黄檗寺志法引」を撰述している。『洗雲集』巻二十二、『全』Ⅱ・一〇三五下左。ともに短篇であり、書中のどこに配置されていたのか、今後の調査に俟ちたい。なお、黄檗山文華殿事務局主任・田中智誠師は先年、本書書中に登場する「黄檗十二景」すべての現況を調査され、かつ福清黄檗山（古黄檗、唐黄檗）に存在した「十二峰」との対応関係を明らかにされた。同師論攷「「黄檗十二景」について」、『黄檗文華』第一一七号、平成十年（一九九八）。
(25)木庵：「五燈厳統後跋」、『木菴全集』八四七頁。即非：「題二厳統後一」、『即非全集』一二五七頁。後者は万治元年（一六五八）三月、長崎興福寺で撰述された。時あたかも逸然によって、『厳統』が同地で開版されつつあった時である。
(26)『即非全集』一〇四三頁。「大地一虎関。未レ許通二凡聖一。隠顕日月星。是師三要印」。まったく押韻を認めないが、形式上、五言古詩に分類されよう。
(27)『即非全集』六六七〜六七四頁。
(28)『即非全集』一三四三頁。

(29)『即非全集』一三五〇～一三五六頁。

(30)『洗雲集』巻十一、『全』Ⅱ・八八〇下左以下。

(31)『即非全集』一三五一頁。高泉註(30)前掲書八八〇下左では「二冊」とする。あるいは二冊四巻という形で装丁されていたのだろうか。

(32) 即非註(29)前掲書一三五三頁。なお、高泉註(30)前掲書二九三丁左では、全巻数を「二十余巻」とする。

(33) 即非註(29)前掲書一三五三頁の本文。題目では「福清県誌続略」としており、小異している。今は本文中の表記に拠った。

(34) 高泉註(30)前掲書二九三丁右。

(35) 即非註(29)前掲書一三五四頁。

(36) 長尾氏論攷「即非禅師の世系と林希逸──「老子口義序」と『福清県志続略』をめぐって──」、『黄檗文華』第一二一号、平成十四年(二〇〇二)。即非序文の大意および解説は、掲載号五七頁以下を参照。

(37) 知恩院第五〇世・霊誉鸞宿(一六八二～一七五〇)には、『浄土伝燈総系譜』の労作がある。すこぶる詳細で、禅宗の法系図に比しても遜色を認めない。『浄土宗全書』第一九巻所収、昭和四十六年(一九七一)。本書は享保十二年(一七二七)の序をもつ。ただ、従来、列祖画像(絵系図)を除けば法系図製作の伝統をほとんど持たなかった浄土宗にあって、鸞宿のような強い法系意識の持ち主が突如登場したとは、いかにも奇異である。彼と禅宗とのかかわりについて、今後引き続き研討を加えたい。

(38)『浄土宗全書』続第一七巻・一八三頁上。昭和四十九年(一九七四)。『大日本仏教全書』第一〇七巻にも収録。『浄全』本には、伊藤唯真教授による詳細な解題を附す。なお、本章初稿執筆時には参照できなかったが、村上弘子氏はその論攷「『高野山往生伝』の書誌学的な考察」において、平安末期、文治・建久年間(一一八五～一一九九)に如寂が編んだとされる『高野山往生伝』が成立から実に五百年をへた延宝五年(一六七七)に木版本で刊行されたことの歴史的背景を考察している。『風俗史学』改題第十四号、平成十三年(二〇〇一)村上氏は笠原一男教授の先行見解に拠りつつ、まず『日本往生極楽記』ほか平安時代の一連の往生伝が、平和な時代となった江戸時代の寛永年間以降、流布しやすい木版本に仕立て上げられ、その一環として、右記『高野山往生伝』も開板を見たとする。そのうえで、こうした現象が呼び水となって、『緇白往生伝』や『近世往生伝』、『新聞顕験往生伝』などが元禄期以降新たに編纂されるに至った、という判断を示す（掲載号五五頁下段）。筆者もまたこれに同調しつつも、そうした近世新編の往生伝の一つとして独湛のこの労作が挙げられていないことを遺憾としたい。

（39）『大正蔵』第五一巻・一二七頁上。藤島達朗教授は註（40）後掲書で、伊藤唯真教授もまた註（38）前掲書で、そして長谷川匡俊教授は註（42）後掲書で、『扶桑寄帰往生伝』の各伝篇末ごとに賛を附した体例が、虎関『元亨釈書』のそれに倣ったものとする見解をそれぞれ示される。しかしながら、序・本文・跋（法嗣・悦峰道章撰）中で一度も言及されていない『元亨釈書』よりは、むしろ同じく往生伝たる本書に倣ったものと見たほうが妥当なのではないだろうか。

（40）『大日本仏教全書』第九八巻（解題二）・三〇三頁下。

（41）註（38）前掲書「解説」一一頁。

（42）長谷川教授論攷「黄檗宗の念仏者独湛――禅浄双修から浄業帰一へ――」、『近世浄土宗の信仰と教化』三八二頁、東京：渓水社刊、昭和六十三年（一九八八）。初出は『季刊・日本思想史』第二二号、昭和五十九年（一九八四）。初出時の題目は、「近世念仏者と外来思想――黄檗宗の念仏者独湛をめぐって――」。筆者は長谷川教授の以上の見解に強く賛意を表する。しかしながら、ここでさらに一歩を進め、一般に元禄期以降、独湛が代付問題で黄檗山住職を辞してからとされる独湛の浄土門学僧（特に忍澂・義山）との交往について、それがもっと早く、本書編纂の頃からすでに始まっていたのではないか？　という見解を示したい。まだ明確な文証を得ていないものの、有力な手がかりとして、前出・潮音道海の存在を挙げておきたい。潮音（一六二八～一六九五）と忍澂（一六四五～一七一一）の共通の知人、いな、思想上の同志こそ、長野采女（一六一六～一六八七）であった。采女はいわゆる『先代旧事大成経』の流布者として体制側（幕府および伊勢神宮関係者）の弾圧を受けている。一般には、潮音と采女との思想的結びつきのみが論じられているが、忍澂もまた、青年期の寛文十年（一六七〇）以来、この采女を神道学の師と仰ぎ、その死後は自ら住職を務める獅子ヶ谷法然院に厚く葬っている。長野采女―潮音の二人を架け橋として、忍澂と独湛とがもっと早期に相識り、忍澂が独湛へ『往生伝』執筆に必要な種々の資料を提供したと見ても、さほど空想的ではあるまい。なぜならば、それほどに独湛の『往生伝』はわが浄土宗とのかかわりが深く、禅宗関係の知識・交遊関係だけでは到底撰述し得ない高度な内容を有しているからである。本文で既述したように、潮音は『五燈厳統』を読んで黄檗禅の「正統性」を知り、自己の隠元への非礼を痛悔したが、彼の再掛錫を頑として認めない隠元侍者らとの間に立って、とりなしの労を執った人物が、実に独湛であった。その恩人が浄土教関連の著述をなすのを助けようと、潮音が同志・長野妥女を介して、浄土宗の学僧らを紹介したと見るのは、十分に学術的考証に堪え得る推測であるものと私見される。さらに詳しくは、拙稿「先代旧事大成経をめぐる黄檗人脈」を参照。『黄檗文華』第一二〇号、平成十三年（二〇〇一）。

(43)『遺稿』巻七、『全』Ⅰ・四一七上左。

(44)「読㆓天童山志㆒」、『一滴艸』巻一、『全』Ⅱ・六一七上右。「読㆓普陀山志㆒」、『同』巻一、（同）同頁同箇所。

(45)長谷部博士註（5）前掲書三一六頁。

(46)「摩耶山寺志序」、『洗雲集』巻十一、『全』Ⅱ・八八一上左。正確な撰述年代は『摩耶山寺志』原本を未見のため判然としないが、慧林の仏日寺住職就任は寛文元年（一六七一）からである。したがって本篇は同年以降に成っていよう。

(47)「雲頂月菴禅師語録序」、『洗雲集』巻十一、『全』Ⅱ・八七九上左。篇末の紀年は、『洗雲集』本では削除されているが、駒澤大学図書館所蔵の『語録』原本には寛文十一年と明記されている。本『語録』には、月庵が一往は念仏を容認しながらも、再往は参禅を優れた法門と力説する法語を収める。彼が法語を説示した人々は、かの時宗祖・一遍とは同族にあたる越智氏の人々であった。もって月庵の豪放、かつ率直な気性が推知されよう。かかる内容の『語録』を提示されて、「禅主教従」〈教には念仏も含む〉の立場に拠る高泉としては、これを拒絶する理由もなく、むしろ欣然と序文の筆を執ったのではないだろうか。詳しくは拙稿「『月菴語録』閲覧の記」を参照されたい。『時衆文化』第二号、平成十二年（二〇〇〇）。

(48)英中の弟子・大随道機（一六五二～一七一七）が寛文十一年（一六七一）に黄檗山で木庵に参じたのは、それ以前に、本師・英中が隠元に参じていた縁によるとされる。『黄檗文化人名辞典』二〇五頁下。

(49)「福唐僧宝録序」、『洗雲集』巻十一、『全』Ⅱ・八八〇下左以下。

(50) 長尾氏註(36)前掲論攷に拠れば、『僧宝録』の基礎をなした『福清県誌続略』の刊本は、影印にて『稀見中国地方志叢刊』第三三冊に収録されているという。北京：中国社会科学院図書館編、中国書店刊、一九九二年。

(51)「扶桑禅林僧宝伝序」、『洗雲集』巻十二、『全』Ⅱ・八八八下右以下。ただし篇末の紀年は削除されている。『大日本仏教全書』第一〇九冊・一九七頁下。

(52)『洗雲集』巻二十二、『全』Ⅱ・一〇二七下右以下。ただし篇末の紀年は削除されている。『大日本仏教全書』第一〇九冊・二〇二頁下～二〇三頁下。

(53)『全集』影印底本の『扶桑禅林僧宝伝』および『東国高僧伝』のそれぞれの目次に見る同氏書き込みに拠った。なお、『東国高僧伝』巻七冒頭の目次に「正伝二十九人」とするのは誤刻であり(『全』Ⅲ・一四一〇下右)、正しくは三十人である。各巻目次所掲の人数を合し、かつ今般表示と実数とが合致しているかも確認したところ、正伝二百八十九師、附見四十六師と算出された。つまり総計三百三十五師である。今のところ平久保氏が正伝(本伝)を二百九十五師とされた根拠は不明である。

(54)『洗雲集』巻七、『全』Ⅱ・八二四下左。本篇の六首前には、延宝四年(一六七六)五月、超州如格が小田原紹太寺に晋住するのを送る一篇を掲げる。一方、本篇の直後には、延宝三年中に製作された、故郷の旧知・玄樸からの書簡を詠じる一篇を掲げる。いささか配列に顛倒ありと言うべきだが、いずれにせよ、本篇はこの頃の作と見られよう。本書は現行の『扶桑禅林僧宝伝』(全十巻)ではなく、それに先行する浄写本のみの『扶桑禅林僧宝伝』(全二十巻、増補前の『東国高僧伝』相当部分も含む)が成ったことを賀した作品と見られる。ただ、木版本(駒澤大学所蔵)および『大仏全』本の『扶桑禅林僧宝伝』は、ともに末尾に本篇を掲げている。

(55)「編二扶桑僧宝伝一成示衆」、「二十四巻本語録」第四巻、『全』Ⅰ・三二一下左。系年の理由は、第三章註(139)所出の法語に同じ。

(56)『仏国詩偈』巻四、『全』Ⅱ・七〇〇上右。系年の理由は、第三章註(40)前出の「寄二蟠桃院隠谿長老一」(起句に寒さを詠ず)に同じ。

(57)「答二白翁菴主一書」、『洗雲集』巻十九、『全』Ⅱ・九九七下右。冒頭に「仲春十日接二手札一」とあり、本篇の直後に、延宝四年（一六七六）春に寄せた旨註記する「寄二歛石雲崖和尚一書」を掲げる。よって本篇は、延宝四年二月（仲春）に執筆されたものと見られる。前年二月には、『僧宝伝』はまだ脱稿していなかったからである。

(58) 七絶「又読二泉和尚所レ撰禅林僧宝伝一依二前韻一」、『瑞林集』巻四、『智山全書』第一五巻・四九三頁上。延宝四年から翌五年までの間になった七絶中に配列されている。

(59) 村磯栄俊師主編『運敞蔵所蔵目録』に拠る。『東国高僧伝』：同『目録』七頁上；『東渡諸祖伝』：同頁同；『扶桑禅林僧宝伝』：一三〇頁下。真言宗智山派宗務庁刊、平成三年（一九九一）。

(60) 註（59）前出文献に拠れば、「運敞蔵」所蔵本も刊記を欠くという。

(61) 近世篇之三、三六二～三六九頁、東京：岩波書店刊、昭和二十九年（一九五四）。

(62) 鏡島博士『道元禅師とその門流』所収、東京：誠信書房刊、昭和三十六年（一九六一）。

(63) 辻博士註（61）前掲書三六七頁。なお、卍元師蛮『本朝高僧伝』は、高泉の僧伝に誤謬ありとして、しばしば関連項目で「誤謬指摘」をなしているが、これら二師の伝（同書巻二十四および巻三十九）においては、特に高泉の「誤謬」に触れていない。

(64)『大日本仏教全書』第一巻・三二六頁上～下。

(65)（一）『望月仏教大辞典』第二巻・一九七六頁、昭和十一年（一九三六）。「師蛮」の項。師蛮の墓銘や、住持した美濃加納盛徳寺の来由記など、参考文献を列挙している点、すこぶる有用である。（二）荻須師『延宝伝燈録』への解題、『大日本仏教全書』第九十八巻（解題一）・三〇七頁下～三〇八頁上；同師『本朝高僧伝』への解題、『同』第九十九巻（解題二）・二三七頁上～中。両者まったく同文である。

(66) 無着の伝記としては、伊藤東慎師（建仁寺両足院住職）校訂『禅林象器箋』の附録（執筆は同じく伊藤師）、および飯田利行氏『学聖　無著道忠』が殊に詳細である。

(67) 以下、目ぼしい例を挙げる。（一）巻十五・湛空伝、『大仏全』第一〇二巻・二三〇頁上。二尊院に源空（法然の法諱）の碑があると聞いて、弟子たちを伴って妙心寺から足を運んだが、そこに建っていたのは湛空（字は正信房）のそれであった。浄土宗を含むわが国の教宗諸派では、久しい以前から本師の法諱の一字を犯すという習わしを持ちながら、それを栄誉としている（原文：本朝教家人。犯二師祖諱一。卻以為レ栄）。具名を称した場合はまだしも、師弟間共有の文字のみで称した場合（原文：以二一字一称レ之）、いずれが師でいずれが弟子か判然とせず、史筆を執る上で小さからぬ「害」ありと感ずるものの、今やいかんともしがたい――と慨嘆。（二）巻二十一・東巌慧安伝、『同』同右巻・二九八頁上。伝主・東巌の本師が、従来言われている渡来宋僧・兀庵普寧ではなく、知名度の低い隠逸の禅僧・悟空敬念であることを確定。その際、延宝期の金地院住職兼僧録なる人に指教を仰いだが、その人もまた卍元に同意した。卍元は金地院住職の名を明記していないが、『続南禅寺史』一〇二頁所掲の歴代表によれば、延宝元年に就任した剛室崇寛（高泉の知人の一人、第三章第三節参照）と知られる。つまり卍元は、疑問を解決すべく、ときの京都五山の首長にまで教えを乞い（、かつはその回答によって自説の権威づけを図った）のである。（三）巻二十三・無住一円伝、『同』同右巻・三二六頁上。美濃加納の盛徳寺住職時代、名古屋郊外の長母寺に二度まで足を運び、同寺で活躍した伝主（仏教説話集『沙石集』を著す）の事蹟を探った。（四）巻四十四・宝山残夢伝、『同』第一〇三巻・一三五頁上。水戸清音寺を去って京都に帰る途上、同じく常陸国福泉寺を訪ねたが、伝主の遺物とて位牌あるのみ、仏法の衰退を感ぜずにはおられなかった。（五）巻五十九・有厳伝、『同』同右巻・二九二頁下。唐招提寺西方院を訪ねたが、伝主の事蹟を記した古文書はすでに散逸、僅かに遷化の際の画像を住職から示されたのみ。（六）巻六十・円照伝、『同』同右巻・三〇六頁上、東大寺戒壇院を三、四度まで訪ね、やっとのことで伝主の行状を閲覧させてもらう。まさに苦心談。

（68）（一）巻二十八・復庵宗己伝、『大仏全』第一〇二巻・三九七頁下。天和三年（一六八三）七月、徳川光圀の招きで、伝主ゆかりの清音寺住職に赴任、先代住職に乞うて、伝主の語録を披見。（二）巻三十一・平心處斉伝、『同』同右巻・四三五頁下。尾張瀬戸・定光寺（尾張藩祖墓所）の住職と面識あり、数日間滞在し、従来未公開だった伝主の行状（伝記）を披見。（三）巻三十八・令山峻翁伝、『同』第一〇三巻・五一頁上。伝主の行状を求めて武蔵国国清寺に赴いたところ、門外で現住職に出会い、「行状はないよ」という言葉にも諦めきれず、開山堂で伝主像を拝した。（四）巻三十九・偉仙方裔伝、『同』同右巻・

五六頁上。仙人の住処のような下野の山中に浄因寺を訪ね、滞在七日間、寒さに耐えて行状を書写し、後ろ髪を引かれる思いで（原文：眷眷）離山。（五）巻六十一・忍性伝、『同』同右巻・三〇九頁下。（一）と同じく天和三年（一六八三）、常陸国で伝主の関東における最初の説法地・清涼院に遊び、ときの住職とともに伝主を偲び、雨の中を赴任先の水戸清音寺へ帰った。

(69)（一）巻二十三・高峰顕日伝、『大仏全』第一〇二巻・三二八頁上。建長寺ですごした小僧時代、伝主にあやかって「顕昌」との法名を授けられ、しばしばその像を拝した思い出を語る。（二）巻三十八・了庵慧明伝、『同』第一〇三巻・四八頁上。幼少期には小田原の生家からも程近い大雄山最乗寺に遊んだものの、当時は伝主に対し何の関心もいだかなかった。今般本書を撰述するに際し、二度まで赴いたものの、伝主の画像を拝し得たのみ。有縁寺院の近江国青龍寺にも足を運ばざるを得なかった。

(70) 第三章註(24)に記した高泉の詩偈に関する系年を参照。

(71)『本朝高僧伝』「凡例」第十条（最終条）、『大仏全』第一〇二巻・五〇頁下。

(72) 巻三十九、『大仏全』第一〇三巻・五六頁上。

(73) 光圀と卍元との道縁については、つとに久保田収氏の論攷「水戸光圀と卍元師蛮」がある。『密教文化』第三九号、昭和三十二年（一九五七）刊。ただ、筆者は未見。

(74) 山路愛山氏『訳文　大日本史』序、大日本雄辯会講談社刊、明治四十三年（一九一〇）。

(75) 大槻幹郎氏の論攷「草創期黄檗の出版について」、『黄檗文華』第一一六号、平成八年（一九九六）。掲載号一一七頁以下所掲の略年表「草創期黄檗と出版」が殊に便利である。

(76) 巻四・慈訓伝の系（「賛」の一種、第六項後述）では、『大仏全』第一〇二巻・九四頁下。東大寺の慈訓が入唐して華厳宗を学んだとする明証は、信用すべき史書中には見当たらないとして、高泉が唱えた「日本華厳宗祖は慈訓なり」とする説を、その主張者が「明僧高泉」だと名指ししつつ全否定する。これは現代の仏教史学においても妥当とされる見解である。しかしながら、系の末尾に至って、「凡そ僧史を編む者は、其の宗に入って其の事を質するも、尚ほ或いは謬多し。況んや異域の僧にして本邦の事を述ぶるをや。差誤拾ふが如し。秖《た》だ無稽の誚《せ》めを取るに足るのみ」と結ばれている。かかる文言は、いささか感情的に過ぎていよう。

(77) 泰範は本師・最澄に派せられて高野山の空海のもとで密教を研鑽、ついに本師と訣別した。この人物がのちに最澄のもとに復帰し、空海門下での名「泰範」を捨てて、もとの「光定」を名乗った、と卍元は見る。そして、高泉の「誤謬」（別個に立伝を、名指しで批判する。『本朝高僧伝』巻五・光定伝、『大仏全』第一〇二巻・一〇七頁下。ただし、『望月仏教大辞典』第四巻「泰範」の項では、すこぶる明快に同一人物説を否定している。同巻三三六一頁。また、『密教辞典』（昭和五十年刊）四八〇頁「泰範」の項も、これを承けている。なお、『密教大辞典』（昭和六年刊）一五二五頁では、『東国高僧伝』と、道猷（江戸後期高野山の宗史家）『弘法大師弟子譜』とに拠りつつ、「泰範」の項を立てており、そこでは『本朝』は用いられていない。

(78) 巻二十四・霊山道隠伝、『大仏全』第一〇二巻・三四一頁上。「或者之言」として、「禅師住二浄智・建仁一。牧レ衆之暇。自瀝二指血一。書二華厳八十軸一」なる文言を引用するが、これは高泉『東渡諸祖伝』巻上・道隠伝の文言（『全』Ⅲ・一一八九上左）をほぼ依用したものである。師蛮は、経典血書などの非禅僧的な行為を臨済禅の正系（無準師範―雪巌祖欽―道隠）を受ける道隠がなす筈もないと見て、高泉の言葉を「己眼の暗を以て明眼の宗師を鈍置す。其の過、少なしとせず」と批判している。ただし、経典血書自体は、宋代以降、禅・教・律三宗を通じて広く行われている。道隠（一二五五～一三二五）と同時代（元代）の禅僧に限ってみても、『釈鑑稽古略続集』は以下の二例を伝えている――（一）至正二十二年（一三六二）条の松隠、同書巻一、『大正蔵』第五一巻・九一九頁中。（二）洪武三年（一三七〇）条の俊峰世愚（一三〇一～一三七〇）、同書巻二、『同』同右巻・九二四頁上。ともに当時著名の禅僧であり、所掲の略伝中で経典血書の事に言及されている。

(79) 『補訂版　国書総目録』第六巻・三七頁、岩波書店刊、平成二年（一九九〇）。

(80) 『卍続蔵経』第一四七冊所収。ただし、第四部の「輔教」科のみは宋・明両代の居士たちの列伝である。

(81) 『全』Ⅱ・八八一上右。

(82) 長谷部博士註(5)前掲書三八七頁。

(83) 『卍続蔵経』第一三七冊。『嘉興蔵』第二〇冊所収本は、明末清初の刊刻とおぼしいが、明人の手になる序・跋や、刻資寄進者名単(木版経典でしばしば見かける)を認めず、年代推定がすこぶる困難である。また、標点本としては、『佛光大蔵経』第五一冊に収められたそれが、右記両本を対校しており、加えて分段を施していて閲読上すこぶる便利である。佛光山宗務委員会編、佛光出版社刊、民国八十三年(一九九四)。

(84) 民国の仏教学者・陳垣の評語である。『中国仏教史籍概論』第六巻・一三六頁。筆者未見。長谷部博士註(5)前掲書五一〇頁に引くところに拠った。

(85) 『卍続蔵』第一三七冊所収。

(86) 長谷部博士註(5)前掲書五一〇頁。

(87) 妙法院門跡・堯恕法親王(一六四〇〜一六九五)が、運敞の協力を得つつ編纂した『僧伝排韻』は、中国仏教の主要な僧侶の僧伝索引である。しかしながら、『大仏全』が依拠した延宝八年(一六八〇)刊本巻頭の「引用書目」中には、本書の題目を認めず、この頃までは、まだわが国に流布していなかったものと見られよう(『大仏全』第九九巻・四頁下)。

(88) 長谷部博士註(5)前掲書五一二頁。

(89) 高泉が徳洪『僧宝伝』の体例を採った二大理由のもう一方に、「分科による伝主イメージの固定化を回避すること」が挙げられる。註(126)をも参照されたい。

(90) 巻三十一・平心處斉伝、『大仏全』第一〇二巻・四三五頁下。

(91) 『全』Ⅲ・一二三三上右。

(92) 『禅学大辞典』ほか、大多数の仏教人名辞典では、円爾(一二〇二〜一二八〇)の法諱を「辯円」、字を「円爾」としている。しかしながら、玉村竹二博士はその論攷「禅僧称号考」にて、天台僧時代の名が「円爾房弁円」、入宋留学し純然たる禅者として立ってからは、従来の「辯円」に代えて「円爾」を法諱とし、道号は全く廃したとされた。にもかかわらず、近年まで「円爾辯円」が彼の具名とされてきたのは、彼の遺弟たちが、「字を以て行はる」ことを尊ぶ当時の慣習に鑑み、ことさら作為を加え、師を貴くせんと図ったためであるという。本稿もまた玉村博士の見解に準拠する。同博士『禅宗史論集』上巻・四五頁、京都：思文閣刊、昭和五十一年（一九七六）年。初出は『画説』第五三号、昭和十六年（一九四一）。

(93) 以下、『扶桑禅林僧宝伝』は『扶』、『続扶桑禅林僧宝伝』は『続』と略す。番号と人名との対照については、本書巻末の附録を参看されたい。法嗣：『扶』三―(一)・(二)・(三)・(四)・(五)・(六)・(七)・(八)・(九)・(一〇)・(一一)・(一二)・(一三)；『続』一―(一)。法孫：『扶』五―(一)・(二)・(三)・(四)・(五)・(六)・(七)・(八)・(九)・(一〇)・(一一)・(一二)；『扶』一―(六)・(七)・(八)・(九)。法曾孫：『扶』七―(一一)・(一二)・(一三)・(一四)・(一五)；『続』二―(六)・(七)。法玄孫：『扶』九―(一)・(二)；『続』二―(一五)・(一八)・(一九)。六代の孫：『扶』九―(三)。七代の孫：『扶』七―(一六)

(94) 法嗣：『扶』七―(一)・(二)・(三)・(四)・(五)・(六)・(七)・(八)・(九)・(一〇)；『続』一―(一三)・(一四)、二―(一二)。法孫：『扶』十―(四)・(五)・(六)；『続』二―(一一)・(一二)。番号と人名との対照については、前項に同じく本書巻末の附録を参看されたい。なお、今般刊行の『全集』では削除されてしまったが、平久保氏の手になる細かな書き入れが加えられた影印底本には、こうした法系が各師ごとに逐一提示されており、すこぶる便利である。これなくしては本章を取りまとめることは不可能であったことだろう。記して学恩を謝したい。

(95) 『僧宝伝』巻四・夢窓疎石伝の賛に拠れば、本書撰述の数年前、すなわち寛文末年から延宝初年の頃、天龍寺に参詣、静謐な佇まいに感銘を受けたという。『全』Ⅲ・一二三六下右。天龍寺関係の詩偈は、第三章註（55）に列挙したが、これらのほか、賛「天龍夢窓国師真賛」が挙げられる。「二十四巻本語録」巻二十三、『全』Ⅰ・二一〇下左。

(96) 『仏国詩偈』巻三、『全』Ⅱ・六九五下左。〈慧日山〉とは東福寺の山号。本篇よりも八篇前には、延宝三年（一六七五）の黄檗山開山堂造営を詠じた一篇を掲げ、一二篇のちには翌四年二月、再度修学院離宮に遊んだ際の一篇を掲げる。よって本篇は延宝三年中の作と見られよう。起句に「江国知レ名未レ識レ面」とあり、住持先の寺院が近江国にあったことが推知される。

(97)『洗雲集』巻八、『全』Ⅱ・八三六下右。本篇の二篇前に延宝七年（一六七九）七月の丹羽光重退隠を賀する一篇を掲げるから、本篇もその頃の作と見られよう。なお、篇題にいう〈西堂〉とは、当時の香林の年齢から推して、「他山の前住職」の意ではなく、「修行僧のリーダー」の意であろう。転・結句に「将レ謂国師滅度久。雲仍依レ旧有二英賢一」とあるのは、未だ老境に達しない香林の姿を想起せしめるものがあり、ここにいう〈西堂〉が第二の語義に基づくことを示唆してはいないだろうか。なお、太華・香林師弟の円爾以来の法系は、『新版　禅学大辞典』「禅宗法系図」四三頁に拠れば、以下のとおり。円爾―南山士雲―乾峰士曇―霊嶽法穆―別峰大殊―雲関大怡―悦叟大忻―柏蔭大樹―賢輔長佐―玉林長温―俊甫永俊―江庵玄澄―養之玄長―越渓礼格―太華令瞻―香林宗寔

(98) 円爾：法語「謁二東福開山像一拈香」、「二十四巻本語録」巻四、『全』Ⅰ・三〇上左、延宝二年（一六七四）作；同右「東福聖一国師四百年忌請拈香」、「同」巻六、『全』Ⅰ・五七上右、同七年（一六七九）十一月作；法語「常楽菴礼二国師真身塔一示衆」、「同」同巻、『全』Ⅰ・五七下右、右と同時の作；賛「東福聖一国師賛」、「同」巻二十二、『全』Ⅰ・二一七下右。虎関：「虎関錬禅師賛」、「二十四巻本語録」巻二十二、『全』Ⅰ・二一八下左、「覚庵主」なる人からの要請にて製作。

(99) 延宝六年（一六七八）垂示の法語「東福専使至。示衆」では、「東福と天王［高泉自身］と倶に仏鑒［無準師範］の後たり。法中の親［親戚］を昧まさず、吾が新締構［天王寺開創］を賀す（原文：東福二与天王一。倶為二仏鑒後一。不レ昧二法中親一。賀二吾新締構一。）」と述べている。「二十四巻本語録」巻六、『全』Ⅰ・五〇下右。今後、東福寺史関連文献に徴して、ときの東福寺住職が誰であったかを明らかにし、その人の高泉との道縁に及びたい。

(100)『僧宝伝』巻五、『全』Ⅲ・一二四二上左。

(101)『洗雲集』巻十七、『全』Ⅱ・九七一下左。本篇の二篇前には延宝二年（一六七四）の紀年のある「跋二東坡画巻一」が置かれており、一方、四篇のちには、同五年（一六七七）の新広義門院崩御に際し、その実子・真敬法親王が血書した一連の経典への跋を掲げる。よって本篇は、その間の撰述と見られよう。時あたかも高泉が『僧宝伝』を撰述しつつあった時期である。

(102)「東福寺礼二無準和尚像一」、『一滴艸』巻三、『全』Ⅱ・六三八下右。

(103) 七絶「観二無準和尚遺墨一」、『仏国詩偈』巻四、『全』Ⅱ・六九六下右。

(104) 『大仏全』第九十八巻（解題二）・三〇四頁上〜中。

(105) 山田孝道師『禅宗辞典』巻頭一二頁に掲げる「禅宗系譜」に拠れば、次のとおり。円爾―無関普門―道山玄晟―平田慈均―一源会統―霊叟玄承―英中玄賢。東京：光融館刊、大正四年（一九一五）。また、駒澤大学禅学研究所編『新版　禅学大辞典』「禅宗法系図」四三頁七段では、これを「英仲玄賢」に作っているが、同『大辞典』の「本山世代表」や、山田師『禅宗辞典』、および『黄檗文化人名辞典』（雲峰元冲・大随道機の項）の表記に照らすに、やはり誤植と見られよう。

(106) 『黄檗文化人名辞典』三七八頁下。

(107) 第三章註（63）をも参照されたい。

(108) 『大仏全』第一〇九巻・三〇二頁上。

(109) 『卍続蔵経』第一三七冊・四三九頁上〜下。『佛光大蔵経』（標点本）第五一冊・一四七頁。

(110) 石田瑞麿博士『日本仏教史』二〇八頁、東京：岩波書店刊、『岩波全書』第三三七巻、昭和五十九年（一九八四）。

(111) 川口高風教授『曹洞宗の袈裟の知識』に数度にわたる訴訟の詳細な経緯を載せる。曹洞宗宗務庁刊、昭和五十九年（一九八四）。

(112) 月舟の大乗寺における「古規復興運動」については、つとに鏡島元隆博士に論攷「古規復興運動とその思想的背景」がある。同博士『道元禅師とその門流』、東京：誠信書房刊、昭和三十六年（一九六一）。また、本多祖圭師の論攷「月舟宗胡の明末清規の受容について――新出資料『雲堂規』の紹介――」もすこぶる参照するに足る。『黄檗文華』第一一九号所収。

(113) 『全』Ⅲ・一三二〇上左。なお、月峰の事跡について、金沢市在住の野村昭子氏が近年（平成十六年夏）、「加賀藩心空庵月峰道喜をめぐる人々」を『黄檗文華』第一二三号誌上に公表された。遺憾ながら月峰と大乗寺との縁故については触れるところがないが、生家と加賀藩主・前田家との縁故を中心に月峰の生涯を平明に叙述している。

(114) 自序「続扶桑禅林僧宝伝序」に拠れば、この序をしたためた貞享三年正月以前までには、今日見る三巻本の体裁で、ほぼ脱稿していたもののようである。『全』Ⅲ・一二九九上左〜下左。

(115) 自跋たる「僧宝伝跋」は、貞享五年六月に執筆。ただ、同三年以前に既に成立していた本文草稿に対しその後加除訂正したかどうかについては、特に触れるところがない(『全』Ⅲ・一三三一上右以下)。ただ、高泉は、『僧宝伝』正編巻五で取り上げた神子栄尊の法系について、後作の「万寿寺神子尊禅師行業記」(『洗雲集』巻十四所収)では新情報によって補説するなど(『全』Ⅱ・九二二下左に補記を掲げる)、僧史家としては、種々の制約のもと、すこぶる誠実に生きていたと言うべきである。したがって、序文擱筆から跋文擱筆までの一年半の間にも、随時相当の補筆を加えていたものと見られるのではないだろうか。なお、『大仏全』本では、本篇があくまでも『僧宝伝』続編への跋であるにもかかわらず、篇題に幻惑されてか、誤って『僧宝伝』正編の末尾に続編の跋たる「僧宝伝跋」を掲げている。『大日本仏教全書』第一〇九巻・三〇一頁下を参照。実際には『僧宝伝』正編の木版本には跋はなく、ただ高泉の七絶三首(註(54)前出)を掲げるのみである。

(116) 「二十四巻本語録」巻二十三、『全』Ⅰ・二二九下右以下。

(117) 『全』Ⅲ・一一七九上右。原本は高泉の直筆に係り、返り点送り仮名が施されてはいるものの、行書の心得なき読者にはいささか読解困難である。明朝体の楷書による分かりやすい版本として、『洗雲集』巻十一に収めるものを挙げておこう。『全』Ⅱ・八八六上右。

(118) 『全』Ⅲ・一二〇〇上左。

(119) 『黄檗文化人名辞典』九九頁下。承応三年(一六五四)、長崎で隠元に会見した際の事蹟。ときに月潭十九歳であった。

(120) 巻上、『全』Ⅲ・一一八九上左。

(121) 詳しくは註(78)を参照されたい。

(122) 無準が第十六祖、雪巌が第十七祖、中峰明本(十九祖)、密雲円悟(三十祖)、費隠通容(三十一祖)をへて隠元が三十二祖、高泉が三十四祖となる。『黄檗文化人名辞典』附録「黄檗法系譜」四〇五頁。

(123) 翌寛文七年刊。同十二年にも再刊されており、仮名法語として相当の高評を博したものと見られよう。正満英利師『緑樹』一五九頁に解題を、一六五頁以下に翻刻を掲げる。潮音禅師三百年遠諱大法会実行委員会(群馬・黒滝山不動寺内)刊、平成六年（一九九四）。

（124）正満師註（123）前掲書一七一頁。この文言は物議をかもし、両宗関係者の中には潮音へ危害を加える旨公言する者さえいたが、潮音は少しも動じなかったという。同書九四頁。

（125）知切光歳氏『月感・本尊義騒動――真宗安心の法難史話――』一四五頁、京都：百華苑刊、昭和五十二年（一九七七）。師蛮『本朝高僧伝』、およびその続編たる天霊道契『続日本高僧伝』に「真宗僧は宗祖をはじめとして一人もあげてな」い理由を考察。

（126）阿部肇一博士論攷「北宋の賛寧と徳洪の僧史観」、同博士『増訂　中国禅宗史の研究――政治社会史的考察――』四八〇～四八一頁。東京：研文出版刊、昭和六十一年（一九八六）。本論攷は、同三十八年（一九六三）刊の同書初版本にも収録。高泉『扶桑禅林僧宝伝』が、徳洪『禅林僧宝伝』と全く同様の体例に拠ったのは、伝主の世代を表示してしまうことで紛争を惹起するのを未然に防止するため（長谷部博士指摘、註（89）参照）と、いま一つはここで述べた、分科によってその伝主のイメージが固定化するのを避けるためとの二つの理由に因っていよう。

（127）自序「東国高僧伝序」、『大仏全』第一〇四巻・二頁下（『全』Ⅲ・一三三九下左）。「貞享四年猚賓月」、すなわち五月の撰述とされる。

（128）刊年は木版本末尾の刊記に「貞享五年（戊辰）吉月吉旦」と明記されている（『全』Ⅲ・一四六五上右）。また、刻資を喜捨した人物の名は、「京兆白衣《びゃくえ》弟子茨木氏方淑」と知られる。高泉がなかなか刻資を得られなかったことは、江戸期版本および『大仏全』本にともに未収の跋「跋二東国高僧伝一」に、「稿成餘二二十白一矣。恨無レ力二刻行一。今年［貞享五年］京兆有二白衣弟子一。発心願レ梓レ之」と述べていることから推知されよう（『遺稿』巻六、『全』Ⅰ・四〇一下右）。なお、右の「跋」文中に「二十白」、すなわち二十年としているのは、「十二白」の誤りかと見受けられる。延宝三年（一六七五）の初稿完成から、貞享五年（一六八八）の増補終了まで足掛け十四年に過ぎないからである。この点に関しては、註（132）後出の運敞書簡にも、「編集円就。已歴二十霜一」とあり、正しくは「十二白」とすべきことを傍証していよう。

(129)柳枝軒の出版事業や、黄檗山との関係については、今後の研究課題としたい。茨木氏は貞享四年(一六八七)、つまり、『東国高僧伝』刊行の前年にも、晦巖道熈へ喜捨、晦巖の『新撰梅花百詠』を世に出した。
(130)註(128)前掲の自跋。
(131)同『大辞典』第四巻・三八六四頁。初版昭和十一年(一九三六)。
(132)「復₂野峯雲石堂寂本闍梨₁」、『瑞林集』巻十四、『智山全書』第一五巻・六四〇頁上。直前に置かれた書簡「復₂高泉和尚₁」は、高泉からの『高僧伝』序文依頼を許諾した文面である。運敞による『高僧伝』序文には、貞享四年(一六八七)初秋(七月)とする紀年を見るから、この許諾書簡は、序文執筆の少し前に記されたものであろう。因って本篇もまた、許諾書簡とほぼ同時期に、寂本へ寄せられたものと見られる。
(133)空海・智泉(空海の甥で高弟。空海に先んじて示寂)・真然(事実上の金剛峯寺開山)ら草創期の高僧数師を除けば、『東国高僧伝』に採録された高野山の高僧は、下記のとおり。ただし、伝主名の上に「高野山」(もしくは山内寺院の寺号)と冠された諸師に限る。また、覚鑁ら最終的には離山した新義派諸師を除く。巻三:祈親。巻八:琳賀・維範・融源(覚鑁の実の甥なるも、離山した形跡なし)。巻九:明遍・覚海・法性・道範・信日・宥快・長覚。計十一師である。
(134)知切氏註(125)前掲書九五頁。
(135)源了圓博士『鉄眼仮字法語』巻頭「鉄眼小伝」一二頁、東京:講談社刊、『禅の古典』第九巻、昭和五十七年(一九八二)。
(136)知切氏註(125)前掲書九三頁。月感門人らが編んだ『月感大徳年譜』に拠っている。
(137)例えば、七絶「延宝六年鉄眼和尚刻₂大蔵₁将ㇾ竣…」二首、『洗雲集』巻七、『全』Ⅱ・八三二下左:同「瑞龍法弟鉄眼和尚鶴林頌」五首、『仏国詩偈』巻五、『全』Ⅱ・七一三上右:序「瑞龍鉄眼和尚遺録序」、『遺稿』巻三、『全』Ⅰ・三六五上右。
(138)註(67)~(69)を参照されたい。
(139)これは『東国高僧伝』ではなく、『禅林僧宝伝』(正編)の事例であるが、龍山徳見(一二八四~一三五四)を賛するに際し、高泉は「日本から留学した禅僧も数ある中に、中国の名刹(江西省兜率寺、臨済宗黄龍派の発祥地)で住職にまで出世し、しかも瞬く間にその名刹を復興したのは、実に龍山禅師あるのみ」と礼讃。巻六、『全』Ⅲ・一二五六下右。これに対し、卍元は単に「異域・本邦（南禅寺ほか）に大法輪を転ず」とするのみで、龍山の中国での活躍が持つ意義については、あまり注意を払っていない。『本朝高僧伝』巻二十九、『大仏全』第一〇二巻・四〇〇頁上。

(140)『全』Ⅲ・一四〇一下右。海蓮伝は『元亨釈書』巻十九に立てられているが、卍元の『本朝高僧伝』には立てられていない。前世に蟋蟀だった伝主は、『法華経』の第二十五「普門品」（いわゆる『観音経』）まで聴き終えた功徳により、今世には僧として生まれた。ところが、前世では残る三品（章）を聴き得ずして世を去ったために、今世ではいかな努力してもそれら諸章を暗誦できず、その原因を探ろうと観音菩薩の教示を仰いだ――という内容である。

(141)『全』Ⅲ・一四六二下右。文中に「予廿年前掛二錫武江一。嘗遊二増上寺一」とある。高泉が初めて江戸に赴いたのは、寛文四年（一六六四）のことであるから、それから〈廿年〉をへた貞享元年（一六八四）以降、この聖聡伝が『高僧伝』初稿へ増補されたものと見られよう。なお、卍元『本朝』聖聡伝の賛もまた、増上寺の輪奐の美を述べ、「聖聡のような高僧なかりせば、今日の隆昌があったはずはあるまい」という文面であり、実際に参詣した際の印象とされていない点のみが、高泉の賛と相違している。恐らく卍元は、高泉の賛を下敷きとしていよう。巻十八、『大仏全』第一〇二巻・二六三頁下。

(142)『全』Ⅲ・一四六四下左。『大仏全』本では、第一〇四巻・一三三頁下。

(143)『卍続蔵経』第一三七冊。標点本としては、『佛光大蔵経』第五一冊に収められたそれが、分段を施していて読みやすい。佛光山宗務委員会編、佛光出版社刊、民国八十三年（一九九四）。ただ、本書最終巻（巻七）では、徳山宣鑑が常に携えていた棒、および臨済義玄が常々放った大喝をそれぞれ擬人化して立伝しており（「徳山木上座」・「臨済金剛王」）、すこぶるユーモラスな側面を見せている。また、祖琇は古塔主（薦福承古、徳洪からその「遥嗣」を批判された）に対し同情していたものとおぼしく、同じ巻に「代二古塔主一与二洪覚範一書」を掲げ、古塔主になり代わって、徳洪『僧宝伝』の「誤謬」や「罵倒過多」を批判している。

(144)例えば巻六・義空伝（渡来した唐代禅僧）の賛では、義空の碑の残骸を求めて東寺にまで足を運んだが、得るところが無かったと述べる。『大仏全』第一〇一巻・二〇七頁上。また、巻十・増命伝の賛では、自己がつとに中国古典をのみ研鑽していて、わが国の歴史には暗く、今般『釈書』を編むためにようやくにして国史文献に取り組んだ旨、率直に記している。『同』同右巻・二五七頁上。さらに、巻十六・成尋伝の賛では、洛北・大雲寺を訪ね、住職に乞うて画賛のある成尋肖像を披見したことを記している。『同』同右巻・三二七頁上。

(145) 雲門宗(禅宗五家の一)の開祖・雲門文偃(八六四〜九四九)を、同時代の同郷人たる賛寧(九一九〜一〇〇一)は敢えて立伝しなかった。また、法眼宗(同右)の永明延寿(九〇四〜九七五)は禅界の巨人であり、種々の菩薩行はあくまでも禅者としての活動の一環であったに過ぎないのに、その伝記を「興福篇」中に立てることで、イメージの固定化と矮小化とを招致した。延寿もまた、賛寧と同時代の同郷人である。阿部博士註(126)前掲論攷、収録書四八〇頁を参照。

(146) 阿部肇一博士註(126)前掲論攷、収録書四七一頁を参照。

(147) 「進二高僧伝一表」、『大正蔵』第五〇巻・七〇八頁上。

(148) 道端良秀博士は、賛寧が私的な著書である『大宋僧史略』巻下では「対王者称謂」の項を設け(『大正蔵』第五四巻・二五一頁上〜下)、これこそ賛寧が天子に対してさえも「臣と称し拝(すること)の儀を承認していない証拠」と判じておられる。同博士『仏教と儒教倫理――中国仏教における孝の問題――』二一六頁、平楽寺書店刊、『サーラ叢書』第一七巻、昭和四十三年(一九六八)。しかしながら、その賛寧も官撰史書にあっては、やはり持論を枉げて時の趨勢に従わざるを得なかったことが、この「臣僧」という自称から窺い知られよう。なお、近年、台湾にあっては黄敬家教授がその博士論文を修訂のうえ、『賛寧《宋高僧伝》叙事研究』と題して公表された(『宗教叢書』第二二冊、台北市:台湾学生書局刊、民国九十七年(二〇〇八))を公刊、賛寧の論賛の文体を細かに分析し、かつ、前代および同時代の高僧伝との比較考察を行っている。今後機会を改めて同書を評し、かつ、本章における研究に役立てたく思う。

(149) 「凡例」第九条、『大仏全』第一〇二巻・五〇頁上。

(150) 例えば巻十八・快尊伝の「系」では、伝主・快尊(一三九一〜一四六六)が高野山における論義(仏典討論を核とする法会)

の衰滅を悲しみ、せめてもと稚児を集めて（恐らくはずっと平易な）論義を催さしめたことについて、稚児を侍らせる堕落僧も古来多い中で、なかなか殊勝な振る舞いだ――と評価している。『大仏全』第一〇二巻・二六五頁下。

(151)（一）巻四・智光伝の「系」では、高泉が『元亨釈書』巻二・智光伝の誤謬を踏襲しつつ、三論宗が霊睿によって流伝されたとしているのを批判、事実は智蔵（渡来人の子弟、入唐留学）―道慈―智光―霊睿と次第しているのであって、霊睿は数多い道慈の法孫に過ぎないことを指摘。『大仏全』第一〇二巻・九一頁上。（二）同じく巻四・慈訓（じきん）伝では、伝主が入唐して法蔵（唐代華厳宗の高僧）から直接に同宗を伝授されたとする高泉の誤謬を指摘する。『大仏全』同右巻・九四頁下～九五頁上。ただし、高泉が『釈書』巻一・慈訓伝の誤謬を踏襲しているにもかかわらず、誤謬の根源たる『釈書』にまでは批判の筆を及ぼしていない。そして、文末に至って、註（76）既述の字句すこぶる激越な高泉批判が展開されるのである。以上二点は、確かに高泉の誤謬と見られる。石田瑞麿博士『日本仏教史』七五～七七頁参照。

(152)『大仏全』第一〇四巻・一四四頁下～一四五頁上。

(153)同『人名辞典』二九六頁下。

(154)『大仏全』本では、巻末に「宗派別名索引」を掲げる。天台宗・真言宗・浄土宗に在籍しながら、主として戒律を研究・実践した人々（律僧）は、それだけで一つのグループ内に収めたほうが、ずっと当時の実況に即しているが（道契は巻九「浄律」科に彼らの伝記を一括掲載している）、この点にさえ留意すればすこぶる便利である。黄檗僧は『大仏全』第一〇四巻・三五五頁～三五九頁を参照。ただ、誤って華頂文秀（一七四〇～一八二七）を臨済宗に列している。この人物は、高泉と並ぶ黄檗山中興の祖（第二十五世）と仰がれている。筆者が本文中に記した「十七師」とは、華頂をも補っての数である。

(155)なお、高泉ととりわけ親しく、外護者（稲葉正則・伊達綱村の義父子）を同じくしてもいた鉄牛の伝が立てられていないのも、大掛かりな干拓事業を成し遂げた鉄牛の知名度からすれば、いかにも奇妙なことである。この点については、あるいは了翁と同様の背景が考えられよう。

(156)荻野独園（一八一九～一八九五）師『近世禅林僧宝伝』全三巻は、師蛮『延宝伝燈録』の後を承けた臨済宗（とりわけ妙心寺教団）中心の僧伝であり、すこぶる充実している。しかしながら、黄檗宗（教団自称：臨済正宗）の高僧としては、黄檗山中興の英主として高泉と併称される華頂文秀（一七四〇～一八二七）が取り上げられているのみである。本書の訳註として、平成十四年（二〇〇二）、能仁晃道師が『訓読　近世禅林僧宝伝』（上下二巻）を京都：禅文化研究所から公刊されている。

(157)註（147）前出「進二高僧伝一表」。

(158)自序は『僧宝伝』原本には掲げられておらず、詩文集『石門文字禅』巻二十三に収録されている。『四庫全書』本八丁右～九丁左。その背景について、阿部博士は、『石門文字禅』が「禅門の教科書、入門書としてその見本を集約した著作」であり、右記の「僧宝伝序」（自序）も、同書の「序」部（巻二十三）中に配してこそ、その真価を発揮できる――と徳洪自らが思い定めたためだとする見解を提示されている。阿部博士註（126）前掲論攷、収録書四八〇頁。

(159)黄博士論攷「僧史家恵洪与其「禅教合一」観」、同博士『北宋仏教史論稿』三二一～三二八頁、台湾商務印書館刊、民国八十六年（一九九七）。

(160)第四章篇末別表および本章註（141）を参照。

(161)東陵伝の賛、巻三十、『大仏全』第一〇二巻・四二二頁上。

(162)巻四十五、『大仏全』第一〇二頁・一四九頁上。

(163)巻三十九・東漸健易伝の賛、『大仏全』第一〇三巻・六九頁上。伝主・東漸（一三四四～一四二三）の遺偈を記しての悠々たる末期とはおよそ対照的な例として、〈今時和明之僧〉の「醜態」が挙げられ、彼らの「平日の言語文章皆な悉く偽な」ることの明証とされている。

(164)『大仏全』第一〇二巻・一五〇頁上。口語訳すれば、「隠元がもたらしたほどの禅道は、はやすでに卍元も所属する在来の臨済宗に備わっている、事新しく隠元に求めるまでもない」と。

(165)『本朝高僧伝』巻二十七、『大仏全』第一〇二巻・三七六頁下。なお、虎関自身は『元亨釈書』冒頭の「上二元亨釈書一表」で、仏教伝来以来七百年に達するにもかかわらず、高僧諸師の伝記が散在したままになっているので、黙視するに忍びず編纂に取り組んだと述べている。『大仏全』第一〇二巻・一四一頁上。また、同書巻八の一山一寧伝の賛では、一山に加えて大休正念・西澗子曇の三師を「吾が道の由る所なり」と礼讃するが、卍元が取り上げた逸話は、そこには認められない。『同』同右巻・二三二頁下。

(166) 巻二十・恭翁運良伝の賛、伝主は凝然に華厳宗を学んだが、凝然もまたすこぶる謙虚な態度で伝主に禅を学んだ。また、心地房覚心（伝主の旧師）が東大寺戒壇院内に設けた禅僧向けの宿舎を、叡尊（著名な律僧）に請われて再興した。このように、昔は禅宗・教宗ともに真摯で、しかもそれぞれの立場を固執しない僧ばかりであったが、今は互いに論難批判し合うばかりとなった――と慨嘆している。『大仏全』第一〇二巻・三六七頁下。

(167) （一）巻二十・『大仏全』第一〇二巻・二八九頁下、心地房覚心伝の賛。密教をも学んだ伝主・覚心が、留学から帰ってのち、種々の奇蹟を示したのは、ひとえに確固たる禅定のうえで密教の法を修したためだと見る。（二）巻三十二、『大仏全』同右巻・四四二頁上、周皎碧潭伝の賛。真言宗から改宗して禅僧となった伝主が、改宗後も依然、経典講義に長けており、それを批判した人々へも、理路整然と反駁したことについて、卍元は旧習が抜け切れていないと断じる。そして、伝主が弁明に用いた「禅・教を一致せしむ」とする文言もいかにも教宗出身者らしい言い草と批判。『同』同右巻・一九五頁上。（三）巻三十三・滅宗宗興伝の賛。空海さえも、実は中国留学中に禅宗の存在を知り、心にこれを慕ったのではなかろうか、との推測を示す。『同』同右巻・四六三頁上。

(168) （一）巻三十三、『大仏全』第一〇二巻・四五八頁下、天境霊致伝の賛。遺偈をも含む伝主の詩偈を披見、如来の言葉かとさえ疑われた天衣無縫の響きを絶賛。「文字の性《しょう》を離る」ることこそ、あるべき詩偈の理想と主張。（二）巻三十六、『大仏全』第一〇三巻・一六頁下、通幻寂霊伝の賛。「若し文字言句《ごんく》に貪著《とんじゃく》せば、吾が徒に非ざるなり」という伝主の遺訓は、生まれながらにして詩偈の名手だった人の言葉とは思われないが、譬えて言えば、剣術の達人が己が息子には「俺に似るなよ」と戒めるようなものか？　と自問。（三）巻三十七、『大仏全』同右巻・三九頁下、汝霖良佐伝の系。伝主は絶海中津ともども、明の太祖の御前で詩を賦する光栄に浴したが、絶海がたちどころに絶句一首を製作したのに対し、汝霖はなかなか考えがまとまらず、不覚にも机上の茶杯を倒した。これは禅者の詩偈づくりの姿としては失格だと見ている。「夫れ文章は道の緒餘なり。禅人の務めとする所に非ざるなり」というのが、卍元の持論である。

(169) なお、実際に遥嗣を自ら行った雲章一慶について、高泉はこの行為を雲章の生涯にあって唯一批判すべき点だと惜しんでいる(『扶桑禅林僧宝伝』巻七、『全』Ⅲ・一二六六下右、『大仏全』第一〇九巻・二六六頁下、別表をも参照されたい)。一方、卍元は『本朝』巻四十二・雲章伝で、遥嗣のことを直書しつつも、特段の論評は加えていない(『本朝』雲章伝は本文のみで賛なし)。『大仏全』第一〇三巻・九八頁上。

(170) 生歿年は、横手裕教授「白玉蟾と南宋江南道教」に拠った。本論攷は近年では最も精緻な白玉蟾研究である。横手教授は、その第三章に「白玉蟾の行状」と題し、玉蟾自身の言葉を中心として、平明な伝記研究を展開されている。『東方学報　京都』第六八冊、平成八年(一九九六)。

(171)「二十四巻本語録」巻二十四、『全』Ⅰ・二三五上右。直後に「香山居士賛」を掲げているのは、高泉自身の意向に基づいていよう。「二十四巻語録」は、高泉在世中の貞享元年(一六八四)、岡元春(黄檗語録版本の版下書写者として知られる)によって浄写されたことが、巻末の刊記から知られるが、翌二年(一六八五)に勃発した代付問題関連の法語も収録されており、最終的な浄写終了とそれに続く刊行は、少なくとも貞享二年以降と見られる。

(172) 七絶「題二白詩選一」、『翰墨禅』巻上、『全』Ⅱ・一〇五七上左。「二白詩選序」、『遺稿』巻三、『全』Ⅰ・三七一上左。前者は元禄二年(一六八九)頃の作と見られる。系年の理由は第三章註(59)所出作品に同じ。後者は、その直後に元禄五年(一六九二)冬刊行の『唯識三十頌錦花』への序を掲げているから、それ以前の作であろう。

(173)『古典籍総合目録』第二巻・二一六頁、国文学資料館編、岩波書店刊、平成二年(一九九〇)。項目を「二百詩選」とし、読み方を「にひゃくしせん」しているが、たとい外題にそうあるにせよ、内容に鑑みてやはり「二白」と改むべきであろう。二巻一冊本が、福井県立大野高校(旧藩校時代以来の漢籍を多数所蔵)に所蔵されているという。筆者未見。なお、本書刊行に際しては、「晦禅師」が浄写の労を執った旨、註(172)前出の「二白詩選序」に記されている。「晦禅師」とは恐らく、仏国寺内に寄寓していた晦巖道熙（註（129）前出）を指そう。

（174）巻二十二、『大仏全』第一〇二巻・三一五頁上。註（175）後出の『大円禅師遺録』所掲の行状に、あるいはこの旨、明記されているのかもわからない。今後の解明に俟ちたい。なお、高泉は『東渡諸祖伝』巻上に鏡堂伝を立てるが、鏡堂の俗姓を「葛姓（割註：或曰姓白）」とするのみで、「但だ其の詳細の行業を考ふること莫し。惜しい哉」と賛を結ぶ。『全』Ⅲ・一一八九上右。玉蟾の出自については、本姓が白氏であったものの、幼少期に母親が葛氏に再嫁したため、姓が葛、名が長庚となったとする説が久しく行われているが、彼自身はあくまでも白氏の人としての意識を保ち続け、自らが書き残した著述中において葛姓を用いた例を見ないという。横手教授註（170）前掲論攷、掲載号九七頁。

（175）なお、元亨二年（一三二二）上進の『元亨釈書』では、巻八に鏡堂よりも後に示寂した一山一寧（一二四七～一三一七）の伝を立てている。したがって、虎関は鏡堂に関するよき伝記資料を得られず、立伝できなかったと見ることもできよう。卍元は『大円禅師遺録』に拠りつつ立伝している。

（176）『大日本仏教全書』第九十八巻（解題二）・二七九頁中～二八〇頁上、昭和四十八年（一九七三）。

（177）「結網集序」、『洗雲集』巻十二、『全』Ⅱ・八九三上左以下；『大仏全』第一〇六巻・三六七頁上～下。なお、『洗雲集』本では、篇末の紀年と署名とが削除されている。

（178）『大仏全』註（177）前出巻・三六九頁上。「癸亥抄春［三月］　宬峰［嵯峨直指庵］野衲道徵和南章」と署名されており、この当時（天和三年、一六八三）、四十八歳の月潭がなお法諱を「道澄」ならぬ「道徵」としていたことが推知される。

（179）櫛田博士もまた、註（176）前掲書の中で、「覚鑁以降智積院の法燈までの所伝は極めて詳らかでなかったがこの点運敞の努力は高く評価される。なかでも根来山時代の所伝は多く失われたのに、本書のみが、新義真言教学の推移、智豊両山の分岐の径路など、日誉の残した智積院秘蔵の文献に基づいて編述している功は大である」とする見解を示されている。

（180）『洗雲集』巻二十、『全』Ⅱ・一〇〇七下右以下。本書簡の正確な執筆年代は未詳だが、文中、「はや古希に近い貴師が、なお孜々として学問に勤しむ姿を世人に知らしめるに足りましょう」とする文言を見る。運敞が古希を迎えたのは本書が刊行された天和三年（一六八三）十月のことである。したがって、その少し以前に書かれたものと見られよう。

(181)『瑞林集』巻十三、『智山全書』第一五巻・六二五頁下〜六二六頁上。

(182)『洗雲集』巻三、『全』Ⅱ・七七五上右。

(183)清・趙翼（一七二七〜一八一四）『陔餘叢考』巻四十三「你」の項を参照。商務印書館本九七二頁、一九五七年。本書に拠れば、「你」の初出例も、『隋書』巻七〇・李密伝に見える、李密（五八二〜六一八）と宇文化及（？〜六一九）との対談中にあるとされる。すなわち、宇文化及が伝主・李密に、「共㆑你論㆓相殺事㆒。何須㆑作㆓書語㆒」と語った言葉が、それであるという。北京：中華書局本第六冊・一六三一頁、一九七三年。なお、『隋書』は唐の顕慶元年（六五六）に成立し、隋一代の歴史を扱う。

(184)「運敞蔵」に現存する文献中には、黄檗教団における代表的な僧伝『五燈厳統』が見当たらない。しかしながら、徐昌治の『高僧摘要』四巻（『卍続蔵経』所収）を認める。『運敞蔵所蔵目録』五頁上。徐昌治は、在家居士ながら費隠から付法され、かつ、費隠の『五燈厳統』編纂にあたり、その助手を務めている。『高僧摘要』巻四末尾には、費隠に加えて、隠元の略伝（渡日以前まで）も収録を見る。

(185)『大仏全』註（177）前出巻・三七〇頁下。

(186)巻五、『大仏全』第一〇二巻・一九九頁上。

(187)『大仏全』註（177）前出巻・四〇九頁下。

(188)註（183）前掲書、「個」は現代口語の「這（この）」と量詞「箇」との二義を兼備しており、その初出例は、『旧唐書』李密伝に見える「箇（＝個）小児視瞻異常。勿㆑令㆓宿衛㆒」だという。これは隋・煬帝が幼少期の李密を一見し、その恐るべき将来を看破した際の言葉とされている。北京：中華書局本第七冊・二二〇七頁、一九七五年。伝主たる李密（前出）自身は、隋代の人であるが、その伝記たる『旧唐書』李密伝は、五代後晋の開運二年（九四五）に成っている。『旧唐書』は、唐末の俗語を多く保持していることで定評があるが、中国にあってはその俗語の多さが禍し、宋・欧陽修が『新唐書』を編纂、それら俗語を雅語（古文）に改めるに及んで絶えて流布しなくなり、清代に至って諸書における引用から復元されるまで、幻の史書となっていた。

(189) 註（177）前出巻・三七一頁上。
(190) 註（177）前出巻・三七二頁下。
(191) 註（192）後出の寂本自序で、「真然」が「脩然」とされているのは、明らかに誤植と見られる。真然（八〇四～八九一）にかかる別称があったことは知られていない。なお、奝然（？～一〇一六）とは、入宋していわゆる清涼寺式釈迦如来像をもたらしたことで知られる東大寺の僧である。
(192) 『大仏全』第一〇六巻・二六九頁上～下。
(193) 註（142）参照。ときの輪王寺宮は、延宝八年（一六八〇）就任の守全法親王である（元禄二年［一六八九］、天真と改名）。
(194) 『運敞蔵所蔵目録』一四四頁下。
(195) 巻三・祈親、巻八・琳賀の伝は、いずれも『名徳伝』ではなく、全く『元亨釈書』に拠っている。祈親のことは、寛文六年（一六六六）刊行の、来日後最初の著書『釈門孝伝』で取り上げており、これも『釈書』に準拠している。『全』Ⅲ・一一一三下右以下。『釈書』は、高野山に登った伝主・祈親が、祈りの甲斐あって、弥勒菩薩の浄土に憩う亡き両親を見得たことを強調し、高泉もこれを継承しているが、『名徳伝』ではこの説話がまったく削除され、孝子としての祈親ではなく、荒廃した高野山の中興者としての側面が前面に押し出されている。『大仏全』第一〇六巻・二七一頁上。また、琳賀伝においては、その名を琳賢とする『名徳伝』に拠らず、琳賀とする『釈書』に全く負うており、伝主・琳賢が高野山に登る以前の就学先を興福寺ではなく、東大寺としている。
(196) 正しくは但馬国養父郡の出身と見られる。『密教辞典』七八頁参照。
(197) 『大仏全』第一〇六巻・二七四頁上。全文は別表「『東国高僧伝』を中心とする真言宗僧伝の対照表」真誉伝の項を参照。
(198) なお、末法の世につきものの争いごと、と見る点では、ややのちに世に出た卍元『本朝高僧伝』巻十二・覚鑁伝の賛も一致している。ただ、卍元は「抑亦寵赫盛而謙譲之不レ至也。吾為二鏤師一之慙〔「慙レ之」カ〕」と、鳥羽上皇からの寵遇的帰依に舞い上がっていた覚鏤にも非があったと認めつつ、あくまでもその「霊感懿徳。不可得之称〔「不レ可二得而称一レ之」カ〕。」と礼讃している。『大仏全』第一〇二巻・一九六頁下。

(199)『密教辞典』三三二頁。なお、道契『続日本高僧伝』巻四に寂本伝を掲げるが、その信仰生活を主内容としており、寂本の運敞らとの交遊については何ら触れるところがない。『大仏全』第一〇四巻・一九五頁下。

(200)『洗雲集』所掲の原文では、「凡十二巻」とする（『全』Ⅱ・九〇二上右）。『大仏全』本の『律苑僧宝伝』では、巻十以降最終巻（十五巻）までが、わが国の律僧列伝をなしているから、高泉が戒山から示された稿本は、あるいは、この十巻以降がまだおおまかに「十・十一・十二」と三分されていたのかもわからない。ちなみに、貞享五年（一六八八）二月の紀年をもつ南源性派による序、および「疆〔彊〕梧亶安」の紀年をもつ戒山の自序では、いずれも「十五巻」とされている。『大仏全』第一〇五巻・一二五頁上、および一二七頁下。後者は「亶安」の語義が未詳であるが、「疆〔彊〕梧」は十干の「丁」を意味するから、本書成立年代に最も近い貞享三年（一六八七、丁卯）を指していよう。

(201)『洗雲集』巻十四、『全』Ⅱ・九〇一下左以下。なお、本篇は、『大仏全』本の『律苑僧宝伝』には採録されていない。その理由は判然としないが、筆者の私見では、律僧となって久しい戒山としては、その苦心の作である『律苑僧宝伝』が、高泉撰述の高僧伝の亜流と見られるのを、たとい高泉の著述が世間的に好評を博してはいても望まない気持ちが次第に強まったためではないかと見受けられる。

(202)『大仏全』第一〇五巻・一二六頁上、「題二律苑僧宝伝一」と題し、その詩序では『律苑僧宝伝』の巻数を「十五巻」としている。一方、『翰墨禅』巻上では、「贈二戒山律師一」と題しており、詩序はほぼ同文であるが、巻数には言及されていない。『全』Ⅱ・一〇五六下右。元禄七年（一六九四）七月の『翰墨禅』公刊に際し、削除されたものと見られるが、その理由は判然としない。

(203)『全』Ⅱ・九〇一下左。

(204)『大仏全』第一〇四巻・二九一頁下。

(205) 大桑斉教授の見解にしたがい、性憲が慈門信光（戒山の法兄）から具足戒を受け、かつ、嗣法したと見る。大桑教授論攷「諸教一致論の形成と展開」、同教授『日本近世の思想と仏教』三九七頁。本書の書誌は、第四章註(240)参照。

(206)『大仏全』第一〇五巻・三〇二頁下。「吾法之中。諸師輩出。代有二嘉言懿行一。載在二碑文実録或遺編中一。而散二庶方一。無レ由二偏覧周知一。是以潜賢幽徳。不レ能三照二照於世一。誠可レ惜也。原夫律師。乃釈門之天子也。匪レ有二歴代之紀述一。則何以師二模于後世一者哉。」と、本書が全律宗のために世に出るべき必要性を力説している。ここでの性憲は、浄土門の僧としてではなく、まったく律僧としての意識に立っていることが容易に窺われよう。

(207) 本書に対する書誌学的解説としては、赤松俊秀博士が『大日本仏教全書』第九八巻（解題二）においてなされたそれが、現在も依然すこぶる有用である。同巻二四五頁上～中、鈴木学術財団刊、昭和四十八年（一九七三）。博士は、本書が狭義の律宗僧侶（唐招提寺および西大寺）のみならず、真言・天台・浄土各宗における戒律研究・実践者を幅広く網羅している理由を、撰者戒山が、天台宗に所属し、律・禅・密を兼学する同宗の宗風を承けたことに帰しておられる。しかしながら、彼の天台宗帰入（安養寺晋山・復興）は、その生涯の後半における出来事である。したがって、筆者の見るところでは、本書の幅広い採録方針は、戒山が天台宗に属したことに因る以上に、禅宗で出家し、真言律・浄土律と兼学していったその求道の歩みから自然に編み出されたものではないだろうか。また、佐藤成順博士は、その『宋代仏教の研究――元照の浄土教――』にて、宋代を代表する律僧・元照の諸伝記を列挙されるが、年代的に最も降る『律苑僧宝伝』所掲の元照伝（巻九）が最も長文であるとする見解を示される。同書二三〇頁、山喜房佛書林刊、平成十三年（二〇〇一）。

(208) 元禄十四年（一七〇一）執筆の義澄の自序に拠れば、『律苑僧宝伝』のこの不備こそが、彼をして史筆を執らしめた機縁をなしたという。ここには戒山の名は直書されず、「一律師」とされているが（『大仏全』第一〇五巻・三〇五頁下）、これが戒山を指していることは、続く「凡例」に「僧宝伝六十四人」として、『律苑僧宝伝』所掲の唐招提寺高僧の数が提示されている（『同』同右巻・三〇六頁下、「凡例」第四条）、という点からも明らかであろう。

(209) 同「凡例」第二・三条、『大仏全』第一〇五巻・一三八頁下。

(210) 俊芿伝：『大仏全』第一〇五巻・二四八頁上。曇照伝：『同』同右巻・二五二頁上。如導伝：『同』同右巻・二八二頁上。明忍伝：『同』同右巻・二八八頁下。なお、対応する『東国高僧伝』の該当部分は、すべて巻十にあり、俊芿伝：『大仏全』第一〇四巻・一一七頁上（『全』Ⅲ・一四四九上右）。曇照伝：『同』同右巻・一一九頁下（『全』Ⅲ・一四五一下左）。如導伝：『同』同右巻・一二一頁下（『全』Ⅲ・一四五三上右）。明忍伝：『同』同右巻・一二九頁上（『全』Ⅲ・一四六〇下右）。

(211) 『洗雲集』巻十、『全』Ⅱ・八六二上左。本篇よりも八篇前に、この年二月に歿した伊達綱村の生母・浄眼院を追薦する偈を掲げ、三篇のちに郡山藩主・本多下野守忠平に与えた偈を掲げている。後者はこの年の作である旨、『紀年録』（高泉年譜）貞享三年の条に明記されている。よって本篇もまた、貞享三年中の作と見られよう。

(212) 「你」の初出が唐代にまで遡ることは、註（183）で触れた。しかしながら、律宗の謹厳な宗風は、かかる口語語彙をその僧伝中に使用することを許さなかったのではないだろうか。ともに律僧の手に成った『続高僧伝』および『宋高僧伝』中にその用例が認められないことは、筆者のこの推察を傍証するに足ろう。

(213) なお、本書における二人称代名詞の用例は、そのほとんどが「汝」（師から弟子へ）、「師」（僧侶同士、もしくは弟子から師へ）、そして「子」・「公」（同輩の僧侶同士）であった。

(214) 『大仏全』第一〇五巻・二九〇頁上。文殊菩薩の名を十万遍（洛叉）まで唱え、これによって文殊のごとき智慧を得んことを期する行法と見られる。なお、『本朝高僧伝』巻六十二所掲の明忍伝にもこの逸話を認めない（『大仏全』第一〇三巻・三二四頁上以下）。

(215) 大阪市：塙書房刊、平成十二年（二〇〇〇）。

(216) 『大仏全』第九九巻・二頁上～三頁上。延宝三年（一六七五）に上進された、浄写稿本のみの『扶桑僧宝伝』全二十巻は、上進先の仙洞御所で、実父たる法皇とともに、堯恕も披見したのではないだろうか。

(217) 註（216）前掲書四頁下。

(218) 本書の費隠および密雲円悟の項は、ともに『厳統』と徐昌治の『高僧摘要』とに拠っている。費隠：註（216）前掲書五九頁下；

密雲：同三九頁上。

(219) 康煕五年（一六六六）刊。長谷部博士註（5）前掲書四八五頁以下に、本書の編纂・刊刻の経緯、とりわけ法従兄・費隠の『五燈厳統』が醸し出した物議による本書刊刻への影響について詳述されている。なお、費隠の本師・密雲円悟は、箬庵の本師・天隠円修と、幻有正伝門下では法兄弟の間柄であった。長谷部博士は、本書が『厳統』や曹洞宗の『五燈会元続略』ほどには、わが国で流通しなかったと指摘されている。すると、本書刊刻からわずか十四年にして公刊された堯恕の『僧伝排韻』こそは、わが国人が本書を活用した数少ない例の一つと言えよう。

(220) 長谷部博士註（5）前掲書三九六頁以下、「居士の学仏と燈録の編述」と題する一節を立て、この現象を詳説している。

(221) 五言古詩「読張太史・陳侍郎語録序」は、天和三年（一六八三）以降の作と見られる。『洗雲集』巻一、『全』Ⅱ・七四六下右。居士が禅を語り、語録を編むことを手放しで礼讃している。なお、第九章註（84）をも併せて参照されたい。本篇の直前には、天和三年、高泉五十歳にして、入れ歯を作った際の作を掲げ、直後には、貞享二年（一六八五）の『木庵語録』編纂に際し詠じられた作を掲げている。後者の篇題には、「紫雲木翁大和尚示寂之二年」とあるが、ひとまず「足かけ二年後」、つまり「示寂の翌年」の意味に解釈した。

(222) 村山博士註（215）前掲書二三八頁に、法嗣・堯憲法親王撰述の「獅子吼院堯恕親王行業記」を掲げる。これに拠れば、生母は藤原基音の女《むすめ》・国子と知られる。霊元天皇とも同母兄弟の間柄である。また、道契『続日本高僧伝』巻四所収の堯恕伝は、ほぼこの「行業記」に負うているが、巻頭の「援引書目」中には、「行業記」は挙げられていない。『大仏全』第一〇四巻・一九六頁上。ちなみに、元禄八年（一六九五）四月の堯恕示寂に際しては、真敬は二月以来一度ならず見舞っている。その侍医を力量不足と見なしてか、別の医師を伴って訪れたことすらあった。村山博士前掲書二三六頁。同じ年の十月には、高泉も示寂しており、真敬にとっては、すこぶる心痛の一年であったものと見られる。

(223) 杣田善雄教授『幕藩権力と寺院・門跡』二一九頁。常々種々の相談をなし、行動を共にしていたという。京都：思文閣出版刊、平成十五年（二〇〇三）。

(224) 本書のほか、『智者大師別伝新解』を著した。『続天台宗全書』所収。智顗の伝記研究には依然すこぶる有用の書である。

(225) 同書一六二頁以下、交代の激しかった天台座主の任期および、江戸在住の輪王寺宮の変遷についての考証を掲げている。

(226) 続真言宗全書刊行会（高野山大学内）刊、昭和五十九年（一九八四）。校訂は藤村隆淳教授。

(227) 一九九〇年代まで創価学会と密接なかかわりを有していたために、その財力を後ろ盾として、日蓮正宗関連の史的文献は数多く刊行されている。しかしながら、「日蓮宗富士派」が「日蓮正宗」と改称された経緯について、堀日亨師が中心となって編纂されたそれら文献は、伝えるところ甚だ少ない。

(228) 桂林崇琛（一六五二～一七二八、妙心寺第三一三世）は、その著『禅林執弊集』で、黄檗教団の人々が「臨済正宗」との印璽を常用した結果、本来勅許を要したこの印文を在来の臨済宗関係者らまでが濫用するに至った――と慨嘆している。辻博士註（61）前掲書三六五頁。なお、長谷部博士註（5）前掲書二六一頁では、中国曹洞宗各派間における正系意識の萌芽、およびそれに伴う「曹洞正宗」という言葉の早期事例について、嵩山少林寺の碑文を中心に年代上の考証を加えている。これに拠れば、かかる事象は、臨済宗における類似の事象（十四世紀初頭）に比してずっと遅く、明代中期（十六世紀前半）にまで下るという。延宝七年（一六七九）、鉄心道印は、高泉の撰文にかかる道元碑銘の末尾へ、建碑地の住職として署名するに際し、「伝曹洞正宗遠孫」と称しているが、これはわが国における「曹洞正宗」の用例としては、恐らく最初期のものではないだろうか。今後正・続『曹洞宗全書』金石文部に徴し、さらに用例を蒐集してゆきたい。

(229) 以下、『続真言宗全書』本の解題に依拠した。執筆は藤村隆淳教授（校訂者を兼ねる）。『続真言宗全書会報』第一八号、昭和五十九年（一九八四）十月刊。

(230) 大正二年（一九一三）から同四年にかけて、八葉学会から和装活版本として初めて刊行された。

(231) 運敞：七絶による賛「楠正成到二桜井駅一教二諭児正行一離図」、『瑞林集』巻十、『智山全書』第一五巻・五八四頁下。高泉：「日本忠臣楠正成河州公賛」、「一二十四巻本語録」巻二十四、『全』Ⅰ・二三三下右。

(232) 後篇巻二一・元応帝（後醍醐天皇）伝の賛では、帝が立川流（実態は不明だが、久しく「性の邪教」とされている）を迷信しためめに、政治が乱れ、せっかくの休烈（大きな功績、建武の新政を指そう）も水の泡となり、具体的には、「忠臣・義士〔正成・新田義貞を指そう〕悉く戦死し、王子皇孫皆な滅没」したとの見解を提示する。『続真全』本四九八頁下。そして、その帝の後を承けた後村上天皇を「偽帝」とし、東寺長者に補任された頼意の名が現行の東寺歴代表中に見えないのは、その補任が「偽帝の叙爵」であったためだとしている。正篇巻七・頼意伝・『同』二九九頁上。また、続篇巻十一・弘真伝・『同』四五九頁下にも、同趣の叙述と表現とを認める。一方、続篇巻十三・賢俊伝の賛では、足利尊氏と九州の大友氏とを提携せしめた伝主・賢俊の功績を讃えるとともに、賢俊と尊氏との師檀関係を、不空三蔵（中国密教の高僧）と唐・玄宗皇帝とのそれになぞらえ、「古今時異なると雖も、正法を興すの心極ま」っていたと見る。『同』四八四頁上。

(233) 同『大辞典』二二〇〇頁、昭和六年（一九三一）。

(234) 註(235)後出書一〇三頁（影印・翻刻）および一二四頁（訓読）。また、元禄年間に祐宝が書き上げた『法恩寺年譜』初稿が、隆英によって享保十二年（一七二七）に至り増補・浄写された際、祐宝は隠棲先の醍醐山から賀偈を寄せている。その署名によって、彼が当時七十二歳に達し、かつ、病床にあったことが知られる。同書一二〇頁（影印・翻刻）および一二八頁（訓読）。

(235) 越生町史研究会編、越生町刊、平成三年（一九九一）。同研究会の代表は、林英夫教授である。また、本『年譜』の校註・解題は、小林一岳教授の手に成るが、同教授は佐藤源作氏の先行研究『法恩寺年譜の研究』（さきたま出版会、筆者未見）を参照された旨述べておられる。

(236) 出身地を大坂とするのは、『密教大辞典』に拠った。ただし典拠未詳。また、明治四十四年（一九一一）増訂の鷲尾博士『日本仏家人名辞書』では、「初め佐賀に在り」とする。同『辞書』一一二七頁。祐宝は自己の出家先を、遠く東国の法恩寺に定めた理由はやはり、同族の上長たる住職・朝真が自己の出家当時、同寺の住職をしていたからではないだろうか。祐宝がその『法恩寺年譜』に記すところによれば、朝真は佐賀城下に生まれ、同地の護国福満寺で出家したという。註(234)前掲書八四頁（影印・翻刻）および一一二頁（訓読）。したがって、あるいは祐宝自身も佐賀の生まれと見るべきかもわからない。

この点、今後の調査に俟ちたい。

(237)正篇巻七・覚鑁伝の賛、『続真全』本三一〇頁下。

(238)言及箇所は以下の九箇所。頁数はすべて『続真全』本のそれである。(一)正篇巻六・教尋伝、二八四頁下。(二)正篇巻六・定尊伝、二八七頁下。(三)正篇巻七・覚鑁伝、三一〇頁上。(四)正篇巻七・兼海伝、三一一頁上。(五)正篇巻七・真誉伝、三一三頁上。(六)続篇巻六・法性伝、三八七頁上。(七)続篇巻十下・頼瑜伝、四四九頁下。(八)続篇巻十一・源雅伝、四六四頁下。(九)後篇巻一・明寂伝、四九一頁上。うち(一)・(二)・(五)・(六)ではいずれも『釈書』の「誤謬」が指摘されている。このうち、(六)で指摘された誤謬(教尋・永尋を同一人物と見なす)は、櫛田良洪博士も誤謬と指摘されている。註(176)前掲書二七九頁下。また、(一)では「智積泊僧正」、(三)では「泊僧正」、(七)では「智積僧正」と、運敞の名が敬称を添えて挙げられている。

(239)言及箇所は以下の九箇所。頁数はすべて『続真全』本のそれである。(一)正篇巻二・寛平上皇(宇多天皇)伝、二六一頁下。(二)正篇巻三・皇慶伝、二六四頁上。(三)正篇巻七・覚鑁伝、三一〇頁下。(四)続篇巻一・峰禅伝、三四一頁上。(五)続篇巻二・法蔵伝、三五三頁。(六)続篇巻五・仁海伝、三六九頁上。(七)続篇巻五・成典伝、三七〇頁下。(八)続篇巻六・成尊伝、三八一頁上。(九)続篇巻十二・明遍伝、四六八頁下。うち、(二)が「餘は『釈書』の如し」、(五)が「具さには『釈書』の如し」として、積極的な取り上げられた方をしている以外は、すべて「誤謬」指摘と同時に、虎関への痛罵、さらには禅宗批判が展開されていると言っても過言ではない。

(240)註(235)前掲書一二〇頁(影印・翻刻)および一二八頁(訓読)。本『年譜』浄書本完成を賀した偈の小序に見える。

(241)横超慧日博士がつとに『仏書解説大辞典』中の「地蔵菩薩本願経」の項で、通俗的な地蔵信仰が日中両国で活発化した時期がこの頃である旨、指摘されている。同『大辞典』第四巻・二七六頁、東京：大東出版社刊、昭和八年(一九三三)。同『大辞典』所掲の主要な同『経』註釈書——その中には高泉も序を寄せた真常『地蔵菩薩本願経手鑑』も含まれる(第一章註(105)参照)——や、地蔵信仰霊験記の類もまた、中国にあっては明末清初以降、わが国にあっては江戸時代初期以降の刊刻に係るものが大半を占めている。

(242)『仏書解説大辞典』第五巻および『新纂　禅籍目録』に徴するに、『(首)楞厳経』の中国における撰述書としては、つとに北宋の長水子璿（九六五〜一〇三八）が『首楞厳経義疏注経』を著し、わが国でも高師直（？〜一三五一）が覆刻して五山版の名品として知られている。ただ、荒木見悟博士の論攷「明代における楞厳経の流行」に拠れば、同経が居士の間で熱心に講究されるに至ったのは、明代中期以降、同経に展開された頓悟漸修の思想が、地に足のついた実践論として注視されるに至ってからのことだという。荒木博士『陽明学の開展と仏教』、東京：研文出版（山本書店出版部）刊、昭和五十九年（一九八四）。

(243)荒木博士註(242)前掲論攷、収録書二〇八頁。これは、清初の銭謙益が『楞厳経解蒙鈔』巻十之三で展開した見解をば、明代続出の同『経』註釈書に横溢する思想を総決算した言葉と規定のうえ、それを要約した表現である。

(244)第二九〇八号、平成十三年（二〇〇一）四月十一日刊。題目は「『伝燈広録』の再発見」。

(245)頁数はすべて『続真全』本のそれである。(一)正篇巻四・救世伝、二六六頁上。(二)正篇巻五・深観伝、二七五頁上。(三)正篇巻六・頼深伝、二八六頁下。(四)続篇巻二・真興伝、三五三頁下。(五)続篇巻五・成典伝、三七〇頁上。(六)続篇巻六・道範伝、三八八頁上。(七)続篇巻六之餘・義範、三八九頁下。(八)同右・同右、三九〇頁上。(九)続篇巻七・勝覚伝、三九二頁下。(一〇)続篇巻十・珍海伝、四一二頁下。(一一)続篇巻十之上・親玄伝、四四一頁上。(一二)続篇巻十二・證道伝、四六七頁下。(一三)続篇巻十二・願行伝、四七一頁上。(一四)続篇巻十二・義能伝、四七六頁上。(一五)続篇巻十三・定済伝、四七七頁下。(一六)後篇巻一・範俊伝・四八八頁上。(一七)後篇巻二・良勝伝、四九三頁上。(一八)後篇巻二・高弁（明恵）伝、四九六頁上。(一九)後篇巻四・宥快伝、五二一頁下。(二〇)同右・同右、五二一頁下。ことごとく本文中の、それも会話文中の用例であり、同じ本文でも地の文や祐宝の賛文中の用例は見当たらない。また、正篇中の用例たる(一)・(二)・(三)では、口語性ヨリ濃厚な「你」の字体に拠る。ただし、祐宝の自筆本は現在未発見であり、高野山大学・龍谷大学の古写本も、ともに数師の転写をへている。したがって、祐宝の原本からしてすでに「你」に作っていたかどうかは未詳である。

(246) 頁数はすべて『続真全』本のそれである。(一) 正篇巻八之下・永助伝、三二七頁下。(二) 続篇巻十一・実深伝、四五四頁上。(三) 後篇巻一・範俊伝、四八八頁上。順に「大聖宝雄殿」・「大宝雄殿」・「金剛雄宝殿」に作る。場面は伝主が本師から灌頂を受け、付法される場面である。

(247) 註(235)前掲書八四頁(影印・翻刻)および一一三頁(訓読)。

(248) 註(235)前掲書八八頁(影印・翻刻)および一一八頁(訓読)。

(249)『瑞林集』巻二、『智山全書』本四六九頁下。

(250) 七絶「餞二法恩定闍梨東帰一」、『瑞林集』巻五、『智山全書』本五一一頁下。題下の註に「応レ索」とあって、主温のほうから詩偈を乞うたものと見られる。『法恩寺年譜』にも同題同内容の詩偈を主温伝中に掲げており、詩題にいう〈定闍梨〉とは、主温の字「乗[定]玄房」を指していよう。註(235)前掲書九一頁(影印・翻刻)および一二二頁(訓読)を参照。

(251) 題はなく、「遠想二道風一如二渇飢一。豈図今日拝二禅儀一。法輪転處餘二慈眼一。千里残僧領レ化時」と、かねがね高泉の道誉を慕っていたことを詠じる。註(235)前掲書九一頁(影印・翻刻)および一二一頁(訓読)。

(252) 註(235)前掲書九二頁(影印・翻刻)および一二一頁(訓読)。

(253)『埼玉県寺院聖教文書遺品調査報告書　2　解説・史料編』九四〜九六頁、埼玉県立文書館編、埼玉県教育委員会刊、昭和五十九年(一九八四)。

(254) なお、『中国仏教人名大辞典』主要部分の著者・震華法師(一九〇八〜一九四七)は、民国三十一年(一九四二)に上海の名刹・玉仏寺に晋山する以前、『東渡弘法高僧伝』および『入華求法高僧伝』を撰述している。ともに同二十九年(一九四〇)の日本視察の成果を踏まえつつ、江蘇省・鎮江の竹林寺で執筆されたという。于凌波居士『民国高僧伝続編』一二八頁、台北：昭明出版社刊、民国八十九年(二〇〇〇)。これら両書が現存するかどうか不明であるが、恐らく前者は、中国人の手になった書としては、高泉の『東渡諸祖伝』以来久々の来日中国人僧侶列伝であったものと見られる。

# 第九章　高泉六言絶句の研究

# 第九章　高泉六言絶句の研究

## 序　節

高泉渡日後の多岐にわたる文芸面での活躍の中で、とりわけ注目すべきものとして第一に、恐らく前代には——そしてこれも恐らくは現代に至るまで——およそ他に類例を見ないほどに豊富な六言絶句の製作および有縁の人々への贈呈が挙げられよう。本章ではまず、この独特の詩形の千年を超える歴史を概観し、そのうえで、高泉の詩風を概観したい。

### 六言絶句の様式

本章にいわゆる「六言絶句」とは、韻律上、以下の四形式に属する作例を指す。これら四形式の分類・呼称は、平井参（号：魯堂）氏がその『新式　初学作詩法』(1)に掲げるところの名称にしたがった。なお、以下の叙述中で頻用する四種の記号（○・●・◎・△）のうち、○は平字、●は仄字であることを原則とし、◎は平仄いずれかの韻字を示す。そして、△は平仄いずれかを問わない個所である。また、これら平仄式は、平韻を用いた場合を前提としており、仮に仄韻に拠った場合には、第三句の句末には——第一句句末に不押韻の場合にはそこも——図示した仄字（●）に代えて平字（○）を用うべきことに留意されたい。ただし、筆者がこれまで見て来た限りでは、仄韻を用いた作例は、ごく少数である。

①平起式有粘法（ニ）型

△○△●○◎　老来偶得天休
△●△○●◎　兀兀百無所求
＝　＝
△●△○●●　此去石門不遠
△○△●○◎　笑看一帯狂流
（隠元「小渓十咏」第一首(2)）

②平起式拗体（⇔）

△○△●○◎　登山一馬当先
△●△○●◎　豈敢冒充少年
⇔　⇔
△○△●○●　只因恐怕落後(3)
△●△○●◎　所以拼命向前
（梁思成(4)）

③仄起式有粘法（＝）型

△●△○●●　簟織湘筠似浪
△○△●○◎　帳垂空翠如烟

＝　＝
△○△●○●　一片睡雲驚散
△○△●○◎　緑槐高處風蟬
（白玉蟾(5)）

④仄起式拗体（⇔）
△●△○●●　昔有転輪聖帝
△○△●○◎　千児七宝随身
⇔　⇔
△●△○●●　一旦無常卒至
△○△●○◎　依然不免沈淪
（高泉「無常偈」第一首(6)）

①・③にいう「粘法《ねんぽう》」とは、以下のような韻律上の対応関係をいう――第二句の第二字が平ならば、隣接する第三句のそれもまた平であり、そして、第二句の第四字と隣接する第三句のそれとの間にも同様の一致を呈する。ただし、第二字が平ならば、第四字のほうは、第二句・第三句ともに仄でなければならない（逆に第二字が仄ならば、第四字は平となる）。記号＝で表示した個所がそれであり、絶句・律詩そして排律（作例やや乏しい）には必ず認められ、いわゆる近体詩を特徴づける規則である。

六言絶句にあっては、七言絶句に見るような粘法を有する二つの詩形に加えて、七言絶句の場合と同様、記号⇔で表示したように、第二・第三句それぞれの第二字・第四字の間に粘法を認めない詩形も、二つまで存在する。もっとも、〈粘法を認めない〉と言っても、決して無規則に平仄を配置しているわけではない。具体的には、第二句が「×仄×平×◎」ならば、続く第三句では「×平×仄×●」と配置している。つまり、第二字と第四字とが、ちょうど反対の平仄を呈するよう（⇔）、すこぶる意を用いている。これはこれで、粘法を用いた場合とはまた違った韻律美を醸し出すものと見られる。詩学では「拗体《ようたい》」と呼称する。

後述するが、総計二百三十三首に達する高泉の六言絶句作例中、最も多いのが④の仄起式拗体であり、圧倒的多数派を占める。その次が②平起式拗体であり、これに対し、本来の平起式および仄起式（①・③）は作例皆無である。平井参氏は註（1）前出の『新式初学作詩法』で、六言絶句の仄起式にあっては「拗体を用ふるが例なり」とする見解を示しており――遺憾ながらその根拠が明示されていないが――また、同書で作例に挙げられた朱熹の「鉛山立春」ほか四首もまた、尽く拗体によっている(7)。時代的には朱熹よりも遡る徳洪の六言絶句（第三節後述）も、全九十首の作例のうち、実に七十五首、すなわち全体の六分の五までが仄起式によって占められ、しかも一首の例外もなく拗体によっている。したがって、高泉六絶の仄起式作例もまた、こうした宋代以来の通規を踏まえていよう。

## 第一節　六言絶句に関する先行研究

### 呉小平氏による概説

六言絶句の成立および作例について、現代中国において最も簡明な説明を加えた文献としては、呉小平氏執筆の『中国文学大辞典』中の一項「六言詩」および「六言絶句」(8)が第一に挙げられよう。執筆者の呉氏は一九五六年の生まれで、六朝文学を専攻、江蘇古籍出版社にあって古典文学関連書籍の編集に従事するほか、六朝詩並びに唐詩に関する論攷を折々発表されつつある(9)。左記の説明も、呉氏多年の六朝文学研究の成果と言えよう。

六言詩　古典詩体之一。全篇以六言句構成。相伝始於西漢谷永，或説，或説東方朔已有〝六言〟(見《文選》左思《詠史》李善注引)。但2人之作均已不伝。今存最早的六言詩為漢末孔融所作，共3首。其後魏晋間曹植、陸機、陳雲等人間有所作。唐以後律詩興起，六言詩也有古体、近体之分。明人胡震亨《唐音癸籤》曰：〝六言律詩，劉長卿集有之，及六言絶句，王維集有。〟六言詩不是詩林正体，〝不過詩人賦詠之餘耳〟(明人徐師曾《文体明辨序説・六言詩》)，所以在文学史上並不流行。

六言絶句　絶句的一種。可参看〝絶句〟条。指全篇由4句六言句構成的詩歌。這種詩歌古已有之，今伝最早的孔融《六言師三首》，其中第2首就是一首六言絶言，但当時並無絶句之稱。即使到南朝〝絶句〟之名産生以後，也是専指五言絶句的，其後才兼及七言絶句。因此，所謂六言絶句，当是後人沿用五言絶句、七言絶句的体例，来指代類似於此的六言詩的。唐代律詩形成以後，六言絶句也有古体、近体之分。明人胡震亨《唐音癸籤》説：〝六言絶句，王維集有。〟不過，六言詩本為詩人賦詠之餘事，並不流行，作為其体之一的絶句，写作者則就更少。

六言詩　古典詩形の一つ。全体が六言句から構成されている。西漢［前漢］の谷永（引用者註：？　～BC八）に始まり、あるいは東方朔にもすでに「六言」があったと伝えられている（『文選』所載の左思「詠史」に対する李善注を見よ）。けれども、二人の作品はともに伝わらない。現存最古の六言詩は、漢代末期・孔融の作品で、三首から成る。そののち、魏晋時代に曹植・陸機・陸雲といった人々に作例がある。唐代以降、律詩が生まれると、六言詩にも古体・近体の区別が生じた。明・胡震亨の『唐音癸籤』では、「六言律詩は劉長卿の詩集にあり、六言絶句は王維の詩集にある」としている(10)。六言詩は詩界の正統ではなく、「詩人賦詠の餘に過ぎざるのみ」であった（明・徐師曾『文体明弁序説』・六言詩(11)）。それゆえ、文学史上において、少しも流行を見なかった。

六言絶句　絶句の一種、「絶句」の項を参照されたい。全体が四句の六言句から構成された詩歌である。この種の詩歌は昔からあったものの、現存最古の作例は、孔融の「六言詩三首」である。そのうちの第二首は六言絶言《ママ》である。けれども、当時は絶句という名称がなかった。南朝において「絶句」の名称が生み出されたのちも、絶句とはもっぱら五言絶句を指していた。そののち七言絶句をも指すに至ったのである。したがって、いわゆる六言絶句とは、後代の人々が五言絶句・七言絶句の形式に準じ、これらに類似した六言詩を指したものであろう。唐代に律詩が生み出されてからは、六言絶句にも古体・近体の区別ができた。明・胡震亨の『唐音癸籤』では、「六言絶句は、王維の詩集にあり」とする。けれども、六言詩自体が詩人吟詠の余事であって、少しも流行せず、その形式の一つとしての絶句に至っては、製作する者いよいよ乏しかったのである。

孔融を始祖と見れば千八百年を超える六言詩の歴史、とりわけその揺籃を概説し、関連文献をも列挙している点は、長く依拠すべきであろう。微瑕としては、わが国の近藤春雄博士がその『中国学芸大事典』の「六言詩」・「六言絶句」・「六言律」の計三項(12)で示された所見が全く反映されておらず、したがって、近藤博士の指摘された、宋代成立の六言絶句の専集『万首唐人絶句』（後出）の存在と六言律詩のそれとが見落とされていることである。

### 現存最古の六言詩

さて、呉氏が取り上げた、孔融作の現存最古の六言詩は、逯欽立氏（一九一〇～一九七三）編『先秦漢魏晋南北朝詩』では「六言詩三首」と題されている[13]。そして、呉氏が「六言絶言《ママ》」だと指摘した第二首の原文および平仄式は、左記のとおりである。

郭李分争為非　●●○○○◎　（第一句）
遷都長安思帰　○○○○○◎　（第二句）
　　　　　　　　　　＝
瞻望関東可哀　○●○○●◎　（第三句）
夢想曹公帰来　●●○○○◎　（第四句）

これを見ると、前半二句と後半二句とでは、韻目を異にしており（前半：平声微韻・後半：平声灰韻）、また、第二・三句それぞれの第四字の間には、粘法（＝）の成立を認めるものの、第二字の間には認められない[14]。一方、絶句・律詩・排律を通じて近体詩の原則たる「二四不同」は、第二句を除く他の三句には認められる。

この「二《に》四《し》不《ふ》同《どう》」とは、各句の第二字と第四字とが必ず平仄を異にしていることをいい、例えば第二字が平（○）であるならば、もう一方の第四字は仄（●）であることが要請される。実に「二四不同」こそは、七言絶句・律詩・

排律の通規たる「二六対《にろくつい》」(各句の第二字と第六字とが必ず平仄を同じくすること) と並んで、近体詩にあっては二大原則ともいうべき決まりごとである。

言うまでもなく、五言詩は各句五言(字)であるから、「二六対」の遵守は、その構造上不可能である(第六字は存在しないのだから)。六言絶句にあってはしかし、「二六対」に代わって、近藤春雄博士の指摘される「二五対」が認められる(15)。これは、ある句において第二字が平(○)ならば、第五字にも同じく平の文字を置く、仄(●)の場合もまた同様である。右に触れた粘法が、句と句との間に韻律美を醸し出す要因であるのに対し、これら二つの決まりごと(二四不同・二五対)は、個々の句の中において韻律美を奏でていると言えよう。

さて、本篇の作者・孔融(一四四〜二〇八)は、いわゆる「建安七子」の一人であり、孔子直系の名門の生まれである。後漢末の乱世にあって文運を扶持した、文芸思潮史上特筆すべき人物ではあるものの、大々的な仏典漢訳事業とそれに伴うインド音韻学の摂取は、彼の時代にはまだ実現を見ていなかった。

また、沈約(四四一〜五一三)が現れてインド音韻学の成果を中国音韻学および詩学に導入するのも、孔融の死から実に二世紀以上ものちのことである。したがって、孔融の「六言詩」第二首が四句から成り、後代の絶句とは単に外見を同じくしているばかりで韻律美への注意に欠けているのは、時代的に見ても、やむを得ないことであろう。すなわち、「二四不同」への配慮が、第三句において欠如していることに加え、「二五対」についても、第二・三句にはこれが認められるのに対し、第一・四句では認められない。

くだって唐代に入り、五言および七言の絶句・律詩が詩形として確立されると、六言もまた洗練の度を加えた。呉小平氏引用の胡震亨『唐音癸籤』にも記されているように、王維並びに劉長卿には、いかにも少数ながら作例を見る。さらに宋代に入ると、個々の作者の作例こそ少ないものの、黄庭堅・范仲淹・王安石・朱熹・陸象山といった、まさに錚々たる顔ぶれの士大夫が、六言絶句による作品を遺している。元代には趙孟頫（一二五四〜一三二二）・倪瓚（一三〇一〜一三七四）が、自らの絵画作品へ画賛を記すに際し、しばしば六言絶句を用いている。「二四不同」・「二五対」の遵守も、ヨリ徹底されるようになった。

### 六言詩衰退の背景

とはいえやはり、六言絶句は畢竟、作例希少な詩形たるを免れまい。その事情については、つとに松浦友久博士がその『中国詩歌原論』で、音楽学に関する知見をも援用されつつ究明されている。松浦博士に拠れば、五言・七言のような奇数句においては、例えば、「国破／山河／在×」（五言）・「朝辞／白帝／彩雲／間×」（七言）のように、二言（字）一拍をなしつつ、最後に半拍分の「休拍」（×、余韻）を生じ、これが作品朗詠に際し、聴き手の側に音楽的な感動を呼び起こすのである。

ところが、四言や六言の場合は、同じく二言（字）一拍をなすも偶数句という構造からして、例えば四言句では「光明／遍照」のように、そして六言句では「郭李／分争／為非」のように、それぞれ末尾が截然と切れてしまい、余韻を醸し出すことが根本的かつ構造上からして不可能である。したがって、韻律美を重視する近体詩の誕生は必然的に、右記のような韻律上の欠点を有する四言詩および六言詩の衰退をもたらしたのである。

とりわけ六言詩について、松浦博士はそれが畢竟、韻律の上からすれば、「舌足らずの七言詩」か、さもなくば、「歯切れの悪い五言詩」かのいずれかの印象を与えるに過ぎない点を指摘され、「六言詩が盛行しえなかった必然性はおのずから明らかだと言うべきであり、また同時に、詩歌のリズムにとって〝休拍〟の存在がいかに重要かということが、あらためて確認されるわけである」と結んでおられる(16)。

筆者も松浦博士の見解には強く同調するが、以下の諸節では、（一）高泉に至るまでの仏教界および士大夫間における六言絶句製作の歴史と、（二）高泉がどういう背景から、敢えてこうした一般的な中国詩歌史の流れに激しく逆行する形で、多量かつ質的にも相当に高度な六言絶句を製作したのかを究明したい。

## 第二節　宝誌の六言詩とその信憑性

### 鈴木博士の先行研究

高泉が属した禅宗にあっては、唐代以降、種々の詩形による詩偈が製作され、幾多の禅僧が、その悟達の境地を表明している。鈴木哲雄博士はつとにこれら詩偈の淵源・種類・禅思想史上における役割に着目し、その『唐五代禅宗史』で、一節を割いて詳述される[17]。

すなわち鈴木博士は、五代成立の『祖堂集』と宋初成立の『景徳伝燈録』とを調査対象として、禅僧たちの偈頌を検出、詩形別の分類表にまとめ上げた。単に該当作品を列挙するのみならず、該当作品の句数まで算出するという精緻なもので、題して「祖堂集・伝燈録中の偈頌」[18]という。この分類表によって、香厳智閑（八一九～九一四）・蘇谿元安（八三四～八九八）・法眼文益（八八五～九五八）・清涼泰欽（？　～九七四）・長沙景岑（生歿年未詳）・荷玉光慧（生歿年未詳、曹山本寂［八四〇～九〇一］の弟子）ら唐末以降宋初までの禅僧に、それぞれ一首から数首までの六言偈頌のあることが知られる。

周知のように、『祖堂集』は宋代以降、一九二〇年代に朝鮮で高麗時代の古版本が発見されるまで、わが国および中国本土では久しく忘却されており、有数の僧伝作者たる高泉や卍元にとってさえ、未知の文献であったものと見られる。したがって、同書巻二所掲の荷玉光慧の「頌」一首、および香厳智閑の「渾淪語頌」一首（ともに四句以上から成っており、分類上は古体詩）が彼らの目に触れることは無かったことであろう。一方、『景徳伝燈録』は、およそ禅宗史や詩偈に志ある禅僧にとっては必読の文献であり、歴朝にわたり和漢の各地で刊刻されたから、そこに掲げられた長沙景岑の偈や宝誌の作とされる二十指に余る六言古詩（ともに後出）は、常々高泉の披閲するところとなっていたことであろう。

### 長沙景岑の六言詩

まず、長沙景岑は生歿年未詳であるが、その師・南泉普願（七四八～八三五）およびその弟子・雪竇常通（八三四～九〇五）の生歿年代から推して、彼自身は九世紀中期以降から後期（いわゆる晩唐）にかけて活躍した人物と見られる。したがって、右に挙げた六言詩作者六師の中では、最も早期の人物と見られる。その長沙景岑が製作した無題の六言詩頌は、次のような四句から成っている(19)。

仏性堂堂顕現　●●○○●◎
住性有情難見　●●●○○◎
若悟衆生無我　●●●○○●
我面何殊仏面　●●○●●◎

ここでは二四不同への留意こそ明瞭に認められるものの、第一句第二字が仄起（●）である場合、続く第二句では第二字を反対の平字（○）にするという、絶句一般における規則がなお認められない。また、仄韻（顕・見・面）を用いているのだから、第三句の句末には平字を配すべきところ「無我」という術語を活かしたかったためか、仄字「我」が用いられ、これと同義の平字たる「吾」や「余」が用いられていない。

長沙景岑のこの偈頌は、中国禅宗史上、そして全中国仏教の歴史においても、恐らくは現存最古の四句から成る六言詩であるが、韻律の上からは、これを絶句と称することはできない。唐五代期の禅宗文学資料としては、鈴木博士も拠られた『祖堂集』・『景徳伝燈録』を双璧とするが、これら二文献中に六言絶句の該当例が見当たらない以上、これが禅宗に導入された時期は、作者・長沙景岑が活きた晩唐よりもさらに降るものと見たい。

ちなみに、開元二十一年（七三三）の進士・劉長卿、天宝十三年（七五四）の進士・韓翃、同十五年（七五六）の進士・皇甫冉、そして天宝某年の進士・張継（「楓橋夜泊」の作者として知られる）は、いずれも大暦年間（七六六～七七九）に活躍した。三人は中国詩学史上、いわゆる中唐の詩人に属しており、それぞれ六言絶句を遺しているが、形式の上ではすべて本章冒頭に列挙した四つの詩形のいずれかを用いている(20)。

また、彼らに先行する詩人としては、盛唐の王維（六九九？～七五九）が最も作例に富み、六首を数える。「田園楽」六首(21)がそれである。しかしながら、六首いずれも、どこかしら形式上の不備があり、拗体とすら見なすことはできない。具体的には、各首とも、全四句中のいずれかの句で「二四不同」の不遵守を犯しており、完璧な六言絶句とは言い難いのである。六言絶句の詩形としての完成はやはり、中唐・大暦年間に至り、相互に交流の深かった右記四詩人兼進士の登場を待ってなされたのではないだろうか。

## 宝誌に仮託された六言古詩連作

さて、鈴木博士の先行研究に拠れば、数ある禅僧たちの中でもとりわけ多くの、しかも思想的体系性に富んだ六言詩を製作した人物は、南朝の斉・梁時代に活躍したとされる宝誌（四一八～五一四）である。『景徳伝燈録』の編纂者・道原は、巻二十七の冒頭、「禅門の達者にして出世せずと雖も、時に名有りし者」[22]と規定したうえ、善慧、すなわち傅翕（四九七～五六九）や、南朝末～隋代にかけて活躍の南岳慧思・天台智顗師弟、さらには唐の寒山・拾得と並べて、その伝記を掲げている。

道原は宝誌製作の『大乗賛二十四首』が世に盛行しており、しかもその内容たるや、「禅宗の旨趣と冥会」しているので、うち十首を抄出のうえ、『十二時頌』ともども「別巻」に収録した旨、註記している[23]。「別巻」とは『伝燈録』巻二十九の唐五代禅僧諸師の偈頌集成を指す。そこでは右記の「大乗讃［賛］」・「十二時頌」に加えて「十四科頌」も収録されている。このうち、「十二時頌」は「3／7／7／6／7／7／7」の計四十四言から成り、かつ冒頭の三言部分では「平旦寅」・「日出卯」・「日入酉」等、三字目に十二支の各項を配した、それ自体が敦煌文書以来の歴史をもつ詞牌（填詞の詩形）である[24]。

そして、残る「大乗讃」・「十四科頌」の計二十四首が、六言詩の詩形によっている。『景徳伝燈録』の撰者・道原は「十四科頌」については、何ら解説的字句を施していないが、鈴木博士は「大乗讃」ともども、これらがすべて「唐代に（宝誌に）仮託して作られた作品である」という見解を示される[25]。鈴木博士はその根拠を提示されないが、牧田諦亮博士は鈴木博士に先行する論攷で、一連の宝誌仮託作品が「何れもその文体・用語等は整理されて」おり、したがって、「到底宝誌若《もし》くは六朝時代人の作とは考えられない」という見解を提示されている[26]。

右に見たように、禅宗における——そして恐らくは中国仏教における——現存最古の六言詩（前出の長沙景岑の無題の偈）すら四言のみの短篇であったのに、その作品から年代的に最低でも三世紀以上は遡る宝誌が、かくも大型で、しかも思想的な体系性をさえ具備した連作(27)を作る筈があるまい。ましてや、宝誌の事蹟自体がその鷹の巣での出生から、さながら『法華経』普門品の「或囚禁枷鎖。…釈然得解脱」の偈句や、使徒パウロの故事のごとく、官憲に捕縛されても自在に脱獄し得たこと、そして、梁の武帝の帝師として種々の教導を与えたとされること等々、濃厚な伝説的かつ神秘的色彩に飛んでおり、果たしてどこまでが史実であるのか、今もって決着を見ないのである(28)。試みに、「解縛不二」と題された「十四科頌」第十一首を見よう(29)。

解縛不二

律師持律自縛。自縛亦能縛レ他。外作二威儀一恬静。心内恰似二洪波一。不レ駕二生死船筏一。如何度二得愛河一。不レ解二真宗正理一。邪見言辞繁多。有二二比丘犯レ律。便卻三往問二優波一。優波依レ律説レ罪。転増二比丘網羅一。方丈室中居士。維摩便即来訶。優波黙然無レ対。浄名説レ法無レ過。而彼戒性如レ空。不レ在二内外娑婆一。勧除生滅不レ肯。忽悟還同二釈迦一。

偶数番目の句末に押韻するという漢詩の一般的規則を遵守するほかは、「二四不同」や相互に隣接する句の間での粘法の形成を認めず、詩形上は古体詩に属している。その内容は、釈尊十大弟子中、「持律第一」と謳われた優波利が、とかく外面的な持戒をのみ重んじがちで、指教を乞うて訪れた二人の破戒の修行者をかえってますます苦悩させたのを見て、維摩居士が優波離を叱正、大乗仏教の観点から、あるべき真の持戒の姿を説示したという、『維摩経』中の著名な故事(30)をよくふまえている。詩としての巧拙はともかく、大乗仏教の基盤をなす思想の表明として、まずは達意の作と言えよう。達意という点では、宝誌作とされる他の六言詩も同様である。

## 高泉の宝誌信仰

宝誌は、『景徳伝燈録』に記されたその生歿年が史実だとすれば、中国禅宗の始祖・菩提達摩と同時代人である。この『景徳伝燈録』は、中国本土で久しく散逸していた『祖堂集』を除けば、現存最古の燈録（高僧列伝）であるが、かかる権威ある書物に、彼の著作とされる禅味比較的濃厚な偈頌が多数採録された結果、その神秘的な事蹟と相俟って、宋代以降の禅宗史上において、宝誌は菩提達摩・六祖慧能らいわゆる禅宗列祖に比しても遜色なき崇拝を受けるに至ったものと見られる。

およそ宋代以降の禅宗語録の「賛」の部で、宝誌への賛を載せていない例を探すのはすこぶる困難であり、この点、隠元・木庵・即非の黄檗三祖も例外ではない。平久保氏作成の索引に拠れば、彼らはそれぞれ複数の宝誌関連の法語および偈頌を遺しているのである。

高泉に至っては、三祖を承けて、法語の中で宝誌関連の故事を取り上げ[31]、偈頌では宝誌を讃嘆する[32]ほか、禅宗以外の宗派における宝誌信仰を鼓吹するということまで行っている。すなわち、貞享四年（一六八七）冬、京都の浄土宗寺院西往寺の住職・専誉[33]が伏見・仏国寺に高泉を訪ね、持参した宝誌画像へ著賛を乞うた。専誉の語るところに拠れば、その画像は寺秘蔵の、紫梅檀に刻まれた宝誌彫像を描いたものだという。

その彫像の来歴は、次のとおりである――宝誌が帰依者たる梁の武帝と川のほとりに遊んでいたところ、たまたま上流から流れてきた香木を宝誌が拾い上げた。そこで武帝が随行の僉紹に命じて刻ませたところ、不思議や、名画家の僧繇（画竜点睛の伝説で知られる）ですら描きかねた宝誌の姿を、僉紹はたちどころにして刻み出すことができた。かくて、梁の宮廷に奉安された宝誌彫像であったが、のちに我が国の神仙・役小角が中国に飛んで持ち帰り[34]、以来、西往寺に秘蔵されてきたという。高泉は専誉の語る彫像の来歴を聞き、それを描いた画像を眺めたうえ、「宝誌大士画象賛」を撰述した[35]。

翌貞享五年（一六八八）、専誉は西往寺内に影像を奉安するための専用の堂宇を建立、請われて伏見から赴いた高泉は、聯の文言を撰び、かつ、これを揮毫した。聯には「鼇破面門現出慈容種種。構成梵宇聚来勝福重重」と刻まれた[36]。また、影像を拝した際、高泉は七言絶句一首を製作、これを拝し得る者は前世以来の好縁に恵まれているのだと強調している[37]。

その像自体は、高さが五尺ほどであったというから（右記「宝誌大士画象賛」の叙述）、さして大きなものではないが、浄土宗寺院では例を見ない、禅宗ゆかりの伝説的高僧像のために特別の堂宇が建立されたということ自体、中国僧・高泉による新奇な堂前の聯の存在も相俟って、市中で相当な話題を呼んだものと見られる。遺憾ながら、堂宇建立の推進者たる住職・専誉の経歴が明らかでなく[38]、加えて、堂宇が建立された西往寺自体の寺史も決して充実しておらず[39]、いったいいかなる背景で、この禅浄双方にまたがる信仰事例が生じたのか、今後の究明に俟たざるを得ない。

このように、高泉の詩文は、我が国にあって禅宗以外の他の宗派の僧俗に宝誌の「事蹟」を知らしめるうえで、相当の働きがあったものと見られる。しかしながら、彼の法語・詩偈のいずれも、本節で取り上げた宝誌作とされる一連の六言詩への言及もしくは暗示が認められない。広く禅宗に流布した『景徳伝燈録』は、当然、高泉も披見したはずであり、かつ、同書巻二十九に採録された宝誌仮託の六言偈頌を知らなかったとも思われない。しかしながら、現存する高泉の六言絶句中には宝誌関連の作品は認められない。したがって、六言詩製作の「先人」としての宝誌は、高泉に多量の六言絶句製作を促した機縁としては、ひとまず無関係と見たい。

## 第三節　北宋・徳洪の六言絶句への熱意

### 徳洪覚範の六絶作例

高泉に先行する六言絶句多作者としては、まずやはり北宋の徳洪覚範（一〇七一～一一二八）に屈指すべきであろう。その詩文集『石門文字禅』では巻十四に多量の六言絶句を収録する。その数、実に三十四篇九十首（うち連作が二十三篇七十九首、残りは一篇一首から成る単作）におよぶ[40]。いま、別表一によって、『景印文淵閣四庫全書』本（台湾商務印書館より影印刊行）によって、該当する作品をすべて掲げたい[41]。

別表一　徳洪『石門文字禅』巻十四「六言絶句」の部

| 篇　題（長文の詩題は一部省略） | 通番号および本文 | 四庫全書本の丁数（『景印文淵閣四庫全書』第一一一六冊、台湾商務印書館版） |
|---|---|---|
| 夏日睡起…（単作一） | （一）踈慵自分山翠。矮牆不隔荷香。睡美不知雨過。覚来一有徹涼。 | 318頁上 |
| 要阿振出門…（単作二） | （二）壁上龍蚘飛動。坐中金玉鎗然。起望微雲生處。一声相応残蝉。 | 318頁下 |

| | | |
|---|---|---|
| 扶杖而東渡…　（単作三） | （三）賢也嵚嵌歴落。軒然頤頬開張。松下偶然相値。立談愛子清狂。 | 318頁下 |
| 乃相与濯足…　（単作四） | （四）臥庁石間流水。起尋洞口帰雲。但願一生如此。閑游更復通同君。 | 318頁下 |
| 須臾月出畳石峯側…　（単作五） | （五）月在留雲峯上。人行落澗声中。帰去殷牀鐘歇。満庭風露濛濛。 | 319頁上 |
| 登控鯉亭望孤山　（単作六） | （六）水面微開笑靨。山形故作横陳。彭澤詩中図画。為君点出精神。 | 319頁上 |
| 連作一<br>悼山谷五首<br>通番号（七）～（一一） | （七）蘇黄一時頓有。風流千載追還。竟作聯翩仙去。要将休歇人間。<br>（八）人間識与不識。為君折意消魂。独入無生三昧。同聞阿字法門。<br>（九）自顧面無四目。何止心雄萬夫。和得霊源雅曲。繻繻更縮流蘇。<br>（一〇）鬚鬢滄浪夢幻。江湖厭飫平生。一旦便成千古。壊桐絃索縦横。<br>（一一）平昔馭風騎気。如今夜雨荒丘。欲動西州華語。空餘南浦漁舟。 | 319頁上 |

| | | |
|---|---|---|
| 連作二<br>李端叔自金陵如姑谿寄之何五首<br>通番号（一二）～（一六） | （一二）東坡坐中酔客。譲君翰墨風流。為作羊曇折意。莫年涙眼山丘。<br>（一三）老去田園可楽。秋来禾黍登場。相見雞豚社飲。諠譁暖谿熱堂。<br>（一四）数疊夕陽秋巘。雨餘眼力衰時。可是招要帰思。故応醞造新詩。<br>（一五）月下一声風笛。尊前万頃雲濤。玉堂他年図画。臥看今日漁舠。<br>（一六）挙世誇君筆語。霧豹渠知一斑。莫問人間非是。且看酔裏江山。 | 319頁下 |
| 連作三<br>戯呈師川駒父之阿牛三首<br>通番号（一七）～（一九） | （一七）今代南州孺子。要是萬人之英。安得際天汗漫。著此海上長鯨。<br>（一八）風鑒晴雲霽月。衣冠紫陌黄塵。勿笑鐸馳長臥。起来便自過人。<br>（一九）阿牛骨相似舅。文章定能世家。差勝宗武不韈。猶作添丁画鴉。 | 319頁下～320頁上 |
| 連作四<br>陳瑩中居合浦。余在湘山三首寄之<br>通番号（二〇）～（二二） | （二〇）心在青牛城下。身行白鶴泉西。何日相逢一笑。看君飽食蛤蜊。<br>（二一）海門何啻千里。行人替我生愁。遠爾妄生分別。閻浮等是一漚。 | 320頁上 |

| | | |
|---|---|---|
| | （二二）聞道希夷處士。今居訶梨仙邨。要看筆端三昧。重談医国法門。 | |
| 連作五<br>寄巽中三首<br>通番号（二三）～（二五） | （二三）屋角早梅開遍。牆陰残雪消遅。廉巻一場春夢。窓含満眼新詩。<br>（二四）文章風行水上。歳月舟蔵壑中。自怪頂明玉鉢。人疑筆夢春紅。<br>（二五）舅相決予十[欠字]。塵埃羨子清閑。孤坐定非禅病。剃頭猶有詩斑。 | 320頁上 |
| 連作六<br>送実上人還東林。時余亦買舟東下四首<br>通番号（二六）～（二九） | （二六）世事但堪眼見。此生何殊夢游。未倩青山掩骨處。且牽黄衲蒙頭。<br>（二七）有客恵然過我。疎眉秀骨巖巖。且復柔搓凍耳。聴君放意高談。<br>（二八）説尽廬山勝處。寂然相対無言。東崦峯頭月出。依約如聞白猨。<br>（二九）我已作成行計。喜君亦有帰期。何日虎谿松下。却説江海別時。 | 320頁下 |
| 連作七<br>余游鍾山。宿石仏峯下。因上人自帰宗来。贈之六首。<br>通番号（三〇）～（三五） | （三〇）曾共故山寒食。忽驚廬嶽重陽。想見洞庭橘柚。纍垂又出青黄。<br>（三一）世議嗟嗟迫隘。白頭相視如新。只有淵明似我。逢人故面成親。 | 320頁下～321頁上 |

| | | |
|---|---|---|
| | (三二) 君住青鸞谿上。我留石仏峯前。捉手粲然一笑。秋容[欠字]更撑天。<br>(三三) 却度来時危径。断崖落照孤煙。分手更無可奈。相看只有淒然。<br>(三四) 已是浮雲身世。更餘一鉢生涯。是處青山可老。何妨乗輿為家。<br>(三五) 西風夜吹客夢。霜清更入鍾山。且作跳魚縱壑。會看倦鳥知還。 | |
| 連作八<br>和人春日三首<br>通番号 (三六) ～ (三八) | (三六) 氷缺涓涓嫩水。柳渦剪剪柔風。滓色尽情澄暁。游絲放意垂空。<br>(三七) 暖圧催花小雨。晴宜到面和風。鴬舌管絃合調。蘭芽雪玉分叢。<br>(三八) 攬衣欲起還眠。杜宇一声春暁。家童走報新事。山茶昨夜開了。 | 321頁上 |
| 連作九<br>山居四首<br>通番号 (三九) ～ (四二) | (三九) 深谷清泉臼石。空斎棐几明窓。飯罷一甌春露。夢成風雨翻江。<br>(四〇) 錬尽人間機巧。却能随處安閑。雲深旧迷帰路。木落今見他山。<br>(四一) 読書不求甚解。偶爾會意欣然。点筆疾書窓紙。倚蒲却看鑪煙。 | 321頁上～下 |

| | | |
|---|---|---|
| | （四二）負日自然捫蝨。看山不覚成詩。快暖啼禽帰去。受風林影参差。 | |
| 連作一〇<br>夏日三作<br>通番号（四三）〜（四五） | （四三）鳥啼不妨意寂。日長但覚身閒。掃地要延遺照。掩扉推出青山。<br>（四四）軒借誰家脩竹。簟留満眼清秋。手倦抛書枕臥。一声殿角風甌。<br>（四五）掩巻高眠客去。望雲乞食僧帰。秋近柳陰低痩。年高瘴髪能稀。 | 321頁下 |
| 連作一一<br>和人夜坐三首<br>通番号（四六）〜（四八） | （四六）句好真堪供仏。泉幽欣更同僧。閑塵自横涼簟。飛蚊故遶篝燈。<br>（四七）行道疾於転馬。坐禅危若蹲鴟。爪皮能作地獄。荷香鮮破毘尼。<br>（四八）忠子定応詩痩。隆禅甘作書癡。両客絶無消息。千峯見我棲遅。 | 321頁下〜322頁上 |
| 連作一二<br>即事三首<br>通番号（四九）〜（五一） | （四九）目誦自応引睡。手談聊復忘紛。一曲青林門巷。<br>（五〇）茶味尚含春意。鳩鳴忽覚郁深。掃地風能施手。過門月鮮論心。<br>（五一）妙語欲澆舌本。故人忽到眉尖。雲薄茶煙索石。浪寒竹色侵簾。 | 322頁上 |

| | | |
|---|---|---|
| 連作一三<br>用高僧詩云。沙泉帯草堂。…鐘声送夕陽。作八首<br>通番号（五二）～（五九） | （五二）江素塵泥踈遶。泉清昼夜澄明。気入茅堂蕭興。潤滋草木鮮栄。<br>（五三）松榻独安枕簟。紙幃長隔埃塵。輝映夜窓明月。下蔵夢蝶幽人。<br>（五四）煩悩自茲深隠。寂寞相与沈冥。淡泊既諧真性。恬頤復順生経。<br>（五五）風月冥捜秀句。詩家肺腑同期。自古人間俗物。此心雖死奚知。<br>（五六）舎後樹林深秀。日中陰影繁濃。宴坐時来有籟。炎威欲入無従。<br>（五七）杏実残籠金色。楊梅爛染臙脂。気味新鮮可口。清甘喉舌多時。<br>（五八）源塢似甘西畔。精廬于此相隣。迎接喜能忘我。住山知是何人。<br>（五九）林外鳴鴉零乱。山頭落日微紅。楼台迥然暝色。谷幽已答疎鐘。 | 322頁上～下 |
| 連作一四<br>臨清閣二首<br>通番号（六〇）～（六一） | （六〇）泯泯下窺軟碧。洄洄忽作驚湍。時看稚子対浴。少陵詩眼長寒。<br>（六一）邑勢自然蔵勝。江空表裏含秋。夜棹近人明月。襄陽応在漁舟。 | 322頁下～323頁上 |

| | | |
|---|---|---|
| 連作一五<br>贈珠侍者二首<br>通番号（六二）～（六三） | （六二）我是布毛侍者。鮮蔵陥虎鋒機。勘破諸方帰去。一藤深鎖煙霏。<br>（六三）一等心華自照。不煩春色須開。安用翻瀾千偈。却輪枯木寒灰。 | 323頁上 |
| 連作一六<br>誡上人試手遊遠方二首<br>通番号（六四）～（六五） | （六四）随處千巖萬壑。一鉢雲行鳥飛。歳月却還驚浪。蒙頭破衲同帰。<br>（六五）迹要風蝉蛻殻。道愧泥亀六蔵。面上睡痕莫拭。自然知見含香。 | 323頁上 |
| 連作一七<br>拄杖寄子因二首<br>通番号（六六）～（六七） | （六六）百節紫藤風骨。得自泐潭石門。不受雲居勾絡。定知臨済児孫。<br>（六七）作伴経遊已徧。住山尚存典型。寄与毘耶作戯。当場攛出驚人。 | 323頁上～下 |
| 分韻得風字　（単作七） | （六八）鴎寒争浴暮雨。舟閑放縦江風。一幅花光平遠。誰蔵覚範詩中。 | 323頁下 |
| 帰九峯道中　（単作八） | （六九）四五畳峯深處。帰去開荒南畝。是非不得扶犁。春曉一簑煙雨。 | 323頁下 |
| 連作一八<br>贈誠上人四首<br>通番号（七〇）～（七三） | （七〇）煴火扶持清境。篝燈点破黄昏。凍耳欣聞軟語。冷斎忽変春温。<br>（七一）衝雪来尋覚範。思時山説霊源。此夕蔣陵二老。画出韋郎五言。 | 323頁下～324頁上 |

| | | |
|---|---|---|
| | （七二）覔句初聞試手。吐詞果復驚人。夜覚千巖昼永。暁看万瓦生春。<br>（七三）対書只図遮眼。題詩何必須編。且看無情説法。羣山雪尽蒼然。 | |
| 書阿慈意消室　（単作九） | （七四）風過淵明臥處。林間子厚来時。睡起一杯春露。壁間数句坡詩 | 324頁上 |
| 連作一九<br>原監寺自長沙遊清修。依元禅師。興発復入城。余口占四首贈之。<br>通番号（七五）～（七八） | （七五）過江問大潙路。失脚到小廬山。慚愧没個虜子。満堂都是郷関。<br>（七六）自笑乾陪奉漢。人誇熱肺腸僧。飯了脱剥打瞌睡。椎門撃撼不膺。<br>（七七）秋来又入重城。満腹憨腮驚人。只欠一箇布袋。便是弥勒化身。<br>（七八）閑裏雖無白業。笑中自有丹沙。啜我同遊蓬島。箇中棗大如瓜。 | 324頁上 |
| 連作二〇<br>答慶上人三首<br>通番号（七九）～（八一） | （七九）連日顛風断波。一番花信催春。残夜華鯨孔粥。夢回窓月窺人。<br>（八〇）米嶺脊吞西嶽。筠谿尾插漳江。興発扁舟　尋子。夜晴風掲蓬窓。<br>（八一）雨後哦君佳句。華気如川方増。石出水生微渚。雲鬧山露寒層。 | 324頁上～下 |

| | | |
|---|---|---|
| 連作二一<br>贈潙山湘書記二首<br>通番号（八二）～（八三） | （八二）山学春愁眉黛。水如含笑花香。睡起憑高凝睇。浅紅数筆残陽。<br>（八三）住山心已老大。看雲情転虚閑。東華軟紅縦好。無因飛到窓間。 | 324頁下 |
| 偶書<br>（単作一〇） | （八四）屋破不至露寝。食乏不至飡氈。此身投老未死。萬事一切随縁。 | 324頁下 |
| 連作二二<br>登洪崖橋与通端三首<br>通番号（八五）～（八七） | （八五）行尽幾重添秀。雷犇響落晴空。散坐煮茶為別。雲間一径微通。<br>（八六）雞声乱人語秀。秀山涴我衣裳。洗尽人間熱悩。還君坐上清涼。<br>（八七）同到洪崖橋上。水光射著山寒。為君更吐妙語。乞与西山老端。 | 324頁下～325頁上 |
| 湘山偶書<br>（単作一一） | （八八）暖圧催花小雨。晴宜到面和風。鶯舌管絃合調。蘭芽雪玉分叢。 | 325頁上 |
| 連作二三<br>和人二首<br>通番号（八九）～（九〇） | （八九）玉骨鮮蔵歳月。飢膚不受塵埃。落筆驚鴻掠紙。延僧春露浮杯。<br>（九〇）寂寥空山独夜。蕭条古木清秋。風月誰家搗練。江頭何処釣舟。 | 325頁上 |

これら作品の製作時期を今ここで推定・系年することは、相当に困難である。第一に各篇を通じて、製作当時の徳

洪の年齢を推知させるに足る字句が乏しい。また、陳瓘（一〇五七～一一二二）[42]ら詩題に登場する僧俗の略伝や、徳洪と彼らそれぞれとの交遊の推移については、浩瀚な『石門文字禅』の全文に通暁していることが要請されるのだが[43]、今の筆者は遺憾ながら、その資格をなお満たしていない。しかしながら、例えば通番号（七）～（一一）の「悼二山谷一五首」（連作二）は、建中靖国四年（一一〇五）の黄庭堅（一〇四五～一一〇五）の死からさして日をへぬころに成ったものと見られる。この年、徳洪は三十五歳であった。

徳洪の六言絶句を一覧して言い得ることは、まず第一に、彼がこの詩形に対し注いだ熱意の大きさである。単に量が多いのみならず（全九十首）、全作品（三十四篇）のうち、ほぼ三分の二（二十三篇）までが連作で占められている。徳洪以前の六言詩作者で、質量ともに彼を凌ぐ人物は、今のところ見当たらない。むろん、データベースによって僅かに『全唐詩』をのみ検索したに過ぎない現在の筆者には[44]、軽率な断言は到底許されないことではあるが、今後、宋代文集の総点検をなし、六言詩を実作した宋代文人の一覧を作成し終えたのちも、右記の批評はなおその撤回の必要を認めないものと予感される。

徳洪は、敬慕していた黄庭堅を悼む詩を六言絶句にて製作（前述）、また、いわゆる「旧法党」の重鎮であった陳瓘と親しくしたために[45]、かつての蘇軾と同様、海南島に流されるという苦難をも蒙ったが、その陳瓘との親交を今に伝える「陳瑩中在二合浦一。余在二湘山一。…」（通番号（二〇）～（二二）、連作四）もまた、六言三首から成る連作である。一人（もしくは複数）の詩人が特定詩形の連作を製作することが、直ちにその詩形全体の質的向上に結びつくことはないものの、徳洪のように幼少期から読書と詩文実作とに励んでいた人物[46]が相当な熱意を六言絶句に傾注したのは、前代に類を見なかったことである。

ここでさらに注意すべきは、徳洪の六言絶句愛好に同調して、自らもこの詩形で作品を製作、徳洪の唱和を請うた人物が明らかに存在したことである。すなわち、「和㆓人春日㆒三首」(通番号(三六)~(三八)、連作八)・「和㆓人夜坐㆒三首」(通番号(四六)~(四八)、連作一一)・「和㆑人二首」(通番号(八六)~(八七)、連作一二)の三篇八首までが、こうした経過で成立した作品である。遺憾ながら、徳洪に自作への唱和を請うた〈人〉の素性は、当該作品からはほとんど窺い知られない(47)。

徳洪以前に、徳洪ほどの熱意をこめて六絶製作に励んだ人物がおよそ見当たらないことから推して、彼らもまた徳洪の六絶製作に触発されて自らもこれを製作、そのうえでいわば「宗匠」ともいうべき徳洪の批正・唱和を請うた――と見るのが妥当なのではないだろうか。

唐代までの六言絶句が、王維(画賛)や皇甫冉(友人への送行詩)に代表されるように、その製作目的がおよそ限定されていたのに対し、徳洪の作例は同時代人のそれ(例:黄庭堅・范仲淹)に比してさえも、はるかに多彩さに富んでいる。追悼・山水・贈答(即興性なし)・唱和(即興性あり)・閑居・観望・羈旅等々、およそ禅僧の詩が具備すべき題材は、みなこれら九十首の六言絶句の中にも例外なく詠じられており、徳洪が作例欠乏、題材単調だった従来の六言絶句に対し、鋭意肉付けを企図していた形跡が明瞭に読み取れよう。作品の出来栄えに関しては、筆者の批評し得るところではないが、最初の本格的な六言絶句作者としての徳洪が、中国詩学の立場からもっと注視されてしかるべき人物であることはここで強調しておきたい。

## 高泉六絶の規範としての徳洪作品

筆者は現在までのところ、徳洪の遺文中に――とりわけ、彼の詩話として知られる『冷斎夜話』(48)に――彼自身の言葉で六言絶句の魅力や、この詩形による作品をかくまで多作した事情を語った言葉を見い出せない。事情は高泉の場合も同様である。したがって、高泉が六言絶句の存在を知り、これを愛好するに至った過程を明らかにするのには相当な困難を伴う。

しかしながら、六絶を製作した際の高泉の念頭に、規範的作例として徳洪のそれがあったであろうことはほぼ疑いを容れない。すなわち高泉は、渡日後、六言絶句「読㆓石門文字禅㆒」(49)を製作、「欲㆑聞㆓聖賢命脈㆒。故将㆓文字㆒流通。敬讃寂音尊者。無明山上清風。」と、徳洪が『石門文字禅』所収の数々の詩文を撰述した動機を「代弁」している。高泉の見るところでは、徳洪は本来文字で表現すべきでない禅道の奥義をことさら文字で表現してしまったが、それはひとえに末世狂禅の徒（すでに悟ったと称し、ほしいままに破戒する悪僧）の魔手から衆生を救うための大慈悲心であったということになる。かかる解釈はしかし、高泉ばかりか、達観真可（紫柏尊者、一五四三～一六〇五）をはじめ、明末にあって徳洪の再評価・『石門文字禅』流布に鋭意した一群の人々に通有するものであった(50)。

『石門文字禅』を読み進めた高泉の目には、当然のことながら、徳洪の自伝「寂音自序」冒頭の、徳洪が僅か十四歳にして同じ月に同時に父母を喪ったとする字句も入ってきたことであろう(51)。この一事は、恐らく同時代の一般的な『文字禅』愛読者らにもまして、高泉をして徳洪に対する強い親近感と敬意とをいだかせたものと推察される。高泉の事蹟を概観した際（第一章第二節第二項）にも見たように、彼もまた、十三歳にしてほぼ同時に両親を失っている。近代西洋医学が東アジアに伝えられる以前には、こうした事態は時代と土地とにかかわりなく、しばしばあったことではあろうが、平素敬慕し、かくありたいと願っていた歴史上の偉人と自己とが同様な悲劇を経験していたと知れば、いやがうえにもその敬意は強まったことであろう。

『石門文字禅』所収の作品を通覧した限りでは、徳洪もまた、彼以前の仏教関係者中では作例最多の六言詩作家としての宝誌については、何ら言及・礼讃した形跡を認めない。ただ、徳洪には「鍾山道林真覚大師伝」があり、その内容について、牧田諦亮博士は、「教理的にも一往の整理をみた」、「宋代中期における最も整った形の宝誌和尚説話」との見解を示される(52)。

篇題にいう〈道林真覚大師〉とは、大中祥符五年(一〇一二)に、北宋の真宗から宝誌に贈られた謚号である。その丁度二十年前には、太宗(真宗の父帝)から「菩薩」号を贈られており、太宗・真宗朝は、宝誌信仰史上とりわけ注視すべき時代であったと言えよう。とりわけ、太宗が「菩薩」号を追贈した機縁たるや、宝誌が宮中に示現したことに因るとされており(53)、このことはいわゆる「神僧」(神秘的な力をもつ僧)としての宝誌像を、当時の社会に一層定着させたことであろう。

さて、右記の徳洪による宝誌伝は、『景徳伝燈録』の宝誌伝を整理・要約したものを主内容としており、宝誌の梁・武帝への教化を中心とする。しかしながら、徳洪「真覚大師伝」に認められ、先行の『伝燈録』には見当たらない説話として、紫梅檀が川の上流から流れてきたので、俗人で皇帝側近の俞紹に宝誌像をこれに刻ませたら、著名な画僧・僧繇にすらなし得なかった宝誌の肖像製作がたちまち成功した(画像と木像との違いはあるが)――という一段(54)を挙げねばなるまい。

僧繇が宝誌画像を描けなかったとする故事自体は、『伝燈録』宝誌伝(巻二十七)にこそ見えないものの、湖南文殊伝(巻十六)と翠巌令参伝(巻十八)とにそれぞれ引かれ、禅問答の題材に充てられている(55)。また、宋代の著名な禅者の語録にも引用を見る(56)。ところが、この説話のいわば後日談をなす流木(紫梅檀)への刻像のことは、徳洪の宝誌伝を編年史化した志磐『仏祖統紀』ほか(57)、『大正蔵』所収の著名な語録・僧伝・燈録中には引用を認めない。南宋・隆興二年(一一六四)二年、石室祖琇が『隆興仏教編年通論』を編著した際、徳洪の宝誌伝と同様、二つの故事を接続して掲げている(僧繇の画像は失敗、俞紹の木像は成功)(58)。

そして元代に至り、念常（一二八二～一三四二）が『仏祖歴代通載』全二十二巻を撰述した際にも、右記『編年通論』の叙述を依用している(59)。第二節前出の高泉「宝誌大士画象賛」もまた、内容の上では、これら両書の叙述を忠実に踏襲し、ほとんど字句の異同を認めない。ここでは徳洪「真覚大師伝」、石室『隆興』（念常の『仏祖歴代通載』に継承される）、そして高泉自身が撰述した「宝誌大師画象賛」から、関連部分を対照しておこう。

（一）徳洪「真覚大師伝」（『石門文字禅』巻三十、『景印文淵閣四庫全書第一一一六冊・五六二頁上』）

詔二画工張僧繇一写二公像一。蔵二禁中一。僧繇下レ筆。輙不二自定一。叩頭哀懇。公笑曰。「毘婆尸仏早留レ心。直至二而今一。不レ得二妙帝［諦カ］一。」偶与レ公臨レ流縦望。有レ物泝レ流而上。公挙レ杖引レ之。随レ杖而至。蓋紫栴檀也。詔二供奉官兪紹一雕二公像一。頃刻而肖。神情如レ生。帝大悦。命置二内庭一。為二子孫世世福田一。

（返り点：引用者）

（二）石室『隆興仏教編年通論』（巻六、『卍続蔵経』第一三〇冊・四八五頁上）

甞詔二画工張僧繇一写二誌像一。僧繇下レ筆。輙不二自定一。既而以レ指釐二面門一。分披出二十二面観音一。妙相殊麗。或慈或威。僧繇竟不レ能レ写。他日与レ帝臨レ江縦望。有レ物泝レ流而上。誌以レ杖引レ之。随レ杖而至。乃紫旃檀也。即以属二共［供］奉官兪紹一。令レ雕二誌像一。頃刻而成。神采如レ生。帝悦以安二内庭一。

（三）高泉「宝誌大士画象賛」

梁蕭帝敬其徳。而甞詔二画工張僧繇一写二誌像一。僧繇下レ筆。輙不二自定一。既而以レ指釐二面門一。分披出二十二面観音一。

妙相殊麗。或慈或威。僧繇竟不レ能レ写。它日与レ帝臨レ江縦望。有レ物泝レ流而上。誌以レ杖引レ之。随レ杖而至。乃紫旃檀也。即以属二供奉官兪紹一。雕二誌像一。頃刻而成。神采如レ生。帝悦以安二内庭一。

高泉が右記の両書（石室の『隆興』と、その文面をほぼ踏襲する念常の『仏祖歴代通載』）のうち、いずれを参照したのか、明末およびわが江戸時代初期における両書流伝の状況を考察したうえで推察せねばなるまいが、少なくとも直接の典拠は、徳洪の「真覚大師伝」にあらずして、これら両書のいずれかであろう。しかしながら、「宝誌大士画象賛」をしたためた高泉の脳裏に『石門文字禅』が――とりわけ同書所収の宝誌伝が――あったこともまた、疑いを容れない。

何となれば、高泉が前出の六言絶句「読二石門文字禅一」を製作した正確な年次は未詳なものの、これを収録した『仏国詩偈』は貞享二年（一六八五）に刊行されており、その二年後に、「宝誌大士画象賛」が成っているからである。今後の課題として、高泉がいつ頃からヨリ熱心に『石門文字禅』・『禅林僧宝伝』・『林間録』といった徳洪の主要な著作に親しむようになったかを明らかにしたい。

私見では、渡日後の作品を中心とした『仏国詩偈』に至って初めて六言絶句の部の成立を認めるのに対し、大部分が福建での作品からなる『一滴艸』（刊行こそ『仏国詩偈』に遅れるものの、稿本の成立自体は渡日直後）にはなお認めない。したがって、恐らく高泉は渡日以降、『石門文字禅』を規範として本格的な六言絶句の製作を開始したのであり、正・続『扶桑禅林僧宝伝』のような、徳洪『禅林僧宝伝』を形式・内容両面で規範とする著書の執筆（第八章第一節前述）と相俟って、徳洪に対する彼の傾倒は一層深化を見せたものと見られよう。

## 第四節　明末における六言詩専集の成立

### 楊慎『六言絶句』の概要

明代中期に至って、前代および同時代までの主要な六言詩を、絶句を中心として専集にまとめ上げる動きが起こった。まず楊慎（一四八八～一五六二）が、その題も『六言絶句』とする一巻本の専集を編纂した。今日我々が比較的容易に披見できる影印本としては、まず『続修四庫全書』本が挙げられよう(60)。その底本は、北京図書館所蔵の木版本である。版元は杭州の曼山館であり(61)、刊年は万暦四十七年（一六一九）であった(62)。『六言絶句』自体の成立年代は、未詳であるが、これに言及する『升庵詩話』の初刻は、楊慎在世中の嘉靖二十年（一五四一）のことであるから(63)、『六言絶句』が成ったのは、当然それ以前のことと見られよう。

右記・曼山館本はしかし、楊慎の原本のままではなく、焦竑（一五四〇～一六一九）(64)が批点を施したうえ、許自昌（一五七八～一六二三）がさらに校正したものであり、収録作品は絶句が八十六篇百二十六首、律詩が十二篇十五首に達する(65)。〈批点〉は文字通りの点であって、単に「、」や「○」といった符号を収録作品の本文の傍らに所々に記しているに過ぎない。

のみならず、そこには批語が何ら附せられておらず、加えて、序跋や凡例も見当たらないので、焦竑がいかなる意味合いで加点したのか判然としない。また、楊慎は「楊用修」、焦竑は「焦弱侯」として、それぞれの絶句および律詩の作例が、複数首ずつ収録されているが（用修・弱侯ともに字である）、これら作例を収録した人物が焦竑であるのか、それとも校正者たる許自昌であるのか判然としない。

同書の収録作品は、唐代のみならず、宋・元・明の各代にわたっているが、有数の六言絶句作家たる徳洪のそれは一首も収録を認めない。達観真可が『石門文字禅』を重刻、これに序を添えて徳洪を絶賛したのは万暦二十五年（一五九七）のことであった[66]。士大夫・禅僧間での徳洪再評価の機運は、これによって大いに高められた。楊慎原本への批点者たる焦竑は、かかる機運をまのあたりにしており、かつ、徳洪を高く評価した袁宏道とは、同じく居士仏教界中の人士として平素交流があった[7]。にもかかわらず、徳洪の多量の六言絶句から一首も採られていないのは、いささか不思議なことである。あるいは焦竑が徳洪の詩風を好まなかったためであるかも知れない。今後彼の詩論を読んだ上で、さらに研討を進めたい。

ともあれ、原本の大部分を編纂したと思われる楊慎は、単に自ら六言絶句を製作し、従来作例に乏しかった六言律詩に関しては、四首一篇の連作をも製作したのみならず[68]、友人にもその製作を勧めていたものとおぼしい。すなわち、楊慎が張愈光へ寄せた六絶連作「寄㆓張愈光㆒四首」[69]のみならず、張含（字：愈光）の「寄㆓升庵㆒十三首」[70]、楊従龍の「寄㆓升庵㆒」[71]、計二篇十四首も、併せて収録されている（〈升庵〉とは楊慎の号）。こうした六絶の応酬から推して、楊慎が徳洪と同様、いな、恐らくは徳洪にもいや勝る熱意をもって、張含ら友人[72]へも六言絶句製作を勧めていた状況が窺い知られよう。

## 『万首唐人絶句』の概要

楊慎が初めて六言絶句を集成してから実に半世紀以上をへた万暦三十四年（一六〇六）、趙宧光・黄習遠は『万首唐人絶句』を編纂、翌三十五年（一六〇七）刊行した。同書の原型は、南宋の洪邁が紹熙元年（一一九〇）に編纂しているが[73]、明代中期の嘉靖十九年（一五四〇）、「陳中丞」なる人物が重刻した[74]。ただし、この重刻本は、洪邁の原本に散見される誤入（宋代の作品を誤収）や重複を依然として正さないままであった。

そこで、右記の趙宧光・黄習遠がともに増補・改訂に従事、今日見る全四十巻、収録作品一万四百有余首の構成とした。楊慎は依然多くの不備を含む「陳中丞」重刻本を見ていたものとおぼしく、その『升庵詩話』の中で、そうした不備を指摘している(75)。楊慎には、右記の『六言絶句』に加えて、『五言絶句』・『絶句衍義』・『唐絶捜奇』といった、唐代絶句関連の詞華集・詩論があり(76)、『万首唐人絶句』はそれらを執筆した際、良き参考書とされたことであろう。

さて、現行本『万首唐人絶句』にあって、六言絶句は第十巻の附録として一括収録されている(77)。すべて唐代の詩人の作品であり、三十篇五十首から成る。このうち八篇二十九首を連作が占めている。収録作品の顔ぶれは、同時代成立の楊慎『六言絶句』と大同小異であるが、唐代のみの断代専集であるためか、例えば韋応物「三台詞」・韓翃「宿二甑山寺二首」・王建「宮中三台詞」は、『六言絶句』がそれぞれ一首のみ採っているのに対し、本書では二首ずつ採録している。また、『六言絶句』では採られなかった白居易・劉禹錫・杜牧についても、本書ではそれぞれ二首ずつ採っており、唐代についてのみ言えば、本書のほうが『六言絶句』よりも充実していると言えよう。

今後の課題としては、洪邁編纂の本書原本（南宋成立）において、この六言絶句の部がいかなる地位に置かれていたかを究明すべきことが、まず第一に挙げられよう(78)。これはすなわち、右記の趙宧光・黄習遠による増補がどの程度の範囲にわたるものであったかを究明する作業にほかならない。この『万首絶句』増補作業は、こと六言絶句に関していえば、六言絶句の明代における再発見の過程をそのまま意味しており、今後別の機会にぜひとも精査したい。

## 『文体明弁』に見る六言絶句集成

明代における六言絶句専集として、今ひとつ見落とせないのが、徐師曾編『文体明弁（辨）』全八十四巻である。

編者・徐師曾の伝記は、一九六二年初版、八二年重版の『文体明弁序説』[79]に附録された「徐魯庵先生墓表」（未見）によって知られよう。本稿では『四庫全書存目叢書』本巻頭の自序によって[80]、本書成立・刊刻の経緯をのみ概観する。編者・徐師曾は、嘉靖三十三年（一五五四）から隆慶四年（一五七〇）まで足掛け十七年を費やして本書を編んでいる。自序の紀年は万暦元年（一五七三）であり、これが茅乾（字：健夫、浙江省帰安県の人）の校正をへて、同じく万暦年間に福建北部・建陽県の游榕によって銅活字で印刷された。六言詩の部は、巻十六の後半を占めている。収録作品は全十四篇十五首、このうち律詩が四首（連作無し）、絶句が十一首（連作無し）であり、その他は六朝時代に成った古体詩である（梁・簡文帝の連作一篇二首と陳の陸瓊の一首）[81]。古体詩を除き、作例はすべて唐代のものであり、したがって、『万首唐人絶句』において、すでに収録を見たものばかりである。

本書は、六言絶句の専集としては前二書に比して著しく小規模である。しかしながら、六言絶句の部に限らず、どの巻においても、絶句・律詩といった形式上の分類に加えて、酬答・送別・閒適・簡寄といった内容上の分類をも加えており、後者を一瞥すれば、その項所掲の作品の内容が直ちに推察できるように工夫されている点が、すこぶる便利である。

## 高泉が六言詩専集を青年期に披見した可能性

筆者の見るところでは、六言絶句作者としての高泉にとって、第一に仰ぐべき軌範は、徳洪覚範『石門文字禅』所収の豊富な作例であったけれども、万暦年間に三度まで刊刻された前述の六言絶句専集三種の存在もまた見落とせない。とりわけ、その刊行年代（万暦年間）や刊行地（福建北部）から推して、この『文体明弁』六言詩の部は、詩作に耽る青年期の高泉が披見した可能性が、前二書に比すればはるかに大きい。今後の課題として、本書の明末清初の福建における流伝状況を、同地の主要な図書館・寺院の蔵書目録に照らして精査し、高泉が本書を実見した可能性の大小を研討したい。

一方、楊慎原著・焦竑増補の『六言絶句』が、直接青年期の高泉の目に触れたであろう可能性に関しては、版元たる杭州・曼山館の書籍の福建における流通状況が分からず、何もいうことはできない。しかしながら、現行本を作り上げた焦竑が、仏教関連の著書を実に四種までものした、当時の居士仏教界の重鎮であったことは(82)、彼が福建出身の奇士・李卓吾（一五二七～一六〇二）の年下の親友でもあった事実と相俟って(83)、福建の青年詩僧・高泉に対し、何ほどかの感化を及ぼし、東渡後の旺盛な六言絶句製作の機縁の一つをなしたかもわからない。なぜならば高泉は、士大夫が仏教に心を寄せ、語録や経典註釈をものする明末の思潮に対し、基本的に強い関心と好意とを寄せていたからである。渡日後の天和三年（一六八三）の作と見られるが、五言古詩「読二張太史・陳侍郎語録序一」では、篇題に登場する二居士を「能将二翰苑詞一。黼二黻宗門士一：（中略）：儒釈一肩担。庸人孰敢擬。」と絶賛している(84)。

## 第五節　明末禅僧の六言詩製作

### 『古今禅藻集』に六言詩の部なし

同じく明代には、正勉・性通・普文の三師(85)が、晋代以降明代まで一千有余年間の僧侶製作の詩のみ三〇〇〇餘首を集めて、『古今禅藻集』全二十八巻を編纂した。近体詩成立後、すなわち唐代以降の作品は、詩形別に分類しているが、その中に六言詩（古体詩）・絶句・律詩の部は認められない。

本書の正確な成立年代は、序跋・刊記を欠いた『四庫全書』本からは窺い知られないものの、最終巻（巻二十八、明代僧侶の七言絶句）に雲棲袾宏（一五三五～一六一五）・憨山徳清（一五四六～一六二三）・達観真可（一五四三～一六〇三）ら、いわゆる「万暦三高僧」の作品を収録していることから推して、彼らが高僧としての定評を確立した万暦後期（西暦でいえば一六〇〇～一六二〇年頃）の編纂・成立と見ることが可能であろう。

筆者の見解に拠れば、本書は僧尼のみによる詞華集としては、現代に至るもなお、最大級の作品収録数を誇るが(86)、これに六言の部が立てられずに終わったことは、同時代およびその後（清代・民国）の仏教界において、まとまった六言詩専集の編纂を認めないという結果を招致したのではなかろうか。実際には作例こそ、徳洪・高泉には遠く及ばないものの、明末清初の著名な禅僧には、それぞれ六言詩、とりわけ六言絶句の作例を見る。本節では、六言詩作例のある主要な禅僧を列挙しよう。

### 明末清初禅僧の六言詩作例　（一）憨山徳清・無異元来

まず、意外なことであるが、現存作品に見る限り、達観真可（一五四三～一六〇三）に関しては、六言詩の作例が伝えられていない。達観は明末における徳洪再評価の旗手であり、『石門文字禅』を重刻して徳洪の禅思想を同時代人に知らしめようと努力した。しかしながら、彼の主要な詩文・法語を収めた『紫柏尊者全集』（全三十巻）には、一首の六言詩も見当たらないのである。同『全集』の詩偈の部を一見して知られることは、詩人としての達観は「××歌」との題目を有する五言もしくは七言の古体詩を好んで多作したということである。古体詩のほうが近体詩に比して形式面での制約が少なく、押韻さえしておれば、全体の句数には制限なく、また二四不同・二六対といった近体詩に見るような煩瑣な規則もない。

一方、彼の思想上の同志だった憨山徳清（一五四六～一六二三）を見ると、現行本の『憨山大師夢遊集』では、僅かに巻三十七「偈」の部に「示衆十首」を採録、題下に「六言」と割註するのみである(87)。この一篇十首から成る連作の中で、憨山は門人らが安逸を貪らず、只管修行に励むよう訓戒している。すべて仄起式拗体（形式④）の絶句である。ここでは一例として、冒頭の三首を挙げておこう。

死㆓尽偸心活計㆒。做㆓成没用生涯㆒。收㆓拾無窮妄想㆒。換将㆓一朶蓮花㆒。
四大支持骨立。寸心寂寞寒空。独有㆓緜緜一息㆒。亀毛線繫㆓長風㆒。
却説百年如㆑夢。誰曾両眼睜開。縦是機関使尽。到頭総是癡騃。

ところが、憨山にはほかにも六言絶句があったものとおぼしく、その証左をなすものが、高泉の六絶「次㆓韻憨山大師㆒」である(88)。高泉はそこで、「盤古無㆑容㆓啓闢㆒。伏羲未㆑許㆓推排㆒。誰是最初父母。虚空総一胞胎」と、禅の公案でしばしば問われる「父母未生《みしょう》以前の自己」を詠じているが、この作品と同じく排・胎を韻字に用いた憨山の作品（すなわち、高泉の次韻対象）は、現行本の『夢遊集』には見当たらない。次韻は通常、原詩の詩形を改めることなく行われるのであり、七言絶句の原詩に対し、五言絶句で次韻するような事例は聞かない。念のため、このような事例をも想定し、憨山の五言絶句・七言絶句をも検したが、該当作品はやはり得られなかった。

達観・憨山の二師よりもいくぶん後輩で、曹洞宗寿昌派の高僧・無異元来（一五七五～一六三〇）には、「松下行」・「竹下飲」（飲むのは酒ではなく茶である）・「放生池」・「野吟六首」の四篇九首が伝えられており、かつ、これら作品を載せる『無異元来禅師広録』巻三十四では、割註形式ながら「詩（五言古　五言律　七言律　七言絶　六言絶　五言絶）」として明瞭な部立てもなされている(89)。憨山とは対照的に、いずれも幽邃な寺院の風光を詠じており、後輩・

門人らへの訓戒めいた字句は見当たらない。

### 明末清初禅僧の六言詩作例　（二）永覚元賢・為霖道霈

次に、福建鼓山の永覚元賢（一五七八～一六五七）・為霖道霈（一六一五～一七〇二）師弟の作例を見よう。ともに曹洞宗寿昌派の高僧であり、前出の無異からはそれぞれ法弟・法姪に相当しており、木庵・即非・高泉らとも道縁があった（第二章第三節参照）。まず『永覚元賢禅師広録』では、巻二十六「詩」の部に「六言絶句」の部を立て、「屴崱峰」・「鳳池」・「霊源洞」・「舍利窟」の四首を掲げる(90)。彼が詠じた対象は、すべて鼓山の名勝であり、したがって『鼓山志』にも採録されている(91)。四首すべて仄起式に拠りつつ、仄起式六言絶句で多用される拗体（すなわち第一節所掲の形式④）を用いず、粘法のある通常の仄起式（同じく形式③）によっている。ここでは一例として「屴崱峰」を挙げておこう。ちなみに、青年期の高泉もここに遊び、七律「登㆓鼓山屴崱峰㆒」を製作している（『一滴艸』巻二所収）。

郁底羣峰尽伏。方知身入㆓層霄㆒。笑看閩越旧国。興替渾如㆓海潮㆒。

一方、高弟の為霖の場合、その語録現行本中には、六言絶句の部立てを認めない(92)。したがって、彼がその師・永覚ほど六言絶句へ関心を寄せていたとは考えられないのだが、それでも見落としてならない事実として、為霖が永覚のもとでついに開悟した際、その境地を詠じた三首の偈頌の中に、四句からなる六言古詩が含まれていることである。

すなわち、その自伝「旅泊幻蹟」によれば、為霖は本師・永覚の会下で苦闘の末、一時はついに本師のもとを離れ密雲円悟のもとに参じた。やがて再度本師に参じたところ、今度はすこぶる順調に悟境を進め、右記の三首を師に呈し、印可を受けた。ときに順治九年（一六五二）、為霖三十八歳であった。このとき為霖は、七言絶句二首に加えて、「法法本来法法。撥与レ不レ撥倶傷。便欲二十成道出一。不レ覚満口含レ霜。」という一首を呈している(93)。韻律上、この一首は、第一節所掲の①〜④のどの六絶形式にも属せず、六絶に似せた古体詩――さながら李白の「山中対レ客」一首が外見上のみ七絶に似ながら（合計四句）、その実、古体詩であるように――というべきである。

けれども、禅の師家としての誕生を宣言する一連の偈が、わずか一首にせよ、かつ、絶句でこそないが六言詩の形で製作されたことは、見落とせない重みを含んでいよう。「旅泊幻蹟」を収録する『還山録』は、『卍続蔵経』本では和刻本を底本としており、巻頭の龔錫瑗の序に康熙二十七年（一六八八）の紀年を認め(94)、かつ、同じく巻頭に独庵玄光（一六三〇〜一六九八、かつて為霖から偈や序を贈られる）がしたためた和刻本序を載せる(95)。後者には、元禄六年（一六九三）の紀年を見る。したがって、高泉が本書を手にしたのは、原本にせよ、和刻本にせよ、その晩年のことに属する。

しかしながら、高泉にとって為霖とは、青年の日、鼓山で相見し、その亡師への孝心ゆえに深い感銘を喚起させられた対象である。また高泉は、木庵・即非ら、鼓山の禅風に相当親炙した同門の法伯（父）らとは、来日後も詩偈・文章のやり取りを――それら作品自体は多分に儀礼性もしくは社交文書性が強いけれども――絶たないでいた（以上、第二章第二・三節を参照）。かかる状況下、恐らく高泉は、文書（「旅泊幻蹟」）によることなく、為霖開悟の六言詩（法法本来法法…）には、つとになじんでいたものと見られよう。

明末清初禅僧の六言詩作例（三）隠元

ここでいよいよ、福清黄檗山の僧による六言絶句製作の事例を見よう。隠元・木庵・即非のいわゆる日本黄檗三祖中、その語録に六言絶句の部を立てているのは、隠元のみである。語録の編纂は、通常、その禅僧の高弟が、師の生前であれ、歿後であれ、師の意を承けて執り行う。したがって、三祖の中では、独り隠元のみがこの詩形に対し、相当の関心を寄せていたと言えよう。平久保氏の版本学的知識を駆使した精査に拠れば、六言の部が立てられた語録・偈頌集としては、『隠元和尚雲濤二集』・『隠元和尚雲濤三集』・『松隠二集』・『松隠三集』が挙げられるという。

まず、『隠元和尚雲濤二集』は、隠元七十歳の万治四年（一六六一）に刊刻された詩偈集である。ここでは「六言長短句」の題下に、絶句と律詩とを併せ収めている(96)。平久保氏は『隠元全集』編纂にあたり、単なる影印にあきたりず、同系の本文を有する異本をも参照し、あるべき作品を補われた。

これに拠れば、律詩では「端午示レ衆」・「示二逸然寺主一」・「贈二曾我丹後守一」・「贈二松平隼人正一」・「贈二小浜民部少輔一」・「示二忠善人一」・「示二性淇信士一」・「示二彦坂平九郎一」の八篇八首、絶句では「富田十詠」・「亭中十詠」・「示二見性寺僧一」・「西来亭寓意十咏」・「答二復斎沈老居士韻一三首」・「告帰偈」・「示二林船主一」の七篇三十六首が作られているのである。高泉でさえついに作ることのなかった一群の六言律詩は、すこぶる注目に値しよう。

絶句に目を転ずると、大坂郊外の普門寺（長崎から上洛するに際しての宿舎、大阪市高槻市に現存）を詠じた「富田十詠」がのどかな田園を詠じつつ、併せて旅の空の感慨をも詠じている。また、「西来亭寓意十咏」は、韻文体の法語という気味を濃厚に漂わせている。そして、「告帰偈」は、隠元の伝記資料としても重要な価値をもつ。彼は当初三年で帰国することを周囲に言明していたが、本篇篇題には、その意向が端的に示されている。本文には「来也孤雲出レ岫。去如二野鶴帰一レ林。来去無レ拘無レ束。始知広大天心」とあって、これを読む限りでは、帰心箭《や》の如く切実とは思われないものの、時期が来たら帰るという初志は、題目と相俟って十分に表明されていよう。

『隠元和尚雲濤三集』も、収録作品が多い。寛文三年（一六六三）に刊行された本書では、巻五に「六言」の部を立てている[97]。本書編纂には高泉もかかわっており、彼が担当したのは五言律詩を載せる巻三・四であって、「六言」の部を載せる巻五ではないが（これは暌玄道収の担当）[98]、来日後さして日を経ない彼の目に、師翁・隠元の多彩な六言作例は、相当の感化を及ぼしたことであろう。すなわち、古体詩では「薦二常有信士一」・「示二黒川夫人一」・「聞二福唐黄檗因レ事有レ感。寄二外護居士一。并警二本山僧衆一」・「自叙」、律詩では「薦二元慶信女一」（以上すべて単作）、そして絶句ではいずれも連作の「松居十詠」・「臘八十詠」が収録されている。「××十詠」と題する作品の多さにまず注視すべきではなかろうか。

後述の高泉の六絶連作においても、十首からなる連作としては、「十竹吟」（『仏国』連作六）・「山門閒望十首」（同・連作二六）・「無常偈」（『洗雲』連作二）の三つを数える。また、八首から成り、その数を篇題に明記した作例も「文殊院写懐八首」（『仏国』連作四）・「指栢軒八詠」（同・連作二五）・「閒中写懐八首」（『洗雲』連作一）と三例に達する。やはり何ほどか影響するところがあったものと見られよう。

右記の隠元の六言古体詩の中でも、「聞二福唐黄檗因レ事…」は、福清黄檗山の歴史を詠んでのち、自己が去ってのち生じた紛議を痛憤しており、続く「自叙」は禅者としての自己が到達した境地を詠じている。単なる余技として六言詩を作ったのではなく、自己にとって重大な問題をも敢えて六言で詠じるという態度が、ここには明瞭に認められ、これも古体詩と絶句という違いこそあれ、高泉が継承するところとなった。

また、『松隠二集』は、隠元七十六歳の寛文七年（一六六七）に刊行された。「六言」の部に、二首の古体詩を収録する[99]。うち、最初に掲げられた「嘆二慧門法子一」は、同書刊刻の前年、福清黄檗山から慧門如沛、すなわち、高泉の本師の訃がもたらされたのを機縁として賦した哀悼の作である。もう一首は「警レ衆」と題され、前出『雲濤二集』所掲の一連の六言律詩と同様、諄々と弟子を訓戒している。

そして『松隠三集』では、「六言」の題下に、古体詩「警策」一首を掲げる(100)。これは坐禅の指針を示している。本書の刊年は未詳だが、隠元自序の紀年には、寛文七年（一六六七）とある。

このように、隠元の六言詩は、高泉の作品に比しても遜色なき多彩さを呈している。現存の高泉著作中に、隠元の六言詩に関連した作品（次韻作や、読後感など）を認めず、これら隠元の作品に対する高泉の感想を直接うかがい知ることはできないが、日本で続々刊行される師翁（法系上の祖父）・隠元の語録と、そこに立てられた六言の部の存在は、この詩形に対する関心や愛着を一層募らせたのではないだろうか。

芸術性はともかくとして、隠元は六言律詩・絶句の製作に相当の熱意を注ぎ、前代の禅宗における作者たちが、あるいは無異および永覚のようにもっぱら山水を詠じることにのみ六言を用いたり、あるいは、憨山のように単に弟子を訓戒する際にのみこれを用いたりといった偏向的態度を取らず、幅広い題材を詠じている。かかる態度は、同様にして幅広い題材を詠じた徳洪『石門文字禅』の存在とともに、高泉の六言絶句製作に大きな影響を及ぼしていよう。

### 福清黄檗山の箕仙詩

終わりに、隠元に関連して六言絶句形式の箕仙詩の存在について触れておきたい。隠元は五十六歳の順治四年（一六四七）、六絶連作「小渓十咏」を製作、翌年冬には続篇の「小渓又咏」を製作した(101)。いずれも『隠元禅師語録』巻十五（詩偈の部）に収録されており、部立てこそ明示されていないものの、前後には同時期に作られた六言絶句が配列されている。正続両篇ともに黄檗山中の渓流を詠じている。

しかしながら、二巻本・一巻本ともに『隠元年譜』は、正篇が明朝滅亡という世難に慷慨して賦したとする見解を提示している。そういわれてみれば、一字も世事に言及せず、ひたすらに人里離れた桃源郷であるかの如く黄檗山を歌い上げる正篇は、乱世から超然たらんとする隠元の願いを、かえって切実に物語っていよう。

一方、続篇（「小渓又詠」）十首冒頭の小序に拠れば（『隠元全集』二二四九頁）、正篇（「小渓十詠」）は戊子、すなわち、順治五年（一六四八）の夏、隠元が座元を務める時学隆鑒とともに、黄檗山の西を流れる渓流のかたわらの岩上で茶を沸かしつつ「概世の楽しみ」（世の中を俯瞰すること。「慨世」に非ず）を込めて製作されたといい、『年譜』に記された製作年次や背景とは少しく状況を異にしている(102)。同じく続篇の小序に拠れば、続篇自体は「是《こ》の夏」、同じ場所で今度はもっと多くの「禅友」と遊楽し、世の人々に自己がいかばかり黄檗山の風光を愛しているかを認識せしむべく製作したという。これまた『年譜』（一巻本）が記す製作時期（順治五年冬とする）と背馳する。右記の「是の夏」を何年のそれと見るか、今後さらに考証を要するが、いずれにせよ、正続両篇ともに、山水の美と、そのただ中に身心ともに溶けゆくことを願う心境とを詠み上げている。

このうち、続篇の製作に際しては、単に同行の法友らと唱和したのみならず、具体的方法こそ未詳だが、仙人を呼び、同じく六言絶句の形で唱和させている。隠元らの招霊に応じて現れたのは、宋の仙人・陳摶であった(103)。陳摶は十首の一々に次韻した。例えば、隠元の原詩第一首「一枕倦雲幾片。夢回鳥噪二山堂一。携レ杖尋レ流レ洗耳。渓陰肝胆倶涼。」に「和して」、陳摶は「石意排来二渓裡一。雲心懶レ向二禅堂一。閒人不レ知レ有レ我。乱施二法雨一悠涼。」と詠じたとされる。そして、別れに臨んで「茗罷詩成暫別レ師。杖頭月影上遅遅。空山無迹吾来往。異日相逢在二水湄一」という七言絶句一首を呈したとされる(104)。

道光三年（一八二三）成立の現行の『黄檗山寺志』では、これら合計十一首の陳摶の詩（とされる作品群）に、何九真の（作とされる）七言絶句「紫雲洞寄二隠和尚一」をも加えたうえ、「仙詩」の題下に収録している。ちなみに何九真は、順治九年（一六五二）、葉進晟の家に遊んだ二十歳の高泉の前にも「出現」、七言絶句を「応酬」している（第一章第二節第二項に既述）。

また、同じく福清黄檗山では、隠元と同輩の時黙隆宓（一五八九～一六七一）に類似の事蹟が伝えられている。彼は、高泉の叔父であり、出家当初の師でもあった。康熙七年（一六六八）、その八十歳の賀に際し、「乩仙盧洗雲」が現れ、六言絶句一首を贈ったとされる(105)。

集めるべき事例はなお多く、軽率な臆測は慎まねばならないが、一つの可能性として、明末清初の福清黄檗山周辺では、仙人の霊を招くに際し、その言葉が六言絶句の韻文体で表明されることを好む傾向があったのではないだろうか(106)。この世ならぬ者との「交信」には、五言絶句・七言絶句のような一般的な詩形よりも、平素はあまり顧みられることのない詩形――六言絶句のほうがむしろふさわしいという考えが、彼らの間に行き渡っていたと見るのは、少なくとも仮説としては許されるのではないだろうか。

## 第六節　高泉六言絶句の概観

### 第一項　六絶作者としての高泉の詩風

#### 青年期以来の六絶愛好――『一滴艸』に見る作例

高泉の六言絶句を、部立てされた、まとまった形で読むことのできるのは、『仏国詩偈』巻六および『洗雲集』巻四である。ともに東渡後に編まれた詩偈集であり、したがって、多くは三十代以降の作品である。しかしながら、例えば前者冒頭所掲の「遼天居即景」十二首のように、福建での青年期に製作された作品も見受けられる。〈遼天居〉とは崇禎七年（一六三四）、四十三歳の隠元が獅子巖内に設けた草庵をいう(107)。本篇や『一滴艸』巻一所収の七言律詩「題二遼天居一」および五言律詩「登二遼天居一」(108)を読む限りでは、この草庵は隠元のみならず高泉にとっても、羽根を伸ばしつつ坐禅に専念できる景勝の地であったものとおぼしい。

『一滴艸』巻一～三では、四百首を超える詩偈が部立てを加えられることなく、成立した順に配列されており、その中から六絶をのみ拾い出すことは決して容易ではない。本節ではめぼしいものにのみ触れるが、それでも同書巻一および二では、福建で製作した六絶が散見され、しかも後年この詩形の振興に注いだ情熱が、はやすでに看取されるのである。例えば「状元榕」(109)は、二首から成るが、そこには詩序としては比較的長文の序が附せられている。

嚢予少時。甞遊二仙邑之龍華寺之左一。有二古榕一。長レ自二隋朝一。大可二数十囲一。高不レ及二百尺一。其腹枵然。中包二一樟樹一。枝葉繁茂。陰二数畝地一。名二状元榕一。以下先朝時。曾経二殿試一首選上。天子召対。問二姓名郷貫一。答以二姓章名榕一。家在二仙郷龍華一。及報捷。竟不レ獲二其人一。報者至レ此。忽絲絳自飛上レ樹。眾訝久之。乃知二其樹霊一也。夫樹霊者何。蓋一等読書士子。不レ得レ志而死。特附此以顕二其才一耳。

煙霞飽歴二多年一。霜雪難レ凋二初志一。心空才大文奇。応レ得二状元及第一。

嗟彼読書士子。磨二穿鉄硯無レ休。一段英魂不レ死。化レ形独占二鼇頭一。

これに拠れば、古来「榕城」の雅称ある福州にあっても、とりわけ知られた巨木に、「状元榕」の名が冠せられている。「大きさ数十囲、高さ百尺には及ばず」、中央に空洞があって、そこには樟を擁してさえいた（本篇・序）。高泉の作品は、本文（六絶）・序ともども、その名の由来を解き明かして余すところがない。ある時代、ある年の科挙で状元（首席）の栄誉を獲得した青年が、天子の下問に対し、「姓は章、名は榕と申しまして、生家は仙郷の龍華［福州の寺の名］にございます」と奏上した。正式の合格発表の日に至って、彼の姿が見えなくなり、状元に贈られる緋絳のみが樹上高く上っていったので、人々はその青年が実は木の霊であることを知った。高泉自身の見るところでは、その〈木の霊〉とは、「一等の読書の士子、志を得ずして死」したものであろうという。

また、ほぼいちどきに両親を喪った高泉は、出家後もしばらくは心の傷癒しがたく、同輩らが父母のもとに帰省する姿を目にしては傷心を新たにしていたが、あるとき「他人の父母は即ち我が父母なり」と達観、自己の生活費（原文：衣盂資）を削ってまでも、彼らへの餞別を惜しまないようになった(110)。餞別に添えて詩を贈ってもおり、彼の遺した詩偈中には、同輩もしくは門人の帰省（父母もしくは本師のもとへ）を送る作品が、今も多数散見される。

その中でも、「送㆓僧省㆒㆑師」(111)・「送㆓僧省㆒㆑親」(112)は、比較的早期の作例に属するが、いずれも行間から「まあ、元気で行ってらっしゃい」とでも表現すべき高泉の声を聞くかのような内容をもち、友の帰省を素直に喜ぶ達観後の作品とおぼしい。

もとより高泉は、その青年期から、単に自分自身で詩を作るのみならず、詩友と次韻応酬して研鑽に励んでいた。次韻（もしくは和韻）は、詩形を問わず行っており、むろん六言絶句もその例外ではない。「次㆓韻山行㆒」二首(113)は、友人（恐らくは複数）とともに山水の美を尋ね歩いた折りの作品である。左に原文を掲げよう。

停㆑杖遥看㆓雁陣㆒。隔㆑橋細聴㆓松風㆒。踏偏谿頭谿尾。探残山北山東。

黏屐常多㆓蒼蘚㆒。襲衣旹有㆓香風㆒。崖畔萤花歴落。谷中流水丁東。

今後の課題として、明末福州における詩社の活動状況を調査し、現存する諸作品の中から六言絶句作例を拾い出し、そこに何らかの傾向が認められないかどうか明らかにしたい。

さて、二十七歳（順治十六年、一六五九）にして最初の弟子・道行を得た高泉は、その後もなお複数の門人を育成したとおぼしく、その一人・道式へは、その名の一字（式）を結句の韻字に用いつつ、「欲レ報二罔レ極深恩一。矢レ志修持第一。好看二尊者目連一。永作二人間儀式一。」と激励している(114)。

このように、高泉の六言絶句は、遠くは徳洪を、近くは師翁・隠元を承けて題材すこぶる多彩であり、他の作者に見るような山水叙景詩あるいは門人への訓戒のいずれか一方に偏向することはなかった。また、長文の序を添えて製作の背景を詳述した作例も少なくなく、彼がいかにこの詩形を好み、単なる詩人の余技として作るのではなく、これに新たな生命を吹き込まんと鋭意していたかを今に伝えている。重ねて惜しむらくは、九十首もの作例をもつ徳洪の場合と同様、今のところ、この詩形を殊更愛用した理由を高泉自らが語った言葉を認めないことである。

## 第二項　『仏国詩偈』に見る六絶作例

以下、『仏国詩偈』・『洗雲集』の順にナンバリングの上、それぞれの六言絶句の部を概観しよう。表の項目は、第三節所掲の『石門文字禅』のそれに準ずる。

### 『仏国詩偈』六絶の部の概要

まず『仏国詩偈』「六言絶句」の部には、七十七篇百六十一首を収録するが、このうち二十六篇百十首までが連作であり、残りは一篇一首から成る単作である。単作諸篇はしかし、高泉が止住した寺々の中でも最も長期にわたる活躍の地となった仏国寺の開創から次第に伽藍が整うまでの過程を詠じたものや（通番号（一一九）・（一二七）・（一三四））、終生の友の一人・真敬法親王の来遊を歓迎するもの（同（九八））、あるいは郷里・福建の果実や茶を贈られた喜びを詠じるもの（同（九四）・（一六一））など、連作に比して遜色ないほどに彼にとって重要な出来事が描かれている。以下、別表二を参照されたい。

別表二　高泉『仏国詩偈』巻六「六言絶句」の部

| 篇題 | 通番号および本文 | 頁数（第Ⅱ巻） |
| --- | --- | --- |
| 連作一<br>遼天居即景 | （一）澄道紆廻百折。岩台寂歴千尋。幾度試窮二望眼一。挙レ頭直見天心。<br>（二）幾百折窮二峰頂一。両三回望二雲間一。不レ覚俯レ頭一嘯。画然響落二千山一。<br>（三）畳畳峰巒窈窕。重重雲木交加。下界煙邨莫レ辨。燈明知レ有二人家一。<br>（四）竹榻蘧然夢了。露冷碧天初曉。科頭擁レ毳憑レ欄。細聴落華啼鳥。<br>（五）日永了無二些事一。夢回尚有二餘閒一。斫二却欄前双樹一。放来一帯西山。 | 七一三上右 |

| | | |
|---|---|---|
| | （六）海日漸臨二蓬鬢一。天風毎動二雲衣一。世界三千渺渺。野僧一眼収帰。<br>（七）飯罷采二茶洞口一。雨餘掃二葉松傍一。更有二高情一莫レ寄。月明独坐二幽篁一。<br>（八）刳レ木懸崖取レ水。洗レ苔磨レ石留レ詩。種種道中幽趣。人間肯許二誰知一。<br>（九）微風何處吹来。但覚幽禽頻噪。偶拖二双屐岩前一。踏二砕落花一満レ道。<br>（一〇）山上不レ拘二禮数一。胸中豈渉二炎凉一。但自随レ縁放曠。誰能識二我行蔵一。<br>（一一）水月煙巒普供。蒼松怪石同参。触目無レ非二妙旨一。更教二我復何譚一。<br>（一二）名広饒二他任重一。知希覚二我身閒一。睡到二日高三丈一。了無人欸二松関一。 | |
| 連作二<br>示レ客三首 | （一三）白髪既不二我譲一。無常豈与レ人期。何不レ想二身危脆一。忙忙尚恣二貪癡一。<br>（一四）此身雖レ云二我患一。返観亦是吾師。無上涅槃妙果。還須二藉レ爾脩持一。<br>（一五）槐国自非二定所一。漆園豈復恆存。利名非レ酒叵レ耐。男児多少斉昏。 | 七二三下左 |

連作三

答二示初可二上人一

（一六）眼底春雲澹汀。耳辺青島間関。祖意尽レ情分付。時人徒自聾頑。

（一七）石筍細抽雲畔。藤蘿密束二松頭一。一段天真美境。奚須更外営求。

（一八）過去已帰二幻化一。未来尚在二迷茫一。欲レ識二即今句子一。明明何必論量。

（一九）石眼筧泉瀝瀝。雲辺伐木丁丁。偶爾蒲團宴坐。頓忘百劫千生。

（二〇）抱レ膝看二流石上一。分レ渰施二鶴谿濱一。不三是厭一レ従二塵世一。青山未二肯饒一レ人。

七二四上右

連作四

文殊院写レ懐八首

（二一）山送レ雲来二榻下一。春扶華出墻頭。豈節到来自現。寧労二着レ意馳求一。

（二二）鎮日沈吟到レ晩。千生肺腑捜空。透二到心忘境寂一。颯然一陣松風。

（二三）樹欠遠山微露。風蜚細雨岦来。此際丹青莫レ写。豈容二騒客頻裁一。

（二四）性拙羸来身静。骨癯剰得心空。手裏烏藤七尺。探残南北西東。

（二五）清曉閒移二竹榻一。春風半掩二柴扉一。笑展二一双白眼一。冷看斥鷃横蜚。

七二四上左

| | | |
|---|---|---|
| | （二六）尽道我居岑寂。誰知我自常羊。目極二万邨錦繍一。胸開二大地文章一。<br>（二七）胸次有二天可一レ楽。眼前無二事攢一レ眉。厨内日脩二午供一。広陳二菌蕨香糜一。<br>（二八）禅悦味存二茶笋一。伽陀声在二松杉一。受用不レ輸二兜率一。何須入レ聖超レ凡。 | |
| 題二旅舎一　（単作一） | （二九）大地山河塊土。東西南北無方。偶駐二江頭一一宿。不レ知身在二他郷一。 | 七二四下右 |
| 贈二松月山主人一　（単作二） | （三〇）我是中華野衲。君為二東竺桑門一。識二得本源不二一。須弥百億毛呑。 | 七二四下左 |
| 偶書　連作五 | （三一）有レ客来求レ作レ字。字成自覚二踈狂一。既乏二如レ椽之筆一。徒令三染二尽洛陽一。<br>（三二）慚愧書非二智永一。国人索レ我如レ雲。痤二却毛生幾甕一。還来再四殷勤。 | （同右） |
| 春暁　（単作三） | （三三）偏開二蓬戸一玲瓏。俯看二煙雲一縹緲。山童山下忙来。報道華開多少。 | （同右） |
| 十竹吟　連作六<br>晋王子猷。寄居二空宅中一。便令レ種レ竹。嘯詠曰。「何可三一日無二此君一。」宋蘇子瞻作レ詩云。「可レ | （三四）愛二君不一レ受繊二塵一。眼底難レ忘二坐臥一。直饒寸土寸金。軒下也栽二数箇一。（種レ竹）<br>（三五）未レ可二釣レ鰲巣一レ鳳。乍抽二粉節瓊条一。但使レ無二人剪伐一。會当二指レ日干一レ霄。（新竹） | 七二五上右 |

使二食無レ肉。不レ可二居無レ竹。無レ肉令二人瘦一。無レ竹令二人俗一。」故二公有二愛レ竹名一。予山野鄙人也。敢望二二公一哉。惟竹之愛。顧二二公一亦莫二予過一。故作二十竹吟一。

(三六) 六月乾坤如レ甑。流レ金爍レ石難レ当。林下停レ筇小立。身心頓覚二清涼一。(対レ竹)

(三七) 雲臥已経二許久一。龍蟠胡不レ求レ伸。清節従来自直。委レ身更為二何人一。(屈竹)

(三八) 亭亭玉二立林間一。簌簌声聞二緑野一。熾然日説二真如一。信是長身尊者。(脩竹)

(三九) 晋世七賢安在。唐朝六逸奚存。見説化レ龍入レ水。今伝幾代児孫。(問レ竹)

(四〇) 生来気節倶高。不二是歳寒競レ秀。月明戛レ玉敲レ風。髣二髴塤篪合奏一。(双竹)

(四一) 薄薄清陰可レ賞。深深紫色堪レ観。莫レ訝迥殊二羣緑一。天姿別是一般。(紫竹)

(四二) 淇園歳晩蕭踈。凜凜一林寒雪。不レ因二際レ此不レ移。争見二天生勁節一。(雪竹)

(四三) 霜葉分レ従二筆底一。風竿発レ自二胸中一。春至雲雷震動。也疑蛻化成レ龍。(画竹)

答レ客 (単作四)

(四四) 夢中顛倒休レ言。白日便難レ作レ主。饒レ君世智超レ羣。争奈閻家未レ許。

七二五下右

警レ世五首 連作七

(四五) 柳老芙蕖出レ水。菊残白雪飄レ華。一歳風光又過。看来世事如レ麻。

七二五下左

| | | |
|---|---|---|
| | （四六）竟歳場中学レ剣。長宵燈下攻書。博得二功名一レ入手。不レ知白二卻眉須一。<br>（四七）朝見繁華奪レ目。暮看残葉粘レ泥。朝暮栄枯莫レ保。思量堪レ笑堪レ啼。<br>（四八）任レ爾気凌二三傑一。饒レ君才圧二三蘇一。生死跟前不レ屈。始名二真正丈夫一。<br>（四九）臨レ死猶難レ了レ手。機先孰解レ回レ頭。傀儡一棚不レ厭。弄教二線断方休一。 | |
| 寄二休長老一　（単作五） | （五〇）既能直下休レ心。便好山中着レ脚。仮如久絶二知音一。仏法何曾爛卻。 | 七二六上右 |
| 示二人作一レ詩　（単作六） | （五一）筆下珠璣万斛。胸中荊棘千尋。将謂碔砆是玉。那知鍮石非レ金。 | （同右） |
| 山中襍詠　連作八 | （五二）宝鴨清焚二百和一。砂鍋爛二煮春芽一。有レ客到レ門問レ法。無レ言笑指二庭華一。<br>（五三）真正参玄上士。従来不レ受二人瞞一。拈二起吹毛白刃一。直教二仏祖心寒一。 | （同右） |
| 示二人観一レ仏　連作九 | （五四）伯微想見二崑崙一。倩女魂遊夫舎。積レ情尚乃遂レ心。正観何憂レ不レ化。<br>（五五）竟年追二逐紅塵一。此事焉能研究。大都静極光通。聞二見蝨号蟻闘一。 | 七二六上左 |

| | | |
|---|---|---|
| 連作一〇<br>題二梅上人房一 | （五六）一室一香一榻。或行或坐或吟。便是瓊楼不レ換。何須役レ慮労レ心。<br>（五七）払レ室推レ雲出レ戸。刪レ松放レ月臨レ池。者種住山清致。無二人写レ入二新詩一。 | （同右） |
| 連作一一<br>贈二光上人一 | （五八）暁起両甌白粥。夜来一炷清香。此是道人静福。未レ容二俗士商量一。<br>（五九）身著二蓮華上服一。手翻二貝葉真経一。春露盞中浮レ緑。檀雲几上繚レ青。 | 七二六下右 |
| 新歳祝二檀越玉峰大居士一（単作七） | （六〇）道泰時和歳稔。人天羣類懽譁。野衲将レ何助レ化。炷香密転二蓮華一。 | （同右） |
| 僧持レ紙乞レ偈（単作八） | （六一）上座来従二何處一。山僧語実無差。白紙一張甚潔。何因索レ我塗鴉。 | 七二六下左 |
| 夜坐（単作九） | （六二）寂寂松扉半掩。娟娟霜月臨レ台。坐到二更深夜永一。一声老鶴飛来。 | （同右） |
| 秋日偶書（単作一〇） | （六三）適得二現成受用一。灶頭柴炭空時。一夜西風猛戦。天明満地松枝。 | （同右） |
| 連作一二<br>歳暮題レ壁 | （六四）屋角梅華朶朶。林間野鳥声声。底事当レ機不レ薦。只縁二太煞分明一。<br>（六五）倒握二琅玕一掃レ雪。猛焼二榾柮一烹レ茶。不二是不レ生二岑寂一。 | 七二七上右 |

（六六）瀑布懸レ崖説法。梅華照レ水分身。儻識三心包二法界一。頭頭物物皆真。
（六七）堤頭風送二華香一。橋下水分二蟾影一。沙弥不レ解二禅機一。喚作二山中之境一。
（六八）屛二卻唇吻咽喉一。此事請師告報。恰値二山僧事繁一。明朝来与レ爾道。
（六九）茶罷垂レ簾打坐。斎餘徐歩経行。何処梵音不レ歇。隔レ谿松籟和鳴。
（七〇）雪屋煖蔵二松火一。紙衾白擁二縄床一。一枕黒甜正熟。不レ知日上二東方一。

連作一三

答レ客五首

（七一）飲レ酒不レ解二降龍一。触色頓忘二神足一。聖人尚且如レ斯。而況塵労庶俗。
（七二）李広射レ石没レ羽。耿恭拝レ井生レ泉。誠至自然物格。孟軻語不二虚伝一。
（七三）一念未生之際。恰如二澄鑑無一レ瑕。怎奈六根才動。惹二来満目煙霞一。
（七四）念絶髑髏是水。眼昏碧落生レ華。是故境無二好醜一。都縁三見有二千差一。
（七五）雲影乍生乍滅。虚空何変何遷。智者聞二人棄レ世。未二曾哭泣悲憐一。

七二七上左

| | | |
|---|---|---|
| 示二体圓禅人一 （単作一一） | （七六）鉄杵磨針猶可。凡夫成仏何難。只為二汝今自画一。卻言遠隔二雲端一。 | 七二七下右 |
| 示二訓上人一 （単作一二） | （七七）長慶蒲團七箇。雪峰草履三登。学道精勤至レ此。何愁不レ上二伝燈一。 | （同右） |
| 春日 （単作一三） | （七八）多少尋レ春士女。紛紛向レ外馳求。争似二撚レ華自齅一。知春只在二枝頭一。 | 七二七下左 |
| 次二韻憨山大師一 （単作一四） | （七九）盤古無レ容二啓闢一。伏羲未レ許二推排一。誰是最初父母。虚空総一胞胎。 | （同右） |
| 即景示レ客 （単作一五） | （八〇）雪溜簷頭滴瀝。風甌簾外丁東。眼裡一斉解レ聴。不レ妨坐証二円通一。 | （同右） |
| 贈永上人 連作一四 | （八一）華木荘厳福地。谿山囲二繞精藍一。道者六時事少。爐熏細諷二琅函一。<br>（八二）道姿秀奪二山容一。詩句巧偸二鴬舌一。工夫日進無レ休。高蹈定追二霊徹一。 | 七二八上右 |
| 晩眺 （単作一六） | （八三）竹間清吹敲レ詩。江上晴霞濯レ錦。明知此景非レ真。対レ此悠然楽甚。 | （同右） |
| 答二星士一 （単作一七） | （八四）者般樗朽遺材。久被二霜磨日炙一。先生何故相瞞。也道華開有レ日。 | （同右） |

| | | |
|---|---|---|
| 千和尚恵二松蘿茶一　（単作一八） | （八五）多謝天親雅愛。恵来故国松蘿。活火試烹一碗。敵空睡裏羣魔。 | 七二八上左 |
| 臘八夜書レ感　連作一五 | （八六）満二注蘭膏一照レ室。横二紙帔一蒙レ頭。憶到二雪山此夜一。漣然双涙珠流。 | （同右） |
| | （八七）可レ憫当今釈子。不レ思二先聖洪規一。飽食安眠無レ恥。有レ如二仏不レ如レ伊。 | |
| | （八八）如来成道多時。豈在二睹星夜半一。為レ憐二我等凡夫一。留二此一番公案一。 | |
| 偶書　（単作一九） | （八九）東勝神洲説レ禅。南閻浮提下レ喝。西瞿耶尼喫レ鹽。北鬱単越道レ渇。 | 七二八下右 |
| 紙爆　（単作二〇） | （九〇）不レ辞二百匝千重一。特地錬成二鉄橛一。頂門一竅通レ天。点着迅雷便発。 | （同右） |
| 数珠　（単作二一） | （九一）瑩瑩百八摩尼。総与串二帰一索一。十方諸仏陀耶。不レ離二山僧掌握一。 | （同右） |
| 読二石門文字禅一　（単作二二） | （九二）欲レ闡二聖賢命脈一。故将二文字一流通。敬讃寂音尊者。無明山上清風。 | 七二八下左 |
| 題二東坡乗驢図一　（単作二三） | （九三）歳闌上疏帰来。瑞雪紛紛如レ絮。道袍竹笠蒲鞋。跨二蹇谿橋一覔レ句。 | （同右） |
| 謝三友寄二橄欖一　（単作二四） | （九四）杖錫久遊二蓬島一。夢魂常返二家郷一。寄二我閩中青果一。情知苦味難レ忘。 | （同右） |

| | | | |
|---|---|---|---|
| 厳子陵 | (単作二五) | (九五) 気節不レ道レ不レ高。奈何不レ解二蔵六一。有レ脚只可レ登レ山。誰教レ加二於帝腹一。 | 七二九上右 |
| 即事示レ僧 | (単作二六) | (九六) 為レ僧休二枉用心一。頭上曦車如レ箭。閻王不レ尚二文章一。何必酔二心筆硯一。 | (同右) |
| 題二関太守画一 | (単作二七) | (九七) 枝頭野鳥啼春。華下貍奴走レ地。分明大事現前。認着依然不是。 | (同右) |
| 皇太子駕至 | (単作二八) | (九八) 山堂春気和融。宝鼎檀煙蜚動。風扶二鶴駕一遥臨。驚二起眠雲之夢一。 | (同右) |
| 示下徒心宗書二報恩経一薦上レ母 | (単作二九) | (九九) 欲レ報二乳哺劬労一。念及二四恩三有一。倘知二此念何生一。汝母成仏已久。 | 七二九上左 |
| 偶詠 | (単作三〇) | (一〇〇) 雲起千山蕩漾。風来万樹婆娑。独自焚レ香啜レ茗。忽然雨似レ傾レ河。 | (同右) |
| 与二南蔵主一 | (単作三一) | (一〇一) 往往操レ戈入レ室。不レ知有二底因縁一。待二我一朝悪発一。与二君一頓麁拳一。 | (同右) |
| 春曉 | (単作三二) | (一〇二) 枕辺幽夢方回。林外数声啼鳥。山童入レ室伝レ新。一半紅梅開了。 | 七二九下右 |
| 示二新戒一 | (単作三三) | (一〇三) 苾蒭堪レ貴堪レ尊。身着二蓮華上服一。白氎不レ容二微涴一。莫レ怪荷香破レ律。 | (同右) |

| | | |
|---|---|---|
| 題二皇太子所レ画富士山一　（単作三四） | （一〇四）日永了無二俗事一。定回尚有二餘閒一。喚二得毛洲刺史一。徙二来一座瓊山一。 | （同右） |
| 題二雲上人院壁一　（単作三五） | （一〇五）夜雨指二磨山色一。午風敲二砕琅玕一。席上逢レ人茗話。不レ知日下二前灘一。 | 七二九下左 |
| 春夜聞レ雨　（単作三六） | （一〇六）金鴨水沈煙靄。竹林紙張春温。一枕黒甜驚破。簷前雨似レ翻レ盆。 | （同右） |
| 山居襍詠　連作一六 | （一〇七）浄掃茅斎宴坐。厚装二菊枕一高眠。這段清貧快楽。王侯未二肯相伝一。<br>（一〇八）飯飽行看二華竹一。詩成笑弄二雲泉一。偶値二林間野客一。立談倚二杖風前一。<br>（一〇九）風送二華香一撲レ鼻。山留二雲気一粘レ衣。磐石了無塵点。坐看野鶴高飛。<br>（一一〇）貝多翻尽日斜。艾納焼残火冷。蠻童黠慧知音。留レ客烹レ茶汲レ井。<br>（一一一）一自二山中養レ拙。手栽二梅竹一成レ林。春至盈レ枝破レ玉。日来満地篩レ金。 | （同右） |
| 贈二僧正泊翁大徳一　（単作三七） | （一一二）仏学緇林第一。淵才京国無双。詩就銀鉤墮レ紙。夢回竹月窺レ窓。 | 七三〇上右 |
| 守二開山塔一即事　連作一七 | （一一三）檗祖開山已往。塔婆肖像長存。惹二得国人瞻禮一。摩レ肩接レ舃盈レ門。 | 七三〇上左 |

| | | |
|---|---|---|
| | （一一四）粥飯二時勤献。香燈千載無レ諼。赫赫威霊如レ在。綿綿足レ保二児孫一。 | |
| 連作一八<br>智積泊翁僧正開二講席一作レ此代柬 | （一一五）法海波瀾渺渺。義天日月悠悠。説到二言窮理極一。直教二頑石点頭一。<br>（一一六）輪下広臨二海衆一。鑪中頻爇二牛頭一。問訊満慈尊者。講餘四大安不。 | （同右） |
| 連作一九<br>贈二伝法弟建二廬山大舟寺一 | （一一七）君有二精藍可一レ寓。賢于別為重開。正似二東方妙刹一。維摩掌上移来。<br>（一一八）維旧維新不レ別。或高或下随宜。従此流丹通碧。定成千古禅規。 | 七三〇下右 |
| 初夏鬮二天王山一<br>（是日有二羣鶴至一。作レ此志レ喜。）<br>（単作三八） | （一一九）延宝六年夏孟。道官施二我霊場一。赤手掀二翻荊棘一。引二他仙鶴一翱翔。 | （同右） |
| 暁起<br>（単作三九） | （一二〇）矮榻高軒夜永。紙衾菊枕身閒。睡起摩二挲双眼一。開門放二入青山一。 | （同右） |
| 春日寄二雪峰即和尚一<br>（単作四〇） | （一二一）雪解水流二万壑一。春回秀二発羣物一。敬書二六字伽陀一。問二訊重来古仏一。 | 七三〇下左 |
| 楽喧菴閲二詩巻一<br>（単作四一） | （一二二）小室結二依山麓一。老松擘二出虬枝一。坐看二飛流百尺一。何二如一軸新詩一。 | （同右） |

連作二〇
雨中仝二伝座元一茶話

（一二二三）嶽頂松雪冉冉。堂前華雨飄飄。喜得塤篪合奏。直教二韻出レ霄。

（一二二四）瓦鼎爛二烹鴨緑。湘簾半巻二螺青一。促レ膝細談二家話一。免レ看二一帙金経一。

（同右）

連作二一
超侍者立二寿泉菴一

吾弟暁堂收公入二無生三昧一。十有餘稔矣。其徒元超懐慕不レ置。恨衣盋枯淡。未レ及下縛二一茆一以祀中香火上。今年夏。偶界陽有二清信士一。捨二寿泉菴一。乃移二置于妙峰之下一。以酬二素願一。予嘉二其孝義一。為作二此詩一。

（一二二五）孝念堅猶二金石一。師恩重比二山丘一。此日剏二成蘭若一。足レ存二香火千秋一。

（一二二六）無着尚留二忍土一。世親已陟二天宮一。幸伏二一星火種一。至レ今煖気潜通。

七三一上右

建二仏国寺一（単作四二）

（一二二七）領二得袈裟旧地一。構二成葡萄新林一。山展二四時画牒一。松翻二百頃濤音一。

七三一上左

連作二二
雨中暁起

（一二二八）身閑無二復他求一。老去唯図睡快。平明一夢誰驚。簷外雨声澎湃。

（一二二九）幽鳥双双宿レ雨。暁峰朶朶埋レ烟。髣三髴横開二歩障一。淋漓酔墨猶鮮。

（同右）

丹後天橋
文殊大士古跡（単作四三）

（一二三〇）聖迹初非二塵境一。曼殊微顕二神通一。擲二下一枝如意一。化成二十里飛虹一。

（同右）

| | | |
|---|---|---|
| 連作二三<br>示二月窓殿主一 | （一二三一）暁霽雲横二碧漢一。夜深月上二高窓一。者裏分明薦得。六枚元是三双。<br>（一二三二）要レ識二現成句子一。為君直下宣揚。初祖口無二板歯一。釈迦面帯二金黄一。 | 七三一下右 |
| 森覚右衛門乞レ偈（単作四四） | （一二三三）沈迷乃名二煩悩一。覚悟即是菩提。万像森羅溢レ目。明明洞若レ燃レ犀。 | （同右） |
| 仏国造殿成。忽燕子至。口占（単作四五） | （一二三四）一水玻璃無レ染。四山画牒長開。晃晃琳宮甫畢。双双紫乙飛来。 | 七三一下左 |
| 連作二四<br>山居雑詠 | （一二三五）雨過小池水満。風来紺殿涼生。時転二琅函数軸一。置レ身儼在二天宮一。<br>（一二三六）落日微風草動。帰畊郁路牛鳴。倚レ杖前坡小立。残霞遠水猶明。<br>（一二三七）我愛東海屠隆。三教門牆窺透。羸来眼大二於天一。不レ落二羣儒之後一。 | （同右） |
| 連作二五<br>指栢軒八詠 | （一二三八）簷前一対虬松。屋後千層画嶂。道人清坐忘レ懐。乳鵲頻巣二衣上一。<br>（一二三九）定起翦レ雲補レ衲。夏深留レ月翻レ経。遠吹徐徐不レ断。踈鐘細細堪レ聴。<br>（一二四〇）林密罕レ聞鶴唳。居高遠見二煙郁一。風起四山松籟。雨餘満地苔痕。 | 七三二上右 |

連作二六

山門閒望十首

（一四一）客去絶無二他事一。心空儘有二餘閒一。看レ竹拾二来好句一。閉レ門推二出青山一。

（一四二）叔世浮名厭レ聴。幽栖清致難レ忘。掃レ径松髯綴レ帚。巻レ簾蘿月侵レ牀。

（一四三）尽謂蝸廬太窄。疇知景物難レ評。雨過松筠競秀。夜闌風月双清。

（一四四）睡起禅心益寂。飯餘俗事全無。野鳥窺レ簷索レ食。山童汲レ井添レ盂。

（一四五）貴顕譲二他智士一。幽閒還二我山翁一。溢目煙郁景物。天然水墨屏風。

（一四六）此地重興二梵宇一。天然形勝幽深。西去京華十里。東瞻檗嶠千尋。

（一四七）雁過長空絶レ跡。雲流大野無レ痕。下界雞鳴犬吠。人家一似二仙邨一。

（一四八）挙レ手星河可レ酌。回レ頭帝闕如レ翔。不是二胸中絶レ物。只縁三住二在高岡一。

（一四九）雨過羣巒滴レ翠。風休満地零レ紅。何處謳声不レ断。三三両両樵童。

（一五〇）田疇横展二袈裟一。樫檜豎縣二幢蓋一。絶津無二塵俗交参一。別是清涼世界。

七三二上左

| | | |
|---|---|---|
| | (一五一)野僧閒縦二吟眸一。自喜胸襟軽快。山童戯拗二松支一。誤把二鶴巣一踏壊。<br>(一五二)百畳煙鬟不レ断。一川雲碧長流。野客或来或往。嶺頭騎レ馬騎レ牛。<br>(一五三)孤艇遠横二波面一。凍雲低宿二林坳一。落日離離射レ壁。帰鴉閃閃争レ巣。<br>(一五四)悠悠無二事縈一レ懐。落落扶レ藤縦レ歩。咲看羣稚團レ沙。遥聴微風吹レ樹。<br>(一五五)嶽麓晴拖二暝霧一。田家新補二黄茅一。適レ趣坐憑二石背一。須臾月挂二松梢一。 | |
| 問レ僧 (単作四六) | (一五六)近日何方発足。昨宵寄二宿誰家一。曾見幾員知識。踏来多少煙霞。 | 七三二下左 |
| 侍子鼎九山公務之暇。誓持二往生神咒十万徧一。持畢回向。以レ掌注レ油為レ燈。供二養十方調御一。凡三昔而后已。秘而弗レ言。無レ有二知者一。予密察レ之。喜下其年少有二此行願一。終不上レ虚也。因作レ此以示。 (単作四七) | (一五七)心転二真言一十万。手燃二明炬一三宵。藉レ此誓レ成二仏果一。管レ教二覚路非一レ遥。 | 七三三上右 |
| 負レ暄 (単作四八) | (一五八)軟飽初非二吾事一。黒甜乍可二時嘗一。独有二三冬白酔一。老来無二日相忘一。 | (同右) |

| | | | |
|---|---|---|---|
| 贈二養軒衛生一 | （単作四九） | （一五九）善解レ療レ人用レ藥。無レ煩二丹鼎煎烹一。籬下拈二来茎艸一。便堪二起レ死回一レ生。 | 七三三上左 |
| 寄二津田主事一 | （単作五〇） | （一六〇）人情似二鳥同一レ林。貪逐如二蛇呑一レ甕。百年栄楽無レ多。摠属二黄粱一夢一。 | （同右） |
| 嶽和尚恵二武夷茶一 | （単作五一） | （一六一）籛武籛夷旧隠。好山好水非レ常。雀舌双壷竝至。烹来如レ飲二仙漿一。 | （同右） |

これら諸作品のうち、（六〇）「新歳祝二檀越玉峰大居士一」（単作七）以降は、確実に日本渡来後の製作と見られよう（註（88）参照）。また、「山中襍詠」と題する連作が三つまであり（連作八・一六・二四）、後二者は前後に配列された作品から推して、伏見仏国寺での製作と思われる。さらに、「雨中同二伝座元一和」（連作二〇）・「指栢軒八詠」（同二五）・「山門閒望十首」（同二六）も、仏国寺での閑静な生活を楽しみを込めて描いている。題材は『一滴艸』の頃に変わらず多彩であるが、いよいよ閑居の詩が増加したように見受けられる。この傾向は、続く『洗雲集』もまた同様である。

## 第三項　『洗雲集』に見る六絶作例

### 『洗雲集』六絶の部の概要

『洗雲集』では、巻四に六絶の部を立てており、そこには四十五篇七十二首を収録する。そのうち、連作は十篇三十七首に達する。量的には、さきの『仏国詩偈』の半数以下である。しかしながら、長文の詩序をもつ作品は引き続き多く配列されている。それら作品の中でも、（一九）「題二弘法大師真蹟一」・（五二）「頌言」[115]などは、高泉が平素敬慕していたわが国仏教界の先人（例：空海・俊芿）や皇室（法友・真敬法親王のような皇室出身の僧侶をも含む）にかかわる作例に属している。あるいはまた、（五三）「志瑞」・「梅花醴」（連作九）などは、自己にとっての慶事・珍事を記録する作例に属している。さらに、了翁道翁・九山元鼎ら、重要な門弟が当時は巨額の資金を要した経典刊刻の浄業を完遂した際にも、六絶を書き与えている（（四八）・（四九））。

こうした記念性の強い場面で六言絶句を製作するという傾向は、一層強化されて、続く『翰墨禅』所収作品に及んでいる。また、「無常偈」全十首（連作二）は、静かな仏国寺の山中にあって、世人が名利のために使役され、奔走させられる姿を、憐憫のまなざしをもって詠じており、その憐憫は当時の指導者層ともいうべき武士・文人・大地主・大官はもちろんのこと、大悟徹底せぬまま いたずらに山中に隠遁する者をさえも見落とすことなく向けられている。ここで別表三を参照されたい。

## 別表三　高泉『洗雲集』巻四「六言絶句」の部

| 篇題 | 通番号および本文 | 頁数（第Ⅱ巻） |
|---|---|---|
| 連作一<br>閒中写レ懐八首 | （一）自三昔折二蘆海上一。長年卜二築林中一。行看岫雲蘿壁。坐聞澗水松風。<br>（二）客久畏レ看二茘譜一。詩成愛レ検二茶経一。抱レ甕掬二来鴨緑一。放レ墻分二得螺青一。<br>（三）歳月忘レ懐不レ管。曉昏得レ趣何清。紙帳梅花夢破。芒鞋竹杖山行。 | 七八一下右 |

連作二

無常偈

予空山閑居。常見下旹人率皆戚二戚於貧賤一。汲二汲於富貴一。至レ老猶不上レ能レ已。不レ思下世間雖二富与レ貧反。貴与レ賤反一。特一夢上耳。悪足レ尚邪。因作二無常偈十首一。其有レ読者。慎勿二艸艸一。若二耳辺風一。然則無レ益矣。

(四) 風撼二琅玕一欲レ砕。雨磨二翡翠一争レ新。飽享二者般清福。不レ知我是何人一。

(五) 老去無レ心レ闘レ勝。閒来但愛二幽栖一。看レ竹多因二雪後一。尋レ梅半在二渓西一。

(六) 翠巘丹崕梵室。断橋流水人家。客問素何嗜好。我言志在二煙霞一。

(七) 日影微微欲レ暮。簷声滴滴初晴。長夜放レ懐枕。開レ眸恍似二来生一。

(八) 幾度渓頭箕踞。分明物外漁翁。麈尾掃二除塵垢一。毛錐釣二尽英雄一。

(九) 昔有二転輪聖帝一。千児七宝随レ身。一旦無常卒至。依然不レ免二沈淪一。

(一〇) 学得驚群武芸。作二成蓋代文章一。一旦無常卒至。都無二伎倆支当一。

(一一) 埜外田園万頃。家中玉帛千箱。一旦無常卒至。独餘尸臥二荒岡一。

(一二) 常見嘍囉漢子。慣二能嚇レ鬼瞞レ神。一旦無常卒至。那知無レ地レ蔵レ身。

(一三) 縦有二才能一邁往。亦嘗官職高超。一旦無常卒至。可レ憐瓦解氷消。

七八二上右

（一四）妻妾時時顧恋。児孫日日垂レ憐。一旦無常卒至。更無二半箇相延一。

（一五）恣二縦俗情邪見一。破二除僧省仏図一。一旦無常卒至。甘レ心陥二墜三塗一。

（一六）尽レ力翻レ天覆レ地。横レ心背レ徳忘レ恩。一旦無常卒至。撞頭磕額無レ門。

（一七）心地絶無二塵染一。艸廬長隠二深山一。一旦無常卒至。自然坦坦閒閒。

（一八）立レ志究二明祖意一。尽レ形不レ作二微殃一。一旦無常卒至。大千在二爾翱翔一。

題二弘法大師真蹟一　（単作一）

予一日過二得翁隠者宅一。観二弘法大師金書阿弥陀仏聖号一。予稽首生二難遭想一。為作二此偈一。以当二瓣香一。

（一九）大士泥洹已久。経二今八百餘霜一。遺二下手書真蹟一。煌煌猶帯二金光一。

七八二下右

連作三

仲春仝二諸子一閒歩二首

（二〇）竹酔花酣鳥噪。風暄日醲僧閒。両両三三似レ画。観レ流観レ石観レ山。

（二一）意行不レ問二西東一。語笑徐拖二杖舄一。絶欣午後雲収。萬里長天一碧。

七八二下左

| | | |
|---|---|---|
| 連作四<br>亀山谿上泛レ艇三首 | （二二）夾レ岸螺青疊レ秀。一川雲碧横流。両両三三道者。波心共載二蘭舟一。<br>（二三）得レ趣寧拘二主伴一。談レ玄那渉二親疎一。引レ領遠看二鴻鶴一。停レ舟俯玩二亀魚一。<br>（二四）宿霧旁レ厓隠隠。縣泉触レ石冷冷。摩詰無レ労二描写一。天然一軸丹青。 | （同右） |
| 江頭晩眺。送二人還レ郷　（単作二） | （二五）江上遠山点点。沙頭落鴈翩翩。一軸天然図画。任二君収巻帰一レ田。 | 七八三上右 |
| 薦二貞意信女一　（単作三） | （二六）休レ道談扶弗レ實。従来人命無常。踏二砕死生窩窟一。大千一二任翱翔一。 | （同右） |
| 題二桂道人市隠一　（単作四） | （二七）道人心地悠悠。一物了無レ所レ取。雖レ云二見レ色聞レ声。誰識還全二石女一。 | 七八三上左 |
| 贈二古谿老宿一　（単作五） | （二八）痩骨龐眉古貌。息レ交遺レ世忘レ情。幾度扶レ藜坐レ石。儼然画裡空生。 | （同右） |
| 連作五<br>題二礼公禅院一二首 | （二九）蘭若清幽可レ喜。柴門尽付レ雲遮。夜雨添来厓溜。暁風吹醒庭花。<br>（三〇）半畝踈篁滴レ緑。一川逝水談レ空。想見藤輪定起。大千総在二胸中一。 | （同右） |
| 徒孫定水呈レ偈書示　（単作六） | （三一）少壮根機猛利。正堪三力学二真乗一。一日心花頓発。何愁不レ上二伝燈一。 | 七八三下右 |

| | | |
|---|---|---|
| 示二香海禅者一（単作七） | （三二）只在二京師闤闠一。澹然如レ隠二空林一。禅意清無二所染一。青蓮花発二波心一。 | （同右） |
| 郤上閒行（単作八） | （三三）午後意行二郤落一。郤郤景物堪レ探。鳳竹沿レ途風酔。蜀茶萬樹花酣。 | 七八三下左 |
| 連作六　暮過二荒郤一二首 | （三四）落日微風郊外。黄沙白草瀰漫。荒冢累累不レ断。令二人毛骨皆寒一。<br>（三五）看到二者般境界一。好将二万一休レ懐。任是花顔玉貌。総成二敗胾枯骸一。 | （同右） |
| 雨中客至（単作九） | （三六）山寺春寒昼永。駅途鳥噪花芬。破レ雨訪レ予入レ室。青衫重湿二松雲一。 | 七八四上右 |
| 連作七　龍海蘭若即景四首 | （三七）精舎結依二岳麓一。長江流繞二窓前一。老衲單丁廿載。朝朝乞二食郤煙一。<br>（三八）莫レ道僧閒無事。閒中亦覚レ労レ形。甞種二琅玕数畝一。又栽二薝蔔一盈レ庭。<br>（三九）古径絶無二塵跡一。矮窓半倚二藤蘿一。坐看煙帆雪棹。江千来往如レ梭。<br>（四〇）戸外春寒走レ碧。簷前暮嶂推レ青。更有二風颭一隔レ檻。丁丁滴滴譚レ経。 | （同右） |

| | | | |
|---|---|---|---|
| 重過二将軍山一 | （単作一〇） | （四一）嶽頂春雲薄薄。松根石虎堆堆。幾度登臨弔レ古。徒聞二鶴怨猨哀一。 | 七八四上左 |
| 春日早起 | （単作一一） | （四二）山楼鐘断声消。竹榻夢回春暁。擁レ衾独坐無言。静聴二落花啼鳥一。 | （同右） |
| 遊二梅塢一二首　連作八 | | （四三）山深春気猶寒。一塢梅花方発。老夫清二坐花間一。自覚寒香入レ骨。 | 七八四下右 |
| | | （四四）微微日色侵レ林。澹澹香風吹レ面。野禽何処飛来。撲二落瓊葩数片一。 | |
| 野歩 | （単作一二） | （四五）偶呼二諸子一南行。転入二林東小岫一。探二残千樹梅花一。帯二得寒香両袖一。 | （同右） |
| 山中即事 | （単作一三） | （四六）久住二雲山一得レ趣。了無二俗事相妨一。惜レ竹密囲二籬落一。愛レ蓮寛鑿二池塘一。 | （同右） |
| 閲二南行草一 | （単作一四） | （四七）林外鴬声宛転。堦前花影斕斑。読二罷瑤篇三百一。不知身在二人間一。 | 七八四下左 |
| 謝三勧学講院了翁大僧都恵二蔵経一 | （単作一五） | （四八）久別無レ繇二継見一。不レ期飛レ錫相尋。恵レ我琅函玉軸。謝レ君妙徳慈心。 | （同右） |
| 鼎子捨レ経<br>徒孫元鼎念下常住既有二蔵典一。而歳旹所二常誦一 | （単作一六） | （四九）天山鼎子多能。念念思レ図不朽。精裁二貝葉琅函一。用報二四恩三有一。 | （同右） |

者或鮮上。如二梁皇懺法・盂蘭盆経・瑜伽科儀等一。乃発心手書。及募レ人印造。無慮五十餘部。皆以二錦段一装標。可レ謂善用二其心一者矣。与二夫孜孜為レ己者。奚啻霄壌哉。予恐二後無レ有二知者一。故特表而出レ之。

喜レ雨　（単作一七）

貞享三年正月初吉丙辰。按二歳旹紀事一云。「元日値レ丙。四十日旱。」予頗疑レ之。既而夏六月酷暑異レ常。日勝二一日一。四野田疇亀拆。郡民禱レ之弗レ応。至二七月初十壬辰申刻一乃雨。計六月朔癸丑。至二七月壬辰一正及二四旬一。洵不レ誣矣。詩以志レ之。

（五〇）赤日火雲作レ虐。乾坤似二甑蒸レ人。一旦商霖四注。林巒草木精神。

七八五上右

雨中幻住菴了寂律師過訪　（単作一八）

（題下註：元真。字義未詳）

（五一）怪雨顛風競作。松濤竹浪排レ空。喜有二佳賓過レ我。室中清話春容。

七八五上左

頌言　（単作一九）

貞享三年秋八月当二先皇七周国忌一。時今上皇帝発二大倉米三百石一。普施二僧道貧民者一。三

（五二）聖明聖徳無疆。真孝真慈未レ已。解レ従二悲敬二田一。偏植二金剛種子一。

七八五下右

| | | |
|---|---|---|
| 日民謌二聖徳一。歓声載レ道。恭述二伽陀一。以頌二万一一。 | | |
| 志レ瑞<br>仏国西偏有二桜桃一。凡山中有二盛事一。必非レ時而花。曩予初開レ山。及二建レ殿時一。輒九月開。今年八月末葉尚未レ脱。忽支頭花燦。予知必有二瑞応一。詩以志レ之。（単作二〇） | （五三）赤水霊亀献レ瑞。丹山彩鳳呈レ祥。此木預知二美兆一。秋晴爛発二春芳一。 | （同右） |
| 桃源石（単作二一） | （五四）石有二玲瓏小洞一。不レ妨呼作二桃源一。雖レ闕二落花流水一。天然幽趣長存。 | （同右） |
| 双髻石（単作二二） | （五五）蓄来蒼石如レ拳。儼似二仙童双髻一。長年安二置蘿窓一。自有二盤雲之勢一。 | （同右） |
| 紅梅（単作二三） | （五六）誰将二酔面春容一。換二卻氷肌玉骨一。幾回月下相尋。頼有二寒香不一レ歇。 | 七八六上右 |
| 蛍火（単作二四） | （五七）点点飛二来艸際一。熒熒散二入階除一。曾為二劉公一卻矢。又供二武子一観レ書。 | （同右） |
| 夜雨（単作二五） | （五八）霊鷲百千妙旨。少林一曲無生。昨夜簷頭雨滴。説来多少分明。 | （同右） |

| | | |
|---|---|---|
| 連作九<br>梅花醴<br>京兆三井氏有二別業一。号二華林園一。環レ山皆梅也。毎二花時一。一白如レ雪。乃以二巧智一。醸為レ醴。盛以二水晶瓶一。和レ茶服レ之。満口作二梅花香一。亦可二以延レ齢卻レ疾。視二倉公上池之水。漢武金茎之露一。何多譲焉。因曰二万寿梅花醴一。将下上二進宸庭一。以益中睿算上。請レ為レ詩。書レ此美レ之。 | （五九）擷尽梅花万樹。醸成上品仙漿。飯後試斟二両盞一。頓教二肺腑生レ香。 | 七八六上左 |
| | （六〇）濃比二神漿湛湛一。馨如二天酒盈盈一。盛以二氷壷一上進。何殊二仙掌金茎一。 | |
| 題二僧舎一　（単作二六） | （六一）此外黄塵莫レ到。箇中清絶堪レ誇。怪石大鐫二禅偈一。紙屏濃写二梅華一。 | 七八六下右 |
| 連作一〇<br>歳暮寄二菊潭禅姪一 | （六二）汾陽作用何多。仏国機関無レ幾。不レ須祭レ肉焼レ銭。断二送閒神野鬼一。 | （同右） |
| | （六三）罕レ逢二正士堪レ言。頼有二名山可レ寓。歳寒誰与相親。莫逆梅花幾樹。 | |
| 示二梅林沙弥一　（単作二七） | （六四）少小頓裂二世網一。他生深種二霊根一。一似二羅雲仏子一。童真便預二祇園一。 | 七八六下左 |
| 偶詠　（単作二八） | （六五）夜永燈花寂寂。霜寒紙帳重重。山鳥喚二回幽夢一。開レ窓日上二東峰一。 | （同右） |
| 智門禅姪乞レ偈　（単作二九） | （六六）雪裡寒梅破レ玉。枝頭野鳥啼レ春。泄尽西来祖意。無レ容二鼓レ舌揺レ脣。 | （同右） |

| | | | |
|---|---|---|---|
| 午後過二龍泉院一 | （単作三〇） | （六七）風日一天明暖。松篁満目青蒼。扶レ策来尋二山院一。話レ禅不レ覚二斜陽一。 | 七八七上右 |
| 贈二国寿和尚一 | （単作三一） | （六八）為レ法為レ人不レ倦。寿レ君寿レ国無レ疆。緇白欽レ風嚮レ化。散レ花競繞二猊牀一。 | （同右） |
| 贈二南嶽和尚一 | （単作三二） | （六九）諸仏横呑二一口一。不レ知更度二何人一。却愛深棲二南岳一。思翁訝是前身。 | （同右） |
| 茶磨山 | （単作三三） | （七〇）畳畳山形似レ磨。九牛来亦難レ牽。想是陸盧用久。至レ今高閣二雲辺一。 | 七八七上左 |
| 吟松菴 | （単作三四） | （七一）菴結無塵静處。松吟没字新詩。一榻竟年坐臥。悠悠此楽誰知。 | （同右） |
| 朝日菴（題下註：中奉二維摩大士一。） | （単作三五） | （七二）偶過二毘耶丈室一。恰逢二竹酔花酣一。要レ問二維摩不二一。還二他石臼能譚一。 | （同右） |

## 第四項　『洗雲集』以降の六絶製作

### 高泉晩年における六絶詩風

『洗雲集』に続く、生前最後の詩偈集は、元禄七年（一六九二）刊行の『翰墨禅』である。天和二年（一六八二）春以降、二度目の仏国寺住持期間中に成った詩偈を収めており、平久保氏の調査に拠れば、『洗雲集』ほか他の詩偈集と重複する作品は全く収められていないという(116)。本書所収の六絶は、五篇六首（うち連作は一篇二首）(117)と数こそ少ないものの、この詩形における彼の作風の到達点が示されている。

### 真敬法親王の六絶製作

まず注目すべきは、並べ掲げられた「喜二皇太子見一レ過」・「皇子見レ和復次二其韻一」であろう。外見上は単作であっても実際は連作と見るべきこれら二首は、貞享四年（一六八七）以降のある寒い日に(118)、奈良から仏国寺を訪れた〈(正覚）皇太子〉、すなわち一乗院宮真敬法親王（一六四九～一七〇六）の来訪を喜びつつ（「喜二皇太子過一レ訪」）、恐らくは法親王が即興で製作した六絶に再び次韻したものと見られる（「皇子見レ和復次二其韻一」）。運敞（次節後述）と並んで、真敬法親王もまた高泉からの感化で六絶を製作したことが推知されよう。左にそれぞれの全文を掲げる。

喜二皇太子見一レ過

月落星稀霧散。鳥啼風定霜寒。忽報銅車遠降。満堂龍像忻歓。

皇子見レ和復次二其韻一

倚レ杖簷前得レ趣。擁レ裘炉畔忘レ寒。忽得二瑤章落一レ手。再三圭復増歓。

今後の課題としては、延宝六年（一六七八）から貞享三年（一六八六）までの二十六冊にもおよぶ『真敬法親王御日記』（第四章第一節既述）を閲覧、当該作品の存否を確認のうえ、それらの具体的な製作日時を究明したい。

### 記念性の高い諸作例

また、「霊明殿瞻二貞永皇帝御像一」（註（117）参照）も注視すべきであろう。詩題にいう〈霊明殿〉とは、維新以前は泉涌寺を菩提寺とされていたわが皇室の歴代尊牌を奉安する堂宇であり、〈貞永皇帝〉とは、四条天皇（一二三一〜一二四二）を指す。本篇の詩序および本文に拠れば、僅か十二歳で崩じた天皇は臨終に際し、自己が泉涌寺の開山たる俊芿（一一六六〜一二二七）の再来であることを明らかにし、「それゆえにこそ、わが短い在世中には寺興隆のために力を惜しまなかったのだ」と語ったという。

そして歿後刊行の『大円広慧国師遺稿』には、わずかに「大成殿」一篇二首[119]を収めるのみである。高泉は黄檗山晋山を幕府に報告すべく、元禄五年（一六九二）二月に東上の途に就いた。江戸では時あたかも湯島聖堂が竣工、高泉は「六言二章を述べ、以て千秋の盛事を紀す」と序に述べたうえで、「新建二大成孔廟一。巋然雄鎮二東方一。将使下人瞻二聖像一。咸知中聖徳無疆上。」、「合国人倶二帯刀一。只為二従来尚レ武。儔知当代明君。翻作二海邦鄒魯一。」と、肌で感じた幕府政治の変化（武断から文治へ）を詠みつつ、儒仏一致の立場から大成殿竣工を慶賀している。本篇の序に〈千秋の盛事を紀す〉とあるが、これは高泉の六絶が往々にして記念性の強いことを自ら語った言葉と見られよう。

### 「準遺偈」に見る六絶愛好

高泉の六絶愛好は、その死も間近い頃まで持続された。すなわち、元禄八年（一六九五）、再度江戸に赴いた際発病した高泉は、そのまま江戸にあって療養、八月二日、病勢いよいよ重く、半ば死を覚悟してであろう、一首の偈を作った（結局このときは持ち直し、黄檗山へ帰り着いてのち、同年十月に世を去った）。その偈にいう、「老漢生来快活。胸中雲度天空。一旦井藤噛断。何妨南北西東。」と[120]。羅什訳『衆経撰雑譬喩』巻上に見える著名な説話[121]を踏まえつつ、凡人ならば日々削られゆく寿命におびえるばかりだが、既に大悟徹底した自己は、近づく死を前に心安らかであり、現世を去って身体を失うことで、かえって本来の自由な精神はますます自在にどこへでも飛んでゆこうぞ――という大意である。

### 明治期黄檗宗管長の六言遺偈（附説）

ちなみに、多々羅観輪師（一八二六～一八九六）の遺偈も、六言古詩（一首が四句から成り、一見すると絶句に見える）を用いている[122]。遺偈にいう、「処レ世七十一年。今日辞二謝塵縁一。只願法孫之□［欠字］。千古莫レ絶二仏権一」と。多々羅師は、明治時代の黄檗宗管長として、社会の変動とそれに伴って黄檗宗が受けた打撃（主たる外護者たる幕府・諸藩が崩壊）を忍受、その打開のために奔走された。チベット探険で知られる河口慧海師も、修行時代には同師に師事して漢文経典を研鑽している。

多々羅師の法系は大眉性善（唐僧）を派祖とする東林派であって、高泉を派祖とする仏国派ではない。高泉は大眉のために塔銘を撰しているが[123]、大眉の遺偈については、「書レ偈坐化」とするのみ。大眉が示寂に先立って梅嶺道雪に与えた付法偈は、七言絶句であり、弟子たちに示寂後撒骨するよう遺命する「撒骨偈」もまた同様である[124]。多々羅師がいかなる背景で、その遺偈に六言を用いたのか、今後さらに研討を加えてゆきたい。

## 第七節　運敞『瑞林集』に見る六言絶句受容

運敞（一六一四～一六九三）は東渡後の高泉と二十年以上に渡る交遊があり、高泉の『常喜山温泉記』・『喜山遊覧集』の重要な登場人物でもある。有馬温泉での湯治は、その効能を熟知する運敞から高泉に教示された結果と見られる。最晩年に至って、高泉および悦山道宗（木庵門弟、黄檗山第七世）からも序を得て成ったのが、詩文集『瑞林集』であるが、その巻二には六言絶句の部を見る。

六篇十首（うち連作は二篇六首）という作例は、量的には高泉に遠く及ばず、また、高泉および南源性派（一六三一～一六九二）からの感化で、受動的に余技として製作した感が強いのであるが、それでも同時代の日本人僧侶の詩文集には恐らく類例を見ない奇観と言えよう。ここで別表四を参照されたい(125)。

別表四　運敞『瑞林集』巻二「六言絶句」の部

| 篇　題 | 通番号および本文 | 『智山全書』本頁数 |
|---|---|---|
| 贈㆓南源和尚㆒ 菊秋望後一日。訪㆓華蔵南源和尚於松堂㆒。相共唱和披懐者数篇。源公再畳㆓前韻㆒。見㆓示四偈㆒。毎篇語意俊逸。転換無㆑窮。初中後善。不㆑勝㆓玩味㆒。亦掇㆓六言短偈㆒。供㆓一粲㆒。（単作一） | （一）説偈詞義無㆑礙。用㆑字変転自在。非㆑得㆓旋陀羅尼㆒。即獲㆓文字三昧㆒。 | 四七七頁上 |
| 連作一 次㆓韻法苑高泉和尚見㆑恵 | （二）感喜至人情厚。遺㆓余白璧三双㆒。林下忽増㆓光彩㆒。斜暉時射㆓紙窓㆒。<br>（三）揮㆑筆珠璣落㆑紙。自然趣水雲悠。雖㆑喜㆓我如㆓破竹㆒。過称不㆑得㆑擡㆑頭。 | 四七七頁上 |

| | | |
|---|---|---|
| | （四）道抱二広於鯨海一。徳風熏似二牛頭一。叨報二驢鳴犬吠一。為レ余聴二郢斤一不。 | |
| 附二便鴻一寄二高泉和尚一（単作二） | （五）氷雪平生胸次。風煙此老肺腸。落レ筆自然佳趣。禅餘知有二幾章一。 | 四七七頁上 |
| 連作二<br>次二韻南源和尚早春見レ寄三首 | （六）新正有レ使到レ門。報レ自二蔵林盟主一。道懐不レ阻二支桑一。感喜君披二心腑一。<br>（七）握二諸仏不伝珍一。生死海中投レ手。憑レ軒万木欣欣。鵠二望雲辺一矯レ首。<br>（八）咲譚揮レ筆詩成。寄レ我以二崑崙玉一。意高足レ見二天真一。才短奈二陽春曲一。 | 四七七頁下 |
| 餞二深教闍梨一（単作三）<br>深教闍梨留二学智積一。十有六年。今茲貞享丙寅夏。依二諸檀護之敦請一。赴二本郷下妻円福講舗一。作レ此餞レ之。 | （九）千里南詢求レ法。法財称載帰レ郷。非三独欣二師錦一。教風画扇二動常陽一。 | 四七七頁下 |
| 題二時一字一（題下註：依二前田芸州太守之索一）（単作四） | （一〇）仏性尚藉二因縁一。人事孰非二時節一。君不レ見園中華。佳実迎二素商一結。 | 四七七頁下 |

このうち、（九）「餞二深教闍梨一」に見える深教とは、詩序に拠れば智積院での運敞の門人であるが、同院に学ぶこ

と十六年にして、貞享三年（一六八六）、郷里の常陸国下妻は円福寺へ帰り、今度は後進を導くこととなったという。また、（一〇）「題二時一字一」は、題下の割註に拠れば、「前田芸太守（日本風にいえば安芸守）」からの求めで製作したという。〈芸太守〉が誰であるのか、今後の比定を要するが、少なくとも加賀藩もしくはその支藩を治めた大名であることに相違はなく、高泉の場合と同様、運敞も貴人への献詩に六絶を用いたと言えよう。

これら二首を除く作例はすべて高泉および南源という文人肌の黄檗唐僧との交流を縁として製作されている。もとより運敞も蔵書として徳洪『石門文字禅』（達観刊行の明版）および和刻本の『文体明弁』を有しており(126)、これら両書に六絶の部が設けられていることは知っていたものと見られるが、彼をして六絶を試作せしめた要因は、直接的にはやはり、高泉および南源との交流であろう。南源の詩偈集『芝林集』(127)の中に連作二の関連作品（運敞の次韻対象）を検索するのは今後の課題としたい。連作一についていえば、前出の『仏国』（一一二）および同（一一五）・（一一六）が、運敞の次韻対象である。運敞が詩題に〈法苑〉としていることによって、高泉の原詩が延宝七年（一六七九）四月の仏国寺晋住以前、高泉がまだ黄檗山内・法苑院にあった頃に製作されたことが知られよう。

## 第八節　中国禅僧の遺偈に見る六言詩

### 南宋・宗曉（非禅僧）の六絶遺偈

中国歴代の高僧中、高泉と同様、六言絶句もしくは六言古詩の形で遺偈を遺した人々としては、まず南宋の宗曉（一一五一～一二一四）が挙げられよう。宋代浄土教の基本資料たる『楽邦文類』・『楽邦遺稿』を編んだ宗曉は、天台浄土教の僧というべきであって、禅宗関連の著述は知られていない。『仏祖統紀』（中国天台宗高僧列伝）の宗曉伝に掲げられたその遺偈には、「清浄本来不動。六根四大紛飛。掃二却雲霞霧露一。一輪秋月光輝」とあった(128)。徳洪の主流的作例に同じく、典型的な仄起式拗体に拠った六絶である。『仏祖統紀』の著者・志磐は、南宋開慶元年（一二五九）から同書を起稿しており、生前の宗暁に会ったことがあるとは考えられない。しかしながら、年代こそ違えど、ともに杭州で活躍したから、右記の宗暁遺偈は恐らく相当な典拠を有していよう。

この宗暁のほか、いったいどれほどの六言による遺偈作例が存在するのか、今後時間をかけて、『卍続蔵経』および『嘉興蔵』を主たる調査対象として計上してゆきたい。今回は、本章執筆のための資料蒐集の過程で見い出した、とりわけ注視すべき遺偈について、対象を禅僧にのみ絞ったうえ、簡単に触れておきたい。

### 済公活仏の六言遺偈

標記の人物は、南宋時代に実在した臨済宗楊岐派の僧であり、法名を道済、字を湖隠、号して方円叟という（一一四八～一二〇九）。法系は円悟克勤―瞎堂慧遠と受けており、したがって、大慧宗杲（円悟の門人の一）の法姪に当たる。魚を食べている漁民に、それを湖に放つよう勧めると、生き返って尾が無いまま泳ぎ始め、また、寺で雨宿り中に傍らの村人が雷に打たれることを予知して難を逃れさせるなど数々の神異を現ずる一方、酒を愛し肉を好むという破戒僧のような振る舞いをも示した。明代以降、「済公活仏」の名で道教の神として親しまれ、独特の三角帽型の冠を戴き、扇を手にしたユーモラスな表情の立像を、今日台湾・香港の道観・道廟で広く見かける(129)。

この湖隠の遺偈は、「六十年来狼藉。東壁打二到西壁一。如今収拾帰来。依レ旧水連レ天碧」とされる(130)。一見絶句に見えるが、起句と結句で二五対が守られておらず、韻律上は古詩に分類される。本篇を載せる『済顛道済禅師語録』（全一巻）はしかし、明代も後期の隆慶三年（一五六九）の初版に係り、『卍続蔵』本もこの系統に属している。異称を『銭塘湖隠済顛禅師語録』という。なお二つの書名が均しく含む〈済顛〉とは、「済公活仏」と並んで道教の神としての湖隠の愛称である。

本書は伝未詳の仁和（杭州市郊外）の人・沈孟柈が「叙述」しており、その体裁は、およそいわゆる禅語録とは様相を異にしている。すなわち、湖隠が行ったとされる数々の神異および飲酒などの奇行を核とし、その際に湖隠が提示したとされる詩偈をも併せ掲げており、小説と見るのが妥当である。湖隠が杭州周辺の地で神格化されつつあった中での所産であることが、いかにも歴然としていよう。したがって、右に挙げた「遺偈」も、恐らくは後人の仮託であろう。しかしながら、この「遺偈」がたとい明代後期に成ったものであるにしても、著名な禅僧に帰せられる作例としては、恐らく最初期の例に属していよう。

## 慈航法師の六言遺嘱

さて、第五節における考察から、六言詩とすこぶるかかわりが深いと考えられる福建仏教において、最も近代の作者に属する人物の作品に少しく触れておきたい。その人物の名は、慈航法師（一八九五～一九五四）である。戦後、国民政府とともに台湾に逃れた法師は、示寂後、遺嘱により遺骸が台湾最初の肉身仏とされたことで一般に知られている。三通まで遺された法師の遺嘱の第二通は、六言詩の形式によっている。そこでは、

奉勧一切徒衆。時時反省為㆑要。毎日動念行為。検㆓点功過多少㆒。只要㆔自覚㆓心安㆒。東西南北都好。如有㆓一人未㆑度。

切莫㆓自己逃了㆒。法性本来空寂。因果糸毫不㆑少。自作還是自受。誰也替㆑你不㆑了。空花水月道場。処処時時建㆑好。

望爾広結㆓仏縁㆒。自度度㆑他宜㆑早。

と、計十六句から成る、極めて平易な言葉で遺弟らを訓戒しているのである(131)。

法師は福建省北部、内陸の地の建寧出身で、十八歳にして出家後、各地に行脚した。民国二十九年（一九四〇）、太虚法師（一八九〇〜一九四九）に随行して東南アジア各地の華人社会を歴訪し、抗日戦争下の国民政府への協力を呼びかけて回った。その参学の地の一つに、廈門南普陀寺内の閩南仏学院がある。ただ、福州鼓山に学んだとする明確な史料は得られていない。それでも、右記の遺嘱第一通では、ときの中国仏教会（台湾仏教の統制機関）会長だった白聖法師（一九〇四〜一九八九）に請うて、自己が円瑛法師（一八七八〜一九五三）から受け継いだ曹洞宗の法脈を、遺弟らに代付してほしいと記している。ちなみに、円瑛法師は民国二十六年（一九三七）、第一三一世住職として鼓山に晋山している。円瑛法師は、慈航法師と同じく福建の生まれであり、鼓山で出家・修行したのち、民国二十年代前期は上海円明講堂で『首楞厳経』ほか経典を講じた(132)。同じころ、慈航法師も北上して、長江流域の各地で弘教に歩いていたから、あるいはこの時期までに円瑛法師と相識り、鼓山に伝わる曹洞宗の法脈を受けたものと見られよう(133)。

『慈航法師全集』には、右記の遺嘱のほか、「詩存」（『菩提心影』雑俎篇）中に、六言古詩としては「題㆓花鳥㆒」(134)一首を、六言絶句としては「贈㆓東山寺㆒」(135)一首を、それぞれ収録している。永覚・為霖師弟ら鼓山の先人（彼らはまた鼓山史上に知られた六言詩作者でもある）や、鼓山の景勝を六言にて詠じた作品は、現存の「詩存」中には見当たらないが、あるいは存在したかもわからない。同師が生涯最後の教訓を六言詩で遺すに至った背景については、さらに種々の角度からの研討を要するものの――とりわけ、本師・円瑛法師の六言詩製作の有無――その機縁の一つとして、仮説ながら、やはり六言詩が伝統的に重んぜられている鼓山の存在を挙げておきたい。

# 結語

空前の作例を誇る高泉の六言絶句は、明代後期以降清初にかけてなされた六言詩専集編纂の機運と、達観真可に始まる徳洪覚範『石門文字禅』再評価の機運とを二つながら承けつつ、師翁・隠元の多彩な作例をも軌範として生み出されたものと見られよう。今後の課題としては、今回なし得なかった明末以降の一般人士の別集を博覧、六言詩製作の実況を明らかにすること、六言詩が好まれたものとおぼしい明末福清黄檗山周辺での「請箕仙」（仙人を招くとする民間道教の儀礼）に関して、さらに実例を収集すること——この二つを挙げたい。現在までのところ、冒頭の梁思成のほか、胡適(136)の作例を見い出したのみであるが、いずれ劣らぬ知名の士に作例を見ることは、そのまま、この詩形の相当な流布を示唆していよう。

また、楊慎を居士仏教の人士と見なすことはすこぶる困難であるのに対し(137)、その『六言絶句』を増補した焦竑は、著名な居士仏教者であり、しかも達観の同時代人である。したがって、彼が達観によって再刊された『石門文字禅』を披見した可能性は小さくない。にもかかわらず、右記『六言絶句』増補に際し、唐以降明以前では有数の六絶作者の筈の徳洪の作品が全く採録されなかったのは、一つの大きな謎でさえある(138)。今後さらに考察を加えたい。

註

（1）同書六二一～六五頁参照。大日本漢文学会刊、初版大正四年（一九一五）。本稿で拠ったのは、同八年（一九一九）刊行の第四版である。平井氏自身が拠ったであろう和漢の詩学書を書中どこにも提示していない点は、微瑕とせざるを得ないものの、近体詩を主として、傍ら古体詩の製作法を詳述している。同時代刊行の類書に比して、六言絶句の製作法を概説している点が、著しい特色をなすものと私見される。

（2）『隠元全集』一二三三頁、順治六年（一六四七）、隠元五十六歳の折りの作である。本篇製作の理由について、二巻本・一巻本年譜はともに、同年製作の「次㆓石斎黄老先生殉節韻㆒」と同様、「蓋し時を概《なげ》いてなり」とする。〈黄老先生〉とは、南明福王および唐王に忠臣・黄道周（一五八五～一六四六）を指す。『隠元全集』五一七三頁（二巻本）・五一七四頁（一巻本）、能仁師訳註二〇五頁を参照。本篇については、本章第五節「福清黄檗山の箕仙詩」の項でも考察する。併せて披見されたい。

（3）この句の第五字「落」は、入声の仄字であり、したがって、本来ならば上部の平仄式の部分では●で表示されるべき文字である。しかしながら、平起式反粘法型の六言絶句の原則からすれば、ここ第三句第五字には本来、平字（〇）が置かれるべきところである。因って、原則を提示することを優先して、ことさら平字記号を置いた。第四句第四字「命（●）」についても、同様であり、二四不同の原則によって本来ここには平字（〇）が置かれるべきであるから、上部の平仄式部分には、ことさら平字記号を示したのである。

（4）本篇の作者・梁思成（一九〇一～一九七二）は、梁啓超（一八七三～一九二九）の長男であり、近代を代表する中国建築学の権威として、夫人の林徽音（一九〇四～一九五五、詩人を兼ねる）とともに知られている。本篇は、解放後の一九六〇年代初頭、桂林での登山に際し製作されたという。知名人の手になる六言絶句の作例としては、恐らく依然最も新しい作例に属していよう。林洙女史（徽音逝去後、思成の後妻となる）が一九八六年、清華大学での亡夫記念講演に際し、公表されている。筆者は『林徽音与梁思成――一対探索中国建築的伴侶――』二八三頁に掲げるところに拠った。台北市：時報文化刊、民国八十九年（二〇〇〇）。Wilma Fairbank（中国名：費慰梅）女史著、成寒氏中訳、原題 *Liang and Lin*。著者・Wilma Fairbank 女史は、亡夫で米国の著名な中国学者でもあった John King Fairbank 教授（中国名：費正清）教授とともに、梁思成夫妻とは親交があった。大部分建築学に関連する梁思成の著作を、筆者はまだほとんど披見していない。今後の課題として、それら著述の中から文化芸術に関連するものや、青年期の彼に人文科学上の深い感化を及ぼした父・梁啓超との間にかわされた書簡などを披見し、かつ、梁啓超の『飲冰室文集』をも精読のうえ、梁思成が六絶を製作するに至った背景をさらに細かに考察したい。

(5) 楊慎編『六言絶句』、『続修四庫全書』第一五九〇冊・三三六頁下。上海古籍出版社刊。

(6) 『洗雲集』巻四、『全』Ⅱ・七八二上右。

(7) 註(1)前掲書六二および六四頁。

(8) いずれも第三巻・一〇四四頁、天津人民出版社刊、一九九一年。

(9) 近著としては、『雄雞一声天下白——韓孟詩派作品賞析——』が挙げられる。韓愈・孟郊を中心に、中唐詩人の詩風を分析する。台北市：開今文化事業刊、民国八十三年（一九九四）。以上の呉氏経歴もまた、同書に示すところに拠った。

(10) 『唐音癸籤』全三十三巻は、全一〇三三巻に達する唐詩総集『唐音統籤』全十編の最終編をなしており、主に詩論および詩評を集成している。『唐音統籤』の編纂は天啓二年（一六二五）から開始され、十年をへて成った。巻数膨大で多額の費用を要するため、その刊刻は、編著者・胡震亨の子孫によって、康熙二十四年（一六八五）から開始された。のちに『全唐詩』編纂に際し、同書は主要な資料とされている。胡震亨は、万暦二十七年（一五九七）の挙人である。『中国文学大辞典』では生歿年未詳とするが（第六巻・四一九七頁、執筆は鄭江旭氏）、標点本『唐音癸籤』「前言」では、その生年が隆慶三年（一五六九）であるとする考証を施し、かつ、多数の明清方志、明人文集に依拠しつつ、順治二年（一六四五）、兵難を避ける途上死去したとする推定を示す。上海古籍出版社刊、「前言」二頁、一九八一年。執筆は周本淳教授（淮陰師専中文系）。なお、同書には台北：木鐸出版社による民国七十一年（一九八二）影印本もある。呉氏が引用した六言詩に関するこの指摘は、本文二頁を参照（原本巻一）。また、『唐音癸籤』は『四庫全書』にも採られている。この指摘は、『四庫全書珍本三集』第一五二四冊・（影印）二丁右に見えている。台湾商務印書館刊、民国六十一年（一九七二）。

(11) 呉氏のいう『文体明弁序説』とは、その実、徐師曾原著の書名ではなく、一九六二年に至って、羅根沢氏が徐師曾の『文体明弁』原本（全六十一巻）から撮要のうえ、同じく明の呉訥が著した『文章弁体序説』と合本・刊行した文献の題目である（人民文学出版社刊、一九八二年重印)。詳しくは、『中国文学大辞典』「文体明弁序説」の項を参照されたい(第三巻・一〇九九頁、執筆は鍾興麒氏)。今日、『文体明弁』原本は、『四庫全書存目叢書』に収録されている。呉氏の引いた言葉は、巻十六に見えている。集部第三一〇冊・一二一頁下を参照。台南:荘厳文化事業刊、民国八十六年(一九九七)。影印原本は、北京大学図書館所蔵の万暦刊本であり、巻頭に万暦元年(一五七三)執筆の徐師曾自序を載せる。

(12) 同書八五三頁、東京:大修館書店刊、昭和五十三年(一九七八)。

(13) 同書一九七頁。北京:中華書局刊、一九八四年。

(14) 第三句第二字の「望」は、いわゆる平仄両用の文字であり、去声(仄)漾韻に属すとともに平声陽韻にも属している。ただし、一般には、とりわけ近体詩とその起源をなす六朝詩とにおいては、仄字として用いられているように私見される。

(15) 近藤博士著『中国学芸大事典』(註(12)前出)八五三頁「六言絶句」の項。わが国にあって、近藤博士によるこれら概説は、松浦博士『中国詩歌原論——比較詩学の主題に即して——』中の関連章節に先行する諸業績としては、恐らく最も早期の業績と言えよう。とりわけ、『中国文学大辞典』にすら立項を認めない「六言律(詩)」の項は、短文ながらすこぶる注目すべきではなかろうか。

(16) 松浦博士は論攷「中国古典詩のリズム——リズムの根源性と詩型の変遷——」第九節として「六言詩」を立て、六言詩の起源から衰退までを概説される。同博士『中国詩歌原論』一五八頁、東京:大修館書店刊、昭和六十一年(一九八六)。初出は『中国文学研究』第七期、早稲田大学中国文学会、昭和五十六年(一九八六)。松浦博士はまた、この理論をわが国の詩歌にも援用、「四音(句)や八音(句)」のような偶数音からなる句が、主流的リズムとなり得なかった背景を説明されている。松浦博士「リズム的真空(休音)の認定」、『万葉集という名の双関語(原文ルビ:かけことば)——日中詩学ノート——』一五六頁、大修館書店刊、平成七年(一九九五)。初出は、『月刊しにか』平成三年(一九九一)十二月号。

(17) 同書第三章第二節「禅思想表現としての偈頌」、山喜房佛書林刊、昭和六十年(一六八五)。

(18) 註(17)前掲書五三五~五四二頁。

(19)『景徳伝燈録』巻十、『大正蔵』第五一巻・二七五頁中〜下。
(20)①劉長卿「尋㆓張逸人山居㆒」は、仄起式有粘法型を用いる。『全唐詩』巻一五五・北京：中華書局本一五五〇頁および楊慎『六言絶句』、『続修四庫全書』第一五九〇冊・三三四頁下。②韓翃の「宿㆓甑山㆒」は、平起式有粘法型を用いる。『全唐詩』巻二四五・中華書局本二七五六頁および同じく『六言絶句』、『続修四庫全書』同右冊・三三四頁下。③皇甫冉の「送㆔鄭二之㆓茅山㆒」は、平起式有粘法型を用いる。『全唐詩』巻二五〇・中華書局本二八一九頁および同じく『六言絶句』、『続修四庫全書』同右冊・三三三頁下。④張継の「奉㆑寄㆓皇甫補闕㆒」は、仄起式拗体を用いる。『全唐詩』巻二四二・中華書局本二七二一頁および同じく『六言絶句』、『続修四庫全書』同右冊・三三三頁下。
(21)『全唐詩』巻一二八・北京：中華書局本一三〇六頁および『六言絶句』、『続修四庫全書』第一五九〇冊・三三三頁下。
(22)『大正蔵』第五十一巻・四二九頁下。
(23)『大正蔵』第五十一巻・四三〇頁下。
(24)鈴木博士前掲書五五六頁で、博士はこれが楽府体の一つであって、「十二時頌」が宝誌に仮託して唐代に製作されたことの根拠とされる。筆者もこの見解にしたがうが、本篇の基盤をなす詩形「十二時歌」は、宋代以降も禅僧らによって引き続き作品製作を見、詩歌形式としては相当な長命を得ていることから、五代以降衰えた楽府体の一例というよりは、むしろ塡詞（五代以降完成された）の始祖的形式と見たい。
(25)鈴木博士前掲書五五五頁。
(26)牧田博士「宝誌和尚伝攷」、同博士『中国仏教史研究　第二』七〇頁、大東出版社刊、昭和五十九年（一九八四）。本論攷の初出は、昭和三十一年（一九五六）、『東方学報　京都』第二六号。
(27)二連作ともに主題は般若空観の思想であるが、後者はとりわけ体系性に富み、全十四首の一々に菩提煩悩不二・持犯不二・仏与衆生不二・静乱不二といった小題が設けられている。各首の内容は、菩提［悟り］・持戒・仏・閑静といった望ましき状態・地位が、その実、煩悩・破戒・凡夫・騒乱といった望ましからぬそれらと実は一如であることを、それぞれ最低でも十句以上を費やして詠じている。『大正蔵』第五十一巻・四五〇頁下〜四五一頁下。

(28) 牧田博士註(26)前掲論攷では、『梁高僧伝』・『南史』を中心に、歴代の正史および主要な僧伝に見える宝誌像の変遷を詳述している。

(29) 『大正蔵』第五十一巻・四五一頁中〜下。返り点引用者。なお、牧田博士註(26)前掲書七〇頁では、本篇の口語大意を掲げたうえ、本篇に盛られた思想が、「反俗主義にたって、外に長髪徒跣して俗僧を笑った」とされる宝誌の事蹟と「軌を一にするものと言わなければならない」とする観点が提示されている。因って本篇の成立年代は、宝誌を反俗の異僧とする見方がある程度定着してからのことと見られる。今後、牧田博士らの先行業績に依拠しつつ、さらに究明したい。

(30) 同経「問疾品」、『大正蔵』第十四巻・五二三頁上〜中。

(31) 法語は二則:①「二十四巻本語録」巻十三、『全』Ⅰ・一二九上右。宝誌が南岳慧思へ伝言、「どうして下山して広く衆生を済度しないのか?」と問うたとされる故事を取り上げる。②同語録巻十四、『全』Ⅰ・一三七下左。宝誌が平素法を説いていた梁の武帝から「誰かよき講経の師はいないか?」と問われ、傅翕を推挙、ところが説法の座に上った傅翕は何ら言葉を発することなく下座した——という故事を取り上げる。①は宋初一〇〇四年成立の『景徳伝燈録』巻二十七の慧思伝に見えるが、そこでは宝誌ではなく、「一老宿」が慧思に伝言したとされる。『大正蔵』第五一巻・四三五頁上。年代的にいくぶん降った雪竇重顕(九八〇〜一〇五二)の『明覚禅師語録』(一〇六六年成立)では、伝言の主が宝誌である旨、明記している。同『語録』巻一、『大正蔵』第四七巻・六七一頁中〜下。次に②は、禅の公案としては「傅大士講経」の名で知られており、『碧巖録』巻七をはじめ、各種の禅籍にしばしば取り上げられている。『大正蔵』第四八巻・一九七頁上。

(32) 七言絶句「宝公和尚画像賛二首」、「二十四巻本語録」巻二十二、『全』Ⅰ・二一二上左。

(33) 学業成った浄土宗の僧侶が名乗ることを許される、いわゆる「誉号」である。江戸期の浄土宗僧侶は通常、名(法名)・字に加えて、この「誉号」を有している。「仏教上の、とりわけ浄土宗義上の観点からして是とすべき文字+誉」という形態を取ることから、選ばれる文字もおのずと限りがあり、誉号によっては五指に余る僧によって共有されている。したがってその同定には、『浄土宗全書』の索引巻（第二十二巻）が欠かせない。そこでは、同『全書』所出の多量の「誉号」が列挙されたうえ、法名（俗人でいえば本名）もしくは所住の寺院によって、弁別がなされている。しかしながら、十七世紀後半の西往寺に住まった「専誉」は、同書には記載を認めない。

（34）牧田博士註（26）前掲書七五頁以下では、「日本人の伝えた宝誌信仰の説話」とする題下に、わが国の史書・説話集中に見える宝誌関連の伝承を集成している。このうち、本篇と最も説相を近くしているのは、奈良大安寺の戒明が宝亀年間（七七〇～七八〇）に入唐した際、宝誌像を請来し、同寺に奉安したとする事蹟であろう（『日本高僧伝要文抄』巻三所引の『延暦僧録』所掲）。原本たる『延暦僧録』の成立は、建長三年（一二五一）。一方、役小角がその最晩年に飛行・渡唐したとする伝説は、銭谷武平博士の研究に拠れば、『深仙灌頂系譜』および秀高著『役君形生記』（天和四年［一六八四］刊）に見えているという。ただし、役小角が宝誌像を中国から請来したとする伝承は未見である。今後の究明に俟ちたい。銭谷博士『役行者伝記集成』には、主要な役小角伝説の集成・解説を掲げる。大阪市：東方出版刊、平成六年（一九九四）。

（35）『洗雲集』巻二十二、『全』Ⅱ・一〇四五上右。

（36）『遺稿』巻七、『全』Ⅰ・四一三下右。また、『紀年録』貞享五年の条も、聯の全文を引く。『全』Ⅲ・一四九〇上左。

（37）「西往寺礼二宝誌大士栴檀像一」、『洗雲集』巻十、『全』Ⅱ・八七三上右。

（38）西往寺宝誌堂建立と同じく貞享五年（一六八八）、京都報恩寺の住職・證誉（これも誉号、未同定）は、「法友」たる西往寺専誉とともに伏見仏国寺に高泉を訪れ、携えて来た寺相伝の仏歯について一文を撰述するよう請うた。「京兆報恩寺仏牙記」がそれである。この一事によって、専誉が仏舎利に対し相当の熱意を寄せていたことがうかがわれよう。仏舎利信仰が黄檗宗東伝によって再度生命を吹き込まれたことを考えれば（第四章註（78）参照）、證誉が極めて親黄檗的・容禅的な念仏者であったことは疑いを容れまい。『洗雲集』巻十四、『全』Ⅱ・九三〇下右以下。

（39）元禄八年（一六九五、高泉遷化の年）から編纂開始の『蓮門精舎旧詞』（全五十冊）では、その第二二冊に西往寺の項を掲げる。しかしながら、単に寺の開創年代と開山の名を挙げるのみで、宝誌像ほかの寺宝や、専誉ら開山以降の歴代住職に関しては、何ら触れていない。『浄土宗全書』続十八巻・六八〇頁上。ちなみに、開山・含牛（一五五一～一六三〇、「含岌」とも。誉号：秀誉）の略伝は、『浄土宗全書』では、第二十巻所収の摂門編『檀林生実大巌寺志』（同巻九〇頁上～下）および第十八巻所収の『略伝集』に見える。前者は江戸後期の宗史家として名高い人物の手になり、単に含牛の寺院止住歴を列挙するのみ。一方後者は、浄土宗の主要な高僧の略伝集であり、その成立自体は『全書』の成った明治末年であるが、含牛の項は江戸期の数種の伝記・古文書（いずれも漢文体）から関連事項を配列して編まれている。注視すべきは、生前の含牛が自らの彫像の胎内に、鎌倉材木座光明寺から持ち出した宗義関連の古文書を秘蔵、その死後、これら文書を取り出そうとした僧は、祟りに遭って即死したとされ、それ以外にも種々の怪異があったとも述べている。『全書』第一八巻・四四九頁下。この一事から推して、西往寺は慶長年間（一五九六～一六一五）のその開創以来、宝誌のような神異な僧や、それに関連する事物を信仰の対象として受容しやすい素地を持っていたと言えるのではないだろうか。

（40）一つの作品（篇）が複数の作品（首）から成っている場合、例えば「×××三首」のような篇題を持つものは、一篇三首と数える。以下、みなこれに倣う。

（41）第七章第一節で概観したように、徳洪の士大夫との交遊や、その文学思想に関しては、日中両国で研究が進展しつつあるが、詳細な伝記研究はなお進展の途上にある。現代に至るまで唯一の全巻への註釈書たる廓門貫徹の『註石門文字禅』（第七章註（19）参照）では返り点・送り仮名がむろん施されているが、現代の学術成果を踏まえつつ、その可否をいま一度逐一確認する必要があろう。よって今回は、本文篇・資料篇ともに原文のみを掲げた。なお、国立台湾大学綜合図書館における本書の複写に際しては、同大学文学院哲学系副教授・佐藤将之博士並びに門下生諸氏のお力添えを労した。記して御礼申し上げる。

（42）阿部肇一博士「北宋の学僧　徳洪覚範について」では、一節を割いて、その略伝を述べる。同博士『増訂　中国禅宗史の研究』第一三章第四節・四五六～四五七頁。本章本節は、昭和六十一年（一九八六）刊行の増訂版のみならず、同三十八年（一九六三）刊行の初版本においても、すでに立節・掲載を見る（頁数も同じ）。以て阿部博士（昭和二年生まれ）の宋代居士仏教に対する関心の早さを窺い見るに足ろう。また、近年では、福島光哉博士『宋代天台浄土教の研究』においても、一節を割いて、主にその天台宗研究と浄土信仰とを取り上げている。同書一四三～一五二頁、第六章第三節「陳瓘の浄土信仰と天台実相論」、京都市：文栄堂書店刊、平成七年（一九九五）。中国大陸にあっては、潘桂明教授『中国居士仏教史』五〇九～五一二頁（同書第七章第二節「宋代士大夫的参禅学仏」）に略伝を見る。北京市：中国社会科学出版社刊、二〇〇〇年。以上三著は、いずれも『宋史』の陳瓘伝（巻三四五）を基本資料としつつ、それぞれの著者の知見が発揮されているが、究明の対象は、もっぱら陳瓘の仏教思想である。陳瓘の剛直な性格が引き起こした、その目まぐるしいまでの左遷の足取りに関しては、いずれの書も簡潔に触れているのみで、左遷先の地名の現行行政区画名は全く附記されていない。したがって、思想面をも含めた陳瓘に関する総合的な伝記研究は、まず歴史的地名を地図上で確認したうえ、当該地域の方志を尽く閲覧することから始めねばならないであろう。そのうえで、彼が苦楽を共にした思想上の同志・徳洪の伝記（特に『石門文字禅』所収の関連詩文）と対照しつつ、両者の交遊の推移と、それによる陳瓘の禅宗思想の発展とを考察すべきであろう。

（43）士大夫階層の参禅者との交遊については、すでに台湾の黄啓江博士（一九四九～、米国在住）が『石門文字禅』に照らしつつ、「恵洪年譜簡編」を作成されている。同博士の論攷「僧史家恵洪与其「禅教合一」観」附録、『北宋仏教史論稿』三四九～三五八頁。台北市：台湾商務印書館刊、民国八十六年（一九九七）。

（44）CD-rom『全唐詩全文検索系統』、陳郁夫教授製作、台北市：東呉大学教務処出版組発行、民国八十九年（二〇〇〇）。

（45）黄啓江博士註（43）前掲書三一七頁。阿部博士前掲書四五五頁では、徳洪の海南流刑の原因を同じく「旧法党」の重鎮だった張商英（一〇四三～一一二一）との交遊にのみ帰しているが、黄博士は関連詩文を引きつつ、陳瓘との交遊も大きな理由の一つとされている。

（46）黄啓江博士註（43）前掲書三一四頁では、徳洪が十四歳で出家し、最初の師「三峰靘禅師」に師事してから、十七歳でそのまた師にあたる真浄克文（臨済宗黄龍派の名僧で、この人が徳洪の付法の師となった）に新たに師事した時期の読書経験を、『石門文字禅』所掲の関連散文作品に拠りつつ、詳細に考察している。

（47）ただ、「和㆓人夜坐㆒三首」第二首には、「句好真堪㆑供㆑仏。泉幽欣更同㆑僧」とあって、原詩の作者が、僧侶と同様に寺院園林の美を楽しめる〈人〉であることが明示されている。したがって、原詩の作者は参禅を好む居士と推知されよう。

(48)『景印文淵閣四庫全書』第八六三冊(子部一六九)所収、台北:台湾商務印書館刊。

(49)『仏国詩偈』巻六、『全』Ⅱ・七二八下左。

(50)廖肇亨博士(台湾・中央研究院中国文哲研究所)「明末清初叢林論詩風尚探析」、『中国文哲研究集刊』第二〇期・二七九頁、民国九十一年(二〇〇二)三月。同博士「明末清初の詩禅交渉研究序説」、『中国哲学研究』第一七号・二四三頁、平成十四年(二〇〇二)十一月。

(51)『石門文字禅』巻二十四、『景印文淵閣四庫全書』第一一一六冊(集部五五)・四七五頁上。

(52)牧田博士註(26)前掲書七〇頁。

(53)志磐『仏祖統紀』巻四十三、『大正蔵』第四九巻・四〇一頁下。なお、佐藤成順博士は、その『宋代仏教の研究――元照の浄土教――』(山喜房佛書林刊、平成十三年(二〇〇一))第一章に「宋朝初期三代皇帝と釈宝誌の讖記」を立て、宋初諸帝の熱心な宝誌信仰について史書から実例を挙げつつ詳説されている。したがって、宋室および高級官僚とかかわりの深かった徳洪が、久しく宋室の崇敬を得ていた宝誌に注視し、「真覚大師伝」を撰述したのは、極めて自然な成り行きであったと言えよう。佐藤博士論攷の初出は『大正大学研究論集』第六号、平成十年(一九九八)。

(54)『石門文字禅』巻三十、『景印文淵閣四庫全書』第一一一六冊(集部五五)・五六二頁上。

(55)『大正蔵』第五一巻・三三〇頁中および三五二頁下

(56)台湾の「CBETA 電子仏典」にて検索したところ、①大慧宗杲の語録『大慧普覚禅師普説』巻十四、『大正蔵』第四七巻・八六八頁下、②宏智正覚の語録『宏智禅師広録』巻四、『大正蔵』第四八巻・四六頁中に、それぞれ引用および解釈を認める。

(57)牧田博士註(26)前掲書七〇頁では、この旨明記のうえ、続く七一頁以下で『仏祖統紀』巻三六～七(法運通塞志)に散見される宝誌関連の記事を年代順に配列している。ただし、流木刻像の説話は見えない。

(58)巻六、『卍続蔵経』第一三〇冊・四八五頁上。

(59)『仏祖歴代通載』巻九、『大正蔵』第四九巻・五四四頁中
(60)第一五九〇冊（集部・総集類）、上海古籍出版社刊、二〇〇二年。
(61)瞿冕良氏（一九二四～）『中国古籍版刻辞典』に拠れば、曼山館の館主は徐象済である。同『辞典』五五〇頁「曼山館」の項。『六言絶句』も刊行書目中に挙げられている。済南市・斉魯書社刊、一九九九年。
(62)豊家驊教授（一九三〇～、江蘇教育学院中文系）『楊慎評伝』（『中国思想家評伝叢書』第一二二冊）附録「楊慎現存著述収蔵状況」に拠る。同書四〇六頁、南京大学出版社刊、一九九八年。
(63)豊教授註（62）前掲書三九八頁、および王仲鏞氏『升庵詩話箋証』「前言」一一頁。後者は『升庵詩話』に対する詳細な校註である。上海古籍出版社刊、一九八七年。楊慎は『升庵詩話』巻一「弦超贈神女詩」の項にて、あるとき、弦超の作とされる六言古詩一首を見い出し、「甚だ佳にして罕に伝は」ったもののと高評したものの、すでに「古今の六言詩を選び、刻已に成」っていたため、いわば補遺として『詩話』で全文を引用・紹介しているのである。前出・王氏『箋証』一三頁参照。
(64)焦竑の歿年に関しては諸説あるが、本稿では李剣雄氏（一九四二～、上海古籍出版社職員）の『焦竑評伝』（『中国思想家評伝叢書』第一三五冊）附録「焦竑年譜」に掲げられた考証・見解に基づいて、万暦四十七年（一六一九）とした。南京大学出版社刊、一九九八年。
(65)註（60）前掲書三三三頁上。なお、許自昌については、『中国文学大辞典』第四巻・二三五六頁に、その略伝を掲げる。天津人民出版社刊、一九九一年。執筆は鄭江旭氏。これに拠れば、許自昌自身も蘇州にあって小説・戯曲の製作や、『水滸伝』ほか古典小説の改作に励み、かつ、これら文献を刊刻していたことが知られる。『六言絶句』の校訂も、許自昌のこうした仕事の一環であったものと見られよう
(66)小川霊道師『新纂禅籍目録』二三六頁中。なお、達観の「石門文字禅序」は、『紫柏尊者全集』巻十三所収。『卍続蔵経』第一二六冊・八七三頁上～下。
(67)廖肇亨博士註（50）前掲論文に、袁宏道『珊瑚林』に見える当該評語の原文および日本語口語訳を掲げる。掲載号二四二頁。

(68)「長干三台四首」、註(60)前掲書三四五頁上~下。本篇は、『六言絶句』の律詩の部の収録作品のうち、唯一の連作作品である。

(69)註(60)前掲書三四一頁上~下。

(70)註(60)前掲書三四〇頁上~下。

(71)註(60)前掲書三三九頁下。

(72)楊従龍の伝記は未詳である。しかしながら、十首を超える六言絶句を楊慎に寄せた張含は、楊慎の配流先・雲南の生まれで、正徳二年(一五〇七)の挙人である。『中国文学大辞典』第五巻・三三七四頁「張含」の項、執筆は尹恭弘氏。

(73)近年における『万首唐人絶句』校訂本としては、劉卓英氏が校訂・標点を加えた上下二冊本が挙げられる。北京:書目文献出版社刊、一九八三年。李長路氏執筆の「《万首唐人絶句》新印本前言」では、趙宧光の序と黄習遠の跋とから要を撮って、万暦重修本成立の経緯を概観している。洪邁の自序は、右記校訂本一〇頁に掲げる。校訂本について遺憾な点は、校訂に用いた万暦刊本の正確な刊年や、刊行地について、何ら触れるところがないことである。

(74)黄習遠の跋、註(73)前出・劉氏校訂本九頁。

(75)註(63)前出・王氏『箋証』四九六頁。楊慎は『万首唐人絶句』の収録作品数が「万首に近し。然れども余、之を観るに、猶ほ尽きざる有り」と批判のうえ、自ら知るところの唐人の絶句二十有余首を書き加えたと述べ(ただし、その細目は提示されていない)、さらに「近く又た二首を得たり」として、無名氏の「姑蘇台」、柳公綽の「梓州牛頭寺」を全文引用・提示している。また、『中国文学大辞典』第二巻・二二五七頁「万首唐人絶句」の項をも参照。こちらは薛天緯氏の執筆に係り、『升庵詩話』以外の詩話で、『万首唐人絶句』の不備を指摘した文献を数種まで挙げている。

(76)豊教授註(62)前掲書四〇五~四〇六頁および王文才氏『楊慎学譜』四〇一~四一四頁を参照。後者は上海古籍出版社刊、一九八八年。絶句に関する一連の詞華集・詩論について、細緻な書誌学的考証を施している。

(77)註(73)前出・劉氏校訂本上冊・一八八~一九二頁。

（78）註（75）前出の『中国文学大辞典』「万首唐人絶句」の項に拠れば、一九五五年、文学古籍出版社から、洪邁の原本の面影を比較的よく留めた嘉靖本が影印刊行されているという。筆者は未見だが、今後この影印本を披見のうえ、趙宧光・黄習遠による増訂状況を明らかにしたい。

（79）筆者未見。羅根沢氏が『文体明弁』中の要文百二十七篇と、明・呉訥の『文章弁体序説』とを合本・校訂のうえ、文体論の古典として人民文学出版社から刊行。なお、『文体明弁』自序で徐師曾が自ら語るところに拠れば、呉訥は徐師曾の同郷人であり、その『文章弁体序説』は、『文体明弁』の母胎をなしているという。

（80）『四庫全書存目叢書』集部第三一〇冊・三五九頁下〜三六〇頁下。台南：荘厳文化事業刊、民国八十六年（一九九七）。その底本は、北京大学図書館所蔵の万暦刊本である。

（81）註（80）前出・『四庫全書存目叢書』本・一二二頁下〜一二三頁上。

（82）李剣雄氏註（64）前掲書三一九頁以下では、『（首）楞厳経』・『楞伽経』・『円覚経』・『法華経』の四経に関してそれぞれ撰述された『精解評林』の書誌と梗概を掲げたうえ、これら文献が焦竑および李卓吾の仏教思想、さらには明末の三教一致思想を研究するうえですこぶる大きな価値を有する旨、言明している（李卓吾の経典解釈も、焦竑本人のそれと並んで度々引用・掲載されている）。上巻のみ現存し、下巻が失われた『円覚経精解評林』以外は、いずれも『卍続蔵経』に収録されているが、『卍続』本は撰述年次がどこにも明示されておらず、そのためか、同本に拠る李氏も言及されていない。李氏に先行する聖厳法師『明末仏教研究』もまた、撰述年代については未詳としている。同書二六八頁、台北市：東初出版社刊、民国七十六年（一九八七）。

（83）李卓吾との親交については、台湾の林其賢氏『李卓吾的仏学与世学』四五頁以下に、「弱侯与卓吾的交誼」と題して専述がなされている。台北市：文津出版社刊、『文史哲大系』第四六巻、民国八十一年（一九九二）。

（84）『洗雲集』巻一、『全』Ⅱ・七四六下右。「陳侍郎」についてはなお考証を要するが、一方の張太史とは、木庵の語録に「木庵禅師語録小引」を寄せ（『木菴全集』四頁）、かつ、詩偈や書簡にも登場する「張確庵（潜夫）」を指そう。恐らくは南明政権の要人ではなかろうか。書簡「与二張確庵太史一」、『木菴全集』七九一頁；同「復二張確庵太史一」、『同』八〇五頁；同「答二泉郡太史張確庵・銓部楊碧湖二居士一」、『同』八一一頁ほか参照。

(85)『四庫全書』本各巻冒頭の題号は、「正勉・性通同輯」とするが、巻頭の「提要」では、両師（正勉・性通）が「同編」、普文が「裒輯」したとする。「編（輯）」と「裒輯」との役割の違いが判然とせず、また、両師と違って普文の名は『四庫全書』本の本文中には見当たらないが、恐らく『四庫全書』編纂に際し用いられた底本には普文の名も見えており、これによって紀昀ら「提要」執筆者は、普文をも『禅藻集』編者に加えたものと見られよう。『景印文淵閣四庫全書』第一四一六冊（集部三五五）・二九一頁下、台北：台湾商務印書館刊。

(86) 類書としては、清初臨済宗の霽崙超永（漢月法蔵の法孫）が編んだ『古今僧詩』があり、その巻数は、『禅藻集』の二倍以上にもあたる六十巻に達したとされる。筆者未見。小川霊道師『新纂禅籍目録』関連項目では単に、超永およびその門下生編纂の『五燈全書』巻一〇〇所掲の「超永」伝の記事を訳出・掲載するのみ。なお、『五燈全書』は康熙三十二年（一六九三）に脱稿・上進され、同三十六年（一六九七）に、法弟たる超揆の校閲をへて刊刻された。中国禅宗史上、量的には最大級の燈録である。その巻一〇〇に、門人の明誠が撰述した超永の伝記を掲げるが、篇末の著述一覧中に、この『古今僧詩』が挙げられている。『卍続蔵経』第一四二巻・九五三頁上。今後、中国およびわが国における同書の存否を確認したい。

(87)『卍続蔵経』第一二七冊・七五〇頁下～七五一頁上。

(88)『仏国詩偈』巻六、『全』Ⅱ・七二七下左。本篇の正確な製作年代は未詳だが、九篇前に置かれた作品が「新歳祝二檀越玉峰大居士一」であるから、寛文三年（一六六三）、三十一歳で丹羽光重（法名：玉峰大居士）と相識って以降の製作であろう。

(89)『卍続蔵経』第一二五冊・三八六頁下～三八七頁下。

(90)『卍続蔵経』第一二五冊・六九四頁上～下。

(91)『鼓山志』巻十三（芸文七）、「六言絶句」の部を立て、元賢のほか、馬森（一首）・楊観（一首）・李拔（四首）・何奕霑（一首）・何奕霄（一首）らの同様の叙景詩をも収録する。これら来山者の素性については、今後の究明に俟ちたいが――終わりの二人の何氏は、字輩を同じくしていることとて恐らく兄弟もしくは従兄弟であろうが――元賢の四首と合わせて十二首にも達する「六言絶句」の部は、同時代の他の福建諸大寺の寺志にも類例を見ない。『中国仏寺史志彙刊』第一輯第四九冊・八九六～九〇〇頁。台北：明文書局、民国六十九年（一九八〇）。『鼓山志』の芸文志がすこぶる充実しており、これが来山題詠する者の絶えなかったことの反映であるという点に関しては、本書を影印した前出『仏寺史志彙刊』本の巻頭解題（執筆は高志彬氏）でも触れられている。筆者の見るところでは、六言絶句の部の存在と収録作品の多さは、とりわけ注視すべきではなかろうか。現行本の『鼓山志』は、清初に元賢が編纂したものをもとに、黄任が刪修と増補とを併せ行い、乾隆二十六年（一七六一）に刊行、光緒二年（一八七六）に至って、乾隆本をもとに一部補刻されている。今後の課題として、元賢初編本を捜索し、そこでは「六言絶句」の部が果たして立てられているかどうか確認したい。

(92)『卍続蔵経』では、第一二五冊に『秉払語録』・『餐香録』・『還山録』・『法会録』を、続く第一二六冊には『旅泊菴稿』を、それぞれ収録している。

(93)『還山録』巻四、『卍続蔵経』第一二五冊・九七七頁上。

(94)『卍続蔵経』第一二五冊・九二二頁下。

(95)「刻二支那鼓山為霖禅師還山録一序」、『卍続蔵経』第一二五冊・九二一頁下。

(96)『隠元全集』二九七九～二九九四頁。部題に〈長短句〉とあるために、当初は六言詩に加えていわゆる填詞（別称：長短句）が収録されているのではないかと訝ったが、填詞と見られる作品は全く収録されていない。ここで本書編者のいう〈長句〉とは律詩を指し、対する〈短句〉は絶句を指すものと見るのが妥当であろう。

(97)『隠元全集』三七一一～三七一九頁

(98)平久保氏による『隠元全集』解題二八頁を参照。平久保氏は『語録』に関しては、実際の編者が誰であったかにかかわりなく、複数いた嗣法の門人たちが、編者として巻ごとに割り振られたことの可能性を指摘されている（同九～一〇頁）。詩偈集たる本書に関しても、編者とされる弢玄が刊行の前年春にすでに世を去っていることからして、詩偈に長じた高泉が実際には他の巻をも担当した可能性が考えられよう。

(99)『隠元全集』四一四五頁。

(100)『隠元全集』四三三三頁。

(101)『隠元全集』一二三三～一二四九頁。

(102)『年譜』は一巻本、二巻本ともに正篇を順治四年（一六四七）の作とする。続篇については、一巻本が翌五年冬と記し、二巻本は何ら触れるところがない。『隠元全集』五一七三～六頁、能仁師訳註二〇二～八頁参照。一巻本は独往耀性日が中国で編纂し、二巻本は高泉および南源性派が一巻本を基礎として日本で編纂した。

(103)『中国仏寺史志彙刊』本が底本とする道光版『黄檗山寺志』では、「陳博」に作るが、これは明らかに「陳搏」の誤りであろう。同『彙刊』第三輯第四冊・四四九頁。陳搏は隠元東渡に際し、日本での弘教に際し、最初のうちは妄りに警策をふるわぬよう助言したとされる。のち、霊元上皇が陳搏の事蹟へ強い関心を寄せ、同母兄にあたる真敬法親王を介して高泉（および当時現存の他の黄檗唐僧）に下問せられた。高泉の法親王への答信「答㆔正覚法親王問㆓陳仙懸讖事㆒書」が現存する。『大円広慧国師遺稿』巻六、『全』Ⅰ・四〇五下右以下。なお、『黄檗山寺志』の標点本としては、『福建地方志叢刊』本が挙げられる。福清県志編纂委員会・福清県宗教局整理、福建省地図出版社刊、一九八九年。「仙詩」の項は同書一六五頁以下に見える。この資料の閲覧・複写に際しては、宇治市黄檗山萬福寺文華殿の田中智誠師（事務局主任）をお煩わせした。記して御礼申し上げる。

(104)註（103）前出の標点本『黄檗山寺志』一六六頁では、結句冒頭の「異日」を「日異」に作るが、「異日」のままでも平仄上、何の問題もない。これはやはり、標点本の誤植（顛倒）と見られよう。

(105)詩にいう、「八十堂開㆓白玉㆒。三千界尽青蓮。真寿原無㆑可㆑量。如来幾度摩㆑肩。」と。「黄檗受業師時默和尚宓公行業記」、『一滴艸』巻四・『全』Ⅱ・六四八上右。

(106)林観潮氏（厦門大学哲学系副教授）がこのほど（平成十六年夏）公表された論攷「隠元隆琦と日本皇室――『桃蘂編』をめ

ぐって――」では、道教の聖地・石竹山が隠元ら僧侶をも含む福清県の人々に及ぼしてきた信仰上の影響について、詳述している。『黄檗文華』第一二三号・三八頁。

(107)『隠元全集』五一三〇頁（二巻本年譜）・五一四〇頁（一巻本年譜）、能仁師訳註一五〇頁。

(108)『全』Ⅰ・六二一上右、および六二一下右。

(109)『一滴艸』巻一、『全』Ⅰ・六一一下左以下。

(110)『大円広慧国師紀年録』、順治十七年（一六六〇）二十八歳の条、『全』Ⅲ・一四八一上右。

(111)『一滴艸』巻一、『全』Ⅱ・六一六上左。原文は「客路幾経二労碌一。家山依レ旧長青。古仏放レ光回顧。那岂休レ道無レ霊。」

(112)『一滴艸』巻一、『全』Ⅱ・六一八下左。原文は「為レ省二双親一乞レ仮。買レ舟載レ月帰レ郷。料想家山深處。依然松竹青蒼。」

(113)『一滴艸』巻一、『全』Ⅱ・六一九下右。

(114)「示二徒道式一」、『一滴艸』巻一、『全』Ⅱ・六二〇下左。

(115)貞享三年（一六八六）、父帝・後水尾法皇の七回忌を縁として、ときの霊元天皇が貧民（貧僧をも含む）を賑恤したことを礼讃している。『全』Ⅱ・七八五下右。

(116)平久保氏作成の『高泉全集』影印底本（黄檗山文華殿蔵）への同氏書き込みより。

(117)「喜二皇太子見一レ過」、「皇子見レ和復次二其韻一」、以上ともに『全』Ⅱ・一〇五三下左。「留二法雲和尚一」、『全』同・一〇五四下左。「題二東禅院一二首」、『全』同・一〇五六上左（なお、本篇は本書所収の六絶中、唯一の連作である）。「霊明殿瞻二貞永皇帝御像一」、『全』同・一〇六三上左。

(118)『紀年録』（高泉の年譜）中に該当記事を認めない。本篇を載せる八丁左（『全』Ⅱ・一〇五三下左）からだいぶ遡った四丁左（『同』Ⅱ・一〇五一下左）に、「貞享四年」と明記された詩序をもつ「謝二横山居士一」を掲げているから、少なくともこの年以降の作と見られよう。

(119)巻一、『全』Ⅰ・三三一下左以下。なお、斯文会の『聖堂物語』に拠れば、聖堂が忍岡から現在の地に移されたのは元禄三年（一六九〇）のことであった。同書九頁、東京：斯文会刊、昭和四十四年（一九六九）。

(120)『紀年録』元禄八年（一六九五）の条、『全』Ⅲ・一四九四下右。

(121)『大正蔵』第四巻・五三三頁中。狂象と毒蛇とに追われ、藤をつたって古井戸の中に逃れた人が、ふと上を見れば頼みの綱の藤は、黒白二匹の鼠に齧られつつあり、下を見れば毒龍が口を開けて、今しも彼を呑み込まんばかり…という筋書きで、人命の無常性を表現している。なお、〈黒白二匹の鼠〉とは、昼と夜とを指している。

(122)『黄檗文化人名辞典』七四頁下。

(123)「法王山正宗寺開山大眉和尚爪髪塔銘」、『洗雲集』巻十五、『全』Ⅱ・九四六下右以下。

(124)註（123）前掲書、『全』Ⅱ・九四七下左。

(125)元禄六年（一六九三）刊行の原本を、上下二段組みで影印した『智山全書』本に拠った。同『全書』第十一巻、智山全書刊行会（総本山智積院内）刊、昭和四十二年（一九六七）。原本では巻二・二二丁右〜二三丁左に掲載。

(126)『運敞蔵所蔵目録』一七四頁下および一七六頁下、真言宗智山派宗務庁刊、平成三年（一九九一）。

(127)全二十四巻八冊、貞享三年（一六八六）、京都の平楽寺邨上勘兵衛より刊行。註（126）前掲書一三二頁下に記載を見、運敞も同書を架蔵していたことが知られる。

(128)巻十八、『大正蔵』第四九巻・二四〇頁上。

(129)台湾における、済公活仏奉祀道観・寺院は、民国六十八年（一九七九）当時、十二か所に達しており、その中には済公寺（台北市士林区）・道済寺（南投県草屯鎮）・道済禅院（彰化県田中鎮）・済公仏寺（嘉義県大林鎮）・済公廟（澎湖県馬公鎮）など、済公を本尊格としていることが明白な寺廟も見られる。仇徳哉氏著『台湾廟神伝』二七四頁、雲林県斗六鎮：大通書店刊、民国六十八年（一九七九）。

(130)『卍続蔵経』第一二一冊・四二二頁下。

(131)『慈航法師全集』下巻「編集瑣記」二四七頁、蘇邨圃居士執筆。法師の略伝を兼ねている。慈航大師永久紀念会刊、慈航堂（新

北市汐止区）流通、民国七十年（一九八一）。

(132) 陳錫璋氏『福州鼓山湧泉寺歴代住持禅師伝略』四七四～四七八頁、台南市：智者出版社刊、民国八十五年（一九九六）。

(133) 于凌波居士『民国高僧伝続編』の慈航伝では、付法自体は民国三十七年（一九四八）、マレーシア・ペナンの極楽寺（著名な華僑寺院）でなされたとするものの、それ以前の両師の道縁については、何ら触れるところがない。同書三二八頁、台北：昭明出版社刊、民国八十九年（二〇〇〇）。

(134) 註（131）前掲書二三四頁。「清浄自在如レ仙。何必雕レ樑画レ棟。笑看世俗営謀。不レ如二飽食一睏一。」一首四句から成る古詩。

(135) 註（131）前掲書二三六頁。「誰人再二起東山一。重二振祖庭家業一。唯此紫雲道場。弘二揚諸仏正法一。」平起式有粘法型。民国四十一年（一九五二）夏、台湾全島を巡回する弘教の旅の途上、屏東県東山寺で住職・円融尼（一九〇六～一九六九）に贈った五言絶句が、本篇の直前に置かれている。

(136) 胡適（一八九一～一九六二）は、四十七歳の民国二十六年（一九三七）、自らの肖像写真に題して「偶有二幾茎白髪一。心情微近二中年一。做二了過レ河卒子一。只能拼命向レ前」と、なお衰えを知らぬ若々しい心を詠じている。これは明らかに、仄起式拗体の六絶である。本稿では、中央研究院内の胡適紀念館を取材した『台北画刊』第四三四期の記事に拠った。掲載号二一頁、台北市政府新聞處刊、民国九十三年（二〇〇四）三月。梁思成が解放後に製作したとされる六絶も、同じく平声先韻を用い、加えて結句が酷似している。解放以前の中央研究院における両者の交遊から推して、あるいは梁が胡に学んだ可能性もなしとしない。

(137) 楊慎後半生の雲南赴任は、事実は流刑に異ならなかったが、楊慎は孜々として雲南の人文・地理を研究し、『南詔野史』・『滇載記』・『雲南山川志』ほか、多くの著述をものした。その姿はさながら、ロシアのデカブリストたちがシベリアで、わが国の近藤富蔵が八丈島で、それぞれ流刑の運命を甘受しつつ、現地の人文・地理について膨大な著述を遺した史実を思わせるものがある。さて、民国の陳垣氏（号：援庵）は、民国二十九年（一九四〇）、西洋史学の手法によりつつ、『明季滇黔仏教考』を著した。同書は明末雲南および貴州における仏教の実況を知る上で誠に有用であるが、巻頭の引用書目中には、全く楊慎の著述を認めない（本稿では、一九六二年刊行の北京：中華書局本に拠った）。この点、近年刊行の『雲南宗教史』もまた同様である。楊学政氏主編、雲南社会科学院宗教研究所編、雲南人民出版社刊、一九九九年。また、『民国高僧伝』・『当代大陸名僧伝』などを著して現代中国仏教史の第一人者として知られる台湾の于凌波居士（一九二七年生、註（133）前出）には、『醒世詩詞選』の編あり、主として宋・明の高僧・居士が製作した教訓性の強い詩詞を採録している。楊慎の作品も三首まで採られているが、いずれも単なる道徳訓であって、特段の仏教色は認められない。、台中市：李炳南居士紀念文教基金会刊、民国八十九年（二〇〇〇）。

（138）本章初稿執筆時には閲覧できなかったが、新中国成立後、蕭艾氏は六言詩アンソロジー編集を志し、一九六三年に原型たる『六言詩鈔』を完成した。その後、文化大革命で原稿を失って後も、同氏は世の中が安定を見るとともに再度同様のアンソロジーを編んだ。これが一九八四年、鄭州：中洲古籍出版社から刊行された『六言詩三百首』であり、後漢の孔融（一三五～二〇八）から清末の文廷式（一八五六～一九〇四）に至るまで百家の作品を収録している。南宋の陸游（一一二五～一二一〇）から十六首を採ったのを最多とし、同じく南宋の劉克荘（一一八七～一二六九）から十三首、北宋の黄庭堅（一〇四五～一一〇五）、南宋の范成大（一一二六～一一九三）、明末清初の呉偉業（一六〇九～一六七一）からそれぞれ十二首ずつ採ったうえ、徳洪（一〇七二から一一二八）からは十一首を選んでおり、これら六家の作品は、楊慎（五首）をも含む他の多くの作者らに比して格段に多く採られている。本書についてさらに踏み込んだ考察は後日に譲り、ひとまず本書全文の複写を恵与された林観潮教授（廈門大学哲学系）へ満腔の謝意を表したい。

# 結　論

## 結論の概要

終わりに、結論では、本研究がなしえたことと、今後の課題とを列挙し、とりわけ後者に関して、われわれが今後取るべき態度並びに拠るべき資料について極力詳論したい。

## 「影響」の語義への一瞥

本稿本論では、高泉をめぐる諸問題を九章に分かって論述した。それぞれの章の末尾に置いた「結語」の中で、本稿当該章執筆を通じて筆者が得た所見を取りまとめた。ここでは全体的に見た所見を記しておきたい。高泉がわが国の仏教界へおよぼした文化的な影響として、第一に体系性ある明代清規の移入（第五章）、第二に宋代以降広く流行した各種の苦行の移入（第六章）、そして第三には三百年の久しきにわたり途絶していた僧伝編纂事業の再開（第八章）が挙げられよう。

いったい、この「影響」という概念は、福井文雅博士が道教の日本文化に対するそれの有無をめぐって確立された概念規定に拠れば、「新しい移入物によって在来の文化に質的な変化、全面的な変貌が起こること」を指す。福井博士は、とかく道教の「影響」だとされがちなわが国宗教文化における諸事象（例：浦島太郎ほか各種説話文学や陰陽道）を逐一検討された末に、それらがその実「「借り物」あるいは「飾り」にすぎない」のであって、本格的な道教が恒久的な教団組織を伴ってわが国の社会へ「影響」を及ぼしたことはついに無かった旨、余人の反論を許さないほどに究明されている(1)。

いま、博士のこの概念規定にしたがうならば、高泉が清規を制定し、かつ僧伝を編纂した結果、黄檗教団以外の他の宗教的集団においても宗派意識・法系意識の確立を見るに至っており、これならば文字通りの影響として挙げ得るのではないだろうか。

## 僧伝編纂がもたらした文運勃興

まず、僧伝編纂に関していえば、臨済宗の卍元師蛮は、高泉が修史に志したのとほぼ同時期(延宝年間)に本格的な僧伝編纂に志している。卍元に言わせれば散々な結果に終わった高泉およびその弟子たちとの交流ではあった。しかしながら、彼が明末清初の中国における僧伝編纂に当事者として関与した高泉と一時期にせよ交流したことは、たとい卍元が憤慨するような「剽窃」事件が存在したにせよ、得難い経験となったことであろう。卍元が高泉を剽窃者呼ばわりしつつ、憎むべき剽窃者の筈の高泉の文章をほとんど字句や説次も改めずにしばしば襲用している点は、高泉との出会いが彼にとって払拭し難いほどに大きな衝撃であったことを如実に物語っていよう。

従来、高泉が編んだ僧伝は史料的価値はあまり高くないものとされてきた。今回、本稿執筆に際して筆者はこれら諸書を通読したが、やはりこの見解を覆すことはできなかった。しかしながら、今後はもっと別の角度からこれら高泉による僧伝を見つめなおす必要があることを、改めて感じつつある。例えば以下の三つは、そうした角度の中でもとりわけ見落とせないものであろう。第一に、中国人僧侶の目に映じた日本仏教像として、現在においても依然質量ともに第一級の存在であること。第二に、禅宗ばかりか真言宗に対しても、その通史および法系調査の気運を促したこと。第三に、とりわけ『東国高僧伝』において著しいことだが、二種まで批判書の登場を招き（うち一種は、前出・卍元の著）、批判という変則的な形ながら、わが国仏教史に対する踏み込んだ研究気運をもたらしたこと。

今後の課題として、高泉撰述の僧伝の賛について、そこに頻出する修辞の典故を逐一調査しつつ、彼の言わんとしたところをヨリ詳細に明らかにしてゆきたい。

## 『黄檗清規』がもたらしたもの

さて、当初から黄檗教団に対し反発的だった臨済宗は、当然のことながら『黄檗清規』を受容する余地はなかった。また、十八世紀前半までは旺盛に『黄檗清規』を導入していた曹洞宗も、いわゆる「古規復古運動」が勃興するに伴って、黄檗的諸要素は表面上は払拭されてしまった。『黄檗清規』を大いに導入し、これを比較的近代まで温存していたのは、在来禅宗に非ずして、江戸時代に再興された融通念仏宗であった。

しかしながら、例えば斎堂と禅堂とを別個に建立する黄檗式伽藍配置は、臨済宗をも含めて、以後長く禅宗伽藍の常式とされるに至っている(2)。また、一見『黄檗清規』とは直接の関係を有しない疏語撰述の習慣も、その代表的教則本『禅林疏語』（永覚元賢著）が鉄眼率いる黄檗山内宝蔵院の刻経集団によってなされていることを思えば、黄檗教団が在来二大禅宗に疏語を定着せしめた功績は、やはり見落とせないものだと言えよう(3)。

## 苦行の導入から廃滅まで

ところで、わが国へは定着を見ずに終わった戒疤（燃頂・燃臂）・経典血書・掩関などの苦行も、黄檗唐僧の渡来が十八世紀前半までではなく、もう五十年、いな、百年のちまで続いていたならば、あるいは廃滅することなく、多少の変容を加えられながらも、わが国仏教界へもその伝承を留め得たように思われる。

少なくとも経典血書に関して言えば、代表的な日本人敢行者たる真敬法親王や月潤義光らは、すこぶる真摯な誓願に基づいて自らの指を刺したのであって、これが彼らの平素の宗教的活動において「借り物」や「飾り」に過ぎなかったとは到底考えられないのである（とりわけ月潤亡き後も弟子たちによって継続・推進された血書事業は）。

一方、基本的に僧侶の勉学（真摯な参禅をも含む）が推奨された江戸時代にあって、掩関の習慣が黄檗教団内にあってすら根付くことなく終わった背景については、今後さらに様々な角度からの考察を要しよう。

第一に、一室に閉じ籠もり寺の境内にさえ出て来ないという形式がわが国民の目には奇異、かつ非生産的と見なされたことが、十分に考えられる。中国禅宗史上「清規の父」と仰がれる唐の百丈懐海が語ったとされる「一日不レ作。一日不レ食」という労働重視・集団主義の伝統に比すれば、掩関はその「始祖」とされる高峰原妙からして、ずっと下った元初の人物であった。したがって、掩関を伝統として根付かせるためには、本国たる中国においてすら、ある程度高名な人物による敢行例を、絶えず必要としていたと言えよう。

例えば、百二十歳の高寿を保ったとされる虚雲（一八四〇～一九五九）や、近代中国仏教中興の祖と仰がれる太虚（一八八九～一九四七）、そして中国浄土宗第十三祖と仰がれる印光（一八六一～一九四〇）らは、それぞれ掩関によって悟達大いに進んだとされる。

その一方で、彼ら三師と同時代人たる来果（一八八一～一九五三）は、掩関を弊習として排除し、自ら編定した『高旻寺規約』において、その旨明確に規定している。ただ、来果だけが中国仏教史上に孤立して掩関反対を唱えていたのではなく、ずっと遡った明末の雲棲袾宏もまた、広く世に流布した著書『竹窓三筆』の中で、掩関を排斥している。恐らく同書に準拠しつつ、自己およびその門人の掩関を抑制した僧も決して少なくなかったことであろう。

このように、掩関の発祥地たる中国仏教においてすら相反する見解が久しく両立しており、一時は積極的に掩関を導入した黄檗教団においても、いつしかその例を認めなくなるに至った。河口慧海師（一八六六～一九四五）が明治二十六年（一八九三）四月頃から同二十八年四月頃まで、黄檗山内別峯院に籠もって大蔵経を閲覧したのは(4)、足掛け三年というその期間から推しても、本人の意識においては、黄檗宗がもたらした明代以降の典型的な掩関（しばしば丸三年間を例とする）と思い定めてのことであろう。

## 袾宏・徳洪の再来としての生涯

二十九歳にして来日した高泉の目に映じた日本の仏教界は、母国で実見したような、甚だしい「狂禅」の徒こそ見かけなかったものの、禅宗叢林にあっては文書化された清規を見かけなかった。もっとも、道元の『永平大清規』が来日から六年後の寛文七年（一六六七）に刊刻されたものの、当初広くは流布せず、かつ、それは道元の時代にはまだ存在しなかった種々の儀礼・慣習について明快な示唆を与えてくれるものではなかった。また、僧伝らしい僧伝も存在しなかったことは、さきに見たとおりである。さらに日本では、排仏的な朱子学が幕府の奨励をも得て旭日昇天の勢いを得つつあった。

こうした憂うべき状況を前に、恐らく高泉は、自己こそが日本における雲棲袾宏・徳洪覚範の再来だと規定し、大いに腕を振るおうとの決意を固めたものと見られるのである。その結果たるや、これら三師がそれぞれの得意とした分野を、徳洪における投獄覚悟の政治への過度のかかわりという一点を除いた形で顕現された。

すなわち、戒律の重視・宣揚は主として袾宏に学んでおり、僧伝の編纂は徳洪に承けている。そしてまた、「文字禅」という形で詩偈を通じて居士らと道縁を深めたのは、これも徳洪に学んでいよう。その徳洪は実は、「文字禅」のもつ負的側面にも気づいており、これを抑制せんとしてなお抑制できないでいた。

高泉は、徳洪の再発見者だった達観が全面的に「文字禅」思想を礼讃していたのを採らず、むしろ徳洪に直接学び、「文字禅」のマイナス面をもよく認識していた。とりわけ、未悟の弟子たちが参禅をおろそかにして文字禅に耽ることを、その都度強く戒めていた。しかしながら、わが国の僧俗はつねに鶴首して彼の作品（詩偈頌・序跋・画賛など）の完成を待っており、彼はいわば「文字禅」とヨリ古い禅の伝統たる「不立文字」との板ばさみの中で生涯を終えたと言っても過言ではない。

なお、高泉は「文字禅」の根本聖典ともいうべき徳洪『石門文字禅』の中では、とりわけその六言絶句に注視している。恐らく現在でも作例数では中国詩歌史上第一位（総計二百二十数首）に坐しているほどに多くの題材、様々な心境を、彼はこの独特の詩形で詠じている。ただ、六言絶句に関心を注ぎ、その詩形としての育成を図るという営為自体は、徳洪においても既に認められ、総計九十首に達する作例と、多彩な題材とが残されている。今後の課題として、徳洪と高泉との間を結ぶこの「六言の系譜」について、さらに多くの新事実を発見したい。

全体を通じての今後の課題として、黄檗三祖および主要な唐僧諸師、とりわけ独湛性瑩・南源性派・悦山道宗ら高泉とのかかわりが深かった諸師がこれら明末仏教の諸思潮（戒律復興・僧伝編纂・文字禅導入）についていかなる見解を有し、かつ実践に及んだか、関連資料を所蔵する諸機関からのお力添えをも仰ぎつつ、一層の究明に努めたい。

思うに日本と中国とが隣国同士の間柄である限り、双方の共通する文化である仏教については永く研究が加えられるべきであることは、もとより論を俟たない。ただ、本稿結論の筆を擱くに当たり、敢えて強調しておきたいこと、それは従来の研究がさまざまな制約から、日中双方の仏教交流史に関していえば、せいぜいが元代までに限定されており、明代と清代については、概して等閑視されてきたことである。両国が不幸な戦争に突入した清代後期から民国、新中国に関しては、日中双方、とりわけ日本側の窓口機関に質量ともに充実した文献史料が伝えられており、関連する研究が近年、とりわけ浄土真宗および曹洞宗の教育機関において、過去への大きな反省を胸に精力的に推進されつつあるように拝される。

ただ、前述したように明清両代の中国と江戸期の日本との間の仏教交流史については、これまで基礎をなす文献が黄檗山ほか黄檗宗の名刹の秘庫に護持され、部外者が容易に参観することが叶わなかったように見受けられる。幸いにして昭和戦後期にあっては平久保章氏の目覚しいまでの孤軍奮闘に続き、一世紀を超える長寿を得られた中尾文雄師や、九十の坂を前にして現に新たな成果を公表されつつある大槻幹郎氏をはじめとして、萬福寺文華殿により集われる好学の士らが、平久保氏の苦心編纂に係る『隠元全集』ほか公刊文献をも駆使しつつ、さまざまな角度から見るべき成果を公にされ、これまでの遅延を見事取り戻された。今般刊行された『高泉全集』は、この趨勢に一層の展開をもたらすものと期待される。

本書はこの『高泉全集』に対して拙いながら、その主な魅力を解き明かしたガイドブックたらんことを期している。もとより浅学ゆえの誤謬もまま犯していよう。博雅大方の士からの御指摘をも仰ぎつつ、本書をたたき台とする形で、今後いっそうの改進を期したい。また、台湾仏教界とのご縁あらん限り、黄檗研究に資するに足る文献は、鋭意これを収集し、文華殿に拠られる研究者を中心とする同道の士らとの研鑽に役立て、ひいては仏教交流史を核とする日中双方の相互理解にいささかなりとも貢献せんことを、擱筆に際し衷心より願ってやまない。

（平成十六年五月五日、初稿擱筆。同年八月二十六日、第一次修訂終了。平成二十七年八月二十三日、第二次修訂終了、平成二十八年二月十六日、第三次修訂終了）

## 註

（1）福井博士の論攷「道教（道家）の構造とその成り立ち」第四節「外国への影響と伝播」、同博士『道教の歴史と構造』四一頁。本論攷の初出は、『ブリタニカ国際大百科事典』第一四巻「道教」の項、昭和四十九年（一九七四）。

（2）鏡島元隆博士の論攷「桂林崇琛について」では、横山秀哉氏の先行論攷「曹洞宗伽藍建築の研究」（筆者未見）に拠りつつ、臨済宗においては、江戸期中期以降はすべて斎堂と禅堂とを別個に建立する黄檗式伽藍配置を採用するに至り、僅かに曹洞宗においてのみ『永平大清規』以来の両堂一如の古式伽藍が伝承されたとしている。同博士『道元禅師とその門流』二一三頁、東京：誠信書房刊、昭和三十六年（一九六一）。

（3）これに関連した今後の課題として、禅宗ならぬ浄土宗鎮西派（浄土宗の主流派）において、いつごろから疏語撰述の習慣が開始されたか、その際、『禅林疏語』がどのように応用されたかを明らかにしたい。今日、浄土宗寺院の晋山式においても、通例では疏語が読み上げられ、その華やいだ、しかもおごそかな様子が『中外日報』や浄土宗の機関雑誌にしばしば報ぜられている。筆者の仮説では黄檗山歴代中、浄土宗僧侶との道縁最も深厚であった独湛性瑩が『太上功過格』ほか明末仏教典籍を忍澂に貸与・和刻せしめた際、この『禅林疏語』をも貸与し、忍澂ら有識者に披見せしめたのではないかと推察される。この仮説の裏づけを得べく、近年とみに進行しつつある京都法然院（忍澂自坊）関連の各種調査報告を速やかに通覧したい。

（4）河口師の正確な掩関期間については、近年、奥山直司教授がその『評伝　河口慧海』にて、黄檗宗務本院所蔵の公文書類に拠りつつ、詳細な考証を加えられた。同書九二頁（本文）および三七八頁（年譜）を参照。中央公論新社刊、平成十五年（二〇〇三）。

# 附録　高泉僧伝の細目

第八章第三節第七項で前述したように、附録として高泉の四大僧伝の各巻について本伝に立てられた諸師を細目表に取りまとめたうえ、伝主の名を最上部に列挙し、続いて附見の有無や、禅僧の場合は臨済・曹洞の別を示し、かつ、最底部の備考欄では、それぞれの伝主について、読む前に銘記しておくべき経歴があればそれを註記した。本表を取りまとめてのち、平成二十五年（二〇一三）に至り、榎本渉博士（国際日本文化研究センター准教授）は渡来中国僧をも視野に入れつつ、中近世成立の高僧伝について、他年来の研究成果を取りまとめ、浩瀚な労作『南宋・元代日中渡航僧伝記集成：附　江戸時代における僧伝集積過程の研究』として公刊された（勉誠出版刊、平成二十五年〔二〇一三〕三月）。そして榎本博士は同書の論考篇第三章「僧伝収集家たちの活動と成果」において、高泉と卍元についても多くの紙幅を咲きつつ、編纂者やその背後の教団のさまざまな思惑が飛び交ったこの独特の文化事象について、豊富な史料を踏まえつつ詳細に論述されている。筆者はこの大著を前にしつつそれでもなお、本表には「屋上屋を架する」もの以上の価値ありと信じている。ただ、筆者菲才のゆえに本文第八章、および附録たる本表で到底述べ尽くせなかった江戸期僧伝が帯びる史的背景について、読者各位が榎本博士の右記労作を閲覧して正確な認識を持たれることを深く念ずる次第である。

平成二十八年二月

野川博之　謹識

## （一）『扶桑禅林僧宝伝』細目

巻一（『全集』Ⅲ・一二二二下右、以下全て同巻）

| 僧名 | 臨・曹の別（曹洞宗に属す場合は「曹」字） | 賛の有無（賛を欠く場合は×とす。） | 備考（本伝の主人公（伝主）の通称、住持地等） |
|---|---|---|---|
| （一）明庵栄西（一二二二下右） | | | 建仁寺 |
| （二）覚阿（一二二四上右） | | | 比叡山<br>入宋して禅をも学んだ叡山旧仏教の学僧、円悟克勤の法孫。「栄西になりそこねた同時代の禅・教兼学者」と言うべきか。 |
| （三）道元（一二二四上左） | 曹 | 関連作品に本稿第二章篇末別表の「碑銘」あり。本篇は「碑銘」に先行して成る。 | 永平寺 |
| （四）栄朝（一二二五下左） | | × | 長楽寺 |

| | | | |
|---|---|---|---|
| (五)　性才法心　(一二二六上右) | | | 松島寺（瑞巌寺） |
| (六)　法燈円明国師　(一二二六上左) | | × | 鷲峰（紀伊国由良興国寺）すなわち心地房覚心 |

全六師

## 巻二（一二二七下右）

| | | | |
|---|---|---|---|
| (一)　聖一国師　(一二二七下右) | | 黄檗教団が遠祖と仰ぐ宋・無準師範を、伝主が本師としていたためか、絶賛。関連作品は五指に余る。画賛や、木像を拝しての感慨、そして延宝七年（一六七九）十一月、四百年忌に招かれた際の香語（韻文体法語）など。 | 東福寺　すなわち円爾 |
| (二)　仏燈徳倹　(一二二八下左) | | × | すなわち約翁徳倹。宋僧・蘭渓道隆の高弟 |
| (三)　月峰了然　(一二二九上右) | | × | 浄妙寺。同右 |

| | | | |
|---|---|---|---|
| （四）桑田道海（一二一九下右） | | | 禅興寺。同右 |
| （五）若訥宏弁（同右） | | | 円通寺。同右 |
| （六）南浦大応国師（一二二〇上右） | | | 南浦紹明。まず蘭渓に師事、入宋後、蘭渓の法兄・虚堂智愚に参ず。 |
| （七）規庵南院国師（一二二一上左） | | | 規庵祖円<br>宋僧・無学祖元の高弟 |
| （八）高峰仏国国師（一二二一下左） | | | 高峰顕日。同右 |
| （九）一翁院豪（一二二二下左） | | | 長楽寺。同右 |
| （一〇）太古世源（一二二三上右） | | | 建長寺。同右 |
| （一一）東巖恵安（同右） | | | 宋僧・兀庵普寧の高弟。ただし、卍元師蛮は『延宝伝燈録』および『本朝高僧伝』にて、兀庵に師事する以前に、 |

| | | | |
|---|---|---|---|
| | | | すでに悟空敬念から嗣法したとする。 |
| （一二）南洲宏海（一二三下右） | | × | 同右 |
| （一三）孤雲懐奘（一二三下左） | 曹 | × | 永平寺<br>道元高弟 |
| （一四）寒巌義尹（一二四下右） | 曹 | | 大慈寺<br>道元法曾孫 |
| （一五）徹通義介（一二三下左） | 曹 | | 大乗寺<br>道元法孫<br>もと（一三）懐奘とともに道元に参ずるも、法兄・懐奘の法を嗣ぐ。 |

全十五師

## 巻三（一二二六上右）

| | | | |
|---|---|---|---|
| （一）神子栄尊（一二二六上右） | | × | 肥前水上山万寿寺。円爾法嗣。 |

（二）　宝覚禅師
（一二二六下右）

ただし、関連作品に「万寿寺神子尊禅師行業記」あり。本篇よりのちに製作。『洗雲集』巻十三、篇末の註記に拠れば、『僧宝伝』では伝主・神子を聖一国師（円爾）の法嗣とし、一般的見解に依拠したが、のち、神子が入宋して無準師範の法嗣となった、つまり、聖一国師とは師弟ではなく、むしろ同門の法弟にあたるとの説を聞かされた。そこで、「両《ふた》つながら其の説を存し、賢者の考正を俟つ」べく、新たにこの「行業記」を撰述した。

京都万寿寺（五山第四）開山
すなわち東山湛照
円爾高弟

| | | | |
|---|---|---|---|
| （三）　大明国師（一二二六下左） | | | 南禅寺開山<br>すなわち無門普関<br>同右 |
| （四）　白雲慧曉（一二二七下左） | | × | 東福寺。同右 |
| （五）　山叟慧雲（一二二八上左） | | × | 東福寺。同右 |
| （六）　蔵山順空（一二二八下左） | | × | 東福寺。同右 |
| （七）　無位昭元（一二二九上左） | | | 円覚寺。同右 |
| （八）　月船珍海（一二二九下左） | | | 東福寺<br>同右。卍元『延宝』・『本朝』ともに「琛海」に作る。 |
| （九）　癡兀大慧（一二三〇下左） | | × | 伊勢国安養寺。同右 |
| （一〇）直翁智侃（一二三一上右） | | | 東福寺。同右 |

| | | | |
|---|---|---|---|
| （一一）南山士雲（一二三一下左） | | × | 東福寺。同右 |
| （一二）双峰宗源（一二三二上右） | | | 南禅寺。同右 |
| （一三）潜谿處謙（一二三二上左） | | × | 南禅寺。同右 |
| （一四）平心處斎（一二三二下右） | | × | 尾張国定光寺<br>蘭渓道隆法孫 |

全十四師

## 巻四（一二三三下右）

| | | | |
|---|---|---|---|
| （一）大燈国師（一二三三下右） | | | 大徳寺開山<br>すなわち宗峰妙超 |
| （二）夢窓疎石（一二三四下左） | | 関連作品に長篇の「霊亀山天龍寺記」、画賛、詩偈数首あり。うち、「記」は貞享三年（一六八六）二月撰述。最初の天龍寺参詣は、その十数 | 天龍寺開山 |

| | | | |
|---|---|---|---|
| | | 年前とされ、詩偈はこのとき製作。 | |
| (三)　滅宗宗興（一二三六下右） | | × | 尾張国妙興寺<br>南浦紹明高弟 |
| (四)　即庵宗心（一二三七上右） | | × | 広徳寺　同右 |
| (五)　瑩山紹瑾（一二三七上左） | 曹 | × | 総持寺開山<br>道元法曾孫、徹通法嗣。 |
| (六)　樵山惟仙（一二三七下左） | | × | 無準師範（宋代臨済宗）の法孫 |
| (七)　無象静照（一二三八上右） | | × | 入宋後、石渓心月に参ず。その法曾祖父・松岳崇源は、蘭渓道隆からは師祖（法祖父）にあたる。なお、石田瑞麿博士『日本仏教史』二〇四頁では、この無象を、短かい滞日ののち帰国した中国人僧侶と見ているが、本書、卍元『本朝』・『延宝』ともに相模国の出身とす。 |

| | | | |
|---|---|---|---|
| （八）　雪村友梅　（一二三八上左） | | | 元僧・一山一寧に師事ののち入元。 |
| （九）　寂室元光　（一二三九下左） | | | 近江国永源寺開山。蘭渓の法孫 |

全九師

## 巻五（一二四一上右）

| | | | |
|---|---|---|---|
| （一）　虎関本覚国師　（一二四一上右） | | | 東福寺。すなわち『元亨釈書』の著者・虎関師錬。円爾の法孫。 |
| （二）　可庵円慧　（一二四二下右） | | 伝主が禅・教両宗を兼学したことをひとまず礼讃するが、かかる偉業は「須らく眼を具して始めて得べし」と、暗に初学の禅者が模倣することを制止。 | 東福寺。同右 |
| （三）　瑞巌曇現　（一二四三上左） | | | 東福寺。同右 |

| | | | |
|---|---|---|---|
| (四) 大道一以 (一二四三下右) | | × | 淡路国安国寺。同右 |
| (五) 固山一鞏 (一二四四上右) | | × | 同右 |
| (六) 無徳至孝 (一二四四上左) | | × | 同右 |
| (七) 太陽義冲 (一二四四下左) | | × | 同右 |
| (八) 深山正虎 (一二四五上左) | | | 海生寺。同右 |
| (九) 乾峰広智国師 (一二四五下左) | | | 東福寺。すなわち乾峰士曇。同右 |
| (一〇) 友雲士思 (一二四六下左) | | × | 東福寺。同右。七十歳にして名を士偲、道号を友山と改めたとする。 |
| (一一) 古源邵元 (一二四八上右) | | × | 東福寺。同右 |
| (一二) 大方源用 (一二四八下右) | | × | 東福寺。同右 |

| | | | |
|---|---|---|---|
| （一三）峨山紹碩（一二四八下左） | 曹 | × | 巻四―（五）・瑩山の法嗣。 |

全十三師

## 巻六（一二四九下右）

| | | | |
|---|---|---|---|
| （一）國済三光国師（一二四九下右） | | （次項参照） | 雲樹寺。すなわち孤峰覚明。巻一―（六）・心地房覚心の法嗣。ただし、瑩山にも参じた。 |
| （二）高山慈照（一二五〇下右） | | 前項の孤峰と合賛 | 建仁寺。同じく心地房覚心の法嗣。 |
| （三）仏日慧林禅師（一二五二上右） | | × | すなわち恭翁運良。同右 |
| （四）東海竺源（一二五二下左） | | × | 同右 |
| （五）無雲義天（一二五三上右） | | × | 建仁寺・鏡堂覚円の法嗣、宋の無準師範の法曾孫。 |
| （六）大梅大幢国師（一二五三下右） | | | 元・古林清茂の法嗣、松源崇岳の法玄孫。 |

| | | | |
|---|---|---|---|
| （七）　別源円旨（一二五四上左） | 元代曹洞宗の東明慧日に円覚寺で師事するが、入元留学中は、古林清茂・中峰明本ら、臨済宗の高僧に歴参。また、本師・東明自身も、道元以下の日本曹洞宗との間に深い道縁なし。よって曹洞宗中に加えず。 | × | 建仁寺。東明慧日の法嗣。 |
| （八）　月篷円見（一二五五上右） | 前項と同様の理由で、曹洞宗中に加えず。 | × | 建仁寺。同右 |
| （九）　真源大照禅師（一二五五下右） | | | すなわち龍山徳見。栄西の法玄孫。臨済宗黄龍派。中国留学歴の長さでは日本仏教史上屈指の人物。 |
| （一〇）大年法延（一二五六下左） | | × | 若狭国高成寺 来日した元僧・竺僊梵仙の法嗣、古林清茂の法孫。 |
| （一一）中巌円月（同右） | | × | 元代臨済宗・東陽徳煇（『勅脩百丈清規』編者）の法嗣。 |

全十一師

巻七（一二五八上右）

| | | | |
|---|---|---|---|
| （一）無極志玄（一二五八上右） | | × | 天龍寺 夢窓疎石の法嗣 |
| （二）春屋妙葩（一二五八下左） | | | 相国寺 同右 |
| （三）清渓通徹（一二五九下左） | | | 南禅寺 同右 |
| （四）義堂周信（一二六〇上右） | | × | 南禅寺 同右 |
| （五）黙庵周瑜（一二六〇下右） | | × | 南禅寺 同右 |
| （六）絶海翊聖国師（一二六〇下左） | | × | 天龍寺 同右 すなわち絶海中津 |
| （七）不遷法序（一二六二上右） | | × | 天龍寺 同右 |
| （八）龍湫周沢（一二六二上左） | | × | 天龍寺 同右 |
| （九）無求周仲（一二六二下左） | | | 天龍寺 同右 |

| | | | |
|---|---|---|---|
| （一〇）観中中諦（一二六三上左） | | × | 同右 |
| （一一）性海霊見（一二六三下右） | | | 虎関の高弟。円爾の法曾孫。 |
| （一二）平田慈均（一二六四上左） | | | 南禅寺。円爾の法曾孫 |
| （一三）九峰韶奏（一二六四下左） | | | 同右 |
| （一四）南海宝洲（一二六五上右） | | × | 東福寺。同右 |
| （一五）哲岩祖濬（一二六五上左） | | × | 同右 |
| （一六）雲章一慶（一二六五下左） | | 実際は岐陽方秀（円爾の法玄孫のそのまた法嗣）に師事したにもかかわらず、奇山円然（円爾高弟の一人）の語録に触発され開悟したので、自己が奇山の法嗣である旨公称。いわゆる「遥嗣」である。高 | 円爾の法孫（伝主の自称）。実際は円爾から数えて実に六代目。禅宗式の算出法では、「円爾七代の孫」。円爾—白雲慧暁—虚室希白—春山守元—霊源祖濬—岐陽方秀—雲章一慶 |

| | | | |
|---|---|---|---|
| | | 泉は、禅教両宗にわたる伝主・雲章の学識を評価しつつも、この事蹟は強く批判。 | |
| （一七）蘭洲良芳<br>（一二六六上左） | | | 来日した元僧・一山一寧の法孫、雪村友梅の法嗣。 |

全十七師

## 巻八（一二六七下右）

| | | | |
|---|---|---|---|
| （一）　遠渓祖雄<br>（一二六七下右） | | | 高源寺<br>元代臨済宗・中峰明本の法嗣。いわゆる「幻住派」。 |
| （二）　古先印原<br>（一二六八上右） | | | 建長寺　同右 |
| （三）　無文元選<br>（一二六九上左） | | | 遠江国方広寺開山<br>無準師範から数えて五代目（六代の孫）、入元し福建から北上、諸師に歴参。 |

| | | | |
|---|---|---|---|
| （四）愚中周及（一二七〇上右） | | | 安芸国仏通寺開山。入元し即休契了に師事、松源崇岳の法系を承く。 |
| （五）約庵徳久（一二七二上右） | | | 心地房覚心の法孫 |
| （六）在庵普在（一二七二下右） | | | 南禅寺　同右 |
| （七）通幻寂霊（一二七三上左） | 曹 | | 瑩山の法孫、峨山の高弟 |
| （八）大拙祖能（一二七四上左） | | × | 中峰の法孫。入元して福建から北上、諸師に歴参。 |
| （九）石屋真梁（一二七五上左） | 曹 | | 薩摩福昌寺　峨山の法孫、通幻の高弟 |
| （一〇）寰中元志（一二七六下右） | | | 肥後成道寺　入元し、楚石梵琦に嗣法。帰国ののち成道寺を開創。高泉は中国で客死したとの説に拠るが、卍元『本朝』・『延宝』ともにこれを斥け、「或る者 |

| | | | |
|---|---|---|---|
| | | | 曰く」として高泉を名指しこそしないものの批判、「蓋し考索精ならず、虚を伝へて実と為し、妄りに己意を附して作る。識者取らざるなり」と。『本朝』巻三十三、『大仏全』第一〇二巻・四六二頁上を参照。 |
| （一一）白崖宝生 （同右） | | | 上野国泉龍寺 中峰の法曾孫、大拙の高弟。 |

全十一師

## 巻九（一二七八上右）

| | | | |
|---|---|---|---|
| （一）円光国師 （一二七八上右） | | | 東福寺 すなわち別峰大珠。円爾の法玄孫 |
| （二）一源会統 （一二七八下左） | | | 京都祇樹寺。同右 |

| | | | |
|---|---|---|---|
| （三）岐陽方秀（一二七九下右） | | × | 東福寺。円爾から数えて五代目の法孫（禅宗式には六代の孫） |
| （四）抜隊得勝（一二八〇上右） | | × | 向嶽寺開山<br>心地房覚心の法孫。 |
| （五）正続大祖禅師（一二八一上右） | | × | 丹波国雲頂山大明寺<br>すなわち月庵宗光。南浦紹明の法曾孫。高泉の関連作品に「雲頂月菴禅師語録序」あり。寛文十一年（一六七一）作。 |
| （六）天祥一庵（一二八二上右） | | | 南禅寺<br>栄西から数えて五代目の法孫（禅宗式には六代の孫）。龍山徳見法嗣 |
| （七）瑞岩龍惺（一二八二下左） | | × | 南禅寺<br>前項・天祥の法嗣 |
| （八）偉仙方裔（一二八三下右） | | | 下野国浄因寺<br>無学祖元の法玄孫 |

| | | | |
|---|---|---|---|
| （九）松嶺道秀（一二八四上左） | | | 永源寺 同寺開山・寂室の法嗣 |

全九師

## 巻十（一二八六上右）

| | | | |
|---|---|---|---|
| （一）関山慧玄（一二八六上右） | | | 妙心寺開山 南浦の法孫、宗峰の高弟。 |
| （二）徹翁義亨（一二八七下右） | | | 大徳寺 宗峰の法嗣 |
| （三）授翁宗弼（一二八八下右） | | × | 妙心寺二世 |
| （四）仏日常光国師（一二八八下左） | | | 夢窓法孫 |
| （五）汝霖良佐（一二九〇上左） | | × | 同右 |
| （六）瑞渓周鳳（一二九一上右） | | × | 夢窓法孫 |

| | | | |
|---|---|---|---|
| （七）言外宗忠（一二九一下左） | | | 大徳寺 宗峰の法孫、徹翁の法嗣 |
| （八）華叟宗曇（一二九二上右） | | | 大徳寺 宗峰の法曾孫、言外の法嗣 |
| （九）無因宗因（一二九二下右） | | × | 妙心寺三世、瑞泉派祖 授翁の法嗣 |
| （一〇）日峰宗舜（一二九三上右） | | | 妙心寺四世、養源派祖。本山中興者。無因の法嗣 |
| （一一）義天玄詔（一二九四上右） | | | 妙心寺五世。龍安寺開山。日峰の法嗣。 |
| （一二）雪江宗深（一二九五上右） | | | 妙心寺六世。衡梅派祖。 以上、いわゆる「正法山六祖」。漢文体列伝としては、寛永十七年（一六四〇）刊の『正法山六祖伝』あり。妙心寺堂司の能僊著。 |
| | | | |

全十二師

## （二）『続扶桑禅林僧宝伝』細目

### 巻一（一三〇一下右）

| 僧名 | 臨・曹の別<br>曹洞宗に属す場合は「曹」字 | 賛の有無<br>賛を欠く場合は×とす。 | 備考<br>本伝の主人公（伝主）の住持地等 |
|---|---|---|---|
| （一）玉渓慧椿（一三〇一下右） | | × | 天得（山ヵ、寺ヵ）円爾法嗣 |
| （二）慈雲妙意（一三〇一下左） | | × | 越中国国泰寺開山。心地房覚心の法孫。 |
| （三）不聞契聞（一三〇二上左） | 正編六一（七）・（八）二師と同様の理由で、曹洞宗に列せず。 | | 円覚寺瑞鹿院開山。東明慧日の法嗣。 |
| （四）嶮崖巧安（一三〇三下右） | | | 肥前安国寺 大休正念の法嗣 |
| （五）鉄庵道生（一三〇四上右） | | × | 出羽国資福寺。同右。 |
| （六）夢巌祖応（一三〇四下左） | | × | 東福寺。円爾法孫。 |

| | | | |
|---|---|---|---|
| （七）定山祖禅（一三〇五上右） | | × | 東福寺。同右 |
| （八）卍庵士顔（同右） | | × | 東福寺。同右 |
| （九）無夢一清（一三〇五上左） | | | 備中国宝福寺。同右 |
| （一〇）秀山元中（一三〇五下左） | | × | 博多聖福寺。蘭渓道隆の法孫。 |
| （一一）太初啓原（一三〇六上左） | | 入明ののち、永楽五年（一四〇七）、同地で客死。 | 元末明初臨済宗の傑峰世愚に嗣法。 |
| （一二）峻翁令山（一三〇六下右） | | | 武蔵国広円寺。心地房覚心の法曾孫。 |
| （一三）青山慈永（一三〇七下右） | | | 建仁寺。夢窓法嗣。 |
| （一四）碧潭周皎（一三〇九上右） | | × | 嵯峨地蔵寺開山。同右 |

全十四師

巻二（一三一〇上右）

| | | | |
|---|---|---|---|
| （一）無涯仁浩（一三一〇上右） | | | 建仁寺。大休正念の法孫。 |
| （二）心関清通（一三一〇下右） | | × | 天龍寺<br>卍元『本朝』・『延宝』ともに載せず。伝主の得度の師・石室善玖（古林清茂）、親炙した月庭周朗（夢窓疎石）・履中元庭（石庵旨明、蘭渓の法孫）は、それぞれ師系を異にする。（　）内が本師の名である。また、伝主自身が嗣法した師の名は明らかにされていない。 |
| （三）太清宗渭（一三一〇下左） | | × | 龍門寺。一山一寧の法孫、雪村友梅の法嗣 |
| （四）復庵宗己（一三一一下右） | | | 会津実相寺<br>中峰明本の法嗣。卍元は『本朝』・『延宝』のそれぞれの復庵伝の題目で、自らも住持し |

| | | | |
|---|---|---|---|
| | | | た常陸国清音寺の名を復庵の名に冠しているが、事実は数箇所の寺に歴住し、清音寺にのみ住まっていたのではない。 |
| （五）白翁宗雲（一三一二上左） | | | 近江国積翠寺。宗峰妙超の法嗣。 |
| （六）龍眠檀渓（一三一二下右） | | × | 虎関師錬法嗣。円爾の法曾孫。 |
| （七）嶽翁長甫（同右） | | × | 日向国大光寺開山。円爾の法曾孫。 |
| （八）弥天永釈（一三一三上左） | | （一〇）参照。三師合賛。 | 近江国永安寺開山。蘭渓の法曾孫、寂室元光（永源寺開山）の法嗣。 |
| （九）霊仲禅英（一三一三下左） | | 同右。 | 近江国曹源寺開山。同右。 |
| （一〇）越渓秀格（一三一四上左） | | 前二師と合賛。 | 近江国退蔵寺開山。同右。 |
| （一一）天錫成綸（一三一四下左） | | × | 天龍寺。夢窓の法孫 |

| | | | |
|---|---|---|---|
| (一二) 中淹在中 (同右) | | | 南禅寺。同右。 |
| (一三) 希世霊彦 (一三一五上左) | | 然るべき道器の持ち主でありながら、もっぱら余技たる詩文によってのみ知られていることを惜しむ。 | 渡来した元僧・清拙正澄の法曾孫。 |
| (一四) 大方元恢 (一三一六上右) | | × | 筑前顕孝寺。蘭渓の法曾孫。 |
| (一五) 東漸健易 (一三一六上左) | | × | 摂津広厳寺。円爾の法玄孫 |
| (一六) 明峰素哲 (一三一六下右) | 曹 | 主たる住持寺院三寺の弟子たちは、師がそれぞれの寺で入滅したとばかり思い込んで荼毘に付したが、明峰が臨終に際し、分身を現じたのであった。何度投獄されてもその都度分身・脱獄した宝誌(六朝時代の神奇な僧)を見るようであるが、我々平凡な禅者は、こんなことを奇 | 加賀国大乗寺。瑩山の法嗣。 |

| | | | |
|---|---|---|---|
| | | 特だと思ってはならぬ。思ったが最後、それは邪悪への第一歩となる――と訓戒。巻三の一休伝の賛と同軌。 | |
| （一七）月堂円心（一三一七上左） | | | 美濃国妙勝寺。無準師範の法玄孫。 |
| （一八）含空徳甫（一三一七下右） | | | 南禅寺。円爾の法玄孫。 |
| （一九）天関瑞沖（一三一八上右） | | | 安芸国永福寺。同右。 |
| （二〇）伯師祖稜（一三一八下右） | | × | 伯耆国安国寺。本巻（一七）月堂の法嗣。 |

全二十師

| | | | |
|---|---|---|---|
| （一）　大徹宗令　（一三一九上右） | 曹 | | 摂津護国寺開山。瑩山の法孫。高泉の関連作品に、延宝二年（一六七四）撰述の「牛頭山重興護国禅寺記」あり、『洗雲集』巻十三。その成立は、本篇に先行する。 |
| （二）　祖継大智　（一三一九下左） | 曹 | | 加賀国祇陀寺開山。瑩山の法孫。 |
| （三）　一休宗純　（一三二〇上左） | | | 宗峰妙超の法玄孫、華叟宗曇の法嗣。 |
| （四）　天真自性　（一三二一上左） | 曹 | × | 越前国慈眼寺開山。瑩山の法曾孫。正編巻八―（七）・通幻の法嗣。 |
| （五）　竺山得仙　（一三二二上右） | 曹 | | 下野国桂林寺開山。同右。 |
| （六）　元翁心昭　（一三二三上右） | 曹 | | 瑩山の法孫、峨山の法嗣。「源翁」にも作る。関連作品に「結城元翁昭禅師行業記」 |

| | | | |
|---|---|---|---|
| | | | あり。本篇とほぼ同文で、撰述の由来は文中に明示されていない。『洗雲集』巻十三所収。 |
| （七）無著妙融（一三一三下左） | 曹 | | 豊後国泉福寺開山。瑩山の法曾孫、峨山の法孫。 |
| （八）明窓妙光（一三一五上左） | 曹 | × | 豊後国兜率寺開山。同右。 |
| （九）竹居正猷（一三一五下左） | 曹 | | 長門国太寧寺。瑩山の法曾孫、石屋真梁の法嗣。 |
| （一〇）英仲法俊（一三一七上左） | 曹 | | 京都永谷寺開山。瑩山の法曾孫、天真の法嗣。 |
| （一一）字堂覚卍（一三一八上右） | 曹 | | 薩摩国宝福寺開山。瑩山から数えて五代目（瑩山六世の孫）、竹窓智厳の法嗣。関連作品に「薩州忠徳山字堂禅師卍公道行碑銘」あり。こちらは貞享三年（一六八六）の撰述。ときの薩摩藩家老・島津忠雄（主計居士、鉄牛門人）から資料を寄せられた。本篇 |

| | | | |
|---|---|---|---|
| | | | とほぼ同文なるも、篇末には銘あり。『洗雲集』巻十六所収。 |
| （一二）器之為璠（一三二八下左） | 曹 | | 越前国龍門寺。同右、（九）竹居の法嗣。 |
| （一三）牧翁性欽（一三二九上左） | 曹 | | 丹波永谷寺。同右、（一〇）英仲の法嗣。 |
| （一四）一州正伊（一三三〇上右） | 曹 | × | 越後双林寺。同右、月江正文の法嗣。 |

全十四師

## （三）『東渡諸祖伝』細目

### 巻上（一一八〇下右）

| 僧名 | 臨・曹の別 | 朝代 | 備考 |
| --- | --- | --- | --- |
| （一）義空（一一八〇下右） | | 唐 | 五家七宗分立以前の人物。塩官斉安の高弟。のち帰国 |
| （二）蘭渓道隆（一一八一上右） | 臨 | 南宋 | 建長寺開山 |
| （三）兀庵普寧（一一八二下右） | 臨 | 南宋 | 円爾の留学時代の同門法兄弟。本師は無準師範。 |
| （四）無学祖元（一一八三下右） | 臨 | 南宋 | 円覚寺開山 |
| （五）大休正念（一一八五上左） | 臨 | 南宋 | |
| （六）西澗子曇（一一八六上左） | 臨 | 南宋 | |
| （七）一山一寧（一一八七上左） | 臨 | 南宋 | 実際に渡来したのは元代であり、一時は元寇がらみのスパイかと疑われた。 |

| | | | |
|---|---|---|---|
| （八） 石梁仁恭（一一八八上右） | 臨 | 南宋 | 前項・一山の甥であり、一山とともに来日 |
| （九） 鏡堂覚円（一一八八下左） | 臨 | 南宋 | 一山と同様、渡来は元代。 |
| （一〇） 霊山道隠（一一八九上右） | 臨 | 南宋 | 後代の黄檗僧侶と同様、自ら指の血をもって八十巻本『華厳経』を血書したとの「事蹟」を取り上げ、禅・教両宗に通ずる菩薩行と礼讃。 |

全十師

巻下（一一九〇上右）

| | | | |
|---|---|---|---|
| （一） 清拙正澄（一一九〇上右） | 臨 | 元 | |
| （二） 明極楚俊（一一九一下左） | 臨 | 元 | |
| （三） 竺仙梵僊（一一九二下右） | 臨 | 元 | |

| | | | |
|---|---|---|---|
| (四) 東明慧日 (一一九四上右) | 曹 | 元 | 法系上は曹洞宗なるも、主として円覚・建長両寺で活動。なお全巻を通じ、この人物のみ賛なし。 |
| (五) 東陵永璵 (一一九四下左) | 曹 | 元 | 法系上は曹洞宗なるも、主として南禅寺で活動。 |
| (六) 隠元隆琦 (一一九五下右) | 臨 | 明 | 一巻本（独耀性日撰）および二巻本（高泉・南源性派）両年譜の綱要をなしており、隠元の伝記研究上、すこぶる便利。 |

全六師

## （四）『東国高僧伝』細目

巻首附（一三四〇下右）

| 僧名 | 附見 | 賛の有無<br>『東国高僧伝』は「賛」とせず「系」とする | 備考<br>本伝の主人公（伝主）所住の寺院、『元亨釈書』・『本朝高僧伝』における扱いの相違（特に附見に関して） |
|---|---|---|---|
| （一）聖徳太子<br>（一三四〇下右） | | ○<br>「太子、比丘の身を現ぜざるが故に敢へて僧数に混ぜず。又た特に之に附するは、仏法の自る所を忘れざる（訓読：原本ママ、「忘れざれば」カ）なり。」 | |

本伝一師

## 巻一（一三四三上右）

| | | | |
|---|---|---|---|
| （一）道昭（一三四三上右） | | ○ | 南都元興寺 |
| （二）智通（一三四四上右） | | | |
| （三）智鳳（同右） | | | |
| （四）義淵（一三四四上左） | | ○ | 龍門寺 |
| （五）豊国（一三四四下左） | 慧妙・慧忠 | | 三師ともに仏教渡来当初活躍した僧侶の典型。附見の二師は、『元亨』では別々に立伝、『本朝』も同様。 |
| （六）慧済（一三四五上右） | | | |
| （七）僧旻（同右） | | | |
| （八）慧隠（一三四五上左） | | | 『本朝高僧伝』に立伝なし。『元亨釈書』にはあり。 |

| | | | |
|---|---|---|---|
| （九）（一三四五下右）定慧 | 祚蓮 | | 多武峰 |
| （一〇）（一三四六上右）行基 | 智光 | ○ | 菅原寺 |
| （一一）（一三四六下左）泰澄 | | ○ | 越知峰 |

本伝十一師　附見四師

## 巻二（一三四九下右）

| | | | |
|---|---|---|---|
| （一）（一三四九下右）道慈 | | | 南都大安寺 |
| （二）（一三四九下左）智光 | 礼光 | ○ | 元興寺<br>巻一・行基伝附見の智光とは同名別人。こちらは観仏三昧の行者とされる。また、附見の礼光は、『元亨』では智光伝本文中で言及されており、別に附見を立てず。『本朝』では、『東国』と同様附見とする。 |

| | | | |
|---|---|---|---|
| （三）善議（一三五〇下右） | | | 河内 |
| （四）普照（一三五〇下左） | 道忠菩薩 | | 東大寺 |
| （五）善仲（同右） | 善算 | | 弥勒寺 |
| （六）玄昉（一三五一上左） | | ○その非業の死を福清黄檗山の鴻庥に比す。 | 南都興福寺 |
| （七）慈訓（一三五一下右） | | ○ | 同右 |
| （八）良弁（一三五二上右） | | | 東大寺 |
| （九）行善（一三五二下右） | | | |
| （一〇）実忠（同右） | | | 東大寺 |
| （一一）賢憬（一三五三上右） | 仁耀 | | 興福寺 |

| | | | |
|---|---|---|---|
| （一二）報恩（一三五三上左） | | | 子島寺 |
| （一三）延鎮（一三五三下右） | 成尊 | | 京都清水寺 |
| （一四）勤操（一三五四上右） | 栄好 | ○ | 石淵寺<br>附見の栄好は、母に仕えて孝。勤操はそれを助けた。『元亨』・『本朝』がともになさなかった附見化を施す。 |
| （一五）玄賓（一三五四下右） | | ○ | 湯川寺 |
| （一六）開成（一三五五上右） | | | 弥勒寺<br>関連詩偈：七絶「応頂山」、『洗雲集』巻八：七律「応頂山開成大師」、『翰墨禅』巻上。前者は延宝八年（一六八〇）、九百年忌の際製作。 |
| （一七）行表（一三五五下左） | 寿遠・道詮 | | 附見の道詮伝は、『本朝』に立伝なし。先行する『元亨』では、本伝とするも短文。 |

| | | | |
|---|---|---|---|
| （一八）伝教大師<br>（一三五六上右） | | ○<br>諸宗が門戸を分かって争う現況を慨嘆、「最澄の昔に帰れ」と力説。 | 天台山延暦寺<br>すなわち最澄 |
| （一九）慈雲<br>（一三五七上右） | | | 普光寺 |
| （二〇）勝道<br>（一三五七上左） | | | 補陀落山（二荒山） |
| （二一）弘法大師<br>（一三五七下左） | | ○<br>寛文十二年（一六七二）春、高野参詣の折の所感をも記す。 | 高野山<br>すなわち空海。 |
| （二二）慶俊<br>（一三五八下左） | | | 愛宕山 |
| （二三）最仙<br>（同右） | | | 常陸国 |
| （二四）豊安<br>（一三五九上右） | | | 唐招提寺 |
| （二五）円澄<br>（同右） | | | 延暦寺 |

| | | | |
|---|---|---|---|
| （二六）義真（一三五九下右） | | | 同右 |
| （二七）光定（一三五九下左） | | | 同右 |

本伝二十七師　附見八師

## 巻三（一三六二上右）

| | | | |
|---|---|---|---|
| （一）慈覚大師（一三六二上右） | | ○　死身求法の姿を礼讃、その法孫が法乳の恩を偲ばんことを要望。 | 延暦寺　すなわち円仁 |
| （二）慧勝（一三六三下左） | | ○ | 大安寺 |
| （三）道公（一三六四上左） | | | 四天王寺 |
| （四）證如（一三六四下左） | | ○ | 弥勒寺 |
| （五）善謝（一三六五上左） | | ○ | 梵福寺 |

| | | | |
|---|---|---|---|
| (六) 善珠 (一三六五下右) | | | 京都 |
| (七) 常楼 (一三六五下左) | | | 秋篠寺 |
| (八) 明福 (一三六六上右) | | | 興福寺 |
| (九) 長訓 (一三六六上左) | | | 近江国 |
| (一〇) 実敏 (同右) | | | 尾張国 |
| (一一) 真雅 (一三六六下左) | | | 貞観寺 |
| (一二) 実慧 (一三六六上右) | | | 東寺 |
| (一三) 道昌 (一三六七上左) | | ○袾宏『緇門崇行録』に見る劉宋・文帝の肉食禁断の事蹟をも引用、戒殺思想を強調。 | 洛西法輪寺 |

| | | | |
|---|---|---|---|
| （一四）道雄（一三六七下左） | | | 海印寺 |
| （一五）智泉（一三六八上右） | | ○同じく実の叔父に師事したためか、感情移入強烈。 | 空海の甥 |
| （一六）真済（一三六八上左） | | | 高雄山神護寺 |
| （一七）真然（一三六八下左） | | ○智泉伝の賛に同様。 | 高野山<br>空海の甥 |
| （一八）祈親（一三六九上右） | | ○『釈門孝伝』でも取り上げている。 | 同右 |
| （一九）慧萼（一三六九上左） | | ○いわゆる「不肯去観音」伝説の主人公。日本人読者向けか、努めて礼讃し、「日本へ持ち去ろうとした」などとは書かず。 | 中国浙江省普陀山<br>隠元青年期発心の霊場 |
| （二〇）真如（一三六九下左） | | ○ | 東大寺<br>すなわち高岳親王 |

| | | | |
|---|---|---|---|
| （二一一）真紹（一三七〇上左） | 観喜 | | 洛東禅林寺　附見の観喜は、好んで廃寺を中興した人。『本朝』に立伝なし。同書真紹伝中にも言及なし。『元亨』巻十四では、真紹伝に隣接して本伝とされる。両師は事蹟上・師系上の接点なし。 |
| （二一二）豊然（同右） | | | 華厳寺 |
| （二一三）行賀（一三七〇下右） | | | 大和国 |
| （二一四）永忠（一三七〇下左） | | | 梵釈寺 |
| （二一五）光意（一三七一上右） | | | 河内国 |
| （二一六）勝悟（一三七一上左） | | | 阿波国　『本朝』巻五では、「勝虞」とする。 |

| | | | |
|---|---|---|---|
| （二七）安澄（同右） | | | 丹波国 |
| （二八）常騰（一三七一下右） | | | 京都 |
| （二九）品慧（一三七一下左） | | | 京都 |
| （三〇）道證（同右） | 奉実 | ○ | 阿波国<br>附見の奉実は、『元亨』・『本朝』ともに本伝とす。両師は事蹟上・師系上の接点なし。 |
| （三一）護命（一三七二上左） | | | 元興寺 |
| （三二）教待（一三七二下右） | | ○ | 園城寺 |

本伝三十二師　附見二師

## 巻四（一三七四下右）

| | | | |
|---|---|---|---|
| （一）智證大師（一三七四下右） | | ○智泉・真然両師伝（巻三）の賛に同じく感情移入過多の嫌いあり。 | 延暦寺<br>すなわち円珍。寺門派（園城寺）の祖ゆえ、所住の寺を延暦寺とするには難あり。空海の甥 |
| （二）法勢（一三七五下右） | | | 延暦寺 |
| （三）延祥（一三七五下左） | | | 近江国 |
| （四）常曉（一三七六上右） | | | 洛東法琳寺 |
| （五）宗睿（一三七六上左） | | | 洛東禅林寺 |
| （六）円行（一三七六下左） | 慧運 | | 霊嵒寺<br>附見の慧運は、『元亨』・『本朝』ともに本伝とす。両師は事蹟上・師系の接点なし。 |

| | | | |
|---|---|---|---|
| （七）遍昭（一三七七上右） | | | 元慶寺 |
| （八）源仁（一三七七上左） | ○ | | |
| （九）相応（一三七七下右） | | ○　帝の病に際し、修法して効験あり。僧侶が世外にあって忠義を忘れたと見なしがちの世人に対し、「釈氏、君を無《な》み」しない明証とする。 | 無動寺 |
| （一〇）安慧（一三七八上左） | | | 延暦寺 |
| （一一）安然（一三七八下右） | | | 元慶寺 |
| （一二）玄昭（一三七八下左） | | | 延暦寺 |
| （一三）守印（一三七九上右） | | | 和泉国 |

| | | | |
|---|---|---|---|
| （一四）隆海（一三七九上左） | | ○荼毘後、印を結んだ手のみ焼け残ったことを礼讃。 | 摂津国 |
| （一五）恒寂（一三七九下右） | | ○伝主・恒寂が皇子であったので、龍湖普聞（唐・僖宗の皇子）と並べ称す。 | 大覚寺 |
| （一六）壹演（一三八〇上右） | | | 相応寺 |
| （一七）転乗（一三八〇上左） | | | 金峯山寺 |
| （一八）増利（一三八〇下左） | | ○「禅僧の自分は、教宗には暗く、『諸公』の事蹟については未だ考証し得ず」とする。したがって、この賛は増利のみならず、壹演・転乗をも合賛するか。 | 興福寺 |
| （一九）明詮（一三八一上右） | | ○ | 元興寺 |

| | | | |
|---|---|---|---|
| （二〇）聖宝（一三八一上左） | | | 醍醐寺 |
| （二一）行教（一三八一下右） | | ○ | 大安寺 |
| （二二）益信（一三八二上右） | | | 円成寺 |
| （二三）行巡（一三八二上左） | | ○ | 弥勒寺 |
| （二四）増命（一三八二下右） | | | 延暦寺 |
| （二五）尊意（一三八三上右） | | | 同右 |
| （二六）慶祚（一三八三上左） | | | 園城寺 |
| （二七）陽勝（一三八三下左） | | （○　次項の法空と合賛） | 能登国<br>『洗雲集』巻二十二に、次項の法空伝ともども再録。ただし賛は除かれている。 |

| | | | |
|---|---|---|---|
| （二八）法空（一三八四上左） | | ○ | 下野国 |
| （二九）浄蔵（一三八四下右） | | | 雲居寺 |
| （三〇）堅慧（一三八五上右） | | ○ | 東大寺 |
| （三一）杲隣（一三八五上左） | | | 修禅寺 |
| （三二）泰範（一三八五下右） | | | 元興寺<br>最澄のもとを去って空海に走る。『本朝』巻五では、その後、最澄のもとに復帰し、空海門下での名「泰範」を改めて旧名「光定」に復したとするが、この説は、現在では否定されている（佐和隆研教授監修『密教辞典』）。先行する『元亨』では、泰範伝を立てず、その巻三・光定伝では、空海入門説ほか、泰範と関連 |

| | | | |
|---|---|---|---|
| | | | づける叙述をなさず。 |
| （三三）円明（一三八五下左） | 忠延 | | 京都護国寺<br>本伝の円明、附見の忠延ともに、『元亨』では立伝を見ず。『本朝』では二師ともに本伝とす。なお、二師はともに空海の弟子である。 |
| （三四）真体（同右） | 真境・真際 | | 本伝の真体、附見の真境・真際ともに、『元亨』では立伝を見ず。『本朝』巻六では、『東国』に同じく、真体を本伝に立て、真境・真際の順で、これも附見に立てている。 |

本伝三十四師　附見四師

## 巻五（一三八八上右）

| | | | |
|---|---|---|---|
| （一）慈慧大師（一三八八上右） | | ○ | 延暦寺<br>すなわち良源 |

| | | | |
|---|---|---|---|
| (二) 道賢 (一三八八下右) | | | 金峯山寺<br>すなわち日蔵 |
| (三) 峰延 (一三八九下右) | | | 鞍馬寺 |
| (四) 蔵縁 (一三八九下左) | | | 白山 |
| (五) 成意 (同右) | 安願菩薩 | | 延暦寺<br>附見の安願は興福寺の僧。『元亨』巻六では、並べて本伝とするが、事蹟上・師系上の接点なし。『本朝』では立伝せず。 |
| (六) 理満 (一三九〇上左) | | (○ 次項参照) | 金峯山 |
| (七) 睿桓 (一三九〇下右) | | ○<br>前項の理満と合賛。 | 比叡山 |
| (八) 空盋 (一三九〇下左) | | | 山崎 |

| | | | |
|---|---|---|---|
| （九）延僘（一三九一上右） | | | 醍醐寺 |
| （一〇）貞崇（一三九一上左） | 寛忠 | | 『元亨』では相並んで本伝、『本朝』では、巻を異にして本伝。貞崇は醍醐寺の僧であり、寛忠は仁和寺の僧であって、師系上も接点はないから、『本朝』の立伝法を是とすべきであろう。 |
| （一一）観賢（一三九一下右） | | | 醍醐寺 |
| （一二）実因（一三九一下左） | | | 延暦寺 |
| （一三）薬智（一三九二上右） | | | 同右 |
| （一四）禅喜（一三九二上左） | | ○ 亡母彫像を礼拝した孝行を、「二十四孝」中の一人・丁蘭（漢人）に並ぶ、と絶賛。 | 同右 |

| | | | |
|---|---|---|---|
| （一五）光空（一三九二下左） | | | 金勝寺 |
| （一六）慈念帝師（一三九三上右） | | ○ | 延暦寺<br>すなわち延昌。なお「帝師」とは西夏に始まり、元代以来中国仏教界に定着した尊称である。 |
| （一七）泰舜（一三九三上左） | 明達 | ○<br>二師が勅を奉じて朝敵（純友・将門）を調伏したことは、仏者にあるまじき呪殺などではなく、天下に大益をもたらす菩薩行と力説。 | 京都<br>『元亨』巻十では並べて本伝とする。ただ、二師の事蹟上・師系上の接点はないものの如し。『本朝』では、同巻中に個別に立伝。 |
| （一八）平忍（一三九三下右） | | | 延暦寺 |
| （一九）蓮防（一三九三下左） | | | 江文山<br>『本朝』は「蓮坊」に作る |
| （二〇）寂源（一三九四上右） | | | 勝林院 |

| | | | |
|---|---|---|---|
| （二一一）空也（同右） | | ○ | 京都六波羅蜜寺　高泉の関連作品に「六波羅蜜寺空也上人勝公行業碑銘」（浄土宗西光寺内）および「西光寺鐘銘」あり。ともに天和三年（一六八三）作。『洗雲集』巻十五・十六。 |
| （二一二）壹和（一三九四下左） | | ○　青年時、乩仙の言を好んだ高泉らしく、伝主・壹和が熱田神宮滞在中に巫女を介して神託を受けた状況を詳述 | 興福寺 |
| （二一三）脩入（一三九五上左） | | | 延暦寺 |
| （二一四）円賀（一三九五下右） | 生座主 | | 附見の生座主とは、『元亨』の脩入伝に拠れば「陽生」。藤原道家の面前で、道家に請われ、脩入とともに修法。その結果、それぞれの三鈷を自然と動かし、ぶつかり合わせ |

| | | | |
|---|---|---|---|
| | | | るという霊験を示した。『元亨』では、別に陽生伝を立てず。『本朝』ではともに本伝に立て、この事蹟は円賀伝でのみ叙述。 |
| （二一五）増賀（一三九六上右） | | | 多武峰 |
| （二一六）覚運（一三九六下右） | | | 延暦寺 |
| （二一七）覚超（一三九六下左） | | | 同右 |
| （二一八）院源（一三九七上右） | | | 同右 |
| （二一九）尋禅（一三九七上左） | | | 同右 |

本伝二十九師　附見四師

巻六（一三九八下右）

| | | | |
|---|---|---|---|
| （一）　源信（一三九八下右） | | ○ | 延暦寺 |
| （二）　慧増（一三九九上左） | | | 醍醐寺 |
| （三）　妙達（一三九九下右） | | | 龍華寺 |
| （四）　道命（一三九九下左） | | ○<br>寺院経済に意を用いた高泉らしい評語。伝主の道命は、寺の公物を横領していたが、日々の持経の功徳で西方浄土往生が許された。 | 法輪寺<br>寛文十年（一六七〇）著『山道清話』巻中の「常住物」の項、および元禄七年（一六九四）作の「大舟寺僧燈外感夢記」で、公物愛用を訓示。後者は『遺稿』巻五所収。 |
| （五）　源尊（一四〇〇上左） | | | |
| （六）　阿清（一四〇〇下右） | | （○　次項参照） | 備中国 |

| | | | |
|---|---|---|---|
| （七）蔵満（一四〇〇下左） | | ○前項の阿清と合賛。自身も平素信奉していた地蔵菩薩にかかわり深い霊験譚。地獄の実在を人々に知らしむべく蘇生。 | 東大寺 |
| （八）海蓮（一四〇一上左） | | ○ | 越中国 |
| （九）仲算（一四〇一下右） | | ○ | 興福寺 |
| （一〇）法蔵（一四〇二上右） | | ○ | 東大寺 |
| （一一）千観（一四〇二下右） | | | 金龍寺 |
| （一二）真義（一四〇二下左） | | | 興福寺 |
| （一三）明祐（同右） | | ○死の直前まで非時食戒を守ったことを礼讃 | 東大寺 |

| | | | |
|---|---|---|---|
| （一四）長明（一四〇三上右） | 文豪 | ○焼身供養を礼讃。附見の文豪についても、『元亨』が採った以上、信仰の末の挙と見なす。 | 信濃国戸隠山<br>『元亨』・『本朝』ともに文豪をも本伝に立てる。『元亨』では、二師の本伝をこの順に並列。 |
| （一五）延救（一四〇三下右） | 仙命・信敬 | | 慈光寺<br>『元亨』巻十二では、三師の本伝をこの順に並列。『本朝』は仙命の伝のみ立てず。 |
| （一六）済源（一四〇三下左） | | ○伝主・済源は、今わの際まで、自己が住職の職権を「濫用」し、寺の公物（米）を僅少ながら私用に用いたことを悔やんだとされる。高泉はその良心を礼讃するが、住職の経済と寺の経済（常住）とを厳格に区分していた黄檗山の僧らしい賛辞だと言えよう。 | 薬師寺<br>平久保氏『隠元』一五〇頁では、高泉をして済源を絶賛せしめる背景となった、江戸期黄檗山の経済制度について、詳述されている。 |

| | | | |
|---|---|---|---|
| （一七）陽生（一四〇四上右） | | ○ | 延暦寺<br>巻五―（二四）附見の生座主と同一人物 |
| （一八）寛空（一四〇四上左） | | | 河内国 |
| （一九）範俊（一四〇四下右） | 信覚 | | 東寺<br>『元亨』では二師の伝を並列。信覚は出自不明の人物で、範俊の修法を「妨害」したとされる。『本朝』では信覚伝を立てず（巻六十一に同名異人の伝あり）、「妨害」したのは同門の義範とする。 |
| （二〇）勝覚（一四〇四下左） | | | 醍醐寺 |
| （二一）教円（一四〇五上左） | | | 伊勢国 |
| （二二）義照（同右） | | | 南都<br>『元亨』には立伝あり。『本朝』では「義照」に作る。 |

| | | | |
|---|---|---|---|
| （二一三）餘慶（一四〇五下右） | | | 延暦寺 |
| （二一四）睿実（一四〇五下左） | | ○　伝主・睿実のような大悟した「至人」が養蚕・狩猟などの殺生をするのは問題ないが、凡夫が模倣することとまかりならず、と力説。『続扶桑禅林僧宝伝』一休伝の賛と同軌。 | 愛宕山 |
| （二一五）定照（一四〇六下右） | | | 一乗院 |
| （二一六）性空（一四〇六下左） | | ○ | 書写山 |
| （二一七）奝然（一四〇七下右） | | | 東大寺 |
| （二一八）寂照（一四〇七下左） | | | 宋呉門寺 |
| （二一九）善慧大師（一四〇八上右） | | | 宋伝法院　すなわち成尋 |

| | | | |
|---|---|---|---|
| （三〇）寛朝（一四〇八下左） | | | 遍照寺 |
| （三一）雨僧正（同右） | | | 山城国小野<br>すなわち仁海 |
| （三二）徳一（一四〇九上右） | | ○ | 筑波山 |
| （三三）勝算（一四〇九上左） | | ○ | 修学院 |
| （三四）行円（一四〇九下左） | | | 園城寺 |

本伝三十四師　附見四師

## 巻七（一四一一下右）

| | | | |
|---|---|---|---|
| （一）勧脩（一四一一下右） | | ○ | 園城寺 |
| （二）成典（一四一二上右） | | ○ | 仁和寺 |

| | | | |
|---|---|---|---|
| （三）延殷（一四一二上左） | | | 醍醐寺 |
| （四）真興（一四一二下右） | 慶円 | | 子島寺<br>『元亨』では二師の伝を並列したうえ、合賛している。ただ、事蹟上および師系上の接点はない。『本朝』ではそれぞれ別々に立伝（慶円は四人おり、巻四十九の慶円が該当）。 |
| （五）性信（一四一二下左） | | ○ | 仁和寺 |
| （六）蓮入（一四一三上左） | | ○ | 伯耆大山寺 |
| （七）道寂（一四一三下右） | | | 元興寺 |
| （八）行円（一四一三下左） | | | 京都行願寺<br>いわゆる「革聖」。なお巻六—（三四）とは同名異人。 |

| | | | |
|---|---|---|---|
| (九)　良忍　(一四一四上右) | | | 洛北大原山　融通念仏の祖。高泉とはゆかり深い宗派なるも、宗祖たる良忍に対しては賛なし。 |
| (一〇)寂禅(一四一四上左) | | ○ | 石塔寺 |
| (一一)行空(一四一四下右) | | | |
| (一二)蓮長(一四一四下左) | | | |
| (一三)以円(一四一五上右) | 教真 | ○ | 比叡山楞厳院　『元亨』では二師の伝を並列している。『本朝』巻七十では、別々に立伝。 |
| (一四)寛印(一四一五上左) | | | 延暦寺 |
| (一五)皇慶(一四一五下右) | | | 延暦寺 |

| | | | |
|---|---|---|---|
| （一六）明尊（一四一六上右） | | | 園城寺 |
| （一七）明算（一四一六上左） | | | 金剛峯寺 |
| （一八）慶耀（一四一六下右） | | | 園城寺 『本朝』には、この人の伝なし。 |
| （一九）安海（一四一六下左） | | | 延暦寺 |
| （二〇）主恩（一四一七上右） | | | 興福寺 |
| （二一）桓舜（一四一七上左） | | ○ | 法性寺 |
| （二二）永観（一四一七下左） | | | 洛東禅林寺 |
| （二三）長円（一四一八上右） | | | 葛城山 |
| （二四）心誉（一四一八上左） | 覚助 | | 『元亨』は二師の伝を並列。『本朝』は別々に立伝。 |

本伝三十師（『全』Ⅲ・一四一〇下右に「正伝二十九人」とするは誤刻）　附見四師

| | | | |
|---|---|---|---|
| （二五）平願（一四一八下右） | | ○ | 播磨国 |
| （二六）真遠（一四一八下左） | | | 比叡山西塔院 |
| （二七）源心（一四一九上右） | | （○） | 延暦寺 |
| （二八）満慶（一四一九上左） | | （○） | 大和国金剛山 |
| （二九）源泉（一四一九下左） | 見仏 | ○（二七）源心以下四師を合賛 | 播磨国　『元亨』では、二師の伝を並列。ただ、事蹟上・師系の接点なし。『本朝』では、別々に立伝。いずれも、生きながら閻魔王や護法神に会見したとされる。 |
| （三〇）浄音（一四二〇上左） | | | 西谷光明寺 |

## 巻八（一四二二下右）

| | | | |
|---|---|---|---|
| （一）覚鑁（一四二二下右） | | ○ 運敞著『結網集』巻上の覚鑁年譜に拠った形跡歴然。 | 高野山伝法院のち根来寺 |
| （二）永縁（一四二二下右） | | ○ | 興福寺 |
| （三）行仙（一四二三上右） | 真頼 | | 上野国 『元亨』には真頼伝を立てず。『本朝』では、別々に立伝。 |
| （四）大円（一四二三上左） | | ○ | 洛東観勝寺 |
| （五）宗範（一四二四上右） | | | 園城寺 |
| （六）教尋（一四二四上左） | | ○ | 宝生院 |
| （七）暹覚（一四二四下左） | | ○ | 和泉国安部山 |
| （八）琳賀（一四二五上右） | | ○ | 高野山 『本朝』では「琳賢」とする。 |

| | | | |
|---|---|---|---|
| （九）戒深（一四二五上左） | | | 賢深寺 |
| （一〇）円久（同右） | | | 愛宕山 |
| （一一）延義（一四二五下右） | | | 南都 |
| （一二）慶円（一四二五下左） | | ○ | 吉野山龍門寺 |
| （一三）真誉（一四二六下右） | | | 金剛峯寺 |
| （一四）源空（一四二六下左） | | ○ | 大谷寺（知恩院）すなわち浄土宗祖・法然 |
| （一五）源算（一四二七下右） | | | 洛西良峰寺 |
| （一六）覚勝（一四二八上右） | | | 弥陀院 |
| （一七）仏蓮（同右） | | | 越後国国上山 |

| | | | |
|---|---|---|---|
| （一八）維範（一四二八上左） | | | 高野山 |
| （一九）経源（一四二八下右） | | | 興福寺 |
| （二〇）慶日（同右） | | | 比叡山 |
| （二一）睿好（一四二八下左） | 勝行 | | 比叡山<br>二師は同門で、いわゆる「補陀落渡海」を目指し、海上に消息を絶つ。『元亨』では、睿好伝中に勝行の事績をも述べ、別に本伝・附見を立てず。『本朝』もまた同様。 |
| （二二）仁鏡（一四二九上右） | | ○ | 東大寺、のち愛宕山 |
| （二三）良算（一四二九上左） | | | 金峯山 |
| （二四）玄常（一四二九下右） | | | 播磨国雪彦山 |

| | | | |
|---|---|---|---|
| （二二五）清海（一四二九下左） | 重怡 | | 興福寺<br>附見の重怡は、鞍馬山の人。『元亨』では二師並列で立伝、『本朝』には清海伝なし。 |
| （二二六）行尊（一四三〇上右） | | ○ | 園城寺 |
| （二二七）公伊（一四三〇下左） | | ○<br>酔っても法力を発揮した伝主・公伊をひとまずは評価するが、凡僧は学ぶべからず、と力説。「不許葷酒入山門」の標柱をわが国にもたらした宗派の僧ならではの評語。 | 園城寺 |
| （二二八）信慧（一四三一上右） | | | 高野山大伝法院<br>すなわち覚鑁実弟。『元亨』に立伝なし。 |
| （二二九）兼海（一四三一上左） | | | 高野山密厳院<br>すなわち覚鑁門人。『元亨』に立伝なし。 |

| | | | |
|---|---|---|---|
| （三〇）融源（一四三一下右） | | ○融源を阿弥陀仏の化身とする説話を取り上げ、「東方素《もと》より産仏の国と称す。此れを用《も》つて見つべし」と結ぶ。 | 高野山<br>すなわち覚鑁の甥。『元亨』に立伝なし。 |

本伝三十師　附見三師

## 巻九（一四三三下右）

| | | | |
|---|---|---|---|
| （一）覚法（一四三三下右） | | | 仁和寺法親王<br>『本朝』に立伝なし。 |
| （二）尋静（一四三三下左） | | | 比叡山首楞厳院 |
| （三）基燈（同右） | | ○ | 周防国大島郡 |
| （四）證空（一四三四上右） | | ○真宗院の瑞山・性憲師弟には特に触れていないが、あるいは撰述の要請があったか。 | 洛西三鈷寺<br>法然高弟、西山派浄土宗派祖。『元亨』に立伝なし。 |

| | | | |
|---|---|---|---|
| （五）辨長（一四三四下右） | | | 法然高弟、浄土宗鎮西派祖。『元亨』に立伝なし。 |
| （六）円能（一四三五上左） | | | 信貴山 |
| （七）道乗（一四三五下左） | | ○ | 法性寺 |
| （八）円善（一四三六上左） | | | 比叡山東塔 |
| （九）兼算（一四三六下右） | 春素 | | 梵釈寺　ともに『元亨』に立伝なし。『本朝』では春素を本伝に、兼算を附見に立てる。 |
| （一〇）文覚（一四三六下左） | | | 神護寺 |
| （一一）延朗（一四三七上左） | | | 洛西最福寺 |
| （一二）重源（一四三八上右） | | 篇末の数句に高泉の東大寺参詣時（大仏殿再建以前）の感慨を記しており、事実上の | 東大寺 |

| | | | |
|---|---|---|---|
| | | 賛をなす。 | |
| （一三）明遍（一四三八上左） | | | 高野山 |
| （一四）広道（一四三八下右） | 明請 | | 山城国大日寺<br>ともに念仏往生を遂げる。『本朝』では別々に立伝。『元亨』に立伝なし。 |
| （一五）貞慶（一四三八下左） | | ○ | 笠置山 |
| （一六）平珍（一四三九上左） | 増祐 | | 法広寺<br>ともに念仏往生を遂げる。『本朝』では別々に立伝。『元亨』に立伝なし。 |
| （一七）高辯（一四三九下右） | | ○ | 洛西高山寺<br>すなわち明恵。 |
| （一八）真覚（一四四〇下左） | | | 延暦寺<br>念仏往生を遂げる。『元亨』に立伝なし。『本朝』では別々に立伝。 |

| | | | |
|---|---|---|---|
| （一九）恩融（一四四一上右） | 静安 | | 『元亨』では並列して立伝。『本朝』では別々に立伝。 |
| （二〇）良忠（一四四一上左） | | | 鎌倉光明寺 浄土宗鎮西派三祖。『元亨』では立伝せず。 |
| （二一）義空（一四四一下左） | | ○ 運敞を大報恩寺に訪ねた際、遺墨を見たことを記す。 | 京都大報恩寺 『元亨』では立伝せず。 |
| （二二）実範（一四四二下右） | | | 中川寺。律僧 |
| （二三）春朝（一四四三上右） | 永助 | ○ | 京都 『元亨』では並んで立伝。『本朝』では、春朝は那智山の応照伝に附見され、永助は本伝。 |
| （二四）睿効（一四四三下左） | | ○ 投身往生をさえ企図した睿効の篤い浄土信仰をひとまず礼讃するが、凡夫は必ずしもその跡を学ぶ必要なしと力説。 | 園城寺 |

| | | | |
|---|---|---|---|
| （二五）常観（一四四四上右） | 性蓮 | | 大和国三輪<br>『元亨』・『本朝』はともに並べて立伝。二師は自己が「死穢」を帯びているがゆえに神社参詣を躊躇したが、祭神はその徳を嘉し、かえって会見を望んだとされる。 |
| （二六）斉遠（一四四四下右） | | （○　次項参照） | 周防国玖珂郡 |
| （二七）広恩（同右） | | ○<br>前項の斉遠と合賛。ともに法華経の持経者。 | 吉野山 |
| （二八）蓮蔵（一四四五上右） | 法厳 | ○<br>経典自体の霊験には何の優劣もなく、ひとえにそれぞれの経典の持経者の至誠の強弱によると強調。 | 大安寺<br>法華持経者と華厳持経者との間の法力くらべの説話。『元亨』では、別に法厳伝を立てず。『本朝』も同様。ただ、後者では、法華持経者と金剛（般若経）持経者との間の類話を掲げる。 |

| | | | |
|---|---|---|---|
| （二九）覚海（一四四五上左） | | | 高野山華王院『元亨』に立伝なし。 |
| （三〇）法性（一四四五下右） | | | 高野山宝性院『元亨』に立伝なし。 |
| （三一）道範（一四四六上右） | | | 高野山正智院『元亨』に立伝なし。 |
| （三二）信日（一四四六下右） | | | 高野山大楽院　？～一三〇七。『元亨』に立伝なし。『元亨』の著者・虎関（一二七八～一三四六）とは同時代人。 |
| （三三）宥快（一四四六下左） | | | 高野山宝性院　虎関歿後に活躍、よって『元亨』には伝なし。 |
| （三四）長覚（一四四七下右） | | | 高野山無量寿院　宥快と並ぶ室町中期の高野山の学僧。よって、前項と同じ理由で『元亨』には伝なし。 |

本伝三十四師　附見七師

| | | | |
|---|---|---|---|
| (一) 大興正法国師 (一四四九上右) | | ○ 泉涌寺諸師との親交に言及 | 泉涌寺開山 すなわち俊芿 |
| (二) 薬連 (一四五一上左) | 玄海・尋祐 | | 信州 三師ともに念仏往生の人。『元亨』には等しく立伝を見ず。『本朝』では、巻七十・真覚伝の附見として薬連伝を収め、同巻・経源伝のそれとして尋祐伝を収める。残る玄海伝は、巻六十八に立伝。 |
| (三) 曇照 (一四五一下左) | | ○ 戒・定・慧のいわゆる「三学」中、戒学が最重要である旨、力説。 | 戒光寺 『元亨』に立伝なし。『本朝』は、別名の「浄業」にて立伝 |
| (四) 叡尊 (一四五二上左) | | ○ わが国の戒律学史を概観 | 西大寺中興者 |
| (五) 忍性 (一四五三上右) | | | 極楽寺 |

| | | | |
|---|---|---|---|
| (六)　如導<br>(一四五三上左) | | ○<br>禅・教・律の三宗に通じ、かつ孝心が篤かった僧侶の理想像と絶賛。 | 永園寺 |
| (七)　證空<br>(一四五四上左) | | ○ | 園城寺<br>西山派浄土宗の派祖とは同名異人。 |
| (八)　妙尊<br>(一四五四下左) | 珍蓮 | | 石山寺<br>ともに法華持経者。『元亨』では並べて立伝。『本朝』では、別々に立伝。 |
| (九)　雲浄<br>(一四五五上右) | | | 熊野 |
| (一〇)　信誓<br>(一四五五上左) | | ○<br>疫病で両親を一時に喪ったが、平素の法華持経の功徳でともに蘇生。その孝心を絶賛。「世人、二親の堂に在るに他郷に背走して肯へて少しも念はざる者、之有り。未だ聞か | 安房国<br>『元亨』の信誓伝は賛なし。『本朝』の信誓伝は賛あり。ただ、仏教の孝は、「佗《(他)》教」のそれに比して雲壌の差ありと説くのみで、高泉の賛ほどの感情移入を認めず。 |

| | | | |
|---|---|---|---|
| | | ず、既往の親をすら尚ほ生を求めんと欲することを」と、一時に両親を喪った高泉ならではの評語。 | |
| （一一）蓮照（一四五五下右） | | | |
| （一二）応照（一四五五下左） | | | 那智山<br>前項の蓮照とももども、法華持経者にして苦行僧。蓮照は身体を山中の毒虫に施し、応照は焼身供養。 |
| （一三）頼瑜（一四五六上右） | | ○ | 高野山、のちに根来寺中性院<br>教団としての新義真言宗の祖。虎関の同時代人なるも、『元亨』に立伝なし。 |
| （一四）良殿（一四五七上左） | | | 清浄金剛院<br>前項の伝主・頼瑜の高弟。『元亨』に立伝なし。 |

| | | | |
|---|---|---|---|
| （一五）順継（一四五七下右） | | | 迎接院　前項の伝主・頼瑜の高弟。『元亨』に立伝なし。 |
| （一六）證賢（一四五七下左） | | | 京都清浄華院　南北朝期の浄土宗鎮西派を代表する学僧。『元亨』に立伝なし。 |
| （一七）頼豪（一四五八上左） | | | 蓮華院　頼瑜の高弟。『元亨』に立伝なし。 |
| （一八）聖憲（同右） | | ○運敞『結網集』に拠った旨、言明。 | 中性院　頼瑜の高弟。『元亨』に立伝なし。 |
| （一九）持法（一四五九上右） | 持金 | | 『元亨』には立伝なし。『本朝』では、蓮蔵伝に持法・持金の説話を載せる。本表巻九・（二八）参照。 |
| （二〇）法蓮（同右） | 光勝 | | 前項と同様、相異なる経典の持経者同士が霊験を比べ合ったとする説話。ここでは法 |

| | | | |
|---|---|---|---|
| | | | 華経と金光明最勝王経。『元亨』では、別に光勝伝を立てず。『本朝』では、この『東国高僧伝』に同じく、光勝を附見とする。 |
| （二一一）隆堯（一四五九下右） | | | 浄厳院<br>天台から浄土宗鎮西派に転じた念仏者。虎関歿後に活躍、よって『元亨』には伝なし。 |
| （二一二）了誉（一四五九下左） | | | 伝通院（江戸）開山<br>すなわち聖冏。前項と同じ理由で『元亨』に伝なし。 |
| （二一三）顕意（一四六〇上左） | | | 竹林寺<br>浄土宗の学僧。前項と同じ理由で『元亨』に伝なし。 |
| （二一四）明忍（一四六〇下右） | | 戒山慧堅は、その『律苑僧宝伝』で、明忍の碑銘を高泉が撰述したとするが、高泉本人は何ら言及せず、そもそも賛を立てない。本当に撰述し | 槇尾山<br>江戸初期の真言律僧。前項と同じ理由で『元亨』に伝なし。 |

| | | | |
|---|---|---|---|
| | | たとすれば、本書が刊行された貞享五年（一六八八）以降のことか。 | |
| （二一五）円空（一四六一下右） | 如円 | | 深草信州院開山 すなわち立信。虎関と同時代人なるも『元亨』に伝なし。『本朝』では「隆信」に作る。また、『東国高僧伝』と同様、如円（字：真空）を附見に立てるが、その法名を「如蘭」とする。 |
| （二一六）酉誉（一四六二上左） | | ○ 寛文四年（一六六四）、江戸に上り、増上寺に参詣した際の印象に言及。 | 増上寺開山 すなわち聖聡。 |
| （二一七）慈眼大師（一四六二下右） | | ○ 貞享四年（一六八七）当時の寛永寺当局者（輪王寺宮天真法親王の側近か）からの依頼で急遽撰述。 | 寛永寺開山 すなわち天海。 |

なにぶん筆者としては初めての試みであり、形式と内容の両面において不十分な点は少なくあるまい。とりわけ、形式（美観）の面で是正すべき点が多々あるやに思われる。ここに謹んで読者各位からの御意見を仰ぐ次第である。

なお、成立年代から言えば、『扶桑禅林僧宝伝』と『東国高僧伝』との原本をなす『扶桑僧宝伝』がまず成り、次いで『東渡諸祖伝』、『続扶桑禅林僧宝伝』と続いている。刊行年代からすれば、『扶桑禅林僧宝伝』と『東渡諸祖伝』とがほぼ同時（延宝四年〔一六七六〕）にまず世に問われ、次いで『続禅林僧宝伝』、最後に初稿への増補を済ませた『東国高僧伝』が出ている。ただ、本表では、日本人禅宗僧伝（正・続『禅林僧宝伝』）、渡来した中国禅僧伝、そして日本人の非禅宗（教宗）僧伝の順に配列した。ひとえに閲覧上の分かりやすさを考えての挙である。

# 主要参考・引用書目

## 緒言

本稿において用いた古典文献としては、第一に平成二十六年三月、ついに刊行を見た『高泉全集』（全四巻、黄檗山萬福寺文華殿刊）が挙げられる。ついで、故・平久保章氏の校訂に係る隠元・木庵・即非の黄檗三祖それぞれの『全集』が挙げられる(1)。

これら四『全集』以外では、（一）宋代までの中国仏教、殊に、禅宗文献を多数収録する『大正新脩大蔵経』、（二）元代以降清代中期（乾隆朝）までの禅宗文献を収録する『卍続蔵経』(2)、（三）費隠通容ら明清交替期に活躍した禅僧の語録を収録する『明版嘉興大蔵経』(3)、（四）荒木見悟・岡田武彦両博士の編纂に係り、明清両代の儒仏思想文献（例：袾宏・智旭ら明末高僧の主著）を収録する『和刻影印　近世漢籍叢刊　思想四編』、（五）日本仏教、殊に、江戸期の学僧らの各種研究成果（例：卍元師蛮の『本朝高僧伝』）を収録する『大日本仏教全書』――以上五種の仏教叢書を、本稿では主として多次引用・参照した。

この文献目録では、これら一連の古典文献を除き、近代におけるわが国および中国における先学の研究成果（古典文献の校訂本および解題付き覆刻本をも含む）を日文文献と中文文献とに分かち、著者別に五十音順にて列挙したい。著者各氏への敬称は、省略させていただいた。また、※の下にその文献の特色について簡単に註記した。そして、一部辞典・全集については、執筆もしくは編集者が多数に上るため、単に出版者名を挙げるにとどめた。さらに、今般出版に際してのゲラ校正時に本文や註で新たに取り上げた文献は、一律割愛させていただき、他日、本書の人名・書名索引を作成する際、改めて組み入れる心づもりである。

平成二十八年二月

著者謹識

註

(1)『新纂校訂　隠元全集』、開明書院刊、昭和五十四年（一九七八）。『新纂校訂　木菴全集』、思文閣刊、平成四年（一九九二）。『新纂校訂　即非全集』、思文閣刊、平成五年（一九九三）。

(2) 本稿では台湾・新文豊出版の覆刻本を用いた。その原本は、明治末期刊行の『大日本続蔵経』である。この『大日本続蔵経』もまた、近年、国書刊行会から覆刊されているが、台湾版の二段組みに比して、三段組みといささか読みづらき憾みなしとしない。よって本稿では、もっぱら台湾版に拠った。なお、両覆刊版ともに早稲田大学図書館の所蔵するところである（平成二十八年春現在、台湾版は同図書館本館に、国書刊行会版は文学部図書館に架蔵）。およそ宋元両代以降の中国仏教を研究する者にとって『大正蔵』所収の文献ばかりでは到底不十分であり、『大日本続蔵経』なくばいかなる研究も不十分不徹底なものたらざるを得ない。にもかかわらず、『大日本続蔵経』は『大正蔵』ほどには世に行なわれておらず、閲覧上の困難は相当なものであった。けれどもこの十数年来、台湾にあっては最新の電子科学技術の恩恵が人文方面へも齎された。仏典に関していえば、CD-rom（法鼓文理学院をはじめ、台湾各地の仏教系大学の図書館で無料で入手できる）に加え、今やネット上でダウンロードも可能な「CBETA 電子仏典」こそは、まさしく旱天の慈雨であり、数年ごとにバージョンアップされるその内容を見るに、『大日本続蔵経』に関しては、二〇〇四年版以降まず禅の語録と浄土門の典籍が採録され、最新版（二〇一四年版）にあっては既に『続蔵経』全巻の収録を見たばかりか『石門文学禅』を含む『嘉興蔵』も全巻収録を見ている。この点、同「電子仏典」が『大正蔵』のうち日本撰述の文献を今に至るも採っていないのに比して、一層の利便性を覚える。

ここに謹んで緑の表紙に金の背文字がまばゆい新文豊版の影印本から本稿執筆に際し蒙った数々の裨益をなつかしみ、また、黒い表紙に金の背文字と真紅の卍とがいかにも印象的な国書刊行会版影印本にいずれも電子版に無き紙本ならではの味わい深さがあることを認めつつも、日本の読者各位が海を越えて「電子仏典」を活用されるよう衷心よりお勧めし、左に電子仏典の発行元たる「CBETA 中華電子仏典協会」(台湾台北市)の url を掲げよう。

http://www.cbeta.org

(3) 台湾・新文豊出版による覆刻本を用いた。

## 日文文献


―あ―

赤松俊秀　『大日本仏教全書』第九八巻、鈴木学術財団、昭和四十八年(一九七三)。※『律苑僧宝伝』への解題。

赤松晋明(校訂)『鉄眼禅師仮字法語』、岩波書店、『岩波文庫』所収、昭和十六年(一九四一)。

阿部肇一

A『増訂　中国禅宗史の研究――政治社会史的考察――』、研文出版、昭和六十一年(一九八六)。※初版：誠信書房、昭和三十八年(一九六三)。※居士仏教および徳洪に関する諸論攷を収録。

B『禅宗社会と信仰　続中国禅宗史の研究』、近代文藝社、平成五年(一九九三)。

天納傳中・岩田宗一・播磨照浩・飛鳥寛栗、『仏教音楽辞典』、法藏館、平成七年(一九九五)。

荒木見悟

A『陽明学の開展と仏教』、研文出版、昭和五十九年(一九八四)。

B『雲棲袾宏の研究』、大蔵出版、昭和六十年(一九八五)。

石井修道　C『憂国烈火禅――禅者覚浪道盛のたたかい――』、研文出版、平成十二年（二〇〇〇）。

石田瑞麿『宋代禅宗史の研究』、大東出版社、昭和六十二年（一九八七）。

伊藤宏見『日本仏教史』、岩波書店、『岩波全書』所収、昭和五十九年（一九八四）。

伊藤唯真「対馬海岸寺明忍資料及び墓塔訪問」、『密教文化』第一一三号、昭和五十年（一九七五）。

伊藤隆寿『浄土宗全書』続第一七巻、昭和四十九年（一九七四）。　※各種往生伝への解題。

稲城信子『中国仏教の批判的研究』、大蔵出版、平成四年（一九九二）。

今井貫一『日本における戒律伝播の研究』、元興寺文化財研究所平成十六年（二〇〇四）。

今沢慈海『黄檗之宗源』、慶瑞寺、大正八年（一九一九）。

岩田郁子『了翁禅師小伝』、日本図書館協会、昭和三十九年（一九六四）。

　A「黄檗宗声明の伝承史」、『成城文藝』第一五〇号、平成七年（一九九五）。

　B「黄檗声明の経本の成立と変遷」、『黄檗文華』第一一五号、平成七年（一九九五）。

　C「黄檗宗の梵唄の旋律構造」、『黄檗文華』第一一七号、平成十年（一九九八）。

　D「黄檗宗声明の旋律構造――節経を中心に――」、『美学』第一九二号、平成十年（一九九八）。

　E「禅林課誦と中国日課経本」、『黄檗文華』第一一八号、平成十一年（一九九九）。

上里賢一（訳註）『校訂本　中山詩文集』、九州大学出版会、平成十年（一九九八）。

上島亨（編）『興福寺旧蔵史料の所在調査・目録作成および研究』、京都府立大学文学部、平成十五年（二〇〇三）。

内山純子・渡辺麻里子『曜光山月山寺　了翁寄進鉄眼版一切経目録』、月山寺、平成十三年（二〇〇一）。

梅谷繁樹　「融通念仏宗と時宗――各種側面の比較――」、『法明上人六百五十回御遠忌記念論文集』所収、大念仏寺、平成十年（一九九八）。

大賀一郎　「黄檗四代念仏禅師独湛和尚について」、『浄土学』第一八・一九合輯、昭和十七年（一九四二）。

大桑斉
A『寺檀の思想』、教育社、『教育社歴史新書』所収、昭和五十四年（一九七九）。

B『日本近世の思想と仏教』、法藏館、平成元年（一九八九）。

大桑斉・竹貫元勝・谷端昭夫（共著）、『史料研究　雪窓宗崔――禅と国家とキリシタン――』、同朋舎、昭和五十九年（一九八四）。

大島龍玄、「東アジアにおける持戒の現状」、論集『文明のクロスロード九州――仏教の源流をたずねて――』所収、九州曹洞宗青年会、平成九年（一九九七）。　※同会第七期執行部編。

大槻幹郎
A『日本仏教典籍大事典』黄檗宗関連の諸項目、雄山閣出版、昭和六十一年（一九八六）。

B「慧林性機年譜稿」、『禅学研究』第六六号、昭和六十二年（一九八七）。

C『鉄牛道機禅師年譜』、長松院、平成二年（一九九〇）。

D「草創期黄檗の出版について」、『黄檗文華』第一一六号、平成八年（一九九六）。

E「黄檗語録に見る加賀・越中」（一）～（四）、『黄檗文華』第一一八号～一二〇号、平成十一年（一九九九）～同十四年（二〇〇二）。

F「龍渓性潜年譜稿」、『禅学研究』第七八号、平成十二年（二〇〇〇）。

G「高泉禅師語録の解題――詩文篇――」、『黄檗文華』第一二三号、平成十六年（二〇〇四）。

大槻幹郎・加藤正俊・林雪光（共編著）『黄檗文化人名辞典』、思文閣出版、昭和六十三年（一九八八）。

大野修作『書論と中国文学』、研文出版、平成十三年（二〇〇一）。※徳洪関連の論攷を収録。

岡田武彦『山崎闇斎』、明徳出版、『叢書　日本の思想家』所収、昭和六十年（一九八五）、。

荻須純道、『増補　妙心寺史』、思文閣、昭和五十年（一九七五）。※大正期刊行の川上孤山著『妙心寺史』を覆刻・増補。

奥山直司『評伝　河口慧海』、中央公論新社、平成十五年（二〇〇三）。

越生町史研究会、『越生の歴史　古代・中世史料（古文書・記録）』、越生町役場、平成三年（一九九一）。※研究会代表：林英夫。

尾崎正善

A「卍山道白年譜」、『曹洞宗宗学研究所紀要』第四号、平成三年（一九九一）。

B「『椙樹林清規』について――瑩山清規との比較において――」、『宗学研究』第三四号、平成四年（一九九二）。

C「『椙樹林清規』に関する一考察――瑩山清規との比較において（二）――」、『曹洞宗宗学研究所紀要』第五号、平成四年（一九九二）。

D「『椙樹林清規』の『黄檗清規』受容について――『洞上僧堂清規考訂別録』の批判を通して――」、『曹洞宗研究員研究紀要』第二三号、平成四年（一九九二）。

E「『椙樹林清規』と『黄檗清規』――『黄檗山内清規』の紹介を中心として――」、平成五年（一九九三）。

F「『椙樹林清規』と『黄檗山内清規』――「雲堂常規」との比較――」、『宗学研究』第三六号、平成六年（一九九四）。

小野和子

A「銭粛楽の黄檗山墓葬について」、『黄檗文華』第一一八号、平成十一年（一九九九）。

B「独往性幽『本師隠公大和尚伝賛』について」、『京都橘女子大学研究紀要』第二八号、平成十四年（二〇〇二）。

小川霊道『新纂　禅籍目録』、駒澤大学図書館、昭和三十七年（一九六二）。

尾暮まゆみ、「史料紹介『如幻三昧外集』に見える黄檗宗と伊達綱村」（一）、『黄檗文華』第一二一号、平成十四年（二〇〇二）。

―か―

鏡島元隆

A『道元禅師とその門流』、誠信書房、昭和三十六年（一九六一）。※面山ら曹洞宗内反檗派の思想に関する諸論攷。

B『大日本仏教全書』第九八巻、鈴木学術財団、昭和四十八年（一九七三）。※高僧伝関連の解題諸項目。

鏡島元隆・佐藤達玄・小坂機融『訳注　禅苑清規』、曹洞宗宗務庁、昭和四十七年（一九七二）。

笠懸村教育委員会『笠懸村史』、笠懸村役場、上巻：昭和六十年（一九八五）：下巻：同六十二年（一九八七）。
※主として初山宝林寺関連の諸章節を参照。執筆：阿久津宗二・天利秀雄ら。

片桐海光「深草元政にみる律僧との交流」、『日蓮教学研究所紀要』第三二号、平成十七年（二〇〇五）
鎌田茂雄
　　Ａ「中国仏教儀礼の日本伝播」、論集『日本華僑と文化摩擦』所収、巖南堂、昭和五十八年（一九八三）。
　　　※山本達郎・衛藤瀋吉監修。
　　Ｂ『中国の仏教儀礼』、大蔵出版、昭和六十一年（一九八六）。　※東京大学東洋文化研究所編。

河合日辰（校訂）『草山清規』、笹田文林堂、明治二十九年（一八九六）。　※原著者：慧明日燈。

川勝守（賢亮）「東アジアにおける捨身の歴史」（一）、『大正大学大学院研究論集』第二三号、平成十一年（一九九九）。

　　「同」（二）、『大正大学研究紀要（人間学部・文学部）』第八五号、平成十二年（二〇〇〇）。

川口高風『曹洞宗の袈裟の知識――「福田滞邃」によって――』、昭和五十九年（一九八四）、曹洞宗宗務庁。

河村孝道「血書『正法眼蔵』について」、『永平正法眼蔵蒐書大成』月報第二七号、昭和五十七年（一九八二）。

元興寺文化財研究所『法会（御回在）の調査研究報告書』、昭和五十八年（一九八三）。

神崎寿弘、「融観大通について――元禄期の融通念仏宗――」、『印度学仏教学研究』第五〇巻第二号、平成十四年（二〇〇二）。

木津町役場『木津町史　本文篇』、平成三年（一九九一）。　※主として大智寺関連の諸章を参照。執筆：伊東史朗。

木南卓一（校訂）『慈雲尊者法語集』、三密堂書店、昭和三十六年（一九六一）。

木村武「加賀・能登における「黄檗文化史」の一考察」、『黄檗文華』第一二二号、平成十五年（二〇〇三）。

木村得玄『隠元禅師年譜［現代語訳］』、春秋社、平成十四年（二〇〇二）。

櫛田良洪『大日本仏教全書』第九八巻、鈴木学術財団、昭和四八年（一九七三）。　※運敞『結網集』への解題。

小林啓善　『草山元政教学の研究』、山喜房佛書林、平成十四年（二〇〇二）。
小林義廣　「宋代の割股の風習と士大夫」、『名古屋大学東洋史研究報告』第一九号、平成七年（一九九五）。
駒澤大学（編）『新版　禅学大辞典』、大修館書店、昭和五十五年（一九八〇）。　※初版：同五十三年（一九七八）。
近藤秀實　「明末清初肖像画の諸問題　黄檗画像の祖――曾鯨と張琦――」、『黄檗文華』第一二一号、平成十四年（二〇〇二）。

―さ―

榊原直樹
　A「黄檗清規序と梵行章第五を読み直す」、『黄檗文華』第一二〇号、平成十三年（二〇〇一）。
　B「礼仏発願文（怡山然禅師撰）」、『黄檗文華』第一二一号、平成十四年（二〇〇二）。
桜井景雄　『続南禅寺史』、南禅寺、昭和二十九年（一九五四）。
佐藤秀幸　「元の中峰明本について」、『宗学研究』第二三号、昭和五十六年（一九八一）。
佐藤成順　『宋代仏教の研究――元照の浄土教――』、山喜房佛書林、平成十三年（二〇〇一）。
佐藤錬太郎　「紫柏真可の禅について」、『印度哲学仏教学』第四号、平成元年（一九八九）。
佐和隆研（編）『密教辞典』、法藏館、昭和五十年（一九七五）。
ジェームス・バスキンド　「黄檗に関する欧文の研究文献について」、『黄檗文華』第一二三号、平成十六年（二〇〇四）。
篠原壽雄　『台湾における一貫道の思想と儀礼』、平河出版社、平成五年（一九九三）。
聖厳（僧）『明末中国仏教の研究』、山喜房佛書林、昭和五十三年（一九七八）。

正満英利

A『緑樹』、潮音禅師三百年遠諱大法会実行委員会、平成六年（一九九四）。

B「少林山達磨寺蔵経　一切大蔵経勧化私録」、『応募論文集』第一号、東京黄檗研究所、平成十四年（二〇〇二）。

瑞巌寺

A『瑞巌寺の歴史』、平成九年（一九九七）。

B『瑞巌寺第一〇一世　慈明寺・覚照寺開山　鵬雲東搏禅師展――没後３００年を記念して――』、平成十四年（二〇〇二）。

鈴木哲雄　『唐五代禅宗史』、山喜房佛書林、昭和六十年（一九八五）。

杉本欣久　「[研究ノート]　渡辺崋山が所蔵した肖像画「為霖道霈像」と画家王任治」、『黄檗文華』第一二二号、平成十五年（二〇〇三）。

銭谷武平　『役行者伝記集成』、東方出版、平成六年（一九九四）。

泉涌寺　『泉涌寺史　本文篇』、昭和五十九年（一九八四）。　※天圭照周関連の諸章節を参照。監修：赤松俊秀；執筆：藤井学。

禅文化研究所　『小叢林略清規』、『江湖叢書』所収、平成七年（一九九五）。　※原著者：無著道忠。

宋明哲学研究会（訳註）『珊瑚林　中国文人の禅問答』、ぺりかん社、平成十二年（二〇〇〇）。　※監修：荒木見悟。

杣田善雄　『幕藩権力と寺院・門跡』、思文閣出版、平成十五年（二〇〇三）。

―た―

高井恭子　「黄檗山萬福寺における仏舎利供養について――「法皇忌」との関係から――」、『黄檗文華』第一二一号、平成十四年（二〇〇二）。

高橋竹迷　『隠元・木庵・即非』、国書刊行会、『叢書　禅』所収、昭和五十三年（一九七八）。※初版：丙午出版社、大正五年（一九一六）。

高橋佳典　「玄宗朝における『金剛経』信仰と延命祈願」、『東洋の思想と宗教』第十六号、平成十一年（一九九九）。

竹内道雄　『曹洞宗全書』解題・索引三八三頁、昭和五十三年（一九七八）。※道元碑銘（高泉撰）への解題。

竹貫元勝　『近世黄檗宗末寺帳集成』、雄山閣出版、平成二年（一九九〇）。

竹林貫一　『近世漢学者伝記集成』、名著刊行会、昭和四十四年（一九六九）。※初版：関書院、昭和三年（一九二八）。

舘残翁　『加賀大乗寺史』、北国出版社、昭和四十六年（一九七一）。※下出積與・東隆真監修・山科杏亭校註。

田中智誠　「「黄檗十二景」について」、『黄檗文華』第一一七号、平成十年（一九九八）。

田中正能　『藩史大事典』第一巻「二本松藩」の項、雄山閣出版、昭和六十三年（一九八八）。

谷村純子

　A「天如惟則の『浄土或門』について」、『黄檗文華』第一二一号、平成十四年（二〇〇二）。

　B「『黄檗清規』序文と「檀林清規」（融通念仏宗）序文との比較」、『黄檗文華』第一二二号、平成十五年（二〇〇三）。

　C「黄檗宗が大通上人（融通念仏宗）に与えた影響」、『黄檗文華』第一二三号、平成十六年（二〇〇四）。

玉村竹二　『五山文学新集』第五巻、東京大学出版会、昭和四十六年（一九七一）。※「蘭坡景茝集解題」を参照。

知切光歳　『月感・本尊義騒動――真宗安心の法難史話――』、百華苑、昭和五十二年（一九七七）。
竺沙雅章　『中国仏教社会史研究』（増訂版）、朋友書店、平成十四年（二〇〇二）。※初版：同朋舎、昭和五十七年（一九八二）。
辻善之助　『日本仏教史』近世篇之三、岩波書店、昭和二十九年（一九五四）。
常盤大定　『支那仏教史蹟踏査記』、龍吟社、昭和十三年（一九三八）。
徳田明本
　A『律宗概論』、百華苑、昭和四十四年（一九六九）。
　B『律宗文献目録』、百華苑、昭和四十九年（一九七四）。
戸田孝重　「『融通円門章』・『融通念仏信解章』の思想と問題点」、『印度学仏教学研究』第五二巻第二号、平成十六年（二〇〇四）

――な――

永井政之
　A「東皐心越とその派下の人々――寿昌正統録の成立をめぐって――」、『印度学仏教学研究』第二七巻第一号、昭和五十三年（一九七八）。
　B「祇園寺蔵、新出［覚正規］について」、『曹洞宗研究員研究生研究紀要』第一〇号、昭和五十三年（一九七八）。
　C「祇園寺蔵、新出［覚正規］について（二）」、『曹洞宗研究員研究生研究紀要』第一一号、昭和五十四年（一九七九）。

D「寿昌清規の成立とその周辺」、『宗学研究』第二一号、昭和五十四年（一九七九）。

E「明末に生きた禅者たち——費隠通容による五燈厳統の成立——」、『宗教学論集』第九輯、昭和五十四年（一九七九）。

F「覚浪道盛伝考」、『曹洞宗研究員研究生研究紀要』第一二号、昭和五十五年（一九八〇）。

G「独庵玄光と中国禅——ある日本僧の中国文化理解——」、論集『独庵玄光と江戸思想』所収、ぺりかん社、平成七年（一九九五）。　※鏡島元隆編。

中尾文雄
A（訳註）、『黄檗清規』、黄檗宗務本院、昭和五十九年（一九八四）。
B（著）、服部祖承（編）、『黄檗隠元禅師の禅思想——現代語訳『普照語録』より——』、自敬寺、平成十一年（一九九九）。
C（訳注）『黄檗山の儀礼と規律—『黄檗清規』』、黄檗宗務本院、平成十四年（二〇〇二）

長尾直茂、「即非禅師の世系と林希逸——「老子口義序」と『福清県志続略』——」、『黄檗文華』第一二一号、平成十四年（二〇〇二）。

成河峰雄、「禅宗の清規——元代『勅脩百丈清規』を手掛かりに——」、論集『世界の諸宗教』所収、晃洋書房、平成四年（一九九二）。　※新保哲編。

西尾賢隆
A「黄檗宗関係雑誌論文目録」、『禅学研究』第六一号、昭和五十七年（一九八二）

B「元朝における中峰明本とその道俗」、『禅学研究』第六四号、昭和六十年（一九八五）。

C『中世の日中交流と禅宗』、吉川弘文館、平成十一年（一九九九）。※B以降の中峰関連諸論攷を収録。

日本仏教人名辞典編纂委員会『日本仏教人名辞典』、法藏館、平成四年（一九九二）。

二本松市教育委員会『二本松市史』第九巻、二本松市役所、平成元年（一九八九）。※雲堂関連の諸章節を参照。

執筆：梅宮茂。

忽滑谷快天『禅学思想史』下巻、玄黄社、大正十四年（一九二五）。※元代以降の禅宗史について詳説。

能仁晃道
A『隠元禅師年譜』、禅文化研究所、平成十一年（一九九九）。

B（訳註）、『訓読　近世禅林僧宝伝』、禅文化研究所、平成十四年（二〇〇二）。※原著者：荻野独園（正編）・小畠文鼎（続編）。

野川博之
A「『遊行会下箴規』の基礎的研究」、『時宗教学年報』第二六輯、平成十年（一九九八）。

B「『仏事梵唄讃』に見る黄檗禅の特色」、『早稲田大学大学院文学研究科紀要』第四五集第一分冊、平成十一年（一九九九）。

C「『融通円門章集註』に見える唐音をめぐって」、『黄檗文華』第一一九号、平成十二年（二〇〇〇）。

D「『月菴語録』閲覧の記」、『時衆文化』第二号、平成十二年（二〇〇〇）。

E「「版偈」の成立経緯をめぐって」、『黄檗文華』第一二〇号、平成十三年（二〇〇一）。

F「先代旧事大成経をめぐる黄檗人脈」、『黄檗文華』第一二〇号、平成十三年（二〇〇一）。

G「「京師金光寺幹縁疏」瞥見」、『時衆文化』第五号、平成十四年（二〇〇二）。

H「井原西鶴　黄檗寺院のある風景」、『応募論文集』第一号、東京黄檗研究所、平成十四年（二〇〇二）。

I「台南黄檗寺考――古黄檗末寺の盛衰――」、『黄檗文華』第一二二号、平成十五年（二〇〇三）。

野口善敬
A「天目中峰研究序説――元代虎丘派の一側面――」、『中国哲学論集』第四号、昭和五十三年（一九七八）。

B「費隠通容の臨済禅とその挫折――木陳道忞との対立をめぐって――」、『禅学研究』第六四号、昭和六十年（一九八五）。

C『訳注　清初僧諍記――中国仏教の苦悩と士大夫たち――』、中国書店、平成元年（一九八九）。

D『ナムカラタンノーの世界――『千手経』と「大悲呪」の研究――』、禅文化研究所、平成十一年（一九九九）。


―は―

長谷川匡俊
A（解題）、『近世往生伝集成』第一巻、山川出版社、昭和五十三年（一九七八）。※解題中の独湛関連の諸章節を参照。
B『近世浄土宗の信仰と教化』、渓水社、昭和六十三年（一九八八）。
※独湛関連の諸論攷を収録。

長谷部幽蹊『明清仏教教団史研究』、同朋舎出版、平成五年（一九九三）。

浜田全真　「融通念仏宗と民俗」、『講座・日本の民俗宗教』第二巻所収、弘文堂、昭和五十五年（一九八〇）。

林田芳雄
A『華南社会文化史の研究』、『京都女子大学研究叢刊』所収、平成五年（一九九三）。　※福建仏教史関係の諸論攷を収録。

B「唐宣宗と黄檗禅師の瀑布聯句について」、『黄檗文華』第一一五号、平成七年（一九九五）。

日野西真定（校訂・解題）『高野春秋編年輯録』、名著刊行会、平成二年（一九九〇）。　※原著者：懐英。

平井参『新式　初学作詩法』、大日本漢文学会、大正四年（一九一五）。

平石直昭
A『荻生徂徠年譜考』、ぺりかん社昭和五十九年（一九八四）。

B『徂徠集』、平凡社、昭和六十年（一九八五）。

平岡定海『大日本仏教全書』第九八巻、鈴木学術財団、昭和四十八年（一九七三）。　※高僧伝関連の解題諸項目。

平岡良淳『融通円門章論講』、法藏館、平成六年（一九九四）。

平久保章『隠元』、吉川弘文館、『人物叢書』所収、昭和三十七年（一九六二）。

廣渡正利『英彦山信仰史の研究』、文献出版、平成六年（一九九四）。

福井文雅
A『中国思想研究と現代』、隆文館、平成三年（一九九一）。　※近世中国仏教儀礼関係の諸論攷を収録。

B『般若心経の総合的研究――歴史・社会・資料――』、春秋社、平成十二年（二〇〇〇）。　※右に同じ。

C『漢字文化圏の座標』、五曜書房、平成十四年（二〇〇二）。　※右に同じ。

福田殖（編）『王陽明全集』第九巻、明徳出版社、昭和六十一年（一九八六）。※王陽明の年譜およびその訳註を収録。

藤島建樹「元朝仏教の一様相――中峯明本をめぐる居士たち――」、『大谷学報』第五七号、昭和五十二年（一九七七）。

藤島達郎『大日本仏教全書』第九八巻、鈴木学術財団、昭和四十八年（一九七三）。

藤村隆淳「伝燈広録解題」、『続真言宗全書会報』第二八号、昭和五十九年（一九八四）。※独湛編纂の往生伝への解題。

古田紹欣「道者超元（独庵の師）に就いて」、論集『独庵玄光と江戸思潮』所収、ぺりかん社、平成七年（一九九五）。※鏡島元隆編。

堀池春峰『日本大蔵経』第九七巻、鈴木学術財団、昭和五十二年（一九七七）。※『地蔵菩薩本願経手鑑』解題。

本多祖圭「月舟宗胡の明末清規の受容について――新出資料『雲堂規』の紹介――」、『黄檗文華』第一一九号、平成十二年（二〇〇〇）。


―ま―

牧尾良海『智山全書』解題、昭和四十六年（一九七一）。※運敞関連の諸項目。
牧田諦亮
A『中国近世仏教史の研究』、平楽寺書店、昭和三十二年（一九五七）。※居士仏教関連論攷を収録。
B『中国仏教史研究　第二』、大東出版社、昭和五十九年（一九八四）。※宝誌関連論攷を収録。
松浦友久
A『中国詩歌原論』、大修館書店、昭和六十一年（一九八六）。

B『万葉集という名の双関語――日中詩学ノート――』、大修館書店、平成七年（一九九五）。

松永知海
A「黄檗四代独湛和尚攷――当麻曼荼羅をめぐる浄土宗僧侶との関連において――」、『坪井俊映博士頌寿記念　仏教文化論攷』所収、昭和五十九年（一九八四）。

B「『勧修作福念仏図説』の印施と影響――獅谷忍澂を中心として――」、『佛教大学大学院研究紀要』第一五号、昭和六十二年（一九八七）。

C「『黄檗版大蔵経』の再評価」、『黄檗文華』第一一四号、平成六年（一九九四）。

D「「研究ノート」天真了翁禅師研究の課題」、『黄檗文華』第一二三号、平成十六年（二〇〇四）。

松長有慶『密教の歴史』、平楽寺書店、『サーラ叢書』所収、昭和四十四年（一九六九）。

松本昭『日本のミイラ仏』、六興出版、昭和六十年（一九八五）。

三浦真介「雲渓桃水の生涯とその思想」、『駒澤大学大学院仏教学研究会』第二九号、平成八年（一九九六）。

三神栄昇「智山学匠列伝」、『智山全書』解題、昭和四十六年（一九七一）。

道端良秀
A『仏教と儒教倫理――中国仏教における孝の問題――』、平楽寺書店、『サーラ叢書』所収、昭和四十三年（一九六八）。

B『中国仏教思想史の研究』、平楽寺書店、昭和五十四年（一九七九）。

『密教大辞典』法藏館、昭和四十五年（一九七〇）。※初版：昭和六年（一九三一）。

蓑輪顕量『中世初期南都戒律復興の研究』、法藏館、平成十一年（一九九九）。

三好昭一郎
A「近世阿波における黄檗宗の展開とその特質――鉄崖道空の動向を中心として――」、『黄檗文華』第一二一号、平成十四年(二〇〇二)。

B「鉄崖道空の人脈形成と竹林禅院――阿波黄檗禅展開の基盤として――」、『黄檗文華』第一二二号、平成十五年(二〇〇三)。

C「鉄崖道空による竹林禅院開基前史――阿波黄檗宗展開への道程――」、『黄檗文華』第一二三号、平成十六年(二〇〇四)。

源了圓『鉄眼仮字法語』、講談社、『現代語訳　禅の古典』所収、昭和五十七年(一九八二)。

村磯栄俊(編)『運敞蔵所蔵目録』、真言宗智山派宗務庁、平成三年(一九九一)。

村上弘子「『高野山往生伝』の書誌学的な考察」、『風俗史学』改題第十四号、平成十三年(一九九一)

村瀬正光
A「黄檗教団の一流相承制(度弟院)的傾向について」、『応募論文集』第一号、東京黄檗研究所、平成十四年(二〇〇二)。

B「黄檗宗の末寺形成について――美濃・尾張の黄檗寺院史を中心として――」、『応募論文集』第一号、東京黄檗研究所、平成十四年(二〇〇二)。

村山修一『皇族寺院沿革史――天台宗妙法院門跡の歴史――』、塙書房、平成十二年(二〇〇〇)。

村山正栄『智積院史』、(真言宗智山派)弘法大師遠忌事務局、昭和九年(一九三四)。

―や―

山田孝道『禅宗辞典』（増訂版）、光融館、大正七年（一九一八）。※初版：同四年（一九一五）。

行武善胤「雲嶺作家五十七家列伝」、『真言密教霊雲派関係文献解題』所収、国書刊行会、昭和五十一年（一九七六）。
※三好龍肝編。
横手裕「白玉蟾と南宋江南道教」、『東方学報　京都』第六八冊、平成八年（一九九六）。

吉井良全（訳註）『再興賜紫大通上人行実年譜』、大念仏寺、昭和四十年（一九六五）。※原著者：慧日慈光。

―ら―

廖肇亨「明末清初の詩禅交渉研究序説」、『中国哲学研究』第一七号、平成十四年（二〇〇二）。

林観潮
A「隠元と鄭成功との関係について」、『黄檗文華』第一二二号、平成十五年（二〇〇三）。

B「隠元隆琦と日本皇室――『桃蘂編』を巡って――」、『黄檗文華』第一二三号、平成十六年（二〇〇四）。

―わ―

鷲尾順敬（編）『大日本仏家人名辞書』、東京美術（覆刻）、昭和六十二年（一九八七）。※初版：明治三十六年（一九〇三）；増訂版：同四十四年（一九一一）。右記覆刻本は後者に拠っている。

ワルド・ライアン「明末清初の禅宗とその社会観――覚浪道盛の場合――」、『禅学研究』第七七号、平成十一年（一九九九）。

## 中文文献

—あ—


印謙（僧）「禅宗『念仏者是誰』公案起源考」、『圓光仏学学報』第四期、中壢市：圓光仏学研究所、民国八十八年（一九九九）。

『印光大師全集』 台中蓮社、民国八十四年（一九九五）。

于凌波『民国高僧伝続編』、台北市：昭明出版社、民国八十九年（二〇〇〇）。

慧岳（僧）『天台宗高僧伝』、台北県石碇郷：中華仏教文献編撰社、民国八十八年（一九九九）。

慧厳（尼）『台湾仏教史論文集』、高雄市：春暉出版社、民国九十二年（二〇〇三）。

会性（僧）『読印光大師文鈔記』、台中蓮社、民国七十七年（一九八八）。

王栄国『福建仏教史』、厦門大学出版社、一九九七年。

王仲鏞『升庵詩話箋証』、上海古籍出版社、一九八七年。

『黄檗山志』（影印本）『中国仏寺史志彙刊』第三輯第四冊、台北市：丹青図書出版、民国七十四年（一九八五）。
※背文字は『黄檗山志』、扉は『黄檗山寺誌』、目次は『黄檗山誌』と一定せず。いま、背文字に拠った。
『黄檗山志』（標点本）福建省地図出版社、『福建地方志叢刊』所収、一九八九年。※福建県志編纂委員会・福清県宗教局校訂。

王文才『楊慎学譜』、上海古籍出版社、一九八八年。

大槻幹郎・陳智超・韋祖輝・何齢修『旅日高僧隠元中土来往書信集』、北京市：中華全国図書館文献縮微複製中心、一九九五年。

―か―

闞正宗　『台湾高僧』、台北市：菩提長青出版社、民国八十五年（一九九六）。

仇徳哉　『台湾廟神伝』、雲林県斗六鎮：大通書店、民国六十八年（一九七九）。

『玉暦宝鈔（白話・原文）』　新竹市：仁化出版社、『勧善叢書』所収、民国九十一年（二〇〇二）。　※訳註者名の明記を認めず。

『鼓山志』　『中国仏寺史志彙刊』第一輯第四九冊、台北市：明文書局、民国六十九年（一九八〇）。

卿希泰（編）

　A『中国道教史』（修訂本）第二巻、四川人民出版社、一九九六年。　※第七章の陳摶関連の諸節を参照。執筆：丁仁培。

　B『同』（同）第三巻、四川人民出版社、一九九六年。　※第十章の張三丰関連の諸節を参照。執筆：丁仁培。

見一（尼）　『寒笳三拍――比丘尼重受戒論文集――』、南投県：南林出版社、民国九十一年（二〇〇二）。

見曄（尼）　「明末仏教発展之研究――以晩明四大師為中心――」、国立中正大学（嘉義県）歴史研究所博士論文、民国八十六年（一九九七）。

黄敬家　『賛寧《宋高僧伝》叙事研究』、台北市：台湾学生書局、民国九十七年（二〇〇八）。

黄啓江　『北宋仏教史論稿』、台北市：台湾商務印書館、民国八十六年（一九九七）。

江燦騰

　A『晩明仏教叢林改革与仏学争弁之研究』、台北市：新文豊出版、民国七十九年（一九九〇）。

　B『明清民国仏教思想史論』、中国社会科学出版社、一九九六年。

C『中国近代仏教思想的諍弁与発展』、台北市：南天書局、民国八十七年（一九九八）。

『高僧伝合集』 上海古籍出版社、一九九一年。 ※明清両代の高僧伝たる『新続高僧伝四集』を影印・収録。原著者：喩謙。


―さ―

煮雲（僧）『南海普陀山伝奇異聞録』、民国四十二年（一九五三）序。 ※刊年・刊行者未詳。

『慈光法師全集』 台北県汐止鎮：慈光大師永久紀念会、民国七十年（一九八一）。

周裕鍇「文字禅与宋代詩学」、『法蔵文庫　中国仏教学術論典』第五六冊所収、高雄県大樹郷：仏光山文教基金会、民国九十一年（二〇〇二）。

蕭艾『六言詩三百首』、鄭州：中洲古籍出版社、一九八四年。

昌建福『中国密教史』、中国社会科学出版社、一九九五年。

浄元（僧）『痴心夢語』、梵心出版、民国八十五年（一九九六）。

聖厳（僧）『明末仏教研究』、台北市：東初出版社、民国七十六年（一九八七）。

震華（僧）『中国仏教人名大辞典』、上海辞書出版社、一九九九年。 ※王新らによる増補部分あり。

『泉州開元寺志』『中国仏寺史志彙刊』第二輯第八冊、台北市：明文書局、民国六十九年（一九八〇）。

禅慧（尼）（校訂）『寿昌正統録』、台北市：三慧講堂、民国八十三年（一九九四）。 ※原著者：鼎隆黙道。

『禅林宝訓筆説』（影印本） 台南市：和裕出版社、民国八十四年（一九九五）。 ※原著者：智祥。

『痩松集』（影印本） 台北市：大乗精舎印経会、民国九十一年（二〇〇一）。 ※原著者：如幻超弘。

『痩松集』（標点本）台北市：新文豊出版、民国六十四年（一九七五）。※大陸における正確な原本刊行年代は未詳。

『叢林祝白清規科儀』『禅宗全書』第八二巻所収、台北県新店市：文殊文化、民国七十九年（一九九〇）。※福建鼓山の清規を影印。本『全書』は藍吉富主編。


—た—


中華電子仏典協会（編）「CBETA 電子仏典（大正蔵）」、民国八十九年（二〇〇〇）～。※ CD-rom による検索機能付き『大正蔵』。

『中国文学大辞典』天津人民出版社：一九九一年。

陳郁夫（編）「全唐詩全文検索系統」、東呉大学教務處出版組、民国八十九年（二〇〇〇）。※ CD-rom による検索機能付き『全唐詩』。

陳永革「晩明仏学的復興与困境」、『法蔵文庫　中国仏教学術論典』第三九冊所収、高雄県大樹郷：仏光山文教基金会、民国九十年（二〇〇一）。

陳援『清初僧諍記』、『中国仏教史専集』第六巻（明清仏教史篇）所収、台北市：大乗文化出版社、民国六十六年（一九七七）。

陳果青・房開江（校訂）『詞学全書』、貴州人民出版社、一九九〇年。※原著者：査継超。

陳支平（編）『福建宗教史』、福建教育出版社、一九九六年。

陳錫璋
　A『福州鼓山湧泉寺歴代住持禅師伝略』、台南市：智者出版社、民国八十五年（一九九六）。

Ｂ『鼓山湧泉寺掌故叢譚』、台南市：智者出版社、民国八十六年（一九九七）。

陳自力『釈恵洪研究』、北京：中華書局，『中華文史新刊』所収、二〇〇五年。

陳水源『隠元禅師与萬福寺』、台中市：晨星出版社、民国九十年（二〇〇一）。

鄧子美・陳兵『二十世紀中国仏教』、台北市：現代禅出版社、民国九十二年（二〇〇三）。


―な―

如悟（僧）『怡山了然禅師礼仏発願文浅釈』、中壢市：圓光印経会、民国八十八年（一九九九）序。※刊年未詳。


―は―

潘桂明『中国居士仏教史』、中国社会科学出版社、二〇〇〇年。

豊家驊『楊慎評伝』、『中国思想家評伝叢書』所収、南京大学出版社、一九九八年。


―ま―

明復（僧）『中国仏学人名辞典』、台北市：方舟出版社、民国六十三年（一九七四）。


―や―

楊維中「由「不立文字」到「文字禅」――論禅宗的詩化歴程――」、『法蔵文庫　中国仏教学術論典』第五三九冊所収、高雄県大樹郷：佛光山文教基金会、民国九十一年（二〇〇二）。

楊曾文、『日本仏教史』、浙江人民出版社、一九九五年。

—ら—


『来果禅師自行録』 揚州：高旻寺、一九九二年。

藍吉富（編）『中華仏教百科全書』、台南県永康市：中華仏教百科文献基金会、民国八十三年（一九九四）。

李剣雄『焦竑評伝』、『中国思想家評伝叢書』所収、南京大学出版社、一九九八年。

劉毅『悟化的生命哲学』、遼寧大学出版社、一九九四年。

劉卓英（校訂）『万首唐人絶句』、北京市：書目文献出版社、一九八三年。

廖肇亭
　A「明末清初叢林論詩風尚探析」、『中国文哲集刊』第二〇期、民国九十一年（二〇〇二）。

　B「木庵禅師詩歌中的日本図像——以富士山与僧侶像讃為中心——」、『第二届日本漢学国際学術研討会会議論文集』、国立台湾大学日本語文学系、民国九十二年（二〇〇三）。

林其賢
　A『李卓吾的仏学世界』、『文史哲大系』第四六巻所収、文津出版社、民国八十一年（一九九二）。

　B『聖厳法師七十年譜』、台北市：法鼓文化事業、民国八十九年（二〇〇〇）。

林金水（編）『福建対外文化交流史』、福建教育出版社、一九九七年。

『六言絶句』（影印）『続修四庫全書』第一五九〇冊、上海古籍出版社、二〇〇二年。 ※原編者：楊慎・焦竑。

# あとがき

いったい何から書き起こせばよいだろうか。まず強調したいことは、本書が研究の対象とした『高泉全集』（黄檗山萬福寺文華殿刊、平成二十六年）の持つ、宝石箱さながらの多彩な美しさである。中国詩歌史上、最も多く六言絶句を製作したという点で、高泉の名と当該作品は今後永く注目されるべきものであるが、その原典が影印もすこぶる鮮明に収録されている。また、大正初年刊行の『大日本仏教全書』には『東渡諸祖伝』を除く、高泉撰述の高僧伝全三種が収録されている。ただ、これらを活字に起こす際、少なからぬ誤写が生じたようにも見受けられる。ところが今般、同『全書』が底本とした木版本が『高泉全集』第Ⅲ巻に影印・収録された結果、本格的な校合が、ここに始めて可能となった。この点、いかにも慶賀に堪えない。

申し遅れたが、本書は「黄檗宗」というテーマだけでは物理的に書きようがなかったし、反対に、「台湾」という良質な執筆環境のみがあったとしても書き得なかったものである。仏法の言葉を用いれば、まず黄檗宗、とりわけ、本書で取り上げた高泉禅師の著作が「因」であり、ついで著者が十四年来、一年のうち大多数の時を過ごしている台湾仏教界からのさまざまなお力添えが「縁」であり、そして、ここに書籍となって現われた本書が「果」であるといえようか。いかにも貧弱な果実ではあるが、禅師のほぼすべての著作を収めた右記『高泉全集』をより多くの人々に閲読していただき、その尽きせぬ魅力を探る上で、本書が今後稚拙ながらも誤謬すくなき案内板となってくれることを、著者として深く念ぜずには居られない。

思えば平成十年（一九九八）秋以来、右記「文華殿」の管理者たる田中智誠師からは、牛歩を極めた著者の研究をいつも温かくお見守り頂いてきた。わけても、平成十四年（二〇〇二）初春であったか、台湾製の大型ダンボール箱を再利用して、田中和尚からこの『高泉全集』の主要部分をなす故・平久保章先生（一九一一～一九九四）の校訂原稿を複写にて一度に多量に御恵送頂いた際には、大きな驚喜と、それにいや増さる不安とを禁じ得なかった。時あたかも著者は、その年の九月から、くだんのダンボール箱の故郷たる台湾への交換留学を控えており、そのためのさまざまな準備をしながら校訂原稿の初歩的な閲読を進めたのであった。台湾留学の目的は、当初は漠然と中国語をブラッシュ・アップすることに置かれていたが、田中和尚から『高泉全集』の影印原本を頂くに及んで、そこに多々見受けられる明末清初の中国福建省の知名、人名、寺院名が、日本では文献不足ゆえになお究明し難いこととて、福建の対岸に位置する台湾の最高学府「国立台湾大学」の図書館で多くの関連文献し、これらをできるだけ明らかにしたい、というものへと変容していった。

あたかもよし、前世紀の九〇年代以降、台湾仏教は中国語圏にあっては未曾有の発展を遂げつつあり、聡明な眼光をたたえた尼僧を中心とする若き僧尼らがハイテクノロジー機器をも駆使し、日本、アメリカ、ヨーロッパの仏教学から旺盛に新知識を導入しつつ、年とともにいよいよ多彩かつ精緻な研究を進めている。著者が目の当たりにしたのは、国立大学の首座たる「台湾大学」のみならず、いわゆる四大教団（佛光山・慈済・法鼓山・中台山）を筆頭に、少なからぬ御寺院方が、神学院ならぬ仏学院を設けては、若い世代の僧俗双方の優秀な仏教学者を育成しつつある、ということであった。こうした御寺院たるや、著者の知る限り十指に余り、そうした仏学院の中には、正規の高等教育機関として政府文教部門から認可の栄に浴したところも今や少なしとしない。「日本と肩を並べる東アジア有数の仏教国」、それこそが台湾である。

さて、数ある仏学院の中でも、突然異郷流浪の身となった著者がこの四年来、居留証や健康保険証などの面で大きなお力添えを賜りつつある「法鼓文理学院」（旧称：法鼓仏教学院、新北市金山区）は、仏教研究を主眼とする正規の高等教育機関としては最右翼に位置している。また、同学院へ週に二日教えに行く以外、一週間のうちの大部分の時間を過ごす「圓光仏学研究所」（桃園市中壢区）にも、今や天を摩する校舎が所せましと林立しつつある。台湾の空の玄関・桃園国際空港を指呼の間に望む同学院は、その交通上の利便性ゆえに少しく時を待てば、必ずや他のどの仏教大学（いずれも交通面ではやや難あり）にもまして、発展の機を得ずにはおられまい。

　これまた申し遅れたが、実は本書の大部分は平成十五年（二〇〇三）十月以降、翌十六年（二〇〇四）六月までの間に、右記二つの仏学院の一つである圓光仏学研究所の広い宿舎にて、少しの後顧の憂いなく、極めて順調に書き上げたものである。筆者がこの別天地に出会った経緯も、思えば不思議なご縁であった。台湾留学を間近に控えた平成十四年（二〇〇二）初夏、著者は田中和尚に連れられて大阪の繁華街に「台湾観光協会大阪事務所」を訪ね、かねてお目通りを希望していた、ときの所長（初代所長でもいらした）・陳水源博士（一九三七年生）にお目にかかった。同博士はその長い公職勤務の日々を通じアメリカに、日本に、そして台湾各地の国立公園管理事務所にと幾度も住まいを移されたが、どこに身を置いてもそれぞれの土地の風俗人情を文筆にとどめて来られた。大阪にあっては地の利を活かして度々黄檗山に参詣され、大著『隠元禅師与《と》萬福寺』をものされている。そして定年を迎えた平成十五年（二〇〇三）春以降、陳博士はご縁あっていわゆる「台湾三十三観音霊場」を巡礼することとなり、それぞれの寺院の印象は、著者をして逐一拙き文章に描き上げさせ、かくてその一書にまとめて大阪市の朱鷺書房から、『台湾三十三観音巡拝』と題して翌十六年（二〇〇四）春、世に問わせて頂いた。

　ただ、同書執筆の過程で、五十年にわたる日本統治時代の台湾仏教の概況を把握しておくことが不可避となり、そこで、平成十五年夏、陳博士とともに右記「圓光仏学研究所」へ赴き、時あたかも同学院で台湾仏教史方面の科目を担当していらした王見川教授（南台科技大学）にお目にかかり、御教示を仰ぐこととなったのである。その際、教務長（副校長）たる尼僧・性一法師が、仙台の東北大学での研究生活を終え、博士号を手に台湾へお戻りになって間もなき旨をうかがった。著者は当時、一年間にわたる交換留学を終え、日本へ引き揚げる心づもりでいた。けれども、陳博士はもちろんのこと、留学先の国立台湾大学でひとかたならずお世話になった、哲学科（日本語学科にあらず）の日本人教員・佐藤将之教授からも、この際、博士課程時代の締めくくりに博士論文を台湾で取りまとめてはどうか、という御教示を賜った。

論文執筆の環境のほうは、前出・性一法師が三食宿舎つきにて快く御恵与くださったけれども、問題は指導教授からの御許可である。おそるおそる東京なる福井文雅先生へお電話申し上げ、緊張しつつ博士論文執筆の希望を切り出したところ、幸いにも御快諾を賜った。思えば大学院に入ってまもなき平成六年（一九九四）春、福井博士の授業で、黄檗宗をも含む明代以降の中国仏教のみが持つ、日本仏教にない顕著な特色として「香讃」のこと（第五章第二節）を伺わなかったら、著者が博士課程進学後、順調に田中和尚をはじめ黄檗山の学術関係者とご縁を頂くことも有り得なかったことであろう。ちなみに「香讃」とは北宋以降、従来の伝統的な文語詩（七言絶句など）に代わって登場した「塡詞」の一例であり、この「塡詞」たるや、わが国でいえば、端唄にあたる韻文形式である。端唄と同様、およそ宗教儀礼の場に用いられるとは想像しがたいものなのであるが、福井博士はすでに二十年以上も以前に、「香讃」が「塡詞」をベースに作られていることを究明され、少なからぬ人々の注視を浴びられたのであった。

著者は福井博士のこの大発見について幸運にもその研究室で親しくお話を伺うやいなや、中学一年の春（昭和五十六年）、たまたま家にあった『大日本百科事典』の「黄檗美術」の項目で見た鮮やかな色彩の木庵禅師御肖像と、高校二年の秋（昭和六十年）に修学旅行先の長崎で参観した黄檗美術展の図録とが、やっと一連のものとして認識された。福井博士から頂いた御学恩の深さに、本篇の筆を執るに際し、改めて厚く御礼申し上げるばかりである。

ともあれ、こうして福井博士より論文執筆に関して御快諾を賜ってのち、著者はただちに台湾大学の宿舎から圓光の宿舎へと自転車などの荷物、それから、一年間の留学中に新たに入手した文献や書籍を搬送したのであった。そうした書籍の中に、思えば影印本の『痩松集』（第二章第三節）も含まれていた。同書は高泉禅師より幾分年長の同時代人たる如幻禅師が、若き日の福建時代の高泉禅師の才気と道念とに溢れた姿を生き生きと描く一文をも収録しており、台湾に来て、仏書刊行を主業務とする非営利団体たる「大乗精舎印経会」事務所（台北市）へ伺わないことには得られなかった貴重な資料でもある。近世以降の中国仏教と大きなかかわりを有する黄檗宗を研究する場合、著者が経験したように台湾や香港、東南アジアの華僑系仏教寺院での調査（場合によっては一定期間の居住）は、今後ますます不可欠の営為となるのではないだろうか。

さて、空港が設けられるほどに風の強い、それゆえ冬は日本の東京並みに寒風吹きすさぶ圓光仏学研究所ではあったが、前述したとおり、性一法師をはじめ多くの僧尼諸師から無償の御愛念を賜り、翌十六年（二〇〇四）初夏までに、ともかくも論文初稿を書き上げることが出来た。そして、同年夏から秋にかけて、体裁上の不備をどうにか整え、異国での長篇の日本語論文印刷に時として不安を覚えつつも、枯れ葉降りしきる十一月までにひとまず印刷と製本とを済ませ、これを東京の母校なる大学院事務所へと送付したのである。かくて同年十二月十四日に至り、福井文雅博士を主査と仰ぎ、大久保良峻教授（早稲田大学）、古屋昭弘教授（同上）、そして二階堂善弘教授（関西大学）を副査と拝して、時として厳しい御質問を蒙りつつも、無事口頭試問を終えた。その結果、翌平成十七年（二〇〇五）一月十八日に至り、正式に学位が授与されたのであった。ここまでの歩みを思い返すたびに、ご縁というものの不可思議さへ改めて大きな驚きと、それにいやまさる感謝とを覚えざるを得ない。そして「仏天の御加護」というものが、この世に確かに存在することを深い自信をもって断言したい。

さて、平成十八年（二〇〇六）以来、著者が幼少期から敬愛してやまぬ外祖母・杉本美喜子刀自（高野山金剛流御詠歌教師、法名：英祐）は、初孫の苦心の成果が世に出るのを助けんものと、毎月いくばくかのお金を著者の母（刀自の長女にあたる）を介して恵与してくれ、十年に近い積み立てをへて、ようやく本書の出版を可能にする金額にまで達したのである。『高泉全集』（本書はその拙きガイドブックたらんことを自任している）の刊行をも含むすべての因縁が具足し、ここに本書は読者諸賢の前についにその姿を示すに至った。また、すべての物事に「時」あり、と聞くが、本書がガイドの対象とする『高泉全集』も一昨年春に至ってようやく刊行を見、本書を世に出すことの意義も確実に存在するに至った。実に「お蔭様」の一言に尽きる。

終わりに、本書出版に際し、細かなご配慮を賜った山喜房佛書林社長・浅地康平氏御夫妻、縁の下の力持ちさながらに編集の労をお執りくださった同社社員・吉山利博氏に対し、心より感謝の意を表したい。このお三方とのご縁は実に十年を超えるものであり、著者が日台両国の仏教学界の間で、時によろめきつつもなんとか「細い架け橋」たるべく、いな、「足元もおぼつかぬメッセンジャー」たるべくどうにか活動して来られたのも、ひとえにお三方からのお見守りとお力添えあったればこそである。そして、長野印刷の確かな技術へも深い感謝を捧げる次第である。

本篇で右に御芳名を挙げさせて頂いたすべての人々と機関、とりわけ、福井博士、田中和尚、陳博士、性一法師、佐藤博士、そして、昨秋、満百歳を迎えた杉本刀自らの健勝を心より念じ上げるとともに、紙幅の関係でここに逐一御芳名を列挙しない、日台双方の数多くの師友らへも、心より感謝の合掌を捧げたい。さらに、『高泉全集』原本へのお書き込みから得た学恩を、在天の平久保先生へ御礼申し上げたい。かつ、著者の遅々として進歩なき研究生活と、一再ならず挫折続きの職業生活とをいつも大きな慈悲で包み込んでくれている両親に対して、そして、生来愚鈍な著者に代わり、老後の両親へ現に大きな安心をもたらしつつある聡明かつ孝順な妹夫婦に対しても、ここに尽きせぬ慚愧とともに、満腔の感謝を捧げるばかりである。

平成二十八年二月十五日、横浜にて

野川博之合掌

『高泉全集』出山之三年、拙著亦問世、喜賦

筆慕㆓前賢㆒愛㆓六言㆒　石門文字冠㆓禅門㆒

有㆑誰瓶口能承㆑水　道号高泉諱性激

野川博之

**著者紹介**

野川博之（のがわ・ひろゆき）

昭和 43 年（1968）10 月、横浜市生まれ。

平成 3 年（1991）早稲田大学第一文学部中国文学専修卒業。

中日新聞社編集局校閲部（1991.04 〜 1993.02）、高野山専修学院（1993.04 〜 1994.03, 第 51 期, 法名：智教）をへて平成 6 年（1994）、早稲田大学大学院文学研究科東洋哲学専攻博士前期課程入学、同 9 年（1997）修了。引き続き博士後期課程入学、同 16 年（2004）3 月、単位取得満期退学。平成 17 年（2005）1 月、本書初稿により博士（文学）早稲田大学。

2006 年 2 月より 2011 年 1 月まで台湾・立徳大学応用日語学科専任助理教授。

2012 年 9 月より、法鼓文理学院仏教学系兼任助理教授、並びに圓光仏学研究所兼任教師。

明末仏教の江戸仏教に対する影響

2016 年 5 月 28 日　初版発行

著　者　野　川　博　之

発行者　浅　地　康　平

発行所　株式会社　山喜房佛書林

〒 113-0033　東京都文京区本郷5 - 28 - 5

電話(03)3811-5361　振替00100-0-1900

印刷・製本　長野印刷

ISBN 978-4-7963-0266-1 C3015　Printed in Japan